AF467901

CONCORDANCE COMPLÈTE

DU CORAN

CONTENANT

TOUS LES MOTS ET LES EXPRESSIONS DES TEXTES

POUR

GUIDER LES ORIENTALISTES DANS LES RECHERCHES SUR LA RELIGION, SUR LA LÉGISLATION, SUR L'HISTOIRE ET LA LITTÉRATURE DE CE LIVRE

DISPOSÉE DANS L'ORDRE LEXIQUE DE L'ALPHABET ARABE ET RENFERMANT L'INDICATION DES *CLEFS* OU DES MOTS VOULUS DU CORAN, ACCOMPAGNÉE DE LA CITATION DE TOUS LES PASSAGES OÙ ILS SONT EMPLOYÉS, ET QUI SONT NÉCESSAIRES DANS LES RECHERCHES ET LES INVESTIGATIONS SAVANTES

PAR

MIRZA A. KAZEM-BEK

PROFESSEUR À L'UNIVERSITÉ DE ST.-PÉTERSBOURG.

ST.-PÉTERSBOURG.

IMPRIMERIE DE L'ACADÉMIE IMPÉRIALE DES SCIENCES.

1859.

ПЕЧАТАТЬ ПОЗВОЛЯЕТСЯ

съ тѣмъ, чтобы по отпечатаніи представлено было въ Цензурный Комитетъ узаконенное число экземпляровъ. С. Петербургъ, 6 мая 1859 года.

Ценсоръ *В. Бекетовъ.*

PRÉFACE.

L'absence d'une concordance complète des textes et des mots du Coran s'est fait sentir jusqu'à-présent dans toutes les classes des orientalistes. Avant de commencer sous ce titre la publication de ce travail de longue haleine, je veux faire connaître à mes lecteurs les règles qui m'ont servi de base dans la rédaction de ma «Concordance,» et les initier au sort de ce travail que je n'avais pas pu prévoir il y a 25 ans, époque où je l'ai commencé. Quoique les circonstances qui ont précédé la publication de mon travail n'intéressent personne, pourtant, comme les journaux qui se publient en Russie et à l'étranger n'ont cessé depuis 20 ans d'en annoncer au monde savant la prochaine apparition, je me crois obligé de me justifier auprès de ceux de mes confrères dans la carrière des lettres, qui avaient raison d'en attendre la publication depuis longtemps, et qui s'étaient même adressés à moi par l'entremise de l'Académie des sciences, pour me demander la cause de ce retard.

I. Le besoin qu'éprouvaient les orientalistes de recourir au Coran pour y puiser des renseignements sur la religion et la législation, sur l'histoire et la littérature et même les sciences naturelles, fit naître en moi le désir d'entreprendre ce travail. Je me mis à l'oeuvre en 1834, ayant adopté pour guide l'excellent système d'Alexandre Cruden, auteur d'une Concordance complète de la Bible*). En 1836, le quart de mon travail étant déja rédigé en brouillon, j'appris par les journaux qu'on publiait à Calcutta une concordance des textes du Coran sous le titre de «Noudjoum-oul-Fourcan,» ou les «Étoiles du Coran.» Cette nouvelle ayant été confirmée, je perdis l'énergie nécessaire à mon entreprise, dont je fus enfin complètement détourné par la tâche, que l'on m'imposa alors, de préparer l'édition de livres élémentaires pour l'étude de la langue turque.

Il se trouva ensuite que les «Étoiles du Coran» étaient loin de pouvoir satisfaire les exigences des savants: les orientalistes dans leurs recherches

*) A complete Concordance to the Holy scriptures of the Old and New Testament, by Alexander Cruden M. A. The eigth edition. Berwick, 1817.

n'y trouvaient pas la moitié de ce qu'ils y désiraient trouver. Je changeai d'avis, me remis à l'ouvrage, et après avoir achevé les travaux dont j'étais chargé, je me livrai de nouveau avec zèle à ma «Concordance.»

Ceux qui connaissent l'ingratitude d'un travail mécanique comme celui-ci comprendront qu'il doit être particulièrement peu attrayant dans un temps, où le besoin d'une occupation qui offre à l'esprit plus d'intérêt pousse l'activité vers des sources plus fécondes. L'espoir seul d'être utile à mes savants confrères par une heureuse solution d'un problème aride et difficile a pu mettre en rivalité deux activités si différentes. C'est pourquoi le moindre affaiblissement de cet espoir devait augmenter, dans la balance du raisonnement humain, la prédominance de cette tendance naturelle, tandis que l'application à ce travail mécanique et difficile devait diminuer Après le premier doute qui me détourna de ces occupations, et qui fut produit par la nouvelle de l'apparition des «Etoiles du Coran,» un ou deux ans plus tard, une nouvelle plus importante encore vint me troubler: j'appris que le savant et célèbre orientaliste Gustave Flugel préparait l'édition d'une concordance du Coran. Persuadé depuis longtemps que ce savant confrère accomplit consciencieusement tout ce qu'il entreprend, je perdis plus que jamais l'ardeur dont j'avais tant besoin pour continuer mon travail mécanique; mais comme je ne savais pas encore quand devait paraître l'ouvrage de M. Flugel, et quel en devait être le mérite relativement au système etc., je reprenais de temps en temps mon travail, consacrant la plus grande partie de mon temps à la préparation de l'édition de mon: «Cours du droit musulman» (Mouktesser-oul-Vigkaé publié en 1842). C'est dans le courant de cette même année qu'apparut la concordance de Flugel. Dire que je ne fus pas satisfait de reconnaître le défaut de son système, tout en rendant justice à ses mérites, ç'aurait été de ma part une feinte modestie: la faiblesse humaine prit le dessus. La pensée qu'au moyen de mon travail les orientalistes arriveraient beaucoup plus facilement au but qu'il se proposent, m'encouragea derechef et je recommençai à travailler avec plus de zèle.

En 1844, mon travail terminé en brouillon, après en avoir recopié les deux premiers cahiers, notamment ceux qui contenaient la moindre partie de la lettre *a* (ا) et toute la lettre *b* (ب), par l'entremise des autorités de l'Université, je présentai ces spécimens à la conférence de l'Académie des sciences de St.-Pétersbourg, pour qu'ils y fussent appréciés. Au mois d'avril de l'année 1845 on me communiqua, par la même voie, le jugement de la conférence, que j'aurai l'honneur de citer en partie à la fin de cette Préface.

Après avoir reçu de l'Académie un si flatteur encouragement comme pourra en juger le lecteur, je continuai mes occupations, ne déviant plus d'une ligne du plan des spécimens présentés à l'Académie, tâchant seulement de diminuer le volume du livre, ce dont j'aurai l'honneur de parler plus loin En 1846 tout mon travail était achevé et mis à la disposition bienveillante de l'autorité. Par suite de circonstances indépendantes de ma volonté, il resta en manuscrit jusqu'à l'époque où je fus transféré de Cazan à Pétersbourg: mes moyens me ne permettaient pas de le faire imprimer à mes frais. En

1851 Sadr-Mirza Mohammed-Husseïn (actuellement Azoud-oul-Moulk), qui était alors ambassadeur de Perse à la cour Impériale, un des hommes les plus érudits de son pays, ayant pris connaissance de mon travail d'après un manuscrit qui lui fut présenté, me conseilla d'en envoyer, par son entremise, un exemplaire pour la bibliothèque particulière de Sa Majesté le Schah Nassir-oud-Din, assurant en outre que ce travail, étant une apparition tout-à-fait nouvelle dans la littérature musulmane, serait honoré de l'attention particulière du Schah. L'opinion flatteuse d'Azoud-oul-Moulk exprimée par un écrit de sa propre main sur le revers du manuscrit autographe, était pour ce livre le gage de grands succès en Perse, et je m'empressai de suivre le conseil de son excellence. Je jugeai pourtant convenable de présenter mon manuscrit (accompagné d'une Préface) destiné à Sa Majesté le Schah, non autrement que par l'entremise du Ministère des affaires étrangères. C'est dans cette intention que je m'adressai à sa bienveillante médiation, d'abord directement, puis officiellement par la voie du Ministère de l'instruction publique. Cependant la manière dont on envisageait alors certaines questions mettait obstacle à l'exécution de mon désir, et mon exemplaire destiné à être présenté au Schah, ayant passé par différentes instances, ne put être soumis à la bienveillante considération de Sa Majesté qu'en 1854. En 1855 j'eus l'honneur de recevoir l'expression la plus flatteuse de la satisfaction de Sa Majesté: ce fut un firman du Schah, avec les insignes de l'ordre du Lion et du Soleil de la première classe. Ce firman me fut transmis par les mêmes voies sur lesquelles mon manuscrit avait rencontré des obstacles à chaque pas. J'ose donc croire qu'une semblable appréciation de mon travail, indépendante de toute coopération, soit officielle, soit privée, n'est due qu'au propre mérite de l'ouvrage.

Quelques fanatiques, sans se donner la peine de comprendre la substance de cette entreprise, se demandaient à propos de quoi le professeur d'une université russe, un chrétien, se cassait-il la tête au sujet du Coran du faux-prophète?

D'autres, encore moins versés dans la matière, ne comprenant même pas le sens du mot «Concordance,» se plaignirent de ce que, suivant eux, j'avais écrit l'explication du Coran, et que j'en avais présenté un exemplaire au Schah de Perse: entreprise, disaient-ils, tout-à-fait antichrétienne, et qui ne méritait pas le moindre encouragement!.... Telle fut la sphère de convictions par laquelle mon travail devait se frayer sa singulière route, semblable au météore que les sauvages considèrent comme une étoile filante, bannie de Dieu, comme indigne du ciel!.... Voilà les épreuves qu'eut à subir ma «Concordance» jusqu'à la fin de l'année 1854. Enfin elle fut honorée de l'attention de son éminence l'archevêque de Cazan Grégoire (actuellement métropolitain de St.-Pétersbourg, de Novgorod et de l'Esthonie). Il comprit l'utilité que pouvaient retirer de ce dictionnaire, embrassant la religion, l'histoire et la littérature des Arabes, les théologiens qui voudraient approfondir la religion musulmane. C'est pour cela que son éminence, sans aucune démarche de ma part, n'ayant en veu que cette utilité préconçue, daigna me proposer son concours éclairé. Au mois de décembre, il présenta lui-même mon manuscrit au comité de censure de S.-Pétersbourg pour y être examiné, et le 10 janvier 1855 il l'approuva pour l'impression, m'offrant 900 r. a. pour les frais, sous la condition qu'un certain nombre d'exemplaires seraient livrés à l'usage de l'Académie ecclésiastique de Cazan, au sein de laquelle son éminence avait fondé et perfectionné la section des langues orientales. Voilà la seule assistance dont fut honorée mon entreprise: ce ne fut donc que grâce à un concours si éclairé du prélat de l'église orthodoxe que je pus commencer la publication de mon travail vers la fin de cette même année.

II. Quant au système que j'ai adopté, quant à l'éxécution et à l'édition elle-même, je crois nécessaire d'attirer l'attention de mes lecteurs sur les choses suivantes: 1° Ma «Concordance» embrasse tous les mots du Coran; ils y sont disposés par ordre alphabétique, avec l'indication de leur place dans chacun des chapitres de ce livre et la citation des textes dans lesquels ces mots se rencontrent.

2° Les mots du Coran, avec toutes leurs nuances, sont disposés par ordre alphabétique, non d'après la première lettre radicale, mais d'après l'ordre étymologique et extérieur de leurs initiales, sous la forme qu'ils ont dans les textes. Par ex. si l'on veut connaître les passages où se trouvent les mots: بعملون — يعلمون — تفعلون, etc., il faudrait les chercher d'après l'ordre des initiales de ces mots et non d'après la première lettre de leurs racines عمل — علم — فعل. C'est d'après ce principe que les *clefs* (مفاتيح) ou *indicateurs**) de la «Concordance» ont été divisées en 28 sections, selon le nombre des lettres de l'alphabet arabe; chaque section à son tour se trouve subdivisée en un nombre semblable de parties pour les secondes lettres des mots, ainsi par ex.: باب الهمزة فصل الهمزة — فصل الالف — فصل الباء — فصل التاء — فصل الثاء — الخ * باب الباء فصل الهمزة — فصل الالف فصل الباء — فصل التاء — الخ
Les divisions vont ainsi jusqu'à la fin de l'alphabet.

3°. Si l'on me demande pourquoi j'ai distingué le همزه de l'الف et commencé par همزه en disant: باب الهمزه فصل الهمزة — فصل الالف, c'est qu'en Arabe, comme dans presque toutes les langues, ce me semble**),

---

*) Je donne le nom de clefs ou indicateurs aux mots au moyen desquels on peut trouver la place des passages et des mots voulus du Coran.

**) Selon moi, c'est à-peine si l'on peut dire que dans les langues européennes les mots commencent par des voyelles pures; ces dernières sont au contraire toujours précédées de quelque aspiration. En Arabe c'est évident, et voilà pourquoi ا accompagné d'un signe quelconque prend aussitôt le nom de همزه; par conséquent أ — إ, sont formés de deux sons: de la consonne ou demi-consonne همزه jointe à une des voyelles indiquées par les signes qui se mettent au dessus ou au dessous de la ligne (حركات); de même آ avec le signe *méddé*, est formé d'un همزه et de la voyelle ا. La meilleure preuve en est que dans les langues orientales les sons *ou* et *i* (longs) ne s'écrivent pas autrement qu'avec un همزه: او — اى. Dans les autres langues c'est à peu près la même chose: les initiales *a*, *e*, *u* (ou) *i*, ne sont pas des voyelles pures, mais elles sont formées d'une consonne ou demi-con-

à proprement parler, les mots ne commencent jamais par la voyelle الف, et la lettre ا avec (ـ) n'est autre chose que la réunion de la consonne همزه avec la voyelle ا. J'ai suivi partout cet ordre, adopté par moi dans le premier chapitre (باب الهمزه), c'est pourquoi les mots بئس — بأس — بئر etc. — تاب — تائبون etc.; بابل — باب — بآء précèdent les mots تؤاخذنا — تأبى etc. — تابع. Cela va ainsi jusqu'à la fin de l'alphabet.

4° Quant aux mots employés avec l'article (ال), avec les conjonctions (ف — و), les prépositions (الى — من — ب), et en général avec quelque particule (حروف) que ce soit, aucune de ces particules ou lettres adjointes n'entre dans l'ordre lexique des indicateurs, en qualité de mot non indépendant. Par ex. si l'on désire trouver الآية — بآية — لآية — وآية etc., il faut voir le chapitre باب الهمزة فصل الالف et chercher le mot آية qui se trouve là avec toutes ses variations et tous ses composés *) (v. plus loin, remarque 6me).

5° Chaque clef ou chaque mot du Coran, occupant une place dans l'ordre alphabétique, est accompagné d'une indication de tous les versets et de tous les passages de ce livre dans lesquels ce mot se rencontre, soit sous sa forme simple, soit avec des suppléments (v. remarque 4me).

Voilà le seul avantage que puisse avoir ma «Concordance» sur le travail de Flugel, mais en même temps c'est ce qui doit être le but principal d'une entreprise de ce genre: autrement, il n'aurait pas été possible de satisfaire facilement le désir de savoir où, dans quels passages du Coran, se trouvent les expressions de certaines idées, dont on pourrait avoir besoin dans les études sur la langue et la religion, sur l'histoire et les moeurs des Arabes. (V. à la fin de cette Préface l'opinion de l'Académie Impériale des sciences sur ma «Concordance».)

6° J'ai omis ou plutôt évité de citer à part, dans les clefs, certaines conjonctions, prépositions, pronoms personnels et en général certaines particules qui, n'ayant dans le discours ni signification particulière, ni importance, ne sont pas indispensables dans la section des indicateurs et auraient au contraire surchargé le travail ainsi que l'édition. Par. ex les pronoms personnels à eux seuls se retrouvent en 1379 différentes places du Coran, et

---

sonne jointes à une voyelle. La lettre *e* russe initiale le démontre encore plus clairement. Certains grammairiens l'ont appelée *diphthongue*, parce que dans la prononciation de cet *e* (ye, yo anglais) la propriété du double son se manifeste plus sensiblement. Cependant les meilleurs philologues n'ont pas réussi à définir d'une manière satisfaisante ce que c'est qu'une diphthongue. Si l'on disait que c'est un composé formé de la réunion de deux voyelles, la définition ne serait pas exacte, en ce qu'elle signifierait que la diphthongue se trouve être la réunion de deux syllabes, tandis qu'en réalité cela n'est pas, chaque son diphthongue ne formant qu'une seule syllabe. Smith et Walker ont beaucoup travaillé à la définition du mot diphthongue et n'y ont pourtant pas réussi. Certains grammairiens tels que **Gretch**, disent que c'est la *réunion d'une voyelle avec la demi-voyelle qui la précède*. Cette définition approche un peu de la vérité, et elle en aurait été encore plus près si, au lieu de demi-voyelle, on avait dit aspiration *ou* demi-consonne; par ex. les sons russes *ю*, *я*, équivalent à *ju*, *yu*, *jou*, *ja*, *ya*, syllabes dont les premières parties sont plutôt des demi-consonnes que des demi-voyelles. En Arabe c'est encore plus évident. (Voyez ma Grammaire générale de la langue turque-tatare, deuxième éd. p. 23. note *a*.)

*) Le système adopté par Flugel est excellent sous le rapport étymologique: il a été obligé de l'adopter ayant pris pour base de sa classification les étymologies arabes.

la préposition من, avec ses divers suppléments, se rencontre dans plus de 3000 passages. L'introduction de pareils mots dans le nombre des clefs, rangées d'après le système que j'ai adopté, aurait été onéreuse sous tous les rapports*), d'autant plus que l'absence de ces mots et de ces particules n'empêchera pas de trouver, au moyen de ma «Concordance,» toute expression ou tout verset voulus du Coran. Presque toutes ces particules sont même mentionnées à côté des mots indicateurs auxquels elles sont alliées; par ex.: سماء, ارض, حكيم, خبير, قدير, الله, رسول etc.

7° Chaque indicateur est accompagné d'une citation de tous les versets et de toutes les expressions du Coran où ce mot joue un rôle important sous le rapport grammatical ou logique. Ainsi, à côté de l'indicateur الله on peut trouver tous les endroits du Coran où ce mot, avec ses accessoires (tels que prépositions ou autres particules), sert de sujet (مبتدا) ou d'attribut (خبر); mais s'il est employé en qualité de substantif du verbe qui le précède ou de complément quelconque, il faut le chercher non au moyen de la clef الله, mais au moyen des mots auxquels il sert de complément. Par ex. les expressions قال أغيرَ اللهِ أبغيكمْ — كان اللهُ غفورًا رحيمًا — وكانَ اللهُ سميعًا — من يجادلُ في اللهِ etc., doivent être cherchées non au moyen de la clef الله, mais au moyen de كان, غير, جادل etc. Donc la clef الله ne donne pas la possibilité de trouver tous les passages du Coran où ce mot est employé. J'ai fait cet arrangement plus tard, afin d'éviter une répétition inutile et un travail superflu. Dans les deux cas que je viens de citer (remarques 6me et 7me), la concordance de Flugel a un grand avantage sur la mienne: son système étymologique ne pouvait admettre d'autre ordre.

8° Dans l'indication des passages où se retrouvent les phrases et les mots voulus, j'ai évité de m'en tenir à la règle adoptée par les orientalistes européens, qui consiste à indiquer le numéro du chapitre et du verset.

J'ai jugé nécessaire d'adopter un autre système, car les indications ainsi faites sont *irrégulières* et *préjudiciables.***) En cela j'ai suivi la règle adoptée

---

*) Dans l'origine, lors de mes premiers essais sur cette matière, je ne laissai passer aucune préposition, aucun pronom ni autre mot de ce genre, jusqu'à ce que je me fusse convaincu de leur parfaite inutilité.

**) *Irrégulières*, parceque 1) relativement au nombre des versets du Coran il y a discordance entre les diverses écoles des lecteurs de ce livre (علماء القرّاء). Dans tout le Coran on compte de 6000 à 6666 versets: donc la discordance est de 666 versets, ce qui fait plus de 5 versets sur chaque chapitre. On peut facilement s'en convaincre en comparant, ne fût-ce que le 2me sourè du Coran édité par Flugel, avec le même de l'édition de St.-Pétersbourg 1787; par ex. le 70me verset du premier est le 74me du second; donc 4 versets forment discordance entre eux, et notamment ce sont les versets 20, 40, 61, 65 du second qui ne sont pas entrés dans le nombre des versets du premier; malgré cela le total des versets des deux sourè est le même, c.-a-d. 286, ce qui signifie que relativement à cela, les deux éditions s'en sont tenues au calcul des Cufides (v. plus loin). Les musulmans ne se permettent jamais de préciser un verset quelconque du Coran, en le nommant par ex. 5me, 6me etc.; c'est là l'unique cause de la malveillance avec laquelle ils voient les éditions européennes du Coran, où les versets portent des numéros. 2) Relativement au nombre des chapitres les musulmans n'ont également pas d'opinion arrêtée: ce qui est pris aujourd'hui pour le 9me sourè du Coran, d'autres, tels que Ibui Moudjahid (ابن مجاهد) et ses disciples ne se per mettent pas

par les musulmans eux-mêmes, qui se bornent à indiquer le titre du *souré*, ainsi que le *dizain* de versets (عشر). Les versets de chaque chapitre sont divisés en groupes de 5 et de 10, marqués chacun à l'encre rouge; les premiers portent en marge la lettre خ (diminutif de خمس, cinq), et en tête, au au dessus de chaque *aïa* (آية), comme disent les musulmans, la lettre ه, qui singnifie 5. Les seconds portent en marge la lettre ع (diminutif de عشر, dix), et en tête la lettre ى—10. Comme les doctrines des écoles Cufide et Basride sont les plus considérées par les lecteurs du Coran*) leurs points de désaccord sur le nombre des versets sont toujours marqués dans les textes du Coran par les signes suivants: خب signifie خمس عند البصريين c.-à-d. cinq des Basrides; خك signifie خمس عند الكوفيين c.-à-d. cinq des Cufides; عب signifie عشر عند البصريين c.-à-d. dix des Basrides; عك signifie عشر عند الكوفيين c.-à-d. dix des Cufides. Malgré cette discordance on donne la préférence à la manière de compter des derniers; cette préférence se marque dans les bonnes copies du Coran par les signes ه et ى toujours placés conformément à la division des Cufides.

Ainsi lorsque j'indique dans le Coran le passage d'une phrase ou d'un

---

d'en faire un chapitre à part, mais le regardent comme la continuation du 8me chapitre. En effet dans aucune des versions du Coran ce chapitre ne commence par la formule بسم الله الرّحمن الرّحيم comme tous les chapitres séparés de ce livre. D'autres autorités ecclésiastiques, comme Ibni Mass'oud (ابن مسعود) et ses disciples, ne comptent point dutout les deux derniers chapitres comme faisant partie du Coran et ne comptent que 112 chapitres. Alkoummi (اعتقادات الامامية) prétend que les chapitres 8me et 9me n'en forment qu'un seul; de même en est il des 105me et 106me; des 93me et 94me: donc d'après l'opinion de certains Chiites le nombre total des chapitres se reduit à 111. Oubbey bini Kaab (ابىّ بن كعب) compte en tout dans le Coran 116 souré (v. مجمع الغرايب f. 4 et 5).

Préjudiciable en ce que nous ne devons nous permettre aucune innovation dans les livres révéré, par des hommes d'une autre religion que la nôtre, surtout lorsque ces innovations contraires à leurs convictions, sont tout-à-fait superflues.

*) On sait sans doute, que le Coran a été composé par Mohammed graduellement, par parties, san qu'il eût marqué les signes au-dessus et au-dessous des lignes desquels dépendent souvent l'un ou l'autre sens de la phrase. C'est particulièrement sous ce rapport que ce livre a été la cause de graves divisions entre les premiers musulmans, avant qu'un comité de savants ass'hâb de Mohammed l'eût mis en ordre par un décret d'Osman, en la 30me année de l'Hégyre (650 de J. C.). Malgré ce service si importan qu'Osman rendit à l'islamisme, les désaccords ne purent pourtant pas être tout-à fait écartés. Il surgi alors beaucoup d'écoles, ayant chacune ses doctrines et ses régles pour lire le Coran, dans l'histoire duquel nous voyons citées d'anciennes copies faites à la Mecque, à Médine, à Coufa, à Basra et en Syrie; toutes ces copies différèrent plus ou moins entre elles ainsi que du Coran d'Osman, jusqu'au jour où ce dernier prit le dessus sur tous les autres et devint une autorité pour tout l'islamisme. Ces écoles ne s'écartaient pas et aujourd'hui même ne s'écartent distinctement en rien de la rédaction du Coran d'Osman, mais néanmoins elles ne se gênent pas dans l'exposition de leurs doctrines et de leur manière d'interpréter les textes. Pendant le second siècle de l'islamisme surgirent les écoles suivantes: celle de Médine (dont le fondateur fut نافع *Nafi'*), de la Mecque (fondée par ابن كثير *Ibnu-Kesire*), de Basra (fondée par ابو عمرو *Abou-Amr*), de Coufa (fondée par كسائى حمزه—عاصم et — *Assime, Kessâi* et *Hamzé*) et de Syrie (fondée par ابن عامر *Ibni-Amir*). Ces savants sont connus sous le nom honorifique des 7 *lecteurs du Coran* (قرّاء السّبع). Malgré cela, aujourd'hui encore, on peut trouver dans les bonnes copies du Coran les différentes manières de lire de ces colonnes de l'islamisme, ordinairement marquées en marge à l'encre rouge ou de quelque autre couleur. Sur le bord des pages du Coran imprimé à S.-Pétersbourg en 1787, la plupart de ces discordances sont marquées, mais elles renferment de graves erreurs commises par l'éditeur.

mot voulus, je cite d'abord le titre du chapitre, par ex. بقره—اخلاص—مايده etc. puis, en chiffres arabes, le dizain de versets (عشرات ايات). Par ex. quand je dis que وبشّر الّذين آمنوا الخ se trouve: chapitre بقره, 3, cela veut dire, dans le second chapitre, entre le 20e et le 30e versets. Certainement ceci n'est pas si commode qu'une simple et précise indication du verset, mais je n'ai pas pu me permettre cette dernière manière d'indiquer, désirant éviter le blâme, d'autant plus qu'une grande quantité d'exemplaires de mon livre doit tomber dans les mains des savants musulmans.

9° En parlant de l'édition présente, je dois faire observer que l'ordre adopté par moi dans la citation des textes du Coran, des clefs etc., tout en étant adapté autant que possible à la lexicographie orientale, n'en est pas moins accessible aux orientalistes européens. On comprendra que j'ai fait cela d'abord, pour que mon travail soit utile à tous les orientalistes tant européens qu'orientaux, ensuite, pour diminuer le volume du livre qui, autrement, aurait été une fois et demie aussi fort qu'à présent*). De cette manière, les mots indicateurs au moyen desquels on peut trouver les textes voulus sont disposés par ordre alphabétique et marqués de la manière suivante: *a*) chaque indicateur est écrit d'abord en grandes lettres, ensuite marqué d'une barre en dessus; *b*) la même règle est observée dans les changements d'indicateurs, par suite de quelque supplément de lettre, de particule ou de mot. En premier lieu ces suppléments sont écrits en grandes lettres, puis il sont marqués d'une barre. Le nom des sourè sont entre parenthèses avec l'indication du numéro du dizain de versets en chiffres arabes. Comme ce livre n'est fait que pour les orientalistes, le titre des chapitres, l'emploi des chiffres arabes même pour marquer les pages du livre, ne sauraient offrir aucune difficulté.

10° A la fin de l'ouvrage j'ai ajouté trois pages pour les mots et les versets omis pendant l'impression. Ils y sont disposés par ordre alphabétique comme le reste de l'ouvrage.

---

*) Mes premières listes avaient été faites autrement, les mots voulus ou clefs étaient disposés sur des lignes séparées, au-dessous desquelles venaient des paragraphes: *a*) pour les noms des chapitres; *b*) pour les numéros indiquant les versets de ces chapitres; *c*) pour les versets eux-mêmes ou les phrases citées. Ce système augmentait tellement le volume du livre, qu'après plusieurs autres essais pour l'amoindrir, j'arrivai au système actuel, très commode et conforme au système des éditions de l'orient.

9 mars 1859.

Mirza **A. Kazem-Bek,**
Professeur à l'Université de St.-Pétersbourg.

OPINION DE L'ACADÉMIE IMPÉRIALE DES SCIENCES

SUR

MA „CONCORDANCE,“ EXPRIMÉE EN 1845.

«Il y a eu jusqu'à présent deux concordances du Coran: l'une, imprimée à Calcutta sous le titre des «Etoiles du Coran», l'autre, publiée à Meissen par le professeur Flugel. La première, par suite des difficultés qu'elle offre dans la pratique, n'atteint pas son but; la seconde, quoique de beaucoup supérieure à la première, occasionne un travail superflu et fait perdre le temps, puisqu'elle met dans l'obligation, si la phrase ou le mot voulus se trouvent à la fin du texte, de revoir et de feuilleter presque tous les chapitres du Coran*). La Concordance de M. le professeur Kazem-Bek, si elle est achevée d'après le plan proposé, en suppléant au défaut de la précédente, évitera maintes fois aux savants de devoir recourir au Coran même et leur ménagera ainsi beaucoup de peines et de temps. On ne peut qu'approuver M. Kazem-Bek d'avoir laissé aux chapitres leurs noms arabes et d'avoir marqué de chiffres arabes les versets, sa concordance étant destinée aux orientaux; il n'est pas difficile à un savant européen de s'habituer à des indications de ce genre, tandis que, faites autrement, elles seraient à charge aux asiatiques.

«En général le travail de M. Kazem-Bek sera sans contredit reçu avec reconnaissance par les savants de l'Europe, ainsi que par les orientaux; il fera honneur à l'Université et à l'auteur qui y occupe une chaire, d'autant plus qu'il appartient au nombre restreint des orientalistes d'origine orientale qui, s'étant approprié l'instruction européenne, ont pour elle un profond respect» etc. etc.

*) «C'est ainsi que pour le pronom ما, on doit parcourir presque tous les chapitres depuis le IIme jusqu'au CXIII^me, sans rencontrer avant ce dernier le mot que l'on cherche».

www.ingramcontent.com/pod-product-compliance
Ingram Content Group UK Ltd.
Pitfield, Milton Keynes, MK11 3LW, UK
UKHW020127220726
13923UKWH00001B/48

Le nom, s'il vous plaît, de l'ami auquel vous adressez la petite lettre que je dois envoyer à Rennes ?

A. F. 1232.

f° 43 v° — ابو حاتم السجستانى ى كتاب الطير الكبير m. 255.

62 v° — ابو الحسن ابن الطراوة maître de Moubarred (?)

139 v° — 42 v°. — ابو القسم (maître du Zamakhchari)

اسم الشيخ رضى الدين ابو بكر بن عمر بن على القسطينى

42 v°.

اعنى المبرد

سبعة وعشرين وسبع مائة

ى توفة العبد الله عمر بن على اللخمى

توفى سيدى الشيخ ابو على القدورى فى السنة سب وسبعمائة

ودفن بالقرافة

تاج الدين ابو القسم احمد ى هبة الله

احمد بن هبة الله بن سعد الله ى سعيد الجبرانى تاج الدين ابو القاسم

né en 561.
mort en 668. } Soyouti Tabakât f° 81 v°

طاعون

بسم الله الرحمن الرحيم

الحمد لمن حمد المتفکر فی الایات بالایات والصلوة علی مرکز دائرة الرسالات والسلام علی اهل بیته الائمة الهداة واصحابه منابیع الحسنات وتابعیه ینابیع الطیبات اما بعد چون جواهر محیط لا رطب ولا یابس الا فی کتاب مبین دراهم مقاصد دینیّه و دنیویّه مطلوب و ذخایر بسیط تلک ایات الکتاب المبین در اقصای مطالب معنویه وصوریه مسئول وعلمای اصول وفروع در جمیع تصنیفات وتالیفات خود بدرر الفاظ ایات وغرر معانی بینات محتاج ومحمول لذا نه گلستان نثری که بدایع ازهارش از رموز حقایق آن جلوه پذیر نشده ونه بوستان نظمی که صنایع افکارش از دقایق معانی آن استفاده صفوت نکرده ونه شبستان ادبی که عرایس خیالش از خزاین مالامال آن استعارهٔ شرف زینت ننموده پس وسیلهٔ دست رس بجواهر چنین خزینه از اهم اسباب کسب واعظم مراتب تحصیل است لهذا این بندهٔ اثم محمد علی بن الحاج محمد کاظم الدربندی الشهیر کاظم بک که عمر علیل خود را در حلقهٔ طالبان علم بسر برده واز طفولیت گوشهٔ تحقیق وتدقیق را اختیار کرده دائما در فکر آن بود که چند روزه عمر را در تغافل ضایع نکند وبلکه از راه اشتیاق ببازار سراق رفته از هر بابی دستیابی حاصل نماید واز هر بوستانی ارمغانی برای دوستان بیاورد از جمله نقد همت چندین ساله را صرف تالیف وترتیب این کتاب مستطاب نمود تا آنکه از برای همشهریان خود نیز یادگاری بگذارد بلکه حسن التفات اهل کمال را بواسطهٔ جمال معنی متوجه حال خود بگرداند و فی الحقیقه هنوز در میان علمای اسلام مفتاحی که ابواب مفردات ایات ومرکبات بینات را فورا مفتوح ومواردالفاظ وعبارات قرآن را در وقت احتیاج باسانی مکشوف خواطر نماید دست رس میسر نشده واگرچه کتاب موسوم بنجوم الفرقان در میان علمای هندوستان معروف ودستور العمل بوده لیکن آن هم از سبب اختصار مورد استغفار آمده طالب بوسیلهٔ آن کما یلزم تحصیل مقصود نتواند کرد وهرچند کثیرین از حفاظ قرآن در استحضار مفردات ومرکبات ایات بمرتبهٔ کمال رسیده اند ولی ایشان نیز چنانکه بایست بجواب هر سؤالی حاضر نتوانند بود وفرض هم بکنیم که از حافظ بسیار ماهری حل اینگونه مشکلی متصور باشد اما عند الاحتیاج حضور همچنان حافظ کامل میسر باشد یا نباشد وچون کمال مهارت در حفظ قرآن نصیب قلیلی از اشخاص است پس طالب غالبا در تحصیل مراد معطل خواهد ماند ودر مطلب مقصود واستکشاف ما ینبغی برای وی ممکن نخواهد شد القصه تبیین مقال آنکه نه از نجوم الفرقان ونه از اکمل حفاظ قرآن تحقیق نتوان کرد که مثلا فلان کلمه ویا فلان آیهٔ قرآن در چند موضع ودر چه صفحه در کدام جای سوره وارد شده است گیریم بر فرض که طالب جویای آنست که کلمهٔ ارض

وسما وخیر وشر بلام التعریف ومعه ومع مزیداته من الحروف والضمائر در چند جا و در کدام مواضع سور وارد شده است
شکی نیست که جواب آن را نه از نجوم الفرقان ونه از افضل واکمل حفاظ قرآن بداهة وصراحة تحقیق توان کرد
وقس علی هذا جمیع ما سواه هؤلاء از سبب بود که بندهٔ اثیم برای فقد احتیاج طالبان ذوی المکارم در این امر عظیم
بعد از اثبات تمام حبل متین فضل جمیل والله المستعان را چسپیده دامن اختیار در کمر اجتهاد در چسپید تا ثمرهٔ آرزو
از اغصان شجرهٔ مراد بر چید که گفته اند اذا اردت رکوب امر فادح فاجعل له الصبر الجمیل خطاما
و در عرض سنین متعدده از سرمایهٔ صبر وتانی متاع خوش رواج بر بازار معرفت بیاورد قد یدرک المتانی بعض
حاجته وقد یکون من المستعجل الزلل واز معادن تبیان جواهر هذا بیان للناس را که فی الحقیقه برای
ارباب عرفان ارمغان بدیع المعانی است استخراج نموده بحیط مراد درکشید وچون بعد از طی مراحل اجتهاد بسر
منزل مراد رسید وگوی مقصود را بچوگان استرفاد در ربود وما حصل حصاد نجات را در خرمن رشد انبوه انبوه
در چید محصول را که در حقیقت مفتاح مصداق وبالحق انزلناه وبالحق نزل ومنهاج آیات نعم الاصل ونعم البدل
است مفتاح کنوز القرآن نام نهاد وتعلیق در کاه سوق عرفان نمود که ناظران را از تهی وطالبان را بهجر
از آن حاصل گردد نظم نه اینکه آرزوی من بود دم زدن زکمال ؛ بل آرزوی وصالم کشید سوی جمال ؛ محیط سر
الهی است قطره را چه مقام ؛ که حین وصل نماند زبان کاش لال ؛ فرات ونیل زمعنی لم یزل اثری است ؛ ولی
زوال خشم شود زآب زلال نثر وچون دارندهٔ سپهر بی ستون وفرازندهٔ عوالم بی مثال وچون وفروزندهٔ
چراغان وکل فی فلک یسبحون هر فردی را از افراد بشر اختر نصیب مقدر وهر کهتر ومهتری را از عالم معنی ونظر
نیر مقرر و در بارگاه فضلتکم علی العالمین او را مقام بلند کرامت فرمود وعقل را در نهاد وی پایه تخت معنی
کرد این ذرهٔ ناچیز نیز در حیز تمیز بهره برده طریق مواظبت را پیش گرفتم وطوق اثابت را بگردن طاعت بستم وگوشهٔ
ریاضت را جستم وتا این امر عظیم را بسر آوردم همی گفتم که نظم اصغیا یا ایها المعنی ویا معنی المنی
بذکری انت مشهود وروحی شاهد اسقیا بالله قلبی من صبابات الهوی ان قلبی مسجد لک فیه روحی
ساجد نثر تا بحمد الله تعالی از فضل سبحانی بجناح اجتهاد بذروهٔ مراد رسیدم وچون این کتاب مستطاب محتوی
مطالب اقصی ومتضمن برکات لا یعد ولا یحصی است دیباچهٔ آن را بنام مبارک همایون خداوندی مشرف
ومزین گردانیدم عرض عند گستاخی مؤلف حقیر که دیباچهٔ این نسخه را بنام مبارک همایون اعلیحضرت
شهنشاهی مزین ونسخهٔ مخصوصه علیحده را بالحضار در بار سرکار اقدس جهانمطاع مصدع مقیما
بارگاه جلال شده است بدیهی است که در تمام قرون واعصار وجمیع ممالک وامصار همت سلاطین زمان
باعث رونق امور دین ودولت وداعیه رفاهیت مملکت است واسباب علم وادب که عمدهٔ متاع بازار
مروت ومعرفت است بی گوشهٔ التفات ایشان رواج نپذیرد ومراتب اعتبار رجال دولت وعمال بی کرشمه
اعتنای ایشان تمکن نیابد وبدون آبیاری از جویبار کرم وسخاوت ایشان در باغستان کمال گل نروید وبلا ایثار
مکرمت ایشان در شبستان جمال چراغی نسوزد وبه استمداد از همت ایشان کسی در میدان معنی گوی معرفت نجوید
نظم سلطان زمان لطف الهی جهان است ؛ در قبضهٔ او محیط امن وامان است ؛ در اندیشهٔ علم وادب رونق
هر فضل ؛ از دولت وانصاف سلاطین زمان است او مرکز هر خیر ودر آن مرتبط آید اسباب فراهت که چه
حاجت به بیان است نثر چون بقدر تؤتی الملک من تشاء سلاطین را برای نظام دولت ومصلحت
رعیت برگزیده وبفحوای السلطان ظل الله فی الارض یاوی الیه الضعیف وبه ینتصر المظلوم ومن
اکرم سلطان الله فی الدنیا اکرمه الله یوم القیامة سلطان خود ساخته است پس نظام هر خیر وتمکین
هر نیکی منوط بهمت سلاطین است وچون غلبهٔ ضعف از قوت ظلم ورواج این از تسلط جهل است پس تقویهٔ سایر
معرفت در هر عصر ومکان متعلق بتدبیر سلاطین زمان است که اهل فضل وادب در زیر سایهٔ آسمان کنایهٔ ایشان

آسوده بنشینند و بتربیه و تقویه نور عدل ایشان ظلمت جهل را روز بروز از میان بردارند لهذا این بندهٔ خاکسار که چندین سالها است که پروردهٔ نعمات دولت علیه ایمپراطوریهٔ روسیه و در حلقه چاکران این سلطنت ابدمدت میباشم نظر باتحاد و یکانکی که بحمد الله درمیان این دولتین علیتین ثابت و راسخ شده است بعد از اتمام تألیف کتاب بزرکوار که محتوی جواهرات مصداق انه لقرآن کریم فی کتاب مکنون است رجا را واثق دانستم که سرکار اعلی حضرت پادشاه دین و دولت و شهریار ملک و ملت خداوندگار آسمان شان شهنشاه معدلت نشان مهر فروزان سپهر مجد و سروری و بدر کامل النور آسمان جلال و بلند اختری در صدف جلال معنوی و جوهر درج سعادت دینی و دنیوی شکوفهٔ بهارستان ولقد خلقنا الانسان فی احسن تقویم و بدیههٔ شکرستان ما هذا بشرا ان هذا الا ملک کریم ناصر العلم و معدن الکرم و الحلم اعنی به شهنشاه نصرت دستکاه ناصر الدین شاه بن محمد شاه بن عباس میرزا ابن فتحعلی شاه قاجار لازال انجم اقباله ساطعة مادام بقاء الاقبال و انقلاب الاحوال بکرشمهٔ التفات سلطانی کتاب مستطاب عزت نصاب مذکور را بفحوای الطیبات للطیبین بشرف قبول ارزانی نمایند و باعث افتخار و سرافرازی این خاکسار کردند نظم

لطف خداوندیش کر بکند التفات ٭ فرق سر افتخار تا بثریا شود ٭ پاره سنک سیاه از اثر نظر تش ٭ قدر بیابد بطبع کوهر دریا شود ٭ پشه بیچاره کر زیر پر رحمتش ٭ تربیه یابد بسر همدم عنقا شود ٭ ذرهٔ ناچیز اکر پرورش حضرتش یابد و دوران برد مقصد دنیا شود ٭

چند کلمه دربیان ترتیب کتاب مستطاب مفتاح کنوز القرآن

بدانکه در ترتیب تألیف کتاب مستطاب این چند قواعد دستور العمل شده که ذکر آن از برای مستفیدان واجب نمود اول اینکه ترتیب کلمات محتاج الیها بترتیب حروف هجا مضبوط است و ازین سبب عدد ابواب کتاب نظر باعداد حروف تهجی بیست و هشت باب آمد و هر باب مشتمل چند فصل مثلا باب الهمزه فصل الهمزه فصل الالف فصل الباء فصل التاء و هکذا الی آخره باب الباء فصل الهمزه فصل الالف فصل الباء و هکذا الی آخر الکتاب پس دریافتن مفاتیح آیات ترتیب مستعمل لغوی را پیش نهاد باید ساخت مثلا دریافتن ائت ائتوا ائتنا ائذن بباب الهمزه فصل الهمزه و دریافتن آتنا و اتوا و اتوهم بباب الهمزه و فصل الالف نکاه باید کرد و باخع بادی بارک را از باب الباء و فصل الالف و جزء جزا جزع جزوع را از باب الجیم و فصل الزا دریافت توان کرد و هکذا الی آخر الکتاب دویم اینکه در تعیین مواضع کلمات محتاج الیها بعد از ذکر سور بعواشر آیات اشاره شده است و نه بعدد آیات و اگرچه این بدعت را چندی از علمای فرنکستان دستور العمل ساخته‌اند اما چون عدد آیات قرآن درمیان قراء کوفیین و بصریین و غیرهم رحمهم الله محل اختلاف است و حتی در اکثر نسخ قرآن این اختلاف بوضوح رسیده چنانکه رموز عب یعنی عشر عند البصریین و عك عشر عند الکوفیین و خب یعنی خمس عند البصریین و خك خمس عند الکوفیین و غیر ذلک که در نزد علما معتبر و مصرح این قول است پس ازین سبب حقیر خاکسار تعیین آیه را خلاف قاعدهٔ علمای اسلام دانسته متحمل آن نشد و اما از طرف دیکر اکر بدون تعیین عشرات محض بذکر سور قرآن اکتفا میرفت یافتن آیه و یا کلمهٔ محتاج الیها در طول الت بهو صورت پذیر نمیشد و اکر بعدد جزو و یا حزب اشاره میشد همچنان خالی از اشکال نمیماند پس حقیر تعیین عواشر را مرجح و جایز فهمیده در تصریح مواضع آیات بعدد عواشر اشاره کرد باینطور مثلا (یونس ۲) دلالت میکند بسورهٔ یونس عشر دویم (شعرا ۱۶) دلالت میکند بسورهٔ شعرا عشر شانزدهم (بقره ۱۹) یعنی سورهٔ بقره عشر نوزدهم و مراد از عشر آیات مندرجه درمیان اول و عاشر است پس مراد از عشر اول اینست که آیهٔ مطلوبه در آغاز سوره درمیان آیه اول تا[^*] و معنای عشر ۲ و یا عشر ۳ و یا عشر ۱۵ مثلا اینست که آیهٔ مطلوبه درمیان آیات مندرجه در عشر اول از آیهٔ اول تا آیهٔ دهم و در عشر ثانی از آیهٔ دهم تا بیستم و در عشر سیوم از بیستم تا سیام و در عشر پانزدهم از صد و چهلم تا صد و پنجاهم واقع شده است پس اکر کسی جویا باشد مثلا که آیهٔ قال الذین لا یرجون لقاءنا ائت

[^*]: و آیهٔ دهم است

بقرآن الخ درکدام موضع قران است درهر فقرهٔ از مفاتیح این آیه یعنی از رُجون و لقائنا وائت و قال
بقران خواهد دید که موضع آن سورهٔ یونس و عشر ثانی این سوره است که آیهٔ پانزدهم عند الکوفیین باشد
و که درجای دیگر نیست سیم اینکه آیه محتاج الیها را از هر کلمهٔ آن میتوان پیدا کرد مثلا طالب میخواهد بداند که آیهٔ
قل هو الرحمن آمنا به درکدام مواضع است پس آنرا در ضمن کلمات قل و آمنا و الرحمن تواند یافت و
درین قاعده دو فائده مندرج است اوّلا اینکه آیهٔ مقصوده را طالب از هر کلمهٔ آن پیدا میتواند کند ثانیا اینکه
جمیع مواضع کلمهٔ مقصوده را خواه فاعل و خواه مبتدا و خواه خبر باشد مع جمیع آیات که مشتمل آن است بترتیب
خواهد دید پس اگر محتاج میخواهد بداند که کلمهٔ الارض مثلا درکدام مواضع قران و درکدام آیات وارد است
آنرا از باب الهمزه فصل الراء تفتیش کند که در فقرهٔ ارض جمیع آیات مطلوبه را بترتیب خواهد یافت چهارم
اینکه در تفتیش کلمات محتاج الیها ترتیب حروف خود همان کلمات را باید گرفت و نه اصول کلمات را مثلا اگر
میخواهد بداند که کلمهٔ تفعلون درچند مواضع و درکدام آیات قران وارد است پس در تفتیش آن کلمه حروف خود ترتیب
تفعلون را باید درنظر داشت و نه فعل را پس به باب التاء و فصل الفاء نظر کند پنجم در تفحص کلمات که لام
التعریف و حروف عاطفه و حروف الجر و غیر ذلک دارند مثل الآیة بآیة لآیة وآیة و قس علی هذا اخواتها اصل
کلمهٔ آیه را باید نظر کرد که در ضمن آن مزیداتش علی الترتیب وارد آمده است ششم اینکه در ترتیب کلمات آیات
قرآن مطلقا بحروف و ظروف و اکثر ضمایر و اشارات اشاره نرفت بلکه جمیع آن در مقام خود در ضمن کلمات
مقصوده بترتیب مندرج گردید مثلا تمام حروف الجر و الظرف و العطف و حروف المشبهة و حروف الزیادة و
التخصیص و غیرها الّا الردع و ضمائر منفصله را بترتیب حروف تهجی میتوان یافت زیرا که آنها باعث تطویل میشد مثلا هی
هی لهی وهی در قران در شصت و سه مواضع آمده و هو مع مزیداته در چهارصد و هشتاد و پنج موضع وارد شده
باین ترتیب که هو مجردا در دویست و شصت و یک موضع آمده در بست و هشت موضع لهو در هفده موضع و هو فهو
در صد و شصت و نه مواضع آمده و امّا هم مع مزیداته در ششصد و نود و هفت موضع وارد شده باین ترتیب هم
(۲۵۹) بارهم (۴۰) بارفهم (۴۱) افهم (۱) لهم (۳۷۱) الهم (۱) فلهم (۶) ولهم (۴۲) وهم (۱۳۶) آمده
است و اگر مواضع این آیات و آیات این مواضع را تکرار میکردیم باعث تطویل زیاد میشد پس اگر کسی خواسته
باشد که استنباط نماید که هریکی از حروف مشبهه و حروف العطف و نحوها درچند مواضع قرآن وارد شده است همانرا
از مزیدات کلمات مطلوبه میتواند بیابد باهتمام کلمهٔ الله مع مزیداتها بقدر المقدور از جمیع جملهای استثنائیه آیات
کلام مجید بیک جا بترتیب دستور العمل شده اما اکثر از آن در مواضع دیگر مثل در باب قال و کان و انزل و نحوه
از افعال که عمدهٔ مطالب محتاج الیها است وارد شده مثلا الله الذی رفع السموات و الله خالق کل شیء و الله
سریع الحساب و جمیع امثالها در باب الهمزه فصل اللام مرتب شده اما و قال الله الآیه و کان الله الآیه و انزل الله
الآیه و آمنا بالله و امثالها در ابواب قال و کان و انزل و آمنا منتظم شده اند و ازین سبب است که کلمهٔ بالله
در مزیدات کلمهٔ الله من باب الهمزه فصل اللام مندرج نشده طالب آنرا از باب آمنا و امنوا و تکفرون و
امثالها میتواند یابد و همچنین است منصوبات و مجرورات این کلمه غیر از آنها که در مزیدات باب الهمزه و فصل
اللام وارد شده است مثلا و آیات الله الآیه و عد الله الآیه و سبحان الله و عند الله و من عند الله
و لکن ظننتم ان الله الآیه را از باب آیات و وعد و سبحان و عند و ظننتم توان یافت
و باعث این اختصار نیز همان از سبب احتراز تطویل شد که اگر همهٔ آیات مکرره ثبت میافت در باب
کلمهٔ الله بیشتر از یک جزو کتابت لازم می آمد و علاوه بران باز همان آیات در مقام خود میبایست ذکر بشود
و از برای تبیین این مقال آورده میشود که کلمهٔ الله مع تغییر الاعراب و مزیداتها در کلام مجید بحسب این فهرست
در دو هزار و شش صد و هشتاد و هشت موضع وارد شده است باین ترتیب والله اعلم

كلمات مقصوده در سور قرآن	اَللّٰهُ	فَاللّٰهُ	وَاللّٰهُ	اَللّٰهَ	اَللّٰهِ	بِاللّٰهِ	اَبِاللّٰهِ	تَاللّٰهِ	وَتَاللّٰهِ	لِلّٰهِ	فَلِلّٰهِ	وَلِلّٰهِ	وَاللّٰهِ
فاتحه										١			
بقره	٦٥	١	٣٩	٧٥	٧٣	١٢				١٢		١	
آل عمران	٤٥		٣٨	٤١	٦٧	٩				٤		٥	
نسا	٧٥	٢	١٠	٥٠	٥٧	٢٢				٨		٣	
مائده	٤٩		١٦	٤١	٢٩	٥				٢		٢	
الانعام	٢٩		١	٦	٣٨	٢				٩	١		١
اعراف	١٧		١	٨	٢٧	٥				٢		١	
انفال	١٩		١١	٣٦	١٧	١				٤			
توبه	٤٧	١	٢٣	٣٢	٤٤	١٦	١			٢			
يونس	١٩		١	٨	٢٥	٢				٥			
هود	٤		١	٨	٢٣	١						١	
يوسف	١٠	١	٤	٣	١٥	٣		٤		٤			
رعد	١٣		١	٤	١٠	١				٣	١	١	
ابراهيم	١٠			٨	١٥					٤			
الحجر				١	١								
نحل	٢٠		٥	١٤	٢٥	٤		٢		٦		٣	
بنی اسرائيل	٣			٢	٢	٢				١			
كهف	٨			١	٤	١				٢			
مريم	٢			١	٤					١			
طه	٤		١		١								
انبيا	١				٤				١				
الحج	١٤		١	٣٥	٢٠	٢				٢		١	
مؤمنين	٤			٢	٣					٤			
نور	٢٠		١٧	١٧	١٧	٧				١		١	
فرقان	٤				٤								
شعرا				١٠	٢			١					
نمل	٧			٢	١٣	١				٥			
قصص	٨		١	٦	١١					١			
عنكبوت	١٢		١	٨	١٦	٣				١			
روم	٩			١	١٣					١			
لقمان	٣			١٥	٩	٢				٣			
سجده	١												
جمع	٥٢٢	٥	١٧٦	٤٣٥	٥٨٨	٢٠٢	١	٧	١	٨٨	٢	١٩	١

كلمات مقصوده در سور قرآن	اَللّٰهُ	فَاللّٰهُ	وَاللّٰهُ	اَللّٰهَ	اَللّٰهِ	بِاللّٰهِ	اَبِاللّٰهِ	تَاللّٰهِ	وَتَاللّٰهِ	لِلّٰهِ	فَلِلّٰهِ	وَلِلّٰهِ	وَاللّٰهِ
احزاب	۲۹		۴	۲۶	۲۵	۴				۱			
سبا	۲				۳	۱				۲			
ملائكه	۴		۳	۱۱	۱۳	۲				۲	۱		
يس	۲				۱								
صافات	۳		۱	۱	۸			۱		۱			
ص	۱				۲								
زمر	۲۴			۱۲	۱۷					۶			
مؤمن	۱۷		۱	۷	۲۲	۳				۳			
فصلت	۲			۳	۴	۱				۱			
شورى	۱۸	۱		۲	۱۰					۱			
زخرف	۱			۲									
دخان	۱				۲								
جاثيه	۵		۱		۱۰						۱	۱	
احقاف	۱			۴	۱۱							۳	
قتال	۱۰		۵	۷	۵								
فتح	۲۱			۳	۸	۲۴							
حجرات	۲		۵	۱۲	۷	۱							
ق					۱								
ذاريات				۱	۲								
طور					۳								
نجم	۲				۱					۱	۱	۱	
قمر													
الرحمن													
واقعه													
حديد	۲		۶	۷	۱۰	۵				۱		۱	
مجادله	۱۳		۵	۱۱	۹	۲							
الحشر	۶		۲	۹	۶					۱	۱		
ممتحنه	۵		۴	۶	۳	۳							
صف	۱		۳	۱	۱۰	۱				۱			
جمعه			۴	۱	۵					۲			
منافقين	۳		۳	۱	۵							۲	
تغابن	۲		۷	۴	۳	۳				۱			
جمع عدد كلمات	۱۷۷	۱	۵۴	۱۳۱	۲۰۵	۳۰		۱		۲۴	۴	۸	

کلمات مقصوده در سور قرآن	اَللّٰهُ	فَاللّٰهُ	وَاللّٰهُ	اَللّٰهَ	اَللّٰهِ	بِاللّٰهِ	اَبَاللّٰهِ	تَاللّٰهِ	وَتَاللّٰهِ	لِلّٰهِ	فَلِلّٰهِ	وَلِلّٰهِ	وَاللّٰهِ
طلاق	٨			٩	٥	٢				١			
تحریم	٦		٢	٢	٣								
ملک	٢				١								
نون													
الحاقه						١							
المعارج					١								
نوح	١		٢	١	٢					١			
جن	١			٢	٦					١			
مزمل			١	٣	٣								
مدثر	٣												
قیامه													
انسان	٢			١	٢								
مرسلات													
نبأ													
نازعات	١												
عبس													
تکویر	١												
انفطار										١			
مطففین													
انشقاق			١										
بروج			٢			١							
طارق													
الاعلی	١												
غاشیه	١												
فجر													
البلد													
الشمس					٢								
اللیل													
الضحی													
الم نشرح													
التین	١												
العلق				١									
جمع کل	٢٨		٨	١٩	٢٥	٤				٤			

کلمات مقصود در سور قرآن	اَللهُ	فَاللهُ	وَاللهُ	اَللهَ	اَللهِ	بِاللهِ	اَبِاللهِ	تَاللهِ	وَتَاللهِ	لِلهِ	فَلِلهِ	وَلِلهِ	وَاللهِ
القدر													
بینه	۱			۱	۱								
زلزال													
عادیات													
القارعه													
التکاثر													
العصر													
همزه					۱								
فیل													
قریش													
ماعون													
الکوثر													
الکافرون													
النصر					۲								
لهب													
اخلاص	۲												
فلق													
الناس													
جمع عدد کلمات	۳			۱	۴								

ازین حساب معلوم میشود که کلمهٔ اللهُ (مرفوعا) در کلام مجید در هفصد وسی (۷۳۰) جا وارد شده فاللهُ مع الفاء در شش (۶) جا واللهُ مع الواو (مرفوعا) در دولیت وسی وهشت (۲۳۸) جا اللهَ (منصوبا) در پانصد وهشتاد وشش (۵۸۶) اللهِ (مجرورا) در هشتصد وبیست ودو (۸۲۲) جا باللهِ در صد وسی وشش موضع (۱۳۶) لِلهِ در صد وشانزده (۱۱۶) جا وللهِ (مع الواو) در بیست وهفت (۲۷) جا فَلِلهِ در شش (۶) موضع تَاللهِ در هشت (۸) موضع وتَاللهِ (مع الواو) در یک جا أَبِاللهِ (مع الهمزه) در یک جا وَاللهِ مع الواو (مجرورا) در یک جا که جمیع همه دو هزار وششصد وهفتاد وهشت موضع باشد (۲۶۷۸) الله اعلم پس اگر تمام این مواضع را بسیاق این فهرست جمع میکردیم ذکر تمام ایات فردا فردا لازم میافتاد واین باعث تطول زیاد میشد باوجود اینکه اختصار بقدر المقدور همیشه مطلوب این حقیر بود

حمد لله ختم شد فهرست در اوان سعید | نهم ماه حمل سال جدید و روز عید
از پی تاریخ اتمامش چو گشتم غیب گفت | کشف کن از ابجد فهرست فرقان المجید

نکتهٔ این تاریخ اینست که اتمام تالیف کتاب در سنهٔ هزار ودولیت شصت وچهار بود که از حروف ابجدیهٔ فهرست فرقان المجید استفاده میتوان کرد وتاریخ ختم نسخه که از روی آن میبایست این کتاب چاپ شود هزار ودولیت وهشتاد وچهار بود که از ابجد فهرست فرقان المجید استفاده میشود وتاریخ ختم واتمام

پس جمیع اعداد ۲۶۷۸ است

چاپ تمّ فهرستنا آمد که در آخر کتاب ذکر شد سبحان ربّك ربّ العزة عمّا یصفون وسلام علی المرسلین والحمد لله ربّ العالمین از مطالعه کنندکان این کتاب مستطاب التماس میرود که اگر دران خطایی بینند قلم عفو را بر جرایم این حقیر بکشند خصوصا در ذکر ایات قرآن مجید که گاهی اتفاق افتاده است که بسبب عدم وسعت بنصف آیه و یا جز آن اکتفا شده و گاهی از نصف آیه آغاز شده است پس این قصور را حمل بخسران نفرمایند که آیهٔ تعویذ را مؤلف در سر هر سطر مراد داشته است و اگرچه خسران است غفران هم هست فالحمد لمن سبقت رحمته غضبه

تمّ

مفتاح كنوز القرآن

باب الهمزة   فصل الهمزة

قال الذين لا يرجون لقائنا ائت بقرآن غير هذا (يونس ۲) ان ائت القوم الظالمين (شعرا ۱) فأت باية ان كنت
من الصادقين (شعراء ۱) قال فأت به ان كنت من الصادقين (شعرا ۳) فأت بها من المغرب (بقرة ۲۶) قال ان كنت جئت باية
فأت بها (اعراف ۱۱) وأتمروا بينكم بمعروف (طلاق ۱) له اصحاب يدعونه الى الهدى ائتنا (انعام ۸) وقالوا يا صالح
ائتنا بما تعدنا (اعراف ۸) الا ان قالوا ائتنا بعذاب الله (عنكبوت ۳) او ائتنا بعذاب اليم (انفال ع) فأتنا بما تعدنا
ان كنت من الصادقين (اعراف ۷ هود ۴ احقاف ۳) الا ان قالوا ائتوا بابائنا (جاثيه ۳) ثم ائتوا صفا (طه ۷) فأتوا
بابائنا ان كنتم صادقين (دخان ع) فأتوا بسورة من مثله (بقرة ۳) قل فأتوا بسورة من مثله (يونس ع) قل فأتوا بعشر سور
(هود ۲) قل فأتوا بكتاب من عند الله (قصص ۵) قالوا فأتوا به على اعين الناس (انبياء) فأتوا حرثكم انى شئتم (بقرة ۲۳) وأتوا
البيوت من ابوابها (بقرة ۱۹) فأتونا بسلطان مبين (ابراهيم ۱) قال ائتونى باخ لكم (يوسف ۶) ائتونى بكتاب من قبل
هذا (احقاف ۱) وقال فرعون ائتونى بكل ساحر عليم (يونس ۸) وقال الملك ائتونى به (يوسف ۵-۶) وأتونى باهلكم اجمعين
(يوسف ۱۰) وأتونى مسلمين (نمل ۴) فقال له وللارض ائتيا طوعا او كرها (فصلت ۲) فأتيا فرعون فقولا (شعرا ۲) فأتياه
فقولا انا رسولا ربك (طه ۵) ومنهم من يقول ائذن لى (توبه ۶) فأذن لمن شئت منهم (نور ۷) فأذنوا بحرب من الله

ورسوله

فصل الالف

ورسوله (بقرة ۲۸) وأمر اهلك بالصلوة (طه ۸) خذ العفو وأمر بالعرف (اعراف ۲) يا بني اقم الصلوة وأمر بالمعروف
(لقمان ۲) وأمر قومك يأخذوا باحسنها (اعراف ۱۵) او اباء بعولتهن (نور ۴)
قالوا نعبد الهك واله ابائك (بقرة ۱۴) قل ان كان اباؤكم وابناؤكم (توبه ۳) اباؤكم وابناؤكم لا تدرون ايهم اقرب
لكم نفعا (نساء ۲) ولا تنكحوا ما نكح اباؤكم من النساء (نساء ۳) عما كان يعبد اباؤكم (سبأ ۵) فاذكروا الله كذكركم اباءكم (بقرة ۲۰)
لا تتخذوا اباءكم (توبه ۳) باهدى مما وجدتم عليه اباءكم (زخرف ۳) او بيوت ابائكم (نور ۷) قال ربكم ورب ابائكم الاولين
(شعراء ۳) الله ربكم ورب ابائكم الاولين (صافات ۱۳) ربكم ورب ابائكم الاولين (دخان ۱) وعلمتم ما لم تعلموا انتم ولا
اباؤكم (انعام ۱۰) سميتموها انتم و اباؤكم (اعراف ۷ يوسف ۶ نجم ۳) قال لقد كنتم انتم واباؤكم في ضلال مبين (انبياء ۶) اتنهينا
ان نعبد ما يعبد اباؤنا (هود ۷) ان نترك ما يعبد اباؤنا (هود ۹) تريدون ان تصدونا عما كان يعبد اباؤنا (ابراهيم ۲) نذر و
ما كان يعبد اباؤنا (اعراف ۷) او تقولوا انما اشرك اباؤنا (اعراف ۱۸) قالوا بل نتبع ما الفينا عليه اباءنا (بقرة ۱۷) انا وجدنا
اباءنا على امة (زخرف ۳ مرتين) قالوا بل وجدنا اباءنا كذلك يفعلون (شعراء ۸) قالوا حسبنا ما وجدنا عليه اباءنا (مائده ۱۴)
قالوا وجدنا عليها اباءنا (اعراف ۳) قالوا بل نتبع ما وجدنا عليه اباءنا (لقمان ۳) وقالوا قد مس اباءنا الضراء (اعراف ۱۱)
لتلفتنا عما وجدنا عليه اباءنا (يونس ۸) قالوا وجدنا اباءنا لها عابدين (انبياء ۵) الا ان قالوا ائتوا باباءنا (جاثيه ۳) فأتوا
باباءنا ان كنتم صادقين (دخان ۲) ما سمعنا بهذا في اباءنا الاولين (مؤمنين ۲) وما سمعنا بهذا في اباءنا الاولين (قصص ۴)
لو شاء الله ما اشركنا ولا اباؤنا (انعام ۱۵) لقد وعدنا نحن و اباؤنا هذا من قبل (مؤمنين ۵) ائذا كنا ترابا واباؤنا ائنا لمخرجون
(نمل ۷) لقد وعدنا هذا نحن واباؤنا (نمل ۷) او اباؤنا الاولون (صافات ۲ واقعه ۲) ما يعبدون الا كما يعبد اباؤهم
من قبل (هود ۱۱) اولو كان اباؤهم لا يعلمون شيأ (مائده ۱۴) اولو كان اباؤهم لا يعقلون شيأ ولا يهتدون (بقرة ۲۱) لتنذر
قوما ما انذر اباؤهم (يس ۱) ولو كانوا اباءهم او ابناءهم (مجادله ۳) فان لم تعلموا اباءهم فاخوانكم في الدين (احزاب ۱) ام جاءهم ما لم
يأت اباءهم الاولين (مؤمنين ۲) انهم الفوا اباءهم ضالين (صافات ۲) ادعوهم لابائهم (احزاب ۱) ما لهم به من علم ولا لابائهم
(كهف ۱) بل متعنا هؤلاء و اباءهم (انبياء ۵) ومن اباءهم وذرياتهم واخوانهم (انعام ۹) ومن صلح من اباءهم (رعد ۳ مؤمن ۱)
بل متعت هؤلاء واباءهم (زخرف ۳) ولكن متعتهم واباءهم (فرقان ۲) او اباءهن او اباء بعولتهن (نور ۴) لا جناح عليهن
في اباءهن (احزاب ۶) واتبعت ملة اباءي (يوسف ۵) فات ذا القربى حقه والمسكين (روم ۴) انما توعدون
لات (انعام ۱۶) فان اجل الله لات (عنكبوت ۱) وات ذا القربى حقه (بني اسرائيل ۳) اتاني الكتاب (مريم ۲) فما اتاني
الله خير مما اتيكم (نمل ۴) واتاني رحمة من عنده (هود ۳) كلتا الجنتين اتت اكلها (كهف ۵) واتت كل واحدة منهن سكينا
(يوسف ۴) ربنا اتنا في الدنيا (بقرة ۲۰) ومنهم من يقول ربنا اتنا في الدنيا حسنة (بقرة ۲۱) فقالوا ربنا اتنا من لدنك رحمة
(كهف ۲) قال لفتيه اتنا غداءنا (كهف ۹) ربنا واتنا ما وعدتنا (ال عمران ۲۰) والذين يؤتون ما اتوا وقلوبهم وجلة (مؤمنين ۴)
فاتوا الذين ذهبت ازواجهم (ممتحنه ۲) واقاموا الصلوة واتوا الزكوة (بقرة ۲۸ توبه ۲) الذين ان مكنهم في الارض اقاموا
الصلوة واتوا الزكوة (حج ۵) واقيموا الصلوة واتوا الزكوة (بقرة ۵-۹-۱۱ نساء ۸ نور ۷ مزمل ۲) فاقيموا الصلوة واتوا الزكوة
(مجادله ۲ حج ۸) واتوا النساء صدقاتهن نحلة (نساء ۱) واتوا اليتامى اموالهم (نساء ۱) واتوا حقه يوم حصاده (انعام ۱۵) اتوني
زبر الحديد (كهف ۱۰) قال اتوني افرغ عليه قطرا (كهف ۱۰) فلما اتوه موثقهم (يوسف ۷) ثم سئلوا الفتنة لاتوها (احزاب ۲)
فاتوهم نصيبهم (نساء ۵) واتوهم ما انفقوا (ممتحنه ۲) واتوهم من مال الله الذي اتيكم (نور ۴) فاتوهن اجورهن (طلاق ۱)
واتوهن اجورهن بالمعروف (نساء ۳) فاتهم عذابا ضعفا من النار (اعراف ۴) ان كل من في السموات والارض الا اتي
الرحمن عبدا (مريم ۱۰) واقام الصلوة واتى الزكوة (بقرة ۱۸ توبه ۲) واتى المال على حبه (بقرة ۱۸) يا ايها النبي انا احللنا لك
ازواجك اللاتي اتيت اجورهن (احزاب ۵) وقال موسى ربنا انك اتيت فرعون (يونس ۹) ان الساعة اتية (طه ۲) وان
الساعة اتية لاريب فيها (حج ۱) ان الساعة لاتية لاريب فيها (مؤمن ۶) وان الساعة لاتية (حجر ۶) فخذ ما اتيتك وكن
من الشاكرين (اعراف ۱۷) لما اتيتكم من كتاب وحكمة (ال عمران ۹) فلا جناح عليكم اذا سلمتم ما اتيتم بالمعروف (بقرة ۳۰)

وما اتيتم من ربا (روم ٤) وما اتيتم من زكوة تريدون وجه الله (روم ٤) واتيتم احديهن قنطارا (نسأ ٢) لئن اقمتم
الصلوة واتيتم الزكوة (مائده ٢) ولا يحل لكم ان تأخذوا مما اتيتموهن شيئا (بقرة ٢٢) لتذهبوا ببعض ما اتيتموهن (نسأ ٢)
اذا اتيتموهن اجورهن (مائده امتحنه ١) لئن اتيتنا صالحا لنكونن من الشاكرين (اعراف ١٩) رب قد اتيتني من الملك
(يوسف ١١) ويرضين بما اتيتهن كلهن (احزاب ٦) انا اتيك به (نمل ٥ مرتين) وابتغ فيما اتيك الله الدار الاخرة
(قصص ٨) واتوهم من مال الله الذى اتيكم (نور ٤) ولا تفرحوا بما اتيكم (حديد ٣) ولكن ليبلوكم فيما اتيكم (مائده ٥) فما اتين
الله خير مما اتيكم (نمل ٤) وما اتيكم الرسول فخذوه (حشر ١) واتيكم ما لم يؤت احدا من العالمين (مائده ٣) واتيكم من كل ما سألتموه
(ابراهيم ٤) لعلى اتيكم منها بقبس (طه ١) لعلى اتيكم منها بخبر (قصص ٣) انى اتيكم بسلطان مبين (دخان ٢) او اتيكم بشهاب قبس
(نمل ١) واتين الزكوة (احزاب ٤) ومنهم من عاهد لئن اتينا من فضله لنصدقن (توبه ٨) وان كان مثقال حبة من خردل
اتينا بها (انبياء ٤) وكلا اتينا حكما وعلما (انبياء ٨) واذ اتينا موسى الكتاب (بقرة ٦) ثم اتينا موسى الكتاب تماما (انعام ١٦) فقد
اتينا ال ابراهيم الكتاب والحكمة (نساء) ولقد اتينا موسى الكتاب (بقرة ٩ هود ١٢ مؤمنين ٥ فرقان ٤ قصص ٥ فصلت ٥)
ولقد اتينا موسى تسع ايات (بنى اسرائيل ١١) ولقد اتينا موسى وهارون الفرقان (انبياء ٥) ولقد اتينا ابراهيم رشده من قبل
(انبياء) ولقد اتينا داود وسليمان علما (نمل ٢) ولقد اتينا داود منا فضلا (سبأ ١) ولقد اتينا لقمان الحكمة (لقمان ٢) ولقد اتينا
موسى الهدى (مؤمن ٦) ولقد اتينا بنى اسرائيل الكتاب (جاثيه ٢) فاتينا الذين امنوا منهم اجرهم (حديد ٣) ولو شئنا لاتينا
كل نفس هديها (سجده ٢) واتينا عيسى ابن مريم البينات (بقرة ٩-٢٦) واتينا موسى سلطانا مبينا (نسأء ١) واتينا داود زبورا
(نسأ ١٧ بنى اسرائيل ٦) واتينا موسى الكتاب (بنى اسرائيل ١) واتينا ثمود الناقة مبصرة (بنى اسرائيل ٦) ولقد اتيناك سبعا
من المثانى (حجر ٩) وقد اتيناك من لدنا ذكرا (طه ١٠) واتيناك بالحق وانا لصادقون (حجر ٢) خذوا ما اتيناكم بقوة (بقرة ٧-١٠ اعراف ١٨)
واتل عليهم نبا الذى اتيناه اياتنا (اعراف ١٨) اتيناه حكما وعلما (يوسف ٣ قصص ٢) ولوطا اتيناه حكما وعلما (انبياء ٨) فوجدا
عبدا من عبادنا اتيناه رحمة من عندنا (كهف ٧) واتيناه الانجيل (مائده ٥ حديد ٣) واتيناه فى الدنيا حسنة (نحل ١٦) واتيناه
من كل شئ سببا (كهف ٩) واتيناه اهله ومثلهم معهم (انبياء ٩) واتيناه الحكم صبيا (مريم ٢) واتيناه من الكنوز (قصص ٨) واتيناه
اجره فى الدنيا (عنكبوت ٣) واتيناه الحكمة وفصل الخطاب (ص ٢) الذين اتيناهم الكتاب (بقرة ١٣-١٥ انعام ٢) فالذين اتيناهم
الكتاب يؤمنون به (عنكبوت ٥) اولئك الذين اتيناهم الكتاب (انعام ٩) والذين اتيناهم الكتاب (انعام ١٢ رعد ٥) ام اتيناهم
كتابا فهم على بينة منه (ملائكه ٥) ام اتيناهم كتابا من قبله (زخرف ٣) بل اتيناهم بالحق وانهم لكاذبون (مؤمنين ١٠) سل بنى اسرائيل
كم اتيناهم من اية بينة (بقرة ٢٢) واذا لاتيناهم من لدنا اجرا عظيما (نسأ ٧) وما بلغوا معشار ما اتيناهم (سبأ ٥) ليكفروا بما اتيناهم
(نحل ٤ عنكبوت ٧ روم ٤) وما اتيناهم من كتب يدرسونها (سبأ ٤) واتيناهم ملكا عظيما (نسأ ٤) واتيناهم اياتنا (حجر ٩)
واتيناهم من الايات (دخان ٤) واتيناهم بينات من الامر (جاثيه ٢) واتيناهما الكتاب المستبين (صافات ١٢) ثم لاتينهم من
بين ايديهم (اعراف ٢) ان اتيه الله الملك (بقرة ٢٦) فلينفق مما اتيه الله (طلاق ١) واتيه الله الملك والحكمة (بقرة ٢٦)
وكلهم اتيه يوم القيامة فردا (مريم ١٠) لا يكلف الله نفسا الا ما اتيها (طلاق) ويكتمون ما اتيهم الله من فضله (نسأ ٤) ولو
انهم رضوا ما اتيهم الله ورسوله (توبه ٧) لتنذر قوما ما اتيهم من نذير (قصص ٥ سجده ١) اخذين ما اتيهم ربهم (ذاريات ٢)
فاكهين بما اتيهم ربهم (طور ٢) فرحين بما اتيهم الله من فضله (ال عمران ١٧) ولا يحسبن الذين يبخلون بما اتيهم من فضله (ال عمران ١٨)
ام يحسدون الناس على ما اتيهم الله من فضله (نسأ ٨) فلما اتيهم من فضله بخلوا به (توبه ٨) فاتيهم الله ثواب الدنيا (ال عمران ١٥)
واتيهم تقويهم (قتال ٢) وانهم اتيهم عذاب غير مردود (هود ٧) ربنا اتيهم ضعفين من العذاب (احزاب ٧) فلما اتيهما
صالحا جعلا له شركاء فيما اتيهما (اعراف ١٩) فانظر الى اثار رحمت الله (روم ٥) كانوا هم اشد منهم قوة واثارا فى الارض (مؤمن ٣)
واشد قوة واثارا فى الارض (مؤمن ٩) وقفينا على اثارهم (مائده ٥) فلعلك باخع نفسك على اثارهم (كهف) فهم على اثارهم
يهرعون (صافات ٧) وانا على اثارهم مهتدون (زخرف ٣) وانا على اثارهم مقتدون (زخرف ٣) ثم قفينا على اثارهم برسلنا
(حديد ٣) ونكتب ما قدموا واثارهم (يس ٢) فارتدا على اثارهما قصصا (كهف ٧) واثر الحيوة الدنيا (نازعات ٤) لقد اثرك

الله علينا (يوسف ١٠) فانه آثم قلبه (بقرة ٣٩) ولا تطع منهم آثما او كفورا (انسان ٣) الا اذا لمن الاثمين (مائدة ١١) ما من دابة الا
هو آخذ بناصيتها (هود ٥) آخذين ما اتيهم ربهم (ذاريات ٢) ولستم باخذيه (بقرة ٢٧) ثم انشأناه خلقا آخر (مؤمنين ٢)
لا تجعل مع الله الها آخر (بنى اسرائيل ٣) ولا تجعل مع الله الها آخر (بنى اسرائيل ٤) ومن يدع مع الله الها آخر لا برهان له (مؤمنين ٦)
والذين لا يدعون مع الله الها آخر (فرقان ٧) الذين يجعلون مع الله الها آخر (حجر ١٠) فلا تدع مع الله الها آخر (شعراء ١١) ولا
تدع مع الله الها آخر (قصص ٩) الذى جعل مع الله الها آخر (ق ٣) ولا تجعلوا مع الله الها آخر (ذاريات ٤) خلطوا عملا صالحا
وآخر سيئا (توبه ١١) وآخر من شكله ازواج (ص ٤) وآخر دعويهم ان الحمد لله رب العالمين (يونس ١) وقال الآخر انى ارانى
احمل فوق رأسى خبزا (يوسف ٥) واما الآخر فيصلب (يوسف ٥) ولم يتقبل من الآخر (مائده ٣) هو الاول والآخر (حديد ١)
(اليوم الآخر انظر الى اليوم) فآخران يقومان مقامهما (مائده ١١) فلله الآخرة والاولى (نجم ٢) ومنكم من يريد الآخرة (ال عمران ١٦)
ومن اراد الآخرة وسعى لها سعيها (بنى اسرائيل ٢) ثم الله ينشئ النشأة الآخرة (عنكبوت ٢) يحذر الآخرة (زمر ٢) كلا بل لا
يخافون الآخرة (مدثر ٤) وتذرون الآخرة (قيامة ٣) ولاجر الآخرة خير (يوسف ٧) ولاجر الآخرة اكبر (نحل ٥) ومن يرد ثواب
الآخرة نؤته منها (ال عمران ١٥) وحسن ثواب الآخرة (ال عمران ١٥) من كان يريد حرث الآخرة (شورى ٢) قل ان كانت لكم
الدار الآخرة (بقرة ١١) وللدار الآخرة خير (انعام ٤) والدار الآخرة خير للذين يتقون (اعراف ١٧) تلك الدار الآخرة
(قصص ٩) وابتغ فيما اتيك الله الدار الآخرة (قصص ٨) وان الدار الآخرة لهى الحيوان (عنكبوت ٧) وان كنتن تردن الله ورسوله
والدار الآخرة (احزاب ٣) ولدار الآخرة خير (يوسف ١١ - نحل ٤) ان فى ذلك لاية لمن خاف عذاب الآخرة (هود ١١) ولعذاب
الآخرة اشق (رعد ٥) ولعذاب الآخرة اكبر (زمر ٣ نون ٤) ولعذاب الآخرة اشد وابقى (طه ١٣) ولعذاب الآخرة اخزى
(فصلت ٢) وكذبوا بلقاء الآخرة (مؤمنين ٤) وكذبوا باياتنا ولقاء الآخرة (روم ٢) والذين كذبوا باياتنا ولقاء الآخرة
(اعراف ١٩) ما سمعنا بهذا فى الملة الآخرة (ص ١) فاخذه الله نكال الآخرة والاولى (نازعات ٣) فاذا جاء وعد الآخرة (اسرائيل
١١) وان الآخرة هى دار القرار (مؤمن ٤) اشتروا الحيوة الدنيا بالآخرة (بقرة ١٠) الذين يشرون الحيوة الدنيا بالآخرة (نساء ١٠)
الا لنعلم من يؤمن بالآخرة (سبأ ٣) والذين يؤمنون (نحل ٣) للذين لا يؤمنون بالآخرة (نحل ٨) وان الذين لا يؤمنون بالآخرة
(بنى اسرائيل ١ مؤمنين ٨) وبين الذين لا يؤمنون بالآخرة (بنى اسرائيل ٥) ان الذين لا يؤمنون بالآخرة (نمل ١ نجم ٣) بل الذين
لا يؤمنون بالآخرة فى العذاب (سبأ ١) اشمأزت قلوب الذين لا يؤمنون بالآخرة (زمر ٥) وهم بالآخرة كافرون (اعراف ٥)
وهم بالآخرة هم كافرون (هود ٢ يوسف ٤ فصلت ١) وهم بالآخرة هم يوقنون (نمل ١ لقمان ١) وبالآخرة هم يوقنون (بقرة ١) استحبوا
الحيوة الدنيا على الآخرة (نحل ١١) وهم عن الآخرة هم غافلون (روم ١) ماله فى الآخرة من خلاق (بقرة ١١) وماله فى الآخرة من خلاق
(بقرة ٢٥) ولهم فى الآخرة عذاب عظيم (بقرة ١٢ مائده ٤ - ٥) وانه فى الآخرة لمن الصالحين (بقرة ١٦ عنكبوت ٣) اولئك لا خلاق
لهم فى الآخرة (ال عمران ٨) وهو فى الآخرة من الخاسرين (ال عمران ٩ مائده ١) الا يجعل له حظا فى الآخرة (ال عمران ١٨) فما متاع الحيوة
الدنيا فى الآخرة الا قليل (توبه ٦) اولئك الذين ليس لهم فى الآخرة الا النار (هود ٢) لا جرم انهم فى الآخرة هم الاخسرون (هود ٣)
وما الحيوة الدنيا فى الآخرة الا متاع (رعد ٣) لا جرم انهم فى الآخرة هم الخاسرون (نحل ١١) بل ادارك علمهم فى الآخرة (نمل ٥)
وانه فى الآخرة لمن الصالحين (نحل ١٦) فهو فى الآخرة اعمى واضل سبيلا (بنى اسرائيل ٣) وهم فى الآخرة هم الاخسرون (نمل ١)
وله الحمد فى الآخرة (سبأ ١) ليس له دعوة فى الدنيا ولا فى الآخرة (مؤمن ٥) وماله فى الآخرة من نصيب (شورى ٢) ولهم فى الآخرة عذاب
النار (حشر ١) ربنا اتنا فى الدنيا حسنة وفى الآخرة حسنة (بقرة ٢١) واكتب لنا فى هذه الدنيا حسنة وفى الآخرة (اعراف ٤١) لهم البشرى
فى الحيوة الدنيا وفى الآخرة (يونس ٧) بالقول الثابت فى الحيوة الدنيا وفى الآخرة (ابراهيم ٣) وفى الآخرة عذاب شديد (حديد ٢) وان لنا
للآخرة والاولى (ليل ٢) وللآخرة اكبر درجات (بنى اسرائيل ٢) وللآخرة خير لك من الاولى (ضحى ١) ارضيتم بالحيوة الدنيا من
الآخرة (توبه ٦) قد يئسوا من الآخرة (ممتحنه ٢) والآخرة خير لمن اتقى (نساء ١١) له الحمد فى الاولى والآخرة (قصص ٧) فعند الله ثواب
الدنيا والآخرة (نساء ١٩) والآخرة عند ربك للمتقين (زخرف ٤) والآخرة خير وابقى (اعلى ١) الدنيا والآخرة انظر الى الدنيا تكون لنا
عيدا لاولنا وآخرنا (مائدة ١٥) واعانه عليه قوم آخرون (فرقان ١) وآخرون مرجون لامر الله (توبه ١٣) وآخرون اعترفوا بذنوبهم

والذين يؤمنون بالآخرة (انعام ١١) افئدة الذين لا يؤمنون بالآخرة (انعام ١٣) والذين لا
يؤمنون بالآخرة (انعام ١٥) فالذين لا يؤمنون بالآخرة (نحل ٣)

(توبه ١) واخرون يضربون فى الارض (مزمل ٢) واخرون يقاتلون فى سبيل الله (مزمل ٢) واكفروا اٰخره لعلهم يرجعون
(ال عمران ٨) ستجدون اٰخرين يريدون ان يأمنوكم (نسأ ١٠) سماعون لقوم اٰخرين (مائده ٥) كما انشأكم من ذرية قوم اٰخرين (انعام ١٦ع)
وانشأنا بعدها قوما اٰخرين (انبيا ٢) كذلك واورثناها قوما اٰخرين (دخان ٢) ثم انشأنا من بعدهم قرنا اٰخرين (مؤمنين ٣ع) وانشأنا
من بعدهم قرنا اٰخرين (انعام ١) ثم انشأنا من بعدهم قرونا اٰخرين (مؤمنين ٥) واٰخرين من دونهم (انفال ٨) واٰخرين مقرنين فى
الاصفاد (ص ٣ع) واٰخرين منهم لما يلحقوا بهم (جمعه ١) ثم اغرقنا الاٰخرين (شعرا ٧ صافات ٩) ثم دمرنا الاٰخرين (شعرا ١٩ صافات ١٣ع)
ثم نتبعهم الاٰخرين (مرسلات ٢) وازلفنا ثم الاٰخرين (شعرا ٧) واجعل لى لسان صدق فى الاٰخرين (شعرا ٩) وتركنا عليه فى الاٰخرين
(صافات ٨-١٣) فجعلناهم سلفا ومثلا للاٰخرين (زخرف ٦) وقليل من الاٰخرين (واقعه ٢) وثلة من الاٰخرين (واقعه ٥) قل ان
الاولين والاٰخرين (واقعه ٦) فتلقى اٰدم من ربه كلمات (بقرة ٤ع) وعصى اٰدم ربه فغوى (طه ٢) وعلم اٰدم الاسماء كلها
(بقرة ٤ع) ان الله اصطفى اٰدم ونوحا (ال عمران ٤ع) كمثل اٰدم خلقه من تراب (ال عمران ٦) من ذرية اٰدم وممن حملنا مع نوح (مريم ٤ع)
واتل عليهم نبأ ابنى اٰدم بالحق (مائده ٣) بنى اٰدم انظر الى بنى) لقد عهدنا الى اٰدم من قبل (طه ١٢) واذ قلنا للملائكة اسجدوا لاٰدم
فسجدوا الا ابليس (بقرة ٤ بنى اسرائيل ٧ كهف ٥ طه ١٣) ثم قلنا للملائكة اسجدوا لاٰدم فسجدوا الا ابليس (اعراف ٢) قال يا اٰدم انبئهم
باسمائهم (بقرة ٤ع) وقلنا يا اٰدم اسكن انت وزوجك الجنة (بقرة ٤ع) فقلنا يا اٰدم ان هذا عدو لك (طه ١٢) قال يا اٰدم هل ادلك
على شجرة الخلد (طه ١٢) ويا اٰدم اسكن انت وزوجك الجنة (اعراف ٢) فليبتكن اٰذان الانعام (نسا ١٢) ام لهم اٰذان يسمعون بها
(اعراف ٢٠) او اٰذان يسمعون بها (حج ٥) وفى اٰذاننا وقر (فصلت ١) فضربنا على اٰذانهم فى الكهف (كهف ٢) يجعلون اصابعهم فى
اٰذانهم (بقرة ٢) والذين لا يؤمنون فى اٰذانهم وقر (فصلت ٥) جعلوا اصابعهم فى اٰذانهم (نوح ١) وفى اٰذانهم وقرا (انعام ٣ بنى اسرائيل ٥)
(كهف ٦) قال فرعون اٰمنتم به قبل ان اٰذن لكم (اعراف ١٣) قال اٰمنتم له قبل ان اٰذن لكم (طه ٨ شعرا ٥) قالوا اٰذناك ما منا من شهيد
(فصلت ٥) فقل اٰذنتكم على سواء (انبيا ١١) لا تكونوا كالذين اٰذوا موسى (احزاب ٧) واللذان يأتيانها منكم فاٰذوهما (نسا ٢) ولنصبرن
على ما اٰذيتمونا (ابراهيم ٢) واذ قال ابراهيم لابيه اٰزر (انعام ٨) فاٰزره فاستغلظ فاستوى (فتح ٣ع) وانذرهم يوم الاٰزفة
(مؤمن ٢) ازفت الاٰزفة ليس لها من دون الله كاشفة (نجم ٦) فلما اٰسفونا انتقمنا منهم (زخرف ٦) فيها انهار من ماء غير اٰسن (قتال ٢)
ودون الجهر من القول بالغدو والاٰصال (اعراف ٢١) يسبح له فيها بالغدو والاٰصال (نور ٤ع) وظلالهم بالغدو والاٰصال (رعد ٢ع)
سنريهم اٰياتنا فى الاٰفاق (فصلت ٦) قال لا احب الاٰفلين (انعام ٨) فانهم لاٰكلون منها (صافات ٧) لاٰكلون من شجر من زقوم
(واقعه ٦) تنبت بالدهن وصبغ للاٰكلين (مؤمنين ٢) فقد اٰتينا اٰل ابراهيم الكتاب والحكمة (نسأ ٨) اعملوا اٰل داود شكرا (سبأ ٢)
فالتقطه اٰل فرعون (قصص) ولقد جاء اٰل فرعون النذر (قمر ٥) واغرقنا اٰل فرعون (بقرة ٥ انفال ٦) ولقد اخذنا اٰل فرعون بالسنين
(اعراف ١٣) ادخلوا اٰل فرعون اشد العذاب (مؤمن ٥) الا اٰل لوط انا لمنجوهم اجمعين (حجر ٤) فلما جاء اٰل لوط المرسلون (حجر ٧) الا
ان قالوا اخرجوا اٰل لوط (نمل ٤ع) انا ارسلنا عليهم حاصبا الا اٰل لوط (قمر ٣ع) وحاق باٰل فرعون سوء العذاب (مؤمن ٥) ويتم
نعمته عليك وعلى اٰل يعقوب (يوسف ١) وبقية مما ترك اٰل موسى واٰل هارون (بقرة ٣٢ع) كدأب اٰل فرعون (ال عمران ٢ انفال
٤ مرتين) واذ نجيناكم من اٰل فرعون (بقرة ٥) اذ انجيكم من اٰل فرعون (ابراهيم ١) وقال رجل مؤمن من اٰل فرعون (مؤمن ٣) يرثنى
ويرث من اٰل يعقوب (مريم ١) ان الله اصطفى ادم ونوحا واٰل ابراهيم واٰل عمران على العالمين (ال عمران ٤ع) فاذكروا اٰلاء الله
لعلكم تفلحون (اعراف ٧٠) فاذكروا اٰلاء الله ولا تعثوا (اعراف ١٠) فباى اٰلاء ربكما تتمارى (نجم ٤) فباى اٰلاء ربكما تكذبان (رحمن فى
احدى وثلثين اٰيه) ان يمدكم ربكم بثلاثة اٰلاف من الملائكة منزلين (ال عمران ١٣) يمددكم ربكم بخمسة اٰلاف من الملائكة مسومين
(ال عمران ١٣) قالوا يا موسى اجعل لنا الٰها كما لهم اٰلهة (اعراف ١٦ع) قل لو كان معه اٰلهة (بنى اسرائيل ٥) لو كان فيهما اٰلهة الا الله
لفسدتا (انبيا ٣) ام لهم اٰلهة تمنعهم من دوننا (انبيا ٥) ائنكم لتشهدون ان مع الله اٰلهة اخرى (انعام ٢) اتتخذ اصناما اٰلهة (انعام ٩ع)
اتخذوا من دونه اٰلهة (كهف ٢) ام اتخذوا اٰلهة من الارض (انبيا ٣) ام اتخذوا من دونه اٰلهة (انبيا ٣) واتخذوا من دونه اٰلهة
(فرقان ١) واتخذوا من دون الله اٰلهة (مريم ٩ يس ٤) ااتخذ من دونه اٰلهة (يس ٣) ائفكا اٰلهة دون الله تريدون (صافات ٩) فلولا
نصرهم الذين اتخذوا من دون الله قربانا اٰلهة (احقاف ٤) اجعلنا من دون الرحمن اٰلهة يعبدون (زخرف ٥) لو كان هؤلاء اٰلهة

ماوردوها (انبیا ۱۰) اجعل الالهة الها واحدا (ص) ویذرك والهتك (اعراف ۱۳) اهذا الذی یذکر الهتکم (انبیا ۴) وانصروا
الهتکم ان کنتم فاعلین (انبیا ۷) وقالوا لاتذرن الهتکم (نوح ۳) ان امشوا واصبروا علی الهتکم (ص ۱) ان نقول الا اعترىك بعض
الهتنا بسوء (هود ۶) وقالوا ءالهتنا خیر ام هو (زخرف ۶) قالوا من فعل هذا بالهتنا (انبیاء ۶) قالوا ءانت فعلت هذا بالهتنا یا ابراهیم
(انبیا ۷) ان کاد لیضلنا عن الهتنا (فرقان ۵) لتأفکنا عن الهتنا (احقاف ۳) فما اغنت عنهم الهتهم (هود ۹) فراغ الی الهتهم (صافات ۱)
قال اراغب انت عن الهتی یا ابراهیم (مریم ۵) الامرون بالمعروف (توبه ۱۳) آمن الرسول بما انزل الیه (بقرة ۳۹) وقال الذی
آمن یا قوم (مؤمن ۴ مرتین) کل آمن بالله وملائکته (بقرة ۴۰) انه لن یؤمن من قومك الا من قد آمن (هود ۴) امنوا کما امن الناس
(بقرة ۲) قالوا انؤمن کما آمن السفهاء (بقرة ۲) ولو آمن اهل الکتاب (ال عمران ۱۱) فما آمن لموسی الا ذریة من قومه (یونس ۹) من
آمن بالله والیوم الاخر (بقرة ۷-۱۸، مائدة ۸) من آمن منهم بالله والیوم الاخر (بقرة ۳۱) فمنهم من آمن ومنهم من کفر (بقرة ۳۲) لم
تصدون عن سبیل الله من آمن (ال عمران ۱۰) فمنهم من آمن به ومنهم من صد عنه (نساء) وتصدون عن سبیل الله من آمن به (اعراف ۹)
واما من آمن وعمل صالحا (کهف ۹) الا من آمن وعمل صالحا (سبا ۴) انما یعمر مساجد الله من آمن بالله والیوم الاخر (توبه ۲) فمن آمن
واصلح فلا خوف علیهم (انعام ۵) کمن آمن بالله والیوم الاخر (توبه ۲) للذین استضعفوا لمن آمن منهم (اعراف ۸) ثواب الله خیر لمن آمن
وعمل صالحا (قصص ۸) الا من سبق علیه القول ومن وما آمن معه الا قلیل (هود ۴) فآمن له لوط (عنکبوت ۳) فآمن واستکبرتم آمن
(احقاف ۱) لآمن من فی الارض (یونس ۱۰) الا من تاب وآمن وعمل صالحا (مریم ۶، فرقان ۷) وانی لغفار لمن تاب وآمن (طه ۴)
فاما من تاب وآمن (قصص ۷) وهما یستغیثان الله ویلك آمن (احقاف ۲) واذ قال رب اجعل هذا بلدا آمنا (بقرة ۱۳) ومن دخله ابراهیم
کان آمنا (ال عمران ۱۰) واذ قال ابراهیم رب اجعل هذا البلد آمنا (ابراهیم ۶) اولم یروا انا جعلنا حرما آمنا (عنکبوت ۷) ام من یأتی
آمنا یوم القیامة (فصلت ۵) ومن الناس من یقول آمنا بالله (بقرة، عنکبوت ۱) واذا لقوا الذین امنوا قالوا آمنا (بقرة ۲-۸) واذا لقوکم
قالوا آمنا (ال عمران ۲) قالوا آمنا بافواههم (مائدة ۶) واذا جاءوکم قالوا آمنا (مائدة ۷) قالوا آمنا واشهد باننا مسلمون (مائدة ۱۲)
قالوا آمنا برب العالمین (اعراف ۱۳، شعراء ۵) قالوا آمنا برب هارون وموسی (طه ۷) واذا یتلی علیهم قالوا آمنا به (قصص ۶) قولوا آمنا
بالله (بقرة ۱۶) یقولون آمنا به (ال عمران ۱) ربنا اننا آمنا فاغفر لنا (ال عمران ۲) نحن انصار الله آمنا بالله (ال عمران ۶) ربنا آمنا بما انزلت
(ال عمران ۶) قل آمنا بالله (ال عمران ۹) یقولون ربنا آمنا (مائدة ۹، مؤمنین ۱۱) ویقولون آمنا بالله (نور ۶) ان یقولوا آمنا وهم لا
یفتنون (عنکبوت ۱) ومن الناس من یقول آمنا بالله (عنکبوت ۱) وقولوا آمنا بالذی انزل الینا (عنکبوت ۵) وقالوا آمنا به
(سبا ۶) قالوا آمنا بالله وحده (مؤمن ۹) قالت الاعراب آمنا (حجرات ۲) قل هو الرحمن آمنا به (ملك ۳) وانا لما سمعنا الهدی آمنا به
(جن ۲) هل تنقمون منا الا ان آمنا بالله (مائدة ۶) الا ان آمنا بایات ربنا (اعراف ۱۳) انا آمنا بربنا (طه ۸) یهدی الی الرشد فآمنا
به (جن ۱) ان آمنوا بربکم فآمنا (ال عمران ۲) قال آمنت انه لا اله الا الذی (یونس ۹) انی آمنت بربکم فاسمعون (یس ۳) الذی
وقل آمنت بما انزل الله (شوری ۲) آمنت به بنوا اسرائیل (یونس ۹) فلولا کانت قریة آمنت (یونس ۱۰) لم تکن آمنت من قبل
(انعام ۲۰) ما آمنت قبلهم من قریة (انبیاء ۱) فآمنت طائفة من بنی اسرائیل (صف ۲) کانت آمنة مطمئنة (نحل ۱۲) انا بالذی
آمنتم به کافرون (اعراف ۸) قال فرعون آمنتم به من قبل ان آذن لکم (اعراف ۱۳) فان آمنوا بمثل ما آمنتم به فقد اهتدوا
(بقرة ۱۶) ان کنتم آمنتم بالله (انفال ۵، یونس ۹) اثم اذا ما وقع آمنتم به (یونس ۶) قال آمنتم له قبل ان آذن لکم (طه، شعراء) ان شکرتم
وآمنتم (نساء ۵) وآتیتم الزکوة وآمنتم برسلی (مائدة ۳) ولو انهم آمنوا واتقوا (بقرة ۱۱) الم تر الی الذین یزعمون انهم آمنوا (نساء ۶) ذلك
بانهم آمنوا (منافقین ۱) ولو ان اهل الکتاب آمنوا (مائدة ۵) وان کان طائفة منکم آمنوا (اعراف ۹) انهم فتیة آمنوا بربهم (کهف ۲)
واذا لقوا الذین آمنوا (بقرة ۲-۸) وبشر الذین آمنوا (بقرة ۳، یونس ۱) الله ولی الذین آمنوا (بقرة ۳۲) فهدی الله الذین آمنوا (بقرة ۲۲)
ولیعلم الله الذین آمنوا (ال عمران ۱۴) ولیمحص الله الذین آمنوا (ال عمران ۱۵) الذین آمنوا یقاتلون فی سبیل الله (نساء ۸) وعد الله
الذین آمنوا (مائدة ۱۱، نور ۷، فتح ۴) ویقول الذین آمنوا (مائدة ۶، قتال ۲) الذین آمنوا ولم یلبسوا ایمانهم بظلم (انعام ۹) فثبتوا الذین آمنوا
(انفال ۲) الذین آمنوا وهاجروا (توبه ۳) الذین آمنوا وکانوا یتقون (یونس ۷) وما انا بطارد الذین آمنوا (هود ۳) الذین آمنوا
وتطمئن قلوبهم (رعد ۳) افلم ییأس الذین آمنوا (رعد ۴) وادخل الذین آمنوا (ابراهیم ۴) یثبت الله الذین آمنوا (ابراهیم ۳)

قل لعبادی الذین آمنوا (ابراهیم ٤) ان الله یدخل الذین آمنوا (حج ٢-٣ قتال ٢) وان الله لهاد الذین آمنوا (حج ٧) لیثبت الذین
آمنوا (نحل ١٤) انما المؤمنون الذین آمنوا (نور ٧) وانجینا الذین آمنوا وکانوا یتقون (نمل ٦) ولیعلمن الله الذین آمنوا (عنکبوت ٢)
یاعبادی الذین آمنوا (عنکبوت ٦) لیجزی الذین آمنوا (یونس روم ٥ سبأ ١) ام نجعل الذین آمنوا (ص ٣) قل یاعبادی الذین آمنوا
(زمر ١) قالوا اقتلوا ابناء الذین آمنوا معه (مؤمن ٣) وعند الذین آمنوا (مؤمن ٤) ونجینا الذین آمنوا (فصلت ٢) یبشر الله عباده الذین
آمنوا (شوری ٣) ویستجیب الذین آمنوا (شوری ٣) وقال الذین آمنوا (شوری ٥) الذین آمنوا بآیاتنا (زخرف ٧) بان الله مولی الذین
آمنوا (قتال ٢) فاتینا الذین آمنوا منهم اجرهم (حدید ٣) لیحزن الذین آمنوا (مجادله ١) لیخرج الذین آمنوا (طلاق ٢) الذین آمنوا وعملوا
الصالحات (رعد ٣) یرفع الله الذین آمنوا (مجادله ٢) فایدنا الذین آمنوا (صف ٢) الذین آمنوا قد انزل الله الیکم ذکرا (طلاق ٢)
ویزداد الذین آمنوا (مدثر ٣) فالیوم الذین آمنوا (مطففین ٤) یاایها الذین آمنوا (بقرة ١١-١٦-١٨ مرتین ١٩-٢١-٢٦-٢٧-٢٨ آل عمران
١-١١-١٢-١٣-١٤-١٥-٢٠ نسأ ٢-٣-٥-٦-٨-١٠-١٤ مرتین ١٥ مائدة ١ اربع مرات ٢-٤-٦ ثلاث مرات ٩-١٠ ثلاث مرات ١١ ثلاث
مرات انفال ٢ مرتین ٣ ثلاث مرات ٥ توبه ٣ مرتین ٤ مرتین ١٣ مرتین حج ٨ نور ٣ مرتین ٦ احزاب ١-٥ مرتین ٦-٧ مرتین قتال ٤
حجرات ثلاث مرات ٢ مرتین حدید ٣ مجادله ١-٢ مرتین حشر ٣ ممتحنه ١ مرتین ٢ صف مرتین ٢ جمعه ١ منافقین ١ تغابن ٢ تحریم ١)
ان الذین آمنوا (بقرة ٧-٢٢-٢٨ مائدة ٨ نساء ٤ حج ٢ کهف ٣-١١ مریم ١٠ لقمان ١ بروج ٢-١ انفال ٨ یونس فصلت ١ بینه ١) الا الذین
آمنوا وعملوا الصالحات (شعرا ٢٣ ص ٣-١ انشقاق ٣ عصر ١ تین ١) اما الذین آمنوا (سجده ٢) فاما الذین آمنوا (بقرة ٣ نسأ ١٨ مرتین)
توبه ١٣ جاثیه ٣) واما الذین آمنوا (آل عمران ٦ لقمان ٢) آمنوا بالذی انزل علی الذین آمنوا (آل عمران ٨) انه لیس له سلطان علی الذین
آمنوا (نحل ١) لیس علی الذین آمنوا وعملوا الصالحات (مائده ١٠) ان الله یدافع عن الذین آمنوا (حج ٥) فالذین امنوا به (اعراف ٦ اجع ٥-٦)
فالذین آمنوا منکم (حدید ١) ان نجعلهم کالذین امنوا (جاثیه ٣) للذین آمنوا (مائده ٩ مرتین) قل هی للذین آمنوا (اعراف ٤) ورحمة
للذین آمنوا منکم (توبه ٧) قال الذین کفروا للذین آمنوا (مریم ٨ یس ٥) وقال الذین کفروا للذین امنوا (عنکبوت ٢ احقاف ٢)
ویستغفرون للذین آمنوا (مؤمن ١) قل هو للذین امنوا هدی (فصلت ٥) قل للذین امنوا (جاثیه ٢) للذین آمنوا انظرونا
(حدید ٢) اعدت للذین آمنوا (حدید ٣) ولا تجعل فی قلوبنا غلا للذین آمنوا (حشر ١) وضرب الله مثلا للذین آمنوا (تحریم ٢)
ویسخرون من الذین آمنوا (بقرة ٢٢) هؤلاء اهدی من الذین آمنوا سبیلا (نسأ ٤) وکانوا من الذین آمنوا یضحکون (مطففین ٣)
ثم کان من الذین آمنوا (بلد ٢) والذین آمنوا (بقرة ١-٤-٢٢-٢٥ مائده ٦ مرتین اعراف ٥-٩) انفال ٨ ثلاث مرات هود ٧-١٠
آل عمران ٧ نسأ ١٣-١٦-١٧ توبه ١٢ یونس ١ مؤمن ٦ مرتین شوری ٢ ملائکة ١ عنکبوت ١ مرتین ٤ مرتین قتال ١ طور ٣ حدید ٢
تحریم ١) ان الذین امنوا ثم کفروا ثم امنوا (نسأ ٢٠) الا قوم یونس لما امنوا (یونس ١) وماذا علیهم لو آمنوا (نسأ ٦) واذا قیل لهم آمنوا
(بقرة ٢-١٠) وقالت طائفة من اهل الکتاب آمنوا بالذی انزل علی الذین آمنوا (آل عمران ٨) یاایها الذین اوتوا الکتاب آمنوا بما نزلنا
(نسأ ٨) آمنوا بالله ورسوله (نسأ ٢٠ حدید ١) واذ اوحیت الی الحواریین ان امنوا بی وبرسولی (مائده ١٢) واذا انزلت سورة ان امنوا
بالله (توبه ٩) قل آمنوا به او لا تؤمنوا (بنی اسرائیل ١١) آمنوا بالله ورسوله (حدید ١) فامنوا فمتعناهم الی حین (صافات ١٥) فامنوا
بالله ورسله (آل عمران ١٨ نسا ١٨) فامنوا خیرا لکم (نسا ١٧) اذا ما اتقوا وامنوا وعملوا الصالحات ثم اتقوا وامنوا (مائده ١٠) ثم تابوا
من بعدها وامنوا (اعراف ٦ ١) وامنوا بما نزل علی محمد (قتال ١) اجیبوا داعی الله وآمنوا به (احقاف ٤) فامنوا بما انزلت مصدقا
لما معکم (بقرة ٥) وهم فی الغرفات آمنون سبأ ٤) یومئذ آمنوا (نمل ١٠) وامنهم من خوف (قریش ١) اتترکون فی ما ههنا آمنین
(شعرا ١٥) سیروا فیها لیالی وایاما آمنین (سبأ ٢) ان شاء الله آمنین (یوسف ١٠ فتح ٣) ادخلوها بسلام آمنین (حجر ٥) من الجبال
بیوتا آمنین (حجر ٩) بکل فاکهة آمنین (دخان ٦) ولا تخف انک من الآمنین (قصص ٤) ولا آمین البیت الحرام (مائده ١) وبین
حمیم آن (رحمن ٣) الآن وقد کنتم به تستعجلون (یونس ٥) الآن وقد عصیت (یونس ١) الآن حصحص الحق (یوسف ٧) فمن یستمع
الآن یجد له (جن ١) فالآن باشروهن (بقرة ١٩) آناء اللیل وهم یسجدون (آل عمران ١٢) امن هو قانت آناء اللیل (زمر ٢) ومن آناء اللیل
فسبح (طه ١٢) آنس من جانب الطور نارا (قصص ٣) انی آنست نارا (طه نمل ١ قصص ٣) فان آنستم منهم رشدا (نسأ ١) تسقی
من عین آنیة (غاشیه ١) ویطاف علیهم بآنیة (انسان ٢) والذین آووا ونصروا (انفال ٨ مرتین) او آوی الی رکن شدید (هود ٧)

اوحیٰ الیه اخاه (یوسف ۷) اویٰ الیه ابویه (یوسف ۱۱) الم یجدک یتیما فاویٰ (ضحیٰ ۱) فاویٰکم وایدکم بنصره (انفال ۳) واویناهما
الی ربوة (مؤمنین ۶) منه ایاتٌ محکمات هن ام الکتاب (ال عمران ۱) فیه ایاتٌ بیّنات مقام ابراهیم (ال عمران ۱۰) بل هو ایاتٌ بیّنات
(عنکبوت ۵) والدم ایاتٍ مفصلاتٍ (اعراف ۱۳) لقد کان فی یوسف واخوته ایاتٌ للسّائلین (یوسف ۱) وقالوا لولا انزل علیه
ایاتٌ من ربه (عنکبوت ۵) ایاتٌ لقوم یوقنون (جاثیه ۱) ایاتٌ لقوم یعقلون (جاثیه ۱) وفی الارض ایاتٌ للموقنین (ذاریات ۲)
وانتم تتلیٰ علیکم ایاتُ الله (ال عمران ۱۱) تلک ایاتُ الله نتلوها (بقرة ۲۶ ال عمران ۱۱ جاثیه ۱) الر تلک ایاتُ الکتاب الحکیم (یونس ۱)
الر تلک ایاتُ الکتاب المبین (یوسف ۱) المر تلک ایاتُ الکتاب (رعد ۱ حجر ۱) طسم تلک ایاتُ الکتاب المبین (شعراء ۱ قصص ۱) الم تلک ایاتُ
الکتاب الحکیم (لقمان ۱) طس تلک ایاتُ القران (نمل ۱) اذا تتلیٰ علیهم ایاتُ الرحمٰن (مریم ۴) المقامة لنا ایاتٍ مبیّناتٍ (نور ۴) ولقد اتینا موسیٰ تسع ایاتٍ
(بنی اسرائیل ۱۱) فی تسع ایاتٍ الیٰ فرعون (نمل ۱) ولقد انزلنا الیک ایاتٍ بیّنات (بقرة ۱۲) وانزلنا فیها ایاتٍ بیّنات (نور ۱) ولقد انزلنا
الیکم ایاتٍ مبیّنات (نور ۴) وکذلک انزلنا ایاتٍ بیّنات (حج ۲) هو الذی ینزل علیٰ عبده ایاتٍ بیّنات (حدید ۱) وقد انزلنا
ایاتٍ بیّنات (مجادله ۱) یتلون علیکم ایاتِ ربّکم (زمر ۸) ولا تتخذوا ایاتِ الله هزوا (بقرة ۴) یتلون ایاتِ الله (ال عمران ۲)
ان اذا سمعتم ایاتِ الله (نساء ۱) فایّ ایاتِ الله تنکرون (مؤمن ۸) یسمع ایاتِ الله تتلیٰ علیه (جاثیه ۱) ذلکم بانکم اتخذتم ایاتِ
الله هزوا (جاثیه ۴) رسولا یتلوا علیکم ایاتِ الله (طلاق ۲) او یاتی بعض ایاتِ ربّک (انعام ۲۰) یوم یاتی بعض ایاتِ ربّک (انعام ۱۴)
الا انا امنا بایاتِ ربنا (اعراف ۱۳) ومن اظلم ممن ذکّر بایاتِ ربّه (کهف ۸ سجده ۳) ولم یؤمن بایاتِ ربّه (طٰه ۱۳) کذّبوا بایاتِ
ربّهم (انفال ۶) وتلک عاد جحدوا بایاتِ ربّهم (هود ۶) اولٰئک الذین کفروا بایاتِ ربّهم (کهف) والذین هم بایاتِ ربّهم یؤمنون (مؤمنون)
والذین اذا ذکّروا بایاتِ ربّهم (فرقان ۸) والذین کفروا بایاتِ ربّهم (جاثیه ۱) کانوا یکفرون بایاتِ الله (بقرة ۷ ال عمران ۱۲)
ان الذین کفروا بایاتِ الله (ال عمران ۱) ومن یکفر بایاتِ الله (ال عمران ۲) ان الذین یکفرون بایاتِ الله (ال عمران ۳) لم تکفرون
بایاتِ الله (ال عمران ۷-۱۰) لا یشترون بایاتِ الله ثمنا قلیلا (ال عمران ۲) وکفرهم بایاتِ الله (نساء ۱) ولا نکذّب بایاتِ ربنا (انعام ۳)
ولٰکن الظالمین بایاتِ الله یجحدون (انعام ۴) فمن اظلم ممن کذّب بایاتِ الله (انعام ۱۶) کفروا بایاتِ الله (انفال ۶) اشتروا بایاتِ
الله ثمنا قلیلا (توبه ۱) وتذکیری بایاتِ الله (یونس ۸) ولا تکونن من الذین کذّبوا بایاتِ الله (یونس ۱) ان الذین لا یؤمنون بایاتِ
(نحل ۱۱) الذین لا یؤمنون بایاتِ الله (نحل ۱) والذین کفروا بایاتِ الله (عنکبوت ۳ زمر ۷) ان کذّبوا بایاتِ الله (روم ۱) کذلک یؤفک
الذین کانوا بایاتِ الله یجحدون (مؤمن ۷) اذ کانوا یجحدون بایاتِ الله (احقاف ۳) بئس مثل القوم الذین کذّبوا بایاتِ الله (جمعه ۱)
ولا یصدّنک عن ایاتِ الله (قصص ۹) ما یجادل فی ایاتِ الله (مؤمن ۱) الذین یجادلون فی ایاتِ الله (مؤمن ۴) ان الذین یجادلون فی
ایاتِ الله (مؤمن ۸) الم تر الی الذین یجادلون فی ایاتِ الله (مؤمن ۷) لایاتٍ لقوم یعقلون (بقرة ۲۰) لایاتٍ لاولی الالباب (ال عمران ۲۰) لایاتٍ
لقوم یتقون (یونس ۱) ان فی السمٰوات والارض لایاتٍ للمؤمنین (جاثیه ۱) ان فی ذلکم لایاتٍ (انعام ۱۱) ان فی ذلک لایاتٍ (یونس ۲)
وعلامرتین نمل ۹-۱ ابراهیم ۱ حجر ۴ نحل ۲ طٰه ۸-۱۳ مؤمنین ۳ روم ۳-۱ الرعد ۴ عنکبوت ۳ زمر ۵-۶ شوریٰ ۴ جاثیه ۲ لقمان ۲
سبا ۲ سجده ۳) ذلک من ایاتِ الله (اعراف ۳ کهف ۲) واذکرن ما یتلیٰ فی بیوتکن من ایاتِ الله والحکمة (احزاب ۴) وما تاتیهم من ایة
من ایاتِ ربّهم (انعام ۱ یس ۴) ولقد رایٰ من ایاتِ ربّه الکبریٰ (نجم ۲) قل انما الایاتُ عند الله (انعام ۱۳) قل انما الایاتُ عند ربّی
(عنکبوت ۵) وما تغنی الایاتُ والنذر (یونس ۱۰) قد بیّنا الایاتِ لقوم یوقنون (بقرة ۱۲) کذلک یبیّن الله لکم الایاتِ (بقرة ۲۲
۲۷ نور ۲-۷) قد بیّنا لکم الایاتِ (ال عمران ۱۲ حدید ۲) انظر کیف نبیّن لهم الایاتِ (مائده ۱) انظر کیف نصرّف الایاتِ (انعام ۵-۷)
وکذلک نصرّف الایاتِ (انعام ۱۱) وکذلک نفصّل الایاتِ (اعراف ۱۸-۱ انعام ۶) وکذلک نفصّل الایاتِ (اعراف ۴ یونس ۳)
قد فصّلنا الایاتِ (انعام ۱۰ مرتین ۳) کذلک نصرّف الایاتِ (اعراف ۷) ونفصّل الایاتِ لقوم یعلمون (توبه ۲) یفصّل الایاتِ لقوم
یعلمون (یونس ۱) من بعد ما رأوا الایاتِ (یوسف ۴) یدبّر الامر یفصّل الایاتِ (رعد ۱) ویبیّن الله لکم الایاتِ (نور ۲) کذلک
نفصّل الایاتِ (روم ۳) وصرّفنا الایاتِ لعلهم یرجعون (احقاف ۳) وما منعنا ان نرسل بالایاتِ (بنی اسرائیل ۶) وما نرسل
بالایاتِ الا تخویفا (بنی اسرائیل ۶) ذلک نتلوه علیک من الایاتِ (ال عمران ۶) واتیناهم من الایاتِ (دخان ۲) یتلوا علیهم ایاتک
(بقرة ۱۵) فنتّبع ایاتک (طٰه ۱۴ قصص ۵) واذا تتلیٰ علیهم ایاتنا (انفال ۴ یونس ۲ مریم ۵ حج ۸ سبا ۵ جاثیه ۳-۱ احقاف ۱) اذا تتلیٰ علیه

ایاتنا (نون ۲ مطففین ۲) واذا تتلی علیه ایاتنا (لقمان ۱) قال کذلک اتتک ایاتنا فنسیتها (طه ۷) فلما جاءتهم ایاتنا (نمل ۲) یتلوا علیکم
ایاتنا (بقرة ۱۸) واتل علیهم نبأ الذی اتینٰه ایاتنا (اعراف ۲۲) ولقد اریناه ایاتنا کلها (طه ۲) بالذین یتلون علیهم ایاتنا (حج ۸)
واتیناهم ایاتنا فکانوا عنها معرضین (حجر ۶) تتلوا علیهم ایاتنا (قصص ۵) یتلوا علیهم ایاتنا (قصص ۶) سنریهم ایاتنا فی الافاق (فصلت ۶)
والذین کفروا وکذبوا بایاتنا (بقرة ۴) بانهم کذبوا بایاتنا (اعراف ۲۱) ذلک بانهم کذبوا بایاتنا (اعراف ۱۵) والذین من قبلهم کذبوا
بایاتنا (ال عمران ۲) ان الذین کذبوا بایاتنا (اعراف ۴) والذین کذبوا بایاتنا (انعام ۴-۵-اعراف ۴-۱۵-۱۹) واغرقنا الذین کذبوا
بایاتنا (اعراف ۷ یونس ۸) وقطعنا دابر الذین کذبوا بایاتنا (اعراف ۸) ذلک مثل القوم الذین کذبوا بایاتنا (اعراف ۸) ساء
مثل القوم الذین کذبوا بایاتنا (اعراف ۱۸) ونصرناه من القوم الذین کذبوا بایاتنا (انبیاء ۸) فقلنا اذهبا الی القوم الذین کذبوا
بایاتنا (فرقان ۴) کذبوا بایاتنا کلها (قمر ۳) والذین کفروا وکذبوا بایاتنا (مائدہ ۲-۹) وکذبوا بایاتنا ولقاء الاخرة (روم ۲ حدید ۲
حج ۶ تغابن ۱) وکذبوا بایاتنا کذابا (نبأ ۳) والذین کفروا بایاتنا (بلد ۲) بانهم کفروا بایاتنا (بنی اسرائیل ۱۱) افرأیت الذی کفر بایاتنا
(مریم ۸) انما یؤمن بایاتنا (سجدة ۲) واذا جاءک الذین یؤمنون بایاتنا (انعام ۶) والذین هم بایاتنا یؤمنون (اعراف ۱۶) وما کانوا بایاتنا
یجحدون (اعراف ۶) وکانوا بایاتنا یجحدون (فصلت ۲) ان الناس کانوا بایاتنا لا یوقنون (نمل ۷) وکانوا بایاتنا یجحدون (فصلت ۲)
وکانوا بایاتنا یوقنون (سجدة ۳) فاولئک الذین خسروا انفسهم بما کانوا بایاتنا یظلمون (اعراف ۱) الی فرعون وملئه بایاتنا فاستکبروا
(یونس ۸) بایاتنا وسلطان مبین (مؤمنین ۵) قال کلا فاذهبا بایاتنا (شعراء ۲) الا من یؤمن بایاتنا (نمل ۶ روم ۶) ومن یکذب بایاتنا
فهم یوزعون (نمل ۶) فلا یصلون الیکما بایاتنا (قصص ۴) فلما جاءهم بایاتنا (زخرف ۵) الذین امنوا بایاتنا (زخرف ۷) ثم بعثنا من
بعدهم موسی بایاتنا (اعراف ۱۱) ولقد ارسلنا موسی بایاتنا (هود ۱۰ ابراهیم ۱ مؤمن ۳ زخرف ۵) فلما جاءهم موسی بایاتنا بینات
(قصص ۴) وما یجحد بایاتنا الا الظالمون (عنکبوت ۵) وما یجحد بایاتنا الا الکافرون (عنکبوت ۵) وما یجحد بایاتنا الا کل ختار
کفور (لقمان ۴) سنجزی الذین یصدفون عن ایاتنا سوء العذاب (انعام ۱۶) والذین هم عن ایاتنا غافلون (یونس ۱) وان کثیرا
من الناس عن ایاتنا لغافلون (یونس ۱) یخوضون فی ایاتنا (انعام ۷) اذا لهم مکر فی ایاتنا (یونس ۲) والذین سعوا فی ایاتنا (سورة
حج ۷ سبأ ۱) والذین یسعون فی ایاتنا (سبأ ۴) ان الذین یلحدون فی ایاتنا (فصلت ۴) ویعلم الذین یجادلون فی ایاتنا (شوری ۴)
انه کان لایاتنا عنیدا (مدثر ۲) لنریه من ایاتنا (بنی اسرائیل ۱) کانوا من ایاتنا عجبا (کهف ۲) لنریک من ایاتنا الکبری (طه ۳)
واذا علم من ایاتنا شیئا (جاثیه ۱) الر کتاب احکمت ایاته (هود ۱) واذا تلیت علیهم ایاته (انفال ۱) کتاب فصلت ایاته (فصلت ۱)
لقالوا لولا فصلت ایاته (فصلت ۵) ویریکم ایاته (بقرة ۸ مؤمن ۹) لیدبروا ایاته (ص ۳) هو الذی یریکم ایاته (مؤمن ۲) کذلک
یبین الله لکم ایاته (بقرة ۲۵ ال عمران ۱۱ مائدہ ۱۰ نور ۲) یتلوا علیهم ایاته (ال عمران ۱۷ جمعه ۱) ثم یحکم الله ایاته (حج ۷) وقل الحمد
لله سیریکم ایاته (نمل ۱۰) او کذب بایاته (انعام ۳ یونس ۲ اعراف ۴) ان کنتم بایاته مؤمنین (انعام ۱۲) وکنتم عن ایاته تستکبرون
(انعام ۱۱) لیریکم من ایاته (لقمان ۴) ومن ایاته ان خلقکم من تراب (روم ۲) ومن ایاته ان خلق لکم (روم ۳) ومن ایاته خلق السموات
(روم ۳ شوری ۳) ومن ایاته منامکم باللیل والنهار (روم ۳) ومن ایاته یریکم البرق (روم ۳) ومن ایاته ان تقوم السماء
والارض بامره (روم ۳) ومن ایاته ان یرسل الریاح (روم ۵) ومن ایاته اللیل والنهار (فصلت ۴) ومن ایاته انک تری الارض
(فصلت ۴) ومن ایاته الجوار فی البحر کالاعلام (شوری ۴) قل اباالله وایاته ورسوله کنتم تستهزءون (توبه ۷) فبای حدیث بعد
الله وایاته یؤمنون (جاثیه ۱) وهم عن ایاتها معرضون (انبیاء ۳) واتخذوا ایاتی وما انذروا هزوا (کهف ۶) واتخذوا ایاتی
ورسلی هزوا (کهف ۱۱) سأریکم ایاتی فلا تستعجلون (انبیاء ۳) قد کانت ایاتی تتلی علیکم (مؤمنین ۷) الم تکن ایاتی تتلی علیکم
(مؤمنین ۱۱) بلی قد جاءتک ایاتی (زمر ۱) افلم تکن ایاتی تتلی علیکم (جاثیه ۴) ولا تشتروا بایاتی ثمنا قلیلا (بقرة ۵ مائدہ ۵)
اذهب انت واخوک بایاتی (طه ۲) قال اکذبتم بایاتی (نمل ۶) سأصرف عن ایاتی (اعراف ۱۷) لولا یکلمنا الله او تاتینا
ایة (بقرة ۱۴) قد کان لکم ایة فی فئتین التقتا (ال عمران ۲) وقالوا لولا نزل علیه ایة (انعام ۴) لولا انزل علیه ایة من ربه
(رعد ۱-۴ یونس ۲) لئن جاءتهم ایة (انعام ۱۳) واذا جاءتهم ایة (انعام ۱۵) اولم یکن لهم ایة ان یعلمه علماء بنی اسرائیل (شعراء ۱۱)
لقد کان لسبأ فی مسکنهم ایة (سبأ ۲) ان ایة ملکه ان یأتیکم التابوت (بقرة ۲۵) ولنجعلک ایة للناس (بقرة ۲۶) قال رب اجعل لی

کذلک یبین الله ایاته (بقرة ۲۹) ویبین ایاته للناس (بقرة ۲۷) کذلک

وجعلنا

آية (آل عمران ٥ مريم ١) قل ان الله قادر على ان ينزل آية (انعام ٤) هذه ناقة الله لكم آية (اعراف ١٠) ويا قوم هذه ناقة الله لكم
آية (هود ٧) لتكون لمن خلفك آية (يونس ٩) واذا بدلنا آية مكان آية (نحل ١٤) فمحونا آية الليل آية النهار مبصرة (بني اسرائيل ٢)
ولنجعله آية للناس (مريم ٢) من غير سوء آية اخرى (طه ٢) وجعلناها وابنها آية للعالمين (انبياء ٦) وجعلنا ابن مريم وامه آية (مؤمنين ٣)
وجعلناهم للناس آية (فرقان ٤) ننزل عليهم من السماء آية (شعراء ١) بكل ريع آية تعبثون (شعراء ٣) وجعلناها آية للعالمين (عنكبوت ٢)
ولقد تركنا منها آية (عنكبوت ٤) واذا رأوا آية يستسخرون (صافات ٢) ولتكون آية للمؤمنين (فتح ٣) وتركنا فيها آية (ذاريات ٢)
وان يروا آية يعرضوا (قمر ١) ولقد تركناها آية (قمر ٢) ولئن اتيت الذين اوتوا الكتاب بكل آية (بقرة ١٥) وان يروا كل آية لا
يؤمنوا بها (انعام ٣ اعراف ١٥) ولو جاءتهم كل آية (يونس ١٠) اني قد جئتكم بآية من ربكم (آل عمران ٥) وجئتكم بآية من ربكم –
(آل عمران ٥) قال ان كنت جئت بآية (اعراف ١٣) واذا لم تأتهم بآية (اعراف ٢٤) فأتيتهم بآية (انعام ٤) قد جئناك بآية من ربك
(طه ٥) وقالوا لولا يأتينا بآية من ربه (طه ٨) فليأتنا بآية كما ارسل الاولون (انبياء ١) فأت بآية ان كنت من الصادقين –
(شعراء ٨) ولئن جئتهم بآية (روم ٦) وما كان لرسول ان يأتي بآية الا باذن الله (رعد ٤ مؤمن ٨) وقالوا مهما تأتنا به من
آية (اعراف ١٦) ما ننسخ من آية (بقرة ١٣) سل بني اسرائيل كم آتيناهم من آية بينة (بقرة ٢٦) وما تأتيهم من آية من آيات ربهم
(انعام ١ يس ٣) وكأين من آية في السموات والارض (يوسف ١٢) وما نريهم من آية الا هي اكبر من اختها (زخرف ٥) ان في ذلك
لآية (آل عمران ٥ هود ٩ حجر ٥ نحل ٢ مرتين نحل ٧ مرتين شعراء ١-٧-١١-١٢-١٤-١٦-١٨-١٩ نمل ٦ عنكبوت ٥ سبأ ١) وآية لهم
الارض الميتة (يس ٣) وآية لهم الليل نسلخ (يس ٣) وآية لهم انا حملنا ذريتهم (يس ٣) فاراه الآية الكبرى (نازعات ٢)
قال آيتك الا تكلم الناس (آل عمران ٥ مريم ١) وجعلنا الليل والنهار آيتين (بني اسرائيل ٢)

فصل البا

ان له ابا شيخا كبيرا (يوسف ٨) ما كان محمد ابا احد من رجالكم (احزاب ٥) وفاكهة وابا متاعا لكم (عبس ١) وارسل
عليهم طيرا ابابيل (فيل ١) باكواب واباريق (واقعة ١) قال كبيرهم الم تعلموا ان اباكم (يوسف ٨) ان ابانا لفي ضلال
مبين (يوسف ١) قالوا يا ابانا ما لك لا تأمنا على يوسف (يوسف ٢) قالوا يا ابانا انا ذهبنا نستبق (يوسف ٢) قالوا يا
ابانا منع منا الكيل (يوسف ٧) قالوا يا ابانا ما نبغي (يوسف ٧) قالوا يا ابانا استغفر لنا (يوسف ١٠) فقولوا يا ابانا ان ابنك سرق
(يوسف ٩) قالوا سنراود عنه اباه (يوسف ٧) وجاءوا اباهم عشاء يبكون (يوسف ٢) اذ قال يوسف لابيه يا ابت (يوسف ١)
وقال يا ابت هذا تأويل رؤياي (يوسف ١١) اذ قال لابيه يا ابت لم تعبد ما لا يسمع (مريم ٣) يا ابت اني قد جاءني من العلم
(مريم ٣) يا ابت لا تعبد الشيطان (مريم ٣) يا ابت اني اخاف ان يمسك عذاب (مريم ٣) يا ابت استأجره (قصص ٣) قال يا ابت افعل
ما تؤمر (صافات ٣) ورهبانية ابتدعوها (حديد ٤) ان شانئك هو الابتر (كوثر ١) وابتغ بين ذلك سبيلا (بني اسرائيل ١٢)
وابتغ فيما آتاك الله (قصص ٨) ابتغاء الفتنة وابتغاء تأويله (آل عمران ١) واما تعرضن عنهم ابتغاء رحمة من ربك (بني اسرائيل ٣)
ومن الناس من يشري نفسه ابتغاء مرضات الله (بقرة ٢٥) الذين ينفقون اموالهم ابتغاء مرضات الله (بقرة ٣٦) ومن يفعل ذلك
ابتغاء مرضات الله (نساء ١٧) ومما يوقدون عليه في النار ابتغاء حلية (رعد ٢) والذين صبروا ابتغاء وجه ربهم (رعد ٣) وما
تنفقون الا ابتغاء وجه الله (بقرة ٣٧) الا ابتغاء رضوان الله (حديد ٤) الا ابتغاء وجه ربه الاعلى (ليل ١) ولا تهنوا في
ابتغاء القوم (نساء ١٥) في سبيلي وابتغاء مرضاتي (ممتحنة ١) وابتغاء تأويله (آل عمران ١) وابتغاؤكم من فضله (روم ٣) لقد
ابتغوا الفتنة من قبل (توبة ٦) اذا لابتغوا الى ذي العرش سبيلا (بني اسرائيل ٥) فابتغوا عند الله الرزق (عنكبوت ٢)
وابتغوا ما كتب الله لكم (بقرة ٢٣) وابتغوا اليه الوسيلة (مائدة ٦) وابتغوا من فضل الله (جمعة ٢) فمن ابتغى وراء ذلك (مؤمنين ١
معارج ١) افغير الله ابتغي حكما (انعام ١٤) وابتلوا اليتامى حتى اذا بلغوا النكاح (نساء ١) واذ ابتلى ابراهيم ربه بكلمات (بقرة ١٥)
هنالك ابتلي المؤمنون (احزاب ٢) فاما الانسان اذا ما ابتلاه ربه (فجر ١) واما اذا ما ابتلاه فقدر عليه رزقه (فجر ١) والبحر
يمده من بعده سبعة ابحر (لقمان ٣) ولن يتمنوه ابدا بما قدمت ايديهم (بقرة ١١) ولا يتمنونه ابدا (جمعة ١) وانا لن ندخلها ابدا
(مائدة ٤) فقل لن تخرجوا معي ابدا (توبة ١١) ولا تصل على احد منهم مات ابدا (توبة ١١) لا تقم فيه ابدا (توبة ١٣) ماكثين فيه ابدا (كهف ١)
ولن تفلحوا اذا ابدا (كهف ٣) ان تبيد هذه ابدا (كهف ٥) فلن يهتدوا اذا ابدا (كهف ٨) ولا تقبلوا لهم شهادة ابدا (نور ١) ان

تعودوا لمثله ابداً (نور ۲) ما زکی منکم من احد ابداً (نور ۳) ولا ان تنکحوا ازواجه من بعده ابداً (احزاب ۶) الی اهلیهم ابداً (فتح ۲)
ولا نطیع فیکم احداً ابداً (حشر ۲) وبینکم العداوة والبغضاء ابداً (ممتحنه ۱) خالدین فیها ابداً (نساء ۶-۱۳-۱۷، مائده ۱۳، توبه ۳-
احزاب ۷، توبه ۱۱، تغابن ۱، طلاق ۲، جن ۳، بینه ۱) قل ما یکون لی ان ابدله (یونس ۲) وما اُبرّئ نفسی (یوسف ۷) واُبرئ الاکمه
والابرص (عمران ۵) وتوفنا مع الابرار (آل عمران ۲۰) ان الابرار یشربون من کأس (انسان ۱) ان الابرار لفی نعیم (انفطار ۱، مطففین ۱)
کلا ان کتاب الابرار لفی علیین (مطففین ۲) وما عند الله خیر للابرار (آل عمران ۲۰) واذ قال ابراهیم رب اجعل هذا بلداً امناً
(بقره ۱۴) واذ یرفع ابراهیم القواعد من البیت (بقره ۱۵) ووصی بها ابراهیم (بقره ۱۶) ما کان ابراهیم یهودیا (آل عمران ۷) یقال
له ابراهیم (انبیاء ۵) اذ قال ابراهیم ربی الذی یحیی ویمیت (بقره ۳۵) قال ابراهیم فان الله یاتی بالشمس من المشرق (بقره ۳۵) واذ قال
ابراهیم لابیه آزر (انعام ۹) واذ قال ابراهیم رب ارنی (بقره ۳۵) واذ قال ابراهیم رب اجعل هذا البلد امنا (ابراهیم ۶) واذ قال
ابراهیم لابیه وقومه (زخرف ۳) واذ ابتلی ابراهیم ربه بکلمات (بقره ۱۵) واله آبائک ابراهیم واسماعیل واسحاق (بقره ۱۶)
الم تر الی الذی حاج ابراهیم (بقره ۳۵) واتخذ الله ابراهیم خلیلا (نساء ۱۸) وکذلک نری ابراهیم (انعام ۹) ولقد جاءت رسلنا ابراهیم
بالبشری (هود ۷) کما اتمها علی ابویک من قبل ابراهیم واسحق (یوسف ۱) واتبعت ملة آبائی ابراهیم (یوسف ۵) واذکر فی الکتاب ابراهیم
(مریم ۳) ولقد اتینا ابراهیم رشده (انبیاء ۵) ملة ابیکم ابراهیم (حج ۱۰) ولما جاءت رسلنا ابراهیم (عنکبوت ۴) واذکر عبادنا ابراهیم
واسحاق (ص ۴) وما وصینا به ابراهیم (شوری ۲) وما کان استغفار ابراهیم لابیه الا عن موعدة (توبه ۱۴) فقد اتینا آل ابراهیم (نساء ۸)
ان الله اصطفی آدم ونوحا وآل ابراهیم (آل عمران ۴) ومن ذریة ابراهیم (مریم ۴) ونبئهم عن ضیف ابراهیم (حجر ۴) هل اتیک حدیث ضیف
ابراهیم المکرمین (ذاریات ۲) الا قول ابراهیم لابیه (ممتحنه ۱) وقوم ابراهیم وقوم لوط (حج ۶) واتخذوا من مقام ابراهیم مصلی (بقره ۱۵)
فیه آیات بینات مقام ابراهیم (آل عمران ۱۰) ومن یرغب عن ملة ابراهیم الا من سفه نفسه (بقره ۱۶) قل بل ملة ابراهیم حنیفا
(بقره ۱۶) فاتبعوا ملة ابراهیم حنیفا (آل عمران ۱۰) واتبع ملة ابراهیم حنیفا (نساء ۱۸) دینا قیما ملة ابراهیم حنیفا (انعام ۲۰) ان
اتبع ملة ابراهیم حنیفا (نحل ۱۶) واتل علیهم نبأ ابراهیم (شعراء ۵) وعهدنا الی ابراهیم واسماعیل (بقره ۱۵) وما انزل الی ابراهیم
(بقره ۱۶) واوحینا الی ابراهیم (نساء ۲۳) ام تقولون ان ابراهیم واسماعیل (بقره ۱۶) ان ابراهیم لاواه حلیم (توبه ۱۴) ان ابراهیم
لحلیم اواه منیب (هود ۷) ان ابراهیم کان امة قانتا لله (نحل ۱۶) ان اولی الناس بابراهیم (آل عمران ۷) وما انزل علی ابراهیم
(آل عمران ۹) قلنا یا نار کونی بردا وسلاما علی ابراهیم (انبیاء ۵) سلام علی ابراهیم (صافات ۳) فلما ذهب عن ابراهیم الروع
(هود ۷) یا اهل الکتاب لم تحاجون فی ابراهیم (آل عمران ۷) قد کانت لکم اسوة حسنة فی ابراهیم (ممتحنه ۱) واذ بوأنا لابراهیم
مکان البیت (حج ۴) وان من شیعته لابراهیم (صافات ۳) وابراهیم اذ قال لقومه (عنکبوت ۲) ومن نوح وابراهیم وموسی
(احزاب ۱) وابراهیم الذی وفی (نجم ۳) ولقد ارسلنا نوحا وابراهیم (حدید ۴) یا ابراهیم اعرض عن هذا (هود ۷) قالوا
انت فعلت هذا بالهتنا یا ابراهیم (انبیاء ۵) وناديناه ان یا ابراهیم (صافات ۳) قال اراغب انت عن الهتی یا ابراهیم (مریم ۳)
فلن ابرح الارض (یوسف ۱۰) لا ابرح حتی ابلغ مجمع البحرین (کهف ۹) وابرئ الاکمه والابرص (آل عمران ۵) وتبرئ الاکمه والابرص
(مائده ۱۵) ام ابرموا امرا فانا مبرمون (زخرف ۷) اولئک الذین ابسلوا بما کسبوا (انعام ۷) وابشروا بالجنة (فصلت ۴)
فاذا هی شاخصة ابصار الذین کفروا (انبیاء ۷) لا تدرکه الابصار وهو یدرک الابصار (انعام ۱۳) فانها لا تعمی الابصار (حج ۶)
واذ زاغت الابصار (احزاب ۲) ام زاغت عنهم الابصار (ص ۵) تشخص فیه الابصار (ابراهیم ۷) یکاد سنا برقه یذهب بالابصار
(نور ۶) فاعتبروا یا اولی الابصار (حشر ۱) ان فی ذلک لعبرة لاولی الابصار (آل عمران ۲، نور ۶) ام من یملک السمع والابصار
(یونس ۴) وجعل لکم السمع والابصار (نحل ۱۱، سجده ۱، ملک ۲) وهو الذی انشأ لکم السمع والابصار (مؤمنون ۵) تتقلب فیه
القلوب والابصار (نور ۵) اولی الایدی والابصار (ص ۴) وجعلنا لهم سمعا وابصارا (احقاف ۳) ان یشهد علیکم سمعکم
ولا ابصارکم (فصلت ۳) ان اخذ الله سمعکم وابصارکم (انعام ۵) لقالوا انما سکرت ابصارنا (حجر ۱) ابصارها
خاشعة (نازعات ۱) واذا صرفت ابصارهم (اعراف ۵) فما اغنی عنهم سمعهم ولا ابصارهم (احقاف ۳) خشعا ابصارهم (قمر ۱)
خاشعة ابصارهم (نون ۲، معارج ۲) یکاد البرق یخطف ابصارهم (بقره ۲) فاصمهم واعمی ابصارهم (محمد ۳) لیزلقونک بابصارهم

(نون ۲) وعلى ابصارهم غشاوة (بقرة ۱) قل للمؤمنين يغضوا من ابصارهم (نور ۴) ولو شاء الله لذهب بسمعهم وابصارهم (بقرة ۲)
ونقلب افئدتهم وابصارهم (انعام ۱۳) طبع الله على قلوبهم وسمعهم وابصارهم (نحل ۱۴) شهد عليهم سمعهم وابصارهم (فصلت ۳) وقل
للمؤمنات يغضضن من ابصارهن (نور ۴) فمن ابصر فلنفسه (انعام ۱۳) ابصر به واسمع (کهف ۳) اسمع بهم وابصر (مریم ۴)
وابصر فسوف يبصرون (صافات ۵) ربنا ابصرنا وسمعنا (سجدہ ۲) وابصرهم فسوف يبصرون (صافات ۵) ويوم اموت
ويوم ابعث حيا (مریم ۲) اذ قالوا لنبي لهم ابعث لنا ملكا (بقرة ۳۲) ربنا وابعث فيهم رسولا (بقرة ۱۵) وابعث في المدائن حاشرين
(شعراء ۳) فابعثوا احدكم بورقكم (کهف ۳) فابعثوا حكما من اهله (نساء ۶) قل اغير الله ابغي ربا (انعام ۲۰) قال اغير الله ابغيكم
الها (اعراف ۱۶) اذ ابق الى الفلك المشحون (صافات ۵) وثمود فما ابقى (نجم ۳) اينا اشد عذابا وابقى (طه ۳) والله خير وابقى (طه ۳)
ولعذاب الاخرة اشد وابقى (طه ۷) ورزق ربك خير وابقى (طه ۸) وما عند الله خير وابقى (قصص ۶ شوری ۴) والاخرة خير
وابقى (اعلى ۱) وسبح بالعشي والابكار (ال عمران ۳) وسبح بحمد ربك بالعشي والابكار (مؤمن ۶) فجعلناهن ابكارا (واقعة ۱)
سائحات ثيبات وابكارا (تحريم ۱) وضرب الله مثلا رجلين احدهما ابكم (نحل ۱) وانه هو اضحك وابكى (نجم ۳) ومن الابل اثنين
(انعام ۱۸) افلا ينظرون الى الابل كيف خلقت (غاشيه ۱) وقيل يا ارض ابلعي ماءك (هود ۴) لعلي ابلغ الاسباب (مؤمن ۴) حتى
ابلغ مجمع البحرين (کهف ۹) لقد ابلغتكم رسالة ربي (اعراف ۱۰) فان تولوا فقد ابلغتكم ما ارسلت به اليكم (هود ۵) لقد ابلغتكم رسالات
ربي (اعراف ۱۰) ابلغكم رسالات ربي (اعراف ۸ مرتين) وابلغكم ما ارسلت به (احقاف ۳) ليعلم ان قد ابلغوا رسالات ربهم (جن ۲)
ثم ابلغه مأمنه (توبه ۱) فسجدوا الا ابليس (بقرة ۴ بنی اسرائیل ۷ کهف ۵ طه ۷ اعراف ۲) فسجد الملائكة كلهم اجمعون الا ابليس
(حجر ۳ ص ۵) وجنود ابليس اجمعون (شعراء ۵) ولقد صدق عليهم ابليس ظنه (سبأ ۲) قال يا ابليس ما لك الا تكون مع الساجدين
(حجر ۳) قال يا ابليس ما منعك ان تسجد (ص ۵) قال ابن ام ان القوم استضعفوني (اعراف ۱۸) واتينا عيسى ابن مريم البينات (بقرة
۱۱) ابن مريم انظر مريم والمساكين وابن السبيل (بقرة ۲۲-۲۷ انفال ۵ حشر ۱) والصاحب بالجنب وابن السبيل (نساء ۶) وفي سبيل
الله وابن السبيل (توبه ۸) والمسكين وابن السبيل (بنی اسرائیل ۳ روم ۴) رب ابن لي عندك بيتا (تحريم ۲) وقالت النصارى نحن
ابناء الله (مائدہ ۳) قال اقتلوا ابناء الذين امنوا (مؤمن ۳) او ابناء بعولتهن (نور ۴) ولا ابناء اخوانهن (احزاب ۷) ولا ابناء
اخواتهن (احزاب ۷) يذبحون ابناءكم (بقرة ۵) ويذبحون ابناءكم (ابراهيم ۱) يقتلون ابناءكم (اعراف ۱۶) وما جعل ادعياءكم ابناءكم
(احزاب ۱) وحلائل ابنائكم (نساء ۴) قل ان كان اباؤكم وابناؤكم (توبه ۳) اباؤكم وابناؤكم لا تدرون ايهم اقرب (نساء ۲) ندع ابناءنا و
ابناءكم (ال عمران ۷) كما يعرفون ابناءهم (بقرة ۱۷ انعام ۲) قال سنقتل ابناءهم (اعراف ۱۵) يذبح ابناءهم ويستحيي نساءهم (قصص ۱)
ولو كانوا اباءهم او ابناءهم (مجادله ۳) او اباء بعولتهن او ابنائهن (نور ۴) لا جناح عليهن في ابائهن ولا ابنائهن (احزاب ۷) ومريم
ابنت عمران (تحريم ۲) قال اني اريد ان انكحك احدى ابنتي هاتين (قصص ۳) ان ابنك سرق (يوسف ۱۰) قالوا ابنوا له بنيانا
(صافات ۵) فقالوا ابنوا عليهم بنيانا (کهف ۳) ونادى نوح ابنه (هود ۴) واذ قال لقمان لابنه (لقمان ۲) وجعلناها وابنها اية للعالمين
(انبیاء ۱) لا تفتح لهم ابواب السماء (اعراف ۵) فتحنا عليهم ابواب كل شيء (انعام ۵) ففتحنا ابواب السماء (قمر ۲) فادخلوا ابواب
جهنم خالدين فيها (نحل ۳) فلبئس مثوى (نحل ۳) قيل ادخلوا ابواب جهنم خالدين فيها (زمر ۸) ادخلوا ابواب جهنم خالدين فيها (مؤمن ۸) لها سبعة
ابواب (حجر ۴) وادخلوا من ابواب متفرقة (يوسف ۸) وغلقت الابواب (يوسف ۳) مفتحة لهم الابواب (ص ۴) ولبيوتهم ابوابا
وسررا (زخرف ۳) وفتحت السماء فكانت ابوابا (نبأ ۲) فتحت ابوابها (زمر ۸) وفتحت ابوابها (زمر ۸) واتوا البيوت من ابوابها (بقرة ۲۴)
وورثه ابواه فلامه الثلث (نساء ۲) واما الغلام فكان ابواه مؤمنين (کهف ۱۰) ما كان ابوك امرأ سوء (مریم ۳) وابونا شيخ كبير
(قصص ۳) ولما دخلوا من حيث امرهم ابوهم (يوسف ۸) قال ابوهم اني لاجد ريح يوسف (يوسف ۱۰) وكان ابوهما صالحا (کهف ۱۰)
كما اتمها على ابويك من قبل (يوسف ۱) كما اخرج ابويكم من الجنة (اعراف ۳) اوى اليه ابويه (يوسف ۱۱) ورفع ابويه على العرش
(يوسف ۱۱) ولابويه لكل واحد منهما السدس (نساء ۲) فالقوه على وجه ابي (يوسف ۱۰) تبت يدا ابي لهب وتب (مسد ۱) ابى
واستكبر وكان من الكافرين (بقرة ۴) فابى اكثر الناس الا كفورا (بنی اسرائیل ۹ فرقان ۵) فابى الظالمون الا كفورا (بنی اسرائیل)
واغفر لابي انه كان من الضالين (شعراء ۵) ولقد اريناه اياتنا كلها فكذب وابى (طه ۳) حتى يتبين لكم الخيط الابيض (بقرة ۲۳) وما

اليهود و

وقد اخرجنا من ديارنا وابنائنا (بقرة ٢٥)

الذین ابیضت وجوههم (آل عمران ۱۱) و ابیضت عیناه من الحزن (یوسف ۹) یخل لکم وجه ابیکم (یوسف ۱) ملة ابیکم
ابراهیم (حج ۱۰) ارجعوا الی ابیکم (یوسف ۹) قال ائتونی باخ لکم من ابیکم (یوسف ۶) فابین ان یحملنها (احزاب ۹) اذ قالوا
لیوسف واخوه احب الی ابینا منا (یوسف ۱) واذ قال ابراهیم لابیه آزر (انعام ۹) واذ قال ابراهیم لابیه وقومه (زخرف ۳)
اذ قال لابیه وقومه ما هذه التماثیل (انبیاء ۵) اذ قال لابیه وقومه ما تعبدون (شعراء ۵) اذ قال لابیه وقومه ماذا تعبدون
(صافات ۴) وما کان استغفار ابراهیم لابیه الا عن موعدة (توبة ۱۴) اذ قال یوسف لابیه یا ابت (یوسف ۱) اذ قال لابیه یا ابت
لم تعبد ما لا یسمع (مریم ۵) الا قول ابراهیم لابیه (ممتحنة ۱) من اخیه وامه و ابیه (عبس ۱) فلما رجعوا الی ابیهم (یوسف ۸)

فصل لتاء

حتی اتانا الیقین (مدثر ۵) ما لهم به من علم الا اتباع الظن (نساء ۲۲) فاتباع بالمعروف
(بقرة ۲۲) ثم اتبع سببا (کهف ۹-۱۰) بل اتبع الذین ظلموا اهواءهم (روم ۴) انما تنذر من اتبع الذکر (یس ۱) یهدی به الله من
اتبع رضوانه (مائدة ۳) والسلام علی من اتبع الهدی (طه ۳) فمن اتبع هدای (طه ۷) افمن اتبع رضوان الله (آل عمران ۱۷) ومن
اضل ممن اتبع هویه بغیر هدی من الله (قصص ۵) ان اتبع الا ما یوحی الی (انعام ۵ یونس ۲ احقاف ۱) قل انما اتبع ما یوحی الی من ربی
(اعراف ۲۴) اتبع ما اوحی الیک من ربک (انعام ۱۳) ان اتبع ملة ابراهیم حنیفا (نحل ۱۶) فاتبع سببا (کهف ۱۱) فاتبع قرآنه (قیامة ۱)
قل لا اتبع اهواءکم (انعام ۷) ولکنه اخلد الی الارض و اتبع هویه (اعراف ۲۲) و اتبع هویه فتردی (طه ۱) و اتبع الذین ظلموا
(هود ۱۰) و اتبع ملة ابراهیم حنیفا (نساء ۱۸) و اتبع ما یوحی الیک (یونس ۱۱ احزاب ۱) و اتبع سبیل من اناب الی (لقمان ۲) و اتبع
ادبارهم ولا یلتفت منکم احد (حجر ۵) و اتبع هواه وکان امره فرطا (کهف ۴) ولئن اتبعت اهواءهم (بقرة ۱۴ - ۱۸ رعد ۵) و اتبعت
ملة آبائی (یوسف ۵) لئن اتبعتم شعیبا (اعراف ۱۱) لا تبعتم الشیطان الا قلیلا (نساء ۱۱) قال فان اتبعتنی فلا تسئلنی (کهف ۱۰)
والذین آمنوا و اتبعتهم ذریتهم (طور ۱) یا ایها النبی حسبک الله ومن اتبعک (انفال ۹) وما نریک اتبعک الا الذین هم
اراذلنا بادی الرأی (هود ۳) الا من اتبعک من الغاوین (حجر ۳) واخفض جناحک لمن اتبعک (شعراء ۱۱) قال له موسی هل اتبعک
(کهف ۹) و اتبعک الارذلون (شعراء ۶) انتما ومن اتبعکما الغالبون (قصص ۴) فقل اسلمت وجهی لله ومن اتبعن (آل
عمران ۲) فاتبعنا بعضهم بعضا (مؤمنین ۳) و اتبعنا الرسول (آل عمران ۶) قالوا لو نعلم قتالا لاتبعناکم (آل عمران ۱۷) و اتبعناهم
فی هذه الدنیا لعنة (قصص ۴) ادعوا الی الله علی بصیرة انا ومن اتبعنی (یوسف ۱۲) فاتبعنی اهدک صراطا سویا (مریم ۳)
اذ تبرأ الذین اتبعوا من الذین اتبعوا (بقرة ۲۰) و قال الذین اتبعوا (بقرة ۲۰) ذلک بان الذین کفروا اتبعوا الباطل (قتال ۱)
ذلک بانهم اتبعوا ما اسخط الله (قتال ۳) واذا قیل لهم اتبعوا ما انزل الله (بقرة ۲۱ لقمان ۳) اتبعوا ما انزل الیکم (اعراف ۱) وقال
الذین کفروا للذین آمنوا اتبعوا سبیلنا (عنکبوت ۲) قال یا قوم اتبعوا المرسلین (یس ۲) اتبعوا من لا یسألکم اجرا (یس ۲) فاتبعوا
ملة ابراهیم حنیفا (آل عمران ۱۰) فاتبعوا امر فرعون (هود ۱۰) و اتبعوا ما تتلوا الشیاطین (بقرة ۱۱) و اتبعوا الشهوات (مریم ۴)
و اتبعوا سبیلک (مؤمن ۱) و اتبعوا اهواءهم (قتال ۲ مرتین) وکذبوا و اتبعوا اهواءهم (قمر ۱) و اتبعوا من لم یزده ماله (نوح ۲)
و اتبعوا رضوان الله (آل عمران ۱۸) و اتبعوا النور الذی انزل معه (اعراف ۱۹) و اتبعوا امر کل جبار عنید (هود ۵) و اتبعوا فی
هذه الدنیا لعنة (هود ۵) و اتبعوا فی هذه لعنة (هود ۱۰) و اتبعوا احسن ما انزل الیکم (زمر ۶) وجاعل الذین اتبعوک (آل عمران ۶)
وسفرا قاصدا لاتبعوک (توبة ۶) یا قوم اتبعون اهدکم (مؤمن ۵) فاتبعونی یحببکم الله (آل عمران ۴) وان ربکم الرحمن فاتبعونی
(طه ۹) فلا تمترن بها و اتبعونی (زخرف ۷) ان اولی الناس بابراهیم للذین اتبعوه (آل عمران ۷) والانصار الذین اتبعوه فی ساعة
العسرة (توبة ۱۴) وجعلنا فی قلوب الذین اتبعوه رأفة (حدید ۴) وان هذا صراطی مستقیما فاتبعوه (انعام ۱۹) وهذا کتاب انزلناه
مبارک فاتبعوه (انعام ۲۰) فاتبعوه الا فریقا من المؤمنین (سبا ۲) و اتبعوه لعلکم تهتدون (اعراف ۲۰) والذین اتبعوهم باحسان
(توبة ۱۳) فاتبعوهم مشرقین (شعراء ۴) هو اهدی منهما اتبعه (قصص ۵) فاتبعه الشیطان فکان من الغاوین (اعراف ۲۲)
فاتبعه شهاب مبین (حجر ۲) فاتبعه شهاب ثاقب (صافات ۱) ثم جعلناک علی شریعة من الامر فاتبعها (جاثیة ۲) فاتبعهم فرعون
وجنوده (یونس ۹) فاتبعهم فرعون بجنوده (طه ۴) ما تذر من شیء اتت علیه (ذاریات ۲) فاتت به قومها تحمله (مریم ۲) قال
کذلک اتتک آیاتنا فنسیتها (طه ۷) او اتتکم الساعة (انعام ۴) اتتهم رسلهم بالبینات (توبة ۹) انکم ظلمتم انفسکم

وان الذین آمنوا اتبعوا الحق (قتال ۱)

باتخاذ ذكر العجل (بقرة ٦) وقالوا اتخذ الله ولدا سبحانه (بقرة ١٤) قالوا اتخذ الله ولدا (يونس ٧ كهف ١) وقالوا اتخذ الرحمن ولدا (مريم ٩
انبياء ٢) فمن شاء اتخذ الى ربه سبيلا (مزمل ٢ انسان ٣) فمن شاء اتخذ الى ربه مآبا (نبأ ٢) قل اغير الله اتخذ وليا (انعام ٢) ءاتخذ من دونه
الهة (يس ٢) ام اتخذ عند الله عهدا (مريم ٥) ام اتخذ مما يخلق بنات (زخرف ٢) فاتخذ سبيله فى البحر سربا (كهف ٧) لم اتخذ فلانا خليلا
(فرقان ٣) ما اتخذ الله من ولد (مؤمنين ١٠) ما اتخذ صاحبة ولا ولدا (جن ١) الا من اتخذ عند الرحمن عهدا (مريم ٩
ارايت من اتخذ الهه هوىه (فرقان ٥) افرايت من اتخذ الهه هوىه (جاثيه ٣) واتخذ الله ابراهيم خليلا (نساء ١٨) واتخذ قوم موسى من
بعده (اعراف ١٨) واتخذ من الملائكة اناثا (بنى اسرائيل ٤) واتخذ سبيله فى البحر عجبا (كهف ٧) يا ليتنى اتخذت مع الرسول سبيلا (فرقان ٣)
قال لئن اتخذت الها غيرى (شعراء ٢) كمثل العنكبوت اتخذت بيتا (عنكبوت ٤) فاتخذت من دونهم حجابا (مريم ٢) قال لو
شئت لاتخذت عليه اجرا (كهف ١٠) ثم اتخذتم العجل من بعده (بقرة ٦-١٠) قل اتخذتم عند الله عهدا (بقرة ٩) وقال انما اتخذتم
من دون الله اوثانا (عنكبوت ٣) ذلكم بانكم اتخذتم ايات الله هزوا (جاثيه ٤) قل افاتخذتم من دونه اولياء (رعد ٢) واتخذتموه
وراءكم ظهريا (هود ١٠) فاتخذتموهم سخريا (مؤمنين ٦) لاتخذناه من لدنا (انبياء ٢) اتخذناهم سخريا (ص ٦) انهم اتخذوا
الشياطين اولياء (اعراف ٣) اتخذوا احبارهم ورهبانهم اربابا (توبه ٥) هؤلاء قومنا اتخذوا من دونه الهة (كهف ٢) يا رب
ان قومى اتخذوا هذا القران مهجورا (فرقان ٣) ولا ما اتخذوا من دون الله اولياء (جاثيه ١) اتخذوا ايمانهم جنة (مجادله ٣ منافقون ١)
لا تتخذوا الذين اتخذوا دينكم هزوا (مائده ٨) وذر الذين اتخذوا دينهم لعبا (انعام ٨) الذين اتخذوا دينهم لهوا (اعراف ٦) ان الذين
اتخذوا العجل (اعراف ١٩) مثل الذين اتخذوا من دون الله اولياء (عنكبوت ٤) والذين اتخذوا مسجدا ضرارا (توبه ١٣) والذين
اتخذوا من دونه اولياء (زمر ١ شورى ١) فلولا نصرهم الذين اتخذوا من دون الله قربانا الهة (احقاف ٤) ام اتخذوا الهة من الارض
(انبياء ٢) ام اتخذوا من دون الله الهة (انبياء ٣) ام اتخذوا من دونه اولياء (شورى ١) ام اتخذوا من دون الله شفعاء (زمر ٥)
ثم اتخذوا العجل من بعد ما جاءتهم البينات (نساء ٢٢) واتخذوا اياتى وما انذروا هزوا (كهف ٨) واتخذوا اياتى ورسلى هزوا
(كهف ١١) واتخذوا من دون الله الهة (مريم ٩ يس ٥) واتخذوا من دونه الهة (فرقان ١) واتخذوا من مقام ابراهيم مصلى (بقرة ١٣)
واذا لاتخذوك خليلا (بنى اسرائيل ٨) ءانت قلت للناس اتخذونى (مائده ١٦) ولا يهديهم سبيلا اتخذوه (اعراف ١٥) ان
الشيطان لكم عدو فاتخذوه عدوا (ملائكة ١) اتخذوها هزوا ولعبا (مائده ٨) ما اتخذوهم اولياء (مائده ١١) فاتخذه
وكيلا (مزمل ١) واذا علم من اياتنا شيئا اتخذها هزوا (جاثيه ١) ان اتخذى من الجبال بيوتا (نحل ٧) وعندهم قاصرات الطرف
اتراب (ص ٤) فجعلناهن ابكارا عربا اترابا (واقعه ١) وكواعب اترابا (نبأ ٢) وارجعوا الى ما اترفتم فيه (انبياء ١)
واترفناهم فى الحيوة الدنيا (مؤمنين ٢) واتبع الذين ظلموا ما اترفوا فيه (هود ١٠) واترك البحر رهوا (دخان ١) والقمر
اذا اتسق (انشقاق ١) واذا قيل له اتق الله (بقرة ٢٥) اتق الله (احزاب ١) امسك عليك زوجك واتق الله (احزاب ٥) صنع الله الذى اتقن
كل شىء (نمل ٧) اذا ما اتقوا وامنوا (مائده ١٠) ثم اتقوا وامنوا ثم اتقوا واحسنوا (مائده ١٠) والذين اتقوا فوقهم يوم القيامة
(بقرة ٢٦) للذين اتقوا عند ربهم جنات (ال عمران ٢) لكن الذين اتقوا ربهم (ال عمران ٢٠ زمر ٢) ان الذين اتقوا اذا مسهم طائف (اعراف ٢٤)
وللدار الاخرة خير للذين اتقوا (يوسف ١١) تلك عقبى الذين اتقوا (رعد ٥) ان الله مع الذين اتقوا (نحل ١٦) وقيل للذين اتقوا (نحل ٤)
ثم ننجى الذين اتقوا (مريم ٥) وينجى الله الذين اتقوا (زمر ٦) وسيق الذين اتقوا ربهم الى الجنة زمرا (زمر ٨) يا ايها الذين امنوا اتقوا الله (بقرة ٣٨
ال عمران ١١ توبه ١٥ مائده ٢ احزاب ٧ حديد ٣ حشر ٣) يا ايها الناس اتقوا ربكم (نساء ١ حج ١ لقمان ٤) وايا كم ان اتقوا الله (نساء ١٩)
قال اتقوا الله ان كنتم مؤمنين (مائده ١٥) واذا قيل لهم اتقوا ما بين ايديكم (يس ٤) قل يا عباد الذين امنوا اتقوا ربكم (زمر ١) فاتقوا
النار التى وقودها الناس والحجارة (بقرة ٣) فاتقوا الله واطيعون (ال عمران ٥ شعراء ١١ مرتين ١٣ مرتين ١٥ مرتين ١٧-١٨ زخرف ٧) فاتقوا
الله لعلكم تشكرون (ال عمران ١٣) فاتقوا الله يا اولى الالباب (مائده ١٣ طلاق ١) فاتقوا الله واصلحوا ذات بينكم (انفال ١) فاتقوا الله
ولا تخزون فى ضيفى (هود ٥) فاتقوا الله ما استطعتم (تغابن ٢) ولو انهم امنوا واتقوا لمثوبة من عند الله خير (بقرة ١٢) للذين احسنوا
منهم واتقوا اجر عظيم (ال عمران ١٨) ولو ان اهل الكتاب امنوا واتقوا لكفرنا عنهم (مائده ٩) ولو ان اهل القرى امنوا واتقوا (اعراف ١٢)
واتقوا الله الذى تساءلون به والارحام (نساء ١) واتقوا الله الذى انتم به مؤمنون (مائده ٩ ممتحنه ٢) واتقوا الله الذى اليه تحشرون

(مائدہ ۱۰ مجادلہ ۱) واتقوا اللہ ان اللہ شدید العقاب (مائدہ ۱) واتقوا اللہ ان اللہ سریع الحساب (مائدہ ۱) واتقوا اللہ ان اللہ
علیم بذات الصدور (مائدہ ۱) واتقوا اللہ ان اللہ خبیر بما تعملون (مائدہ ۱ حشر ۲) واتقوا اللہ ان کنتم مؤمنین (مائدہ ع) واتقوا
اللہ ان اللہ غفور رحیم (انفال ۲) واتقوا اللہ ان اللہ سمیع علیم (حجرات ۱) واتقوا اللہ ان اللہ تواب رحیم (حجرات ۲) واتقوا اللہ
ربکم (طلاق ۱) واتقوا اللہ لعلکم ترحمون (حجرات ۱) واتقوا اللہ لعلکم تفلحون (بقرہ ۱۹ ال عمران ۱۳-۲۰) واتقوا اللہ واسمعوا (مائدہ ۱۱)
واتقوا اللہ واعلموا (بقرہ ۲ مرتبین ۲۱-۲۲-۲۴ مرتین) واتقوا اللہ وعلی اللہ فلیتوکل المؤمنون (مائدہ ۲) واتقوا اللہ ولا تخزون
(حجر ۲) واتقوا اللہ ویعلمکم اللہ (بقرہ ۹) واتقوا الذی امدکم (شعرا ۲) واتقوا الذی خلقکم (شعرا ۹) واتقوا النار التی اعدت للکافرین
(ال عمران ۱۴) واتقوا فتنۃ (انفال ۳) فاتبعوہ واتقوا لعلکم ترحمون (انعام ۱۹) واتقوا یوما لا تجزی نفس عن نفس شیئا (بقرہ ۵-۱۵)
واتقوا یوما ترجعون فیہ الی اللہ (بقرہ ۲۱) وایای **فاتقون** (بقرہ ۵) انہ لا الہ الا انا فاتقون (نحل) وانا ربکم فاتقون (مؤمنین ۴)
یا عباد فاتقون (زمر ۲) **و** اتقون یا اولی الالباب (بقرہ ۹) وان اقیموا الصلوۃ **واتقوہ** (انعام ۹) اعبدوا اللہ واتقوہ (عنکبوت ۲)
منیبین الیہ واتقوہ (روم ۴) ان اعبدوا اللہ واتقوہ واطیعون (نوح ۱) ولکن البر من **اتقی** (بقرہ ۲۴) فمن اتقی واصلح (اعراف ۴)
ھو اعلم بمن اتقی (نجم ۳) فلا اثم علیہ لمن اتقی (بقرہ ۲۰) والاخرۃ خیر لمن اتقی (نساء ۱۱) بلی من اوفی بعھدہ **و** اتقی (ال عمران ۸) فاما من اعطی
واتقی (لیل ۱) وسیجنبھا **الاتقی** (لیل ۱) ان **اتقیتن** فلا تخضعن (احزاب ۴) ان اکرمکم عند اللہ **اتقیکم** (حجرات ۲) ولا ما ملکت
ایمانھن **واتقین** اللہ (احزاب ۷) **اتل** ما حرم ربکم علیکم (انعام ۱۹) اتل ما اوحی الیک (عنکبوت ۵) **و** اتل علیھم نبأ ابنی ادم بالحق
(مائدہ ۳) واتل علیھم نبأ الذی اتینہ ایاتنا (اعراف ۲۲) واتل علیھم نبأ نوح (یونس ۸) واتل ما اوحی الیک (کھف ۳) واتل علیھم
نبأ ابراھیم (شعرا ۲) وان **اتلوا** القران (نمل ۱۰) قل **ساتلوا** علیکم منہ ذکرا (کھف ۹) **ولاتم** نعمتی علیکم (بقرہ ۱۸) ربنا **اتمم** لنا
نورنا (تحریم ۲) فان **اتممت** عشرا فمن عندک (قصص ۳) **و** اتممت علیکم نعمتی (مائدہ ۱) **واتممناھا** بعشر (اعراف ۱۷) ثم **اتموا**
الصیام الی اللیل (بقرہ ۲۳) **فاتموا** الیھم عھدھم (توبہ ۱) **و** اتموا الحج والعمرۃ للہ (بقرہ ۲۴) کما **اتمھا** علی ابویک (یوسف ۱) واذ ابتلی
ابراھیم ربہ بکلمات **فاتمھن** (بقرہ ۱۵) الذین یفرحون بما **اتوا** (ال عمران ۱۹) حتی اذا اتوا علی واد النمل (نمل ۲) ولقد اتوا علی القریۃ
(فرقان ۴) **فاتوا** علی قوم یعکفون علی اصنام لھم (اعراف ۱۶) فاولئک **اتوب** علیھم (بقرہ ۱۹) ولا علی الذین اذا ما **اتوک** لتحملھم
(توبہ ۱۲) **اتوکؤا** علیھا واھش بھا (طہ ۱) وکل **اتوہ** داخرین (نمل ۷) **اتی** امر اللہ فلا تستعجلوہ (نحل ۱) فجمع کیدہ ثم اتی (طہ ۳) ولا
یفلح الساحر حیث اتی (طہ ۳) الا من اتی اللہ بقلب سلیم (شعرا ۵) کذلک **ما اتی** الذین من قبلھم (ذاریات ۳) **ھل اتی** علی الانسان
(انسان ۱) **فاتی** اللہ بنیانھم (نحل ۴) حتی اذا **اتیا** اھل قریۃ (کھف ۱۰) ولئن **اتیت** الذین اوتوا الکتاب (بقرہ ۱۷) وھل **اتیک**
حدیث موسی (طہ ۱) وھل اتیک نبؤا الخصم (ص ۲) ھل اتیک حدیث ضیف ابراھیم المکرمین (ذاریات ۲) ھل اتیک حدیث
موسی (نازعات ۱) ھل اتیک حدیث الجنود (بروج ۱) ھل اتیک حدیث الغاشیۃ (غاشیہ ۱) قل ارءیتکم ان **اتیکم** عذاب
اللہ (انعام ۴-۵) قل ارءیتم ان اتیکم عذابہ بیاتا (یونس ۵) فان **اتین** بفاحشۃ (نساء ۴) قالتا **اتینا** طائعین (فصلت ۲) بل
اتینھم بذکرھم (مؤمنون ۴) **اتیھا** امرنا لیلا او نھارا (یونس ۳) فلما **اتیھا** نودی من شاطئ الواد الایمن (قصص ۴) فلما اتیھا نودی
یا موسی (طہ ۱) بغیر سلطان **اتیھم** (مؤمن ۴-۵) واوذوا حتی اتیھم نصرنا (انعام ۴) **فاتیھم** العذاب (زمر ۳) فاتیھم اللہ
من حیث لم یحتسبوا (حشر ۱) لتنذر قوما **ما اتیھم** من نذیر (سجدہ ۱) **فلما اتیھم** من فضلہ (توبہ ۹) **و** اتیھم العذاب (نحل ۱۵)

فصل الثاء

فاثابکم غما بغم (ال عمران ۱۶) **فاثابھم** اللہ بما قالوا (مائدہ ۱۱) **و** اثابھم فتحا قریبا (فتح ۳) واشعارھا
اثاثا (نحل ۱۱) ھم احسن اثاثا ورءیا (مریم ۵) او **اثارۃ** من علم (احقاف ۱) **و** اثاروا الارض وعمروھا (روم ۱) فی سبیل اللہ
اثاقلتم الی الارض (توبہ ۲) ومن یفعل ذلک یلق **اثاما** (فرقان ۷) اذا لقیتم فئۃ **فاثبتوا** (انفال ۲) حتی اذا **اثخنتموھم**
فشدوا الوثاق (قتال ۱) فقبضت قبضۃ من **اثر** الرسول (طہ ۲) سیماھم فی وجوھھم من اثر السجود (فتح ۴) **فاثرن** بہ نقعا (عادیات ۱)
قال ھم اولاء علی اثری (طہ ۴) وتحمل **اثقالکم** الی بلد (نحل ۱) واخرجت الارض **اثقالھا** (زلزال ۱) ولیحملن **اثقالھم** واثقالا مع
اثقالھم (عنکبوت ۱) فلما **اثقلت** دعوا اللہ ربھما (اعراف ۲۴) فوا فی **اکل خمط واثل** (سبا ۲) قل فیھما **اثم** کبیر (بقرہ ۲۷) ان
بعض الظن اثم (حجرات ۲) فلا اثم علیہ (بقرہ ۱۸-۱۹-۲۱ مرتین) غیر متجانف **لاثم** (مائدہ ۱) عن قولھم **الاثم** (مائدہ ۷) ان الذین

اذان من اللہ ورسولہ (توبہ ۱)

یکسبون الاثم (انعام ۱۴) وذروا ظاهر الاثم وباطنه (انعام ۱۴) والذین یجتنبون کبائر الاثم (شوری ۴) الذین یجتنبون کبائر الاثم
(نجم ۲) تظاهرون علیهم **بالاثم** والعدوان (بقرة ۱۰) لتاکلوا فریقا من اموال الناس بالاثم (بقرة ۲۳) اخذته العزة **بالاثم** (بقرة ۲)
وینتجون بالاثم (مجادلہ ۱) فلا تتناجوا بالاثم (مجادلہ ۲) ولا تعاونوا **علی الاثم** (مائدہ ۱) منهم یسارعون **فی الاثم** (مائدہ ۹) لکل امری
منهم ما اکتسب **من الاثم** (نور ۲) **و**الاثم والبغی بغیر الحق (اعراف ۴) انما نملی لهم لیزدادوا **اثما** (ال عمران ۱۸) فقد افتری اثما عظیما
(نساء ۷) وکفی به اثما مبینا (نساء ۷) ومن یکسب اثما (نساء ۱۶) فان عثر علی انهما استحقا اثما (مائدہ ۱۴) ومن یکسب خطیئة **او اثما** (نساء ۱۶)
فان خاف من موص جنفا او اثما (بقرة ۲۲) بهتانا واثما مبینا (نساء ۲ - ۱۲ - احزاب ۷) انظروا الی ثمره اذا **اثمر** وینعه (انعام ۱۲) کلوا
من ثمره اذا اثمر (انعام ۱۷) فانما **اثمه** علی الذین یبدلونه (بقرة ۲۲) **واثمهما** اکبر من نفعهما (بقرة ۲۷) انی ارید ان تبوء باثمی
واثمک (مائدہ ۵) **اثنان** ذوا عدل منکم (مائدہ ۱۴) فانفجرت منه **اثنتا** عشرة عینا (بقرة ۷) وقطعناهم اثنتی عشرة اسباطا
امما (اعراف ۲۰) فان کن نساء فوق **اثنتین** (نساء ۲) فان کانتا اثنتین (نساء ۲۴) قالوا ربنا امتنا اثنتین واحییتنا اثنتین (مؤمن ۲) ان عدة
الشهور عند الله **اثنا عشر** شهرا (توبه ۵) اثنی عشر نقیبا (مائدہ ۳) من الضان **اثنین** ومن المعز اثنین (انعام ۱۷) ومن الابل اثنین
ومن البقر اثنین (انعام ۱۷) ثانی اثنین اذ هما فی الغار (توبه ۶) من کل زوجین اثنین (هود ۴ - مؤمنین ۲) جعل فیها زوجین اثنین (رعد ۱)
وقال الله لا تتخذوا الهین اثنین (نحل ۷) اذ ارسلنا الیهم اثنین (یس ۲) والله لا یحب کل کفار **اثیم** (بقرة ۳۸) تنزل علی کل افاک اثیم (شعراء ۱۱)
ویل لکل افاک اثیم (جاثیه ۱) معتد اثیم (نون ۱) وما یکذب به الا کل معتد اثیم (مطففین ۱) ان شجرة الزقوم طعام **الاثیم** (دخان ۳)
من کان خوانا **اثیما** (نساء ۱۶)

فصل الجیم

وهذا ملح **اجاج** (فرقان ۵ - ملائکة ۲) جعلناه **اجاجا**
(واقعه ۲) فیقول ماذا **اجبتم** (قصص ۷) یقول ماذا اجبتم (مائدہ ۱۵) قالوا لولا **اجتبیتها** (اعراف ۲۴) وجاهدوا فی الله حق جهاده
هو اجتبیکم (حج ۱۰) وممن هدینا **واجتبینا** (مریم ۴) **واجتبینا هم** وهدیناهم (انعام ۱۰) **اجتبیه** وهدیه (نحل ۱۶) **ثم**
اجتبیه ربه فتاب علیه وهدی (طه ۷) **فاجتبیه** ربه (نون ۲) کشجرة خبیثة **اجتثت** (ابراهیم ۴) ام حسب **الذین اجترحوا** السیات
(جاثیه ۳) قل لئن **اجتمعت** الانس والجن (بنی اسرائیل ۱۰) لن یخلقوا ذبابا ولو **اجتمعوا** له (حج ۱۰) والذین **اجتنبوا** الطاغوت (زمر ۲)
فاجتنبوا الرجس من الاوثان (حج ۴) **و**اجتنبوا الطاغوت (نحل ۵) واجتنبوا قول الزور (حج ۴) **فاجتنبوه** لعلکم تفلحون (مائدہ ۱۲)
قل لا **اجد** فی ما اوحی الی محرما (انعام ۱۸) قلت لا اجد ما احملکم علیه (توبه ۱۲) **او اجد** علی النار هدی (طه ۱) **ولن اجد** من دونه ملتحدا
(جن ۲) انی **لاجد** ریح یوسف (یوسف ۱۱) فاذا هم من **الاجداث** الی ربهم ینسلون (یس ۴) یخرجون من الاجداث (قمر ۱) یوم یخرجون
من الاجداث (معارج ۲) **واجدر** الا یعلموا (توبه ۱۲) **لاجدن** خیرا منها منقلبا (کهف ۵) للذین احسنوا منهم واتقوا **اجر عظیم**
(ال عمران ۸) فلکم اجر عظیم (ال عمران ۱۹) ان الله عنده اجر عظیم (توبه ۳) وان الله عنده اجر عظیم (انفال ۳) والله عنده اجر عظیم (تغابن ۲)
لهم اجر غیر ممنون (فصلت ۱ - انشقاق ۱) فلهم اجر غیر ممنون (تین ۱) ولهم اجر کبیر (حدید ۱) وله اجر کریم (حدید ۲) ولهم اجر کریم (حدید ۲)
نعم اجر العاملین (عنکبوت ۶) ونعم اجر العاملین (ال عمران ۱۴) فنعم اجر العاملین (زمر ۸) وان الله لا یضیع اجر المؤمنین (ال عمران ۱۷)
انا لا نضیع اجر المصلحین (اعراف ۲۱) ان الله لا یضیع اجر المحسنین (توبه ۱۵) فان الله لا یضیع اجر المحسنین (هود ۱۰ - یوسف ۹) **ولا نضیع** اجر
المحسنین (یوسف ۷) انا لا نضیع اجر من احسن عملا (کهف ۴) لیجزیک اجر ما سقیت لنا (قصص ۳) **ولاجر** الاخرة خیر (یوسف ۷) **ولاجر**
الاخرة اکبر (نحل ۵) فما سالتکم **من اجر** (یونس ۸) وما تسالهم علیه من اجر (یوسف ۱۱) وما اسالکم علیه من اجر (شعراء ۱۱ - ۱۲ - ۱۳ - ۱۵ - ۱۷
۸) قل ما اسالکم علیه من اجر (ص ۵ - فرقان ۵) قل ما سالتکم من اجر (سبا ۶) لهم مغفرة **واجر** عظیم (مائدہ ۲ - حجرات ۱) لهم مغفرة واجر کبیر
(هود ۲ - ملک ۲) فبشره بمغفرة واجر کریم (یس ۱) لا اسالکم علیه **اجرا** (انعام ۹ - شوری ۳) یا قوم لا اسالکم علیه اجرا (هود ۵)
ام تسالهم اجرا (طور ۲ - قلم ۲) ویؤت من لدنه اجرا عظیما (نساء ۶) واذا لاتیناهم من لدنا اجرا عظیما (نساء ۹) نؤتیه اجرا عظیما (نساء
۱۲) علی القاعدین اجرا عظیما (نساء ۱۴) وسوف یؤت الله المؤمنین اجرا عظیما (نساء ۲۱) سنؤتیهم اجرا عظیما (نساء ۲۳) فان الله اعد
للمحسنات منکن اجرا عظیما (احزاب ۳) فسیؤتیه اجرا عظیما (فتح ۱) ان لهم اجرا حسنا (کهف ۱) یؤتکم الله اجرا حسنا (فتح ۲) لاتخذت علیه
اجرا (کهف ۱۰) ان لهم اجرا کبیرا (بنی اسرائیل ۱) واعد لهم اجرا کریما (احزاب ۵) اتبعوا من لا یسالکم اجرا (یس ۲) ویعظم له اجرا (طلاق ۱)
هو خیرا واعظم اجرا (مزمل ۲) قالوا ان لنا **لاجرا** ان کنا نحن الغالبین (اعراف ۱۴) قالوا لفرعون ائن لنا لاجرا ان کنا نحن الغالبین (شعراء ۳)

وان لك لاجرا غير ممنون (نون ١) اعد الله لهم مغفرة واجرا عظيما (احزاب ٤) منهم مغفرة واجرا عظيما (فتح ٤) قل ان افتريته فعلى
اجرامي (هود ٣) قل لا تسئلون عما اجرمنا (سبا ٣) سيصيب الذين اجرموا (انعام ١٥) فانتقمنا من الذين اجرموا (روم ٥)
ان الذين اجرموا كانوا من الذين امنوا يضحكون (مطففين ٣) فله اجره عند ربه (بقرة ١٤) فقد وقع اجره على الله (نساء ١٤) واتيناه
اجره في الدنيا (عنكبوت ٣) فاجره على الله (شورى ٤) وان احد من المشركين استجارك فاجره (توبة ١) نؤتها اجرها مرتين
(احزاب ٤) فلهم اجرهم عند ربهم (بقرة ٧-٢٨) لهم اجرهم عند ربهم (بقرة ٣٧-٣٨) اولئك لهم اجرهم عند ربهم (ال عمران ٢٠) لهم
اجرهم ونورهم (حديد ٢) ولنجزين الذين صبروا اجرهم (نحل ١٣) ولنجزينهم اجرهم (نحل ١٣) اولئك يؤتون اجرهم مرتين (قصص ٦) انما
يوفى الصابرون اجرهم (زمر ٢) ويجزيهم اجرهم (زمر ٤) فاتينا الذين امنوا منهم اجرهم (حديد ٣) ان اجري الا على الله (يونس ٨) هود
سبا ٥) ان اجري الا على الذي فطرني (هود ٥) ان اجري الا على رب العالمين (شعراء ١١-١٣-١٥-١٧-١٨) واذا رأيتهم تعجبك اجسامهم
(منافقين ١) واذ قال ابراهيم رب اجعل هذا بلدا امنا (بقرة ١٥) قال رب اجعل لي اية (ال عمران ٥ مريم ١) واذ قال ابراهيم رب اجعل
هذا البلد امنا (ابراهيم ٦) ثم اجعل على كل جبل منهن جزءا (بقرة ٣٥) قالوا يا موسى اجعل لنا الها (اعراف ١٦) فاعينوني بقوة اجعل
بينكم وبينهم ردما (كهف ١١) فاجعل بيننا وبينك (طه ٣) فاجعل افئدة من الناس (ابراهيم ٦) فاجعل لي صرحا لعلي اطلع (قصص ٤)
واجعل لنا من لدنك وليا (نساء ١٠) واجعل لنا من لدنك نصيرا (نساء ١٠) واجعل لي من لدنك سلطانا نصيرا (بني اسرائيل ٩) واجعل لي
وزيرا من اهلي (طه ٢) واجعل لي لسان صدق في الاخرين (شعراء ٥) ربنا واجعلنا مسلمين لك (بقرة ١٥) واجعلنا للمتقين اماما
(فرقان ٦) لاجعلنك من المسجونين (شعراء ٢) قال اجعلني على خزائن الارض (يوسف ٧) رب اجعلني مقيم الصلوة (ابراهيم ٦)
واجعلني من ورثة جنة النعيم (شعراء ٥) وقال لفتيانه اجعلوا بضاعتهم (يوسف ٨) واجعلوا بيوتكم قبلة (يونس ٩) واجعله
رب رضيا (مريم ١) ليقضى اجل مسمى (انعام ٧) ولكل امة اجل (اعراف ٤) لكل امة اجل (يونس ٥) ولولا اجل مسمى لجاءهم العذاب
(عنكبوت ٦) فان اجل الله لات (عنكبوت ١) ان اجل الله اذا جاء لا يؤخر (نوح ١) لكل اجل كتاب (رعد ٦) لولا اخرتنا الى اجل قريب
(نساء ١١) فلما كشفنا عنهم الرجز الى اجل (اعراف ١٦) ربنا اخرنا الى اجل قريب (ابراهيم ٧) لولا اخرتني الى اجل قريب (منافقون)
اذا تداينتم بدين الى اجل مسمى (بقرة ٣٩) يمتعكم متاعا حسنا الى اجل مسمى (هود ١) ويؤخركم الى اجل مسمى (ابراهيم ٢ نوح ١) ولكن يؤخرهم
الى اجل مسمى (نحل ٧ ملائكة ٥) ونقر في الارحام ما نشاء الى اجل مسمى (حج ١) لكم فيها منافع الى اجل مسمى (حج ٤) كل يجري الى اجل مسمى
(لقمان ٣) ويرسل الاخرى الى اجل مسمى (زمر ٥) ولولا كلمة سبقت من ربك الى اجل مسمى (شورى ٢) وما نؤخره الا لاجل معدود
(هود ٩) كل يجري لاجل مسمى (رعد ١ ملائكة ٢ زمر ١) من اجل ذلك كتبنا على بني اسرائيل (مائدة ٥) واجل مسمى عنده (انعام ١)
لكان لزاما واجل مسمى (طه ١٧) الا بالحق واجل مسمى (روم ١-احقاف ١) فلما قضى موسى الاجل (قصص ٤) هو الذي خلقكم
من طين ثم قضى اجلا (انعام ١) وجعل لهم اجلا لا ريب فيه (بني اسرائيل ١١) ولتبلغوا اجلا مسمى (مؤمن ٧) واجلب عليهم
بخيلك (بني اسرائيل ٧) لاي يوم اجلت (مرسلات ١) وبلغنا اجلنا الذي اجلت لنا (انعام ١٥) الزانية والزاني فاجلدوا
كل واحد منهما (نور ١) فاجلدوهم ثمانين جلدة (نور ١) وبلغنا اجلنا الذي اجلت لنا (انعام ١٥) حتى يبلغ الكتاب اجله
(بقرة ٣٠) ولا تسئموا ان تكتبوه صغيرا او كبيرا الى اجله (بقرة ٣٩) ما تسبق من امة اجلها (حجر ١ مؤمنين ٥) ولن يؤخر الله نفسا
اذا جاء اجلها (منافقين ٢) قد اقترب اجلهم (اعراف ٢٣) فاذا جاء اجلهم (اعراف ٤ نحل ٧ ملائكة ٥) لقضى اليهم اجلهم (يونس ٢)
اذا جاء اجلهم فلا يستأخرون (يونس ٥) فبلغن اجلهن (بقرة ٢٩-٣٠) فاذا بلغن اجلهن (بقرة ٣٤-طلاق ١) واولات الاحمال
اجلهن ان يضعن حملهن (طلاق ١) ايما الاجلين قضيت (قصص ٣) اذ اجمعوا امرهم وهم يمكرون (يوسف ١١) فاجمعوا
امركم (يونس ٨) فاجمعوا كيدكم (طه ٣) فلما ذهبوا به واجمعوا ان يجعلوه (يوسف ٢) وجنود ابليس اجمعون (شعراء ٥) فسجد الملائكة
كلهم اجمعون (ص ٥ حجر ٣) اولئك عليهم لعنة الله والملائكة والناس اجمعين (بقرة ١٩) ان عليهم لعنة الله والملائكة والناس
اجمعين (ال عمران ٩) فلو شاء لهديكم اجمعين (انعام ١٨) لاملأن جهنم منكم اجمعين (اعراف ٢) ثم لاصلبنكم اجمعين (اعراف ١٤)
من الجنة والناس اجمعين (هود ١٠ سجدة ٢) واتوني باهلكم اجمعين (يوسف ١٠) ولاغوينهم اجمعين (حجر ٣) وان جهنم لموعدهم اجمعين
(حجر ٤) انا لمنجوهم اجمعين (حجر ٤) فوربك لنسئلنهم اجمعين (حجر ٦) ولو شاء لهديكم اجمعين (نحل ١) فاغرقناهم اجمعين (انبياء ٦ زخرف)

ولاصلبنكم اجمعين (شعراء) وانجينا موسى ومن معه اجمعين (شعراء) فنجيناه واهله اجمعين (شعراء) انا دمرناهم وقومهم اجمعين
(نمل ٤) اذ نجيناه واهله اجمعين (صافات ٤) قال فبعزتك لاغوينهم اجمعين (ص ٩) وممن تبعك منهم اجمعين (ص ٩) ان يوم الفصل
ميقاتهم اجمعين (دخان ٤) واجنبني وبني ان نعبد الاصنام (ابراهيم ٤) ليوفيهم اجورهم (ملائكة ٤) وان جنحوا للسلم فاجنح
لها (انفال ٢) ولي اجنحة مثنى وثلاث ورباع (ملائكة ١) يؤتكم اجوركم (قتال ٤) فيوفيهم اجورهم (ال عمران ٦ نساء ١٨) سوف
يؤتيهم اجورهم (نساء ١) فاتوهن اجورهن (طلاق ١) واتوهن اجورهن بالمعروف (نساء ٤) اذا اتيتموهن اجورهن (مائدة ١)
يايها النبي انا احللنا لك ازواجك اللاتي اتيت اجورهن (احزاب ٥) واسروا قولكم او اجهروا به (ملك ٢) اجيب دعوة
الداع (بقرة ١٩) قال اجيبت دعوتكما (يونس ٩) اجيبوا داعي الله وامنوا به (احقاف ١٤)

فصل الحاء المهملة

وجعلناهم احاديث (مؤمنين ٥) فجعلناهم احاديث (سبأ ٢) من تأويل الاحاديث (يوسف ١-٣-١١)
ان ربك احاط بالناس (بني اسرائيل ٦) احاط بهم سرادقها (كهف ٣) قد احاط الله بها (فتح ٣) وان الله قد احاط بكل شيء علما
(طلاق ٢) واحاط بما لديهم (جن ٣) واحاطت به خطيئته (بقرة ١) قال لا احب الافلين (انعام ٩) احب اليكم من
الله ورسوله (توبه ٣) اذ قالوا ليوسف واخوه احب الى ابينا منا (يوسف ١) قال رب السجن احب الي (يوسف ٤) نحن ابناء الله واحباؤه
(مائدة ٣) والربانيون والاحبار (مائدة ٦) لولا ينهيهم الربانيون والاحبار (مائدة ٧) اتخذوا احبارهم (توبه ٤) انك لا تهدي
من احببت (قصص ٤) اني احببت حب الخير (ص ٣) فاحبط الله اعمالهم (احزاب ٢) فاحبط اعمالهم (قتال ١-٣) فاصابها اعصار
فيه نار فاحترقت (بقرة ٣٧) فقد احتمل بهتانا واثما مبينا (نساء ٢) فاحتمل السيل زبدا (رعد ٢) فقد احتملوا بهتانا
(احزاب ٤) لاحتنكن ذريته الا قليلا (اسرائيل ٧) ان يؤتى احد مثل ما اوتيتم (ال عمران ٨) او جاء احد منكم من الغائط (نساء ٥
مائدة ١) وان احد من المشركين استجارك (توبه ١) ولا يلتفت منكم احد (هود ٩ حجر ٧) قل اني لن يجيرني من الله احد (جن ٣) فيومئذ
لا يعذب عذابه احد (فجر ٣) ولا يوثق وثاقه احد (فجر ٣) ايحسب ان لن يقدر عليه احد (بلد ١) ايحسب ان لم يره احد (بلد ١)
قل هو الله احد الله الصمد لم يلد ولم يولد ولم يكن له كفوا احد (اخلاص ١) اني رأيت احد عشر كوكبا (يوسف ١) ما كان محمد ابا احد من
رجالكم (احزاب ٥) لا نفرق بين احد منهم (بقرة ١٤ ال عمران ٩) لا نفرق بين احد من رسله (بقرة ٢٦) ولم يفرقوا بين احد منهم (نساء ٢١)
ولا تلون على احد (ال عمران ١٦) ولا تصل على احد منهم (توبه ١١) وما يعلمان من احد (بقرة ١٢) وما هم بضارين به من احد (بقرة ١٢)
هل يريكم من احد (توبه ١٣) هل تحس منهم من احد (مريم ١٠) ما زكى منكم من احد ابدا (نور ٣) ما سبقكم بها من احد (عنكبوت ٣ اعراف ١٠)
ان امسكهما من احد من بعده (ملائكة ٥) فما منكم من احد عنه حاجزين (حاقة ٥) لستن كاحد من النساء (احزاب ٤) لا ينبغي لاحد
من بعدي (ص ٤) وما لاحد عنده من نعمة تجزى (ليل ٢) واتيكم ما لم يؤت احدا من العالمين (مائدة ٢) لا اعذبه احدا من العالمين
(مائدة ١٢) ولم يظاهروا عليكم احدا (توبه ١) ولا يشعرن بكم احدا (كهف ٢) ولا تستفت فيهم منهم احدا (كهف ٣) ولا يشرك في حكمه
احدا (كهف ٣) ولا اشرك بربي احدا (كهف ٤) يا ليتني لم اشرك بربي احدا (كهف ٥) فلم نغادر منهم احدا (كهف ٩) ولا يظلم ربك
احدا (كهف ٥) ولا يشرك بعبادة ربه احدا (كهف ١١) فاما ترين من البشر احدا (مريم ٣) فان لم تجدوا فيها احدا (نور ٣) ولا يخشون
احدا الا الله (احزاب ٥) ولا نطيع فيكم احدا ابدا (حشر ٢) ولن نشرك بربنا احدا (جن ١) ان لن يبعث الله احدا (جن ١) فلا تدعوا
مع الله احدا (جن ٢) ولا اشرك به احدا (جن ٢) فلا يظهر على غيبه احدا (جن ٣) حتى احدث لك منه ذكرا (كهف ٧) ايود
احدكم ان تكون له جنة (بقرة ٣٧) ايحب احدكم (حجرات ٢) اذا حضر احدكم الموت (بقرة ١٨ مائدة ١٤) حتى اذا جاء احدكم الموت
(انعام ٧) فابعثوا احدكم بورقكم (كهف ٢) من قبل ان يأتي احدكم الموت (منافقين ١) اما احدكما فيسقي ربه خمرا (يوسف ٥) فخذ
احدنا مكانه (يوسف ٨) يود احدهم لو يعمر الف سنة (بقرة ١١) واذا بشر احدهم بالانثى (نحل ٧) واذا بشر احدهم بما ضرب
للرحمن مثلا (زخرف ٢) حتى اذا جاء احدهم الموت (مؤمنين ٦) حتى اذا حضر احدهم الموت (نساء ٣) فلن يقبل من احدهم ملء
الارض (ال عمران ١٠) فشهادة احدهم (نور ١) قال احدهما اني اراني (يوسف ٥) احدهما ابكم (نحل ١٠) اما يبلغن عندك الكبر احدهما
او كلاهما (اسرائيل ٣) لاحدهما جنتين من اعناب (كهف ٥) فتقبل من احدهما (مائدة ٥) واذ يعدكم الله احدى الطائفتين (انفال ١)
الا احدى الحسنيين (توبه ٧) قال اني اريد ان انكحك احدى ابنتي (قصص ٣) انها لاحدى الكبر (مدثر ٢) ليكونن اهدى من احدى

الامم (ملائكة ٣) ان تضل احدهما فتذكر احدهما الاخرى (بقرة ٩) فجاءته احدهما تمشى (قصص ٣) قالت احدهما يا ابت استأجره
(قصص ٣) فان بغت احدهما (حجرات ١) وآتيتم احداهن قنطارا (نساء ٣) وان لم تؤتوه فاحذروا (مائدة ٥) واعلموا ان الله
يعلم ما فى انفسكم فاحذروه (بقرة ٣٠) ان من ازواجكم واولادكم عدوا لكم فاحذروهم (تغابن ٢) هم العدو فاحذرهم
(منافقين ١) واحذرهم ان يفتنوك (مائدة ٧) ولتجدنهم احرص الناس (بقرة ١١) فاختلف الاحزاب من بينهم (مريم ٢ زخرف)
وان يأت الاحزاب يودوا (احزاب ٣) اولئك الاحزاب (ص ٢) يحسبون الاحزاب لم يذهبوا (احزاب ٢) ولما رأ المؤمنون الاحزاب
(احزاب ٣) ومن يكفر به من الاحزاب (هود ٢) مهزوم من الاحزاب (ص ٢) ومن الاحزاب من ينكر بعضه (رعد ٦) انى
اخاف عليكم مثل يوم الاحزاب (مؤمن ٤) كذبت قبلهم قوم نوح والاحزاب (مؤمن ١) فلما احس عيسى منهم الكفر (آل عمران ٦)
واداء اليه باحسان (بقرة ١٨) او تسريح باحسان (بقرة ٢٩) والذين اتبعوهم باحسان (توبة ١٣) هل جزاء الاحسان الا الاحسان
(رحمن ٣) ان الله يأمر بالعدل والاحسان (نحل ١٣) وبالوالدين احسانا (بقرة ١٠ نساء ٦ انعام ١٩ اسرائيل ٣) ان اردنا الا
احسانا (نساء ٩) ووصينا الانسان بوالديه احسانا (احقاف ٢) ليبلوكم احسن عملا (هود ١ ملك ١) ليبلوهم ايهم احسن عملا (كهف ١)
هم احسن اثاثا ورئيا (مريم ٥) فتبارك الله احسن الخالقين (مؤمنين ١) ومن احسن من الله صبغة (بقرة ١٦) ومن احسن دينا ممن اسلم
(نساء ١٨) ومن احسن من الله حكما (مائدة ٧) ومن احسن قولا ممن دعا الى الله (فصلت ٥) الا بالتى هى احسن (انعام ١٩ عنكبوت ٥ اسرائيل ٤)
وجادلهم بالتى هى احسن (نحل ١٦) يقولوا التى هى احسن (اسرائيل ٦) ادفع بالتى هى احسن (مؤمنين ٦ فصلت ٥) ثم آتينا موسى الكتاب
تماما على الذى احسن (انعام ٢٠) قال معاذ الله انه ربى احسن مثواى (يوسف ٣) وقد احسن بى اذ اخرجنى من السجن (يوسف ١١) انا لا نضيع
اجر من احسن عملا (كهف ٤) نحن نقص عليك احسن القصص (يوسف ١) ولنجزينهم احسن الذى كانوا يعملون (عنكبوت ١) ليجزيهم الله
احسن ما كانوا يعملون (توبة ١٥) ليجزيهم الله احسن ما عملوا (نور ٥) واحسن كما احسن الله اليك (قصص ٨) الذى احسن كل شىء خلقه
(سجدة ١) قد احسن الله له رزقا (طلاق ٢) وتذرون احسن الخالقين (صافات ٤) الله نزل احسن الحديث (زمر ٣) واتبعوا احسن
ما انزل اليكم (زمر ٦) نتقبل عنهم احسن ما عملوا (احقاف ٢) فحيوا باحسن منها (نساء ١١) باحسن ما كانوا يعملون (نحل ١٣ مرتين) باحسن
الذى كانوا يعملون (زمر ٤) وصوركم فاحسن صوركم (مؤمن ٧ تغابن ١) لقد خلقنا الانسان فى احسن تقويم (تين ١) ذلك
خير واحسن تاويلا (نساء ٨ اسرائيل ٤) واحسن مقيلا (فرقان ٣) واحسن تفسيرا (فرقان ٣) واحسن كما احسن الله اليك (قصص ٨)
ان احسنتم احسنتم لانفسكم (اسرائيل ١) للذين احسنوا منهم (آل عمران ١٨) للذين احسنوا الحسنى (يونس ٣) للذين احسنوا فى هذه
الدنيا حسنة (نحل ٤ زمر ٢) ويجزى الذين احسنوا بالحسنى (نجم ٣) واحسنوا ان الله يحب المحسنين (بقرة ٢٤) ثم اتقوا واحسنوا (مائدة ١٢)
يتبعون احسنه (زمر ٢) يأخذوا باحسنها (اعراف ١٧) فلما احسوا بأسنا (انبياء ١) احشروا الذين ظلموا وازواجهم (صافات ٢)
فان احصرتم فما استيسر من الهدى (بقرة ٢٤) للفقراء الذين احصروا (بقرة ٣٧) واحصروهم واقعدوا لهم كل مرصد (توبة ١)
فاذا احصن فان اتين بفاحشة (نساء ٤) التى احصنت فرجها (تحريم ٢) والتى احصنت فرجها (انبياء ٦) واحصوا العدة (طلاق ١)
احصى لما لبثوا امدا (كهف ٢) واحصى كل شىء عددا (جن ٢) وكل شىء احصيناه فى امام مبين (يس ١) وكل شىء احصيناه
كتابا (نبا ٢) احصاه الله ونسوه (مجادلة ١) لا يغادر صغيرة ولا كبيرة الا احصاها (كهف ٦) علمت نفس ما احضرت (تكوير ١)
واحضرت الانفس الشح (نساء ١٩) فقال احطت بما لم تحط به (نمل ٢) وبعولتهن احق بردهن (بقرة ٢٨) ونحن احق بالملك منه
(بقرة ٣٢) لشهادتنا احق من شهادتهما (مائدة ١٤) فاى الفريقين احق بالامن (انعام ٩) احق ان تقوم فيه (توبة ١٣) افمن يهدى الى الحق
احق ان يتبع (يونس ٤) وكانوا احق بها واهلها (فتح ٣) ويستنبؤنك احق هو (يونس ٦) فالله احق ان تخشوه (توبة ٢) والله ورسوله
احق ان يرضوه (توبة ٧) والله احق ان تخشاه (احزاب ٥) لابثين فيها احقابا (نبا ١) وانت احكم الحاكمين (هود ٥) اليس الله
باحكم الحاكمين (تين ١) وان احكم بينهم بما انزل الله (مائدة ٧) قال رب احكم بالحق (انبياء ٧) ثم الى مرجعكم فاحكم بينكم (آل عمران ٦)
فان جاءوك فاحكم بينهم (مائدة ٦) وان حكمت فاحكم بينهم بالقسط (مائدة ٦) فاحكم بينهم بما انزل الله (مائدة ٧) فاحكم بيننا بالحق
(ص ٢) فاحكم بين الناس بالحق (ص ٢) الر كتاب احكمت آياته (هود ١) قالوا اضغاث احلام (يوسف ٦) بل قالوا اضغاث احلام
(انبياء ١) وما نحن بتأويل الاحلام بعالمين (يوسف ٦) ام تأمرهم احلامهم بهذا (طور ٢) لم تحرم ما احل الله لك (تحريم ١)

احل لكم ليلة الصيام الرفث (بقرة ٢٣) يسألونك ماذا احل لهم (مائدة ١) قل احل لكم الطيبات (مائدة ١) اليوم احل لكم الطيبات
(مائدة ١) لاتحرموا طيبات ما احل الله لكم (مائدة ١١) احل لكم صيد البحر (مائدة ١٠) و احل الله البيع وحرم الربوا (بقرة ٣٨) واحل لكم
ما وراء ذلكم (نساء ٤) ولاحل لكم بعض الذى حرم عليكم (آل عمران ٥) حرمنا عليهم طيبات احلت لهم (نساء ٢١) احلت لكم بهيمة الانعام
(مائدة ١) واحلت لكم الانعام (حج ٤) واحلل عقدة من لسانى (طه ٢) يايها النبى انا احللنا لك ازواجك (احزاب ٦) الذى احلنا
دار المقامة (ملائكة ٤) واحلوا قومهم دار البوار (ابراهيم ٥) يأتى من بعدى اسمه احمد (صف ١) واولات الاحمال اجلهن
(طلاق ١) انى ارانى احمل فوق رأسى خبزا (يوسف ٥) قلنا احمل فيها (هود ٤) قلت لا اجد ما احملكم عليه (توبة ١٢) فجعله غثاء
احوى (اعلى ١) فكانما احيا الناس جميعا (مائدة ٥) فاحيا به الارض بعد موتها (بقرة ٢٠ نحل ٧ جاثيه ١) فاحيا به الارض من بعد
موتها (عنكبوت ٦) بل احياء عند ربهم (آل عمران ١٧) الم نجعل الارض كفاتا احياء وامواتا (مرسلات ٢) وما يستوى الاحياء ولا الاموات
(ملائكة ٣) وهو الذى احياكم (حج ٩) وكنتم امواتا فاحياكم (بقرة ٣) ومن احياها فكانما احيا الناس جميعا (مائدة ٥) ان الذى
احياها لمحى الموتى (فصلت ٥) فقال لهم الله موتوا ثم احياهم (بقرة ٣٢) وظنوا انهم احيط بهم (يونس ٣) واحيط بثمره (كهف ٥)
قال انا احيى واميت (بقرة ٣٥) واحيى الموتى باذن الله (آل عمران ٥) وانه هو امات واحيى (نجم ٣) واحييتنا اثنتين (مؤمن ٢)
فاحيينا به الارض بعد موتها (ملائكة ٢) واحيينا به بلدة ميتا (ق ١) اومن كان ميتا فاحييناه (انعام ١٥) واية لهم الارض
الميتة احييناها (يس ٣)

فصل الخاء المعجمة

او امرأة وله اخ او اخت (نساء ٢) فقد سرق اخ له من
قبل (يوسف ١٠) قال ائتونى باخ لكم (يوسف ٨) واذكر اخا عاد (احقاف ٣) انى اخاف الله (مائدة ٥ حشر ٣ انفال ٦) قل
انى اخاف ان عصيت (انعام ٢ زمر ٢) انى اخاف ان عصيت ربى (يونس ٢) يابت انى اخاف ان يمسك عذاب (مريم ٣) انى اخاف ان يكذبون
(شعراء ٢ قصص ٤) انى اخاف ان يبدل دينكم (مؤمن ٣) انى اخاف عليكم (اعراف ٨ شعراء ٨ احقاف ٢ هود ٣ مؤمن ٤) فانى اخاف
عليكم (هود ١) وانى اخاف عليكم (هود ٨) وكيف اخاف ما اشركتم (انعام ٩) ولا اخاف ما تشركون به (انعام ٩) فاخاف ان يقتلون (شعراء ٢)
(قصص ٤) واخاف ان يأكله الذئب (يوسف ٢) وما اريد ان اخالفكم (هود ٨) فارسل معنا اخانا (يوسف ٧) ونحفظ اخانا (يوسف ٧)
اوى اليه اخاه (يوسف ٩) ما كان ليأخذ اخاه فى دين الملك (يوسف ٩) ووهبنا له من رحمتنا اخاه هارون نبيا (مريم ٤) وجعلنا معه
اخاه هارون وزيرا (فرقان ٤) قالوا ارجه واخاه (اعراف ١٣ شعراء ٣) ثم ارسلنا موسى واخاه هارون (مؤمنون ٣) والى عاد اخاهم
هودا (اعراف ٨ هود ٥) والى ثمود اخاهم صالحا (اعراف ١٠ هود ٦) والى مدين اخاهم شعيبا (اعراف ١١ هود ٨ عنكبوت ٤) ولقد ارسلنا
الى ثمود اخاهم صالحا (نمل ٤) قد نبأنا الله من اخباركم (توبة ١١) ونبلوا اخباركم (قتال ٤) وعملوا الصالحات واخبتوا (هود ٣) او امرأة
وله اخ او اخت (نساء ٢) وله اخت فلها نصف ما ترك (نساء ٢٤) يا اخت هارون (مريم ٢) واختار موسى قومه (اعراف ١٩) وانا اخترتك
فاستمع لما يوحى (طه ١) ولقد اخترناهم على علم على العالمين (دخان ٢) هذان خصمان اختصموا (حج ٢) اذ تمشى اختك (طه ٢)
ان فى اختلاف الليل والنهار (يونس ١) وله اختلاف الليل والنهار (مؤمنون ٥) واختلاف الليل والنهار (بقرة ٢٠ آل عمران ٢٠ جاثيه ١)
لوجدوا فيه اختلافا كثيرا (نساء ١١) ان هذا الا اختلاق (ص ١) او ما اختلط بعظم (انعام ١٨) فاختلط به نبات الارض (يونس ٣)
كهف ٥) وما اختلف فيه الا الذين اوتوه (بقرة ٢٦) فاختلف الاحزاب من بينهم (مريم ٢ زخرف ٧) ولقد آتينا موسى الكتاب
فاختلف فيه (هود ١١ فصلت ٥) وما اختلفتم فيه من شئ (شورى ١) لاختلفتم فى الميعاد (انفال ٥) ولكن اختلفوا فمنهم من آمن
(بقرة ٣٣) الا لتبين لهم الذى اختلفوا فيه (نحل ٨) وان الذين اختلفوا فى الكتاب (بقرة ٢١) وان الذين اختلفوا فيه لفى شك منه (نساء ٢٢)
انما جعل السبت على الذين اختلفوا فيه (نحل ١٦) لما اختلفوا فيه من الحق باذنه (بقرة ٢٢) فما اختلفوا حتى جاءهم العلم (يونس ١) فما اختلفوا
الا من بعد ما جاءهم العلم (جاثيه ٢) فيما اختلفوا فيه (بقرة ٢٢) ما كان الناس الا امة واحدة فاختلفوا (يونس ٢) واختلفوا من بعد ما
جاءهم البينات (آل عمران ١١) وقالت لاخته قصيه (قصص ١) كلما دخلت امة لعنت اختها (اعراف ٥) الا هى اكبر من اختها (زخرف ٥)
وان تجمعوا بين الاختين (نساء ٤) ولا متخذات اخدان (نساء ٤) ولا متخذى اخدان (مائدة ١) قتل اصحاب الاخدود (بروج ١)
فاخذناهم اخذ عزيز مقتدر (قمر ٣) اخذ الالواح (اعراف ١٨) واذ اخذ الله ميثاق النبيين (آل عمران ٩) واذ اخذ الله ميثاق الذين
اوتوا الكتاب (آل عمران ١٩) واذ اخذ ربك من بنى آدم (اعراف ٢٢) قل أرأيتم ان اخذ الله سمعكم (انعام ٥) ان اباكم قد اخذ عليكم موثقا (يوسف ١٠)

واختلاف السنتكم والوانكم (روم ٣)

ولقد اخذ الله ميثاق بنی اسرائیل (مائدہ ۲) وقد اخذ میثاقکم (حدید ۱) وكذلك اخذ ربك اذا اخذ القرى (هود ۱۱) يؤتكم خيرا مما اخذ
منكم ويغفر لكم (انفال ۷) و اخذ برأس اخيه (اعراف ۱۵) واخذ الذين ظلموا الصيحة (هود ۶) فاخذناه اخذا وبيلا (مزمل ۱) فاخذهم
اخذة رابية (حاقة ۱) حتى اذا اخذت الارض زخرفها (يونس ۳) ثم اخذت الذين كفروا (ملائكة ۳) واخذت الذين ظلموا
الصيحة (هود ۸) فاخذتكم الصاعقة وانتم تنظرون (بقرة ۶) لمسكم فيما اخذتم عذاب عظيم (انفال ۹) و اخذتم على ذلكم اصري
(ال عمران ۹) اخذته العزة بالاثم (بقرة ۲۵) ومنهم من اخذته الصيحة (عنكبوت ۴) ثم اخذتها والى المصير (حج ۵) فلما
اخذتهم الرجفة (اعراف ۱۹) فامليت للذين كفروا ثم اخذتهم (رعد ۵) ثم اخذتهم فكيف كان نكير (حج ۶) فاخذتهم الصاعقة
(نساء ۲ ذاريات ۵) فاخذتهم صاعقة العذاب (فصلت ۲) فاخذتهم الرجفة (اعراف ۸-۱۰ عنكبوت ۴) فاخذتهم الصيحة (حجر ۶-۹
مؤمنين ۵) فاخذتهم فكيف كان عقاب (مؤمن ۱) واخذن منكم ميثاقا غليظا (نساء ۳) اخذنا ميثاقهم (مائدة ۲) واذا اخذنا
ميثاقكم (بقرة ۷-۹-۱۰) واذ اخذنا ميثاق بني اسرائيل (بقرة ۹) واذ اخذنا من النبيين ميثاقهم (احزاب ۱) حتى اذا اخذنا مترفيهم (مؤمنين ۴)
الا اخذنا اهلها بالبأساء (اعراف ۱۲) قد اخذنا امرنا من قبل (توبة ۶) لقد اخذنا ميثاق بني اسرائيل (مائدة ۷) ولقد اخذنا ال
فرعون بالسنين (اعراف ۱۳) فكلا اخذنا بذنبه (عنكبوت ۴) لاخذنا منه باليمين (حاقة ۵) و اخذنا منهم ميثاقا غليظا (نساء ۲۲)
واخذنا الذين ظلموا بالعذاب (اعراف ۲۱) فاخذناه وجنوده (قصص ۴ ذاريات ۲) فاخذناه اخذا وبيلا (مزمل ۱) لقد
اخذناهم بالعذاب (مؤمنين ۸) اخذناهم بغتة (انعام ۵) فاخذناهم بالبأساء (انعام ۵) فاخذناهم بغتة (اعراف ۱۲) فاخذ
بما كانوا يكسبون (اعراف ۱۲) فاخذناهم اخذ عزيز (قمر ۵) واخذناهم بالعذاب (زخرف ۵) اخذوا وقتلوا تقتيلا (احزاب ۷) و
اخذوا من مكان قريب (سبأ ۶) ان اخذه اليم شديد (هود ۱) فاخذه الله نكال الاخرة والاولى (نازعات ۲) فاخذهم
الله بذنوبهم (ال عمران ۲ انفال ۷ مؤمن ۳) فاخذهم العذاب (نحل ۱۲ شعراء ۱۶) فاخذهم عذاب يوم الظلة (شعراء ۱۹) فاخذهم الطوفان
وهم ظالمون (عنكبوت ۲) فكفروا فاخذهم الله (مؤمن ۳) فاخذهم اخذة رابية (حاقة ۱) واخذهم الربوا (نساء ۲۲) فعدة من ايام
اخر (بقرة ۲۳ مرتين) واخر متشابهات (ال عمران ۱) واخر يابسات (يوسف ۵ مرتين) بما قدم واخر (قيامة ۲) متاعا الى الحول غير
اخراج (بقرة ۲۳) وهموا باخراج الرسول (توبة ۲) و اخراج اهله منه اكبر (بقرة ۲۲) ويخرجكم اخراجا (نوح ۲) وظاهروا
على اخراجكم (ممتحنة ۲) وهو محرم عليكم اخراجهم (بقرة ۹) علمت نفس ما قدمت واخرت (انفطار ۱) لئن اخرتن الى يوم القيامة
(اسرائيل ۷) لولا اخرتنا الى اجل قريب (نساء ۱۱) لولا اخرتني الى اجل قريب (منافقين ۱) كما اخرج ابويكم من الجنة (اعراف ۳)
التي اخرج لعباده (اعراف ۴) اذا اخرج يده لم يكد يراها (نور ۵) كزرع اخرج شطأه (فتح ۴) هو الذي اخرج الذين كفروا (حشر ۱) اخرج منها
ماءها ومرعاها (نازعات ۲) والذي اخرج المرعى (اعلى ۱) اتعدانني ان اخرج (احقاف ۲) قال اخرج منها (اعراف ۲) وقالت اخرج عليهن
(يوسف ۴) ان اخرج قومك من الظلمات (ابراهيم ۱) لسوف اخرج حيا (مريم ۲) فاخرج به من الثمرات (بقرة ۳ ابراهيم ۵) فاخرج لهم
عجلا جسدا (طه ۴) فاخرج انك من الصاغرين (اعراف ۲) قال فاخرج منها (حجر ۳ ص ۵) قال فاخرج اني لك من الناصحين (قصص ۲)
و اخرج ضحاها (نازعات ۳) كنتم خير امة اخرجت للناس (ال عمران ۱۱) و اخرجت الارض اثقالها (زلزلت ۱) من قريتك التي
اخرجتك (قتال ۲) لئن اخرجتم لنخرجن معكم (حشر ۲) كما اخرجك ربك (انفال ۱) والله اخرجكم من بطون امهاتكم
(نحل ۱۰) ومما اخرجنا لكم من الارض (بقرة ۳۷) اخرجنا لهم دابة من الارض (نمل ۶) يقولون ربنا اخرجنا من هذه القرية (نساء ۱۰)
اخرجنا منها (مؤمنين ۶) ربنا اخرجنا نعمل صالحا (ملائكة ۴) فاخرجنا به نبات كل شيء (انعام ۱۲) فاخرجنا به من كل الثمرات
(اعراف ۷) فاخرجنا به ازواجا من نبات شتى (طه ۲) فاخرجنا به ثمرات (ملائكة ۴) فاخرجنا من كان فيها من المؤمنين (ذاريات ۲)
فاخرجنا منه خضرا (انعام ۱۲) و اخرجنا منها حبا (يس ۳) فاخرجناهم من جنات وعيون (شعراء ۴) اذ اخرجني من السجن (يوسف
و اخرجني مخرج صدق (اسرائيل ۹) الذين اخرجوا من ديارهم (حج ۶ حشر ۱) لئن اخرجوا لا يخرجون معهم (حشر ۲) او اخرجوا من
دياركم (نساء ۹) والذين هاجروا و اخرجوا من ديارهم (ال عمران ۲۰) اخرجوا انفسكم (انعام ۱۱) الا ان قالوا اخرجوا ال لوط (نمل ۴)
واخرجوكم من دياركم (ممتحنة ۲) الا ان قالوا اخرجوهم (اعراف ۹) و اخرجوهم من حيث اخرجوكم (بقرة ۲۴) اذ اخرجه الذين
كفروا (توبة ۶) فاخرجهما مما كانا فيه (بقرة ۴) قال اخرقتها لتغرق اهلها (كهف ۹) ولئن اخرنا عنهم العذاب (هود ۱)

وقد اخرجنا من ديارنا (بقرة ۳۲)

(اسرائیل ۲)

ربنا اخرنا الی اجل قریب (ابراهیم ۵) ائنکم لتشهدون ان مع الله الهة اُخریٰ (انعام ۲) ولا تزر وازرة وزر اخری (انعام ۲) املا لکنہ
زمر) الا تزر وازرة وزر اُخری (نجم ۳) ان یعیدکم فیه تارة اخری (اسرائیل ۷) ومنها نخرجکم تارة اخری (طٰہٰ ۲) ولی فیها مآرب اخری
(طٰہٰ ۲) من غیر سوٓء ایة اخری (طٰہٰ ۳) ولقد مننا علیک مرة اخری (طٰہٰ ۲) ثم نفخ فیه اخری (زمر ۷) ولقد راٰه نزلة اخری (نجم ۲) فسترضع
له اخری (طلاق ۱) واخری کافرة (اٰل عمران ۲) واخری لم تقدروا علیها (فتح ۳) واخری تحبونها (صف ۲) فتذکر احدٰهما الاخریٰ
(بقرة ۳۹) ویرسل الاخری الی اجل مسمّی (زمر ۵) فان بغت احدٰهما علی الاخری (حجرات ۱) ومنوة الثالثة الاخری (نجم ۲) وان علیه
النشأة الاخری (نجم ۵) والرسول یدعوکم فی اُخرٰیکم (اٰل عمران ۶) ولعذاب الاخرة اخزی (فصلت ۲) ربنا انک من تدخل النار
فقد اخزیته (اٰل عمران ۲) قال اخسئوا فیها ولا تکلمون (مؤمنین ۱) لاجرم انهم فی الاخرة هم الاخسرون (هود ۳) وهم فی
الاخرة هم الاخسرون (نمل ۱) فجعلناهم الاخسرین (انبیاء ۷) قل هل ننبئکم بالاخسرین اعمالا (کهف ۱) واخشوا یوما لا یجزی
والد عن ولده (لقمان ۴) فلا تخشوهم واخشون (بقرة ۵، مائدة ۱) فلا تخشوا الناس واخشون (مائدة ۵) ان الناس قد جمعوا لکم
فاخشوهم (اٰل عمران ۱۸) الذی جعل لکم من الشجر الاخضر نارا (یٰس ۵) ولیس علیکم جناح فیما اخطأتم به (احزاب ۱) ربنا لا
تؤاخذنا ان نسینا او اخطأنا (بقرة ۴۰) واخفض جناحک للمؤمنین (حجر ۶) واخفض لهما جناح الذل (اسرائیل ۳) واخفض جناحک
لمن اتبعک (شعراء ۲) ما اخفی لهم من قرة اعین (سجدہ ۲) فانه یعلم السر واخفی (طٰہٰ ۱) وانا اعلم بما اخفیتم (ممتحنة ۱) اکاد اخفیها
(طٰہٰ ۲) الاخلاء یومئذ بعضهم لبعض عدو (زخرف ۷) ولکنه اخلد الی الارض (اعراف ۲۲) یحسب ان ماله اخلده (همزه ۱) انا
اخلصناهم بخالصة (صٓ ۵) واخلصوا دینهم لله (نساء ۲۱) انی انا ربک فاخلع نعلیک (طٰہٰ ۱) ووعدتکم فاخلفتکم (ابراهیم ۴)
فاخلفتم موعدی (طٰہٰ ۹) قالوا ما اخلفنا موعدک (طٰہٰ ۹) اخلفنی فی قومی (اعراف ۱۷) الی یوم یلقونه بما اخلفوا الله (توبة ۱۰) انی
اخلق لکم من الطین (اٰل عمران ۵) انی لم اخنه بالغیب (یوسف ۷) وبناتکم واخواتکم (نساء ۴) واخواتکم من الرضاعة (نساء ۴) او بیوت
اخواتکم (نور ۹) او بنی اخواتهن او نسائهن (نور ۴) ولا ابناء اخواتهن (احزاب ۷) او بیوت اخوالکم (نور ۹) ان المبذرین کانوا اخوان
الشیاطین (اسرائیل ۳) وفرعون واخوان لوط (قٓ ۱) فاصبحتم بنعمته اخوانا (اٰل عمران ۱۱) اخوانا علی سرر متقابلین (حجر ۴) او بیوت
اخوانکم (نور ۹) وان تخالطوهم فاخوانکم (بقرة ۲۷) فاخوانکم فی الدین (توبة ۲) فان لم تعلموا اٰباءهم فاخوانکم فی الدین (احزاب ۱) لا
تتخذوا اٰباءکم واخوانکم اولیاء (توبة ۳) قل ان کان اٰباؤکم وابناؤکم واخوانکم (توبة ۳) ربنا اغفرلنا ولاخواننا (حشر ۱) یقولون لاخوانهم
(حشر ۲) وقالوا لاخوانهم (اٰل عمران ۱۶) الذین قالوا لاخوانهم (اٰل عمران ۱۷) والقائلین لاخوانهم هلم الینا (احزاب ۲) او ابناءهم او اخوانهم (مجادلة ۳)
ومن اٰبائهم وذریٰتهم واخوانهم (انعام ۹) واخوانهم یمدونهم فی الغی (اعراف ۲۴) او اخواتهن او بنی اخواتهن (نور ۴) ولا اخواتهن ولا ابناء
اخواتهن (احزاب ۷) فان کان له اخوة (نساء ۲) وان کانوا اخوة (نساء ۲۴) وجاء اخوة یوسف (یوسف ۷) انما المؤمنون اخوة (حجرات ۱) قال
یا بنی لا تقصص رؤیاک علی اخوتک (یوسف ۱) لقد کان فی یوسف واخوته (یوسف ۱) بینی وبین اخوتی (یوسف ۱۱) قال انی
انا اخوک (یوسف ۷) اذهب انت واخوک باٰیاتی (طٰہٰ ۲) اذ قالوا لیوسف واخوه احب الی ابینا منا (یوسف ۱) اذ قال لهم اخوهم
(شعراء ۱۱-۱۳-۱۵-۱۷) فاصلحوا بین اخویکم (حجرات ۱) فاواری سوءة اخی (مائدة ۵) قال انا یوسف وهذا اخی (یوسف ۹) هارون
اخی (طٰہٰ ۲) ان هذا اخی (صٓ ۲) قال رب انی لا املک الا نفسی واخی (مائدة ۴) قال رب اغفرلی ولاخی (اعراف ۱۸) واخی هارون
هو افصح منی لسانا (قصص ۴) وانهم عندنا لمن المصطفین الاخیار (صٓ ۵) وکل من الاخیار (صٓ ۵) قال سنشد عضدک باخیک
(قصص ۴) فطوعت له نفسه قتل اخیه (مائدة ۵) لیریه کیف یواری سوءة اخیه (مائدة ۵) واخذ براس اخیه (اعراف ۱۸) جعل السقایة
فی رحل اخیه (یوسف ۷) فبدأ باوعیتهم قبل وعاء اخیه (یوسف ۷) ثم استخرجها من وعاء اخیه (یوسف ۷) ان یاکل لحم اخیه (حجرات ۲)
قال هل اٰمنکم علیه الا کما امنتکم علی اخیه (یوسف ۷) وقال موسٰی لاخیه هارون (اعراف ۱۷) فمن عفی له من اخیه شیء (بقرة ۲۲) واوحینا
الی موسٰی واخیه (یونس ۹) فتحسسوا من یوسف واخیه (یوسف ۱۰) ما فعلتم بیوسف واخیه (یوسف ۱۱) وصاحبته واخیه (معارج ۱)

فصل الدال

ولقد جئتم شیئا ادّا (مریم ۶) واداء الیه باحسان (بقرة ۲۲) بل ادّارک علمهم فی الاٰخرة (نمل ۷) حتی
اذا ادّارکوا فیها جمیعا (اعراف ۴) فسبحه وادبار النجوم (طور ۲) فسبحه وادبار السجود (قٓ ۳) یولوکم الادبار ثم لا ینصرون (اٰل عمران ۱۲)
فلا تولوهم الادبار (انفال ۲) لا یولون الادبار (احزاب ۲) لولوا الادبار (فتح ۳) لیولن الادبار ثم لا ینصرون (حشر ۲) ولا ترتدوا علی ادبارکم

زمائدہ ۳) فنردها علی أَدْبَارِهَا (نساء ۷) واتبع أَدْبَارَهُم (حجر ۷) ولوا علی أَدْبَارِهِم نفورا (اسرائیل ۵) ان الذین ارتدوا علی ادبارهم
(قتال ۳) وجوههم وأَدْبَارَهُم (انفال ۷ قتال ۳) والیا اذا أَدْبَر (مدثر ۲) ثُمَّ أَدْبَرَ یسعی (نازعات ۱) ثم ادبر واستکبر (مدثر ۱) تدعو
مَنْ أَدْبَرَ وتولی (معارج ۱) فمن زحزح عن النار وأُدْخِلَ الجنۃ (ال عمران ۱۹) وادخل الذین امنوا (ابراهیم ۴) قیل ادخل الجنۃ (یس ۲)
وادخل یدک فی جیبک (نمل ۱) وقیل أَدْخُلَا النار مع الداخلین (تحریم ۲) أَدْخِلْنَا فی رحمتک (اعراف ۱۸) وَأَدْخَلْنَاهُ فی رحمتنا
(انبیاء ۶) وأَدْخَلْنَاهُم فی رحمتنا (انبیاء ۶) ولأدخلناهم جنات النعیم (مائدہ ۹) ولأُدْخِلَنَّهُم جنات تجری من تحتها الانهار (ال عمران ۲۰)
وقل رب أَدْخِلْنِی مدخل صدق (بنی اسرائیل ۹) وأَدْخِلْنِی برحمتک فی عبادک (نمل ۲) قیل أُدْخُلُوا ابواب جهنم (زمر ۸) ادخلوا ابواب
جهنم (مؤمن ۸) یاقوم ادخلوا الارض (مائدہ ۴) ادخلوا الجنۃ (اعراف ۵ نحل ۴ زخرف ۷) ادخلوا علیهم الباب (مائدہ ۴) قال ادخلوا
فی امم (اعراف ۴) وقلنا لهم ادخلوا الباب سجدا (نساء ۲۲) أُدْخُلُوا فی السلم کافۃ (بقرہ ۲۵) واذ قلنا ادخلوا هذه القریۃ (بقرہ ۶) یا ایها النمل
ادخلوا مساکنکم (نمل ۲) فَا دخلوا ابواب جهنم (نحل ۴) ولکن اذا دعیتم فادخلوا (احزاب ۷) وَ ادخلوا الباب سجدا (بقرہ ۶ اعراف ۲۱)
وادخلوا من ابواب متفرقۃ (یوسف ۸) اغرقوا فأُدْخِلُوا نارا (نوح ۲) أَدْخِلُوا آل فرعون اشد العذاب (مؤمن ۵) أُدْخُلُوهَا بسلام
(حجر ۴ ق ۳) فَادخلوها خالدین (زمر ۸) ربنا وأَدْخِلْهُم جنات عدن (مؤمن ۱) قیل لها أُدْخُلِی الصرح (نمل ۳) فَادخلی فی عبادی
وَادخلی جنتی (فجر ۱) ولم أَدْرِ ما حسابیہ (حاقہ ۱) فَادْرَءُوا عن انفسکم الموت (ال عمران ۱۷) حتی اذا أَدْرَکَهُ الغرق (یونس ۹) قل ان
أَدْرِی اقریب (جن ۲) وان ادری اقریب (انبیاء ۷) وان ادری لعلہ فتنۃ (انبیاء ۷) وما ادری ما یفعل بی ولا بکم (احقاف ۱) واذکر فی الکتاب
ادریس (مریم ۴) واسماعیل وَادریس (انبیاء ۶) وما أَدْرَاکَ ما الحاقۃ (حاقہ ۱) وما ادراک ما سقر (مدثر ۲) وما ادراک ما یوم
الفصل (مرسلات ۱) وما ادراک ما یوم الدین ثم ما ادراک ما یوم الدین (انفطار ۱) وما ادراک ما سجین (مطففین ۱) وما ادراک
ما علیون (مطففین ۱) وما ادراک ما الطارق (طارق ۱) وما ادراک ما العقبۃ (بلد ۱) وما ادراک ما لیلۃ القدر (قدر ۱) وما ادراک
ما القارعۃ (قارعۃ ۱) وما ادراک ما هیہ (قارعۃ ۱) وما ادراک ما الحطمۃ (همزہ ۱) ما تلوتہ علیکم ولا أَدْرَاکُم بہ (یونس ۲) قالوا
أُدْعُ لنا ربک (بقرہ ۸ تلاث مرات) قالوا یا موسی ادع لنا ربک (اعراف ۱۶) ادع الی سبیل ربک (نحل ۱۶) وقالوا یا ایہ الساحر ادع لنا ربک
(زخرف ۵) فلذلک فَادع واستقم کما امرت (شوری ۲) وَادع الی ربک (حج ۹ قصص ۹) أَدْعُوا الی اللہ علی بصیرۃ (یوسف ۱۲) الیہ ادعوا
والیہ مآب (رعد ۵) قل ادعوا الذین زعمتم (اسرائیل ۶ سبا ۳) قل انما ادعوا ربی (جن ۲) قل ادعوا اللہ او ادعوا الرحمن (اسرائیل ۱۱) وقیل
ادعوا شرکائکم (قصص ۷) ادعوا ربکم یخفف عنا یوما من العذاب (مؤمن ۵) فَادعوا اللہ مخلصین (مؤمن ۲) فادعوا وما دعاء الکافرین الا
فی ضلال (مؤمن ۵) وَادعوا من استطعتم (یونس ۴ هود ۲) وادعوا ربی (مریم ۳) وادعوا ثبورا کثیرا (فرقان ۲) وادعوا شهدائکم من دون
اللہ (بقرہ ۳) ویا قوم ما لی أَدْعُوکُم الی النجاۃ (مؤمن ۵) وانا ادعوکم الی العزیز الغفار (مؤمن ۵) وقال ربکم أُدْعُونِی استجب لکم (مؤمن ۶)
وللہ الاسماء الحسنی فَادعوه بها (اعراف ۲۲) فادعوه مخلصین (مؤمن ۷) وَادعوه مخلصین لہ الدین (اعراف ۳) وادعوه خوفا وطمعا
(اعراف ۷) أُدْعُوهُم لآبائهم هو اقسط عند اللہ (احزاب ۱) عباد امثالکم فَادعوهم (اعراف ۲۴) ثم أُدْعُهُنَّ یأتینک سعیا (بقرہ ۳۵)
وما جعل أَدْعِیَاءَکُم ابناءکم (احزاب ۱) فی ازواج أَدْعِیَائِهِم (احزاب ۵) أُدْفَعْ بالتی هی احسن (مؤمنون ۶ فصلت ۵) قاتلوا فی سبیل
اللہ او ادفعوا (ال عمران ۱۷) فَادفعوا الیهم اموالهم (نساء ۱) وَادَّکَرَ بعد امۃ (یوسف ۵) قال یا ادم هل أَدُلُّکَ علی شجرۃ الخلد (طہ ۷)
هل ادلکم علی من یکفلہ (طہ ۲) هل ادلکم علی اهل بیت (قصص ۱) هل ادلکم علی تجارۃ (صف ۲) فَأَدْلَی دلوه (یوسف ۲) قال اتستبدلون الذی
هو ادنی بالذی هو خیر (بقرہ ۷) ذلک ادنی الا تعولوا (نساء ۱) ذلک ادنی ان یأتوا بالشهادۃ (مائدہ ۱۴) ذلک ادنی ان تقر اعینهن (احزاب ۶) ذلک
ادنی ان یعرفن (احزاب ۸) انک تقوم ادنی من ثلثی اللیل (مزمل ۲) فکان قاب قوسین أَوْ أَدْنَی (نجم ۱) الم غلبت الروم فِی ادنی الارض (روم ۱)
وَلَا ادنی من ذلک (مجادلہ ۱) وَادنی الا ترتابوا (بقرہ ۳۹) یأخذون عرض هذا الْأَدْنَی (اعراف ۲۱) ولنذیقنهم من العذاب الادنی (سجدہ ۲)

فصل الذال

ان أَدُّوا الی عباد اللہ (دخان ۲) والساعۃ أَدْهَی وامر (قمر ۳) فاذاقها اللہ لباس الجوع (نحل ۱۵)
ثم اذا أَذَاقَهُم منہ رحمۃ (روم ۴) فَاَذاقهم اللہ الخزی (زمر ۳) وَأَذَانٌ من اللہ ورسولہ (توبہ ۱) انی اری فی المنام انی أَذْبَحُکَ (صافات ۳)
لاعذبنہ عذابا شدیدا او لَأَذْبَحَنَّهُ (نمل ۲) فهی الی الْأَذْقَانِ فهم مقمحون (یس ۱) یخرون للاذقان سجدا (بنی اسرائیل ۱۱) ویخرون
للاذقان یبکون (بنی اسرائیل ۱۲) واذا أَذَقْنَا الناس رحمۃ (یونس ۲ روم ۴) ولئن اذقنا الانسان (هود ۱) وانا اذا اذقنا الانسان (شوری ۵)

ادعوا ربکم تضرعا وخفیۃ انہ لا یحب ... قل ادعوا شرکاءکم (اعراف ۲۴)

اذا لاذقناك ضعف الحيوة (بنی اسرائیل ۸) ولئن اذقناه نعماء بعد ضراء (هود ۱) ولئن اذقناه رحمة (فصلت ۵) اذكر نعمتی علیك

وعلى والدتك (مائدة ۱۵) واذكر ربك (ال عمران ۵ اعراف ۲۴ كهف ۳) واذكر في الكتاب مريم (مريم ۲) واذكر في الكتاب ادريس (مريم ۶)

واذكر في الكتاب موسى (مريم ۴) واذكر في الكتاب اسماعيل (مريم ۴) واذكر عبدنا داود ذا الايد (ص ۲) واذكر عبادنا ابراهيم واسحق ويعقوب

اولوا الايدي (ص ۵) واذكر اسماعيل واليسع وذا الكفل (ص ۵) واذكر اخا عاد (احقاف ۳) واذكر اسم ربك (مزمل ۱ انسان ۲) واذكر عبادنا ابراهيم

(ص ۵) فاذكروني اذكركم (بقرة ۱۸) واذكرن ما يتلى في بيوتكن (احزاب ۴) اذكرني عند ربك (يوسف ۵) يا بني اسرائيل اذكروا نعمتي (بقرة ۴

۵-۱۵-۱) ويا قوم اذكروا نعمة الله عليكم (مائدة ۳) يا ايها الذين آمنوا اذكروا نعمة الله عليكم (مائدة ۲ احزاب ۱) يا ايها الذين آمنوا اذكروا الله

(احزاب ۵) واذ قال موسى لقومه اذكروا نعمة الله عليكم (ابراهيم ۱) يا ايها الناس اذكروا نعمة الله عليكم (ملائكة ۱) فاذكروا الله عند المشعر الحرام

(بقرة ۲۵) فاذكروا الله كذكركم اباءكم (بقرة ۲۵) فاذكروا الله كما علمكم (بقرة ۳۱) فاذكروا الله قياما وقعودا (نساء ۱۵) فاذكروا آلاء الله (اعراف ۹-۱۰)

فاذكروا اسم الله عليها (حج ۵) واذكروا ما فيه لعلكم تتقون (بقرة ۸ اعراف ۲۱) واذكروا الله في ايام معدودات (بقرة ۲۵) واذكروا نعمة الله

عليكم (بقرة ۲۹ ال عمران ۱۱ مائدة ۱) واذكروا اسم الله عليه (مائدة ۱) واذكروا اذ جعلكم خلفاء (اعراف ۹-۱۰) واذكروا اذ كنتم قليلا (اعراف ۱۱)

واذكروا اذ انتم قليل (انفال ۳) واذكروا الله كثيرا لعلكم تفلحون (انفال ۶ جمعة ۲) فاذكروني اذكركم (بقرة ۱۸) واذكروه كما هداكم (بقرة ۲۵)

وما انسانيه الا الشيطان ان اذكره (كهف ۹) ليخرجن الاعز منها الاذل (منافقين ۱) ولقد نصركم الله ببدر وانتم اذلة (ال عمران ۱۳)

وجعلوا اعزة اهلها اذلة (نمل ۳) ولنخرجنهم منها اذلة (نمل ۳) اولئك في الاذلين (مجادلة ۳) ويقولون هو اذن (توبة ۸) وتعيها اذن واعية

(حاقة ۱) قل اذن خير لكم (توبة ۸) ولا تنفع الشفاعة الا لمن اذن له (سبا ۳) قل آلله اذن لكم (يونس ۶) الا من اذن له الرحمن (طه ۶) في بيوت

اذن الله (نور ۵) ثم اذن مؤذن (يوسف ۸) فاذن مؤذن بينهم (اعراف ۵) فانه نزله على قلبك باذن الله (بقرة ۱۲) غلبت فئة كثيرة

باذن الله (بقرة ۳۳) فهزموهم باذن الله (بقرة ۳۳) فيكون طيرا باذن الله (ال عمران ۵) واحيي الموتى باذن الله (ال عمران ۵) الا ليطاع

باذن الله (نساء ۹) يغلبوا الفين باذن الله (انفال ۹) ومنهم سابق بالخيرات باذن الله (ملائكة ۴) وما هم بضارين به من احد الا باذن الله (بقرة ۱۲)

وما كان لنفس ان تموت الا باذن الله (ال عمران ۱۵) وما كان لنفس ان تؤمن الا باذن الله (يونس ۱۰) وما كان لرسول ان يأتي باية الا باذن

الله (رعد ۶ مؤمن ۸) وما كان لنا ان نأتيكم بسلطان الا باذن الله (ابراهيم ۲) وليس بضارهم شيئا الا باذن الله (مجادلة ۱) فانكحوهن باذن

اهلهن (نساء ۴) يخرج نباته باذن ربه (اعراف ۸) ومن الجن من يعمل بين يديه باذن ربه (سبا ۲) تؤتي اكلها كل حين باذن ربها (ابراهيم ۳)

لتخرج الناس من الظلمات الى النور باذن ربهم (ابراهيم ۱) خالدين فيها باذن ربهم (ابراهيم ۴) تنزل الملائكة والروح فيها باذن ربهم (قدر ۱)

فباذن الله وليخزي الفاسقين (حشر ۱) وما اصابكم يوم التقى الجمعان فباذن الله وليعلم المؤمنين (ال عمران ۱۷) واذن في الناس بالحج

(حج ۴) والاذن بالاذن (مائدة ۷) لم اذنت لهم حتى يتبين لك الذين صدقوا (توبة ۷) واذنت لربها وحقت (انشقاق ۱ مرتين)

ما من شفيع الا من بعد اذنه (يونس ۱) لما اختلفوا فيه من الحق باذنه (بقرة ۲۶) والله يدعوا الى الجنة والمغفرة باذنه (بقرة ۲۷) اذ

تحسونهم باذنه (ال عمران ۱۶) ويخرجهم من الظلمات الى النور باذنه (مائدة ۳) وداعيا الى الله باذنه (احزاب ۶) فيوحي باذنه ما يشاء (شورى ۵)

من ذا الذي يشفع عنده الا باذنه (بقرة ۳۴) لا تكلم نفس الا باذنه (هود ۹) ان تقع على الارض الا باذنه (حج ۹) كهيئة الطير باذني (مائدة ۱۵)

فتكون طيرا باذني (مائدة ۱۵) وتبرئ الاكمه والابرص باذني (مائدة ۱۵) واذ تخرج الموتى باذني (مائدة ۱۵) كان في اذنيه وقرا (لقمان ۱)

وقالوا الحمد لله الذي اذهب عنا الحزن (ملائكة ۴) قال اذهب فمن تبعك منهم (اسرائيل ۷) اذهب الى فرعون انه طغى (طه ۲ نازعات)

اذهب انت واخوك باياتي (طه ۲) اذهب بكتابي هذا (نمل ۳) فاذهب انت وربك (مائدة ۴) قال فاذهب فان لك في الحيوة ان

تقول لا مساس (طه ۵) اذهبا الى فرعون انه طغى (طه ۲) فقلنا اذهبا الى القوم الذين كذبوا باياتنا (فرقان ۴) قال كلا فاذهبا

باياتنا (شعراء ۱) اذهبتم طيباتكم (احقاف ۲) يا بني اذهبوا فتحسسوا (يوسف ۱۰) اذهبوا بقميصي هذا (يوسف ۱۰) هو اذى

(بقرة ۲۸) قل هو اذى فاعتزلوا النساء (بقرة ۲۸) ثم لا يتبعون ما انفقوا منا ولا اذى (بقرة ۳۶) قول معروف ومغفرة خير من صدقة

يتبعها اذى (بقرة ۳۶) لن يضروكم الا اذى (ال عمران ۱۲) ومن الذين اشركوا اذى كثيرا (ال عمران ۱۹) ولا جناح عليكم ان كان بكم اذى

من مطر (نساء ۱۵) لا تبطلوا صدقاتكم بالمن والاذى (بقرة ۳۶)

فصل الرابع

على الارائك متكئون (يس ۴)

متكئين فيها على الارائك (كهف ۴) انما امره اذا اراد شيئا (يس ۵) واذا اراد الله بقوم سوءا (رعد ۲) ام اراد بهم ربهم رشدا (جن ۱)

فلما ان اراد ان یبطش (قصص ۲) ان اراد ان یهلك المسیح عیسی بن مریم (مائدہ ۳) ان اراد بكم سوءا (احزاب ۲) ان اراد النبی ان یستنكحها (احزاب ۵)
ان اراد بكم ضرا او اراد بكم نفعا (فتح ۲) او اراد شكورا (فرقان ۷) ماذا اراد الله بهذا مثلا (بقرۃ ۳ - مدثر ۳) لو اراد الله ان یتخذ ولدا
(مریم ۱) قالت ما جزاء من اراد باهلك سوءا (یوسف ۳) لمن اراد ان یتم الرضاعة (بقرۃ ۳۰) لمن اراد ان یذكر (فرقان ۷) و من اراد
الاخرة وسعی لها سعیها (اسرائیل ۲) فاراد ان یستفزهم (بنی اسرائیل ۱۱) فاراد ربك ان یبلغا اشدهما (كهف ۹) ان ارادنی الله بضر
(زمر ۴) او ارادنی برحمة (زمر ۴) ان ارادوا اصلاحا (بقرۃ ۲۹) ولو ارادوا الخروج (توبہ ۵) كلما ارادوا ان یخرجوا منها (حج ۲ سجدۃ ۲)
فارادوا به كیدا (صافات ۵) و ارادوا به كیدا (انبیاء ۵) الا الذین هم اراذلنا بادی الرای (هود ۳) انی ارانی اعصر خمرا (یوسف ۵)
انی ارانی احمل فوق راسی خبزا (یوسف ۵) فاراه الایة الكبری (نازعات ۲) یا صاحبی السجن ءارباب متفرقون خیر (یوسف ۵) ولا
یتخذ بعضنا بعضا اربابا (ال عمران ۷) ولا یامركم ان تتخذوا الملائكة والنبیین اربابا (ال عمران ۸) اتخذوا احبارهم ورهبانهم اربابا (توبہ ۵)
او التابعین غیر اولی الاربة (نور ۴) فشهادة احدهم اربع شهادات بالله (نور ۱) ان تشهد اربع شهادات بالله (نور ۱) ومنهم من
یمشی علی اربع (نور ۶) منها اربعة حرم (توبہ ۵) یتربصن بانفسهن اربعة اشهر وعشرا (بقرۃ ۳۰) قال فخذ اربعة من الطیر (بقرۃ ۳۵)
فاستشهدوا علیهن اربعة منكم (نساء ۳) فسیحوا فی الارض اربعة اشهر (توبہ ۱) تربص اربعة اشهر (بقرۃ ۲۸) ثم لم یاتوا باربعة شهداء (نور ۱)
لولا جاءوا علیه باربعة شهداء (نور ۲) وقدر فیها اقواتها فی اربعة ایام (فصلت ۲) واذ واعدنا موسی اربعین لیلة (بقرۃ ۶) فتم
میقات ربه اربعین لیلة (اعراف ۱۷) قال فانها محرمة علیهم اربعین سنة (مائدہ ۴) وبلغ اربعین سنة (احقاف ۲) ان تكون امة هی اربی
من امة (نحل ۱۳) اذا لارتاب المبطلون (عنكبوت ۵) وارتابت قلوبهم (توبہ ۵) افی قلوبهم مرض ام ارتابوا (نور ۶) فیقسمان بالله
ان ارتبتم فعدتهن ثلثة اشهر (طلاق ۱) وتربصتم وارتبتم (حدید ۱۳) فارتد بصیرا (یوسف ۱۱) فارتدا علی اثارهما قصصا (كهف ۷)
ان الذین ارتدوا علی ادبارهم (قتال ۳) ولا یشفعون الا لمن ارتضی (انبیاء ۲) ولیمكنن لهم دینهم الذی ارتضی لهم (نور ۷) الا من
ارتضی من رسول (جن ۲) فارتقب یوم تاتی السماء (دخان ۱) فارتقب انهم مرتقبون (دخان ۲) وارتقبوا انی معكم رقیب (هود ۸)
فارتقبهم واصطبر (قمر ۲) والملك علی ارجائها (حاقہ ۱) لعلی ارجع الی الناس (یوسف ۵) قال ارجع الی ربك (یوسف ۷) ارجع الیهم
(نمل ۳) ثم ارجع البصر (ملك ۱) فارجع البصر (ملك ۱) فارجعنا نعمل صالحا انا موقنون (سجدۃ ۲) ارجعوا الی ابیكم (یوسف ۱۰) وان قیل لكم
ارجعوا فارجعوا (نور ۴) قیل ارجعوا وراءكم (حدید ۲) یا اهل یثرب لا مقام لكم فارجعوا (احزاب ۲) لا تركضوا وارجعوا الی ما اترفتم فیه
(انبیاء ۲) قال رب ارجعون (مؤمنین ۱) ارجعی الی ربك راضیة مرضیة (فجر ۲) الهم ارجل یمشون بها (اعراف ۲۴) من فوقكم او من تحت
ارجلكم (انعام ۷) وامسحوا برءوسكم وارجلكم (مائدہ ۱) لاقطعن ایدیكم وارجلكم (اعراف ۱۴ شعراء ۳) فلاقطعن ایدیكم وارجلكم (طہ ۳)
ومن تحت ارجلهم (مائدہ ۱۰ عنكبوت ۶) وتشهد ارجلهم (یس ۴) او تقطع ایدیهم وارجلهم (مائدہ ۵) یوم تشهد علیهم السنتهم وایدیهم وارجلهم
(نور ۳) ولا یضربن بارجلهن (نور ۴) یفترینه بین ایدیهن وارجلهن (ممتحنہ ۲) وارجوا الیوم الاخر (عنكبوت ۴) قالوا ارجه
واخاه (اعراف ۱۴ شعراء ۴) اما اشتملت علیه ارحام الانثیین (انعام ۱۸ مرتین) وما تغیض الارحام (رعد ۱) واولوا الارحام بعضهم اولی
ببعض (انفال ۱۰ احزاب ۱) هو الذی یصوركم فی الارحام (ال عمران ۱) ونقر فی الارحام (حج ۱) ویعلم ما فی الارحام (لقمان ۴) تساءلون به
والارحام (نساء ۱) وتقطعوا ارحامكم (قتال ۳) لن تنفعكم ارحامكم (ممتحنہ ۱) ما خلق الله فی ارحامهن (بقرۃ ۲۸) وانت ارحم الراحمین
(اعراف ۱۹ انبیاء ۹) وهو ارحم الراحمین (یوسف ۱۰-۱۲) وارحم وانت خیر الراحمین (مؤمنین ۲) واغفر لنا وارحمنا (بقرۃ ۴) فاغفر لنا وارحمنا
(اعراف ۱۹ مؤمنین ۱) وقل رب ارحمهما (اسرائیل ۳) ان اردت ان انصح لكم (هود ۴) فاردت ان اعیبها (كهف ۱۰) ام اردتم
ان یحل علیكم (طہ ۴) وان اردتم ان تسترضعوا (بقرۃ ۳۰) وان اردتم استبدال زوج (نساء ۳) ان اردن تحصنا (نور ۴) ان اردنا
الا احسانا وتوفیقا (نساء ۹) ان اردنا الا الحسنی (توبہ ۱۳) واذا اردنا ان نهلك قریة (اسرائیل ۲) لو اردنا ان نتخذ لهوا (انبیاء ۲) فاردنا
ان یبدلهما ربهما (كهف ۹) انما قولنا لشیء اذا اردناه (نحل ۵) اردیكم فاصبحتم من الخاسرین (فصلت ۳) ومنكم من یرد الی ارذل العمر
(نحل ۹ حج ۱) واتبعك الارذلون (شعراء ۲) وارزق اهله من الثمرات (بقرۃ ۱۵) وارزقنا وانت خیر الرازقین (مائدہ ۱۵) فارزقوهم منه (نساء ۱) وارزقوهم فیها (نساء ۱) وارزقهم من الثمرات (ابراهیم ۶) هو الذی ارسل رسوله بالهدی (توبہ ۵ فتح ۴ صف ۱)
وهو الذی ارسل الریاح (فرقان ۵) والله الذی ارسل الریاح (ملائكة ۱) فلنسئلن الذین ارسل الیهم (اعراف ۱) قالوا انا بما ارسل به مؤمنون (اعراف ۵)

(مائدہ ۱۸) ان ارتبتم

كما أُرسِلَ الاولون (انبيا ١) قال ان رسولكم الذى أُرسِلَ اليكم لمجنون (شعرا ٣) ان أَرسِلَ معنا بنى اسرائيل (شعرا ٢) فأَرسِلْ معى بنى
اسرائيل (اعراف ١٣) فأَرسِلْ معنا اخانا (يوسف ٧) فأَرسِلْ الى هارون (شعرا ١) فأَرسِلْ معنا بنى اسرائيل (طه ٥) فأَرسَلَ فرعون فى
المدائن حاشرين (شعرا ٣) واخاه وأَرسِلْ فى المدائن حاشرين (اعراف ١٣) وأَرسَلَ عليهم طيرا ابابيل (فيل) وان كان طائفة منكم آمنوا
بالذى أُرسِلتُ به (اعراف ١١) لولا أَرسَلتَ الينا رسولا (طه ٨، قصص ٥) فقد ابلغتكم ما أُرسِلتُ به اليكم (هود ٥) وأُبلِّغكم ما أُرسلت ثبتا
به (احقاف ٣) أَرسَلَتْ اليهن واعتدت لهن متكأ (يوسف ٤) وقالوا انا كفرنا بما أُرسِلتُم به (ابراهيم ٢) انا بما ارسلتم به كافرون (سبا ٤)
فانا بما ارسلتم به كافرون (فصلت ٢) قالوا انا بما ارسلتم به كافرون (زخرف ٣) اذ ارسلنا اليهم اثنين (يس ٢) وفى عاد اذ ارسلنا
عليهم (ذاريات ٥) الم تر انا ارسلنا الشياطين (مريم ٤) انا ارسلنا عليهم ريحا (قمر ٢) انا ارسلنا عليهم صيحة (قمر ٢) انا ارسلنا عليهم حاصبا
(قمر ٣) انا ارسلنا نوحا (نوح ١) انا ارسلنا اليكم رسولا (مزمل ١) انا أُرسِلنا الى قوم لوط (هود ٧) قالوا انا أُرسِلنا الى قوم مجرمين (حجر ٤) (ذاريات ع)
ثم ارسلنا رسلنا تترا (مؤمنين ٥) ثم ارسلنا موسى واخاه هارون (مؤمنين ٥) سنة من قد ارسلنا قبلك (بنى اسرائيل ٨) لقد ارسلنا
نوحا الى قومه (اعراف ٦) تالله لقد ارسلنا الى امم (نحل ٧) لقد ارسلنا رسلنا (حديد ٣) ولقد ارسلنا نوحا الى قومه (هود ٣ مؤمنين ٢
عنكبوت ٢) ولقد ارسلنا الى امم (انعام ٥) ولقد ارسلنا موسى (هود ٩، ابراهيم ١ مؤمن ٣ زخرف ٥) ولقد ارسلنا رسلا (رعد ٦
مؤمن ٨) ولقد ارسلنا من قبلك رسلا (روم ٥) ولقد ارسلنا من قبلك (حجر ١) ولقد ارسلنا نوحا وابراهيم (حديد ٣) ولقد
ارسلنا الى ثمود (نمل ٥) ولقد ارسلنا فيهم منذرين (صافات ٨) وكم ارسلنا من نبى (زخرف ١) ولئن ارسلنا ريحا (روم ٥) وكذالك
ما ارسلنا من قبلك (زخرف ٣) وبما ارسلنا به رسلنا فسوف يعلمون (مؤمن ٨) كما ارسلنا فيكم رسولا (بقرة ١٨) كما ارسلنا الى فرعون
رسولا (مزمل ١) وما ارسلنا من رسول الا ليطاع (نسا ٩) وما ارسلنا فى قرية من نبى (اعراف ١٢) وما ارسلنا قبلك من المرسلين (فرقان ٢)
وما ارسلنا من قبلك (يوسف ١١ انبيا ٢ حج ٧ نحل ٥) وما ارسلنا من رسول الا بلسان قومه (ابراهيم ١) وما ارسلنا قبلك الا رجالا
(انبيا ١) وما ارسلنا فى قرية من نذير (سبا ٤) وما ارسلنا اليهم قبلك من نذير (سبا ٥) واسئل من ارسلنا من قبلك (زخرف ٥) فمنهم
من ارسلنا عليهم حاصبا (عنكبوت ٤) فارسلنا عليهم الطوفان (اعراف ١٦) فارسلنا عليهم رجزا (اعراف ٢٠) فارسلنا اليها روحا
(مريم ٢) فارسلنا فيهم رسولا منهم (مؤمنين ٢) فارسلنا عليهم ريحا (احزاب، فصلت ٢) فاعرضوا فارسلنا عليهم سيل العرم (سبا ٢)
وارسلنا اليهم رسلا (مائده ١٠) وارسلنا السماء عليهم مدرارا (انعام ١) وارسلنا الرياح لواقح (حجر ٢) انا ارسلناك بالحق (بقرة ١٤
ملائكة ٣) انا ارسلناك شاهدا (احزاب ٥ فتح ١) فما ارسلناك عليهم حفيظا (نساء ١١، شورى ٥) كذلك ارسلناك فى امة (رعد ٤)
وما ارسلناك عليهم وكيلا (اسرائيل ٦) وما ارسلناك الا مبشرا ونذيرا (اسرائيل ١١ فرقان ٥) وما ارسلناك الا رحمة للعالمين (انبيا ٧)
وما ارسلناك الا كافة للناس (سبا ٣) وارسلناك للناس رسولا (نساء ١١) وفى موسى اذ ارسلناه الى فرعون (ذاريات ٢) وارسلناه
الى مائة الف او يزيدون (صافات ٥) وما أُرسِلوا عليهم حافظين (مطففين ١) فأَرسَلوا واردهم فادلى دلوه (يوسف ٢) انا
أُنبئكم بتاويله فارسلون (يوسف ٥) أَرسِلهُ معنا غدا يرتع ويلعب (يوسف ٢) قال لن أُرسِلَهُ معكم (يوسف ٧) فارسله معى
ردا يصدقنى (قصص ٤) والجبال أرسها (نازعات ٢) قالوا الم تكن ارض الله واسعة (نساء ١٤) وقيل يا ارض ابلعى ماءك (هود ٤)
وما تدرى نفس باى أرضٍ تموت (لقمان ٤) تأكل فى ارض الله (اعراف ١٠ هود ٦) وارض الله واسعة (زمر ٢) مما تنبت الارض (بقرة ٧
يس ٣) لفسدت الارض (بقرة ٣٣) لو تسوى بهم الارض (نساء ٥) وضاقت عليكم الارض (توبة ٣) حتى اذا ضاقت عليهم الارض (توبة ١٣)
حتى اذا اخذت الارض زخرفها (يونس ٣) او قطعت به الارض (رعد ٥) يوم تبدل الارض غير الارض (ابراهيم ٥) وتنشق الارض وتخر
الجبال هدا (مريم ٤) فتصبح الارض مخضرة (حج ٧) قل لمن الارض ومن فيها (مؤمنين ٥) واية لهم الارض الميتة (يس ٣) ان نشأ نخسف بهم الارض
(سبا ١) واشرقت الارض (زمر ٧) قد علمنا ما تنقص الارض منهم (ق ١) يوم تشقق الارض عنهم سراعا (ق ٥) ان يخسف بكم الارض (ملك ٢)
وحملت الارض والجبال (حاقة ٢) يوم ترجف الارض والجبال (مزمل ١) واذا الارض مدت (انشقاق ١) كلا اذا دكت الارض دكا دكا
(فجر ١) اذا زلزلت الارض زلزالها (زلزلت ١) واخرجت الارض اثقالها (زلزلت ١) الذى جعل لكم الارض فراشا (بقرة ٣) الله الذى
جعل لكم الارض قرارا (مؤمن ٧) الذى جعل لكم الارض مهدا (زخرف، طه ٧) هو الذى جعل لكم الارض ذلولا (ملك ٢) والله جعل لكم
الارض بساطا (نوح ٢) امن جعل الارض قرارا (نمل ٧) الم نجعل الارض مهادا (نبأ ١) الم نجعل الارض كفاتا (مرسلات ٣) فاحيا به الارض

بعد موتها (بقرة ٢٠) نحل ٧ جاثيه ١) فاحيا به الارض من بعد موتها (عنكبوت ٦) ويحيي الارض بعد موتها (روم ٣) فيحيي به الارض بعد
موتها (روم ٣) كيف يحيي الارض بعد موتها (روم ٥) فاحيينا به الارض بعد موتها (ملائكة ٢) اعلموا ان الله يحيي الارض بعد موتها (حديد ٢)
يرثون الارض من بعد اهلها (اعراف ١٢) انا نحن نرث الارض (مريم ٤) واورثنا الارض (زمر ٨) ان يخسف الله بهم الارض (نحل ٥)
فخسفنا به وبداره الارض (قصص ٩) ومنهم من خسفنا به الارض (عنكبوت ٤) وترى الارض بارزة (كهف ٥) وترى الارض هامدة
(حج ١) انك ترى الارض خاشعة (فصلت ٥) ولنسكننكم الارض من بعدهم (ابراهيم ٢) اسكنوا الارض (اسرائيل ١٢) تثير الارض ولا تسقي الحرث
(بقرة ٨) يا قوم ادخلوا الارض المقدسة (مائدة ٤) فلن ابرح الارض (يوسف ١٠) وهو الذي مد الارض (رعد ١) افلا يرون انا نأتي الارض (رعد ٦
انبياء ٤) انك لن تخرق الارض (اسرائيل ٤) تنزيلا ممن خلق الارض (طه ١) واثاروا الارض وعمروها (روم ١) بالذي خلق الارض في
يومين (فصلت ٢) وفجرنا الارض عيونا (قمر ٢) ثم شققنا الارض شقا (عبس ٢) ملء الارض ذهبا (آل عمران ٩) ولا حبة في ظلمات الارض
(انعام ٧) وهو الذي جعلكم خلائف الارض (انعام ٢٠) مشارق الارض ومغاربها (اعراف ١٦) قال اجعلني على خزائن الارض (يوسف ٧) فاختلط
به نبات الارض (كهف ٦ يونس ٣) ويجعلكم خلفاء الارض (نمل ٥) الم غلبت الروم في ادنى الارض (روم ١) الا دابة الارض (سبأ ٢)
ولله الحمد رب السموات ورب الارض (جاثيه ٤) ولكنه اخلد الى الارض (اعراف ٢٢) اثاقلتم الى الارض (توبه ٦) ونجيناه ولوطا الى الارض
(انبياء ٥) تجري بامره الى الارض (انبياء ٦) اولم يروا الى الارض (شعراء ١) اولم يروا انا نسوق الماء الى الارض (سجده ٣) والى الارض كيف
سطحت (غاشيه ١) ان الارض لله يورثها من يشاء (اعراف ١٥) ان الارض يرثها عبادي الصالحون (انبياء ٧) انا جعلنا ما على
الارض زينة لها (كهف ١) ان تقع على الارض الا باذنه (حج ٩) الذين يمشون على الارض هونا (فرقان ٦) وقال نوح رب لا تذر على الارض
(نوح ٢) كانوا هم اشد منهم قوة واثارا في الارض (مؤمن ٣) واشد قوة واثارا في الارض (مؤمن ٩) لازينن لهم في الارض (حجر ٣)
استكبارا في الارض (ملائكة ٥) فاستكبروا في الارض (عنكبوت ٤ فصلت ٢) على الذين استضعفوا في الارض (قصص ١) فاسكناه في
الارض (مؤمنون ٤) وقالوا ءاذا ضللنا في الارض (سجدة ١) ان تطع اكثر من في الارض (انعام ١٤) وانا ظننا ان لن نعجز الله في الارض
(جن ٢) والقى في الارض رواسي (نحل ٢ لقمان ١) فانتشروا في الارض (جمعة ٢) لبغوا في الارض (شورى ٣) وبوأكم في الارض (اعراف ١٠)
بما كنتم تستكبرون في الارض (احقاف ٣) ولا تعثوا في الارض مفسدين (بقرة ٧ اعراف ٨ هود ٨ شعراء ٩ عنكبوت ٤) ذلك بما كنتم تفرحون
في الارض (مؤمن ٨) لتفسدن في الارض مرتين (اسرائيل ١) واذا قيل لهم لا تفسدوا في الارض (بقرة ٢) ولا تفسدوا في الارض بعد
اصلاحها (اعراف ٧-٩) فهل عسيتم ان توليتم ان تفسدوا في الارض (قتال ٣) ولا تمش في الارض مرحا (اسرائيل ٤ لقمان ٢) انا جعلناك
خليفة في الارض (ص ٢) اني جاعل في الارض خليفة (بقرة ٤) ان تريد الا ان تكون جبارا في الارض (قصص ٣) وجعلنا في الارض رواسي
(انبياء ٣) واستكبر هو وجنوده في الارض (قصص ٤) ثم جعلناكم خلائف في الارض (يونس ٢) هو الذي جعلكم خلائف في الارض (ملائكة ٥)
وما من دابة في الارض (انعام ٤ هود ١) ثم ان كثيرا منهم من بعد ذلك في الارض لمسرفون (مائدة ٥) وما ذرأ لكم في الارض (نحل ٢)
وهو الذي ذرأكم في الارض (مؤمنون ٥) قل هو الذي ذرأكم في الارض (ملك ٢) من مثقال ذرة في الارض (يونس ٧) واذا تولى
سعى في الارض (بقرة ١٢) فسيحوا في الارض اربعة اشهر (توبه ١) قل سيروا في الارض (انعام ٢ روم ٥ نمل ٦ عنكبوت ٢) افلم يسيروا في الارض
(آل عمران ٥ نحل ٥) ان الله لا يخفى عليه شيء في الارض (آل عمران ١) من شيء في الارض (ابراهيم ٦) كالذي استهوته الشياطين في الارض (انعام ٩)
لا يستطيعون ضربا في الارض (بقرة ٨) واذا ضربتم في الارض (نساء ١٤) ان انتم ضربتم في الارض (مائدة ١٤) وقالوا لاخوانهم اذا ضربوا في الارض
(آل عمران ١٦) يا قوم لكم الملك اليوم ظاهرين في الارض (مؤمن ٣) وان فرعون لعال في الارض (يونس ٩) ان فرعون علا في الارض (قصص ١)
لا يريدون علوا في الارض (قصص ٩) الا تفعلوه تكن فتنة في الارض (انفال ١٠) وفساد في الارض (مائدة ٥) ينهون عن الفساد في الارض
(هود ١٠) ولا تبغ الفساد في الارض (قصص ٨) وقطعناهم في الارض امما (اعراف ٢١) قل لو كان في الارض ملائكة (اسرائيل ١١) وتكون لكما الكبرياء
في الارض (يونس ٨) ولكم في الارض مستقر (بقرة ٤ اعراف ٢) وما لهم في الارض من ولي ولا نصير (توبه ٨) ونمكن لهم في الارض (قصص ١)
قال كم لبثتم في الارض (مؤمنون ٦) واذكروا اذ انتم قليل مستضعفون في الارض (انفال ٣) قالوا كنا مستضعفين في الارض (نساء ١٤) ما اصاب
من مصيبة في الارض (حديد ٣) فليس بمعجز في الارض (احقاف ٤) لا تحسبن الذين كفروا معجزين في الارض (نور ٧) اولئك لم يكونوا معجزين
في الارض (هود ٢) وما انتم بمعجزين في الارض (عنكبوت ٣ شورى ٤) ان يأجوج ومأجوج مفسدون في الارض (كهف ١١) كالمفسدين في

فی الارض (ص ۳) ولقد مکنٰکم فی الارض (اعراف ۱) انا مکنا له فی الارض (کهف ۱۱) مکنٰهم فی الارض (انعام ۱) الذین ان مکنٰهم فی الارض
(حج ۶) ولو نشاء لجعلنا منکم ملائکة فی الارض یخلفون (زخرف ۶) ما جئنا لنفسد فی الارض (یوسف ۹) ان تبتغی نفقا فی الارض (انعام ۴)
فبعث الله غرابا یبحث فی الارض (مائده ۵) اذا هم یبغون فی الارض (یونس ۳) ویبغون فی الارض (شوری ۵) الذین یتکبرون فی الارض
(اعراف ۱۷) حتی یثخن فی الارض (انفال ۹) ومن یهاجر فی سبیل الله یجد فی الارض (نساء ۱۴) ویستخلفکم فی الارض (اعراف ۱۳) لیستخلفنهم فی
الارض (نور ۷) ویسعون فی الارض فسادا (مائده ۴-۷) افلم یسیروا فی الارض (یوسف ۱۲ حج ۵ مؤمن ۹ قتال ۲) اولم یسیروا فی الارض (مؤمن ۳
روم ۱ ملائکة ۵) وآخرون یضربون فی الارض (مزمل ۲) او ان یظهر فی الارض الفساد (مؤمن ۳) ام تنبئونه بما لا یعلم فی الارض (رعد ۴)
اتذر موسی وقومه لیفسدوا فی الارض (اعراف ۱۵) الذین یفسدون فی الارض (شعراء ۸) وکان فی المدینة تسعة رهط یفسدون فی الارض
(نمل ۴) ویفسدون فی الارض (بقرة ۳ رعد ۳) یعلم ما یلج فی الارض (سبا ۱ حدید ۱) فیمکث فی الارض (رعد ۲) فسلکه ینابیع فی الارض
(زمر ۳) وکذلک مکنا لیوسف فی الارض (یوسف ۳-۱۱) ما فی الارض جمیعا (بقرة ۳ مائده ۴ انفال ۷ زمر ۵) ولو ان لکل نفس ظلمت ما فی الارض
(یونس ۶) لو ان لهم ما فی الارض جمیعا (رعد ۳) الم تر ان الله سخر لکم ما فی الارض (حج ۷) ولو ان ما فی الارض من شجرة اقلام (لقمان ۳) لآمن من
فی الارض کلهم جمیعا (یونس ۱۰) کلوا مما فی الارض (بقرة ۲۱) اشر ارید بمن فی الارض (جن ۱) ویستغفرون لمن فی الارض (شوری ۱) ومن فی الارض
(یونس ۷) ومن فی الارض جمیعا (مائده ۲ ابراهیم ۲ معارج ۲) وفی الارض قطع متجاورات (رعد ۱) وهو الذی فی السماء اله وفی الارض اله
(زخرف ۷) وفی الارض آیات للموقنین (ذاریات ۱) ومما اخرجنا لکم من الارض (بقرة ۳۷) او ینفوا من الارض (مائده ۵) هو انشاکم من الارض
(هود ۶) وان کادوا لیستفزونک من الارض (اسرائیل ۸) حتی تفجر لنا من الارض ینبوعا (اسرائیل ۹) فاراد ان یستفزهم من الارض (بنی اسرائیل ۱۱)
ام اتخذوا الهة من الارض (انبیاء ۲) اخرجنا لهم دابة من الارض (نمل ۹) ثم اذا دعاکم دعوة من الارض (روم ۳) ارونی ماذا خلقوا من الارض
(ملائکة ۵ احقاف ۱) اذ انشاکم من الارض (نجم ۳) والله انبتکم من الارض نباتا (نوح ۲) ومن الارض مثلهن (طلاق ۲) السموات والارض
انظر الی السموات والارض جمیعا قبضته یوم القیمة (زمر ۷) والارض مددناها (حجر ۲ ق ۱) والارض فرشناها (ذاریات ۳) والارض وضعها
للانام (رحمن ۱) والارض بعد ذلک دحاها (نازعات ۲) والارض ذات الصدع (طارق ۱) والارض وما طحاها (شمس ۱) فقال لها وللارض
ائتیا طوعا او کرها (فصلت ۲) او اطرحوه ارضا یخل لکم وجه ابیکم (یوسف ۱) وارضا لم تطؤها (احزاب ۳) یوم ترونها تذهل کل مرضعة
عما ارضعت (حج ۱) فان ارضعن لکم (طلاق ۱) وامهاتکم اللاتی ارضعنکم (نساء ۴) واوحینا الی ام موسی ان ارضعیه (قصص ۱) یرید
ان یخرجکم من ارضکم (اعراف ۱۴ شعراء ۳) یریدان یخرجاکم من ارضکم (طه ۳) لنخرجنکم من ارضنا (ابراهیم ۲) قال اجئتنا لتخرجنا من ارضنا (طه ۳)
نتخطف من ارضنا (قصص ۶) واورثکم ارضهم (احزاب ۳) ان ارضی واسعة (عنکبوت ۶) کلوا وارعوا انعامکم (طه ۲) یا بنی ارکب معنا
(هود ۴) وقال ارکبوا فیها (هود ۴) کلما ردوا الی الفتنة ارکسوا فیها (نساء ۱۲) والله ارکسهم بما کسبوا (نساء ۱۲) ارکض برجلک (ص ۴) ارکعوا
واسجدوا واعبدوا ربکم (حج ۱۰) وارکعوا مع الراکعین (بقرة ۵) واذا قیل لهم ارکعوا لا یرکعون (مرسلات ۲) واسجدی وارکعی مع الراکعین (آل عمران ۵)
ارم ذات العماد (فجر ۱) فقالوا ارنا الله جهرة (نساء ۲۱) ربنا ارنا الذین اضلانا (فصلت ۴) وارنا مناسکنا وتب علینا (بقرة ۱۵) رب ارنی
کیف تحیی الموتی (بقرة ۳۵) قال رب ارنی انظر الیک (اعراف ۱۷) قل ارونی الذین الحقتم به شرکاء (سبا ۳) ارونی ماذا خلقوا من الارض
(ملائکة ۵ احقاف ۱) هذا خلق الله فارونی (لقمان ۲) وایای فارهبون (بقرة ۵) فایای فارهبون (نحل ۷) سارهقه صعودا (مدثر ۱)
انی اری ما لا ترون (انفال ۶) وقال الملک انی اری سبع بقرات (یوسف ۶) انی اری فی المنام انی اذبحک (صافات ۳) فقال ما لی لا اری
الهدهد (نمل ۲) ما اریکم الا ما اری (مؤمن ۳) اننی معکما اسمع واری (طه ۲) ان ارید الا الاصلاح ما استطعت (هود ۸) انی ارید
ان تبوء باثمی واثمک (مائده ۵) قال انی ارید ان انکحک (قصص ۳) ما ارید منهم من رزق (ذاریات ۳) وما ارید ان اخالفکم (هود ۸)
وما ارید ان اشق علیک (قصص ۳) وما ارید ان یطعمون (ذاریات ۳) اشر ارید بمن فی الارض (جن ۱) لتحکم بین الناس بما اراک الله (نساء ۱۶)
انی اراک وقومک (انعام ۹) من بعد ما اراکم ما تحبون (آل عمران ۱۶) ولکنی اراکم قوما تجهلون (هود ۳ احقاف ۳) انی اراکم بخیر (هود ۸)
ما اریکم الا ما اری (مؤمن ۳) ساوریکم دار الفاسقین (اعراف ۱۷) ساوریکم آیاتی (انبیاء ۳) ولو اراکهم کثیرا لفشلتم (انفال ۵) وما
جعلنا الرؤیا التی اریناک (اسرائیل ۶) ولو نشاء لاریناکهم (قتال ۴) ولقد اریناه آیاتنا کلها (طه ۳)

فصل الزاء

تؤزهم ازا (مریم ۶) فلما زاغوا ازاغ الله قلوبهم (صف ۱) ثم ازدادوا کفرا (آل عمران ۹ نساء ۲۱) وازدادوا تسعا (کهف ۳) وقالوا

مجنون وازدجر (قمر۱) اشده بہ ازری (طہ ع۲) ازفت الازفة (نجم ۳) ذلکم ازکی لکم واطہر (بقرہ ع۳۰) فلینظر ایہا ازکیٰ طعاما (کہف ۳)
فارجعوا ھو ازکی لکم (نور ۴) ذلک ازکی لہم (نور ۴) بالازلام وان تستقسموا بالازلام (مائدہ ۱) والازلام رجس (مائدہ ۱۲) واذا الجنة
ازلفت (تکویر۱) وازلفت الجنة للمتقین (شعراء ۵ق ع۲) وازلفنا ثم الاٰخرین (شعراء ۴) فازلہما الشیطان (بقرہ ع۴) ولہم فیہا
ازواج مطہرة (بقرہ ۳) لہم فیہا ازواج مطہرة (نساء ۸) واخر من شکلہ ازواج (ص ع۴) ثمانیة ازواج (انعام ۱۷) نمل فی ازواج ادعیائہم
(احزاب ع۵) ولا ان تبدل بہن من ازواج (احزاب ۶) وازواج مطہرة (اٰل عمران ۲) سبحان الذی خلق الازواج کلہا (یس ع۳) والذی
خلق الازواج کلہا (زخرف ۱) ویذرون ازواجا (بقرہ ۳۰-۳۱) وجعلنا لہم ازواجا وذریة (رعد ع۶) الیٰ ما متعنا بہ ازواجا
منہم (حجر ۶ طہ ع۸) واللہ جعل لکم من انفسکم ازواجا (نحل ۱۰) جعل لکم من انفسکم ازواجا (شوریٰ ۲) فاخرجنا بہ ازواجا من نبات شتیٰ (طہ ۲)
ومن اٰیاتہ ان خلق لکم من انفسکم ازواجا (روم ۳) ثم جعلکم ازواجا (ملائکہ ۲) ومن الانعام ازواجا (شوریٰ ۲) وکنتم ازواجا ثلثة
(واقعہ۱) ان یبدلہ ازواجا (تحریم۱) وخلقناکم ازواجا (نبا۱) یاایہا النبی انا احللنا لک ازواجک (احزاب ۵) تبتغی مرضات
ازواجک (تحریم۱) یاایہا النبی قل لازواجک (احزاب ۳-۶) ولکم نصف ما ترک ازواجکم (نساء ۲) وما جعل ازواجکم (احزاب ۱)
وجعل لکم من ازواجکم بنین (نحل ۱۰) وتذرون ما خلق لکم ربکم من ازواجکم (شعراء ۹) وان فاتکم شیٔ من ازواجکم (ممتحنہ ۲) ان من
ازواجکم واولادکم عدوا لکم (تغابن ۲) واخوانکم وازواجکم (توبہ ۳) ادخلوا الجنة انتم وازواجکم تحبرون (زخرف ۷) ومحرم علیٰ ازواجنا
(انعام ع۱) ربنا ھب لنا من ازواجنا (فرقان ۶) ولا ان تنکحوا ازواجہ (احزاب ۷) واذ اسر النبی الیٰ بعض ازواجہ حدیثا (تحریم۱)
وازواجہ امہاتہم (احزاب۱) فاٰتوا الذین ذھبت ازواجہم (ممتحنہ ۲) والذین یرمون ازواجہم (نور ۱) الا علیٰ ازواجہم وما ملکت
ایمانہم (مؤمنون ۱ معارج ع۱) قد علمنا ما فرضنا علیہم فی ازواجہم (احزاب ۶) وصیة لازواجہم (بقرہ ع۳۱) احشروا الذین ظلموا وازواجہم
(صافات ۲) ومن صلح من اٰبائہم وازواجہم وذریاتہم (رعد ۳ مؤمن ۱) ھم وازواجہم فی ظلال (یس ۴) فلا تعضلوھن ان ینکحن ازواجہن جهن
(بقرہ ع۳۰) ثم یطمع ان ازید کلا (مدثر ۱) لئن شکرتم لازیدنکم (ابراھیم ۱) لازینن لہم فی الارض (حجر ع۳) **فصل الیٰ**
وان اسأتم فلہا (بنی اسرائیل ۱) فاسئل الذین یقرؤن الکتاب من قبلک (یونس ۱۰) فاسئل بنی اسرائیل (اسرائیل ۱۱) فاسئل بہ خبیرا
(فرقان ۶) فاسئل العادین (مؤمنون ۲) واسئل القریة التی کنا فیہا (یوسف ۱۰) واسئل من ارسلنا من قبلک (زخرف ۵) قال رب انی
اعوذ بک ان اسألک ما لیس لی بہ علم (ھود ۵) قل لا اسألکم علیہ اجرا (انعام ۹ شوریٰ ۳) یا قوم لا اسألکم علیہ اجرا (ھود ۱) ویا
قوم لا اسألکم علیہ مالا (ھود ۳) قل ما اسألکم علیہ من اجر (فرقان ۶ ص ۹) وما اسئلکم علیہ من اجر (شعراء ۱۱-۱۳-۱۵-۱۷-۱۸)
واسئلوا اللہ من فضلہ (نساء ۴) واسئلوا ما انفقتم (ممتحنہ ۲) فاسئلوا اھل الذکر (نحل ۶ انبیاء ۱) فاسئلوھم ان کانوا ینطقون (انبیاء ۲)
فاسئلوھن من وراء حجاب (احزاب ۷) ومن اساء فعلیہا (فصلت ۵ جاثیہ ۲) ثم کان عاقبة الذین اساؤا السوأیٰ (روم ۱) لیجزی الذین
اساؤا بما عملوا (نجم ۲) وان یأتوکم اساریٰ تفادوھم (بقرہ ۹) ان ھذا الا اساطیر الاولین (انعام ۳ انفال ۴ مؤمنون ۹ نمل ۸) قالوا اساطیر
الاولین (نحل ۳) وقالوا اساطیر الاولین (فرقان ۱) فیقول ما ھذا الا اساطیر الاولین (احقاف ۲) قال اساطیر الاولین (نون ۲ مطففین ۱)
یحلون فیہا من اساور (کہف ۴ حج ۳ ملائکہ ۴) وحلوا اساور من فضة (انسان ۱) اسباب السمٰوات فاطلع الیٰ الٰہ موسیٰ (مؤمن ۴)
وتقطعت بہم الاسباب (بقرہ ۲۰) لعلی ابلغ الاسباب (مؤمن ۴) فلیرتقوا فی الاسباب (ص ۱) وقطعناھم اثنتی عشرة اسباطا امما
(اعراف ۲۰) ان خیر من استأجرت (قصص ۳) یا ابت استأجرہ (قصص ۳) کما استأذن الذین من قبلہم (نور ۸) استأذنک
اولوا الطول منہم (توبہ ۱۱) فاذا استأذنوک لبعض شأنہم (نور ۹) وان اردتم استبدال زوج (نساء ۳) فاستأذنوک للخروج (توبہ ۱۰)
بطائنہا من استبرق (رحمٰن ۳) واستبرق متکئین فیہا (کہف ۴) یلبسون من سندس واستبرق متقابلین (دخان ۳) عالیہم ثیاب سندس
واستبرق (انسان ۱) فاستبشروا ببیعکم (توبہ ۱۴) واستبقا الباب (یوسف ۳) فاستبقوا الخیرات (بقرہ ۱۸) فاستبقوا الخیرات (مائدہ ۷)
فاستبقوا الصراط (یس ۴) فاستجاب لہم ربہم (اٰل عمران ۲۰) اذ تستغیثون ربکم فاستجاب لکم (انفال ۱) فاستجاب لہ ربہ (یوسف ۴) الذین
استجابوا للہ (اٰل عمران ۱۸) للذین استجابوا لربہم الحسنیٰ (رعد ۳) والذین استجابوا لربہم (شوریٰ ۴) ولو سمعوا ما استجابوا لکم (ملائکہ ۲)
وان احد من المشرکین استجارک (توبہ ۱) وقال ربکم ادعونی استجب لکم (مؤمن ۶) الا ان دعوتکم فاستجبتم لی (ابراھیم ۴) فاستجبنا
لہ (انبیاء ۶-۷ ثلث مرات) من بعد ما استجیب لہ (شوریٰ ۲) استجیبوا للہ وللرسول (انفال ۳) استجیبوا لربکم (شوریٰ ۵) ان استجبوا

الکفر علی الایمان (توبہ ٣) استحبوا الحیوۃ الدنیا (نحل ١٤) فاستحبوا العمی علی الھدی (فصلت ٢) من الذین استحق علیھم الاولیان
(مائدہ ١٤) فان عثر علی انھما استحقا اثما (مائدہ ١٤) استحوذ علیھم الشیطان (مجادلہ ٣) تمشی علی استحیاء (قصص ٣) واستحیوا نساءھم
(مؤمن ٣) ثم استخرجھا من وعاء اخیہ (یوسف ١٠) فاستخف قومہ فاطاعوہ (زخرف ٥) استخلصہ لنفسی (یوسف ٧) کما استخلف
الذین من قبلھم (نور ٧) الا من استرق السمع (حجر ٢) واسترھبوھم وجاء وا بسحر عظیم (اعراف ١٤) انما استزلھم الشیطان (اٰل عمران ١٦)
واذا استسقی موسی لقومہ (بقرہ ٧) اذ استسقٰہ قومہ (اعراف ٢٠) فاستشھدوا علیھن اربعۃ منکم (نساء ٣) واستشھدوا شھیدین
(بقرہ ٣٩) للذین استضعفوا (اعراف ١٠) یقول الذین استضعفوا (سباء ٤) ونرید ان نمن علی الذین استضعفوا فی الارض (قصص ١)
وقال الذین استضعفوا (سباء ٤) قال ابن ام ان القوم استضعفونی (اعراف ١٨) من استطاع الیہ سبیلا (اٰل عمران ١٠) حتی یردوکم عن
دینکم ان استطاعوا (بقرہ ٢٧) فما استطاعوا مضیا (یس ٤) فما استطاعوا من قیام (ذاریات ٢) فان استطعت ان تبتغی (انعام ٤)
ان ارید الا الاصلاح ما استطعت (ھود ٨) واستفزز من استطعت (اسرائیل ٧) ان استطعتم ان تنفذوا (رحمن ٢) فاتقوا اللہ
ما استطعتم (تغابن ٢) واعدوا لھم ما استطعتم (انفال ٨) وادعوا من استطعتم (یونس ٤ ھود ٢) لو استطعنا لخرجنا معکم (توبہ ٥)
استعجالھم بالخیر (یونس ٢) بل ھو ما استعجلتم بہ (احقاف ٣) فاستعذ باللہ (اعراف ٢٠ فصلت ٤ نحل ١٣ مؤمن ٦) ولقد راودتہ عن
نفسہ فاستعصم (یوسف ٤) وقد افلح الیوم من استعلی (طٰہٰ ٣) واستعمرکم فیھا (ھود ٦) استعینوا بالصبر والصلوۃ (بقرہ ٦)
استعینوا باللہ واصبروا (اعراف ١٥) واستعینوا بالصبر والصلوۃ (بقرہ ٥) فاستغاثہ الذی من شیعتہ (قصص ٢) واستغشوا ثیابھم
(نوح ١) وما کان استغفار ابراھیم لابیہ الا عن موعدۃ (توبہ ١٤) استغفرلھم اولا تستغفرلھم (توبہ ١٠) قالوا یا ابانا استغفرلنا ذنوبنا
(یوسف ١١) قال سوف استغفرلکم ربی (یوسف ١١) سأستغفرلک ربی (مریم ٣) فاستغفر ربہ وخر راکعا واناب (ص ٢) واھلونا
فاستغفرلنا (فتح ٢) واستغفرلھم وشاورھم فی الامر (اٰل عمران ١٧) واستغفر اللہ ان اللہ کان غفورا رحیما (نساء ١٦) واستغفرلھم الرسول
واستغفر لذنبک (مؤمن ٦ قتال ٢) واستغفرلھن اللہ (ممتحنہ ٢) سواء علیھم استغفرت لھم (منافقون ١) لاستغفرن لک (ممتحنہ ١)
وان استغفروا ربکم (ھود ١) ویا قوم استغفروا ربکم (ھود ٥) فقلت استغفروا ربکم (نوح ١) فاستغفروا لذنوبھم (اٰل عمران ١٤)
فاستغفروا اللہ واستغفرلھم الرسول (نساء ٩) واستغفروا اللہ ان اللہ غفور رحیم (بقرہ ٢٥ مزمل ٢) واستغفروا ربکم ثم توبوا الیہ (ھود ١)
فاستغفروہ ثم توبوا الیہ (ھود ٧) فاستقیموا الیہ واستغفروہ (فصلت ١) فسبح بحمد ربک واستغفرہ (نصر ١) واستغفری
لذنبک (یوسف ٣) اما من استغنی فانت لہ تصدی (عبس ١) ان راٰہ استغنی (علق ١) وتولوا واستغنی اللہ (تغابن ١) واما من بخل
واستغنی (لیل ١) واستفتحوا وخاب کل جبار عنید (ابراھیم ٣) فاستفتھم اھم اشد خلقا (صافات ١) فاستفتھم الربک البنات (صافات ٥)
واستفزز من استطعت (اسرائیل ٧) فما استقاموا لکم فاستقیموا لھم (توبہ ١) ان الذین قالوا ربنا اللہ ثم استقاموا (فصلت ٤ احقاف ٢)
وان لو استقاموا علی الطریقۃ (جن ٢) فان استقر مکانہ (اعراف ١٧) فاستقم کما امرت (ھود ١٠) واستقم کما امرت (شوری ٢) قال
قد اجیبت دعوتکما فاستقیما (یونس ٩) فاستقیموا الیہ (توبہ ١) فاستقیموا الیہ واستغفروہ (فصلت ١) فما استکانوا لربھم (مؤمنون ٥)
وما ضعفوا وما استکانوا (اٰل عمران ١٥) استکبارا فی الارض (ملائکہ ٥) واستکبروا استکبارا (نوح ١) استکبر وکان من الکافرین (ص ٥)
ابی واستکبر وکان من الکافرین (بقرہ ٤) واستکبر ھو وجنودہ فی الارض (قصص ٤) ثم ادبر واستکبر (مدثر ١) استکبرت ام کنت من
العالین (ص ٥) واستکبرت وکنت من الکافرین (زمر ٦) بما لا تھوی انفسکم استکبرتم (بقرہ ١١) فاستکبرتم وکنتم قوما مجرمین (جاثیہ ٤)
فاٰمن واستکبرتم (احقاف ١) قال الذین استکبروا (اعراف ١٠ سباء ٤ مؤمن ٥) قال الملأ الذین استکبروا (اعراف ١٠-١١) فقال الضعفاء للذین
استکبروا (ابراھیم ٣) لقد استکبروا فی انفسھم (فرقان ٣) للذین استکبروا (سباء ٤ مرتین) فیقول الضعفاء للذین استکبروا (مؤمن ٥)
فان استکبروا فالذین عند ربک (فصلت ٥) فاستکبروا وکانوا قوما مجرمین (اعراف ١٦ یونس ٨) فاستکبروا وکانوا قوما عالین
(مؤمنون ٣) فاستکبروا فی الارض (عنکبوت ٤ فصلت ٢) واما الذین استنکفوا واستکبروا (نساء ٢٤) ان الذین کذبوا بایاتنا واستکبروا
عنھا (اعراف ٥) والذین کذبوا بایاتنا واستکبروا عنھا (اعراف ٤) واستکبروا استکبارا (نوح ١) ولو کنت اعلم الغیب لاستکثرت
من الخیر (اعراف ٢٤) یا معشر الجن قد استکثرتم من الانس (انعام ١٥) ربنا استمتع بعضنا ببعض (انعام ١٥) کما استمتع الذین من قبلکم (توبہ ٨)
فما استمتعتم بہ منھن فاٰتوھن اجورھن (نساء ٤) فاستمتعوا بخلاقھم فاستمتعتم بخلاقکم (توبہ ٨) واستمتعتم بھا (احقاف ٢)

فاستغلظ فاستوی (فتح ٤)

فقد استمسك بالعروة الوثقى (بقرة ۳۴ لقمان ۳) فاستمسك بالذی اوحی الیك (زخرف ۵) انه استمع نفر من الجن (جن ۱) فا
ستمع لما یوحی (طه ۱) واستمع یوم یناد المناد (ق ۵) فاستمعوا له وانصتوا (اعراف ۲۴) یایها الناس ضرب مثل فاستمعوا له (حج ۸) الا
استمعوه وهم یلعبون (انبیاء ۱) وان استنصروكم فی الدین (انفال ۱۰) فاذا الذی استنصره بالامس (قصص ۲) واما الذین
استنكفوا واستكبروا (نساء ۲۴) واستوت علی الجودی (هود ۴) مثلهم كمثل الذی استوقد نارا (بقرة ۲) الرحمن علی العرش استوی
(طه ۱) ثم استوی الی السماء (بقرة ۳ فصلت ۲) ثم استوی علی العرش (اعراف ۷ یونس ۱ رعد ۱ فرقان ۵ سجدة ۱ حدید ۱) ذو مرة فاستوی
(نجم ۱) فاستغلظ فاستوی (فتح ۴) ولما بلغ اشده واستوی (قصص ۲) فاذا استویت انت ومن معك علی الفلك (مؤمنون ۲) ثم تذكروا
نعمة ربكم اذا استویتم علیه (زخرف ۱) ولقد استهزئ برسل (انعام ۱ رعد ۴ انبیاء ۳) قل استهزءوا (توبة ۸) كالذی استهوته
الشیاطین (انعام ۹) حتی اذا استیأس الرسل (یوسف ۱۲) فلما استیأسوا منه (یوسف ۱۰) فما استیسر من الهدی (بقرة ۲۴ مرتین)
واستیقنتها انفسهم (نمل ۱) قال لم اكن لاسجد لبشر (حجر ۳) قال ءاسجد لمن خلقت طینا (اسرائیل ۷) ومن اللیل فاسجد له (انسان ۲)
واسجد واقترب (علق ۱) اسجدوا لادم (بقرة ۴ اعراف ۲ اسرائیل ۷ كهف ۷ طه ۷) واذا قیل لهم اسجدوا للرحمن (فرقان ۵) فاسجدوا
لله واعبدوا (نجم ۳) اركعوا واسجدوا واعبدوا (حج ۱۰) واسجدوا لله الذی خلقهن (فصلت ۵) یامریم اقنتی لربك واسجدی (ال عمران ۵)
والمستغفرین بالاسحار (ال عمران ۲) وبالاسحار هم یستغفرون (ذاریات ۱) ومن وراء اسحاق یعقوب (هود ۷) ووهبنا له اسحاق
ویعقوب (انعام ۱۰ انبیاء ۵ عنكبوت ۳) ووهبنا له اسحاق ویعقوب (مریم ۳) وبركنا علیه وعلی اسحاق (صافات ۳) فبشرناها باسحاق
(هود ۷) وبشرناه باسحاق (صافات ۳) من قبل ابراهیم واسحاق (یوسف ۱) واسحاق ویعقوب (بقرة ۱۶ ص ۵) الذی وهب لی علی الكبر
اسمعیل واسحاق (ابراهیم ۶) ذلك بانهم اتبعوا ما اسخط الله (قتال ۳) سواء منكم من اسر القول (رعد ۲) واذ اسر النبی الی بعض
ازواجه حدیثا (تحریم ۱) ان اسر بعبادی (طه ۴ شعراء ۳) فاسر باهلك (هود ۴ حجر ۵) فاسر بعبادی (دخان ۲) الا ما حرم اسرائیل علی
نفسه (ال عمران ۱۰) واسررت لهم اسرارا (نوح ۱) والله یعلم اسرارهم (قتال ۳) ولا تاكلوها اسرافا (نساء ۱) الا ان قالوا ربنا
اغفر لنا ذنوبنا واسرافنا (ال عمران ۱۵) واسررت لهم اسرارا (نوح ۱) واسرحكن سراحا جمیلا (احزاب ۴) وهو اسرع الحاسبین
(انعام ۷) قل الله اسرع مكرا (یونس ۳) وكذلك نجزی من اسرف (طه ۷) قل یا عبادی الذین اسرفوا (زمر ۶) علی ما اسروا
فی انفسهم نادمین (مائدة ۸) واسروا النجوی (طه ۳ انبیاء ۱) واسروا الندامة (سبا ۴ یونس ۶) واسروا قولكم (ملك ۲) واسروه بضاعة
(یوسف ۲) فاسرها یوسف (یوسف ۱۰) وشددنا اسرهم (انسان ۲) ما كان لنبی ان یكون له اسری (انفال ۹) سبحان الذی
اسری بعبده (اسرائیل ۱) قل لمن فی ایدیكم من الاسری (انفال ۱۰) لمسجد اسس علی التقوی (توبة ۱۳) افمن اسس بنیانه (توبة ۱۳) ام
من اسس بنیانه (توبة ۱۳) فاسعوا الی ذكر الله (جمعة ۲) الی قومه غضبان اسفا (اعراف ۱۸ طه ۴) بهذا الحدیث اسفا (كهف ۱)
فقالوا ربنا باعد بین اسفارنا (سبا ۲) والصبح اذا اسفر (مدثر ۲) والركب اسفل منكم (انفال ۵) ثم رددناه اسفل سافلین (تین ۱)
ومن اسفل منكم (احزاب ۲) ان المنافقین فی الدرك الاسفل من النار (نساء ۲۱) فجعلناهم الاسفلین (صافات ۱۰) لیكونا من الاسفلین
(فصلت ۴) وقال یا اسفی علی یوسف (یوسف ۱۰) واسقیناكم ماء فراتا (مرسلات ۱) فانزلنا من السماء ماء فاسقیناكموه
(حجر ۲) لاسقیناهم ماء غدقا (جن ۲) وقلنا یا ادم اسكن انت وزوجك الجنة (بقرة ۴) ویا ادم اسكن انت (اعراف ۲) ربنا
انی اسكنت من ذریتی (ابراهیم ۶) فاسكناه فی الارض (مؤمنون ۲) واذ قیل لهم اسكنوا هذه القریة (اعراف ۲۱) اسكنوا
الارض (اسرائیل ۱۲) اسكنوهن من حیث سكنتم (طلاق ۱) ان الدین عند الله الاسلام (ال عمران ۲) ورضیت لكم الاسلام
دینا (مائدة ۱) ومن یبتغ غیر الاسلام دینا (ال عمران ۹) وهو یدعی الی الاسلام (صف ۱) یشرح صدره للاسلام (انعام ۱۵) افمن
شرح الله صدره للاسلام (زمر ۳) قل لا تمنوا علی اسلامكم (حجرات ۲) وكفروا بعد اسلامهم (توبة ۱۰) ان تضعوا اسلحتكم (نساء ۱۵)
لو تغفلون عن اسلحتكم (نساء ۱۵) ولیأخذوا اسلحتهم (نساء ۱۵) هنالك تبلوا كل نفس ما اسلفت (یونس ۳) هنیئا بما اسلفتم (حاقة ۱)
اسلك یدك فی جیبك (قصص ۴) فاسلك فیها من كل زوجین اثنین (مؤمنون ۲) ثم فی سلسلة ذرعها سبعون ذراعا فاسلكوه
(حاقة ۱) فاسلكی سبل ربك ذللا (نحل ۹) وله اسلم من فی السموات والارض (ال عمران ۹) بلی من اسلم وجهه (بقرة ۱۲) ان اكون
اول من اسلم (انعام ۲) فمن اسلم فاولئك تحروا رشدا (جن ۲) وامرت ان اسلم لرب العالمین (مؤمن ۷) اذ قال له ربه اسلم (بقرة ۱۶)

فلما اسلما وتله للجبين (صافات ١) قال اسلمت لرب العالمين (بقرة ١٦) فقل اسلمت وجهي لله (آل عمران ٢) و اسلمت مع سليمن
(نمل ٣) وقل للذين اوتوا الكتاب والاميين ءاسلمتم (آل عمران ٢) ولكن قولوا اسلمنا (حجرات ٢) فان اسلموا فقد اهتدوا (آل عمران ٢)
يحكم بها النبيون الذين اسلموا للذين هادوا (مائده ٧) فالهكم اله واحد فله اسلموا (حج ٥) يمنون عليك ان اسلموا (حجرات ٢) وانيبوا الى ربكم
و اسلموا (زمر ٦) واسلنا له عين القطر (سبا ٢) فكلوا مما ذكر اسم الله عليه (انعام ١٤) مما ذكر اسم الله عليه (انعام ١٤) ولا تاكلوا مما
لم يذكر اسم الله عليه (انعام ١٤) يذكر فيها اسم الله كثيرا (حج ٦) تبارك اسم ربك (رحمن ٣) واذكروا اسم الله عليه (مائده ١) وانعام لا يذكرون
اسم الله عليها (انعام ١٦) ويذكروا اسم الله (حج ٤) ليذكروا اسم الله (حج ٥) فاذكروا اسم الله عليها صواف (حج ٥) واذكر اسم ربك (مزمل
١) انسان ٢) سبح اسم ربك الاعلى (اعلى ١) وذكر اسم ربه فصلى (اعلى ١) فسبح باسم ربك العظيم (واقعه ٣-٤ حاقه ٢) اقرا باسم ربك الذي خلق
(علق ١) بئس الاسم الفسوق بعد الايمان (حجرات ٢) ان هي الا اسماء (نجم ٢) الا اسماء سميتموها (يوسف ٥) فقال انبئوني باسماء
هؤلاء (بقرة ٤) اتجادلونني في اسماء (اعراف ٩) ولله الاسماء الحسنى فادعوه بها (اعراف ٢٢) فله الاسماء الحسنى (اسرائيل ١٢)
له الاسماء الحسنى (طه ١ حشر ٣) وعلم آدم الاسماء كلها (بقرة ٤) وذروا الذين يلحدون في اسمائه (اعراف ٢٢) قال يا آدم انبئهم باسمائهم
(بقرة ٤) الحمد لله الذي وهب لي على الكبر اسمعيل واسحاق (ابراهيم ٦) واذكر في الكتاب اسمعيل (مريم ٤) واذكر اسمعيل واليسع (ص ٥)
واله آبائك ابراهيم و اسمعيل واسحاق (بقرة ١٦) وما انزل الى ابراهيم واسمعيل واسحاق ويعقوب (بقرة ١٦) ام تقولون ان ابراهيم
واسمعيل واسحاق ويعقوب (بقرة ١٦) واذ يرفع ابراهيم القواعد من البيت واسمعيل (بقرة ١٥) وعهدنا الى ابراهيم واسمعيل (بقرة ١٥)
واسمعيل واليسع ويونس ولوطا (انعام ١٠) انني معكما اسمع وارى (طه ٢) اسمع بهم وابصر (مريم ٢) ولو انهم قالوا سمعنا واطعنا و اسمع وانظرنا
(نساء ٧) واسمع غير مسمع (نساء ٧) ابصر به واسمع (كهف ٣) خذوا ما آتيناكم بقوة واسمعوا (بقرة ١١) وقولوا انظرنا واسمعوا (بقرة ١٣)
واتقوا الله واسمعوا (مائده ١٤) واسمعوا واطيعوا (تغابن ٢) اني آمنت بربكم فاسمعون (يس ٢) ويذكر فيها اسمه (نور ٥) ليكفر
الله عنهم اسوأ الذي عملوا (زمر ٤) ويمشي في الاسواق (فرقان ١) ويمشون في الاسواق (فرقان ٢) لقد كان لكم في رسول الله اسوة
حسنة (احزاب ٣) قد كانت لكم اسوة حسنة (ممتحنه ١) لقد كان لكم فيهم اسوة حسنة (ممتحنه ١) من الخيط الاسود (بقرة ٢٣) فاما الذين اسودت
وجوههم (آل عمران ١١) فلولا القي عليه اسورة من ذهب (زخرف ٥) على حبه مسكينا ويتيما واسيرا (انسان ١) فضل الثير
اصيب به من اشاء (اعراف ١٩) فاشارت اليه (مريم ٢) ان تاكلوا جميعا او اشتاتا (نور ٩) يومئذ يصدر الناس اشتاتا (زلزال ١)
كرماد اشتدت به (ابراهيم ٣) اشتروا بآيات الله ثمنا قليلا (توبه ١) اولئك الذين اشتروا الضلالة (بقرة ٢-٨) اولئك الذين اشتروا
الحيوة الدنيا (بقرة ٥) ان الذين اشتروا الكفر (آل عمران ١٨) بئسما اشتروا به انفسهم (بقرة ٦) فاشتروا به ثمنا قليلا (آل عمران ١٩) ان
الله اشترى من المؤمنين انفسهم (توبه ١٤) ولقد علموا لمن اشتراه (بقرة ١٢) وقال الذي اشتراه (يوسف ٣) واشتعل الرأس
شيبا (مريم ١) اما اشتملت عليه ارحام الانثيين (انعام ١٥ مرتين) وهم فيما اشتهت انفسهم خالدون (انبياء ٧) والذين آمنوا
اشد حبا لله (بقرة ٢٠) والله اشد بأسا (نساء ١١) والفتنة اشد من القتل (بقرة ٢٤) قل نار جهنم اشد حرا (توبه ١١) الاعراب اشد كفرا ونفاقا
(توبه ١٢) ولعذاب الآخرة اشد وابقى (طه ٣) ءانتم اشد خلقا (نازعات ٢) لانتم اشد رهبة (حشر ٢) اينا اشد عذابا وابقى (طه ٣) ايهم اشد
على الرحمن عتيا (مريم ٥) وقالوا من اشد منا قوة (فصلت ٢) هم اشد منهم بطشا (ق ٣) فاستفتهم اهم اشد خلقا (صافات ١) من هو اشد
منه قوة (قصص ٨) هو اشد منهم قوة (فصلت ٢) وكاين من قرية هي اشد قوة (قتال ٢) هي اشد وطأ (مزمل ١) لتجدن اشد الناس عداوة (مائده ١١)
كانوا اشد منكم قوة (توبه ٩) كانوا اشد منهم قوة (روم ١) كانوا اشد منهم قوة وآثارا (مؤمن ٣) وكانوا اشد منهم قوة (ملائكه ١٥) ادخلوا آل
فرعون اشد العذاب (مؤمن ٥) فاهلكنا اشد منهم بطشا (زخرف ١) يردون الى اشد العذاب (بقرة ١٠) او اشد قسوة (بقرة ٩) كذكركم
آباءكم او اشد ذكرا (بقرة ٢٥) او اشد خشية (نساء ١١) و اشد تنكيلا (نساء ١١) لكان خيرا لهم واشد تثبيتا (نساء ١٠) كانوا اكثر منهم واشد قوة (مؤمن ٩)
والذين معه اشداء على الكفار (فتح ٤) اشدد به ازري (طه ٢) و اشدد على قلوبهم فلا يؤمنوا (يونس ٩) ثم لتبلغوا اشدكم (حج ١-
مؤمن ٧) حتى يبلغ اشده (انعام ١٩ اسرائيل ٤) ولما بلغ اشده (يوسف ٣ قصص ٢) حتى اذا بلغ اشده (احقاف ٢) ان يبلغا اشدهما
(كهف ١٠) بل هو كذاب اشر (قمر ٢) سيعلمون غدا من الكذاب الاشر (قمر ٢) كنا نعدهم من الاشرار (ص ٥) فقد جاء اشراطها
(قتال ٢) يسبحن بالعشي والاشراق (ص ٢) كلوا واشربوا من رزق الله (بقرة ٧) كلوا واشربوا هنيئا (حاقه ٣ طور ٢ مرسلات ٥)

وکلوا واشربوا (بقرۃ ۷) وکلوا واشربوا ولا تسرفوا (اعراف ۳) واُشربوا فی قلوبہم العجل بکفرہم (بقرۃ ۱۱) فکلی واشربی (مریم ۲) قال رب
اشرح لی صدری (طہٰ ۲) واشرقت الارض بنور ربہا (زمر ۷) او تقولوا انما اشرک اباؤنا (اعراف ۲۲) ولا اشرک بربی احدا (کہف ۵)
ولا اشرک بہ احدا (جن ۲) قل انما امرت ان اعبد اللہ ولا اشرک بہ (رعد ۵) ویقول یالیتنی لم اشرک بربی احدا (کہف ۵) تدعوننی لاکفر باللہ
واشرک بہ (مؤمن ۵) لئن اشرکت لیحبطن عملک (زمر ۷) وکیف اخاف ما اشرکتم ولا تخافون انکم اشرکتم باللہ (انعام ۹) انی کفرت بما
اشرکتمون من قبل (ابراہیم ۴) لو شاء اللہ ما اشرکنا (انعام ۱۸) ومن الذین اشرکوا (بقرۃ ۱۱) ومن الذین اشرکوا اذی کثیرا
(اٰل عمران ۱۹) ثم نقول للذین اشرکوا (انعام ۳ یونس ۳) سیقول الذین اشرکوا (انعام ۱۸) وقال الذین اشرکوا (نحل ۵) واذا رأ الذین
اشرکوا (نحل ۱۲) والمجوس والذین اشرکوا (حج ۲) مائدہ ۱۱ ولو شاء اللہ ما اشرکوا (انعام ۱۳) سنلقی فی قلوب الذین کفروا الرعب بما اشرکوا
باللہ (اٰل عمران ۱۶) واشرکہ فی امری (طہٰ ۲) واوبارہا واشعارہا (نحل ۱۱) فابین ان یحملنہا واشفقن منہا (احزاب ۹) ولعذاب
الاخرۃ اشق (رعد ۵) وما ارید ان اشق علیک (قصص ۳) اذ انبعث اشقاہا (شمس ۱) ویتجنبہا الاشقی (اعلیٰ ۱) وقال رب اوزعنی
ان اشکر نعمتک (نمل ۲) قال رب اوزعنی ان اشکر نعمتک (احقاف ۲) ولقد اٰتینا لقمان الحکمۃ ان اشکر للہ (لقمان ۲) ان اشکر لی ولوالدیک
(لقمان ۲) لیبلونی ءاشکر ام اکفر (نمل ۳) واشکروا لی ولا تکفرون (بقرۃ ۱۸) واشکروا للہ ان کنتم ایاہ تعبدون (بقرۃ ۲۱) واشکروا
نعمۃ اللہ (نحل ۱۵) واعبدوہ واشکروا لہ (عنکبوت ۲) کلوا من رزق ربکم واشکروا لہ (سبا ۲) قال انما اشکوا بثی (یوسف ۱۰) اشمأزت
قلوب الذین لا یؤمنون بالاٰخرۃ (زمر ۵) ویقول الاشہاد (ہود ۲) ویوم یقوم الاشہاد (مؤمن ۶) قل لا اشہد (انعام ۲) قال انی اشہد
اللہ (ہود ۵) واشہدوا بانا مسلمون (اٰل عمران ۷) قالوا اٰمنا واشہد بانا مسلمون (مائدہ ۱۵) ما اشہدتہم خلق السمٰوٰت (کہف ۷) فان
تولوا فقولوا اشہدوا بانا مسلمون (اٰل عمران ۷) اشہدوا خلقہم (زخرف ۲) قال فاشہدوا وانا معکم من الشاہدین (اٰل عمران ۹)
فاذا دفعتم الیہم اموالہم فاشہدوا علیہم (نساء ۱) واشہدوا اذا تبایعتم (بقرۃ ۳۹) واشہدوا انی بریٔ مما تشرکون (ہود ۵) واشہدوا
ذوی عدل منکم (طلاق ۱) واشہدہم علی انفسہم (اعراف ۲۲) الحج اشہر معلومات (بقرۃ ۲۵) تربص اربعۃ اشہر (بقرۃ ۲۸) یتربصن
بانفسہن اربعۃ اشہر وعشرا (بقرۃ ۳۰) فسیحوا فی الارض اربعۃ اشہر (توبہ ۱) فعدتہن ثلٰثۃ اشہر (طلاق ۱) فاذا انسلخ الاشہر الحرم (توبہ ۱)
ولا تبخسوا الناس اشیاءہم (اعراف ۱۱ ہود ۸ شعراء ۱۰) ولقد اہلکنا اشیاعکم (قمر ۳) کما فعل باشیاعہم (سبا ۶) **فصل**

الصّاد فاذا اصاب بہ من یشاء من عبادہ (روم ۵) تجری بامرہ رخاء حیث اصاب (ص ۳) مثل ما اصاب قوم نوح (ہود ۸)
ما اصاب من مصیبۃ (حدید ۳ تغابن ۲) اصابت حرث قوم (اٰل عمران ۱۲) اولما اصابتکم مصیبۃ (اٰل عمران ۱۷) فان اصابتکم مصیبۃ
(نساء ۱۰) فاصابتکم مصیبۃ الموت (مائدہ ۱۴) وان اصابتہ فتنۃ انقلب علی وجہہ (حج ۲) الذین اذا اصابتہم مصیبۃ (بقرۃ ۱۹)
فکیف اذا اصابتہم مصیبۃ (نساء ۹) یجعلون اصابعہم فی اذانہم (بقرۃ ۲) جعلوا اصابعہم فی اذانہم (نوح ۱) ما اصابک من حسنۃ فمن
اللہ وما اصابک من سیئۃ فمن نفسک (نساء ۱۱) واصبر علی ما اصابک (لقمان ۲) ولئن اصابکم فضل من اللہ (نساء ۱۰) لکیلا تحزنوا علی ما فاتکم
ولا ما اصابکم (اٰل عمران ۱۶) وما اصابکم یوم التقی الجمعان (اٰل عمران ۱۷) وما اصابکم من مصیبۃ (شوریٰ ۴) فان اصابہ خیر اطمان بہ
(حج ۲) واصابہ الکبر (بقرۃ ۳۷) کمثل جنۃ بربوۃ اصابہا وابل (بقرۃ ۳۶) فاصابہا اعصار (بقرۃ ۳۷) والذین اذا اصابہم البغی (شوریٰ ۴)
من بعد ما اصابہم القرح (اٰل عمران ۱۸) انہ مصیبہا ما اصابہم (ہود ۹) والصّابرین علی ما اصابہم (حج ۵) فاصابہم سیئات ما عملوا
(نحل ۵) فاصابہم سیئات ما کسبوا (زمر ۵) اصب الیہن (یوسف ۴) فالق الاصباح (انعام ۱۲) قد اصبتم مثلیہا (اٰل عمران ۱۷)
فقل ارأیتم ان اصبح ماؤکم (ملک ۲) فاصبح من الخاسرین (مائدہ ۵) فاصبح من النادمین (مائدہ ۵) فاصبح یقلب کفیہ (کہف ۵) فاصبح
ہشیما (کہف ۶) فاصبح فی المدینۃ خائفا (قصص ۲) واصبح فؤاد ام موسیٰ فارغا (قصص ۱) واصبح الذین تمنوا مکانہ (قصص ۸) فاصبحت
کالصریم (نون ۱) فاصبحتم بنعمتہ اخوانا (اٰل عمران ۱۱) فاصبحتم من الخاسرین (فصلت ۳) ثم اصبحوا بہا کافرین (مائدہ ۱۴) فاصبحوا خاسرین
(مائدہ ۸) فاصبحوا فی دارہم جاثمین (اعراف ۸-۱۰ عنکبوت ۴) فاصبحوا فی دیارہم جاثمین (ہود ۷-۸) فعقروہا فاصبحوا نادمین (شعراء ۸)
فاصبحوا لا یریٰ الا مساکنہم (احقاف ۳) فاصبحوا ظاہرین (صف ۲) اصبر علی ما یقولون (ص ۲) فاصبر ان العاقبۃ للمتقین (ہود ۵) فاصبر
علی ما یقولون (طٰہٰ ۸ ق ۳) فاصبر ان وعد اللہ حق (روم ۶ مؤمن ۶-۸) فاصبر لحکم ربک (نون ۲ انسان ۲) فاصبر صبرا جمیلا (معارج ۱)
ولربک فاصبر (مدثر ۱) واصبر حتی یحکم اللہ (یونس ۱۱) واصبر فان اللہ لا یضیع اجر المحسنین (ہود ۱۰) واصبر وما صبرک الا باللہ (نحل ۱۶)

فائدہ: صابر و ابل فتنگر صادر (بقرۃ ۲۷)

واصبر نفسك (كهف ٤) واصبر على ما اصابك (لقمان ٢) واصبر لحكم ربك (طور ٥) واصبر على ما يقولون (مزمل ١) اصبروا وصابروا
ورابطوا (آل عمران ٢٠) فاصبروا حتى يحكم الله بيننا (اعراف ١١) اصلوها فاصبروا اولا تصبروا (طور ٢) استعينوا بالله واصبروا (اعراف ١٥)
وتذهب ريحكم واصبروا (انفال ٦) ان امشوا واصبروا على الهتكم (ص ١) فما اصبرهم على النار (بقرة ٢١) ان لو نشاء اصبناهم بذنوبهم
(اعراف ١٢) له اصحاب يدعونه الى الهدى ائتنا (انعام ٩) قتل اصحاب الاخدود (بروج ١) ونادى اصحاب الاعراف (اعراف ٦) كذب اصحاب
الايكة المرسلين (شعراء ١٠) وان كان اصحاب الايكة لظالمين (حجر ٥) اولئك اصحاب الجحيم (مائدة ٢-٩ حديد ٢) انهم اصحاب الجحيم (توبة ٢)
ونادى اصحاب الجنة اصحاب النار (اعراف ٥) اولئك اصحاب الجنة هم فيها خالدون (بقرة ٩ اعراف ٥ يونس ٣ هود ٢) اولئك اصحاب الجنة
خالدين فيها (احقاف ٢) ونادى اصحاب الجنة اصحاب النار (اعراف ٥) اصحاب الجنة يومئذ خير مستقرا (فرقان ٣) اصحاب الجنة هم الفائزون
(حشر ٣) ونادوا اصحاب الجنة (اعراف ٥) كما بلونا اصحاب الجنة (نون ٢) ولقد كذب اصحاب الحجر المرسلين (حجر ٦) ونلعنهم كما لعنا اصحاب السبت
(نساء ٧) الم تر كيف فعل ربك باصحاب الفيل (فيل ١) واضرب لهم مثلا اصحاب القرية (يس ٢) هم اصحاب المشأمة (بلد ١) قال اصحاب
موسى (شعراء ٤) اولئك اصحاب الميمنة (بلد ١) اولئك اصحاب النار هم فيها خالدون (بقرة ٤-٢٩ اعراف ٤ يونس ٣ مجادلة ٣) اولئك اصحاب النار
خالدين فيها (تغابن ١) فاولئك اصحاب النار هم فيها خالدون (بقرة ٩-٢٨) واولئك اصحاب النار هم فيها خالدون (بقرة ٢٢ آل عمران ١٢)
ونادى اصحاب النار (اعراف ٦) انهم اصحاب النار (مؤمن ١) وان المسرفين هم اصحاب النار (مؤمن ٥) لا يستوي اصحاب النار واصحاب الجنة (حشر ٣)
وما جعلنا اصحاب النار الا ملائكة (مدثر ٣) تلقاء اصحاب النار (اعراف ٥) ام حسبت ان اصحاب الكهف (كهف ١) ان اصحاب الجنة اليوم في
شغل فاكهون (يس ٤) الا اصحاب اليمين (مدثر ٣) ولا تسئل عن اصحاب الجحيم (بقرة ٢) ما كان في اصحاب السعير (ملك ١) ونتجاوز عن سيئاتهم
في اصحاب الجنة (احقاف ٢) فستعلمون من اصحاب الصراط السوي (طه ٨) واما ان كان من اصحاب اليمين (واقعة ١) فسلام لك من اصحاب
اليمين (واقعة ١) ليكونوا من اصحاب السعير (ملائكة ١) كما يئس الكفار من اصحاب القبور (ممتحنة ٢) انك من اصحاب النار (زمر ١) فتكون من اصحاب
النار (مائدة ٥) فاصحاب الميمنة ما اصحاب الميمنة (واقعة ١) فسحقا لاصحاب السعير (ملك ١) لاصحاب اليمين (واقعة ٢) واصحاب مدين
والمؤتفكات (توبة ٩) واصحاب مدين وكذب موسى (حج ٦) وعادا وثمودا واصحاب الرس (فرقان ٤) واصحاب الرس وثمود (ق ١) فانجيناه
واصحاب السفينة (عنكبوت ٢) واصحاب الايكة (ص ٢ ق ١) واصحاب المشأمة ما اصحاب المشأمة (واقعة ١) واصحاب اليمين ما اصحاب اليمين
(واقعة ٢) واصحاب الشمال ما اصحاب الشمال (واقعة ٢) لا يستوي اصحاب النار واصحاب الجنة (حشر ٣) مثل ذنوب اصحابهم فلا يستعجلون
(ذاريات ٣) فاصدع بما تؤمر (حجر ٦) ومن اصدق من الله حديثا (نساء ١٢) ومن اصدق من الله قيلا (نساء ١٨) فاصدق واكن من الصالحين
(منافقون ١) ربنا ولا تحمل علينا اصرا (بقرة ٤٠) ربنا اصرف عنا عذاب جهنم (فرقان ٦) ساصرف عن آياتي (اعراف ١٧) واصروا
واستكبروا استكبارا (نوح ١) ويضع عنهم اصرهم (اعراف ١٩) واخذتم على ذلكم اصري (آل عمران ٩) واذا حللتم فاصطادوا (مائدة ١)
فاعبده واصطبر لعبادته (مريم ٤) واصطبر عليها (طه ٨) فارتقبهم واصطبر (قمر ٢) يا بني ان الله اصطفى (بقرة ١٦) ان الله اصطفى آدم
(آل عمران ٤) وسلام على عباده الذين اصطفى (نمل ٥) اصطفى البنات على البنين (صافات ٩) لاصطفى مما يخلق ما يشاء (زمر ١) اني
اصطفيتك على الناس (اعراف ١٧) ان الله اصطفيك وطهرك واصطفيك على نساء العالمين (آل عمران ٥) الذين اصطفينا
من عبادنا (ملائكة ٤) ولقد اصطفيناه في الدنيا (بقرة ١٦) قال ان الله اصطفيه عليكم (بقرة ٢٥) واصطنعتك لنفسي
(طه ٢) ولا اصغر من ذلك (يونس ٧ سبا ١) وآخرين مقرنين في الاصفاد (ص ٣) فاصفح الصفح الجميل (حجر ٦) فاصفح عنهم (زخرف ٩)
فاعف عنهم واصفح (مائدة ٣) فاعفوا واصفحوا (بقرة ١٣) افاصفيكم ربكم بالبنين (بني اسرائيل ٤) واصفيكم بالبنين (زخرف ٢) تخرج
في اصل الجحيم (صافات ٧) وهل انبئكم الذين من اصلابكم (نساء ٤) قل اصلاح لهم خير (بقرة ٢٧) او اصلاح بين الناس (نساء ١٧)
ان اريد الا الاصلاح (هود ٨) ان ارادوا اصلاحا (بقرة ٢٨) ان يريدا اصلاحا (نساء ٦) ولا تفسدوا في الارض بعد اصلاحها
(اعراف ٧-٤) ثم لاصلبنكم اجمعين (اعراف ١٤) ولاصلبنكم في جذوع النخل (طه ٣) ولاصلبنكم اجمعين (شعراء ٣) فاصلح بينهم فلا اثم
عليه (بقرة ٢١) فمن تاب من بعد ظلمه واصلح (مائدة ٦) فمن آمن واصلح فلا خوف عليهم (انعام ٥) ثم تاب من بعده واصلح (انعام ٦) فمن
اتقى واصلح (اعراف ٤) فمن عفا واصلح فاجره على الله (شورى ٤) كفر عنهم سيئاتهم واصلح بالهم (قتال ١) واصلح ولا تتبع سبيل المفسدين
(اعراف ١٧) واصلح لي في ذريتي (احقاف ٢) فان تابا واصلحا فاعرضوا عنهما (نساء ٣) واصلحنا له زوجه (انبياء ٦) فاصلحوا بينهما

الم تر كيف فعل ربك باصحاب الفيل (فيل)

حا

(حجرات ۱) بين امرتين) فاصلحوا بين اخويكم (حجرات ۱) الا الذين تابوا **و اصلحوا** (بقرة ۱۹ نساء ۵) الا الذين تابوا من بعد ذلك و اصلحوا (ال عمران ۹)
نور ۱) ثم تابوا من بعد ذلك و اصلحوا (نحل ۱۱) و اصلحوا ذات بينكم (انفال ۱) **اصلوها** اليوم بما كنتم تكفرون (يس ۴) اصلوها فاصبروا
(طور ۱) **اصلها** ثابت (ابراهيم ۴) **ساصليه** سقر (مدثر ۱) مثل الفريقين كالاعمى و **الاصم** (هود ۲) **فاصمهم** و اعمى ابصارهم
(قتال ۳) يعكفون على **اصنام** لهم (اعراف ۱۶) ان نعبد **الاصنام** (ابراهيم ۲) اتتخذ **اصناما** الهة (انعام ۹) قالوا نعبد اصناما (شعراء ۱۸)
وتالله لاكيدن **اصنامكم** (انبياء ۵) ان **اصنع** الفلك باعيننا (مؤمنين ۲) **و** اصنع الفلك باعيننا (هود ۴) وخشعت **الاصوات**
للرحمن (طه ۱) ان انكر **الاصوات** لصوت الحمير (لقمان ۲) لا ترفعوا **اصواتكم** (حجرات ۱) ومن **اصوافها** واوبارها (نحل ۱۱) او تركتموها
قائمة على **اصولها** (حشر ۱) قال عذابي **اصيب** به من اشاء (اعراف ۱۹) بكرة **و اصيلا** (فرقان ۱) احزاب ۵ فتح ۱ انسان ۲)

فصل الضاد

كلما **اضاء** لهم مشوا فيه (بقرة ۲) فلما **اضاءت** ما حوله (بقرة ۲) **اضاعوا** الصلوة (مريم ۴)
و انه هو **اضحك** و ابكى (نجم ۳) فقلنا **اضرب** بعصاك الحجر (بقرة ۷) ان اضرب بعصاك الحجر (اعراف ۲۰) ان اضرب بعصاك البحر (شعراء ۴)
فاضرب لهم طريقا في البحر يبسا (طه ۴) فاضرب به ولا تحنث (ص ۴) **و** اضرب لهم مثلا رجلين (كهف ۵) و اضرب لهم مثل الحيوة الدنيا
(كهف ۶) و اضرب لهم مثلا اصحاب القرية (يس ۲) **فاضربوا** فوق الاعناق (انفال ۲) **و** اضربوا منهم كل بنان (انفال ۲) فقلنا اضربوه
ببعضها (بقرة ۸) و اهجروهن في المضاجع **و اضربوهن** (نساء ۶) فمن **اضطر** غير باغ (بقرة ۱۱ انعام ۵ نحل ۱۵) فمن اضطر في مخمصة (مائدة ۱)
الا ما **اضطررتم** اليه (انعام ۱۴) ثم **اضطره** الى عذاب النار (بقرة ۱۵) فيضاعفه له **اضعافا** كثيرة (بقرة ۳۲) لا تأكلوا الربوا اضعافا
مضاعفة (ال عمران ۱۴) فسيعلمون من **اضعف** ناصرا (جن ۲) **و** اضعف جندا (مريم ۵) قالوا **اضغاث** احلام (يوسف ۶) بل قالوا
اضغاث احلام (انبياء ۱) و يخرج **اضغانكم** (قتال ۴) ان لن يخرج الله **اضغانهم** (قتال ۴) من **اضل** سبيلا (فرقان ۴) ومن اضل
ممن اتبع هويه (قصص ۵) ومن اضل ممن يدعوا من دون الله (احقاف ۱) من اضل ممن هو في شقاق بعيد (فصلت ۶) بل هم اضل (فرقان ۴)
اولئك كالانعام بل هم اضل (اعراف ۲۲) اتريدون ان تهدوا من اضل الله (نساء ۱۲) ولقد اضل منكم جبلا كثيرا (يس ۴) اضل اعمالهم
(قتال ۱) فانما اضل على نفسي (سبا ۶) فهو في الاخرة اعمى **و** اضل سبيلا (اسراءيل ۸) اولئك شر مكانا و اضل سبيلا (فرقان ۳) و اضل
عن سواء السبيل (مائدة ۹) و اضل فرعون قومه وما هدى (طه ۴) و اضل اعمالهم (قتال ۱) ربنا ارنا الذين **اضلنا** (فصلت ۴) فقولوا
ء انتم **اضللتم** عبادي (فرقان ۲) رب انهن **اضللن** كثيرا من الناس (ابراهيم ۶) وما **اضلنا** الا المجرمون (شعراء ۶) **و لاضلنهم**
و لامنينهم (نساء ۱۸) لقد **اضلني** عن الذكر (فرقان ۳) وقد **اضلوا** كثيرا (نوح ۲) **و** اضلوا كثيرا (مائدة ۱۰) ربنا هؤلاء **اضلونا**
(اعراف ۴) **فاضلونا** السبيلا (احزاب ۸) **و اضله** الله على علم (جاثيه ۳) **و اضلهم** السامري (طه ۴) **و اضمم** يدك الى جناحك (طه ۱)
و اضمم اليك جناحك (قصص ۴) اني لا **اضيع** عمل عامل منكم (ال عمران ۲۰)

فصل الطاء

ومن يطع الرسول
فقد **اطاع** الله (نساء ۱۱) لو **اطاعونا** ما قتلوا (ال عمران ۱۷) فاستخف قومه **فاطاعوه** (زخرف ۵) فسبح **و اطراف** النهار (طه ۸)
انا نأتي الارض ننقصها من **اطرافها** (رعد ۶) **اواطرحوه** ارضا (يوسف ۱) فكفارته **اطعام** عشرة مساكين (مائدة ۱۲) او اطعام في يوم
ذي مسغبة (بلد ۱) **فاطعام** ستين مسكينا (مجادلة ۱) ولئن **اطعتم** بشرا مثلكم (مؤمنين ۳) وان **اطعتموهم** انكم لمشركون (انعام ۱۴) و
اطعموا البائس الفقير (حج ۴) و اطعموا القانع والمعتر (حج ۵) انطعم من لو يشاء الله **اطعمه** (يس ۴) **اطعمهم** من جوع (قريش ۱)
و اطعن الله ورسوله (احزاب ۴) انا **اطعنا** سادتنا (احزاب ۸) يا ليتنا اطعنا الله (احزاب ۸) **و** اطعنا غفرانك (بقرة ۴۰) ولو انهم قالوا
سمعنا و اطعنا (نساء ۷) اذ قلتم سمعنا و اطعنا (مائدة ۱) ويقولون امنا بالله و بالرسول و اطعنا (نور ۶) ان يقولوا سمعنا و اطعنا (نور ۷)
و اطعنا الرسولا (احزاب ۸) فان **اطعنكم** فلا تبغوا عليهن سبيلا (نساء ۶) انهم كانوا هم اظلم **و اطغى** (نجم ۳) قال قرينه ربنا ما **اطغيته**
(ق ۳) كلما اوقدوا نارا للحرب **اطفأها** الله (مائدة ۹) واذا بلغ **الاطفال** منكم الحلم (نور ۸) **اطلع** الغيب (مريم ۶) لعلي اطلع الى اله
موسى (قصص ۴) **فاطلع** فراه في سواء الجحيم (صافات ۲) فاطلع الى اله موسى (مؤمن ۵) لو **اطلعت** عليهم (كهف ۳) فان اصابه خير
اطمأن به (حج ۲) فاذا **اطمأننتم** فاقيموا الصلوة (نساء ۱۵) ورضوا بالحيوة الدنيا **و اطمأنوا** بها (يونس ۱) ربنا **اطمس** على اموالهم
(يونس ۹) والذي **اطمع** ان يغفر لي (شعراء ۵) وقد خلقكم **اطوارا** (نوح ۱) قال هؤلاء بناتي هن **اطهر** لكم (هود ۷) ذلكم اطهر
لقلوبكم وقلوبهن (احزاب ۷) ذلكم ازكى لكم **و اطهر** (بقرة ۳۰) ذلك خير لكم و اطهر (مجادلة ۲) وان كنتم جنبا **فاطهروا** (مائدة ۲) قل

قل اَطِيعُوا اللّٰه والرّسول (اٰل عمران ۴) اطيعوا اللّٰه واطيعوا الرسول (تغابن ۲) اطيعوا اللّٰه ورسوله (انفال ۲) وَ اطيعوا اللّٰه والرّسول
(اٰل عمران ۱۴) واطيعوا اللّٰه ورسوله (انفال ۱-۵ مجادله ۲) واطيعوا امري (طه ۵) واطيعوا الرسول لعلكم ترحمون (نور ۷) واطيعوا اللّٰه واطيعوا الرسو
(مائده ۱۲ تغابن ۲) واسمعوا واطيعوا (تغابن ۲) فاتقوا اللّٰه واطيعون (اٰل عمران ۵ شعراء ۱۱ مرتين ۳ امرتين ۱۵ مرتين ۱۷-۱۸ زخرف ۷) وا
واطيعون (نوح ۱)

فصل الظاء

من بعد ان اظفركم عليهم (فتح ۳) فمن اَظْلَمُ ممن افترى على اللّٰه كذبا (انعام ۱۹
اعراف ۴ يونس ۲ كهف ۲) فمن اظلم ممن كذب بايات اللّٰه (انعام ۲۰) فمن اظلم ممن كذب على اللّٰه (زمر ۴) ومن اظلم ممن منع مساجد اللّٰه (بقرة ۱۴)
ومن اظلم ممن كتم شهادة (بقرة ۱۶) ومن اظلم ممن افترى (انعام ۲-۱۰ هود ۲ عنكبوت ۷ صف ۱) ومن اظلم ممن ذكر بايات ربه (كهف ۸ سجده ۳) انهم
كانوا هم اظلم واطغى (نجم ۳) واذا اظلم عليهم قاموا (بقرة ۲) قال ما اَظُنُّ ان تبيد هذه ابدا (كهف ۵) وما اظن الساعة قائمة (كهف ۵ فصلت ۶)
انى لَاَظُنُّكَ يا موسى مسحورا (اسراءيل ۱۱) وانى لاظنك يا فرعون مثبورا (اسراءيل ۱۱) وانى لَاَظُنُّهُ من الكاذبين (قصص ۴) وانى لاظنه كاذ
(مؤمن ۵) واَظْهَرَهُ اللّٰه عليه (تحريم ۱) واعانه عليه قوم اٰخرون (فرقان ۱)

فصل العين

اَعْبُدُ ايها الجاهلو
(زمر ۷) ولكن اعبد اللّٰه الذى يتوفكم (يونس ۱۱) قل اللّٰه اعبد مخلصا له دينى (زمر ۲) ومالى لا اعبد الذى فطرنى (يس ۲) لا اعبد ما تعبدو
(كافرون ۱) فلا اعبد الذين تعبدون من دون اللّٰه (يونس ۱۱) ولا انتم عابدون ما اعبد (كافرون امرتين) ان اعبد الذين تدعون من دو
اللّٰه (انعام ۶ مؤمن ۷) قل انما امرت ان اعبد اللّٰه (رعد ۵) انما امرت ان اعبد رب هذه البلدة (نمل ۷) قل انى امرت ان اعبد اللّٰه مخلصا له
الدين (زمر ۲) فَاعْبُدِ اللّٰه مخلصا له الدين (زمر ۱) بل اللّٰه فاعبد وكن من الشاكرين (زمر ۷) وَاعْبُدْ ربك (حجر ۲) اننى انا اللّٰه لا اله
الا انا فاعبدنى (طه ۲) يا ايها الناس اعبدوا ربكم (بقرة ۳) اعبدوا اللّٰه ربى وربكم (مائده ۱) قال يا قوم اعبدوا اللّٰه مالكم من اله غيره
(اعراف ۷-۸-۹ هود ۵-۷-۹) فقال يا قوم اعبدوا اللّٰه مالكم من اله غيره (اعراف ۶ مؤمنين ۳) اعبدوا اللّٰه وارجوا اليوم الاخر (عنكبوت ۴)
اعبدوا اللّٰه واتقوه (عنكبوت ۲) اَنِ اعبدوا اللّٰه ربى وربكم (مائده ۲) ان اعبدوا اللّٰه واجتنبوا الطاغوت (نحل ۵) ان اعبدوا اللّٰه
مالكم من اله غيره (مؤمنين ۲) ان اعبدوا اللّٰه فاذا هم فريقان يختصمون (نمل ۵) ان اعبدوا اللّٰه واتقوه (نوح ۱) فَاعبدوا ما شئتم من دو
(زمر ۲) وَاعبدوا اللّٰه ولا تشركوا به شيئا (نساء ۶) واعبدوا ربكم (حج ۸) فاسجدوا للّٰه واعبدوا (نجم ۷) انه لا اله الا انا فَاعْبُدُوْنِ
(انبياء ۲) وانا ربكم فاعبدون (انبياء ۶) فاياى فاعبدون (عنكبوت ۶) وان اعبدونى هذا صراط مستقيم (يس ۷) ان اللّٰه ربى وربكم
فَاعْبُدُوهُ (اٰل عمران ۵) خالق كل شيء فاعبدوه (انعام ۱۳) ذلكم اللّٰه ربكم فاعبدوه (يونس ۱) ان اللّٰه هو ربى وربكم فاعبدوه (زخرف ۷)
وَاعبدوه واشكروا له (عنكبوت ۲) فَاعْبُدْهُ وتوكل عليه (هود ۱۰) فاعبده واصطبر (مريم ۴) وَاَعْتَدَتْ لهن متكأ (يوسف ۴)
اولئك اَعْتَدْنَا لهم عذابا اليما (نساء ۲) اعتدنا لهم عذابا اليما (اسراءيل ۱) انا اعتدنا للظالمين نارا (كهف ۴) انا اعتدنا جهنم للكافرين
نزلا (كهف ۱۱) انا اعتدنا للكافرين سلاسل (انسان ۱) فانا اعتدنا للكافرين سعيرا (فتح ۲) وَاعتدنا للكافرين عذابا مهينا (نساء ۲-۱۶-۲۰)
واعتدنا للكافرين منهم عذابا اليما (نساء ۲۱) واعتدنا لمن كذب بالساعة (فرقان ۲) واعتدنا للظالمين عذابا اليما (فرقان ۳) واعتدنا لها
رزقا كريما (احزاب ۴) واعتدنا لهم عذاب السعير (ملك ۱) ولقد علمتم الذين اعتدوا منكم (بقرة ۸) فَاعتدوا عليه (بقرة ۲۴) فمن اعتدى
بعد ذلك (بقرة ۱۸ مائده ۱۰) فمن اعتدى عليكم (بقرة ۲۴) بمثل ما اعتدى عليكم (بقرة ۲۴) وما اَعْتَدَيْنَا انا اذا لمن الظالمين (مائده ۱۴)
فَاَعْتَرَفْنَا بذنوبنا (مؤمن ۲) واٰخرون اعترفوا بذنوبهم (توبة ۱۳) فَاعترفوا بذنبهم (ملك ۲) ان نقول الا اَعْتَرٰيكَ بعض اٰلهتنا بسوء
(هود ۵) واذا اعتزلتموهم وما يعبدون الا اللّٰه (كهف ۲) واَعتزلكم وما تدعون (مريم ۳) فاعتزلوا النساء (بقرة ۲۸) فلما اعتزلهم
وما يعبدون من دون اللّٰه (مريم ۳) فان اعتزلوكم فلم يقاتلوكم (نساء ۱۲) وان لم تؤمنوا لى فاعتزلون (دخان ۱) وَاعتصموا باللّٰه
(نساء ۲۱) واعتصموا باللّٰه (حج ۱۰) واعتصموا بحبل اللّٰه جميعا (اٰل عمران ۱۱) فاما الذين اٰمنوا باللّٰه واعتصموا به (نساء ۲۴) خذوه فَاعْتِلُوهُ (دخان ۵)
فمن حج البيت او اعتمر فلا جناح عليه (بقرة ۱۹) وكذلك اعثرنا عليهم (كهف ۳) كانهم اعجاز نخل خاوية (حاقة ۱) كمثل غيث اَعْجَبَ الكفار
نباته (حديد ۳) خير من مشركة ولو اعجبتكم (بقرة ۲۷) ويوم حنين اذ اعجبتكم كثرتكم (توبة ۴) ولو اَعْجَبَكَ كثرة الخبيث (مائده ۱۳) ولو اعجبك
حسنهن (احزاب ۶) ولعبد مؤمن خير من مشرك ولو اعجبكم (بقرة ۲۷) اَعَجَزْتُ ان اكون مثل هذا الغراب (مائده ۵) اَعَجِلْتُمْ امر ربكم (اعراف ۱۸)
وما اَعْجَلَكَ عن قومك يا موسى (طه ۴) لسان الذى يلحدون اليه اَعْجَمِيٌّ (نحل ۱۴) لولا فصلت اٰياته ءاعجمى وعربى (فصلت ۵) ولو جعلناه قرانا
اَعْجَمِيًّا (فصلت ۵) ولو نزلناه على بعض الاَعْجَمِينَ (شعراء ۱۱) فان اللّٰه اَعَدَّ للمحسنات (احزاب ۴) اعد اللّٰه لهم مغفرة (احزاب ۵) ان اللّٰه

اعد للكافرين عذابا مهينا (نساء ۱۵) اعد الله لهم جنات (توبه ۹) اعد الله لهم عذابا شديدا (مجادلة ۳ طلاق ۱) والظالمين اعد لهم عذابا اليما (دہر ۲)
و اعد له عذابا عظيما (نساء ۱۰) واعد لهم جنات تجرى (توبه ۱۰) واعد للكافرين عذابا اليما (احزاب ۷) واعد لهم اجرا كريما (احزاب ۴) واعد لهم سعيرا
(احزاب ۷) واعد لهم جهنم (فتح ۱) ويوم يحشر اعداء الله (فصلت ۳) ذلك جزاء اعداء الله النار (فصلت ۴) اذ كنتم اعداء فالف بين
قلوبكم (آل عمران ۱۱) واذا حشر الناس كانوا لهم اعداء (احقاف ۱) ان يثقفوكم يكونوا لكم اعداء (ممتحنه ۱) فلا تشمت بى الاعداء (اعراف ۱۸) والله
اعلم باعدائكم (نساء ۶) اعدت للكافرين (بقرة ۳) واتقوا النار التى اعدت للكافرين (آل عمران ۱۴) اعدت للمتقين (آل عمران ۱۴)
اعدت للذين امنوا (حديد ۳) وامرت لاعدل بينكم (شورى ۲) اعدلوا هو اقرب للتقوى (مائدة ۱) واعدوا لهم ما استطعتم
(انفال ۷) لاعدوا له عدة (توبه ۵) لاعذبنه عذابا شديدا (نمل ۳) فانى اعذبه عذابا (مائدة ۱۵) لا اعذبه احدا من العالمين
(مائدة ۱۵) الاعراب اشد كفرا ونفاقا (توبه ۱۲) قالت الاعراب امنا (حجرات ۲) لو انهم بادون فى الاعراب (احزاب ۳) وجاء المعذرون
من الاعراب (توبه ۹) و من الاعراب من يتخذ ما ينفق مغرما (توبه ۱۲) و من الاعراب من يؤمن بالله (توبه ۱۲) و ممن حولكم من الاعراب منافقون
(توبه ۱۲) و من حولهم من الاعراب (توبه ۱۴) سيقول لك المخلفون من الاعراب (فتح ۲) قل للمخلفين من الاعراب (فتح ۲) وان امرأة خافت من
بعلها نشوزا او اعراضا (نساء ۱۹) وان كان كبر عليك اعراضهم (انعام ۴) ونادى اصحاب الاعراف (اعراف ۵) وعلى الاعراف رجال
(اعراف ۵) ولا على الاعرج حرج (نور ۹ فتح ۲) واذا انعمنا على الانسان اعرض (فصلت ۱۶ اسرائيل ۹) من اعرض عنه فانه يحمل يوم القيامة وزرا
(طه ۱۰) و من اعرض عن ذكرى (طه ۷) ثم اعرض عنها (سجده ۳) فان جاءوك فاحكم بينهم او اعرض عنهم (مائدة ۵) يا ابراهيم اعرض عن هذا
(هود ۷) يوسف اعرض عن هذا (يوسف ۳) فاعرض عنهم وعظهم (نساء ۹) فاعرض عنهم وتوكل على الله (نساء ۱۱) فاعرض عنهم حتى يخوضوا فى حديث
غيره (انعام ۸) فاعرض عنهم وانتظر انهم منتظرون (سجده ۳) فاعرض عن من تولى عن ذكرنا (نجم ۲) فاعرض عنها ونسى ما قدمت (كهف ۸) فاعرض
اكثرهم فهم لا يسمعون (فصلت ۱) و اعرض عن المشركين (انعام ۱۳) واعرض عن الجاهلين (اعراف ۲۴) واعرض عن بعض (تحريم ۱) فلما نجاكم
الى البر اعرضتم (اسرائيل ۷) واذا سمعوا اللغو اعرضوا عنه (قصص ۶) فان اعرضوا فقل انذرتكم صاعقة (فصلت ۲) فان اعرضوا فما ارسلناك
عليهم حفيظا (شورى ۵) فاعرضوا عنهما (نساء ۲) فاعرضوا عنهم (توبه ۱۲) فاعرضوا فارسلنا عليهم سيل العرم (سبا ۲) قال يا قوم ارهطى اعز
عليكم من الله (هود ۸) انا اكثر منك مالا و اعز نفرا (كهف ۵) ليخرجن الاعز منها الاذل (منافقين ۱) وجعلوا اعزة اهلها اذلة (نمل ۳) فاصابها
اعصار (بقرة ۳۷) انى ارانى اعصر خمرا (يوسف ۵) ولا اعصى لك امرا (كهف ۷) فان اعطوا منها رضوا (توبه ۷) قال ربنا الذى
اعطى كل شئ خلقه (طه ۵) فاما من اعطى واتقى (ليل ۱) و اعطى قليلا واكدى (نجم ۴) انا اعطيناك الكوثر (كوثر ۱) انى اعظك ان
تكون من الجاهلين (هود ۴) قل انما اعظكم بواحدة (سبا ۵) اعظم درجة عند الله (توبه ۳) اولئك اعظم درجة (حديد ۱) هو خيرا و اعظم
اجرا (مزمل ۲) فاعف عنهم واستغفر لهم (آل عمران ۱۶) فاعف عنهم واصفح (مائدة ۳) و اعف عنا واغفر لنا (بقرة ۳۹) فاعفوا واصفحوا
(بقرة ۱۱) انقلبتم على اعقابكم (آل عمران ۱۵) يردوكم على اعقابكم (آل عمران ۱۵) فكنتم على اعقابكم تنكصون (مؤمنون ۴) ونرد على اعقابنا (انعام ۸)
فاعقبهم نفاقا فى قلوبهم (توبه ۸) فى البحر كالاعلام (شورى ۴ رحمن ۲) الله اعلم حيث يجعل رسالته (انعام ۱۳) الله اعلم بما فى انفسهم
(هود ۳) قل الله اعلم بما لبثوا (كهف ۳) فقل الله اعلم بما تعملون (حج ۷) الله اعلم بايمانهن (ممتحنه ۲) والله اعلم بما وضعت (آل عمران ۴) والله اعلم بما
يكتمون (آل عمران ۱۷) والله اعلم بايمانكم (نساء ۴) والله اعلم باعدائكم (نساء ۶) والله اعلم بما كانوا يكتمون (مائدة ۹) والله اعلم بالظالمين (انعام ۴)
والله اعلم بما تصفون (يوسف ۱۰) والله اعلم بما ينزل (نحل ۱۴) والله اعلم بما يوعون (انشقاق ۱) قال انى اعلم ما لا تعلمون (بقرة ۳) انى اعلم غيب
السموات (بقرة ۴) انى اعلم من الله ما لا تعلمون (يوسف ۱۰) ولا اعلم ما فى نفسك (مائدة ۱۶) ولا اعلم الغيب (انعام ۵ هود ۳) وربك اعلم بمن
فى السموات (اسرائيل ۶) ربكم اعلم بكم (اسرائيل ۶) قالوا ربكم اعلم بما لبثتم (كهف ۲) ربكم اعلم بما فى نفوسكم (اسرائيل ۳) وربك اعلم بالمفسدين (يونس ۴)
ربهم اعلم بهم (كهف ۳) قل ربى اعلم بعدتهم (كهف ۳) قل ربى اعلم من جاء بالهدى (قصص ۹) قال ربى اعلم بما تعملون (شعراء ۱۰) وقال موسى ربى اعلم
(قصص ۴) فلو كنت اعلم الغيب (اعراف ۲۳) ثم لنحن اعلم بالذين هم اولى بها صليا (مريم ۵) نحن اعلم بما يقولون (طه ۱۰) هو اعلم بكم اذ انشأكم (نجم ۳) هو
اعلم بمن اتقى (نجم ۲) وهو اعلم بالمهتدين (انعام ۱۴ قصص ۶ نون ۱ نحل ۱۶) وهو اعلم بما يفعلون (زمر ۷) هو اعلم بمن اهتدى (نجم ۲) قل ءانتم اعلم ام الله
(بقرة ۱۶) قال اعلم ان الله على كل شئ قدير (بقرة ۳۳) نحن اعلم بما يستمعون به (اسرائيل ۵) وانا اعلم بما اخفيتم (ممتحنه ۱) اليس الله باعلم بالشاكرين
(انعام ۶) اوليس الله باعلم بما فى صدور العالمين (عنكبوت ۱) فاعلم انما يريد الله ان يصيبهم (مائدة ۷) فاعلم انما يتبعون اهواءهم (قصص ۵) فاعلم

نحن اعلم بما يصفون (مؤمنين ۶) قالوا نحن اعلم بمن فيها (عنكبوت ۳) ان ربك هو اعلم (انعام ۱۴ نحل ۱۳ نجم ۲ نون ۱) هو اعلم بما تفيضون فيه (احقاف ۱)

انه لا اله الا الله (انفال ۳) و اعلم ما تبدون (بقرہ ۴) و اعلم من الله ما لا تعلمون (اعراف ۸ یوسف ۹) و اعلم ان الله عزیز حکیم (بقرہ ۳۶) اعلموا
ان الله شدید العقاب (مائدہ ۱۳) اعلموا ان الله یحیی الارض (حدید ۲) اعلموا انما الحیوة الدنیا لعب (حدید ۳) فاعلموا ان الله عزیز حکیم (بقرہ ۲۵)
فاعلموا ان الله غفور رحیم (مائدہ ۵) فاعلموا ان الله مولیکم (انفال ۵) فاعلموا انما علی رسولنا البلاغ المبین (مائدہ ۱۲) فاعلموا انما انزل بعلم الله (هود ۲)
فاعلموا انکم غیر معجزی الله (توبہ ۱) واتقوا الله و اعلموا ان الله مع المتقین (بقرہ ۲۰ توبہ ۵) واتقوا واعلموا ان الله مع المتقین (توبہ ۳) واتقوا الله
واعلموا ان الله شدید العقاب (بقرہ ۲۰ انفال ۳) واتقوا الله واعلموا انکم الیه تحشرون (بقرہ ۱۷) واتقوا الله واعلموا انکم ملاقوه (بقرہ ۲۸) واتقوا
الله واعلموا ان الله بکل شیء علیم (بقرہ ۲۸) واتقوا الله واعلموا ان الله بما تعملون بصیر (بقرہ ۲۴) واعلموا ان الله یعلم ما فی انفسکم (بقرہ ۲۲) واعلموا
ان الله غفور حلیم (بقرہ ۲۲) واعلموا ان الله سمیع علیم (بقرہ ۳۵) واعلموا ان الله غنی حمید (بقرہ ۳۷) واعلموا ان الله یحول بین المرء وقلبه (انفال ۳)
واعلموا انما اموالکم واولادکم فتنة (انفال ۳) واعلموا انما غنمتم من شیء (انفال ۵) واعلموا انکم غیر معجزی الله (توبہ ۱) واعلموا ان فیکم رسول الله
(حجرات ۱) ثم انی اعلنت لهم (نوح ۱) وانا اعلم بما اخفیتم وما اعلنتم (ممتحنه ۱) وانتم الاعلون (آل عمران ۱۴ قتال ۴) ولله المثل الاعلی (نحل ۷)
وله المثل الاعلی (روم ۳) قلنا لا تخف انک انت الاعلی (طه ۳) لا یسمعون الی الملا الاعلی (صافات ۱) ما کان من علم بالملا الاعلی اذ یختصمون
(ص ۵) وهو بالافق الاعلی (نجم ۱) فقال انا ربکم الاعلی (نازعات ۱) سبح اسم ربک الاعلی (اعلی ۱) الا ابتغاء وجه ربه الاعلی (لیل ۱) قل هل ننبئکم
بالاخسرین اعمالا (کهف ۱۲) ولهم اعمال من دون ذلک (مؤمنون ۴) ولنا اعمالنا ولکم اعمالکم (بقرہ ۱۶) وقالوا لنا اعمالنا ولکم اعمالکم (قصص ۶)
لنا اعمالنا ولکم اعمالکم (شوری ۲) یصلح لکم اعمالکم (احزاب ۹) والله یعلم اعمالکم (قتال ۳) ولا تبطلوا اعمالکم (قتال ۴) ولن یترکم اعمالکم (قتال ۴)
ان تحبط اعمالکم (حجرات ۱) لا یلتکم من اعمالکم شیئا (حجرات ۲) حبطت اعمالهم (بقرہ ۲۷) اولئک حبطت اعمالهم (توبہ ۲-۷) فحبطت اعمالهم (کهف ۱۲)
اعمالهم کرماد اشتدت به (ابراهیم ۳) اعمالهم کسراب بقیعة (نور ۵) کذلک یریهم الله اعمالهم (بقرہ ۲۰) واذ زین لهم الشیطان اعمالهم (انفال ۶)
زین لهم سوء اعمالهم (توبہ ۵) نوف الیهم اعمالهم (هود ۲) لیوفینهم ربک اعمالهم (هود ۱۲) فزین لهم الشیطان اعمالهم (نحل ۷) زینا لهم اعمالهم (نمل ۱)
وزین لهم الشیطان اعمالهم (نمل ۲ عنکبوت ۴) فاحبط الله اعمالهم (احزاب ۲) ولیوفیهم اعمالهم (احقاف ۲) اضل اعمالهم (قتال ۱) فلن یضل اعمالهم
(قتال ۱) واضل اعمالهم (قتال ۱) فاحبط اعمالهم (قتال ۱-۳) وسیحبط اعمالهم (قتال ۴) لیروا اعمالهم (زلزلت ۱) او یبوء اعمالکم (نور ۲) انتم بریئون
مما اعمل (یونس ۵) لعلی اعمل صالحا (مؤمنون ۱) ان اعمل سابغات (سبا ۲) وان اعمل صالحا ترضیه (نمل ۲ احقاف ۲) فاعمل اننا عاملون (فصلت ۱)
اعملوا علی مکانتکم (هود ۱۰) ویا قوم اعملوا علی مکانتکم (هود ۸) قل یا قوم اعملوا علی مکانتکم (انعام ۱۶ زمر ۴) وقل اعملوا فسیری الله عملکم (توبہ ۱۳)
اعملوا آل داود شکرا (سبا ۲) اعملوا ما شئتم (فصلت ۵) و اعملوا صالحا (مؤمنون ۴ سبا ۲) کمن هو اعمی (رعد ۳) فمن کان فی هذه اعمی فهو فی
الآخرة اعمی (اسرائیل ۸) ونحشره یوم القیمة اعمی (طه ۷) لم حشرتنی اعمی (طه ۷) فاصمهم و اعمی ابصارهم (قتال ۳) قل هل یستوی الاعمی و البصیر
(انعام ۵ رعد ۲) وما یستوی الاعمی والبصیر (ملائکة ۳ مؤمن ۶) عبس وتولی ان جاءه الاعمی (عبس ۱) لیس علی الاعمی حرج (نور ۹ فتح ۲) مثل الفریقین
کالاعمی والاصم (هود ۳) وجنات من اعناب (انعام ۱۲ رعد ۱) جنتین من اعناب (کهف ۵) من نخیل و اعناب (بقرہ ۳۶ مؤمنون ۲ یس ۳)
والنخیل والاعناب (نحل ۲) ومن ثمرات النخیل والاعناب (نحل ۹) حدائق و اعنابا (نبا ۲) وجعلنا الاغلال فی اعناق الذین کفروا
(سبا ۴) فاضربوا فوق الاعناق (انفال ۲) فطفق مسحا بالسوق والاعناق (ص ۳) فظلت اعناقهم لها خاضعین (شعراء ۱) واولئک
الاغلال فی اعناقهم (رعد ۱) انا جعلنا فی اعناقهم اغلالا (یس ۱) اذ الاغلال فی اعناقهم (مؤمن ۸) ولو شاء الله لاعنتکم (بقرہ ۲۷) قال
اعوذ بالله ان اکون من الجاهلین (بقرہ ۸) قال رب انی اعوذ بک (هود ۴) قالت انی اعوذ بالرحمن منک (مریم ۲) وقل رب اعوذ بک من
همزات الشیاطین (مؤمنون ۶) قل اعوذ برب الفلق (فلق ۱) قل اعوذ برب الناس (ناس ۱) و اعوذ بک رب ان یحضرون (مؤمنون ۶) الم
اعهد الیکم یا بنی آدم (یس ۴) فاردت ان اعیبها (کهف ۱۰) اعید و فیها (طه ۳ سجده ۲) انی اعیذها بک (آل عمران ۴) ولهم اعین
لا یبصرون بها (اعراف ۲۲) ام لهم اعین یبصرون بها (اعراف ۲۴) سحروا اعین الناس (اعراف ۱۴) قالوا فأتوا به علی اعین الناس (انبیاء ۵) وذریاتنا
قرة اعین (فرقان ۶) ما اخفی لهم من قرة اعین (سجده ۲) یعلم خائنة الاعین (مؤمن ۲) وتلذ الاعین (زخرف ۷) تدور اعینکم (هود ۳)
اذ التقیتم فی اعینکم قلیلا (انفال ۵) واصنع الفلک باعیننا (هود ۴) ان اصنع الفلک باعیننا (مؤمنون ۲) فانک باعیننا (طور ۵)
تجری باعیننا (قمر ۱) فاعینونی بقوة (کهف ۱۱) الذین کانت اعینهم فی غطاء (کهف ۱۱) تدور اعینهم (احزاب ۲) تری اعینهم
تفیض من الدمع (مائدہ ۱۱) لطمسنا علی اعینهم (یس ۴) ویقللکم فی اعینهم (انفال ۵) و اعینهم تفیض من الدمع (توبہ ۱۱) ذلک ادنی ان

فصل الغين

ثم اغرقنا الآخرين (شعراء ۴) صافات ۹) الا من اغترف غرفة (بقرة ۵) ثم اغرقنا الآخرين (شعراء ۴) صافات ۹) تغراعينهن (احزاب ۹)
ثم اغرقنا بعد الباقين (شعراء ۶) ومنهم من اغرقنا (عنكبوت ع) و اغرقنا آل فرعون (بقرة ۵ ۱۱ نفال ۶) واغرقنا الذين كذبوا باياتنا
(اعراف ۷ يونس ۸) فاغرقناه ومن معه جميعا (اسرائيل ۱) وقوم نوح لما كذبوا الرسل اغرقناهم (فرقان ع) فاغرقناهم اجمعين (انبياء ۸
زخرف ۵) فاغرقناهم في اليم (اعراف ۱۶) اغرقوا فادخلوا نارا (نوح ۲) فاغرينا بينهم العداوة (مائدة ۲) فاغسلوا وجوهكم وايديكم
(مائدة ۱) كانما اغشيت وجوههم (يونس ۳) فاغشيناهم فهم لا يبصرون (يس ۱) واغضض من صوتك (لقمان ۲) وقل رب
اغفر وارحم (مؤمنين ۲) الا ان قالوا ربنا اغفر لنا (آل عمران ۵) يقولون ربنا اغفر لنا (حشر ۱) قال رب اغفر لي (اعراف ۱۶ ص ع) ربنا
اغفر لي (ابراهيم ۵) رب اغفر لي ولوالدي (نوح ۲) فاغفر لنا ذنوبنا (آل عمران ۲-۲۰) انت ولينا فاغفر لنا (اعراف ۱۹) يقولون ربنا امنا فاغفر
لنا (مؤمنين ۱) فاغفر للذين تابوا (مؤمن ۱) قال رب اني ظلمت نفسي فاغفر لي (قصص ۲) واعف عنا و اغفر لنا (بقرة ۴۰) واغفر لنا ربنا (ممتحنة ۱)
ربنا اتمم لنا نورنا واغفر لنا (تحريم ۱) واغفر لابي (شعراء ۵) ولا تطع من اغفلنا قلبه (كهف ۴) واولئك الاغلال في اعناقهم (رعد ۱) اذ
الاغلال في اعناقهم (مؤمن ۸) وجعلنا الاغلال في اعناق الذين كفروا (سبا ع) و الاغلال التي كانت عليهم (اعراف ۱۹) انا جعلنا في اعناقهم
اغلالا (يس ۱) انا اعتدنا للكافرين سلاسل و اغلالا (انسان ۱) كتب الله لاغلبن انا ورسلي (مجادلة ۳) واغلظ عليهم (توبة ۱۰
تحريم ۲) فما اغنت عنهم الهتهم (هود ۹) قالوا ما اغنى عنكم جمعكم (اعراف ۶) ما اغنى عنهم ما كانوا يمتعون (شعراء ۱۱) ما اغنى عني
ماليه (حاقة ۱) ما اغنى عنه ماله وما كسب (لهب ۱) فما اغنى عنهم ما كانوا يكسبون (حجر ۶ زمر ۵ مؤمن ۹) فما اغنى عنهم سمعهم (احقاف ۳) وما
اغني عنكم من الله من شيء (يوسف ۷) وانه هو اغنى واقنى (نجم ۳) ووجدك عائلا فاغنى (ضحى ۱) قالوا ان الله فقير ونحن اغنياء (آل عمران ۱۹)
انما السبيل على الذين يستاذنونك وهم اغنياء (توبة ۱۱) يحسبهم الجاهل اغنياء (بقرة ۳۸) كيلا يكون دولة بين الاغنياء (حشر ۱) ان اغنيهم الله
ورسوله (توبة ۱۰) قال فبما اغويتني (اعراف ۲) قال رب بما اغويتني (حجر ۳) ربنا هؤلاء الذين اغوينا (قصص ۷) فاغويناكم انا كنا غاوين
(صافات ۲) اغويناهم كما غوينا (قصص ۷) قال فبعزتك لاغوينهم اجمعين (ص ۵) و لاغوينهم اجمعين (حجر ۳)

فصل الفاء

فلا تقل لهما اف (اسرائيل ۳) اف لكم ولما تعبدون (انبياء ۷) والذي قال لوالديه اف لكما (احقاف ۲) ولتصغى اليه افئدة الذين لا يؤمنون
بالآخرة (انعام ۱۴) فاجعل افئدة من الناس (ابراهيم ۶) وابصارا و افئدة (احقاف ۳) والابصار والافئدة (نحل ۸ ملك ۲ سجدة ۱ مؤمنين ۵)
التي تطلع على الافئدة (همزة ۱) ولا افئدتهم من شيء (احقاف ۳) ونقلب افئدتهم (انعام ۱۴) ما افاء الله على رسوله (حشر ۱) مما افاء الله
عليك (احزاب ۵) وما افاء الله على رسوله (حشر ۱) من حيث افاض الناس (بقرة ۲۵) فلما افاق قال سبحانك (اعراف ۱۷) تنزل على كل افاك اثيم
(شعراء ۱۲) ويل لكل افاك اثيم (جاثية ۱) ربنا افتح بيننا وبين قومنا بالحق (اعراف ۱۱) فافتح بيني وبينهم (شعراء ۶) فلا جناح عليهما فيما افتدت
به (بقرة ۲۹) ولو ان لكل نفس ظلمت ما في الارض لافتدت به (يونس ۶) ومثله معه لافتدوا به (زمر ۵ رعد ۳) ولو افتدى به (آل عمران ۹) افتراء
عليه (انعام ۱۶) افتراء على الله (انعام ۱۷) ان هو الا رجل افترى على الله كذبا (مؤمنين ۳) افترى على الله كذبا ام به جنة (سبا ۱) ام يقولون
افترى على الله كذبا (شورى ۳) فقد افترى اثما عظيما (نساء ۷) وقد خاب من افترى (طه ۳) فمن افترى على الله (آل عمران ۹) ومن اظلم ممن افترى
على الله (انعام ۱۱-۱۴ هود ۲ عنكبوت ۷ صف ۱) فمن اظلم ممن افترى على الله كذبا (انعام ۳ اعراف ۴ يونس ۲ كهف ۲) قل ان افتريته فعلي اجرامي
(هود ۳) قل ان افتريته فلا تملكون لي (احقاف ۱) قد افترينا على الله كذبا (اعراف ۱۱) ام يقولون افتريه (يونس ۴ هود ۲-۴ سجدة احقاف ۱)
بل افتريه بل هو شاعر (انبياء ۱) افتريه واعانه عليه قوم آخرون (فرقان ۱) يوسف ايها الصديق افتنا (يوسف ۵) يا ايها الملأ افتوني في رؤياي
(يوسف ۵) قالت يا ايها الملأ افتوني في امري (نمل ۳) قالوا ربنا افرغ علينا صبرا (بقرة ۳۳ اعراف ۱۴) قال آتوني افرغ عليه قطرا (كهف ۱۰)
فافرق بيننا (مائدة ۴) فافسحوا يفسح الله (مجادلة ۲) اذا خلوا الى شياطينهم افسدوها (نمل ۳) هو افصح مني لسانا (قصص ۴) فاذا افضتم
من عرفات (بقرة ۲۵) لمسكم في ما افضتم فيه عذاب اليم (نور ۲) وقد افضى بعضكم الى بعض (نساء ۳) قال يا ابت افعل ما تؤمر (صافات ۳)
وهو بالافق الاعلى (نجم ۱) ولقد رآه بالافق المبين (تكوير ۱) وقالوا هذا افك مبين (نور ۲) ان هذا الا افك (فرقان ۱) وقالوا
وقالوا ما هذا الا افك (سبا ۵) هذا افك قديم (احقاف ۲) يؤفك عنه من افك (ذاريات ۱) ان الذين جاءوا بالافك عصبة منكم (نور ۲)
وتخلقون افكا (عنكبوت ۲) ائفكا الهة دون الله تريدون (صافات ۳) وذلك افكهم وما كانوا يفترون (احقاف ۳) فلما افل
قال لا احب الافلين (انعام ۹) فلما افل قال لئن لم يهدني ربي (انعام ۹) فلما افلت قال يا قوم اني بريء مما تشركون (انعام ۹) قد افلح المؤمنون

قد افلح من زكّیها (شمس) قد افلح من تزكّى (اعلى) وقد افلح اليوم من استعلى (طه) ذواتا افنان (رحمن) فأتون افواجا (نبأ) يدخلون

فی دین الله افواجا (نصر) يرضونكم بافواههم (توبه) ذلك قولهم بافواههم (توبه) يريدون ان يطفئوا نور الله بافواههم (توبه) على يريد

ليطفئوا نور الله بافواههم (صف) نختم على افواههم (يس) فردوا ايديهم فی افواههم (ابراهيم) قد بدت البغضاء من افواههم (ال عمران)

كبرت كلمة تخرج من افواههم (كهف) فاوزا عظيما (نساء) وافوض امری الى الله (مؤمن) ثم افيضوا من حيث افاض الناس (بقره)

ان افيضوا علينا من الماء (اعراف) **فصل القاف** واقام الصلوة واتی الزكوة (بقره ۱۸ توبه) واقام الصلوة وايتاء الزكوة

(انبياء ۸ نور) يوم ظعنكم ويوم اقامتكم (نحل) ولو انهم اقاموا التورية (مائده) اقاموا الصلوة واتوا الزكوة (حج) واقاموا الصلوة

(بقره ۲۸ توبه ۱-۲ اعراف ۱۷ رعد ۳ ملائكه ۲-۴ شورى) يريد ان ينقض فاقامه (كهف) ولو تقول علينا بعض الاقاويل (حاقه)

ثم اماته فاقبره (عبس) يا موسى اقبل ولا تخف (قصص) فاقبل بعضهم على بعض (صافات ۵ نور) واقبل بعضهم على بعض (صافات

طور) فاقبلت امراته فی صرة (ذاريات) والعير التی اقبلنا (يوسف) فاقبلوا اليه يزفون (صافات) قالوا واقبلوا عليهم ما

ذا تفقدون (يوسف) واذا الرسل اقتت (مرسلات) ولو شاء الله ما اقتتل الذين من بعدهم (بقره) ولو شاء الله ما اقتتلوا

(بقره) وان طائفتان من المؤمنين اقتتلوا (حجرات) فلا اقتحم العقبة (بلد) فبهديهم اقتده (انعام) قد اقترب اجلهم (اعراف)

اقترب للناس حسابهم (انبياء) واقترب الوعد الحق (انبياء) لا تطعه واسجد واقترب (علق) اقتربت الساعة (قمر) واموال اقترفتموها

(توبه) وقال فرعون ذرونی اقتل موسى (مؤمن) ما انا بباسط يدی اليك لاقتلك (مائده) قال لاقتلنك (مائده) ان

اقتلوا انفسكم (نساء) اقتلوا يوسف (يوسف) قالوا اقتلوا ابناء الذين امنوا (مؤمن) فاقتلوا المشركين (توبه) فاقتلوا انفسكم (بقره) الا ان قالوا

اقتلوه (عنكبوت) فان قاتلوكم فاقتلوهم (بقره) واقتلوهم حيث ثقفتموهم (بقره ۲ نساء) واقتلوهم حيث وجدتموهم (نساء) ويثبت به

الاقدام (انفال) فيؤخذ بالنواصی والاقدام (رحمن) ويثبت اقدامكم (قتال) وثبت اقدامنا (بقره ۲۵ ال عمران) نجعلهما تحت

اقدامنا (فصلت) ان اقذفيه فی التابوت فاقذفيه فی اليم (طه) اقرأ كتابك (اسرائيل) اقرأ باسم ربك (علق) اقرأ وربك الاكرم (علق)

هاؤم اقرءوا كتابيه (حاقه) فاقرءوا ما تيسر (مزمل ۲ مرتين) وان تعفوا اقرب للتقوى (بقره) يومئذ اقرب منهم للايمان (ال عمران)

اعدلوا هو اقرب للتقوى (مائده) الا كلمح البصر او هو اقرب (نحل) ايهم اقرب لكم نفعا (نساء) ايهم اقرب ويرجون رحمته (اسرائيل) يدعوا لمن

ضره اقرب من نفعه (حج) ونحن اقرب اليه من حبل الوريد (ق) ونحن اقرب اليه منكم (واقعه) وقل عسى ان يهدين ربی لاقرب من هذا رشدا (كهف)

واقرب رحما (كهف) مما ترك الوالدان والاقربون (نساء مرتين) ولتجدن اقربهم مودة (مائده) وانذر عشيرتك الاقربين (شعراء)

والاقربين بالمعروف (بقره) فللوالدين والاقربين (بقره) او الوالدين والاقربين (نساء) ثم اقررتم وانتم تشهدون (بقره) قال

ءاقررتم واخذتم (ال عمران) قالوا اقررنا (ال عمران) واقرضتم الله قرضا حسنا (مائده) واقرضوا الله قرضا حسنا (حديد ۲ مزمل)

ذلكم اقسط عند الله (بقره) هو اقسط عند الله (احزاب) فاصلحوا بينهما بالعدل واقسطوا (حجرات) لا اقسم بيوم القيامة (قيامه)

لا اقسم بهذا البلد (بلد) فلا اقسم بمواقع النجوم (واقعه) فلا اقسم بما تبصرون (حاقه) فلا اقسم برب المشارق (معارج) فلا اقسم بالخنس

(تكوير) فلا اقسم بالشفق (انشقاق) ولا اقسم بالنفس اللوامة (قيامه) هؤلاء الذين اقسمتم (اعراف) اولم تكونوا اقسمتم من قبل (ابراهيم)

هؤلاء الذين اقسموا بالله جهد ايمانهم (مائده) اذ اقسموا ليصرمنها (نون) واقسموا بالله جهد ايمانهم (انعام ۱ نحل ۴ نور ۶ ملائكه) واقصد

فی مشيك (لقمان) فاقصص القصص (اعراف) وجاء رجل من اقصى المدينة (قصص) وجاء من اقصى المدينة رجل (يس) الى المسجد

الاقصى (بنی اسرائيل) فاقض ما انت قاض (طه) ثم اقضوا الی ولا تنظرون (يونس) ان تنفذوا من اقطار السموات (رحمن)

ولو دخلت عليهم من اقطارها (احزاب) لاقطعن ايديكم وارجلكم (اعراف ۳ شعراء) فلاقطعن ايديكم وارجلكم (طه) فاقطعوا

ايديهما (مائده) لاقعدن لهم صراطك المستقيم (اعراف) وقيل اقعدوا مع القاعدين (توبه) فاقعدوا مع الخالفين (توبه)

واقعدوا لهم كل مرصد (توبه) ام على قلوب اقفالها (قتال) واقل عددا (جن) ولو ان ما فی الارض من شجرة اقلام (لقمان) اذ

يلقون اقلامهم (ال عمران) ويا سماء اقلعی (هود) وان اقم وجهك للدين حنيفا (يونس) اقم الصلوة لدلوك الشمس (اسرائيل)

يا بنی اقم الصلوة (لقمان) فاقم وجهك للدين (روم ۳-۵) واقم الصلوة (هود ۱۲ طه ۲ عنكبوت) فاقمت لهم الصلوة (نساء) لئن

اقمتم الصلوة (مائده) واقمن الصلوة (احزاب) يا مريم اقنتی لربك (ال عمران) وانه هو اغنى واقنى (نجم) وقدر فيها اقواتها (فصلت)

۱۷

وتقولون بافواهكم (نور) ذلكم قولكم بافواهكم (احزاب)
يقولون بافواههم (ال عمران) قالوا امنا بافواههم (مائده)

قال فالحق والحق أقول (ص ۵) ان أقول ما ليس لى بحق (مائدہ ۱۶) فستذكرون ما أقول لكم (مؤمن ۵) ان لا أقول على الله الا الحق (اعراف ۱۳) ولا
أقول لكم عندى خزائن الله (هود ۳) قل لا أقول لكم عندى خزائن الله (انعام ۵) ولا أقول انى ملك (هود ۳) ولا أقول لكم انى ملك (انعام ۵)
ولا أقول للذين تزدرى اعينكم (هود ۳) ان هذا القرآن يهدى للتى هى أقوم (اسرائيل ۱) و أقوم للشهادة (بقرة ۳۹) لكان خيرا لهم وأقوم
(نساء ۷) وأقوم قيلا (مزمل ۱) وان أقيموا الصلوة واتقوه (انعام ۹) ان أقيموا الدين (شورى ۲) فاذا اطمأننتم فأقيموا الصلاة (نساء ۱۵) فأقيموا
الصلوة (حج ۱۰) و أقيموا الصلوة (بقرة ۵-۹-۱۱ نساء ۸ نور ۷ مزمل ۲ يونس ۹ روم ۴) وأقيموا وجوهكم (اعراف ۳) وأقيموا الوزن (رحمن ۱) وأقيموا
الشهادة لله (طلاق ۱) أكابر لم آت بغيا (مريم ۲) وكذلك جعلنا فى كل قرية أكابر (انعام ۱۵) أكاد

فصل الكاف

اخفيها (طه ۱) أكالون للسحت (مائدہ ۶) واخراج اهله منه أكبر عند الله (بقرة ۲۷) والفتنة أكبر من القتل (بقرة ۲۷) واثمهما أكبر من
نفعهما (بقرة ۲۷) وما تخفى صدورهم أكبر (آل عمران ۱۲) قل اى شىء أكبر شهادة (انعام ۲) قال هذا ربى هذا أكبر (انعام ۹) ورضوان من الله أكبر
(توبة ۹) ولاجر الآخرة أكبر (نحل ۶) وللآخرة أكبر درجات (اسرائيل ۲) ولذكر الله أكبر (عنكبوت ۵) ولعذاب الآخرة أكبر (زمر ۳ قلم ۱) ينادون
لمقت الله أكبر (مؤمن ۱) لخلق السموات والارض أكبر (مؤمن ۶) الا هى أكبر من اختها (زخرف ۵) فقد سألوا موسى أكبر من ذلك (نساء ۲۱) ولا أكبر
الا فى كتاب مبين (سبأ ۱) و أكبر تفضيلا (اسرائيل ۲) لا يحزنهم الفزع الأكبر (انبياء ۷) فيعذبه الله العذاب الاكبر (غاشية ۱) يوم الحج الأكبر (توبة ۱)
دون العذاب الاكبر (سجدة ۲) فلما رأينه أكبرنه (يوسف ۴) واكتب لنا فى هذه الدنيا حسنة (اعراف ۱۹) فاكتبنا مع الشاهدين (آل عمران ۶ مائدہ ۱)
اذا تداينتم بدين الى أجل مسمى فاكتبوه (بقرة ۳۹) فسأكتبها للذين يتقون (اعراف ۱۹) وقالوا اساطير الاولين اكتتبها (فرقان ۱) لكل امرئ
منهم ما اكتسب من الاثم (نور ۲) وعليها ما اكتسبت (بقرة ۴۰) وللنساء نصيب مما اكتسبن (نساء ۵) للرجال نصيب مما اكتسبوا
(نساء ۵) بغير ما اكتسبوا (احزاب ۸) وما أكثر الناس ولو حرصت بمؤمنين (يوسف ۱۱) فأبى أكثر الناس الا كفورا (اسرائيل ۹ فرقان ۵)
انا أكثر منك مالا (كهف ۵) وقالوا نحن أكثر اموالا (سبأ ۴) ولقد ضل قبلهم أكثر الاولين (صافات ۳) أكثر الذى هم فيه يختلفون (نمل ۸) فما
كانوا أكثر من ذلك (نساء ۲۱) وان تطع أكثر من فى الارض (انعام ۱۴) ولكن أكثر الناس لا يعلمون (اعراف ۱۹ يوسف ۳-۵ نحل ۴ روم ۱-۴ سبأ ۳
۲ مؤمن ۶ جاثية ۳) ولكن أكثر الناس لا يؤمنون (هود ۲ رعد ۱ مؤمن ۶) ولكن أكثر الناس لا يشكرون (بقرة ۵ يوسف ۵) وجعلناكم أكثر
نفيرا (اسرائيل ۱) وكان الانسان أكثر شىء جدلا (كهف ۸) وعمروها أكثر مما عمروها (روم ۱) كانوا أكثرهم مؤمنين (مؤمن ۹) ولا ادنى من ذلك ولا
أكثر (مجادلة ۱) و أكثر اموالا واولادا (توبة ۹) من هو اشد منه قوة وأكثر جمعا (قصص ۸) فأكثرت جدالنا (هود ۳) وان أكثركم فاسقون
(مائدہ ۹) فأكثروا فيها الفساد (فجر ۱) وما يتبع أكثرهم الا ظنا (يونس ۴) وما يؤمن أكثرهم بالله الا وهم مشركون (يوسف ۱۱) بل أكثرهم لا يعلمون
(نحل ۸-۱۱ انبياء ۲ لقمان ۲ زمر ۵) وما كان أكثرهم مؤمنين (شعراء ۱-۷-۱۱-۱۳-۱۴-۱۶-۱۸-۹) بل أكثرهم لا يعقلون (عنكبوت ۷) بل
أكثرهم لا يؤمنون (بقرة ۱۱) كان أكثرهم مشركين (روم ۵) أكثرهم بهم مؤمنون (سبأ ۵) فأعرض أكثرهم (فصلت ۱) أكثرهم لا يعقلون (حجرات ۱) ولكن أكثرهم
لا يعلمون (انعام ۱۲ اعراف ۱۶ انفال ۴ يونس ۶ قصص ۶ زمر ۶ دخان ۲ طور ۳) ولكن أكثرهم يجهلون (انعام ۱۴) ولا تجد أكثرهم شاكرين (اعراف ۲)
وان وجدنا أكثرهم لفاسقين (اعراف ۱۳) ولكن أكثرهم لا يشكرون (يونس ۶ نمل ۶) ولكن أكثرهم للحق كارهون (زخرف ۷) ام تحسب ان أكثرهم
يسمعون (فرقان ۴) لقد حق القول على أكثرهم (يس ۱) وما وجدنا لاكثرهم من عهد (اعراف ۱۳) و أكثرهم الفاسقون (آل عمران ۱۲) وأكثرهم لا
يعقلون (مائدہ ۱۴) وأكثرهم فاسقون (توبة ۱) وأكثرهم الكافرون (نحل ۱۱) وأكثرهم للحق كارهون (مؤمنون ۴) وأكثرهم كاذبون (شعراء ۱۲)
واعطى قليلا وأكدى (نجم ۳) ذو الجلال والاكرام (رحمن ۳) ذى الجلال والاكرام (رحمن ۸) لا اكراه فى الدين (بقرة ۳۴) فان الله من بعد
اكراههن غفور رحيم (نور ۴) اقرأ وربك الأكرم (علق ۱) ان أكرمكم عند الله اتقكم (حجرات ۲) فيقول ربى أكرمن (فجر ۱) فأكرمه
ونعمه (فجر ۱) أكرمى مثواه (يوسف ۳) الا من أكره (نحل ۱۴) وما أكرهتنا عليه من السحر (طه ۳) وارزقوهم فيها واكسوهم (نساء ۱) ربنا
اكشف عنا العذاب (دخان ۱) ليبلونى ءاشكر ام أكفر (نمل ۴) اذ قال للانسان اكفر (حشر ۲) تدعوننى لاكفر بالله (مؤمن ۵) لأكفرن
عنهم سيأتهم (آل عمران ۲۰) لأكفرن عنكم سيأتكم (مائدہ ۳) واكفروا آخره (آل عمران ۸) قتل الانسان ما أكفره (عبس ۱) فقال أكفلنيها (ص ۲)
وما أكل السبع (مائدہ ۱) ذواتى أكل خمط (سبأ ۲) ونفضل بعضها على بعض فى الاكل (رعد ۱) فأكلا منها فبدت لهما سوأتهما (طه ۷) وتأكلون
التراث أكلا لما (فجر ۱) فلن أكلم اليوم انسيا (مريم ۲) لأكلوا من فوقهم (مائدہ ۹) والزرع مختلفا أكله (انعام ۱۷) قالوا لئن أكله الذئب
(يوسف ۲) فأكله الذئب (يوسف ۲) أكلها دائم (رعد ۵) فآتت أكلها ضعفين (بقرة ۳۷) تؤتى أكلها (ابراهيم ۴) كلتا الجنتين آتت أكلها

واكلهم اموال الناس (نساء ۱۷) واكلهم السحت (مائده ۹ مرتين) والنخل ذات الاكمام (رحمن ۱) وما تخرج من ثمرات من اكمامها (فصلت ۶)
اليوم اكملت لكم دينكم (مائده ۱) وتبرئ الاكمه والابرص (مائده ۱۵) وابرئ الاكمه والابرص (ال عمران ۵) انم اكن عليهم شهيدا (نساء ۲)
اكن من الخاسرين (هود ۵) قال لم اكن لاسجد لبشر (حجر ۳) ولم اكن بدعائك رب شقيا (مريم ۱) و اكن من الجاهلين (يوسف ۴) واكن من
الصالحين (منافقين ۱) وجعل لكم من الجبال اكنانا (نحل ۹) وجعلنا على قلوبهم اكنة (اسرائيل ۵) انا جعلنا على قلوبهم اكنة (كهف ۸) وقالوا
قلوبنا في اكنة (فصلت ۱) او اكننتم في انفسكم (بقرة ۳۰) باكواب واباريق (واقعه ۱) بصحاف من ذهب و اكواب (زخرف ۷) بآنية من فضة
واكواب (انسان ۱) واكواب موضوعة (غاشيه ۱) ان اكون من الجاهلين (بقرة ۸) اعجزت ان اكون مثل هذا الغراب (مائده ۵) قل اني امرت
ان اكون اول من اسلم (انعام ۲) وامرت ان اكون من المسلمين (يونس ۸ نمل ۷) وامرت ان اكون من المؤمنين (يونس ۱۱) ان لا اكون بدعائك رب شقيا
(مريم ۵) فلن اكون ظهيرا للمجرمين (قصص ۲) وامرت لان اكون اول المسلمين (زمر ۲) فاكون من المحسنين (زمر ۶) واكيد كيدا (طارق ۱) وتالله
لاكيدن اصنامكم (انبياء ۵)

فصل اللام

لا يرقبوا فيكم الا ولا ذمة (توبه ۱) لا يرقبون في مؤمن الا ولا ذمة (توبه ۲)
وما يذكر الا اولوا الالباب (بقرة ۷) لايات لاولي الالباب (ال عمران ۹) وليتذكر اولوا الالباب (ص ۳) فاتقوا الله يا اولي الالباب
(مائده ۱۱ طلاق ۱) واتقون يا اولي الالباب (بقرة ۲) عبرة لاولي الالباب (يوسف ۱۲) وذكرى لاولي الالباب (ص ۴) هدى وذكرى
لاولي الالباب (مؤمن ۶) لذكرى لاولي الالباب (زمر ۲) انما يتذكر اولوا الالباب (رعد ۳ زمر ۱) وليذكر اولوا الالباب (ابراهيم ۷)
والتفت الساق بالساق (قيامة ۱) في فئتين التقتا (ال عمران ۲) فالتقطه ال فرعون (قصص ۱) فالتقمه الحوت (صافات ۵) يوم
التقى الجمعان (ال عمران ۱۶-۱۷ انفال ۵) فالتقى الماء على امر قد قدر (قمر ۱) اذ التقيتم في اعينكم (انفال ۵) فالتمسوا نورا (حديد ۲)
وما التناهم من عملهم من شيء (طور ۱) ومن يرد فيه بالحاد (حج ۳) لا يسألون الناس الحافا (بقرة ۸) قال اروني الذين الحقتم به شركاء
(سبا ۴) الحقنا بهم ذريتهم (طور ۱) والحقني بالصالحين (يوسف ۱۱ شعراء ۵) وكل انسان الزمناه طائره في عنقه (اسرائيل ۲) ولا تقولوا
لما تصف السنتكم (نحل ۱۵) واختلاف السنتكم (روم ۳) وان منهم لفريقا يلوون السنتهم (ال عمران ۸) وتصف السنتهم الكذب (نحل ۷) يوم تشهد
عليهم السنتهم (نور ۳) ليا بالسنتهم وطعنا في الدين (نساء ۷) يقولون بالسنتهم (فتح ۲) ويبسطوا اليكم ايديهم والسنتهم (ممتحنه ۱) وان يكن منكم
الف يغلبوا الفين (انفال ۹) لو يعمر الف سنة (بقرة ۱۱) فلبث فيهم الف سنة (عنكبوت ۲) كان مقداره الف سنة مما تعدون (سجده ۱) كان مقداره
خمسين الف سنة (معارج ۱) وارسلناه الى مائة الف او يزيدون (صافات ۵) ليلة القدر خير من الف شهر (قدر ۱) ولكن الله الف بينهم (انفال ۸)
فالف بين قلوبكم (ال عمران ۱۱) والف بين قلوبهم (انفال ۸) اني ممدكم بالف من الملائكة مردفين (انفال ۱) وان يكن منكم مائة يغلبوا الفا
(انفال ۹) وجنات الفافا (نبا ۱) ما الفت بين قلوبهم (انفال ۸) انهم الفوا اباءهم ضالين (صافات ۳) والغوا فيه لعلكم تغلبون (فصلت ۴)
والفيا سيدها لدا الباب (يوسف ۳) يغلبوا الفين باذن الله (انفال ۹) قالوا بل نتبع ما الفينا عليه اباءنا (بقرة ۲۱) ان الق عصاك
(اعراف ۱۴) وان الق عصاك (قصص ۴) والق ما في يمينك (طه ۳) والق عصاك (نمل ۱) ولا تنابزوا بالالقاب (حجرات ۲) قال القوا فلما القوا
سحروا اعين الناس (اعراف ۱۴) القوا ما انتم ملقون (يونس ۸ شعراء ۳) قال بل القوا (طه ۳) فلما القوا قال موسى (يونس ۸) اذا القوا فيها (ملك ۱)
فالقوا اليهم القول (نحل ۱۳) فالقوا حبالهم (شعراء ۳) والقوا اليكم السلم (نساء ۱۲) والقوا الى الله (نحل ۵) فالقوه على وجه ابي (يوسف ۱۰) فالقوه
في الجحيم (صافات ۲) والقوه في غيابة الجب (يوسف ۲) اذهب بكتابي هذا فالقه اليهم (نمل ۳) قال القها يا موسى (طه ۲) ولا تقولوا
لمن القى اليكم السلام (نساء ۱۳) واما ان نكون اول من القى (طه ۳) فكذلك القى السامري (طه ۴) القى الشيطان في امنيته (حج ۷) فلولا القي عليه
(زخرف ۵) او القى السمع (ق ۳) ولو القى معاذيره (قيامة ۱) اني القي الي كتاب كريم (نمل ۳) ءالقي الذكر عليه من بيننا (قمر ۲) سالقي في قلوب
الذين كفروا (انفال ۲) فالقى عصاه (اعراف ۱۳ شعراء ۳) فالقى موسى عصاه (شعراء ۳) فالقي السحرة (طه ۳ شعراء ۳) والقى الالواح (اعراف ۱۸)
والقى في الارض رواسي (نحل ۲ لقمان ۱) والقي السحرة ساجدين (اعراف ۱۴) القيا في جهنم (ق ۳) فالقياه في العذاب الشديد (ق ۳) والقيت
عليك محبة مني (طه ۲) والقينا بينهم (مائده ۹) والقينا فيها رواسي (حجر ۲ ق ۱) والقينا على كرسيه جسدا (ص ۳) القيه على وجه
(يوسف ۱۰) فالقيه في اليم (قصص ۱) وكلمته القاها الى مريم (نساء ۲۳) فالقيها فاذا هي حية تسعى (طه ۲) الله اعلم حيث يجعل رسالته (انعام ۱۵)
الله الذي انزل الكتاب بالحق (شورى ۲) الله الذي جعل لكم الليل (مؤمن ۷) الله الذي جعل لكم الارض (مؤمن ۷) الله الذي جعل لكم الانعام (مؤمن ۸)
الله الذي خلق سبع سموات (طلاق ۲) الله الذي خلق السموات (ابراهيم ۵ سجده ۱) الله الذي خلقكم (روم ۶) الله الذي رفع السموات (رعد ۱)

واتوهم من مال الله الذی اٰتیکم (نور ع۴) الله الذی سخر لکم البحر (جاثیہ ع۲) الله الذی لہ ما فی السموات (ابراھیم ۱) الله الذی یرسل الرياح (روم ع۵) ھو الله

الذی لا الہ الا ھو (حشر ۳ مرتبین) الله خالق کل شیء (زمر ۷) ھو الله الخالق البارئ (حشر ۳) الله ربکم ورب اٰبائکم الاولین (صافات ع۳) قل

ھو الله احد الله الصمد (اخلاص ۱) الله لطیف بعبادہ (شوریٰ ع۲) الله نزل احسن الحدیث (زمر ۳) الله نور السموات والارض (نور ع۵)

الله لا الہ الا ھو (بقرہ ۳۴ نساء ۹ طہ ۱ نمل ع۲) الم الله لا الہ الا ھو (اٰل عمران ۱) وھو الله لا الہ الا ھو (قصص ۷) (تغابن ۱) تغابن ع۲ الله ولی الذین

اٰمنوا (بقرہ ع۲۶) الله یبدأ الخلق (روم ع۲) الله یبسط الرزق (رعد ع۴ عنکبوت ع۲) الله یتوفی الانفس (زمر ع۵) الله یجتبی الیہ من یشاء (شوریٰ ۲)

الله یجمع بیننا (شوریٰ ع۲) الله یرزقھا وایاکم (عنکبوت ع۶) الله یستھزئ بھم (بقرہ ع۲) الله یصطفی من الملائکۃ (حج ۱۰) الله یعلم ما تحمل کل انثیٰ (رعد ۱)

الله یعلمھم (انفال ۸) قل ءانتم اعلم ام الله (بقرہ ع۱۵) ام الله الواحد القھار (یوسف ع۵) بل الله یزکی من یشاء (نساء ۸) بل الله فاعبد وکن

من الشاکرین (زمر ۷) بل الله یمن علیکم (حجرات ع۲) ثم الله شھید علی ما یفعلون (یونس ۵) ثم الله ینشئ النشاۃ الاخرۃ (عنکبوت ع۲) وما الله

بغافل عما یعملون (بقرہ ع۹) وما الله بغافل عما تعملون (بقرہ ۱-۹-۱۵ مرتبین اٰل عمران ۱) وما الله یرید ظلما للعالمین (اٰل عمران ۱۱) وما الله

یرید ظلما للعباد (مؤمن ع۲) اننی انا الله لا الہ الا انا (طہ ع۱) انہ انا الله العزیز الحکیم (نمل ۱) انی انا الله رب العالمین (قصص ع۲) قالوا تالله ما جئنا لنفسد

فی الارض (یوسف ۹) قالوا تالله تفتؤ تذکر یوسف (یوسف ۱) قالوا تالله لقد اٰثرک الله علینا (یوسف ۱) قالوا تالله انک لفی ضلالک القدیم

(یوسف ۱) تالله لتسئلن عما کنتم تفترون (نحل ۷) تالله لقد ارسلنا الی امم (نحل ۷) تالله ان کنا لفی ضلال مبین (شعراء ۱) قال تالله ان کدت لتردین (صافات ۲)

وتالله لاکیدن اصنامکم (انبیاء ۶) فالله احق ان تخشوہ (توبہ ع۲) فالله اولیٰ بھما (نساء ع۲) فالله خیر حافظا (یوسف ۸) فالله ھو الولی (شوریٰ ۱)

فالله یحکم بینکم (نساء ع۱) فالله یحکم بینھم (بقرہ ع۲) لله الامر من قبل ومن بعد (روم ۱) ان الحمد لله رب العالمین (یونس ۱) ان العزۃ لله جمیعا

(یونس ع۲) فان العزۃ لله جمیعا (نساء ع۲) فان لله خمسہ (انفال ۵) الا لله الدین الخالص (زمر ۱) کونوا قوامین لله (مائدہ ۱) وان تکفروا فان لله ما فی

السموات وما فی الارض (نساء ع۲) وان تکفروا فان لله ما فی السموات والارض (نساء ۱۷) لله ما فی السموات وما فی الارض (بقرہ ع۴۰) لله ما فی السموات

والارض (لقمان ع۳) الا ان لله ما فی السموات والارض (یونس ۶) الا ان لله من فی السموات ومن فی الارض (یونس ۱) قل لله المشرق والمغرب

(بقرہ ع۱) قالوا انا لله وانا الیہ راجعون (بقرہ ع۱۹) واخلصوا دینھم لله (نساء ع۱) لله ملک السموات والارض (مائدہ ۱۳ شوریٰ ع۵) لله الواحد القھار

(مؤمن ع۲) قل الانفال لله والرسول (انفال ۱) ان الحکم الا لله (انعام ۷) بل لله الامر جمیعا (رعد ع۴) ان الارض لله (اعراف ۱۵) فلله العزۃ

جمیعا (ملائکہ ع۲) فلله الاٰخرۃ والاولیٰ (نجم ع۳) فلله الحمد رب السموات (جاثیہ ۱۴) فلله وللرسول ولذی القربیٰ (حشر ۱) ولله الاسماء الحسنیٰ

فادعوہ بھا (اعراف ع۲۲) ولله جنود السموات والارض (فتح ۲ مرتبین) ولله خزائن السموات والارض (منافقین ۱) ولله العزۃ ولرسولہ (منافقین ۱)

ولله علی الناس حج البیت (اٰل عمران ۱۰) ولله غیب السموات والارض (ھود ع۲ نحل ۱۰) ولله المثل الاعلیٰ (نحل ۷) ولله المشرق والمغرب (بقرہ ع۱۴)

ولله ما فی السموات وما فی الارض (اٰل عمران ۱۱-۱۳ نساء ۱۳-۱۴ مرتبین نجم ع۲) ولله ملک السموات والارض (اٰل عمران ۱۹ مائدہ ۲ مرتبین نور ۵

جاثیہ ۳ فتح ۲) ولله میراث السموات والارض (اٰل عمران ۱۸ حدید ۱) ولله یسجد من فی السموات والارض (رعد ع۲) ولله یسجد ما فی السموات و

ما فی الارض (نحل ۶) والله احق ان تخشٰہ (احزاب ع۴) والله اخرجکم من بطون امھاتکم (نحل ۱۱) والله ارکسھم بما کسبوا (نساء ۱۲) والله اشد بأسا (نساء ۱۱) والله

اعلم باعدائکم (نساء ع۲) والله اعلم بایمانکم (نساء ع۲) والله اعلم بما وضعت (اٰل عمران ع۴) والله اعلم بما یکتمون (اٰل عمران ۱۷) والله اعلم بما کانوا

یکتمون (مائدہ ۷) والله اعلم بما تصفون (یوسف ۱۰) والله اعلم بما ینزل (نحل ۱۱) والله اعلم بما یوعون (انشقاق ع۳) والله اعلم بالظالمین

(انعام ع۲) والله امرنا بھا (اعراف ع۳) والله انبتکم من الارض نباتا (نوح ع۲) والله انزل من السماء ماء (نحل ۷) والله بصیر بما یعملون (بقرہ ۱۰

اٰل عمران ۱۷ مائدہ ۱۰) والله بصیر بالعباد (اٰل عمران ۲ مرتبین) والله بصیر بما تعملون (حجرات ۲) والله بما تعملون خبیر (بقرہ ۲۴-۲۸ - اٰل عمران ۱۸

حدید ۱ مجادلہ ۱-۲ تغابن ۱) والله بما تعملون بصیر (بقرہ ۷ - ۲۷ اٰل عمران ۱۶-۱۷ انفال ۸ حدید ۱ ممتحنہ ۱ تغابن ۱) والله بما تعملون علیم (بقرہ ۲۹ نور ع۳)

والله بما یعملون محیط (انفال ۵) والله بکل شیء علیم (بقرہ ۲۹ نور ع۴-۷ نساء ۱۸ حجرات ۲ تغابن ع۲) والله جعل لکم من انفسکم ازواجا (نحل ۱۰)

والله جعل لکم من بیوتکم سکنا (نحل ۱۱) والله جعل لکم مما خلق ظلالا (نحل ۱۱) والله جعل لکم الارض بساطا (نوح ع۲) والله خبیر بما تعملون (اٰل عمران ۱۸

مجادلہ ۲ توبہ ۲ منافقین ۲) والله خلق کل دابۃ (نور ع۶) والله خلقکم ثم یتوفٰکم (نحل ۹) والله خلقکم وما تعملون (صافات ۱) والله خلقکم

من تراب (ملائکہ ع۲) والله خیر وابقیٰ (طہ ع۳) والله خیر الرازقین (جمعہ ع۲) والله خیر الماکرین (اٰل عمران ۶ انفال ع۳) والله ذو فضل علی المؤمنین

(اٰل عمران ۱۸) والله ذو فضل عظیم (اٰل عمران ۱۸) والله ذو الفضل العظیم (بقرہ ۱۱ اٰل عمران ۸ انفال ۳ حدید ۳ مرتبین جمعہ ۱) والله رءوف بالعباد

(ال عمران ۳) واللہ ربنا ما کنا مشرکین (انعام ۳) واللہ سریع الحساب (بقرہ ۲۱ نور ۵) واللہ سمیع علیم (بقرہ ۲۳-۲۲-۲۶ ال عمران ۴-۳ ۱۲ توبہ ۱۱
مرتین نور ۳-۹) واللہ شدید العقاب (ال عمران ۲ انفال ۵) واللہ شکور حلیم (تغابن ۲) واللہ شہید علی ما تعملون (ال عمران ۱۰) واللہ عزیز حکیم
(بقرہ ۲۳-۲۲-۲۴-۲۶ مائدہ ۵ ۱۲ انفال ۲ توبہ ۵) واللہ عزیز ذو انتقام (ال عمران ۱ مائدہ ۱۰) واللہ علی کل شیء قدیر (بقرہ ۲۹ ۱۲ ال عمران ۳-۱۹ مائدہ ۲۶
مرتین ۵ توبہ ۵ انفال ۵ حشر ۱) واللہ علی کل شیء وکیل (ھود ۲) واللہ علی کل شیء شہید (مجادلہ ۱ بروج ۱) واللہ علی ما نقول وکیل (یوسف ۷
قصص ۳) واللہ علیم بالظالمین (بقرہ ۱۰-۲۵ توبہ ۵ جمعہ ۱) واللہ علیم بالمتقین (ال عمران ۱۲ توبہ ۵) واللہ علیم بذات الصدور (ال عمران ۱۶
تغابن ۱) واللہ علیم بما یعملون (یوسف ۲) واللہ علیم بما یفعلون (نور ۵) واللہ علیم حکیم (نساء ۳ انفال ۸ توبہ ۲-۹-۱۰-۱۲ حج ۶ نور ۲-۷-۸ مرتین
حجرات ۱ ممتحنہ ۱) واللہ علیم حلیم (نساء ۲) واللہ عندہ اجر عظیم (تغابن ۲) واللہ عندہ حسن المآب (ال عمران ۲) واللہ عندہ حسن الثواب (ال عمران ۲۰
واللہ غالب علی امرہ (یوسف ۲) واللہ غفور رحیم (بقرہ ۲۲ ال عمران ۴-۱۳ نساء ۳ مائدہ ۸-۱۱-۱۳ انفال ۸ توبہ ۳-۱۰ نور ۳ حدید ۱ تحریم ۱ ممتحنہ ۱
حجرات ۱) واللہ غفور حلیم (بقرہ ۳ ۲ مائدہ ۱۱) واللہ غنی حلیم (بقرہ ۲) واللہ غنی حمید (تغابن ۱) واللہ الغنی وانتم الفقراء (قتال ۴) واللہ
فضل بعضکم (نحل ۱) واللہ قدیر (ممتحنہ ۱) واللہ لا یحب الفساد (بقرہ ۱۱) واللہ لا یحب کل کفار اثیم (بقرہ ۲۸) واللہ لا یحب الظالمین (ال عمران ۶-۱۴
واللہ لا یحب کل مختال فخور (حدید ۳) واللہ لا یحب المفسدین (مائدہ ۲) واللہ لا یستحیی من الحق (احزاب ۲) واللہ لا یہدی القوم الکافرین (بقرہ ۲۷
توبہ ۴) واللہ لا یہدی القوم الفاسقین (توبہ ۳-۹-۱۰ مائدہ ۱۱ صف ۱) واللہ لا یہدی القوم الظالمین (ال عمران ۹ بقرہ ۲۶ توبہ ۲-۱۲ صف
جمعہ ۱) واللہ متم نورہ (صف ۱) واللہ محیط بالکافرین (بقرہ ۲) واللہ مخرج ما کنتم تکتمون (بقرہ ۹) واللہ مع الصابرین (بقرہ ۲۵ انفال ۷) واللہ
معکم (قتال ۴) واللہ من ورائہم محیط (بروج ۲) واللہ مولیکم (تحریم ۱) واللہ واسع علیم (بقرہ ۲۵-۲۷ نور ۴ ال عمران ۸ مائدہ ۶) واللہ ورسولہ
احق ان یرضوہ (توبہ ۷) واللہ ولی المؤمنین (ال عمران ۷) واللہ ولی المتقین (جاثیہ ۲) واللہ ولیہما (ال عمران ۱۲) واللہ ھو السمیع العلیم (مائدہ ۱۰
واللہ ھو الغنی الحمید (ملائکہ ۳) واللہ یؤتی ملکہ من یشاء (بقرہ ۵ ۲) واللہ یؤید بنصرہ من یشاء (ال عمران ۲) واللہ یحب المحسنین (ال عمران ۱۴-۱۵
مائدہ ۱) واللہ یحب الصابرین (ال عمران ۱۵) واللہ یحب المطہرین (توبہ ۱) واللہ یحیی ویمیت (ال عمران ۱۶) واللہ یختص برحمتہ من یشاء (بقرہ ۱۱) واللہ
یدعوا الی الجنۃ (بقرہ ۲۳) واللہ یدعوا الی دار السلام (یونس ۳) واللہ یرزق من یشاء (بقرہ ۲۲ نور ۵) واللہ یرید ان یتوب علیکم (نساء ۵
واللہ یرید الاخرۃ (انفال ۹) واللہ یسمع تحاورکما (مجادلہ ۱) واللہ یشہد انہم لکاذبون (توبہ ۱۳ حشر ۲) واللہ یشہد ان المنافقین لکاذبون
(منافقون ۱) واللہ یضاعف لمن یشاء (بقرہ ۲۷) واللہ یعدکم مغفرۃ (بقرہ ۳۷) واللہ یعصمک من الناس (مائدہ ۱۰) واللہ یعلم وانتم لا تعلمون
(بقرہ ۲۲-۲۶ نور ۲ ال عمران ۷) واللہ یعلم المفسد من المصلح (بقرہ ۲۲) واللہ یعلم انہم لکاذبون (توبہ ۵) واللہ یعلم ما تسرون (نحل ۲) واللہ
یعلم ما تبدون (مائدہ ۱۰ نور ۳) واللہ یعلم ما تصنعون (عنکبوت ۵) واللہ یعلم ما فی قلوبکم (احزاب ۶) واللہ یعلم اسرارہم (قتال ۳) واللہ
یعلم متقلبکم (قتال ۲) واللہ یعلم اعمالکم (قتال ۴) واللہ یعلم ما فی السموات وما فی الارض (حجرات ۲) واللہ یعلم انک لرسولہ (منافقون ۱
واللہ یقبض ویبسط (بقرہ ۳۲) واللہ یقدر اللیل والنہار (مزمل ۲) واللہ یقضی بالحق (مؤمن ۲) واللہ یقول الحق (احزاب ۱) واللہ یکتب
ما یبیتون (نساء ۱۱) واللہ یہدی من یشاء (بقرہ ۲۲ نور ۵) ان اللہ اشتری من المؤمنین انفسہم (توبہ ۱۲) ان اللہ اصطفٰک وطہرک (ال عمران ۵ مرتین
قال ان اللہ اصطفٰہ علیکم (بقرہ ۳۲) ان اللہ اصطفی لکم الدین (بقرہ ۱۶) ان اللہ اصطفی ادم ونوحا (ال عمران ۴) ان اللہ اعد للکافرین
(نساء ۱۵) ان اللہ بالغ امرہ (طلاق ۱) ان اللہ بالناس لرءوف رحیم (بقرہ ۱۷ حج ۷) ان اللہ بریء من المشرکین (توبہ ۱) ان اللہ بصیر بالعباد
(مؤمن ۵) ان اللہ بعبادہ لخبیر بصیر (ملائکہ ۴) ان اللہ بکل شیء علیم (بقرہ ۴ ۲۲ انفال ۸ توبہ ۱۲ ۴ عنکبوت ۷ مجادلہ ۱) ان اللہ بما تعملون
بصیر (بقرہ ۱۱-۲۴ مرتین) ان اللہ بما یعملون محیط (ال عمران ۱۲) ان اللہ تواب رحیم (حجرات ۲) قالوا ان اللہ ثالث ثلثۃ (مائدہ ۱۰) ان اللہ جامع
المنافقین (نساء ۲۰) ان اللہ حرم ھذا (انعام ۱۵) ان اللہ خبیر بما تعملون (مائدہ ۱ نور ۶ حشر ۳) ان اللہ خبیر بما یصنعون (نور ۴) ان اللہ ربی
وربکم فاعبدوہ (ال عمران ۶) ان اللہ سریع الحساب (ال عمران ۲۰ مائدہ ۱ ابراہیم ۶ مؤمن ۲) ان اللہ سمیع بصیر (حج ۸ لقمان ۳ مجادلہ ۱) ان
اللہ سمیع علیم (بقرہ ۱۹-۲۵ انفال ۲ حجرات ۱) ان اللہ سیبطلہ (یونس ۹) ان اللہ شدید العقاب (بقرہ ۲ مائدہ ۱-انفال ۴ حشر ۱) اعلموا ان
اللہ شدید العقاب (مائدہ ۱) ان اللہ عالم غیب السموات والارض (ملائکہ ۴) ان اللہ عزیز حکیم (بقرہ ۲۱-۲۲-۲۶ انفال ۱ توبہ ۸ لقمان ۳
ان اللہ عزیز ذو انتقام (ابراہیم ۵) ان اللہ عزیز غفور (ملائکہ ۳) ان اللہ علی کل شیء قدیر (بقرہ ۲-۱۱ مرتین ۱۵-۲۶ ال عمران ۱۷ نور ۵-
عنکبوت ۲ طلاق ۲ ملائکہ ۱ نحل ۱) ان اللہ علی کل شیء شہید (حج ۲) ان اللہ علیم بذات الصدور (ال عمران ۱۲ مائدہ ۲ لقمان ۳) ان اللہ علیم بما یفعلون

(یونس ۷) بلی ان اللہ علیم بما کنتم تعملون (نحل ۴) ان اللہ علیم قدیر (نحل ۷) ان اللہ علیم بما یصنعون (ملائکہ ۱) ان اللہ علیم حکیم (توبہ ۳)
ان اللہ عندہ اجر عظیم (توبہ ۳) ان اللہ عندہ علم الساعۃ (لقمان ۴) قالوا ان اللہ عہد الینا (آل عمران ۱۹) ان اللہ غفور رحیم (بقرہ ۱۸-۱۹
۲۰ مائدہ ۳-۵ انفال ۸ توبہ ۱۱ مرتین نور ۷ حجرات ۲ مزمل ۲ ممتحنہ ۲) ان اللہ غفور حلیم (بقرہ ۲۴ آل عمران ۱۶) واعلموا ان اللہ غنی حمید (بقرہ ۳۷)
ان اللہ فالق الحب والنوی (انعام ۱۰) قالوا ان اللہ فقیر (آل عمران ۱۹) قل ان اللہ قادر علی ان ینزل آیۃ (انعام ۴) ان اللہ قد بعث لکم طالوت ملکا
(بقرہ ۲۵) ان اللہ قد حکم بین العباد (مؤمن ۵) ان اللہ قد اہلک (قصص ۸) ان اللہ قوی شدید العقاب (انفال ۶) ان اللہ کان بکل شیء
علیما (نساء ۴) ان اللہ کان بکم رحیما (نساء ۵) ان اللہ کان بما تعملون خبیرا (احزاب ۱ نساء ۱۰) ان اللہ کان توابا رحیما (نساء ۲) ان اللہ کان سمیعا
بصیرا (نساء ۸) ان اللہ کان عزیزا حکیما (نساء ۸) ان اللہ کان عفوا غفورا (نساء ۷) ان اللہ کان علی کل شیء حسیبا (نساء ۹) ان اللہ کان علی کل شیء
شہیدا (نساء ۴ احزاب ۶) ان اللہ کان علیا کبیرا (نساء ۴) ان اللہ کان علیکم رقیبا (نساء ۱) ان اللہ کان علیما حکیما (نساء ۲-۳ احزاب ۱ انسان ۳)
ان اللہ کان علیما خبیرا (نساء ۴) ان اللہ کان غفورا رحیما (نساء ۳-۱۱-۱۴ احزاب ۳) ان اللہ کان لطیفا خبیرا (احزاب ۴) قل ان اللہ لا یأمر بالفحشاء
(اعراف ۳) ان اللہ لا یحب المعتدین (بقرہ ۱۴ مائدہ ۹) ان اللہ لا یحب من کان مختالا فخورا (نساء ۴) ان اللہ لا یحب من کان خوانا اثیما (نساء ۱۱) ان اللہ
لا یحب الخائنین (انفال ۶) ان اللہ لا یحب کل خوان کفور (حج ۵) ان اللہ لا یحب الفرحین (قصص ۸) ان اللہ لا یحب المفسدین (قصص ۸) ان اللہ
لا یخلف المیعاد (آل عمران ۱ رعد ۴) ان اللہ لا یخفی علیہ شیء (آل عمران ۱) ان اللہ لا یستحیی ان یضرب مثلا (بقرہ ۳) ان اللہ لا یظلم مثقال ذرۃ
(نساء ۴) ان اللہ لا یظلم الناس شیئا (یونس ۵) ان اللہ لا یصلح عمل المفسدین (یونس ۹) ان اللہ لا یحب کل مختال فخور (لقمان ۲) ان اللہ لا یضیع
اجر المحسنین (توبہ ۱۲) ان اللہ لا یغفر ان یشرک بہ (نساء ۵-۲۰) ان اللہ لا یغیر ما بقوم (رعد ۲) ان اللہ لا یہدی القوم الظالمین (مائدہ ۷
انعام ۱۵ قصص ۵ احقاف ۱) ان اللہ لا یہدی القوم الکافرین (مائدہ ۷) ان اللہ لا یہدی من ہو کاذب کفار (زمر ۱) ان اللہ لا یہدی من ہو مسرف کذاب
(مؤمن ۴) ان اللہ لا یہدی القوم الفاسقین (منافقین ۱) ان اللہ لذو فضل علی الناس (بقرہ ۳۲ یونس ۶ مؤمن ۷) ان اللہ لطیف خبیر (حج ۷ لقمان ۲)
ان اللہ لعفو غفور (حج ۸) ان اللہ لعن الکافرین (احزاب ۸) ان اللہ لغفور رحیم (نحل ۲) ان اللہ لغنی عن العالمین (عنکبوت ۱) ان اللہ قوی عزیز
(حدید ۳ مجادلہ ۳) ان اللہ لقوی عزیز (حج ۸) الم تعلم ان اللہ لہ ملک السموات والارض (بقرہ ۱۳ مائدہ ۵) ان اللہ لہ ملک السموات والارض (توبہ ۱۴)
قال ان اللہ مبتلیکم بنہر (بقرہ ۳۳) ان اللہ مخرج ما تحذرون (توبہ ۸) ان اللہ مع الصابرین (بقرہ ۱۹ انفال ۶) واعلموا ان اللہ مع المتقین (بقرہ ۲۰
توبہ ۴-۳) ان اللہ مع الذین اتقوا (نحل ۱۶) لا تحزن ان اللہ معنا (توبہ ۶) ان اللہ مولکم (انفال ۵) ان اللہ نعما یعظکم بہ (نساء ۸) ان اللہ واسع
علیم (بقرہ ۲۱) ان اللہ وعدکم وعد الحق (ابراہیم ۴) ان اللہ وملائکتہ یصلون علی النبی (احزاب ۷) ان اللہ ہو التواب الرحیم (توبہ ۱۳) ان اللہ
ہو الحق المبین (نور ۳) ان اللہ ہو ربی وربکم (زخرف ۷) ان اللہ ہو الرزاق (ذاریات ۳) ان اللہ ہو السمیع البصیر (مؤمن ۴) الا ان اللہ
ہو الغفور الرحیم (شوری ۱) ان اللہ ہو الغنی الحمید (لقمان ۴) قالوا ان اللہ ہو المسیح ابن مریم (مائدہ ۲-۸) ان اللہ ہو یقبل التوبۃ (توبہ ۱۱) ان اللہ
یأمرکم ان تذبحوا بقرۃ (بقرہ ۷) ان اللہ یأمرکم ان تؤدوا الامانات (نساء ۶) ان اللہ یأمر بالعدل والاحسان (نحل ۹) اولم یروا ان اللہ یبسط الرزق
لمن یشاء ویقدر (روم ۴) ان اللہ یبشرک بیحیی (آل عمران ۴) ان اللہ یبشرک بکلمۃ (آل عمران ۵) ان اللہ یجزی المتصدقین (یوسف ۹) ان اللہ
یحب المحسنین (بقرہ ۲۰ مائدہ ۲) ان اللہ یحب التوابین (بقرہ ۲۳) ان اللہ یحب المتوکلین (آل عمران ۱۶) ان اللہ یحب المتقین (توبہ ۱ مرتین) ان اللہ یحب
المقسطین (مائدہ ۵ حجرات ۱ ممتحنہ ۱) ان اللہ یحب الذین (صف ۱) ان اللہ یحکم ما یرید (مائدہ ۱) ان اللہ یحکم بینہم (زمر ۱) واعلموا ان اللہ یحول
بین المرء وقلبہ (انفال ۳) ان اللہ یدافع عن الذین آمنوا (حج ۵) ان اللہ یدخل الذین آمنوا (حج ۲-۳ محمد ۱) ان اللہ یرزق من یشاء (آل عمران ۴)
الم تر ان اللہ یسبح لہ من فی السموات والارض (نور ۵) ان اللہ یسمع من یشاء (ملائکہ ۳) قل ان اللہ یضل من یشاء (رعد ۴) ان اللہ یعلم ما یسرون
(بقرہ ۹) لا جرم ان اللہ یعلم ما یسرون (نحل ۳) ذلک لتعلموا ان اللہ یعلم ما فی السموات وما فی الارض (مائدہ ۱۰) الم تر ان اللہ یعلم ما فی السموات
وما فی الارض (مجادلہ ۱) ان اللہ یعلم سرہم ونجواہم (توبہ ۸) ان اللہ یعلم وانتم لا تعلمون (نحل ۷) ان اللہ یعلم ما تفعلون (نحل ۱۳) ان اللہ یعلم ما یدعون
(عنکبوت ۵) ان اللہ یعلم غیب السموات والارض (حجرات ۲) ان اللہ یغفر الذنوب جمیعا (زمر ۶) ان اللہ یفصل بینہم (حج ۲) ان اللہ یفعل ما یرید (حج ۲)
ان اللہ یفعل ما یشاء (حج ۲) ان اللہ یمسک السموات والارض ان تزولا (ملائکہ ۵) ذلک بان اللہ یولج اللیل فی النہار (حج ۷) ذلک بان اللہ ہو الحق
(حج ۱-۷ لقمان ۳) فان اللہ اعد للمحسنات (احزاب ۴) فان اللہ کان بما تعملون خبیرا (نساء ۱۳-۱۴) فان اللہ بما یعملون بصیر (انفال ۵) فان اللہ بہ
علیم (بقرہ ۲۲-۲۸ آل عمران ۱۰) فان اللہ سریع الحساب (آل عمران ۲) فان اللہ سمیع علیم (بقرہ ۲۳) فان اللہ شاکر علیم (بقرہ ۱۹) فان اللہ

ان اللہ قوی عزیز (حدید ۳ مجادلہ ۳)

یقاتلون

(۵)

شديد العقاب (بقرة ۲۱-۲۴- انفال ۲ حشر ۱) فان الله عدو للكافرين (بقرة ۱۲) فان الله عليم بالمفسدين (ال عمران ۷) فان الله عزيز حكيم (انفال

فان الله غفور رحيم (بقرة ۲۸-۲۳ مائدة ۱۲ ال عمران ۹ نحل ۱۲ نور ۱ مجادلة ۲ تغابن ۲) فان الله غني عن العالمين (ال عمران ۱۰) فان الله غني حميد

(لقمان ۲) فان الله غني عنكم (زمر ۱) فان الله كان به عليما (نساء ۳) فان الله كان غفورا رحيما (نساء ۳) فان الله كان عفوا قديرا (نساء ۱۵)

فان الله كان بما تعملون خبيرا (نساء ۱۲-۲۰) فان الله كان بكل شيء عليما (احزاب ۷) فان الله كان بعباده بصيرا (ملائكة ۵) فان الله لا يحب الكافرين

(ال عمران ۴) فان الله لا يرضى عن القوم الفاسقين (توبة ۱۲) فان الله لا يضيع اجر المحسنين (هود ۱۰ يوسف ۱۰) فان الله لا يهدي من يضل (نحل ۴)

فان الله من بعد اكراههن غفور رحيم (نور ۴) فان الله لغني حميد (ابراهيم ۱) فان الله هو الغني الحميد (حديد ۲ ممتحنة ۱) فان الله هو موليه (تحريم ۱)

فان الله يأتي بالشمس (بقرة ۳۵) فان الله يتوب عليه (مائدة ۶) فان الله يحب المتقين (ال عمران ۸) فان الله يضل من يشاء (ملائكة ۱) فان الله يعلم

(بقرة ۳۷) **وان الله** بكل شيء عليم (مائدة ۱۰) وان الله بما تعملون خبير (لقمان ۳) وان الله تواب حكيم (نور ۱) وان الله رءوف رحيم (نور ۳) وان الله

سميع عليم (انفال ۲) وان الله سميع بصير (حج ۷) وان الله شديد العقاب (بقرة ۲۷) وان الله عنده اجر عظيم (انفال ۳) وان الله علام الغيوب

(توبة ۸) وان الله غفور رحيم (مائدة ۱۰) وان الله لا يضيع اجر المؤمنين (ال عمران ۱۷) وان الله لا يهدي كيد الخائنين (يوسف ۷) وان الله لا يهدي

القوم الكافرين (نحل ۱) وان الله بكم لرءوف رحيم (حديد ۱) وان الله لسميع عليم (انفال ۹) وان الله قد احاط بكل شيء علما (طلاق ۲) وان الله لعفو

غفور (مجادلة ۱) وان الله لعليم حليم (حج ۹) وان الله على نصرهم لقدير (حج ۶) وان الله مع المحسنين (عنكبوت ۷) وان الله لهاد الذين آمنوا (حج ۶)

وان الله لهو خير الرازقين (حج ۸) وان الله لهو الغني الحميد (حج ۷) وان الله ليس بظلام للعبيد (ال عمران ۹) وان الله مع المؤمنين (انفال ۲) ذلكم

وان الله موهن كيد الكافرين (انفال ۲) وان الله مخزي الكافرين (توبة ۱) وان الله هو التواب الرحيم (توبة ۱۳) وان الله هو العلي الكبير (حج ۷) لقمان

وان الله يبعث من في القبور (حج ۱) وان الله يهدي من يريد (حج ۲) **انما** الله اله واحد (نساء ۲۳) والقى **الالواح** (اعراف ۱۸) اخذ الالواح (اعراف ۱۹)

وكتبنا له **في** الالواح (اعراف ۱۷) واختلاف السنتكم **والوانكم** (روم ۳) ومن الناس والدواب والانعام مختلف **الوانه** (ملائكة ۴)

مختلفا الوانه (نحل ۲) يخرج من بطونها شراب مختلف الوانه (نحل ۷) ثمرت مختلفا **الوانها** (ملائكة ۳) والهكم **اله** واحد (بقرة ۱۷) وما من اله

الا اله واحد (مائدة ۱۰) انما الله اله واحد (نساء ۲۳) انما هو اله واحد (ابراهيم ۷ نحل ۶) الهكم اله واحد (نحل ۳) انما الهكم اله واحد (كهف ۱۲ انبياء

فصلت ۱) ومن يقل منهم اني اله من دونه (انبياء ۲) فالهكم اله واحد (حج ۵) وهو الذي في السماء اله وفي الارض اله (زخرف ۷) ام لهم اله غير الله

(طور ۲) ءاله مع الله (نمل ۵ اربع مرات) الله لا اله الا هو (بقرة ۲۴ نساء ۱۲ طه ۱ نمل ۲ تغابن ۱) لا اله الا هو (بقرة ۱۷ ال عمران ۱-۲-۴ انعام ۱۱

مرتين اعراف ۲۰ توبة ۳-۱۲ رعد ۳ مؤمنين ۱۲ قصص ۹ ملائكة ۱ زمر ۱ مؤمن ۷ مرتين دخان ۱ مزمل ۱) وان لا اله الا هو (هود ۲) انه لا

اله الا انا فاتقون (نحل ۱) هو الله الذي لا اله الا هو (حشر ۳ مرتين) انني انا الله لا اله الا انا (طه ۱) الم الله لا اله الا هو (ال عمران ۱) انه لا

اله الا هو (ال عمران ۲) انما الهكم الله الذي لا اله الا هو (طه ۵) وهو الله لا اله الا هو (قصص ۷) انه لا اله الا انا فاعبدون (انبياء ۲)

ان لا اله الا انت (انبياء ۲) قال امنت انه لا اله الا الذي آمنت به بنوا اسرائيل (يونس ۹) انا قيل لهم لا اله الا الله يستكبرون (صافات ۲)

فاعلم انه لا اله الا الله (قتال ۲) اذا لذهب كل اله بما خلق (مؤمنين ۵) ملك الناس اله الناس (ناس ۱) لعلي اطلع **الى** اله موسى (قصص ۴)

فاطلع الى اله موسى (مؤمن ۴) وما من اله الا الله (ال عمران ۷ ص ۷) وما من اله الا اله واحد (مائدة ۱۰) مالكم من اله غيره (اعراف ۸-۷-۶

۸-۹ مؤمنين ۲-۳ هود ۵-۷-۸) وما كان معه من اله (مؤمنين ۵) ما علمت لكم من اله غيري (قصص ۴) من اله غير الله (انعام ۵ قصص ۸ مرتين)

قالوا نعبد الهك **واله** اباءك (بقرة ۱۷) قالوا يا موسى اجعل لنا **الها** (اعراف ۱۶) قال اغير الله ابغيكم الها (اعراف ۱۶) وما امروا الا ليعبدوا

الها واحدا (توبة ۴) لن ندعوا من دونه الها (كهف ۲) قال لئن اتخذت الها غيري (شعراء ۲) الذين يجعلون مع الله الها آخر (حجر ۱) لا تجعل

مع الله الها آخر (اسرائيل ۲) ولا تجعل مع الله الها آخر (اسرائيل ۴) ومن يدع مع الله الها آخر لا برهان له (مؤمنين ۲) الذي جعل مع الله

الها آخر (ق ۲) والذين لا يدعون مع الله الها آخر (فرقان ۶) ولا تدع مع الله الها آخر (شعراء ۱۱) ولا تدع مع الله الها آخر (قصص ۹)

اجعل الآلهة الها واحدا (ص ۱) ولا تجعلوا مع الله الها آخر (ذاريات ۲) قالوا نعبد **الهك** (بقرة ۱۶) وانظر الى الهك (طه ۵) انما

الهكم اله واحد (كهف ۱۲ انبياء ۱۱ فصلت ۱) فقالوا هذا الهكم واله موسى فنسي (طه ۴) انما الهكم الله الذي لا اله الا هو (طه ۵) الهكم اله

واحد (نحل ۳) **فالهكم** اله واحد (حج ۵) **والهكم** اله واحد (بقرة ۱۷) والهنا والهكم واحد (عنكبوت ۵) ارايت من اتخذ **الهه** هواه (فرقان ۵)

افرايت من اتخذ الهه هواه (جاثية ۳) اتخذوني وامي **الهين** من دون الله (مائدة ۱۶) وقال الله لا تتخذوا الهين اثنين (نحل ۷) قل

ربع ۱- انفال ۹

وحملناه على ذات الواح ودسر (قمر)

قل اللّٰهم مالك الملك (آل عمران ۳) اللّٰهم ربنا انزل علينا مائدة من السماء (مائدة ۱۲) واذ قالوا اللّٰهم (انفال ۴) دعوٰيهم فيها سبحانك اللّٰهم (يونس ۱)
قل اللّٰهم فاطر السموات والارض (زمر ۵) فالهمها فجورها وتقوٰيها (شمس ۱) الهٰيكم التكاثر (تكاثر ۱) ان اخذه اليم شديد (هود ۹) لهم
عذاب من رجز اليم (سبا ۱ جاثيه ۱) انى اخاف عليكم عذاب يوم اليم (هود ۳ زخرف ۷) وذو عقاب اليم (فصلت ۵) عذاب اليم وعذابا اليما انظر عذاب

فصل الميم

هن ام الكتاب (آل عمران ۱) وعنده ام الكتاب (رعد ۶) قال ابن ام ان القوم استضعفونى (اعراف ۱۸) واصبح
فؤاد ام موسى فارغا (قصص ۱) واوحينا الى ام موسى (قصص ۱) وانه فى ام الكتاب (زخرف ۱) والصالحين من عبادكم وامائكم (نور ۴) واذ هو امآ
واحى ربهم (نجم ۵) ثم اماته فاقبره (عبس ۱) فاماته الله مائة عام (بقرة ۳۵) ان النفس لامارة بالسوء (يوسف ۷) وانهما لبامام مبين (حجر ۸)
فى امام مبين (يس ۲) قال انى جاعلك للناس اماما (بقرة ۱۵) ومن قبله كتاب موسى اماما ورحمة (هود ۲ - احقاف ۲) واجعلنا للمتقين اماما
(فرقان ۶) بل يريد الانسان ليفجر امامه (قيامة ۱) يوم ندعوا كل اناس بامامهم (اسرائيل ۸) ان الله يأمركم ان تؤدوا الامانات الى اهلها
(نساء ۸) وتخونوا اماناتكم (انفال ۳) والذين هم لاماناتهم وعهدهم راعون (مؤمنين ۱ معارج ۱) انا عرضنا الامانة (احزاب ۹) فليؤد الذى
اؤتمن امانته (بقرة ۳۹) لايعلمون الكتاب الا امانى (بقرة ۹) ولا امانى اهل الكتاب (نساء ۱۳) وغرتكم الامانى (حديد ۲) ليس
بامانيكم (نساء ۱۸) تلك امانيهم (بقرة ۱۳) تلك امة قد خلت (بقرة ۱۶ - ۱۵) ولتكن منكم امة (آل عمران ۱۱) من اهل الكتاب امة قائمة (آل عمران ۱۲) منهم
امة مقتصدة (مائدة ۷) كلما دخلت امة (اعراف ۴) ومن قوم موسى امة (اعراف ۲۰) واذ قالت امة منهم (اعراف ۲۱) وممن خلقنا امة يهدون بالحق
(اعراف ۲۲) ان تكون امة هى اربى من امة (نحل ۱۳) ومن ذريتنا امة مسلمة لك (بقرة ۱۵) ان هذه امتكم امة واحدة (انبياء ۶) وان هذه امتكم امة واحدة
(مؤمنين ۳) وكذلك جعلناكم امة وسطا (بقرة ۱۷) كان الناس امة واحدة (بقرة ۲۶) ولو شاء الله لجعلكم امة واحدة (مائدة ۷ نحل ۱۳) وما كان الناس (قصص ۳)
الا امة واحدة (يونس ۲) ان ابراهيم كان امة قانتا لله حنيفا (نحل ۱۶) كلما جاء امة رسولها كذبوه (مؤمنين ۳) وجد عليه امة من الناس يسقون
لجعلهم امة واحدة (شورىٰ ۱) ولولا ان يكون الناس امة واحدة (زخرف ۳) كنتم خير امة (آل عمران ۱۲) وادكر بعد امة (يوسف ۶) وهمت كل امة برسولهم
(مؤمن ۱) وترى كل امة جاثية (جاثيه ۴) كل امة تدعى الى كتابها (جاثيه ۴) ولقد بعثنا فى كل امة رسولا (نحل ۵) كذلك زينا لكل امة عملهم (انعام ۱۳)
لكل امة اجل (يونس ۵) لكل امة جعلنا منسكا (حج ۷) ولكل امة اجل (اعراف ۴) ولكل امة رسول (يونس ۵) ولكل امة جعلنا منسكا (حج ۵) فكيف اذا
جئنا من كل امة (نساء ۶) ويوم نحشر من كل امة فوجا (نمل ۶) ونزعنا من كل امة شهيدا (قصص ۷) ويوم نبعث من كل امة شهيدا (نحل ۱۲) ولئن اخرنا
عنهم العذاب الى امة (هود ۱) انا وجدنا اباءنا على امة (زخرف ۲ مرتين) كذلك ارسلناك فى امة (رعد ۴) ما تسبق من امة اجلها (حجر ۱)
(مؤمنين ۳) وان من امة الا خلا فيها نذير (ملائكة ۳) ولامة مؤمنة خير من مشركة (بقرة ۲۷) لا ترى فيها عوجا ولا امتا (طه ۶) وامتازوا اليوم
(يس ۴) اولئك الذين امتحن الله قلوبهم للتقوىٰ (حجرات ۱) يايها الذين امنوا اذا جاءكم المؤمنات مهاجرات فامتحنوهن (ممتحنة ۲) لو تغفلون عن اسلحتكم
وامتعتكم (نساء ۱۵) فتعالين امتعكن (احزاب ۴) قال ومن كفر فامتعه قليلا (بقرة ۱۵) ان هذه امتكم امة واحدة (انبياء ۶) وان هذه امتكم امة
واحدة (مؤمنين ۳) يوم نقول لجهنم هل امتلأت (ق ۳) قالوا ربنا امتنا اثنتين (مؤمن ۲) كامثال اللؤلؤ المكنون (واقعة ۲) وتلك
الامثال نضربها للناس (عنكبوت ۵ حشر ۳) كذلك يضرب الله الامثال (رعد ۲) ويضرب الله الامثال للناس (ابراهيم ۴ نور ۵) وضربنا لكم
الامثال (ابراهيم ۷) فلا تضربوا لله الامثال (نحل ۱۰) انظر كيف ضربوا لك الامثال (اسرائيل ۵ فرقان ۱) وكلا ضربنا له الامثال (فرقان ۴) عباد
امثالكم (اعراف ۲۴) الا امم امثالكم (انعام ۴) ثم لا يكونوا امثالكم (محمد ۴) على ان نبدل امثالكم (واقعة ۲) فله عشر امثالها (انعام ۲۰)
وللكافرين امثالها (قتال ۱) كذلك يضرب الله للناس امثالهم (قتال ۱) واذا شئنا بدلنا امثالهم تبديلا (انسان ۲) فطال عليهم الامد
(حديد ۲) تود لو ان بينها وبينه امدا بعيدا (آل عمران ۳) احصى لما لبثوا امدا (كهف ۲) ام يجعل له ربى امدا (جن ۲) وامددناكم باموال
(اسرائيل ۱) وامددناهم بفاكهة ولحم مما يشتهون (طور ۱) واتقوا الذى امدكم (شعراء ۷) امدكم بانعام وبنين (شعراء ۷) واذا جاءهم امر
من الامن (نساء ۱۱) وكان امر الله قدرا مقدورا (احزاب ۵) وكان امر الله مفعولا (نساء ۷ احزاب ۲) وظهر امر الله (توبة ۷) ذلك امر الله
(طلاق ۱) اتى امر الله فلا تستعجلوه (نحل ۱) فاذا جاء امر الله (مؤمن ۸) حتى جاء امر الله (حديد ۲) انه قد جاء امر ربك (هود ۷) لما جاء
امر ربك (هود ۹) او ياتى امر ربك (نحل ۵) اعجلتم امر ربكم (اعراف ۱۹) وما امر الساعة الا كلمح البصر (نحل ۱۰) فاتبعوا امر فرعون وما امر فرعون
برشيد (هود ۹) واتبعوا امر كل جبار عنيد (هود ۵) ولا تطيعوا امر المسرفين (شعراء ۸) او امر من عنده (مائدة ۸) حتى تفيء الى امر الله (حجرات ۱)
وما نتنزل الا بامر ربك (مريم ۴) تدمر كل شيء بامر ربها (احقاف ۳) واذا كانوا معه على امر جامع (نور ۹) فالتقى الماء على امر قد قدر (قمر ۱)

وعتوا عن امر ربهم (اعراف ١٠) ففسق عن امر ربه (کهف ٥) فعتوا عن امر ربهم (ذاریات ٢) عتت عن امر ربها (طلاق ١) فهم فى امر مريج (ق ١)
فيها يفرق كل امر حكيم (دخان ١) باذن ربهم من كل امر (قدر ١) وكل امر مستقر (قمر ١) واخرون مرجون لامر الله (توبه ١٣) لا عاصم اليوم من
امر الله (هود ٤) قالوا اتعجبين من امر الله (هود ٧) يحفظونه من امر الله (رعد ٢) قل الروح من امر ربى (اسرائيل ٩) قل امر ربى بالقسط (اعراف
٣) امر الا تعبدوا الا اياه (يوسف ٥) اولى امرها الى (نمل ٣) الا من امر بصدقة (نساء ١٧) ويقطعون ما امر الله به ان يوصل (بقرة ٣)
والذين يصلون ما امر الله به (رعد ٣) والساعة ادهى وامر (قمر ٣) قضى الامر الذى فيه تستفتيان (يوسف ٥) اذ قضى الامر منهم عملا
قضى الامر (ابراهيم ٤) ولو انزلنا ملكا لقضى الامر (انعام ١) لقضى الامر بينى وبينكم (انعام ٧) وقضى الامر (بقرة ٢١ هود ٤) واليه يرجع الامر
(هود ١٠) لله الامر من قبل ومن بعد (روم ١) بل لله الامر جميعا (رعد ٤) فاذا عزم الامر (قتال ٣) يتنزل الامر بينهن (طلاق ٢) يدبر الامر
(يونس ١) يدبر الامر (سجده ١) ومن يدبر الامر (يونس ٤) وقضينا اليه ذلك الامر (حجر ٥) اذ قضينا الى موسى الامر (قصص ٥) واولى الامر منكم (نساء
٨) والى اولى الامر منهم (نساء ١١) سنطيعكم فى بعض الامر (قتال ٣) قل ان الامر كله لله (آل عمران ١٦) وتنازعتم فى الامر (آل عمران ١٦) وشاورهم
فى الامر (آل عمران ١٧) ولتنازعتم فى الامر (انفال ٥) فلا ينازعنك فى الامر (حج ٩) ليس لك من الامر شیء (آل عمران ١٣) هل لنا من الامر من
(آل عمران ١٦) يقولون لو كان لنا من الامر شیء (آل عمران ١٦) وآتيناهم بينات من الامر (جاثيه ٢) على شريعة من الامر (جاثيه ٢) لو يطيعكم فى كثير
من الامر (حجرات ١) الا له الخلق والامر (اعراف ٧) والامر اليك (نمل ٣) والامر يومئذ لله (انفطار ٢) ان امرؤ هلك (نساء ٢٢) ما
كان ابوك امرأ سوء (مريم ٢) لقد جئت شيئا امرا (کهف ١٠) واذا قضى امرا (بقرة ١٤) اذا قضى امرا (آل عمران ٥ مريم ٢) فاذا قضى امرا (مؤمن
٧) ولكن ليقضى الله امرا (انفال ٥) ليقضى الله امرا (انفال ٥) قال بل سولت لكم انفسكم امرا (يوسف ٢-٩) ولا اعصى لك امرا (کهف ٩) وكان
امره فرطا (کهف ٤) ما كنت قاطعة امرا (نمل ٣) اذا قضى الله ورسوله امرا (احزاب ٥) ام ابرموا امرا (زخرف ٧) امرا من عندنا (دخان ١) فالمقسمات
امرا (ذاريات ١) لعل الله يحدث بعد ذلك امرا (طلاق ١) فالمدبرات امرا (نازعات ١) كل امرئ بما كسب رهين (طور ١) بل يريد كل امرئ منهم
(مدثر ٢) ايطمع كل امرئ منهم (معارج ٢) لكل امرئ منهم ما اكتسب (نور ٢) لكل امرئ منهم يومئذ شان (عبس ١) اذ قالت امرأت عمران (آل عمران ٤)
امرأت العزيز تراود فتاها (يوسف ٤) قالت امرأت العزيز الئن (يوسف ٦) وقالت امرأت فرعون (قصص ١) انى وجدت امرأة تملكهم (نمل ٢) وان امرأة
خافت من بعلها (نساء ١٩) وان كان رجل يورث كلالة او امرأة (نساء ٢) امرأت نوح وامرأت لوط (تحريم ٢) وضرب الله مثلا للذين امنوا امرأت فرعون
(تحريم ٢) وامرأة مؤمنة ان وهبت نفسها (احزاب ٦) فرجل وامرأتان ممن ترضون (بقرة ٣٩) ولا يلتفت منكم احد الا امرأتك (عنكبوت
٤) فاقبلت امرأته فى صرة (ذاريات ٢) فانجيناه واهله الا امرأته (اعراف ١٠ نمل ٤) الا امرأته قدرنا انها لمن الغابرين (حجر ٤) لننجينه واهله الا امرأته
(عنكبوت ٤) وقال الذى اشتراه من مصر لامرأته (يوسف ٣) وامرأته قائمة (هود ٧) وامرأته حمالة الحطب (مسد ١) وكانت امرأتى عاقرا (مريم
١) وامرأتى عاقر (آل عمران ٤) ووجد من دونهم امرأتين (قصص ٣) قل انى امرت (انعام ٢ زمر ٢) وبذلك امرت وانا اول المسلمين
(انعام ٢٠) انما امرت ان اعبد رب هذه البلدة (نمل ٧) قل انما امرت ان اعبد الله (رعد ٣) فاستقم كما امرت (هود ١٠) واستقم كما امرت (شورى
٢) وامرت ان اكون من المسلمين (يونس ٨ نمل ٧) وامرت ان اكون من المؤمنين (يونس ١١) وامرت لان اكون اول المسلمين (زمر ٢) وامرت ان
اسلم لرب العالمين (مؤمن ٧) وامرت لاعدل بينكم (شورى ٢) ان لا تسجد اذ امرتك (اعراف ٢) لئن امرتهم ليخرجن (نور ٧) ثم لا يكن امركم
عليكم غمة (يونس ٨) فاجمعوا امركم وشركاءكم (يونس ٨) ويهيئ لكم من امركم مرفقا (کهف ٢) فاتوهن من حيث امركم الله (بقرة ٢٨) اتاها امرنا
ليلا او نهارا (يونس ٣) حتى اذا جاء امرنا (هود ٤) فاذا جاء امرنا (مؤمنون ٢) ولما جاء امرنا (هود ٦-٨) فلما جاء امرنا (هود ٧-٩) وما امرنا
الا واحدة (قمر ٣) قد اخذنا امرنا من قبل (توبه ٧) يهدون بامرنا (انبياء ٥-سجده ٢) ومن يزغ منهم عن امرنا (سبا ٢) واسرافنا فى امرنا
(آل عمران ١٥) وهيئ لنا من امرنا رشدا (کهف ٢) وسنقول له من امرنا يسرا (کهف ١١) وكذلك اوحينا اليك روحا من امرنا (شورى ٥) والله امرنا بها
(اعراف ٣) امرنا مترفيها (اسرائيل ٢) وامرنا لنسلم لرب العالمين (انعام ٩) وقد امروا ان يكفروا به (نساء ٩) وما امروا الا ليعبدوا الها واحدا (توبه
٥) وما امروا الا ليعبدوا الله (بينة ١) وامروا بالمعروف (حج ٦) وكان امره فرطا (کهف ٤) انما امره اذا اراد شيئا (يس ٥) ليذوق وبال امره (مائده
١٣) ان الله بالغ امره (طلاق ١) حتى ياتى الله بامره (بقرة ١٣ توبه ٣) والنجوم مسخرات بامره (اعراف ٧ نحل ٢) لتجرى فى البحر بامره (ابراهيم ٥) والفلك
تجرى فى البحر بامره (حج ٩) وهم بامره يعملون (انبياء ٢) تجرى بامره الى الارض (انبياء ٦) ومن آياته ان تقوم السماء والارض بامره (روم ٣) ولتجرى الفلك
بامره (روم ٥) تجرى بامره رخاء (ص ٣) لتجرى الفلك فيه بامره (جاثيه ٢) والله غالب على امره (يوسف ٣) فليحذر الذين يخالفون عن امره (نور

كلا لما يقض ما امرہ (عبس ۲) ينزل الملائكة بالروح من امرہ (نحل ۱) يلقى الروح من امرہ (مؤمن ۲) يجعل لہ من امرہ يسرا (طلاق ۱) والى امرہ الى
اللہ (بقرہ ۲۸) واوحى فى كل سماء امرها (فصلت ۲) فذاقت وبال امرها (طلاق ۲) وكان عاقبة امرها خسرا (طلاق ۲) انما امرهم الى اللہ
الى اللہ (انعام ۲۰) اذ اجمعوا امرهم (يوسف ۱۱) اذ يتنازعون بينهم امرهم (كهف ۳) فتنازعوا امرهم بينهم (طہ ۳) وتقطعوا امرهم بينهم (انبياء ۱)
فتقطعوا امرهم بينهم زبرا (مؤمنون ۲) ذاقوا وبال امرهم (حشر ۲) فذاقوا وبال امرهم (تغابن ۱) لتنبئنهم بامرهم هذا (يوسف ۲) ولما دخلوا من
حيث امرهم ابوهم (يوسف ۸) لا يعصون اللہ ما امرهم (تحريم ۱) قال الذين غلبوا على امرهم (كهف ۳) ان يكون لهم الخيرة من امرهم (احزاب ۵)
وامرهم شورى بينهم (شورى ۴) ويسر لى امرى (طہ ۲) واطيعوا امرى (طہ ۵) افعصيت امرى (طہ ۱) وافوض امرى الى اللہ (مؤمن ۵)
وما فعلته عن امرى (كهف ۹) واشركه فى امرى (طہ ۲) قالت يا ايها الملا افتونى فى امرى (نمل ۳) ولا ترهقنى من امرى عسرا (كهف ۲)
فاذا الذى استنصرہ بالامس (قصص ۲) كان لم تغن بالامس (يونس ۳) كما قتلت نفسا بالامس (قصص ۲) واصبح الذين تمنوا مكانه بالامس
(قصص ۹) فامساك بمعروف (بقرہ ۲۳) فامسحوا بوجوهكم وايديكم (نساء ۷) فامسحوا بوجوهكم وايديكم منه (مائدہ ۱) وامسحوا برءوسكم
(مائدہ ۱) امسك عليك زوجك (احزاب ۵) ان امسك (بقرہ) (ملك ۳) وامسك بغير حساب (ص ۴) اذا لامسكتم خشية الانفاق
(اسرائيل ۱۰) فكلوا مما امسكن عليكم (مائدہ ۱) فامسكوهن بمعروف (بقرہ ۲۴ طلاق ۱) فامسكوهن فى البيوت (نساء ۲) ان امسكهما
من احد من بعدہ (ملائكہ ۵) انا خلقنا الانسان من نطفة امشاج (انسان ۱) ان امشوا واصبروا على الهتكم (ص ۱) فامشوا فى مناكبها
(ملك ۲) وامضوا حيث تؤمرون (حجر ۲) فامطر علينا حجارة من السماء (انفال ۴) امطرت مطر السوء (فرقان ۴) وامطرنا عليهم
مطرا (اعراف ۹ شعراء ۱ نمل ۷) وامطرنا عليها حجارة (هود ۹) وامطرنا عليهم حجارة (حجر ۲) فقطع امعاءهم (قتال ۲) وما كانت امك بغيا
(مريم ۲) اذ اوحينا الى امك ما يوحى (طہ ۲) فرجعناك الى امك (طہ ۲) اذ رأى نارا فقال لاهله امكثوا (طہ ۱) قال لاهله امكثوا (قصص ۳)
فقد خانوا اللہ من قبل فامكن منهم (انفال ۹) ويلههم الامل (حجر ۱) وخير املا (كهف ۶) لاملان جهنم (اعراف ۲ هود ۱۰ سجدہ ۲ ص ۶)
ولا تقتلوا اولادكم خشية املاق (اسرائيل ۴) ولا تقتلوا اولادكم من املاق (انعام ۱۹) قال رب انى لا املك الا نفسى (مائدہ ۴) قل انى
لا املك لكم ضرا ولا رشدا (جن ۲) قل لا املك لنفسى نفعا ولا ضرا (اعراف ۲۳) قل لا املك لنفسى ضرا ولا نفعا (يونس ۵) وما املك لك من
اللہ من شىء (ممتحنہ ۱) واملى لهم (اعراف ۲۳ نون ۲) واملى لهم (قتال ۲) وكاين من قرية امليت لها (حج ۶) فامليت للذين كفروا (رعد ۴)
فامليت للكافرين (حج ۶) الا امم امثالكم (انعام ۴) قد خلت من قبلها امم (رعد ۴) فقد كذب امم من قبلكم (عنكبوت ۲) ولقد ارسلنا الى
امم من قبلك (انعام ۵) تاللہ لقد ارسلنا الى امم (نحل ۸) وعلى امم ممن معك (هود ۴) قال ادخلوا فى امم (اعراف ۴) فى امم قد خلت من قبلهم من
الجن والانس (فصلت ۳ احقاف ۲) وامم سنمتعهم (هود ۴) ليكونن اهدى من احدى الامم (ملائكہ ۵) وقطعناهم اثنتى عشرة اسباطا امما (اعراف ۲۱)
وقطعناهم فى الارض امما (اعراف ۲۱) فان امن بعضكم بعضا (بقرہ ۲۹) افامن اهل القرى (اعراف ۱۲) افامن الذين مكروا السيئات (نحل ۶)
او امن اهل القرى (اعراف ۱۲) فاى الفريقين احق بالامن (انعام ۹) واذا جاءهم امر من الامن (نساء ۱۱) اولئك لهم الامن وهم مهتدون (انعام ۹)
وليبدلنهم من بعد خوفهم امنا (نور ۷) واذ جعلنا البيت مثابة للناس وامنا (بقرہ ۱۵) ثم انزل عليكم من بعد الغم امنة نعاسا (ال عمران ۱۶)
اذ يغشيكم النعاس امنة (انفال ۲) الا كما امنتكم على اخيه من قبل (يوسف ۷) فاذا امنتم فمن تمتع بالعمرة الى الحج (بقرہ ۲) فاذا امنتم فاذكروا اللہ
(بقرہ ۳۲) ءامنتم من فى السماء (ملك ۲) ام امنتم ان يعيدكم فيه (اسرائيل ۷) ام امنتم من فى السماء (ملك ۲) افامنتم ان يخسف بكم (اسرائيل ۷) هذا عطاؤنا
فامنن (ص ۳) افامنوا مكر اللہ (اعراف ۱۲) افامنوا ان تاتيهم غاشية (يوسف ۱۱) القى الشيطان فى امنيته (حج ۷) ولاضلنهم ولامنينهم
(نساء ۱۸) ولا تقولوا لمن يقتل فى سبيل اللہ اموات (بقرہ ۱۹) اموات غير احياء (نحل ۲) وما يستوى الاحياء ولا الاموات (ملائكہ ۳)
وكنتم امواتا فاحياكم (بقرہ ۳) ولا تحسبن الذين قتلوا فى سبيل اللہ امواتا (ال عمران ۱۷) احياء وامواتا (مرسلات ۱) ان الذين ياكلون اموال
اليتامى (نساء ۱) واكلهم اموال الناس بالباطل (نساء ۲۲) ليأكلون اموال الناس (توبہ ۵) لتأكلوا فريقا من اموال الناس بالاثم (بقرہ ۲۳) وامددناكم باموال
(اسرائيل ۱) ويمددكم باموال (نوح ۱) ليربوا فى اموال الناس (روم ۴) واموال اقترفتموها (توبہ ۳) وشاركهم فى الاموال (اسرائيل ۷) وتكاثر
فى الاموال والاولاد (حديد ۳) ونقص من الاموال (بقرہ ۱۹) واكثر اموالا واولادا (توبہ ۹) وقالوا نحن اكثر اموالا واولادا (سبا ۴) وملاه
زينة واموالا (يونس ۹) لا تلهكم اموالكم ولا اولادكم (منافقون ۲) ولا تأكلوا اموالكم بينكم بالباطل (بقرہ ۲۳) ولا تؤتوا السفهاء اموالكم (نساء ۱) لا
تأكلوا اموالكم بينكم بالباطل (نساء ۵) ولا يسألكم اموالكم (قتال ۴) فلكم رءوس اموالكم (بقرہ ۳۸) ولا تأكلوا اموالهم الى اموالكم (نساء ۱) ان تبتغوا باموالكم نساء ۳

وجاهدوا باموالكم (توبہ ۶) وجاهدوا باموالكم (توبہ ۵) وتجاهدون فی سبیل الله باموالكم وانفسكم (صف ۲) لتبلون **فی** اموالكم (ال عمران ۱۹) واعلموا **انما** اموالكم
واولادكم (انفال ۳) انما اموالكم واولادكم فتنة (تغابن ۲) **وما** اموالكم ولا اولادكم (سبا ۵) شغلتنا **اموالنا** (فتح ۲) او ان نفعل **فی**
اموالنا ما نشؤ (هود ۸) لن تغنی عنهم **اموالهم** (ال عمران ۱۲-۱) (مجادلة ۳) فلا تعجبك اموالهم (توبہ ۷) ولا تعجبك اموالهم (توبہ ۱۱) مثل الذین
ینفقون اموالهم (بقرة ۳۶) ومثل الذین ینفقون اموالهم (بقرة ۳۶) الذین ینفقون اموالهم (بقرة ۳۷-۳۸) واتوا الیتامی اموالهم (نساء ۱) ولا تأكلوا
اموالهم الی اموالكم (نساء ۱) فاذا دفعتم الیهم اموالهم (نساء ۱) فادفعوا الیهم اموالهم (نساء ۱) والذین ینفقون اموالهم رئاء الناس (نساء ۶) ان
الذین كفروا ینفقون اموالهم (انفال ۵) والمجاهدون فی سبیل الله **با** موالهم وانفسهم (نساء ۱۳) فضل الله المجاهدین باموالهم وانفسهم
(نساء ۱۳) وهاجروا وجاهدوا باموالهم (انفال ۱۰) وهاجروا وجاهدوا فی سبیل الله باموالهم (توبہ ۳) ان یجاهدوا باموالهم وانفسهم (توبہ ۷)
وكرهوا ان یجاهدوا باموالهم (توبہ ۱۱) جاهدوا باموالهم وانفسهم (توبہ ۶) وجاهدوا باموالهم وانفسهم (حجرات ۲) ربنا اطمس **علی** اموالهم
(یونس ۹) **وفی** اموالهم حق للسائل والمحروم (ذاریات ۱) والذین فی اموالهم حق معلوم (معارج ۱) وبما انفقوا **من** اموالهم (نساء ۶) خذ من
اموالهم صدقة (توبہ ۱۳) ان الله اشتری من المؤمنین انفسهم **و** اموالهم (توبہ ۱۴) ودیارهم واموالهم (احزاب ۳) الذین اخرجوا من دیارهم
واموالهم (حشر ۱) ویوم **اموت** ویوم ابعث حیا (مریم ۲) والی الله ترجع **الامور** (بقرة ۲۶-۲۷ ال عمران ۱۳ ملائكة ۱-انفال ۵ حج ۵ حدید ۱)
الا الی الله تصیر الامور (شوری ۵) وقلبوا لك الامور (توبہ ۷) فان ذلك من عزم الامور (ال عمران ۱۹) ان ذلك من عزم الامور (لقمان ۲)
ان ذلك لمن عزم الامور (شوری ۴) ولله عاقبة الامور (حج ۶) والی الله عاقبة الامور (لقمان ۳) حملته **امه** وهنا علی وهن (لقمان ۲) حملته
امه كرها (احقاف ۲) فرددناه **الی امه** (قصص ۲) **فامه** هاویة (قارعة ۱) **فلامه** الثلث (نساء ۲) فلامه السدس (نساء ۲) ان اراد ان یهلك
المسیح ابن مریم **وامه** (مائدة ۳) وجعلنا ابن مریم وامه آیة (مؤمنون ۳) یوم یفر المرء من اخیه وامه وابیه (عبس ۱) حتی یبعث **فی امها** رسولا
(قصص ۶) **وامهات** نسائكم (نساء ۴) حرمت علیكم **امهاتكم** (نساء ۴) من بطون امهاتكم (نحل ۱۱) او بیوت امهاتكم (نور ۹) تظاهرون منهن
امهاتكم (احزاب ۱) یخلقكم فی بطون امهاتكم (زمر ۱) **و** امهاتكم اللاتی ارضعنكم (نساء ۴) وازواجه **امهاتهم** (احزاب ۱) ما هن امهاتهم (مجادلة ۱)
ان امهاتهم الا اللائی ولدنهم (مجادلة ۱) **امهم** بعید (طارق ۱) **وامی** الهین من دون الله (مائدة ۱۶) الذین یتبعون الرسول النبی
الامی (اعراف ۱۹) ورسوله النبی الامی (اعراف ۲۰) قال انا احی **وامیت** (بقرة ۲۶) وانا لكم ناصح **امین** (اعراف ۸) انك الیوم مكین امین
(یوسف ۷) انی لكم رسول امین (شعراء ۶-۷-۸-۹-۱۰) (دخان ۲) وانی علیه لقوی امین (نمل ۳) ان المتقین فی مقام امین (دخان ۳) مطاع
ثم امین (تكویر ۱) نزل به الروح **الامین** (شعراء ۱۱) القوی الامین (قصص ۳) وهذا البلد الامین (تین ۱) ومنهم **امیون** لا یعلمون الكتاب
(بقرة ۹) ذلك بانهم قالوا لیس علینا فی **الامیین** سبیل (ال عمران ۸) هو الذی بعث فی الامیین رسولا (جمعة ۱) وقل للذین اوتوا الكتاب
و الامیین (ال عمران ۲)

فصل النون

ویهدی الیه من اناب (رعد ۴) واتبع سبیل من اناب الی (لقمان ۲) والقینا علی
كرسیه جسدا **ثم اناب** (ص ۳) وخر راكعا **و** اناب (ص ۲) **وانابوا** الی الله (زمر ۲) ان یدعون من دونه الا **اناثا** (نساء ۱۸) واتخذ من الملائكة
اناثا (اسرائیل ۵) ام خلقنا الملائكة اناثا (صافات ۵) یهب لمن یشاء اناثا (شوری ۵) وجعلوا الملائكة الذین هم عباد الرحمن اناثا (زخرف ۲)
او یزوجهم ذكرانا **و** اناثا (شوری ۵) انهم **اناس** یتطهرون (اعراف ۱۰ نمل ۴) قد علم كل اناس مشربهم (بقرة ۷ اعراف ۲۰) یوم ندعوا كل اناس بامامهم
(اسرائیل ۸) **واناسی** كثیرا (فرقان ۵) والارض وضعها **للانام** (رحمن ۱) واذا خلوا عضوا علیكم **الانامل** (ال عمران ۱۲) غیر ناظرین **اناه**
(احزاب ۷) **سانبئك** بتاویل ما لم تستطع علیه صبرا (كهف ۱۰) انا **انبئكم** بتاویله فارسلون (یوسف ۵) هل انبئكم علی من تنزل الشیاطین
(شعراء ۱۱) قل هل انبئكم بشر من ذلك (مائدة ۹) قل اؤنبئكم بخیر من ذلكم (ال عمران ۲) قل **افا** نبئكم بشر من ذلكم (حج ۱۰) **فا** نبئكم بما كنتم تعملون (عنكبوت
۱ لقمان ۲) **و** انبئكم بما تاكلون (ال عمران ۵) فقال **انبئونی** باسماء هؤلاء (بقرة ۴) قال یا آدم **انبئهم** باسمائهم (بقرة ۴) ذلك من **انباء**
الغیب (ال عمران ۵ یوسف ۱۱) انباء ما كانوا به یستهزءون (انعام ۱ شعراء ۱) تلك **من** انباء الغیب (هود ۴) ذلك من انباء القری (هود ۹) وكلا
نقص علیك من انباء الرسل (هود ۱۰) كذلك نقص علیك من انباء ما قد سبق (طه ۵) فعمیت علیهم **الانباء** (قصص ۷) ولقد جاءهم **من** الانباء
(قمر ۱) من **انباك** هذا (تحریم ۱) یسئلون عن **انبائكم** (احزاب ۳) تلك القری نقص علیك من **انبائها** (اعراف ۱۳) كمثل حبة **انبتت** (بقرة ۳۶)
وانبتت **و** انبتت من كل زوج بهیج (حج ۱) والله **انبتكم** من الارض نباتا (نوح ۱) كم **انبتنا** فیها من كل زوج كریم (شعراء ۱) **فانبتنا** به حدائق
(نمل ۵) فانبتنا فیها من كل زوج كریم (لقمان ۲) فانبتنا به جنات (ق ۱) فانبتنا فیها حبا (عبس ۱) **و** انبتنا فیها من كل شیء موزون (حجر ۲) وانبتنا

علیہ شجرۃ (صافات ۵) وانبتنا فیہا من کل زوج بہیج (ق ۱) وانبتہا نباتا حسنا (ال عمران ۴) فانبجست منہ اثنتا عشرۃ عینا (اعراف ۲۰) فانبذ
الیہم علی سواء (انفال ۷) ولکن کرہ اللہ انبعاثہم (توبہ ۷) اذ انبعث اشقاھا (شمس ۱) الیک انبنا والیک المصیر (ممتحنہ ۱) قل فلم تقتلون
انبیاء اللہ (بقرہ ۱۱) اذ جعل فیکم انبیاء (مائدہ ۴) وقتلہم الانبیاء (ال عمران ۱۹ نساء ۲۲) اذ انتبذت من اھلہا (مریم ۲) فانتبذت بہ
مکانا قصیا (مریم ۳) واذا الکواکب انتثرت (انفطار ۱) فاذا طعمتم فانتشروا (احزاب ۷) فانتشروا فی الارض (جمعہ ۲) ولمن انتصر بعد ظلمہ
(شوری ۵) ذلک ولو یشاء اللہ لانتصر (قتال ۱) انی مغلوب فانتصر (قمر ۱) وذکروا اللہ کثیرا وانتصروا من بعد ما ظلموا (شعراء ۱۱) وانتظر
انہم منتظرون (سجدہ ۳) قل انتظروا انا منتظرون (انعام ۲۰) فانتظروا انی معکم من المنتظرین (اعراف ۹) قل فانتظروا انی معکم من المنتظرین
(یونس ۱۱) فقل انما الغیب للہ فانتظروا (یونس ۲) وانتظروا انا منتظرون (ھود ۱۰) واللہ عزیز ذو انتقام (ال عمران ۱) ان اللہ عزیز
ذو انتقام (ابراھیم ۷) الیس اللہ بعزیز ذی انتقام (زمر ۴) فلما اسفونا انتقمنا منہم (زخرف ۵) فانتقمنا منہم (اعراف ۱۶ حجر ۵ زخرف ۳)
فانتقمنا من الذین اجرموا (روم ۵) انتہوا خیرا لکم (نساء ۲۳) فان انتہوا فلا عدوان الا علی الظالمین (بقرہ ۲۴) فان انتہوا فان اللہ غفور
رحیم (بقرہ ۲۴) فان انتہوا فان اللہ بما یعملون بصیر (انفال ۵) وما نہیکم عنہ فانتہوا (حشر ۱) فمن جاءہ موعظۃ من ربہ فانتہی فلہ ما سلف (بقرہ ۳۸)
قالت رب انی وضعتہا انثی (ال عمران ۴) اللہ یعلم ما تحمل کل انثی (رعد ۱) وما تحمل من انثی (ملائکہ ۲ فصلت ۵) من ذکر او انثی (ال عمران ۲۰ نساء ۱۳
نحل ۱۳ مؤمن ۴) من ذکر وانثی (حجرات ۲) الکم الذکر ولہ الانثی (نجم ۲) لیسمون الملائکۃ تسمیۃ الانثی (نجم ۳) واذا بشر احدہم بالانثی (نحل ۷)
ولیس الذکر کالانثی (ال عمران ۴) والانثی بالانثی (بقرہ ۲۲) وانہ خلق الزوجین الذکر والانثی (نجم ۳) فجعل منہ الزوجین الذکر والانثی (قیامہ ۲) وما
خلق الذکر والانثی (لیل ۱) للذکر مثل حظ الانثیین (نساء ۲۴) قل الذکرین حرم ام الانثیین (انعام ۱۸ مرتین) اما اشتملت علیہ ارحام الانثیین (انعام ۱۸
مرتین) لئن انجانا من ہذہ (انعام ۸) لئن انجیتنا من ہذہ (یونس ۳) اذ انجاکم من ال فرعون (ابراھیم ۱) وآتیناہ الانجیل (مائدہ ۷ حدید ۴) ولیحکم
اھل الانجیل (مائدہ ۷) ومثلہم فی الانجیل (فتح ۴) والتوراۃ والانجیل ورسولا (ال عمران ۵) وعدا علیہ حقا فی التوراۃ والانجیل (توبہ ۱۴) و
علمتک الکتاب والحکمۃ والتوراۃ والانجیل (مائدہ ۱۵) حتی تقیموا التوراۃ والانجیل (مائدہ ۱۰) وما انزلت التوراۃ والانجیل الا من بعدہ (ال عمران ۷)
انجینا الذین ینہون عن السوء (اعراف ۲۱) الا قلیلا ممن انجینا منہم (ھود ۱۰) وانجینا موسی ومن معہ اجمعین (شعراء ۴) وانجینا الذین آمنوا
(نمل ۶) واذ انجیناکم من ال فرعون (اعراف ۱۶) قد انجیناکم من عدوکم (طہ ۴) واذ فرقنا بکم البحر فانجیناکم (بقرہ ۵) فکذبوہ فانجیناہ والذین
معہ (اعراف ۸) فانجیناہ والذین معہ (اعراف ۹) فانجیناہ واھلہ (اعراف ۱۰ نمل ۶) فانجیناہ ومن معہ (شعراء ۶) فانجیناہ واصحاب السفینۃ (عنکبوت ۲)
فانجینا ھم ومن نشاء (انبیاء ۱) فانجاہ اللہ من النار (عنکبوت ۳) فلما انجاھم اذا ھم یبغون فی الارض (یونس ۳) فصل لربک وانحر (کوثر ۱)
فلا تجعلوا للہ اندادا (بقرہ ۳) ومن الناس من یتخذ من دون اللہ اندادا (بقرہ ۲۰) ویجعل لہ اندادا (سبا ۴) وجعلوا للہ اندادا (ابراھیم ۵) وجعل
للہ اندادا (زمر ۱) وتجعلون لہ اندادا (فصلت ۲) ان انذر الناس (یونس ۱) ان انذر قومک (نوح ۱) اذ انذر قومہ بالاحقاف (احقاف ۳)
لتنذر قوما ما انذر آباؤھم (یس ۱) یا ایہا المدثر قم فانذر (مدثر ۱) وانذر بہ الذین یخافون (انعام ۶) وانذر الناس (ابراھیم ۷) وانذر
عشیرتک الاقربین (شعراء ۱۱) فان اعرضوا فقل انذرتکم (فصلت ۲) فانذرتکم نارا تلظی (لیل ۱) سواء علیہم ءانذرتہم (بقرہ ۱) وسواء
علیہم ءانذرتہم (یس ۱) قل انما انذرکم بالوحی (انبیاء ۴) لانذرکم بہ ومن بلغ (انعام ۲) انا انذرناکم عذابا قریبا (نبا ۲) ان انذروا
انہ لا الہ الا انا فاتقون (نحل ۱) وما انذروا ھزوا (کہف ۷) عما انذروا معرضون (احقاف ۱) وانذرھم یوم الحسرۃ (مریم ۲) وانذرھم یوم
الازفۃ (مؤمن ۲) ولقد انذرھم بطشتنا (قمر ۲) انزل من السماء ماء (رعد ۳) الم تر ان اللہ انزل من السماء ماء (حج ۹ زمر ۲ ملائکہ ۴) واللہ
انزل من السماء ماء (نحل ۸) اللہ الذی انزل الکتاب (شوری ۲) الحمد للہ الذی انزل علی عبدہ الکتاب (کہف ۱) والکتاب الذی انزل من قبل (نساء ۲۰)
ھو الذی انزل علیک الکتاب (ال عمران ۱) ھو الذی انزل من السماء ماء (نحل ۲) ھو الذی انزل السکینۃ (فتح ۱) وھو الذی انزل من السماء ماء (انعام ۱۲)
وھو الذی انزل الیکم الکتاب مفصلا (انعام ۱۴) ثم انزل علیکم من بعد الغم امنۃ (ال عمران ۱۶) ثم انزل اللہ سکینتہ علی رسولہ (توبہ ۴) ماذا
انزل ربکم (نحل ۳ ، ۴ مرتین) قد انزل اللہ الیکم ذکرا (طلاق ۲) واذا قیل لہم اتبعوا ما انزل اللہ (بقرہ ۲۱ لقمان ۳) ان الذین یکتمون ما انزل اللہ
من الکتاب (بقرہ ۲۱) واحذرھم ان یفتنوک عن بعض ما انزل اللہ الیک (مائدہ ۷) اذ قالوا ما انزل اللہ علی بشر من شیء (انعام ۱۱) ومن قال سانزل مثل
ما انزل اللہ (انعام ۱۱) حدود ما انزل اللہ علی رسولہ (توبہ ۱۲) قل ارایتم ما انزل اللہ لکم (یونس ۶) ما انزل اللہ بہا من سلطان (یوسف ۵ نجم ۱)
ما انزل ھؤلاء الا رب السموات والارض (بنی اسرائیل ۱۱) ذلک بانہم کرھوا ما انزل اللہ (قتال ۱) واذا قیل لہم تعالوا الی ما انزل اللہ (مائدہ ۱۴)

(نساء ۲ للذکر مثل حظ الانثیین)

واذا قيل لهم آمنوا بما انزل الله (بقرة ۱۱) ان يكفروا بما انزل الله (بقرة ۱۱) ومن لم يحكم بما انزل الله (مائدة ۵ ثلاث مرات) وليحكم اهل الانجيل بما انزل
الله (مائدة ۵) ومن لم يحكم بما انزل الله (مائدة ۵) فاحكم بينهم بما انزل الله (مائدة ۵) وان احكم بينهم بما انزل الله (مائدة ۵) وقل امنت بما انزل
الله (شورى ۲) لكن الله يشهد بما انزل اليك (نساء ۲۷) **وما** انزل عليكم من الكتاب (بقرة ۲۴) وما انزل الرحمن من شيء (يس ۲) وما انزل الله من
السماء (جاثية ۱) قل من انزل الكتاب (انعام ۱۱) ربنا انزل علينا من السماء (مائدة ۱۵) المص كتاب **انزل** (اعراف ۱) انا سمعنا كتابا انزل من بعد موسى
(احقاف ۴) الذى انزل من ربك (سبا ۱) شهر رمضان الذى انزل فيه القران (بقرة ۲۹) واتبعوا النور الذى انزل معه (اعراف ۱۹) آمنوا بالذى انزل
على الذين امنوا (ال عمران ۸) وقولوا امنا بالذى انزل الينا وانزل اليكم (عنكبوت ۵) لو انا انزل علينا الكتاب (انعام ۲۶) والذى انزل اليك (رعد ۱)
ءانزل عليه الذكر من بيننا (ص ۱) وقالوا **لولا** انزل عليه ملك (انعام ۱) ويقولون لولا انزل عليه آية (يونس ۲) لولا انزل عليه كنز (هود ۲) لولا
انزل عليه آية من ربه (رعد ۱-۳) وقالوا لولا انزل عليه ايات من ربه (عنكبوت ۵) لولا انزل اليه ملك (فرقان ۱) لولا انزل علينا الملائكة (فرقان ۲) **ما** بلغ
انزل اليك من ربك (مائدة ۱۰) وليزيدن كثيرا منهم ما انزل اليك من ربك (مائدة ۲ مرتين) واذا سمعوا ما انزل الى الرسول (مائدة ۹) اتبعوا ما انزل
اليكم (اعراف ۱) واتبعوا احسن ما انزل اليكم (زمر ۲) ان تقولوا **انما** انزل الكتاب (انعام ۲۶) فاعلموا انما انزل بعلم الله (هود ۲) افمن يعلم انما انزل
اليك من ربك الحق (رعد ۲) والذين يؤمنون **بما** انزل اليك (بقرة ۱) الم تر الى الذين يزعمون انهم امنوا بما انزل اليك (نساء ۲) قالوا نؤمن بما انزل
علينا (بقرة ۱۱) آمن الرسول بما انزل اليه (بقرة ۲۹) يفرحون بما انزل اليك (رعد ۲) **وما** انزل من قبلك (بقرة ۱ نساء ۲-۱۷) وما انزل على الملكين
(بقرة ۱۱) قولوا امنا بالله وما انزل الينا (بقرة ۱۴) وما انزل الى ابراهيم واسماعيل (بقرة ۱۴) قل امنا بالله وما انزل علينا وما انزل على ابراهيم
(ال عمران ۹) وما انزل اليكم وما انزل اليهم (ال عمران ۲) وما انزل الينا وما انزل من قبل (مائدة ۹) وما انزل اليهم من ربهم (مائدة ۲) وما انزل اليكم
من ربكم (مائدة ۷) وما انزل اليه ما اتخذوهم اولياء (مائدة ۹) **فانزل** الله سكينته (توبة ۵ فتح ۳) فانزل السكينة (فتح ۲) ولو شاء الله **لانزل**
ملائكة (مؤمنون ۲) لو شاء ربنا لانزل ملائكة (فصلت ۲) **و**انزل الله عليك الكتاب (نساء ۲) وانزل جنودا لم تروها (توبة ۳) وانزل لكم من
السماء ماء (نمل ۱) وقولوا امنا بالذى انزل الينا وانزل اليكم (عنكبوت ۵) وانزل الذين ظاهروهم (احزاب ۲) وانزل لكم من الانعام (زمر ۱) وامنوا
بما **انزلت** مصدقا (بقرة ۵) ربنا امنا بما انزلت (ال عمران ۲) فقال رب انى لما انزلت الى من خير فقير (قصص ۳) بعد اذ انزلت اليك (قصص ۹)
واذا ما انزلت سورة (توبة ۳ مرتين) ولولا نزلت سورة (توبة ۹) فاذا انزلت سورة محكمة (قتال ۲) وما انزلت التوراة والانجيل الا من بعده (ال عمران ۷)
ءانتم **انزلتموه** من المزن (واقعة ۲) والنور الذى **انزلنا** (تغابن ۱) **انا** انزلنا اليك الكتاب بالحق (نساء ۱) انا انزلنا التوراة (مائدة ۵) انا انزلنا
عليك الكتاب (عنكبوت ۲ زمر ۵) انا انزلنا اليك الكتاب بالحق (زمر ۱) **فاذا** انزلنا عليها الماء (حج ۱) **ام** انزلنا عليهم سلطانا (روم ۲) يا بنى آدم
قد انزلنا عليكم لباسا (اعراف ۲) **وقد** انزلنا ايات بينات (مجادلة ۱) **لقد** انزلنا اليكم كتابا (انبياء ۱) لقد انزلنا ايات مبينات (نور ۵) **ولقد**
انزلنا اليك ايات بينات (بقرة ۱۰) ولقد انزلنا اليكم ايات مبينات (نور ۲) **ما** انزلنا من البينات (بقرة ۱۹) طه ما انزلنا عليك القران لتشقى (طه ۱)
كما انزلنا على المقتسمين (حجر ۹) فان كنت فى شك **مما** انزلنا اليك (يونس ۱) **وما** انزلنا على عبدنا (انفال ۵) وما انزلنا عليك الكتاب (نحل ۷)
وما انزلنا على قومه من بعده من جند (يس ۲) **فانزلنا** على الذين ظلموا رجزا (بقرة ۶) فانزلنا به الماء (اعراف ۱) فانزلنا من السماء ماء (حجر ۲)
وانزلنا عليكم المن والسلوى (بقرة ۶) وانزلنا عليهم المن والسلوى (اعراف ۱) وانزلنا اليكم نورا مبينا (نساء ۱) وانزلنا اليك الكتاب (مائدة ۷)
وانزلنا اليك الذكر (نحل ۶) وانزلنا من السماء ماء (مؤمنون ۲ لقمان ۲) وانزلنا من السماء ماء طهورا (فرقان ۵) وانزلنا فيها ايات بينات (نور ۱) و
انزلنا معهم الكتاب (حديد ۳) وانزلنا الحديد (حديد ۳) وانزلنا من المعصرات ماء ثجاجا (نبا ۱) وهذا كتاب **انزلناه** مبارك (انعام ۱۰-۶۱) كماء
انزلناه من السماء (يونس ۳ كهف ۶) الر كتاب انزلناه اليك (ابراهيم ۱) وبالحق انزلناه (اسرائيل ۱) وهذا ذكر مبارك انزلناه (انبياء ۲) كتاب انزلناه
اليك مبارك (ص ۲) انا انزلناه قرانا عربيا (يوسف ۱) انا انزلناه فى ليلة مباركة (دخان ۱) انا انزلناه فى ليلة القدر (قدر ۱) وكذلك انزلناه حكما عربيا
(رعد ۲) وكذلك انزلناه قرانا عربيا (طه ۲) وكذلك انزلناه ايات بينات (حج ۲) سورة **انزلناها** وفرضناها (نور ۱) وقل رب **انزلنى** منزلا
انزله بعلمه (نساء ۲) قل انزله الذى يعلم السر فى السموات والارض (فرقان ۱) ذلك امر الله انزله اليكم (طلاق ۱) فيومئذ لا يسأل عن ذنبه **انس**
(رحمن ۱) لم يطمثهن انس قبلهم ولا جان (رحمن ۲-۳) قل لئن اجتمعت **الانس** والجن (اسرائيل ۹) وانا ظننا ان لن تقول الانس والجن (جن ۱) شياطين
الانس والجن (انعام ۱۴) قد استكثرتم **من الانس** (انعام ۳) وقال اولياؤهم من الانس (انعام ۳) وانه كان رجال من الانس (جن ۱) يا معشر الجن
والانس (انعام ۱۳ رحمن ۲) قد خلت من قبلكم من الجن والانس فى النار (اعراف ۴) كثيرا من الجن والانس (اعراف ۱۸) جنوده من الجن والانس (نمل ۱)

ولو انزلنا عليك كتابا فى قرطاس (انعام ۱) لو انزلنا هذا القران (حشر ۳) ولو انزلنا ملكا (انعام ۱) وكذلك انزلنا اليك الكتاب (عنكبوت ۵)

وانزلنا التوراة والانجيل ... ما انزل الله بها من سلطان (ال عمران ۱)

من الجن

قد خلت من قبلہم من الجن والانس (فصلت ۳) لحقاف ۳) اضلانا من الجن والانس (فصلت ۴) وما خلقت الجن والانس الا لیعبدون (ذاریات ۳)
فاذا نفخ فی الصور فلا أَنسَابَ بینہم (مؤمنون ۶) وکل إِنسَانٍ الزمناہ طائرہ (اسرائیل ۲) وخلق الإِنسَانُ ضعیفا (نساء ۵) خلق
الانسان من عجل (انبیاء ۳) ویدع الانسان بالشر (اسرائیل ۲) وکان الانسان عجولا (اسرائیل ۲) وکان الانسان کفورا (اسرائیل ۷) وکان الانسان قتورا (اسرائیل ۱۱)
وکان الانسان اکثر شیٔ جدلا (کہف ۸) ویقول الانسان ءاذا ما مت (مریم ۷) اولا یذکر الانسان انا خلقناہ (مریم ۷) اولم یر الانسان (یٰسٓ ۵) لا یسأم
الانسان من دعاء الخیر (فصلت ۶) ایحسب الانسان (قیامۃ ۱-۲) بل یرید الانسان (قیامۃ ۱) یقول الانسان یومئذ این المفر (قیامۃ ۱) ینبأ الانسان
یومئذ (قیامۃ ۱) بل الانسان علی نفسہ بصیرۃ (قیامۃ ۱) یوم یتذکر الانسان ما سعی (نازعات ۲) قتل الانسان ما اکفرہ (عبس ۱) فلینظر الانسان
(عبس ۲ طارق ۱) یا ایہا الانسان (انفطار ۱- انشقاق ۱) فاما الانسان اذا ما ابتلاہ ربہ (فجر ۱) یومئذ یتذکر الانسان (فجر ۳) وقال الانسان ما
(زلزال ۱) واذا مس الانسان الضر (یونس ۲) واذا مس الانسان ضر (زمر ۱) فاذا مس الانسان ضر (زمر ۵) ولئن اذقنا الانسان (ہود ۱) وانا اذا
اذقنا الانسان (شوریٰ ۵) خلق الانسان من نطفۃ (نحل ۱) خلق الانسان من علق (علق ۱) ولقد خلقنا الانسان (حجر ۳ مؤمنون ۲ ق ۲) خلقنا الانسان
من صلصال (رحمن ۱) انا خلقنا الانسان (انسان ۱) لقد خلقنا الانسان (بلد ۱ تین ۱) ووصینا الانسان بوالدیہ حسنا (عنکبوت ۱) ووصینا
الانسان بوالدیہ احسانا (احقاف ۲) ووصینا الانسان بوالدیہ (لقمان ۲) علم الانسان ما لم یعلم (علق ۱) وبدأ خلق الانسان من طین (سجدۃ ۱)
إِنَّ الانسان لظلوم کفار (ابراہیم ۵) ان الانسان لکفور (حج ۷) ان الانسان لکفور مبین (زخرف ۲) ان الانسان خلق ہلوعا (معارج ۲) کلا
ان الانسان لیطغی (علق ۱) ان الانسان لربہ لکنود (عادیات ۱) ان الانسان لفی خسر (عصر ۱) فَإِنَّ الانسان کفور (شوریٰ ۵) واذا انعمنا علی
الانسان (اسرائیل ۹ فصلت ۶) ہل اتی علی الانسان (انسان ۱) ان الشیطان لِلإِنسَانِ عدو مبین (یوسف ۱) ان الشیطان کان للانسان عدو
مبینا (اسرائیل ۶) وکان الشیطان للانسان خذولا (فرقان ۳) ام للانسان ما تمنی (نجم ۳) وان لیس للانسان الا ما سعی (نجم ۳) اذ قال للانسان
اکفر (حشر ۲) وما أَنسَانِیہُ الا الشیطان (کہف ۹) فاذا انسَلَخَ الاشہر الحرم (توبۃ ۱) فَانسَلَخَ منہا (اعراف ۲۲) فلن اکلم الیوم إِنسِیًّا (مریم ۳)
فَأَنسَاہُ الشیطان (یوسف ۵) فَأَنسَاہُمْ ذکر اللّٰہ (مجادلۃ ۳) فانساہم انفسہم (حشر ۳) وہو الذی انشأ جنات (انعام ۱۷) انتم انشأتم شجرتہا
(واقعۃ ۲) وہو الذی أَنشَأَکُم من نفس واحدۃ (انعام ۱۲) کما انشأکم من ذریۃ قوم آخرین (انعام ۱۶) ہو انشأکم من الارض (ہود ۶) اذ انشأکم
من الارض (نجم ۳) قل ہو الذی انشأکم (ملک ۲) وہو الذی انشأ لکم السمع والابصار (مؤمنون ۵) ثم انشأنا من بعدہم قرنا آخرین (مؤمنون ۳)
ثم انشأنا من بعدہم قرونا آخرین (مؤمنون ۳) ولکنا انشأنا قرونا (قصص ۵) فَأَنشَأْنَا لکم بہ جنات (مؤمنون ۲) وَأَنشَأْنَا من بعدہم (انعام ۱)
وانشأنا بعدہا قوما آخرین (انبیاء ۱) ثم أَنشَأْنَاہُ خلقا آخر (مؤمنون ۱) انا أَنشَأْنَاہُنَّ انشاء (واقعۃ ۲) قل یحییہا الذی أَنشَأَہَا (یٰسٓ ۵)
فَأَنشَرْنَا بہ بلدۃ میتا (زخرف ۱) ثم اذا شاء أَنشَرَہُ (عبس ۱) واذا قیل انشُزُوا فانشزوا (مجادلۃ ۲) وانشق القمر (قمر ۱) فاذا انشَقَّتِ
السماء (رحمن ۳) اذا السماء انشقت (انشقاق ۱) وَانشَقَّتِ السماء (حاقۃ ۱) وَالأَنصَابُ والازلام رجس (مائدۃ ۱۲) نحن أَنصَارُ اللّٰہ (آل عمران ۶)
(صف ۲) کونوا انصار اللّٰہ (صف ۲) وما للظالمین مِنْ انصار (بقرۃ ۳۷- آل عمران ۹ مائدۃ ۱۰) من المہاجرین وَالأَنصَارِ (توبۃ ۱۳) والمہاجرین
والانصار (توبۃ ۱۴) فلم یجدوا لہم من دون اللّٰہ أَنصَارًا (نوح ۲) قال من أَنصَارِی الی اللّٰہ (آل عمران ۶) للحواریین من انصاری الی اللّٰہ
(صف ۲) فاذا فرغت فَانصَبْ (انشراح ۱) قالوا أَنصِتُوا (احقاف ۴) وَأَنصِتُوا لعلکم ترحمون (اعراف ۲۴) ان اردت ان أَنصَحَ لکم (ہود ۳)
وَأَنصَحُ لکم (اعراف ۸) ہل یراکم من احد ثم انصرفوا (توبۃ ۱۶) فَانصُرْنَا علی القوم الکافرین (بقرۃ ۴۰) وَانصُرْنَا علی القوم الکافرین (بقرۃ ۳۵)
(آل عمران ۱۵) قال رب انصُرْنِی (مؤمنون ۳-۴ عنکبوت ۳) وَانصُرُوا آلہتکم (انبیاء ۵) قالوا انطقنا اللّٰہ الذی انطق کل شیٔ (فصلت ۳)
وَانطَلَقَ الملأ منہم (ص ۱) فَانطَلَقَا حتی اذا اتیا (کہف ۱۰) فانطلقا حتی اذا لقیا (کہف ۹) فانطلقا حتی اذا رکبا (کہف ۹) اذا انطَلَقْتُمْ الی
مغانم (فتح ۲) انطَلِقُوا الی ما کنتم بہ تکذبون (مرسلات ۲) انطلقوا الی ظل ذی ثلاث شعب (مرسلات ۲) فَانطَلَقُوا وہم یتخافتون (نون ۲)
قال رب ارنی أَنظُرْ الیک (اعراف ۱۷) انظر کیف یفترون (نساء ۷) انظر کیف نبین لہم الآیات (مائدۃ ۱۰) انظر کیف کذبوا علی انفسہم (انعام ۳)
انظر کیف نصرف الآیات (انعام ۵-۷) ولکن انظر الی الجبل (اعراف ۱۷) انظر کیف فضلنا بعضہم (اسرائیل ۲) انظر کیف ضربوا لک الامثال
(اسرائیل ۵ فرقان ۱) ثُمَّ انظر انی یؤفکون (مائدۃ ۱۰) فَانظُرْ ماذا یرجعون (نمل ۳) فانظر الی طعامک (بقرۃ ۳۵) فانظر کیف کان (اعراف ۱۰
یونس ۴-۸ نمل ۲-۴-۷ قصص ۴ صافات ۸ زخرف ۲) فانظر الی آثار رحمت اللّٰہ (روم ۵) فانظر ماذا تری (صافات ۳) وَانظُرْ الی
حمارک (بقرۃ ۳۵) وانظر الی العظام (بقرۃ ۳۵) وانظروا کیف کان عاقبۃ المفسدین (اعراف ۱۱) وانظر الی الہک (طٰہٰ ۵) وقولوا انظُرْنَا واسمعوا (بقرۃ ۱۲)

واسمع وانظرنا (نساء ۷) قال أنظرني الى يوم يبعثون (اعراف ۲) قال رب فانظرني الى يوم يبعثون (حجر ۳ ص ۲) قل سيروا في الارض
ثم انظروا (انعام ۲) انظروا الى ثمره (انعام ۱۰) قل انظروا ماذا في السموات والارض (يونس ۱۱) انظرونا نقتبس من نوركم (حديد ۲) فانظروا
كيف كان (ال عمران ۱۴ نحل ۵ نمل ۵ روم ۵) فانظروا كيف بدأ الخلق (عنكبوت ۲) وانظروا كيف كان (اعراف ۹) والامر اليك فانظري
(نمل ۳) وقالوا هذه انعام وحرث (انعام ۱۶) امدكم بانعام وبنين (شعراء ۸) وانعام لا يذكرون اسم الله عليها (انعام ۱۶) وانعام
حرمت ظهورها (انعام ۱۶) واحلت لكم الانعام (حج ۴) ويأكلون كما تأكل الانعام (محمد ۲) الله جعل لكم الانعام (مؤمن ۸) فليبتكن
اذان الانعام (نساء ۱۸) احلت لكم بهيمة الانعام (مائدة ۱) وقالوا ما في بطون هذه الانعام (انعام ۱۶) وجعل لكم من جلود الانعام بيوتا (نحل ۸)
من بهيمة الانعام (حج ۴-۵) وان لكم في الانعام لعبرة (مؤمنون ۲ نحل ۷) اولئك كالانعام (اعراف ۲۲) ان هم الا كالانعام (فرقان ۴) وانزل لكم
من الانعام (زمر ۱) ومن الانعام حمولة وفرشا (انعام ۱۶) ومن الانعام ازواجا (شورى ۲) مما يأكل الناس والانعام (يونس ۳) والانعام
خلقها لكم (نحل ۱) وجعلوا لله مما ذرأ من الحرث والانعام (انعام ۱۶) والخيل المسومة والانعام والحرث (ال عمران ۲) ومن الناس والدواب
والانعام (ملائكة ۴) وجعل لكم من الفلك والانعام (زخرف ۱) ونسقيه مما خلقنا انعاما (فرقان ۵) اولم يروا انا خلقنا لهم مما عملت
ايدينا انعاما (يس ۵) كلوا وارعوا انعامكم (طه ۳) ولانعامكم (نازعات ۱ عبس ۱) تأكل منه انعامهم وانفسهم (سجدة ۳) فاولئك مع الذين
انعم الله عليهم (نساء ۹) قال قد انعم الله علي (نساء ۱۰) قال رجلان من الذين يخافون انعم الله عليهما (مائدة ۴) اولئك الذين انعم الله عليهم (مريم ۴)
واذ تقول للذي انعم الله عليه (احزاب ۵) فكفرت بانعم الله (نحل ۱۵) صراط الذين انعمت عليهم (فاتحه ۱) ان اشكر نعمتك التي انعمت
علي (نمل ۲ احقاف ۲) قال رب بما انعمت علي (قصص ۲) واذ تقول للذي انعم الله عليه وانعمت عليه (احزاب ۵) واذا انعمنا على الانسان
(اسرائيل ۹ فصلت ۶) ان هو الا عبد انعمنا عليه (زخرف ۶) شاكرا لانعمه اجتباه (نحل ۱۶) والانف بالانف (مائدة ۷) لامسكتم خشية الانفاق
(اسرائيل ۱) يسئلونك عن الانفال قل الانفال لله والرسول (انفال ۱) فانفجرت منه اثنتا عشرة عينا (بقرة ۷) فانفخ فيه فيكون طيرا
(ال عمران ۵) قال انفخوا (كهف ۱) فانفذوا لا تنفذون الا بسلطان (رحمن ۲) ما لكم اذا قيل لكم انفروا في سبيل الله (توبة ۶) انفروا
خفافا وثقالا (توبة ۶) فانفروا ثبات او انفروا جميعا (نساء ۱۰) واحضرت الانفس الشح (نساء ۱۹) وفيها ما تشتهيه الانفس (زخرف ۷) وما
تهوى الانفس (نجم ۱) الله يتوفى الانفس (زمر ۴) الا بشق الانفس (نحل ۱) ونقص من الاموال والانفس (بقرة ۱۹) بما لا تهوى انفسكم (بقرة ۱۱)
يا ايها الذين آمنوا عليكم انفسكم (مائدة ۱۴) قال بل سولت لكم انفسكم امرا (يوسف ۲-۱۰) ولكم فيها ما تشتهي انفسكم (فصلت ۴) وتنسون انفسكم
(بقرة ۵) انكم ظلمتم انفسكم (بقرة ۲) فاقتلوا انفسكم (بقرة ۶) ولا تخرجون انفسكم (بقرة ۱۰) ثم انتم هؤلاء تقتلون انفسكم (بقرة ۱۰) انكم كنتم تختانون
(بقرة ۲۹) ولا تقتلوا انفسكم (نساء ۵) ان اقتلوا انفسكم (نساء ۱۰) اخرجوا انفسكم (انعام ۱۱) فلا تظلموا فيهن انفسكم (توبة ۵) ولوموا انفسكم (ابراهيم ۴)
من انفسكم (مؤمن ۸) تخافونهم كخيفتكم انفسكم (روم ۴) ولا تلمزوا انفسكم (حجرات ۲) فلا تزكوا انفسكم (نجم ۲) ولكنكم فتنتم انفسكم (حديد ۲)
قوا انفسكم واهليكم نارا (تحريم ۱) قل هو من عند انفسكم (ال عمران ۱۷) شهداء لله ولو على انفسكم (نساء ۲) انما بغيكم على انفسكم (يونس ۳) ولا
على انفسكم ان تأكلوا من بيوتكم (نور ۹) فسلموا على انفسكم (نور ۹) قل فادرأوا عن انفسكم الموت (ال عمران ۱۷) واكننتم في انفسكم (بقرة ۳۰) واعلموا
ان الله يعلم ما في انفسكم (بقرة ۳۰) وان تبدوا ما في انفسكم (بقرة ۲۹) وفي انفسكم افلا تبصرون (ذاريات ۱) في الارض ولا في انفسكم (حديد ۳)
وما تقدموا لانفسكم من خير (بقرة ۱۴ مزمل ۲) وقدموا لانفسكم (بقرة ۳) هذا ما كنزتم لانفسكم (توبة ۵) ان احسنتم احسنتم لانفسكم (اسرائيل ۱)
وانفقوا خيرا لانفسكم (تغابن ۲) وما تنفقوا من خير فلانفسكم (بقرة ۸) لقد جاءكم رسول من انفسكم (توبة ۱۶) والله جعل لكم من انفسكم
ازواجا (نحل ۱۰) ومن آياته ان خلق لكم من انفسكم ازواجا (روم ۳) ضرب لكم مثلا من انفسكم (روم ۴) جعل لكم من انفسكم ازواجا (شورى ۲) لتبلون
في اموالكم وانفسكم (ال عمران ۱۹) وجاهدوا باموالكم وانفسكم في سبيل الله (توبة ۵) وانفسنا وانفسكم (ال عمران ۷) وتجاهدون في سبيل الله
باموالكم وانفسكم (صف ۲) قالا ربنا ظلمنا انفسنا (اعراف ۲) قالوا شهدنا على انفسنا (انعام ۱۶) قد اهمتهم انفسهم (ال عمران ۱۶) بما لا
تهوى انفسهم (مائدة ۱۰) لبئس ما قدمت لهم انفسهم (مائدة ۱۱) وتزهق انفسهم (توبة ۶-۷) وضاقت عليهم انفسهم (توبة ۱۴) وهم فيما اشتهت
انفسهم خالدون (انبياء ۱۷) ولم يكن لهم شهداء الا انفسهم (نور ۱) واستيقنتها انفسهم (نمل ۱) ولكن كانوا انفسهم يظلمون (بقرة ۶ اعراف ۱۶
توبة ۹ نحل ۴-۱۲ عنكبوت ۴ روم ۱) بئسما اشتروا به انفسهم (بقرة ۹) ولبئس ما شروا به انفسهم (بقرة ۱۱) ظلموا انفسهم فاهلكته (ال عمران ۱۲)
وظلموا انفسهم (ال عمران ۱۴) ولو انهم اذ ظلموا انفسهم (نساء ۷) ولكن ظلموا انفسهم (هود ۱۰) الذين ظلموا (ابراهيم ۵) وظلموا انفسهم (سبا ۲)

ولكن انفسهم يظلمون (ال عمران ١٢) ولكن الناس انفسهم يظلمون (يونس ٥) ان الله اشترى من المؤمنين انفسهم (توبه ١٢) يزكون انفسهم (نساء ٥)
عن الذين يختانون انفسهم (نساء ١٦) الذين خسروا انفسهم (انعام ٢ مرتين) فاولئك الذين خسروا انفسهم (اعراف ١) اولئك الذين خسروا انفسهم
(هود ٣) قل ان الخاسرين الذين خسروا انفسهم (زمر ٢) ان الخاسرين الذين خسروا انفسهم (شورى ٥) قد خسروا انفسهم (اعراف ٦) ولا انفسهم
ينصرون (اعراف ٢٤ مرتين) يهلكون انفسهم (توبه ٥) النبي اولى بالمؤمنين من انفسهم (احزاب ١) فانهم انفسهم (حشر ٣) وما يضلون الا
انفسهم (ال عمران ٧ نساء ١٢) وان يهلكون الا انفسهم (انعام ٣) حسدا من عند انفسهم (بقره ١٢) ظالمي انفسهم (نساء ١٠ نحل ٤) ولا خلق انفسهم
(كهف ٦) لا يستطيعون نصر انفسهم (انبياء ٢) ثم نكسوا على انفسهم (انبياء ٧) اما يمكرون الا بانفسهم (انعام ٣) حتى يغيروا ما بانفسهم
(انفال ٦ رعد ٢) ولا يرغبوا بانفسهم (توبه ١٢) ظن المؤمنون والمؤمنات بانفسهم خيرا (نور ٢) انظر كيف كذبوا على انفسهم (انعام ٣)
وشهدوا على انفسهم (انعام ١٣-١٢ اعراف ٢٤) واشهدهم على انفسهم (اعراف ١٧) شاهدين على انفسهم بالكفر (توبه ٢) الذين اسرفوا على
انفسهم (زمر ٦) ويؤثرون على انفسهم (حشر ١) يخفون في انفسهم (ال عمران ١٦) وقل لهم في انفسهم (نساء ٩) ثم لا يجدوا في انفسهم (نساء ٩)
على ما اسروا في انفسهم نادمين (مائده ٨) لقد استكبروا في انفسهم (فرقان ٣) الله اعلم بما في انفسهم (هود ٤) اولم يتفكروا في انفسهم
(روم ١) ويقولون في انفسهم (مجادله ٣) سنريهم اياتنا في الافاق و في انفسهم (فصلت ٦) انما نملي لهم خير لانفسهم (ال عمران ١٨) لا يملكون
لانفسهم (رعد ٢) ولا يملكون لانفسهم (فرقان ١) ومن عمل صالحا فلانفسهم يمهدون (روم ٥) وتثبيتا من انفسهم (بقره ٣٦) اذ
بعث فيهم رسولا من انفسهم (ال عمران ١٧) شهيدا عليهم من انفسهم (نحل ٩) ومن انفسهم وما لا يعلمون (يس ٣) النبي اولى بالمؤمنين من انفسهم
(احزاب ١) تاكل منه انعامهم وانفسهم (سجده ٣) وانفسهم كانوا يظلمون (اعراف ١٨) باموالهم وانفسهم (نساء ١٠ مرتين توبه ٢-٩ مرتين
حجرات ٢-انفال ١٠) ان يجاهدوا باموالهم وانفسهم (توبه ٥) يتربصن بانفسهن (بقره ٣٢٣ ٣٤٣) فيما فعلن في انفسهن (بقره ٣٤ مرتين)
لا انفصام لها (بقره ٦) لانفضوا من حولك (ال عمران ١٧) انفضوا اليها (جمعه ٢) اذا السماء انفطرت (انفطار ١) فاصبح يقلب
يقلب كفيه على ما انفق فيها (كهف ٥) من انفق من قبل الفتح وقاتل (حديد ١) لو انفقت ما في الارض جميعا (انفال ٨) قل ما انفقتم
من خير فللوالدين (بقره ٢٦) واسئلوا ما انفقتم (ممتحنه ٢) وما انفقتم من نفقة (بقره ٣٧) وما انفقتم من شيء (سبا ٤) والذين اذا انفقوا
لم يسرفوا (فرقان ٦) من الذين انفقوا من بعد وقاتلوا (حديد ١) وليسئلوا ما انفقوا (ممتحنه ٢) واتوهم ما انفقوا (ممتحنه ٢) فاتوا الذين ذهبت
ازواجهم مثل ما انفقوا (ممتحنه ٢) ثم لا يتبعون ما انفقوا منا ولا اذى (بقره ٣٧) وبما انفقوا من اموالهم (نساء ٤) واقاموا الصلوة
و انفقوا (رعد ٣) وانفقوا مما رزقناهم (ملائكه ٤) فالذين امنوا منكم وانفقوا (حديد ١) وانفقوا مما رزقهم الله (نساء ٥) انفقوا مما رزقناكم (بقره ٣٤)
انفقوا من طيبات ما كسبتم (بقره ٣٧) قل انفقوا طوعا او كرها (توبه ٧) واذا قيل لهم انفقوا مما رزقكم الله (يس ٤) فانفقوا عليهن حتى
و انفقوا في سبيل الله (بقره ٢٤) وانفقوا مما جعلكم مستخلفين فيه (حديد ١) وانفقوا مما رزقناكم (منافقون ٢) وانفقوا خيرا لانفسكم (تغابن ٢)
فانفلق فكان كل فرق كالطود العظيم (شعراء ٧) فانقذكم منها (ال عمران ١١) او انقص منه قليلا (مزمل ١) الذي انقض ظهرك (انشراح ١)
وان اصابته فتنة انقلب على وجهه (حج ٢) انقلبتم على اعقابكم (ال عمران ١٥) اذا انقلبتم اليهم (توبه ١٢) اذا انقلبوا الى اهلهم يرجعون
(يوسف ٨) واذا انقلبوا الى اهلهم انقلبوا فكهين (مطففين ١) فانقلبوا بنعمة من الله (ال عمران ١٨) وانقلبوا صاغرين (اعراف ١٤) من بعد
قوة انكاثا (نحل ١٣) ان لدينا انكالا وجحيما (مزمل ١) قال اني اريد ان انكحك احدى ابنتي (قصص ٣) فانكحوا ما طاب لكم من النساء
(نساء ١) وانكحوا الايامى (نور ٤) فانكحوهن باذن اهلهن (نساء ٤) واذا النجوم انكدرت (تكوير ١) ان انكر الاصوات (لقمان ٢)
وامر بالمعروف وانه عن المنكر (لقمان ٢) فيها انهار من ماء غير اسن (قتال ٢) فانهار به في نار جهنم (توبه ١٣) وانهار من لبن
(قتال ٢) وانهار من خمر (قتال ٢) وانهار من عسل مصفى (قتال ٢) تجري من تحتها الانهار ومن تحتهم الانهار (انظر تجري) وان من الحجارة
لما يتفجر منه الانهار (بقره ٩) وهذه الانهار تجري (زخرف ٥) فتفجر الانهار خلالها تفجيرا (اسرائيل ١) وجعلنا الانهار تجري (انعام ١)
وسخر لكم الانهار (ابراهيم ٥) وجعل خلالها انهارا (نمل ٧) ويجعل لكم انهارا (نوح ٢) وجعل فيها رواسي وانهارا (رعد ١) وانهارا و
سبلا لعلكم تهتدون (نحل ٢) الم انهكما عن تلكما الشجرة (اعراف ٢) وما اريد ان اخالفكم الى ما انهكم عنه (هود ٩) عليه توكلت واليه
انيب (هود ٩ شورى ٢) وانيبوا الى ربكم (زمر ٦)

فصل الواو

واذكر عبدنا داود ذا الايد انه اواب
(ص ٢) نعم العبد انه اواب (ص ٣-٥) لكل اواب حفيظ (ق ٣) فانه كان للاوابين غفورا (اسرائيل ٣) فاوارى سوءة

اخی (مائدة ع) ان ابراهیم لحلیم اوّاه منیب (هود ۷) ان ابراهیم لاوّاه حلیم (توبه ۱۴) ومن اصوافها واوبارها (نحل ۱۱) یاجبال اوّبی
معه والطیر (سبا ۲) یالیتنی لم اوت کتابیه (حاقه ۱) وفرعون ذو الاوتاد (ص ۱) وفرعون ذی الاوتاد (فجر ۱) والجبال اوتادا (نبا ۱)
قال الذین اوتوا العلم (نحل ۴) وقال الذین اوتوا العلم (قصص ۸) (روم ۶) ان الذین اوتوا العلم (اسرائیل ۱۲) ولیعلم الذین اوتوا العلم (حج ۷)
فی صدور الذین اوتوا العلم (عنکبوت ۵) قالوا للذین اوتوا العلم (قتال ۲) والذین اوتوا العلم درجات (مجادله ۲) ویری الذین اوتوا العلم
(سبا ۱) ولئن اتیت الذین اوتوا الکتاب (بقرة ۱۷) وما اختلف الذین اوتوا الکتاب (ال عمران ۲) واذ اخذ الله میثاق الذین اوتوا الکتاب
(ال عمران ۱۹) یاایها الذین اوتوا الکتاب (نساء ۷) ولقد وصینا الذین اوتوا الکتاب (نساء ۱۹) لیستیقن الذین اوتوا الکتاب (مدثر ۱) ولا
یرتاب الذین اوتوا الکتاب (مدثر ۱) وما تفرق الذین اوتوا الکتاب (بینه ۱) وطعام الذین اوتوا الکتاب (مائده ۱) وان الذین اوتوا الکتاب
(بقرة ۱۷) کالذین اوتوا الکتاب (حدید ۲) وقل للذین اوتوا الکتاب (ال عمران ۲) فریقا من الذین اوتوا الکتاب (بقرة ۱۱) ان تطیعوا فریقا
الذین اوتوا الکتاب (ال عمران ۱۱) والمحصنات من الذین اوتوا الکتاب من قبلکم (مائده ۱) ولایدینون دین الحق من الذین اوتوا الکتاب (توبه ۴)
ولتسمعن من الذین اوتوا الکتاب من قبلکم (ال عمران ۱۹) الم تر الی الذین اوتوا نصیبا (ال عمران ۳ نساء ۵-۸) حتی اذا فرحوا بما اوتوا (انعام ۵)
حاجة مما اوتوا (حشر ۱) وما اختلف فیه الا الذین اوتوه (بقرة ۲۶) فقد اوتی خیرا کثیرا (بقرة ۷) قالوا لولا اوتی مثل ما اوتی موسی
(قصص ۵) حتی نؤتی مثل ما اوتی رسل الله (انعام ۱۵) بما اوتی موسی من قبل (قصص ۵) وما اوتی موسی وعیسی (بقرة ۱۶-ال عمران ۹)
وما اوتی النبیون (بقرة ۱۶) فاما من اوتی کتابه بیمینه (حاقه ۱-انشقاق ۱) واما من اوتی کتابه (حاقه ۳-انشقاق ۱) فمن اوتی کتابه بیمینه (اسرائیل ۸)
قال قد اوتیت سؤلک یاموسی (طه ۲) واوتیت من کل شیء (نمل ۲) یقولون ان اوتیتم هذا (مائده ۵) ان یؤتی احد مثل ما اوتیتم
(ال عمران ۸) فما اوتیتم من شیء (شوری ۴) وما اوتیتم من العلم الا قلیلا (اسرائیل ۱۰) وما اوتیتم من شیء (قصص ۶) قال انما اوتیته علی علم
(قصص ۸ زمر ۵) وقال لاوتین مالا وولدا (مریم ۱) واوتینا من کل شیء (نمل ۲) واوتینا العلم من قبلها (نمل ۳) فاجتنبوا الرجس من
الاوثان (حج ۴) وقال انما اتخذتم من دون الله اوثانا (عنکبوت ۳) انما تعبدون من دون الله اوثانا (عنکبوت ۲) فاوجس فی نفسه
خیفة موسی (طه ۴) فاوجس منهم خیفة (ذاریات ۲) واوجس منهم خیفة (هود ۷) فما اوجفتم علیه من خیل (حشر ۱) ذلک مما اوحی الیک
ربک (اسرائیل ۴) بان ربک اوحی لها (زلزلت ۱) وقال اوحی الیّ (انعام ۱۱) انا قد اوحی الینا (طه ۲) ولقد اوحی الیک (زمر ۷) فاستمسک بالذی
اوحی الیک (زخرف ۴) قل اوحی الیّ (جن ۱) اتبع ما اوحی الیک من ربک (انعام ۱۳) واتل ما اوحی الیک (کهف ۴) اتل ما اوحی الیک (عنکبوت ۵) قل
لا اجد فیما اوحی الیّ محرما (انعام ۱۸) فاوحی الیهم ربهم (ابراهیم ۲) فاوحی الیهم ان سبحوا (مریم ۱) فاوحی الی عبده ما اوحی (نجم ۱) واوحی
الی نوح (هود ۴) واوحی ربک الی النحل (نحل ۹) واوحی فی کل سماء امرها (فصلت ۲) واوحی الیّ هذا القرآن (انعام ۲) واذ اوحیت الی الحواریین
(مائده ۱۵) لتتلو علیهم الذی اوحینا الیک (رعد ۴) ولئن شئنا لنذهبن بالذی اوحینا الیک (اسرائیل ۱۰) والذی اوحینا الیک (شوری ۲) ملک
عن الذی اوحینا الیک (اسرائیل ۸) ان اوحینا الی رجل (یونس ۱) انا اوحینا الیک کما اوحینا الی نوح (نساء ۲۳) اذ اوحینا الی امک ما یوحی (طه ۲)
ثم اوحینا الیک (نحل ۱۶) ولقد اوحینا الی موسی (طه ۴) وکذلک اوحینا الیک (شوری ۱-۵) بما اوحینا الیک هذا القرآن (یوسف ۱) فاوحینا
الیه ان اصنع الفلک (مؤمنون ۲) فاوحینا الی موسی (شعراء ۴) واوحینا الی ابراهیم (نساء ۲۳) واوحینا الی موسی (اعراف ۱۴-۱۶ شعراء ۴ یونس ۹)
واوحینا الیه لتنبئنهم بامرهم (یوسف ۲) واوحینا الیهم (انبیاء ۵) واوحینا الی ام موسی (قصص ۱) فسالت اودیة (رعد ۲) مستقبل اودیتهم
(احقاف ۳) واوذوا فی سبیلی (ال عمران ۲۰) واوذوا حتی اتاهم نصرنا (انعام ۴) فاذا اوذی فی الله (عنکبوت ۱) قالوا اوذینا من قبل
ان تاتینا (اعراف ۱۵) اورثتموها بما کنتم تعملون (اعراف ۵) وتلک الجنة التی اورثتموها (زخرف ۷) واورثکم ارضهم (احزاب ۳) ثم اورثنا
الکتاب (ملائکه ۴) واورثنا القوم (اعراف ۱۶) صدقنا وعده واورثنا الارض (زمر ۸) واورثنا بنی اسرائیل الکتاب (مؤمن ۶) کذلک و
اورثناها قوما آخرین (دخان ۲) کذلک واورثناها بنی اسرائیل (شعراء ۴) وان الذین اورثوا الکتاب من بعدهم (شوری ۲) فاوردهم
النار (هود ۹) ومن اوزار الذین یضلونهم (نحل ۴) ولکنا حملنا اوزارا (طه ۴) حتی تضع الحرب اوزارها (قتال ۱) وهم یحملون اوزارهم
(انعام ۴) لیحملوا اوزارهم (نحل ۴) اوزعنی ان اشکر نعمتک (نمل ۲-احقاف ۲) من اوسط ما تطعمون (مائده ۱۲) واوصانی بالصلوة
والزکوة (مریم ۲) ولاوضعوا خلالکم (توبه ۷) وجمع فاوعی (معارج ۱) فبدا باوعیتهم (یوسف ۸) فاوف لنا الکیل (یوسف ۹)
یاایها الذین آمنوا اوفوا بالعقود (مائده ۱) وبعهد الله اوفوا (انعام ۱۹) ویاقوم اوفوا المکیال والمیزان (هود ۸) اوفوا الکیل (شعراء ۹)

فاوفوا الكيل والميزان (اعراف ١١) واوفوا بعهدى اوف بعهدكم (بقرة ٥) واوفوا بعهد الله (نحل ١٣) واوفوا الكيل (انعام ١٩-اسرائيل ٤) و
اوفوا بالعهد (اسرائيل ٤) بلى من اوفى بعهده (آل عمران ٨) ومن اوفى بعهده (توبة ١٤) ومن اوفى بما عاهد عليه الله (فتح ١) الاتوون انى اوفى
الكيل (يوسف ٨) ثم يجزيه الجزاء الاوفى (نجم ٣) فاوقد لى ياهامان على الطين (قصص ٤) كلما اوقدوا نارا (مائدة ٩) وانا اول
المسلمين (انعام ٢٠) وانا اول المؤمنين (اعراف ١٧) فانا اول العابدين (زخرف ٧) ولا تكونوا اول كافر به (بقرة ٥) قل انى امرت ان اكون اول من اسلم
(انعام ٢) كما خلقناكم اول مرة (انعام ١١-كهف ٦) كما لم يؤمنوا به اول مرة (انعام ١٣) وهم بدؤكم اول مرة (توبة ٢) انكم رضيتم بالقعود اول مرة (توبة ١١)
كما دخلوه اول مرة (اسرائيل ١) قل الذى فطركم اول مرة (اسرائيل ٥) قل يحييها الذى انشأها اول مرة (يس ٥) وهو خلقكم اول مرة (فصلت ٤) واما ان
نكون اول من القى (طه ٣) كما بدأنا اول خلق (انبياء ٧) ان كنا اول المؤمنين (شعراء ٤) وامرت لان اكون اول المسلمين (زمر ٢) ان اول بيت وضع
للناس (آل عمران ١٠) من ديارهم لاول الحشر (حشر ١) لمسجد اسس على التقوى من اول يوم (توبة ١٣) هو الاول والآخر (حديد ١) افعيينا بالخلق
الاول (ق ٢) وان كن اولات حمل (طلاق ١) واولات الاحمال اجلهن ان يضعن حملهن (طلاق ١) وشاركهم فى الاموال والاولاد
(اسرائيل ٧) وتكاثر فى الاموال والاولاد (حديد ٣) واكثر اموالا واولادا (توبة ٩) وقالوا نحن اكثر اموالا واولادا (سبا ٤) وما اموالكم
ولا اولادكم (سبا ٤) وان اردتم ان تسترضعوا اولادكم (بقرة ٣٠) ولا تقتلوا اولادكم (انعام ١٩-اسرائيل ٤) يوصيكم الله فى اولادكم
(نساء ٢) لا تلهكم اموالكم ولا اولادكم عن ذكر الله (منافقون ٢) لن تنفعكم ارحامكم ولا اولادكم (ممتحنة ١) واعلموا انما اموالكم واولادكم
فتنة (انفال ٣) انما اموالكم واولادكم فتنة (تغابن ٢) ان من ازواجكم واولادكم عدوا لكم (تغابن ٢) قد خسر الذين قتلوا اولادهم (انعام ١٧)
وكذلك زين لكثير من المشركين قتل اولادهم شركاؤهم (انعام ١٦) لن تغنى عنهم اموالهم ولا اولادهم (آل عمران ١-١٢ مجادلة ٣) فلا تعجبك اموالهم
ولا اولادهم (توبة ٧) ولا تعجبك اموالهم واولادهم (توبة ١١) يرضعن اولادهن (بقرة ٣٠) ولا يقتلن اولادهن (ممتحنة ٢) تكون لنا عيدا
لاولنا واخرنا (مائدة ١٥) وما يذكر الا اولوا الالباب (بقرة ٣٧-آل عمران ١) انما يتذكر اولوا الالباب (رعد ٣-زمر ٢) وليتذكر اولوا
الالباب (ص ٣) وليذكر اولوا الالباب (ابراهيم ٦) فلولا كان من القرون اولوا بقية (هود ١٠) استأذنك اولوا الطول منهم (توبة ١٢) فاصبر
كما صبر اولوا العزم (احقاف ٤) ولا يأتل اولوا الفضل منكم (نور ٣) واذا حضر القسمة اولوا القربى (نساء ١) قالوا نحن اولوا قوة (نمل ٣) واولوا
العلم قائما بالقسط (آل عمران ٢) واولوا الارحام (انفال ٨-احزاب ١) واولوا بأس شديد (نمل ٣) والسابقون الاولون (توبة ١٣) الا
ان كذب بها الاولون (اسرائيل ٦) كما ارسل الاولون (انبياء ١) بل قالوا مثل ما قال الاولون (مؤمنون ٥) اوآباؤنا الاولون (صافات ٢
واقعة ٢) فاعتبروا يا اولى الابصار (حشر ١) جاعل الملائكة رسلا اولى اجنحة (ملائكة ١) والتابعين غير اولى الاربة (نور ٤) يا اولى الالباب
(بقرة ٢٤-مائدة ١٤ طلاق ٢) والى اولى الامر منهم (نساء ١١) اولى الايدى والابصار (ص ٤) اولى بأس شديد (اسرائيل ١-فتح ٢) من المؤمنين غير
اولى الضرر (نساء ١٣) ولو كانوا اولى قربى (توبة ١٤) ان يؤتوا اولى القربى (نور ٣) ما ان مفاتحه لتنوء بالعصبة اولى القوة (قصص ٨) وذرنى
والمكذبين اولى النعمة (مزمل ١) النبى اولى بالمؤمنين من انفسهم (احزاب ١) ان اولى الناس بابراهيم (آل عمران ٧) فالله اولى بهما (نساء ١٤)
ثم لنحن اعلم بالذين هم اولى بها صليا (مريم ٥) اولى لك فاولى ثم اولى لك فاولى (قيامة ٢) ان فى ذلك لعبرة لاولى الابصار (آل عمران ٢-نور ٦)
لآيات لاولى الالباب (آل عمران ١٩) عبرة لاولى الالباب (يوسف ١٢) وذكرى لاولى الالباب (ص ٤) هدى وذكرى لاولى الالباب (مؤمن ٦)
ان فى ذلك لذكرى لاولى الالباب (زمر ٢) لآيات لاولى النهى (طه ٦-١٣) واولى الامر منكم (نساء ٨) وانه اهلك عادا الاولى (نجم ٣)
من بعد ما اهلكنا القرون الاولى (قصص ٥) قال فما بال القرون الاولى (طه ٢) له الحمد فى الاولى والآخرة (قصص ٧) وللآخرة خير لك
من الاولى (ضحى ١) فاخذه الله نكال الآخرة والاولى (نازعات ١) فلله الآخرة والاولى (نجم ١) وان لنا للآخرة والاولى (ليل ١) بعضهم
اولياء بعض (مائدة ٧-انفال ٨ مرتين توبة ٨-جاثية ٢) وليس له من دونه اولياء (احقاف ٤) ان زعمتم انكم اولياء لله (جمعة ١) يا ايها الذين
آمنوا لا تتخذوا اليهود والنصارى اولياء (مائدة ٨) لا يتخذ المؤمنون الكافرين اولياء (آل عمران ٣) فقاتلوا اولياء الشيطان (نساء ١) فلا
تتخذوا منهم اولياء (نساء ٩) الذين يتخذون الكافرين اولياء (نساء ٥) والكفار اولياء (مائدة ٩) ما اتخذوهم اولياء (مائدة ١١) ولا تتبعوا من دونه
اولياء (اعراف ١) انا جعلنا الشياطين اولياء (اعراف ٣) انهم اتخذوا الشياطين اولياء (اعراف ٣) لا تتخذوا آباءكم واخوانكم اولياء (توبة ٣)
قل افاتخذتم من دونه اولياء (رعد ٢) فلن تجد لهم اولياء (اسرائيل ١) افتتخذونه وذريته اولياء (كهف ٧) ان يتخذوا عبادى من دونى اولياء
(كهف ١٢) مثل الذين اتخذوا من دون الله اولياء (عنكبوت ٤) والذين اتخذوا من دونه اولياء (زمر ١-شورى ١) ام اتخذوا من دونه اولياء

ولاما اتخذوا من دون الله اولياء (جاثیہ ۱) وعدوكم اولياء (ممتحنہ ۱) الا ان اولياء الله لاخوف عليهم (یونس ۷) وماكان لهم من دون الله
من اولياء (هود ۲) وماكان لكم من دون الله من اولياء (هود ۱۰) ان نتخذ من دونك من اولياء (فرقان ۲) وماكان لهم من اولياء (شوریٰ ۵)
نحن اولياؤكم في الحيوة الدنيا (فصلت ۴) الا ان تفعلوا الى اوليائكم معروفا (احزاب ۱) انما ذلكم الشيطان يخوف اولياءه (آل عمران ۱۸)
وماكانوا اولياءه ان اولياؤه الا المتقون (انفال ۴) وقال اولياؤهم من الانس (انعام ۱۵) والذين كفروا اولياؤهم الطاغوت (بقرة ۳۲) وان
الشياطين ليوحون الى اوليائهم (انعام ۱۴) من الذين استحق عليهم الاوليان (مائدة ۱۴) ان هذا الا اساطير الاولين (انعام ۳-
انفال ۴ مؤمنين ۵ نمل ۶) فيقول ما هذا الا اساطير الاولين (احقاف ۲) قالوا اساطير الاولين (نحل ۳) وقالوا اساطير الاولين (فرقان ۱) قال
اساطير الاولين (نون ۲ مطففين ۱) فقد مضت سنت الاولين (انفال ۴) وقد خلت سنة الاولين (حجر ۱) الا ان تأتيهم سنة الاولين (كهف ۶
فهل ينظرون الا سنة الاولين (ملائكة ۵) في آبائنا الاولين (مؤمنين ۳ قصص ۴) ام جاءهم ما لم يأت آباءهم الاولين (مؤمنين ۷) ولقد ارسلنا
من قبلك في شيع الاولين (حجر ۱) قال ربكم ورب آبائكم الاولين (شعراء ۲) الله ربكم ورب آبائكم الاولين (صافات ۴) ربكم ورب آبائكم الاولين
(دخان ۱) ان هذا الا خلق الاولين (شعراء ۷) والجبلة الاولين (شعراء ۱۰) وانه لفي زبر الاولين (شعراء ۱۱) ولقد ضل قبلهم اكثر الاولين
(صافات ۳) ومضى مثل الاولين (زخرف ۱) الم نهلك الاولين (مرسلات ۱) قل ان الاولين والآخرين (واقعة ۲) وكم ارسلنا من نبي في
الاولين (زخرف ۱) لو ان عندنا ذكرا من الاولين (صافات ۷) ثلة من الاولين (واقعة ۱-۲) جمعناكم والاولين (مرسلات ۲) وقالت
اولاهم لاخراهم (اعراف ۴) قالت اخراهم لاولاهم (اعراف ۴) فاذا جاء وعد اولاهما (اسرائيل ۱) وان اوهن البيوت لبيت العنكبوت (عنكبوت ۵)
اذ اوى الفتية الى الكهف (كهف ۲) قال ارأيت اذ اوينا الى الصخرة (كهف ۹)

فصل الهاء

فيقول ربي اهانن
(فجر ۱) لاهب لك غلاما زكيا (مريم ۲) قيل يا نوح اهبط بسلام (هود ۴) قال فاهبط منها (اعراف ۲) قال اهبطا منها جميعا (طه ۳)
وقلنا اهبطوا بعضكم لبعض عدو (بقرة ۴) قلنا اهبطوا منها جميعا (بقرة ۴) اهبطوا مصرا (بقرة ۷) قال اهبطوا بعضكم لبعض عدو (اعراف ۳)
فان آمنوا بمثل ما آمنتم به فقد اهتدوا (بقرة ۱۶) فان اسلموا فقد اهتدوا (آل عمران ۲) ويزيد الله الذين اهتدوا هدى (مريم ۵) والذين اهتدوا
زادهم هدى (قتال ۲) وامن وعمل صالحا ثم اهتدى (طه ۴) من اهتدى فانما يهتدي لنفسه (اسرائيل ۲) وهو اعلم بمن اهتدى (نجم ۳)
فمن اهتدى فانما يهتدي لنفسه (يونس ۱۱) فمن اهتدى فلنفسه (زمر ۴) من اصحاب الصراط السوي ومن اهتدى (طه ۸) وان
اهتديت فبما يوحي الي ربي (سبا ۶) لا يضركم من ضل اذا اهتديتم (مائدة ۱۴) فاذا انزلنا عليها الماء اهتزت وربت (فصلت ۵) والرجز فاهجر
(مدثر ۱) واهجرني مليا (مريم ۳) واهجرهم هجرا جميلا (مزمل ۱) واهجروهن في المضاجع (نساء ۶) فاتبعني اهدك صراطا سويا (مريم ۳)
اهدكم سبيل الرشاد (مؤمن ۵) اهدنا الصراط المستقيم (فاتحة ۱) واهدنا الى سواء الصراط (ص ۲) فاهدوهم الى صراط الجحيم
(صافات ۲) هؤلاء اهدى من الذين آمنوا سبيلا (نساء ۸) لكنا اهدى منهم (انعام ۲۰) فربكم اعلم بمن هو اهدى سبيلا (اسرائيل ۹) افمن
يمشي مكبا على وجهه اهدى (ملك ۲) هو اهدى منهما (قصص ۵) ليكونن اهدى من احدى الامم (ملائكة ۵) باهدى مما وجدتم عليه
آباءكم (زخرف ۲) واهديك الى ربك فتخشى (نازعات ۱) وما اهديكم الا سبيل الرشاد (مؤمن ۳) واهش بها على غنمي (طه ۱) وليحكم اهل
الانجيل (مائدة ۷) رحمت الله وبركاته عليكم اهل البيت (هود ۷) ليذهب عنكم الرجس اهل البيت (احزاب ۴) فاسئلوا اهل الذكر (نحل ۵-انبياء
۱) افامن اهل القرى (اعراف ۱۲) اوامن اهل القرى (اعراف ۱۲) حتى اذا اتيا اهل قرية (كهف ۱۰) قالوا انا مهلكوا اهل هذه القرية (عنكبوت ۴) ولو
آمن اهل الكتاب (آل عمران ۱۲) يسألك اهل الكتاب (نساء ۲۲) لئلا يعلم اهل الكتاب (حديد ۴) ولا تجادلوا اهل الكتاب (عنكبوت ۵) ولا اماني
اهل الكتاب (نساء ۱۸) وجاء اهل المدينة يستبشرون (حجر ۵) ان ذلك لحق تخاصم اهل النار (ص ۵) ولو ان اهل القرى آمنوا (اعراف ۱۲) هل ادلكم
على اهل بيت يكفلونه لكم (قصص ۱) انا منزلون على اهل هذه القرية (عنكبوت ۴) فلبثت سنين في اهل مدين (طه ۲) وما كنت ثاويا في اهل
مدين (قصص ۵) وما كان لاهل المدينة (توبة ۱۵) ما يود الذين كفروا من اهل الكتاب (بقرة ۱۳) ود كثير من اهل الكتاب (بقرة ۱۳) ودت
طائفة من اهل الكتاب (آل عمران ۷) وقالت طائفة من اهل الكتاب (آل عمران ۸) ومن اهل الكتاب من ان تأمنه بقنطار (آل عمران ۸) من اهل
الكتاب امة قائمة (آل عمران ۱۲) وان من اهل الكتاب (آل عمران ۲۰) وان من اهل الكتاب (نساء ۲۲) ومن اهل المدينة مردوا على النفاق (توبة ۱۳)
الا رجالا نوحي اليهم من اهل القرى (يوسف ۱۲) وانزل الذين ظاهروهم من اهل الكتاب (احزاب ۳) الذين كفروا من اهل الكتاب (حشر ۱-۲)
لم يكن الذين كفروا من اهل الكتاب (بينة ۱) ما افاء الله على رسوله من اهل القرى (حشر ۱) ان الذين كفروا من اهل الكتاب (بينة ۱)

(ع۱)

يا اهل الكتاب لم تحاجون في ابراهيم (آل عمران٧) يا اهل الكتاب لم تكفرون (آل عمران٧) يا اهل الكتاب لم تلبسون الحق (آل عمران٨)
يا اهل الكتاب لا تغلوا (نساء١) يا اهل الكتاب قد جاءكم رسولنا (مائدة ٢ مرتين) قل يا اهل الكتاب هل تنقمون منا (مائدة٧) قل يا اهل الكتاب
لستم على شيء (مائدة١٠) قل يا اهل الكتاب تعالوا (آل عمران٧) قل يا اهل الكتاب لم تصدون (آل عمران١٠) قل يا اهل الكتاب لم تكفرون (آل عمران١٠)
قل يا اهل الكتاب لا تغلوا (مائدة١٠) يا اهل يثرب لا مقام لكم (احزاب٢) وما أهل به لغير الله (بقرة١٧) وما اهل لغير الله به (مائدة نحل١٢)
او فسقا اهل لغير الله به (انعام١٥) يسئلونك عن الأهلة (بقرة٩) فاسر باهلك بقطع من الليل (هود٩ حجر٢) قالت ما جزاء من اراد
باهلك سوءا (يوسف٢) واذ غدوت من اهلك (آل عمران١٣) انه ليس من اهلك (هود٥) واهلك الا من سبق عليه القول (هود٤ مؤمنون٢)
انا منجوك واهلك (عنكبوت٤) ان الله قد اهلك (قصص٨) وانه اهلك عادا الاولى (نجم٣) يقول اهلكت مالا لبدا (بلد١) ظلموا انفسهم
فاهلكته (آل عمران١٢) قال رب لو شئت اهلكتهم من قبل واياي (اعراف١١) وتوفي باهلكم اجمعين (يوسف١) ولقد اهلكنا القرون
(يونس٢) ولقد اهلكنا اشياعكم (قمر٣) ولقد اهلكنا ما حولكم (احقاف٤) ولقد اهلكنا اشياعكم (قمر٣) وكم اهلكنا من قبلهم (انعام١) الم يروا كم اهلكنا قبلهم من القرون
(طه٨) اولم يهد لهم كم اهلكنا من قبلهم من القرون (سجدة٣) كم اهلكنا من قبلهم من قرن (ص١ الم يروا) كم اهلكنا قبلهم من القرون (يس٣) وكم
اهلكنا قبلهم من قرن (مريم٨-١٠ ق٣) وكم اهلكنا من القرون (اسراء٢) وكم اهلكنا من قرية (قصص٦) من بعد ما اهلكنا القرون
(قصص٥) وما اهلكنا من قرية الا ولها كتاب معلوم (حجر١) وما اهلكنا من قرية الا لها منذرون (شعراء١١) فاهلكنا اشد منهم بطشا
(زخرف١) واهلكنا المسرفين (انبياء١) وكم من قرية اهلكناها (اعراف١) ما آمنت قبلهم من قرية اهلكناها (انبياء١) وحرام على قرية اهلكناها
(انبياء٧) فكاين من قرية اهلكناها (حج٦) ولو انا اهلكناهم بعذاب (طه٨) وتلك القرى اهلكناهم لما ظلموا (كهف٨) اهلكناهم فلا ناصر
لهم (محمد٢) والذين من قبلهم اهلكناهم (دخان٢) فاهلكناهم بذنوبهم (انفال٧ انعام١) فكذبوه فاهلكناهم (شعراء١١) قل ارايتم ان
اهلكني الله (ملك٢) واما عاد فاهلكوا بريح صرصر عاتية (حاقة١) فاما ثمود فاهلكوا بالطاغية (حاقة١) ونمير اهلنا (يوسف٨)
قالوا انا كنا قبل في اهلنا مشفقين (طور٣) قالوا يا ايها العزيز مسنا واهلنا الضر (يوسف٩) شغلتنا اموالنا واهلونا (فتح٢) ذلك لمن
لم يكن اهله حاضري المسجد الحرام (بقرة٢) وارزق اهله من الثمرات (بقرة١٥) وكان يامر اهله بالصلوة (مريم٤) وآتيناه اهله ومثلهم معهم
(انبياء٦) ووهبنا له اهله (ص٥) واخراج اهله منه اكبر عند الله (بقرة٢٢) ما شهدنا مهلك اهله (نمل٩) ودية مسلمة الى اهله (نساء١٠)
فدية مسلمة الى اهله (نساء١٠) فراغ الى اهله (ذاريات٣) ثم ذهب الى اهله يتمطى (قيامة٢) وينقلب الى اهله مسرورا (انشقاق١) وسار
باهله (قصص٤) انه كان في اهله مسرورا (انشقاق١) فقال لاهله امكثوا (طه١) اذ قال موسى لاهله (نمل١) قال لاهله امكثوا (قصص٣) فابعثوا
حكما من اهله (نساء٦) فانجيناه واهله (اعراف١٠ نمل٤) فنجيناه واهله (انبياء٨) فنجيناه واهله اجمعين (شعراء١١) لنبيتنه واهله (نمل٩)
لننجينه واهله (عنكبوت٤) ونجيناه واهله (صافات٨) انجيناه واهله اجمعين (صافات٤) من هذه القرية الظالم اهلها (نساء١٠)
وظن اهلها انهم قادرون عليها (يونس٣) استطعما اهلها (كهف١٠) الا اخذنا اهلها بالباساء (اعراف١٢) لتخرجوا منها اهلها (اعراف١٤)
قال اخرقتها لتغرق اهلها (كهف١٠) وجعل اهلها شيعا (قصص١) يرثون الارض من بعد اهلها (اعراف١٢) وجعلوا اعزة اهلها اذلة
(نمل٣) ان تؤدوا الامانات الى اهلها (نساء٨) ان اهلها كانوا ظالمين (عنكبوت٤) وتسلموا على اهلها (نور٤) وحكما من
اهلها (نساء٦) وشهد شاهد من اهلها (يوسف٣) اذ انتبذت من اهلها (مريم٢) على حين غفلة من اهلها (قصص٢) واهلها غا ملعون
(انعام١٦) واهلها مصلحون (هود١٠) الا واهلها ظالمون (قصص٦) وكانوا احق بها واهلها (فتح٣) اذا انقلبوا الى اهلهم لعلهم
يرجعون (يوسف٨) ولا الى اهلهم يرجعون (يس٥) واذا انقلبوا الى اهلهم (مطففين٢) فانكحوهن باذن اهلهن (نساء٤) فقال رب
ان ابني من اهلي (هود٤) واجعل لي وزيرا من اهلي (طه٢) رب نجني واهلي مما يعملون (شعراء١١) من اوسط ما تطعمون اهليكم (مائدة١٢)
قوا انفسكم واهليكم نارا (تحريم١) الى اهليهم ابدا (فتح٢) ان الخاسرين الذين خسروا انفسهم واهليهم (شورى٥) قل ان الخاسرين
الذين خسروا انفسهم واهليهم (زمر٢) وطائفة قد اهمتهم انفسهم (آل عمران١٦) ولا تتبعوا اهواء قوم (مائدة١٠) ولا تتبع اهواء الذين
كذبوا باياتنا (انعام١٥) ولا تتبع اهواء الذين لا يعلمون (جاثية٢) قل لا اتبع اهواءكم (انعام٦) ولئن اتبعت اهواءهم (بقرة١٣
١٥ رعد٥) ولا تتبع اهواءهم (مائدة٥-٦ شورى٢) ولو اتبع الحق اهواءهم (مؤمنون٨) انما يتبعون اهواءهم (قصص٥) بل اتبع الذين
ظلموا اهواءهم (روم٣) واتبعوا اهواءهم (قتال٢ مرتين) وكذبوا واتبعوا اهواءهم (قمر١) وان كثيرا ليضلون باهوائهم (انعام١٤) وهو

اھون علیہ (روم ۳) والمؤتفکۃ اھوی (نجم ۶) **فصل الیاء** قل ای وربی انہ لحق (یونس ۶) قل ای
شیٔ اکبر شھادۃ (انعام ۲) ای الفریقین خیر مقاما (مریم ۸) ثم بعثناھم لنعلم ای الحزبین احصی لما لبثوا امدا (کھف ۲) ای منقلب ینقلبون
(شعراء ۱۱) من ای شیٔ خلقہ (عبس ۱) بای ارض تموت (لقمان ۴) بای ذنب قتلت (تکویر ۱) **فای** الفریقین احق بالامن
(انعام ۹) فای آیات اللہ تنکرون (مؤمن ۶) **فی** ای صورۃ ما شاء رکبک (انفطار ۱) **لای** یوم اجلت (مرسلات ۱) **فبای** حدیث
بعد اللہ (جاثیہ ۱) فبای آلاء ربک تتماری (نجم ۳) فبای آلاء ربکما تکذبان (رحمن ۱ احدی وثلثین آیۃ) فبای حدیث بعدہ یؤمنون
(اعراف ۲۳ مرسلات ۲) **من** ای شیٔ خلقہ (عبس ۱) ان الینا **ایابھم** (غاشیہ ۱) **ایاک** نعبد وایاک نستعین (فاتحہ ۱) قل اللہ وانا
او **ایاکم** لعلی ھدی (سبا ۳) ھؤلاء ایاکم کانوا یعبدون (سبا ۵) **وایاکم** ان تتقوا اللہ (نساء ۱۹) نحن نرزقھم وایاکم (اسرائیل ۴) اللہ
یرزقھا وایاکم (عنکبوت ۶) یخرجون الرسول وایاکم ان تؤمنوا باللہ ربکم (ممتحنہ ۱) للذین لا یرجون **ایام** اللہ (جاثیہ ۲) فمن لم یجد
فصیام ثلثۃ ایام (بقرۃ ۲۴ مائدۃ ۱۲) الا تکلم الناس ثلثۃ ایام الا رمزا (آل عمران ۵) فعقروھا فقال تمتعوا فی دارکم ثلثۃ ایام (ھود ۷)
وقدر فیھا اقواتھا فی اربعۃ ایام (فصلت ۲) ان ربکم اللہ الذی خلق السموات والارض فی ستۃ ایام (اعراف ۷ یونس ۱) وھو الذی خلق السموات
والارض فی ستۃ ایام (ھود ۱) ھو الذی خلق السموات والارض فی ستۃ ایام (حدید ۱) وما بینھما فی ستۃ ایام (فرقان ۶ سجدہ ۱ ق ۳) سخرھا
علیھم سبع لیال وثمانیۃ ایام (حاقہ ۱) فھل ینتظرون الا مثل ایام الذین خلوا من قبلھم (یونس ۱۰) واذکروا اللہ **فی** ایام معدودات (بقرۃ ۲۵)
وذکرھم **بایام** اللہ (ابراھیم ۱) ویذکروا اسم اللہ فی ایام معلومات (حج ۴) فی ایام نحسات (فصلت ۲) فعدۃ **من** ایام اخر (بقرۃ ۲۳)
وتلک **الایام** نداولھا (آل عمران ۱۴) **فی** الایام الخالیۃ (حاقہ ۱) **ایاما** معدودات (بقرۃ ۲۳) لن تمسنا النار الا ایاما معدودات
(آل عمران ۳) الا ایاما معدودۃ (بقرۃ ۹) سیروا فیھا لیالی **و**ایاما آمنین (سبا ۲) **ایاما** تدعوا فلہ الاسماء الحسنی (اسرائیل ۱۲) وانکحوا
الایامی (نور ۴) یسئلون **ایان** یوم الدین (ذاریات ۱) وما یشعرون ایان یبعثون (نحل ۲ نمل ۵) یسئل ایان یوم القیامۃ (قیامۃ ۱)
یسئلونک عن الساعۃ ایان مرسٰھا (نازعات ۵ اعراف ۲۳) وقال شرکاؤھم ما کنتم **ایانا** تعبدون (یونس ۳) ما کانوا ایانا یعبدون (قصص ۷)
ان کنتم **ایاہ** تعبدون (بقرۃ ۲۱ نحل ۱۵ فصلت ۵) بل ایاہ تدعون (انعام ۴) امر الا تعبدوا الا ایاہ (یوسف ۵) وقضی ربک الا تعبدوا الا
ایاہ (اسرائیل ۳) ضل من تدعون الا ایاہ (اسرائیل ۷) نحن نرزقکم **وایاھم** (انعام ۱۹) **فایای** فارھبون (نحل ۷) فایای فاعبدون (عنکبوت ۶)
وایای فاتقون (بقرۃ ۵) اھلکتم من قبل وایای (اعراف ۱۹) **وایتاء** ذی القربی (نحل ۱۳) **وایتاء** الزکوۃ (انبیاء ۵ نور ۵) **ایتھا** العیر انکم
لسارقون (یوسف ۸) **یایتھا** النفس المطمئنۃ (فجر ۱) ام لھم **اید** یبطشون بھا (اعراف ۲۴) والسماء بنینھا **باید** (ذاریات ۳) واذکر
عبدنا داود ذا **الاید** انہ اواب (ص ۲) اولی الایدی والابصار (ص ۵) اذ **ایدتک** بروح القدس (مائدۃ ۱۵) ھو الذی **ایدک**
بنصرہ (انفال ۸) **وایدکم** بنصرہ (انفال ۳) **فایدنا** الذین آمنوا (صف ۲) **وایدناہ** بروح القدس (بقرۃ ۱۱، ۳۳) فانزل اللہ سکینتہ
علیہ **وایدہ** (توبہ ۶) **وایدھم** بروح منہ (مجادلہ ۳) بما کسبت **ایدی** الناس (روم ۵) وکف ایدی الناس عنکم (فتح ۳) **بایدی**
سفرۃ کرام بررۃ (عبس ۱) **وایدی** المؤمنین (حشر ۱) ذلک بما قدمت **ایدیکم** (آل عمران ۱۸، انفال ۷) تنالہ ایدیکم (مائدۃ ۱۳) فبما کسبت
ایدیکم (شوری ۴) کفوا ایدیکم (نساء ۱۱) لاقطعن ایدیکم وارجلکم (اعراف ۱۴، شعراء ۳) فلاقطعن ایدیکم وارجلکم (طہ ۳) واذا قیل لھم اتقوا ما
بین ایدیکم (یس ۴) ولا تلقوا **بایدیکم** الی التھلکۃ (بقرۃ ۲۴) یعذبھم اللہ بایدیکم (توبہ ۲) قل لمن **فی** ایدیکم من الاسری (انفال ۱۰)
فامسحوا بوجوھکم **و**ایدیکم (نساء ۷ مائدۃ ۲) فاغسلوا وجوھکم وایدیکم (مائدۃ ۲) وھو الذی کف ایدیھم عنکم وایدیکم عنھم (فتح ۳) لہ ما بین
ایدینا وما خلفنا وما بین ذلک (مریم ۴) مما عملت ایدینا انعاما (یس ۵) ان یصیبکم اللہ بعذاب من عندہ او **بایدینا** (توبہ ۷) فویل
لھم مما کتبت **ایدیھم** (بقرۃ ۹) بما قدمت ایدیھم (بقرۃ ۱۱ نساء ۹ جمعۃ ۱ قصص ۵ روم ۵ شوری ۵) او تقطع ایدیھم وارجلھم (مائدۃ ۵)
غلت ایدیھم (مائدۃ ۹) ونکالا من بین ایدیھم (یس ۲) والملئکۃ باسطوا ایدیھم (انعام ۱۱) ویکفوا ایدیھم (نساء ۱۲) ان یبسطوا الیکم ایدیھم (مائدۃ ۲)
فکف ایدیھم عنکم (مائدۃ ۲) ویقبضون ایدیھم (توبہ ۹) فلما رای ایدیھم لا تصل (ھود ۷) فردوا **ایدیھم** فی افواھھم (ابراھیم ۲) ید اللہ فوق
ایدیھم (فتح ۱) وھو الذی کف ایدیھم عنکم (فتح ۳) ویبسطوا الیکم ایدیھم (ممتحنہ ۱) نورھم یسعی بین ایدیھم (تحریم ۱) یسعی نورھم بین ایدیھم
(حدید ۲) یعلم ما بین ایدیھم (بقرۃ ۲۴ طہ ۱۱ انبیاء ۲ حج ۱۰) افلم یروا الی ما بین ایدیھم (سبا ۱) فزینوا لھم ما بین ایدیھم (فصلت ۳) ثم لاٰتینھم
من بین ایدیھم (اعراف ۲) وجعلنا من بین ایدیھم سدا (یس ۱) اذ جاءتھم الرسل من بین ایدیھم (فصلت ۲) فویل للذین یکتبون الکتاب

فایای فارھبون (بقرۃ ۵)

بـ ايديهم (بقرة ١) فلمسوه بايديهم (انعام ١) يجرعون بيوتهم بايديهم (حشر ١) ولما سقط في ايديهم (اعراف ١٩) يوم تشهد عليهم السنتهم
و ايديهم (نور ٣) فاقطعوا ايديهما (مائدة ٤) وقطعن ايديهن (يوسف ٤) ما بال النسوة اللاتي قطعن ايديهن (يوسف ٥)
يفترينه بين ايديهن وارجلهن (ممتحنة ٢) وتحسبهم ايقاظا (كهف ٣) وان كان اصحاب الايكة لظالمين (حجر ٦) كذب اصحاب الايكة المرسلين
(شعراء ١) واصحب الايكة اولئك الاحزاب (ص ١) واصحاب الايكة وقوم تبع (ق ١) فمنهم من يقول ايكم زادته هذه ايمانا (توبة ٣) ليبلوكم
ايكم احسن عملا (هود ١ ملك ١) بـ ايكم المفتون (نون ١) لايلاف قريش ايلافهم (قريش ١) ايما الاجلين قضيت (قصص ٣) ان
تبغوا ان ترد ايمان بعد ايمانهم (مائدة ١) ام لكم ايمان علينا بالغة الى يوم القيمة (نون ٤) انهم لا ايمان لهم لعلهم ينتهون (توبة ٢) وما
ذبحتم بـ ايمان (طور ٣) ما كنت تدري ما الكتاب ولا الايمان (شورى ٥) ولما يدخل الايمان (حجرات ٢) ولكن الله حبب اليكم
الايمان (حجرات ١) اولئك كتب في قلوبهم الايمان (مجادلة ٣) بئس الاسم الفسوق بعد الايمان (حجرات ٢) ولكن يؤاخذكم بما عقدتم
الايمان (مائدة ٩) ولا تنقضوا الايمان (نحل ١) اذ تدعون الى الايمان (مؤمن ١) ومن يتبدل الكفر بـ الايمان (بقرة ١) ان الذين
اشتروا الكفر بالايمان (ال عمران ٨) ومن يكفر بالايمان (مائدة ١) وقلبه مطمئن بالايمان (نحل ١) ولاخواننا الذين سبقونا بالايمان (حشر ١)
ان استحبوا الكفر على الايمان (توبة ٣) يومئذ اقرب منهم للايمان (ال عمران ٧) ربنا اننا سمعنا مناديا ينادي للايمان (ال عمران ٢٠)
ان هديكم للايمان (حجرات ٢) وقال الذين اوتوا العلم والايمان (روم ٦) والذين تبوؤ الدار والايمان (حشر ١) فزادهم ايمانا
(ال عمران ٨) زادتهم ايمانا (انفال ١) فمنهم من يقول ايكم زادته هذه ايمانا (توبة ٣) فزادتهم ايمانا (توبة ٣) وما زادهم الا ايمانا وتسليما
(احزاب ٣) ليزدادوا ايمانا مع ايمانهم (فتح ١) ويزداد الذين امنوا ايمانا (مدثر ١) قل بئسما يأمركم به ايمانكم (بقرة ١٠) وما كان الله ليضيع
ايمانكم (بقرة ٥) لو يردونكم من بعد ايمانكم (بقرة ١) يردوكم بعد ايمانكم كافرين (ال عمران ١٠) اكفرتم بعد ايمانكم (ال عمران ١١) قد كفرتم بعد
ايمانكم (توبة ٧) او ما ملكت ايمانكم (نساء ١) وما ملكت ايمانكم (نساء ٤) والمحصنات من النساء الا ما ملكت ايمانكم (نساء ٣) فمن ما ملكت ايمانكم
(نساء ٣) والذين عقدت ايمانكم (نساء ٤) مما ملكت ايمانكم (نور ٤) من ما ملكت ايمانكم (روم ٣) الذين ملكت ايمانكم (نور ٤) واحفظوا
ايمانكم (مائدة ٩) تتخذون ايمانكم دخلا بينكم (نحل ١) ذلك كفارة ايمانكم (مائدة ٩) قد فرض الله لكم تحلة ايمانكم (تحريم ١) والله اعلم بـ ايمانكم
(نساء ٣) لا يؤاخذكم الله باللغو في ايمانكم (بقرة ٢٣ مائدة ٩) ولا تجعلوا الله عرضة لايمانكم (بقرة ٢٣) من ال فرعون يكتم ايمانه (مؤمن ٤)
من كفر بالله من بعد ايمانه (نحل ١) لا ينفع نفسا ايمانها (انعام ٤) فنفعها ايمانها (يونس ١) او كسبت في ايمانها خيرا (انعام ٤) لا ينفع
الذين كفروا ايمانهم (سجدة ٣) فلم يك ينفعهم ايمانهم (مؤمن ٩) ولم يلبسوا ايمانهم (انعام ٩) كيف يهدي الله قوما كفروا بعد ايمانهم (ال عمران ٩)
ليزدادوا ايمانا مع ايمانهم (فتح ١) او يخافوا ان ترد ايمان بعد ايمانهم (مائدة ١) على ما ملكت ايمانهم (نحل ٦) او ما ملكت ايمانهم (مؤمنين ١ معارج ١)
وما ملكت ايمانهم (احزاب ٥) وان نكثوا ايمانهم (توبة ٢) الا تقاتلون قوما نكثوا ايمانهم (توبة ٢) اتخذوا ايمانهم جنة (مجادلة ٣ منافقين ١)
واقسموا بالله جهد ايمانهم (نور ٤ انعام ١ نحل ٤ ملائكة ٥) اهؤلاء الذين اقسموا بالله جهد ايمانهم (مائدة ٦) يهديهم ربهم بـ ايمانهم (يونس ١)
بين ايديهم و بـ ايمانهم (حديد ٢ تحريم ١) ومن خلفهم وعن ايمانهم (اعراف ٢) ان الذين يشترون بعهد الله وايمانهم ثمنا قليلا (ال عمران ٨)
او ما ملكت ايمانهن (نور ٤) ولا ما ملكت ايمانهن (احزاب ٦) الله اعلم بـ ايمانهن (ممتحنة ١) وناديناه من جانب الطور الايمن (مريم ٤)
وواعدناكم جانب الطور الايمن (طه ٤) نودي من شاطئ الواد الايمن (قصص ٣) ضربت عليهم الذلة اين ما ثقفوا (ال عمران ١٢) اين ما تكونوا
يدرككم الموت (نساء ١) اين شركاؤكم (انعام ٣) اين ما تكونوا يأت بكم الله جميعا (بقرة ١٥) قالوا اين ما كنتم تدعون (اعراف ٤) ويقول اين
شركاءي الذين كنتم تشاقون فيهم (نحل ٤) فيقول اين شركاءي الذين كنتم تزعمون (قصص ٦-٧) ويوم يناديهم اين شركاءي (فصلت ٥) يقول الانسان
يومئذ اين المفر (قيامة ١) فاين تذهبون (تكوير ١) فكاين من قرية (حج ٥) وكاين من نبي (ال عمران ١٥) وكاين من اية (يوسف ١١)
وكاين من قرية (حج ٥ قتال ١) ولتعلمن اينا اشد عذابا وابقى (طه ٤) اينما يوجهه لا يأت بخير (نحل ١) وجعلني مباركا اينما كنت (مريم ٢)
وقيل لهم اينما كنتم تعبدون (شعراء ١) اينما ثقفوا اخذوا (احزاب ٨) اينما كنتم تشركون (مؤمن ٨) وهو معكم اينما كنتم (حديد ١) الا هو معهم
اينما كانوا (مجادلة ١) فاينما تولوا فثم وجه الله (بقرة ١٤) واذكر عبدنا ايوب (ص ٤) وعيسى وايوب (نساء ١٧) وايوب ويوسف
(انعام ١٠) وايوب اذ نادى ربه (انبياء ٦) وتوبوا الى الله جميعا ايه المؤمنون (نور ٤) وقالوا يا ايه الساحر (زخرف ٥) سنفرغ لكم ايه
الثقلان (رحمن ٢) ارجعوا اليه يا ابيها ينبئكم ايها الناس (نساء ١) يوسف ايها الصديق (يوسف ٥) قال فما خطبكم ايها المرسلون (حجر ٤ ذاريات ٢)

ولا تتخذوا ايمانكم دخلا بينكم (نحل ١١)

فلينظر ايها ازكى طعاما (كهف ۲) اعبد ايها الجاهلون (زمر ۷) وامتازوا اليوم ايها المجرمون (يس ۴) ثم انكم ايها الضالون المكذبون (واقعه)
ياايها الذين آمنوا (بقرة ۱۱-۱۶-۱۸ مرتين ۱۹-۲۱-۲۶-۲۷ مرتين آل عمران ۱۰-۱۱-۱۲-۱۳-۱۵-۱۶-۲۰ نسا ۲-۳-۵-۶-۸-۱۰-۱۴ مرتين
۱۵ مائدة ۱۱ اربع مرات ۲-۴-۶ ثلاث مرات ۹-۱۰ ثلاث مرات ۱۱ ثلاث مرات توبه ۳ مرتين ۴ مرتين ۱۳ مرتين نور ۳ مرتين ۶ احزاب ۱
۵ مرتين ۶ مرتين ۷ مرتين قتال ۱-۴ حجرات ۱ ثلاث مرات ۲ مرتين حديد ۴ مجادلة ۱-۲ مرتين حشر ۲ ممتحنة ۱ مرتين ۲ صف ۱ مرتين ۲ جمعه ۱
منافقين تغابن ۲ تحريم ۱) ياايها الانسان ما غرك (انفطار ۱) ياايها الانسان انك كادح (انشقاق ۱) وقالوا ياايها الذى نزل عليه الذكر
(حجر) ياايها الذين اوتوا الكتاب (نسا ۵) قل ياايها الذين هادوا (جمعه ۱) ياايها الذين كفروا (تحريم ۱) ياايها الرسل كلوا من الطيبات
(مومنين ۴) ياايها الرسول لايحزنك الذين يسارعون (مائدة ۵) ياايها الرسول بلغ ما انزل (مائدة ۷) قالوا ياايها العزيز (يوسف ۸-۹)
قل ياايها الكافرون (كافرون ۱) ياايها المدثر (مدثر ۱) ياايها المزمل (مزمل ۱) ياايها الملأ افتونى (يوسف ۵) وقال فرعون ياايها الملأ
(قصص ۴) قالت ياايها الملؤ (نمل ۳-۳) قال ياايها الملؤ (نمل ۳) ياايها الناس اعبدوا ربكم (بقرة ۳) ياايها الناس كلوا مما فى الارض (بقرة)
ياايها الناس اتقوا ربكم (نسا ۱ لقمان ۴ حج ۱) ياايها الناس قد جاءكم الرسول (نسا ۷) ياايها الناس قد جاءكم برهان (نسا ۸) قل ياايها الناس
انى رسول الله اليكم جميعا (اعراف ۲۰) ياايها الناس انما بغيكم على انفسكم (يونس ۳) ياايها الناس قد جاءتكم موعظة (يونس ۶) قل ياايها الناس
قد جاءكم الحق (يونس ۱۱) قل ياايها الناس ان كنتم فى شك (يونس ۱۱) ياايها الناس ان كنتم فى ريب (حج ۱) قل ياايها الناس انما انا لكم نذير مبين (حج ۵)
ياايها الناس ضرب مثل (حج ۱) وقال ياايها الناس (نمل ۲) ياايها الناس اذكروا نعمة الله عليكم (ملائكه ۱) ياايها الناس ان وعد الله حق
(ملائكه ۱) ياايها الناس انتم الفقراء (ملائكه ۲) ياايها الناس انا خلقناكم (حجرات ۲) ياايها النبى حسبك الله (انفال ۷) ياايها النبى حرض
المؤمنين (انفال ۷) ياايها النبى قل لمن فى ايديكم (انفال ۸) ياايها النبى جاهد الكفار (توبه ۱۰ تحريم ۱) ياايها النبى اتق الله (احزاب ۱) ياايها
النبى قل لازواجك (احزاب ۳-۶) ياايها النبى انا ارسلناك شاهدا (احزاب ۵) ياايها النبى انا احللنا لك (احزاب ۵) ياايها النبى اذا جاءك المؤمنات
(ممتحنه ۲) ياايها النبى اذا طلقتم النساء (طلاق ۱) ياايها النبى لم تحرم ما احل الله لك (تحريم ۱) ياايها النمل ادخلوا مساكنكم (نمل ۲) **ايهم**
يكفل مريم (آل عمران ۵) ايهم اشد على الرحمن عتيا (مريم ۷) لاتدرون ايهم اقرب لكم نفعا (نسا ۲) يبتغون الى ربهم الوسيلة ايهم اقرب (اسرائيل ۶)
لنبلوهم ايهم احسن عملا (كهف ۱) سلهم ايهم بذلك زعيم (نون ۲)

باب الباء

فصل الهمزة

وبئر معطلة وقصر مشيد (حج ۵) **بئس** ما اشتروا به انفسهم (بقرة ۱۱) بئس الرفد المرفود (هود ۹) بئس
الوجوه بئس الشراب (كهف ۴) بئس للظالمين بدلا (كهف ۷) بئس الاسم الفسوق (حجرات ۲) بئس مثل القوم الذين كذبوا (جمعه ۱) واخذنا
الذين ظلموا بعذاب بئيس (اعراف ۲۱) **فبئس** ما يشترون (آل عمران ۱۹) جهنم يصلونها فبئس المهاد (ص ۶) انتم قدمتموه لنا فبئس القرار (ص ۷)
فبئس القرين (زخرف ۴) فبئس مثوى المتكبرين (زمر ۸ مؤمن ۸) **لبئس** ما كانوا يعملون (مائدة ۷) لبئس ما كانوا يفعلون (مائدة ۱۱) لبئس
المولى ولبئس العشير (حج ۲) لبئس ما قدمت لهم انفسهم (مائدة ۱۱) **ولبئس** ما شروا به انفسهم (بقرة ۱۲) ولبئس المهاد (بقرة ۲۱) ومأويهم النار
ولبئس المصير (نور ۷) الى عذاب النار **و**بئس المصير (بقرة ۱۵) ومأويه جهنم وبئس المصير (آل عمران ۱۷-انفال ۲) وبئس مثوى الظالمين (آل عمران ۱۶)
وبئس المهاد (آل عمران ۲-۲۰ رعد ۳) ومأويهم جهنم وبئس المصير (توبه ۱۰ تحريم ۲) وبئس الورد المورود (هود ۹) جهنم يصلونها وبئس القرار
(ابراهيم ۵) وعدها الله الذين كفروا وبئس المصير (حج ۱۰) هى موليكم وبئس المصير (حديد ۲) اولئك اصحاب النار خالدين فيها وبئس المصير
(تغابن ۱) عذاب جهنم وبئس المصير (ملك ۱) فيه **بأس** شديد (حديد ۳) عسى الله ان يكف بأس الذين كفروا (نسا ۹) ويذيق بعضكم بأس
بعض (انعام ۷) اولى بأس شديد (اسرائيل ۱) فتح ۲) واولوا بأس شديد (نمل ۳) فمن ينصرنا **من** بأس الله (مؤمن ۳) وحين **البأس**
(بقرة ۱۸) ولاياتون البأس الا قليلا (احزاب ۲) والله اشد **بأسا** (نسا ۱۱) مستهم **البأساء** والضراء (بقرة ۲۲) فاخذناهم **بالبأساء**
والضراء (انعام ۵) والصابرين **فى** البأساء والضراء (بقرة ۲۱) الا اخذنا اهلها بالبأساء (اعراف ۱۲) تقيكم **بأسكم** (نحل ۹) لتحصنكم **من**
بأسكم (انبياء ۶) قال **بئسما** خلفتمونى (اعراف ۱۹) قل بئسما يأمركم به ايمانكم (بقرة ۱۰) فلولا اذ جاءهم **بأسنا** (انعام ۵) فجاءها بأسنا بياتا
(اعراف ۱) فما كان دعويهم اذ جاءهم بأسنا (اعراف ۱) ان يأتيهم بأسنا بياتا (اعراف ۱۱) ان يأتيهم بأسنا ضحى (اعراف ۱۱) حتى ذاقوا بأسنا (انعام ۵)
ولايرد بأسنا (يوسف ۱۲) فلما احسوا بأسنا (انبياء ۲) فلما رأوا بأسنا (مؤمن ۹) لما رأوا بأسنا (مؤمن ۹) ولايرد **بأسه** (انعام ۱۸) **بأسهم**
بينهم شديد (حشر ۲)

فصل الالف

كمن باء بسخط من الله (آل عمران ۱۷) فقد باء بغضب من الله (انفال ۲) واطعموا

لبئس ما كانوا يصنعون (مائدة ۹)

البأس (الفقير (حج ٤) **فباءو** بغضب على غضب (بقرة ١١) **وباء** وباءو بغضب من الله (بقرة ٧ آل عمران ١٢) فضرب بينهم بسور له **باب**
(حديد ٢) يدخلون عليهم من كل باب (رعد ٣) لكل باب منهم جزء مقسوم (حجر ٤) لا تدخلوا **من** باب واحد (يوسف ٨) وادخلوا
الباب سجدا (بقرة ٦ اعراف ٢١) وقلنا لهم ادخلوا الباب سجدا (نساء ٢٢) ادخلوا الباب (مائدة ٤) واستبقا الباب (يوسف ٣) والفيا
سيدها لدا الباب (يوسف ٣) ولو فتحنا عليهم **بابا** (حجر ١) حتى اذا فتحنا عليهم بابا (مؤمنون ٤) وما انزل على الملكين **ببابل** (بقرة ١١)
فلعلك **باخع** نفسك (كهف ١) لعلك باخع نفسك (شعراء ١) سواء العاكف فيه **والباد** (حج ٣) لو انهم **بادون** في الاعراب (احزاب ٢)
الا الذين هم اراذلنا **بادي** الرأي (هود ٣) هو الله الخالق **البارئ** (حشر ٣) ذلكم خير لكم عند **بارئكم** (بقرة ٦) فتوبوا **الى** بارئكم
(بقرة ٦) هذا مغتسل **بارد** وشراب (ص ٤) لا بارد ولا كريم (واقعة ٢) وترى الارض **بارزة** (كهف ٦) يوم هم **بارزون** (مؤمن ٢)
وبارك فيها وقدر فيها (فصلت ٢) التي **باركنا** فيها (اعراف ١٦) الذي باركنا حوله (اسرائيل ١) باركنا فيها للعالمين (انبياء ٥) الى الارض
التي باركنا فيها (انبياء ٦) وجعلنا بينهم وبين القرى التي باركنا فيها (سبا ٢) **وباركنا** عليه وعلى اسحاق (صافات ٣) فلما رأى القمر **بازغا**
(انعام ٩) فلما رأى الشمس **بازغة** (انعام ٩) ووجوه يومئذ **باسرة** (قيامة ١) وكلبهم **باسط** ذراعيه بالوصيد (كهف ٣) ما انا **بباسط**
يدي اليك (مائدة ٥) الا **كباسط** كفيه الى الماء (رعد ٢) والملائكة **باسطوا** ايديهم (انعام ١١) والنخل **باسقات** (ق ١) فالآن
باشروهن (بقرة ٢٣) **وباطل** ما كانوا يعملون (اعراف ١٤ هود ٢) وزهق **الباطل** (اسرائيل ٩) وان ما يدعون من دونه هو
الباطل (حج ٨) وان ما يدعون من دونه الباطل (لقمان ٣) لا يأتيه الباطل من بين يديه (فصلت ٥) ويبطل الباطل (انفال ١) وما يبدئ
الباطل وما يعيد (سبا ٦) ويمح الله الباطل (شورى ٣) ذلك بان الذين كفروا اتبعوا الباطل (قتال ١) ان الباطل كان زهوقا (اسرائيل ٩)
ولا تلبسوا الحق **بالباطل** (بقرة ٥) ولا تأكلوا اموالكم بينكم بالباطل (بقرة ٢٣) لا تأكلوا اموالكم بينكم بالباطل (نساء ٥) لم تلبسون الحق
بالباطل (آل عمران ٧) واكلهم اموال الناس بالباطل (نساء ٢٢) ليأكلون اموال الناس بالباطل (توبة ٥) ويجادل الذين كفروا بالباطل (كهف ٨)
والذين آمنوا بالباطل (عنكبوت ٦) وجادلوا بالباطل (مؤمن ١) **أفبالباطل** يؤمنون (عنكبوت ٧ نحل ٨) بل نقذف بالحق **على** الباطل (انبياء ٢)
كذلك يضرب الله الحق **و**الباطل (رعد ٣) ربنا ما خلقت هذا **باطلا** (آل عمران ٢٠) وما بينهما باطلا (ص ٣) هو الاول والآخر والظاهر
والباطن (حديد ١) واسبغ عليكم نعمه ظاهرة **وباطنة** (لقمان ٣) **باطنه** فيه الرحمة (حديد ٢) وذروا ظاهر الاثم **وباطنه** (انعام ١٤)
باعد بين اسفارنا (سبا ٢) فمن اضطر غير **باغ** (بقرة ٢١ انعام ١٨ نحل ١٥) وما عند الله **باق** (نحل ١٣) **والباقيات** الصالحات (كهف ٦
مريم ٥) وجعلها كلمة **باقية** (زخرف ٣) فهل ترى لهم من **باقية** (حاقة ١) وجعلنا ذريته هم **الباقين** (صافات ٣) ثم اغرقنا بعد الباقين
(شعراء ٢) ما **بال** النسوة اللاتي قطعن ايديهن (يوسف ٦) **فما بال** القرون الاولى (طه ٢) ان الله **بالغ** امره (طلاق ١) هديا بالغ
الكعبة (مائدة ١٣) حكمة **بالغة** فما تغن النذر (قمر ١) بالغة الى يوم القيامة (نون ٢) قل فلله الحجة **البالغة** (انعام ١٨) الى اجل هم **بالغوه**
(اعراف ١٤) وما هو **ببالغه** (رعد ٢) لم تكونوا **بالغيه** (نحل ١) ان في صدورهم الا كبر ما هم ببالغيه (مؤمن ٨) واصلح **بالهم** (قتال ١) ويصلح
بالهم (قتال ١) فاستبشروا ببيعكم الذي **بايعتم** به (توبة ١٤) في معروف **فبايعهن** (ممتحنة ٢) **فصل الثاء**
وما **بث** فيهما من دابة (شورى ٣) **وبث** فيها من كل دابة (بقرة ٢٠ لقمان ١) وبث منهما رجالا (نساء ١) قال انما اشكو **بثي** وحزني الى الله (يوسف ١٠)
فصل الحاء واذا البحار سجرت (تكوير ١) واذا البحار فجرت (انفطار ١) او كظلمات في بحر لجي (نور ٥) قل لو كان **البحر** مدادا
(كهف ١٢) لنفد البحر قبل ان تنفد كلمات ربي (كهف ١٢) واذ فرقنا بكم البحر (بقرة ٥) وجاوزنا ببني اسرائيل البحر (اعراف ١٦ يونس ٩) وهو الذي
سخر البحر (نحل ٢) ان اضرب بعصاك البحر (شعراء ٤) واترك البحر رهوا (دخان ٢) الله الذي سخر لكم البحر (جاثية ٢) احل لكم صيد البحر (مائدة ١٣)
التي كانت حاضرة البحر (اعراف ٢١) ربكم الذي يزجي لكم الفلك **في** البحر (بني اسرائيل ٧) واذا مسكم الضر في البحر (اسرائيل ٧) فاتخذ سبيله في
البحر سربا (كهف ٩) واتخذ سبيله في البحر عجبا (كهف ٩) لمساكين يعملون في البحر (كهف ١٠) فاضرب لهم طريقا في البحر يبسا (طه ٤) ومن آياته الجوار في
البحر (شورى ٤) وله الجوار المنشآت في البحر كالاعلام (رحمن ٢) والفلك التي تجري في البحر (بقرة ٢٠) والفلك تجري في البحر بامره (حج ٩) الم تر ان
الفلك تجري في البحر بنعمة الله (لقمان ٣) لتجري في البحر بامره (ابراهيم ٥) **والبحر** يمده من بعده (لقمان ٣) والبحر المسجور (طور ١) البر والبحر
(انظر البر) وما يستوي **البحران** (ملائكة ٢) حتى ابلغ مجمع **البحرين** (كهف ٩) وجعل بين البحرين حاجزا (نمل ٥) وهو الذي مرج البحرين
(فرقان ٥) مرج البحرين يلتقيان (رحمن ٣) ما جعل الله من **بحيرة** (مائدة ١٤) **فصل الخاء** وشروه بثمن بخس

فلا يخاف بخسا ولا رهقا (جن ٢) واما من بخل واستغنى (ليل ١) الذين يبخلون ويأمرون الناس بالبخل (نساء ع حديد ٣)
ما بخلوا به يوم القيامة (آل عمران ١٨) فلما اتاهم من فضله بخلوا به (توبه ١٠)

فصل الدال

فانظروا كيف بدأ الخلق
(عنكبوت ٢) فبدأ باوعيتهم (يوسف ٨) وبدأ خلق الانسان من طين (سجده ١) كما بدأكم تعودون (اعراف ٣) كما بدأنا اول خلق
نعيده (انبياء ٧) وهم بدؤكم اول مرة (توبه ٢) بل بدا لهم ما كانوا يخفون (انعام ٣) ثم بدا لهم من بعد ما رأوا الآيات (يوسف ١٤)
وبدا لهم من الله ما لم يكونوا يحتسبون (زمر ٥) وبدا لهم سيئات ما كسبوا (زمر ٥) وبدا لهم سيئات ما عملوا (جاثيه ٤) وبدا بيننا وبينكم
العداوة (ممتحنه ١) قد بدت البغضاء (آل عمران ١٢) بدت لهما سوآتهما (اعراف ٢) فبدت لهما سوآتهما (طه ٧) ولا تأكلوها اسرافا
وبدارا (نساء ١) ولقد نصركم الله ببدر (آل عمران ١٣) قل ما كنت بدعا من الرسل (احقاف ١) ثم بدل حسنا بعد سوء (نمل ١) فبدل
الذين ظلموا (بقره ٦ - اعراف ٢١) بئس للظالمين بدلا (كهف ٧) ثم بدلنا مكان السيئة الحسنة (اعراف ١٢) واذا بدلنا آية مكان آية (نحل ١٤)
واذا شئنا بدلنا امثالهم تبديلا (دهر ٢) بدلناهم جلودا غيرها (نساء ٨) وبدلناهم بجنتيهم جنتين (سبا ٢) الم تر الى الذين بدلوا
نعمت الله (ابراهيم ٥) وما بدلوا تبديلا (احزاب ٣) فمن بدله بعد ما سمعه (بقره ٢٢) ائت بقرآن غير هذا او بدله (يونس ٢)
البدن جعلناها لكم من شعائر الله (حج ٥) فاليوم ننجيك ببدنك (يونس ٩) وجاء بكم من البدو (يوسف ١١) بديع السموات
والارض (بقره ١٢ - انعام ١١)

فصل الراء

ليس البر ان تولوا وجوهكم (بقره ٢٢) وليس البر بان تأتوا البيوت (بقره ٢٤)
انه هو البر الرحيم (طور ٣) ولكن البر من آمن بالله (بقره ٢٢) ولكن البر من اتقى (بقره ٢٤) لن تنالوا البر حتى تنفقوا مما تحبون (آل عمران ١)
اتأمرون الناس بالبر (بقره ٥) وتناجوا بالبر والتقوى (مجادله ٢) وحرم عليكم صيد البر (مائده ١٣) افامنتم ان يخسف بكم جانب البر (اسرائيل ٧)
قل من ينجيكم من ظلمات البر والبحر (انعام ٨) لتهتدوا بها في ظلمات البر والبحر (انعام ١٢) امن يهديكم في ظلمات البر والبحر (نمل ٥) فلما نجاكم الى
البر اعرضتم (اسرائيل ٧) فلما نجاهم الى البر (عنكبوت ٧ - لقمان ٤) ويعلم ما في البر والبحر (انعام ٧) هو الذي يسيركم في البر والبحر (يونس ٣) وحملناهم
في البر والبحر (اسرائيل ٧) ظهر الفساد في البر والبحر (روم ٥) وبرا بوالديه (مريم ١) وبرا بوالدتي (مريم ٢) انني براء مما تعبدون (زخرف ٣)
انا برآء منكم ومما تعبدون (ممتحنه ١) براءة من الله ورسوله (توبه ١) ام لكم براءة في الزبر (قمر ٣) فبرأه الله مما قالوا (احزاب ٩)
وينزل من السماء من جبال فيها من برد (نور ٦) قلنا يا نار كوني بردا (انبياء ٥) لا يذوقون فيها بردا (نبا ٢) كرام بررة (عبس ١)
لبرز الذين كتب عليهم القتل (آل عمران ١٦) وبرزت الجحيم للغاوين (شعراء ٥) وبرزت الجحيم لمن يرى (نازعات ٢) ومن ورائهم برزخ
(مؤمنون ٦) بينهما برزخ لا يبغيان (رحمن ٢) وجعل بينهما برزخا (فرقان ٥) فاذا برزوا من عندك (نساء ١١) ولما برزوا لجالوت
(بقره ٣٥) وبرزوا لله جميعا (ابراهيم ٣) وبرزوا لله الواحد القهار (ابراهيم ٧) فاذا برق البصر (قيامه ١) فيه ظلمات ورعد
وبرق (بقره ٢) يكاد البرق يخطف ابصارهم (بقره ٢) هو الذي يريكم البرق (رعد ٢) ومن آياته يريكم البرق (روم ٣) يكاد سنا
برقه (نور ٦) لفتحنا عليهم بركات من السماء (اعراف ١٢) بسلام منا وبركات عليك (هود ٤) وبركاته عليكم (هود ٧) ولو كنتم
في بروج مشيدة (نساء ١١) والسماء ذات البروج (بروج ١) ولقد جعلنا في السماء بروجا (حجر ٢) تبارك الذي جعل في السماء بروجا (فرقان ٦)
قد جاءكم برهان من ربكم (نساء ٢٤) لولا ان رأى برهان ربه (يوسف ٣) لا برهان له به (مؤمنون ٦) فذانك برهانان من ربك
(قصص ٤) قل هاتوا برهانكم (بقره ١٤ - نمل ٥ - انبياء ٢) فقلنا هاتوا برهانكم (قصص ٧) ان الله بريء من المشركين (توبه ١) وانا
بريء مما تعملون (يونس ٥) وانا بريء مما تجرمون (هود ٣) قال يا قوم اني بريء مما تشركون (انعام ٩) وقال اني بريء منكم (انفال ٦)
واشهدوا اني بريء مما تشركون (هود ٥) فان عصوك فقل اني بريء مما تعملون (شعراء ١١) فلما كفر قال اني بريء منك (حشر ٢) وانني بريء
مما تشركون (انعام ٩) ثم يرم به بريئا (نساء ١٦) انتم بريئون مما اعمل (يونس ٥) اولئك هم شر البرية (بينه ١) اولئك هم خير البرية (بينه ١)

فصل السين

والله جعل لكم الارض بساطا (نوح ١) وبست الجبال بسا (واقعه ١) ثم عبس وبسر (مدثر ١)
ولو بسط الله الرزق (شوری ٣) ولا تبسطها كل البسط (اسرائيل ٣) لئن بسطت الي يدك لتقتلني (مائده ٥) وزاده بسطة
في العلم والجسم (بقره ٣٢) وزادكم في الخلق بسطة (اعراف ٩)

فصل الشين

انهم يقولون انما يعلمه بشر (نحل ١٤)
ولم يمسسني بشر (آل عمران ٥ - مريم ٢) بل انتم بشر ممن خلق (مائده ٣) ثم اذا انتم بشر تنتشرون (روم ٣) فقالوا ابشر يهدوننا (تغابن ١) قالوا
ان انتم الا بشر مثلنا (ابراهيم ٢) ان نحن الا بشر مثلكم (ابراهيم ٢) هل هذا الا بشر مثلكم (انبياء ١) ما هذا الا بشر مثلكم (مؤمنون ٣ - ٤) ما انت

الا بشر مثلنا (شعرا ١٦) وما انت الا بشر مثلنا (شعرا ١٩) قالوا ما انتم الا بشر مثلنا (يس ٢) قل انما انا بشر مثلكم (كهف ١٢ فصلت ١) اذ
قالوا ما انزل الله على بشر من شيء (انعام ١١) ما كان لبشر ان يؤتيه الله الكتاب (ال عمران ٨) قال لم اكن لاسجد لبشر (حجر ٣) وما جعلنا
لبشر من قبلك الخلد (انبياء ٣) وما كان لبشر ان يكلمه الله (شورى ٥) ان هذا الا قول البشر (مدثر ١) فاما ترين من البشر احدا (مريم ٢)
لواحة للبشر (مدثر ١) الا ذكرى للبشر (مدثر ٣) نذيرا للبشر (مدثر ٢) وبشر المنافقين (نساء ٢٠) وبشر الذين آمنوا (بقرة ٣ يونس ١)
وبشر الصابرين (بقرة ١٩) وبشر المؤمنين (بقرة ٢٨ توبة ١٤ يونس ٩ احزاب ٥ صف ٢) وبشر الذين كفروا (توبة ١٣) وبشر المخبتين (حج ٥)
وبشر المحسنين (حج ٥) واذا بشر احدهم بالانثى (نحل ٧) واذا بشر احدهم بما ضرب للرحمن مثلا (زخرف ٢) من سوء ما بشر به (نحل ٧) وهو
الذي ارسل الرياح بشرا (فرقان ٥) وهو الذي يرسل الرياح بشرا (اعراف ٧) ومن يرسل الرياح بشرا (نمل ٥) ما نراك الا بشرا مثلنا
(هود ٣) ما هذا بشرا (يوسف ٤) اني خالق بشرا من صلصال (حجر ٣) هل كنت الا بشرا رسولا (اسرائيل ١٠) ابعث الله بشرا رسولا (اسرائيل ١١)
فتمثل لها بشرا سويا (مريم ٢) ولئن اطعتم بشرا مثلكم (مؤمنون ٣) وهو الذي خلق من الماء بشرا (فرقان ٥) اني خالق بشرا من طين (ص ٥) فقالوا
ابشرا منا واحدا نتبعه (قمر ٢) قال ابشرتموني على ان مسني الكبر (حجر ٤) قالوا بشرناك بالحق (حجر ٤) فبشرناه بغلام حليم (صافات ٣)
وبشرناه باسحاق (صافات ٤) فبشرناها باسحاق (هود ٧) وبشروه بغلام عليم (ذاريات ٢) فبشره بمغفرة واجر كريم (يس ١) فبشره
بعذاب اليم (لقمان ١ جاثية ١) فبشرهم بعذاب اليم (ال عمران ٣ توبة ٤ انشقاق ١) وما جعله الله الا بشرى (انفال ١ ال عمران ١٣) لا
بشرى يومئذ للمجرمين (فرقان ٣) قال يا بشرى هذا غلام (يوسف ٢) وهدى وبشرى للمؤمنين (بقرة ١٢) هدى وبشرى للمؤمنين (نمل ١)
وبشرى للمسلمين (نحل ٩-١١) وبشرى للمحسنين (احقاف ٢) لهم البشرى في الحيوة الدنيا (يونس ٧) وجاءته البشرى يجادلنا (هود ٧) وانابوا
الى الله لهم البشرى (زمر ٢) ولقد جاءت رسلنا ابراهيم بالبشرى (هود ٧) ولما جاءت رسلنا ابراهيم بالبشرى (عنكبوت ٤) بشراكم
اليوم جنات (حديد ٢) فقالوا انؤمن لبشرين مثلنا (مؤمنون ٣) فقد جاءكم بشير ونذير (مائدة ٣) ان تقولوا ما جاءنا من بشير و
نذير (مائدة ٣) ان انا الا نذير وبشير (اعراف ٢٣) انني لكم منه نذير وبشير (هود ١) فلما ان جاء البشير القاه (يوسف ١٠) انا ارسلناك بالحق
بشيرا ونذيرا (بقرة ١٤ ملائكة ٣) وما ارسلناك الا كافة للناس بشيرا ونذيرا (سبا ٣)

فصل الصاد

قد جاءكم بصائر
من ربكم (انعام ١٣) هذا بصائر من ربكم (اعراف ١٤) الا رب السموات والارض بصائر (اسرائيل ١٢) هذا بصائر للناس (جاثية ٢) بصائر للناس
(قصص ٥) ما زاغ البصر وما طغى (نجم ١) ينقلب اليك البصر (ملك ١) فاذا برق البصر (قيامة ١) فارجع البصر (ملك ١) ثم ارجع البصر كرتين
(ملك ١) الا كلمح البصر (نحل ١) كلمح البصر (قمر ٣) ان السمع والبصر (بنى اسرائيل ٤) قال بصرت بما لم يبصروا به (طه ٥) وقالت لاخته
قصيه فبصرت به (قصص ١) فبصرك اليوم حديد (ق ٢) وجعل على بصره غشاوة (جاثية ٢) وعدسها وبصلها (بقرة ٧)
والله بصير بما يعملون (بقرة ١٠-١١ ال عمران ١٧ مائدة ١٠) ان الله بما تعملون بصير (بقرة ١١-١٣) ان الله بما تعملون بصير (بقرة ٣٤) والله
بما تعملون بصير (بقرة ٢٧ ال عمران ١٦ انفال ٨ حديد ١ ممتحنة ١ تغابن ١) والله بصير بما تعملون (حجرات ٢) والله بصير بالعباد (ال عمران
مرتين) ان الله بصير بالعباد (مؤمن ٥) فان الله بما يعملون بصير (انفال ٤) انه بما تعملون بصير (هود ١٠ فصلت ٥) ان الله سميع بصير
(حج ٨ لقمان ٣ مجادلة ١) وان الله سميع بصير (حج ٧) اني بما تعملون بصير (سبا ٢) ان الله بعباده لخبير بصير (ملائكة ٤) انه بعباده خبير بصير
(شورى ٣) انه بكل شيء بصير (ملك ٢) انه هو السميع البصير (اسرائيل ١ مؤمن ٦) ان الله هو السميع البصير (مؤمن ٣) وهو السميع البصير
(شورى ٢) وما يستوي الاعمى والبصير (ملائكة ٢ مؤمن ٦) قل هل يستوي الاعمى والبصير (انعام ٥ رعد ٢) والاصم والبصير والسميع (هود
٢) ان الله كان سميعا بصيرا (نساء ٨) وكان الله سميعا بصيرا (نساء ٤) فجعلناه سميعا بصيرا (انسان ١) فالقوه على وجه ابي يأت بصيرا (يوسف
١٠) فارتد بصيرا (يوسف ١٠) وكفى بربك بذنوب عباده خبيرا بصيرا (اسرائيل ٢) انه كان بعباده خبيرا بصيرا (اسرائيل ٣-١٠) انك كنت بنا بصيرا
(طه ٢) وقد كنت بصيرا (طه ٧) وكان ربك بصيرا (فرقان ٢) وكان الله بما تعملون بصيرا (احزاب ١ فتح ٣) فان الله كان بعباده بصيرا (ملائكة
٥) بلى ان ربه كان به بصيرا (انشقاق ١) ادعوا الى الله على بصيرة انا (يوسف ١١) بل الانسان على نفسه بصيرة (قيامة ١)

فصل الضاد

واسروه بضاعة (يوسف ٢) وجئنا ببضاعة مزجاة (يوسف ١٠) هذه بضاعتنا ردت الينا (يوسف ٨) وقال
لفتيانه اجعلوا بضاعتهم (يوسف ٨) وجدوا بضاعتهم ردت اليهم (يوسف ٨) فلبث في السجن بضع سنين (يوسف ٥) سيغلبون في
بضع سنين (روم ١)

فصل الطاء

بطائنها من استبرق (رحمن ٣) لا تتخذوا بطانة من دونكم (ال عمران ١٢)

ولا تكونوا كالذين خرجوا من ديارهم **بطرا** (انفال ٦) وكم اهلكنا من قرية **بطرت** معيشتها (قصص ٦) ان **بطش** ربك لشديد (بروج ١)
فاهلكنا اشد منهم **بطشا** (زخرف ١) هم اشد منهم بطشا (ق ٣) يوم نبطش **البطشة** الكبرى (دخان ١) واذا **بطشتم** بطشتم جبارين
(شعراء ٧) ولقد انذرهم **بطشتنا** (قمر ٢) **وبطل** ما كانوا يعملون (اعراف ١٤) ما ظهر منها وما **بطن** (انعام ١٩، اعراف ٤) وايديكم
عنهم **ببطن** مكة (فتح ٣) فمنهم من يمشي على **بطنه** (نور ٦) للبث **في** بطنه الى يوم يبعثون (صافات ٥) اني نذرت لك ما في
بطني محررا (ال عمران ٤) وقالوا ما في **بطون** هذه الانعام (انعام ١٦) يخلقكم في بطون امهاتكم (زمر ١) واذ انتم اجنة في بطون امهاتكم
(نجم ٢) والله اخرجكم **من** بطون امهاتكم (نحل ١١) فمالئون منها **البطون** (صافات ٢، واقعة ٢) يغلي **في** البطون (دخان ٣)
نسقيكم مما في **بطونه** (نحل ٩) يخرج من **بطونها** شراب (نحل ٩) نسقيكم مما **في** بطونها (مؤمنون ٢) اولئك ما ياكلون في **بطونهم**
الا النار (بقرة ٢١) انما ياكلون في بطونهم نارا (نساء ١) يصهر به ما في بطونهم والجلود (حج ٢)

فصل الغين

اهذا الذي بعث الله رسولا (فرقان ٥) وهو الذي بعث في الاميين رسولا (جمعه ١) **اذ بعث** فيهم رسولا (ال عمران ١٧) **ابعث الله** بشرا
رسولا (اسرائيل ١٠) **فبعث الله** النبيين مبشرين (بقرة ٢٦) فبعث الله غرابا (مائدة ٥) ان الله **قد** بعث لكم طالوت ملكا (بقرة)
هذا يوم **البعث** (روم ٦) لقد لبثتم في كتاب الله الى يوم البعث (روم ٦) ان كنتم في ريب **من البعث** (حج ١) افلا يعلم اذا **بعثر** ما في
القبور (عاديات ١) واذا القبور **بعثرت** (انفطار ١) ما خلقكم ولا **بعثكم** (لقمان ٣) ثم **بعثنا** من بعدهم موسى (اعراف ١٣، يونس ٨)
ثم بعثنا من بعده رسلا (يونس ٥) ولقد بعثنا في كل امة رسولا (نحل ٥) بعثنا عليكم عبادا لنا (اسرائيل ١) ولو شئنا **لبعثنا** في كل قرية
نذيرا (فرقان ٥) قالوا يا ويلنا **من** بعثنا من مرقدنا (يس ٤) **وبعثنا** منهم اثني عشر نقيبا (مائدة ٣) ثم **بعثناكم** من بعد موتكم (بقرة ٦)
ثم **بعثناهم** لنعلم اي الحزبين احصى (كهف ٢) وكذلك بعثناهم ليتساءلوا بينهم (كهف ٣) فاماته الله مائة عام ثم **بعثه** (بقرة ٣٦) فمن
يكفر **بعد** منكم (مائدة ١٥) فاما منا بعد واما فداء (قتال ١) بعد اذ انتم مسلمون (ال عمران ٩) انحن صددناكم عن الهدى بعد
اذ جاءكم (سبا ٤) لقد اضلني عن الذكر بعد اذ جاءني (فرقان ٣) ان عدنا في ملتكم بعد اذ نجانا الله منها (اعراف ١١) ربنا لا تزغ قلوبنا
بعد اذ هديتنا (ال عمران ١) ونرد على اعقابنا بعد اذ هدانا (انعام ٩) وما كان الله ليضل قوما بعد اذ هداهم (توبة ١٤) بعد اذ انزلت
اليك (قصص ٩) وكفروا بعد اسلامهم (توبة ١٠) ولا تفسدوا في الارض بعد اصلاحها (اعراف ٧، ٩) وادكر بعد امة (يوسف ٥) بعد
ان تولوا مدبرين (انبياء ٥) بعد ان نزغ الشيطان بيني وبين اخوتي (يوسف ١١) بئس الاسم الفسوق بعد الايمان (حجرات ٢) يردوكم بعد
ايمانكم كافرين (ال عمران ١١) اكفرتم بعد ايمانكم (ال عمران ١١) لا تعتذروا قد كفرتم بعد ايمانكم (توبة ٨) كفروا بعد ايمانهم (ال عمران ٩) ان الذين كفروا
بعد ايمانهم (ال عمران ٩) ان ترد ايمان بعد ايمانهم (مائدة ١٤) ثم اغرقنا بعد الباقين (شعراء ٦) ولا تنقضوا الايمان بعد توكيدها (نحل ١٣) فتزل قدم
بعد ثبوتها (نحل ١٣) فماذا بعد الحق الا الضلال (يونس ٤) ولتعلمن نباه بعد حين (ص ٥) فمن اعتدى بعد ذلك (بقرة ٢٢، مائدة ١٤) فمن تولى
بعد ذلك (ال عمران ٩) ومن كفر بعد ذلك (نور ٧) فمن كفر بعد ذلك منكم (مائدة ١٢) ثم ان كثيرا منهم بعد ذلك في الارض لمسرفون (مائدة ٥) ثم
انكم بعد ذلك لميتون (مؤمنون ١) لعل الله يحدث بعد ذلك امرا (طلاق ١) والملائكة بعد ذلك ظهير (تحريم ١) عتل بعد ذلك زنيم (نون ١)
والارض بعد ذلك دحاها (نازعات ٢) فلا تقعد بعد الذكرى (انعام ٨) لئلا يكون للناس على الله حجة بعد الرسل (نساء ٢٣) ثم بدل حسنا بعد
سوء (نمل ١) ولئن اذقناه نعماء بعد ضراء (هود ٢) ولمن انتصر بعد ظلمه (شورى ٥) بعد عامهم هذا (توبة ٤) سيجعل الله بعد عسر يسرا (طلاق ١)
لكيلا يعلم بعد علم شيئا (نحل ٩) فبأي حديث بعد الله واياته يؤمنون (جاثية ١) بعد الذي جاءك من العلم (بقرة ١٤) ولئن اتبعت اهواءهم بعد
ما جاءك من العلم (رعد ٥) فمن بدله بعد ما سمعه (بقرة ٢٢) قال انى يحيي هذه الله بعد موتها (بقرة ٣٥) فاحيا به الارض بعد موتها (بقرة ٢، نحل ٧،
جاثية ١) ويحيي الارض بعد موتها (روم ٣) فيحيي به الارض بعد موتها (روم ٣) كيف يحيي الارض بعد موتها (روم ٥) فاحيينا به الارض بعد موتها (ملائكة ١)
اعلموا ان الله يحيي الارض بعد موتها (حديد ٢) فان طلقها فلا تحل له **من بعد** (بقرة ٢٩) والذين امنوا من بعد وهاجروا وجاهدوا (انفال)
لا يحل لك النساء من بعد (احزاب ٦) من الذين انفقوا من بعد وقاتلوا (حديد ١) لله الامر من قبل ومن بعد (روم ١) ما من شفيع الا من بعد اذنه
(يونس ١) فان الله من بعد اكراههن غفور رحيم (نور ٤) من بعد ان اظفركم عليهم (فتح ٣) من بعد ان نزغ الشيطان (يوسف ١١) من بعد ان يأذن
الله (نجم ٢) يرثون الارض من بعد اهلها (اعراف ١٢) لو يردونكم من بعد ايمانكم كفارا (بقرة ١٣) من كفر بالله من بعد ايمانه (نحل ١٤) يخلقكم في
بطون امهاتكم خلقا من بعد خلق (زمر ١) وليبدلنهم من بعد خوفهم امنا (نور ٧) ثم عفونا عنكم من بعد ذلك (بقرة ٦) ثم توليتم من بعد ذلك (بقرة ٨)

يجادلونك في الحق بعد ما تبين (انفال ١)

وليبدلنهم

ثم قست قلوبكم من بعد ذلك (بقرة ٩) الا الذين تابوا من بعد ذلك (آل عمران ٩، نور ١) فمن افترى على الله الكذب من بعد ذلك (آل عمران ١٠)
ثم يتولون من بعد ذلك (مائدة ٥) ثم يتوب الله من بعد ذلك (توبة ٣) ثم يأتي من بعد ذلك سبع شداد (يوسف ٦) ثم يأتي من بعد ذلك
عام (يوسف ٥) ثم تابوا من بعد ذلك (نحل ١٤) ثم يتولى فريق منهم من بعد ذلك (نور ٦) ولقد كتبنا في الزبور من بعد الذكر (انبياء ٧)
تحبسونهما من بعد الصلوة (مائدة ١٤) واذا اذقنا الناس رحمة من بعد ضراء (يونس ٢) ولئن اذقناه رحمة منا من بعد ضراء (فصلت ٥)
ثم جعل من بعد ضعف قوة (روم ٤) فمن تاب من بعد ظلمه (مائدة ٦) ولمن انتصر بعد ظلمه (شورى ٥) اذ جعلكم خلفاء من بعد
عاد (اعراف ١٠) لكيلا يعلم من بعد علم شيئا (حج ١) وان نكثوا ايمانهم من بعد عهدهم (توبة ٢) وهم من بعد غلبهم سيغلبون (روم ١) ثم انزل
عليكم من بعد الغم امنة (آل عمران ١٦) ولا جناح عليكم فيما تراضيتم به من بعد الفريضة (نساء ٤) من بعد قوة انكاثا (نحل ١٣) ثم جعل من بعد
قوة ضعفا وشيبة (روم ٦) واذكروا اذ جعلكم خلفاء من بعد قوم نوح (اعراف ٩) فمن يهديه من بعد الله (جاثية ٣) من بعد ما اراكم
ما تحبون (آل عمران ١٣) والذين يحاجون في الله من بعد ما استجيب له (شورى ٢) من بعد ما اصابهم القرح (آل عمران ١٨) من بعد ما اهلكنا
القرون (قصص ٥) من بعد ما بيناه للناس في الكتاب (بقرة ١٩) من بعد ما تبين له الهدى (نساء ١٧) من بعد ما تبين لهم الحق (بقرة ١٣)
من بعد ما تبين لهم انهم اصحاب الجحيم (توبة ١٤) من بعد ما تبين لهم الهدى (قتال ٣-٤) من بعد ما جاءتكم البينات (بقرة ٢٥) ومن يبدل نعمة الله
من بعد ما جاءته (بقرة ٢٦) من بعد ما جاءتهم البينات (بقرة ٢٢-٢٦، نساء ٢٢) الا من بعد ما جاءتهم البينة (بينة ١) من بعد ما جاءك من العلم
(بقرة ١٥، آل عمران ٦) الا من بعد ما جاءهم العلم (آل عمران ٢، جاثية ٢، شورى ٢) واختلفوا من بعد ما جاءهم البينات (آل عمران ١١) ثم بدا لهم
من بعد ما رأوا الآيات (يوسف ١٤) والذين هاجروا في الله من بعد ما ظلموا (نحل ٦) وانتصروا من بعد ما ظلموا (شعراء ١١) ثم يحرفونه
من بعد ما عقلوه (بقرة ٩) من بعد ما فتنوا (نحل ١٤) وهو الذي ينزل الغيث من بعد ما قنطوا (شورى ٤) من بعد ما كاد يزيغ قلوب فريق
منهم (توبة ١٤) الم تر الى الملأ من بني اسرائيل من بعد موسى (بقرة ٣٢) انزل من بعد موسى (احقاف ٤) الذين ينقضون عهد الله من بعد
ميثاقه (بقرة ٣) والذين ينقضون عهد الله من بعد ميثاقه (رعد ٣) وكم اهلكنا من القرون من بعد نوح (اسرائيل ٢) من بعد وصية
يوصى بها او دين (نساء ٢) مرتين من بعد وصية يوصين بها او دين (نساء ٢) من بعد وصية توصون بها او دين (نساء ٢) لله الامر من قبل
ومن بعد (روم ١) ومن بعد ما جئتنا (اعراف ١٥) ومن بعد صلوة العشاء (نور ٨) قال يا ليت بيني وبينك بعد المشرقين (زخرف ٤)
فقيل بعدا للقوم الظالمين (هود ٤) الا بعدا لعاد قوم هود (هود ٥) الا بعدا لثمود (هود ٧) فبعدا للقوم الظالمين (مؤمنون ٢)
فبعدا لقوم لا يؤمنون (مؤمنون ٣) ولكن بعدت عليهم الشقة (توبة ٧) كما بعدت ثمود (هود ٨) قال فانا قد فتنا قومك من بعدك
(طه ٩) ويستخلف من بعدكم ما يشاء (انعام ١٦) فبأي حديث بعده يؤمنون (اعراف ٢٣، مرسلات ٢) ثم اتخذتم العجل من بعده
١٤ (بقرة ٦-١٠) وقفينا من بعده بالرسل (بقرة ١١) وما انزلت التوراة والانجيل الا من بعده (آل عمران ٧) فمن ذا الذي ينصركم من بعده (آل عمران ١٧)
والنبيين من بعده (نساء ٢٣) ثم تاب من بعده (انعام ٢) واتخذ قوم موسى من بعده (اعراف ١٨) ثم بعثنا من بعده رسلا (يونس ٧) وتكونوا من
بعده قوما صالحين (يوسف ١) وقلنا من بعده لبني اسرائيل (اسرائيل ١٢) لظلوا من بعده يكفرون (روم ٥) والبحر يمده من بعده (لقمان ٣)
ولا ان تنكحوا ازواجه من بعده ابدا (احزاب ٧) وما يمسك فلا مرسل له من بعده (ملائكة ١) ان امسكهما من احد من بعده (ملائكة ٥) وما انزلنا
على قومه من بعده (يس ٢) لن يبعث الله من بعده رسولا (مؤمن ٤) فما له من ولي من بعده (شورى ٥) قال ان سألتك عن شيء بعدها
(كهف ١٠) وانشأنا بعدها قوما آخرين (انبياء ٢) ثم تابوا من بعدها (اعراف ١٩) ان ربك من بعدها لغفور رحيم (اعراف ١٩، نحل ٢-١٤)
ولو شاء الله ما اقتتل الذين من بعدهم (بقرة ٣٣) وانشأنا من بعدهم قرنا آخرين (انعام ١) ثم بعثنا من بعدهم موسى (اعراف ١٣، يونس ٨)
فخلف من بعدهم خلف (اعراف ٢١، مريم ٤) وكنا ذرية من بعدهم (اعراف ٢٢) ثم جعلناكم خلائف في الارض من بعدهم (يونس ٢) والذين
من بعدهم (ابراهيم ٢) ولنسكننكم الارض من بعدهم (ابراهيم ٢) ثم انشأنا من بعدهم قرنا آخرين (مؤمنون ٣) ثم انشأنا من بعدهم قرونا
آخرين (مؤمنون ٣) فتلك مساكنهم لم تسكن من بعدهم الا قليلا (قصص ٦) والاحزاب من بعدهم (مؤمن ١) والذين من بعدهم (مؤمن ٥)
وان الذين اورثوا الكتاب من بعدهم (شورى ٢) والذين جاءوا من بعدهم (حشر ١) ولا عليهم جناح بعدهن (نور ٨) اذ قال لبنيه ما
تعبدون من بعدي (بقرة ١٦) قال بئسما خلفتموني من بعدي (اعراف ١٨) لا ينبغي لاحد من بعدي (ص ٣) يأتي من بعدي اسمه
(صف ١) او يأتي بعض آيات ربك (انعام ٢٠) يوم يأتي بعض آيات ربك (انعام ٢٠) ردف لكم بعض الذي تستعجلون (نمل ٦) ان نقول

يحرفون الكلم من بعد مواضعه (مائدة ٦) انكم مبعوثون من بعد الموت (هود ١)
ثم بعثناكم من بعد موتكم (بقرة ٦) فاحيا به الارض من بعد موتها (عنكبوت ٦)

الا اعتريك بعض آلهتنا (هود ع۵) يلتقطه بعض السيارة (يوسف ع۲) يصبكم بعض الذي يعدكم (مؤمن ع۴) ولاحل لكم بعض الذي حرم عليكم
(ال عمران ۵) قال لبثت يوما او بعض يوم (بقرة ع۳۵) واما نرينك بعض الذي نعدهم (يونس ۵ رعد ع۶) فلعلك تارك بعض ما يوحى اليك (هود ع۲)
ولقد فضلنا بعض النبيين على بعض (اسرائيل ع۶) قال لبثنا يوما او بعض يوم (كهف ۳ مؤمنين ع۶) ليذيقهم بعض الذي عملوا (روم ۵)
فاما نرينك بعض الذي نعدهم (مؤمن ۸) ولابين لكم بعض الذي تختلفون فيه (زخرف ۷) ولو تقول علينا بعض الاقاويل (حاقة ۵) بعضهم
اولياء بعض (انظر بعضهم) وما بعضهم بتابع قبلة بعض (بقرة ۱۵) ويذيق بعضكم بأس بعض (انعام ۷) ورفع بعضكم فوق بعض (انعام ۲۰)
ظلمات بعضها فوق بعض (نور ع۵) ورفعنا بعضهم فوق بعض (زخرف ع۳) ان بعض الظن اثم (حجرات ۱) بعضهم الى بعض (انظر بعضهم) وقد
افضى بعضكم الى بعض (نساء ع۳) واذ اسر النبي الى بعض ازواجه (تحريم ۱) افتؤمنون ببعض الكتاب وتكفرون ببعض (بقرة ع۱۰) ولولا دفع الله
الناس بعضهم ببعض (بقرة ع۳۳ حج ع۶) انما استزلهم الشيطان ببعض ما كسبوا (ال عمران ع۱۶) لتذهبوا ببعض ما اتيتموهن (نساء ع۳) نؤمن ببعض
ونكفر ببعض (نساء ع۲۱) انما يريد الله ان يصيبهم ببعض ذنوبهم (مائدة ع۷) وكذلك فتنا بعضهم ببعض (انعام ع۶) ربنا استمتع بعضنا ببعض
(انعام ع۱۶) واولوا الارحام بعضهم اولى ببعض (احزاب ۱) ثم يوم القيامة يكفر بعضكم ببعض (عنكبوت ع۳) ولكن ليبلوا بعضكم ببعض (قتال ۱)
بعضهم على بعض (انظر بعضهم) بعضكم على بعض (انظر بعضكم) ونفضل بعضها على بعض (رعد ۱) ولقد فضلنا بعض النبيين على بعض (اسرائيل ع۶)
ولو نزلناه على بعض الاعجمين (شعراء ع۱۱) خصمان بغى بعضنا على بعض (ص ع۲) واحذرهم ان يفتنوك عن بعض ما انزل الله اليك (مائدة ع۷) عرف
بعضه واعرض عن بعض (تحريم ۱) وتركنا بعضهم يومئذ يموج في بعض (كهف ۱۰) سنطيعكم في بعض الامر (قتال ع۳) بعضكم لبعض (انظر بعضكم)
بعضهم لبعض (انظر بعضهم) فاذا استاذنوك لبعض شانهم (نور ع۹) ذرية بعضها من بعض (ال عمران ع۴) بعضكم من بعض (انظر بعضكم)
المنافقون والمنافقات بعضهم من بعض (توبة ع۷) بعضكم بعضا (انظر بعضكم) بعضهم بعضا (انظر بعضهم) ولا يتخذ بعضنا بعضا اربابا
(ال عمران ع۷) وكذلك نولي بعض الظالمين بعضا (انعام ع۱۶) بعضكم لبعض عدو (بقرة ع۴ اعراف ع۲ طه ع۱۶) فاليوم لا يملك بعضكم لبعض نفعا
(سبا ع۵) بعضكم من بعض (ال عمران ع۲۰ نساء ع۴) وقد افضى بعضكم الى بعض (نساء ع۳) طوافون عليكم بعضكم على بعض (نور ع۸) كان من بعضكم بعضا (بقرة ۲۹)
ثم يوم القيامة يكفر بعضكم ببعض (عنكبوت ع۳) ويلعن بعضكم بعضا (عنكبوت ع۳) ولا يغتب بعضكم بعضا (حجرات ع۲) ويذيق بعضكم بأس بعض
(انعام ع۷) ورفع بعضكم فوق بعض (انعام ع۲۰) ولكن ليبلوا بعضكم ببعض (قتال ۱) وجعلنا بعضكم لبعض فتنة (فرقان ع۲) ولا تتمنوا ما فضل الله به
بعضكم على بعض (نساء ع۵) والله فضل بعضكم على بعض (نحل ع۱۰) كجهر بعضكم لبعض (حجرات ۱) كدعاء بعضكم بعضا (نور ع۹) خصمان بغى بعضنا على
بعض (ص ع۲) ولا يتخذ بعضنا بعضا اربابا (ال عمران ع۷) ربنا استمتع بعضنا ببعض (انعام ع۱۶) ويجعل الخبيث بعضه على بعض (انفال ع۵)
ومن الاحزاب من ينكر بعضه (رعد ع۶) عرف بعضه (تحريم ۱) ظلمات بعضها فوق بعض (نور ع۵) ذرية بعضها من بعض (ال عمران ع۴) ونفضل
بعضها على بعض (رعد ۱) فقلنا اضربوه ببعضها (بقرة ع۸) وما بعضهم بتابع قبلة بعض (بقرة ع۱۷) اولئك بعضهم اولياء بعض (انفال ع۱۰)
والذين كفروا بعضهم اولياء بعض (انفال ع۱۰) بعضهم اولياء بعض (توبة مائدة ع۷) وان الظالمين بعضهم اولياء بعض (جاثية ع۲) ولولا دفع
الله الناس بعضهم ببعض (بقرة ع۳۳ حج ع۶) واولوا الارحام بعضهم اولى ببعض في كتاب الله (احزاب ۱) ولو كان بعضهم لبعض ظهيرا (اسرائيل ع۱۰)
الاخلاء يومئذ بعضهم لبعض عدو (زخرف ع۷) والمنافقات بعضهم من بعض (توبة ع۷) واذا خلا بعضهم الى بعض (بقرة ع۸) يوحي بعضهم الى بعض
(انعام ع۱۴) نظر بعضهم الى بعض (توبة ع۱۶) يرجع بعضهم الى بعض القول (سبا ع۴) ولعلا بعضهم على بعض (مؤمنون ع۵) واقبل بعضهم على بعض يتساءلون
(صافات ع۲ طور ع۱) فاقبل بعضهم على بعض (صافات ۵ نون ع۱) ليبغي بعضهم على بعض (ص ع۲) بل ان يعد الظالمون بعضهم بعضا (ملائكة ع۴)
ليتخذ بعضهم بعضا سخريا (زخرف ع۳) ورفع بعضهم درجات (بقرة ع۳۳) ورفعنا بعضهم فوق بعض (زخرف ع۳) وكذلك فتنا بعضهم ببعض (انعام ع۶)
تلك الرسل فضلنا بعضهم على بعض (بقرة ع۳۳) بما فضل الله بعضهم على بعض (نساء ع۶) انظر كيف فضلنا بعضهم على بعض (اسرائيل ع۲) وتركنا
بعضهم يومئذ يموج في بعض (كهف ۱۰) فاتبعنا بعضهم بعضا (مؤمنون ع۳) اتدعون بعلا (صافات ع۴) وان امرأة خافت من بعلها
(نساء ع۱۹) وهذا بعلي شيخا (هود ع۷) ان يضرب مثلا بعوضة فما فوقها (بقرة ع۳) او اباء بعولتهن (نور ع۴) او ابناء بعولتهن (نور ع۴)
ولا يبدين زينتهن الا لبعولتهن (نور ع۴) وبعولتهن احق بردهن (بقرة ع۲۸) ام بعيد ما توعدون (انبياء ۷) ذلك رجع بعيد
(ق ۱) لفي شقاق بعيد (بقرة ع۲۱ حج ع۷) ومن اضل ممن هو في شقاق بعيد (فصلت ع۶) اولئك في ضلال بعيد (ابراهيم ۳) لفي ضلال بعيد (شورى ع۲)
ولكن كان في ضلال بعيد (ق ع۲) اولئك ينادون من مكان بعيد (فصلت ع۵) وانى لهم التناوش من مكان بعيد (سبا ع۶) ويقذفون بالغيب من مكان بعيد

(سبا ٦) اولئك ينادون من مكان بعيد (فصلت ٥) فمكث غير بعيد (نمل ٢) وازلفت الجنة للمتقين غير بعيد (ق ٣) وما هي من الظالمين ببعيد
(هود ٧) وما قوم لوط منكم ببعيد (هود ٨) ذلك هو الضلال البعيد (ابراهيم ٣ حج ٢) في العذاب والضلال البعيد (سبا ١) ان يضلهم
ضلالا بعيدا (نساء ٩) تود لو ان بينها وبينه امدا بعيدا (ال عمران ٣) فقد ضل ضلالا بعيدا (نساء ١٢-١٨) قد ضلوا ضلالا بعيدا (نساء ٢٢)
انهم يرونه بعيدا (معارج ١) ونزداد كيل بعير (يوسف ٧) ولمن جاء به حمل بعير (يوسف ٨)

فصل الغين

والخيل والبغال والحمير لتركبوها (نحل ١) ولا تكرهوا فتياتكم على البغاء (نور ٤) فان بغت احديهما على الاخرى (حجرات ١) حتى اذا
جاءتهم الساعة بغتة (انعام ٤) اخذناهم بغتة (انعام ٥) اتيكم عذاب الله بغتة (انعام ٥) فاخذناهم بغتة (اعراف ١٢) لا تاتيكم الا بغتة (اعراف ٢٣)
او تاتيهم الساعة بغتة (يوسف ١١) بل تاتيهم بغتة (انبياء ٣) حتى تاتيهم الساعة بغتة (حج ٧) فياتيهم بغتة وهم لا يشعرون (شعراء ١١) وليأتينهم
بغتة وهم لا يشعرون (عنكبوت ٦) من قبل ان ياتيكم العذاب بغتة (زمر ٦) ان تاتيهم بغتة (زخرف ٧) قد بدت البغضاء (ال عمران ١٢)
وبدا بيننا وبينكم العداوة والبغضاء ابدا (ممتحنة ١) فاغرينا بينهم العداوة والبغضاء (مائدة ٣) والقينا بينهم العداوة والبغضاء (مائدة ٩)
ان يوقع بينكم العداوة والبغضاء (مائدة ١٠) ولو بسط الله الرزق لعباده لبغوا (شورى ٣) خصمان بغى بعضنا على بعض (ص ٢) ثم
بغي عليه لينصرنه الله (حج ٨) فبغى عليهم واتيناه من الكنوز (قصص ٨) والذين اذا اصابهم البغي (شورى ٤) والاثم والبغي بغير الحق
(اعراف ٤) والمنكر والبغي (نحل ١٣) ان يكفروا بما انزل الله بغيا (بقرة ١١) من بعد ما جاءتهم البينات بغيا بينهم (بقرة ٢٦) الا من بعد ما
جاءهم العلم بغيا بينهم (ال عمران ٢ شورى ٢ جاثيه ٢) فاتبعهم فرعون وجنوده بغيا وعدوا (يونس ٩) ولم اك بغيا (مريم ٢) وما كانت
امك بغيا (مريم ٣) انما بغيكم على انفسكم (يونس ٣) ذلك جزيناهم ببغيهم (انعام ١٨)

فصل القاف

ان البقر تشابه علينا
(بقرة ٧) ومن البقر اثنين (انعام ١٨) ومن البقر والغنم (انعام ١٨) سبع بقرات سمان (يوسف ٥) في سبع بقرات سمان (يوسف ٥)
انها بقرة لا فارض (بقرة ٧) انها بقرة صفراء (بقرة ٧) ان الله يامركم ان تذبحوا بقرة (بقرة ٧) في البقعة المباركة (قصص ٣) مما تنبت
الارض من بقلها (بقرة ٧) وذروا ما بقي من الربوا (بقرة ٣٨) بقيت الله خير لكم (هود ٨) فلولا كان من القرون من قبلكم اولوا بقية
(هود ١٠) وبقية مما ترك ال موسى (بقرة ٣٢) والذين كفروا اعمالهم كسراب بقيعة (نور ٥)

انها بقرة لا ذلول (بقرة ٩)

فصل الكاف

فما بكت عليهم السماء (دخان ٢) للذي ببكة مباركا (ال عمران ١٠) انها بقرة لا فارض ولا بكر (بقرة ٧) ان سبحوا بكرة وعشيا
(مريم ١) ولهم رزقهم فيها بكرة وعشيا (مريم ٤) فهي تملى عليه بكرة واصيلا (فرقان ١) وسبحوه بكرة واصيلا (احزاب ٦) وتسبحوه بكرة واصيلا
(فتح ١) ولقد صبحهم بكرة عذاب مستقر (قمر ٣) واذكر اسم ربك بكرة واصيلا (انسان ٢) صم بكم عمي (بقرة ٢-٢١) صم وبكم في الظلمات
(انعام ٤) ان شر الدواب عند الله الصم البكم (انفال ٣) عميا وبكما وصما (اسراءيل ١١) خروا سجدا وبكيا (مريم ٤)

فصل اللام

وفي ذلكم بلاء من ربكم عظيم (بقرة ٦ ابراهيم ١ اعراف ١٥) واتيناهم من الايات ما فيه بلاء مبين (دخان ٢) وليبلي
المؤمنين منه بلاء حسنا (انفال ٢) ان هذا لهو البلاء المبين (صافات ٣) لا يغرنك تقلب الذين كفروا في البلاد (ال عمران ٢٠) فلا
يغررك تقلبهم في البلاد (مومن ١) فنقبوا في البلاد (ق ٣) التي لم يخلق مثلها في البلاد (فجر ١) الذين طغوا في البلاد (فجر ١) هذا بلاغ للناس
بلاغ فهل يهلك الا القوم الفاسقون (احقاف ٤) فانما عليك البلاغ (ال عمران ٢ رعد ٦) انما على رسولنا البلاغ المبين (مائدة ١٠) ما
على الرسول الا البلاغ (مائدة ١٠) وما على الرسول الا البلاغ المبين (نور ٧ عنكبوت ٢) وما على الرسل الا البلاغ المبين (نحل ٥) وما
علينا الا البلاغ المبين (يس ٢) فانما عليك البلاغ المبين (نحل ١) فانما على رسولنا البلاغ المبين (تغابن ٢) ان عليك الا البلاغ (شورى ٥)
الا بلاغا من الله ورسالاته (جن ٢) ان في هذا لبلاغا لقوم عابدين (انبياء ٧) وتحمل اثقالكم الى بلد (نحل ١) سقناه الى بلد ميت
(ملائكة ٢) سقناه لبلد ميت (اعراف ٧) واذ قال ابراهيم رب اجعل هذا البلد امنا (ابراهيم ٦) لا اقسم بهذا البلد وانت حل بهذا البلد (بلد ١)
وهذا البلد الامين (تين ١) والبلد الطيب يخرج نباته (اعراف ٧) واذ قال ابراهيم رب اجعل هذا بلدا امنا (بقرة ١٥) بلدة طيبة ورب
غفور (سبا ٢) لنحيي به بلدة ميتا (فرقان ٥) فانشرنا به بلدة ميتا (زخرف ١) واحيينا به بلدة ميتا (ق ١) انما امرت ان اعبد رب هذه البلدة
(نمل ٧) يا ايها الرسول بلغ ما انزل اليك (مائدة ١٠) حتى اذا بلغ مغرب الشمس (كهف ١١) حتى اذا بلغ مطلع الشمس (كهف ١١) حتى اذا بلغ بين السدين
(كهف ١١) حتى اذا بلغ اشده (احقاف ٢) واذا بلغ الاطفال منكم الحلم (نور ٨) فلما بلغ معه السعي (صافات ٣) ولما بلغ اشده اتيناه حكما وعلما
(يوسف ٣) ولما بلغ اشده واستوى (قصص ٢) لانذركم به ومن بلغ (انعام ٢) وبلغ اربعين سنة (احقاف ٢) فلما بلغا مجمع

بينهما نسيا حوتهما (كهف ٧) وان لم تفعل فما **بلغت** رسالته (مائده ٧) قد بلغت من لدني عذرا (كهف ١٠) وقد بلغت من الكبر عتيا (مريم ١)
فلولا اذا بلغت الحلقوم (واقعه ٩) كلا اذا بلغت التراقي (قيامة ١) **وبلغت** القلوب الحناجر (احزاب ٢) فاذا **بلغن** اجلهن (بقره ٣٠ طلاق ١)
فبلغن اجلهن (بقره ٢٣-٣٠) و**بلغنا** اجلنا الذي اجلت لنا (انعام ١٥) وقد **بلغني** الكبر (آل عمران ٤) حتى اذا **بلغوا** النكاح (نساء
وما بلغوا معشار ما آتيناهم (سبا ٥) و**بلوناهم** بالحسنات والسيئات (اعراف ٢١) **انا** بلوناهم كما بلونا اصحاب الجنة (نون ١) وقل لهم
في انفسهم قولا **بليغا** (نساء ٧)

فصل النون

قال يا بنؤم لا تأخذ بلحيتي (طه ٤) الذي جعل لكم الارض فراشا
والسماء **بناء** (بقره ٣) جعل لكم الارض قرارا والسماء بناء (مؤمن ٧) والشياطين كل بناء وغواص (ص ٤) ام اتخذ مما يخلق **بنات** (زخرف ٢)
وبنات الاخ وبنات الاخت (نساء ٣) وخرقوا له بنين وبنات بغير علم (انعام ١٠) وبنات عمك وبنات عماتك (احزاب ٥) وبنات خالك
وبنات خالاتك (احزاب ٥) الربك **البنات** ولهم البنون (صافات ٥) ام له البنات ولكم البنون (طور ٢) ويجعلون لله البنات
(نحل ٧) اصطفى البنات على البنين (صافات ٥) قالوا لقد علمت ما لنا في **بناتك** من حق (هود ٧) قل لازواجك **وبناتك** (احزاب
حرمت عليكم امهاتكم **وبناتكم** (نساء ٣) قال يا قوم هؤلاء **بناتي** (هود ٧) قال هؤلاء بناتي (حجر ٥) واضربوا منهم كل **بنان**
(انفال ٢) بلى قادرين على ان نسوي **بنانه** (قيامة ١) ءانتم اشد خلقا ام السماء **بناها** (نازعات ١) لا يزال بنيانهم الذي **بنوا** ريبة
في قلوبهم (توبه ١٣) امنت به بنوا اسرائيل (يونس ٩) يوم لا ينفع مال **ولا بنون** (شعراء ٥) الربك البنات ولهم **البنون** (صافات ٥)
ام له البنات ولكم البنون (طور ٢) المال **والبنون** زينة الحيوة الدنيا (كهف ٥) واذ اخذنا ميثاق **بني** اسرائيل (بقره ٩) ولقد اخذ الله
ميثاق بني اسرائيل (مائده ٣) لقد اخذنا ميثاق بني اسرائيل (مائده ١٠) سل بني اسرائيل (بقره ٢٦) واذ كففت بني اسرائيل عنك (مائده ١٥)
فارسل معي بني اسرائيل (اعراف ١٣) فارسل معنا بني اسرائيل (طه ٢) ولنرسلن معك بني اسرائيل (اعراف ١٦) ولقد بوأنا بني اسرائيل (يونس
فاسئل بني اسرائيل (اسرائيل ١٢) اني خشيت ان تقول فرقت بين بني اسرائيل (طه ٥) ان ارسل معنا بني اسرائيل (شعراء ٢) ان عبدت بني اسرائيل
(شعراء ٢) كذلك واورثناها بني اسرائيل (شعراء ٤) ان يعلمه علماء بني اسرائيل (شعراء ١١) واورثنا بني اسرائيل (مؤمن ٦) ولقد نجينا بني اسرائيل
(دخان ٢) ولقد آتينا بني اسرائيل الكتاب (جاثيه ٢) ولقد كرمنا بني آدم (اسرائيل ٧) واتل عليهم نبأ ابني آدم بالحق (مائده ٥) وجاوزنا
ببني اسرائيل البحر (اعراف ١٦ يونس ٩) **يا بني** اسرائيل اذكروا نعمتي (بقره ٥-٦-١٥) وقال المسيح يا بني اسرائيل (مائده ١٠) يا بني اسرائيل
قد انجيناكم من عدوكم (طه ٤) يا بني اسرائيل اني رسول الله اليكم (صف ١) يا بني آدم قد انزلنا عليكم (اعراف ٣) يا بني آدم لا يفتننكم الشيطان (اعراف ٣)
يا بني آدم خذوا زينتكم (اعراف ٤) يا بني آدم اما يأتينكم رسل منكم (اعراف ٤) الم اعهد اليكم يا بني آدم (يس ٤) ورسولا **الى بني** اسرائيل (آل عمران ٥)
وقضينا الى بني اسرائيل (اسرائيل ١) ومن اجل ذلك كتبنا **على** بني اسرائيل (مائده ٥) وتمت كلمت ربك الحسنى على بني اسرائيل (اعراف ١٦) ان هذا
القرآن يقص على بني اسرائيل (نمل ٦) الم تر الى الملا **من** بني اسرائيل (بقره ٣٢) لعن الذين كفروا من بني اسرائيل (مائده ١١) وشهد شاهد من
بني اسرائيل (احقاف ١) فامنت طائفة من بني اسرائيل (صف ٢) واذ اخذ ربك من بني آدم (اعراف ٢١) **او بني** اخوانهن او بني اخواتهن (نور ٤)
كل الطعام كان حلا **لبني** اسرائيل (آل عمران ١٠) وقلنا من بعده لبني اسرائيل (اسرائيل ١١) وجعلناه هدى لبني اسرائيل (سجده ٣ - اسرائيل ١)
وجعلناه مثلا لبني اسرائيل (زخرف ٦) قال يا **بني** ان الله اصطفى لكم الدين (بقره ١٦) يا بني اركب معنا (هود ٤) قال يا بني لا تقصص
رؤياك (يوسف ١) يا بني لا تدخلوا من باب واحد (يوسف ٨) يا بني اذهبوا فتحسسوا (يوسف ١٠) يا بني لا تشرك بالله (لقمان ٢) يا بني
انها ان تك مثقال حبة (لقمان ٢) يا بني اقم الصلوة (لقمان ٢) قال يا بني اني ارى في المنام (صافات ٣) واجنبني **وبني** ان نعبد الاصنام (ابراهيم ٦)
كانهم **بنيان** مرصوص (صف ١) فقالوا ابنوا عليهم **بنيانا** (كهف ٣) قالوا ابنوا له بنيانا (صافات ٣) افمن اسس **بنيانه** (توبه ١٣) ام من
اسس بنيانه (توبه ١٣) لا يزال **بنيانهم** الذي بنوا ريبة في قلوبهم (توبه ١٣) فاتى الله بنيانهم من القواعد (نحل ٤) وخرقوا له **بنين** وبنات
(انعام ١٠) وجعل لكم من ازواجكم بنين (نحل ١٠) وامددناكم باموال **وبنين** (اسرائيل ١) ايحسبون انما نمدهم به من مال وبنين (مؤمنون ٤)
امدكم بانعام وبنين (شعراء ٧) ان كان ذا مال وبنين (نون ١) ويمددكم باموال وبنين (نوح ١) وبنين شهودا (مدثر ١) افاصفيكم ربكم **بالبنين**
(اسرائيل ٥) واصفيكم بالبنين (زخرف ٢) اصطفى البنات **على البنين** (صافات ٥) **والبنين** والقناطير المقنطرة (آل عمران ٢) والسماء
بنيناها بايد (ذاريات ٣) ووصى بها ابراهيم **بنيه** ويعقوب (بقره ١٦) لو يفتدي من عذاب يومئذ **ببنيه** (معارج ١) اذ قال
لبنيه ما تعبدون من بعدي (بقره ١٦) وصاحبته **وبنيه** (عبس ١)

فصل الواو

وبوأكم في الارض (اعراف ١٠)

ولقد بوأنا بني اسرائيل (يونس ١٠) واذ بوأنا لابراهيم (حج ٤) واحلوا قومهم دار البوار (ابراهيم ٥) وكانوا قوما بورا (فرقان ٢) وكنتم
قوما بورا (فتح ٢) فلما جاءها نودي ان بورك من في النار (نمل ١) **فصل الهاء** فبهت الذي كفر (بقرة ٣٥)
هذا بهتان عظيم (نور ٢) ولا يأتين ببهتان (ممتحنة ٢) بهتانا واثما مبينا (نساء ٣-١٣-احزاب ٧) وقولهم على مريم بهتانا عظيما
(نساء ٢١) فانبتنا به حدائق ذات بهجة (نمل ٥) من كل زوج بهيج (حج ١ ق ١) احلت لكم بهيمة الانعام (مائدة ١) على ما رزقهم من بهيمة الانعام
(حج ٣-٥) **فصل اليا** فجاءها بأسنا بياتا (اعراف ١) ان اتيهم بأسنا بياتا (اعراف ١٢) قل ارءيتم ان اتيكم عذابه
بياتا او نهارا (يونس ٥) هذا بيان للناس (ال عمران ١٤) خلق الانسان علمه البيان (رحمن ١) ثم ان علينا بيانه (قيامة ٢) فاذا
برزوا من عندك بيت طائفة منهم (نساء ١١) او يكون لك بيت من زخرف (اسرائيل ١٠) ان اول بيت وضع للناس (ال عمران ١٠) هل ادلكم
على اهل بيت (قصص ٢) فما وجدنا فيها غير بيت من المسلمين (ذاريات ٢) وان اوهن البيوت لبيت العنكبوت (عنكبوت ٥) واذ جعلنا
البيت مثابة للناس وامنا (بقرة ١٥) فمن حج البيت او اعتمر (بقرة ١٩) جعل الله الكعبة البيت الحرام (مائدة ١٣) ولله على الناس حج البيت
(ال عمران ١٠) ولا امين البيت الحرام (مائدة ١) وما كان صلاتهم عند البيت (انفال ٤) رحمت الله وبركاته عليكم اهل البيت (هود ٧) واذ
بوأنا لابراهيم مكان البيت (حج ٤) انما يريد الله ليذهب عنكم الرجس اهل البيت (احزاب ٤) فليعبدوا رب هذا البيت (قريش ١) ثم
محلها الى البيت العتيق (حج ٤) وليطوفوا بالبيت العتيق (حج ٤) واذ يرفع ابراهيم القواعد من البيت (بقرة ١٥) والبيت المعمور
(طور ١) كمثل العنكبوت اتخذت بيتا (عنكبوت ٥) رب ابن لي عندك بيتا (تحريم ٢) كما اخرجك ربك من بيتك بالحق (انفال ١) بواد
غير ذي زرع عند بيتك المحرم (ابراهيم ٦) ومن يخرج من بيته مهاجرا الى الله ورسوله (نساء ١٠) وراودته التي هو في بيتها (يوسف ٣)
ان طهرا بيتي للطائفين (بقرة ١٥) وطهر بيتي للطائفين (حج ٤) ولمن دخل بيتي مؤمنا (نوح ٢) ومن الجبال جدد بيض (ملائكة ٣)
كانهن بيض مكنون (صافات ٥) فاذا هي بيضاء للناظرين (اعراف ١٣ شعراء ٢) تخرج بيضاء (نمل ٢ طه ٢ قصص ٤) بيضاء لذة للشاربين
(صافات ٢) لا بيع فيه ولا خلة (بقرة ٣٤) رجال لا تلهيهم تجارة ولا بيع (نور ٥) لا بيع فيه ولا خلال (ابراهيم ٥) لهدمت صوامع
وبيع (حج ٦) قالوا انما البيع مثل الربوا (بقرة ٣٨) واحل الله البيع وحرم الربوا (بقرة ٣٨) وذروا البيع (جمعة ٢) فاستبشروا ببيعكم الذي
بايعتم به (توبة ١٤) لا نفرق بين احد منهم (بقرة ١٦ - ال عمران ٩) لا نفرق بين احد من رسله (بقرة ٣٩) ولم يفرقوا بين احد منهم (نساء ٢١)
وان تجمعوا بين الاختين (نساء ٤) فاصلحوا بين اخويكم (حجرات ١) فقالوا ربنا باعد بين اسفارنا (سبا ٢) كيلا يكون دولة بين الاغنياء
(حشر ١) ان يفرقوا بين الله ورسوله (نساء ٢١) يسعى نورهم بين ايديهم (حديد ٢) نورهم يسعى بين ايديهم (تحريم ٢) يفترينه بين ايديهن (ممتحنة ٢)
وجعل بين البحرين حاجزا (نمل ٥) اني خشيت ان تقول فرقت بين بني اسرائيل (طه ٥) ولا بكر عوان بين ذلك (بقرة ٨) مذبذبين بين ذلك
(نساء ٢١) ويريدون ان يتخذوا بين ذلك سبيلا (نساء ٢١) وابتغ بين ذلك سبيلا (اسرائيل ١٢) وقرونا بين ذلك كثيرا (فرقان ٤) وكان
بين ذلك قواما (فرقان ٦) حتى اذا بلغ بين السدين (كهف ١١) والسحاب المسخر بين السماء (بقرة ٢٠) حتى اذا ساوى بين الصدفين (كهف ١١)
ان الله قد حكم بين العباد (مؤمن ٥) انت تحكم بين عبادك (زمر ٥) فالف بين قلوبكم (ال عمران ١١) والف بين قلوبهم (انفال ٨) ما الفت بين
قلوبهم (انفال ٨) وتفريقا بين المؤمنين (توبة ١٣) فيتعلمون ما يفرقون به بين المرء وزوجه (بقرة ١٢) ان الله يحول بين المرء وقلبه (انفال ٣) ليحكم
بين الناس (بقرة ٢٦) وتصلحوا بين الناس (بقرة ٢٨) وتلك الايام نداولها بين الناس (ال عمران ١٤) واذا حكمتم بين الناس (نساء ٨) او اصلاح
بين الناس (نساء ١٧) لتحكم بين الناس بما اريك الله (نساء ١٦) فاحكم بين الناس بالحق (ص ٢) ان تعدلوا بين النساء (نساء ١٩) بشرا بين يدي رحمته
(اعراف ٧ فرقان ٥ نمل ٥) بين يدي عذاب شديد (سبا ٦) لا تقدموا بين يدي الله ورسوله (حجرات ١) فقدموا بين يدي نجويكم صدقة (مجادلة ٢)
ءاشفقتم ان تقدموا بين يدي نجويكم (مجادلة ٢) ولكن تصديق الذي بين يديه (يونس ٤ يوسف ١٢) ومن الجن من يعمل بين يديه (سبا ٢) ولا
بالذي بين يديه (سبا ٤) مصدق الذي بين يديه (انعام ١١) يعلم ما بين ايديهم (بقرة ٣٤ طه ٦ انبياء ٢ حج ١٠) له ما بين ايدينا وما خلفنا
وما بين ذلك (مريم ٤) افلم يروا الى ما بين ايديهم (سبا ١) واذا قيل لهم اتقوا ما بين ايديكم وما خلفكم (يس ٤) فزينوا لهم ما بين ايديهم (فصلت)
فجعلناها نكالا لما بين يديها (بقرة ٨) مصدقا لما بين يديه (بقرة ١١ - ال عمران ١ ملائكة ٤ احقاف ٢ مائدة ٧) مرتين ومصدقا
لما بين يدي من التوراة (ال عمران ٥) ومصدقا لما بين يديه (مائدة ٧) مصدقا لما بين يدي من التوراة (صف ١) ثم لاتينهم من بين ايديهم
(اعراف ٢) له معقبات من بين يديه (رعد ٢) نسقيكم مما في بطونه من بين فرث (نحل ٩) وجعلنا من بين ايديهم سدا (يس ١) اذ جاءتهم الرسل

الرسل من بين ايديهم (فصلت ٣) لا يأتيه الباطل من بين يديه (فصلت ٥) وقد خلت النذر من بين يديه (احقاف ٣) فاتزيل المال من بين
يديه (حج ١٠) يخرج من بين الصلب والترائب (طارق ١) ربنا افتح بيننا وبين قومنا (اعراف ١١) فافرق بيننا وبين القوم الفاسقين (مائدة ٤)
نزغ الشيطان بيني وبين اخوتي (يوسف ١١) جعلنا بينك وبين الذين لا يؤمنون (اسرائيل ٥) وجعلوا بينه وبين الجنة نسبا (صافات
وجعلنا بينهم وبين القرى (سبا ٢) وحيل بينهم وبين ما يشتهون (سبا ٦) وبين حميم آن (رحمن ٣) عسى الله ان يجعل بينكم وبين الذين عاديتم
(ممتحنة ٢) قد بينا الآيات لقوم يوقنون (بقرة ١٤) قد بينا لكم الآيات (آل عمران ١٢ حديد ٢) فيه آيات بينات (آل عمران ١٠) بل هو
آيات بينات (عنكبوت ٥) ولقد انزلنا اليك آيات بينات (بقرة ١١) ولقد آتينا موسى تسع آيات بينات (اسرائيل ١٢) واذا تتلى عليهم
آياتنا بينات (يونس ٢ حج ١٠ مريم ٥ سبا ٥ جاثية ٣ احقاف ١) وكذلك انزلناه آيات بينات (حج ٢) وانزلنا فيها آيات بينات (نور ١)
فلما جاءهم موسى بآياتنا بينات (قصص ٤) وآتيناهم بينات من الامر (جاثية ٢) هو الذي ينزل على عبده آيات بينات (حديد ٢) ولقد
انزلنا آيات بينات (مجادلة ١) وبينات من الهدى والفرقان (بقرة ٢٣) من بعد ما جاءتهم البينات (بقرة ٣٢) من بعد ما جاءتهم
البينات (بقرة ٢٢ و ٣٢ نساء ٢٢) وجاءهم البينات (آل عمران ٩) واختلفوا من بعد ما جاءهم البينات (آل عمران ١١) وآتينا عيسى ابن مريم
البينات (بقرة ١١ و ٣٢) ولقد جاءكم موسى بالبينات (بقرة ١١) ولقد جاءهم موسى بالبينات (عنكبوت ٤) قد جاءكم رسل من قبلي
بالبينات (آل عمران ١٩) جاءوا بالبينات والزبر (آل عمران ١٩) ولقد جاءتهم رسلنا بالبينات (مائدة ٥) لقد جاءتهم رسلهم بالبينات
(اعراف ١١) جاءتهم رسلهم بالبينات (ابراهيم ٢) ذلك بانهم كانت تأتيهم رسلهم بالبينات (مؤمن ٣) اتتهم رسلهم بالبينات (توبة ٩)
ذلك بانه كانت تأتيهم رسلهم بالبينات (تغابن ١) تأتيكم رسلكم بالبينات (مؤمن ٥) فلما جاءتهم رسلهم بالبينات (مؤمن ٩) وجاءت
رسلهم بالبينات (يونس ٢ روم ١) لقد جئتهم بالبينات (مائدة ١٥) فجاءوهم بالبينات (يونس ٨ روم ٥) بالبينات والزبر (نحل ٦) وقد
جاءكم بالبينات (مؤمن ٣) ولقد جاءكم يوسف من قبل بالبينات (مؤمن ٤) ولما جاء عيسى بالبينات (زخرف ٦) لقد ارسلنا رسلنا بالبينات
(حديد ٣) فلما جاءهم بالبينات (صف ١) من بعد ما بيناه للناس (بقرة ١٩) لما جاءني من البينات (مؤمن ٧) ما انزلنا من البينات
(بقرة ١٩) على ما جاءنا من البينات (طه ٣) فقد جاءكم بينة من ربكم (انعام ٢٠) قد جاءتكم بينة من ربكم (اعراف ٨) اولم تأتهم بينة
ما في الصحف الاولى (طه ٨) ولقد تركنا منها آية بينة (عنكبوت ٤) سل بني اسرائيل كم آتيناهم من آية بينة (بقرة ٢٦) قد جئتكم ببينة
من ربكم (اعراف ١٣) ما جئتنا ببينة (هود ٥) قل اني على بينة من ربي (انعام ٧) افمن كان على بينة من ربه (هود ٢) قال ارأيتم ان كنت على بينة
من ربي (هود ٣ و ٧ و ٩) ام آتيناهم كتابا فهم على بينة منه (فاطر ٥) ليهلك من هلك عن بينة (انفال ٥) ويحيى من حي عن بينة (انفال ٥)
منفكين حتى تأتيهم البينة (بينة ١) الا من بعد ما جاءتهم البينة (بينة ١) جعلنا بينك وبين الذين لا يؤمنون (اسرائيل ٥) فاذا الذي
بينك وبينه عداوة (فصلت ٥) ومن بيننا وبينك حجاب (فصلت ١) فاجعل بيننا وبينك موعدا (طه ٣) ومن بيننا وبينك حجاب (فصلت ١) قال
هذا فراق بيني وبينك (كهف ١٠) قال ذلك بيني وبينك (قصص ٣) ولا تأكلوا اموالكم بينكم بالباطل (بقرة ٢٣) لا تأكلوا اموالكم بينكم بالباطل
بينكم
(نساء ٥) ولا تنسوا الفضل بينكم (بقرة ٣١) وليكتب بينكم كاتب بالعدل (بقرة ٣٩) تديرونها بينكم (بقرة ٣٩) ثم الي مرجعكم فاحكم بينكم (آل عمران ٦)
كان لم تكن بينكم وبينه مودة (نساء ١٠) الا الذين يصلون الى قوم بينكم وبينهم ميثاق (نساء ١٣) وان كان من قوم بينكم وبينهم ميثاق (نساء ١٣) فالله
يحكم بينكم (نساء ١٦) ان يوقع بينكم العداوة (مائدة ١٢) لقد تقطع بينكم (انعام ١١) الا على قوم بينكم وبينهم ميثاق (انفال ١٠) تتخذون ايمانكم دخلا بينكم
(نحل ١٣) ولا تتخذوا ايمانكم دخلا بينكم (نحل ١٣) اجعل بينكم وبينهم ردما (كهف ١١) الله يحكم بينكم يوم القيامة (حج ٩) لا تجعلوا دعاء الرسول بينكم
(نور ٩) مودة بينكم في الحياة الدنيا (عنكبوت ٣) وجعل بينكم مودة ورحمة (روم ٣) وامرت لاعدل بينكم (شورى ٢) نحن قدرنا بينكم الموت
(واقعة ٢) وتفاخر بينكم (حديد ٣) يفصل بينكم (ممتحنة ١) عسى الله ان يجعل بينكم وبين الذين عاديتم (ممتحنة ٢) ذلكم حكم الله يحكم بينكم (ممتحنة ٢)
وأتمروا بينكم بمعروف (طلاق ١) شهادة بينكم اذا حضر احدكم الموت (مائدة ١٤) واصلحوا ذات بينكم (انفال ١) الى كلمة سواء بيننا وبينكم
(آل عمران ٧) ليقضي الامر بيني وبينكم (انعام ٧) قل الله شهيد بيني وبينكم (انعام ٢) وكفى بالله شهيدا بيننا وبينكم (يونس ٣) قل كفى بالله
شهيدا بيني وبينكم (رعد ٦ اسرائيل ١١) كفى به شهيدا بيني وبينكم (احقاف ١) قل كفى بالله بيني وبينكم شهيدا (عنكبوت ٥) بيننا وبينكم [?]
[?] بيننا وبينكم (شورى ٢) وبدا بيننا وبينكم العداوة والبغضاء ابدا (ممتحنة ١) الى كلمة سواء بيننا وبينكم (آل عمران ٧) فاصبروا حتى
يحكم الله بيننا (اعراف ١١) ربنا افتح بيننا وبين قومنا (اعراف ١١) فكفى بالله شهيدا بيننا وبينكم (يونس ٣) على ان تجعل بيننا وبينهم سدا (كهف ١١)

فاجعل بيننا وبينك موعدا (طه ٢) قل يجمع بيننا ربنا ثم يفتح بيننا (سبا ٣) فافرق بيننا وبين القوم الفاسقين (مائدة ٣) فاحكم بيننا بالحق (ص ٢)
الله يجمع بيننا واليه المصير (شورى ٢) ليقولوا اهؤلاء من الله عليهم من بيننا (انعام ٦) انزل عليه الذكر من بيننا (ص ١) القى عليه الذكر من بيننا
(قمر ٢) ومن بيننا وبينك حجاب (فصلت ١) واصلحوا ذات بينكم (بقرة ٤) الم تر ان الله يزجي سحابا ثم يؤلف بينه (نور ٥) وجعلوا بينه
وبين الجنة نسبا (صافات ٥) تود لو ان بينها وبينه امدا بعيدا (ال عمران ٣) كان لم تكن بينكم وبينه مودة (نسا ١٠) فاذا الذي بينك وبينه عداوة (فصلت ٥)
يطوفون بينها وبين حميم آن (رحمن ٣) فاصلح بينهم فلا اثم عليه (بقرة ٩) فالله يحكم بينهم يوم القيامة (بقرة ١٤) بغيا بينهم (بقرة ٢٢ –
ال عمران ٢ شورى ٢ جاثية ٢) اذا تراضوا بينهم (بقرة ٣١) فاغرينا بينهم العداوة (مائدة ٣) حتى يحكموك فيما شجر بينهم (نسا ٩) والقينا بينهم العداوة
(مائدة ٩) فاذن مؤذن بينهم (اعراف ٥) ولكن الله الف بينهم (انفال ٧) فزيلنا بينهم (يونس ٣) يتعارفون بينهم (يونس ٥) ان الشيطان ينزغ
بينهم (اسرائيل ٦) ليتساءلوا بينهم (كهف ٣) اذ يتنازعون بينهم (كهف ٣) وجعلنا بينهم موبقا (كهف ٦) فتنازعوا امرهم بينهم (طه ٣) يتخافتون
بينهم (طه ٦) وتقطعوا امرهم بينهم (انبيا ٦) ان الله يفصل بينهم (حج ٢) فتقطعوا امرهم بينهم زبرا (مؤمنين ٣) فلا انساب بينهم (مؤمنين ٦) ولقد
صرفناه بينهم ليذكروا (فرقان ٥) ان ربك هو يفصل بينهم (سجده ٣) وجعلنا بينهم وبين القرى (سبا ٢) وحيل بينهم وبين ما يشتهون (سبا ٦) وامرهم
شورى بينهم (شورى ٤) نحن قسمنا بينهم معيشتهم (زخرف ٣) رحماء بينهم (فتح ٤) ونبئهم ان الماء قسمة بينهم (قمر ٢) فضرب بينهم بسور له باب
(حديد ٢) بأسهم بينهم شديد (حشر ٢) وان حكمت فاحكم بينهم بالقسط (مائدة ٦) فان جاؤك فاحكم بينهم او اعرض عنهم (مائدة ٦) فاحكم بينهم بما
انزل الله (مائدة ٧) وان احكم بينهم بما انزل الله (مائدة ٧) فالله يحكم بينهم (بقرة ١٤) الملك يومئذ لله يحكم بينهم (حج ٧) ان الله يحكم بينهم (زمر ١)
يدعون الى كتاب الله ليحكم بينهم (ال عمران ٣) وان ربك ليحكم بينهم يوم القيامة (نحل ٣) واذا دعوا الى الله ورسوله ليحكم بينهم (نور ٦) اذا دعوا
الى الله ورسوله ليحكم بينهم (نور ٧) قضي بينهم بالقسط (يونس ٥) ولولا كلمة سبقت من ربك لقضي بينهم (يونس ٢ هود ١١ فصلت ٥) ولولا
كلمة سبقت من ربك الى اجل مسمى لقضي بينهم (شورى ٢) ولولا كلمة الفصل لقضي بينهم (شورى ٣) وقضي بينهم بالقسط (يونس ٦) وقضي بينهم بالحق
(زمر ٧-٨) ان ربك يقضي بينهم (يونس ١٠ جاثية ٢ نمل ٦) فاختلف الاحزاب من بينهم (مريم ٢ زخرف ٧) على ان تجعل بيننا وبينهم سدا (كهف ١٠)
وان كان من قوم بينكم وبينهم ميثاق (نسا ١٠) اجعل بينكم وبينهم ردما (كهف ١١) فافتح بيني وبينهم (شعرا ٦) يوفق الله بينهما (نسا ٦) ان
يصلحا بينهما صلحا (نسا ١٩) وحال بينهما الموج (هود ٤) وجعلنا بينهما زرعا (كهف ٥) وجعل بينهما برزخا (فرقان ٥) فاصلحوا بينهما (حجرات ١ مرتين)
بينهما برزخ لا يبغيان (رحمن ١) وان خفتم شقاق بينهما (نسا ٦) فلما بلغا مجمع بينهما (كهف ٩) ولله ملك السموات والارض وما بينهما
(مائدة ٣ مرتين) تبارك الذي له ملك السموات والارض وما بينهما (زخرف ٧) وما خلقنا السموات والارض وما بينهما الا بالحق (حجر ٦) له ما في
السموات وما في الارض وما بينهما (طه ١) وما خلقنا السماء والارض وما بينهما لاعبين (انبيا ٢) وما خلقنا السموات والارض وما بينهما لاعبين
(دخان ٣) وما بينهما في ستة ايام (فرقان ٥ سجدة ١ ق ٣) رب السموات والارض وما بينهما (مريم ٤ صافات ١ ص ٥ دخان ١ نبا ٢) قال رب السموات
والارض وما بينهما (شعرا ٢) قال رب المشرق والمغرب وما بينهما (شعرا ٣) ما خلق الله السموات والارض وما بينهما (روم ١) ام لهم ملك السموات
والارض وما بينهما باطلا (ص ٣) وما خلقنا السماء والارض وما بينهما باطلا (ص ٣) ما خلقنا السموات والارض وما بينهما الا بالحق (احقاف ١)
ولقد خلقنا السموات والارض وما بينهما (ق ٣) وبينهما حجاب (اعراف ٥) يتنزل الامر بينهن (طلاق ٢) بعد ان نزغ الشيطان بيني وبين
اخوتي (يوسف ١١) قال هذا فراق بيني وبينك (كهف ١٠) فافتح بيني وبينهم (شعرا ٦) لقضي الامر بيني وبينكم (انعام ٧) قال ذلك بيني وبينك (قصص ٣)
قل الله شهيد بيني وبينكم (انعام ٢) وكفى به شهيدا بيني وبينكم (احقاف ١) قل كفى بالله شهيدا بيني وبينكم (رعد ٦ اسرائيل ١) قل كفى بالله
بيني وبينكم (عنكبوت ٥) قال يا ليت بيني وبينك (زخرف ٤) لا تدخلوا بيوت النبي (احزاب ٧) في بيوت اذن الله ان ترفع (نور ٥)
ان تاكلوا من بيوتكم او بيوت ابائكم او بيوت امهاتكم او بيوت اخوانكم او بيوت اخواتكم او بيوت اعمامكم او بيوت عماتكم او بيوت اخوالكم او بيوت
خالاتكم (نور ٩) وليس البر بان تاتوا البيوت من ظهورها (بقرة ٢٤) واتوا البيوت من ابوابها (بقرة ٢٤) وان اوهن البيوت لبيت العنكبوت
(عنكبوت ٥) فامسكوهن في البيوت (نسا ٣) وتنحتون من الجبال بيوتا (شعرا ٨) وتنحتون الجبال بيوتا (اعراف ١٠) ان تبوءا لقومكما
بمصر بيوتا (يونس ٩) وكانوا ينحتون من الجبال بيوتا آمنين (حجر ٦) ان اتخذي من الجبال بيوتا (نحل ٩) من جلود الانعام بيوتا (نحل ١١) ان تدخلوا
بيوتا غير مسكونة (نور ٤) لا تدخلوا بيوتا غير بيوتكم (نور ٤) فاذا دخلتم بيوتا (نور ٩) واجعلوا بيوتكم قبلة (يونس ٩) يا ايها
الذين امنوا لا تدخلوا بيوتا غير بيوتكم (نور ٤) وما تدخرون في بيوتكم (ال عمران ٥) قل لو كنتم في بيوتكم (ال عمران ١٦) والله جعل لكم

من بیوتکم سکنا (نحل ۸) ان تأکلوا من بیوتکم او بیوت اٰبائکم (نور ۷) وقرن فی **بیوتکن** (احزاب ۴) واذکرن ما یتلی فی بیوتکن (احزاب ۴)
یقولون ان **بیوتنا** عورة (احزاب ۲) فتلک **بیوتهم** خاویة (نمل ۶) یخربون بیوتهم بایدیهم (حشر ۱) **لبیوتهم** سقفا من فضة (زخرف ۳)
ولبیوتهم ابوابا وسررا (زخرف ۳) لا تخرجوهن من **بیوتهن** (طلاق ۱)

باب التاء فصل الهمزة

ربنا لا **تؤا خذنا** ان نسینا (بقرة ۹) قال لا **تؤاخذنی** بما نسیت (کهف ۹) **وتأبی** قلوبهم (توبة ۱) **ولتأت** طائفة اخری
(نساء ۱۱) **لتأتننی** به الا ان یحاط بکم (یوسف ۷) ولیس البر بان **تأتوا** البیوت من ظهورها (بقرة ۹) **أتأتون** الفاحشة (اعراف ۸ نمل ۶)
أتأتون الذکران من العالمین (شعراء ۹) **فتأتون** افواجا (نباء ۱) **أفتأتون** السحر (انبیاء ۱) انکم **لتأتون** الرجال شهوة (اعراف ۹) ائنکم لتأتون
الرجال شهوة (نمل ۶) انکم لتأتون الفاحشة (عنکبوت ۳) انکم لتأتون الرجال وتقطعون السبیل (عنکبوت ۳) **وتأتون** فی نادیکم المنکر
(عنکبوت ۳) قالوا انکم کنتم **تأتوننا** عن الیمین (صافات ۲) یوم **تأتی** کل نفس (نحل ۱۱) یوم تأتی السماء (دخان ۱) **اوتأتی** بالله والملائکة
(اسرائیل ۱۰) لا **تأتیکم** الا بغتة (اعراف ۹) قالوا اولم تک تأتیکم رسلکم بالبینات (مؤمن ۵) لولا یکلمنا الله او **تأتینا** اٰیة (بقرة ۱۲) من قبل
ان تأتینا (اعراف ۱۰) وقالوا مهما تأتنا به من اٰیة (اعراف ۱۲) لوما تأتینا بالملائکة (حجر ۱) وقال الذین کفروا لا تأتینا الساعة (سبا ۱) قل بلی وربی
لتأتینکم (سبا ۱) وما **تأتیهم** من اٰیة من اٰیات ربهم (انعام ۱) اذ تأتیهم حیتانهم یوم سبتهم (اعراف ۷) ویوم لا یسبتون لا تأتیهم کذلک
(اعراف ۷) او تأتیهم الساعة بغتة (یوسف ۱۱) بل تأتیهم بغتة (انبیاء ۳) ذلک بانهم کانت تأتیهم رسلهم (مؤمن ۳) ذلک بانه کانت تأتیهم رسلهم (تغابن ۱)
هل ینظرون الا **ان تأتیهم** الملائکة (انعام ۲ نحل ۵) افامنوا ان تأتیهم غاشیة (یوسف ۱۱) الا ان تأتیهم سنة الاولین (کهف ۸) هل ینظرون الا
الساعة ان تأتیهم بغتة وهم لا یشعرون (زخرف ۷) فهل ینظرون الا الساعة ان تأتیهم بغتة (قتال ۲) حتی تأتیهم الساعة بغتة (حج ۷) حتی تأتیهم البینة
(بینة ۱) او سلما فی السماء **فتأتیهم** باٰیة (انعام ۴) لا لغو فیها ولا **تأثیم** (طور ۳) لا یسمعون فیها لغوا ولا **تأثیما** (واقعة ۲) علی ان
تأجرنی ثمانی حجج (قصص ۳) قال یابنؤم لا **تأخذ** بلحیتی ولا براسی (طه ۱) ولا **تأخذکم** بهما رأفة فی دین الله (نور ۱) ولا یحل لکم ان **تأخذوا**
مما اٰتیتموهن شیئا (بقرة ۲۹) فلا تأخذوا منه شیئا (نساء ۳) وکیف **تأخذونه** وقد افضی بعضکم الی بعض (نساء ۳) **أتأخذونه** بهتانا واثما
مبینا (نساء ۳) مغانم کثیرة **تأخذونها** (فتح ۳) اذا انطلقتم الی مغانم **لتأخذوها** (فتح ۲) لا **تأخذه** سنة ولا نوم (بقرة ۳۴) ما
ینظرون الا صیحة واحدة **تأخذهم** (یس ۴) ومن **تأخر** فلا اثم علیه (بقرة ۲۱) لیغفر لک الله ما تقدم من ذنبک وما تأخر (فتح ۱) واذ
تأذن ربک لیبعثن علیهم (اعراف ۷) واذ تأذن ربکم (ابراهیم ۱) فلا **تأس** علی القوم الفاسقین (مائدة ۴) فلا تأس علی القوم الکافرین
(مائدة ۹) **وتأسرون** فریقا (احزاب ۳) لکیلا **تأسوا** علی ما فاتکم (حدید ۳) قالوا اجئتنا **لتأفکنا** عن اٰلهتنا (احقاف ۳) **تأکل** فی ارض
الله (اعراف ۸ هود ۷) تأکل منه انعامهم وانفسهم (سجدة ۳) تأکل الطیر منه (یوسف ۵) الا دابة الارض تأکل منسأته (سبا ۲) ویأکلون کما
تأکل الانعام (قتال ۲) **فتأکل** الطیر من راسه (یوسف ۵) ان **تأکلوا** من بیوتکم (نور ۷) ان تأکلوا جمیعا (نور ۷) وما لکم **الا تأکلوا** مما
ذکر اسم الله علیه (انعام ۱۳) **لا تأکلوا** اموالکم بینکم بالباطل (نساء ۵) لا تأکلوا الربوا (اٰل عمران ۱۳) **ولا تأکلوا** اموالهم الی اموالکم (نساء ۱)
ولا تأکلوا مما لم یذکر اسم الله علیه (انعام ۱۳) ولا تأکلوا اموالکم (بقرة ۲۳) **لتأکلوا** فریقا من اموال الناس (بقرة ۲۳) لتأکلوا منه لحما طریا
(نحل ۲) فراغ الی اٰلهتهم فقال الا **تأکلون** (صافات ۳) فقربه الیهم قال الا تأکلون (ذاریات ۲) **بما** تأکلون وما تدخرون (اٰل عمران
۵) یأکل مما تأکلون منه (مؤمنون ۳) الا قلیلا مما تأکلون (یوسف ۵) لکم فیها دفء ومنافع ومنها تأکلون (نحل ۱) لکم فیها فواکه کثیرة ومنها تأکلون
(مؤمنون ۲) ولکم فیها منافع کثیرة ومنها تأکلون (مؤمنون ۲) ومن کل تأکلون لحما طریا (ملائکة ۲) لترکبوا منها ومنها تأکلون (مؤمن ۹) لکم
فیها فاکهة کثیرة منها تأکلون (زخرف ۷) **وتأکلون** التراث اکلا لما (فجر ۱) ولا **تأکلوها** اسرافا (نساء ۱) حتی یأتینا بقربان **تأکله** النار
(اٰل عمران ۱۹) ان تکونوا **تألمون** فانهم یألمون کما تألمون (نساء ۱۱) اصلوتک **تأمرک** ان نترک ما یعبد اٰباؤنا (هود ۸) انسجد لما **تأمرنا**
وزادهم نفورا (فرقان ۶) **تأمرون** بالمعروف (اٰل عمران ۱۲) یرید ان یخرجکم من ارضکم فماذا تأمرون (اعراف ۱۳) یرید ان یخرجکم من ارضکم
بسحره فماذا تأمرون (شعراء ۳) أتأمرون الناس بالبر (بقرة ۵) اذ **تأمروننا** ان نکفر بالله (سبا ۴) قل افغیر الله **تأمرونی**
(زمر ۷) ام **تأمرهم** احلامهم (طور ۲) فانظری ماذا **تأمرین** (نمل ۳) ما لک لا **تأمنا** علی یوسف (یوسف ۲) ومن اهل الکتاب
من ان **تأمنه** بقنطار یؤده الیک ومنهم من ان تأمنه بدینار لا یؤده (اٰل عمران ۸) هذا **تأویل** رؤیای (یوسف ۱۱) ذلک تأویل ما
لم تسطع علیه صبرا (کهف ۱۰) وما نحن **بتأویل** الاحلام بعالمین (یوسف ۵) سأنبئک بتأویل ما لم تستطع علیه صبرا (کهف ۱۰) ویعلمک

من تأويل الاحاديث (يوسف ١) ولنعلمه من تأويل الاحاديث (يوسف ٣) وعلمتني من تأويل الاحاديث (يوسف ١١) ذلك خير واحسن
تأويلا (نساء ٨ اسراء ٤) يوم يأتي تأويله (اعراف ٦) ولما يأتهم تأويله (يونس ٤) ابتغاء الفتنة وابتغاء تأويله وما يعلم تأويله الا
الله (آل عمران ١) هل ينظرون الا تأويله (اعراف ٦) نبئنا بتأويله (يوسف ٥) نبأتكما بتأويله (يوسف ٥) انا انبئكم بتأويله فارسلون
(يوسف ٥) ولا تؤتوا السفهاء اموالكم (نساء ١) لا تؤتونهن ما كتب لهن (نساء ٣) حتى تؤتون موثقا من الله (يوسف ٨) فان
لم تؤتوه فاحذروا (مائدة ٦) فان تخفوها وتؤتوها الفقراء (بقرة ٣٨) قل اللهم مالك الملك تؤتي الملك من تشاء (آل عمران ٣)
تؤتي اكلها كل حين (ابراهيم ٣) بل تؤثرون الحيوة الدنيا (اعلى ١) ان الله يأمركم ان تؤدوا الامانات (نساء ٨) وما كان لكم ان تؤذوا
رسول الله (احزاب ٧) يا قوم لم تؤذونني (صف ١) تؤزهم ازا (مريم ٩) فاني تؤفكون (انعام ١٠ يونس ٤ ملائكة ١ مومن ٧) افعل
ما تؤمر (صافات ٦) فاصدع بما تؤمر (حجر ٦) فافعلوا ما تؤمرون (بقرة ٧) وامضوا حيث تؤمرون (حجر ٧) قال اولم تؤمن (بقرة ٢٦)
لم تؤمن قلوبهم (مائدة ٦) وما كان لنفس ان تؤمن الا باذن الله (يونس ١) لتؤمنن به ولتنصرنه (آل عمران ٩) وان يشرك به تؤمنوا
(مومن ٢) يخرجون الرسول واياكم ان تؤمنوا بالله (ممتحنة ١) وان تؤمنوا وتتقوا فلكم اجر عظيم (آل عمران ١٨) وان تؤمنوا وتتقوا يؤتكم
اجوركم (قتال ٤) قل آمنوا به او لا تؤمنوا (اسرائيل ١١) وان لم تؤمنوا لي فاعتزلون (دخان ٣) قل لم تؤمنوا ولكن قولوا اسلمنا (حجرات ٢) حتى
تؤمنوا بالله وحده (ممتحنة ١) لتؤمنوا بالله ورسوله (فتح ١) والرسول يدعوكم لتؤمنوا بربكم (حديد ١) ذلك لتؤمنوا بالله ورسوله (مجادلة ١)
ان كنتم تؤمنون بالله واليوم الآخر (نساء ٨ نور ١) تؤمنون بالله ورسوله (صف ٢) وما لكم لا تؤمنون بالله (حديد ١) قليلا
ما تؤمنون (حاقة ٥) افتؤمنون ببعض الكتاب (بقرة ٩) وتنهون عن المنكر وتؤمنون بالله (آل عمران ١١) وتؤمنون بالكتاب كله
(آل عمران ١٢) وتؤوي اليك من تشاء (احزاب ٦) وفصيلته التي تؤويه (معارج ١)

فصل الالف

تائبات
عابدات (تحريم ١) التائبون العابدون (توبة ١٣) ثم تاب الله عليهم (مائدة ١٠) ثم تاب من بعده (انعام ٦) ثم تاب عليهم (توبة ١٣)
(مريم ٤) الا من تاب وآمن وعمل صالحا (مريم ٤ فرقان ٦) فاما من تاب وآمن (قصص ٧) فمن تاب من بعد ظلمه (مائدة ٦) واني لغفار
لمن تاب وآمن (طه ٤) فاستقم كما امرت ومن تاب معك ولا تطغوا (هود ١٠) ومن تاب وعمل صالحا (فرقان ٦) لقد تاب الله على النبي
(توبة ١٤) فتلقى آدم من ربه كلمات فتاب عليه (بقرة ٤) ذلكم خير لكم عند بارئكم فتاب عليكم (بقرة ٦) انكم كنتم تختانون انفسكم فتاب عليكم (بقرة ٢٣)
ثم اجتباه ربه فتاب عليه (طه ٧) فتاب عليكم فاقرؤا ما تيسر منه (مزمل ٢) وتاب الله عليكم (مجادلة ٢) فان تابا واصلحا فاعرضوا عنهما
(نساء ٣) وما انت بتابع قبلتهم وما بعضهم بتابع قبلة بعض (بقرة ١٧) او التابعين غير اولي الاربة (نور ٤) الا الذين تابوا واصلحوا
(بقرة ١٩ نساء ٢١) الا الذين تابوا من بعد ذلك (آل عمران ٩ نور ١) الا الذين تابوا من قبل ان تقدروا (مائدة ٥) فاغفر للذين تابوا (مومن ١) ثم
تابوا من بعدها (اعراف ١٩) ثم تابوا من بعد ذلك (نحل ٢٠) فان تابوا واقاموا الصلوة (توبة ١-٢) ان يأتيكم التابوت (بقرة ٣٢) ان اقذفيه
في التابوت (طه ٢) ان نعيدكم فيه تارة اخرى (اسرائيل ٧) ومنها نخرجكم تارة اخرى (طه ٣) فلعلك تارك بعض ما يوحى اليك (هود ٢)
ويقولون ائنا لتاركوا آلهتنا لشاعر مجنون (صافات ٢) فالتاليات ذكرا (صافات ١)

فصل الباء

وارنا مناسكنا وتب (بقرة ١٥) تبت يدا ابي لهب وتب (مسد ١) وما كيد فرعون الا في تباب (مومن ٥) ولا تزد الظالمين الا
تبارا (نوح ٢) تبارك الله رب العالمين (اعراف ٧) تبارك الذي له ملك السموات والارض وما بينهما (زخرف ٧) تبارك الذي نزل الفرقان
(فرقان ١) تبارك الذي ان شاء جعل لك (فرقان ١) تبارك الذي جعل في السماء بروجا (فرقان ٦) تبارك الذي بيده الملك (ملك ١) تبارك
اسم ربك (رحمن ٣) فتبارك الله احسن الخالقين (مومنون ١) فتبارك الله رب العالمين (مومن ٧) وتبارك الذي له ملك السموات (زخرف ٧)
ولا تباشروهن وانتم عاكفون في المساجد (بقرة ١٩) واشهدوا اذا تبايعتم (بقرة ٩) قال اني تبت الآن (نساء ٣) فلما افاق
قال سبحانك تبت اليك (اعراف ١٧) اني تبت اليك واني من المسلمين (احقاف ٢) تبت يدا ابي لهب وتب (مسد ١) فلا تبتئس بما كانوا يفعلون
(هود ٤) فلا تبتئس بما كانوا يعملون (يوسف ٨) ليس عليكم جناح ان تبتغوا فضلا من ربكم (بقرة ٢٥) ان تبتغوا باموالكم (نساء ٤) لتبتغوا
فضلا من ربكم (اسرائيل ٢) لتبتغوا من فضله (اسرائيل ٧ ملائكة ٢) لتبتغوا عرض الحيوة الدنيا (نور ٤) ولتبتغوا من فضله (قصص ٨ نحل ٢ روم ٥
جاثية ٢) تبتغون عرض الحيوة الدنيا (نساء ١٣) فان استطعت ان تبتغي (انعام ٤) تبتغي مرضات ازواجك (تحريم ١) وتبتل اليه تبتيلا (مزمل ١)
فان تبتم فهو خير لكم (توبة ١) وان تبتم فلكم رؤس اموالكم (بقرة ٣٨) ولا تبخسوا الناس اشياءهم (اعراف ١١ هود ٩ شعراء ١٠) ان يسئلكموها

فيحفكم تبخلوا (قتال ع) يوم تبدل الارض (ابراهيم ٥) ولا ان تبدل بهن من ازواج (احزاب ع) ان تبد لكم تسؤكم (مائدة ١١) وان تسألوا عنها
حين ينزل القرآن تبد لكم (مائدة ١١) ان تبدوا الصدقات فنعما هي (بقرة ٨٢) ان تبدوا خيرا او تخفوه (نساء ٤١) وان تبدوا ما في انفسكم
(بقرة ٢٩) ان تبدوا شيئا او تخفوه (احزاب ع) واعلم ما تبدون وما كنتم تكتمون (بقرة ع) والله يعلم ما تبدون (مائدة ١٠) نور ٤
تجعلونه قراطيس تبدونها (انعام ١١) قل ان تخفوا ما في صدوركم او تبدوه يعلمه الله (ال عمران ٣) ان كادت لتبدي به (قصص
لا تبديل لكلمات الله (يونس ٧) لا تبديل لخلق الله (روم ٤) وما بدلوا تبديلا (احزاب ٣) ولن تجد لسنة الله تبديلا (احزاب ٧ فتح ٣)
فلن تجد لسنت الله تبديلا (ملائكة ٥) واذا شئنا بدلنا امثالهم تبديلا (انسان ٢) ولا تبذر تبذيرا (اسرائيل ٣) اذ تبرأ الذين اتبعوا
(بقرة ٧١) فلما تبين له انه عدو لله تبرأ منه (توبة ١٦) تبرأنا اليك (قصص ٦) كما تبرؤا منا (بقرة ٧١) وتبرئ الاكمه والابرص
باذني (مائدة ١٥) ولا تبرجن تبرج الجاهلية (احزاب ٤) وكلا تبرنا تتبيرا (فرقان ٤) ولا تجعلوا الله عرضة لايمانكم ان تبروا
(بقرة ٣٣) ان تبروهم وتقسطوا اليهم (ممتحنة ١) ولا تبسطها كل البسط (اسرائيل ٣) وذكر به ان تبسل نفس بما كسبت (انعام ٧)
فتبسم ضاحكا من قولها (نمل ٢) لتبشر به المتقين (مريم ٦) قال ابشرتموني على ان مسني الكبر فبم تبشرون (حجر ٤) فستبصر
ويبصرون (نون ١) تبصرة وذكرى لكل عبد منيب (ق ١) افتأتون السحر وانتم تبصرون (انبياء ١) اتأتون الفاحشة وانتم تبصرون (نمل ٤)
بانكم بليل تسكنون فيه افلا تبصرون (قصص ٧) تجري من تحتي افلا تبصرون (زخرف ٥) وفي انفسكم افلا تبصرون (ذاريات ١) افسحر هذا
ام انتم لا تبصرون (طور ١) ولكن لا تبصرون (واقعة ٣) فلا اقسم بما تبصرون وما لا تبصرون (حاقة ٢) لا تبطلوا صدقاتكم بالمن والاذى
(بقرة ٣٦) ولا تبطلوا اعمالكم (قتال ٤) فمن تبع هداي فلا خوف عليهم (بقرة ٤) ولا تؤمنوا الا لمن تبع دينكم (ال عمران ٨) ام هم خير ام قوم تبع
(دخان ٢) واصحاب الايكة وقوم تبع (ق ١) انا كنا لكم تبعا (ابراهيم ٣ مؤمن ٥) قل بلى وربي لتبعثن (تغابن ١) ثم انكم يوم القيامة تبعثون
(مؤمنين ١) لمن تبعك منهم لاملأن جهنم (اعراف ٢) قال اذهب فمن تبعك منهم (اسرائيل ٧) لاملأن جهنم منك وممن تبعك منهم اجمعين
(ص ٥) فمن تبعني فانه مني (ابراهيم ٦) ما تبعوا قبلتك (بقرة ١٧) ولا تبغ الفساد (قصص ٨) فلا تبغوا عليهن سبيلا (نساء ٦) لم تصدون
عن سبيل الله من آمن تبغونها عوجا (ال عمران ١) وتبغونها عوجا (اعراف ١١) فقاتلوا التي تبغي حتى تفيء الى امر الله (حجرات ١) لا تبقي ولا
تذر (مدثر ٢) وتضحكون ولا تبكون (نجم ٣) ولن تبلغ الجبال طولا (اسرائيل ٤) ثم لتبلغوا اشدكم (حج ١ مؤمن ٧) ولتبلغوا اجلا مسمى
(مؤمن ٧) ولتبلغوا عليها حاجة (مؤمن ٨) هنالك تبلوا كل نفس ما اسلفت (يونس ٣) لتبلون في اموالكم وانفسكم (ال عمران ١٩) يوم تبلى
السرائر (طارق ١) اتبنون بكل ريع آية تعبثون (شعراء ٧) واذ غدوت من اهلك تبوئ (ال عمران ١٣) اني اريد ان تبوء باثمي واثمك (مائدة ٥)
ان تبوآ لقومكما بمصر بيوتا (يونس ٩) والذين تبوؤا الدار والايمان (حشر ١) يرجون تجارة لن تبور (ملائكة ٤) بل اتيناهم بغتة
فتبهتهم (انبياء ٣) ونزلنا عليك الكتاب تبيانا (نحل ١٢) قالوا ما اظن ان تبيد هذه ابدا (كهف ٥) يوم تبيض وجوه (ال عمران ١١) ثم لا
تجدوا لكم علينا به تبيعا (اسرائيل ٧) من بعد ما تبين لهم الحق (بقرة ١٣) قد تبين الرشد من الغي (بقرة ٣٤) وقد تبين لكم (عنكبوت ٤)
فلما تبين له قال اعلم (بقرة ٣٥) فلما تبين له انه عدو لله (توبة ١٦) ومن يشاقق الرسول من بعد ما تبين له (نساء ١٧) يجادلونك في الحق بعد
ما تبين (انفال ١) من بعد ما تبين لهم انهم اصحاب الجحيم (توبة ١٤) وتبين لكم كيف فعلنا بهم (ابراهيم ٧) وانزلنا اليك الذكر لتبين للناس
(نحل ٦) وما انزلنا عليك الكتاب الا لتبين لهم (نحل ٨) فلما خر تبينت الجن (سبا ٢) لتبيننه للناس (ال عمران ١٩) اذا ضربتم في سبيل الله
فتبينوا (نساء ١٣) فمن الله عليكم فتبينوا (نساء ١٣) ان جاءكم فاسق بنبا فتبينوا (حجرات ١)

فصل التاء

ولا تتبدلوا الخبيث بالطيب (نساء ١) ولا تتبع اهواءهم (مائدة ٧-٥ شورى ٢) ولا تتبع اهواء الذين كذبوا (انعام ١٩) ولا تتبع اهواء
الذين لا يعلمون (جاثية ٢) ولا تتبع سبيل المفسدين (اعراف ١٦) ولا تتبع الهوى (ص ٢) حتى تتبع ملتهم (بقرة ١٤) ولا تتبعان سبيل
الذين لا يعلمون (يونس ٩) الا تتبعن افعصيت امري (طه ٥) لا تتبعوا خطوات الشيطان (نور ٣) فلا تتبعوا الهوى (نساء ٢٠) ولا تتبعوا
خطوات الشيطان (بقرة ١٧-٢١ انعام ١٧) ولا تتبعوا اهواء قوم (مائدة ١٠) ولا تتبعوا السبل (انعام ١٩) ولا تتبعوا من دونه اولياء (اعراف ١) ان
تتبعون الا الظن (انعام ١٨) ان تتبعون الا رجلا مسحورا (فرقان ١) قل لن تتبعونا (فتح ٢) وما زادوهم غير تتبيب (هود ٩) وليتبروا
ما علوا تتبيرا (اسرائيل ١) وكلا تبرنا تتبيرا (فرقان ٤) تتجافى جنوبهم عن المضاجع (سجدة ٢) اتتخذ اصناما الهة (انعام ٩) قالوا اتتخذ
فيهم حسنا (كهف ١١) قالوا اتتخذنا هزوا (بقرة ٨) لا تتخذوا الكافرين اولياء (نساء ٢١) لا تتخذوا اليهود والنصارى اولياء (مائدة ٨) لا

تتخذوا الذين اتخذوا دينكم هزوا (مائدة ٨) لا تتخذوا اباءكم واخوانكم اولياء (توبة ٣) وقال الله لا تتخذوا الهين اثنين (نحل ٧) لا تتخذوا عدوي
وعدوكم اولياء (ممتحنة ١) لا تتخذوا بطانة من دونكم (ال عمران ١٢) الا تتخذوا من دوني وكيلا (اسرائيل ١) ان تتخذوا الملائكة والنبيين اربابا
(ال عمران ٨) فلا تتخذوا منهم اولياء (نساء ١١) ولا تتخذوا منهم وليا (نساء ١١) ولا تتخذوا ايات الله هزوا (بقرة ٢٩) ولا تتخذوا ايمانكم دخلا
(نحل ١٣) تتخذون من سهولها قصورا (اعراف ١٠) تتخذون منه سكرا (نحل ٩) تتخذون ايمانكم دخلا بينكم (نحل ١٣) وتتخذون مصانع
لعلكم تخلدون (شعراء ٧) افتتخذونه وذريته اولياء (كهف ٧) وسع ربي كل شيء علما افلا تتذكرون (انعام ٩) ولا شفيع افلا
تتذكرون (سجدة ١) قليلا ما تتذكرون (مؤمن ٦) ثم ارسلنا رسلنا تترا (مؤمنون ٣) ام حسبتم ان تتركوا (توبة ٣) اتتركون فيما
ههنا امنين (شعراء ٨) او تتركه يلهث (اعراف ٢٢) ولا تتفرقوا فيه (شورى ٢) ثم تتفكروا ما بصاحبكم من جنة (سبا ٦) كذلك يبين
الله لكم الايات لعلكم تتفكرون (بقرة ٢٢-٢٧) قل هل يستوي الاعمى والبصير افلا تتفكرون (انعام ٥) تتقلب فيه القلوب والابصار
(نور ٥) الا ان تتقوا منهم تقاة (ال عمران ٣) ان تتقوا الله يجعل لكم فرقانا (انفال ٣) وتتقوا وتصلحوا بين الناس (بقرة ٢٨) وان تصبروا
وتتقوا لا يضركم كيدهم شيئا (ال عمران ١٢) بلى ان تصبروا وتتقوا (ال عمران ١٣) وان تؤمنوا وتتقوا فلكم اجر عظيم (ال عمران ١٨) وان تصبروا وتتقوا فان
ذلك من عزم الامور (ال عمران ١٩) وان تحسنوا وتتقوا فان الله كان بما تعملون خبيرا (نساء ١٩) وان تصلحوا وتتقوا (نساء ١٩) وان تؤمنوا وتتقوا
يؤتكم اجوركم (قتال ٤) ولتتقوا ولعلكم ترحمون (اعراف ٨) افغير الله تتقون (نحل ٧) فكيف تتقون ان كفرتم يوما (مزمل ١) اذ قال لهم اخوهم
نوح الا تتقون (شعراء ٦) اذ قال لهم اخوهم هود الا تتقون (شعراء ٧) اذ قال لهم اخوهم صالح الا تتقون (شعراء ٨) اذ قال لهم اخوهم لوط الا
تتقون (شعراء ٩) اذ قال لهم شعيب الا تتقون (شعراء ١٠) اذ قال لقومه الا تتقون (صافات ٤) مالكم من اله غيره افلا تتقون (اعراف ٧ مؤمنون
٢) فقل افلا تتقون (يونس ٤) قل افلا تتقون (مؤمنون ٥) الذي خلقكم والذين من قبلكم لعلكم تتقون (بقرة ٣) واذكروا ما فيه لعلكم تتقون
(بقرة ٨ - اعراف ٢١) يا اولي الالباب لعلكم تتقون (بقرة ٢٢) كما كتب على الذين من قبلكم لعلكم تتقون (بقرة ٢٣) ذلكم وصاكم به لعلكم تتقون (انعام ١٩)
فما يكون لك ان تتكبر فيها (اعراف ٢) وتتلقاهم الملائكة (انبياء ١١) واتبعوا ما تتلوا الشياطين (بقرة ١١) وما تتلوا منه من قران (يونس ٧)
تتلوا عليهم اياتنا (قصص ٥) وما كنت تتلوا من قبله من كتاب (عنكبوت ٥) لتتلوا عليهم الذي اوحينا اليك (رعد ٤) وانتم تتلون الكتاب
(بقرة ٥) وانتم تتلى عليكم ايات الله (ال عمران ١١) قد كانت اياتي تتلى عليكم (مؤمنون ٤) الم تكن اياتي تتلى عليكم (مؤمنون ٦) افلم تكن اياتي تتلى عليكم
(جاثية ٤) يسمع ايات الله تتلى عليه (جاثية ١) اذا تتلى عليهم ايات الرحمن (مريم ٤) اذا تتلى عليه اياتنا قال اساطير الاولين (نون ١ مطففين ١)
واذا تتلى عليهم اياتنا (انفال ٤ يونس ٢ مريم ٨ حج ٨ سبا ٥ جاثية ٣ - احقاف ١) واذا تتلى عليه اياتنا (لقمان ١) فباي الاء ربك تتمارى
(نجم ٣) ولا تتمنوا ما فضل الله به (نساء ٥) فلا تتناجوا بالاثم والعدوان (مجادلة ٢) تتنزل عليهم الملائكة (فصلت ٤) ان تتوبا الى
الله فقد صغت قلوبكما (تحريم ١) الذين تتوفاهم الملائكة (نحل ٤-٥) ولا تتولوا مجرمين (هود ٥) وان تتولوا يستبدل قوما غيركم (قتال ٤)
وان تتولوا كما توليتم من قبل (فتح ٢) يا ايها الذين امنوا لا تتولوا قوما غضب الله عليهم (ممتحنة ٢)

فصل الثاء

لكان خيرا لهم واشد تثبيتا (نساء ٧) وتثبيتا من انفسهم (بقرة ٣٦) لا تثريب عليكم اليوم (يوسف ١١) فاما تثقفنهم في الحرب (انفال ٧)
تثير الارض (بقرة ٧) فتثير سحابا (روم ٥ ملائكة ١)

فصل الجيم

لا تجأروا اليوم (مؤمنون ٤) فاليه
تجأرون (نحل ٧) ولا تجادل عن الذين يختانون انفسهم (نساء ١٦) يوم تاتي كل نفس تجادل عن نفسها (نحل ١٥) تجادلك في زوجها (مجادلة ١)
ولا تجادلوا اهل الكتاب (عنكبوت ٥) اتجادلونني في اسماء (اعراف ٩) رجال لا تلهيهم تجارة ولا بيع (نور ٥) الا ان تكون تجارة
حاضرة (بقرة ٣٩) الا ان تكون تجارة عن تراض منكم (نساء ٥) يرجون تجارة لن تبور (ملائكة ٤) واذا راوا تجارة او لهوا (جمعة ٢) هل ادلكم على
تجارة تنجيكم من عذاب اليم (صف ٢) وتجارة تخشون كسادها (توبة ٣) قل ما عند الله خير من اللهو ومن التجارة (جمعة ٢) فما ربحت تجارتهم
(بقرة ٢) وتجاهدون في سبيل الله (صف ٢) ان تجتنبوا كبائر ما تنهون (نساء ٥) يوم تجد كل نفس (ال عمران ٣) لا تجد قوما يؤمنون بالله
يوادون من حاد الله (مجادلة ٣) ثم لا تجد لك علينا نصيرا (اسرائيل ٨) ثم لا تجد لك به علينا وكيلا (اسرائيل ١٠) ولا تجد اكثرهم شاكرين (اعراف ٢)
ولا تجد لسنتنا تحويلا (اسرائيل ٨) فلن تجد له نصيرا (نساء ٢١) فلن تجد له سبيلا (نساء ١٢-١٥) فلن تجد لهم اولياء (اسرائيل ١١) فلن تجد له وليا مرشدا
(كهف ٢) فلن تجد لسنة الله تبديلا (ملائكة ٥) ولن تجد لهم نصيرا (نساء ٢١) ولن تجد من دونه ملتحدا (كهف ٤) ولن تجد لسنة الله تبديلا (احزاب ٨)
(فتح ٣) ولن تجد لسنة الله تحويلا (ملائكة ٥) لتجدن اشد الناس عداوة (مائدة ١١) ولتجدن اقربهم مودة (مائدة ١١) ولتجدنهم احرص الناس (بقرة

ستجدني ان شاء الله صابرا (كهف ٧) ستجدني ان شاء الله من الصابرين (صافات ٣) ستجدني ان شاء الله من الصالحين (قصص ٣)
ثم لا تجدوا لكم وكيلا (اسرائيل ١) ثم لا تجدوا لكم علينا به تبيعا (اسرائيل ٧) فلم تجدوا ماء (نساء ٥ مائدة ١) فان لم تجدوا فيها احدا (نور ٤) فان
لم تجدوا فان الله غفور رحيم (مجادلة ٢) ولم تجدوا كاتبا فرهان مقبوضة (بقرة ٣٩) ستجدون آخرين يريدون ان يأمنوكم (نساء ١٢)
وما تقدموا لانفسكم من خير تجدوه (بقرة ١٣ مزمل ٢) وانا برئ مما تجرمون (هود ٣) والفلك التي تجري في البحر (بقرة ١٧) وهي
تجري بهم في موج كالجبال (هود ٤) والفلك تجري في البحر بامره (حج ٧) الم تر ان الفلك تجري في البحر (لقمان ٤) والشمس تجري لمستقر لها (يس ٤)
تجري بامره رخاء (ص ٣) وهذه الانهار تجري من تحتي (زخرف ٥) تجري باعيننا (قمر ١) تجري بامره الى الارض (انبياء ٦) وجعلنا الانهار
تجري من تحتهم (انعام ١) تجري من تحتهم الانهار (اعراف ٥ يونس ١) تجري من تحتها الانهار (بقرة ٢٧ رعد ٥ نحل ٤ طه ٨ عنكبوت ٦ زمر ٢)
يبشر ان لهم جنات تجري من تحتها الانهار (بقرة ٣) للذين اتقوا عند ربهم جنات تجري من تحتها الانهار (ال عمران ٢) ولادخلنهم جنات
تجري من تحتها الانهار (ال عمران ٢٠) لهم جنات تجري من تحتها الانهار (ال عمران ٢٠ مائدة ١٢ بروج ١) يدخله جنات تجري من تحتها الانهار
(نساء ٢ فتح ٢ طلاق ٢) سندخلهم جنات تجري من تحتها الانهار (نساء ٨) ولادخلنكم جنات تجري من تحتها الانهار (مائدة ٣) فاثابهم الله
بما قالوا جنات تجري من تحتها الانهار (مائدة ١٢) وعد الله المؤمنين والمؤمنات جنات تجري من تحتها الانهار (توبة ٩) اعد الله لهم جنات تجري
من تحتها الانهار (توبة ١) واعد لهم جنات تجري من تحتها الانهار (توبة ١) وادخل الذين آمنوا وعملوا الصالحات جنات تجري من تحتها الانهار
(ابراهيم ٤) ان الله يدخل الذين آمنوا وعملوا الصالحات جنات تجري من تحتها الانهار (حج ٢-٣) قال ان جعل لك خيرا من ذلك جنات تجري من
تحتها الانهار (فرقان ١) ليدخل المؤمنين والمؤمنات جنات تجري من تحتها الانهار (فتح ١) بشراكم اليوم جنات تجري من تحتها الانهار (حديد ٢)
ويدخلهم جنات تجري من تحتها الانهار (مجادلة ٣) ويدخلكم جنات تجري من تحتها الانهار (صف ٢ تحريم ١) ويدخله جنات تجري من تحتها
الانهار (تغابن ١) وجنات تجري من تحتها الانهار (ال عمران ٩) لتجري في البحر بامره (ابراهيم ٥) لتجري الفلك فيه بامره (جاثيه ٢) و
لتجري الفلك بامره (روم ٥) فيهما عينان تجريان (رحمن ٣) واتقوا يوما لا تجزي نفس عن نفس شيئا (بقرة ٥-٣) اليوم تجزى كل نفس
بما كسبت (مؤمن ٢) وما لاحد عنده من نعمة تجزى (ليل ١) لتجزى كل نفس بما تسعى (طه ١) ولتجزى كل نفس بما كسبت (جاثيه ٣) اليوم
تجزون عذاب الهون (انعام ١) هل تجزون الا بما كنتم تكسبون (يونس ٥) هل تجزون الا ما كنتم تعملون (نمل ٦) اليوم تجزون ما كنتم تعملون
(جاثيه ٣) فاليوم تجزون عذاب الهون (احقاف ٢) انما تجزون ما كنتم تعملون (طور ١ تحريم ١) ولا تجزون الا ما كنتم تعملون (يس ٤) وما تجزون
الا ما كنتم تعملون (صافات ٢) ولا تجسسوا ولا يغتب بعضكم بعضا (حجرات ٢) قالوا اتجعل فيها من يفسد فيها (بقرة ٣) على ان
تجعل بيننا وبينهم سدا (كهف ١) لا تجعل مع الله الها آخر (اسرائيل ٣) ولا تجعل يدك مغلولة الى عنقك (اسرائيل ٣) ولا تجعل مع الله الها آخر (اسرائيل ٤)
ولا تجعل في قلوبنا غلا (حشر ١) لا تجعلنا مع القوم الظالمين (اعراف ٥) ربنا لا تجعلنا فتنة (ممتحنة ١) رب فلا تجعلني في القوم الظالمين (مؤمنون ٢)
ولا تجعلني مع القوم الظالمين (اعراف ١٩) لا تجعلوا دعاء الرسول بينكم (نور ٩) اتريدون ان تجعلوا لله عليكم سلطانا مبينا (نساء ١١) تجعلون
له اندادا (فصلت ١) وتجعلون رزقكم انكم تكذبون (واقعة ٩) تجعلونه قراطيس (انعام ١) فلما تجلى ربه للجبل (اعراف ١) والنهار اذا تجلى
(ليل ١) وان تجمعوا بين الاختين (نساء ٤) خير مما تجمعون (ال عمران ١) ان لك الا تجوع فيها ولا تعرى (طه ٢) ولا تجهر بصلاتك (اسرائيل)
وان تجهر بالقول (طه ١) ولا تجهروا له بالقول (حجرات ١) قال انكم قوم تجهلون (اعراف ١٦) ولكني اريكم قوما تجهلون (هود ٣) ولكني اريكم قوما
تجهلون (احقاف ٣) بل انتم قوم تجهلون (نمل ٥) **فصل الحاء** يا اهل الكتاب لم تحاجون في ابراهيم
(ال عمران ٧) فلم تحاجون فيما ليس لكم به علم (ال عمران ٧) قل اتحاجوننا في الله (بقرة ١٦) قال اتحاجوني في الله (انعام ٩) ولا
تحاضون على طعام المسكين (فجر ١) والله يسمع تحاوركما (مجادلة ١) انتم وازواجكم تحبرون (زخرف ٧) تحبسونهما من بعد الصلوة
(مائدة ١٤) ان تحبط اعمالكم (حجرات ١) وعسى ان تحبوا شيئا وهو شر لكم (بقرة ٢٧) ان كنتم تحبون الله فاتبعوني (ال عمران ٤) كلا بل تحبون
العاجلة (قيامة ١) ولكن لا تحبون الناصحين (اعراف ١) الا تحبون ان يغفر الله لكم (نور ٣) من بعد ما اريكم ما تحبون (ال عمران ١٤) حتى تنفقوا مما تحبون
(ال عمران ١) وتحبون المال حبا جما (فجر ١) واخرى تحبونها (صف ٢) ها انتم اولاء تحبونهم ولا يحبونكم (ال عمران ١٢) اذ يبايعونك تحت
الشجرة (فتح ٣) كانتا تحت عبدين من عبادنا (تحريم ٢) نجعلهما تحت اقدامنا (فصلت ٤) وما بينهما وما تحت الثرى (طه ١) ومن تحت ارجلهم
(مائدة ٧ عنكبوت ٦) من فوقكم او من تحت ارجلكم (انعام ٧) قد جعل ربك تحتك سريا (مريم ٢) وكان تحته كنز لهما (كهف ١) تجري من

فلا تجعلوا لله اندادا (بقرة ٣) ولا تجعلوا الله عرضة لايمانكم (بقرة ٢٨) ولا تجعلوا مع الله الها آخر (ذاريات ٤)

تحتها الانهار تجری، فناداها من تحتها الا تحزنی (مریم ۳) تجری من تحتها الانهار (انفطر) و من تحتهم الانهار (زمر ۲) وهذه الانهار تجری من
تحتی (زخرف ۵) اتحدثونهم بما فتح الله علیکم (بقرہ ۹) ان الله مخرج ما تحذرون (توبہ ۷) افرایتم ما تحرثون (واقعہ ۲) ان
تحرص علی هدیهم (نحل ۱۶) لا تحرک به لسانک لتعجل به (قیامۃ ۱) لم تحرم ما احل الله لک (تحریم ۱) لا تحرموا طیبات ما احل الله لکم (مائدۃ ۱۲)
فاولئک تحروا رشدا (جن ۲) او کسوتهم او تحریر رقبة (مائدۃ ۱۲) فتحریر رقبة مومنة (نساء ۱۳) فتحریر رقبة من قبل ان یتماسا (مجادلۃ)
وتحریر رقبة مومنة (نساء ۱۳) لا تحزن ان الله معنا (توبہ ۶) ولا تحزن علیهم (نحل ۱۶) کی تقر عینها ولا تحزن (طٰہٰ ۲) قصص
وقالوا لا تخف ولا تحزن (عنکبوت ۴) لکیلا تحزنوا علی ما فاتکم (آل عمران ۱۶) ولا تهنوا ولا تحزنوا (آل عمران ۱۴) الا تخافوا ولا تحزنوا
(فصلت ۴) لا خوف علیکم ولا انتم تحزنون (اعراف ۵) فناداها من تحتها الا تحزنی (مریم ۳) ولا تخافی ولا تحزنی (قصص ۱) هل تحس
منهم من احد (مریم ۶) ام تحسب ان اکثرهم یسمعون (فرقان ۴) لا تحسبن الذین یفرحون (آل عمران ۱۹) لا تحسبن الذین کفروا معجزین
(نور ۷) ولا تحسبن الذین قتلوا فی سبیل الله امواتا (آل عمران ۱۷) فلا تحسبن الله مخلف وعده (ابراهیم ۷) ولا تحسبن الله غافلا (ابراهیم)
فلا تحسبنهم بمفازة من العذاب (آل عمران ۱۹) وتحسبونه هینا (نور ۲) لا تحسبوه شرا لکم (نور ۲) لتحسبوه من الکتاب (آل عمران ۸)
وتری الجبال تحسبها جامدة (نمل ۹) تحسبهم جمیعا وقلوبهم شتی (حشر ۲) وتحسبهم ایقاظا وهم رقود (کهف ۳) فسیقولون بل تحسدو
(فتح ۲) فتحسسوا من یوسف واخیه (یوسف ۱۰) وان تحسنوا وتتقوا فان الله کان بما تعملون خبیرا (نساء ۱۹) اذ تحسونهم باذنه (آل عمران)
واعلموا انکم الیه تحشرون (بقرہ ۲۵) ولئن متم او قتلتم لالی الله تحشرون (آل عمران ۱۶) واتقوا الله الذی الیه تحشرون (مائدۃ ۱۰) مجادلة
وهو الذی الیه تحشرون (انعام ۹) وانه الیه تحشرون (انفال ۳) وهو الذی ذرأکم فی الارض والیه تحشرون (مؤمنون ۵) قل هو الذی ذرأ
فی الارض والیه تحشرون (ملک ۲) وتحشرون الی جهنم (آل عمران ۲) ان اردن تحصنا (نور ۴) لتحصنکم من بأسکم (انبیاء ۶) الا قلیلا مما
تحصنون (یوسف ۵) علم ان لن تحصوه (مزمل ۲) وان تعدوا نعمت الله لا تحصوها (ابراهیم ۵) (نحل ۲) وکیف تصبر علی ما لم تحط
به خبرا (کهف ۹) فقال احطت بما لم تحط به (نمل ۲) انت تحکم بین عبادک (زمر ۵) لیحکم بین الناس (نساء ۱۱) واذا حکمتم بین الناس ان تحکموا
بالعدل (نساء ۸) فما لکم کیف تحکمون (یونس ۴) ما لکم کیف تحکمون (صافات ۵) (قلم ۲) ان لکم لما تحکمون (قلم ۲) فان طلقها فلا تحل
له من بعد (بقرہ ۲۹) او تحل قریبا من دارهم (رعد ۴) قد فرض الله لکم تحلة ایمانکم (تحریم ۱) ولا تحلقوا رءوسکم (بقرہ ۲۴) ان تحمل علیه یلهث
(اعراف ۲۲) ربنا ولا تحمل علینا اصرا (بقرہ ۴۰) وکاین من دابة لا تحمل رزقها (عنکبوت ۶) الله یعلم ما تحمل کل انثی (رعد ۱) وما تحمل من انثی
ولا تضع الا بعلمه (ملائکة ۲) (فصلت ۵) وتحمل اثقالکم الی بلد (نحل ۱) ربنا ولا تحملنا ما لا طاقة لنا به (بقرہ ۴۰) وعلیها وعلی الفلک تحملون
(مؤمنون ۲) (مؤمن ۸) تحمله الملائکة (بقرہ ۳۲) فاتت به قومها تحمله (مریم ۲) ولا علی الذین اذا ما اتوک لتحملهم (توبہ ۱۲) فاضرب به ولا
تحنث (ص ۳) ولا تجد لسنتنا تحویلا (اسرائیل ۸) ولن تجد لسنة الله تحویلا (ملائکة ۵) فلا یملکون کشف الضر عنکم ولا تحویلا (اسرائیل ۶)
فسلموا علی انفسکم تحیة (نور ۹) ویلقون فیها تحیة وسلاما (فرقان ۶) واذا حییتم بتحیة فحیوا باحسن منها (نساء ۱۱) تحیتهم فیها سلام (ابراهیم)
تحیتهم یوم یلقونه سلام (احزاب ۵) وتحیتهم فیها سلام (یونس ۱) ذلک ما کنت منه تحید (ق ۲) ولم تحیطوا بها علما (نمل ۶) رب ارنی
کیف تحیی الموتی (بقرہ ۳۵) فیها تحیون وفیها تموتون (اعراف ۲)

فصل الخاء

ان ذلک لحق تخاصم اهل
النار (ص ۵) ولا تخاطبنی فی الذین ظلموا (هود ۴) (مؤمنون ۲) لا تخاف درکا ولا تخشی (طٰہٰ ۴) قال لا تخافا اننی معکما (طٰہٰ ۲) ولا
تخافت بها (اسرائیل ۱۲) واما تخافن من قوم خیانة (انفال ۷) الا تخافوا ولا تحزنوا (فصلت ۴) واللاتی تخافون نشوزهن
(نساء ۶) تخافون ان یتخطفکم الناس (انفال ۳) ومقصرین لا تخافون (فتح ۴) ولا تخافون انکم اشرکتم بالله (انعام ۹) تخافونهم کخیفتکم
انفسکم (روم ۴) فلا تخافوهم وخافون (آل عمران ۱۸) ولا تخافی ولا تحزنی (قصص ۱) وان تخالطوهم فاخوانکم (بقرہ ۲۷)
فتخبت له قلوبهم (حج ۷) انکم کنتم تختانون انفسکم (بقرہ ۲۳) قال لا تختصموا لدی (ق ۳) ثم انکم یوم القیامة عند ربکم تختصمون
(زمر ۳) فیما کنتم فیه تختلفون (آل عمران ۷) بما کنتم فیه تختلفون (مائدۃ ۷) (انعام ۲۰) ما کنتم فیه تختلفون (نحل ۱۰) ولابین لکم بعض
الذی تختلفون فیه (زخرف ۷) وتخر الجبال هدا (مریم ۶) تخرج بیضاء (طٰہٰ ۲) (نمل ۱) (قصص ۴) تخرج من طور سیناء (مؤمنون ۲) کبرت
کلمة تخرج من افواههم (کهف ۱) تخرج فی اصل الجحیم (صافات ۲) واذ تخرج الموتی باذنی (مائدۃ ۱۵) وما تخرج من ثمرات من اکمامها (فصلت ۵)
حتی تخرج الیهم (حجرات ۱) لتخرج الناس من الظلمات الی النور (ابراهیم ۱) وتخرج الحی من المیت وتخرج المیت من الحی (آل عمران ۳) قالوا اجئتنا

لتخرجنا من ارضنا (طه ع) فقل لن تخرجوا معي ابدا (توبه ۹) لتخرجوا منها اهلها (اعراف ۱۴) وفيها تموتون ومنها تخرجون
(اعراف ۲) وكذلك تخرجون (روم ۲) اذا انتم تخرجون (روم ۳) فانشرنا به بلدة ميتا كذلك تخرجون (زخرف ۲) ولا تخرجون انفسكم
من دياركم (بقره ۹) وتخرجون فريقا منكم (بقره ۹) قل هل عندكم من علم فتخرجوه لنا (انعام ۱۸) لا تخرجوهن من بيوتهن (طلاق ۱)
وان انتم الا تخرصون (انعام ۱۵) انك لن تخرق الارض (اسرائيل ۴) ولا تخزنا يوم القيمة (ال عمران ۲۰) ولا تخزني يوم يبعثون
(شعراء ۵) واتقوا الله ولا تخزون في ضيفي (هود ۸) واتقوا الله ولا تخزون (حجر ۷) ولا تخسروا الميزان (رحمن ۱) فما تزيدونني غير
تخسير (هود ۷) ان تخشع قلوبهم لذكر الله (حديد ۲) فلا تخشوا الناس واخشون (مائده ۵) وتجارة تخشون كسادها (توبه ۳)
اتخشونهم فالله احق ان تخشوه (توبه ۲) فلا تخشوهم واخشوني (مائده ۱-بقره ۱۸) واهديك الى ربك فتخشى (نازعات ۲) و
تخشى الناس (احزاب ۵) لا تخاف دركا ولا تخشى (طه ۸) والله احق ان تخشيه (احزاب ۵) فلا تخضعن بالقول (احزاب ۴) فتخطفه
الطير (حج ۴) ولا تخطه بيمينك (عنكبوت ۵) قالوا لا تخف (هود ۷ ذاريات ۲ ص ۲) قلنا لا تخف انك انت الاعلى (طه ۷) يا
موسى لا تخف (نمل ۱) قال لا تخف (قصص ۳) وقالوا لا تخف ولا تحزن (عنكبوت ۴) ولا تخف سنعيدها سيرتها الاولى (طه ۲) و
تخف انك من الامنين (قصص ۴) قل ان تخفوا ما في صدوركم (ال عمران ۳) مما كنتم تخفون من الكتاب (مائده ۳) ويعلم ما
تخفون وما تعلنون (نمل ۲) وتخفون كثيرا (انعام ۱۱) او تخفوه يحاسبكم به الله (بقره ۴۰) ان تبدوا خيرا او تخفوه (نساء ۱۵) ان تبدوا
شيئا او تخفوه (احزاب ۷) وان تخفوها وتؤتوها الفقراء (بقره ۸) لا تخفى منكم خافية (حاقه ۱) وما تخفي صدورهم اكبر (ال عمران)
وما تخفي الصدور (مؤمن ۲) وتخفي في نفسك (احزاب ۵) ذلك تخفيف من ربكم (بقره ۸) والقت ما فيها وتخلت (انشقاق
۱) وتتخذون مصانع لعلكم تخلدون (شعراء ۷) انك لا تخلف الميعاد (ال عمران ۲۰) وان لك موعدا لن تخلفه (طه ۵)
وان تخلق من الطين (مائده ۱۵) وتخلقون افكا (عنكبوت ۲) ءانتم تخلقونه ام نحن الخالقون (واقعه ۲) او ياخذهم على تخوف
(نحل ۶) لا تخونوا الله والرسول (انفال ۳) وتخونوا اماناتكم (انفال ۳) وما نرسل بالايات الا تخويفا (اسرائيل ۶) ان لكم فيه
لما تخيرون (نون ۲)

فصل الدال

لولا ان تداركه نعمة من ربه (نون ۲) اذا تداينتم بدين
الى اجل مسمى (بقره ۳۹) وانبئكم بما تاكلون وما تدخرون (ال عمران ۵) ربنا انك من تدخل النار (ال عمران ۲۰)
لتدخلن المسجد الحرام (فتح ۳) ام حسبتم ان تدخلوا الجنة (بقره ۲۲-ال عمران ۱۵) ان تدخلوا بيوتا غير مسكونة (نور ۴)
يابني لا تدخلوا من باب واحد (يوسف ۷) يايها الذين امنوا لا تدخلوا بيوتا (نور ۴) يايها الذين امنوا لا تدخلوا بيوت النبي الا ان
يؤذن (احزاب ۷) فلا تدخلوها حتى يؤذن لكم (نور ۴) وبما كنتم تدرسون (ال عمران ۸) ام لكم كتاب فيه تدرسون
(نون ۲) لا الشمس ينبغي لها ان تدرك القمر (يس ۳) لا تدركه الابصار (انعام ۱۳) لا تدرون ايهم اقرب لكم نفعا (نساء
ما كنت تدري ما الكتاب (شورى ۵) لا تدري لعل الله يحدث بعد ذلك امرا (طلاق ۱) وما تدري نفس ماذا تكسب
غدا وما تدري نفس باي ارض تموت (لقمان ۴) وان تدع مثقلة الى حملها (ملائكه ۳) فلا تدع مع الله الها اخر (شعراء ۱۱) ولا تدع
مع الله الها اخر (قصص ۹) ولا تدع من دون الله (يونس ۱۱) اياما تدعوا فله الاسماء الحسنى (اسرائيل ۱۲) تدعوا من ادبر وتولى
(معارج ۱) لا تدعوا اليوم ثبورا واحدا (فرقان ۱) فلا تدعوا مع الله احدا (جن ۲) فلا تهنوا وتدعوا الى السلم (قتال ۴) اغير الله
تدعون (انعام ۴) بل اياه تدعون فيكشف ما تدعون (انعام ۵) ان اعبد الذين تدعون من دون الله (انعام ۷ مؤمن ۷)
قالوا اين ما كنتم تدعون (اعراف ۴) ان الذين تدعون من دون الله (اعراف ۲۳-حج ۸) والذين تدعون من دونه (اعراف ۲۴ ملائكه
الذين تدعون من دون الله (ملائكه ۵) اتدعون بعلا وتذرون احسن الخالقين (صافات ۴) اذ تدعون الى الايمان (مؤمن
قال هل يسمعونكم اذ تدعون (شعراء ۵) قل افرءيتم ما تدعون (زمر ۴) واعتزلكم وما تدعون (مريم ۳) ضل من تدعون الا اياه (اسرائيل
قل ارءيتم ما تدعون من دون الله (احقاف ۱) هانتم هؤلاء تدعون لتنفقوا في سبيل الله (قتال ۴) ستدعون الى قوم اولي
باس شديد (فتح ۲) ولكم فيها ما تدعون (فصلت ۴) وقيل هذا الذي كنتم به تدعون (ملك ۲) وانا لفي شك مما تدعونا اليه
(هود ۶) وقالوا قلوبنا في اكنة مما تدعونا اليه (فصلت ۱) وانا لفي شك مما تدعوننا اليه مريب (ابراهيم ۲) وتدعونني الى النار
(مؤمن ۵) تدعونني لاكفر بالله (مؤمن ۵) لا جرم انما تدعونني (مؤمن ۵) تدعونه تضرعا وخفية (انعام ۸) ان تدعوهم

لا یسمعوا و ما انکم (ملائکة) ب وان تدعوهم الی الهدی لا یتبعوکم (اعراف ۲۳) وان تدعوهم الی الهدی لا یسمعوا (اعراف ۲۴) کبر علی
المشرکین ما تدعوهم الیه (شوری ۲) وان تدعهم الی الهدی فلن یهتدوا اذا ابدا (کهف ۸) کل امة تدعی الی کتابها (جاثیه)
وتدلوا بها الی الحکام (بقرة ۲۳) ثم دنی فتدلی (نجم ۱) تدمر کل شیء بامر ربها (احقاف ۳) فدمرناها تدمیرا (اسرائیل)
فدمرناهم تدمیرا (فرقان ۴) تدور اعینهم (احزاب ۲) ودوا لو تدهن فیدهنون (نون ۱) تذرها وهذا بینکم (بقرة)
فصل الذال ان الله یأمرکم ان تذبحوا بقرة (بقرة ۷) اتذر موسی وقومه لیفسدوا فی الارض
(اعراف ۱۴) ما تذر من شیء (ذاریات ۲) وقال نوح رب لا تذر علی الارض من الکافرین دیارا (نوح) لا تبقی ولا تذر (مدثر)
وقالوا لا تذرن آلهتکم ولا تذرن ودا (نوح ۲) رب لا تذرنی فردا (انبیاء) وتذرون ما خلق لکم ربکم (شعراء)
وتذرون احسن الخالقین (صافات ۲) وتذرون الآخرة (قیامة ۲) تذروه الریاح (کهف ۶) انک ان تذرهم یضلوا
عبادک (نوح ۲) قالوا تالله تفتؤ تذکر یوسف (یوسف ۱۰) اولم نعمرکم ما یتذکر فیه من تذکر (ملائکة ۴) فتذکر احدهما الاخری
(بقرة ۳۹) ان هذه تذکرة (مزمل ۲) انسان ۲ کلا انه تذکرة (مدثر ۲) کلا انها تذکرة (عبس ۱) نحن جعلناها تذکرة (واقعة ۲)
لنجعلها لکم تذکرة (حاقة ۱) الا تذکرة لمن یخشی (طه ۱) وانه لتذکرة للمتقین (حاقة ۲) فما لهم عن التذکرة معرضین (مدثر ۳)
اذا مسهم طائف من الشیطان تذکروا (اعراف ۱۲) ثم تذکروا نعمة ربکم (زخرف ۱) ذلکم وصیکم به لعلکم تذکرون (انعام ۱۹) کذلک نخرج
الموتی لعلکم تذکرون (اعراف ۷) یعظکم لعلکم تذکرون (نحل ۹) وانزلنا فیها آیات بینات لعلکم تذکرون (نور ۱) ذلکم خیر لکم لعلکم تذکرون
(نور ۴) ومن کل شیء خلقنا زوجین لعلکم تذکرون (ذاریات ۵) قلیلا ما تذکرون (اعراف ۱ نمل ۶ حاقة ۵) ذلکم الله ربکم فاعبدوه
افلا تذکرون (یونس ۱) هل یستویان مثلا افلا تذکرون (هود ۲) ویا قوم من ینصرنی من الله ان طردتهم افلا تذکرون (هود ۳)
افمن یخلق کمن لا یخلق افلا تذکرون (نحل ۲) قل افلا تذکرون (مؤمنین ۹) ما لکم کیف تحکمون افلا تذکرون (صافات ۱) فمن یهدیه
من بعد الله افلا تذکرون (جاثیة ۲) فلولا تذکرون (واقعة ۲) فستذکرون ما اقول لکم (مؤمن ۵) علم الله انکم ستذکرونهن
(بقرة ۳۱) وتذکیری بآیات الله (یونس ۸) وتعز من تشاء وتذل من تشاء (آل عمران ۲) وذللت قطوفها تذلیلا (انسان ۱)
ووجد من دونهم امرأتین تذودان (قصص ۳) وتذوقوا السوء (نحل ۱) فلا تذهب نفسک علیهم حسرات (ملائکة ۱) و
تذهب ریحکم واصبروا (انفال ۵) قال انی لیحزننی ان تذهبوا به (یوسف ۲) ولا تعضلوهن لتذهبوا ببعض ما آتیتموهن (نساء ۳)
فاین تذهبون (تکویر ۱) یوم ترونها تذهل کل مرضعة (حج ۱) فصل الراء الم ترکیف ضرب الله مثلا (ابراهیم)
الم ترکیف فعل ربک بعاد (فجر ۱) الم ترکیف فعل ربک باصحاب الفیل (فیل ۱) الم تر الی الملأ من بنی اسرائیل (بقرة ۵ ۳) الم تر الی ربک کیف
مد الظل (فرقان ۵) الم تر الی الذی حاج ابراهیم (بقرة ۶) الم تر الی الذین خرجوا من دیارهم (بقرة ۵) الم تر الی الذین اوتوا نصیبا (عمران)
نساء ۵ الم تر الی الذین یزکون انفسهم (نساء ۵) الم تر الی الذین یزعمون انهم آمنوا (نساء ۶) الم تر الی الذین قیل لهم (نساء ۱) الم تر الی الذین
بدلوا نعمة الله (ابراهیم ۳) الم تر الی الذین یجادلون فی آیات الله (مؤمن ۷) الم تر الی الذین نهوا عن النجوی (مجادلة ۱) الم تر الی الذین تولوا
قوما (مجادلة ۲) الم تر الی الذین نافقوا (حشر ۱) الم تر ان الله خلق السموات والارض (ابراهیم ۲) الم تر ان الله یسجد له من فی السموات
(حج ۲) الم تر ان الله سخر لکم ما فی الارض (حج ۷) الم تر ان الله یسبح له من فی السموات (نور ۵) الم تر ان الله یزجی سحابا (نور ۵) الم تر ان الله یولج
اللیل فی النهار (لقمان ۳) الم تر ان الله انزل من السماء (حج ۱) الا تکرس (زمر ۲) الم تر ان الله یعلم ما فی السموات (مجادلة ۱) الم تر ان الفلک
تجری فی البحر (لقمان ۳) الم تر انا ارسلنا الشیاطین (مریم ۵) الم تر انهم فی کل واد یهیمون (شعراء ۱۱) فلما تراء الجمعان (شعراء ۲) تری
کثیرا منهم یتولون الذین کفروا (مائدة ۱۱) تری اعینهم تفیض من الدمع (مائدة ۱۱) انی اذبحک فانظر ماذا تری (صافات ۱۱) او تقول حین
تری العذاب (زمر ۶) ویوم القیامة تری الذین کذبوا (زمر ۶) ومن آیاته انک تری الارض خاشعة (فصلت ۵) تری الظالمین مشفقین مما
کسبوا (شوری ۱) یوم تری المؤمنین والمؤمنات (حدید ۲) ما تری فی خلق الرحمن (ملک ۱) لا تری فیها عوجا ولا امتا (طه ۱) هل تری من
فطور (ملک ۱) فهل تری لهم من باقیة (حاقة ۱) ولو تری اذ وقفوا علی النار (انعام ۳) ولو تری اذ وقفوا علی ربهم (انعام ۳) ولو تری اذ الظالمون
فی غمرات الموت (انعام ۱۱) ولو تری اذ یتوفی الذین کفروا (انفال ۵) ولو تری اذ المجرمون (سجدة ۱) ولو تری اذ الظالمون موقوفون (سبا)
ولو تری اذ فزعوا (سبا ۶) فتری الذین فی قلوبهم مرض (مائدة ۸) فتری المجرمین مشفقین (کهف ۵) فتری الودق (روم ۵ نور ۵)

فترى القوم فيها صرعى (حاقة ١) **وترى** كثيرا منهم يسارعون (مائدة ٧) وترى المجرمين يومئذ (ابراهيم ٥) وترى الفلك مواخر فيه (نحل ٢)
وترى الفلك فيه مواخر (ملائكة ٢) وترى الشمس اذا طلعت (كهف ٢) وترى الارض بارزة (كهف ٦) وترى الناس سكارى (حج ١) وترى
الارض هامدة (حج ١) وترى الجبال تحسبها جامدة (نمل ٦) وترى الملائكة حافين (زمر ٨) وترى الظالمين لما رأوا العذاب (شورى ٥) وترى
كل امة جاثية (جاثية ٤) فلما **تراءت** الفئتان (انفال ٦) يخرج من بين الصلب و**الترائب** (طارق ١) فمثله كمثل صفوان عليه **تراب**
(بقرة ٣٦) كمثل آدم خلقه **من** تراب (آل عمران ٦) اكفرت بالذي خلقك من تراب (كهف ٥) فانا خلقناكم من تراب (حج ١) ومن آياته ان خلقكم
من تراب (روم ٣) والله خلقكم من تراب (ملائكة ٢) هو الذي خلقكم من تراب (مؤمن ٧) ام يدسه في **التراب** (نحل ٨) اذا كنا **ترابا**
وآباؤنا انا لمخرجون (نمل ٦) ائذا كنا ترابا ائنا لفي خلق جديد (رعد ١) وكنتم ترابا وعظاما انكم مخرجون (مؤمنين ٣) ائذا متنا وكنا ترابا
(مؤمنين ٥) صافات ٢-٦ ق ١ واقعة ٥) ويقول الكافر يا ليتني كنت ترابا (نبأ ٢) وتأكلون **التراث** اكلا لما (فجر ١) فان ارادا فصالا عن
تراض منهما (بقرة ٣١) الا ان تكون تجارة عن تراض (نساء ٥) اذا **تراضوا** بينهم بالمعروف (بقرة ٣٠) ولا جناح عليكم فيما **تراضيتم**
به (نساء ٤) كلا اذا بلغت **التراقي** (قيامة ١) قال لن **تراني** ولكن انظر الى الجبل فان استقر مكانه فسوف تراني (اعراف ١٧) **تراود** فتيها
عن نفسه (يوسف ٤) ثم يهيج **فتراه** مصفرا (زمر ٣ حديد ٣) **تراهم** ركعا سجدا (فتح ٤) **وتراهم** ينظرون اليك (اعراف ٢٤) وتراهم
يعرضون عليها (شورى ٥) **تربص** اربعة اشهر (بقرة ٢٨) قالوا بلى ولكنكم فتنتم انفسكم **وتربصتم** (حديد ٢) قل **تربصوا** فاني
معكم من المتربصين (طور ٢) **فتربصوا** انا معكم متربصون (توبه ٧) فتربصوا حتى يأتي الله بامره (توبه ٣) قل كل متربص فتربصوا (طه ٨)
فتربصوا به حتى حين (مؤمنين ٣) قل هل **تربصون** بنا الا احدى الحسنيين (توبه ٧) وادنى الا **ترتابوا** (بقرة ٣٩) ولا **ترتدوا**
على ادباركم (مائدة ٤) ورتلناه **ترتيلا** (فرقان ٣) ورتل القرآن **ترتيلا** (مزمل ١) لا يحل لكم ان **ترثوا** النساء كرها (نساء ٣) والى الله **ترجع** الامور (بقرة ٢١ آل عمران ١٣
انفال ٥ حج ٩ ملائكة ١ حديد ١) اليه **ترجعون** (عنكبوت ٢) ثم اليه ترجعون (بقرة ٣ روم ٢ زمر ٥) واليه ترجعون (بقرة ٢٥ يونس ٦
هود ١٠ قصص ٨-٩ يس ٢-٩ فصلت ٣ زخرف ٩) واتقوا يوما ترجعون فيه الى الله (بقرة ٣٩) والينا ترجعون (انبياء ٣) ثم الينا ترجعون
(عنكبوت ٦) ثم الى ربكم ترجعون (سجدة ٢ جاثية ٢) وانكم الينا لا ترجعون (مؤمنين ٦) **ترجعونها** ان كنتم صادقين (واقعة ٣) فلا
ترجعوهن الى الكفار (ممتحنة ٢) يوم **ترجف** الارض والجبال (مزمل ١) يوم ترجف الراجفة (نازعات ١) واني عذت بربي وربكم
ان **ترجمون** (دخان ١) وما كنت **ترجوا** ان يلقى اليك الكتاب (قصص ٩) ما لكم لا **ترجون** لله وقارا (نوح ١) **وترجون** من
الله ما لا يرجون (نساء ١٥) ابتغاء رحمة من ربك **ترجوها** (اسرائيل ٣) **ترجي** من تشاء منهن (احزاب ٦) وان لم تغفر لنا **وترحمنا** (اعراف ١٣
والا تغفر لي **وترحمني** اكن من الخاسرين (هود ٥) واطيعوا الله والرسول لعلكم **ترحمون** (آل عمران ١٤) فاتبعوه واتقوا لعلكم ترحمون
(انعام ٢٠) ولتتقوا ولعلكم ترحمون (اعراف ٨) وانصتوا لعلكم ترحمون (اعراف ٢٤) واطيعوا الرسول لعلكم ترحمون (نور ٧) لولا تستغفرون الله لعلكم
ترحمون (نمل ٤) وما خلفكم لعلكم ترحمون (يس ٤) واتقوا الله لعلكم ترحمون (حجرات ١) ان **ترتدوا** بعد ايمانكم (مائدة ١١) وما يغني عنه ماله
اذا **تردى** (ليل ١) واتبع هواه **فتردى** (طه ١) ان كنتن **تردن** الحيوة الدنيا (احزاب ٤) وان كنتن تردن الله ورسوله (احزاب ٤) ثم
تردون الى عالم الغيب والشهادة (توبه ١٣ جمعة ١) وستردون الى عالم الغيب والشهادة (توبه ١٣) قالوا تالله ان كدت **لتردين** (صافات ٢)
وترزق من تشاء بغير حساب (آل عمران ٣) قال لا ياتيكما طعام **ترزقانه** (يوسف ٥) ولن **ترضى** عنك اليهود (بقرة ١٤) واطراف
النهار لعلك ترضى (طه ٨) ولسوف يعطيك ربك **فترضى** (ضحى ١) وعجلت اليك رب **لترضى** (طه ٤) وان اعمل صالحا **ترضاه** (نمل ٢
احقاف ٢) فلنولينك قبلة **ترضاها** (بقرة ١٧) وان تعاسرتم **فسترضع** له اخرى (طلاق ١) يحلفون لكم **لترضوا** عنهم (توبه ١٢) فان ترضوا
عنهم (توبه ١٢) ممن **ترضون** من الشهداء (بقرة ٣٩) ومساكن **ترضونها** احب اليكم (توبه ٣) **وترغبون** ان تنكحوهن (نساء ١٩) في بيوت
اذن الله ان **ترفع** (نور ٥) يا ايها الذين آمنوا لا **ترفعوا** اصواتكم (حجرات ١) ولم **ترقب** قولي (طه ٥) او **ترقى** في السماء (اسرائيل ١٠)
ان **ترك** خيرا (بقرة ٢٢) فلهن ثلثا **ما** ترك (نساء ٢) ولكم نصف ما ترك ازواجكم (نساء ٢) فلها نصف ما ترك (نساء ٢٤) ما ترك عليها من دابة
(نحل ٧) ما ترك على ظهرها من دابة (ملائكة ٥) وبقية **مما** ترك آل موسى (بقرة ٣٢) للرجال نصيب مما ترك الوالدان (نساء ١) وللنساء نصيب
مما ترك الوالدان (نساء ١) ولابويه لكل واحد منهما السدس مما ترك (نساء ٢) ولكل جعلنا موالي مما ترك الوالدان (نساء ٥) فلهما الثلثان مما ترك (نساء ٢٤)
لتركبن طبقا عن طبق (انشقاق ١) الله الذي جعل لكم الانعام **لتركبوا** منها (مؤمن ٨) وجعل لكم من الفلك والانعام ما **تركبون**

(زخرف ٢) والخيل والبغال والحمير لتركبوها (نحل ١) انى تركت ملة قوم لا يؤمنون (يوسف ٥) لعلى اعمل صالحا فيما تركت (مؤمنين ٦)
ولهن الربع مما تركتم (نساء ٢) فلهن الثمن مما تركتم (نساء ٢) وتركتم ما خولناكم (انعام ١١) او تركتموها قائمة على اصولها (حشر ١) لا تركضوا
وارجعوا الى ما اترفتم فيه (انبياء ١) فلكم الربع مما تركن (نساء ٢) لقد كدت تركن اليهم (اسرائيل ٨) ولقد تركنا منها اية (عنكبوت ٤) و
تركنا يوسف عند متاعنا (يوسف ١٠) وتركنا بعضهم يومئذ يموج (كهف ١١) وتركنا عليه فى الاخرين (صافات ٣-٨) وتركنا فيها اية للذين يخافون
(ذاريات ٢) ولقد تركناها اية (قمر ١) ولا تركنوا الى الذين ظلموا (هود ١٠) وليخش الذين لو تركوا من خلفهم (نساء ١) كم تركوا من جنات
وعيون (دخان ١) وتركوك قائما (جمعة ٢) فتركه صلدا (بقرة ٣٦) وتركهم فى ظلمات لا يبصرون (بقرة ٢) انها ترمى بشرر
كالقصر (مرسلات ١) ترميهم بحجارة من سجيل (فيل ١) ان ترن انا اقل منك مالا وولدا (كهف ٥) الم تروا ان الله سخر لكم (لقمان ٣)
الم تروا كيف خلق الله سبع سموات طباقا (نوح ١) انى ارى ما لا ترون (انفال ٦) الا ترون انى اوفى الكيل (يوسف ٨) يوم ترونها
تذهل كل مرضعة (حج ١) خلق السموات بغير عمد ترونها (لقمان ١) لترون الجحيم ثم لترونها عين اليقين (تكاثر ١) من حيث لا ترونهم
(اعراف ٣) وانزل جنودا لم تروها (توبة ٤) وايده بجنود لم تروها (توبة ٤) وجنودا لم تروها (احزاب ١) ومن رباط الخيل ترهبون
(انفال ٨) ولا ترهقنى من امرى عسرا (كهف ١٠) ترهقها قترة (عبس ١) ترهقهم ذلة (نون ٥ معارج ٥) وترهقهم ذلة (يونس
٣) ولكم فيها جمال حين ترحيون (نحل ١) تريد زينة الحيوة الدنيا (كهف ٤) اتريد ان تقتلنى (قصص ٢) ان تريد الا ان تكون جبارا
(قصص ٢) وما تريد ان تكون من المصلحين (قصص ٢) تريدون وجه الله (روم ٤) ائفكا الهة دون الله تريدون (صافات ٣)
تريدون عرض الدنيا (انفال ٩) تريدون ان تصدونا (ابراهيم ٢) اتريدون ان تهدوا من اضل الله (نساء ١١) اتريدون ان تجعلوا لله
عليكم (نساء ٢١) ام تريدون ان تسئلوا رسولكم (بقرة ١٣) فاما ترين من البشر احدا (مريم ٢) قل رب اما تريني ما يوعدون (مؤمنين ٦)

فصل الزاء

ولا تزال تطلع على خائنة منهم (مائدة ٣) وترى الشمس اذا طلعت تزاور (كهف ٢) ولا تزد الظالمين
الا ضلالا (نوح ٢) ولا تزد الظالمين الا تبارا (نوح ٢) وما تغيض الارحام وما تزداد (رعد ١) ولا اقول للذين تزدرى
اعينكم (هود ٣) قال تزرعون سبع سنين دابا (يوسف ٦) ءانتم تزرعونه ام نحن الزارعون (واقعة ٢) ولا تزر وازرة
وزر اخرى (انعام ٢٠ اسرائيل ٢ ملائكة ٣ زمر ١) الا تزر وازرة وزر اخرى (نجم ٣) اين شركاؤكم الذين كنتم تزعمون (انعام ٣) وضل
عنكم ما كنتم تزعمون (انعام ١١) فيقول اين شركاءى الذين كنتم تزعمون (قصص ٦-٨) ربنا لا تزغ قلوبنا (ال عمران ١) فقل هل لك الى ان
تزكى (نازعات ١) قد افلح من تزكى (اعلى ١) وذلك جزاء من تزكى (طه ٣) ومن تزكى فانما يتزكى لنفسه (ملائكة ٣) فلا تزكوا انفسكم
(نجم ٢) تطهرهم وتزكيهم بها (توبة ١٣) فتزل قدم بعد ثبوتها (نحل ١٣) وتزودوا فان خير الزاد التقوى (بقرة ٢٥) وان كان مكرهم لتزول
منه الجبال (ابراهيم ٧) ان الله يمسك السموات والارض ان تزولا (ملائكة ٥) وتزهق انفسهم وهم كافرون (توبة ٦-٩) فما
تزيدوننى غير تخسير (هود ٦) لو تزيلوا لعذبنا الذين كفروا منهم (فتح ٣)

فصل السين

ولا
تسئل عن اصحاب الجحيم (بقرة ١٤) تالله لتسئلن عما كنتم تفترون (نحل ٧) ثم لتسئلن يومئذ عن النعيم (تكاثر ١) ولتسئلن عما كنتم تعملون
(نحل ١٣) فلا تسئلنى ما ليس لك به علم (هود ٤) قال فان اتبعتنى فلا تسئلنى عن شىء (كهف ٩) ام تريدون ان تسئلوا رسولكم (بقرة ١٣)
وان تسئلوا عنها حين ينزل القران (مائدة ١٤) يايها الذين امنوا لا تسئلوا عن اشياء ان تبد لكم (مائدة ١٤) وساكنكم لعلكم تسئلون (انبياء ٢) وسوف
تسئلون (زخرف ٤) قل لا تسئلون عما اجرمنا (سبا ٣) ولا تسئلون عما كانوا يعملون (بقرة ١٦-١٦) وما تسئلهم عليه من اجر (يوسف ١١)
ام تسئلهم اجرا (طور ٢-نون ٢) ام تسئلهم خرجا (مؤمنين ٤) ولا تسئموا ان تكتبوه (بقرة ٣٩) واتقوا الله الذى تساءلون به والارحام
(نساء ١) تساقط عليك رطبا جنيا (مريم ٢) تسبح له السموات السبع (اسرائيل ٥) الم اقل لكم لولا تسبحون (نون ٣) وتسبحوه بكرة واصيلا
(فتح ١) ما تسبق من امة اجلها (حجر ١ مؤمنين ٣) ولا تسبوا الذين يدعون من دون الله (انعام ١٣) قد علم صلوته وتسبيحه (نور ٥)
ولكن لا تفقهون تسبيحهم (اسرائيل ٥) لا تستاخرون عنه ساعة (سبا ٤) حتى تستانسوا وتسلموا على اهلها (نور ٤) قال اتستبدلون
الذى هو ادنى بالذى هو خير (بقرة ٧) ولتستبين سبيل المجرمين (انعام ٦) وما كنتم تستترون (فصلت ٣) يوم يدعوكم فتستجيبون
(اسرائيل ٥) وتستخرجوا منه حلية تلبسونها (نحل ٢) وتستخرجون حلية تلبسونها (ملائكة ٢) تستخفونها يوم ظعنكم (نحل ١١) وان
اردتم ان تسترضعوا (بقرة ٣٠) سانبئك بتاويل ما لم تستطع عليه صبرا (كهف ١٠) ذلك تاويل ما لم تسطع عليه صبرا (كهف ١٠) قال

قال انك لن تستطيع معى صبرا (كهف ٩) قال الم اقل انك لن تستطيع معى صبرا (كهف ١٠) فلن تستطيع له طلبا (كهف ٦) وان تستطيعوا ان
تعدلوا (نساء ١٩) فما تستطيعون صرفا ولا نصرا (فرقان ٢) ولا تستعجل لهم (احقاف ٤) الآن وقد كنتم به تستعجلون (يونس ٥)
ردف لكم بعض الذى تستعجلون (نمل ٦) هذا الذى كنتم به تستعجلون (ذاريات ١) سأريكم اياتى فلا تستعجلون (انبياء ٣) لم تستعجلون بالسيئة
(نمل ٤) ما عندى ما تستعجلون به (انعام ٧) قل لو ان عندى ما تستعجلون (انعام ٧) اتى امر الله فلا تستعجلوه (نحل ١) استغفر لهم او لا
تستغفر لهم (توبة ١١) ان تستغفر لهم سبعين مرة (توبة ١١) سواء عليهم استغفرت لهم ام لم تستغفر لهم (منافقون ١) لولا تستغفرون الله
لعلكم ترحمون (نمل ٤) اذ تستغيثون ربكم فاستجاب لكم (انفال ١) ولا تستفت فيهم منهم احدا (كهف ٣) ان تستفتحوا فقد جاءكم الفتح
(انفال ٣) قضى الامر الذى فيه تستفتيان (يوسف ٥) لا تستأخرون عنه ساعة ولا تستقدمون (سبا ٤) وان تستقسموا بالازلام
(مائدة ١) وكنتم عن اياته تستكبرون (انعام ١١) وما كنتم تستكبرون (اعراف ٦) بما كنتم تستكبرون فى الارض (احقاف ٢) ولا تمنن تستكثر
(مدثر ١) قال لمن حوله الا تستمعون (شعراء ٢) لتستووا على ظهوره (زخرف ١) هل تستوى الظلمات والنور (رعد ٢) ولا تستوى الحسنة
ولا السيئة (فصلت ٥) قل اباالله واياته ورسوله كنتم تستهزءون (توبة ٧) قال ما منعك ان لا تسجد اذ امرتك (اعراف ٢) قال يا ابليس
ما منعك ان تسجد (ص ٥) لا تسجدوا للشمس ولا للقمر (فصلت ٥) لتسحرنا بها (اعراف ١٥) قل فانى تسحرون (مؤمنون ٥) ان تسخروا منا فانا
نسخر منكم كما تسخرون (هود ٤) فاقع لونها تسر الناظرين (بقرة ٧) حين تريحون وحين تسرحون (نحل ١) ولا تسرفوا انه لا يحب المسرفين
(انعام ١٧) كلوا واشربوا ولا تسرفوا (اعراف ٣) تسرون اليهم بالمودة (ممتحنة ١) والله يعلم ما تسرون وما تعلنون (نحل ٢) ويعلم ما
تسرون وما تعلنون (تغابن ١) او تسريح باحسان (بقرة ٢٩) ولقد اتينا موسى تسع ايات (اسراءيل ١٢) ان هذا اخى له تسع وتسعون نعجة (ص ٢) فى
تسع ايات الى فرعون (نمل ١) وازدادوا تسعا (كهف ٣) لتجزى كل نفس بما تسعى (طه ١) فاذا هى حية تسعى (طه ٢) يخيل اليه من سحرهم انها تسعى
(طه ٣) وكان فى المدينة تسعة رهط (نمل ٤) عليها تسعة عشر (مدثر ١) لا تسفكون دماءكم (بقرة ١) وما تسقط من ورقة الا يعلمها (انعام ٧)
او تسقط السماء (اسراءيل ١٠) تسقى من عين انية (غاشية ١) تثير الارض ولا تسقى الحرث (بقرة ٨) فتلك مساكنهم لم تسكن من بعدهم (قصص ٩) هو
الذى جعل لكم الليل لتسكنوا فيه (يونس ٧) ازواجا لتسكنوا اليها (روم ٣) ومن رحمته جعل لكم الليل والنهار لتسكنوا فيه (قصص ٨) الله الذى
جعل لكم الليل لتسكنوا فيه (مؤمن ٧) ياتيكم بليل تسكنون فيه (قصص ٧) لتسلكوا منها سبلا فجاجا (نوح ١) حتى تستانسوا وتسلموا على اهلها
(نور ٤) لعلكم تسلمون (نحل ١١) ويسلموا تسليما (نساء ٩) وسلموا تسليما (احزاب ٧) وما زادهم الا ايمانا وتسليما (احزاب ٣) افانت تسمع الصم
(يونس ٥) هل تحس منهم من احد او تسمع لهم ركزا (مريم ٦) فانك لا تسمع الموتى ولا تسمع الصم (نمل ٦) لا تسمع فيها لاغية (غاشية ١) فلا تسمع الا همسا (طه ٦)
ولتسمعن من الذين اوتوا الكتاب (ال عمران ١٩) لا تسمعوا لهذا القران (فصلت ٤) ولا تولوا عنه وانتم تسمعون (انفال ٣) ياتيكم
بضياء افلا تسمعون (قصص ٧) تسمى سلسبيلا (انسان ١) ليسمون الملائكة تسمية الانثى (نجم ٣) ومزاجه من تسنيم (مطففين ١) ان
تمسسكم حسنة تسؤهم (ال عمران ١٢) ان تبد لكم تسؤكم (مائدة ١٤) ان تصبك حسنة تسؤهم (توبة ٧) وتسود وجوه (ال عمران ١١) اذ تسوروا
المحراب (ص ٢) لو تسوى بهم الارض (نساء ٦) وتسير الجبال سيرا (طور ١) ومنه شجر فيه تسيمون (نحل ١)

فصل الشين

تؤتى الملك من تشاء وتنزع الملك ممن تشاء وتعز من تشاء وتذل من تشاء (ال عمران ٣) وترزق من تشاء بغير حساب (ال عمران ٣) تضل بها من
تشاء وتهدى من تشاء (اعراف ٢٠) ترجى من تشاء منهن (احزاب ٦) وتؤوى اليك من تشاء (احزاب ٦) وما تشاءون الا ان يشاء الله (انسان ٣)
تكوير ١ ان البقر تشابه علينا (بقرة ٨) فيتبعون ما تشابه منه (ال عمران ١) فتشابه الخلق عليهم (رعد ٢) تشابهت قلوبهم (بقرة ١٤)
اين شركاءى الذين كنتم تشاقون فيهم (نحل ٤) عن تراض منهما وتشاور فلا جناح عليهما (بقرة ٣٠) ولا تشتروا باياتى ثمنا قليلا (بقرة ٥ - مائدة ٧)
ولا تشتروا بعهد الله ثمنا قليلا (نحل ١٣) وتشتكى الى الله (مجادلة ١) ولكم فيها ما تشتهى انفسكم (فصلت ٤) وفيها ما تشتهيه الانفس (زخرف ٧)
انما يؤخرهم ليوم تشخص فيه الابصار (ابراهيم ٧) ويشرب مما تشربون (مؤمنون ٣) افرايتم الماء الذى تشربون (واقعة ٢) يا بنى لا
تشرك بالله (لقمان ٢) ان لا تشرك بى شيئا (حج ٤) وان جاهداك على ان تشرك بى (لقمان ٢) وان جاهداك لتشرك بى (عنكبوت ١) الا تشركوا
به شيئا (انعام ١٩) وان تشركوا بالله ما لم ينزل به سلطانا (اعراف ٤) واعبدوا الله ولا تشركوا به شيئا (نساء ٦) ثم انتم تشركون (انعام ٨) اين ما كنتم
تشركون (مؤمن ٨) وتنسون ما تشركون (انعام ٥) ولا اخاف ما تشركون به (انعام ٩) واننى برىء مما تشركون (انعام ٢) قال يا قوم انى برىء مما
تشركون (انعام ٩) واشهدوا انى برىء مما تشركون (هود ٥) فاحكم بيننا بالحق ولا تشطط (ص ٢) بل احياء ولكن لا تشعرون (بقرة ١٩)

ألقاء (نمل) انك لا تسمع الموتى ولا تسمع الصم

وانتم لا تشعرون (زمر ۶ حجرات ۱) ان حسابهم الا علی ربی لو تشعرون (شعراء ۱) فلا یخرجنکما من الجنة فتشقی (طه ۷) طه ما انزلنا علیك
القرآن لتشقی (طه ۱) ویوم تشقق السماء (فرقان ۳) یوم تشقق الارض عنهم (ق ۵) وان تشکروا یرضه لکم (زمر ۱) لعلکم تشکرون
(بقرة ۶ مرتین ال عمران ۱۳ مائدة ۱-۹-۱ انفال ۳ نحل ۸ حج ۵ ولعلکم تشکرون (بقرة ۱۹ نحل ۲ جاثیة ۲ قصص ۸ ملائکة ۲ روم ۵) فلولا
تشکرون (واقعة ۷) قلیلا ما تشکرون (اعراف ۱ مؤمنین ۸ سجدة ۱ ملك ۳) فلا تشمت بی الاعداء (اعراف ۱۸) یوم تشهد علیهم السنتهم
(نور ۳) ان تشهد اربع شهادات (نور ۱) فان شهدوا فلا تشهد معهم (انعام ۱۵) وتشهد ارجلهم بما کانوا یکسبون (یس ۷) وانتم تشهدون
(بقرة ۱۰) ما کنتما تعلمون ام کنتم شهداء امر حتی تشهدون (نمل ۳) ائنکم لتشهدون ان مع الله الهة اخری (انعام ۲) ان الذین یحبون ان تشیع الفاحشة
(نور ۲) **فصل الصاد** قال ان سألتك عن شیء بعدها فلا تصاحبنی (کهف ۱۰) فتصبح صعیدا زلقا (کهف
فتصبح الارض مخضرة (حج ۷) فتصبحوا علی ما فعلتم نادمین (حجرات ۱) وحین تصبحون (روم ۲) وکیف تصبر علی ما لم تحط به خبرا
(کهف ۷) بلی ان تصبروا وتتقوا (ال عمران ۱۳) وان تصبروا وتتقوا (ال عمران ۱۲-۱۹) وان تصبروا خیر لکم (نساء ۳) فاصبروا او لا تصبروا
(طور ۳) اتصبرون وکان ربك بصیرا (فرقان ۲) ان تصبك حسنة تسؤهم وان تصبك مصیبة یقولوا قد اخذنا امرنا من قبل (توبة ۷)
وان تصبکم سیئة یفرحوا بها (ال عمران ۱۲) وان تصبهم حسنة یقولوا هذه من عند الله (نساء ۱۱) وان تصبهم سیئة یقولوا هذه من عندك
(نساء ۱۱) وان تصبهم سیئة یطیروا بموسی ومن معه (اعراف ۱۶) وان تصبهم سیئة بما قدمت ایدیهم (روم ۴ شوری ۵) فمن تصدق به فهو
کفارة له (مائدة ۷) وتصدق علینا (یوسف ۹) وان تصدقوا خیر لکم (بقرة ۳۸) فلولا تصدقون (واقعة ۳) لم تصدون عن
سبیل الله (ال عمران ۱۰) وتصدون عن سبیل الله من آمن به (اعراف ۱۰) تریدون ان تصدونا (ابراهیم ۲) فانت له تصدی
(عبس ۱) الا مکاء وتصدیة (انفال ۴) ولکن تصدیق الذی بین یدیه (یونس ۴ یوسف ۱۲) والا تصرف عنی کیدهن (یوسف ۴)
فانی تصرفون (یونس ۴ زمر ۱) وتصریف الریاح والسحاب (بقرة ۱۷) وتصریف الریاح آیات لقوم یعقلون (جاثیة ۱) لعلکم
تصطلون (نمل ۱ قصص ۳) اذ تصعدون ولا تلوون علی احد (ال عمران ۱۶) ولا تصعر خدك للناس (لقمان ۲) ولا تقولوا لما
تصف السنتکم (نحل ۱۵) وتصف السنتهم الکذب (نحل ۷) وان تعفوا وتصفحوا وتغفروا (تغابن ۲) والله المستعان علی ما تصفون
(یوسف ۲) وربنا الرحمن المستعان علی ما تصفون (انبیاء ۷) والله اعلم بما تصفون (یوسف ۸) ولکم الویل مما تصفون (انبیاء ۲) ولتصغی
الیه افئدة الذین لا یؤمنون بالآخرة (انعام ۱۲) ولا تصل علی احد منهم (توبة ۹) فلما رای ایدیهم لا تصل الیه (هود ۷) وان تصلحوا وتتقوا
(نساء ۳) ان تبروا وتتقوا وتصلحوا بین الناس (بقرة ۳۲) تصلی نارا حامیة (غاشیة ۱) وتصلیة جحیم (واقعة ۱) ولتصنع علی عینی
(طه ۲) والله یعلم ما تصنعون (عنکبوت ۵) وان تصوموا خیر لکم (بقرة ۲۱) فتصیبکم منهم معرة بغیر علم (فتح ۳) لا تصیبن
الذین ظلموا منکم خاصة (انفال ۳) یقولون نخشی ان تصیبنا دائرة (مائدة ۲) ان تصیبوا قوما بجهالة (حجرات ۱) تصیبهم بما صنعوا قارعة
(رعد ۳) ان تصیبهم فتنة (نور ۷) ولولا ان تصیبهم مصیبة (قصص ۵) الا الی الله تصیر الامور (شوری ۶) **فصل
الضاد** لا تضار والدة بولدها (بقرة ۳۲) ولا تضاروهن (طلاق ۱) وکنتم منهم تضحکون (مؤمنین ۱۱) وتضحکون
ولا تبکون (نجم ۳) وانك لا تظمؤا فیها ولا تضحی (طه ۷) فلا تضربوا لله الامثال (نحل ۸) تدعونه تضرعا وخفیة (انعام ۷) ادعوا ربکم
تضرعا وخفیة (اعراف ۷) واذکر ربك فی نفسك تضرعا (اعراف ۱۲) فلولا اذ جاءهم بأسنا تضرعوا (انعام ۵) ولا تضرونه شیئا (هود ۶)
ولا تضروه شیئا (توبة ۶) حتی تضع الحرب اوزارها (قتال ۱) وما تحمل من انثی ولا تضع الا بعلمه (ملائکة ۲ فصلت ۵) وتضع کل ذات
حمل حملها (حج ۱) ان تضعوا اسلحتکم (نساء ۱۱) وحین تضعون ثیابکم من الظهیرة (نور ۸) تضل بها من تشاء (اعراف ۱۹) ان تضل احدهما
(بقرة ۳۹) ویریدون ان تضلوا السبیل (نساء ۸) یبین الله لکم ان تضلوا (نساء ۱۸) الم یجعل کیدهم فی تضلیل (فیل ۱) ولا تضاروهن
لتضیقوا علیهن (طلاق ۱) **فصل الطاء** وارضا لم تطؤها (احزاب ۳) لم تعلموهم ان تطؤهم (فتح ۳) فتطاول
علیهم العمر (قصص ۵) ولا تطرد الذین یدعون ربهم (انعام ۶) فتطردهم فتکون من الظالمین (انعام ۶) وان تطع اکثر من فی الارض
(انعام ۱۲) فلا تطع الکافرین (فرقان ۵) فلا تطع المکذبین (نون ۱) ولا تطع من اغفلنا قلبه عن ذکرنا (کهف ۴) ولا تطع الکافرین (احزاب ۱)
ولا تطع کل حلاف مهین (نون ۱) ولا تطع منهم آثما او کفورا (انسان ۲) من اوسط ما تطعمون (مائدة ۹) لا تطعه واسجد واقترب (علق ۱)
فلا تطعهما (عنکبوت ۱ لقمان ۲) الا تطغوا فی المیزان (الرحمن ۱) ولا تطغوا انه بما تعملون بصیر (هود ۱۲) ولا تطغوا فیه فیحل علیکم غضبی
(طه ۹)

ولا تزال تطلع على خائنة منهم (مائدة ٣) وجدها تطلع على قوم (كهف ١١) التي تطلع على الافئدة (همزة ١) الا بذكر الله تطمئن القلوب (رعد ٤)
وتطمئن قلوبنا (مائدة ١٥) وتطمئن قلوبهم بذكر الله (رعد ٤) ولتطمئن قلوبكم به (آل عمران ١٣) ولتطمئن به قلوبكم (انفال ١) افتطمعون
ان يؤمنوا لكم (بقرة ٨) فان تطوع خيرا (بقرة ١٩) فمن تطوع خيرا فهو خير له (بقرة ٢٣) فاذا تطهرن فأتوهن (بقرة ٢٨) تطهرهم وتزكيهم
بها (توبة ١٣) ويطهركم تطهيرا (احزاب ٤) قالوا انا تطيرنا بكم (يس ٢) ان تطيعوا فريقا (آل عمران ١٠) ان تطيعوا الذين كفروا (آل عمران ١٦)
فان تطيعوا يؤتكم الله (فتح ٢) وان تطيعوا الله ورسوله (حجرات ٢) ولا تطيعوا امر المسرفين (شعراء ٨) وان تطيعوه تهتدوا (نور ٧)

فصل الظاء

قالوا سحران تظاهرا (قصص ٥) فان تظاهرا عليه فان الله هو مولاه (تحريم ١) تظاهرون عليهم بالاثم
والعدوان (بقرة ٩) تظاهرون منهن امهاتكم (احزاب ١) ولم تظلم منه شيئا (كهف ٥) فاليوم لا تظلم نفس شيئا (يس ٤) فلا تظلم نفس شيئا
(انبياء ٤) فلا تظلموا فيهن انفسكم (توبة ٥) وانتم لا تظلمون (بقرة ٣٨ - انفال ٨) لا تظلمون ولا تظلمون (بقرة ٣٨) ولا تظلمون فتيلا
(نساء ٨) وانك لا تظمؤا فيها ولا تضحى (طه ٧) ان نظن الا ظنا (جاثية ٤) تظن ان يفعل بها فاقرة (قيامة ١) وتظنون ان لبثتم الا قليلا
(اسراء ٥) وتظنون بالله الظنونا (احزاب ٢) وعشيا وحين تظهرون (روم ٢)

فصل العين

وجعلناكم شعوبا وقبائل لتعارفوا (حجرات ٢) وان تعاسرتم فسترضع له اخرى (طلاق ١) فتعاطى فعقر (قمر ٢) فقل تعالوا ندع ابناءنا
وابناءكم (آل عمران ٧) قل يا اهل الكتاب تعالوا الى كلمة سواء (آل عمران ٧) فقيل لهم تعالوا (آل عمران ١٧) واذا قيل لهم تعالوا الى ما انزل الله
(نساء ٩ مائدة ١٤) قل تعالوا اتل ما حرم ربكم (انعام ٦) واذا قيل لهم تعالوا يستغفر لكم (منافقين ١) تعالى عما يشركون (نحل ١) تعالى الله عما
يشركون (نمل ٧) وانه تعالى جد ربنا (جن ١) فتعالى الله عما يشركون (اعراف ٩) فتعالى الله الملك الحق (طه ١٢ مؤمنين ٦) فتعالى عما
يشركون (مؤمنين ٥) سبحانه وتعالى عما يصفون (انعام ١٢) سبحانه وتعالى عما يقولون (اسراء ٥) سبحان الله وتعالى عما يشركون (قصص ٧)
ان كنتن تردن الحيوة الدنيا وزينتها فتعالين امتعكن (احزاب ٤) وتعاونوا على البر والتقوى ولا تعاونوا على الاثم والعدوان
(مائدة ١) اتبنون بكل ريع آية تعبثون (شعراء ٧) وصدها ما كانت تعبد من دون الله (نمل ٥) يا ابت لا تعبد الشيطان (مريم ٥) لم
تعبد ما لا يسمع (مريم ٥) الا تعبدوا الا الله (هود ٣ مرتين فصلت ٢ احقاف ٣) امر الا تعبدوا الا اياه (يوسف ٥) وقضى ربك الا تعبدوا
الا اياه (اسراء ٣) ان لا تعبدوا الشيطان (يس ٤) ان كنتم اياه تعبدون (بقرة ١٨ نحل ١٥ فصلت ٥) ما كنتم ايانا تعبدون (يونس ٣) فلا
اعبد الذين تعبدون من دون الله (يونس ١١) ان الذين تعبدون من دون الله (عنكبوت ٢) قال افرايتم ما كنتم تعبدون (شعراء ٥) وقيل لهم اين ما
كنتم تعبدون (شعراء ٥) قل اتعبدون من دون الله (مائدة ١٠) اتعبدون ما تنحتون (صافات ١٠) افتعبدون من دون الله (انبياء ٧) لا تعبدون
الا الله (بقرة ٩) اذ قال لبنيه ما تعبدون من بعدي (بقرة ١٦) ما تعبدون من دونه الا اسماء (يوسف ٥) اذ قال لابيه وقومه ما تعبدون
(شعراء ٥) لا اعبد ما تعبدون (كافرون ١) اف لكم ولما تعبدون من دون الله (انبياء ٧) انما تعبدون من دون الله اوثانا (عنكبوت ٢) انني بريء
مما تعبدون (زخرف ٣) انا برءؤا منكم ومما تعبدون من دون الله (ممتحنة ١) فانكم وما تعبدون (صافات ٩) وما تعبدون من دون الله
(انبياء ٧) ان كنتم للرؤيا تعبرون (يوسف ٥) ان تعتدوا وتعاونوا على البر والتقوى (مائدة ١) ولا تعتدوا (بقرة ٢٤ - مائدة ١١) ولا
تمسكوهن ضرارا لتعتدوا (بقرة ٣٠) فما لكم عليهن من عدة تعتدونها (احزاب ٦) تلك حدود الله فلا تعتدوها (بقرة ٢٣) لا
تعتذروا قد كفرتم بعد ايمانكم (توبة ٨) قل لا تعتذروا لن نؤمن لكم (توبة ١٢) لا تعتذروا اليوم (تحريم ١) ولا تعثوا في الارض مفسدين
(اعراف ٨) ولا تعثوا في الارض مفسدين (بقرة ٦ شعراء ٩ عنكبوت ٤ هود ٩) وان تعجب فعجب قولهم (رعد ١) واذا رأيتهم تعجبك اجسامهم
(منافقين ١) فلا تعجبك اموالهم (توبة ٧) ولا تعجبك اموالهم (توبة ١١) افمن هذا الحديث تعجبون (نجم ٣) قالوا اتعجبين من امر الله (هود ٧)
فمن تعجل في يومين فلا اثم عليه (بقرة ٢٥) فلا تعجل عليهم (مريم ٦) ولا تعجل بالقرآن (طه ١٢) لا تحرك به لسانك لتعجل به (قيامة ١) ولا
تعد عيناك عنهم (كهف ٤) اتعدانني ان اخرج (احقاف ٢) وان تعدل كل عدل (انعام ٧) فان خفتم الا تعدلوا فواحدة (نساء ١)
ولن تستطيعوا ان تعدلوا بين النساء (نساء ١٩) فلا تتبعوا الهوى ان تعدلوا (نساء ٢٠) ولا يجرمنكم شنآن قوم على ان لا تعدلوا (مائدة ٢) فأتنا
بما تعدنا ان كنت من الصادقين (اعراف ٧ هود ٣ احقاف ٣) وقالوا يا صالح ائتنا بما تعدنا (اعراف ٨) وقلنا لهم لا تعدوا في السبت (نساء ٢١)
وان تعدوا نعمة الله لا تحصوها (ابراهيم ٥ نحل ٢) كالف سنة مما تعدون (حج ٥) كان مقداره الف سنة مما تعدون (سجدة ١)
اما ان تعذب واما ان تتخذ فيهم حسنا (كهف ١١) ان تعذبهم فانهم عبادك (مائدة ١٦) فارسل معنا بني اسرائيل ولا تعذبهم (طه ٢)

سبحانه وتعالى عما يشركون (يونس ٢ نحل ١ روم ٤ زمر ٧)

اذ قال لابيه وقومه ماذا تعبدون (صافات ٩)

تعرج الملائكة والروح (معارج ۱) وان تعرض عنهم فلن يضروك شيأ (مائدة ۵) واما تعرضن عنهم (اسرائيل ۳) وان تلووا او تعرضوا
(نساء ۲۰) اذا انقلبتم اليهم لتعرضوا عنهم (توبه ۱۲) يومئذ تعرضون (حاقه ۱) تعرف في وجوه الذين كفروا المنكر (حج ۸) تعرف في وجوه
نضرة النعيم (مطففين ۱) ولتعرفنهم في لحن القول (قتال ۳) سيريكم اياته فتعرفونها (نمل ۷) تعرفهم بسيماهم (بقرة ۳۸) ان لك ان لا تجوع
فيها ولا تعرى (طه ۷) وتعز من تشاء (ال عمران ۳) وتعزروه وتوقروه (فتح ۱) ولا تعزموا عقدة النكاح (بقرة ۳۱) والذين كفروا
فتعسا لهم (قتال ۱) فلا تعضلوهن ان ينكحن (بقرة ۳۰) ولا تعضلوهن لتذهبوا ببعض ما اتيتموهن (نساء ۳) واذ قالت امة منهم لم تعظون
(اعراف ۲۱) يحسبهم الجاهل اغنياء من التعفف (بقرة ۳۸) او تعفوا عن سوء (نساء ۲۱) وان تعفوا اقرب للتقوى (بقرة ۳۱) وان تعفوا و
تصفحوا وتغفروا (تغابن ۲) وانتم تتلون الكتاب افلا تعقلون (بقرة ۵) ليحاجوكم به عند ربكم افلا تعقلون (بقرة ۸) وما انزلت التورية و
الانجيل الا من بعده افلا تعقلون (ال عمران ۷) خير للذين يتقون افلا تعقلون (اعراف ۲۱ - انعام ۴) فقد لبثت فيكم عمرا من قبله افلا تعقلون
(يونس ۲) ان اجري الا على الذي فطرني افلا تعقلون (هود ۵) خير للذين اتقوا افلا تعقلون (يوسف ۱۲) لقد انزلنا اليكم كتابا فيه ذكركم افلا
تعقلون (انبياء ۱) افلا تعقلون (انبياء ۵) ولكم ولما تعبدون من دون الله افلا تعقلون (انبياء ۷) وله اختلاف الليل والنهار افلا تعقلون (مومنون ۵) وما عند الله
خير وابقى افلا تعقلون (قصص ۶) وبالليل افلا تعقلون (صافات ۴) ويريكم اياته لعلكم تعقلون (بقرة ۱) كذلك يبين الله لكم اياته لعلكم تعقلون
(بقرة ۳۵) ذلكم وصيكم به لعلكم تعقلون (انعام ۱۶) انا انزلناه قرانا عربيا لعلكم تعقلون (يوسف ۱) كذلك يبين الله لكم الايات لعلكم تعقلون (نور ۸)
ولتبلغوا اجلا مسمى ولعلكم تعقلون (مومن ۷) انا جعلناه قرانا عربيا لعلكم تعقلون (زخرف ۱) قد بينا لكم الايات لعلكم تعقلون (حديد ۲) قد
بينا لكم الايات ان كنتم تعقلون (ال عمران ۱۲) وما بينهما ان كنتم تعقلون (شعراء ۲) افلم تكونوا تعقلون (يس ۴) وعلمك ما لم تكن تعلم (نساء ۱۷)
تعلم ما في نفسي ولا اعلم ما في نفسك (مائدة ۱۶) ربنا انك تعلم ما نخفي وما نعلن (ابراهيم ۶) هل تعلم له سميا (مريم ۴) فلا تعلم نفس ما اخفي لهم
(سجدة ۲) الم تعلم ان الله على كل شيء قدير (بقرة ۱۳) الم تعلم ان الله له ملك السموات (بقرة ۱۳، مائدة ۵) الم تعلم ان الله يعلم (حج ۷) وانك لتعلم
ما نريد (هود ۷) ولتعلم ان وعد الله حق (قصص ۱) وتعلم الكاذبين (توبه ۷) على ان تعلمن مما علمت رشدا (كهف ۹) ولتعلمن اينا اشد
عذابا وابقى (طه ۳) ولتعلمن نباه بعد حين (ص ۵) حتى تعلموا ما تقولون (نساء ۷) فان لم تعلموا اباءهم فاخوانكم في الدين (احزاب ۱) قال كبيرهم
الم تعلموا (يوسف ۱۰) وعلمتم ما لم تعلموا انتم ولا اباؤكم (انعام ۱۱) فعلم ما لم تعلموا (فتح ۳) ذلك لتعلموا ان الله يعلم ما في السموات والارض
(مائدة ۱۳) لتعلموا عدد السنين والحساب (يونس ۱) لتعلموا ان الله على كل شيء قدير (طلاق ۲) ولتعلموا عدد السنين والحساب (اسرائيل ۲) فلا
تجعلوا لله اندادا وانتم تعلمون (بقرة ۳) وتكتموا الحق وانتم تعلمون (بقرة ۵) وتكتمون الحق وانتم تعلمون (ال عمران ۸) لتاكلوا فريقا من اموال
الناس بالاثم وانتم تعلمون (بقرة ۲۳) وتخونوا اماناتكم وانتم تعلمون (انفال ۳) ويعلمكم ما لم تكونوا تعلمون (بقرة ۱۸) كما علمكم ما لم تكونوا تعلمون
(بقرة ۳۱) وان تصوموا خير لكم ان كنتم تعلمون (بقرة ۲۳) وان تصدقوا خير لكم ان كنتم تعلمون (بقرة ۳۸) فاي الفريقين احق بالامن ان كنتم تعلمون
(انعام ۹) ذلكم خير لكم ان كنتم تعلمون (توبه ۶ عنكبوت ۲ صف ۲ جمعة ۲) هو خير لكم ان كنتم تعلمون (نحل ۱۳) قل لمن الارض ومن فيها ان كنتم تعلمون
(مومنون ۵) ولا يجار عليه ان كنتم تعلمون (مومنون ۵) لو انكم كنتم تعلمون (مومنون ۶) اتعلمون ان صالحا مرسل (اعراف ۱۰) لا يؤخر لو كنتم
تعلمون (نوح ۱) اني عامل سوف تعلمون (هود ۱) كلا سوف تعلمون ثم كلا سوف تعلمون (تكاثر ۱) اني عامل فسوف تعلمون (انعام ۱۵ زمر ۴) لتخرجوا
منها اهلها فسوف تعلمون (اعراف ۱۴) فسوف تعلمون من ياتيه العذاب (هود ۴) فتمتعوا فسوف تعلمون (نحل ۷ روم ۴) علمكم السحر فلسوف
تعلمون (شعراء ۳) لكل نبا مستقر وسوف تعلمون (انعام ۷) واتقوا الذي امدكم بما تعلمون (شعراء ۷) وانه لقسم لو تعلمون عظيم (واقعة ۳)
كلا لو تعلمون علم اليقين (تكاثر ۱) وقد تعلمون اني رسول الله اليكم (صف ۱) والله يعلم وانتم لا تعلمون (بقرة ۲۷-۳۳ نور ۲ ال عمران ۷)
ان الله يعلم وانتم لا تعلمون (نحل ۹) قال لكل ضعف ولكن لا تعلمون (اعراف ۴) فاسئلوا اهل الذكر ان كنتم لا تعلمون (نحل ۶ - انبياء ۱) ولكنكم
كنتم لا تعلمون (روم ۶) لا تعلمون شيئا (نحل ۸) قال اني اعلم ما لا تعلمون (بقرة ۴) ام تقولون على الله ما لا تعلمون (بقرة ۱۰) وان تقولوا
على الله ما لا تعلمون (بقرة ۲۱ - اعراف ۴) اتقولون على الله ما لا تعلمون (اعراف ۹ يونس ۷) واعلم من الله ما لا تعلمون (اعراف ۸ يوسف ۱۰)
اني اعلم من الله ما لا تعلمون (يوسف ۱۰) ويخلق ما لا تعلمون (نحل ۱) وننشئكم فيما لا تعلمون (واقعة ۲) بما كنتم تعلمون الكتاب (ال عمران ۸)
قل اتعلمون الله بدينكم (حجرات ۲) فستعلمون من اصحاب الصراط السوي (طه ۸) فستعلمون كيف نذير (ملك ۲) فستعلمون من هو في
ضلال مبين (ملك ۲) لا تعلمونهم الله يعلمهم (انفال ۸) مكلبين تعلمونهن (مائدة ۱) لم تعلموهم ان تطؤهم (فتح ۳) ما كنت تعلمها

انت ولا قومك (هود ۵) مردوا على النفاق لا تعلمهم (توبۃ ۱۳) ولتعلن علوا كبيرا (اسرائيل ۱) والله يعلم ما تسرون وما تعلنون (نحل ۲)
ويعلم ما تخفون وما تعلنون (نمل ۳) ويعلم ما تسرون وما تعلنون (تغابن ۱) الا تعلوا على وأتونی مسلمین (نمل ۳) وان لا تعلوا على الله (دخان) (۲)
فانها لا تعمى الابصار ولكن تعمى القلوب (حج ۶) ولكن ما تعمدت قلوبكم (احزاب ۱) التی كانت تعمل الخبائث (انبياء) و تعمل صالحا نؤتها
اجرها (احزاب ۴) ويقول ذوقوا ما كنتم تعملون (عنكبوت ۶) اليوم تجزون ما كنتم تعملون (جاثیہ ۴) انما تجزون ما كنتم تعملون (طور تحریم ۱)
انا كنا نستنسخ ما كنتم تعملون (جاثیہ ۴) ولا تجزون الا ما كنتم تعملون (یس ۴) وما تجزون الا ما كنتم تعملون (صافات ۲) هل تجزون الا ما كنتم تعملون
(نمل ۶) فينبئكم بما كنتم تعملون (مائدة ۱۴ توبۃ ۱۲-۱۳ زمر جمعة ۱) ثم ينبئكم بما كنتم تعملون (انعام ۲۰) اورثتموها بما كنتم تعملون (اعراف ۵ زخرف ۷)
فننبئكم بما كنتم تعملون (يونس ۳) ان الله عليم بما تعملون (نحل ۳) ادخلوا الجنة بما كنتم تعملون (نحل ۴) فانبئكم بما كنتم تعملون (عنكبوت لقمان ۲)
وذوقوا عذاب الخلد بما كنتم تعملون (سجدة ۲) هنيئا بما كنتم تعملون (مرسلات ۵ طور ۲) ولتسئلن عما كنتم تعملون (نحل ۱۳) اماذا كنتم تعملون (نمل ۶)
فننظر كيف تعملون (اعراف ۱۵) لننظر كيف تعملون (يونس ۲) ان الله بما تعملون بصير (بقرة ۱۱-۲۴ مرتين) والله بما تعملون خبير (بقرة ۲۴-۲۸-۳ ال عمران
۱۸ حديد مجادلة ۱-۲ تغابن ۱) والله بما تعملون بصير (بقرة ۲۷-ال عمران ۱۶-انفال ۸ حديد ممتحنة ۱ تغابن ۱) والله بما تعملون عليم (بقرة ۲۹
نور ۳) والله خبير بما تعملون (ال عمران ۱۹ توبۃ ۲ مجادلة ۲ منافقين ۲) ان الله كان بما تعملون خبيرا (نساء ۱-۱ احزاب ۱) فان الله كان بما تعملون
خبيرا (نساء ۱۲) ان الله خبير بما تعملون (مائدة انور حشر ۳) ان ربي بما تعملون محيط (هود ۱۰) انه بما تعملون بصير (هود ۱۲ فصلت ۴) فضل الله عليم
بما تعملون (حج ۷) انی بما تعملون عليم (مؤمنين ۳) واتقوا الذی امدكم بما تعملون (شعراء ۱) قال ربی اعلم بما تعملون (شعراء ۱) وان الله بما تعملون
خبير (لقمان ۳) وكان الله بما تعملون بصيرا (احزاب فتح ۳) انی بما تعملون بصير (سبأ ۲) بل كان الله بما تعملون خبيرا (فتح ۲) ان الله كان بما تعملون خبيرا
(احزاب ۱) والله بصير بما تعملون (حجرات ۲) وما الله بغافل عما تعملون (بقرة ۸-۹-۵ امرتين ال عمران ۱) وما ربك بغافل عما تعملون (هود ۱۳
نمل ۱) ولا تسئل عما تعملون (سبأ ۳) والله شهيد على ما تعملون (ال عمران ۱) وانا بريء مما تعملون (يونس ۵) فان عصوك فقل انی بریء مما
تعملون (شعراء ۲) ولكن ظننتم ان الله لا يعلم كثيرا مما تعملون (فصلت ۳) والله خلقكم وما تعملون (صافات ۱) ولا تعملون من عمل (يونس ۷) او
لتعودن فی ملتنا (اعراف ۹-ابراهيم ۲) وان تعودوا نعد (انفال ۲) ان تعودوا لمثله ابدا (نور ۲) كما بدأكم تعودون (اعراف ۳) ذلك
ادنى الا تعولوا (نساء ۱) وتعيها اذن واعية (حاقة ۲)

فصل الغين

ذلك يوم التغابن (تغابن ۱) الا
عابري سبيل حتى تغتسلوا (نساء ۶) وجدها تغرب فی عين حمئة (كهف ۹) قال اخرقتها لتغرق اهلها (كهف ۸) فلا تغرنكم الحيوة الدنيا
(لقمان ۴ ملائكة ۱) وتغشى وجوههم النار (ابراهيم ۵) فلما تغشاها حملت حملا خفيفا (اعراف ۱۹) وان لم تغفر لنا وترحمنا (اعراف ۱۰) وان
تغفر لهم فانك انت العزيز الحكيم (مائدة ۱۲) كلما دعوتهم لتغفر لهم (نوح ۱) والا تغفر لی وترحمنی (هود ۴) وان تعفوا وتصفحوا
وتغفروا (تغابن ۲) لو تغفلون عن اسلحتكم (نساء ۱) والغوا فيه لعلكم تغلبون (فصلت ۳) ستغلبون وتحشرون الى جهنم (ال عمران ۲)
يا اهل الكتاب لا تغلوا فی دينكم (نساء ۱) قل يا اهل الكتاب لا تغلوا فی دينكم (مائدة ۱) الا ان تغمضوا فيه (بقرة ۳۷) لا تغن عنی شفاعتهم
شيئا (يس ۲) كان لم تغن بالامس (يونس ۳) فلم تغن عنكم شيئا (توبة ۳) حكمة بالغة فما تغن النذر (قمر ۱) لا تغنی شفاعتهم شيئا (نجم ۳)
الذين كفروا لن تغنی عنهم اموالهم (ال عمران ۱) لن تغنی عنهم اموالهم (مجادلة ۳) ولن تغنی عنكم فئتكم شيئا (انفال ۳) وما تغنی الايات والنذر (يونس ۱) سمعوا

فصل الفاء

لها تغيظا وزفيرا (فرقان ۲) وتفاخر بينكم (حديد ۲) وان يأتوكم اسارى تفادوهم (بقرة ۹)
ما ترى فی خلق الرحمن من تفاوت (ملك ۱) قالوا تالله تفتؤ تذكر يوسف (يوسف ۹) لا تفتح لهم ابواب السماء (اعراف ۵) ويلكم لا تفتروا
على الله كذبا (طه ۷) لتفتروا على الله الكذب (نحل ۱۳) ام على الله تفترون (يونس ۶) تالله لتسئلن عما كنتم تفترون (نحل ۷) لتفتری علينا
غيره (اسرائيل ۸) بل انتم قوم تفتنون (نمل ۴) ومنهم من يقول ائذن لی ولا تفتنی (توبة ۵) ثم لتقضوا تفثهم (حج ۳) حتى تفجر لنا من الارض
ينبوعا (اسرائيل ۹) فتفجر الانهار خلالها تفجيرا (اسرائيل ۱) يفجرونها تفجيرا (انسان ۱) اذ قال له قومه لا تفرح (قصص ۸) ولا تفرحوا بما اتيكم
(حديد ۳) بل انتم بهديتكم تفرحون (نمل ۳) ذلكم بما كنتم تفرحون فی الارض (مؤمن ۸) او تفرضوا لهن فريضة (بقرة ۳۴) وما تفرق
الذين اوتوا الكتاب (بينة ۱) فتفرق بكم عن سبيله (انعام ۱۶) ولا تكونوا كالذين تفرقوا (ال عمران ۱۱) ولا تفرقوا واذكروا نعمة الله عليكم (ال عمران
وما تفرقوا الا من بعد ما جاءهم العلم (شورى ۲) قل ان الموت الذی تفرون منه (جمعة ۱) وتفريقا بين المؤمنين (توبة ۱۳) لتفسدن فی الارض مرتين
(اسرائيل ۱) فهل عسيتم ان توليتم ان تفسدوا فی الارض (محمد ۳) واذا قيل لهم لا تفسدوا فی الارض (بقرة ۲) ولا تفسدوا فی الارض (اعراف ۶-۹)

وبما كنتم تفسقون (احقاف ۳) واحسن تفسيرا (فرقان ۳) اذ همت طائفتان منكم ان تفشلا (ال عمران ۱۳) ولا تنازعوا فتفشلوا (انفال ۵
وتفصيل الكتاب لا ريب فيه (يونس ۴) وتفصيل كل شيء (يوسف ۱۲) وكل شيء فصلناه تفصيلا (اسرائيل ۲) وتفصيلا لكل شيء (انعام ۱۹
اعراف ۱۷) قال ان هؤلاء ضيفي فلا تفضحون (حجر ۵) واكبر تفضيلا (اسرائيل ۲) ممن خلقنا تفضيلا (اسرائيل ۷) وان لم تفعل فما بلغت رسالته
(مائدة ۱۰) الا ان تفعلوا الى اوليائكم معروفا (احزاب ۱) وان تفعلوا فانه فسوق بكم (بقرة ۳۹) وما تفعلوا من خير يعلمه الله (بقرة ۲۵) وما تفعلوا
من خير فان الله به عليم (بقرة ۳۲) وما تفعلوا من خير فان الله كان به عليما (نساء ۱۹) فان لم تفعلوا ولن تفعلوا (بقرة ۳) فان لم تفعلوا فاذنوا بحرب
من الله ورسوله (بقرة ۳۸) فاذ لم تفعلوا وتاب الله عليكم (مجادلة ۲) ان الله يعلم ما تفعلون (نحل ۱۳) يعلمون ما تفعلون (انفطار ۱) والله يعلم
ما تفعلون (شورى ۳) انه خبير بما تفعلون (نمل ۷) لم تقولون ما لا تفعلون (صف ۱) ان تقولوا ما لا تفعلون (صف ۱) الا تفعلوه تكن فتنة
في الارض (انفال ۱۰) وتفقد الطير (نمل ۲) قالوا واقبلوا عليهم ماذا تفقدون (يوسف ۸) ولكن لا تفقهون تسبيحهم (اسرائيل ۵) فظلتم
تفكهون (واقعة ۲) ولن تفلحوا اذا ابدا (كهف ۳) لعلكم تفلحون (بقرة ۱۹ - ال عمران ۱۳ - ۲۰ - مائدة ۴ - ۱۰ - ۱۴ - اعراف ۷ - انفال ۵ - حج ۸ - نور ۴ - جمعة ۲
لولا ان تفندون (يوسف ۱۱) وهي تفور (ملك ۱) حتى تفيء الى امر الله (حجرات ۱) ترى اعينهم تفيض من الدمع (مائدة ۹) واعينهم تفيض
من الدمع (توبة ۱۱) وما تغيض الارحام وما تزداد (رعد ۱) اذ تفيضون فيه (يونس ۷) هو اعلم بما تفيضون فيه (احقاف ۱)

فصل القاف

ومن تق السيئات (مؤمن ۱) فئة تقاتل في سبيل الله (ال عمران ۲) ان كتب عليكم القتال الا تقاتلوا (بقرة ۳۲
ولن تقاتلوا معي عدوا (توبة ۱۱) وما لكم لا تقاتلون في سبيل الله (نساء ۸) الا تقاتلون قوما نكثوا ايمانهم (توبة ۲) تقاتلونهم او يسلمون (فتح ۲
ولا تقاتلوهم عند المسجد الحرام (بقرة ۲۴) يا ايها الذين امنوا اتقوا الله حق تقاته (ال عمران ۱۱) قالوا تقاسموا بالله لنبيتنه (نمل ۵) ربنا تقبل
منا (بقرة ۱۵) وما منعهم ان تقبل منهم نفقاتهم (توبة ۷) لن تقبل توبتهم (ال عمران ۹) ما تقبل منهم ولهم عذاب اليم (مائدة ۶) فتقبل مني
(ال عمران ۴) ربنا وتقبل دعاء (ابراهيم ۶) فتقبل من احدهما (مائدة ۵) ولا تقبلوا لهم شهادة ابدا (نور ۱) فتقبلها ربها بقبول حسن
(ال عمران ۴) قال يا موسى اتريد ان تقتلني (قصص ۲) لئن بسطت الي يدك لتقتلني (مائدة ۵) قال قائل منهم لا تقتلوا يوسف (يوسف ۲
لا تقتلوا الصيد وانتم حرم (مائدة ۱۳) ولا تقتلوا اولادكم من املاق (انعام ۱۹) ولا تقتلوا النفس التي حرم الله (انعام ۱۹ - اسرائيل ۴) ولا تقتلوا
اولادكم خشية املاق (اسرائيل ۴) ثم انتم هؤلاء تقتلون انفسكم (بقرة ۹) وفريقا تقتلون (بقرة ۱۱) اتقتلون رجلا ان يقول ربي الله (مؤمن ۳
قل فلم تقتلون انبياء الله (بقرة ۱۱) لا تقتلوه عسى ان ينفعنا او نتخذه ولدا (قصص ۱) فلم تقتلوهم ولكن الله قتلهم (انفال ۲) وقتلوا تقتيلا
(احزاب ۸) الا الذين تابوا من قبل ان تقدروا (مائدة ۵) واخرى لم تقدروا عليها (فتح ۳) ليغفر لك الله ما تقدم من ذنبك وما تاخر (فتح ۱)
ءاشفقتم ان تقدموا بين يدي نجويكم (مجادلة ۲) لا تقدموا بين يدي الله ورسوله (حجرات ۱) وما تقدموا لانفسكم من خير (بقرة ۱۳ - مزمل ۲)
ذلك تقدير العزيز العليم (انعام ۱۲ - يس ۳ - فصلت ۲) فقدره تقديرا (فرقان ۱) قدروها تقديرا (انسان ۱) كي تقر عينها (طه ۲ - قصص ۱
ذلك ادنى ان تقر اعينهن (احزاب ۶) وقرانا فرقناه لتقراه على الناس (اسرائيل ۱۲) ولا تقربا هذه الشجرة (بقرة ۴ - اعراف ۲) بالتي تقربكم
عندنا زلفى (سبا ۵) لا تقربوا الصلوة وانتم سكارى (نساء ۶) ولا تقربوا الفواحش (انعام ۱۹) ولا تقربوا مال اليتيم (انعام ۱۹ - اسرائيل ۴) ولا تقربوا
الزنا (اسرائيل ۴) فلا كيل لكم عندي ولا تقربون (يوسف ۸) تلك حدود الله فلا تقربوها (بقرة ۲۳) ولا تقربوهن حتى يطهرن (بقرة ۲۸
ان تقرضوا الله قرضا حسنا (تغابن ۲) واذا غربت تقرضهم ذات الشمال (كهف ۳) وان خفتم الا تقسطوا في اليتامى (نساء ۱) ان تبروهم و
تقسطوا اليهم (ممتحنة ۲) قل لا تقسموا طاعة (نور ۷) تقشعر منه جلود الذين يخشون ربهم (زمر ۳) فليس عليكم جناح ان تقصروا (نساء ۱۵
قال يا بني لا تقصص رؤياك (يوسف ۱) انما تقضي هذه الحيوة الدنيا (طه ۳) او تقطع ايديهم وارجلهم (مائدة ۵) لقد تقطع بينكم (انعام ۱۱
الا ان تقطع قلوبهم (توبة ۱۱) وتقطعت بهم الاسباب (بقرة ۲۰) فتقطعوا امرهم بينهم (مؤمنون ۳) وتقطعوا امرهم بينهم (انبياء ۶) وتقطعوا
ارحامكم (قتال ۳) وتقطعون السبيل (عنكبوت ۳) ان تقع على الارض (حج ۹) فلا تقعد بعد الذكرى (انعام ۸) فتقعد مذموما مخذولا
(اسرائيل ۲) فتقعد ملوما محسورا (اسرائيل ۳) فلا تقعدوا معهم (نساء ۲۰) ولا تقعدوا بكل صراط توعدون (اعراف ۱۱) ولا تقف ما ليس
لك به علم (اسرائيل ۴) فلا تقل لهما اف (اسرائيل ۳) قد نرى تقلب وجهك في السماء (بقرة ۱۷) لا يغرنك تقلب الذين كفروا في البلاد (ال عمران ۲۰
يوم تقلب وجوههم في النار (احزاب ۸) وتقلبك في الساجدين (شعراء ۱۱) ويرحم من يشاء واليه تقلبون (عنكبوت ۳) او ياخذهم في تقلبهم
(نحل ۶) فلا يغررك تقلبهم في البلاد (مؤمن ۱) فلتقم طائفة منهم معك (نساء ۱۵) لا تقم فيه ابدا (توبة ۱۳) ولا تقم على قبره (توبة ۱۱) بيت

فريقا تقتلون (بقرة ۱۰)

ولا تقتلوا انفسكم (نساء ۵)

طائفة منهم غير الذي تقولُ (نساء۹) اذ تقول للمؤمنين (آل عمران۳) واذ تقول للذي انعم الله عليه (احزاب۵) اني خشيت ان تقول فرقت
بين بني اسرائيل (طٰه۱۰) ان تقول لامساس (طٰه۱۰) ان تقول نفس يا حسرتي على ما فرطت (زمر۶) او تقول لو ان الله هداني (زمر۶) او تقول حين ترى
العذاب (زمر۶) وانا ظننا ان لن تقول الانس والجن (جن۱) فتقول هل ادلكم على من يكفله (طٰه۱۰) و تقول هل من مزيد (قٓ۱۵) ولو تقوّل علينا بعض
الاقاويل (حاقة۲) قالوا يا شعيب ما نفقه كثيرا مما تقول (هود۸) ولا تقولنّ لشيء اني فاعل ذلك غدا (كهف۴) الا ان تقولوا قولا معروفا
(بقرة۳۱) ان تقولوا ما جاءنا من بشير ولا نذير (مائدة۳) ان تقولوا انما انزل الكتاب (انعام۶) ان تقولوا يوم القيامة (اعراف۸) كبر مقتا عند الله
ان تقولوا ما لا تفعلون (صف۱) وان تقولوا على الله ما لا تعلمون (بقرة۱۷-اعراف۴) او تقولوا لو انا انزل الكتاب علينا (انعام۶)
او تقولوا انما اشرك آباؤنا (اعراف۸) لا تقولوا راعنا (بقرة۱۳) ولا تقولوا لمن يقتل في سبيل الله اموات (بقرة۱۷) ولا تقولوا لمن القى اليكم
السلام (نساء۱۰) ولا تقولوا على الله الا الحق (نساء۱۸) ولا تقولوا ثلثة (نساء۱۸) ولا تقولوا لما تصف السنتكم (نحل۱۵) و تقولوا سبحان الذي
سخر لنا (زخرف۱) بما كنتم تقولون على الله غير الحق (انعام۱۱) اتقولون على الله ما لا تعلمون (اعراف۳ يونس۷) اتقولون للحق لما جاءكم (يونس)
ام تقولون على الله ما لا تعلمون (بقرة۹) ام تقولون ان ابراهيم واسماعيل (بقرة۱۶) حتى تعلموا ما تقولون (نساء۷) فقد كذبوكم بما
تقولون (فرقان۲) لم تقولون ما لا تفعلون (صف۱) انكم لتقولون قولا عظيما (اسرائيل۴) و تقولون بافواهكم (نور۲) ام يقولون تقوّله
بل لا يؤمنون (طور۲) الذي يراك حين تقوم (شعراء۱۱) ويوم تقوم الساعة (روم۲ مرتين ۶ مؤمن۵ جاثية۴) وسبح بحمد ربك حين تقوم
(طور۲) انك تقوم ادنى من ثلثي الليل (مزمل۲) احق ان تقوم فيه (توبة۱۳) قبل ان تقوم من مقامك (نمل۳) ومن آياته ان تقوم السماء والارض
بامره (روم۳) ان تقوموا لله مثنى وفرادى (سبا۶) وان تقوموا لليتامى بالقسط (نساء۱۹) فانها من تقوى القلوب (حج۵) افمن اسس
بنيانه على تقوى من الله (توبة۱۳) فان خير الزاد التقوى (بقرة۲۵) ولباس التقوى ذلك خير (اعراف۲) ولكن يناله التقوى منكم (حج۵) والزمهم
كلمة التقوى (فتح۴) هو اهل التقوى (مدثر۲) لمسجد اسس على التقوى (توبة۱۳) او امر بالتقوى (علق۱) وان تعفوا اقرب للتقوى
(بقرة۳۱) اعدلوا هو اقرب للتقوى (مائدة۲) والعاقبة للتقوى (طٰه۸) اولئك امتحن الله قلوبهم للتقوى (حجرات۱) وتعاونوا على البر
والتقوى (مائدة۱) وتناجوا بالبر والتقوى (مجادلة۲) فالهمها فجورها وتقوٰها (شمس۱) وآتٰهم تقوٰهم (قتال۲) في احسن تقويم (تين۱)
فاما اليتيم فلا تقهر (ضحى۱) وكان تقيا (مريم۳) ان كنت تقيا (مريم۲) من كان تقيا (مريم۴) الا ان تتقوا منهم تقٰىة (آل عمران۳) تقيكم الحر وسرابيل
(نحل۹) تقيكم بأسكم (نحل۹) حتى تقيموا التورٰة والانجيل (مائدة۱۰)

فصل الكاف

يا بني انها
تكُ مثقال حبة (لقمان۲) وان تك حسنة يضاعفها (نساء۶) فلا تك في مرية (هود۲-۱۱) ولا تك في ضيق مما يمكرون (نحل۱۶) وقد
خلقتك من قبل ولم تك شيئا (مريم۱) قالوا اولم تك تاتيكم رسلكم (مؤمن۵) وتكاثر في الاموال والاولاد (حديد۳) الهٰكم التكاثر
(تكاثر۱) تكاد السموات يتفطرن (مريم۶ شورى۱) تكاد تميز من الغيظ (ملك۱) لتكبّروا الله على ما هداكم (حج۵) ولتكبروا الله
على ما هداكم (بقرة۲۳) وكبّره تكبيرا (اسرائيل۱۲) ستكتب شهادتهم (زخرف۲) ولا تسئموا ان تكتبوه (بقرة۳۹) فليس عليكم جناح
ان لا تكتبوها (بقرة۳۹) ولا تكتموا الشهادة (بقرة۳۹) وتكتموا الحق وانتم تعلمون (بقرة۵) والله مخرج ما كنتم تكتمون (بقرة۹)
واعلم ما تبدون وما كنتم تكتمون (بقرة۴) ويعلم ما تكتمون (انبياء۷) والله يعلم ما تبدون وما تكتمون (مائدة۱۰ نور۴) وتكتموا
الحق وانتم تعلمون (آل عمران۸) لتبيننه للناس ولا تكتمونه (آل عمران۱۹) فباي آلاء ربكما تكذبان (رحمن في احدى وثلثين آيت) وان تكذبوا
فقد كذب امم من قبلكم (عنكبوت۲) ان انتم الا تكذبون (يس۲) فكنتم بها تكذبون (مؤمنون۶) الذي كنتم به تكذبون (سجدة۲ صافات۱) ثم يقال
هذا الذي كنتم به تكذبون (مطففين۱) التي كنتم بها تكذبون (سبا۵ طور۱) انكم تكذبون (واقعة۹) انطلقوا الى ما كنتم به تكذبون (مرسلات۲)
كلا بل تكذبون بالدين (انفطار۱) بل الذين كفروا في تكذيب (بروج۲) كلا بل لا تكرمون اليتيم (فجر۱) افانت تكره الناس (يونس۱۰)
فعسى ان تكرهوا شيئا (نساء۳) وعسى ان تكرهوا شيئا (بقرة۲۶) ولا تكرهوا فتياتكم (نور۴) ولا تكسب كل نفس الا عليها (انعام۷۱) يعلم
ما تكسب كل نفس (رعد۶) وما تدري نفس ماذا تكسب غدا (لقمان۴) فذوقوا العذاب بما كنتم تكسبون (اعراف۴) هل تجزون الا بما كنتم تكسبون
(يونس۶) ذوقوا ما كنتم تكسبون (زمر۴) ويعلم ما تكسبون (انعام۱) انما نحن فتنة فلا تكفر (بقرة۱۲) وقال موسى ان تكفروا انتم (ابراهيم۲) ان
تكفروا فان الله غني عنكم (زمر۱) وان تكفروا فان لله ما في السموات (نساء۱۶-۱۷) كيف تكفرون بالله (بقرة۳) وكيف تكفرون وانتم تتلى عليكم
آيات الله (آل عمران۱۱) يا اهل الكتاب لم تكفرون بآيات الله (آل عمران۷) قل يا اهل الكتاب لم تكفرون بآيات الله (آل عمران۱۰) فذوقوا العذاب

بما كنتم تكفرون (آل عمران ١١- انفال ٧) اصلوها اليوم بما كنتم تكفرون (يس ٤) قال فذوقوا العذاب بما كنتم تكفرون (انعام ٣- احقاف ٤) ودوا لو
تكفرون (نساء ١٢) ممتحنة ١) واشكروا لي ولا تكفرون (بقرة ١٨) اذ تدعون الى الايمان فتكفرون (مؤمن ١) قل ائنكم لتكفرون بالذي خلق
الارض (فصلت ٢) وتكفرون ببعض (بقرة ٩) لا تكلف الا نفسك (نساء ١١) لا تكلف نفس الا وسعها (بقرة ٣٠) تكلم الناس في المهد (مائدة ١٥)
قال اٰيتك الا تكلم الناس (آل عمران ٥ مريم ١) يوم يأت لا تكلم نفس الا باذنه (هود ٩) وتكلمنا ايديهم (يس ٤) قال اخسئوا فيها ولا تكلمون (مؤمنين ٦)
اخرجنا لهم دابة من الارض تكلمهم (نمل ٦) وكلم الله موسى تكليما (نساء ٢٣) ولتكملوا العدة (بقرة ٢٣) الا تفعلوه تكن فتنة في الارض (انفال ١٠)
فلا تكن من الممترين (آل عمران ٦) فلا تكن من القانطين (حجر ٤) فلا تكن في مرية من لقائه (سجده ٣) ولا تكن للخائنين خصيما (نساء ١٦) ولا تكن
من الغافلين (اعراف ٢٤) ولا تكن مع الكافرين (هود ٤) ولا تكن في ضيق مما يمكرون (نحل ١٦) ولا تكن كصاحب الحوت (نون ٢) كان لم تكن بينكم وبينه
مودة (نساء ١٠) قالوا الم تكن ارض الله واسعة (نساء ١٤) وعلمك ما لم تكن تعلم (نساء ١٧) ثم لم تكن فتنتهم (انعام ٣) لم تكن امنت من قبل (انعام ٢٠) الم تكن
اياتي تتلى عليكم (مؤمنين ٦) ام لم تكن من الواعظين (شعراء ٧) افلم تكن اياتي تتلى عليكم (جاثيه ٤) ولم تكن له صاحبة (انعام ١٢) ولم تكن له فئة ينصرونه (كهف ٥)
فتكن في صخرة او في السموات (لقمان ٢) ولتكن منكم امة (آل عمران ١١) وان ربك ليعلم ما تكن صدورهم (نمل ٦) وربك يعلم ما تكن صدورهم
(قصص ٧) فذوقوا ما كنتم تكنزون (توبه ٥) تكون لنا عيدا لاولنا واخرنا (مائدة ١٥) افانت تكون عليه وكيلا (فرقان ٥) وتودون ان
غير ذات الشوكة تكون لكم (انفال ١) لعل الساعة تكون قريبا (احزاب ٨) يوم تكون السماء كالمهل (معارج ١) ام تكون من الذين لا يهتدون (نمل ٥)
ايود احدكم ان تكون له جنة (بقرة ٣٦) اني اعظك ان تكون من الجاهلين (هود ٤) وما تريد ان تكون من المصلحين (قصص ٢) ان تكون امة هي
اربى من امة (نحل ١٣) الا ان تكون تجارة حاضرة (بقرة ٣٩) الا ان تكون تجارة عن تراض (نساء ٥) ان تريد الا ان تكون جبارا (قصص ٢) او
تكون لك جنة من نخيل (اسرائيل ١٠) او تكون له جنة يأكل منها (فرقان ١) او تكون من الهالكين (يوسف ١٠) ثم تكون عليهم حسرة (انفال ٥) وقاتلوهم
حتى لا تكون فتنة (بقرة ٢٤- انفال ٥) وحسبوا ان لا تكون فتنة (مائدة ١٠) قال يا ابليس ما لك الا تكون مع الساجدين (حجر ٣) حتى تكون حرضا
(يوسف ١٠) وما تكون في شأن (يونس ٧) من تكون له عاقبة الدار (انعام ١٥) ومن تكون له عاقبة الدار (قصص ٤) فتكون طيرا باذني
(مائدة ١٥) فتكون لهم قلوب يعقلون بها (حج ٦) فتكون من اصحاب النار (مائدة ٥) فتكون من الظالمين (انعام ٦) فتكون من الخاسرين (يونس ١٠)
فتكون للشيطان وليا (مريم ٣) فتكون من المعذبين (شعراء ١١) لتكون لمن خلفك اية (يونس ٩) لتكون من المنذرين (شعراء ١١) لتكون من المؤمنين (قصص ١)
وتكون لكما الكبرياء في الارض (يونس ٨) وتكون الجبال كالعهن (معارج ١ قارعة ١) ولتكون اية للمؤمنين (فتح ٣) الا ان تكونا ملكين او تكونا من
الخالدين (اعراف ٢) فتكونا من الظالمين (بقرة ٤ اعراف ٢) فلا تكونن من الممترين (بقرة ١٨- انعام ١٤ يونس ١٠) فلا تكونن من الجاهلين (انعام ٤)
فلا تكونن ظهيرا للكافرين (قصص ٩) ولا تكونن من المشركين (انعام ٢ يونس ١١ قصص ٩) ولا تكونن من الذين كذبوا بايات الله (يونس ١٠) لتكونن
من المرجومين (شعراء ٦) لتكونن من المخرجين (شعراء ١٠) ولتكونن من الخاسرين (زمر ٧) اينما تكونوا يأت بكم الله (بقرة ١٨) اينما تكونوا
يدرككم الموت (نساء ١١) ان تكونوا تألمون (نساء ١٦) ان تكونوا صالحين (اسرائيل ٣) لا تكونوا كالذين كفروا (آل عمران ١٦) لا تكونوا كالذين اذوا
موسى (احزاب ٩) ولا تكونوا اول كافر به (بقرة ٥) ولا تكونوا كالذين تفرقوا (آل عمران ١١) ولا تكونوا كالذين قالوا (انفال ٣) ولا تكونوا كالذين
خرجوا من ديارهم بطرا (انفال ٦) ولا تكونوا كالتي نقضت غزلها (نحل ١٣) ولا تكونوا من المخسرين (شعراء ١٠) ولا تكونوا من المشركين (روم ٤) ولا
تكونوا كالذين نسوا الله (حشر ٣) ويعلمكم ما لم تكونوا تعلمون (بقرة ١٨) كما علمكم ما لم تكونوا تعلمون (بقرة ٣٢) فان لم تكونوا دخلتم بهن (نساء ٤)
الى بلد لم تكونوا بالغيه (نحل ١) بل لم تكونوا مؤمنين (صافات ٢) افلم تكونوا تعقلون (يس ٤) اولم تكونوا اقسمتم من قبل (ابراهيم ٧) لتكونوا
شهداء على الناس (بقرة ١٧) ثم لتكونوا شيوخا (مؤمن ٧) وتكونوا من بعده قوما صالحين (يوسف ١) وتكونوا شهداء على الناس (حج ١٠) —
فتكونون سواء (نساء ١٢) فتكوى بها جباههم وجنوبهم (توبه ٥)

فصل اللام

لتنذر يوم التلاق
(مؤمن ٢) يتلونه حق تلاوته (بقرة ١٤) وما تلبثوا بها الا يسيرا (احزاب ٢) ولا تلبسوا الحق بالباطل (بقرة ٥) لم تلبسون الحق بالباطل
(آل عمران ٨) وتستخرجوا منه حلية تلبسونها (نحل ٢) وتستخرجون حلية تلبسونها (ملائكة ٢) ما تشتهيه الانفس وتلذ الاعين (زخرف ٧)
فانذرتكم نارا تلظى (ليل ١) قالوا اجئتنا لتلفتنا (يونس ٨) تلفح وجوههم النار (مؤمنين ٦) فتلقى ادم من ربه كلمات (بقرة ٤) فتلقى
في جهنم (اسرائيل ٤) وانك لتلقى القران من لدن حكيم عليم (نمل ١) تلقاء اصحاب النار (اعراف ٥) ولما توجه تلقاء مدين (قصص ٣) قل
ما يكون لي ان ابدله من تلقاء نفسي (يونس ٢) فاذا هي تلقف ما يأفكون (اعراف ١٤ شعراء ٣) تلقف ما صنعوا (طه ٧) ولا تلقوا

بایدیکم الی التهلکة (بقرہ ۲۴) تُلْقُونَ الیهم بالمودة (ممتحنہ ۱) اذ تَلَقَّوْنَهُ بالسنتکم (نور ۲) ولقد کنتم تمنون الموت ان تَلْقَوْهُ (ال عمران ۱۵)
قالوا یا موسی اما ان تُلْقِیَ (طہ ۷ - اعراف ۱۴) ولا تَلْمِزُوا انفسکم (حجرات ۲) ما تَلَوْتُهُ علیکم (یونس ۲) فلا تَلُومُونِی ولوموا انفسکم
(ابراہیم ۴) ولا تَلْوُونَ علی احد (ال عمران ۱۶) فان تَلْوُا او تعرضوا (نساء ۲۰) وَتَلَّهُ للجبین (صافات ۱۱) فانت عنه تَلَهّٰی (عبس ۱)
یا ایها الذین آمنوا لا تُلْهِکُمْ اموالکم (منافقون ۱) رجال لا تُلْهِیهِمْ تجارة (نور ۵) واذا تُلِیَتْ علیهم آیاته (انفال ۱) ثم تَلِینُ جلودهم (زمر ۳)
والقمر اذا تَلٰهَا (شمس ۱)

فصل المیم

فتم میقات ربه اربعین لیلة (اعراف ۱۵) یعملون له ما یشاء
من محاریب وَتَمَاثِیلَ (سبا ۲) ما هذه التَّمَاثِیلُ التی انتم لها عاکفون (انبیاء ۵) فلا تُمَارِ فیهم الا مراء ظاهرا (کهف ۳) فَتَمَارَوْا بالنذر
(قمر ۲) اَفَتُمَارُونَهُ علی ما یری (نجم ۲) ثم آتینا موسی الکتاب تَمَامًا (انعام ۱۹) والتی لم تَمُتْ فی منامها (زمر ۵) وَتَمَّتْ کلمة ربک (انعام
۱۴ - اعراف ۱۴ هود ۱۰) فلا تَمْتَرُنَّ بها (زخرف ۷) ثم انتم تَمْتَرُونَ (انعام ۱) ان هذا ما کنتم به تمترون (دخان ۳) فمن تَمَتَّعَ بالعمرة
الی الحج (بقرہ ۲۴) قل تمتع بکفرک قلیلا (زمر ۱) فعقروها فقال تَمَتَّعُوا فی دارکم (هود ۷) قل تمتعوا فان مصیرکم الی النار (ابراهیم ۴) وفی ثمود اذ
قیل لهم تمتعوا حتی حین (ذاریات ۵) فَتَمَتَّعُوا فسوف تعلمون (نحل ۷ - روم ۴) کلوا وَتَمَتَّعُوا قلیلا انکم مجرمون (مرسلات ۵) واذا لا تُمَتَّعُونَ
الا قلیلا (احزاب ۲) فَتَمَثَّلَ لها بشرا سویا (مریم ۲) لا تَمُدَّنَّ عینیک الی ما متعنا به (حجر ۶) ولا تمدن عینیک الی ما متعنا به (طہ ۸) فلما جاء
سلیمان قال اَتُمِدُّونَنِ (نمل ۳) وهی تَمُرُّ مر السحاب (نمل ۹) وبما کنتم تَمْرَحُونَ (مؤمن ۸) وانکم لَتَمُرُّونَ علیهم مصبحین (صافات ۴)
ان تَمْسَسْکُمْ حسنة تسؤهم (ال عمران ۱۲) ولو لم تَمْسَسْهُ نار (نور ۵) فَتَمَسَّکُمُ النار (هود ۱۰) ولا تُمْسِکُوا بعصم الکوافر (ممتحنہ ۲) ولا تُمْسِکُوهُنَّ
ضرارا لتعتدوا (بقرہ ۲۹) وقالوا لن تَمَسَّنَا النار الا ایاما معدودة (بقرہ ۹) ذلک بانهم قالوا لن تمسنا النار (ال عمران ۳) فسبحان الله حین
تُمْسُونَ (روم ۲) ولا تَمَسُّوهَا بسوء (اعراف ۸ هود ۷ شعراء ۸) ما لم تَمَسُّوهُنَّ او تفرضوا لهن فریضة (بقرہ ۳۱) وان طلقتموهن من قبل
ان تمسوهن (بقرہ ۳۱) ثم طلقتموهن من قبل ان تمسوهن (احزاب ۵) ولا تَمْشِ فی الارض مرحا (اسرائیل ۴ لقمان ۲) ویجعل لکم نورا تَمْشُونَ به
(حدید ۴) اذ تَمْشِی اختک (طہ ۲) تمشی علی استحیاء (قصص ۳) ان رسلنا یکتبون ما تَمْکُرُونَ (یونس ۳) یوم لا تَمْلِکُ نفس لنفس شیئا
(انفطار ۱) فلن تملک له من الله شیئا (مائدہ ۵) قل لو انتم تَمْلِکُونَ خزائن رحمة ربی (اسرائیل ۱) قل ان افتریته فلا تملکون لی (احقاف ۱) انی
وجدت امرأة تَمْلِکُهُمْ (نمل ۳) فهی تُمْلٰی علیه بکرة واصیلا (فرقان ۱) ام لهم آلهة تَمْنَعُهُمْ من دوننا (انبیاء ۴) ولا تَمْنُنْ تستکثر (مدثر ۱) واصبح
الذین تَمَنَّوْا مکانه بالامس (قصص ۸) قل لا تَمُنُّوا علی اسلامکم (حجرات ۲) فَتَمَنَّوُا الموت ان کنتم صادقین (بقرہ ۱۰ جمعة ۱) ولقد کنتم تَمَنَّوْنَ
الموت (ال عمران ۱۵) افرأیتم ما تُمْنُونَ (واقعة ۲) وتلک نعمة تَمُنُّهَا علی (شعراء ۲) من نطفة اذا تُمْنٰی (نجم ۳) الا اذا تمنی القی الشیطان فی امنیته
(حج ۷) وما تدری نفس بای ارض تَمُوتُ (لقمان ۴) وما کان لنفس ان تموت الا باذن الله (ال عمران ۱۵) فلا تَمُوتُنَّ الا وانتم مسلمون (بقرہ ۱۴)
ولا تموتن الا وانتم مسلمون (ال عمران ۱۱) وفیها تَمُوتُونَ ومنها تخرجون (اعراف ۲) یوم تَمُورُ السماء مورا (طور ۱) فاذا هی تَمُورُ (ملک ۲)
ومهدت له تَمْهِیدًا (مدثر ۱) والقی فی الارض رواسی ان تَمِیدَ بکم (نحل ۲ - لقمان ۱) تکاد تَمَیَّزُ من الغیظ (ملک ۱) ان تَمِیلُوا میلا عظیما
(نساء ۴) فلا تمیلوا کل المیل (نساء ۱۹)

فصل النون

ولا تَنَابَزُوا بالالقاب (حجرات ۲) وَتَنَاجَوْا بالبر والتقوی (مجادلة ۲)
یا ایها الذین آمنوا اذا تَنَاجَیْتُمْ فلا تتناجوا (مجادلة ۲) ویا قوم انی اخاف علیکم یوم التَّنَادِ (مؤمن ۴) فَتَنَادَوْا مصبحین (نون ۱) فان
تَنَازَعْتُمْ فی شیء (نساء ۸) حتی اذا فشلتم وَتَنَازَعْتُمْ فی الامر (ال عمران ۱۶) ولو اراکم کثیرا لفشلتم وَلَتَنَازَعْتُمْ (انفال ۵) ولا تَنَازَعُوا فتفشلوا
(انفال ۶) فَتَنَازَعُوا امرهم بینهم (طہ ۳) ما لکم لا تَنَاصَرُونَ (صافات ۲) لن تَنَالُوا البر حتی تنفقوا مما تحبون (ال عمران ۱۰)
تَنَالُهُ ایدیکم ورماحکم (مائدہ ۱۳) وانی لهم التَّنَاوُشُ من مکان بعید (سبا ۶) ثم لَتُنَبَّؤُنَّ بما عملتم (تغابن ۱) لَتُنَبِّئَنَّهُمْ بامرهم هذا (یوسف ۲)
قل اَتُنَبِّئُونَ الله بما لا یعلم (یونس ۲) ام تُنَبِّئُونَهُ بما لا یعلم فی الارض (رعد ۴) ان تنزل علیهم سورة تُنَبِّئُهُمْ (توبة ۸) مما تُنْبِتُ الارض
(بقرہ ۸) وشجرة تخرج من طور سیناء تَنْبُتُ بالدهن (مؤمنون ۲) ما کان لکم ان تُنْبِتُوا شجرها (نمل ۵) ثم اذا انتم بشر تَنْتَشِرُونَ (روم ۲)
فلا تَنْتَصِرَانِ (رحمن ۲) لئن لم تَنْتَهِ لارجمنک (مریم ۳) قالوا لئن لم تنته یا نوح (شعراء ۶) قالوا لئن لم تنته یا لوط (شعراء ۹) وان تَنْتَهُوا
فهو خیر لکم (انفال ۳) لئن لم تنتهوا لنرجمنکم (یس ۲) تُنْجِیکُمْ من عذاب الیم (صف ۲) وَتَنْحِتُونَ الجبال بیوتا (اعراف ۱۰) قال اتعبدون ما تنحتون
(صافات ۳) وتنحتون من الجبال بیوتا فارهین (شعراء ۸) انما تُنْذِرُ الذین یخشون ربهم (ملائکة ۳) انما تنذر من اتبع الذکر (یس ۱) لِتُنْذِرَ
به وذکری للمؤمنین (اعراف ۱) لتنذر قوما ما اتاهم من نذیر (قصص ۵ سجدة ۱) لتنذر قوما ما انذر آباؤهم (یس ۱) لتنذر ام القری ومن حولها (شوری ۱)

وتنذر به قوما لدا (مریم ۶) وتنذر یوم الجمع لاریب فیه (شوریٰ ۱) ولتنذر ام القریٰ (انعام ۱۱) لم تنذرهم لا یؤمنون (بقرۃ ا پ ۱)
تنزع الناس (قمر ۲) و تنزع الملک ممن تشاء (ال عمران ۳) تنزل علی کل افاک اثیم (شعراء ۲) تنزل الملائکۃ والروح (قدر ۱) من قبل ان تنزل
التوریۃ (ال عمران ۱۰) ان تنزل علیہم کتابا من السماء (نساء ۱) ان تنزل علیہم سورۃ تنبئہم (توبۃ ۷) حتی تنزل علینا کتابا نقرؤہ (اسراءیل ۱۰) ھل انبئکم
علی من تنزل الشیاطین (شعراء ۲) وما تنزلت بہ الشیاطین (شعراء ۱) الم تنزیل الکتاب لاریب فیہ (سجدۃ ۱) تنزیل الکتاب من اللہ
الحکیم (زمر ۱) حم تنزیل الکتاب من اللہ العزیز الحکیم (جاثیۃ ۱ ـ احقاف ۱) تنزیل الکتاب من اللہ العزیز العلیم (مومن ۱) تنزیل العزیز الرحیم (یس ۱)
حم تنزیل من الرحمن الرحیم (فصلت ۱) تنزیل من حکیم حمید (فصلت ۵) تنزیل من رب العالمین (واقعۃ ۸ حاقۃ ۵) وانہ لتنزیل رب العالمین (شعراء ۲)
ونزلناہ تنزیلا (اسراءیل ۱۲) تنزیلا ممن خلق الارض والسموات العلی (طٰہٰ ۱) ونزل الملائکۃ تنزیلا (فرقان ۳) انا نحن نزلنا علیک القرآن تنزیلا
(انسان ۳) ولا تنس نصیبک من الدنیا (قصص ۸) ولا تنسوا الفضل (بقرۃ ۲۴) وتنسون انفسکم (بقرۃ ۵) وتنسون ما تشرکون (انعام ۵)
وکذلک الیوم تنسیٰ (طٰہٰ ۱۳) سنقرئک فلا تنسیٰ (اعلیٰ ۱) وتنشق الارض (مریم ۹) لتؤمنن بہ ولتنصرنہ (ال عمران ۹) ان تنصروا اللہ ینصرکم
(قتال ۱) وما لکم من دون اللہ من اولیاء ثم لا تنصرون (ھود ۱۰) انکم منا لا تنصرون (مومنین ۷) من قبل ان یاتیکم العذاب ثم لا تنصرون (زمر ۶)
الا تنصروہ فقد نصرہ اللہ (توبۃ ۶) ما لکم لا تنطقون (صافات ۳) انہ لحق مثل ما انکم تنطقون (ذاریات ۱) ولتنظر نفس ما قدمت لغد (حشر ۲)
واغرقنا ال فرعون وانتم تنظرون (بقرۃ ۵) فاخذتکم الصاعقۃ وانتم تنظرون (بقرۃ ۶) فقد رایتموہ وانتم تنظرون (ال عمران ۱۵) وانتم حینئذ
تنظرون (واقعۃ ۹) ثم کیدون فلا تنظرون (اعراف ۲) ثم اقضوا الی ولا تنظرون (یونس ۸) فکیدونی جمیعا ثم لا تنظرون (ھود ۵) فتنفخ فیہ
فیکون طیرا باذنی (مائدۃ ۱۱) لنفد البحر قبل ان تنفد کلمات ربی (کہف ۱۲) ان تنفذوا من اقطار السموات (رحمن ۲) لا تنفذون الا بسلطان
(رحمن ۲) الا تنفروا یعذبکم عذابا الیما (توبۃ ۲) لا تنفروا فی الحر (توبۃ ۱۱) والصبح اذا تنفس (تکویر ۲) یومئذ لا تنفع الشفاعۃ (طٰہٰ ۱۱) وذکر
فان الذکریٰ تنفع المومنین (ذاریات ۲) ولا تنفع الشفاعۃ عندہ (سبا ۳) لن تنفعکم ارحامکم (ممتحنۃ ۱) فتنفعہ الذکریٰ (عبس ۱) ولا تنفعہا
شفاعۃ ولا ہم ینصرون (بقرۃ ۳۱) فما تنفعہم شفاعۃ الشافعین (مدثر ۵) لن تنالوا البر حتی تنفقوا مما تحبون (ال عمران ۱۰) ہم الذین یقولون
لا تنفقوا علی من عند رسول اللہ (منافقین ۱) وما لکم الا تنفقوا فی سبیل اللہ (حدید ۱) وما تنفقوا من خیر فلانفسکم (بقرۃ ۸) وما تنفقوا من
خیر یوف الیکم (بقرۃ ۸) وما تنفقوا من خیر فان اللہ بہ علیم (بقرۃ ۸) وما تنفقوا من شیء فان اللہ بہ علیم (ال عمران ۱۰) وما تنفقوا من شیء فی سبیل اللہ
(انفال ۲) ہا انتم ہؤلاء تدعون لتنفقوا فی سبیل اللہ (قتال ۲) تنفقون ولستم باخذیہ (بقرۃ ۲۷) وما تنفقون الا ابتغاء وجہ اللہ (بقرۃ ۸)
افانت تنقذ من فی النار (زمر ۲) قد علمنا ما تنقص الارض منہم (ق ۱) ولا تنقصوا المکیال والمیزان (ھود ۸) ولا تنقضوا الایمان بعد
توکیدہا (نحل ۱) فتنقلبوا خاسرین (ال عمران ۱۵ مائدۃ ۳) وما تنقم منا الا ان امنا بایات ربنا (اعراف ۱۰) قل یا اہل الکتاب ہل تنقمون
منا (مائدۃ ۹) حتی تنکح زوجا غیرہ (بقرۃ ۲۳) ولا تنکحوا المشرکات حتی یؤمن (بقرۃ ۲۲) ولا تنکحوا ما نکح اباؤکم (نساء ۳) ولا ان تنکحوا ازواجہ من
بعدہ ابدا (احزاب ۷) وترغبون ان تنکحوہن (نساء ۱۹) ولا جناح علیکم ان تنکحوہن (ممتحنۃ ۲) فای ایات اللہ تنکرون (مومن ۹) فکنتم علی
اعقابکم تنکصون (مومنین ۷) واللہ اشد باسا واشد تنکیلا (نساء ۱۱) ما ان مفاتحہ لتنوء بالعصبۃ اولی القوۃ (قصص ۸) حتی اذا جاء
امرنا وفار التنور (ھود ۲) فاذا جاء امرنا وفار التنور (مومنین ۲) اتنہانا ان نعبد ما یعبد اباؤنا (ھود ۷) واما السائل فلا تنہر
(ضحیٰ ۱) فلا تقل لہما اف ولا تنہرہما (اسراءیل ۳) ان تجتنبوا کبائر ما تنہون (نساء ۵) وتنہون عن المنکر (ال عمران ۱۲) ان الصلوۃ تنہیٰ
عن الفحشاء (عنکبوت ۵) ولا تنیا فی ذکری (طٰہٰ ۲) فصل الواو وان اللہ تواب حکیم (نور ۱) ان اللہ تواب رحیم
(حجرات ۲) انہ ہو التواب الرحیم (بقرۃ ۴ ـ ۱۸) وان اللہ ہو التواب الرحیم (توبۃ ۱۳) وانا التواب الرحیم (بقرۃ ۱۷) ان اللہ ہو التواب الرحیم
(توبۃ ۱۴) انت التواب الرحیم (بقرۃ ۱۵) ان اللہ کان توابا رحیما (نساء ۲) لوجدوا اللہ توابا رحیما (نساء ۷) انہ کان توابا (نصر ۱) ان اللہ یحب
التوابین (بقرۃ ۲۸) حتی توارت بالحجاب (ص ۳) اتواصوا بہ بل ہم قوم طاغون (ذاریات ۱) وتواصوا بالحق وتواصوا بالمرحمۃ
(بلد ۱) وتواصوا بالحق وتواصوا بالصبر (عصر ۱) ولو تواعدتم لاختلفتم فی المیعاد (انفال ۵) ولکن لا تواعدوہن سرا (بقرۃ ۳۱)
غافر الذنب وقابل التوب (مومن ۱) فصیام شہرین متتابعین توبۃ من اللہ (نساء ۱۳) توبوا الی اللہ توبۃ نصوحا (تحریم ۲) انما التوبۃ
علی اللہ للذین یعملون السوء (نساء ۳) ولیست التوبۃ للذین یعملون السیئات (نساء ۳) الم یعلموا ان اللہ ہو یقبل التوبۃ (توبۃ ۱۳) وہو الذی یقبل
التوبۃ عن عبادہ (شوریٰ ۳) لن تقبل توبتہم (ال عمران ۹) توبوا الی اللہ توبۃ نصوحا (تحریم ۲) ثم توبوا الیہ یمتعکم متاعا حسنا (ھود ۱)

ثم توبوا اليه يرسل السماء عليكم مدرارا (هود ٥) فاستغفروه ثم توبوا اليه (هود ٧) واستغفروا ربكم ثم توبوا اليه (هود ١٠) **فتوبوا** الى
بارئكم (بقرة ٦) **و** توبوا الى الله جميعا (نور ٤) قالوا **لا توجل** انا نبشرك بغلام عليم (حجر ٤) ولما **توجه** تلقاء مدين (قصص ٣) **تود**
لو ان بينها وبينه امدا بعيدا (ال عمران ٣) **وتودون** ان غير ذات الشوكة (انفال ١) وانزل **التورية** والانجيل (ال عمران ١) وما
انزلت التورية والانجيل الا من بعده (ال عمران ٧) من قبل ان تنزل التورية (ال عمران ١٠) وعندهم التورية (مائدة ٥) انا انزلنا التورية فيها هدى
(مائدة ٥) ولو انهم اقاموا التورية (مائدة ٧) حتى تقيموا التورية والانجيل (مائدة ٧) مثل الذين حملوا التورية (جمعة ١) قل فأتوا **با**لتورية
(ال عمران ١٠) الذي يجدونه مكتوبا عندهم **في** التورية (ال عمران ٤) حقا في التورية والانجيل (توبة ١٢) ذلك مثلهم في التورية (فتح ٤)
ومصدقا لما بين يدي **من** التورية (ال عمران ٥) مصدقا لما بين يدي من التورية (صف ١) مصدقا لما بين يديه من التورية (مائدة
٥ مرتين) ومصدقا لما بين يديه من التورية (مائدة ٥) والحكمة **و**التورية والانجيل (مائدة ١١-ال عمران ٥) افرايتم النار التي **تورون**
(واقعة ٨) ونعلم ما **توسوس** به نفسه (ق ٢) **توصون** بها او دين (نساء ٢) فلا يستطيعون **توصية** (يس ٤) ولا تقعدوا بكل صراط
توعدون (اعراف ٩) هذا يومكم الذي كنتم توعدون (انبياء ١١) هذه جهنم التي كنتم توعدون (يس ٦) وابشروا بالجنة التي كنتم توعدون
(فصلت ٤) **انما** توعدون لآت (انعام ٤) انما توعدون لصادق (ذاريات ١) انما توعدون لواقع (مرسلات ١) وان ادري اقريب
ام بعيد **ما** توعدون (انبياء ٧) قل ان ادري اقريب ما توعدون (جن ٣) هذا ما توعدون ليوم الحساب (ص ٤) هذا ما توعدون لكل اواب
حفيظ (ق ٤) هيهات هيهات **لما** توعدون (مؤمنون ٤) وفي السماء رزقكم **وما** توعدون (ذاريات ١) ذلكم **توعظون** به (مجادلة ١)
توفته رسلنا (انعام ٧) فكيف اذا **توفتهم** الملائكة (قتال ٣) **و**توفنا مع الابرار (ال عمران ٢٠) وتوفنا مسلمين (اعراف ١٤) **توفني**
مسلما والحقني بالصالحين (يوسف ١١) وانما **توفون** اجوركم يوم القيامة (ال عمران ١٩) ثم **توفى** كل نفس ما كسبت وهم لا يظلمون (بقرة
٢٩-ال عمران ٧) **و** توفى كل نفس ما عملت (نحل ٢) فلما **توفيتني** كنت انت الرقيب عليهم (مائدة ١٦) ان اردنا الا احسانا و **توفيقا** (نساء ٧)
وما **توفيقي** الا بالله (هود ٩) ان الذين **توفيهم** الملائكة (نساء ١) فاذا انتم منه **توقدون** (يس ٥) **وتوقروه** وتسبحوه (فتح ١) لعلكم بلقاء
ربكم **توقنون** (رعد ١) فاذا عزمت **فتوكل** على الله (ال عمران ١٧) فتوكل على الله انك على الحق المبين (نمل ٨) فاعرض عنهم **و** توكل على الله
(نساء ١١) فاجنح لها وتوكل على الله (انفال ٧) وتوكل على الحي الذي لا يموت (فرقان ٥) وتوكل على العزيز الرحيم (شعراء ١١) وتوكل على الله (احزاب ٥)
فاعبده وتوكل عليه (هود ١٠) اني **توكلت** على الله ربي وربكم (هود ٥) فعلى الله توكلت فاجمعوا امركم (يونس ٨) عليه توكلت وهو رب العرش
العظيم (توبة ١٦) عليه توكلت واليه انيب (هود ٩ شورى ٢) ان الحكم الا لله عليه توكلت (يوسف ٨) عليه توكلت واليه متاب (رعد ٤) وسع
ربنا كل شيء علما على الله **توكلنا** (اعراف ٩) فقالوا على الله توكلنا (يونس ٩) ربنا عليك توكلنا (ممتحنة ١) امنا به وعليه توكلنا (ملك ٤) فعليه **توكلوا**
ان كنتم مسلمين (يونس ٩) ولا تنقضوا الايمان بعد **توكيدها** (نحل ١٣) ثم **تول** عنهم فانظر ماذا يرجعون (نمل ٣) **فتول** عنهم حتى حين (صافات ٨)
فتول عنهم فما انت بملوم (ذاريات ٣) فتول عنهم يوم يدع الداع (قمر ١) **و** تول عنهم حتى حين (صافات ٨) كتب عليه انه من **تولاه** فانه يضله (حج ١)
تولج الليل في النهار وتولج النهار في الليل (ال عمران ٣) فلما كتب عليهم القتال **تولوا** الا قليلا منهم (بقرة ٢٥) تولوا واعينهم تفيض من الدمع (توبة ١١)
فاينما تولوا فثم وجه الله (بقرة ١٣) ان الذين تولوا منكم يوم التقى الجمعان (ال عمران ١٧) الم تر الى الذين تولوا قوما (مجادلة ٣) وان تولوا فانما هم في
شقاق (بقرة ١٦) وان تولوا فانما عليك البلاغ (ال عمران ٢) فان تولوا فان الله لا يحب الكافرين (ال عمران ٤) فان تولوا فان الله عليم بالمفسدين (ال عمران ٧)
ليس البر ان تولوا وجوهكم (بقرة ٨) بعد ان تولوا مدبرين (انبياء ٨) فان تولوا فقولوا اشهدوا بانا مسلمون (ال عمران ٧) فان تولوا فخذوهم واقتلوهم
(نساء ١٢) فان تولوا فاعلم انما يريد الله ان يصيبهم ببعض ذنوبهم (مائدة ٧) فان تولوا فقل حسبي الله (توبة ١٦) فان تولوا فقد ابلغتكم ما ارسلت به اليكم
(هود ٥) فان تولوا فانما عليك البلاغ المبين (نحل ١١) فان تولوا فقل اذنتكم على سواء (انبياء ١١) فان تولوا فانما عليه ما حمل (نور ٧) وان تولوا فاعلموا ان
الله مولاكم (انفال ٥) وان تولوا فاني اخاف عليكم (هود ١) ثم تولوا عنه وقالوا معلم مجنون (دخان ١) ولا تولوا عنه وانتم تسمعون (انفال ٣) **فتولوا**
عنه مدبرين (صافات ٥) ولو اسمعهم **لتولوا** وهم معرضون (انفال ٣) **و** تولوا وهم معرضون (توبة ١٠) فكفروا وتولوا (تغابن ١) يوم **تولون**
مدبرين (مؤمن ٤) فلا **تولوهم** الادبار (انفال ٢) وظاهروا على اخراجكم ان تولوهم (ممتحنة ٢) واذا **تولى** سعى في الارض (بقرة ٢٥) والذي تولى
كبره منهم له عذاب عظيم (نور ٢) افرايت الذي تولى (نجم ٣) ونوله **ما** تولى (نساء ١٧) فاعرض عن **من** تولى عن ذكرنا (نجم ٣) الا من تولى وكفر (غاشية)
فمن تولى بعد ذلك (ال عمران ٩) **ومن** تولى فما ارسلناك عليهم حفيظا (نساء ١١) **فتولى** بركنه (ذاريات ٢) فتولى عنهم فقال يا قوم لقد ابلغتكم

(اعراف ٨-١) فتولى فرعون (طه ٤) وتولى عنهم وقال يا اسفى على يوسف (يوسف ١٠) ان العذاب على من كذب وتولى (طه ٥) ولكن كذب وتولى

(قيامة ٢) من تدعوا من ادبر وتولى (معارج ١) عبس وتولى ان جاءه الاعمى (عبس ١) الذى كذب وتولى (ليل ١) ارايت ان كذب وتولى (علق

فهل عسيتم ان **توليتم** (قتال ٣) فان توليتم فاعلموا انما على رسولنا البلاغ المبين (مائدة ١٠) فان توليتم فما سألتكم من اجر (يونس ٨) فان توليتم فانما على

رسولنا البلاغ المبين (تغابن ٢) وان توليتم فاعلموا انكم غير معجزى الله (توبة ١) ثم توليتم من بعد ذلك (بقرة ٧) ثم توليتم الا قليلا (بقرة ٩) لنهتدى

فصل الهاء

فتهاجروا فيها (نساء ١٠) وقالوا كونوا هودا او نصارى **تهتدوا** (بقرة ١٤) وان تطيعوه تهتدوا (نور ٦)

بها فى ظلمات البر والبحر (انعام ١٠) والفرقان لعلكم **تهتدون** (بقرة ٦) واتبعوه لعلكم تهتدون (اعراف ٢٠) فيها سبلا لعلكم تهتدون (زخرف ١) ولا تم

نعمتى عليكم ولعلكم تهتدون (بقرة ١٥) يبين الله لكم اياته لعلكم تهتدون (ال عمران ١١) **اتهتدى** ام تكون من الذين لا يهتدون (نمل ٥) وانك

لتهدى الى صراط مستقيم (شورى ٤) فلما راها **تهتز** (نمل قصص ٤) ومن الليل **فتهجد** به نافلة لك (اسرائيل ٨) سامرا **تهجرون** (مؤمنين ٧)

اتريدون ان **تهدوا** من اضل الله (نساء ١٢) افانت **تهدى** العمى (يونس ٥) انك لا تهدى من احببت (قصص ٦) وتهدى من تشاء (اعراف ٢٠) او

تهدى العمى (زخرف ٤) ولا تلقوا بايديكم الى **التهلكة** (بقرة ٢٤) **اتهلكنا** بما فعل السفهاء منا (اعراف ٢٠) افتهلكنا بما فعل المبطلون (اعراف ٢٢)

فلا تهنوا وتدعوا الى السلم (قتال ٤) ولا تهنوا ولا تحزنوا (ال عمران ١٤) ولا تهنوا فى ابتغاء القوم (نساء ١٥) **تهوى** اليهم (ابراهيم ٤) بما لا تهوى انفسكم

(بقرة ١١) بما لا تهوى انفسهم (مائدة ١٠) او تهوى به الريح (حج ٤) وما تهوى الانفس (نجم ٣)

فصل الياء

ولا تيئسوا من

روح الله (يوسف ١٠) فاقرءوا ما **تيسر** من القرآن (مزمل ٢) فاقرءوا ما تيسر منه (مزمل ٢) ولا **تيمموا** الخبيث منه (بقرة ٣٧) **فتيمموا** صعيدا طيبا

(نساء ٧ مائدة ٢) **والتين** والزيتون (تين ١)

باب الثاء فصل الالف

اصلها ثابت (ابراهيم ٤) يثبت الله الذين امنوا بالقول **الثابت** (ابراهيم ٤) فاتبعه شهاب **ثاقب** (صافات ١) النجم **الثاقب** (طارق ١)

قالوا ان الله **ثالث** ثلثة (مائدة ١٠) فعززنا بثالث (يس ٢) ومنوة **الثالثة** الاخرى (نجم ٢) **وثامنهم** كلبهم (كهف ٣) **ثانى** اثنين (توبة ٥)

ثانى عطفه (حج ١) وما كنت **ثاويا** فى اهل مدين (قصص ٥)

فصل الباء

فانفروا ثبات او انفروا جميعا (نساء ١٠) **وثبت**

اقدامنا (بقرة ٢٥ - ال عمران ١٥) ولولا ان **ثبتناك** (اسرائيل ٨) **فثبتوا** الذين امنوا (انفال ٢) ولكن كره الله انبعاثهم **فثبطهم** (توبة ٥) فتزل

قدم بعد **ثبوتها** (نحل ١٣) دعوا هنالك **ثبورا** (فرقان ٢) لا تدعوا اليوم ثبورا واحدا وادعوا ثبورا كثيرا (فرقان ٢) فسوف يدعوا ثبورا (انشقاق ١)

فصل الجيم

وانزلنا من المعصرات ماء ثجاجا (نبا ١)

فصل الراء

وما بينهما وما تحت الثرى

(طه ١)

فصل العين

فاذا هى ثعبان مبين (اعراف ١١ شعراء ٤)

فصل القاف

وينشى السحاب الثقال (رعد ٢) حتى اذا اقلت سحابا **ثقالا** (اعراف ٤) انفروا خفافا **وثقالا** (توبة ٥) واقتلوهم حيث

ثقفتموهم (بقرة ٢٤) فخذوهم واقتلوهم حيث ثقفتموهم (نساء ١٢) ضربت عليهم الذلة اينما **ثقفوا** (ال عمران ١٢) ملعونين اينما ثقفوا (احزاب ٧) سنفرغ لكم

ايه **الثقلان** (رحمن ٤) فمن **ثقلت** موازينه فاولئك هم المفلحون (اعراف ١، مؤمنين ٦) ثقلت فى السموات والارض (اعراف ٢٣) فاما من ثقلت

موازينه (قارعة ١) انا سنلقى عليك قولا **ثقيلا** (مزمل ١) ويذرون وراءهم يوما ثقيلا (انسان ٢)

فصل اللام

فى ظلمات ثلث (زمر ١) مثنى **وثلث** ورباع (نساء ١) الا تكلم الناس **ثلث** ليال سويا (مريم ١) والذين لم يبلغوا الحلم منكم ثلث مرات

(نور ٨) ثلث عورات لكم (نور ٨) وورثه ابواه فلامه **الثلث** (نساء ٢) فهم شركاء فى الثلث (نساء ٢) فلهن **ثلثا** ما ترك (نساء ٢) فلهما **الثلثان**

مما ترك (نساء ١٨) فعدتهن **ثلثة** اشهر (طلاق ١) فمن لم يجد فصيام ثلثة ايام (بقرة ٢٤ مائدة ١٢) قال ايتك الا تكلم الناس ثلثة ايام الا رمزا (عمران

٥ فقال تمتعوا فى داركم ثلثة ايام (هود ٧) ولا تقولوا ثلثة (نساء ٢٣) سيقولون ثلثة رابعهم كلبهم (كهف ٣) والمطلقات يتربصن بانفسهن ثلثة قروء

٤٣ (بقرة ٢٨) وكنتم ازواجا ثلثة (واقعة ١) قالوا ان الله ثالث ثلثة (مائدة ١٠) ما يكون من نجوى ثلثة (مجادلة ٢) ان يمدكم ربكم **بثلثة** الاف (ال عمران

وعلى **الثلثة** الذين خلفوا (توبة ١٤) **ثلة** من الاولين وقليل من الاخرين (واقعة ١) ثلة من الاولين وثلة من الاخرين (واقعة ٢) وحمله

وفصاله **ثلثون** شهرا (احقاف ٢) ونصفه **وثلثه** (مزمل ٢) انك تقوم ادنى من **ثلثى** الليل (مزمل ٢) وواعدنا موسى **ثلثين** ليلة (اعراف ١٧)

فصل الميم

على ان تاجرنى ثمانى حجج (قصص ٣) **ثمانية** ازواج من الضان اثنين (انعام ١٥)

وانزل لكم من الانعام ثمانية ازواج (زمر ١) ويحمل عرش ربك فوقهم يومئذ ثمانية (حاقة ١) سبع ليال **وثمانية** ايام (حاقة ١) فاجلدوهم **ثمانين**

جلدة (نور ١) وكان له **ثمر** (كهف ٤) يجبى اليه **ثمرات** كل شىء (قصص ٦) فاخرجنا به ثمرات (ملائكة ٣) ومن ثمرات النخيل (نحل ٧) وما

ذى ثلث شعب (مرسلات ٣)

وما تخرج من ثمرات من اكمامها (فصلت ٥) لكم فيها من كل **الثمرات** (بقرة ٢٧) فاخرجنا به من كل الثمرات (اعراف ٧) ومن كل جعل فيها زوجين (رعد ١)
والنخيل والاعناب ومن كل الثمرات (نحل ٢) ثم كلي من كل الثمرات (نحل ٧) ولهم فيها من كل الثمرات (قتال ٢) فاخرج به من الثمرات (بقرة ٣-ابراهيم ٤)
وارزق اهله من الثمرات (بقرة ١٥) ونقص من الثمرات (اعراف ١٦) وارزقهم **من** الثمرات (ابراهيم ٦) والانفس **و**الثمرات (بقرة ١٩) **كلما**
رزقوا منها من **ثمرة** (بقرة ٣) انظروا الى **ثمره** اذا اثمر (انعام ١٢) كلوا **من** ثمره اذا اثمر (انعام ١٧) ليأكلوا من ثمره (يس ٣) واحيط **بثمره**
(كهف ٥) وشروه **بثمن** بخس (يوسف ٢) فان كان لكم ولد فلهن **الثمن** مما تركتم (نساء ٢) ولا تشتروا باياتي **ثمنا** قليلا (بقرة ٥ مائده ٧) ليشتروا
به ثمنا قليلا (بقرة ٩) ويشترون به ثمنا قليلا (بقرة ٢١) ان الذين يشترون بعهد الله وايمانهم ثمنا قليلا (ال عمران ٨) واشتروا به ثمنا قليلا (ال عمران ١٩)
لا يشترون بايات الله ثمنا قليلا (ال عمران ٢٠) اشتروا بايات الله ثمنا قليلا (توبه ١) ولا تشتروا بعهد الله ثمنا قليلا (نحل ١٣) كما بعدت **ثمود**
(هود ٩) كذبت ثمود المرسلين (شعراء ٨) كذبت ثمود بالنذر (قمر ٢) كذبت ثمود وعاد بالقارعة (حاقه ١) كذبت ثمود بطغواها (شمس ١) وآتينا
ثمود الناقة مبصرة (اسرائيل ٦) والى ثمود اخاهم صالحا (اعراف ١٠ هود ٦) ولقد ارسلنا الى ثمود اخاهم صالحا (نمل ٤) الا ان ثمود كفروا ربهم (هود ٧)
فاما ثمود فاهلكوا بالطاغية (حاقه ١) واما ثمود فهديناهم (فصلت ٢) **وفي** ثمود اذ قيل لهم (ذاريات ٢) الا بعدا **لثمود** (هود ٧) قوم نوح وعاد
وثمود (توبه ٩-ابراهيم ٢ مؤمن ٤) وثمود وقوم لوط واصحاب الايكة (ص ١) وعادا وثمود واصحاب الرس (فرقان ٣) وعادا وثمود وقد
تبين لكم (عنكبوت ٤) مثل صاعقة عاد وثمود (فصلت ٢) واصحاب الرس وثمود (ق ١) وثمود فما ابقى (نجم ٣) هل اتاك حديث الجنود فرعون وثمود
(بروج ١) وثمود الذين جابوا الصخر بالواد (فجر ١)

فصل الواو

ثواب الله خير لمن آمن وعمل صالحا (قصص ٨) ومن
يرد ثواب الدنيا نؤته منها (ال عمران ١٥) فآتاهم الله ثواب الدنيا (ال عمران ١٦) من كان يريد ثواب الدنيا (نساء ١٩) فعند الله ثواب الدنيا والاخرة
(نساء ١٩) ومن يرد ثواب الاخرة نؤته منها (ال عمران ١٥) وحسن ثواب الاخرة (ال عمران ١٦) والله عنده حسن **الثواب** (ال عمران ٢٠) نعم الثواب
وحسنت مرتفقا (كهف ٤) **ثوابا** من عند الله (ال عمران ٢٠) هو خير ثوابا وخير عقبا (كهف ٥) خير عند ربك ثوابا (كهف ٥ مريم ٥) هل **ثوب**
الكفار ما كانوا يفعلون (مطففين ١)

فصل الياء

فالذين كفروا قطعت لهم ثياب من نار (حج ٢) عاليهم ثياب
سندس (انسان ١) ويلبسون **ثيابا** خضرا من سندس (كهف ٤) **وثيابك** فطهر (مدثر ١) وحين تضعون **ثيابكم** (نور ٨) الا حين
يستغشون ثيابهم (هود ١) واستغشوا ثيابهم (نوح ١) ان يضعن **ثيابهن** (نور ٨) سائحات **ثيبات** وابكارا (تحريم ١)

باب الجيم

فصل الهمزة

قالوا الآن جئت بالحق (بقرة ٨) قال ان كنت جئت باية فأت
بها (اعراف ١٣) لقد جئت شيئا امرا (كهف ١٠) لقد جئت شيئا نكرا (كهف ١٠) ثم جئت على قدر يا موسى (طه ٢) لقد جئت شيئا فريا (مريم ٢) قال
اولو **جئتك** بشيء مبين (شعراء ٢) **وجئتك** من سبأ بنبأ يقين (نمل ٢) قد جئتكم باية من ربكم (ال عمران ٥) قد جئتكم ببينة من ربكم (اعراف ١١) قال قد
جئتكم بالحكمة (زخرف ٧) اولو جئتكم باهدى مما وجدتم (زخرف ٢) **و**جئتكم باية من ربكم (ال عمران ٥) قال موسى ما **جئتم** به السحر (يونس ٩)
لقد جئتم شيئا ادا (مريم ٦) لقد **جئتمونا** كما خلقناكم (كهف ٥) ولقد جئتمونا فرادى (انعام ١١) قالوا **أجئتنا** لنعبد الله وحده (اعراف ٩) قالوا
اجئتنا لتلفتنا (يونس ٨) قال اجئتنا لتخرجنا من ارضنا (طه ٣) قالوا اجئتنا بالحق (انبياء ٥) قالوا اجئتنا لتأفكنا عن آلهتنا (احقاف ٣) ومن بعد **ما**
جئتنا (اعراف ١٥) قالوا يا هود ما جئتنا ببينة (هود ٥) اذ **جئتهم** بالبينات (مائده ١٥) ولئن جئتهم باية (روم ٦) فكيف اذا **جئنا** من كل امة بشهيد
(نساء ٦) **ما** جئنا لنفسد في الارض (يوسف ٩) قد **جئناك** باية من ربك (طه ٢) **و**جئنا بك على هؤلاء شهيدا (نساء ٦) وجئنا بك شهيدا على
هؤلاء (نحل ١٢) وجئنا ببضاعة مزجاة (يوسف ٩)

فصل الالف

الذي جاء به موسى نورا (انعام ١١) والذي جاء
بالصدق وصدق به (زمر ٤) اذ جاء ربه بقلب سليم (صافات ٣) اذا جاء اجلهم فلا يستأخرون (يونس ٥) ولن يؤخر الله نفسا اذا جاء اجلها (منافقون ٢)
ان اجل الله اذا جاء لا يؤخر (نوح ١) اذا جاء نصر الله والفتح (نصر ١) حتى اذا جاء احدكم الموت (انعام ٧) حتى اذا جاء امرنا (هود ٤) حتى اذا جاء احدهم
الموت (مؤمنون ٦) فاذا جاء اجلهم (اعراف ٤ نحل ٧ ملائكه ٥) فاذا جاء رسولهم قضي بينهم (يونس ٥) فاذا جاء وعد اولاهما (اسرائيل ١) فاذا جاء وعد
الاخرة (اسرائيل ١-١١) فاذا جاء وعد ربي جعله دكاء (كهف ١١) فاذا جاء امرنا وفار التنور (مؤمنون ٢) فاذا جاء الخوف (احزاب ٢) فاذا جاء امر الله
قضي بالحق (مؤمن ٨) فلما ان جاء البشير (يوسف ١٠) فما لبث ان جاء بعجل حنيذ (هود ٧) او جاء احد منكم من الغائط (مائده ٢ نساء ٦) او جاء معه ملك
(هود ٢) او جاء معه الملائكة مقترنين (زخرف ٥) بل جاء بالحق (صافات ٢) حتى جاء الحق وظهر امر الله (توبه ٧) حتى جاء امر الله (حديد ٢)
قد جاء امر ربك (هود ٧) فقد جاء اشراطها (قتال ٢) ولقد جاء آل فرعون النذر (قمر ٣) قل جاء الحق (سباء ٥) وقل جاء الحق وزهق الباطل

كلما جاء امة رسولها كذبوه (مؤمنين ٣) ولئن جاء نصر من ربك (عنكبوت ١) فلما جاء السحرة (يونس ٨ شعراء ٣) فلما جاء امرنا (هود ٧-٩)
فلما جاء آل لوط المرسلون (حجر ٥) فلما جاء سليمان (نمل ٣) لما جاء امر ربك (هود ٩) ولما جاء موسى لميقاتنا (اعراف ١٧) ولما جاء امرنا (هود ٦-١٠)
ولما جاء عيسى بالبينات (زخرف ٧) **من جاء** بالحسنة (انعام ٢٠ نمل ٩ قصص ٩) قل ربي اعلم من جاء بالهدى (قصص ٩) وقال موسى ربي اعلم
بمن جاء بالهدى (قصص ٤) ومن جاء بالسيئة (انعام ٢٠ نمل ٩ قصص ٩) ولمن جاء به حمل بعير (يوسف ٨) **فجاء** بعجل سمين (ذاريات ٢)
وجاء السحرة فرعون (اعراف ١٤) وجاء المعذرون (توبة ١١) وجاء اخوة يوسف (يوسف ٧) وجاء بكم من البدو (يوسف ١١) وجاء اهل المدينة
(حجر ٥) وجاء رجل من اقصى المدينة (قصص ٢) وجاء من اقصى المدينة رجل (يس ٢) وجاء بقلب منيب (ق ٣) وجاء فرعون ومن قبله (حاقة ١)
وجاء ربك والملك صفا صفا (فجر ١) انها اذا **جاءت** لا يؤمنون (انعام ١٣) فاذا جاءت الطامة الكبرى (نازعات ٢) فاذا جاءت الصاخة
(عبس ٢) قد جاءت رسل ربنا بالحق (اعراف ٦) لقد جاءت رسل ربنا بالحق (اعراف ٥) ولقد جاءت رسلنا ابراهيم بالبشرى (هود ٧) فلما
جاءت قيل أهكذا عرشك (نمل ٣) ولما جاءت رسلنا (عنكبوت ٣ هود ٧) ولما ان جاءت رسلنا (عنكبوت ٤) **وجاءت** سيارة (يوسف ٢) وجاءت
سكرة الموت (ق ٢) وجاءت كل نفس (ق ٢) بلى قد **جاءتك** آياتي (زمر ٦) اذ **جاءتكم** جنود (احزاب ٢) قد جاءتكم بينة من ربكم (اعراف ١٠-٩)
قد جاءتكم موعظة (يونس ٦) من بعد **ما جاءتكم** البينات (بقرة ٢٥) الا ان امنا بآيات ربنا لما **جاءتنا** (اعراف ١٤) ومن يبدل نعمة الله
من بعد ما **جاءته** (بقرة ٢٦) **فجاءته** احداهما (قصص ٣) **وجاءته** البشرى (هود ٧) **جاءتها** ريح (يونس ٣) **جاءتهم**
رسلهم بالبينات (ابراهيم ٢ ملائكة ٣) اذ جاءتهم الرسل (فصلت ٢) حتى اذا جاءتهم الساعة بغتة (انعام ٤) حتى اذا جاءتهم رسلنا يتوفونهم
(اعراف ٤) اذا جاءتهم ذكراهم (قتال ٢) فاذا جاءتهم الحسنة (اعراف ١٦) واذا جاءتهم آية (انعام ١٥) ولقد جاءتهم رسلنا بالبينات (مائدة ٤) ولقد
جاءتهم رسلهم (اعراف ١١) لئن جاءتهم آية (انعام ١٣) فلما جاءتهم آياتنا (نمل ٢) فلما جاءتهم رسلهم (مؤمن ٩) ولو جاءتهم كل آية (يونس ١٠) من بعد
ما جاءتهم **البينات** (بقرة ٢٢-٢٦ نساء ١) الا من بعد ما جاءتهم البينة (بينة ١) **وجاءتهم** رسلهم (يونس ٢ روم ١) ومنها **جائر** (نحل ١) يا ايها
النبي اذا **جاءك** المؤمنات (ممتحنة ٢) اذا جاءك المنافقون (منافقين ١) واذا جاءك الذين يؤمنون بآياتنا (انعام ٦) بعد الذي جاءك من
العلم (بقرة ١٤) عما جاءك من الحق (مائدة ٧) من بعد ما جاءك من العلم (بقرة ١٥-آل عمران ٧) بعد ما جاءك من العلم (رعد ٤) لقد جاءك
الحق (يونس ١٠) ولقد جاءك من نبأ المرسلين (انعام ٤) واما من جاءك يسعى (عبس ١) **وجاءك** في هذه الحق (هود ١٠) انحن صددناكم عن الهدى
بعد اذ **جاءكم** (سبا ٤) اذا جاءكم المؤمنات (ممتحنة ٢) ان جاءكم ذكر من ربكم (اعراف ٧ مرتين) ان جاءكم فاسق بنبأ (حجرات ١) ثم جاءكم رسول مصدق (آل عمران ٩)
قد جاءكم رسل من قبلي (آل عمران ١٩) قد جاءكم الرسول بالحق من ربكم (نساء ١٧) قد جاءكم برهان من ربكم (نساء ١٨) قد جاءكم رسولنا (مائدة ٣) قد
جاءكم من الله نور (مائدة ٣) قد جاءكم بصائر من ربكم (انعام ١٣) قد جاءكم الحق من ربكم (يونس ١١) فقد جاءكم بينة من ربكم (انعام ٢٠) فقد جاءكم
الفتح (انفال ٣) فقد جاءكم بشير ونذير (مائدة ٣) لقد جاءكم رسول (توبة ١٣) ولقد جاءكم موسى بالبينات (بقرة ١١) ولقد جاءكم يوسف
من قبل بالبينات (مؤمن ٤) وقد **جاءكم** بالبينات (مؤمن ٣) افكلما جاءكم رسول (بقرة ١١) اتقولون للحق لما جاءكم (يونس ٨) فما زلتم في شك مما
جاءكم به (مؤمن ٤) وقد كفروا بما جاءكم من الحق (ممتحنة ١) **وجاءكم** النذير (ملائكة ٤) حتى اذا **جاءنا** قال يا ليت بيني وبينك (زخرف ٤)
فمن ينصرنا من بأس الله **ان** جاءنا (مؤمن ٣) قالوا بلى **قد جاءنا** نذير (ملك ١) **ما** جاءنا من بشير (مائدة ٣) على ما جاءنا من البينات
(طه ٨) **وما** جاءنا من الحق (مائدة ١١) بعد اذ **جاءني** (فرقان ٣) يا ابت اني قد جاءني من العلم (مريم ٥) لما جاءني من البينات (مؤمن ٧) حتى
اذا **جاءوا** قال أكذبتم بآياتي (نمل ٦) جاءوا بالبينات (آل عمران ١٩) ان الذين جاءوا بالافك (نور ٢) والذين جاءوا من بعدهم (حشر ١)
لو جاءوا عليه باربعة شهداء (نور ٢) **فقد جاءوا** ظلما وزورا (فرقان ١) **وجاءوا** اباهم عشاء يبكون (يوسف ٢) وجاءوا على قميصه
بدم كذب (يوسف ٢) وجاءوا بسحر عظيم (اعراف ١٤) حتى اذا **جاءوك** يجادلونك (انعام ٣) ثم جاءوك يحلفون بالله (نساء ٧) جاءوك فاستغفروا
الله (نساء ٧) **فان** جاءوك فاحكم بينهم (مائدة ٥) واذا جاءوك حيوك (مجادلة ١) اذ **جاءوكم** من فوقكم (احزاب ٢) واذا جاءوكم قالوا
آمنا (مائدة ٧) او جاءوكم حصرت صدورهم (نساء ١٣) حتى اذا **جاءوها** شهد عليهم سمعهم وابصارهم (فصلت ٢) حتى اذا جاءوها وفتحت
ابوابها (زمر ٨) حتى اذا جاءوها وفتحت ابوابها (زمر ٨) **فجاءوهم** بالبينات (يونس ٨ روم ٥) وكذب بالصدق اذ **جاءه** (زمر ٤) حتى
اذا جاءه لم يجده شيئا (نور ٤) عبس وتولى ان جاءه الاعمى (عبس ١) **فلما** جاءه وقص عليه القصص (قصص ٣) فلما جاءه الرسول (يوسف ٥)
او كذب بالحق لما جاءه (عنكبوت ٧) **فمن** جاءه موعظة من ربه (بقرة ٣٨) **وجاءه** قومه يهرعون اليه (هود ٧) اذ **جاءها** المرسلون (يس ٢)

فلمّا جاءها نودی (نمل ۱) فجاءها بأسنا بیاتا (اعراف ۱) جاءهم نصرنا فنجی من نشاء (یوسف ۱۲) اذ جاءهم الهدی (اسرائیل ۱۱ کهف ۶)
فسئل بنی اسرائیل اذ جاءهم (اسرائیل ۱۱) فلولا اذ جاءهم بأسنا (انعام ۵) فما کان دعوٰهم اذ جاءهم بأسنا (اعراف ۱) واذا جاءهم امر من الامن
(نساء ۱۱) ان جاءهم منذر (ق ۱) واصلح لئن جاءهم نذیر (ملائکة ۵) ام جاءهم مالم یأت اٰباءهم الاولین (مؤمنین ۷) بل جاءهم بالحق (مؤمنین ۴)
ثم جاءهم ما کانوا یوعدون (شعراء ۱۱) حتی جاءهم العلم (یونس ۱) حتی جاءهم الحق (زخرف ۱۲) ولقد جاءهم رسول (نحل ۱۴) ولقد جاءهم مو
(عنکبوت ۴) ولقد جاءهم من الانباء (قمر ۱) ولقد جاءهم من ربهم الهدی (نجم ۳) وقد جاءهم رسول مبین (دخان ۲) کلما جاءهم رسول
(مائدة ۷) لجاءهم العذاب (عنکبوت ۶) قال الذین کفروا لما جاءهم (احقاف ۱) بل کذبوا بالحق لما جاءهم (ق ۱) فلما جاءهم الحق من عندنا
(یونس ۸ قصص ۵) فلما جاءهم موسی بآیاتنا (قصص ۴) فلما جاءهم بالحق من عندنا (مؤمن ۳) فلما جاءهم بآیاتنا (زخرف ۵) فلما جاءهم نذیر (ملائکة ۵)
فلما جاءهم بالبینات (صف ۱) ولما جاءهم کتاب من عند الله (بقرة ۱۱) ولما جاءهم رسول من عند الله (بقرة ۱۲) ولما جاءهم الحق (زخرف ۳) الا
من بعد ما جاءهم العلم (آل عمران ۲ جاثیة ۲ شوری ۲) واختلفوا من بعد ما جاءهم البینات (آل عمران ۱۱) وجاءهم البینات (آل عمران ۹) و
وجاءهم الموج (یونس ۳) وجاءهم رسول کریم (دخان ۱) وثمود الذین جابوا الصخر بالواد (فجر ۱) فاصبحوا فی دارهم جاثمین (اعراف ۱۰ عنکبوت ۴)
فاصبحوا فی دیارهم جاثمین (هود ۷ ۸) وتری کل امة جاثیة (جاثیة ۳) ها انتم هؤلاء جادلتم (نساء ۱۶) قالوا یانوح قد جادلتنا
(هود ۳) وجادلوا بالباطل (مؤمن ۱) وان جادلوك فقل الله اعلم (حج ۷) وجادلهم بالتی هی احسن (نحل ۱۶) وانی جار لکم (انفال ۶)
والجار ذی القربی والجار الجنب (نساء ۶) فالجاریات یسرا (ذاریات ۱) فیها عین جاریة (غاشیة ۱) حملناکم فی الجاریة (حاقة ۱)
ولا مولود هو جاز عن والده شیئا (لقمان ۴) فجاسوا خلال الدیار (اسرائیل ۱) انی جاعل فی الارض خلیفة (بقرة ۴) جاعل الملائکة رسلا
(ملائکة ۱) وجاعل الذین اتبعوك (آل عمران ۶) قال انی جاعلك للناس اماما (بقرة ۱۵) وانا لجاعلون ما علیها صعیدا جرزا (کهف ۱)
وجاعلوه من المرسلین (قصص ۱) وقتل داود جالوت (بقرة ۳۳) قالوا لا طاقة لنا الیوم بجالوت وجنوده (بقرة ۳۳) ولما برزوا
لجالوت وجنوده (بقرة ۳۳) تحسبها جامدة (نمل ۹) ربنا انك جامع الناس (آل عمران ۱) ان الله جامع المنافقین (نساء ۲۰) واذا
کانوا معه علی امر جامع لم یذهبوا (نور ۷) لم یطمثهن انس قبلهم ولا جان (رحمن ۳) فیومئذ لا یسئل عن ذنبه انس ولا جان (رحمن ۲) فلما
رأها تهتز کأنها جان (نمل ۱ قصص ۴) وخلق الجان من مارج من نار (رحمن ۱) والجان خلقناه من قبل (حجر ۳) أفأمنتم ان یخسف بکم جانب
البر (اسرائیل ۷) وواعدنکم جانب الطور (طه ۴) ویقذفون من کل جانب (صافات ۱) وما کنت بجانب الغربی (قصص ۵) وما کنت بجانب
الطور (قصص ۵) ونادیناه من جانب الطور الایمن (مریم ۳) انس من جانب الطور (قصص ۳) اعرض ونأی بجانبه (اسرائیل ۹) فلما جاوزا
قال لفتٰه (کهف ۹) وجاوزنا ببنی اسرائیل البحر (اعراف ۱۶ یونس ۹) فلما جاوزه هو والذین امنوا (بقرة ۳۳) یا ایها النبی جاهد الکفار (توبة ۱۰
تحریم ۲) وجاهد فی سبیل الله (توبة ۳) وان جاهداك لتشرك بی (عنکبوت ۱) وان جاهداك علی ان تشرك بی (لقمان ۲) ولما یعلم الله الذین
جاهدوا منکم (آل عمران ۱۵ توبة ۲) جاهدوا باموالهم وانفسهم (توبة ۹) والذین جاهدوا فینا لنهدینهم سبلنا (عنکبوت ۷) ثم جاهدوا وصبروا
(نحل ۱۴) وجاهدوا فی سبیل الله (بقرة ۲۷، انفال ۲، توبة ۳) وجاهدوا باموالهم (انفال ۸) وجاهدوا معکم (انفال ۱۰) وجاهدوا باموالهم وانفسهم
(حجرات ۲) وجاهدوا باموالکم (توبة ۶) وجاهدوا مع رسوله (توبة ۱۱) وجاهدوا فی الله حق جهاده (حج ۱۰) وجاهدهم به جهادا کبیرا (فرقان ۵) ۶
یحسبهم الجاهل اغنیاء (بقرة ۳۸) اذ انتم جاهلون (یوسف ۱۱) واذا خاطبهم الجاهلون قالوا سلاما (فرقان ۶) قل افغیر الله تأمرونی
اعبد ایها الجاهلون (زمر ۷) ظن الجاهلیة (آل عمران ۱۶) افحکم الجاهلیة یبغون (مائدة ۷) ولا تبرجن تبرج الجاهلیة (احزاب ۴) فی قلوبهم الحمیة
حمیة الجاهلیة (فتح ۳) واعرض عن الجاهلین (اعراف ۲۴) ان اکون من الجاهلین (بقرة ۸) فلا تکونن من الجاهلین (انعام ۴) ان تکون من الجاهلین
(هود ۴) واکن من الجاهلین (یوسف ۴) لا نبتغی الجاهلین (قصص ۶)

فصل الباء

والقوه فی غیابت
الجب (یوسف ۲) ان یجعلوه فی غیابت الجب (یوسف ۲) واتبعوا امر کل جبار عنید (هود ۵) وخاب کل جبار عنید (ابراهیم ۳) یطبع الله علی کل قلب
متکبر جبار (مؤمن ۴) وما انت علیهم بجبار (ق ۳) الجبار المتکبر (حشر ۳) ولم یکن جبارا عصیا (مریم ۱) ولم یجعلنی جبارا شقیا (مریم ۲)
ان ترید الا ان تکون جبارا فی الارض (قصص ۳) ان فیها قوما جبارین (مائدة ۴) واذا بطشتم بطشتم جبارین (شعراء ۷) یا جبال اوبی معه (سبا ۲)
وینزل من السماء من جبال (نور ۶) سیرت به الجبال (رعد ۴) لتزول منه الجبال (ابراهیم ۷) وتخر الجبال هدا (مریم ۶) وتسیر الجبال سیرا (طور ۱)
وبست الجبال بسا (واقعة ۱) وتکون الجبال کالعهن (معارج ۱ قارعة ۱) وکانت الجبال کثیبا مهیلا (مزمل ۱) وسیرت الجبال (نبا ۲) وتنحتون الجبال بیوتا (اعراف ۱۰)

ولن تبلغ الجبال طولا (اسرائيل ٤) ويوم نسير الجبال (كهف ٥) وسخرنا مع داود الجبال (انبياء ٦) وترى الجبال تحسبها جامدة (نمل ٩) انا سخرنا الجبال معه (ص ٢)
واذا الجبال نسفت (مرسلات ١) واذا الجبال سيرت (تكوير ١) ويسألونك عن الجبال (طه ٦) في موج كالجبال (هود ٤) والى الجبال كيف نصبت (غاشية ١)
وكانوا ينحتون من الجبال بيوتا آمنين (حجر ٦) ان اتخذي من الجبال بيوتا (نحل ٩) وجعل لكم من الجبال (نحل ١١) وتنحتون من الجبال بيوتا فارهين (شعراء ٨)
ومن الجبال جدد بيض (ملائكة ٣) والنجوم والجبال (حج ٢) وحملت الارض والجبال (حاقة ٢) يوم ترجف الارض والجبال (مزمل ١) والجبال اوتادا (نبا ١)
والجبال ارسها (نازعات ٤) انا عرضنا الامانة على السموات والارض والجبال (احزاب ٩) يؤمنون بالجبت والطاغوت (نساء ٨) قل من كان عدوا
لجبريل (بقرة ١٠) وجبريل وميكال (بقرة ١٠) وجبريل وصالح المؤمنين (تحريم ١) ثم اجعل على كل جبل منهن جزءا (بقرة ٢٦) قال ساوي الى
جبل يعصمني (هود ٤) لو انزلنا هذا القرآن على جبل (حشر ٣) واذ نتقنا الجبل فوقهم (اعراف ١٢) ولكن انظر الى الجبل (اعراف ١٧) فلما تجلى ربه
للجبل (اعراف ١٧) ولقد اضل منكم جبلا كثيرا (يس ٤) والجبلة الاولين (شعراء ١٠) فلما اسلما وتله للجبين (صافات ٣)

فصل الثاء

حولها جثيا (مريم ٥) ونذر الظالمين فيها جثيا (مريم ٥)

فصل الجاء

وتلك عاد جحدوا بآيات ربهم
(هود ٦) وجحدوا بها واستيقنتها انفسهم (نمل ٢) وتصليه جحيم (واقعة ٢) وان الفجار لفي جحيم (انفطار ٢) وبرزت الجحيم (شعراء ٥) (نازعات ٢)
لترون الجحيم (تكاثر ١) اصحاب الجحيم (انظر اصحاب) الى صراط الجحيم (صافات ٢) فرآه في سواء الجحيم (صافات ٢) خذوه فاعتلوه الى سواء الجحيم (دخان ٣)
تخرج في اصل الجحيم (صافات ٢) الا من هو صال الجحيم (صافات ١٧) وقهم عذاب الجحيم (مؤمن ١) ووقاهم عذاب الجحيم (دخان ٣) ووقاهم ربهم عذاب
الجحيم (طور ١) ثم انهم لصالوا الجحيم (مطففين ١) واذا الجحيم سعرت (تكوير ١) فان الجحيم هي المأوى (نازعات ٢) ثم ان مرجعهم لالى الجحيم (صافات ٢)
ثم الجحيم صلوه (حاقة ٢) فاطلع فرآه في الجحيم (صافات ٣) انا لدينا انكالا وجحيما وطعاما (مزمل ١)

فصل الدال

وانه تعالى جد ربنا (جن ١) واما الجدار فكان لغلامين (كهف ١٠) فوجدا فيها جدارا (كهف ١٠) ولا فسوق ولا جدال في الحج (بقرة ٢٥)
فاكثرت جدالنا (هود ٣) ومن الجبال جدد بيض (ملائكة ٣) الا في قرى محصنة او من وراء جدر (حشر ٢) وكان الانسان اكثر شيء
جدلا (كهف ٨) ما ضربوه لك الا جدلا (زخرف ٦) خلق جديد (انظر خلق) ائنا لمبعوثون خلقا جديدا (اسرائيل ٥-١٠)

فصل الذال

فجعلهم جذاذا (انبياء ٥) فاجاءها المخاض الى جذع النخلة (مريم ٢) وهزي اليك بجذع النخلة (مريم ٢)
او جذوة من النار (قصص ٣) ولاصلبنكم في جذوع النخل (طه ٦)

فصل الراء

كانهم جراد منتشر (قمر ١)
ويعلم ما جرحتم بالنهار (انعام ٦) اولم يروا انا نسوق الماء الى الارض الجرز (سجدة ٣) وانا لجاعلون ما عليها صعيدا جرزا (كهف ١) ام من اسس
بنيانه على شفا جرف هار (توبة ١٣) لا جرم انهم في الآخرة هم الاخسرون (هود ٢) لا جرم انهم في الآخرة هم الخاسرون (نحل ١٤) لا جرم
ان الله يعلم ما يسرون (نحل ٣) لا جرم ان لهم النار (نحل ١٤) لا جرم انما تدعونني اليه (مؤمن ٥) والجروح قصاص (مائدة ٧) وجرين بهم بريح
طيبة (يونس ٣)

فصل الزاء

لكل باب منهم جزء مقسوم (حجر ٤) ثم اجعل على كل جبل منهن جزءا (بقرة ٢٦) وجعلوا له من
عباده جزءا (زخرف ٢) كذلك جزاء الكافرين (بقرة ٢٢) وذلك جزاء الكافرين (توبة ٣) وذلك جزاء الظالمين (مائدة ٥) (حشر ٢) وذلك جزاء
المحسنين (مائدة ١١) وذلك جزاء من تزكى (طه ١٣) ذلك جزاء المحسنين (زمر ٤) ذلك جزاء اعداء الله (فصلت ٤) جزاء سيئة بمثلها (يونس ٣)
فاولئك لهم جزاء الضعف (سبا ٥) هل جزاء الاحسان الا الاحسان (رحمن ٣) قالت ما جزاء من اراد باهلك سوءا (يوسف ٣) فما جزاء من يفعل ذلك
منكم (بقرة ١٠) فجزاء مثل ما قتل (مائدة ١٣) انما جزاء الذين يحاربون الله ورسوله (مائدة ٥) وجزاء سيئة سيئة مثلها (شورى ٤) ثم يجزيه
الجزاء الاوفى (نجم ٣) جزاء بما كسبا نكالا من الله (مائدة ٦) جزاء بما كانوا يكسبون (توبة ٩-١١) فله جزاء الحسنى (كهف ١١) جزاء بما كانوا
بآياتنا يجحدون (فصلت ٣) جزاء بما كانوا يعملون (سجدة ٢ احقاف ٢ واقعة ٢) جزاء موفورا (اسرائيل ٧) كانت لهم جزاء ومصيرا (فرقان ٢)
جزاء لمن كان كفر (قمر ١) لا نريد منكم جزاء ولا شكورا (انسان ١) ان هذا كان لكم جزاء (انسان ٣) جزاء وفاقا (نبا ٢) جزاء من ربك (نبا ٢) فان جهنم
جزاؤكم (اسرائيل ٧) قالوا فما جزاؤه ان كنتم كاذبين (يوسف ٨) قالوا جزاؤه من وجد في رحله فهو جزاؤه (يوسف ٨) فجزاؤه
جهنم (نساء ١) ذلك جزاؤهم (اسرائيل ١١ كهف ١) اولئك جزاؤهم ان عليهم لعنة الله (آل عمران ٩) اولئك جزاؤهم مغفرة (آل عمران ١٤) جزاؤهم
عند ربهم (بينة ١) وجزاهم بما صبروا (انسان ١) اجزعنا ام صبرنا (ابراهيم ٣) اذا مسه الشر جزوعا (معارج ١) حتى يعطوا الجزية
(توبة ٣) اني جزيتهم اليوم (مؤمنون ٦) ذلك جزيناهم ببغيهم (انعام ١٨) ذلك جزيناهم بما كفروا (سبا ٢)

فصل السين

عجلا جسدا له خوار (اعراف ١٨ طه ٤) وما جعلناهم جسدا (انبياء ١) والقينا على كرسيه جسدا ثم اناب (ص ٣) وزاده بسطة

في العلم والجسم (بقرة ٢٥)

فصل العين

جعل الله الكعبة البيت الحرام قياما (مائدة ١٠) جعل لكم
من انفسكم ازواجا (شورى ٢) جعل السقاية في رحل اخيه (يوسف ٧) جعل فيها زوجين اثنين (رعد ١) ان شاء جعل لك خيرا (فرقان ١) جعل فتنة
الناس كعذاب الله (عنكبوت ١) الذي جعل لكم الارض فراشا (بقرة ٣) الذي جعل لكم الارض مهدا (طه، زخرف ١) الذي جعل لكم الارض قرارا
(مؤمن ٧) هو الذي جعل لكم الارض ذلولا (ملك ٢) والله جعل لكم الارض بساطا (نوح ٢) هو الذي جعل لكم الليل لتسكنوا فيه (يونس ٧) وهو
الذي جعل لكم الليل (فرقان ٥) الله الذي جعل لكم الليل (مؤمن ٧) الله الذي جعل لكم الانعام (مؤمن ٨) تبارك الذي جعل في السماء بروجا (فرقان ٧)
وهو الذي جعل الليل والنهار خلفة (فرقان ٧) الذي جعل لكم من الشجر الاخضر نارا (يس ٨) الذي جعل مع الله الها اخر (ق ٣) والله جعل لكم من انفسكم
ازواجا (نحل ٨) والله جعل لكم من بيوتكم سكنا (نحل ٨) والله جعل لكم مما خلق ظلالا (نحل ٩) التي جعل الله لكم قياما (نساء ١) **اجعل** الالهة الها واحدا (ص ١)
اذ جعل فيكم انبياء (مائدة ٢) اذ جعل الذين كفروا (فتح ٣) قل ارأيتم **ان جعل** الله عليكم النهار (قصص ٨) قل ارأيتم ان جعل الله عليكم الليل سرمدا (قصص ٨)
انما جعل السبت على الذين اختلفوا فيه (نحل ٢١) **ثم جعل** من بعد ضعف قوة ثم جعل من بعد قوة ضعفا وشيبة (روم ٦) ثم جعل نسله (سجدة ١)
ثم جعل منها زوجها (زمر ١) **فجعل** من دون ذلك فتحا قريبا (فتح ٣) فجعل منه الزوجين الذكر والانثى (قيامة ٢) **قد جعل** ربك تحتك سريا (مريم ٣)
قد جعل الله لكل شيء قدرا (طلاق ١) **لجعل** الناس امة واحدة (هود ١٠) **ما جعل** الله من بحيرة (مائدة ١٤) ما جعل الله لرجل من قلبين (احزاب ١)
فما جعل الله لكم عليهم سبيلا (نساء ١) **وما جعل** عليكم في الدين من حرج (حج ٨) وما جعل ازواجكم (احزاب ١) وما جعل ادعياءكم ابناءكم (احزاب ١)
امن جعل الارض قرارا (نمل ٧) **وجعل** منهم القردة والخنازير (مائدة ٦) وجعل الظلمات والنور (انعام ١) وجعل الليل سكنا (انعام ١٠) وجعل
منها زوجها (اعراف ١٩) وجعل كلمة الذين كفروا السفلى (توبة ٤) وجعل لكم السمع والابصار (نحل ١٠، سجدة ١، ملك ٣) وجعل لكم من ازواجكم بنين (نحل ١٠)
وجعل لكم سرابيل (نحل ١١) وجعل لكم من الجبال اكنانا (نحل ١١) وجعل لكم فيها سبلا (زخرف ١) وجعل لكم من الفلك والانعام ما تركبون (زخرف ١) وجعل
لهم اجلا لا ريب فيه (اسرائيل ١) وجعل النهار نشورا (فرقان ٥) وجعل بينهما برزخا (فرقان ٤) وجعل فيها سراجا (فرقان ٧) وجعل خلالها انهارا
(نمل ٧) وجعل لها رواسي (نمل ٧) وجعل بين البحرين حاجزا (نمل ٧) وجعل لكم من جلود الانعام بيوتا (نحل ١١) وجعل اهلها شيعا (قصص ١) وجعل بينكم
مودة ورحمة (روم ٣) وجعل لله اندادا (زمر ١) وجعل فيها رواسي (فصلت ٢، رعد ١) وجعل على بصره غشاوة (جاثية ٣) وجعل القمر فيهن نورا
وجعل الشمس سراجا (نوح ٢) **جعلا** له شركاء (اعراف ١٩) **وجعلت** له مالا ممدودا (مدثر ١) **اجعلتم** سقاية الحاج (توبة ٣) وقد جعلتم
الله عليكم كفيلا (نحل ١٣) **فجعلتم** منه حراما وحلالا (يونس ٤) **جعلته** كالرميم (ذاريات ٥) وهو الذي **جعلكم** خلائف الارض (انعام ١٧)
هو الذي جعلكم خلائف في الارض (ملائكة ٥) واذكروا اذ جعلكم خلفاء (اعراف ٧-٨) **ثم جعلكم** ازواجا (ملائكة ٢) **مما جعلكم** مستخلفين (حديد ١)
لجعلكم امة واحدة (مائدة ٧، نحل ١٣) **وجعلكم** ملوكا (مائدة ٤) **جعلنا** منكم شرعة ومنهاجا (مائدة ٧) وكذلك جعلنا لكل نبي عدوا (انعام ١٤)
(فرقان ٣) وكذلك جعلنا في كل قرية اكابر (انعام ١٥) جعلنا عاليها سافلها (هود ٧) جعلنا بينك وبين الذين لا يؤمنون (اسرائيل ٥) جعلنا لاحدهما
جنتين (كهف ٥) ولكل امة جعلنا منسكا (حج ٥) لكل امة جعلنا منسكا (حج ٧) **اجعلنا** من دون الرحمن الهة يعبدون (زخرف ٥) **واذ جعلنا** البيت مثابة
للناس (بقرة ١٥) **انا جعلنا** الشياطين (اعراف ٣) انا جعلنا ما على الارض زينة (كهف ١) انا جعلنا على قلوبهم اكنة (كهف ٤) الم يروا انا جعلنا الليل
ليسكنوا فيه (نمل ٩) انا جعلنا حرما آمنا (عنكبوت ٧) انا جعلنا في اعناقهم اغلالا (يس ١) واولئكم جعلنا لكم (نساء ١٠) **ثم جعلنا** له جهنم (اسرائيل ٢) ثم جعلنا
الشمس عليه دليلا (فرقان ٥) **فجعلنا** عاليها سافلها (حجر ٦) **فقد جعلنا** لوليه سلطانا (اسرائيل ٤) **ولقد جعلنا** في السماء بروجا (حجر ٢)
ولكل جعلنا موالي (نساء ٥) **وكلا جعلنا** نبيا (مريم ٥) وكلا جعلنا صالحين (انبياء ٥) **وما جعلنا** القبلة التي كنت عليها (بقرة ١٧) وما جعلنا البشر
من قبلك الخلد (انبياء ٣) وما جعلنا الرؤيا التي اريناك (اسرائيل ٦) وما جعلنا عدتهم (مدثر ١) وما جعلنا اصحاب النار الا ملائكة (مدثر ١) **و**
جعلنا قلوبهم قاسية (مائدة ٣) وجعلنا الانهار تجري (انعام ١) وجعلنا على قلوبهم اكنة (انعام ٣، اسرائيل ٥) وجعلنا له نورا (انعام ١٥) وجعلنا لكم
فيها معايش (اعراف ١، حجر ٢) وجعلنا لهم ازواجا (رعد ٦) وجعلنا جهنم للكافرين حصيرا (اسرائيل ١) وجعلنا الليل والنهار آيتين (اسرائيل ٢) وجعلنا
آية النهار مبصرة (اسرائيل ٢) وجعلنا بينهما زرعا (كهف ٥) وجعلنا بينهم موبقا (كهف ٧) وجعلنا لمهلكهم موعدا (كهف ٧) وجعلنا لهم لسان
صدق عليا (مريم ٣) وجعلنا من الماء كل شيء حي (انبياء ٣) وجعلنا في الارض رواسي (انبياء ٣) وجعلنا فيها فجاجا (انبياء ٣) وجعلنا فيها جنات
من نخيل (يس ٣) وجعلنا السماء سقفا (انبياء ٣) وجعلنا ابن مريم وامه آية (مؤمنون ٣) وجعلنا بعضكم لبعض فتنة (فرقان ٢) وجعلنا معه اخاه هارون
وزيرا (فرقان ٤) وجعلنا في ذريته النبوة (عنكبوت ٣) وجعلنا منهم ائمة (سجدة ٣) وجعلنا بينهم وبين القرى (سبا ٢) وجعلنا الاغلال

ولو نشاء لجعلنا منكم ملائكة (زخرف) لجعلنا لمن يكفر بالرحمن (زخرف ٤)

فی اعناق الذین کفروا (سبا ۳۳) وجعلنا من بین ایدیهم سدا (یس ۹) وجعلنا ذریته هم الباقین (صافات ۷۷) وجعلنا لهم سمعا وابصارا (احقاف ۲۶) و
جعلنا فی ذریتهما النبوة (حدید ۲۶) وجعلنا فی قلوب الذین اتبعوه رأفة (حدید ۲۷) وجعلنا فیها رواسی (مرسلات ۲۷) وجعلنا نومکم سباتا وجعلنا اللیل
لباسا وجعلنا النهار معاشا (نبأ ۱۱) وجعلنا سراجا وهاجا (نبأ ۱۳) انا **جعلناك** خلیفة فی الارض (ص ۲۶) ثم جعلناك علی شریعة من الامر (جاثیة ۱۸)
وما جعلناك علیهم حفیظا (انعام ۱۰۷) وکذلك **جعلناکم** امة وسطا (بقرة ۱۴۳) ثم جعلناکم خلائف فی الارض (یونس ۱۴) **و**جعلناکم اکثر نفیرا (اسراء ۶)
وجعلناکم شعوبا (حجرات ۱۳) الذی **جعلناه** للناس (حج ۲۵) لو نشاء جعلناه اجاجا (واقعة ۷۰) انا جعلناه قرانا عربیا (زخرف ۳) ثم جعلناه نطفة
(مؤمنون ۱۳) ولکن جعلناه نورا (شوری ۵۲) ولو جعلناه ملکا (انعام ۹) ولو جعلناه قرانا اعجمیا (فصلت ۴۴) **فجعلناه** هباء منثورا (فرقان ۲۳)
فجعلناه سمیعا بصیرا (انسان ۲) فجعلناه فی قرار مکین (مرسلات ۲۱) **لجعلناه** رجلا (انعام ۹) لو نشاء لجعلناه حطاما (واقعة ۶۵) **و**جعلناه
هدی لبنی اسرائیل (سجدة ۲۳) وجعلناه مثلا لبنی اسرائیل (زخرف ۵۹) والبدن **جعلناها** لکم من شعائر الله (حج ۳۶) انا جعلناها فتنة للظالمین (صافات ۶۳)
نحن جعلناها تذکرة (واقعة ۷۳) **فجعلناها** نکالا (بقرة ۶۶) فجعلناها حصیدا (یونس ۲۴) **و**جعلناها وابنها آیة للعالمین (عنکبوت ۱۵) وجعلناها
آیة للعالمین (عنکبوت ۱۵) وجعلناها رجوما (ملك ۵) حتی **جعلناهم** حصیدا خامدین (انبیاء ۱۵) وما جعلناهم جسدا (انبیاء ۸) **فجعلناهم**
الاخسرین (انبیاء ۷۰) فجعلناهم غثاء (مؤمنون ۴۱) فجعلناهم احادیث (سبا ۱۹) فجعلناهم الاسفلین (صافات ۹۸) فجعلناهم سلفا ومثلا للآخرین (زخرف ۵۶)
وجعلناهم خلائف (یونس ۷۳) وجعلناهم ائمة (انبیاء ۷۳، قصص ۵) وجعلناهم احادیث (مؤمنون ۴۴) وجعلناهم آیة للناس (فرقان ۳۷) **فجعلناهن**
ابکارا (واقعة ۳۶) **وجعلنی** نبیا (مریم ۳۰) وجعلنی مبارکا اینما کنت (مریم ۳۱) وجعلنی من المرسلین (شعراء ۲۱) وجعلنی من المکرمین (یس ۲۷) الذین
جعلوا القرآن عضین (حجر ۹۱) جعلوا اصابعهم فی آذانهم (نوح ۷) ام جعلوا لله شرکاء (رعد ۱۶) **و**جعلوا لله شرکاء الجن (انعام ۱۰۰) وجعلوا لله شرکاء
(رعد ۳۳) وجعلوا لله مما ذرأ (انعام ۱۳۶) وجعلوا لله اندادا (ابراهیم ۳۰) وجعلوا اعزة اهلها اذلة (نمل ۳۴) وجعلوا بینه وبین الجنة نسبا (صافات ۱۵۸) وجعلوا
له من عباده (زخرف ۱۵) وجعلوا الملائکة (زخرف ۱۹) **جعله** دکا (اعراف ۱۴۳) جعله دکاء (کهف ۹۸) حتی **اذا** جعله نارا (کهف ۹۶) **و**ما جعله الله
الا بشری (انفال ۱۰) **فجعله** نسبا وصهرا (فرقان ۵۴) فجعله من الصالحین (نون ۵۰) فجعله غثاء احوی (اعلی ۵) ولو شاء **لجعله** ساکنا (فرقان ۴۵)
قد **جعلها** ربی حقا (یوسف ۱۰۰) **و**جعلها کلمة باقیة (زخرف ۲۸) **فجعلهم** جذاذا (انبیاء ۵۸) فجعلهم کعصف ماکول (فیل ۵) **لجعلهم** امة
واحدة (شوری ۸)

فصل الفاء

واما الزبد فیذهب جفاء (رعد ۱۷) من محاریب وتماثیل وجفان
(سبا ۱۳)

فصل اللام

ولولا ان کتب الله علیهم الجلاء (حشر ۳) یدنین
علیهن من **جلابیبهن** (احزاب ۵۹) ذو **الجلال** والاکرام (رحمن ۲۷) ذی الجلال والاکرام (رحمن ۷۸) مائة **جلدة** (نور ۲) فاجلدوهم ثمانین
جلدة (نور ۴) تقشعر منه **جلود** الذین یخشون ربهم (زمر ۲۳) وجعل لکم من جلود الانعام بیوتا (نحل ۸۰) یصهر به ما فی بطونهم **والجلود** (حج ۲۰) بدلناهم
جلودا (نساء ۵۶) ولا ابصارکم ولا **جلودکم** (فصلت ۲۲) کلما نضجت **جلودهم** (نساء ۵۶) ثم تلین جلودهم (زمر ۲۳) وقالوا **لجلودهم** (فصلت ۲۱)
وابصارهم **و**جلودهم (فصلت ۲۰) والنهار اذا **جلاها** (شمس ۳)

فصل المیم

وتحبون المال حبا **جما** (فجر ۲۰) ولکم
فیها **جمال** حین تریحون (نحل ۶) کانه **جمالت** صفر (مرسلات ۳۳) فتولی فرعون **فجمع** کیده (طه ۶۰) فجمع السحرة لمیقات یوم معلوم (شعراء ۳۸) **و**
جمع فاوعی (معارج ۱۸) وجمع الشمس والقمر (قیامة ۹) سیهزم **الجمع** (قمر ۴۵) وتنذر یوم الجمع لاریب فیه (شوری ۷) یوم یجمعکم لیوم الجمع (تغابن ۹)
فجمعناهم **جمعا** (کهف ۹۹) واکثر جمعا (قصص ۷۸) فوسطن به جمعا (عادیات ۵) یوم التقی **الجمعان** (آل عمران ۱۵۵، ۱۶۶ - انفال ۴۱) فلما تراء الجمعان
(شعراء ۶۱) اذا نودی للصلوة من یوم **الجمعة** (جمعة ۹) قالوا ما اغنی عنکم **جمعکم** (اعراف ۴۸) هذا یوم الفصل **جمعناکم** والاولین (مرسلات ۳۸)
فکیف اذا جمعناهم لیوم لاریب فیه (آل عمران ۲۵) **فجمعناهم** جمعا (کهف ۹۹) ان الناس قد **جمعوا** لکم (آل عمران ۱۷۳) ان علینا **جمعه** وقرآنه
(قیامة ۱۷) ولو شاء الله **لجمعهم** (انعام ۳۵) وهو **علی** جمعهم اذا یشاء قدیر (شوری ۲۹) حتی یلج **الجمل** فی سم الخیاط (اعراف ۴۰) لولا نزل علیه القرآن
جملة واحدة (فرقان ۳۲) وان کل لما **جمیع** لدینا محضرون (یس ۳۲) فاذا هم جمیع لدینا محضرون (یس ۵۳) ام یقولون نحن جمیع منتصر (قمر ۴۴)
وانا **لجمیع** حاذرون (شعراء ۵۶) قلنا اهبطوا منها **جمیعا** (بقرة ۳۸) یات بکم الله جمیعا (بقرة ۱۴۸) فانفروا ثبات او انفروا جمیعا (نساء ۷۱) فی جهنم جمیعا
(نساء ۱۴۰) فسیحشرهم الیه جمیعا (نساء ۱۷۲) فکانما احیا الناس جمیعا (مائدة ۳۲) فکانما قتل الناس جمیعا (مائدة ۳۲) الی الله مرجعکم جمیعا (مائدة ۴۸، ۱۰۵)
ویوم نحشرهم جمیعا (انعام ۲۲، یونس ۲۸) حتی اذا ادارکوا فیها جمیعا (اعراف ۳۸) انی رسول الله الیکم جمیعا (اعراف ۱۵۸) فیرکمه جمیعا (انفال ۳۷)
الیه مرجعکم جمیعا (یونس ۴) فکیدونی جمیعا (هود ۵۵) فلله العزة جمیعا (ملائکة ۱۰) قل لله الشفاعة جمیعا (زمر ۴۴) ان یاتینی بهم جمیعا (یوسف ۸۳)

آل عمران ۱۳

بل لله الامر جميعا (رعد ع) لو يشاء الله لهدى الناس جميعا (رعد ع) فلله المكر جميعا (رعد ۶) فاغرقناه ومن معه جميعا (اسرائيل ۱۱) قال اهبطا منها

جميعا (طه ۷) ان تأكلوا جميعا (نور ۷) ويوم يحشرهم جميعا (سبا ع - انعام ۳) ان الله يغفر الذنوب جميعا (زمر ۶) يوم يبعثهم الله جميعا (مجادلة ۱ - ۳)

لا يقاتلونكم جميعا (حشر ۲) تحسبهم جميعا (حشر ۲) ما في الارض جميعا (بقرة ۳ مائدة ۳ - انفال ۷ رعد ۳ نمر ۶) وما في الارض جميعا (جاثية ۲) الامن من

في الارض كلهم جميعا (يونس ۱) ان تكفروا انتم ومن في الارض جميعا (ابراهيم ۱) ومن في الارض جميعا (مائدة ۲ معارج ۱) والارض جميعا قبضته (زمر ۷)

واعتصموا بحبل الله جميعا (آل عمران ۱۱) وتوبوا الى الله جميعا (نور ۴) ان القوة لله جميعا (بقرة ۱۷) ان العزة لله جميعا (يونس ۷) فان العزة لله

جميعا (نساء ۲۰) وبرزوا لله جميعا (ابراهيم ۳) فصبر جميل (يوسف ۲-۱۰) فاصفح الصفح الجميل (حجر ۶) واسرحوكن سراحا جميلا (احزاب ۶)

وسرحوهن سراحا جميلا (احزاب ۶) فاصبر صبرا جميلا (معارج ۱) واهجرهم هجرا جميلا (مزمل ۱)

فصل النون

فلما جن عليه الليل (انعام ۹) فلما خر تبينت الجن (سبا ۲) بل كانوا يعبدون الجن (سبا ۵) وما خلقت الجن والانس الا ليعبدون (ذاريات ۳) وجعلوا

لله شركاء الجن (انعام ۱۲) يا معشر الجن (انعام ۱۵ - ۱۶) مرتين من جن ع قد خلت من قبلكم من الجن والانس في النار (اعراف ۴) كثيرا من الجن والانس (اعراف ۲۲)

كان من الجن (كهف ۵) وحشر لسليمان جنوده من الجن والانس (نمل ۲) من قبلهم من الجن والانس (فصلت ۳) اضلانا من الجن والانس (فصلت ۴ - احقاف ۲)

قال عفريت من الجن (نمل ۳) واذ صرفنا اليك نفرا من الجن (احقاف ۴) انه استمع نفر من الجن (جن ۱) يعوذون برجال من الجن (جن ۱) ومن الجن من يعمل

(سبا ۲) شياطين الانس والجن (انعام ۱۴) قل لئن اجتمعت الانس والجن (اسرائيل ۱۰) ان لن تقول الانس والجن (جن ۱) جنات تجري (انظر تجري)

ان للمتقين عند ربهم جنات النعيم (نون ۲) لهم جنات النعيم (لقمان ۱) وهو الذي انشأ جنات معروشات (انعام ۱۷) جزاؤهم عند ربهم جنات عدن

(بينة ۱) جنات عدن التي وعد الرحمن (مريم ۴) جنات عدن مفتحة لهم الابواب (ص ۳) جنات عدن تجري من تحتها الانهار (كهف ۴) اولئك لهم جنات

عدن (رعد ۳ - نحل ۴) عملا لا تكفر ع ربنا وادخلهم جنات عدن (مؤمن ۱) لنعيم النعيم (مائدة ۷) كانت لهم جنات الفردوس نزلا (كهف ۱۱) جنات ولعنا

من نخيل (مؤمنين ۲ يس ۳) فلهم جنات المأوى نزلا (سجدة ۲) فانبتنا به جنات (ق ۱) ولادخلناهم ويصل لكم جنات (نوح ۱) في جنات النعيم (يونس

ج ۷ صافات ۵ واقعة ۱) في جنات وعيون (حجر ۴ شعراء ۱ دخان ۳ ذاريات ۱) ان المتقين في جنات ونعيم (طور ۱) ان المتقين في جنات ونهر (قمر ۳)

في جنات عدن (توبة ۹ صف ۲) في جنات يتساءلون (مدثر ۲) فاخرجناهم من جنات وعيون (شعراء ۲) كم تركوا من جنات وعيون (دخان ۲)

وجنات تجري من تحتها الانهار (آل عمران ۲۰) وجنات من اعناب (انعام ۱۲ رعد ۱) وجنات فيها نعيم مقيم (توبة ۳) وجنات وعيون (شعراء ۸) وجنات

الفافا (نبأ ۲) في روضات الجنات (شورى ۴) ليس عليكم جناح (بقرة ۲ نور ۳ - ۷) فليس عليكم جناح (بقرة ۲۹ نساء ۱۱) ليس على الذين آمنوا

وعملوا الصالحات جناح فيما طعموا (مائدة ۱۲) فليس عليهن جناح (نور ۸) وليس عليكم جناح (احزاب ۱) ليس عليكم ولا عليهم جناح من بعدهم (نور ۸) ولا

لهما جناح الذل (اسرائيل ۳) لا جناح عليكم (بقرة ۳۰) فلا جناح عليه ان يطوف بهما (بقرة ۱۹) لا جناح عليهن في آبائهن (احزاب ۶) فلا جناح عليهما (بقرة ۹ ۲۳

مرتين ۲۴ نساء ۱۹) فلا جناح عليكم (توبة ۴ ثلث مرات نساء ۱۵) فلا جناح عليك (احزاب ۶) ولا جناح عليكم (بقرة ۲۴ نساء ۲ - ۱۱ ممتحنة ۱) واخفض جناحك

(حجر ۶ شعراء ۱۱) واضمم اليك جناحك (قصص ۴) واضمم يدك الى جناحك (طه ۲) ولا طائر يطير بجناحيه (انعام ۴) فبصرت به عن جنب

(قصص ۲) على ما فرطت في جنب الله (زمر ۶) والجار الجنب (نساء ۶) والصاحب بالجنب (نساء ۶) ولا جنبا الا عابري سبيل (نساء ۶)

وان كنتم جنبا فاطهروا (مائدة ۲) دعانا لجنبه (يونس ۲) اتخذوا ايمانهم جنة (مجادلة ۳ منافقين ۱) ان هو الا رجل به جنة (مؤمنون ۳) ام

يقولون به جنة (مؤمنون ۵) افترى على الله كذبا ام به جنة (سبا ۱) اولم يتفكروا ما بصاحبهم من جنة (اعراف ۲۳) ما بصاحبكم من جنة (سبا ۶)

لاملأن جهنم من الجنة والناس (هود ۱۰ سجدة ۲) الذي يوسوس في صدور الناس من الجنة والناس (ناس ۱) او تكون لك جنة (اسرائيل ۱۰)

او تكون له جنة (فرقان ۱) ايود احدكم ان تكون له جنة (بقرة ۲۷) ام جنة الخلد (فرقان ۲) عندها جنة المأوى (نجم ۱) ان يدخل جنة نعيم (معارج ۲)

جنة وحريرا (انسان ۱) كمثل جنة بربوة (بقرة ۲۷) واجعلني من ورثة جنة النعيم (شعراء ۵) في جنة عالية (حاقة ۲ غاشية ۱) وجنة النعيم

(واقعة ۹) وجنة عرضها كعرض السماء والارض (حديد ۳) تلك الجنة التي نورث من عبادنا (مريم ۴) ان تلكم الجنة (اعراف ۵)

وازلفت الجنة للمتقين (شعراء ۵ ق ۳) ولقد علمت الجنة (صافات ۱۰) وتلك الجنة التي اورثتموها (زخرف ۷) اسكن انت وزوجك الجنة

(بقرة ۴ اعراف ۲) وقالوا لن يدخل الجنة (بقرة ۱۳) ام حسبتم ان تدخلوا الجنة (بقرة ۲۶ آل عمران ۱۴) وادخل الجنة (آل عمران ۱۹) فاولئك يدخلون

الجنة (نساء ۱۷ مريم ۴ مؤمن ۴) ولا يدخلون الجنة (اعراف ۵) ادخلوا الجنة (اعراف ۶ نحل ۴ زخرف ۷) بان لهم الجنة (توبة ۱۴) فقد حرم الله عليه

الجنة (مائدة ۱۰) قيل ادخل الجنة (يس ۳) ويدخلهم الجنة (قتال ۱) اصحاب الجنة (انظر اصحاب) من ورق الجنة (اعراف ۳ طه ۷) مثل الجنة التي

وادخلنام

وعد المتقون (رعد ۵ قتال ۲) وجعلوا بينه وبين الجنة نسبا (صافات ۵) فان الجنة هي المأوى (نازعات ۱) واذا الجنة ازلفت (تكوير ۱) والله يدعوا الى
الجنة (بقرة ۲۷) وسيق الذين اتقوا ربهم الى الجنة زمرا (زمر ۸) رب ابن لي عندك بيتا في الجنة (تحريم ۲) واما الذين سعدوا ففي الجنة خالدين فيها (هود
فريق في الجنة (شورى ۱) فلا يخرجنكما من الجنة فتشقى (طه ۷) لنبوئنهم من الجنة غرفا (عنكبوت ۶) كما اخرج ابويكم من الجنة (اعراف ۳) نتبوأ من الجنة
حيث نشاء (زمر ۸) جنتان عن يمين وشمال (سبا ۲) ولمن خاف مقام ربه جنتان (رحمن ۳) ومن دونهما جنتان (رحمن ۴) ولولا اذ دخلت
جنتك (كهف ۵) خيرا من جنتك (كهف ۵) ودخل جنته (كهف ۵) وادخلي جنتي (فجر ۱) جعلنا لاحدهما جنتين من
اعناب (كهف ۵) كلتا الجنتين اتت اكلها (كهف ۵) وجنى الجنتين دان (رحمن ۳) وبدلناهم بجنتيهم جنتين (سبا ۲) وان جنحوا للسلم (انفال ۸)
وهم لهم جند محضرون (يس ۵) جند ما هنالك مهزوم من الاحزاب (ص ۱) انهم جند مغرقون (دخان ۲) امن هذا الذي هو جند لكم (ملك ۲) من
جند من السماء (يس ۲) واضعف جندا (مريم ۶) وان جندنا لهم الغالبون (صافات ۵) فمن خاف من موص جنفا (بقرة ۲۲) فاذكروا الله قياما
وقعودا وعلى جنوبكم (نساء ۱۵) فاذا وجبت جنوبها (حج ۵) تتجافى جنوبهم (سجدة ۲) الذين يذكرون الله قياما وقعودا وعلى جنوبهم
(ال عمران ۲۰) وجنوبهم وظهورهم (توبة ۵) اذ جاءتكم جنود (احزاب ۲) ولله جنود السموات (فتح مرتين) وما يعلم جنود ربك الا هو (مدثر ۱)
وايده بجنود (توبة ۵) فلناتينهم بجنود لا قبل لهم (نمل ۳) وجنود ابليس اجمعون (شعراء ۵) هل اتاك حديث الجنود (بروج ۱) فلما فصل طالوت
بالجنود (بقرة ۳۳) فارسلنا عليهم ريحا وجنودا لم تروها (احزاب ۲) وانزل جنودا (توبة ۴) وحشر لسليمان جنوده (نمل ۲) فاتبعهم فرعون
بجنوده (طه ۴) فاتبعهم فرعون وجنوده (يونس ۹) لا يحطمنكم سليمان وجنوده (نمل ۲) واستكبر هو وجنوده في الارض (قصص ۴) فاخذناه وجنوده
(قصص ۴ ذاريات ۲) وجنوده بجالوت (بقرة ۳۳) ولما برزوا لجالوت وجنوده (بقرة ۳۳) ونري فرعون وهامان وجنودهما منهم (قصص
ان فرعون وهامان وجنودهما كانوا خاطئين (قصص ۱) وجنى الجنتين دان (رحمن ۳) تساقط عليك رطبا جنيا (مريم ۲)

فصل الواو

مسخرات في جو السماء (نحل ۱۱) وما كان جواب قومه الا ان قالوا (اعراف ۱۰) فما كان جواب قومه
(نمل ۴ عنكبوت ۳ مرتين) وجفان كالجواب (سبا ۲) وله الجوار المنشآت (رحمن ۲) ومن آياته الجوار في البحر كالاعلام (شورى ۴) الجوار الكنس
(تكوير ۱) وما علمتم من الجوارح (مائدة ۱) واستوت على الجودي (هود ۴) لا يسمن ولا يغني من جوع (غاشية ۱) اطعمهم من جوع
(قريش ۱) فاذاقها الله لباس الجوع والخوف (نحل ۱۵) ولنبلونكم بشيء من الخوف والجوع (بقرة ۱۹) ما جعل الله لرجل من قلبين في جوفه (احزاب ۱)

فصل الهاء

وجهاد في سبيله (توبة ۳) جهادا كبيرا (فرقان ۵) ان كنتم خرجتم جهادا (ممتحنة ۱) و
جاهدوا في الله حق جهاده (حج ۱۰) ثم اني دعوتهم جهارا (نوح ۱) ولما جهزهم بجهازهم (يوسف ۷) انما التوبة على الله للذين يعملون
السوء بجهالة (نساء ۳) سوءا بجهالة (انعام ۷) ثم ان ربك للذين عملوا السوء بجهالة (نحل ۱۵) ان تصيبوا قوما بجهالة (حجرات ۱) جهد ايمانهم (مائدة
انعام ۱۳ نحل ۵ نور ۷ فاطر ۵) والذين لا يجدون الا جهدهم (توبة ۱۰) ومن جهر به (رعد ۲) لا يحب الله الجهر بالسوء (نساء ۲۱) انه يعلم الجهر (انبياء ۱۲
اعلى ۱) ودون الجهر من القول (اعراف ۲۴) ولا تجهروا له بالقول كجهر بعضكم لبعض (حجرات ۱) فهو ينفق منه سرا وجهرا (نحل ۱۰) حتى نرى الله جهرة (بقرة ۶) فقالوا ارنا
الله جهرة (نساء ۲۱) ان اتاكم عذاب الله بغتة او جهرة (انعام ۵) يعلم سركم وجهركم (انعام ۱) ولما جهزهم بجهازهم (يوسف ۸) فحسبه جهنم
(بقرة ۲۵) حسبهم جهنم (مجادلة ۱) ومأواه جهنم (ال عمران ۱۷ - انفال ۲) ثم مأواهم جهنم (ال عمران ۲۰) فجزاؤه جهنم (نساء ۱۳) فاولئك مأواهم جهنم
اولئك مأواهم جهنم (نساء ۱۷) ومأواهم جهنم (توبة ۸-۱۰ رعد ۳ تحريم ۱) جهنم يصلونها (ابراهيم ۵) مأواهم جهنم (اسراء ۱۰) ذلك جزاؤهم جهنم
(كهف ۱۲) هذه جهنم التي كنتم توعدون (يس ۴) هذه جهنم التي يكذب بها المجرمون (رحمن ۳) من ورائه جهنم (ابراهيم ۳) من ورائهم جهنم (جاثية ۲)
نار جهنم (انظر نار) عذاب جهنم (انظر عذاب) وبئس المهاد جهنم (نساء ۱۲) الا طريق جهنم خالدين فيها (نساء ۲۳) لاملان جهنم (اعراف ۲ هود ۱۰ سجدة ۲
ص ۵) فادخلوا ابواب جهنم (نحل ۴) وجعلنا جهنم للكافرين حصيرا (اسراء ۱) ثم جعلنا له جهنم (اسراء ۲) وعرضنا جهنم يومئذ (كهف ۱۱) انا اعتدنا
جهنم للكافرين نزلا (كهف ۱۲) حول جهنم جثيا (مريم ۵) فذلك نجزيه جهنم (انبياء ۲) انكم وما تعبدون من دون الله حصب جهنم (انبياء ۷) جهنم يصلونها
فبئس المهاد (ص ۴) قيل ادخلوا ابواب جهنم خالدين فيها (مؤمن ۸) لخزنة جهنم (مؤمن ۵) سيدخلون جهنم داخرين (مؤمن ۶) واعد لهم جهنم (فتح ۱)
وتحشرون الى جهنم (ال عمران ۲) والذين كفروا الى جهنم يحشرون (انفال ۵) ونسوق المجرمين الى جهنم وردا (مريم ۵) الذين يحشرون على وجوههم
الى جهنم (فرقان ۴) وسيق الذين كفروا الى جهنم زمرا (زمر ۸) ان جهنم كانت مرصادا (نبا ۳) فان جهنم جزاؤكم (اسراء ۷) وان جهنم
لمحيطة (توبة ۵ عنكبوت ۶) وان جهنم لموعدهم اجمعين (حجر ۴) وكفى بجهنم سعيرا (نساء ۸) وجيء يومئذ بجهنم (فجر ۱) والكافرين في جهنم جميعا (نساء ۱۴)

عـ٤-٦

فيجعله في جهنم (انفال ٥) فتلقى في جهنم (اسرائيل ٤) فاولئك الذين خسروا انفسهم في جهنم خالدون (مؤمنون ٦) اليس في جهنم (عنكبوت ٧، زمر ٧)

لنلقينا في جهنم كل كفار عنيد (ق ٢) ولقد ذرأنا **لجهنم** (اعراف ٢٢) فكانوا لجهنم حطبا (جن ٢) يوم نقول لجهنم هل امتلأت (ق ٣) لهم **من** جهنم مهاد

(اعراف ٥) انه كان ظلوما **جهولا** (احزاب ٩) **فصل الياء** وجيء بالنبيين (زمر ٧) وجيء يومئذ (فجر ٣)

الصافنات **الجياد** (ص ٣) وادخل يدك في **جيبك** (نمل ١) اسلك يدك في جيبك (قصص ٤) في **جيدها** حبل من مسد (مسد ١)

ولیضربن بخمرهن على **جيوبهن** (نور ٤)

باب الحاء المهملة *

فصل الالف الم تر الى الذين **حاج** ابراهيم (بقرة ٣٥) اجعلتم سقاية **الحاج** (توبة ٣) الا **حاجة**

في نفس يعقوب (يوسف ٨) ولتبلغوا عليها حاجة (مؤمن ٨) ولا يجدون في صدورهم **حاجة** مما اوتوا (حشر ١) ها انتم هؤلاء **حاججتم** فيما لكم به علم

(آل عمران ٧) وجعل بين البحرين **حاجزا** (نمل ٥) فما منكم من احد عنه **حاجزين** (حاقة ٥) فمن **حاجك** فيه (آل عمران ٧) فان **حا**

جوك فقل اسلمت وجهي لله (آل عمران ٢) و**حاجه** قومه (انعام ٩) يوادون من **حاد** الله ورسوله (مجادلة ٣) وانا لجميع **حاذرون** (شعراء ٤)

لمن **حارب** الله ورسوله من قبل (توبة ١٣) **فحاسبناها** حسابا شديدا (طلاق ١) وكفى بنا **حاسبين** (انبياء ٤) الا له الحكم وهو اسرع

الحاسبين (انعام ٧) ومن شر **حاسد** اذا حسد (فلق ١) قلن **حاش لله** ما علمنا عليه من سوء (يوسف ٤) وقلن حاش لله ما هذا بشرا

(يوسف ٤) وارسل في المدائن **حاشرين** (اعراف ١٤) وابعث في المدائن حاشرين (شعراء ٣) فارسل فرعون في المدائن حاشرين (شعراء ٤)

ويرسل عليكم **حاصبا** (اسرائيل ٧) انا ارسلنا عليهم حاصبا (قمر ٣) ومنهم من ارسلنا عليه حاصبا (عنكبوت ٤) ان يرسل عليكم حاصبا

(ملك ٢) ووجدوا ما عملوا **حاضرا** (كهف ٥) الا ان تكون تجارة **حاضرة** (بقرة ٣٩) التي كانت حاضرة البحر (اعراف ٢١) **حاضري**

المسجد الحرام (بقرة ٢٤) ائنا لمردودون في **الحافرة** (نازعات ١) ان كل نفس لما عليها **حافظ** (طارق ١) فالله خير **حافظا** (يوسف ٨) فالصالحات

قانتات **حافظات** للغيب (نساء ٦) والحافظين فروجهم و**الحافظات** (احزاب ٤) **حافظوا** على الصلوات (بقرة ٣١) هم لفروجهم

حافظون (مؤمنون ١، معارج ٢) وانا له **لحافظون** (يوسف ٢-٧، حجر ١) و**الحافظون** لحدود الله (توبة ١٤) وما كنا للغيب

حافظين (يوسف ١٠) وكنا لهم حافظين (انبياء ٦) وما ارسلوا عليهم حافظين (مطففين ٤) وان عليكم **لحافظين** (انفطار ١) و**الحافظين**

فروجهم (احزاب ٤) وترى الملائكة **حافين** (زمر ٨) **فحاق** بالذين سخروا (انعام ١-انبياء ٣) و**حاق** بهم ما كانوا به يستهزءون (هود ٢، نحل ٥

جاثية ٤-احقاف ٣، زمر ٥) وحاق بآل فرعون سوء العذاب (مؤمن ٥) **الحاقة** ما الحاقة وما ادراك ما الحاقة (حاقة ١) وهو خير **الحاكمين**

(يونس ١١-اعراف ٩، يوسف ٨) وانت احكم الحاكمين (هود ٤) اليس الله باحكم الحاكمين (تين ١) و**حال** بينهما الموج (هود ٤) ولا وصيلة ولا

حام (مائدة ١٤) التائبون العابدون **الحامدون** (توبة ١٤) حتى جعلناهم حصيدا **خامدين** (انبياء ٢) **فالحاملات** وقرا

(ذاريات ١) وما هم **بحاملين** من خطاياهم (عنكبوت ٢) تصلى نارا **حامية** (غاشية ١) نار حامية (قارعة ٢)

فصل الباء زين للناس **حب** الشهوات (آل عمران ٢) اني احببت حب الخير (ص ٣) يحبونهم **كحب** الله (بقرة ٧) وانه لحب الخير لشديد

(عاديات ١) فانبتنا به جنات و**حب** الحصيد (ق ١) ان الله فالق **الحب** والنوى (انعام ١٣) و**الحب** ذو العصف والريحان (رحمن ١) والذين

امنوا اشد **حبا** لله (بقرة ٧) قد شغفها حبا (يوسف ٣) وتحبون المال حبا جما (فجر ١) نخرج منه حبا متراكبا (انعام ١٢) واخرجنا منها حبا (يس ٤)

لنخرج به حبا ونباتا (نبا ١) فانبتنا فيها حبا (عبس ١) فاذا **حبالهم** وعصيهم (طه ٧) فالقوا حبالهم وعصيهم (شعراء ٤) ولكن الله **حبب**

اليكم الايمان (حجرات ١) كمثل **حبة** انبتت (بقرة ٢٧) في كل سنبلة مائة حبة (بقرة ٢٧) ولا حبة في ظلمات الارض (انعام ٦) وان كان مثقال حبة من

خردل اتينا بها (انبياء ٤) يا بني انها ان تك مثقال حبة (لقمان ٢) فقد **حبط** عمله (مائدة ١) ولو اشركوا **لحبط** عنهم ما كانوا يعملون (انعام ٩) و**حبط**

ما صنعوا (هود ٢) فاولئك **حبطت** اعمالهم (بقرة ٢٧) اولئك الذين حبطت اعمالهم (آل عمران ٣) حبطت اعمالهم فاصبحوا خاسرين (مائدة ٤)

ولقاء الآخرة حبطت اعمالهم (اعراف ١٥) اولئك حبطت اعمالهم (توبة ٢-٧) **فحبطت** اعمالهم (كهف ١٢) والسماء ذات **الحبك** (ذاريات ١)

في جيدها **حبل** من مسد (مسد ١) واعتصموا **بحبل** الله جميعا (آل عمران ١١) الا بحبل من الله (آل عمران ١٢) ونحن اقرب اليه من

حبل الوريد (ق ٢) و**حبل** من الناس (آل عمران ١٢) واتى المال على **حبه** (بقرة ١٨) ويطعمون الطعام على حبه (انسان ١)

فصل التاء كان على ربك **حتما** مقضيا (مريم ٥) **فصل الثاء** يطلبه **حثيثا** (اعراف ٧)

فصل الجيم فمن **حج** البيت او اعتمر (بقرة ١٦) ولله على الناس حج البيت (آل عمران ١٠) **الحج** اشهر معلومات فمن فرض فيهن

حاجة — جوك

فيهن الحج (بقرة ٢٥) واتموا الحج والعمرة لله (بقرة ٢٤) يوم الحج الاكبر (توبة ١) واذن في الناس **بالحج** (حج ٣) فمن تمتع بالعمرة **الى الحج** (بقرة ٢٤) فصيام
ثلثة ايام **في الحج** (بقرة ٢٤) ولا فسوق ولا جدال في الحج (بقرة ٢٥) وبينهما **حجاب** (اعراف ٥) ومن بيننا وبينك حجاب (فصلت ١) فاسئلوهن من
وراء حجاب (احزاب ٧) حتى توارت **بالحجاب** (ص ٣) جعلنا بينك وبين الذين لا يؤمنون بالاخرة **حجابا** مستورا (اسرائيل ٥) فاتخذت
من دونهم حجابا (مريم ٢) فامطر علينا حجارة من السماء (انفال ٤) وامطرنا عليها حجارة من سجيل (هود ٧) وامطرنا عليهم حجارة من سجيل (حجر ٦) قل
كونوا حجارة او حديدا (اسرائيل ٥) لنرسل عليهم حجارة من طين (ذاريات ٢) ترميهم **بحجارة** (فيل ١) وان **من الحجارة** لما يتفجر منه الانهار
(بقرة ٩) فهي **كالحجارة** او اشد قسوة (بقرة ٩) التي وقودها الناس **و**الحجارة (بقرة ٣) وقودها الناس والحجارة (تحريم ١) لئلا يكون للناس عليكم
حجة (بقرة ١٥) لئلا يكون للناس على الله حجة بعد الرسل (نساء ١٧) **لا حجة** بيننا وبينكم (شورى ٢) قل فلله **الحجة** البالغة (انعام ١٥) وتلك
حجتنا اتيناها (انعام ٩) **لا حجتهم** داحضة عند ربهم (شورى ٢) ما كان حجتهم الا ان قالوا (جاثية ٣) على ان تأجرني ثماني **حجج** (قصص ٣) وقالوا
هذه انعام وحرث **حجر** (انعام ١٦) هل في ذلك قسم لذي حجر (فجر ١) فقلنا اضرب بعصاك **الحجر** (بقرة ٧) ان اضرب بعصاك الحجر (اعراف ٢٠)
ولقد كذب اصحاب الحجر المرسلين (حجر ٦) ويقولون **حجرا** محجورا (فرقان ١) **و**حجرا محجورا (فرقان ٥) ان الذين ينادونك من وراء **الحجرات**
(حجرات ١) وربائبكم اللاتي **في حجوركم** (نساء ٤)

فصل الدال

فانبتنا به حدائق (نمل ٥) حدائق واعنابا (نبا ٢)
وحدائق غلبا (عبس ١) سلقوكم بالسنة **حداد** (احزاب ٢) وهم من كل **حدب** ينسلون (انبياء ٧) واما بنعمة ربك **فحدث** (ضحى ١)
تلك **حدود** الله (بقرة ١٩-٢٣ ، نساء ٢) وتلك حدود الله (بقرة ٢٣ ، مجادلة ١ ، طلاق ١) الا ان يخافا الا يقيما حدود الله (بقرة ٢٣) فان خفتم
الا يقيما حدود الله (بقرة ٢٣) ومن يتعد حدود الله فاولئك هم الظالمون (بقرة ٢٣) ان ظنا ان يقيما حدود الله (بقرة ٢٣) واجدر الا
يعلموا حدود ما انزل الله (توبة ١٢) ومن يتعد حدود الله فقد ظلم نفسه (طلاق ١) والحافظون **لحدود** الله (توبة ١٤) ويتعد **حدوده**
يدخله نارا (نساء ٢) هل اتيك **حديث** موسى (نازعات ١) وهل اتيك حديث موسى (طه ١) هل اتيك حديث ضيف ابراهيم المكرمين (ذاريات ٢)
هل اتيك حديث الجنود (بروج ١) هل اتيك حديث الغاشية (غاشية ١) فباي حديث بعده يؤمنون (اعراف ٢٣ ، مرسلات ٢) فباي حديث بعد الله
(جاثية ١) فليأتوا **بحديث** مثله (طور ٢) حتى يخوضوا **في** حديث غيره (نساء ١٤ - انعام ٧) ولا مستأنسين **لحديث** (احزاب ٧) بهذا
الحديث اسفا (كهف ١) ومن الناس من يشتري لهو الحديث (لقمان ١) الله نزل احسن الحديث (زمر ٣) افمن هذا الحديث تعجبون (نجم ٣) افبهذا
الحديث انتم مدهنون (واقعة ٣) ومن يكذب بهذا الحديث (نون ٢) ولا يكتمون الله **حديثا** (نساء ٦) لا يكادون يفقهون حديثا (نساء ١١) ومن
اصدق من الله حديثا (نساء ١٢) ما كان حديثا يفترى (يوسف ١٢) واذ اسر النبي الى بعض ازواجه حديثا (تحريم ١) فبصرك اليوم **حديد** (ق ٢)
قل كونوا حجارة او حديدا (اسرائيل ٥) ولهم مقامع **من حديد** (حج ٢) والنا له **الحديد** (سبا ٢) اتوني زبر الحديد (كهف ١) وانزلنا الحديد (حديد ٣)

فصل الذال

من الصواعق حذر الموت (بقرة ٢) وهم الوف حذر الموت (بقرة ٣٢) يا ايها الذين امنوا خذوا **حذركم** (نساء ١٠)
(نساء ١١) وليأخذوا **حذرهم** (نساء ١١)

فصل الراء

الحر بالحر والعبد بالعبد (بقرة ٢٢) تقيكم **الحر** وسرابيل (نحل ١١)
لا تنفروا **في الحر** (توبة ١١) قل نار جهنم اشد **حرا** (توبة ١١) هذا حلال وهذا **حرام** (نحل ١٥) **و**حرام على قرية اهلكناها (انبياء ٧) ولا تقاتلوهم
عند المسجد **الحرام** (بقرة ٢٤) ذلك لمن لم يكن اهله حاضري المسجد الحرام (بقرة ٢٤) فول وجهك شطر المسجد الحرام (بقرة ١٧ مرتين) من المسجد الحرام
الى المسجد الاقصى (اسرائيل ١) لتدخلن المسجد الحرام (فتح ٣) الشهر الحرام بالشهر الحرام (بقرة ٢٤) فاذكروا الله عند المشعر الحرام (بقرة ٢٥) ولا امين البيت
الحرام (مائدة ١) جعل الله الكعبة البيت الحرام (مائدة ١٣) فجعلتم منه **حراما** وحلالا (يونس ٧) فأذنوا **بحرب** من الله ورسوله (بقرة ٣٨) حتى تضع
الحرب اوزارها (قتال ١) فاما تثقفنهم **في الحرب** (انفال ٧) كلما اوقدوا نارا **للحرب** (مائدة ٩) نساؤكم **حرث** لكم (بقرة ٢٨) اصابت
حرث قوم (ال عمران ١٢) من كان يريد حرث الاخرة (شورى ٣) ومن كان يريد حرث الدنيا (شورى ٣) وقالوا هذه انعام **و**حرث حجر (انعام ١٦) تثير
الارض ولا تسقي **الحرث** (بقرة ٨) ويهلك الحرث والنسل (بقرة ٢٥) اذ يحكمان **في** الحرث (انبياء ٦) وجعلوا لله مما ذرأ **من** الحرث والانعام
(انعام ١٦) والخيل المسومة والانعام **و**الحرث (ال عمران ٢) فأتوا **حرثكم** انى شئتم (بقرة ٢٨) ان اغدوا **على** حرثكم (نون ١) نزد له في
حرثه (شورى ٣) فلا يكن في صدرك **حرج** منه (اعراف ١) ولا على الذين لا يجدون ما ينفقون حرج (توبة ١٢) ليس على الاعمى حرج
ولا على الاعرج حرج ولا على المريض حرج (نور ٧ ، فتح ٢) لكيلا يكون على المؤمنين حرج (احزاب ٥) لكيلا يكون عليك حرج (احزاب ٦) ليجعل عليكم
من حرج (مائدة ٢) وما جعل عليكم في الدين من حرج (حج ١٠) ما كان على النبي من حرج (احزاب ٥) يجعل صدره ضيقا **حرجا** (انعام ١٥)

ثم لا يجدوا في انفسهم حرجا (نساء ٧) وغدوا على حرد قادرين (نون ١٠) فوجدناها ملئت حرسا (جن ١) ولو حرصت بمؤمنين
(يوسف ١١) ولن تستطيعوا ان تعدلوا بين النساء ولو حرصتم (نساء ١٩) يا ايها النبي حرض المؤمنين (انفال ٧) وحرض المؤمنين (نساء ١١)
حتى تكون حرضا (يوسف ١٠) ومن الناس من يعبد الله على حرف (حج ٢) قالوا حرقوه (انبياء ٥) الا ان قالوا اقتلوه او حرقوه (عنكبوت ٣)
غير محلي الصيد وانتم حرم (مائدة ١) لا تقتلوا الصيد وانتم حرم (مائدة ١٣) منها اربعة حرم (توبة ٥) فقد حرم الله عليه الجنة (مائدة ١٠)
قل آلذكرين حرم ام الانثيين (انعام ١٥ مرتين) ان الله حرم هذا (انعام ١٩) ولاحل لكم بعض الذي حرم عليكم (آل عمران ٥) ولا يقتلون النفس
التي حرم الله الا بالحق (فرقان ٧) ولا تقتلوا النفس التي حرم الله الا بالحق (انعام ١٦ - اسرائيل ٤) انما حرم عليكم الميتة (بقرة ٢١ نحل ١٥)
قل انما حرم ربي الفواحش (اعراف ٤) الا ما حرم اسرائيل على نفسه (آل عمران ١٠) وقد فصل لكم ما حرم عليكم (انعام ١٤) اتل ما حرم ربكم عليكم
(انعام ١٩) ولا يحرمون ما حرم الله ورسوله (توبة ٣) ليواطئوا عدة ما حرم الله (توبة ٥) فيحلوا ما حرم الله (توبة ٥) قل من حرم زينة
الله (اعراف ٤) واحل الله البيع وحرم الربوا (بقرة ٣٨) وحرم عليكم صيد البر (مائدة ١٣) وحرم ذلك على المؤمنين (نور ١) فاذا انسلخ
الاشهر الحرم (توبة ٥) ما دمتم حرما (مائدة ١٣) اولم نمكن لهم حرما امنا (قصص ٦) اولم يروا انا جعلنا حرما امنا (عنكبوت ٧) ذلك ومن
يعظم حرمات الله (حج ٤) والحرمات قصاص (بقرة ٢٤) حرمت عليكم امهاتكم (نساء ٤) حرمت عليكم الميتة والدم (مائدة ١)
وانعام حرمت ظهورها (انعام ١٦) حرمنا عليهم طيبات احلت لهم (نساء ٢٢) وعلى الذين هادوا حرمنا (انعام ١٨ نحل ١٥) حرمنا عليهم شحومهما
(انعام ١٨) ولا حرمنا من شيء (انعام ١٨) ولا حرمنا من دونه من شيء (نحل ١٥) وحرمنا عليه المراضع (قصص ١) وحرموا ما رزقهم الله
(انعام ١٧) انما امرت ان اعبد رب هذه البلدة الذي حرمها (نمل ٧) قالوا ان الله حرمهما على الكافرين (اعراف ٦) ولا الظل ولا الحرور
(ملائكة ٣) ولباسهم فيها حرير (حج ٣ ملائكة ٤) وجزاهم بما صبروا جنة وحريرا (انسان ١) ما عنتم حريص عليكم (توبة ١٦) عذاب
الحريق (انظر عذاب)

فصل الزاء

اولئك حزب الشيطان الا ان حزب الشيطان هم الخاسرون (مجادلة ٣)
اولئك حزب الله الا ان حزب الله هم المفلحون (مجادلة ٣) فان حزب الله هم الغالبون (مائدة ٨) كل حزب بما لديهم فرحون (مؤمنين ٤ روم ٤)
انما يدعوا حزبه (ملائكة ١) ثم بعثناهم لنعلم اي الحزبين احصى (كهف ٢) وقالوا الحمد لله الذي اذهب عنا الحزن (ملائكة ٤) وابيضت
عيناه من الحزن (يوسف ١٠) واعينهم تفيض من الدمع حزنا (توبة ١٢) ليكون لهم عدوا وحزنا (قصص ١) قال انما اشكوا بثي وحزني الى
الله (يوسف ١٠)

فصل السين

بغير حساب (انظر بغير) سريع الحساب (انظر سريع) يوم الحساب (انظر يوم)
سوء الحساب (رعد ٣) ويخافون سوء الحساب (رعد ٣) فانما عليك البلاغ وعلينا الحساب (رعد ٦) يوم يقوم الحساب (ابراهيم ٦) لتعلموا عدد اولئك لهم
السنين والحساب (يونس ١) ولتعلموا عدد السنين والحساب (اسرائيل ٢) فحاسبناها حسابا شديدا (طلاق ٢) انهم كانوا لا يرجون حسابا (نبأ ٢) جزاء
من ربك عطاء حسابا (نبأ ٢) فسوف يحاسب حسابا يسيرا (انشقاق ١) وما من حسابك عليهم من شيء (انعام ٦) فانما حسابه عند ربه (مؤمنين ٦)
فوفيه حسابه (نور ٥) اقترب للناس حسابهم (انبياء ١) ثم ان علينا حسابهم (غاشية ١) ان حسابهم الا على ربي (شعراء ٦) ما عليك من شيء (انعام ٦) حسابهم من
وما على الذين يتقون من حسابهم من شيء (انعام ٧) اني ظننت اني ملاق حسابيه (حاقة ١) ولم ادر ما حسابيه (حاقة ١) فهن خيرات حسان
(رحمن ٣) وعبقري حسان (رحمن ٣) احسب الناس ان يتركوا (عنكبوت ١) افحسب الذين كفروا (كهف ١١) ام حسب الذين اجترحوا (جاثية ٣)
ام حسب الذين في قلوبهم مرض (قتال ٤) ام حسب الذين يعملون السيئات (عنكبوت ١) الشمس والقمر بحسبان (رحمن ١) والشمس والقمر حسبانا
(انعام ١٢) ويرسل عليها حسبانا (كهف ٥) ام حسبت ان اصحاب الكهف (كهف ٢) افحسبتم انما خلقناكم عبثا (مؤمنين ٦) ام حسبتم ان تدخلوا
الجنة (بقرة ٢٦ آل عمران ١٥) ام حسبتم ان تتركوا (توبة ٣) فلما رأته حسبته لجة (نمل ٣) اذا رأيتهم حسبتهم لؤلؤا منثورا (انسان ١) يا ايها النبي
حسبك الله (انفال ٨) فان حسبك الله (انفال ٨) وقالوا حسبنا الله (آل عمران ١٨ توبة ٧) قالوا حسبنا ما وجدنا (مائدة ١٤) وحسبوا
ان لا تكون فتنة (مائدة ١٠) ومن يتوكل على الله فهو حسبه (طلاق ١) فحسبه جهنم (بقرة ٢٥) هي حسبهم (توبة ٧) حسبهم جهنم يصلونها
(مجادلة ٢) فقل حسبي الله (توبة ١٦) قل حسبي الله (زمر ٤) ومن شر حاسد اذا حسد (فلق ١) حسدا من عند انفسهم (بقرة ١٣) حسرات
عليهم (بقرة ٢٠) فلا تذهب نفسك عليهم حسرات (ملائكة ٢) ليجعل الله ذلك حسرة في قلوبهم (آل عمران ١٦) ثم تكون عليهم حسرة (انفال ٥)
يا حسرة على العباد (يس ٢) وانه لحسرة على الكافرين (حاقة ٢) وانذرهم يوم الحسرة (مريم ٤) قالوا يا حسرتنا على ما فرطنا
(انعام ٤) ان تقول نفس يا حسرتى (زمر ٦) والله عنده حسن المآب (آل عمران ٢) والله عنده حسن الثواب (آل عمران ٢٠) فتقبلها

ربها بقبول حسن (آل عمران ٤) وان للمتقين لحسن مآب (ص ٤) وان له عندنا لزلفى وحسن مآب (ص ٢-٤) وحسن ثواب الآخرة
(آل عمران ١٥) وحسن اولئك رفيقا (نساء ٧) وحسن مآب (رعد ٤) وقولوا للناس حسنا (بقرة ١٠) واما تتخذ فيهم حسنا (كهف ١١) ثم
بدل حسنا بعد سوء (نمل ١) ووصينا الانسان بوالديه حسنا (عنكبوت ١) نزد له فيها حسنا (شورى ٣) قرضا حسنا (انظر قرضا)
رزقا حسنا (انظر رزق) وانبتها نباتا حسنا (آل عمران ٤) وليبلي المؤمنين منه بلاء حسنا (انفال ٢) يمتعكم متاعا حسنا (هود ١) ان لهم اجرا
حسنا (كهف ١) افمن وعدناه وعدا حسنا (قصص ٧) فرآه حسنا (ملائكة ١) قال يا قوم الم يعدكم ربكم وعدا حسنا (طه ٩) يؤتكم الله اجرا حسنا
(فتح ٢) فاولئك يبدل الله سيأتهم حسنات (فرقان ٧) ان الحسنات يذهبن السيئات (هود ١) وبلوناهم بالحسنات والسيئات
(اعراف ١) وحسنت مرتفقا (كهف ٤) ان تمسسكم حسنة تسؤهم (آل عمران ٢) وان تصبهم حسنة يقولوا هذه من عند الله (نساء)
ان تصبك حسنة تسؤهم (توبة ٥) لقد كان لكم في رسول الله اسوة حسنة (احزاب ٣) قد كانت لكم اسوة حسنة (ممتحنة ١) لقد كان لكم فيهم
اسوة حسنة (ممتحنة ١) ربنا آتنا في الدنيا حسنة وفي الآخرة حسنة (بقرة ١) وان تك حسنة يضاعفها (نساء ٤) من يشفع شفاعة حسنة
(نساء) واكتب لنا في هذه الدنيا حسنة (اعراف ٢) للذين احسنوا في هذه الدنيا حسنة (نحل ٣ زمر ٢) لنبوئنهم في الدنيا حسنة (نحل ٥)
وآتيناه في الدنيا حسنة (نحل ٣) ومن يقترف حسنة (شورى ٣) ما اصابك من حسنة فمن الله (نساء) فاذا جاءتهم الحسنة (اعراف ٤)
ولا تستوي الحسنة (فصلت ٤) ثم بدلنا مكان السيئة الحسنة (اعراف ١) بالسيئة قبل الحسنة (رعد ١) بالحكمة والموعظة الحسنة (نحل ٣)
قال يا قوم لم تستعجلون بالسيئة قبل الحسنة (نمل ٥) من جاء بالحسنة (انعام ٢٠ نمل ٩ قصص ٩) ويدرؤن بالحسنة السيئة (رعد ٣ قصص ٤)
ولو اعجبك حسنهن (احزاب ٦) وكلا وعد الله الحسنى (نساء حديد ١) وتمت كلمت ربك الحسنى (اعراف ٤) ولله الاسماء الحسنى
(اعراف ٨) فله الاسماء الحسنى (اسرائيل ١) ان اردنا الا الحسنى (توبة ١) للذين احسنوا الحسنى (يونس ٣) الذين استجابوا لربهم الحسنى (رعد ٢)
ان لهم الحسنى (نحل ٧) فله جزاء الحسنى (كهف ٩) له الاسماء الحسنى (طه حشر ٣) ان الذين سبقت لهم منا الحسنى (انبياء ١) ويجزي الذين احسنوا
بالحسنى (نجم ٤) وصدق بالحسنى (ليل ١) وكذب بالحسنى (ليل ١) ان لي عنده للحسنى (فصلت ٥) الا احدى الحسنيين (توبة ٤)
حسوما فترى القوم فيها صرعى (حاقة ١) وكفى بالله حسيبا (نساء ١-احزاب ٤) ان الله كان على كل شيء حسيبا (نساء ١) كفى بنفسك اليوم

فضل الشين

عليك حسيبا (اسرائيل ٢) وهو حسير (ملك ١) لا يسمعون حسيسها (انبياء ١) ذلك حشر
علينا يسير (ق ٥) واذا حشر الناس كانوا لهم اعداء (احقاف ١) فحشر فنادى (نازعات ٣) من ديارهم لاول الحشر (حشر ١) وحشر لسليمان
جنوده (نمل ٢) واذا الوحوش حشرت (تكوير ١) قال رب لم حشرتني اعمى (طه ٣) وحشرنا عليهم كل شيء (انعام ١٢) وحشرناهم

فضل الصاد

فلم نغادر منهم احدا (كهف ٥) وآتوا حقه يوم حصاده (انعام ١٥) انكم وما تعبدون من دون الله
حصب جهنم (انبياء ١) الآن حصحص الحق (يوسف ٤) فما حصدتم فذروه في سنبله (يوسف ٥) او جاؤكم حصرت صدورهم
(نساء ٩) وحصل ما في الصدور (عاديات ١) وحصورا ونبيا من الصالحين (آل عمران ٤) وظنوا انهم مانعتهم حصونهم من الله
(حشر ١) منها قائم وحصيد (هود ١) وحب الحصيد (ق ١) فجعلناها حصيدا (يونس ٣) حتى جعلناهم حصيدا خامدين (انبياء)

فضل الضاد

وجعلنا جهنم للكافرين حصيرا (اسرائيل) اذ حضر يعقوب الموت (بقرة ٤) اذا حضر
احدكم الموت (بقرة ٨ مائدة ١٤) واذا حضر القسمة اولوا القربى (نساء ١) حتى اذا حضر احدهم الموت (نساء ٢) فلما حضروه قالوا انصتوا

فضل الطاء

ثم يجعله حطاما (زمر ٣) لو نشاء لجعلناه حطاما (واقعة ٢) ثم يكون حطاما (حديد ٢) وامرأته حمالة
الحطب (مسد ١) فكانوا لجهنم حطبا (جن ١) وقولوا حطة (بقرة ٤ اعراف ١١) [illegible] في الحطمة وما ادراك ما الحطمة

فضل الظاء

(همزة ١) للذكر مثل حظ الانثيين (نساء ٢) فللذكر مثل حظ الانثيين (نساء ١) انه لذو حظ عظيم
(قصص ٨) وما يلقاها الا ذو حظ عظيم (فصلت ٤) الا يجعل لهم حظا في الآخرة (آل عمران ١٨) ونسوا حظا مما ذكروا به (مائدة ٢) فنسوا حظا

فضل الفاء

مما ذكروا به (مائدة ٢) وجعل لكم من ازواجكم بنين وحفدة (نحل ٨) وكنتم على شفا حفرة
(آل عمران ١١) حافظات للغيب بما حفظ الله (نساء ٤) وحفظا من كل شيطان مارد (صافات ١) بمصابيح وحفظا (فصلت ٢) ويرسل
عليكم حفظة (انعام ٧) وحفظناها من كل شيطان رجيم (حجر ٢) ولا يؤده حفظهما (بقرة ٣٤) من اعناب وحففناهما بنخل (كهف)
يسئلونك كأنك حفي عنها (اعراف ٢٩) انه كان بي حفيا (مريم ٥) ان ربي على كل شيء حفيظ (هود ٥) اني حفيظ عليم (يوسف ٤) وربك

علی کل شیء حفیظ (سبا ۳) اللہ حفیظ علیہم (شوری ۱) وعندنا کتاب حفیظ (ق ۱) لکل اواب حفیظ (ق ۳) وما انا علیکم بحفیظ (انعام ۱۱

فضل القاف

ہود ۹) فما ارسلناک علیہم حفیظا (نساء ۸ شوری ۵) وما جعلناک علیہم حفیظا (انعام ۱۳)

ان الرسول حق (آل عمران ۹) الا ان وعد اللہ حق (یونس ۶) ان وعد اللہ حق (کہف ۳ قصص ۱- احقاف ۲- لقمان ۴ ملائکہ ۱ روم ۷ مؤمن ۶-۸)
واذا قیل ان وعد اللہ حق (جاثیہ ۴) وفی اموالہم حق للسائل والمحروم (ذاریات ۱) والذین فی اموالہم حق معلوم (معارج ۳) یتلونہ حق تلاوتہ
(بقرہ ۱۴) اتقوا اللہ حق تقاتہ (آل عمران ۱۱) وما قدروا اللہ حق قدرہ (انعام ۱۱ زمر ۷) ما قدروا اللہ حق قدرہ (حج ۱۰) وجاہدوا فی اللہ حق جہادہ
(حج ۱۰) فما رعوہا حق رعایتہا (حدید ۴) بغیر حق (انظر بغیر) ان اقول ما لیس لی بحق (مائدہ ۱۶) قل ای وربی انہ لحق (یونس ۶) ان ذلک لحق
تخاصم اہل النار (ص ۷) انہ لحق مثل ما انتم تنطقون (ذاریات ۱) وانہ لحق الیقین (حاقہ ۲) قالوا لقد علمت ما لنا فی بناتک من حق (ہود ۸) فریقا
حق علیہم الضلالۃ (اعراف ۳) وکثیر حق علیہ العذاب (حج ۲) قال الذین حق علیہم القول (قصص ۷) ولکن حق القول منی (سجدہ ۱) لقد حق
القول علی اکثرہم (یس ۱) افمن حق علیہ کلمۃ العذاب (زمر ۲) اولئک الذین حق علیہم القول (احقاف ۲) فحق علیہا القول (اسرائیل ۲) فحق علینا
قول ربنا (صافات ۲) فحق عقاب (ص ۱) فحق وعید (ق ۲) وحق علیہم القول (فصلت ۳) الحق من ربک (بقرہ ۱۵- آل عمران ۶) من
بعد ما تبین لہم الحق (بقرہ ۱۱) وان لم یکن لہم الحق (نور ۵) ولیملل الذی علیہ الحق (بقرہ ۳۹) فان کان الذی علیہ الحق (بقرہ ۳۹) والوزن یومئذ
الحق (اعراف ۱) الملک یومئذ الحق للرحمن (فرقان ۳) حتی جاء الحق (توبہ ۵) وقل جاء الحق (اسرائیل ۹) لقد جاءک الحق (یونس ۱۰) قد جاءکم الحق
من ربکم (یونس ۱۱) فلما جاءہم الحق (یونس ۸ قصص ۵) ولما جاءہم الحق (زخرف ۳) حتی جاءہم الحق (زخرف ۳) ان ہذا لہو القصص الحق (آل عمران ۷)
قولہ الحق (انعام ۸) فوقع الحق (اعراف ۱۴) فذلکم اللہ ربکم الحق (یونس ۴) وان وعدک الحق (ہود ۴) وجاءک فی ہذہ الحق (ہود ۱۰) الآن حصحص
الحق (یوسف ۷) والذی انزل الیک من ربک الحق (رعد ۱) افمن یعلم انما انزل الیک من ربک الحق (رعد ۳) وقل الحق من ربکم (کہف ۳)
فتعالی اللہ الملک الحق (طہ ۶ مؤمنین ۶) واقترب الوعد الحق (انبیاء ۷) ولو اتبع الحق اہواءہم (مؤمنین ۴) ذلک الیوم الحق (نبا ۲) انہ الحق
من ربہم (بقرہ ۱۳-۱۵) انہ الحق من ربک (ہود ۲) انہ الحق من ربنا (قصص ۶) حتی یتبین لہم انہ الحق (فصلت ۶) ویعلمون انہا الحق (شوری ۲)
ذلک بان اللہ ہو الحق (حج ۱-۷ لقمان ۳) ان اللہ ہو الحق المبین (نور ۳) بل ہو الحق من ربک (سجدہ ۱) الذی انزل الیک من ربک ہو الحق
(سبا ۱) ہو الحق مصدقا لما بین یدیہ (ملائکہ ۴) ان ہذا لہو حق الیقین (واقعہ ۳) وہو الحق مصدقا لما معہم (بقرہ ۱۱) وکذب بہ قومک
وہو الحق (انعام ۷) وہو الحق من ربہم (قتال ۱) ولا تلبسوا الحق بالباطل وتکتموا الحق (بقرہ ۵) لیکتمون الحق وہم یعلمون (بقرہ ۱۷) لم تلبسون
الحق بالباطل وتکتمون الحق (آل عمران ۸) کذلک یضرب اللہ الحق (رعد ۳) ان کان ہذا ہو الحق من عندک (انفال ۴) قل جاء الحق (سبا ۶)
لیدحضوا بہ الحق (کہف ۸ مؤمن ۱) بل اکثرہم لا یعلمون الحق (انبیاء ۳) یومئذ یوفیہم اللہ دینہم الحق (نور ۳) واللہ یقول الحق (احزاب ۱) ماذا
قال ربکم قالوا الحق (سبا ۳) وان الذین آمنوا اتبعوا الحق من ربہم (قتال ۱) ویرید اللہ ان یحق الحق (انفال ۱) لیحق الحق ویبطل الباطل (انفال ۱) ویحق
الحق بکلماتہ (یونس ۸ شوری ۳) علی ان لا اقول علی اللہ الا الحق (اعراف ۱۳) ان لا یقولوا علی اللہ الا الحق (اعراف ۲۱) ولا تقولوا علی اللہ الا
الحق (نساء ۲۳) غیر الحق (انظر غیر بغیر الحق) (انظر بغیر) ثم ردوا الی اللہ مولاہم الحق (انعام ۷) بالہدی ودین الحق (توبہ ۵ فتح ۴ صف ۱) فماذا بعد
الحق الا الضلال (یونس ۴) وردوا الی اللہ مولاہم الحق (یونس ۳) ولا یدینون دین الحق (توبہ ۴) لہ دعوۃ الحق (رعد ۲) ان اللہ وعدکم وعد الحق
(ابراہیم ۴) ہنالک الولایۃ للہ الحق (کہف ۶) قول الحق الذی فیہ یمترون (مریم ۲) قل ہل من شرکائکم من یہدی الی الحق (یونس ۴) افمن یہدی
الی الحق احق ان یتبع (یونس ۴) یہدی الی الحق والی صراط مستقیم (احقاف ۴) قالوا الآن جئت بالحق (بقرہ ۸) انا ارسلناک بالحق (بقرہ ۱۴
ملائکہ ۳) ذلک بان اللہ نزل الکتاب بالحق (بقرہ ۲۱) وانزل معہم الکتاب بالحق (بقرہ ۲۶) تلک آیات اللہ نتلوہا علیک بالحق (بقرہ ۳۲- آل عمران ۱۱
جاثیہ ۱) نزل علیک الکتاب بالحق (آل عمران ۱) انا انزلنا الیک الکتاب بالحق (نساء ۱۶) قد جاءکم الرسول بالحق (نساء ۲۴) واتل علیہم نبا ابنی آدم بالحق
(مائدہ ۵) وانزلنا الیک الکتاب بالحق (مائدہ ۷) فقد کذبوا بالحق (انعام ۱) الیس ہذا بالحق (انعام ۳- احقاف ۴) خلق السموات والارض
بالحق (زمر ۱ نحل ۱ تغابن ۱) یعلمون انہ منزل من ربک بالحق (انعام ۱۴) لقد جاءت رسل ربنا بالحق (اعراف ۶) الم تر ان اللہ خلق السموات والارض
بالحق (ابراہیم ۳) خلق اللہ السموات والارض بالحق (عنکبوت ۵) والذی [illegible]
بالحق (اعراف ۶) ربنا افتح بیننا وبین قومنا بالحق (اعراف ۱۱) یہدون بالحق وبہ یعدلون (اعراف ۲۱-۲۲) کما اخرجک ربک من بیتک بالحق
(انفال ۱) قالوا بشرناک بالحق (حجر ۴) واتیناک بالحق وانا لصادقون (حجر ۴) قل نزلہ روح القدس من ربک بالحق (نحل ۱۴) نحن نقص علیک

نامر بالحق (کهف ۱۰) بل نقذف بالحق علی الباطل (انبیا ۲) قالوا اجئتنا بالحق (انبیا ۵) قال رب احکم بالحق (انبیا ۷) فاخذتهم الصیحة بالحق (مؤمنین ۵)
ولدینا کتاب ینطق بالحق (مؤمنین ۷) بل جاءهم بالحق (مؤمنین ۷) بل اتیناهم بالحق وانهم لکاذبون (مؤمنین ۵) الا جئناک بالحق (فرقان ۴)
نتلو علیک من نبا موسی وفرعون بالحق (قصص ۱) وکذب بالحق لما جاءه (عنکبوت ۷) ثم یفتح بیننا بالحق (سبا ۳) قل ان ربی یقذف بالحق
(سبا ۵) بل جاء بالحق وصدق (صافات ۲) فاحکم بیننا بالحق (ص ۲) فاحکم بین الناس بالحق (ص ۳) انا انزلنا الیک الکتاب بالحق (زمر ۱)
انا انزلنا علیک الکتاب للناس بالحق (زمر ۴) وقضی بینهم بالحق (زمر ۷-۸) والله یقضی بالحق (مؤمن ۲) فلما جاءهم بالحق (مؤمن ۳) فاذا جاء امر الله
قضی بالحق (مؤمن ۸) الله الذی انزل الکتاب بالحق والمیزان (شوری ۲) لقد جئناکم بالحق (زخرف ۷) الا من شهد بالحق (زخرف ۹) وخلق
الله السموات والارض بالحق (جاثیه ۳) لقضی بینهم بالحق (شوری ۲) هذا کتابنا ینطق علیکم بالحق (جاثیه ۳) لقد صدق الله رسوله الرؤیا
بالحق (فتح ۳) بل کذبوا بالحق لما جاءهم (ق ۱) وجاءت سکرة الموت بالحق (ق ۲) یوم یسمعون الصیحة بالحق (ق ۵) وتواصوا بالحق (بلد ۲، عصر ۱)
ولا تقتلوا النفس التی حرم الله الا بالحق (انعام ۱۹-۱۶، اسرائیل ۴) ولا یقتلون النفس التی حرم الله الا بالحق (فرقان ۶) ما خلق الله ذلک الا
بالحق (یونس ۱) ما ننزل الملائکة الا بالحق (حجر ۱) وما بینهما الا بالحق (حجر ۹، روم ۱، احقاف ۱) ما خلقناهما الا بالحق (دخان ۲) وبالحق انزلناه
وبالحق نزل (اسرائیل ۱۲) قال فالحق والحق اقول (ص ۵) انک علی الحق المبین (نمل ۸) یجادلونک فی الحق (انفال ۱) وانه للحق من ربک
(بقره ۱۷) قل الله یهدی للحق (یونس ۴) اتقولون للحق لما جاءکم (یونس ۸) واکثرهم للحق کارهون (مؤمنین ۷) ولکن اکثرکم للحق کارهون (زخرف ۷)
قال الذین کفروا للحق (احقاف ۱) لما اختلفوا فیه من الحق باذنه (بقره ۲۶) عما جاءک من الحق (مائده ۷) مما عرفوا من الحق (مائده ۹) وما
جاءنا من الحق (مائده ۹) ان الظن لا یغنی من الحق شیئا (یونس ۴) وان الظن لا یغنی من الحق شیئا (نجم ۳) والله لا یستحیی من الحق (احزاب ۷)
وما نزل من الحق (حدید ۲) وقد کفروا بما جاءکم من الحق (ممتحنه ۱) حقا علی المتقین (بقره ۱۸-۲۵) حقا علی المحسنین (بقره ۳۱) وعد الله
حقا (نساء ۱۸، یونس ۱) اولئک هم الکافرون حقا (نساء ۲۱) فهل وجدتم ما وعد ربکم حقا (اعراف ۵) قد وجدنا ما وعدنا ربنا حقا (اعراف ۵)
وکان وعد ربی حقا (کهف ۱۱) اولئک هم المؤمنون حقا (انفال ۱-۵) وعدا علیه حقا فی التوراة والانجیل (توبه ۱۴) حقا علینا ننج المؤمنین (یونس ۱۰)
قد جعلها ربی حقا (یوسف ۱۱) بلی وعدا علیه حقا (نحل ۵) وکان حقا علینا (روم ۵) او امضی حقبا (کهف ۹) کذلک حقت کلمت ربک
(یونس ۴) ان الذین حقت علیهم کلمت ربک لا یؤمنون (یونس ۱۰) ولکن حقت کلمة العذاب (زمر ۸) وکذلک حقت کلمت ربک (مؤمن ۱) ومنهم
من حقت علیه الضلالة (نحل ۵) واذنت لربها وحقت (انشقاق ۱) واتوا حقه یوم حصاده (انعام ۱۷) وآت ذا القربی
حقه (اسرائیل ۳) فآت ذا القربی حقه والمسکین (روم ۴) حقیق علی ان لا اقول علی الله الا الحق (اعراف ۱۳)

فصل الکاف

وتدلوا بها الی الحکام (بقره ۲۳) فیها حکم الله (مائده ۷) ذلکم حکم الله (ممتحنه ۲) ان الله قد حکم بین
العباد (مؤمن ۵) افحکم الجاهلیة یبغون (مائده ۷) واصبر لحکم ربک (طور ۲) فاصبر لحکم ربک (نون ۲، انسان ۲) الا له الحکم
(انعام ۷) له الحکم والیه ترجعون (قصص ۹) وله الحکم والیه ترجعون (قصص ۷) ان الحکم الا لله (انعام ۶، یوسف ۵) واتیناه الحکم صبیا (مریم ۱)
فالحکم لله العلی الکبیر (مؤمن ۲) ما کان لبشر ان یؤتیه الله الکتاب والحکم والنبوة (آل عمران ۸) اولئک الذین اتیناهم الکتاب والحکم
والنبوة (انعام ۱۰) ولقد اتینا بنی اسرائیل الکتاب والحکم والنبوة (جاثیه ۲) فابعثوا حکما من اهله وحکما من اهلها (نساء ۶) افغیر الله ابتغی حکما (انعام ۱۴)
ومن احسن من الله حکما (مائده ۷) آتیناه حکما وعلما (یوسف ۳، قصص ۲) ولوطا آتیناه حکما وعلما (انبیاء ۵) وکذلک انزلناه حکما عربیا (رعد ۶)
رب هب لی حکما (شعراء ۵) فوهب لی ربی حکما (شعراء ۲) وکلا آتینا حکما وعلما (انبیاء ۶) فان حکمت فاحکم بینهم بالقسط (مائده ۶) حکمة
بالغة فما تغن النذر (قمر ۱) لما آتیتکم من کتاب وحکمة (آل عمران ۹) والله یؤتی الحکمة من یشاء ومن یؤت الحکمة فقد اوتی خیرا کثیرا
(بقره ۳۷) ولقد اتینا لقمان الحکمة (لقمان ۲) واتیناه الحکمة وفصل الخطاب (ص ۲) ادع الی سبیل ربک بالحکمة (نحل ۱۶) قال قد جئتکم
بالحکمة (زخرف ۷) ذلک مما اوحی الیک ربک من الحکمة (اسرائیل ۴) ویعلمهم الکتاب والحکمة (بقره ۱۵، آل عمران ۷، جمعه ۱) ویعلمکم
الکتاب والحکمة (بقره ۱۸) وما انزل الله علیکم من الکتاب والحکمة (بقره ۳۰) واتاه الله الملک والحکمة (بقره ۳۳) ویعلمه الکتاب والحکمة
(آل عمران ۵) فقد اتینا آل ابراهیم الکتاب والحکمة (نساء ۸) وانزل الله علیک الکتاب والحکمة (نساء ۱۷) واذ علمتک الکتاب والحکمة (مائده ۱۵)
من آیات الله والحکمة (احزاب ۴) واذا حکمتم بین الناس (نساء ۸) ان ربک یقضی بینهم بحکمه (نمل ۶) فحکمه الی الله (شوری ۲) ولا
یشرک فی حکمه احدا (کهف ۳) لا معقب لحکمه (رعد ۶) وکنا لحکمهم شاهدین (انبیاء ۶) عزیز حکیم (انظر عزیز) علیم حکیم (انظر علیم)

ان ربك حكيم عليم (انعام ٩-٣ ١) انه حكيم عليم (انعام ١٤) حجر ٣) وان الله تواب حكيم (نور ١) لعلي حكيم (زخرف ١) انه علي حكيم (شورى ٦)
ثم فصلت من لدن حكيم خبير (هود ١) وانك لتلقى القران من لدن حكيم عليم (نمل ١) تنزيل من حكيم حميد (فصلت ٥) فيها يفرق كل امر
حكيم (دخان ١) العزيز **الحكيم** (انظر العزيز) العليم الحكيم (انظر العليم) وهو الحكيم الخبير (انعام ٢-٨ سبا ١) وهو الحكيم العليم (زخرف ٩ تحريم ١)
انه هو الحكيم العليم (ذاريات ٢) الم تلك ايات الكتاب الحكيم (لقمان ١) من الايات والذكر الحكيم (ال عمران ٦) الر تلك ايات الكتاب الحكيم
(يونس ١) يس والقران الحكيم (يس ١) عليما **حكيما** (انظر عليما) عزيزا حكيما (انظر عزيزا) وكان الله واسعا حكيما (نساء ٣١)

فصل اللام

وطعام الذين اوتوا الكتاب **حل** لكم (مائدة ١) وطعامكم حل لهم (مائدة ١) لا هن حل لهم ولا هم يحلون لهن (ممتحنة ٢)
وانت حل بهذا البلد (بلد ١) كل الطعام كان **حلا** لبني اسرائيل (ال عمران ١٠) **وحلائل** ابنائكم (نساء ٣) ولا تطع كل **حلاف**
مهين (نون ١) هذا **حلال** وهذا حرام (نحل ١٥) كلوا مما في الارض **حلالا** طيبا (بقرة ٧١) وكلوا مما رزقكم الله حلالا طيبا (مائدة ٩)
فكلوا مما غنمتم حلالا طيبا (انفال ٧) فكلوا مما رزقكم الله حلالا طيبا (نحل ١٥) فجعلتم منه حراما **وحلالا** (يونس ٦) ذلك كفارة ايمانكم اذا **حلفتم**
(مائدة ٩) فلولا اذا بلغت **الحلقوم** (واقعة ٣) واذا **حللتم** فاصطادوا (مائدة ١) والذين لم يبلغوا **الحلم** منكم (نور ٨) واذا بلغ الاطفال
منكم الحلم (نور ٨) **وحلوا** اساور من فضة (انسان ١) وتستخرجوا منه **حلية** (نحل ٢) وتستخرجون حلية (ملائكة ٢) يوقدون عليه في
النار ابتغاء حلية (رعد ٢) ومن ينشؤ **في** الحلية (زخرف ٢) والله غفور **حليم** (بقرة ٢٣ مائدة ١٣) ان الله غفور حليم (بقرة ٢٤ - ال عمران ١٦)
والله غني حليم (بقرة ٢٧) والله عليم حليم (نساء ٢) ان ابراهيم لاواه حليم (توبة ١٤) وان الله لعليم حليم (حج ٧) والله شكور حليم (تغابن ٢) فبشرناه
بغلام حليم (صافات ١٠) ان ابراهيم **لحليم** اواه منيب (هود ٧) انك لانت **الحليم** الرشيد (هود ٨) انه كان **حليما** غفورا (اسرائيل ٥)
(ملائكة ٥) وكان الله عليما حليما (احزاب ٦) واتخذ قوم موسى من بعده من **حليهم** (اعراف ١٨)

فصل الميم

من صلصال من **حما** مسنون (حجر ٣ مرتين ٤) وجدها تغرب في عين **حمئة** (كهف ١٢) كمثل **الحمار** يحمل اسفارا (جمعة ١) وانظر الى
حمارك (بقرة ٣٥) وامراته **حمالة** الحطب (مسد ١) فسبح **بحمد** ربك (حجر ٦ نصر ١) وسبح بحمد ربك (طه ١٣ ق ٣ طور ٢ مؤمن ٦) يسبحون
بحمد ربهم (زمر ٨ مؤمن ١ شورى ١) وسبحوا بحمد ربهم (سجدة ٢) **الحمد** لله رب العالمين (فاتحة ١ مؤمن ٧) وقالوا الحمد لله الذي هدانا لهذا
(اعراف ٥) الحمد لله الذي خلق السموات والارض (انعام ١) الحمد لله الذي وهب لي على الكبر (ابراهيم ٦) الحمد لله الذي انزل على عبده
الكتاب (كهف ١) الحمد لله الذي له ما في السموات (سبا ١) الحمد لله بل اكثرهم لا يعلمون (نحل ١٠ زمر ٣) وقل الحمد لله الذي لم يتخذ ولدا (اسرائيل ١٢)
فقل الحمد لله الذي نجانا من القوم الظالمين (مؤمنون ٢) وقالا الحمد لله الذي فضلنا (نمل ٢) قل الحمد لله وسلام على عباده (نمل ٥) قل الحمد لله
بل اكثرهم لا يعقلون (عنكبوت ٦) وقالوا الحمد لله الذي اذهب عنا الحزن (ملائكة ٤) وقالوا الحمد لله الذي صدقنا وعده (زمر ٨) الحمد
لله فاطر السموات (ملائكة ١) وقيل الحمد لله رب العالمين (زمر ٨) فلله الحمد رب السموات (جاثية ٤) له الحمد في الاولى والاخرة (قصص ٧)
وله الحمد في السموات والارض (روم ٢) وله الحمد في الاخرة (سبا ١) له الملك وله الحمد وهو على كل شيء قدير (تغابن ١) واخر دعويهم ان
الحمد لله رب العالمين (يونس ١) **و**الحمد لله رب العالمين (انعام ٥ صافات ٩) ونحن نسبح **بحمدك** (بقرة ٣) ويسبح الرعد **بحمده** (رعد ٢)
وان من شيء الا يسبح بحمده (اسرائيل ٥) فتستجيبون بحمده (اسرائيل ٥) كانهم **حمر** مستنفرة (مدثر ٥) **وحمر** مختلف الوانها (ملائكة ٣) ولمن جاء به **حمل**
بعير (يوسف ٨) وتضع كل ذات حمل حملها (حج ١) وان كن اولات حمل (طلاق ١) وقد خاب **من** حمل ظلما (طه ٦) فانما عليه ما حمل (نور ٧)
وساء لهم يوم القيامة **حملا** (طه ٥) الا ما **حملت** ظهورهما (انعام ١٨) فلما تغشها حملت حملا (اعراف ٢٤) **و**حملت الارض والجبال (حاقة ١)
وعليكم ما **حملتم** (نور ٧) كما **حملته** على الذين من قبلنا (بقرة ٣٩) حملته امه وهنا على وهن (لقمان ٢) حملته امه كرها (احقاف ٢) **فحملته**
فانتبذت به (مريم ٣) ذرية من **حملنا** مع نوح (اسرائيل ١) وممن حملنا مع نوح (مريم ٤) ولكنا **حملنا** اوزارا (طه ٩) واية لهم انا حملنا ذريتهم (يس ٥)
حملناكم في الجارية (حاقة ١) **وحملناه** على ذات الواح ودسر (قمر ١) **وحملناهم** في البر والبحر (اسرائيل ٧) مثل الذين **حملوا**
التورية (جمعة ١) **وحمله** وفصاله ثلثون شهرا (احقاف ٢) وتضع كل ذات حمل **حملها** (حج ١) وان تدع مثقلة **الى** حملها (ملائكة ٣)
وحملها الانسان (احزاب ٩) واولات الاحمال اجلهن ان يضعن **حملهن** (طلاق ١) حتى يضعن حملهن (طلاق ١) ومن الانعام
حمولة وفرشا (انعام ١٧) في قلوبهم **الحمية** حمية الجاهلية (فتح ٣) غني **حميد** (انظر غني) انه حميد مجيد (هود ٧) تنزيل من حكيم حميد
(فصلت ٥) وهو الولي **الحميد** (شورى ٣) العزيز الحميد (انظر عزيز) الغني الحميد (انظر الغني) وهدوا الى صراط الحميد (حج ٣)

وكان الله غنيا حميدا (نساء ١٩) ان انكر الاصوات لصوت الحمير (لقمان ٢) والخيل والبغال والحمير لتركبوها (نحل ١) كانه ولى حميم
(فصلت ٥) فليس له اليوم ههنا حميم (حاقة ٤) فليذوقوه حميم وغساق (ص ٤) ولا يسئل حميم حميما (معارج ١) ولا صديق حميم (شعراء)
ويبن حميم آن (رحمن ٣) لهم شراب من حميم (انعام ٧ يونس ١) ثم ان لهم عليها لشوبا من حميم (صافات ٧) ما للظالمين من حميم (مؤمن ٢) فنزل
من حميم (واقعة ٥) فى سموم وحميم (واقعة ٥) يصب من فوق رؤسهم الحميم (حج ٢) كغلى الحميم (دخان ٥) من عذاب الحميم (دخان ٥)
يسحبون فى الحميم (مؤمن ٨) فشاربون عليه من الحميم (واقعة ٤) وسقوا ماء حميما (قتال ٢) الا حميما وغساقا (نبا ٢)

فصل النون

وبلغت القلوب الحناجر (احزاب ٢) اذ القلوب لدى الحناجر (مؤمن ٢) وحنانا
من لدنا وزكوة (مريم ١) وكانوا يصرون على الحنث العظيم (واقعة ٢) حنفاء لله غير مشركين به (حج ٤) مخلصين له الدين
حنفاء (بينة ١) فما لبث ان جاء بعجل حنيذ (هود ٧) قل بل ملة ابراهيم حنيفا (بقرة ١٦) ولكن كان حنيفا مسلما (آل عمران ٧) فاتبعوا
ملة ابراهيم حنيفا (آل عمران ١٠) واتبع ملة ابراهيم حنيفا (نساء ١٨) دينا قيما ملة ابراهيم حنيفا (انعام ٢٠) للذى فطر السموات والارض
حنيفا (انعام ٩) وجهك للدين حنيفا (يونس ١١ روم ٤) ان ابراهيم كان امة قانتا لله حنيفا (نحل ١٦) ان اتبع ملة ابراهيم حنيفا (نحل ١٦)
ويوم حنين اذ اعجبتكم كثرتكم (توبة ٤)

فصل الواو

قال الحواريون نحن انصار الله (آل عمران ٦ صف ٢)
اذ قال الحواريون يا عيسى (مائدة ١٥) واذ اوحيت الى الحواريين (مائدة ١٥) كما قال عيسى ابن مريم للحواريين (صف ٢) الا ما حملت
ظهورهما او الحوايا (انعام ١٨) انه كان حوبا كبيرا (نساء ١) فالتقمه الحوت وهو مليم (صافات ٥) فانى نسيت الحوت (كهف ٧)
ولا تكن كصاحب الحوت (نون ٢) فلما بلغا مجمع بينهما نسيا حوتهما (كهف ٧) حور مقصورات فى الخيام (رحمن ٨) وزوجناهم بحور
عين (دخان ٤ طور ١) وحور عين كامثال اللؤلؤ المكنون (واقعة ٣) حول جهنم جثيا (مريم ٧) حافين من حول العرش (زمر ٨)
متاعا الى الحول (بقرة ٣١) لا يبغون عنها حولا (كهف ١٢) لانفضوا من حولك (آل عمران ١٧) وممن حولكم من الاعراب (توبة ١٢)
ولقد اهلكنا ما حولكم (احقاف ٤) الذى باركنا حوله لنريه من اياتنا (اسرائيل ١) قال للملا حوله (شعراء ٢) فلما اضاءت ما حوله (بقرة ٢)
قال لمن حوله (شعراء ٢) الذين يحملون العرش ومن حوله (مؤمن ١) ان بورك من فى النار ومن حولها (نمل ١) لتنذر ام القرى
ومن حولها (شورى ١) ولتنذر ام القرى ومن حولها (انعام ١١) ومن حولهم من الاعراب (توبة ١٢) ويتخطف الناس من حولهم (عنكبوت ٧)
حولين كاملين (بقرة ٣٠)

فصل الياء

ويحيى من حى عن بينة (انفال ٥) وجعلنا من الماء
كل شىء حى (انبياء ٣) الله لا اله الا هو الحى القيوم (بقرة ٣٤) الم الله لا اله الا هو الحى القيوم (آل عمران ١) هو الحى لا اله الا هو (مؤمن ٧)
وتخرج الحى من الميت وتخرج الميت من الحى (آل عمران ٣) يخرج الحى من الميت (انعام ١٠ روم ٢) ومن يخرج الحى من الميت (يونس ٤) وتوكل
على الحى الذى لا يموت (فرقان ٥) ومخرج الميت من الحى (انعام ١٠) وعنت الوجوه للحى القيوم (طه ٦) ويخرج الميت من الحى (يونس ٤ روم ٢)
ويوم يبعث حيا (مريم ١) ويوم ابعث حيا (مريم ٢) ما دمت حيا (مريم ٢) لسوف اخرج حيا (مريم ٥) لينذر من كان حيا (يس ٧) فاذا هى
حية تسعى (طه ٢) اذ تاتيهم حيتانهم (اعراف ٢١) وكلا منها رغدا حيث شئتما (بقرة ٤) فكلوا منها رغدا حيث شئتم (بقرة ٦)
حيث ثقفتموهم (بقرة ٢٤ نساء ١٢) واقتلوهم حيث وجدتموهم (نساء ١٢) حيث يجعل رسالته (انعام ١٥) فاقتلوا المشركين حيث وجدتموهم (توبة ١) وكلوا
منها حيث شئتم (اعراف ١٩) وامضوا حيث تؤمرون (حجر ٥) ولا يفلح الساحر حيث اتى (طه ٧) رخاء حيث اصاب (ص ٤) نتبوء من الجنة حيث
نشاء (زمر ٨) واخرجوهم من حيث اخرجوكم (بقرة ٢٤) ثم افيضوا من حيث افاض الناس (بقرة ٢٥) فاتوهن من حيث امركم الله (بقرة ٢٨)
فكلا من حيث شئتما (اعراف ٢) من حيث لا ترونهم (اعراف ٣) سنستدرجهم من حيث لا يعلمون (اعراف ١٩ نون ٢) ولما دخلوا من حيث
امرهم ابوهم (يوسف ٨) فاتاهم العذاب من حيث لا يشعرون (زمر ٣) فاتاهم الله من حيث لم يحتسبوا (حشر ١) ويرزقه من حيث لا يحتسب
(طلاق ١) اسكنوهن من حيث سكنتم (طلاق ١) ومن حيث خرجت (بقرة ١٥ مرتين) وحيث ما كنتم فولوا وجوهكم شطره (بقرة ١٥
مرتين) كالذى استهوته الشياطين فى الارض حيران (انعام ٩) وحيل بينهم وبين ما يشتهون (سبا ٦) من خيل ولا ركاب (حشر ١)
لا يستطيعون حيلة (نساء ١٤) هل اتى على الانسان حين من الدهر (انسان ١) وان تسئلوا عنها حين ينزل القران (مائدة ١٤) اذا حضر
احدكم الموت حين الوصية (مائدة ١٤) الا حين يستغشون ثيابهم (هود ١) ولكم فيها جمال حين تريحون (نحل ١) حين لا يكفون عن وجوههم النار
(انبياء ٣) وسوف يعلمون حين يرون العذاب (فرقان ٤) الذى يريك حين تقوم (شعراء ١١) فنادوا ولات حين مناص (ص ١) ولتعلمن

اللہ یتوفی الانفس حین موتھا (زمر ۵) او تقول حین تری العذاب (زمر ٦) وسبح بحمد ربک حین تقوم (طور ۵) فسبحان اللہ حین تمسون وحین
تصبحون (روم ٢) تؤتی اکلھا کل حین (ابراھیم ٣) ومتاع الی حین (بقرۃ ٤-اعراف ٢-انبیاء ٧) ومتعناھم الی حین (یونس ١٠) ومتاعا الی حین (نحل ٨)
یس ٤) فامنوا فمتعناھم الی حین (صافات ۵) لیسجننہ حتی حین (یوسف ١٤) فتربصوا بہ حتی حین (مومنین ٢) فذرھم فی غمرتھم حتی حین
(مومنین ٤) فتول عنھم حتی حین (صافات ٨) وتول عنھم حتی حین (صافات ٨) وفی ثمود اذ قیل لھم تمتعوا حتی حین (ذاریات ۵) علی
حین غفلۃ من اھلھا (قصص ٢) وحین تظھرون (روم ٢) وحین الباس (بقرۃ ٨) وحین تسرحون (نحل ١) وحین تضعون ثیابکم (نور ٦)
وانتم حینئذ تنظرون (واقعۃ ٩) فحیوا باحسن منھا او ردوھا (نساء ١١) وان الدار الاخرۃ لھی الحیوان (عنکبوت ٧) ولکم فی القصاص
حیوۃ (بقرۃ ٢٢) فلنحیینہ حیوۃ طیبۃ (نحل ١٣) ولا حیوۃ ولا نشورا (فرقان ١) ولتجدنھم احرص الناس علی حیوۃ (بقرۃ ١١) زین للذین
کفروا الحیوۃ الدنیا (بقرۃ ٢٦) فما متاع الحیوۃ الدنیا الا قلیل (توبۃ ٦) ذلک متاع الحیوۃ الدنیا (ال عمران ٢) متاع الحیوۃ الدنیا ثم مرجعکم (یونس ٣)
کمن متعناہ متاع الحیوۃ الدنیا (قصص ٧) وان کل ذلک لما متاع الحیوۃ الدنیا (زخرف ٤) وغرتھم الحیوۃ الدنیا (انعام ٧-١٣-اعراف ٦) فلا
تغرنکم الحیوۃ الدنیا (لقمان ٤-ملائکۃ ١) وغرتکم الحیوۃ الدنیا (جاثیۃ ٤) وما الحیوۃ الدنیا الا متاع الغرور (ال عمران ١٩-حدید ٢)
وما الحیوۃ الدنیا الا لعب (انعام ٤) وما الحیوۃ الدنیا فی الاخرۃ الا متاع (رعد ٣) یاقوم انما ھذہ الحیوۃ الدنیا متاع (مومن ٥) وما ھذہ
الحیوۃ الدنیا الا لھو ولعب (عنکبوت ٧) انما الحیوۃ الدنیا لعب ولھو (قتال ٤) اعلموا انما الحیوۃ الدنیا لعب ولھو (حدید ٢) اولئک الذین
اشتروا الحیوۃ الدنیا (بقرۃ ١٠) الذین یشرون الحیوۃ الدنیا بالاخرۃ (نساء ١٠) من کان یرید الحیوۃ الدنیا (ھود ٢) الذین یستحبون الحیوۃ الدنیا
(ابراھیم ١) استحبوا الحیوۃ الدنیا (نحل ١٤) انما تقضی ھذہ الحیوۃ الدنیا (طہ ٣) یریدون الحیوۃ الدنیا (قصص ٨) ان کنتن تردن الحیوۃ الدنیا (احزاب ٤)
ولم یرد الا الحیوۃ الدنیا (نجم ٣) واثر الحیوۃ الدنیا (نازعات ٢) بل تؤثرون الحیوۃ الدنیا (اعلی ١) مثل ما ینفقون فی ھذہ الحیوۃ الدنیا (ال عمران ١٢)
تبتغون عرض الحیوۃ الدنیا (نساء ١٣) لتبتغوا عرض الحیوۃ الدنیا (نور ٤) انما مثل الحیوۃ الدنیا (یونس ٣) اذا لاذقناک ضعف الحیوۃ الدنیا
(اسراء ٨) واضرب لھم مثل الحیوۃ الدنیا (کھف ٦) منھم زھرۃ الحیوۃ الدنیا (طہ ٨) فمتاع الحیوۃ الدنیا (قصص ٦-شوری ٤) ترید زینۃ
الحیوۃ الدنیا (کھف ٤) المال والبنون زینۃ الحیوۃ الدنیا (کھف ٦) ارضیتم بالحیوۃ الدنیا (توبۃ ٦) ورضوا بالحیوۃ الدنیا (یونس ١) وفرحوا
بالحیوۃ الدنیا (رعد ٣) الخزی فی الحیوۃ الدنیا (بقرۃ ١٠) ومن الناس من یعجبک قولہ فی الحیوۃ الدنیا (بقرۃ ٢٥) ھانتم ھؤلاء جادلتم عنھم
فی الحیوۃ الدنیا (نساء ١٦) قل ھی للذین امنوا فی الحیوۃ الدنیا (اعراف ٤) وذلۃ فی الحیوۃ الدنیا (اعراف ١٩) لھم البشری فی الحیوۃ الدنیا (یونس ٧) زینۃ
واموالا فی الحیوۃ الدنیا (یونس ٩) کشفنا عنھم عذاب الخزی فی الحیوۃ الدنیا (یونس ١٠) لھم عذاب فی الحیوۃ الدنیا (رعد ٥) بالقول الثابت فی الحیوۃ
الدنیا (ابراھیم ٤) الذین ضل سعیھم فی الحیوۃ الدنیا (کھف ١٢) فان لک فی الحیوۃ ان تقول لا مساس (طہ ٥) واترفناھم فی الحیوۃ الدنیا (مومنین ٣)
مودۃ بینکم فی الحیوۃ الدنیا (عنکبوت ٣) فاذاقھم اللہ الخزی فی الحیوۃ الدنیا (زمر ٣) والذین امنوا فی الحیوۃ الدنیا (مومن ٦) لنذیقھم عذاب الخزی
فی الحیوۃ الدنیا (فصلت ٢) نحن اولیاؤکم فی الحیوۃ الدنیا (فصلت ٤) معیشتھم فی الحیوۃ الدنیا (زخرف ٣) یعلمون ظاھرا من الحیوۃ الدنیا
(روم ١) الذی خلق الموت والحیوۃ (ملک ١) فی حیوتکم الدنیا (احقاف ٢) ان ھی الا حیوتنا الدنیا (مومنین ٣) وقالوا ما ھی الا حیوتنا
الدنیا (جاثیۃ ٣) الحیوتنا الدنیا (انعام ٣) یقول یالیتنی قدمت لحیوتی (فجر ٢) واذا جاءوک حیوک (مجادلۃ ٢)

باب الخاء فصل الالف

فینقلبوا خائبین (ال عمران ١٣)
وکنا نخوض مع الخائضین (مدثر ٢) فاصبح فی المدینۃ خائفا (قصص ٢) فخرج منھا خائفا (قصص ٣) اولئک ما کان لھم ان یدخلوھا
الا خائفین (بقرۃ ١٤) یعلم خائنۃ الاعین (مومن ٢) ولا تزال تطلع علی خائنۃ منھم (مائدۃ ٣) ان اللہ لا یحب الخائنین
(انفال ٧) وان اللہ لا یھدی کید الخائنین (یوسف ٧) ولا تکن للخائنین خصیما (نساء ١٦) وقد خاب من افتری (طہ ٣) وقد خاب
من حمل ظلما (طہ ٦) وقد خاب من دسھا (شمس ١) وخاب کل جبار عنید (ابراھیم ٣) وخاتم النبیین (احزاب ٥) وھو خادعھم (نساء ٢١)
لیس بخارج منھا (انعام ١٥) وما ھم بخارجین من النار (بقرۃ ٢٠) وما انتم لہ بخازنین (حجر ٢) ینقلب الیک البصر خاسئا
(ملک ١) کونوا قردۃ خاسئین (بقرۃ ٨-اعراف ٢١) تلک اذا کرۃ خاسرۃ (نازعات ١) اولئک ھم الخاسرون (بقرۃ ٣-انفال ٥-
عنکبوت ٦-زمر ٧) واولئک ھم الخاسرون (توبۃ ٩) الا القوم الخاسرون (اعراف ١٢) لاجرم انھم فی الاخرۃ ھم الخاسرون (نحل ١٤) الا ان حزب
الشیطان ھم الخاسرون (مجادلۃ ٣) فاولئک ھم الخاسرون (منافقون ٢-بقرۃ ١٢-اعراف ٢١) انکم اذا لخاسرون (اعراف ١١-مومنین ٣) انا اذا

لخاسرين (يوسف ٢) فتنقلبوا خاسرين (آل عمران ١٥) (مائدة ٦) كانوا هم الخاسرين (اعراف ١١) فأصبحوا خاسرين (مائدة ٥)
انهم كانوا خاسرين (فصلت ٣-٤ احقاف ٢) قل ان الخاسرين الذين خسروا انفسهم (زمر ٢) ان الخاسرين الذين خسروا (شورى ٥) لكنتم
من الخاسرين (بقرة ٧) وهو في الآخرة من الخاسرين (آل عمران ٩) (مائدة ١) فاصبح من الخاسرين (مائدة ٤) لنكونن من الخاسرين (اعراف ٢-٣)
فتكون من الخاسرين (يونس ١٠) اكن من الخاسرين (هود ٥) ولتكونن من الخاسرين (زمر ٧) فاصبحتم من الخاسرين (فصلت ٣) لرأيته
خاشعا متصدعا (حشر ٣) ومن آياته انك ترى الارض خاشعة (فصلت ٤) خاشعة ابصارهم (نون ٥ معارج ٥) ابصارها
خاشعة (نازعات ١) وجوه يومئذ خاشعة (غاشية ١) الذين هم في صلوتهم خاشعون (مؤمنين ١) خاشعين لله (آل عمران ٢٠)
وكانوا لنا خاشعين (انبياء ٩) خاشعين من الذل (شورى ٥) الا على الخاشعين (بقرة ٥) والخاشعين والخاشعات (احزاب ٤)
لا تصيبن الذين ظلموا منكم خاصة (انفال ٣) فظلت اعناقهم خاضعين (شعراء ١) وخضتم كالذي خاضوا (توبة ٧)
كاذبة خاطئة (علق ٢) والمؤتفكات بالخاطئة (حاقة ١) انا كنا خاطئين (يوسف ١١) كانوا خاطئين (قصص ١) وان كنا
لخاطئين (يوسف ١١) انك كنت من الخاطئين (يوسف ٣) واذا خاطبهم الجاهلون قالوا سلاما (فرقان ٧) فمن خاف
من موص جنفا (بقرة ٩) ان في ذلك لآية لمن خاف عذاب الآخرة (هود ٩) ذلك لمن خاف مقامي وخاف وعيد (ابراهيم ٢) ولمن
خاف مقام ربه جنتان (رحمن ٥) واما من خاف مقام ربه (نازعات ٤) وان امرأة خافت من بعلها (نساء ٣) خافضة رافعة (واقعة
ذرية ضعافا خافوا عليهم (نساء ١) وخافون ان كنتم مؤمنين (آل عمران ١٨) لا تخفى منكم خافية (حاقة ٢) وبنات خالك
وبنات خالاتك (احزاب ٥) وعماتكم وخالاتكم (نساء ٣) او بيوت خالاتكم (نور ٧) كمن هو خالد في النار (قتال ٢) بدلا
نارا خالدا فيها (نساء ٢) فجزاؤه جهنم خالدا فيها (نساء ١٠) فان له نار جهنم خالدا فيها (توبة ٧) وهم فيها خالدون (بقرة ٣)
هم فيها خالدون (بقرة ٤-٩ مرتين ٢٢-٢٦-٢٨ - آل عمران ١١-١٢-١ اعراف ٤-٥ يونس ٣ مرتين هود ٣ رعد ١ مؤمنين ٢ مجادلة ٣)
وفي العذاب هم خالدون (مائدة ١١) وفي النار هم خالدون (توبة ٢) وكل فيها خالدون (انبياء ١) وهم فيما اشتهت انفسهم خالدون (انبياء ١١)
في جهنم خالدون (مؤمنين ١١) وانتم فيها خالدون (زخرف ٧) ان المجرمين في عذاب جهنم خالدون (زخرف ٧) افان مت فهم الخالدون
(انبياء ٤) خالدين فيه (طه ١١) وما كانوا خالدين (انبياء ١) لهم فيها ما يشاؤون خالدين (فرقان ٢) فادخلوها خالدين (زمر ٨)
خالدين فيها ابدا (نساء ١٣-١٧ مائدة ١٧ توبة ٣-١١ احزاب ٧ تغابن ٢ طلاق ٢ جن ٣ بينة ١) خالدين فيها (بقرة ١٧ - آل عمران ٢-٩-١٤
نساء ٢ مائدة ٩ انعام ٣ توبة ١١-٧-٨-٩ هود ١ مرتين ابراهيم ٣ نحل ٣ كهف ١١ طه ٨ فرقان ٨ عنكبوت ٦ لقمان ١ زمر ٨ مؤمن ٨ احقاف
فتح ١ حديد ٢ مجادلة ٣ حشر ٢ تغابن ١ بينة ١) او تكونا من الخالدين (اعراف ٢) الا لله الدين الخالص (زمر ١) لبنا خالصا
سائغا للشاربين (نحل ١) خالصة لذكورنا (انعام ٩) قل ان كانت لكم الدار الآخرة عند الله خالصة (بقرة ١١) خالصة يوم القيامة
(اعراف ٤) خالصة لك من دون المؤمنين (احزاب ٥) انا اخلصناهم بخالصة (ص ٥) فاقعدوا مع الخالفين (توبة ١٠) خالق
كل شيء (انعام ١١ رعد ٢ مؤمن ٧) الله خالق كل شيء (زمر ٧) اني خالق بشرا (حجر ٢ ص ٥) هل من خالق غير الله (ملائكة ١) هو الله الخالق
البارئ (حشر ٢) ام هم الخالقون (طور ١) ام نحن الخالقون (واقعة ٢) وبنات خالك (احزاب ٥) فتبارك الله احسن الخالقين
(مؤمنين ١) وتذرون احسن الخالقين (صافات ٧) في الايام الخالية (حاقة ١) فاذا هم خامدون (يس ٢) والخامسة
ان لعنة الله عليه (نور ١) والخامسة ان غضب الله عليها (نور ١) فخانتاهما فلم يغنيا (تحريم ٢) فقد خانوا الله من قبل (انفال ١٠)
وهي خاوية على عروشها (بقرة ٢٦ كهف ٥) فهي خاوية على عروشها (حج ٥) فتلك بيوتهم خاوية (نمل ٦) كانهم اعجاز نخل خاوية (حاقة ١)

فصل الباء

الذي يخرج الخبء في السموات (نمل ٢) ويحرم عليهم الخبائث (اعراف ١٩) التي
كانت تعمل الخبائث (انبياء ١) لا يألونكم خبالا (آل عمران ١٢) ما زادوكم الا خبالا (توبة ٥) كلما خبت زدناهم سعيرا (اسرائيل ١١) والذي
خبث لا يخرج الا نكدا (اعراف ٧) سآتيكم منها بخبر (نمل ١) لعلي آتيكم منها بخبر (قصص ٣) وكيف تصبر على ما لم تحط به خبرا (كهف ٧)
وقد احطنا بما لديه خبرا (كهف ١١) اني اراني احمل فوق رأسي خبزا (يوسف ٥) قل لا يستوي الخبيث والطيب (مائدة ١١) ولا تيمموا
الخبيث منه (بقرة ٢٧) حتى يميز الخبيث من الطيب (آل عمران ١٨) ليميز الله الخبيث من الطيب (انفال ٥) ولا تتبدلوا الخبيث بالطيب (نساء ١)
ويجعل الخبيث بعضه على بعض (انفال ٥) ولو اعجبك كثرة الخبيث (مائدة ١١) ومثل كلمة خبيثة كشجرة خبيثة (ابراهيم ٣) الخبيثات

للخبيثين (نور ٣) والخبيثون للخبيثات (نور ٣) بما تعملون خبير (انظر تعملون) والله خبير بما تعملون (آل عمران ١٨ توبة ١٢
مجادلة ٢ منافقين ٢) ان الله خبير بما تعملون (مائدة ٢ نور ٧ حشر ٣) انه بما يعملون خبير (هود ١٠) ان الله لطيف خبير (حج ٧ لقمان ٢) ان
الله خبير بما يصنعون (نور ٧) انه خبير بما تفعلون (نمل ٦) ان الله عليم خبير (لقمان ٤ حجرات ٢) انه بعباده خبير بصير (شورى ٣
من لدن حكيم خبير (هود ١) ولا ينبئك مثل خبير (ملائكة ٢) ان الله بعباده لخبير بصير (ملائكة ٤) ان ربهم بهم يومئذ لخبير (عاديا
وهو الحكيم الخبير (انعام ٢-٨ سبا ١) وهو اللطيف الخبير (انعام ١٣ ملك ٢) قال نبأني العليم الخبير (تحريم ١) ان الله كان عليما خبيرا
(نساء ٦) ان الله كان بما تعملون خبيرا (نساء ١٠-١٦ احزاب ١) فان الله كان بما تعملون خبيرا (نساء ١٣-١٩) وكفى بربك بذنوب عباده خبيرا
بصيرا (اسرائيل ٣) انه كان بعباده خبيرا بصيرا (اسرائيل ٢-١٠) فاسئل به خبيرا (فرقان ٥) وكفى به بذنوب عباده خبيرا (فرقان ٥) ان
الله كان لطيفا خبيرا (احزاب ٤) بل كان الله بما تعملون خبيرا (فتح ٢)

فصل التاء

كل ختار كفور (لقمان ٤)
ختامه مسك (مطففين ١) ختم الله على قلوبهم (بقرة ١) وختم على قلوبهم (انعام ٥) وختم على سمعه (جاثية ٣)

فصل الدال

ولا تصعر خدك للناس (لقمان ٢)

فصل الذال

خذ العفو وأمر بالعرف (اعراف ٢٤) خذ
من اموالهم صدقة (توبة ١٣) يا يحيى خذ الكتاب بقوة (مريم ١) قال فخذ اربعة من الطير (بقرة ٣٥) فخذ ما آتيتك (اعراف ١٧) فخذ احدنا مكانه
(يوسف ٨) وخذ بيدك ضغثا (ص ٤) خذوا ما آتيناكم بقوة (بقرة ٧-١٠ اعراف ٢١) خذوا حذركم (نساء ١٠) يا بني آدم خذوا زينتكم
(اعراف ٣) وخذوا حذركم (نساء ١٥) وكان الشيطان للانسان خذولا (فرقان ٣) خذوه فاعتلوه (دخان ٣) خذوه فغلوه
(حاقة ١) يقولون ان اوتيتم هذا فخذوه (مائدة ٦) وما آتاكم الرسول فخذوه (حشر ١) قال خذها ولا تخف (طه ٣) فخذها
بقوة (اعراف ١٧) فخذوهم واحصروهم (توبة ١) فخذوهم واقتلوهم (نساء ١٢-١٣)

فصل الراء

فكانما خر من السماء
(حج ٤) فلما خر تبينت الجن (سبا ٢) فخر عليهم السقف (نحل ٣) وخر موسى صعقا (اعراف ١٧) وخر راكعا واناب (ص ٢) وسعى في خرابها
(بقرة ١٤) فخراج ربك خير (مؤمنين ٤) قتل الخراصون (ذاريات ١) فخرج على قومه من المحراب (مريم ١) فخرج منها خائفا (قصص ٣
فخرج على قومه في زينته (قصص ٨) فهل نجعل لك خرجا (كهف ١١) ام تسئلهم خرجا (مؤمنين ٤) ومن حيث خرجت (بقرة ١٨) ام
ان كنتم خرجتم جهادا في سبيلي (ممتحنة ١) فان خرجن فلا جناح عليكم (بقرة ٣١) لو استطعنا لخرجنا معكم (توبة ٦) الم تر الى الذين خرجوا
من ديارهم (بقرة ٣٢) ولا تكونوا كالذين خرجوا من ديارهم (انفال ٦) حتى اذا خرجوا من عندك (قتال ٢) وهم قد خرجوا به (مائدة ٧)
لو خرجوا فيكم ما زادوكم الا خبالا (توبة ٧) وان كان مثقال حبة من خردل اتينا بها (انبياء ٤) انها ان تك مثقال حبة من خردل (لقمان ٢)
سنسمه على الخرطوم (نون ١) قال اخرقتها لتغرق اهلها (كهف ٨) وخلقهم وخرقوا له بنين وبنات (انعام ١٢) حتى اذا ركبا في
السفينة خرقها (كهف ٨) خروا سجدا وبكيا (مريم ٤) خروا سجدا (سجدة ٢) وخروا له سجدا (يوسف ١١) فهل الى خروج من سبيل
(مؤمن ٢) ولو ارادوا الخروج لاعدوا له عدة (توبة ٧) كذلك الخروج (ق ١) ذلك يوم الخروج (ق ٣) فاستأذنوك للخروج (توبة ١١)

فصل الزاء

عندي خزائن الله (انعام ٥ هود ٣) ام عندهم خزائن رحمة ربك (ص ١) ام عندهم خزائن ربك (طور ٢)
ولله خزائن السموات والارض (منافقين ١) قل لو انتم تملكون خزائن رحمة ربي (اسرائيل ١١) قال اجعلني على خزائن الارض (يوسف ٧
وان من شيء الا عندنا خزائنه (حجر ٢) وقال الذين في النار لخزنة جهنم (مؤمن ٥) وقال لهم خزنتها (زمر مرتين) سألهم
خزنتها (ملك ١) لهم في الدنيا خزي (بقرة ١٤ مائدة ٥) الا خزي في الحيوة الدنيا (بقرة ٩) ذلك لهم خزي في الدنيا (مائدة ٦) له في الدنيا
خزي (حج ١) برحمة منا ومن خزي يومئذ (هود ٦) ذلك الخزي العظيم (توبة ٧) كشفنا عنهم عذاب الخزي (يونس ١) فاذاقهم الله الخزي
(زمر ٣) لنذيقهم عذاب الخزي (فصلت ٢) ان الخزي اليوم والسوء (نحل ٤)

فصل السين

ولا يزيد الظالمين
الا خسارا (اسرائيل ٩) ولا يزيد الكافرين كفرهم الا خسارا (ملائكة ٤) واتبعوا من لم يزده ماله وولده الا خسارا (نوح ٢) فقد
خسر خسرانا مبينا (نساء ١٨) خسر الدنيا والآخرة (حج ٢) قد خسر الذين كذبوا (انعام ٤ يونس ٥) قد خسر الذين قتلوا اولادهم (انعام ١٧)
وخسر هنالك المبطلون (مؤمن ٩) [illegible] ان الانسان لفي خسر (عصر ١) وكان عاقبة امرها خسرا (طلاق ٢) ذلك
هو الخسران المبين (حج ٢ زمر ٢) الذين خسروا انفسهم (انعام ٢ مرتين) اولئك الذين خسروا انفسهم (هود ٢) فاولئك الذين خسروا
انفسهم (اعراف ١ مؤمنين ٦) قل ان الخاسرين الذين خسروا انفسهم (زمر ٢) ان الخاسرين الذين خسروا انفسهم (شورى ٥) قد خسروا

انفسهم (اعراف ٦) لولا ان من الله علينا لخسف بنا (قصص ٩) وخسف القمر (قيامة ١) ومنهم من خسفنا به الارض (عنكبوت ٤) فخسفنا به وبداره الارض (قصص ٩) خاسئا وهو حسير (ملك ١)

فصل الشين

كانهم خشب مسندة (منافقون ١) خشعا ابصارهم (قمر ١) وخشعت الاصوات للرحمن (طه ٦) ويزيدهم خشوعا (اسرائيل ١٢) من خشي الرحمن بالغيب (ق ٤) ذلك لمن خشي العنت منكم (نساء ٤) ذلك لمن خشي ربه (بينة ١) وخشي الرحمن بالغيب (يس ٢) او اشد خشية (نساء ١١) ولا تقتلوا اولادكم خشية املاق (اسرائيل ٤) لامسكتم خشية الانفاق (اسرائيل ١١) وان منها لما يهبط من خشية الله (بقرة ٩) ان الذين هم من خشية ربهم مشفقون (مؤمنين ٤) متصدعا من خشية الله (حشر ٣) وهم من خشية مشفقون (انبياء ٢) اذا فريق منهم يخشون الناس كخشية الله (نساء ١١) اني خشيت ان تقول فرقت بين بني اسرائيل (طه ٥) فخشينا ان يرهقهما (كهف ١٠)

فصل الصاد

ولو كان بهم خصاصة (حشر ١) وهو الد الخصام (بقرة ٢٥) وهو في الخصام غير مبين (زخرف ٢) وهل اتك نبا الخصم (ص ٢) خصمان بغى بعضنا على بعض (ص ٢) هذان خصمان اختصموا (حج ٢) بل هم قوم خصمون (زخرف ٦) فاذا هو خصيم مبين (نحل ١، يس ٥) ولا تكن للخائنين خصيما (نساء ١٦)

فصل الضاد

وخضتم كالذي خاضوا (توبة ٧) متكئين على رفرف خضر (رحمن ٨) عاليهم ثياب سندس خضر (انسان ٣) وسبع سنبلات خضر (يوسف ٥) مرتين (؟) فاخرجنا منه خضرا (انعام ١٢) ويلبسون ثيابا خضرا (كهف ٤)

فصل الطاء

وما كان لمؤمن ان يقتل مؤمنا الا خطأ (نساء ١٣) ومن قتل مؤمنا خطأ (نساء ١٣) ان قتلهم كان خطأ كبيرا (اسرائيل ٤) واتيناه الحكمة وفصل الخطاب (ص ٢) لا يملكون منه خطابا (نبأ ٢) ولنحمل خطاياكم (عنكبوت ٢) نغفر لكم خطاياكم (بقرة ٦) ليغفر لنا خطايانا (طه ٥) انا نطمع ان يغفر لنا ربنا خطايانا (شعراء ٤) وما هم بحاملين من خطاياهم (عنكبوت ٢) من خطبة النساء (بقرة ٣٠) قال فما خطبك يا سامري (طه ٥) قال فما خطبكم ايها المرسلون (حجر ٤، ذاريات ٢) قال ما خطبكما (قصص ٣) قال ما خطبكن اذ راودتن (يوسف ٤) الا من خطف الخطفة (صافات ١) لا تتبعوا خطوات الشيطان (نور ٣) ولا تتبعوا خطوات الشيطان (بقرة ١٧-٢١-انعام ١٥) ومن يتبع خطوات الشيطان (نور ٣) نغفر لكم خطيئاتكم (اعراف ٢٠) مما خطيئاتهم (نوح ٢) ومن يكسب خطيئة (نساء ١٦) واحاطت به خطيئته (بقرة ٩) ان يغفر لي خطيئتي (شعراء ٥)

فصل الفاء

انفروا خفافا وثقالا (توبة ٦) ومن خفت موازينه (اعراف ١، مؤمنين ٦) فاما من خفت موازينه (قارعة ١) والى خفت طلوا (؟) من ورائي (مريم ١) فاذا خفت عليه فالقيه في اليم (قصص ١) ففررت منكم لما خفتكم (شعراء ٢) ان خفتم ان يفتنكم الذين كفروا (نساء ١٥) فان خفتم الا يقيما حدود الله (بقرة ٢٩) فان خفتم فرجالا او ركبانا (بقرة ٣١) فان خفتم الا تعدلوا (نساء ١) وان خفتم شقاق بينهما (نساء ٦) وان خفتم عيلة (توبة ٤) وان خفتم الا تقسطوا في اليتامى (نساء ١) الان خفف الله عنكم (انفال ٩) ينظرون من طرف خفي (شورى ٥) اذ نادى ربه نداء خفيا (مريم ١) تدعونه تضرعا وخفية (انعام ٧) ادعوا ربكم تضرعا وخفية (اعراف ٧) واذكر ربك في نفسك تضرعا وخيفة (اعراف ٢٤) فلما تغشاها حملت حملا خفيفا (اعراف ٢٤)

فصل اللام

واذا خلا بعضهم الى بعض (بقرة ٨) الا خلا فيها نذير (فاطر ٣) ما انكم (؟) وهو الذي جعلكم خلائف الارض (انعام ٢٠) هو الذي جعلكم خلائف في الارض (فاطر ٥) ثم جعلناكم خلائف في الارض (يونس ٢) وجعلناهم خلائف (يونس ٨) بمقعدهم خلاف رسول الله (توبة ١١) او تقطع ايديهم وارجلهم من خلاف (مائدة ٥) لاقطعن ايديكم وارجلكم من خلاف (اعراف ١٤، شعراء ٣) اذا لا يلبثون خلافك (اسرائيل ٨) اولئك لا خلاق لهم في الاخرة (ال عمران ٨) ماله في الاخرة من خلاق (بقرة ١٢) وما له في الاخرة من خلاق (بقرة ٢٥) ان ربك هو الخلاق العليم (حجر ٦) وهو الخلاق العليم (يس ٥) فاستمتعتم بخلاقكم (توبة ٨) فاستمتعوا بخلاقهم (توبة ٨) كما استمتع الذين من قبلكم بخلاقهم (توبة ٨) لا بيع فيه ولا خلال (ابراهيم ٥) فجاسوا خلال الديار (اسرائيل ١) ولاوضعوا خلالكم (توبة ٧) فترى الودق يخرج من خلاله (نور ٦، روم ٥) فتفجر الانهار خلالها (اسرائيل ١٠) وجعل خلالها انهارا (نمل ٥) وفجرنا خلالهما نهرا (كهف ٥) يوم لا بيع فيه ولا خلة (بقرة ٣٤) تلك امة قد خلت لها ما كسبت (بقرة ١٦-١٧) قد خلت من قبلكم (ال عمران ١٤، اعراف ٤) قد خلت من قبله الرسل (ال عمران ١٥، مائدة ١٠) قد خلت من قبلها امم (رعد ٤) سنة الله التي قد خلت (مؤمن ٩، فتح ٣) قد خلت من قبلهم (فصلت ٣، احقاف ٢) وقد خلت من قبلهم المثلات (رعد ١) وقد خلت سنة الاولين (حجر ١) وقد خلت القرون من قبلي (احقاف ٢) وقد خلت النذر (احقاف ٣) وما جعلنا لبشر من قبلك الخلد (انبياء ٣) ذوقوا عذاب الخلد (يونس ٦) على شجرة الخلد (طه ٧) ام

ولاقطعن ايديكم وارجلكم من خلاف (طه ٥)

جز

جنة الخلد التي وعد المتقون (فرقان ۲) وذوقوا عذاب الخلد (سجدة ۲) لهم فيها دار الخلد (فصلت ۳) خلصوا نجيا (یوسف ۸) وان کثیرا
من الخلطاء ليبغي بعضهم على بعض (ص ۲) خلطوا عملا صالحا (توبة ۱۱) فخلف من بعدهم خلف (اعراف ۲۱ مریم ۲) واذکروا اذ جعلکم
خلفاء (اعراف ۷-۸) ویجعلکم خلفاء الارض (نمل ۷) وهو الذي جعل الليل والنهار خلفة (فرقان ۷) قال بئسما خلفتموني
من بعدي (اعراف ۱۵) لتکون لمن خلفك آیة (یونس ۱) وما خلفکم لعلکم ترحمون (یس ۵) یعلم ما بین ایدیهم وما خلفهم (بقرة ۲۶-انبیا
طه ۱) افلم یروا الی ما بین ایدیهم وما خلفهم (سبا ۱) فزینوا لهم ما بین ایدیهم وما خلفهم (فصلت ۳) وما خلفنا وما بین ذلك (مریم ۷) وعلی
الثلثة الذين خلفوا (توبة ۱۲) له معقبات من بين يديه ومن خلفه (رعد ۱) لا یأتیه الباطل من بین یدیه ولا من خلفه (فصلت ۵)
من بين يديه ومن خلفه (احقاف ۳ جن ۳) فجعلناها نکالا لما بین یدیها وما خلفها (بقرة ۷) فشرد بهم من خلفهم (انفال ۷) بلحقوا بهم من
خلفهم (آل عمران ۱۷) ولیخش الذین لو ترکوا من خلفهم (نساء ۱) من بین ایدیهم ومن خلفهم (اعراف ۲ فصلت ۲) ومن خلفهم سدا (یس ۱) خلق
الله السموات والارض بالحق (عنکبوت ۵) خلق السموات والارض بالحق (نحل ۱ زمر ۱ تغابن ۱) خلق الانسان من نطفة (نحل ۱) خلق السموات بغیر عمد
(لقمان ۱) فاروني ماذا خلق الذين من دونه (لقمان ۲) وانه خلق الذکر والانثی (نجم ۵) خلق الانسان علمه البیان (رحمن ۱) خلق الانسان من
علق (علق ۱) خلق الانسان من صلصال (رحمن ۱) الم تروا کیف خلق الله سبع سموات طباقا (نوح ۲) الم تر ان الله خلق السموات والارض بالحق
(ابراهیم ۳) اولم یروا ان الله الذي خلق السموات والارض (اسرائیل ۱۰-احقاف ۴) الله الذي خلق السموات والارض (ابراهیم ۴ سجدة ۱) الله الذي
خلق سبع سموات (طلاق ۲) الذي خلق سبع سموات (ملك ۱) ان ربکم الله الذي خلق السموات والارض (اعراف ۷ یونس ۱) اقرأ باسم ربك الذي خلق
(علق ۱) هو الذي خلق السموات والارض (حدید ۱) هو الذي خلق لکم ما في الارض جمیعا (بقرة ۳) وهو الذي خلق السموات والارض (هود ۱-انعام ۸)
وهو الذي خلق الليل (انبیاء ۳) الحمد لله الذي خلق السموات والارض (انعام ۱) سبحان الذي خلق الازواج کلها (یس ۴) الذي خلق السموات والارض
وما بينهما (فرقان ۲) الذي خلق الموت والحیوة (ملك ۱) اولیس الذي خلق السموات والارض (یس ۵) وهو الذي خلق من الماء بشرا (فرقان ۶) بالذي خلق ۲۳
الارض في يومين (فصلت ۱) والذي خلق الازواج (زخرف ۱) ومن آیاته ان خلق لکم (روم ۳) ولا یحل لهن ان یکتمن ما خلق الله في ارحامهن (بقرة ۲)
ما خلق الله ذلك الا بالحق (یونس ۱) اولم یروا الی ما خلق الله من شيء (نحل ۵) ما خلق الله السموات والارض الا بالحق (روم ۱) من شر ما خلق (فلق ۱)
وتذرون ما خلق لکم ربکم (شعراء ۷) بما خلق اُنًا الذهب کل الہ (مؤمنین ۵) والله جعل لکم مما خلق ظلالا (نحل ۹) وما خلق الله من شيء
(اعراف ۲۱) وما خلق الله في السموات والارض (یونس ۱) وما خلق الذکر والانثی (لیل ۱) ولئن سألتهم من خلق السموات والارض (عنکبوت ۷ لقمان ۳
زخرف ۱ زمر ۴) الا یعلم من خلق (ملك ۲) من خلق السموات والارض (نمل ۵) تنزیلا ممن خلق الارض والسموات العلی (طه ۱) بل انتم بشر ممن خلق
(مائدة ۲) وخلق الله السموات والارض بالحق (جاثیة ۳) وخلق الجان من مارج من نار (رحمن ۲) وخلق منها زوجها (نساء ۱) وخلق کل شيء
(انعام ۱۱ فرقان ۱) خُلِقَ الانسان من عجل (انبیاء ۳) ان الانسان خلق هلوعا (معارج ۱) خلق من ماء دافق (طارق ۱) فلینظر الانسان مما
خلق (طارق ۱) وخلق الانسان ضعیفا (نساء ۴) ومن آیاته خَلْقُ السموات والارض (شوری ۳ روم ۳) هذا خلق الله (لقمان ۲) فلیغیرن
خلق الله (نساء ۱) ما اشهدتهم خلق السموات ولا خلق انفسهم (کهف ۷) وبدأ خلق الانسان من طین (سجدة ۱) کما بدأنا اول خلق (انبیاء ۷) خلقا
من بعد خلق في ظلمات ثلاث (زمر ۱) وهو بکل خلق علیم (یس ۵) ویأتي بخلق جدید (ابراهیم ۳ ملائکة ۲) ان في خلق السموات والارض
(بقرة ۲۰-آل عمران ۱۹) ما تری في خلق الرحمن من تفاوت (ملك ۱) أئنا لفي خلق جدید (رعد ۱ سجدة ۱) انکم لفي خلق جدید (سبا ۱) لا تبدیل
لخلق الله (روم ۳) لخلق السموات والارض اکبر من خلق الناس (مؤمن ۶) بل هم في لبس من خلق جدید (ق ۲) ان هذا الا خلق الاولین (شعراء ۱۰)
وانك لعلی خلق عظیم (نون ۱) الا له الخلق والامر (اعراف ۷) فتشابه الخلق علیهم (رعد ۲) انه یبدأ الخلق ثم یعیده (یونس ۱) من یبدأ الخلق (یونس ۴)
قل الله یبدأ الخلق (یونس ۴) من یبدأ الخلق (نمل ۵) الم یروا کیف یبدئ الله الخلق (عنکبوت ۲) فانظروا کیف بدأ الخلق (عنکبوت ۲) الله یبدأ
الخلق (روم ۲) وهو الذي یبدأ الخلق (روم ۳) افعیینا بالخلق الاول (ق ۱) وما کنا عن الخلق غافلین (مؤمنین ۲) وزادکم في
الخلق بسطة (اعراف ۷) یزید في الخلق ما یشاء (ملائکة ۱) ومن نعمره ننکسه في الخلق (یس ۷) أئنا لمبعوثون خلقا جدیدا (اسرائیل ۵-۱۰) اهم اشد
خلقا (صافات ۱) یخلقکم في بطون امهاتکم خلقا (زمر ۱) او خلقا مما یکبر في صدورکم (اسرائیل ۶) ثم انشأناه خلقا آخر (مؤمنین ۱) ءانتم اشد خلقا
ام السماء (نازعات ۱) ربنا ما خلقت هذا باطلا (آل عمران ۲۰) ءاسجد لمن خلقت طینا (اسرائیل ۷) لما خلقت بیدي (ص ۵) وما خلقت
الجن والانس الا لیعبدون (ذاریات ۱) ذرني ومن خلقت وحیدا (مدثر ۱) افلا ینظرون الی الابل کیف خُلِقَتْ (غاشیة ۱) وقد خلقتك

من قبل ولم تك شيئا (مريم ٩) خلقتني من نار وخلقته من طين (اعراف ١٢ ص ٧٦) خلقته من صلصال (حجر ٣٣) اكفرت بالذي خلقك من
تراب (كهف ٣٧) خلقك فسويك (انفطار ٧) ما خلقكم ولا بعثكم (لقمان ٢٨) والله خلقكم ثم يتوفيكم (نحل ٧٠) والله خلقكم من تراب (ملائكة ١١) والله
خلقكم وما تعملون (صافات ٩٦) خلقكم من نفس واحدة (زمر ٦) وهو خلقكم اول مرة (فصلت ٢١) وقد خلقكم اطوارا (نوح ١٤) اعبدوا ربكم الذي خلقكم
(بقره ٢١) اتقوا ربكم الذي خلقكم (نساء ١) هو الذي خلقكم من طين (انعام ٢) هو الذي خلقكم (اعراف ١٨٩) واتقوا الذي خلقكم (شعراء ١٨٤) الله الذي خلقكم
(روم ٤٠-٥٤) هو الذي خلقكم من تراب (مؤمن ٦٧) ومن اياته ان خلقكم من تراب (روم ٢٠) وفي خلقكم وما يبث من دابة (جاثية ٤) ومن كل شيء خلقنا
زوجين (ذاريات ٤٩) ام خلقنا الملائكة اناثا وهم شاهدون (صافات ١٥٠) اولم يروا انا خلقنا لهم (يس ٧١) انا خلقنا الانسان من نطفة (انسان ٢)
ثم خلقنا النطفة علقة (مؤمنين ١٤) لقد خلقنا الانسان في كبد (قيامة ٤) لقد خلقنا الانسان في احسن تقويم (تين ٤) ولقد خلقنا الانسان
(حجر ٢٦ مؤمنين ١٢ ق ١٦) ولقد خلقنا فوقكم سبع طرائق (مؤمنين ١٧) ولقد خلقنا السموات والارض (ق ٣٨) على ما خلقنا السموات والارض وما بينهما
ونسقيه مما خلقنا (فرقان ٤٩) وما خلقنا السموات والارض وما بينهما الا بالحق (حجر ٨٥) وما خلقنا السماء (انبياء ١٦ ص ٢٧) وما خلقنا السموات
والارض (دخان ٣٨) فاستفتهم اهم اشد خلقا ام من خلقنا (صافات ١١) فخلقنا العلقة مضغة (مؤمنين ١٤) فخلقنا المضغة عظاما (مؤمنين ١٤)
وخلقنا لهم من مثله ما يركبون (يس ٤٢) نحن خلقناكم فلولا تذكرون (واقعه ٥٧) ولقد خلقناكم ثم صورناكم (اعراف ١١) انا خلقناكم من ذكر
وانثى (حجرات ١٣) فانا خلقناكم من تراب (حج ٥) افحسبتم انما خلقناكم عبثا (مؤمنين ١١٥) كما خلقناكم اول مرة (انعام ٩٤ كهف ٤٨) منها خلقناكم (طه ٥٥) و
خلقناكم ازواجا (نبا ٨) انا كل شيء خلقناه بقدر (قمر ٤٩) والجان خلقناه من قبل (حجر ٢٧) اولا يذكر انا خلقناه من قبل (مريم ٦٧) اولم ير الانسان
انا خلقناه (يس ٧٧) انا خلقناهم من طين لازب (صافات ١١) كلا انا خلقناهم مما يعلمون (معارج ٣٩) ما خلقناهما الا بالحق (دخان ٣٩)
الذي خلقني فهو يهدين (شعراء ٧٨) ماذا خلقوا من الارض (ملائكة ٤٠ احقاف ٤) ام خلقوا السموات والارض (طور ٣٦) ام خلقوا من غير
شيء (طور ٣٥) خلقوا كخلقه (رعد ١٦) كمثل آدم خلقه من تراب (آل عمران ٥٩) من اي شيء خلقه من نطفة خلقه (عبس ١٨-١٩) الذي احسن كل شيء
خلقه (سجده ٧) قال ربنا الذي اعطى كل شيء خلقه (طه ٥٠) ونسي خلقه (يس ٧٨) والانعام خلقها لكم (نحل ٥) ولذلك خلقهم (هود ١١٩)
ان الله الذي خلقهم (فصلت ١٥) اشهدوا خلقهم (زخرف ١٩) ولئن سألتهم من خلقهم (زخرف ٨٧) وخلقهم وخرقوا له بنين وبنات (انعام ١٠٠)
واسجدوا لله الذي خلقهن (فصلت ٣٧) ليقولن خلقهن العزيز العليم (زخرف ٩) واذا خلوا الى شياطينهم (بقره ١٤) ولما ياتكم مثل الذين
خلوا من قبلكم (بقره ٢١٤) واذا خلوا عضوا عليكم الانامل (آل عمران ١١٩) فهل ينتظرون الا مثل ايام الذين خلوا من قبلهم (يونس ١٠٢) سنة الله في الذين
خلوا من قبل (احزاب ٣٨-٦٢) ومثلا من الذين خلوا (نور ٣٤) فخلوا سبيلهم (توبه ٥) ذلك يوم الخلود (ق ٣٤) اني جاعل في الارض خليفة
(بقره ٣٠) انا جعلناك خليفة في الارض (ص ٢٦) واتخذ الله ابراهيم خليلا (نساء ١٢٥) واذا لاتخذوك خليلا (اسرائيل ٧٣) يا ويلتى ليتني لم اتخذ فلانا
خليلا (فرقان ٢٨)

فصل الميم

انما الخمر والميسر (مائده ٩٠) وانهار من خمر (قتال ١٥) يسئلونك عن الخمر والميسر (بقره ٢١٩)
في الخمر والميسر (مائده ٩١) اني اراني اعصر خمرا (يوسف ٣٦) فيسقي ربه خمرا (يوسف ٤١) وليضربن بخمرهن (نور ٣١) ويقولون خمسة
(كهف ٢٢) ولا خمسة الا هو سادسهم (مجادله ٧) بخمسة الاف (آل عمران ١٢٥) فان لله خمسه (انفال ٤١) الا خمسين عاما (عنكبوت ١٤)
كان مقداره خمسين الف سنة (معارج ٤) ذواتي اكل خمط واثل (سبا ١٦)

فصل النون

وجعل منهم القردة والخنازير
(مائده ٦٠) من شر الوسواس الخناس (ناس ٤) انما حرم عليكم الميتة والدم ولحم الخنزير (بقره ١٧٣ نحل ١١٥) حرمت عليكم الميتة والدم ولحم الخنزير
(مائده ٣) او لحم خنزير (انعام ١٤٥) فلا اقسم بالخنس (تكوير ١٥)

فصل الواو

جسدا له خوار (اعراف ١٤٨ طه ٨٨) بان
يكونوا مع الخوالف (توبه ٨٧-٩٣) لا يحب الله كل خوان كفور (حج ٣٨) من كان خوانا اثيما (نساء ١٠٧) الذين هم في خوض يلعبون (طور ١٢)
في خوضهم يلعبون (انعام ٩١) لا خوف عليكم (اعراف ٤٩ زخرف ٦٨) الا خوف عليهم ولا هم يحزنون (يونس ٦٢) الا خوف ولا هم عليهم يحزنون
(آل عمران ١٧٠) فلا خوف عليهم ولا هم يحزنون (بقره ٣٨ مائده ٦٩ انعام ٤٨ اعراف ٣٥ احقاف ١٣) ولا خوف عليهم ولا هم يحزنون (بقره ٦٢-١١٢-
٢٦٢-٢٧٤-٢٧٧) على خوف من فرعون (يونس ٨٣) وامنهم من خوف (قريش ٤) فاذا جاء الخوف (احزاب ١٩) فاذا ذهب الخوف سلقوكم
(احزاب ١٩) ولنبلونكم بشيء من الخوف (بقره ١٥٥) واذا جاءهم امر من الامن او الخوف (نساء ٨٣) فاذاقها الله لباس الجوع والخوف (نحل ١١٢)
وادعوه خوفا وطمعا (اعراف ٥٦) هو الذي يريكم البرق خوفا وطمعا (رعد ١٢) ومن اياته يريكم البرق خوفا وطمعا (روم ٢٤) يدعون ربهم
خوفا وطمعا (سجده ١٦) وليبدلنهم من بعد خوفهم امنا (نور ٥٥) وتركتم ما خولناكم (انعام ٩٤) ثم اذا خولناه نعمة (زمر ٤٩) اذا خوله

فضل البيان

نعتہ مندرز مرا حتى يلج الجمل في سم الخياط (اعراف ۴۰) حور مقصورات في الخيام (رحمن ۷۲) وا
تخافن من قوم خيانة (انفال ۷) وان يريدوا خيانتك (انفال ۸) لمثوبة من عند الله خير (بقرہ ۱۲) وان تصوموا خير لكم (بقرہ ۲۳) قل
اصلاح لهم خير (بقرہ ۲۷) ولامة مؤمنة خير من مشركة (بقرہ ۲۷) ولعبد مؤمن خير من مشرك (بقرہ ۲۷) قول معروف ومغفرة خير من
صدقة (بقرہ ۳۶) وان تصدقوا خير لكم (بقرہ ۳۸) كنتم خير امة (آل عمران ۱۲) لمغفرة من الله ورحمة خير مما يجمعون (آل عمران ۱۷) انما نملي لهم
خير لانفسهم (آل عمران ۱۸) وما عند الله خير للابرار (آل عمران ۲۰) وان تصبروا خير لكم (نساء ۵) والآخرة خير لمن اتقى (نساء ۸) والصلح خير (نساء ۱۳)
وللدار الآخرة خير (انعام ۴) ولدار الآخرة خير (يوسف ۱۲) النحل ۴ والدار الآخرة خير (اعراف ۲۱) على تقوى من الله ورضوان خير (توبہ ۱۳)
بقيت الله خير لكم (هود ۸) ارباب متفرقون خير (يوسف ۵) ولاجر الآخرة خير (يوسف ۷) خير عند ربك ثوابا (كهف ۵) مريم ۸ اي الفريقين
خير مقاما (مريم ۸) ورزق ربك خير وابقى (طه ۸) فان اصابه خير اطمأن (حج ۱۰) لكم فيها خير (حج ۵) فخراج ربك خير (مؤمنون ۸) وان
يستعففن خير لهن (نور ۸) اصحاب الجنة يومئذ خير مستقرا (فرقان ۳) وما عند الله خير (قصص ۶) شورى ۴ فما اتىني الله خير مما اتيكم (نمل
ثواب الله خير (قصص ۸) فمن يلقى في النار خير (فصلت ۵) ورحمت ربك خير (زخرف ۳) الهتنا خير ام هو (زخرف ۶) اكفاركم خير من اولئكم
(قمر ۳) قل ما عند الله خير من اللهو (جمعة ۲) والآخرة خير وابقى (اعلى ۱) وللآخرة خير لك من الاولى (ضحى ۱) ليلة القدر خير من الف شهر
(قدر ۱) الله خير اما يشركون (نمل ۵) فالله خير حافظا (يوسف ۸) والله خير وابقى (طه ۸) والله خير الرازقين (جمعة ۲) والله خير الماكرين
(آل عمران ۶ - انفال ۴) ام انا خير من هذا الذي هو مهين (زخرف ۵) قال انا خير منه (اعراف ۲ ص ۵) وانا خير المنزلين (يوسف ۷) وانت خير
الرازقين (مائدة ۱۵) وانت خير الفاتحين (اعراف ۱۱) وانت خير الغافرين (اعراف ۱۹) وانت خير الوارثين (انبياء ۶) وانت خير المنزلين (مؤمنين ۲)
وانت خير الراحمين (مؤمنين ۶-۱۱) ذلك خير واحسن تأويلا (نساء ۸ - اسرائيل ۴) ولباس التقوى ذلك (اعراف ۳) ذلك خير للذين يريدون
وجه الله (روم ۴) ذلك خير لكم واطهر (مجادلة ۲) قل اذلك خير ام جنة الخلد (فرقان ۲) اذلك خير نزلا (صافات ۲) ذلكم خير لكم (بقرہ ۶
اعراف ۹ توبة ۵ نور ۳ عنكبوت ۲ صف ۲ جمعة ۱) فله خير منها (نمل ۹ قصص ۹) اولئك هم خير البرية (بينة ۱) اهم خير ام قوم تبع (دخان ۲)
بالذي هو خير (بقرہ ۷) هو خير مما يجمعون (يونس ۶) هو خير لكم ان كنتم تعلمون (نحل ۱۳) هو خير ثوابا وخير عقبا (كهف ۵) بل هو خير لكم (نور
هو خير له (بقرہ ۹) فهو خير له عند ربه (حج ۳) فهو خير لكم (بقرہ ۳۸) وان تبتم فهو خير لكم (توبة ۱) وان تنتهوا فهو خير لكم (انفال ۵) هو
خير للصابرين (نحل ۱۶) وان الله لهو خير الرازقين (حج ۸) وهو خير لكم (بقرہ ۲۲) وهو خير الناصرين (آل عمران ۱۶) وهو خير الحاكمين
(اعراف ۱۹ يونس ۱۱ يوسف ۸) وهو خير الرازقين (مؤمنون ۸ سبا ۵) وهو خير الفاصلين (انعام ۷) ان خير من استأجرت القوي الامين
(قصص ۳) فان خير الزاد التقوى (بقرہ ۵) فأت بخير منها (بقرہ ۱۱) قل اؤنبئكم بخير من ذلكم (آل عمران ۲) وان يردك بخير (يونس ۱۱) وان
يمسسك بخير (انعام ۲) اني اريكم بخير (هود ۸) اينما يوجهه لا يأت بخير (نحل ۸) لا خير في كثير من نجواهم (نساء ۳) قل اذن خير لكم (توبة ۷)
ان ينزل عليكم من خير من ربكم (بقرہ ۱۱) وما تقدموا لانفسكم من خير (بقرہ ۱۱ مزمل ۲) وما تفعلوا من خير (بقرہ ۲-۲۲ نساء ۱۲) قل ما انفقتم
من خير (بقرہ ۲۲) وما تنفقوا من خير (بقرہ ۲۸ ثلث مرات) ما عملت من خير محضرا (آل عمران ۳) وما يفعلوا من خير (آل عمران ۱۲) فقال
اني لما انزلت الي من خير فقير (قصص ۳) وخير املا (كهف ۵) وخير عقبا (كهف ۵) وخير مردا (مريم ۸) بيدك الخير (آل عمران ۳)
واذا مسه الخير منوعا (معارج ۳) وافعلوا الخير (حج ۱۰) اني احببت حب الخير (ص ۳) لا يسأم الانسان من دعاء الخير (فصلت ۵) وانه لحب الخير
لشديد (عاديات ۱) استعجالهم بالخير (يونس ۲) ويدع بالشر دعاءه بالخير (اسرائيل ۲) يدعون الى الخير (آل عمران ۱۱) اشحة
على الخير (احزاب ۲) مناع للخير معتد مريب (ق ۲) مناع الخير معتد اثيم (نون ۱) لاستكثرت من الخير (اعراف ۲۴) بالشر والخير
فتنة (انبياء ۳) فان تطوعوا خيرا (بقرہ ۱۹) ان ترك خيرا (بقرہ ۲۸) فمن تطوع خيرا فهو خير له (بقرہ ۲۴) فقد اوتي خيرا كثيرا (بقرہ ۳۷)
لكان خيرا لهم (آل عمران ۱۱ نساء ۵-۷ قتال ۲ حجرات ۱) بما اتيهم الله من فضله هو خيرا لهم (آل عمران ۱۸) انما نملي لهم خير لانفسهم (آل عمران ۱۸)
ويجعل الله فيه خيرا كثيرا (نساء ۳) ان تبدوا خيرا او تخفوه (نساء ۲۱) فآمنوا خيرا لكم (نساء ۲۳) انتهوا خيرا لكم (نساء ۲۳) او كسبت في ايمانها خيرا
(انعام ۲۰) ولو علم الله فيهم خيرا (انفال ۳) ان يعلم الله في قلوبكم خيرا (انفال ۷) يؤتكم خيرا مما اخذ منكم (انفال ۷) فان يتوبوا
يك خيرا لهم (توبة ۱۰) لن يؤتيهم الله خيرا (هود ۳) لاجدن خيرا منها منقلبا (كهف ۵) خيرا من جنتك (كهف ۵) ان يبدلهما ربهما خيرا منها
(كهف ۵) ظن المؤمنون والمؤمنات بانفسهم خيرا (نور ۲) ان علمتم فيهم خيرا (نور ۴) تبارك الذي ان شاء جعل لك خيرا (فرقان ۱)

لم ينالوا خيراً (احزاب ٢٥) لو كان خيراً ما سبقونا (احقاف ١١) عسى ان يكونوا خيراً منهم (حجرات ١١) عسى ان يكن خيراً منهن (حجرات ١١) وانفقوا خيراً
لانفسكم (تغابن ١٦) ان يبدله ازواجاً خيراً منكن (تحريم ٥) عسى ربنا ان يبدلنا خيراً منها (نون ٣٢) على ان نبدل خيراً منهم (معارج ٤١) عند الله هو
خيراً (مزمل ٢٠) فمن يعمل مثقال ذرة خيراً يره (زلزلت ٧) واولٰئك لهم الخيرات (توبة ٨٨) فيهن خيرات حسان (رحمن ٧٠) فاستبقوا الخيرات
(بقرة ١٤٨، مائدة ٤٨) واوحينا اليهم فعل الخيرات (انبياء ٧٣) ومنهم سابق بالخيرات (ملائكة ٣٢) ويسارعون في الخيرات (آل عمران ١١٤) انهم كانوا
يسارعون في الخيرات (انبياء ٩٠) نسارع لهم في الخيرات (مؤمنين ٥٦) اولٰئك يسارعون في الخيرات (مؤمنين ٦١) ما كان لهم الخيرة (قصص ٦٨) ان
يكون لهم الخيرة من امرهم (احزاب ٣٦) حتى يتبين لكم الخيط الابيض من الخيط الاسود من الفجر (بقرة ١٨٧) واوجس منهم خيفة (هود ٧٠) فاوجس
منهم خيفة (ذاريات ٢٨) واوجس في نفسه خيفة موسى (طٰه ٦٧) تخافونهم كخيفتكم انفسكم (روم ٢٨) تضرعاً وخيفة ودون الجهر (اعراف ٢٠٥)
والملائكة من خيفته (رعد ١٣) فما اوجفتم عليه من خيل (حشر ٦) ومن رباط الخيل (انفال ٦٠) والخيل المسومة والانعام والحرث (آل عمران ١٤)
والخيل والبغال والحمير لتركبوها (نحل ٨) واجلب عليهم بخيلك ورجلك (اسرائيل ٦٤)

باب الدال

فصل الهمزة

مثل دأب قوم نوح (مؤمن ٣١) كدأب آل فرعون (آل عمران ١١، انفال ٥٢، ٥٤) قال تزرعون
سبع سنين دأباً (يوسف ٤٧)

فصل الالف

وسخر لكم الشمس والقمر دائبين (ابراهيم ٣٣) يقولون نخشى ان
تصيبنا دائرة (مائدة ٥٢) عليهم دائرة السوء (توبة ٩٨، فتح ٦) اكلها دائم (رعد ٣٥) على صلوتهم دائمون (معارج ٢٣) اخرجنا لهم دابة من
الارض (نمل ٨٢) الا دابة الارض تأكل منسأته (سبا ١٤) وبث فيهما من كل دابة (بقرة ١٦٤، لقمان ١٠) والله خلق كل دابة من ماء (نور ٤٥) وما من
دابة في الارض (انعام ٣٨، هود ٦) ما من دابة الا هو آخذ بناصيتها (هود ٥٦) ما ترك عليها من دابة (نحل ٦١) وكاين من دابة (عنكبوت ٦٠)
ما ترك على ظهرها من دابة (ملائكة ٤٥) وما بث فيهما من دابة (شورى ٢٩) وما يبث من دابة (جاثية ٤) فقطع دابر القوم الذين ظلموا (انعام ٤٥)
وقطعنا دابر الذين كذبوا (اعراف ٧٢) ويقطع دابر الكافرين (انفال ٧) ان دابر هؤلاء مقطوع مصبحين (حجر ٦٦) سجداً لله وهم داخرون
(نحل ٤٨) حجتهم داحضة عند ربهم (شورى ١٦) قل نعم وانتم داخرون (صافات ١٨) وكل اتوه داخرين (نمل ٨٧) سيدخلون جهنم داخرين
(مؤمن ٦٠) فان يخرجوا منها فانا داخلون (مائدة ٢٢) وقيل ادخلا النار مع الداخلين (تحريم ١٠) لهم دار السلام عند ربهم (انعام ١٢٧)
ولنعم دار المتقين (نحل ٣٠) لهم فيها دار الخلد (فصلت ٢٨) وان الآخرة هي دار القرار (مؤمن ٣٩) ولدار الآخرة خير (يوسف ١٠٩، نحل ٣٠) ساريكم دار
الفاسقين (اعراف ١٤٥) والله يدعوا الى دار السلام (يونس ٢٥) واحلوا قومهم دار البوار (ابراهيم ٢٨) الذي احلنا دار المقامة من فضله (ملائكة ٣٥)
ولدار الآخرة خير (يوسف ١٠٩، نحل ٣٠) قل ان كانت لكم الدار الآخرة (بقرة ٩٤) وابتغ فيما اتٰك الله الدار الآخرة (قصص ٧٧) والذين تبوأ
الدار والايمان (حشر ٩) من تكون له عاقبة الدار (انعام ١٣٥) اولٰئك لهم عقبى الدار (رعد ٢٢) فنعم عقبى الدار (رعد ٢٤) ولهم سوء الدار (رعد ٢٥)
(مؤمن ٥٢) وسيعلم الكفار لمن عقبى الدار (رعد ٤٢) ومن تكون له عاقبة الدار (قصص ٣٧) ذكرى الدار (ص ٤٦) وان الدار الآخرة لهي الحيوان
(عنكبوت ٦٤) وللدار الآخرة خير (انعام ٣٢) والدار الآخرة خير (اعراف ١٦٩) وان كنتن تردن الله ورسوله والدار الآخرة (احزاب ٢٩)
تمتعوا في داركم ثلثة ايام (هود ٦٥) فخسفنا به وبداره الارض (قصص ٨١) فاصبحوا في دارهم جاثمين (اعراف ٧٨، ٩١، عنكبوت ٣٧) او تحل قريباً
من دارهم (رعد ٣١) يوم يدع الداع الى شيء نكر (قمر ٦) اجيب دعوة الداع (بقرة ١٨٦) مهطعين الى الداع (قمر ٨) اجيبوا داعي الله وآمنوا
(احقاف ٣١) ومن لا يجب داعي الله (احقاف ٣٢) يومئذ يتبعون الداعي لا عوج له (طٰه ١٠٨) وداعياً الى الله (احزاب ٤٦) ما له من دافع (طور ٨)
للكافرين ليس له دافع (معارج ٢) خلق من ماء دافق (طارق ٦) ما دامت السموات والارض (هود ١٠٧، ١٠٨) ما داموا فيها (مائدة ٢٤)
وصبى الحسنتين دان (رحمن ٥٤) من طلعها قنوان دانية (انعام ٩٩) قطوفها دانية (حاقة ٢٣) ودانية عليهم ظلالها (انسان ١٤) وقتل
داود جالوت (بقرة ٢٥١) وظن داود انما فتناه (ص ٢٤) يا داود انا جعلناك خليفة في الارض (ص ٢٦) واتينا داود زبوراً (نساء ١٦٣، بنی
اسرائيل ٥٥) على لسان داود وعيسى ابن مريم (مائدة ٧٨) ومن ذريته داود وسليمان (انعام ٨٤) ولقد اتينا داود وسليمان علماً (نمل ١٥) ولقد اتينا
داود منا فضلاً (سبا ١٠) وورث سليمان داود (نمل ١٦) اعملوا آل داود شكراً (سبا ١٣) واذكر عبدنا داود ذا الايد (ص ١٧) وسخرنا مع داود الجبال
(انبياء ٧٩) اذ دخلوا على داود ففزع (ص ٢٢) ووهبنا لداود سليمان (ص ٣٠) وداود وسليمان اذ يحكمان (انبياء ٧٨)

فصل الباء

وقدت قميصه من دبر (يوسف ٢٥) وان كان قميصه قد من دبر (يوسف ٢٧) فلما رأى قميصه قد من دبر (يوسف ٢٨)
او يولون الدبر (قمر ٤٥) ومن يولهم يومئذ دبره (انفال ١٦)

فصل الحاء

يدحروا ولهم عذاب واصب (صافات ٩)

فصل الخاء

والارض بعد ذلك دحٰها (نازعات ٢) ثم استوی الی السماء وهی دخان (فصلت ٢)
فارتقب یوم تأتی السماء بدخان مبین (دخان ١) کلما دخل علیها زکریا (آل عمران ٤) ولمن دخل بیتی مؤمنا (نوح ٢) ودخل معه
السجن فتیان (یوسف ٥) ودخل جنته (کهف ٥) ودخل المدینة علی حین غفلة (قصص ٢) تتخذون ایمانکم دخلا (نحل ١٣) ولا تتخذوا ایمانکم
دخلا (نحل ١٣) کلما دخلت امة لعنت اختها (اعراف ٤) ولولا اذ دخلت جنتک (کهف ٥) ولو دخلت علیهم من اقطارها (احزاب ٢)
من نسائکم اللاتی دخلتم بهن (نساء ٣) فان لم تکونوا دخلتم بهن (نساء ٣) فاذا دخلتم بیوتا (نور ٨) فاذا دخلتموه فانکم غالبون (مائدة ٤)
اذ دخلوا علیه فقالوا سلاما (حجر ٤، ذاریات ٢) اذ دخلوا علی داود ففزع (ص ٢) اذا دخلوا قریة افسدوها (نمل ٣) وقد دخلوا بالکفر
(مائدة ١٠) فلما دخلوا علیه (یوسف ٩) فلما دخلوا علی یوسف (یوسف ١١) ولما دخلوا من حیث امرهم ابوهم (یوسف ٨) ولما دخلوا علی یوسف
(یوسف ٨) کما دخلوه اول مرة (اسرائیل ١) ومن دخله کان امنا (آل عمران ١٠)

فصل الراء

وان کنا عن دراستهم
لغافلین (انعام ٢٠) دراهم معدودة (یوسف ٢) هم درجات عند الله (آل عمران ١٧) ولکل درجات مما عملوا (انعام ١٦، احقاف ٢)
لهم درجات عند ربهم (انفال ١) ورفع بعضهم درجات (بقرة ٣٣) نرفع درجات من نشاء (انعام ٩، یوسف ٩) ورفع بعضکم فوق بعض درجات
(انعام ٢٠) وللآخرة اکبر درجات (اسرائیل ٢) ورفعنا بعضهم فوق بعض درجات (زخرف ٣) درجات منه ومغفرة ورحمة (نساء ١٣) والذین
اوتوا العلم درجات (مجادلة ٢) فاولئک لهم الدرجات العلی (طه ٨) رفیع الدرجات ذو العرش (مؤمن ٢) وللرجال علیهن درجة
(بقرة ٢٨) علی القاعدین درجة (نساء ١٣) اعظم درجة عند الله (توبة ٣) اولئک اعظم درجة (حدید ١) لیقولوا درست (انعام ١٣) ودرسوا
ما فیه (اعراف ٢١) ان المنافقین فی الدرک الاسفل من النار (نساء ٢١) لا تخاف درکا ولا تخشی (طه ٤) کانها کوکب دری (نور ٥)

فصل السين

وحملناه علی ذات الواح ودسر (قمر ١) وقد خاب من دسٰها (شمس ١)

فصل العين

ودع اذاهم وتوکل علی الله (احزاب ٦) هنالک دعا زکریا ربه (آل عمران ٤) دعا ربه منیبا الیه (زمر ١) ومن احسن قولا ممن دعا (فصلت ٥)
یوم یدعون الی نار جهنم دعا (طور ١) فدعا ربه (دخان ٢، قمر ١) وما دعاء الکافرین الا فی ضلال (رعد ٢، مؤمن ٥) ربنا وتقبل دعاء
(ابراهیم ٦) بما لا یسمع الا دعاء ونداء (بقرة ٢١) لا تجعلوا دعاء الرسول بینکم (نور ٩) لا یسأم الانسان من دعاء الخیر (فصلت ٦) فذو دعاء
عریض (فصلت ٦) ان لا اکون بدعاء ربی شقیا (مریم ٣) کدعاء بعضکم بعضا (نور ٩) ولا تسمع الصم الدعاء (نمل ٦) ولم اکن
بدعائک رب شقیا (مریم ١) لولا دعاؤکم (فرقان ٦) لا یسمعوا دعاءکم (فاطر ٢) ویدع الانسان بالشر دعاءه بالخیر (اسرائیل ٢)
وهم عن دعائهم غافلون (احقاف ١) فلم یزدهم دعائی الا فرارا (نوح ١) اذا دعاکم لما یحییکم (انفال ٣) ثم اذا دعاکم دعوة من الارض
(روم ٣) دعانا لجنبه او قاعدا (یونس ٢) فاذا مس الانسان ضر دعانا (زمر ٥) اجیب دعوة الداع اذا دعان (بقرة ١٩) واذا مس الناس
ضر دعوا ربهم (روم ٤) ان دعوا للرحمن ولدا (مریم ٦) ولا یأب الشهداء اذا ما دعوا (بقرة ٣٩) واذا دعوا الی الله ورسوله (نور ٦)
اذا دعوا الی الله (نور ٧) له دعوة الحق (رعد ٢) ثم اذا دعاکم دعوة من الارض (روم ٣) لیس له دعوة فی الدنیا (مؤمن ٥) انی دعوت
قومی لیلا ونهارا (نوح ١) اجیب دعوة الداع اذا دعان (بقرة ١٩) نجب دعوتک (ابراهیم ٦) الا ان دعوتکم فاستجبتم لی (ابراهیم ٣)
قال قد اجیبت دعوتکما (یونس ٩) ادعوتموهم ام انتم صامتون (اعراف ٢٤) وانی کلما دعوتهم لتغفر لهم (نوح ١) ثم انی دعوتهم جهارا
(نوح ١) فدعوهم فلم یستجیبوا لهم (کهف ٧، قصص ٧) فما کان دعواهم اذ جاءهم بأسنا (اعراف ١) دعواهم فیها سبحانک اللهم (یونس ١) واخر
دعواهم ان الحمد لله رب العالمین (یونس ١) تلک دعواهم (انبیاء ٢) اذا دعی الله وحده (مؤمن ٢) ولکن اذا دعیتم فادخلوا (احزاب ٧)

فصل الفاء

لکم فیها دفء (نحل ١) ولولا دفع الله الناس (بقرة ٣٣) فاذا دفعتم الیهم اموالهم (نساء ١)

فصل الكاف

جعله دکا (اعراف ١٧) کلا اذا دکت الارض دکا دکا (فجر ٢) فاذا جاء وعد ربی جعله دکاء (کهف ١١) فدکتا دکة
واحدة (حاقة ١)

فصل اللام

فدلاهما بغرور (اعراف ٢) اقم الصلوة لدلوک (اسرائیل ٩) فادلی دلوه (یوسف ٢)
ما دلهم علی موته (سبا ٢) ثم جعلنا الشمس علیه دلیلا (فرقان ٥)

فصل الميم

وجاءوا علی قمیصه
بدم کذب (یوسف ٢) نسقیکم من بین فرث ودم لبنا (نحل ٧) حرمت علیکم المیتة والدم ولحم الخنزیر (مائدة ١، والدم ولحم الخنزیر (بقرة
٢١، نحل ١٥) والدم ایات مفصلات (اعراف ١٦) الا ان یکون میتة او دما مسفوحا (انعام ١٨) ویسفک الدماء (بقرة ٤) لا تسفکون
دماءکم (بقرة ٩) لن ینال الله لحومها ولا دماؤها (حج ٥) وکنت علیهم شهیدا ما دمت فیهم (مائدة ١٦) ما دمت حیا (مریم ٢) الا ما دمت

عليه قائما (آل عمران ٨) ما دُمْتُم حرما (مائدة ١٣) فَدَمْدَمَ عليهم ربهم (شمس ١) دَمَّرَ عليهم (قتال ١) ودمرنا ما كان يصنع فرعون (اعراف ١٦) ثم دمرنا الآخرين (شعراء ١١) (صافات ٤) فدمرناها تدميرا (اسرائيل ٢) انا دمرناهم وقومهم اجمعين (نمل ٤) فدمرناهم تدميرا (فرقان ٤) ترى اعينهم تفيض من الدمع (مائدة ١١) واعينهم تفيض من الدمع حزنا (توبة ١١)

فصل النون

ثم دنى فتدلى (نجم ١) ومن يرد ثواب الدنيا (آل عمران ١٥) من كان يريد ثواب الدنيا (نساء ٢٠) فآتيهم الله ثواب الدنيا (آل عمران ١٦) فعند الله ثواب الدنيا والآخرة (نساء ٢٠) منكم من يريد الدنيا (آل عمران ١٧) قل متاع الدنيا قليل (نساء ١١) واكتب لنا في هذه الدنيا حسنة (اعراف ١٩) اذ انتم بالعدوة الدنيا (انفال ٥) تريدون عرض الدنيا (انفال ٧) واتبعوا في هذه الدنيا لعنة (هود ٦) للذين احسنوا في هذه الدنيا حسنة (نحل ٣) (زمر ٢) واتبعناهم في هذه الدنيا لعنة (قصص ٤) خسر الدنيا والآخرة (حج ٢) انا زينا السماء الدنيا (صافات ١) وزينا السماء الدنيا (فصلت ٢) ومن كان يريد حرث الدنيا (شورى ٣) وقالوا ان هي الا حياتنا الدنيا (انعام ٣) ان هي الا حياتنا الدنيا (مؤمنين ٤) وقالوا ما هي الا حياتنا الدنيا (جاثية ٣) في حياتكم الدنيا (احقاف ٢) الحيوة الدنيا (انظر الحيوة) ارضيتم بالحيوة الدنيا من الآخرة (توبة ٦) لهم في الدنيا خزي (بقرة ١٤) (مائدة ٥) ولقد اصطفيناه في الدنيا (بقرة ١٦) فمن الناس من يقول ربنا آتنا في الدنيا (بقرة ٢٥) ومنهم من يقول ربنا آتنا في الدنيا حسنة (بقرة ٢٥) حبطت اعمالهم في الدنيا والآخرة (بقرة ٢٧) (آل عمران ٣) (توبة ٩) لعلكم تتفكرون في الدنيا والآخرة (بقرة ٢٧) فاعذبهم عذابا شديدا في الدنيا والآخرة (آل عمران ٦) وجيها في الدنيا والآخرة (آل عمران ٥) ذلك لهم خزي في الدنيا (مائدة ٦) انما يريد الله ان يعذبهم بها في الدنيا (توبة ٨) متاع في الدنيا (يونس ٧) انت وليي في الدنيا والآخرة (يوسف ١١) يعذبهم الله عذابا اليما في الدنيا والآخرة (توبة ١٠) لنبوئنهم في الدنيا حسنة (نحل ٦) وآتيناه في الدنيا حسنة (نحل ١٦) له في الدنيا خزي (حج ١) ان لن ينصره الله في الدنيا (حج ٢) ولولا فضل الله عليكم ورحمته في الدنيا والآخرة (نور ٢) لعنوا في الدنيا والآخرة (نور ٣) وآتيناه اجره في الدنيا (عنكبوت ٣) وصاحبهما في الدنيا معروفا (لقمان ٢) لعنهم الله في الدنيا والآخرة (احزاب ٧) ليس له دعوة في الدنيا (مؤمن ٥) لعذبهم في الدنيا (حشر ١) ولا تنس نصيبك من الدنيا (قصص ٨)

فصل الواو

ويتربص بكم الدوائر (توبة ١٢) ان شر الدواب عند الله (انفال ٣-٧) والشجر والدواب (حج ٢) ومن الناس والدواب والانعام (ملائكة ٣) كي لا يكون دولة بين الاغنياء (حشر ١) ويغفر ما دُونَ ذلك (نساء ٥-١٨) ومنهم دون ذلك (اعراف ٢١) ويعملون عملا دون ذلك (انبياء ٦) أئفكا آلهة دون الله تريدون (صافات ٣) دون العذاب الاكبر (سجدة ٣) وان للذين ظلموا عذابا دون ذلك (طور ٤) ومنا دون ذلك (جن ٢) وادعوا شهداءكم من دون الله (بقرة ٣) وما لكم من دون الله من ولي (بقرة ١٣) (توبة ١٢) (شورى ٤) (عنكبوت ٣) ومن الناس من يتخذ من دون الله اندادا (بقرة ٢٠) اربابا من دون الله (آل عمران ٧) (توبة ٥) كونوا عبادا لي من دون الله (آل عمران ٨) ومن يتخذ الشيطان وليا من دون الله (نساء ١٨) ولا يجد له من دون الله (نساء ١٧) ولا يجدون لهم من دون الله وليا ولا نصيرا (نساء ١٨) (احزاب ٨) قل اتعبدون من دون الله (مائدة ١٠) اتخذوني وامي الهين من دون الله (مائدة ١٦) ليس لها من دون الله ولي (انعام ٧) الذين تدعون من دون الله (انعام ٧) قل اندعوا من دون الله (انعام ٩) الذين يدعون من دون الله (يونس ٧) التي يدعون من دون الله (هود ٩) والذين يدعون من دون الله (نحل ٢) انهم اتخذوا الشياطين اولياء من دون الله (اعراف ٣) قالوا اين ما كنتم تدعون من دون الله (اعراف ٤) ولم يتخذوا من دون الله (توبة ٢) ويعبدون من دون الله (يونس ٢) (حج ٨) (نحل ٨) (فرقان ٥) ولا تسبوا الذين يدعون من دون الله (انعام ١٣) ان يفترى من دون الله (يونس ٤) وادعوا من استطعتم من دون الله (يونس ٤) (هود ٢) ان الذين تدعون من دونه (اعراف ٢٣) (حج ٥) فلا اعبد الذين تعبدون من دون الله (يونس ١١) وما تدع من دون الله (يونس ١١) وما كان لهم من دون الله من اولياء (هود ٢) وما لكم من دون الله من اولياء (هود ١٠) ينصرونه من دون الله (كهف ٥) (قصص ٩) وما تدعون من دون الله (مريم ٥) وما يعبدون من دون الله (مريم ٥) (فرقان ٢) واتخذوا من دون الله آلهة (مريم ٥) (يس ٥) افتعبدون من دون الله (انبياء ٥) ويعبدون من دون الله (فرقان ٥) اف لكم ولما تعبدون من دون الله (انبياء ٥) انكم وما تعبدون من دون الله (انبياء ٧) يدعوا من دون الله (حج ٢) ممن يدعو من دون الله (احقاف ١) وقيل لهم اين ما كنتم تعبدون من دون الله (شعراء ٥) ان الذين تعبدون من دون الله (عنكبوت ٢) ما لكم من دون الله من ولي ولا شفيع (سجدة ١) يسجدون للشمس من دون الله (نمل ٢) وصدها ما كانت تعبد من دون الله (نمل ٣) انما تعبدون من دون الله اوثانا (عنكبوت ٢) وقال انما اتخذتم من دون الله اوثانا (عنكبوت ٣) مثل الذين اتخذوا من دون الله اولياء (عنكبوت ٤) قل ادعوا الذين زعمتم من دون الله (سبا ٣) من دون الله فاهدوهم

(صافات ۳) ما تدعون من دون الله (زمر ۴-احقاف ۱) ام اتخذوا من دون الله شفعاء (زمر ۵) اين ما كنتم تشركون من دون الله (مؤمن ۸)
ينصرونهم من دون الله (شورى ۵) والذين اتخذوا من دون الله اولياء (جاثية ۱) فلولا نصرهم الذين اتخذوا من دون الله قربانا آلهة (احقاف ۳)
وما تعبدون من دون الله (ممتحنة ۱) ليس لها من دون الله كاشفة (نجم ۳) من دون الله انصارا (نوح ۲) خالصة من دون الناس (بقرة ۱۱)
اولياء من دون المؤمنين (آل عمران ۳ نساء ۱۴-۲۰) انكم لتأتون الرجال شهوة من دون النساء (اعراف ۹) ائنكم لتأتون الرجال شهوة من دون
النساء (نمل ۵) ولهم اعمال من دون ذلك (مؤمنون ۷) خالصة لك من دون المؤمنين (احزاب ۶) اجعلنا من دون الرحمن آلهة يعبدون (زخرف ۵)
فجعل من دون ذلك فتحا قريبا (فتح ۳) ان زعمتم انكم اولياء لله من دون الناس (جمعة ۱) ينصركم من دون الرحمن (ملك ۲) تضرعا وخيفة ودون
الجهر (اعراف ۲۴) الذين تدعون من دونك (نحل ۹) ان نتخذ من دونك من اولياء (فرقان ۲) لا تتخذوا بطانة من دونكم (آل عمران ۲۱)
ام لهم آلهة تمنعهم من دوننا (انبياء ۵) ان يدعون من دونه الا اناثا (نساء ۱۸) ليس لهم من دونه ولي (انعام ۱) ولا تتبعوا من دونه
اولياء (اعراف ۱) والذين تدعون من دونه (اعراف ۲۴ ملائكة ۲) من دونه فكيدوني جميعا (هود ۵) ما تعبدون من دونه (يوسف ۵) وما لهم
من دونه من وال (رعد ۲) والذين يدعون من دونه (رعد ۲ مؤمن ۲) قل افاتخذتم من دونه اولياء (رعد ۲) لو شاء الله ما عبدنا من دونه
(نحل ۵) ولا حرمنا من دونه من شيء (نحل ۵) قل ادعوا الذين زعمتم من دونه (اسرائيل ۶) فلن تجد لهم اولياء من دونه (اسرائيل ۱۱) لن ندعوا من
دونه الها (كهف ۲) اتخذوا من دونه آلهة (كهف ۲) ما لهم من دونه من ولي (كهف ۳) ولن تجد من دونه ملتحدا (كهف ۴) لن يجدوا من دونه موئلا
(كهف ۸) ام اتخذوا من دونه آلهة (انبياء ۲) ام اتخذوا من دونه اولياء (شورى ۱) ومن يقل منهم اني اله من دونه (انبياء ۲) وان ما يدعون من دونه
هو الباطل (حج ۷) واتخذوا من دونه آلهة (فرقان ۱) ما يدعون من دونه من شيء (عنكبوت ۵) فاروني ماذا خلق الذين من دونه (لقمان ۲) وان
ما يدعون من دونه الباطل (لقمان ۳) ما لكم من دونه من ولي (سجدة ۱) والذين اتخذوا من دونه اولياء (زمر ۱ شورى ۱) فاعبدوا ما شئتم من
دونه (زمر ۲) ويخوفونك بالذين من دونه (زمر ۴) واذا ذكر الذين من دونه (زمر ۵) ءاتخذ من دونه آلهة (يس ۲) الذين يدعون من دونه
(زخرف ۷) وليس له من دونه اولياء (احقاف ۴) ولن اجد من دونه ملتحدا (جن ۲) لم نجعل لهم من دونها سترا (كهف ۱۱) وآخرين من دونهم
(انفال ۸) فاتخذت من دونهم حجابا (مريم ۲) ووجد من دونهم امرأتين (قصص ۳) انت ولينا من دونهم (سبا ۵) وجد من دونهما قوما (كهف ۱۱)
ومن دونهما جنتان (رحمن ۷) الا تتخذوا من دوني وكيلا (اسرائيل ۱) ذريت اولياء من دوني (كهف ۷) ان يتخذوا عبادي من دوني اولياء
(كهف ۱۲)

فصل الهاء

وكأسا دهاقا (نبأ ۲) فكانت وردة كالدهان (رحمن ۲) وما يهلكنا الا الدهر (جاثية ۳)
هل اتى على الانسان حين من الدهر (انسان ۱) تنبت بالدهن (مؤمنون ۱)

فصل الياء

فجاسوا خلال
الديار (اسرائيل ۱) وقال نوح رب لا تذر على الارض من الكافرين ديارا (نوح ۲) ولاخرجوا من ديارهم (نساء ۱۰) ولا تخرجون انفسكم من
دياركم (بقرة ۱۰) ولم يخرجوكم من دياركم (ممتحنة ۱) واخرجوكم من دياركم (ممتحنة ۲) وقد اخرجنا من ديارنا (بقرة ۳۲) فاصبحوا في ديارهم جاثمين
(هود ۷-۸) الم تر الى الذين خرجوا من ديارهم (بقرة ۳۲) ولا تكونوا كالذين خرجوا من ديارهم (انفال ۶) وتخرجون فريقا منكم من ديارهم
(بقرة ۱۰) واخرجوا من ديارهم (آل عمران ۲۰) الذين اخرجوا من ديارهم (حج ۶ حشر ۱) من ديارهم لاول الحشر (حشر ۱) واورثكم ارضهم وديارهم
(احزاب ۳) فدية مسلمة الى اهله (نساء ۱۳) ودية مسلمة الى اهله (نساء ۱۳) وذلك دين القيمة (بينة ۱) لكم دينكم ولي دين (كافرون ۱)
ولا يدينون دين الحق (توبة ۴) يوصين بها او دين (نساء ۲) توصون بها او دين (نساء ۲) وصية يوصى بها او دين (نساء ۲) افغير دين
الله يبغون (آل عمران ۹) اذا تداينتم بدين الى اجل مسمى فاكتبوه (بقرة ۳۹) ما كان ليأخذ اخاه في دين الملك (يوسف ۹) ولا
تأخذكم بهما رأفة في دين الله (نور ۱) يدخلون في دين الله افواجا (نصر ۱) بالهدى ودين الحق (توبة ۵ فتح ۳ صف ۱) ويكون الدين
لله (بقرة ۲۴) ويكون الدين كله لله (انفال ۵) ذلك الدين القيم (توبة ۵ يوسف ۵ روم ۴) وله الدين واصبا (نحل ۷) الا لله الدين
الخالص (زمر ۱) يوم الدين (انفطار ۱) اليوم كان الله اصطفى لكم الدين (بقرة ۱۶) مخلصين له الدين (اعراف ۳ يونس ۳ عنكبوت ۷ لقمان ۴)
مؤمن ۲-۷ بينة ۱) مخلصا له الدين (زمر ۱-۲) ان اقيموا الدين ولا تتفرقوا (شورى ۲) ان الدين عند الله الاسلام (آل عمران ۲) وان
الدين لواقع (ذاريات ۱) ارايت الذي يكذب بالدين (ماعون ۱) كلا بل تكذبون بالدين (انفطار ۱) ليظهره على الدين كله (توبة ۵
فتح ۴ صف ۱) لا اكراه في الدين (بقرة ۳۴) ليا بالسنتهم وطعنا في الدين (نساء ۷) وان استنصروكم في الدين (انفال ۱۰) فاخوانكم في الدين
(توبة ۲-احزاب ۱) ليتفقهوا في الدين (توبة ۱۵) وما جعل عليكم في الدين من حرج (حج ۱۰) عن الذين قاتلوكم في الدين (ممتحنة ۱) عن الذين

عن الذين لم يقاتلوكم في الدين (ممتحنة ۲) وان اقم وجهك للدين حنيفا (يونس ۱۱) فاقم وجهك للدين (روم ۳) فاقم وجهك للدين القيم
(روم ۵) شرع لكم من الدين (شورى ۲) شرعوا لهم من الدين (شورى ۳) ومن يبتغ غير الاسلام دينا ممن اسلم (نساء ۳) دينا قيما
ملة ابراهيم حنيفا (انعام ۲۰) ورضيت لكم الاسلام دينا (مائدة ۱) ومنهم ان تأمنه بدينار (آل عمران ۸) ولا تؤمنوا الا لمن تبع دينكم
(آل عمران ۸) اليوم اكملت لكم دينكم (مائدة ۱) اتخذوا دينكم هزوا (مائدة ۹) انى اخاف ان يبدل دينكم (مؤمن ۳) لكم دينكم ولى دين (كافرون)
قل اتعلمون الله بدينكم (حجرات ۲) حتى يردوكم عن دينكم (بقرة ۲۷) لا تغلوا فى دينكم (نساء ۱۸ / مائدة ۱۰) وطعنوا فى دينكم (توبة ۲)
اليوم يئس الذين كفروا من دينكم (مائدة ۱) ومن يرتدد منكم عن دينه (بقرة ۲۷) من يرتد منكم عن دينه (مائدة ۸) واخلصوا
دينهم لله (نساء ۲۱) وليلبسوا عليهم دينهم (انعام ۱۶) وذر الذين اتخذوا دينهم لعبا (انعام ۸) ان الذين فرقوا دينهم (انعام ۲۰) الذين اتخذوا
دينهم لهوا (اعراف ۶) غر هؤلاء دينهم (انفال ۷) يومئذ يوفيهم الله دينهم الحق (نور ۳) وليمكنن لهم دينهم (نور ۷) من الذين فرقوا دينهم (روم ۴)
وغرهم فى دينهم (آل عمران ۳) قل الله اعبد مخلصا له دينى (زمر ۲) ان كنتم فى شك من دينى (يونس ۱۱)

باب الذال فضل الهمزة

واخاف ان يأكله الذئب (يوسف ۲) قالوا لئن اكله الذئب (يوسف ۲)
فاكله الذئب (يوسف ۲)

فضل الالف

ولو كان ذا قربى (مائدة ۱۴ / انعام ۱۹) ملكم وات
ذا القربى حقه (اسرائيل ۳) حتى اذا فتحنا عليهم بابا ذا عذاب (مؤمنين ۵) فاستوى ذا القربى حقه (روم ۴) واذكر عبدنا داود ذا الايد (ص ۲) ان كان
ذا مال وبنين (نون ۲) وطعاما ذا غصة (مزمل ۱) يتيما ذا مقربة او مسكينا ذا متربة (بلد ۱) يسئلونك ماذا ينفقون (بقرة ۲۶) ويسئلونك ماذا
ينفقون (بقرة ۲۷) واقبلوا عليهم ماذا تفقدون (يوسف ۸) فيقول ماذا اجبتم (قصص ۷) فيقول ماذا اجبتم (مائدة ۱۵) قل انظروا ماذا فى السموت
(يونس ۱۱) ارونى ماذا خلقوا من الارض (ملائكة ۴ / احقاف ۱) ماذا قال آنفا (قتال ۲) وماذا عليهم لو امنوا بالله (نساء ۵) من ذا الذى يقرض الله
(بقرة ۳۲ / حديد ۲) من ذا الذى يشفع عنده (بقرة ۳۴) قل من ذا الذى يعصمكم من الله (احزاب ۲) فمن ذا الذى ينصركم (آل عمران ۱۷) قلنا يا
ذا القرنين (كهف ۱۱) قالوا يا ذا القرنين (كهف ۱۱) وذا الكفل كل من الصابرين (انبياء ۶) وذا النون اذ ذهب مغاضبا (انبياء ۶) واذكر اسمعيل
واليسع وذا الكفل (ص ۵) كل نفس ذائقة الموت (آل عمران ۱۹ / انبياء ۳ / عنكبوت ۶) انكم لذائقوا العذاب الاليم (صافات ۲) انا لذائقون
(صافات ۲) والنخل ذات الاكمام (رحمن ۱) واصلحوا ذات بينكم (انفال ۱) فانبتنا به حدائق ذات بهجة (نمل ۵) سيصلى نارا ذات لهب (مسد ۱)
والسماء ذات الحبك (ذاريات ۱) تزاور عن كهفهم ذات اليمين (كهف ۲) تقرضهم ذات الشمال (كهف ۲) ونقلبهم ذات اليمين وذات الشمال (كهف ۲)
وتضع كل ذات حمل حملها (حج ۱) وتودون ان غير ذات الشوكة تكون لكم (انفال ۱) ذات قرار ومعين (مؤمنين ۳) والسماء ذات البروج (بروج ۱)
النار ذات الوقود (بروج ۱) والسماء ذات الرجع والارض ذات الصدع (طارق ۱) ارم ذات العماد (فجر ۱) ان الله عليم بذات الصدور
(آل عمران ۱۲ / مائدة ۲ / لقمان ۳) والله عليم بذات الصدور (آل عمران ۱۶ / تغابن ۱) انه عليم بذات الصدور (انفال ۵ / هود ۱ / ملائكة ۴ / زمر ۱
شورى ۳ / ملك ۲) وهو عليم بذات الصدور (حديد ۱) وحملناه على ذات الواح ودسر (قمر ۱) والذاريات ذروا (ذاريات ۱)
فلما ذاقا الشجرة (اعراف ۲) فذاقت وبال امرها (طلاق ۲) حتى ذاقوا باسنا (انعام ۱۳) ذاقوا وبال امرهم (حشر ۲) فذاقوا
وبال امرهم (تغابن ۱) والذاكرين الله كثيرا والذاكرات اعد الله لهم (احزاب ۵) قل الذكرين حرم ام الانثيين (انعام ۱۸) امرتين
ذلك ذكرى للذاكرين (هود ۱۰) والذاكرين الله كثيرا (احزاب ۵) فذانك برهانان من ربك (قصص ۴) وقال انى ذاهب
الى ربى (صافات ۳)

فضل الباء

وان ابوابهم الى الباب شارحا ... يعلموا ذبابا (حج ۱۰) وما ذبح
على النصب (مائدة ۱) وفديناه بذبح عظيم (صافات ۳) فذبحوها وما كادوا يفعلون (بقرة ۸)

فضل الراء

وذر الذين اتخذوا دينهم لعبا (انعام ۸) وذر الذين يلحدون فى اسمائه (اعراف ۲۲) وجعلوا لله مما ذرأ من الحرث (انعام ۱۶) وما ذرأ
لكم فى الارض (نحل ۲) وهو الذى ذرأكم (مؤمنين ۵) قل هو الذى ذرأكم (ملك ۲) ولقد ذرأنا لجهنم (اعراف ۲۲) ذرعها سبعون
ذراعا (حاقة ۱) وكلبهم باسط ذراعيه بالوصيد (كهف ۳) وما يعزب عن ربك من مثقال ذرة (يونس ۷) ان الله لا يظلم مثقال ذرة
(نساء ۶) لا يعزب عنه مثقال ذرة (سبا ۱) لا يملكون مثقال ذرة (سبا ۳) فمن يعمل مثقال ذرة خيرا يره (زلزال ۱) ومن يعمل مثقال ذرة شرا
يره (زلزال ۱) بواد غير ذى ذرع (ابراهيم ۶) وضاق بهم ذرعا (هود ۷ / عنكبوت ۴) ذرعها سبعون ذراعا (حاقة ۱) وقالوا
ذرنا نكن مع القاعدين (توبة ۱۱) ذرنى ومن خلقت وحيدا (مدثر ۱) فذرنى ومن يكذب بهذا الحديث (نون ۲) وذر

والمكذبين (مزمل ٢) والذاريات ذروا (ذاريات ١) وذروا ما بقي من الربوا (بقرة ٢٨) وذروا ظاهر الاثم (انعام ١٤) فاسعوا الى ذكر الله وذروا البيع (جمعة ٢) ذرونا نتبعكم (فتح ٢) وقال فرعون ذروني اقتل موسى (مؤمن ٣) فذروه في سنبله (يوسف ٥) فذروها تأكل في ارض الله (اعراف ٨ هود ٧) قل الله ثم ذرهم في خوضهم يلعبون (انعام ١١) ذرهم يأكلوا ويتمتعوا (حجر ١) فذرهم وما يفترون (انعام ١٢-١٤) فذرهم في غمرتهم حتى حين (مؤمنين ٤) فذرهم يخوضوا ويلعبوا (زخرف ٩ معارج ٥) فذرهم حتى يلاقوا يومهم الذي فيه يصعقون (طور ٥) وذرياتنا قرة اعين (فرقان ٦) ومن ابائهم وذرياتهم واخوانهم (انعام ٩) وازواجهم وذرياتهم (رعد ٣ مؤمن ١) وله ذرية ضعفاء (بقرة ٣٧) فما امن لموسى الا ذرية من قومه (يونس ٩) ذرية بعضها من بعض (آل عمران ٤) قال رب هب لي من لدنك ذرية (آل عمران ٤) وليخش الذين لو تركوا من خلفهم ذرية (نساء ١) وكنا ذرية من بعدهم (اعراف ١١) ذرية من حملنا مع نوح (اسرائيل ١) كما انشأكم من ذرية قوم آخرين (انعام ١٦) من النبيين من ذرية آدم (مريم ٤) ومن ذرية ابراهيم واسرائيل (مريم ٤) وجعلنا لهم ازواجا وذرية (رعد ٦) ومن ذريتنا امة مسلمة لك (بقرة ١٥) لاحتنكن ذريته الا قليلا (اسرائيل ٧) وجعلنا ذريته هم الباقين (صافات ٣) وجعلنا في ذريته النبوة (عنكبوت ٣) ومن ذريته داود وسليمان (انعام ٩) افتتخذونه وذريته اولياء (كهف ٧) واني اعيذها بك وذريتها (آل عمران ٤) من ظهورهم ذريتهم (اعراف ٢١) واية لهم انا حملنا ذريتهم في الفلك (يس ٤) واتبعتهم ذريتهم (طور ٢) الحقنا بهم ذريتهم (طور ٢) ومن ذريتهما محسن (صافات ٣) وجعلنا في ذريتهما النبوة (حديد ٤) واصلح لي في ذريتي (احقاف ٢) ربنا اني اسكنت من ذريتي (ابراهيم ٦) قال ومن ذريتي (بقرة ١٥) رب اجعلني مقيم الصلوة ومن ذريتي (ابراهيم ٦)

فصل القاف

ذق انك انت العزيز الكريم (دخان ٣)

فصل الكاف

اوعجبتم ان جاءكم ذكر من ربكم (اعراف ٨ مرتين) ذكر رحمت ربك عبده زكريا (مريم ١) هذا ذكر من معي وذكر من قبلي (انبياء ٢) هذا ذكر وان للمتقين لحسن مآب (ص ٥) وهذا ذكر مبارك انزلناه (انبياء ٥) فانسيهم ذكر الله (مجادلة ٣) فانسيه الشيطان ذكر ربه (يوسف ٥) ان هو الا ذكر للعالمين (يوسف ١١ ص ٥ تكوير ٢) ان هو الا ذكر وقرآن مبين (يس ٤) وما هو الا ذكر للعالمين (نون ٢) ثم تلين جلودهم وقلوبهم الى ذكر الله (زمر ٣) فاسعوا الى ذكر الله (جمعة ٢) وتطمئن قلوبهم بذكر الله (رعد ٤) الا بذكر الله تطمئن القلوب (رعد ٤) وهم بذكر الرحمن هم كافرون (انبياء ٣) ويصدكم عن ذكر الله (مائدة ١٢) بل هم عن ذكر ربهم معرضون (انبياء ٣) رجال لا تلهيهم تجارة ولا بيع عن ذكر الله (نور ٥) اني احببت حب الخير عن ذكر ربي (ص ٣) ومن يعش عن ذكر الرحمن (زخرف ٤) لا تلهكم اموالكم ولا اولادكم عن ذكر الله (منافقين ٢) ومن يعرض عن ذكر ربه (جن ٢) ولذكر الله اكبر (عنكبوت ٥) وانه لذكر لك ولقومك (زخرف ٤) ان تخشع قلوبهم لذكر الله (حديد ٢) ما يأتيهم من ذكر من ربهم (انبياء ١) وما يأتيهم من ذكر من الرحمن (شعراء ١) فويل للقاسية قلوبهم من ذكر الله (زمر ٣) من ذكر او انثى (آل عمران ٢٠ نساء ١٣ نحل ١٣ مؤمن ٤) من ذكر وانثى (حجرات ٢) وذكر الله كثيرا (احزاب ٣) وذكر اسم ربه فصلى (اعلى ١) الذين اذا ذكر الله وجلت قلوبهم (حج ٥ انفال ١) واذا ذكر الله وحده (زمر ٥) واذا ذكر الذين من دونه (زمر ٥) مما ذكر اسم الله عليه (انعام ١٢ مرتين) وذكر فيها القتال (قتال ٣) ومن اظلم ممن ذكر بايات ربه (كهف ٨ سجدة ٣) فذكر بالقرآن من يخاف وعيد (ق ٣) فذكر فما انت بنعمت ربك بكاهن (طور ٢) فذكر انما انت مذكر (غاشيه) فذكر ان نفعت الذكرى (اعلى ١) وذكر به ان تبسل نفس (انعام ٨) وذكر فان الذكرى تنفع المؤمنين (ذاريات ٣) الكم الذكر وله الانثى (نجم ٢) وليس الذكر كالانثى (آل عمران ٤) فجعل منه الزوجين الذكر والانثى (قيامة ٢) وانه خلق الزوجين الذكر والانثى (نجم ٣) وما خلق الذكر والانثى (ليل ١) للذكر مثل حظ الانثيين (نساء ٢) فللذكر مثل حظ الانثيين (نساء ٢) وقالوا يا ايها الذي نزل عليه الذكر (حجر ١) ءانزل عليه الذكر (ص ١) ءالقي الذكر عليه من بيننا (قمر ٢) انا نحن نزلنا الذكر (حجر ١) فاسئلوا اهل الذكر (نحل ٦ انبياء ١) حتى نسوا الذكر (فرقان ٢) وانزلنا اليك الذكر (نحل ٦) ولقد كتبنا في الزبور من بعد الذكر (انبياء ٧) انما تنذر من اتبع الذكر (يس ٢) افنضرب عنكم الذكر (زخرف ١) لما سمعوا الذكر (نون ٢) ص والقرآن ذي الذكر (ص ١) لقد اضلني عن الذكر (فرقان ٣) ان الذين كفروا بالذكر (حم سجدة ٥) ولقد يسرنا القرآن للذكر (قمر ١-٢-٣-٤ مرتين) والذكر الحكيم (آل عمران ٦) او اشد ذكرا (بقرة ٢٥) حتى احدث لك منه ذكرا (كهف ٧) وقد آتيناك من لدنا ذكرا (طه ٥) قل سأتلوا عليكم منه ذكرا (كهف ١١) او يحدث لهم ذكرا (طه ٦) اذكروا الله ذكرا كثيرا (احزاب ٦) فالتاليات ذكرا (صافات ١) لو ان عندنا ذكرا من الاولين (صافات ٥) قد انزل الله اليكم ذكرا (طلاق ٢) فالملقيات ذكرا (مرسلات ١) وضياء وذكرا للمتقين (انبياء ٤)

اتأتون الذكران من العالمين (شعراء ۹) او يزوجهم ذكرانا وانا ثا (شورى ۵) واذا ذكرت ربك في القرآن (اسرائيل ۵)
انث ذكرتم (يس ۲) ورفعنا لك ذكرك (انشراح ۱) لقد انزلنا اليكم كتابا فيه ذكركم (انبياء ۱) فاذكروا الله كذكركم اباءكم
(بقرة ۲۵) ولا تطع من اغفلنا قلبه عن ذكرنا (كهف ۴) فاعرض عن من تولى عن ذكرنا (نجم ۳) ذكروا الله فاستغفروا لذنوبهم (آل عمران ۱۴)
وذكروا الله كثيرا (شعراء ۱۱) والذين اذا ذكروا بايات ربهم (فرقان ۶) والذين اذا ذكروا بها (سجدة ۲) واذا ذكروا لا يذكرون (صافات ۲)
فلما نسوا ما ذكروا به (انعام ۵ - اعراف ۲۱) فنسوا حظا مما ذكروا به (مائدة ۳) ونسوا حظا مما ذكروا به (مائدة ۳) فمن شاء ذكره (مدثر ع)
(عبس ۱) بل اتيناهم بذكرهم (مؤمنين ۵) فهم عن ذكرهم معرضون (مؤمنين ۸) وذكرهم بايام الله (ابراهيم ۱) ولكن ذكرى لعلهم يتقون
(انعام ۷) ان هو الا ذكرى للعالمين (انعام ۹) ذلك ذكرى للذاكرين (هود ۱۱) حتى انسوكم ذكري (مؤمنين ۱۱) ذكرى وما كنا ظالمين (شعراء ۱۱)
انا اخلصناهم بخالصة ذكرى الدار (ص ۵) وما هي الا ذكرى للبشر (مدثر ۱) ولا تنيا في ذكري (طه ۵) في غطاء عن ذكرى (كهف ۱۱)
ومن اعرض عن ذكرى (طه ۱۱) واقم الصلوة لذكري (طه ۱) ان في ذلك لذكرى (زمر ۳) ق ۳ بل هم في شك من ذكرى (ص ۱) و
ذكرى للمؤمنين (اعراف ۱ هود ۱۱) وذكرى لقوم يؤمنون (عنكبوت ۵) وذكرى لاولى الالباب (ص ۴) هدى وذكرى لاولى الالباب (مؤمن ۶)
تبصرة وذكرى لكل عبد منيب (ق ۱) وذكرى للعابدين (انبياء ۶) فلا تقعد بعد الذكرى (انعام ۷) انى لهم الذكرى (دخان ۱)
وذكر فان الذكرى تنفع المؤمنين (ذاريات ۳) وانى له الذكرى (فجر ۱) فتنفعه الذكرى (عبس ۱) فذكر ان نفعت الذكرى (اعلى ۱) فيم انت
من ذكرها (نازعات ۲) اذا جاءتهم ذكراهم (قتال ۲) ويهب لمن يشاء الذكور (شورى ۵) خالصة لذكورنا (انعام ۱۶)
وما اكل السبع الا ما ذكيتم (مائدة ۱)

فصل اللام

واخفض لهما جناح الذل (اسرائيل ۳) ولم يكن له ولي من
الذل (اسرائيل ۱۲) خاشعين من الذل (شورى ۵) ولا يرهق وجوههم قتر ولا ذلة (يونس ۳) وترهقهم ذلة (يونس ۳) ترهقهم
ذلة (نون ۵ معارج ۵) سينالهم غضب من ربهم وذلة (اعراف ۱۹) وضربت عليهم الذلة (بقرة ۷) ضربت عليهم الذلة (آل عمران ۱۱)
فاسلكي سبل ربك ذللا (نحل ۷) وذللت قطوفها تذليلا (انسان ۱) وذللناها لهم فمنها ركوبهم (يس ۵) انها بقرة لا ذلول (بقرة ۸)
هو الذي جعل لكم الارض ذلولا (ملك ۲)

فصل الميم

لا يرقبوا فيكم الا ولا ذمة (توبة ۱) لا يرقبون
في مؤمن الا ولا ذمة (توبة ۲)

فصل النون

باي ذنب قتلت (تكوير ۱) ولهم على ذنب (شعراء ۱)
غافر الذنب وقابل التوب (مؤمن ۱) واستغفري لذنبك (يوسف ۳) واستغفر لذنبك (قتال ۲ - مؤمن ۶) ليغفر لك الله ما تقدم من
ذنبك (فتح ۱) فكلا اخذنا بذنبه (عنكبوت ۴) فيومئذ لا يسئل عن ذنبه انس (رحمن ۲) فاعترفوا بذنبهم (ملك ۱) فدمدم عليهم
ربهم بذنبهم (شمس ۱) مثل ذنوب اصحابهم فلا يستعجلون (ذاريات ۳) وكفى بربك بذنوب عباده (اسرائيل ۲) وكفى به بذنوب عباده
(فرقان ۵) ومن يغفر الذنوب الا الله (آل عمران ۱۴) ان الله يغفر الذنوب جميعا (زمر ۶) فان للذين ظلموا ذنوبا (ذاريات ۳) ويغفر
لكم ذنوبكم (آل عمران ۴ - احزاب ۸) يغفر لكم ذنوبكم (صف ۲) قل فلم يعذبكم بذنوبكم (مائدة ۳) ليغفر لكم من ذنوبكم (ابراهيم ۲) يغفر لكم
من ذنوبكم (احقاف ۴ نوح ۱) الا ان قالوا ربنا اغفر لنا ذنوبنا (آل عمران ۱۵) فاغفر لنا ذنوبنا (آل عمران ۲) قالوا يا ابانا استغفر لنا ذنوبنا
(يوسف ۱) فاعترفنا بذنوبنا (مؤمن ۲) انما يريد الله ان يصيبهم ببعض ذنوبهم (مائدة ۵) فاخذهم الله بذنوبهم (آل عمران ۲ - انفال ۲)
مؤمن ۳) فاهلكناهم بذنوبهم (انعام ۱ - انفال ۱) اصبناهم بذنوبهم (اعراف ۱) وآخرون اعترفوا بذنوبهم (توبة ۱) ولا يسئل عن ذنوبهم
(قصص ۸) فاستغفروا لذنوبهم (آل عمران ۱۴)

فصل الواو

وفرعون ذو الاوتاد (ص ۱) ان الله عزيز
ذو انتقام (ابراهيم ۵) ذو الجلال والاكرام (رحمن ۳) وربك الغني ذو الرحمة (انعام ۱۶) رفيع الدرجات ذو العرش (مؤمن ۲) ذو العرش
المجيد (بروج ۱) والحب ذو العصف والريحان (رحمن ۱) والله ذو الفضل العظيم (بقرة ۱۱ - آل عمران ۸ - انفال ۳ حديد ۳) مرتين جمعة
ذو القوة المتين (ذاريات ۳) والله عزيز ذو انتقام (آل عمران ا مائدة ۱) وما يلقها الا ذو حظ عظيم (فصلت ۵) فقل ربكم ذو رحمة (انعام ۱۸)
لينفق ذو سعة من سعته (طلاق ۱) وان كان ذو عسرة (بقرة ۱۸) ولكن الله ذو فضل على العالمين (بقرة ۳۳) والله ذو فضل عظيم (آل عمران ۱۸)
والله ذو فضل على المؤمنين (آل عمران ۱۸) ذو مرة فاستوى (نجم ۱) فذو دعاء عريض (فصلت ۶) ان الله لذو فضل على الناس (بقرة ۲۵
يونس ۶ مؤمن ۷) وانه لذو علم لما علمناه (يوسف ۸) وان ربك لذو مغفرة (رعد ۱) وان ربك لذو فضل (نمل ۶) انه لذو حظ عظيم (قصص ۸)
ان ربك لذو مغفرة (فصلت ۵) وذو عقاب اليم (فصلت ۵) يحكم به ذوا عدل منكم (مائدة ۱۳) اثنان ذوا عدل منكم (مائدة ۱۴) ذواتا

وربك الغفور ذو الرحمة (كهف ۸)

اثنان (رحمن ۵) ذواتي اكل خمط واثل (سبا ۲) ذوقوا عذاب الحريق (آل عمران ۱۹) ذوقوا عذاب الخلد (يونس ۶) ويقول
ذوقوا ما كنتم تعملون (عنكبوت ۶) ذوقوا عذاب النار (سجدة ۲ سبا ۵) ذوقوا فتنتكم (ذاريات ۱) ذوقوا مس سقر (قمر ۳) ذوقوا ما
كنتم تكسبون (زمر ۳) فذوقوا العذاب (آل عمران ۱۱ - اعراف ۴ - انفال ۲) قال فذوقوا العذاب بما كنتم تكفرون (انعام ۳ -
احقاف ۴) فذوقوا ما كنتم تكنزون (توبة ۵) فذوقوا بما نسيتم (سجدة ۲) فذوقوا فما للظالمين من نصير (ملائكة ۴) فذوقوا عذابي
ونذر (قمر ۲ مرتين) فذوقوا فلن نزيدكم الا عذابا (نبا ۲) وذوقوا عذاب الحريق (انفال ۷ حج ۳) وذوقوا عذاب الخلد (سجدة ۲)
ذلكم فذوقوه (انفال ۲) واتى المال على حبه ذوي القربى (بقرة ۲۲) واشهدوا ذوي عدل منكم (طلاق ۱) **فصل**
الهاء وانا على ذهاب به لقادرون (مؤمنين ۲) ذهب الله بنورهم (بقرة ۲) ليقولن ذهب السيئات عني (هود ۱)
اذ ذهب مغاضبا (انبياء) فاذا ذهب الخوف (احزاب ۲) ثم ذهب الى اهله يتمطى (قيامة ۱) فلما ذهب عن ابراهيم الروع (هود ۷) ولو
شاء الله لذهب بسمعهم (بقرة ۲) واذا لذهب كل اله بما خلق (مؤمنين ۵) يحلون فيها من اساور من ذهب (كهف ۴ حج ۳ ملائكة ۴)
فلولا القي عليه اسورة من ذهب (زخرف ۵) يطاف عليهم بصحاف من ذهب (زخرف ۷) والذين يكنزون الذهب (توبة ۵) والقناطير
المقنطرة من الذهب (آل عمران ۲) ملء الارض ذهبا (آل عمران ۹) فاتوا الذين ذهبت ازواجهم (ممتحنة ۲) انا ذهبنا (يوسف ۲)
(يوسف ۲) فلما ذهبوا به واجمعوا (يوسف ۲) **فصل اليا** وفرعون ذي الاوتاد (فجر ۱) ذي الجلال
والاكرام (رحمن ۳) والجار ذي القربى والجار الجنب (نساء ۶) ص والقرآن ذي الذكر (ص ۱) شديد العقاب ذي الطول (مؤمن ۱) عند ذي العرش مكين (تكوير ۲)
اذا لابتغوا الى ذي العرش سبيلا (اسرائيل ۵) والجار ذي القربى (نساء ۶) وايتاء ذي القربى (نحل ۱۳) ويسألونك عن ذي القرنين (كهف ۱۱)
من الله ذي المعارج (معارج ۱) انطلقوا الى ظل ذي ثلث شعب (مرسلات ۱) بواد غير ذي زرع (ابراهيم ۶) وعلى الذين هادوا حرمنا كل ذي ظفر
(انعام ۱۸) وفوق كل ذي علم عليم (يوسف ۸) قرآنا عربيا غير ذي عوج (زمر ۳) ويؤت كل ذي فضل فضله (هود ۱) ذي قوة عند ذي
العرش مكين (تكوير ۱) في يوم ذي مسغبة (بلد ۱) وبذي القربى واليتامى (نساء ۶) هل في ذلك قسم لذي حجر (فجر ۱) ولذي القربى
واليتامى (انفال ۵ حشر ۱) وبالوالدين احسانا وذي القربى (بقرة ۹) **باب الرّاء فصل الهمزة**
فلما جن عليه الليل رأى كوكبا (انعام ۹) اذ رأى نارا (طه ۱) واذا رأى الذين ظلموا (نحل ۱۲) واذا رأى الذين اشركوا (نحل ۱۲) لولا ان رأى برهان ربه
(يوسف ۳) لقد رأى من آيات ربه الكبرى (نجم ۱) ما كذب الفؤاد ما رأى (نجم ۱) فلما رأى القمر بازغا (انعام ۹) فلما رأى الشمس بازغة (انعام ۹)
فلما رأى ايديهم (هود ۷) فلما رأى قميصه (يوسف ۳) ولما رأى المؤمنون الاحزاب (احزاب ۳) ورأى المجرمون النار (كهف ۷) كالذي ينفق ماله
رئاء الناس (بقرة ۳۶) والذين ينفقون اموالهم رئاء الناس (نساء ۶) بطرا ورئاء الناس (انفال ۶) واذا رآك الذين كفروا (انبياء ۳)
ان رآه استغنى (علق ۱) ولقد رآه نزلة اخرى (نجم ۱) ولقد رآه بالافق المبين (تكوير ۱) فلما رآه مستقرا عنده (نمل ۴) فرآه حسنا (ملائكة ۲)
فرآه في سواء الجحيم (صافات ۲) فلما رآها تهتز (نمل ۱ قصص ۳) فلما رأته حسبته لجة (نمل ۳) اذا رأتهم من مكان بعيد (فرقان ۲)
واخذ برأس اخيه (اعراف ۱۸) واشتعل الرأس شيبا (مريم ۱) ثم صبوا فوق رأسه (دخان ۳) او به اذى من رأسه (بقرة ۲۴) فتأكل
الطير من رأسه (يوسف ۵) اني اراني احمل فوق رأسي خبزا (يوسف ۵) لا تأخذ بلحيتي ولا برأسي (طه ۵) ولا تأخذكم بهما رأفة في دين
الله (نور ۱) رأفة ورحمة (حديد ۴) حتى اذا رأوا ما يوعدون (مريم ۶ جن ۲) واذا رأوا آية يستسخرون (صافات ۱) واذا رأوا تجارة او
لهوا (جمعة ۲) من بعد ما رأوا الآيات (يوسف ۴) لما رأوا العذاب (يونس ۹ سبا ۴ شورى ۵) لما رأوا بأسنا (مؤمن ۹) فلما رأوا بأسنا (مؤمن ۹)
ورأوا العذاب (بقرة ۲۰ قصص ۷) ورأوا انهم قد ضلوا (اعراف ۱۸) فلكم رؤوس اموالكم (بقرة ۳۸) كأنه رؤوس الشياطين
(صافات ۲) ولا تحلقوا رؤوسكم (بقرة ۲۴) محلقين رؤوسكم (فتح ۳) وامسحوا برؤوسكم (مائدة ۲) مهطعين مقنعي رؤوسهم
(ابراهيم ۷) فسينغضون اليك رؤوسهم (اسرائيل ۵) يصب من فوق رؤوسهم الحميم (حج ۲) ولو ترى اذ المجرمون ناكسوا رؤوسهم (سجدة ۲)
لووا رؤوسهم (منافقين ۱) ثم نكسوا على رؤوسهم (انبياء ۵) والله رؤوف بالعباد (بقرة ۲۵ - آل عمران ۳) انه بهم رؤوف رحيم (توبة ۱۴)
بالمؤمنين رؤوف رحيم (توبة ۱۶) وان الله رؤوف رحيم (نور ۳) انك رؤوف رحيم (حشر ۱) ان الله بالناس لرؤوف رحيم (بقرة ۱۷)
حج ۷) ان ربكم لرؤوف رحيم (نحل ۱) فان ربكم لرؤوف رحيم (نحل ۶) وان الله بكم لرؤوف رحيم (حديد ۱) واذا رآك ان يتخذونك
الا هزوا (فرقان ۵) فلما رأوه عارضا (احقاف ۳) فلما رأوه زلفة (ملك ۲) فرأوه مصفرا (روم ۵) فلما رأوها قالوا انا

ثلث

لضالون (نون ٣٢) واذا رأوهم قالوا ان هؤلاء لضالون (مطففين ٣٢) يرونهم مثليهم رأى العين (آل عمران ١٣) الا الذين
هم اراذلنا بادى الرأى (هود ٢٧) هم احسن اثاثا ورءيا (مريم ٧٤) قد صدقت الرؤيا (صافات ١٠٥) وما جعلنا الرؤيا التى اريناك
(اسرائيل ٦٠) لقد صدق الله رسوله الرؤيا (فتح ٢٧) ان كنتم للرؤيا تعبرون (يوسف ٤٣) قال يا بنى لا تقصص رؤياك (يوسف ٥)
هذا تأويل رؤياى (يوسف ١٠٠) يا ايها الملأ افتونى فى رؤياى (يوسف ٤٣) رأيت المنافقين (نساء ٦١) واذا رأيت الذين يخوضون
فى آياتنا (انعام ٦٨) انى رأيت احد عشر كوكبا (يوسف ٤) رأيت الذين فى قلوبهم مرض (قتال ٢٠) واذا رأيت ثم رأيت نعيما (انسان ٢٠) قال
أرأيت اذ اوينا (كهف ٦٣) ارأيت الذى ينهى عبدا اذا صلى (علق ٩) ارأيت ان كان على الهدى (علق ١١) ارأيت ان كذب وتولى (علق ١٣) ارأيت
الذى يكذب بالدين (ارأيت ١) ارأيت من اتخذ الهه هواه (فرقان ٤٣) أفرأيت من اتخذ الهه هواه (جاثية ٢٣) أفرأيت الذى كفر بآياتنا (مريم ٧٧)
أفرأيت ان متعناهم سنين (شعراء ٢٠٥) أفرأيت الذى تولى (نجم ٣٣) ورأيت الناس يدخلون (نصر ٢) قال أرأيتك هذا الذى كرمت على
(اسرائيل ٦٢) قل أرأيتكم ان اتيكم عذاب الله (انعام ٤٠-٤٧) قل أرأيتم ان كان من عند الله (فصلت ٥٢- احقاف ١٠) قل أرأيتم ان اخذ الله
سمعكم (انعام ٤٦) قل أرأيتم ان اتيكم عذابه (يونس ٥٠) قل أرأيتم ان جعل الله (قصص ٧١-٧٢) قل أرأيتم ما انزل الله لكم (يونس ٥٩) قل أرأيتم
ما تدعون من دون الله (احقاف ٤) قل أرأيتم ان اهلكنى الله (ملك ٢٨) قل أرأيتم ان اصبح ماؤكم غورا (ملك ٣٠) قال يا قوم أرأيتم (هود ٢٨
٦٣-٨٨) قل أفرأيتم ما تدعون (زمر ٣٨) أفرأيتم اللات والعزى (نجم ١٩) أفرأيتم ما تمنون (واقعة ٥٨) أفرأيتم ما تحرثون (واقعة ٦٣) أفرأيتم الماء الذى
تشربون (واقعة ٦٨) أفرأيتم النار التى تورون (واقعة ٧١) فقد رأيتموه وانتم تنظرون (آل عمران ١٤٣) لرأيته خاشعا متصدعا (حشر ٢١)
رأيتهم لى ساجدين (يوسف ٤) رأيتهم ينظرون اليك (احزاب ١٩) ما منعك اذ رأيتهم ضلوا (طه ٩٢) واذا رأيتهم تعجبك اجسامهم (منافقون ٤)
اذا رأيتهم حسبتهم (انسان ١٩) ورأيتهم يصدون وهم مستكبرون (منافقون ٥) فلما رأينه اكبرنه (يوسف ٣١)

فصلُ الالف

وصابروا ورابطوا (آل عمران ٢٠٠) سيقولون ثلثة رابعهم كلبهم (كهف ٢٢) ما يكون من نجوى ثلثة الا هو رابعهم (مجادلة ٧) فاحتمل
السيل زبدا رابيا (رعد ١٧) فاخذهم اخذة رابية (حاقة ١٠) وانهم اليه راجعون (بقرة ٤٦) انا اليه راجعون (بقرة ١٥٦) كل الينا راجعون
(انبياء ٩٣) انهم الى ربهم راجعون (مؤمنين ٦٠) يوم ترجف الراجفة (نازعات ٦) وانت ارحم الراحمين (انبياء ٨٣- اعراف ١٥١) وانت
خير الراحمين (مؤمنين ١٠٩-١١٨) وهو ارحم الراحمين (يوسف ٦٤-٩٢) وان يردك بخير فلا راد لفضله (يونس ١٠٧) لرادك الى معاد (قصص ٨٥)
فما الذين فضلوا برادى رزقهم (نحل ٧١) تتبعها الرادفة (نازعات ٧) انا رادوه اليك (قصص ٧) ومن لستم له برازقين
(حجر ٢٠) وانت خير الرازقين (مائدة ١١٤) وان الله لهو خير الرازقين (حج ٥٨) وهو خير الرازقين (مؤمنين ٧٢- سبا ٣٩) والله خير الرازقين
(جمعة ١١) لكن الراسخون فى العلم (نساء ١٦٢) والراسخون فى العلم (آل عمران ٧) وقدور راسيات (سبا ١٣) اولئك هم الراشدون
(حجرات ٧) لسعيها راضية (غاشية ٩) ارجعى الى ربك راضية مرضية (فجر ٢٨) فهو فى عيشة راضية (حاقة ٢١- قارعة ٧) لا تقولوا راعنا
وقولوا انظرنا (بقرة ١٠٤) وراعنا ليا بالسنتهم (نساء ٤٦) والذين هم لاماناتهم وعهدهم راعون (مؤمنين ٨- معارج ٣٢) فراغ الى آلهتهم
فقال الا تاكلون (صافات ٩١) فراغ عليهم ضربا باليمين (صافات ٩٣) فراغ الى اهله (ذاريات ٢٦) قال أراغب انت عن الهتى (مريم ٤٦)
انا الى الله راغبون (توبة ٥٩) انا الى ربنا راغبون (نون ٣٢) حافظة رافعة (واقعة ٣) وقيل من راق (قيامة ٢٧) وخر راكعا
واناب (ص ٢٤) ويؤتون الزكوة وهم راكعون (مائدة ٥٥) الساجدون الراكعون (توبة ١١٢) واركعوا مع الراكعين (بقرة ٤٣) واركعى
مع الراكعين (آل عمران ٤٣) كلا بل ران على قلوبهم (مطففين ١٤) قال ما خطبكن اذ راودتن يوسف عن نفسه (يوسف ٥١)
قالت هى راودتنى عن نفسى (يوسف ٢٦) انا راودته عن نفسه (يوسف ٥١) ولقد راودته عن نفسه (يوسف ٣٢) وراودته
التى هو فى بيتها عن نفسه (يوسف ٢٣) ولقد راودوه عن ضيفه (قمر ٣٧)

فصلُ الباء

رب ابن لى
عندك بيتا (تحريم ١١) واذ قال ابراهيم رب اجعل هذا بلدا امنا (بقرة ١٢٦) واذ قال ابراهيم رب اجعل هذا البلد امنا (ابراهيم ٣٥) قال رب
اجعل لى آية (آل عمران ٤١- مريم ١٠) رب اجعلنى مقيم الصلوة (ابراهيم ٤٠) قال رب احكم بالحق (انبياء ١١٢) وقل رب ادخلنى مدخل صدق (اسرائيل ٨٠)
وقل رب ارحمهما (اسرائيل ٢٤) واذ قال ابراهيم رب ارنى (بقرة ٢٦٠) قال رب ارنى انظر اليك (اعراف ١٤٣) قال رب اشرح لى صدرى (طه ٢٥)
وقل رب اعوذ بك (مؤمنين ٩٧) قال رب اغفر لى (اعراف ١٥١- ص ٣٥) وقل رب اغفر وارحم (مؤمنين ١١٨) رب اغفر لى ولوالدى (نوح ٢٨) قال
رب السجن احب الى (يوسف ٣٣) قل من رب السموات (رعد ١٦- مؤمنين ٨٦) فقالوا ربنا رب السموات والارض (كهف ١٤) رب السموات والارض

(مریم ۷) (ص ۷) (دخان ۱) (نبا ۴) (صافات ۱) سبحان رب السموات والارض (زخرف ۹) رب السموات ورب الارض (جاثیه ۴) قال بل
ربكم رب السموات والارض (انبیاء ۵) قال رب السموت والارض وما بينهما (شعراء ۲) فانه هو رب الشعرى (نجم ۳) تبارك الله رب
العالمين (اعراف ۷) واخر دعوىهم ان الحمد لله رب العالمين (يونس ۱) اني اخاف الله رب العالمين (مائدة ۵) (حشر ۲) والحمد لله رب العالمين
(انعام ۵) (صافات ۵) وقيل الحمد لله رب العالمين (زمر ۸) ومماتي لله رب العالمين (انعام ۲۰) وسبحان الله رب العالمين (نمل ۱)
فقال اني رسول رب العالمين (زخرف ۵) واسلمت مع سليمان لله رب العالمين (نمل ۳) الا ان يشاء الله رب العالمين (تكوير ۱)
لله رب العالمين (فاتحة ۱) (مؤمن ۷) انا رسول رب العالمين (شعراء ۲) وانه لتنزيل رب العالمين (شعراء ۱۱) اني انا الله رب العالمين (قصص
فتبارك الله رب العالمين (مؤمن ۷) ذلك رب العالمين (فصلت ۱) رب السموات ورب الارض رب العالمين (جاثية ۴) وهو رب
العرش العظيم (توبة ۱) فسبحان الله رب العرش عما يصفون (انبياء ۲) رب العرش الكريم (مؤمنين ۲) رب العرش عما يصفون (زخرف ۹)
رب العرش العظيم (نمل ۲) سبحان ربك رب العزة (صافات ۸) رب المشرقين (رحمن ۲) قل رب اما تريني ما يوعدون (مومنين ۴)
واعوذ بك رب ان يحضرون (مؤمنين ۱) فقال رب ان ابني من اهلي (هود ۵) قال رب ان قومي كذبون (شعراء ۲) وقل رب انزلني
(مؤمنين ۲) قال رب انصرني (مؤمنين ۳-۴) (عنكبوت ۳) رب انهن اضللن (ابراهيم ۶) قال نوح رب انهم عصوني (نوح ۲) قالت رب اني
وضعتها انثى (آل عمران ۴) رب اني نذرت لك ما في بطني (آل عمران ۴) قال رب اني وهن العظم مني (مریم ۱) قال رب اني ظلمت نفسي
(قصص ۲) قال رب اني لما انزلت الي من خير فقير (قصص ۳) قال رب اني اخاف ان يكذبون (شعراء ۲) قال رب اني لا املك الا نفسي واخي (مائدة ۴)
قال رب اني اعوذ بك (هود ۵) قال رب اني قتلت منهم (قصص ۴) قال رب اني دعوت قومي (نوح ۱) قالت رب اني يكون لي ولد (آل عمران ۵)
قال رب اني يكون لي غلام (آل عمران ۴) (مریم ۱) قال رب اوزعني (احقاف ۲) وقال رب اوزعني (نمل ۲) قال رب بما انعمت علي (قصص ۲)
قال رب بما اغويتني (حجر ۴) واجعله رب رضيا (مریم ۱) وقل رب زدني علما (طه ۱۱) ولم اكن بدعائك رب شقيا (مریم ۱) قال رب فانظرني
الى يوم يبعثون (حجر ۴) (ص ۸) رب فلا تجعلني في القوم الظالمين (مومنين ۱) رب قد اتيتني من الملك (يوسف ۱۱) وهو رب كل شيء (انعام ۲۰)
رب لا تذرني فردا (انبياء ۶) وقال نوح رب لا تذر على الارض (نوح ۲) وعجلت اليك رب لترضى (طه ۴) قال رب لم حشرتني اعمى (طه ۳)
فيقول رب لولا اخرتني (منافقين ۱) قال رب لو شئت اهلكتهم (اعراف ۴) رب موسى وهارون (اعراف ۳) (شعراء ۴) رب نجني واهلي
(شعراء ۷) قال رب نجني من القوم الظالمين (قصص ۳) قال رب هب لي من لدنك ذرية (آل عمران ۴) رب هب لي حكما (شعراء ۴) رب هب لي
من الصالحين (صافات ۱) فليعبدوا رب هذا البيت (قريش ۱) انما امرت ان اعبد رب هذه البلدة (نمل ۱) فانهم عدو لي الا رب العالمين
(شعراء ۵) ما انزل هؤلاء الا رب السموات والارض (اسرائيل ۱۱) قالوا امنا برب العالمين (اعراف ۱۳) (شعراء ۴) قالوا امنا برب هارون و
موسى (طه ۷) اذ نسويكم برب العالمين (شعراء ۲) فما ظنكم برب العالمين (صافات ۴) فلا اقسم برب المشارق (معارج ۲) قل اعوذ برب الفلق
(فلق ۱) قل اعوذ برب الناس (ناس ۱) ان اجري الا على رب العالمين (شعراء ۱۱-۱۳-۱۵-۱۷-۱۸) قال اسلمت لرب العالمين (بقرة ۴۱)
وامرنا لنسلم لرب العالمين (انعام ۵) ان اسلم لرب العالمين (مومن ۷) يوم يقوم الناس لرب العالمين (مطففين ۱) وما رب العالمين
(شعراء ۲) ولكني رسول من رب العالمين (اعراف ۷ مرتين) اني رسول من رب العالمين (اعراف ۱۱) لا ريب فيه من رب العالمين (يونس ۴)
(سجده ۱) سلام قولا من رب رحيم (يس ۴) تنزيل من رب العالمين (واقعة ۴) (حاقة ۵) ربكم ورب آبائكم الاولين (دخان ۱) الله ربكم ورب
آبائكم الاولين (شعراء ۲) الله ربكم ورب آبائكم الاولين (صافات ۴) رب السموات ورب الارض (جاثيه ۴) ورب العرش العظيم (مؤمنين ۵)
ورب المشارق (صافات ۱) ورب المغربين (رحمن ۱) ورب غفور (سبا ۲) فورب السماء والارض (ذاريات ۳) وقال الرسول يا
رب ان قومي اتخذوا هذا القرآن مهجورا (فرقان ۳) وقيله يا رب ان هؤلاء قوم لا يؤمنون (زخرف ۹) قل اغير الله ابغي ربا (انعام ۲۰) وما
اتيتم من ربا (روم ۴) وربائبكم اللاتي في حجوركم (نساء ۴) ومن رباط الخيل ترهبون (انفال ۸) مثنى وثلاث ورباع (نساء ۱) (ملائكة ۱)
لولا ينهاهم الربانيون (مائدة ۹) والربانيون والاحبار (مائدة ۶) ولكن كونوا ربانيين (آل عمران ۸) وربت وانبتت (حج ۱)
اهتزت وربت (فصلت ۴) فما ربحت تجارتهم (بقرة ۲) لولا ان ربطنا على قلبها (قصص ۱) وربطنا على قلوبهم (كهف ۲) فلكم الربع
مما تركن (نساء ۲) ولهن الربع مما تركتم (نساء ۲) واذ قال ربك للملائكة (بقرة ۳) (حجر ۲) هل يستطيع ربك (مائدة ۱۵) ولو شاء ربك ما فعلوه
(انعام ۱۴) وله لاخذ ربك (اعراف ۱۸) ذلك ان لم يكن ربك مهلك القرى (انعام ۱۶) او ياتي ربك (انعام ۲۰) واذ تاذن ربك (اعراف ۲۱) كما

اخرجك ربك من بيتك (انفال ا) اذ يوحي ربك الى الملائكة (انفال ٢) ولو شاء ربك لآمن من في الارض (يونس ١٠) الا ما شاء ربك
(هود ١٠٧) مرتين ليوفينهم ربك اعمالهم (هود ١١١) وما كان ربك ليهلك القرى (هود ١١٧) ولو شاء ربك لجعل الناس امة واحدة (هود ١١٨)
الا من رحم ربك (هود ١١٩) وكذلك يجتبيك ربك (يوسف ٦) واوحى ربك الى النحل (نحل ٦٨) اني انا ربك فاخلع نعليك (طه ١٢) وقضى ربك الا تعبدوا
الا اياه (اسرائيل ٢٣) ذلك مما اوحى اليك ربك من الحكمة (اسرائيل ٣٩) عسى ان يبعثك ربك (اسرائيل ٧٩) ولا يظلم ربك احدا (كهف ٤٩)
فاراد ربك ان يبلغا اشدهما (كهف ٨٢) قال كذلك قال ربك هو علي هين (مريم ٩) قد جعل ربك تحتك سريا (مريم ٢٤) وما كان ربك
نسيا (مريم ٦٤) وكان ربك بصيرا (فرقان ٢٠) كان ربك قديرا (فرقان ٥٤) واذ نادى ربك موسى (شعراء ١٠) وما كان ربك مهلك القرى
(قصص ٥٩) اذ قال ربك للملائكة (ص ٧١) ليقض علينا ربك (زخرف ٧٧) كذلك قالوا قال ربك (ذاريات ٣٠) فصب عليهم ربك (فجر ١٣)
وجاء ربك والملك (فجر ٢٢) الم تر كيف فعل ربك (فيل ١) (فجر ٦) ما ودعك ربك وما قلى (ضحى ٣) ولسوف يعطيك ربك فترضى (ضحى ٥) قالوا
ادع لنا ربك (بقرة ٦٨) ثلث مرات قالوا يا موسى ادع لنا ربك (اعراف ١٣٤) وقالوا يا ايه الساحر ادع لنا ربك (زخرف ٤٩) واذكر ربك
كثيرا (آل عمران ٤١) واذكر ربك (اعراف ٢٠٥) (كهف ٢٤) واعبد ربك حتى يأتيك اليقين (حجر ٩٩) واذا ذكرت ربك (اسرائيل ٤٦) ادع لنا
ربك (زخرف ٤٩) وتمت كلمت ربك (انعام ١١٥ - اعراف ١٣٧ هود ١١٩) وهذا صراط ربك مستقيما (انعام ١٢٦) او يأتي بعض ايات ربك (انعام ١٥٨)
يوم يأتي بعض ايات ربك (انعام ١٥٨) كذلك حقت كلمت ربك (يونس ٣٣) حقت عليهم كلمت ربك (يونس ٩٦) قالوا يا لوط انا رسل ربك (هود ٨١)
وكذلك اخذ ربك اذا اخذ القرى (هود ١٠٢) انه قد جاء امر ربك (هود ٧٦) لما جاء امر ربك (هود ١٠١) فسبح بحمد ربك (حجر ٩٨) (نصر ٣) او يأتي
امر ربك (نحل ٣٣) فاسلكي سبل ربك ذللا (نحل ٦٩) ادع الى سبيل ربك (نحل ١٢٥) وهؤلاء من عطاء ربك (اسرائيل ٢٠) وما كان عطاء ربك
محظورا (اسرائيل ٢٠) ان عذاب ربك كان محذورا (اسرائيل ٥٧) واتل ما اوحي اليك من كتاب ربك (كهف ٢٧) ذكر رحمت ربك (مريم ٢)
قال انما انا رسول ربك (مريم ١٩) انا رسولا ربك (طه ٤٧) وما نتنزل الا بامر ربك (مريم ٦٤) ورزق ربك خير وابقى (طه ١٣١) ولئن مستهم
نفحة من عذاب ربك (انبياء ٤٦) فخراج ربك خير (مؤمنين ٧٢) سبحان ربك رب العزة (صافات ١٨٠) ام عندهم خزائن رحمت ربك (ص ٩) وكذلك حقت كلمت ربك (مؤمن ٦) وسبح بحمد ربك (طه ١٣٠ مؤمن ٥٥ ق ٣٩ طور ٤٨) اهم يقسمون رحمت ربك (زخرف ٣٢) ان عذاب ربك لواقع
(طور ٧) فما انت بنعمت ربك بكاهن (طور ٢٩) ورحمت ربك خير (زخرف ٣٢) ام عندهم خزائن ربك (طور ٣٧) واصبر لحكم ربك (طور ٤٨) فباي
الاء ربك تتمارى (نجم ٥٥) تبارك اسم ربك (رحمن ٧٨) فسبح باسم ربك العظيم (واقعة ٧٤-٩٦ حاقة ٥٢) ما انت بنعمت ربك بمجنون (نون ٢) فاصبر
لحكم ربك (نون ٤٨ انسان ٢٤) ويحمل عرش ربك (حاقة ١٧) واذكر اسم ربك (مزمل ٨ - انسان ٢٥) وما يعلم جنود ربك الا هو (مدثر ٣١) ان
بطش ربك لشديد (بروج ١٢) سبح اسم ربك الاعلى (اعلى ١) واما بنعمت ربك فحدث (ضحى ١١) اقرأ باسم ربك (علق ١) ارجع الى ربك (يوسف ٥٠)
الم تر الى ربك كيف مد الظل (فرقان ٤٥) وادع الى ربك (حج ٦٧ قصص ٨٧) وان الى ربك المنتهى (نجم ٤٢) الى ربك يومئذ المستقر (قيامة ١٢) الى ربك
يومئذ المساق (قيامة ٣٠) انك كادح الى ربك كدحا (انشقاق ٦) ارجعي الى ربك (فجر ٢٨) واهديك الى ربك (نازعات ١٩) الى ربك منتهاها
(نازعات ٤٤) ان الى ربك الرجعى (علق ٨) والى ربك فارغب (انشراح ٨) ان ربك لذو مغفرة (فصلت ٤٣) ان ربك لبالمرصاد (فجر ١٤) ان
ربك حكيم عليم (انعام ٨٣-١٣٩) ان ربك هو اعلم (انعام ١١٧ مرتين نحل ١٢٥ نجم ٣٠ نون ٧) ان ربك سريع العقاب (انعام ١٦٥) ان ربك من بعدها لغفور
رحيم (اعراف ١٥٣ نحل ١١٠-١١٩) ان ربك لسريع العقاب (اعراف ١٦٧) ان ربك يقضي بينهم (يونس ٩٣ نمل ٧٨ جاثية ١٧) ان ربك هو القوي العزيز (هود ٦٦)
ان ربك فعال لما يريد (هود ١٠٧) ان ربك عليم حكيم (يوسف ٦) ان ربك هو الخلاق العليم (حجر ٨٦) ثم ان ربك للذين هاجروا (نحل ١١٠) ان ربك
للذين عملوا السوء بجهالة (نحل ١١٩) ان ربك يبسط الرزق (اسرائيل ٣٠) ان ربك احاط بالناس (اسرائيل ٦٠) ان ربك هو يفصل بينهم (سجدة ٢٥)
ان ربك واسع المغفرة (نجم ٣٢) ان ربك يعلم انك تقوم (مزمل ٢٠) بلى ان ربك كان به بصيرا (انشقاق ١٥) بان ربك اوحى لها (زلزال ٥) فان
ربك غفور رحيم (انعام ١٤٥) وان ربك هو يحشرهم (حجر ٢٥) وان ربك لشديد العقاب (رعد ٦) وان ربك لهو العزيز الرحيم (شعراء ٩-٦٨-١٠٤-١٢٢-١٤٠-١٥٩-١٧٥-١٩١) وان ربك ليعلم (نمل ٧٤) وان ربك لهو يفصل (نمل ٧٨) وان ربك ليعلم ما تكن صدورهم (نمل ٧٤) وان ربك لذو مغفرة (رعد ٦) وان ربك ليحكم
بينهم يوم القيمة (نحل ١٢٤) وكفى بربك بذنوب عباده (اسرائيل ١٧) وكفى بربك وكيلا (اسرائيل ٦٥) وكفى بربك هاديا ونصيرا (فرقان ٣١)
اولم يكف بربك (فصلت ٥٣) ما غرك بربك الكريم (انفطار ٦) وعرضوا على ربك صفا (كهف ٤٨) كان على ربك حتما مقضيا (مريم ٧١) كان على ربك
وعدا مسئولا (فرقان ١٦) وما يعزب عن ربك (يونس ٦١) يا مريم اقنتي لربك (آل عمران ٤٣) الربك البنات ولهم البنون (صافات ١٤٩)

فصل لربك وانحر كوثر ١ وَمَا ربك بغافل انعام ع ١٦ وما ربك بغافل عما تعملون هود ع ١٣٠ نمل ١ وما ربك بظلام للعبيد فصلت ٥

الحق من ربك بقرہ ١٥ - ال عمران ٦ وانه للحق من ربك بقرہ ١٥ ما انزل اليك من ربك مائدہ ٧ ثلث مرات انه الحق من ربك هود ٢

حجر اتبع ما اوحى اليك من ربك انعام ١٣ يعلمون انه منزل من ربك بالحق انعام ١٤ ولولا كلمة سبقت من ربك يونس هود ١١ طه ٣ فصلت ٥

شورى والذى انزل اليك من ربك رعد ١ افمن يعلم انما انزل اليك من ربك رعد قد نزله روح القدس من ربك نحل ابتغاء رحمة

من ربك اسرائيل الا رحمة من ربك اسرائيل قصص رحمة من ربك كهف دخان قد جئناك باية من ربك كهف ٥ ولكن رحمة

من ربك قصص فذانك برهانان من ربك قصص بل هو الحق من ربك سجدہ ١ ولئن جاء نصر من ربك عنكبوت ١ واتبع ما يوحى

اليك من ربك احزاب الذى انزل اليك من ربك سبا فضلا من ربك دخان فطاف عليها طائف من ربك نون جزاء من ربك

نبا عم فاذهب انت وَربك مائدہ ٤ وربك الغنى ذو الرحمة انعام ع ١٦ وربك اعلم بالمفسدين يونس ع ٤ وربك اعلم بمن فى

السموات اسرائيل وربك الغفور ذو الرحمة كهف وربك يخلق ما يشاء قصص ٧ وربك يعلم ما تكن صدورهم قصص ٧ وربك

على كل شىء حفيظ سبا ٣ وربك فكبر مدثر ١ اقرأ وربك الاكرم علق ١ فَوَرَبِّكَ لنسئلنهم اجمعين حجر فوربك لنحشرنهم مريم

ان يمدكم ربكم بثلثة الاف ال عمران ١٣ يمددكم ربكم بخمسة الاف ال عمران ١٣ كتب ربكم على نفسه الرحمة انعام ٦ عسى ربكم ان يكف

عنكم نعيم ذلكم الله ربكم انعام يونس مؤمن ٧ مرتين فقل ربكم ذو رحمة انعام ١٨ اتل ما حرم ربكم عليكم انعام فهل وجدتم

ما وعد ربكم حقا اعراف فذلكم الله ربكم الحق يونس ع هو ربكم واليه ترجعون هود ع واذ تأذن ربكم ابراهيم ماذا انزل

ربكم نحل ٣ مرتين عسى ربكم ان يرحمكم اسرائيل ربكم اعلم بما فى نفوسكم اسرائيل ربكم اعلم بكم اسرائيل افاصفاكم ربكم

بالبنين اسرائيل ربكم الذى يزجى لكم اسرائيل ينشر لكم ربكم كهف الم يعدكم ربكم وعدا حسنا طه وانا ربكم فاعبدون انبياء

قال بل ربكم رب السموات والارض انبياء وانا ربكم فاتقون مؤمنين قال ربكم ورب ابائكم الاولين شعراء ويذرون ما خلق لكم

ربكم شعراء ماذا قال ربكم سبا ذلكم الله ربكم له الملك زمر ١ وقال ربكم ادعونى مؤمن ٧ الله ربكم ورب ابائكم الاولين

صافات ربكم ورب ابائكم الاولين دخان فقال انا ربكم الاعلى نازعات يا ايها الناس اعبدوا ربكم بقرہ يا ايها الناس اتقوا ربكم

نساء القمان ادعوا ربكم تضرعا وخفية اعراف اذ تستغيثون ربكم انفال ولن استغفروا ربكم هود ويا قوم استغفروا ربكم

هود واستغفروا ربكم ثم توبوا اليه هود قل يا عباد الذين امنوا اتقوا ربكم زمر ادعوا ربكم يخفف عنا يوما من العذاب مؤمن

واتقوا الله ربكم طلاق فقلت استغفروا ربكم نوح ليحاجوكم به عند ربكم بقرہ او يحاجوكم عند ربكم ال عمران اعجلتم امر ربكم اعراف

لعلكم بلقاء ربكم توقنون رعد ثم انكم يوم القيامة عند ربكم تختصمون زمر ثم تذكروا نعمة ربكم زخرف ان تؤمنوا بالله ربكم ممتحنة

يتلون عليكم ايات ربكم زمر ثُمَّ اِلٰى ربكم مرجعكم انعام زمر قالوا معذرة الى ربكم اعراف ثم الى ربكم ترجعون سجدہ جاثية

وانيبوا الى ربكم زمر اِنَّ ربكم الله الذى خلق السموات والارض اعراف يونس ان ربكم لرءوف رحيم نحل فان ربكم لرءوف رحيم نحل

وان ربكم الرحمن فاتبعونى طه الست بِرَبِّكُمْ اعراف وذلكم ظنكم الذى ظننتم بربكم فصلت ان امنوا بربكم فامنا ال عمران

الا امنت بربكم فاسمعون يس ليؤمنوا بربكم حديد استجيبوا لِرَبِّكُمْ شورى فربكم اعلم بمن هو اهدى سبيلا اسرائيل وفى ذلكم

بلاء مِن ربكم عظيم بقرہ اعراف ابراهيم ان ينزل عليكم من خير من ربكم بقرہ ذلك تخفيف من ربكم بقرہ فيه سكينة

من ربكم بقرہ ليس عليكم جناح ان تبتغوا فضلا من ربكم بقرہ قد جئتكم باية من ربكم ال عمران قد جئتكم بينة من ربكم اعراف

وجئتكم باية من ربكم ال عمران وسارعوا الى مغفرة من ربكم ال عمران قد جاءكم الرسول بالحق من ربكم نساء قد جاءكم برهان

من ربكم نساء وما انزل اليكم من ربكم مائدہ ٧ قد جاءكم بصائر من ربكم انعام قد جاءتكم بينة من ربكم اعراف هذا بصائر من

ربكم اعراف فقد جاءكم بينة من ربكم انعام اتبعوا ما انزل اليكم من ربكم اعراف ان جاءكم ذكر من ربكم اعراف مرتين قال قد

وقع عليكم من ربكم اعراف قد جاءتكم موعظة من ربكم يونس قد جاءكم الحق من ربكم يونس لتبتغوا فضلا من ربكم اسرائيل

وقل الحق من ربكم كهف ان يحل غضب من ربكم طه واتبعوا احسن ما انزل اليكم من ربكم زمر بالبينات من ربكم مؤمن سابقوا

الى مغفرة من ربكم حديد وهو ربنا وَ ربكم بقرہ ان الله ربى وربكم ال عمران اعبدوا الله ربى وربكم مائدہ ان اعبدوا

الله ربى وربكم مائدہ انى توكلت على الله ربى وربكم هود وقال موسى انى عذت بربى وربكم مؤمن وانى عذت بربى وربكم

ان ترجمون (دخان ۱) الله ربنا وربكم (شورى ۲) ان الله هو ربى وربكم (زخرف ۷) وان الله ربى وربكم فاعبدوه (مريم ع۲) وقال ما
هيكما ربكما (اعراف ۲) قال فمن ربكما يا موسى (طه ۲) فباى الاء ربكما تكذبان (الرحمن فى احدى وثلثين اية) وهو ربنا وربكم (بقره ع۱۶)
ونطمع ان يدخلنا ربنا (مائده ۱۱) قد وجدنا ما وعدنا ربنا حقا (اعراف ۵) الا ان يشاء الله ربنا (اعراف ۱۱) وسع ربنا كل شىء علما (اعراف ۱۱)
قال ربنا الذى اعطى كل شىء خلقه (طه ۲) فقالوا ربنا رب السموات والارض (كهف ۲) الا ان يقولوا ربنا الله (حج ع۶) ان يغفر لنا ربنا خطايانا
(شعراء ۳) قل يجمع بيننا ربنا (سبا ۴) قالوا ربنا يعلم (يس ۲) ان الذين قالوا ربنا الله (فصلت ۴ - احقاف ۲) الله ربنا وربكم (شورى ۲) قالوا لو
شاء ربنا لانزل ملئكة (فصلت ۲) عسى ربنا ان يبدلنا خيرا منها (ن ع۱) فمن الناس من يقول ربنا اتنا فى الدنيا (بقره ۲۵) ومنهم من يقول
ربنا اتنا فى الدنيا حسنة (بقره ۲۵) قالوا ربنا افرغ علينا صبرا (بقره ۳۳) وقالوا سمعنا واطعنا غفرانك ربنا (بقره ۴۰) ربنا تقبل منا (بقره ۱۵)
ربنا واجعلنا مسلمين لك (بقره ۱۵) ربنا وابعث فيهم (بقره ۱۵) ربنا لا تؤاخذنا ان نسينا (بقره ۴۰) ربنا ولا تحمل علينا اصرا (بقره ۴۰) ربنا
لا تزغ قلوبنا (ال عمران ۱) ربنا انك جامع الناس ليوم لا ريب فيه (ال عمران ۱) الذين يقولون ربنا اننا امنا (ال عمران ۲) ربنا امنا بما
انزلت (ال عمران ۶) وما كان قولهم الا ان قالوا ربنا اغفر لنا ذنوبنا (ال عمران ۱۵) ربنا ما خلقت هذا باطلا (ال عمران ۲۰) ربنا انك من
تدخل النار (ال عمران ۲۰) ربنا اننا سمعنا مناديا (ال عمران ۲۰) ربنا فاغفر لنا ذنوبنا (ال عمران ۲۰) ربنا واتنا ما وعدتنا (ال عمران ۲۰) يقولون
ربنا اخرجنا من هذه القرية (نساء ۱۰) وقالوا ربنا لم كتبت علينا القتال (نساء ۱۱) يقولون ربنا امنا (مائده ۱۱) قال عيسى ابن مريم اللهم ربنا انزل علينا
(مائده ۱۵) والله ربنا ما كنا مشركين (انعام ۳) ربنا استمتع بعضنا ببعض (انعام ۱۵) قالا ربنا ظلمنا (اعراف ۲) ربنا هؤلاء اضلونا (اعراف ۴)
قالوا ربنا لا تجعلنا (اعراف ۵) ربنا افتح بيننا (اعراف ۱۱) ربنا افرغ علينا صبرا (اعراف ۱۴) ربنا لا تجعلنا فتنة (يونس ۹) وقال موسى
ربنا انك اتيت فرعون (يونس ۹) ربنا ليضلوا عن سبيلك (يونس ۹) ربنا اطمس على اموالهم (يونس ۹) ربنا انى اسكنت من ذريتى (ابراهيم ۶)
ربنا ليقيموا الصلوة (ابراهيم ۶) ربنا انك تعلم ما نخفى وما نعلن (ابراهيم ۶) ربنا وتقبل دعاء (ابراهيم ۶) ربنا اغفر لى ولوالدى (ابراهيم ۶)
فيقول الذين ظلموا ربنا اخرنا الى اجل قريب (ابراهيم ۷) قالوا ربنا هؤلاء شركاؤنا (نحل ۱۲) فقالوا ربنا اتنا من لدنك رحمة (كهف ۲) قالا
ربنا اننا نخاف (طه ۲) ربنا لولا ارسلت الينا رسولا (طه ۸) قالوا ربنا غلبت علينا شقوتنا (مؤمنون ۶) ربنا اخرجنا منها (مؤمنون ۶)
اولئك (فرقان ۲) ربنا اصرف عنا عذاب جهنم (فرقان ۶) ربنا هب لنا (فرقان ۶) ربنا ابصرنا وسمعنا (سجده ۲) ربنا انا اطعنا سادتنا
(احزاب ۸) ربنا اتهم ضعفين من العذاب (احزاب ۸) فقالوا ربنا باعد بين اسفارنا (سبا ۲) ربنا اخرجنا نعمل (فاطر ۴) وقالوا ربنا عجل لنا
(ص ۲) قالوا ربنا من قدم لنا هذا (ص ۴) ربنا وسعت كل شىء (مؤمن ۱) ربنا وادخلهم جنات عدن (مؤمن ۱) ربنا هؤلاء الذين اغوينا
(قصص ۶) قالوا ربنا امتنا اثنتين (مؤمن ۲) ربنا ارنا الذين اضلانا (فصلت ۴) ربنا اكشف عنا العذاب (دخان ۱) قال قرينه ربنا ما
اطغيته (ق ۳) ربنا اغفر لنا (حشر ۱) ربنا انك رءوف رحيم (حشر ۱) ربنا عليك توكلنا (ممتحنه ۱) واغفر لنا ربنا (ممتحنه ۱) ربنا اتمم لنا نورنا (تحريم ۲)
كل من عند ربنا (ال عمران ۱) ولا نكذب بايات ربنا (انعام ۳) لقد جاءت رسل ربنا (اعراف ۵) قد جاءت رسل ربنا (اعراف ۶) ويقولون
سبحان ربنا (اسرائيل ۱۲) الا ان امنا بايات ربنا (اعراف ۱۴) ان كان وعد ربنا لمفعولا (اسرائيل ۱۲) فحق علينا قول ربنا (صافات ۲) قالوا
سبحان ربنا (ن ۱) ولنا تعالى جد ربنا (جن ۱) انا الى ربنا منقلبون (اعراف ۱۴ - شعراء ۳) وانا الى ربنا لمنقلبون (زخرف ۲) انا الى ربنا
راغبون (ن ۱) ان ربنا لغفور شكور (فاطر ۴) انا امنا بربنا (طه ۳) ولن نشرك بربنا احدا (جن ۱) انه الحق من ربنا
انا نخاف من ربنا (دهر ۱) قالوا بلى وربنا (انعام ۴ - احقاف ۴) ورب الرحمن (نبا ۲) الذين يأكلون الربوا (بقره ۳۸) ذلك بانهم
قالوا انما البيع مثل الربوا (بقره ۳۸) واحل الله البيع وحرم الربوا (بقره ۳۸) يمحق الله الربوا (بقره ۳۸) لا تأكلوا الربوا (ال عمران ۱۴) واخذهم
الربوا (نساء ۲۲) وذروا ما بقى من الربوا (بقره ۳۸) واوينهما الى ربوة (مؤمنون ۳) كمثل جنة بربوة (بقره ۳۶) واذا ابتلى ابراهيم
ربه (بقره ۱۵) اذ قال له ربه اسلم (بقره ۱۶) وكلمه ربه (اعراف ۱۷) فلما تجلى ربه للجبل (اعراف ۱۷) فاستجاب له ربه (يوسف ۴)
ثم اجتبه ربه (طه ۷) عسى ربه ان طلقكن (تحريم ۱) فاجتبه ربه (نون ۲) اذ ناديه ربه (نازعات ۱) فاما الانسان اذا ما ابتليه ربه
فاكرمه (فجر ۱) وليتق الله ربه (بقره ۳۹ مرتين) هنالك دعا زكريا ربه (ال عمران ۴) ونادى نوح ربه (هود ۴) اذ نادى ربه
نداء خفيا (مريم ۱) وايوب اذ نادى ربه (انبياء ۶) وزكريا اذ نادى ربه (انبياء ۶) واذكر عبدنا ايوب اذ نادى ربه (ص ۴) دعا
ربه منيبا (زمر ۱) وليدع ربه (مؤمن ۳) فدعا ربه ان هؤلاء (دخان ۲) اذ جاء ربه بقلب سليم (صافات ۳) فاستغفر ربه

لئن لم يرحمنا ربنا ويغفر لنا

(ص ٢٢) انه من يأت ربه (طه ٥) وعصى آدم ربه فغوى (طه ٣١) فله اجره عند ربه (بقرة ٢٨) تخرج نباته باذن ربه (اعراف ٧)
فتم ميقات ربه (اعراف ١٧) لولا ان رأى برهان ربه (يوسف ٣) فانساه الشيطان ذكر ربه (يوسف ٥) ومن يعرض عن ذكر ربه (جن ٢)
قال ومن يقنط من رحمة ربه (حجر ٤) ففسق عن امر ربه (كهف ٧) ومن اظلم ممن ذكر بايات ربه (كهف ٦ سجدة ٣) فمن كان يرجوا لقاء ربه
(كهف ١٢) ولا يشرك بعبادة ربه احدا (كهف ١٢) فهو خير له عند ربه (حج ٣) ولم يؤمن بايات ربه (طه ٣١) فانما حسابه عند ربه
(مؤمنين ٦) ذكر بايات ربه (سجدة ٣) ويرجوا رحمة ربه (زمر ١) لقد رأى من آيات ربه الكبرى (نجم ٢) وكان عند ربه مرضيا (مريم)
ولمن خاف مقام ربه جنتان (رحمن ٣) ومن يعرض عن ذكر ربه (جن ٢) واما من خاف مقام ربه (نازعات ٢) ومن الجن من يعمل بين
يديه باذن ربه (سبا ٢) وذكر اسم ربه فصلى (اعلى ١) الا ابتغاء وجه ربه الاعلى (ليل ١) بلى ان ربه كان به بصيرا (انشقاق ١)
ثم يرد الى ربه (كهف ١١) الا من شاء ان يتخذ الى ربه سبيلا (فرقان ٥) فمن شاء اتخذ الى ربه سبيلا (مزمل ٢ - انسان ٣) فمن شاء اتخذ
الى ربه مآبا (نبا ٢) فمن يؤمن بربه (جن ١) وكان الكافر على ربه ظهيرا (فرقان ٥) الم تر الى الذي حاج ابراهيم في ربه (بقرة ٣٥)
وكان الشيطان لربه كفورا (اسرائيل ٣) ان الانسان لربه لكنود (عاديات ١) فتلقى آدم من ربه كلمات (بقرة ٤) فمن جاءه موعظة
من ربه (بقرة ٣٨) بما انزل اليه من ربه (بقرة ٤٠) وقالوا لولا نزل عليه آية من ربه (انعام ٤) ويقولون لولا انزل عليه آية من ربه (يونس ٢)
ويقول الذين كفروا لولا انزل عليه آية من ربه (رعد ١-٣) اتعلمون ان صالحا مرسل من ربه (اعراف ٨) افمن كان على بينة من ربه (هود ٢)
قالوا لولا يأتينا باية من ربه (طه ٨) وقالوا لولا انزل عليه آيات من ربه (عنكبوت ٥) فهو على نور من ربه (زمر ٣) لولا
ان تداركه نعمة من ربه (نون ٥) فتقبلها ربها بقبول حسن (آل عمران ٤) تؤتي اكلها كل حين باذن ربها (ابراهيم ٤) واشرقت الارض
بنور ربها (زمر ٧) تدمر كل شيء بامر ربها (احقاف ٣) عتت عن امر ربها (طلاق ١) وصدقت بكلمات ربها (تحريم ٢) الى ربها ناظرة (قيامة ١)
واذنت لربها وحقت (انشقاق ١ مرتين) فاستجاب لهم ربهم (آل عمران ٢٠) يبشرهم ربهم برحمة منه (توبة ٣) يهديهم ربهم بايمانهم (يونس ١)
فاوحى اليهم ربهم (ابراهيم ٢) ربهم اعلم بهم (كهف ٣) فيدخلهم ربهم (جاثية ٣) آخذين ما آتاهم ربهم (ذاريات ١) فاكهين بما آتاهم ربهم
(طور ١) ووقاهم ربهم عذاب الجحيم (طور ١) ام اراد بهم ربهم رشدا (جن ١) وسقاهم ربهم شرابا طهورا (انسان ١) فدمدم عليهم ربهم (شمس ١)
لكن الذين اتقوا ربهم (آل عمران ٢٠ زمر ٢) وسيق الذين اتقوا ربهم (زمر ٨) ولا تطرد الذين يدعون ربهم بالغداة (انعام ٦) واصبر
نفسك مع الذين يدعون ربهم (كهف ٤) تقشعر منه جلود الذين يخشون ربهم (زمر ٣) انما تنذر الذين يخشون ربهم بالغيب (ملائكة ٣)
ان الذين يخشون ربهم بالغيب (ملك ١) الا ان ثمود كفروا ربهم (هود ٦) الا ان عادا كفروا ربهم (هود ٥) ويخشون ربهم (رعد ٣)
يخافون ربهم (نحل ٥) ويستغفرون لربهم (كهف ٤) الذين يخشون ربهم (انبياء ٤) واذا مس الناس ضر دعوا ربهم (روم ٤) يدعون ربهم
خوفا وطمعا (سجدة ٢) انهم ملاقوا ربهم (بقرة ٥ هود ٣) فلهم اجرهم عند ربهم (بقرة ٧-٣٨) لهم اجرهم عند ربهم (بقرة ٣٧-٣٨)
اولئك لهم اجرهم عند ربهم (آل عمران ١٠) للذين اتقوا عند ربهم جنات (آل عمران ٢) بل احياء عند ربهم (آل عمران ١٧) وما تأتيهم من آية
من آيات ربهم (انعام ١) لهم دار السلام عند ربهم (انعام ١٥) لعلهم بلقاء ربهم يؤمنون (انعام ١٩) وعتوا عن امر ربهم (اعراف ٨)
لهم درجات عند ربهم (انفال ١) كذبوا بايات ربهم (انفال ٦) ان لهم قدم صدق عند ربهم (يونس ١) وتلك عاد جحدوا بايات ربهم (هود ٥)
ابتغاء وجه ربهم (رعد ٣) لتخرج الناس من الظلمات الى النور باذن ربهم (ابراهيم ١) خالدين فيها باذن ربهم (ابراهيم ٤) اولئك الذين
كفروا بايات ربهم (كهف ١٢) والذين كفروا بايات ربهم (جاثية ٢) بل هم عن ذكر ربهم معرضون (انبياء ٣) ولا يزيد الكافرين كفرهم عند ربهم
ان الذين هم من خشية ربهم مشفقون (مؤمنين ٤) والذين هم بايات ربهم يؤمنون (مؤمنين ٤) والذين اذا ذكروا بايات ربهم (فرقان ٦)
بلقاء ربهم لكافرون (روم ١) بل هم بلقاء ربهم كافرون (سجدة ١) اذ المجرمون ناكسوا رؤسهم عند ربهم (سجدة ٢) وسبحوا بحمد ربهم (سجدة ٢)
موقوفون عند ربهم (سبا ٤) يسبحون بحمد ربهم (زمر ٨ مومن ١ شورى ١) لهم ما يشاؤون عند ربهم (زمر ٤ شورى ٤) داحضة عند
ربهم (شورى ٢) الا انهم في مرية من لقاء ربهم (فصلت ٦) فعتوا عن امر ربهم (ذاريات ٢) عند ربهم جنات النعيم (نون ٢) فعصوا رسول ربهم
(حاقة ١) والذين هم من عذاب ربهم مشفقون (معارج ١) ان عذاب ربهم غير مأمون (معارج ١) ليعلم ان قد ابلغوا رسالات ربهم (جن ٢)
تنزل الملائكة والروح فيها باذن ربهم (قدر ١) جزاؤهم عند ربهم (بينة ١) انهم الى ربهم راجعون (مؤمنين ٤) ثم الى ربهم يحشرون (انعام ٤)
ان يحشروا الى ربهم (انعام ٦) ثم الى ربهم مرجعهم (انعام ١٨) واخبتوا الى ربهم (هود ٣) يبتغون الى ربهم الوسيلة (اسرائيل ٦) انهم الى ربهم راجعون

(ملائكة ع)

(مؤمنين ۱) الى ربهم ينسلون (يس ۴) ثم الذين كفروا بربهم (انعام ۱) وهم بربهم يعدلون (انعام ۱۵) اولئك الذين كفروا بربهم (رعد ۱)
مثل الذين كفروا بربهم (ابراهيم ۳) انا فريق منكم بربهم يشركون (نحل ۷) انهم فتية آمنوا بربهم (كهف ۲) اذا فريق منهم بربهم يشركون (روم ۴)
والذين كفروا بربهم (ملك ۱) ولو ترى اذ وقفوا على ربهم (انعام ۳) اولئك يعرضون على ربهم (هود ۲) هؤلاء الذين كذبوا على ربهم (هود ۲)
وعلى ربهم يتوكلون (انفال ۱ نحل ۵-۱۰ عنكبوت ۶ شورى ۴) كلا انهم عن ربهم يومئذ لمحجوبون (مطففين ۲) هذان خصمان اختصموا
في ربهم (حج ۲) للذين هم لربهم يرهبون (اعراف ۱۹) الذين استجابوا لربهم (رعد ۳) فما استكانوا لربهم (مؤمنين ۵) والذين يبيتون لربهم
سجدا (فرقان ۷) والذين استجابوا لربهم (شورى ۴) اولئك على هدى من ربهم (بقرة ۱ لقمان ۱) انه الحق من ربهم (بقرة ۳-۱۵) وما
اوتي النبيون من ربهم (بقرة ۱۶) اولئك عليهم صلوات من ربهم (بقرة ۱۹) والنبيون من ربهم (آل عمران ۹) اولئك جزاؤهم مغفرة من ربهم (آل عمران ۱۴) ۱۴
يبتغون فضلا من ربهم (مائدة ۱) وما انزل اليهم من ربهم (مائدة ۹) سينالهم غضب من ربهم (اعراف ۱۹) من ذكر من ربهم (انبياء ۱) وهو الحق
من ربهم (قتال ۱) وان الذين آمنوا اتبعوا الحق من ربهم (قتال ۱) ومغفرة من ربهم (قتال ۲) ولقد جاءهم من ربهم الهدى (نجم ۳) وناداهما
ربهما (اعراف ۲) ان يبدلهما ربهما خيرا (كهف ۱۰) دعوا الله ربهما (اعراف ۲۴) اذ قال ابراهيم ربي الذي يحيي ويميت (بقرة ۳۵) ان الله
ربي وربكم (آل عمران ۵) اعبدوا الله ربي وربكم (مائدة ۱۰) ان اعبدوا الله ربي وربكم (مائدة ۱۶) قل اني اخاف ان عصيت ربي (انعام ۲)
قال هذا ربي (انعام ۹ ثلث مرات) لئن لم يهدني ربي (انعام ۹) الا ان يشاء ربي (انعام ۹) وسع ربي كل شيء علما (انعام ۹) انني هداني ربي
(انعام ۲۰) قل امر ربي بالقسط (اعراف ۳) قل انما حرم ربي الفواحش (اعراف ۴) ابلغكم رسالات ربي (اعراف ۸ مرتين) لقد ابلغتكم رسالات ربي
(اعراف ۱۱) لقد ابلغتكم رسالات ربي (اعراف ۱۱) قل انما علمها عند ربي (اعراف ۲۳) اني توكلت على الله ربي وربكم (هود ۵) ويستخلف ربي
قوما غيركم (هود ۵) اني اخاف ان عصيت ربي (يونس ۲) وتوكلت على الله ربي وربكم (هود ۵) ذلكما مما علمني ربي (يوسف ۵) الا ما رحم ربي
(يوسف ۷) قال سوف استغفر لكم ربي (يوسف ۱۰) قد جعلها ربي حقا (يوسف ۱۱) قل هو ربي لا اله الا هو (رعد ۴) حب الخير عن ذكر ربي
(ص ۳) قل الروح من امر ربي (اسرائيل ۱۰) قل سبحان ربي هل كنت الا بشرا رسولا (اسرائيل ۱۰) قل لو انتم تملكون خزائن رحمة ربي (اسرائيل ۱۲)
قل ربي اعلم بعدتهم (كهف ۳) وقل عسى ان يهدين ربي (كهف ۳) لكنا هو الله ربي (كهف ۵) فعسى ربي ان يؤتين خيرا من جنتك (كهف ۵) قال ما
مكني فيه ربي خير (كهف ۱۱) فاذا جاء وعد ربي (كهف ۱۱) وكان وعد ربي حقا (كهف ۱۱) قل لو كان البحر مدادا لكلمات ربي (كهف ۱۲) قبل ان
تنفد كلمات ربي (كهف ۱۲) وان الله ربي وربكم فاعبدوه (مريم ۲) سأستغفر لك ربي (مريم ۳) وادعوا ربي (مريم ۳) ان لا اكون بدعاء ربي
شقيا (مريم ۳) قال علمها عند ربي (طه ۲) لا يضل ربي (طه ۲) فقل ينسفها ربي نسفا (طه ۶) قال ربي يعلم القول (انبياء ۱) قل ما يعبؤا بكم ربي
(فرقان ۶) فوهب لي ربي حكما (شعراء ۲) ان معي ربي سيهدين (شعراء ۴) قل انما الآيات عند ربي (عنكبوت ۵) قال ربي اعلم بما تعملون (شعراء ۱۰)
قال هذا من فضل ربي (نمل ۳) قال عسى ربي ان يهديني (قصص ۳) وقال موسى ربي اعلم (قصص ۴) قل ربي اعلم من جاء بالهدى (قصص ۹)
بما غفر لي ربي (يس ۲) ولولا نعمة ربي (صافات ۲) ان يقول ربي الله (مؤمن ۴) ذلكم الله ربي (شورى ۱) ان الله هو ربي وربكم (زخرف ۷)
قل انما ادعوا ربي (جن ۲) ام يجعل له ربي امدا (جن ۲) فيقول ربي اكرمن (فجر ۱) فيقول ربي اهانن (فجر ۱) ولئن رددت الى ربي (كهف ۵)
وقال اني مهاجر الى ربي (عنكبوت ۳) وان اهتديت فبما يوحي الي ربي (سبا ۶) ولئن رجعت الى ربي (فصلت ۶) وقال اني ذاهب الى ربي
(صافات ۳) ان ربي لغفور رحيم (هود ۴) ان ربي على صراط مستقيم (هود ۵) ان ربي على كل شيء حفيظ (هود ۵) ان ربي قريب مجيب
(هود ۸) ان ربي رحيم ودود (هود ۸) ان ربي بما تعملون محيط (هود ۸) ان ربي بكيدهن عليم (يوسف ۶) ان ربي غفور رحيم (يوسف ۷)
ان ربي لطيف لما يشاء (يوسف ۱۱) ان ربي لسميع الدعاء (ابراهيم ۶) قل ان ربي يبسط الرزق (سبا ۴) [illegible] قل ان ربي يقذف بالحق (سبا ۶)
فان ربي غني كريم (نمل ۴) انه ربي احسن مثواي (يوسف ۳) ولا اشرك بربي احدا (كهف ۵) يا ليتني لم اشرك بربي احدا (كهف ۵)
اني عذت بربي وربكم (مؤمن ۳) واني عذت بربي وربكم (دخان ۱) ان حسابهم الا على ربي لو تشعرون (شعراء ۶) قل اني على بينة من ربي
(انعام ۷) قل انما اتبع ما يوحى الي من ربي (اعراف ۲۴) ان كنت على بينة من ربي (هود ۳-۷-۹) قال هذا رحمة من ربي (كهف ۱۱) لما
جاءني البينات من ربي (مؤمن ۷) قل اي وربي انه لحق (يونس ۶) قل بلى وربي (سبا ۱ تغابن ۱) كما ربياني صغيرا (اسرائيل ۳)
قاتل معه ربيون كثير (آل عمران ۱۵)

فصل التاء

كانتا رتقا ففتقناهما (انبياء ۳) ورتل القرآن
ترتيلا (مزمل ۱) ورتلناه ترتيلا (فرقان ۳)

فصل الجيم

اذا رجت الارض رجا (واقعة ۱) وعلى الاعراف رجال

(اعراف ۵) فیه رجال یحبون ان یتطهروا (توبۃ ۱۴) رجال لا تلهیهم تجارۃ (نور ۵) من المؤمنین رجال (احزاب ۳) ولولا رجال مؤمنون (فتح ۳)
وانه کان رجال من الانس یعوذون برجال (جن ۱) الرّجال قوامون علی النساء (نساء ۶) انکم لتأتون الرجال شهوۃ (اعراف ۱۰) ائنکم
لتأتون الرّجال شهوۃ (نمل ۶) ائنکم لتأتون الرّجال وتقطعون السبیل (عنکبوت ۳) للرّجال نصیب (نساء ۱) الا المستضعفین
من الرجال (نساء ۱) والمستضعفین من الرجال (نساء ۱) عنها ولهی الاقربون الرجال (نور ۵) وللرجال علیهن درجۃ (بقرہ ۳) ان
منهما رجالاً (نساء ۱) وان کانوا اخوۃ رجالاً (نساء ۱) ونادی اصحاب الاعراف رجالاً (اعراف ۶) اعراف ۵ بها اتول رجالاً (حج ۳) مالنا لانری رجالاً
(ص ۷) الا رجالا وما ارسلنا من قبلک (نحل) الیهم (یوسف) انبیاء (نحل) فان خفتم فرجالا او رکبانا (بقرہ ۳۱) فاستشهدوا واستشهدوا شهیدین
من رجالکم (بقرہ ۳۹) ما کان محمد ابا احد من رجالکم (احزاب ۵) اذا رجّت الارض رجّا (واقعہ ۱) ویذهب عنکم رجز الشیطان
(انفال ۲) من رجز الیم (سبا) (جاثیہ ۱) ولما وقع علیهم الرجز (اعراف ۶) لئن کشفت عنا الرجز (اعراف ۶) فلما کشفنا عنهم الرجز
(اعراف ۶) والرجز فاهجر (مدثر ۱) رجزاً من السماء (بقرہ ۶ عنکبوت ۴) فارسلنا علیهم رجزاً (اعراف ۷) والازلام رجس
(مائدہ ۱) فانه رجس (انعام ۵) قال قد وقع علیکم من ربکم رجس وغضب (اعراف ۸) انهم رجس (توبۃ ۱) ویجعل الرّجس (یونس ۱)
کذلک یجعل الله الرجس (انعام ۱۳) فاجتنبوا الرجس من الاوثان (حج ۳) لیذهب عنکم الرجس (احزاب ۴) فزادتهم رجسا الی رجسهم (توبۃ ۱۳)
ذلک رجع بعید (ق ۱) والسماء ذات الرّجع (طارق ۱) ولما رجع موسی الی قومه (اعراف ۵) فرجع موسی الی قومه (طه ۴)
ولئن رجعت الی ربی (فصلت ۵) وسبعۃ اذا رجعتم (بقرہ ۱) انا رجعتم الیهم (توبۃ ۱) فان رجعک الله (توبه ۹) ولینذروا
قومهم اذا رجعوا (توبۃ ۱۴) فلما رجعوا الی ابیهم (یوسف ۷) فرجعوا الی انفسهم (انبیاء ۷) انه علی رجعه لقادر (طارق ۱) ان الی
ربک الرّجعی (علق ۱) یقولون لئن رجعنا الی المدینۃ (منافقین ۱) فرجعناک الی امک (طه ۲) فاخذتهم الرّجفۃ (اعراف ۸-۱۰)
(عنکبوت ۴) فلما اخذتهم الرّجفۃ (اعراف ۱۹) وان کان رجل یورث کلالۃ (نساء ۲) الیس منکم رجل رشید (هود ۸) وجاء رجل من
اقصی المدینۃ (قصص ۲) وجاء من اقصی المدینۃ رجل یسعی (یس ۲) ان هو الا رجل به جنۃ (مؤمنین ۲) ان هو الا رجل افتری علی الله
کذبا (مؤمنین ۴) قالوا ما هذا الا رجل یرید ان یصدکم (سبا ۵) وقال رجل مؤمن (مؤمن ۴) الهم ارجل یمشون بها (اعراف ۲۴) ان اوحینا
الی رجل (یونس ۱) هل ندلکم علی رجل (سبا ۱) وقالوا لولا نزل هذا القرآن علی رجل (زخرف ۳) ذکر من ربکم علی رجل منکم (اعراف ۸ تا ۹)
فرجل وامرأتان (بقرہ ۳۹) ما جعل الله لرجل من قلبین (احزاب ۱) ورجلا سلما لرجل (زمر ۳) لجعلناه رجلا (انعام ۱) سبعین رجلا
لمیقاتنا (اعراف ۱۹) ان تتبعون الا رجلا مسحورا (فرقان ۱) ضرب الله مثلا رجلا (زمر ۳) اتقتلون رجلا (مؤمن ۳) ورجلا سلما
لرجل (زمر ۳) قال رجلان من الذین یخافون (مائدہ ۳) وارکض برجلک (ص ۴) واجلب علیهم بخیلک ورجلک (اسرائیل ۷)
فوجد فیها رجلین یقتتلان (قصص ۲) فان لم یکونا رجلین (بقرہ ۳۹) وضرب الله مثلا رجلین (نحل ۸) واضرب لهم مثلا رجلین
(کهف ۵) ومنهم من یمشی علی رجلین (نور ۶) رجما بالغیب (کهف ۳) ولولا رهطک لرجمناک (هود ۸) وجعلناها رجوما
للشیاطین (ملک ۱) وحفظناها من کل شیطان رجیم (حجر ۲) فانک رجیم (حجر ۳ ص ۷) وما هو بقول شیطان رجیم (تکویر ۱) من الشیطان
الرّجیم (آل عمران ۴ نحل ۱) **فصل الحاء** اجعلوا بضاعتهم فی رحالهم (یوسف ۷) وضاقت علیکم الارض بما رحبت
(توبۃ ۳) حتی اذا ضاقت علیهم الارض بما رحبت (توبۃ ۱۴) جعل السقایۃ فی رحل اخیه (یوسف ۷) رحلۃ الشتاء والصیف (قریش ۱)
قالوا جزاؤه من وجد فی رحله (یوسف ۷) ان النفس لامارۃ بالسوء الا ما رحم ربی (یوسف ۷) قال لا عاصم الیوم من امر الله الا
من رحم (هود ۴) الا من رحم ربک (هود ۱) الا من رحم الله (دخان ۳) رحمۃ الله وبرکاته علیکم اهل البیت (هود ۷) اولئک یرجون
رحمۃ الله (بقرہ ۲۷) وهب لنا من لدنک رحمۃ (آل عمران ۱) واذا اذقنا الناس رحمۃ (یونس ۳ روم ۴) ولئن اذقنا الانسان منا رحمۃ
(هود ۲) وآتانی رحمۃ من عنده (هود ۳) ابتغاء رحمۃ من ربک (اسرائیل ۳) آتیناه رحمۃ من عندنا (کهف ۹) ویستخرجا کنزهما رحمۃ من ربک
(کهف ۱۰) ومثلهم معهم رحمۃ من عندنا (انبیاء ۶ ص ۴) ولکن رحمۃ من ربک (قصص ۵) ثم اذا اذاقهم منه رحمۃ (روم ۴) او اراد بکم رحمۃ
(احزاب ۲) ویرجوا رحمۃ ربه (زمر ۱) ربنا وسعت کل شیء رحمۃ وعلما (مؤمن ۱) اهم یقسمون رحمۃ ربک (زخرف ۳) رحمۃ من ربک (دخان ۱)
ولئن اذقناه رحمۃ منا من بعد ضراء (فصلت ۵) واذا اذقنا الناس رحمۃ فرحوا بها (روم ۴) قل لو انتم تملکون خزائن رحمۃ ربی (اسرائیل ۱)
ذکر رحمۃ ربک (مریم ۱) ام عندهم خزائن رحمۃ ربک (ص ۱) فانظر الی آثار رحمۃ الله (روم ۵) فقل ربکم ذو رحمۃ (انعام ۵) الا رحمۃ

وآتانی منه رحمۃ (هود) ... ربنا آتنا من لدنک رحمۃ (کهف)

ینشر لکم ربکم من رحمته (کهف)

من ربك (اسرائيل ٩) وما ارسلناك الا رحمة للعالمين (انبياء ٧) الا رحمة منا ومتاعا الى حين (يس ٤) الا رحمة من ربك (قصص ٨) ان
رحمة الله قريب (اعراف ٧) فانجيناه والذين معه برحمة منا (اعراف ٩) لا ينالهم الله برحمة (اعراف ٥) يبشرهم ربهم برحمة منه (توبة ٣)
والذين امنوا معه برحمة منا (هود ٦-٧-٨) او ارادني برحمة (زمر ٤) فسيدخلهم في رحمة منه (نساء ٨) ففي رحمة الله (آل عمران ١١)
ان في ذلك لرحمة (عنكبوت ٥) قال ومن يقنط من رحمة ربه (حجر ٤) ما يفتح الله للناس من رحمة (ملائكة ١) لا تقنطوا من رحمة
الله (زمر ٦) اولئك عليهم صلوات من ربهم و رحمة (بقرة ١٩) ذلك تخفيف من ربكم ورحمة (بقرة ٢٢) وفي نسختها هدى ورحمة
(اعراف ١٩) هدى ورحمة للمحسنين (لقمان ١) وهدى ورحمة (انعام ١٦ - اعراف ٢١ يونس ٦ يوسف ١٢ نحل ١٢-٩ قصص ٥) ومغفرة
ورحمة (نساء ١٠) لمغفرة من الله ورحمة خير مما يجمعون (آل عمران ١٦) هدى ورحمة لقوم يؤمنون (اعراف ٦) ورحمة للذين آمنوا
منكم (توبة ٨) ومن قبله كتاب موسى اماما ورحمة (هود ٢ - احقاف ٢) فضلا من الله ورحمة (حجرات ١) ورحمة ربك خير مما يجمعون
(زخرف ٣) وهدى ورحمة لقوم يؤمنون (جاثية ٢) ما هو شفاء ورحمة للمؤمنين (اسرائيل ٩) ولنجعله آية للناس ورحمة منا (مريم ٢) وذكر
لهدى ورحمة للمؤمنين (نمل ٦) وجعل بينكم مودة ورحمة (روم ٣) رأفة ورحمة (حديد ٤) باطنه فيه الرحمة (حديد ٢) كتب على
نفسه الرحمة (انعام ٢) كتب ربكم على نفسه الرحمة (انعام ٦) وربك الغني ذو الرحمة (انعام ١٦) وربك الغفور ذو الرحمة (كهف ٨) وادخلنا
في رحمتك (اعراف ١٩) ونجنا برحمتك (يونس ٩) وادخلني برحمتك في عبادك (نمل ٢) نصيب برحمتنا من نشاء (يوسف ٧) وادخلناه
في رحمتنا (انبياء ٥) وادخلناهم في رحمتنا (انبياء ٦) ووهبنا لهم من رحمتنا (مريم ٤) ووهبنا له من رحمتنا اخاه هارون نبيا (مريم ٤) ويرجون
رحمته ويخافون عذابه (اسرائيل ٦) وينشر رحمته (شورى ٤) ومن تق السيئات يومئذ فقد رحمته (مؤمن ١) والله يختص برحمته
من يشاء (بقرة ١٣) يختص برحمته من يشاء (آل عمران ٧) قل بفضل الله وبرحمته (يونس ٦) بشرا بين يدي رحمته (اعراف ٧ فرقان ٥ نمل ٥)
هل هن ممسكات رحمته (زمر ٤) ولكن يدخل من يشاء في رحمته (شورى ١) يدخل من يشاء في رحمته (انسان ٢) سيدخلهم الله في رحمته
(توبة ٩) فيدخلهم ربهم في رحمته (جاثية ٤) ليدخل في رحمته من يشاء (فتح ٣) ينشر لكم ربكم من رحمته (كهف ٢) ولنذيقكم من رحمته
(روم ٥) يؤتكم كفلين من رحمته (حديد ٤) ومن رحمته جعل لكم (قصص ٧) فلولا فضل الله عليكم ورحمته (بقرة ٨) ولولا فضل
الله عليك ورحمته (نساء ١٦) ولولا فضل الله عليكم ورحمته (نساء ١٢ نور ٩ ٢ مرتين ٣) لا اله الا هو الرحمن الرحيم (بقرة ١٩)
الرحمن فاسئل به خبيرا (فرقان ٥) وقالوا لو شاء الرحمن (زخرف ٢) وما انزل الرحمن من شيء (يس ٢) ان يردن الرحمن بضر (يس ٢)
هذا ما وعد الرحمن (يس ٤) قل هو الرحمن آمنا به (ملك ٢) التي وعد الرحمن عباده بالغيب (مريم ٧) فليمدد له الرحمن مدا (مريم ٥) وقالوا
اتخذ الرحمن ولدا (مريم ٩ انبياء ٢) سيجعل لهم الرحمن ودا (مريم ٦) الرحمن على العرش استوى (طه ١) وان ربكم الرحمن (طه ٥) الا من
اذن له الرحمن (طه ٦ نبأ ٢) وربنا الرحمن المستعان (انبياء ٧) هو الرحمن الرحيم (حشر ٣) وخشي الرحمن بالغيب (يس ١) من خشي الرحمن
بالغيب (ق ٣) ومن يعش عن ذكر الرحمن (زخرف ٤) اجعلنا من دون الرحمن (زخرف ٥) ما ترى في خلق الرحمن (ملك ١) امن هذا
الذي هو جند لكم ينصركم من دون الرحمن (ملك ٢) وما بينهما الرحمن (نبأ ٢) اذا تتلى عليهم آيات الرحمن (مريم ٤) ام اتخذ عند الرحمن عهدا
(مريم ٥) الا من اتخذ عند الرحمن عهدا (مريم ٦) وعباد الرحمن الذين يمشون على الارض هونا (فرقان ٧) وانه بسم الله الرحمن الرحيم
(نمل ٣) ان كل من في السموات والارض الا آتي الرحمن عبدا (مريم ٦) وهم بذكر الرحمن هم كافرون (انبياء ٣) الذين هم عباد الرحمن اناثا (زخرف ٢)
ما يمسكهن الا الرحمن (ملك ٢) يوم نحشر المتقين الى الرحمن وفدا (مريم ٩) وهم يكفرون بالرحمن (رعد ٤) لجعلنا لمن يكفر بالرحمن
(زخرف ٣) قالت اني اعوذ بالرحمن منك (مريم ٢) ايهم اشد على الرحمن عتيا (مريم ٤) اني نذرت للرحمن صوما (مريم ٣) ان الشيطان
كان للرحمن عصيا (مريم ٣) ان دعوا للرحمن ولدا (مريم ٦) وما ينبغي للرحمن (مريم ٦) وخشعت الاصوات (طه ٦) الملك يومئذ الحق للرحمن
(فرقان ٣) واذا قيل لهم اسجدوا للرحمن (فرقان ٥) بما ضرب للرحمن مثلا (زخرف ٢) قل ان كان للرحمن ولد (زخرف ٧) قالوا وما
الرحمن (فرقان ٥) ان يمسك عذاب من الرحمن (مريم ٣) قل من يكلؤكم بالليل والنهار من الرحمن (انبياء ٣) وما يأتيهم من ذكر من الرحمن
(شعراء ١) حم تنزيل من الرحمن الرحيم (فصلت ١) ان اهلكني الله ومن معي او رحمنا (ملك ٢) ولو رحمناهم وكشفنا ما بهم من ضر (مؤمنون ٨)
من يصرف عنه يومئذ فقد رحمه (انعام ٢) يسقون من رحيق مختوم (مطففين ١) ان ربي رحيم ودود (هود ٨) رؤف رحيم
(انظر رؤف) تواب رحيم (انظر تواب) غفور رحيم (انظر غفور) قولا من رب رحيم (يس ٤) ان الله تواب رحيم (حجرات ٢) التواب الرحيم
(انظر التواب) العزيز الرحيم (يس ١) هو العزيز الرحيم (دخان ٥) الرحمن الرحيم (انظر الرحمن) العزيز الرحيم (انظر العزيز) العفو الرحيم

وإما تعرضن عنهم ابتغاء رحمة من ربك (اسرائيل ٢٨)

قل ادعوا الله او ادعوا الرحمن (اسرائيل ١١٠)

(انظر الغفور) انه هو البر الرحيم (طور ۳) وهو الغفور الرحيم (سبا ۱) ان الله كان توابا رحيما (نساء ۲) ان الله كان بكم رحيما (نساء ۵)
انه كان بكم رحيما (اسرائيل ۷) لوجدوا الله توابا رحيما (نساء ۹) وكان بالمؤمنين رحيما (احزاب ۶) غفورا رحيما (انظر غفورا)

فصل الخاء تجري بامره رخاء (ص ۳) **فصل الدال** ورد الله الذين كفروا (احزاب ۳)

فارسله معي ردءا (قصص ۴) وجدوا بضاعتهم ردت اليهم (يوسف ۷) هذه بضاعتنا ردت الينا (يوسف ۷) ولئن رددت
الى ربي (كهف ۵) ثم رددنا لكم الكرة (اسرائيل ۱) ثم رددناه اسفل سافلين (تين ۱) فرددناه الى امه (قصص ۱) قل عسى
ان يكون ردف لكم بعض الذي تستعجلون (نمل ۵) اجعل بينكم وبينهم ردما (كهف ۱۱) كلما ردوا الى الفتنة (نساء ۱۲) ولو ردوا
لعادوا لما نهوا عنه (انعام ۳) ثم ردوا الى الله (انعام ۷) فردوا ايديهم في افواههم (ابراهيم ۲) وردوا الى الله (يونس ۳) فردوه
الى الله والرسول (نساء ۸) ولو ردوه الى الرسول (نساء ۹) ردوها علي فطفق مسحا (ص ۳) فحيوا باحسن منها او ردوها (نساء ۱۱) فلا
يستطيعون ردها (انبياء ۳) وبعولتهن احق بردهن (بقرة ۲۸) **فصل الزاء** ان الله هو الرزاق (ذاريات ۳)

اولئك لهم رزق معلوم (صافات ۲) كلوا واشربوا من رزق الله (بقرة ۷) فليأتكم برزق منه (كهف ۳) قل أرأيتم ما انزل الله
لكم من رزق (يونس ۶) كلوا من رزق ربكم (سبا ۲) وما انزل الله من السماء من رزق (جاثية ۱) ما اريد منهم من رزق (ذاريات ۳) و
رزق كريم (انفال ۱-۸ حج ۶ نور ۳ سبا ۱) ورزق ربك خير وابقى (طه ۸) الله يبسط الرزق (رعد ۴ عنكبوت ۷) اولم يعلموا ان الله
يبسط الرزق لمن يشاء (روم ۴) ان ربك يبسط الرزق لمن يشاء ويقدر (اسرائيل ۳) ويكان الله يبسط الرزق لمن يشاء (قصص ۸ شورى ۲)
اولم يعلموا ان الله يبسط الرزق لمن يشاء ويقدر (زمر ۵) قل ان ربي يبسط الرزق لمن يشاء (سبا ۴ مرتين) فابتغوا عند الله الرزق
(عنكبوت ۲) ولو بسط الله الرزق (شورى ۳) والله فضل بعضكم على بعض في الرزق (نحل ۹) والطيبات من الرزق (اعراف ۴)
فاخرج به من الثمرات رزقا لكم (بقرة ۳ ابراهيم ۵) كلما رزقوا منها من ثمرة رزقا (بقرة ۳) وجد عندها رزقا (آل عمران ۴) ما لا
يملك لهم رزقا (نحل ۸) ومن رزقناه منا رزقا حسنا (نحل ۹) ورزقني منه رزقا حسنا (هود ۸) ليرزقنهم الله رزقا حسنا (حج ۷) رزقا من
لدنا (قصص ۶) واعتدنا لها رزقا كريما (احزاب ۴) لا يملكون لكم رزقا (عنكبوت ۲) وينزل لكم من السماء رزقا (مؤمن ۲) رزقا للعباد (ق ۱)
قد احسن الله له رزقا (طلاق ۲) تتخذون منه سكرا ورزقا حسنا (نحل ۷) وفي السماء رزقكم (ذاريات ۱) وتجعلون رزقكم (واقعة ۳)
الله الذي خلقكم ثم رزقكم (روم ۴) وكلوا مما رزقكم الله (مائدة ۱۲) كلوا مما رزقكم الله (انعام ۱۷) فكلوا مما رزقكم الله (نحل ۱۵)
واذا قيل لهم انفقوا مما رزقكم (يس ۴) ورزقكم من الطيبات (انفال ۴ نحل ۸ مؤمن ۷) قالوا هذا الذي رزقنا من قبل (بقرة ۳) ان
هذا لرزقنا ما له من نفاد (ص ۴) كلوا من طيبات ما رزقناكم (بقرة ۶ - ۱۸ اعراف ۲۰ طه ۹) من شركاء في ما رزقناكم (روم ۴) انفقوا
مما رزقناكم (بقرة ۳۴) وانفقوا مما رزقناكم (منافقون ۱) ومن رزقناه منا (نحل ۹) وينفقوا مما رزقناهم (ابراهيم ۵) وانفقوا مما
رزقناهم (رعد ۳ ملائكة ۴) لا يعلمون نصيبا مما رزقناهم (نحل ۷) ومما رزقناهم ينفقون (بقرة ۱ انفال ۱ حج ۵ قصص ۶ سجدة ۲ شورى ۴)
ورزقناهم من الطيبات (يونس ۹ اسرائيل ۷ جاثية ۲) كلما رزقوا منها (بقرة ۳) وترزقني منه رزقا حسنا (هود ۸) ومن قدر
عليه رزقه (طلاق ۱) ان امسك رزقه (ملك ۲) فقدر عليه رزقه (فجر ۱) وكلوا من رزقه (ملك ۲) الا على الله رزقها (هود ۱)
يأتيها رزقها رغدا (نحل ۱۵) لا تحمل رزقها (عنكبوت ۶) فما الذين فضلوا برادي رزقهم (نحل ۹) ولهم رزقهم فيها (مريم ۴) وحرموا ما
رزقهم الله (انعام ۱۷) على ما رزقهم من بهيمة الانعام (حج ۵،۴) وانفقوا مما رزقهم الله (نساء ۶) وعلى المولود له رزقهن (بقرة ۳۰)

فصل السين واصحاب الرس وقرونا (فرقان ۴) واصحاب الرس وثمود (ق ۱) الذين يبلغون رسالات
الله (احزاب ۵) لقد ابلغتكم رسالات ربي (اعراف ۱۰) ابلغكم رسالات ربي (اعراف ۸ مرتين) ليعلم ان قد ابلغوا رسالات ربهم (جن ۳)
برسالاتي وبكلامي (اعراف ۱۸) لقد ابلغتكم رسالة ربي (اعراف ۱۰) وان لم تفعل فما بلغت رسالته (مائدة ۱۰) حيث يجعل
رسالته (انعام ۱۵) الا بلاغا من الله ورسالاته (جن ۳) مثل ما اوتي رسل الله (انعام ۱۵) لقد جاءت رسل ربنا (اعراف ۶) قد جاءت
۵ل رسل ربنا (اعراف ۶) قالوا يا لوط انا رسل ربك (هود ۸) قد جاءكم رسل من قبلي (آل عمران ۱۹) فقد كذب رسل من قبلك (آل عمران)
ولقد كذبت رسل (انعام ۴) الم يأتكم رسل منكم (انعام ۱۶ زمر ۸) يا بني آدم اما يأتينكم رسل (اعراف ۴) فقد كذبت رسل (ملائكة)
ولقد استهزئ برسل (انعام ۱ رعد ۴ انبياء ۳) تلك الرسل فضلنا بعضهم على بعض (بقرة ۳۳) قد خلت من قبله الرسل (آل عمران ۵)

مائدة ٥ اذ جاءتهم الرسل فصلت ٢ حتى اذا استيأس الرسل يوسف ١١ واذا الرسل اقتت مرسلات ٢ يا ايها الرسل كلوا من الطيبات

مؤمنين ١ يوم يجمع الله الرسل مائدة ١٥ ونتبع الرسل ابراهيم ٥ وقوم نوح لما كذبوا الرسل فرقان ٤ ان كل الا كذب الرسل ص ٢

كل كذب الرسل فحق وعيد ق ٤ لئلا يكون للناس على الله حجة بعد الرسل نساء ١٧ من انباء الرسل هود ١٠ وقفينا من بعده بالرسل

بقرة ٥ فهل على الرسل الا البلاغ المبين نحل ٥ لا يقال لك الا ما قد قيل للرسل فصلت ٥ قل ما كنت بدعا من الرسل احقاف ١

فاصبر كما صبر اولوا العزم من الرسل احقاف ٤ على فترة من الرسل مائدة ٢ رسلا مبشرين ومنذرين نساء ١٧ وارسلنا اليهم رسلا

مائدة ٥ ثم بعثنا من بعده رسلا يونس ٥ ولقد ارسلنا رسلا من قبلك رعد ٥ الله يصطفي من الملائكة رسلا حج ٥ جاعل الملائكة

رسلا ملائكة ١ ولقد ارسلنا من قبلك رسلا روم ٥ ولقد ارسلنا رسلا مؤمن ٨ ورسلا قد قصصناهم عليك ورسلا لم نقصصهم عليك

نساء ١٧ ربنا وآتنا ما وعدتنا على رسلك آل عمران ٢ تأتيكم رسلكم بالبينات مؤمن ٥ ولقد جاءتهم رسلنا بالبينات مائدة ٤

توفته رسلنا انعام ٧ حتى اذا جاءتهم رسلنا اعراف ٤ ولقد جاءت رسلنا ابراهيم بالبشرى هود ٧ ولما جاءت رسلنا لوطا

هود ٨ ولما ان جاءت رسلنا لوطا عنكبوت ٤ ثم ننجي رسلنا يونس ١١ ثم ارسلنا رسلنا تترا مؤمنين ٥ انا لننصر رسلنا مؤمن ٤

وبما ارسلنا به رسلنا مؤمن ٨ لقد ارسلنا رسلنا حديد ٣ ان رسلنا يكتبون ما تمكرون يونس ٢ ثم قفينا على آثارهم برسلنا

حديد ٣ سنة من ارسلنا من قبلك من رسلنا زخرف ٥ بلى ورسلنا لديهم يكتبون زخرف ٨ وعصوا رسله هود ٤

فلا تحسبن الله مخلف وعده رسله ابراهيم ٥ ولكن الله يسلط رسله حشر ١ لا نفرق بين احد من رسله بقرة ٢٩ ولكن الله يجتبي

من رسله آل عمران ١٨ وملائكته ورسله بقرة ١٠ وكتبه ورسله بقرة ٢٩ نساء ٤ فآمنوا بالله ورسله آل عمران ١٨ نساء ١

وكتبه ورسله واليوم الآخر نساء ٤ ان الذين يكفرون بالله ورسله نساء ٥ ويريدون ان يفرقوا بين الله ورسله نساء ٥ والذين

آمنوا بالله ورسله نساء حديد ٢ اعدت للذين آمنوا بالله ورسله حديد ٣ من ينصره ورسله بالغيب حديد ٣ عتت عن

امر ربها ورسله طلاق ١ ولقد جاءتهم رسلهم بالبينات اعراف ١١ جاءتهم رسلهم بالبينات ابراهيم ام لم تكن تأتيكم رسلكم

بالبينات توبة ٥ وجاءتهم رسلهم يونس ٢ روم ١ قالت رسلهم أفي الله شك ابراهيم ١ قالت لهم رسلهم ابراهيم ٢ ذلك بانهم كانت تأتيهم

رسلهم مؤمن ٩ ذلك بانه كانت تأتيهم رسلهم تغابن ١ فلما جاءتهم رسلهم بالبينات مؤمن ٩ وقال الذين كفروا لرسلهم ابراهيم

فكذبوا رسلي سبا ٥ وآمنتم برسلي مائدة ٢ واتخذوا آياتي ورسلي هزوا كهف ١١ افكلما جاءكم رسول بقرة ١١

جاءهم رسول من عند الله بقرة ١١ ثم جاءكم رسول آل عمران ٥ وما محمد الا رسول آل عمران ١٥ انما المسيح عيسى ابن مريم رسول الله نساء

وقولهم انا قتلنا المسيح ابن مريم رسول الله نساء ١ كلما جاءهم رسول مائدة ١ ما المسيح ابن مريم الا رسول مائدة ٨ ولكني رسول من رب

العالمين اعراف ٨ مرتين اني رسول من رب العالمين اعراف ١٣ اني رسول الله اليكم جميعا اعراف ٤ ولكل امة رسول يونس ٥ ولقد

جاءهم رسول نحل ١٤ قال انما انا رسول ربك مريم ٢ انا رسول رب العالمين شعراء ١ انى لكم رسول امين شعراء ١١-١٣-١٥-١٧-١٨ دخان ٢

محمد رسول الله فتح ٣ وجاءهم رسول كريم دخان ٢ يستغفر لكم رسول الله منافقين ١ يا بني اسرائيل اني رسول الله اليكم صف ١ وقد

تعلمون اني رسول الله اليكم صف ١ فقال لهم رسول الله شمس ٢ رسول من الله يتلوا صحفا بينة ١ لقد جاءكم رسول من انفسكم توبة

والذين يؤذون رسول الله توبة ٧ ولكن رسول الله وخاتم النبيين احزاب ٥ وما كان لكم ان تؤذوا رسول الله احزاب

ان فيكم رسول الله حجرات ١ فعصوا رسول ربهم حاقة ١ بمقعدهم خلاف رسول الله توبة ١ لا تنفقوا على من عند رسول الله

منافقين ١ ان الذين يغضون اصواتهم عند رسول الله حجرات ١ انه لقول رسول كريم حاقة تكوير ٢ ومبشرا برسول صف

ان يتخلفوا عن رسول الله توبة ١٢ لقد كان لكم في رسول الله احزاب ٣ الا تؤمن لرسول حتى يأتينا آل عمران ١٩ وما كان

ان يأتي بآية الا باذن الله رعد ٢ مؤمن ٨ قالوا نشهد انك لرسول الله منافقين ١ وما ارسلنا من رسول نساء ٧ ابراهيم

وما يأتيهم من رسول حجر ١ وما ارسلنا من قبلك من رسول انبياء حج ٢ ما يأتيهم من رسول يس ٣ كذلك ما اتى الذين من قبلهم من

رسول ذاريات ٢ الا من ارتضى من رسول جن ٣ حتى جاءهم الحق ورسول مبين زخرف ٣ قد جاءكم الرسول نساء ١١

يا ايها الرسول لا يحزنك مائدة ٥ يا ايها الرسول بلغ ما انزل اليك مائدة ٧ فلما جاءه الرسول يوسف ٥ وزلزلوا حتى يقول

الرسول بقرة ٢٦ آمن الرسول بما انزل اليه بقرة ٩ ليكون الرسول شهيدا حج ٨ وقال الرسول يا رب فرقان ٢ بل ظننتم ان

بالبينات

ثم جاءهم رسول مبين دخان ٢

يعصون الله ورسوله حديد ٣

واستغفر لهم الرسول نساء ٩

لن ينقلب الرسول (فتح ٢) وما آتيكم الرسول فخذوه (حشر ١) لكن الذين **الرَّسُولُ** والذين آمنوا معه (توبة ١١) الذين يتبعون الرسول
النبي الامى (اعراف ١٦) الا لنعلم من يتبع الرسول (بقرة ١٧) اطيعوا الله واطيعوا الرسول (نساء ٦) (قتال ٤) واطيعوا الله واطيعوا الرسول
(مائدة ١٠) (تغابن ٢) قل اطيعوا الله واطيعوا الرسول (نور ٧) واتوا الزكوة واطيعوا الرسول (نور ٧) واتبعنا الرسول (آل عمران ٦) وعصوا
الرسول (نساء ٦) ومن يطع الرسول (نساء ١١) ومن يشاقق الرسول (نساء ١٧) وشاقوا الرسول (قتال ٤) اذا ناجيتم الرسول (مجادلة ٢)
يخرجون الرسول واياكم (ممتحنة ١) فعصى فرعون الرسول (مزمل ١) وهموا باخراج **الرَّسُولِ** (توبة ٢) وصلوات الرسول (توبة ١)
قبضة من اثر الرسول (طه ٥) لا تجعلوا دعاء الرسول بينكم (نور ٧) وقالوا مال هذا الرسول (فرقان ١) يا ليتنى اتخذت مع الرسول (فرقان ٣)
ومعصية الرسول (مجادلة مرتين) ان الرسول حق (آل عمران ٩) واذا سمعوا ما انزل **الى** الرسول (مائدة ١١) الى ما انزل الله والى الرسول
(نساء ٨) ويقولون امنا بالله وبالرسول واطعنا (نور ٦) وما على الرسول الا البلاغ المبين (نور ٧) (عنكبوت ٢) ما على الرسول الا البلاغ
(مائدة ١٣) استجيبوا لله **وللرسول** (انفال ٣) وللرسول ولذى القربى (انفال ٥) (حشر ١) والرسول يدعوكم (آل عمران ١٦) (حديد ١) قل
اطيعوا الله والرسول (آل عمران ٤) واطيعوا الله والرسول (آل عمران ١٤) لا تخونوا الله والرسول (انفال ٣) ومن يطع الله والرسول (نساء ٩)
الذين استجابوا لله والرسول (آل عمران ١٨) فردوه الى الله والرسول (نساء ٨) قل الانفال لله والرسول (انفال ١) وابعث فيهم **رسولا**
منهم (بقرة ١٥) كما ارسلنا فيكم رسولا (بقرة ١٨) اذ بعث فيهم رسولا (آل عمران ١٧) وارسلناك للناس رسولا (نساء ١١) ولقد بعثنا فى كل
امة رسولا (نحل ٥) حتى نبعث رسولا (اسرائيل ٢) هل كنت الا بشرا رسولا (اسرائيل ١٠) ابعث الله بشرا رسولا (اسرائيل ١١) لنزلنا عليهم
من السماء ملكا رسولا (اسرائيل ١١) وكان رسولا نبيا (مريم ٤ مرتين) انا رسولا ربك (طه ٥) ربنا لولا ارسلت الينا رسولا (طه ١٤)
قصص ٥) فارسلنا فيهم رسولا (مؤمنين ٥) اهذا الذى بعث الله رسولا (فرقان ٥) حتى يبعث فى امها رسولا (قصص ٦) لن يبعث الله
من بعده رسولا (مؤمن ٤) او يرسل رسولا (شورى ٥) هو الذى بعث فى الاميين رسولا (جمعة ١) رسولا يتلوا عليكم (طلاق ٢) انا ار
انا ارسلنا اليكم رسولا (مزمل ١) كما ارسلنا الى فرعون رسولا (مزمل ١) واطعنا **الرسولا** (احزاب ٨) **و** رسولا الى بنى اسرائيل (آل عمران ٥)
ام تريدون ان تسئلوا **رسولكم** (بقرة ١٣) قال ان رسولكم (شعراء ٣) قد جاءكم **رسولنا** (مائدة ٣ مرتين) انما **على** رسولنا البلاغ المبين
(مائدة ١١) فانما على رسولنا البلاغ المبين (تغابن ٢) وفيكم **رسوله** (آل عمران ١١) هو الذى ارسل رسوله بالهدى (توبة ٤) (فتح ٣) (صف ١)
لقد صدق الله رسوله (فتح ٣) وجاهد وا مع رسوله (توبة ١١) وآمنوا برسوله (حديد ٣) الا انهم كفروا بالله وبرسوله (توبة ١١) والكتاب
الذى نزل **على** رسوله (نساء ٢٠) ثم انزل الله سكينته على رسوله (توبة ٣) فانزل الله سكينته على رسوله (فتح ٣) واجدر الا يعلموا حدود ما
انزل الله على رسوله (توبة ١٢) ما افاء الله على رسوله (حشر ١) وما افاء الله على رسوله (حشر ١) ولم يتخذوا من دون الله **و لا** رسوله (توبة ٣)
والله يعلم انك **لرسوله** (منافقين ١) ولله العزة ولرسوله (منافقين ١) انما وليكم الله **و رسوله** (مائدة ٨) ان الله برىء من المشركين
ورسوله (توبة ١) ولا يحرمون ما حرم الله ورسوله (توبة ٣) ولو انهم رضوا ما اتيهم الله ورسوله (توبة ٧) سيؤتينا الله من فضله ورسوله
والله ورسوله احق ان يرضوه (توبة ٨) وسيرى الله عملكم ورسوله (توبة ١١) فسيرى الله عملكم ورسوله (توبة ١٣) وما نقموا الا ان اغنيهم الله ورسوله
من فضله (توبة ١٠) ان يحيف الله عليهم ورسوله (نور ٦) هذا ما وعدنا الله ورسوله (احزاب ٣) ما وعدنا الله ورسوله الا غرورا (احزاب ٢)
اذا قضى الله ورسوله امرا (احزاب ٥) ومن يطع الله ورسوله (نساء ٢) (احزاب ٨) (فتح ٢) ومن يعص الله ورسوله (نساء ٢) (احزاب ٥) (جن ٣) انما جزاء
الذين يحاربون الله ورسوله (مائدة ٥) ومن يتول الله ورسوله (مائدة ٨) واطيعوا الله ورسوله (انفال ١ – ٥) (مجادلة ٢) شاقوا الله ورسوله
(انفال ٢) (حشر ١) ومن يشاقق الله ورسوله (انفال ٢) اطيعوا الله ورسوله (انفال ٦) من يحادد الله ورسوله (توبة ٨) لمن حارب الله ورسوله
من قبل (توبة ١٣) وقعد الذين كذبوا الله ورسوله (توبة ١٢) ان كنتن تردن الله ورسوله (احزاب ٤) واطعن الله ورسوله (احزاب ٤) ان
الذين يؤذون الله ورسوله (احزاب ٧) وان تطيعوا الله ورسوله (حجرات ٢) ان الذين يحادون الله ورسوله (مجادلة ١ – ٢) يوادون من حاد الله ورسوله
(مجادلة ٣) وينصرون الله ورسوله (حشر ١) فأذنوا بحرب من الله **و رسوله** (بقرة ٣٨) انما المؤمنون الذين امنوا بالله ورسوله (نور ٩)
(حجرات ٢) ويريدون ان يفرقوا بين الله ورسوله (نساء ٢٠) مهاجرا الى الله ورسوله (نساء ١٤) امنوا بالله ورسوله (نساء ٢٠) (حديد ١) فامنوا بالله
ورسوله (اعراف ٢٠) (تغابن ١) براءة من الله ورسوله (توبة ١) واذان من الله ورسوله (توبة ١) احب اليكم من الله ورسوله (توبة ٣)
قل ابالله واياته ورسوله كنتم تستهزءون (توبة ٧) ذلك بانهم كفروا بالله ورسوله (توبة ١٠) انهم كفروا بالله ورسوله (توبة ١١) اذا ...

(توبة ٤)

الى الله و رسوله (نور ۶) انما المؤمنون الذين امنوا بالله و رسوله (نور ۷) امنوا بالله و رسوله (حديد ۱) اذ نصحوا لله و رسوله (توبه ۱۲)
واذا دعوا الى الله و رسوله (نور ۵) اولئك الذين يؤمنون بالله و رسوله (نور ۷) ومن يقنت منكن لله و رسوله (احزاب ۴) لتؤمنوا
بالله و رسوله (فتح ۱) ذلك لتؤمنوا بالله و رسوله (مجادله ۱) ومن لم يؤمن بالله و رسوله (فتح ۲) لا تقدموا بين يدى الله و رسوله (حجرات ۱)
تؤمنون بالله و رسوله (صف ۲) كل ما جاء امة رسولها كذبوه (مؤمنون ۳) فاذا جاء رسولهم قضى بينهم (يونس ۵) ام لم يعرفوا
رسولهم (مؤمنون ۷) وهمت كل امة برسولهم (مؤمن ۱) ان امنوا بى و برسولى (مائده ۱۵)

فصل الشين

وما اهديكم الا سبيل الرشاد (مؤمن ۳) اهدكم سبيل الرشاد (مؤمن ۵) قد تبين الرشد من الغى (بقره ۲۰) وان يروا سبيل الرشد
(اعراف ۱۷) يهدى الى الرشد (جن ۱) فان انستم منهم رشدا (نساء ۱) مما علمت رشدا (كهف ۹) وهيئ لنا من امرنا رشدا (كهف ۲) لاقرب
من هذا رشدا (كهف ۳) ام اراد بهم ربهم رشدا (جن ۱) فاولئك تحروا رشدا (جن ۲) قل انى لا املك لكم ضرا ولا رشدا (جن ۲) ولقد اتينا
ابراهيم رشده (انبياء ۵) اليس منكم رجل رشيد (هود ۷) وما امر فرعون برشيد (هود ۹) انك لانت الحليم الرشيد (هود ۸)

فصل الصاد

يجد له شهابا رصدا (جن ۱) ومن خلفه رصدا (جن ۲)

فصل الضاد

لمن اراد ان يتم الرضاعة (بقره ۳۰) واخواتكم من الرضاعة (نساء ۴) فان اعطوا منها رضوا (توبه ۷) ولو انهم رضوا ما اتيهم الله (توبه ۷)
رضوا بان يكونوا مع الخوالف (توبه ۹-۱۰) رضى الله عنهم و رضوا عنه (مائده ۱۶) توبه ۱۲ مجادله ۳ بينه ۱) و رضوا بالحيوة الدنيا (يونس ۱)
افمن اتبع رضوان الله (آل عمران ۱۷) واتبعوا رضوان الله (آل عمران ۱۸) الا ابتغاء رضوان الله (حديد ۳) و رضوان من الله (آل عمران ۲)
و رضوان من الله اكبر (توبه ۹) ومغفرة من الله و رضوان (حديد ۲) برحمة منه و رضوان (توبه ۳) على تقوى من الله و رضوان خير
(توبه ۱۳) يبتغون فضلا من ربهم و رضوانا (مائده ۱) يبتغون فضلا من الله و رضوانا (فتح ۴ حشر ۱) يهدى به الله من اتبع رضوانه
(مائده ۲) وكرهوا رضوانه (قتال ۳) لقد رضى الله عن المؤمنين (فتح ۳) رضى الله عنهم (مائده ۱۶ توبه ۱۳ مجادله ۳ بينه ۱) و رضى
له قولا (طه ۶) واجعله رب رضيا (مريم ۱) و رضيت لكم الاسلام دينا (مائده ۱) ارضيتم بالحيوة الدنيا (توبه ۶) انكم رضيتم بالقعود
(توبه ۱۰)

فصل الطاء

ولا رطب ولا يابس (انعام ۷) تساقط عليك رطبا جنيا (مريم ۲)

فصل العين

لا نسقى حتى يصدر الرعاء (قصص ۳) فما رعوها حق رعايتها (حديد ۴) سنلقى فى قلوب الذين كفروا الرعب (آل عمران ۱۶)
سالقى فى قلوب الذين كفروا الرعب (انفال ۲) وقذف فى قلوبهم الرعب (احزاب ۳ حشر ۱) ولملئت منهم رعبا (كهف ۳) فيه ظلمات
و رعد و برق (بقره ۲) ويسبح الرعد بحمده (رعد ۲) ويدعوننا رغبا و رهبا (انبياء ۶)

فصل الغين

وكلا منها رغدا (بقره ۴) فكلوا منها حيث شئتم رغدا (بقره ۶) يأتيها رزقها رغدا (نحل ۱۵)

فصل الفاء

وقالوا ءاذا كنا عظاما و رفاتا (اسرائيل ۵-۱۰) فلا رفث ولا فسوق (بقره ۲۵) احل لكم ليلة الصيام الرفث (بقره ۲۳) متكئين
على رفرف خضر (رحمن ۳) بئس الرفد المرفود (هود ۹) الله الذى رفع السموات (رعد ۱) رفع سمكها فسويها (نازعات ۱)
و رفع بعضهم درجات (بقره ۳۴) و رفع بعضكم فوق بعض (انعام ۲۰) و رفع ابويه على العرش (يوسف ۱۱) والى السماء كيف رفعت
(غاشيه ۱) و رفعنا فوقهم الطور (نساء ۲۱) و رفعنا بعضهم فوق بعض (زخرف ۳) و رفعنا لك ذكرك (انشراح ۱) ولو شئنا لرفعناه
بها (اعراف ۲۲) و رفعناه مكانا عليا (مريم ۴) بل رفعه الله اليه (نساء ۲۲) والسماء رفعها (رحمن ۱) رفيع الدرجات ذو العرش
(مؤمن ۲) وحسن اولئك رفيقا (نساء ۹)

فصل القاف

فى رق منشور (طور ۱) فضرب الرقاب
(قتال ۱) والسائلين و فى الرقاب (بقره ۲۲) و فى الرقاب والغارمين (توبه ۸) فتحرير رقبة مؤمنة (نساء ۱۳) و تحرير رقبة
(مائده ۱۲) فتحرير رقبة من قبل ان يتماسا (مجادله ۱) وتحرير رقبة مؤمنة (نساء ۱۳) فك رقبة او اطعام (بلد ۱) وتحسبهم ايقاظا وهم رقود
(كهف ۳) انى معكم رقيب (هود ۸) الا لديه رقيب عتيد (ق ۲) فلما توفيتنى كنت انت الرقيب عليهم (مائده ۱۶) وكان الله على كل شىء
رقيبا (احزاب ۶) ان الله كان عليكم رقيبا (نساء ۱) ولن نؤمن لرقيك (اسرائيل ۱۰) ان اصحاب الكهف والرقيم (كهف ۲)

فصل الكاف

رجلا ولا ركابا (حشر ۱) ثم يجعله ركاما (نور ۶) والركب اسفل منكم (انفال ۵)
فانطلقا حتى اذا ركبا فى السفينة خرقها (كهف ۹) فان خفتم فرجالا او ركبانا (بقره ۳۲) فى اى صورة ما شاء ركبك (انفطار ۱)
فاذا ركبوا فى الفلك (عنكبوت ۷) او تسمع لهم ركزا (مريم ۶) والعاكفين والركع السجود (بقره ۱۵) والقائمين والركع السجود (حج ۴)

لرقیم

ترہم رکعا سجدا فتح س او اوی الی رکن شدید ھود ۸ فتولی برکنہ ذاریات ۲ فمنہا رکوبہم ومنہا یاکلون یٰس ۵

فصل المیم تنالہ ایدیکم ورماحکم مائدہ ۱۲ کرماد اشتدت بہ ابراہیم ۳ فیہما فاکہۃ ونخل ورمان

رحمن ۷ والزیتون والرمان انعام ۱۰-۱۷ الا ثلثۃ ایام الا رمزا آل عمران ۵ شہر رمضان الذی انزل فیہ القرآن

بقرہ ۲۳ ولکن اللہ رمی انفال ۲ وما رمیت اذ رمیت انفال ۲ قال من یحی العظام وہی رمیم یٰس ۵ الا جعلتہ کا

الرمیم ذاریات ۵ **فصل الواو** سنولہا اشہر سبا ۲ وجعل فیہا رواسی رعد ۱ فصلت ۲ والقینا فیہا

رواسی حجر ۲ ق ۱ والقی فی الارض رواسی نحل ۲ لقمان ۱ وجعلنا فی الارض رواسی انبیاء ۳ وجعلنا فیہا رواسی مرسلات

وجعل لہا رواسی نمل ۵ فیظللن رواکد شوری ۴ قل نزلہ روح القدس نحل ۱۴ وایدناہ بروح القدس بقرہ ۲۳-۱۱

اذ ایدتک بروح القدس مائدہ ۱۵ وایدہم بروح منہ مجادلۃ ۳ فروح وریحان واقعہ ۳ ولا تیأسوا من روح اللہ یو

سف انہ لا ییأس من روح اللہ یوسف ۱۰ وکلمتہ القاہا الی مریم وروح منہ نساء ۲ قل الروح من امر ربی اسرائیل ۱۰ یوم یقوم الروح

نبا ۲ نزل بہ الروح الامین شعراء ۱۱ یلقی الروح من امرہ مومن ۲ ینزل الملائکۃ بالروح نحل ۱ ویسئلونک عن الروح اسرائیل

تعرج الملائکۃ والروح معارج ۱ تنزل الملائکۃ والروح قدر ۱ وکذلک اوحینا الیک روحا شوری ۵ فارسلنا الیہا روحنا

مریم ۲ فنفخنا فیہا من روحنا انبیاء ۲ فنفخنا فیہ من روحنا تحریم ۲ ونفخ فیہ من روحہ سجدہ ۱ ونفخت فیہ من روحی

حجر ۳ ص ۵ فی روضات الجنات شوری ۴ فہم فی روضۃ یحبرون روم ۲ فلما ذہب عن ابراہیم الروع ہود ۷

الم غلبت الروم روم ۱ امہلہم رویدا طارق ۱ **فصل الہاء** ولم یجد ولکاتبا فرہان مقبوضۃ

بقرہ ۳۹ واضمم الیک جناحک من الرہب قصص ۴ ویدعوننا رغبا ورہبا انبیاء ۶ ان کثیرا من الاحبار والرہبان

توبہ ۵ بان منہم قسیسین ورہبانا مائدہ ۱۱ اتخذوا احبارہم ورہبانہم اربابا توبہ ۵ رأفۃ ورحمۃ ورہبانیۃ حدید ۴

لانتم اشد رہبۃ فی صدورہم حشر ۲ وکان فی المدینۃ تسعۃ رہط نمل ۴ ولولا رہطک لرجمناک ہود ۸ قال یا قوم ارہطی

اعز علیکم من اللہ ہود ۸ فزادوہم رہقا جن ۱ فلا یخاف بخسا ولا رہقا جن ۲ واترک البحر رہوا دخان ۱ کل امرئ بما

کسب رہین طور ۱ کل نفس بما کسبت رہینۃ مدثر ۲ **فصل الیاء** تذروہ الریاح کہف ۶ وہو

الذی یرسل الریاح بشرا اعراف ۷ ومن یرسل الریاح بشرا نمل ۵ وارسلنا الریاح لواقح حجر ۲ وہو الذی ارسل الریاح فرقان

ومن آیاتہ ان یرسل الریاح روم ۵ اللہ الذی یرسل الریاح روم ۵ واللہ الذی ارسل الریاح ملائکہ ۲ وتصریف الریاح بقرہ ۱۷

جاثیہ ۱ لا ریب فیہ بقرہ ۱ الم آل عمران ۱-۳ نساء ۹ جاثیہ ۳ انعام ۲ یونس ۴ اسرائیل ۱۰ سجدہ ۱ شوری ۱ وان الساعۃ لا ریب

فیہا کہف ۳ وان الساعۃ آتیۃ لا ریب فیہا حج ۱ ان الساعۃ لآتیۃ لا ریب فیہا مومن ۶ والساعۃ لا ریب فیہا جاثیہ ۴ فتربص

بہ ریب المنون طور ۲ وان کنتم فی ریب بقرہ ۳ ان کنتم فی ریب حج ۱ لا یزال بنیانہم الذی بنوا ریبۃ فی قلوبہم توبہ ۱۴ فہم

فی ریبہم یترددون توبہ ۶ ریح فیہا عذاب الیم احقاف ۳ جاءتہا ریح عاصف یونس ۳ کمثل ریح فیہا صر آل عمران ۱۲

انی لاجد ریح یوسف یوسف ۱۰ وجرین بہم بریح طیبۃ یونس ۳ واما عاد فاہلکوا بریح صرصر حاقہ ۱ او تہوی بہ الریح

حج ۴ ولسلیمان الریح عاصفۃ انبیاء ۶ ولسلیمان الریح غدوہا شہر سبا ۲ فسخرنا لہ الریح ص ۳ ان یشاء یسکن الریح شوری ۴

وفی عاد اذ ارسلنا علیہم الریح العقیم ذاریات ۲ فیرسل علیکم قاصفا من الریح اسرائیل ۷ ولئن ارسلنا ریحا روم ۵ فارسلنا علیہم

ریحا فصلت ۲ احزاب ۱ انا ارسلنا علیہم ریحا قمر ۱ فروح وریحان وجنۃ نعیم واقعہ ۳ والحب ذو العصف والریحان رحمن ۱

وتذہب ریحکم واصبروا انفال ۶ لباسا یواری سواتکم وریشا اعراف ۳ اتبنون بکل ریع شعراء ۷

باب الزاء فصل الالف فالزاجرات زجرا صافات ۱

فان خیر الزاد التقوی بقرہ ۲۵ فمنہم من یقول ایکم زادتہ ہذہ ایمانا توبہ ۱۶ زادتہم ایمانا انفال ۱ فزادتہم ایمانا

توبہ ۱۶ فزادتہم رجسا توبہ ۱۶ وزادکم فی الخلق بسطۃ اعراف ۹ ما زادوکم الا خبالا توبہ ۷ وما زادوہم غیر

تتبیب ہود ۹ فزادوہم رہقا جن ۱ وزادہ بسطۃ فی العلم بقرہ ۳۲ والذین اہتدوا زادہم ہدی قتال ۲

فزادہم اللہ مرضا بقرہ ۲ فزادہم ایمانا آل عمران ۱۸ ما زادہم الا نفورا ملائکہ ۵ وما زادہم الا ایمانا وتسلیما احزاب ۳

رواسی

و زادهم نفورا (فرقان ۶) ایمض الزاعون (واقعه ۷) ما زاغ البصر وما طغی (نجم ۲) واذ زاغت الابصار (احزاب ۹)
ام زاغت عنهم الابصار (ص ۷) فلما زاغوا ازاغ الله قلوبهم (صف ۱) فما زالت تلک دعویهم (انبیاء ۲) ولئن زالتا (ملائکه ۵)
الزانی لاینکح الا زانیة (نور ۱) الزانیة والزانی فاجلدوا کل واحد منهما (نور ۱) والزانیة لاینکحها الا زان (نور ۱) وکانوا فیه
من الزاهدین (یوسف ۲) فاذا هو زاهق (انبیاء ۲)

فصل الباء

سنلیع الزبانیة (علق) زبد
مثله (رعد ۲) فاما الزبد فیذهب جفاء (رعد ۲) فاحتمل السیل زبدا (رعد ۲) اتونی زبر الحدید (کهف ۱) وانه لفی زبر
الاولین (شعراء ۱۱) وبالزبر وبالکتاب المنیر (ملائکه ۳) ام لکم براءة فی الزبر (قمر ۵) جاءوا بالبینات والزبر (آل عمران ۱۹) ان
کنتم تعلمون بالبینات والزبر (نحل ۶) وکل شیء فعلوه فی الزبر (قمر ۳) فتقطعوا امرهم بینهم زبرا (مؤمنین ۴) ولقد کتبنا فی الزبور
(انبیاء ۷) وآتینا داود زبورا (نساء ۱۷ ـ اسرائیل ۶)

فصل الجیم

المصباح فی زجاجة الزجاجة کانها کوکب
دری (نور ۵) فالزاجرات زجرا (صافات ۱) فانما هی زجرة واحدة (صافات ۲ نازعات ۱)

فصل الحاء

فمن زحزح عن النار (آل عمران ۱۹) اذا لقیتم الذین کفروا زحفا (انفال ۲)

فصل الخاء

زخرف القول غرورا
(انعام ۲) او یکون لک بیت من زخرف (اسرائیل ۱) وزخرفا وان کل ذلک لما متاع الحیوة الدنیا (زخرف ۳) حتی اذا اخذت
الارض زخرفها (یونس ۳)

فصل الدال

او زد علیه (مزمل ۱) زدناهم عذابا فوق العذاب (نحل ۹)
کلما خبت زدناهم سعیرا (اسرائیل ۱) وزدناهم هدی (کهف ۲) وقل رب زدنی علما (طه ۲) فزده عذابا ضعفا فی النار
(ص ۷)

فصل الراء

وزرابی مبثوثة (غاشیة ۲) یعجب الزراع (فتح ۳) حتی زرتم المقابر (تکاثر ۱)
بواد غیر ذی زرع (ابراهیم ۶) کزرع اخرج شطأه (فتح ۳) وزرع ونخیل صنوان (رعد ۱) ینبت لکم الزرع (نحل ۲) والنخل
والزرع مختلفا اکله (انعام ۱۷) وجعلنا بینهما زرعا (کهف ۵) فنخرج به زرعا (سجده ۳) ثم یخرج به زرعا (زمر ۳) ونحشر المجرمین
یومئذ زرقا (طه ۶) وزروع ونخل (شعراء ۸) وزروع ومقام کریم (دخان ۲)

فصل العین

زعم الذین
کفروا (تغابن ۱) کما زعمت علینا (اسرائیل ۱۰) الذین زعمتم انهم فیکم شرکاء (انعام ۱۱) قل ادعوا الذین زعمتم (اسرائیل ۶ ـ سبا)
بل زعمتم ان لن نجعل لکم موعدا (کهف ۶) نادوا شرکائی الذین زعمتم (کهف ۷) ان زعمتم انکم اولیاء لله (جمعه ۱) فقالوا هذا لله بزعمهم
(انعام ۱۶) لایطعمها الا من نشاء بزعمهم هذا (انعام ۱۶) وانا به زعیم (یوسف ۸) ایهم بذلک زعیم (نون ۲)

فصل الفاء

فیها زفیر وشهیق (هود ۹) لهم فیها زفیر (انبیاء ۷) سمعوا لها تغیظا وزفیرا (فرقان ۲)

فصل القاف

لآکلون من شجر من زقوم (واقعه ۲) ام شجرة الزقوم (صافات ۷) ان شجرت الزقوم طعام الاثیم
(دخان ۵)

فصل الکاف

وکفلها زکریا (آل عمران ۴) کلما دخل علیها زکریا (آل عمران ۴) هنا
لک دعا زکریا ربه (آل عمران ۴) ذکر رحمت ربک عبده زکریا (مریم ۱) یا زکریا انا نبشرک بغلام (مریم ۱) وزکریا ویحیی وعیسی (انعام ۱۰)
وزکریا اذ نادی ربه (انبیاء ۶) خیرا منه زکوة (کهف ۱۱) وما آتیتم من زکوة تریدون وجه الله (روم ۴) وحنانا من لدنا
وزکوة (مریم ۱) واقیموا الصلوة واتوا الزکوة (بقرة ۵ ـ ۹ ـ ۱۱ نساء ۸ نور ۷ مزمل ۲) واقام الصلوة واتی الزکوة (بقرة ۸ توبه ۲)
واقاموا الصلوة واتوا الزکوة (بقرة ۲۸ توبه ۱ ـ ۲) اقاموا الصلوة واتوا الزکوة (حج ۱۰) فاقیموا الصلوة واتوا الزکوة (حج ۸ مجادله ۲)
(نساء ۱۱) والمؤتون الزکوة (نساء ۷) وآتیتم الزکوة (مائده ۳) ویؤتون الزکوة (مائده ۸ ـ اعراف ۱۹ توبه ۹ نمل لقمان ۱) وآتین الزکوة
(احزاب ۴) الذین لایؤتون الزکوة (فصلت ۱) وبوقعا الزکوة (بقرة) وایتاء الزکوة (انبیاء ۵ نور ۵) والذین هم للزکوة فاعلون
(مؤمنین ۱) واوصانی بالصلوة والزکوة (مریم ۲) وکان یامر اهله بالصلوة والزکوة (مریم ۴) ما زکی منکم من احد ابدا (نور ۳)
لاهب لک غلاما زکیا (مریم ۲) قال اقتلت نفسا زکیة (کهف ۱۰) قد افلح من زکیها (شمس ۱)

فصل اللام

فما زلتم فی شک (مؤمن ۴) ان زلزلة الساعة شیء عظیم (حج ۱) اذا زلزلت الارض زلزالها (زلزال ۱) وزلزلوا زلزالا شدیدا
(احزاب ۲) وزلزلوا حتی یقول الرسول (بقرة ۲۶) وزلفا من اللیل (هود ۱۰) فلما راوه زلفة (ملک ۲) بالتی تقربکم عندنا
زلفی (سبا ۵) لیقربونا الی الله زلفی (زمر ۱) عندنا لزلفی وحسن مآب (ص ۲) فتصبح صعیدا زلقا (کهف ۵) فان
زللتم من بعد ما جاءتکم البینات (بقرة ۲۵)

فصل المیم

وسیق الذین کفروا الی جهنم زمرا (زمر ۸)

زنیم

فصل النون

وسیق الذین اتقوا ربهم الی الجنة زمرا (زمر ٨) لا یرون فیها شمسا ولا زمهریرا (انسان ٢)
ولا تقربوا الزنا (اسرائیل ٤) کان مزاجها زنجبیلا (انسان ٢) وزنوا بالقسطاس المستقیم (اسرائیل ٤ شعراء ١٠) عتل بعد ذلک زنیم (نون ١)

فصل الواو

الکم من زوال (ابراهیم ٥) وان اردتم استبدال زوج مکان زوج (نساء ٢)
وانبتت من کل زوج بهیج (حج ١) من کل زوج کریم (شعراء ١ لقمان ١) وانبتنا من کل زوج بهیج (ق ١) حتی تنکح زوجا غیره (بقرة ٢٣) فیها
من کل فاکهة زوجان (رحمن ٦) فاذا النفوس زوجت (تکویر ١) امسک علیک زوجک (احزاب ٥) وقلنا یا ادم اسکن
انت وزوجک الجنة (بقرة ٤) ویا ادم اسکن انت وزوجک الجنة (اعراف ٢) فقلنا یا آدم ان هذا عدو لک ولزوجک (طه ٢)
زوجناکها لکیلا یکون (احزاب ٥) وزوجناهم بحور عین (دخان ٤ طور ٢) واصلحنا له زوجه (انبیاء ٩) فیتعلمون
منهما ما یفرقون به بین المرء وزوجه (بقرة ١١) وخلق منها زوجها (نساء ١) وجعل منها زوجها (اعراف ٩) ثم جعل منها زوجها
(زمر ١) قول التی تجادلک فی زوجها (مجادلة ١) من کل زوجین اثنین (هود ٤ مؤمنین ٣) جعل فیها زوجین اثنین (رعد ١)
ومن کل شیء خلقنا زوجین (ذاریات ٥) وانه خلق الزوجین الذکر والانثی (نجم ٥) فجعل الزوجین (قیامة ٤) واجتنبوا قول
الزور (حج ٣) والذین لا یشهدون الزور (فرقان ٧) فقد جاء وا ظلما وزورا (فرقان ١) وانهم لیقولون منکرا من القول
وزورا (مجادلة ١)

فصل الهاء

منهم زهرة الحیوة الدنیا (طه ٨) وقل جاء الحق وزهق الباطل
(اسرائیل ٩) ان الباطل کان زهوقا (اسرائیل ٩)

فصل الیاء

انما النسیء زیادة فی الکفر (توبة ٥)
للذین احسنوا الحسنی وزیادة (یونس ٣) والتین والزیتون (تین ١) والزیتون والرمان (انعام ١٠-١٥) والزیتون والنخیل
(نحل ٢) وزیتونا ونخلا (عبس ١) یوقد من شجرة مبارکة زیتونة (نور ٥) یکاد زیتها یضیء (نور ٥) فلما قضی زید
منها وطرا (احزاب ٥) فاما الذین فی قلوبهم زیغ (آل عمران ١) فزیلنا بینهم (یونس ٣) زین للذین کفروا (بقرة ٢٦) زین
للناس حب الشهوات (آل عمران ٢) کذلک زین للکافرین ما کانوا یعملون (انعام ١٥) وکذلک زین لکثیر من المشرکین (انعام ١٦) زین
لهم سوء اعمالهم (توبة ٥) کذلک زین للمسرفین (یونس ٢) بل زین للذین کفروا (رعد ٥) افمن زین له سوء عمله (ملئکة ١) کذلک زین لفرعون
سوء عمله (مؤمن ٤) کمن زین له سوء عمله (قتال ٢) واذ زین لهم الشیطان (انفال ٥) وزین ذلک فی قلوبکم (فتح ٢) فزین لهم الشیطان
اعمالهم (نحل ٧) وزین لهم ما کانوا یعملون (انعام ٥) وزین لهم الشیطان اعمالهم (نحل ٣ عنکبوت ٤) کذلک زینا لکل امة عملهم
(انعام ١١) زینا لهم اعمالهم (نمل ١) انا زینا السماء الدنیا (صافات ١) ولقد زینا السماء الدنیا (ملک ١) وزینا السماء الدنیا (فصلت ٢)
وزیناها للناظرین (حجر ٢) کیف بنیناها وزیناها (ق ١) قل من حرم زینة الله (اعراف ٤) وقال موسی ربنا انک آتیت فرعون
وملأه زینة (یونس ٩) انا جعلنا ما علی الارض زینة لها (کهف ١) ترید زینة الحیوة (کهف ٤) المال والبنون زینة الحیوة الدنیا (کهف ٥)
غیر متبرجات بزینة (نور ٨) بزینة الکواکب (صافات ١) ولکنا حملنا اوزارا من زینة القوم (طه ٩) ولهو وزینة
(حدید ٢) لترکبوها وزینة (نحل ١) قال موعدکم یوم الزینة (طه ٤) یا بنی آدم خذوا زینتکم (اعراف ٤) فخرج علی قومه فی
زینته (قصص ٨) من کان یرید الحیوة الدنیا وزینتها (هود ٢) فمتاع الحیوة الدنیا وزینتها (قصص ٦) ان کنتن تردن الحیوة
الدنیا وزینتها (احزاب ٣) ولا یبدین زینتهن (نور ٤ مرتین) ما یخفین من زینتهن (نور ٤) فزینوا لهم (فصلت ٣)
وزینه فی قلوبکم (حجرات ١)

باب السین فصل الهمزة

کما سئل موسی من قبل (بقرة ١١) سأل سائل بعذاب واقع (معارج ١) واذا الموؤدة سئلت (تکویر ١) قال ان سألتک عن شیء
(کهف ٨) قل ما سألتکم من اجر (سبا ٥) فما سألتکم من اجر (یونس ٨) فان لکم ما سألتم (بقرة ٧) وآتیکم من کل ما سألتموه (ابراهیم ٥)
واذا سألتموهن متاعا (احزاب ٧) ولئن سألتهم لیقولن (توبة ٧) ولئن سألتهم من خلق السموات والارض (لقمان ٢ زمر ٤
زخرف ١ عنکبوت ٦) ولئن سألتهم من نزل من السماء ماء (عنکبوت ٦) ولئن سألتهم من خلقهم (زخرف ٧) واذا سألک عبادی عنی
(بقرة ٢٣) قال قد اوتیت سؤلک یا موسی (طه ٢) ثم سئلوا الفتنة لآتوها (احزاب ٢) فقد سألوا موسی (نساء ٢) قد سألها
قوم (مائدة ١٤) سألهم خزنتها (ملک ١) وسألهم یوم القیمة (طه ١)

فصل الالف

ساء ما یعملون
(مائدة ١) ساء ما یحکمون (عنکبوت ١ انعام ١٢ جاثیة ٣) ساء مثلا القوم الذین کذبوا بآیاتنا (اعراف ٢٢) انهم ساء ما کانوا یعملون

(توبة ٩) مجادلة ٢ منافقين ١ فساء قرينا (نساء ٥) فساء مطر المنذرين (انعام ٤ شعراء ١١ نمل ٧) فساء صباح المنذرين (صافات ٩٥)
وساء سبيلا (اسرائيل ٤ نساء ٣) وساء لهم يوم القيمة حملا (طه ١١) ولا سائبة ولا وصيلة (مائدة ١١) انها ساءت مستقرا
ومقاما (فرقان ٧) وساءت مصيرا (نساء ١٠-١٢ فتح ١) وساءت مرتفقا (كهف ٣) سائحات ثيبات وابكارا (تحريم ١)
السائحون الراكعون (توبة ١٤) سائغ شرابه (ملائكة ٢) خالصا سائغا للشاربين (نحل ٩) معها سائق وشهيد
(ق ٢) سئل سائل بعذاب واقع (معارج ١) واما السائل فلا تنهر (ضحى ١) وفي اموالهم حق للسائل والمحروم (ذاريات ٢)
والذين في اموالهم حق معلوم للسائل (معارج ٣) ايات للسائلين (يوسف ١) سواء للسائلين (فصلت ٢) والسائلين وفي
الرقاب (بقرة ١٨) والسابحات سبحا (نازعات ١) ان اعمل سابغات (سبا ٢) ولا الليل سابق النهار (يس ٤) ومنهم سابق
بالخيرات (ملائكة ٤) فالسابقات سبقا (نازعات ١) سابقوا الى مغفرة من ربكم (حديد ٣) وهم لها سابقون
(مؤمنين ٧) والسابقون الاولون (توبة ١) والسابقون السابقون (واقعة ١) وما كانوا سابقين (عنكبوت ٤) امن
هو قانت اناء الليل ساجدا وقائما (زمر ١) الراكعون الساجدون (توبة ١٤) رأيتهم لي ساجدين (يوسف ١) فقعوا له
ساجدين (حجر ٣ ص ٥) والقى السحرة ساجدين (اعراف ١٤) فالقى السحرة سجدا (طه ٣) فالقى السحرة ساجدين (شعراء ٣) مالك الا تكون مع الساجدين (حجر ٣)
وتقلبك في الساجدين (شعراء ١١) لم يكن من الساجدين (اعراف ٢) وكن من الساجدين (حجر ٦) فاذا نزل بساحتهم (صافات ٥)
هذا ساحر كذاب (ص ١) فقالوا ساحر كذاب (مؤمن ٣) وقال ساحر او مجنون (ذاريات ٤) الا قالوا ساحر او مجنون (ذاريات ٣)
بكل ساحر عليم (اعراف ١٤ يونس ٨) وانما صنعوا كيد ساحر (طه ٧) ان هذا لساحر عليم (اعراف ١١ شعراء ٣) ولا يفلح الساحر
حيث اتى (طه ٧) وقالوا يا ايه الساحر (زخرف ٥) ان هذان لساحران (طه ٣) ولا يفلح الساحرون (يونس ٨)
ان كنا نحن الساحرين (شعراء ٣) فليلقه اليم بالساحل (طه ٢) انا اطعنا سادتنا وكبراءنا (احزاب ٧) ويقولون خمسة
سادسهم كلبهم (كهف ٣) ولا خمسة الا هو سادسهم (مجادلة ١) وسارب بالنهار (رعد ٢) وسار باهله (قصص ٣)
وسارعوا الى مغفرة من ربكم (آل عمران ١٤) والسارق والسارقة فاقطعوا ايديهما (مائدة ٤) ايتها العير انكم لسارقون
(يوسف ٧) وما كنا سارقين (يوسف ٨) فلا يستأخرون ساعة (يونس ٥) لا يستأخرون ساعة (اعراف ٤ نحل ٧)
لم يلبثوا الا ساعة (يونس ٥ احقاف ٤) ما لبثوا غير ساعة (روم ٦) لا تستأخرون عنه ساعة (سبا ٣) الذين اتبعوه في ساعة العسرة
(توبة ١٤) حتى اذا جاءتهم الساعة (انعام ٤) او اتتكم الساعة (انعام ٤) او تأتيهم الساعة بغتة (يوسف ١١) لا تأتينا الساعة (سبا ١)
حتى تأتيهم الساعة بغتة (حج ٧) ويوم تقوم الساعة (روم ٢ مؤمن ٥ جاثية ٤) ما ندري ما الساعة (جاثية ٤) اقتربت
الساعة (قمر ١) بل الساعة موعدهم (قمر ٣) وما اظن الساعة قائمة (كهف ٥) حتى اذا رأوا ما يوعدون اما العذاب واما الساعة (مريم ٨) هل
ينظرون الا الساعة (زخرف ٧) فهل ينظرون الا الساعة (قتال ٢) ان الساعة اتية لا ريب فيها (مؤمن ٦) ان الساعة
اتية (طه ١) وان الساعة اتية لا ريب فيها (حج ١) وان الساعة لاتية (حجر ٦) وان الساعة لا ريب فيها (كهف ٣) لعل الساعة تكون
قريبا (احزاب ٧) لعل الساعة قريب (شورى ٢) وما امر الساعة الا كلمح البصر (نحل ٨) ان الله عنده علم الساعة (لقمان ٤)
اليه يرد علم الساعة (فصلت ٥) وعنده علم الساعة (زخرف ٧) بل كذبوا بالساعة (فرقان ١) واعتدنا لمن كذب بالساعة (فرقان ١)
يسئلونك عن الساعة (اعراف ١٩ - نازعات ٥) يسئلك الناس عن الساعة (احزاب ٧) ان الذين يمارون في الساعة (شورى ٢)
وانه لعلم للساعة (زخرف ٧) وهم من الساعة مشفقون (انبياء ٤) والساعة لا ريب فيها (جاثية ٤) والساعة ادهى
وامر (قمر ٣) جعلنا عاليها سافلها (هود ٧) فجعلنا عاليها سافلها (حجر ٥) ثم رددناه اسفل سافلين (تين ١) ويوم
يكشف عن ساق (نون ٥) والتفت الساق بالساق (قيامة ٣) كسفا من السماء ساقطا (طور ٥) وكشفت عن ساقيها
(نمل ٥) ولو شاء لجعله ساكنا (فرقان ٥) انزل من السماء ماء فسالت اودية بقدرها (رعد ٢) وهم سالمون (نون ٥) وانتم
سامدون (نجم ٣) مستكبرين به سامرا تهجرون (مؤمنين ٧) اذا ساوى بين الصدفين (كهف ١١) قال فما خطبك
يا سامري (طه ٥) واضلهم السامري (طه ٤) فكذلك القى السامري (طه ٤) فاذا هم بالساهرة (نازعات ٢) فساهم
فكان من المدحضين (صافات ٥) الذين هم في غمرة ساهون (ذاريات ١) الذين هم عن صلوتهم ساهون (ماعون ١)

الا ساء ما يحكمون (نحل ٥٩) الا ساء ما يزرون (انعام ٣١ و نحل ٢٥)

١٤٥

فصل الباء وجئتك من سبأ بنبأ يقين (نمل ۲۲) لقد كان **لسبأ** في مسكنهم آية (سبأ ۲) و
النوم **سباتا** (فرقان ۵) وجعلنا نومكم سباتا (نبأ ۱) فليمدد **بسبب** (حج ۲) من كل شئ **سببا** (كهف ۹) فاتبع سببا (كهف ۹)
ثم اتبع سببا (كهف ۹-۱۰) انما جعل **السبت** على الذين اختلفوا فيه (نحل ۱۶) او نلعنهم كما لعنا اصحاب السبت (نساء ۸) ولقد
علمتم الذين اعتدوا منكم **في** السبت (بقرة ۷) لا تعدوا في السبت (نساء ۲۲) اذ يعدون في السبت (اعراف ۲۱) اذ تأتيهم حيتانهم
يوم **سبتهم** (اعراف ۲۱) **سبح** لله ما في السموات (حديد ۱، حشر ۱، صف ۱) **فسبح** بحمد ربك (حجر ۶، نصر ۱) فسبح واطراف النهار
(طه ۸) فسبح باسم ربك العظيم (واقعة ۸-۱۰، حاقة ۲) **و** سبح بالعشي والابكار (آل عمران ۴) وسبح بحمد ربك (طه ۸، مؤمن ۶
ق ۳، طور ۲) وسبحه (فرقان ۶) ان لك في النهار **سبحا** طويلا (مزمل ۱) **والسابحات** سبحا (نازعات ۱) **سبحان الذي**
اسرى بعبده (اسرائيل ۱) قل سبحان ربي (اسرائيل ۱۰) ويقولون سبحان ربنا (اسرائيل ۱۱) سبحان الله وتعالى عما يشركون (قصص ۷)
سبحان الذي خلق الازواج (يس ۵) سبحان الله عما يصفون (صافات ۵، مؤمنين ۵) سبحان ربك رب العزة (صافات ۹) وتقولوا
سبحان الذي سخر لنا هذا (زخرف ۲) سبحان رب السموات (زخرف ۷) سبحان الله عما يشركون (طه ۵) قالوا سبحان ربنا (نون ۳)
فسبحان الله رب العرش (انبياء ۲) فسبحان الله حين تمسون (روم ۲) فسبحان الذي بيده ملكوت كل شئ (يس ۵) **و** سبحان
الله وما انا من المشركين (يوسف ۱۱) وسبحان الله رب العالمين (نمل ۱) **سبحانك** فقنا عذاب النار (آل عمران ۲۰) فلما افاق
قال سبحانك تبت اليك (اعراف ۱۷) دعويهم فيها سبحانك اللهم (يونس ۱) ان لا اله الا انت سبحانك (انبياء ۶) سبحانك هذا بهتان عظیم
(نور ۲) قال سبحانك ما يكون لي (مائدة ۱۶) قالوا سبحانك لا علم لنا (بقرة ۴) قالوا سبحانك ما كان ينبغي لنا (فرقان ۲) قالوا سبحانك
انت ولينا (سبا ۵) وقالوا اتخذ الله ولدا **سبحانه** (بقرة ۱۴) سبحانه وتعالى عما يشركون (يونس ۲، نحل ۱، روم ۴، زمر ۷) قالوا
اتخذ الله ولدا سبحانه هو الغني (يونس ۷) سبحانه ان يكون له ولد (نساء ۲۳) سبحانه وتعالى عما يصفون (انعام ۱۲) سبحانه عما يشركون
(توبة ۵) سبحانه وتعالى عما يقولون (اسرائيل ۵) ويجعلون لله البنات (نحل ۷) ما كان لله ان يتخذ من ولد سبحانه (مريم ۲) تسبحانہ
وقالوا اتخذ الرحمن ولدا سبحانه (انبياء ۲) سبحانه هو الله الواحد القهار (زمر ۱) ان **سبحوا** بكرة وعشيا (مريم ۱) **و** سبحوه
بحمد ربهم (سجدة ۲) **و** سبحوه بكرة واصيلا (احزاب ۶) **فسبحه** وادبار السجود (ق ۳) فسبحه وادبار النجوم (طور ۲) **و** سبحه ليلا طويلا
(انسان ۲) ياكلهن **سبع** عجاف (يوسف ۶ مرتين) ثم ياتي من بعد ذلك سبع شداد (يوسف ۶) فسويهن سبع سموات (بقرة ۳)
كمثل حبة انبتت سبع سنابل (بقرة ۳۶) سبع بقرات سمان (يوسف ۵ مرتين) قال تزرعون سبع سنين دأبا (يوسف ۶) ولقد خلقنا
فوقكم سبع طرائق (مؤمنين ۱) فقضيهن سبع سموات (فصلت ۲) الله الذي خلق سبع سموات (طلاق ۲) الذي خلق سبع سموات (ملك
سخرها عليهم سبع ليال (حاقة ۱) الم تروا كيف خلق الله سبع سموات (نوح ۲) افتنا **في** سبع بقرات (يوسف ۶) **و** سبع سنبلات
خضر (يوسف ۵ مرتين) وما اكل **السبع** الا ما ذكيتم (مائدة ۱) تسبح له السموات السبع (اسرائيل ۵) قل من رب السموات السبع (مؤ
ولقد آتيناك **سبعا** من المثاني (حجر ۶) سبعا شدادا (نبأ ۱) ويقولون **سبعة** (كهف ۳) والبحر يمده من بعده سبعة ابحر (لقمان ۳)
لها سبعة ابواب (حجر ۴) **و** سبعة اذا رجعتم (بقرة ۲۴) ذرعها **سبعون** ذراعا (حاقة ۱) **سبعين** رجلا لميقاتنا (اعر
ان تستغفر لهم سبعين مرة (توبة ۱۰) لولا كتاب من الله **سبق** (انفال ۹) كذلك نقص عليك من انباء ما قد سبق (طه ۱) الا من سبق
عليه القول (هود ۴، مؤمنين ۲) فالسابقات **سبقا** (نازعات ۱) ولولا كلمة **سبقت** (يونس ۲، هود ۱۱، شورى ۲، طه ۱۳
فصلت ۵) ان الذين سبقت لهم منا الحسنى (انبياء ۱) ولقد سبقت كلمتنا (صافات ۱۸) ما **سبقكم** بها من احد (اعراف ۸، عنكبوت
ولا يحسبن الذين كفروا **سبقوا** (انفال ۸) لو كان خيرا ما **سبقونا** (احقاف ۲) الذين سبقونا بالايمان (حشر ۱) **سبل** السلام
(مائدة ۳) فاسلكي سبل ربك ذللا (نحل ۹) ولا تتبعوا **السبل** (انعام ۱۹) وسلك لكم فيها **سبلا** (طه ۲) وجعل لكم فيها سبلا
لعلكم تهتدون (زخرف ۱) وجعلنا فيها فجاجا سبلا (انبياء ۳) لتسلكوا منها سبلا فجاجا (نوح ۲) وانهارا **و** سبلا (نحل ۲) وقد هدينا
سبلنا (ابراهيم ۲) لنهدينهم سبلنا (عنكبوت ۷) ذلك بانهم قالوا ليس علينا في الاميين **سبيل** (آل عمران ۸) ولتستبين سبيل
المجرمين (انعام ۶) ولا تتبع سبيل المفسدين (اعراف ۱۷) وان يروا سبيل الرشد (اعراف ۱۷) وان يروا سبيل الغي (اعراف ۱۷) ولا تتبعان
سبيل الذين لا يعلمون (يونس ۹) واتبع سبيل من اناب الي (لقمان ۲) اهدكم سبيل الرشاد (مؤمن ۵) وما اهديكم الا سبيل الرشاد (مؤمن ۳)

ويتبع غير سبيل المؤمنين (نساء ١٧) ولا جنبا الا عابری سبيل (نساء ٧) ادع الی سبيل ربك (نحل ١٦) وصد وعن سبيل
الله (بقرة ٢٧) لم تصدون عن سبيل الله من آمن (آل عمران ١٠) وبصدهم عن سبيل الله كثيرا (نساء ٢٢) وصدوا عن سبيل الله
(نساء ١٧) قتال ٤ مرتين يضلوا عن سبيل الله (انعام ١٤) الذين يصدون عن سبيل الله (اعراف ٥ هود ٢) وتصدون عن
سبيل الله من آمن به (انعام ١٤) ليصدوا عن سبيل الله (انفال ٥) ويصدون عن سبيل الله (انفال ٥ توبة ٤-ابراهيم ١) بما صدوا
عن سبيل الله (نحل ١٣) ليضل عن سبيل الله (حج ١-لقمان ١) فيضلك عن سبيل الله (ص ٢) يضلون عن سبيل الله (ص ٢) الذين
كفروا وصدوا عن سبيل الله (قتال ١-٤) ولا تقولوا لمن يقتل في سبيل الله اموات (بقرة ١٦) وقاتلوا في سبيل (بقرة ٢٤) الا
وانفقوا في سبيل الله (بقرة ٢٤) وجاهدوا في سبيل الله (بقرة ٢٢-انفال ٨ توبة ٢) نقاتل في سبيل الله (بقرة ٣٢) وما لنا الا نقاتل
في سبيل الله (بقرة ٣٢) مثل الذين ينفقون اموالهم في سبيل الله (بقرة ٢٧) الذين ينفقون اموالهم في سبيل الله (بقرة ٢٧) للفقراء
الذين احصروا في سبيل الله (بقرة ٢٨) فئة تقاتل في سبيل الله (آل عمران ٢) فما وهنوا لما اصابهم في سبيل الله (آل عمران ١٥) ولئن
قتلتم في سبيل الله (آل عمران ١٧) قاتلوا في سبيل الله (آل عمران ١٧) ولا تحسبن الذين قتلوا في سبيل الله امواتا (آل عمران ١٧) فليقاتل
في سبيل الله (نساء ١٠) وما لكم لا تقاتلون في سبيل الله (نساء ١٠) ومن يقاتل في سبيل الله (نساء ١٠) الذين امنوا يقاتلون في سبيل الله
(نساء ١٠) يقاتلون في سبيل الله ويقتلون (توبة ١٤) والذين كفروا يقاتلون في سبيل الطاغوت (نساء ١٠) فقاتل في سبيل الله (نساء ١١)
حتى يهاجروا في سبيل الله (نساء ١٢) يا ايها الذين امنوا اذا ضربتم في سبيل الله (نساء ١٣) والمجاهدون في سبيل الله (نساء ١٣) ومن يهاجر
في سبيل الله (نساء ١٤) يجاهدون في سبيل الله (مائدة ٨) وما تنفقوا من شيء في سبيل الله (انفال ٨) ان الذين امنوا وهاجروا وجاهدوا
باموالهم وانفسهم في سبيل الله (انفال ١٠) وكرهوا ان يجاهدوا باموالهم وانفسهم في سبيل الله (توبة ١١) وجاهدوا باموالهم و
انفسهم في سبيل الله (حجرات ٢) وجاهد في سبيل الله (توبة ٣) ولا ينفقونها في سبيل الله (توبة ٥) ما لكم اذا قيل لكم انفروا في سبيل
الله (توبة ٦) وجاهدوا باموالكم وانفسكم في سبيل الله (توبة ٦) ولا مخمصة في سبيل الله (توبة ١٥) والذين هاجروا في سبيل الله
(حج ٨) ها انتم هؤلاء تدعون لتنفقوا في سبيل الله (قتال ٤) والمهاجرين في سبيل الله (نور ٣) والذين قتلوا في سبيل الله (قتال ١)
وما لكم الا تنفقوا في سبيل الله (حديد ١) وتجاهدون في سبيل الله (صف ٢) واخرون يقاتلون في سبيل الله (مزمل ٢) وفي
سبيل الله وابن السبيل (توبة ٨) ما على المحسنين من سبيل (توبة ١٢) فهل الى خروج من سبيل (مؤمن ٢) فاولئك ما عليهم من سبيل
(شورى ٤) يقولون هل الى مرد من سبيل (شورى ٥) فما له من سبيل (شورى ٥) انما السبيل على الذين يستاذنونك وهم
اغنياء (توبة ١٢) انما السبيل على الذين يظلمون الناس (شورى ٥) ويريدون ان تضلوا السبيل (نساء ٧) ام هم ضلوا السبيل (فرقان ٢)
وتقطعون السبيل (عنكبوت ٣) وهو يهدي السبيل (احزاب ١) انا هديناه السبيل (انسان ١) فقد ضل سواء السبيل (بقرة ١٣ مائدة ٢
ممتحنة ١) واضل عن سواء السبيل (مائدة ٩) وضلوا عن سواء السبيل (مائدة ١٠) ان يهديني سواء السبيل (قصص ٣) وعلى الله قصد السبيل
(نحل ١) انها لبسبيل مقيم (حجر ٥) ثم السبيل يسره (عبس ١) وصدوا عن السبيل (رعد ٥) فصدهم عن السبيل (نمل ٢ عنكبوت
وانهم ليصدونهم عن السبيل (زخرف ٤) ابن السبيل (انظر الابن) من استطاع اليه سبيلا (آل عمران ١٠) او يجعل الله لهن سبيلا
(نساء ٣) وساء سبيلا (نساء ٣) انه كان فاحشة وساء سبيلا (اسرائيل ٤) فلا تبغوا عليهن سبيلا (نساء ٦) هؤلاء اهدى من الذين
امنوا سبيلا (نساء ٨) فلن تجد له سبيلا (نساء ١٠) فما جعل الله لكم عليهم سبيلا (نساء ١٢) ولا يهتدون سبيلا (نساء ١٤) ولا ليهديهم
سبيلا (نساء ٢٠) ويريدون ان يتخذوا بين ذلك سبيلا (نساء ٢١) ولن يجعل الله للكافرين على المؤمنين سبيلا (نساء ٢١) وان يروا
سبيل الرشد لا يتخذوه سبيلا (اعراف ١٧) وان يروا سبيل الغي يتخذوه سبيلا (اعراف ١٧) ولا يهديهم سبيلا (اعراف ١٨) اذا لا
ابتغوا الى ذي العرش سبيلا (اسرائيل ٥) فلا يستطيعون سبيلا (اسرائيل ٥ فرقان ١) فهو في الاخرة اعمى واضل سبيلا (اسرائيل ٨)
فربكم اعلم بمن هو اهدى سبيلا (اسرائيل ١٠) وابتغ بين ذلك سبيلا (اسرائيل ١٢) يا ليتني اتخذت مع الرسول سبيلا (فرقان ٣) اولئك
شر مكانا واضل سبيلا (فرقان ٣) من اضل سبيلا (فرقان ٤) بل هم اضل سبيلا (فرقان ٤) ان يتخذ الى ربه سبيلا (فرقان ٥) فمن شاء
اتخذ الى ربه سبيلا (مزمل ٢-انسان ٢) فاضلونا السبيلا (احزاب ٨) واتبعوا سبيلك (مؤمن ١) ربنا ليضلوا عن سبيلك
(يونس ٩) اتبعوا سبيلنا (عنكبوت ٢) فاتخذ سبيله في البحر سربا (كهف ٩) واتخذ سبيله في البحر عجبا (كهف ٩) ان ربك

فصدوا عن سبيل الله (منافقون)

ھو اعلم من یضل عن سبیلہ (انعام ۱۴) فتفرق بکم عن سبیلہ (انعام ۱۹) فصدوا عن سبیلہ (توبہ ۱) لیضلوا عن سبیلہ (ابراہیم ۳)
لیضل عن سبیلہ (زمر ۱) بمن ضل عن سبیلہ (نحل ۱۶) نون انجم ۳) وجہاد فی سبیلہ (توبہ ۳) ان اللہ یحب الذین یقاتلون
فی سبیلہ (صف ۱) فخلوا سبیلہم (توبہ ۱) قل ھذہ سبیلی (یوسف ۱۱) واذوا فی سبیلی (آل عمران ۲۰) ان کنتم
خرجتم جہادا فی سبیلی (ممتحنہ ۱) **فصل التاء** ان ربکم اللہ الذی خلق السموات والارض
فی ستۃ ایام (اعراف ۷ یونس ۱) وھو الذی خلق السموات والارض فی ستۃ ایام (ھود ۱) ھو الذی خلق السموات والارض فی
ستۃ ایام (حدید ۱) وما بینہما فی ستۃ ایام (فرقان ۵ سجدۃ ۱ ق ۳) لم نجعل لہم من دونہا سترا (کہف ۱۱) فاطعام ستین
مسکینا (مجادلۃ ۱) **فصل الجیم** فسجد الملائکۃ کلہم اجمعون (حجر ۳ ص ۵) سجد اللہ وھم
داخرون (نحل ۵) وادخلوا الباب سجدا (بقرہ ۶ اعراف ۲۰) وقلنا لہم ادخلوا الباب سجدا (نساء ۲۲) وخروا لہ سجدا (یوسف ۱۱)
خروا سجدا وبکیا (مریم ۴) یخرون للاذقان سجدا (اسرائیل ۱۲) فالقی السحرۃ سجدا (طہ ۳) والذین یبیتون لربہم سجدا وقیاما (فرقان ۶)
خروا سجدا (سجدۃ ۲) تراھم رکعا سجدا (فتح ۴) فاذا سجدوا فلیکونوا من ورائکم (نساء ۱۵) فسجدوا الا ابلیس (بقرہ ۴
اعراف ۲ اسرائیل ۷ کہف ۷ طہ ۷) واذا البحار سجرت (تکویر ۱) کطی السجل للکتب (انبیاء ۷) قال رب السجن احب الی
(یوسف ۴) ودخل معہ السجن فتیان (یوسف ۵) یا صاحبی السجن (یوسف ۵-۶) فلبث فی السجن بضع سنین (یوسف ۵) اذ
اخرجنی من السجن (یوسف ۱۱) والعاکفین والرکع السجود (بقرہ ۱۵) والرکع السجود (حج ۴) سیماھم فی وجوھہم من اثر السجود
(فتح ۴) فسبحہ وادبار السجود (ق ۳) ویدعون الی السجود (نون ۲) وقد کانوا یدعون الی السجود (نون ۲) والضحی واللیل
اذا سجی (ضحی ۱) حجارۃ من سجیل (ھود ۷ حجر ۵) ترمیہم بحجارۃ من سجیل (فیل ۱) وما ادراک ما سجین (مطففین ۱)
کتاب الفجار لفی سجین (مطففین ۱) **فصل الحاء** من فوقہ سحاب (نور ۵) یقولوا سحاب مرکوم (طور
۲) وینشئ السحاب الثقال (رعد ۲) وھی تمر مر السحاب (نمل ۷) وتصریف الریاح والسحاب المسخر (بقرہ ۲۰) حتی اذا اقلت سحابا
ثقالا (اعراف ۷) الم تر ان اللہ یزجی سحابا (نور ۶) فتثیر سحابا (روم ۵ ملائکۃ ۲) یاتوک بکل سحار علیم (شعراء ۳) واکلہم
السحت (مائدۃ ۹) سماعون للکذب اکالون للسحت (مائدۃ ۶) قالوا ھذا سحر مبین (نمل ۱ صف ۱) ھذا سحر مبین (احقاف ۱)
ویقولوا سحر مستمر (قمر ۱) اسحر ھذا ولا یفلح الساحرون (یونس ۸) قالوا ھذا سحر (زخرف ۳) قالوا ما ھذا الا سحر مفتری (قصص ۴)
فقال ان ھذا الا سحر یؤثر (مدثر ۱) ان ھذا الا سحر مبین (مائدۃ ۱۵ انعام ۱ ھود ۱ سبا ۵ صافات ۱) وجاءوا بسحر عظیم (اعراف ۱۴)
فلناتینک بسحر مثلہ (طہ ۳) بل نحن قوم مسحورون (حجر ۱) افسحر ھذا ام انتم لا تبصرون (طور ۱) ان ھذا لسحر مبین (یونس ۱) قال موسی
ما جئتم بہ السحر (یونس ۹) یعلمون الناس السحر (بقرہ ۱۲) انہ لکبیرکم الذی علمکم السحر (طہ ۳ شعراء ۳) افتاتون السحر (انبیاء ۱) وما
اکرھتنا علیہ من السحر (طہ ۳) قالوا سحران تظاھرا (قصص ۵) والقی السحرۃ ساجدین (اعراف ۱۴) فالقی السحرۃ ساجدین
(شعراء ۳) وجاء السحرۃ فرعون (اعراف ۱۴) فالقی السحرۃ سجدا (طہ ۳) فجمع السحرۃ لمیقات یوم معلوم (شعراء ۳) فلما جاء السحرۃ (شعراء
یونس ۸) لتخرجنا من ارضنا بسحرک (طہ ۳) سحروا اعین الناس (اعراف ۱۴) یریدان یخرجاکم من ارضکم بسحرھما (طہ ۳) یخیل
الیہ من سحرھم (طہ ۳) فسحقا لاصحاب السعیر (ملک ۱) فی مکان سحیق (حج ۴) **فصل الخاء**
سخر اللہ منہم (توبہ ۹) وھو الذی سخر لکم البحر (نحل ۲) الم تر ان اللہ سخر لکم (حج ۷) الم تروا ان اللہ سخر لکم (لقمان ۳) اللہ الذی سخر
لکم البحر (جاثیۃ ۲) وسخر الشمس والقمر (رعد ۱ لقمان ۳ ملائکۃ ۲ زمر ۱ عنکبوت ۶) وسخر لکم الفلک (ابراہیم ۵) وسخر لکم
الشمس والقمر دائبین (ابراہیم ۵) وسخر لکم الانہار (ابراہیم ۵) وسخر لکم اللیل والنہار (ابراہیم ۵ نحل ۲) وسخر لکم ما فی السموات
وما فی الارض (جاثیۃ ۲) وتقولوا سبحان الذی سخر لنا ھذا (زخرف ۱) انا سخرنا الجبال معہ (ص ۲) فسخرنا لہ الریح
(ص ۳) وسخرنا مع داود الجبال (انبیاء ۵) کذلک سخرناھا لکم (حج ۵) فحاق بالذین سخروا (انعام ۱ انبیاء ۳) سخروا منہ (ھود ۴)
کذلک سخرناھا لکم (حج ۵) سخرھا علیہم سبع لیال (حاقۃ ۱) فاتخذتموھم سخریا (مؤمنون ۶) اتخذناھم سخریا (ص ۵) لیتخذ بعضہم
بعضا سخریا (زخرف ۳) کمن باء بسخط من اللہ (آل عمران ۱۷) ان سخط اللہ علیہم (مائدۃ ۱۱) **فصل الدال**
وجعلنا من بین ایدیہم سدا ومن خلفہم سدا (یس ۱) علی ان تجعل بیننا وبینہم سدا (کہف ۱۱) فی سدر مخضود (واقعۃ ۱)

ترتیب فضل من [illegible] لیسجننّ (یوسف ع۱۳)

وشيء من سدر قليل (سبا ٢) عند سدرة المنتهى (نجم ٢) اذ يغشى السدرة (نجم ٢) ولابويه لكل واحد منهما
السدس (نساء ٢) فان كان له اخوة فلامه السدس (نساء ٢) فلكل واحد منهما السدس (نساء ٢) ان يترك سدى (قيامة ٢)
قولا سديدا (نساء ١) وقولوا قولا سديدا (احزاب ٧) حتى اذا بلغ بين السدين (كهف ١)

فصل الراء

فانه يعلم السر واخفى (طه ١) الذي يعلم السر في السموات والارض (فرقان ١) ولكن لا تواعدوهن سرا (بقرة ٣٢) سرا وعلانية
(بقرة ٢٨ رعد ٣ ابراهيم ٥ ملائكة ٤) فهو ينفق منه سرا وجهرا (نحل ٨) الذين ينفقون في السراء والضراء (آل عمران ١٤)
وقالوا قد مس اباءنا الضراء والسراء (اعراف ١) يوم تبلى السرائر (طارق ١) كسراب بقيعة (نور ٥) فكانت سرابا
(نبا ١) وجعل لكم سرابيل (نحل ٩) تقيكم الحر وسرابيل (نحل ٩) سرابيلهم من قطران (ابراهيم ٥) وجعل فيها سراجا
(فرقان ٧) وجعل الشمس سراجا وهاجا (نبا ١) وسراجا منيرا (احزاب ٥) واسرحكن سراحا جميلا (احزاب ٣) وسرحوهن
سراحا جميلا (احزاب ٥) احاط بهم سرادقها (كهف ٤) يوم تشقق الارض عنهم سراعا (ق ٣) يوم يخرجون من الاجداث
سراعا (معارج ٥) فاتخذ سبيله في البحر سربا (كهف ٧) او سرحوهن بمعروف (بقرة ٣٠) وقدر في السرد (سبا ٢)
فيها سرر مرفوعة (غاشية ٢) على سرر متقابلين (حجر ٤ صافات ٥) متكئين على سرر مصفوفة (طور ٢) على سرر موضونة
(واقعة ٢) ولبيوتهم ابوابا وسررا (زخرف ٤) فقولوا ان ابنك سرق (يوسف ٩) يعلم سركم وجهركم (انعام ٢) قل ارايتم
ان جعل الله عليكم الليل سرمدا (قصص ٨) قل ارايتم ان جعل الله عليكم النهار سرمدا (قصص ٩) ولقيهم نضرة وسرورا
(انسان ٢) ان الله يعلم سرهم ونجويهم (توبة ٨) ام يحسبون انا لا نسمع سرهم (زخرف ٨) قد جعل ربك تحتك سريا (مريم ٢)
والله سريع الحساب (بقرة ٢١ نور ٥) فان الله سريع الحساب (آل عمران ٢) ان الله سريع الحساب (آل عمران ٢ مائدة ١ ابراهيم
مؤمن ٢) ان ربك سريع العقاب (انعام ١٧) ان ربك لسريع العقاب (اعراف ١٧)

فصل الطاء

والى الارض كيف سطحت (غاشية ١)

فصل العين

ولم يؤت سعة من المال (بقرة ٢٥) لينفق ذو سعة من
سعته (طلاق ١) ولا ياتل اولوا الفضل منكم والسعة (نور ٣) يغن الله كلا من سعته (نساء ٣) واما الذين سعدوا
(هود ١٠) ان المجرمين لفي ضلال وسعر (قمر ٤) انا اذا لفي ضلال وسعر (قمر ٣) واذا الجحيم سعرت (تكوير ٢) والذين سعوا
في اياتنا (حج ٦ سبا ١) واذا تولى سعى في الارض (بقرة ٢٥) وان ليس للانسان الا ما سعى (نجم ٤) يوم يتذكر الانسان ما سعى (نازعات ٢)
وسعى في خرابها (بقرة ١٤) وسعى لها سعيها (اسرائيل ٢) فلما بلغ معه السعي (صافات ١) ثم ادعهن ياتينك سعيا (بقرة ٦)
فمنهم شقي وسعيد (هود ١٠) ويهديه الى عذاب السعير (حج ١) نذقه من عذاب السعير (سبا ٢) ليكونوا من اصحاب السعير
(ملائكة ١) اولو كان الشيطان يدعوهم الى عذاب السعير (لقمان ٣) واعتدنا لهم عذاب السعير (ملك ١) ما كنا في اصحاب السعير
(ملك ١) فسحقا لاصحاب السعير (ملك ٢) فريق في الجنة وفريق في السعير (شورى ١) وسيصلون سعيرا (نساء ١) وكفى بجهنم سعيرا
(نساء ٨) كلما خبت زدناهم سعيرا (اسرائيل ١) واعتدنا لمن كذب بالساعة سعيرا (فرقان ٢) واعد لهم سعيرا (احزاب ٧) فانا اعتدنا
للكافرين سعيرا (فتح ٢) ويصلى سعيرا (انشقاق ١) سلاسل واغلالا وسعيرا (انسان ١) وكان سعيكم مشكورا (انسان ٢) ان سعيكم
لشتى (ليل ١) وان سعيه سوف يرى (نجم ٤) فلا كفران لسعيه (انبياء ١) وسعى لها سعيها (اسرائيل ٢) لسعيها راضية
(غاشية ١) فاولئك كان سعيهم مشكورا (اسرائيل ٢) الذين ضل سعيهم (كهف ١)

فصل الفاء

قال يا قوم ليس بي سفاهة (اعراف ٧) انا لنريك في سفاهة (اعراف ٧) فمن كان منكم مريضا او على سفر (بقرة ١٩) ومن كان مريضا او
على سفر (بقرة ١٩) وان كنتم على سفر (بقرة ٢٩) وان كنتم مرضى او على سفر (نساء ٥ مائدة ١) لو كان عرضا قريبا وسفرا قاصدا (توبة ٥)
بايدي سفرة كرام بررة (عبس ١) لقد لقينا من سفرنا هذا نصبا (كهف ٧) وجعل كلمة الذين كفروا السفلى (توبة ٥) الا من سفه
نفسه (بقرة ١٤) قد خسر الذين قتلوا اولادهم سفها (انعام ١٧) انؤمن كما امن السفهاء (بقرة ٢) الا انهم هم السفهاء (بقرة ٢)
سيقول السفهاء (بقرة ١٧) اتهلكنا بما فعل السفهاء منا (اعراف ١٩) ياخذ كل سفينة غصبا (كهف ٨) ولا تؤتوا السفهاء اموالكم
(نساء ١) اما السفينة فكانت لمساكين (كهف ١) فانجيناه واصحاب السفينة (عنكبوت ٢) حتى اذا ركبا في السفينة (كهف ٨) فان
كان الذي عليه الحق سفيها (بقرة ٣٩) سفيهنا على الله شططا (جن ١)

فصل القاف

وجعل الشمس سراجا (نوح ٢)

اجعلتم سقاية الحاج (توبة ٣) جعل السقاية في رحل اخيه (يوسف ٨) ساصليه سقر (مدثر ١) ذوقوا مس سقر
(قمر ٣) وما ادريك ما سقر (مدثر ١) ما سلككم في سقر (مدثر ٢) ولما سقط في ايديهم (اعراف ١٨) الا في الفتنة سقطوا
(توبة ٧) فخر عليهم السقف (نحل ٣) والسقف المرفوع (طور ١) لبيوتهم سقفا من فضة (زخرف ٣) وجعلنا السماء سقفا
(انبياء ٣) سقناه لبلد ميت (اعراف ٧) فسقناه الى بلد ميت (ملائكة ١) وسقوا ماء حميما (قتال ٢) فسقى لهما ثم تولى الى الظل
(قصص ٣) ليجزيك اجر ما سقيت لنا (قصص ٣) فقال اني سقيم (صافات ٣) وهو سقيم (صافات ٥) ناقة الله وسقيها
(شمس ١) وسقيهم ربهم شرابا طهورا (انسان ١)

فصل الكاف

لا تقربوا الصلوة وانتم
سكارى (نساء ٧) وترى الناس سكارى وما هم بسكارى (حج ١) ولما سكت عن موسى الغضب (اعراف ١٩) تتخذون منه
سكرا (نحل ٧) انما سكرت ابصارنا (حجر ٢) وجاءت سكرت الموت (ق ٢) انهم لفي سكرتهم يعمهون (حجر ٥) ان صلوتك سكن
لهم (توبة ١٣) وله ما سكن في الليل والنهار (انعام ٢) وجعل الليل سكنا (انعام ١٠) من بيوتكم سكنا (نحل ١١) اسكنوهن من حيث
سكنتم من وجدكم (طلاق ١) وسكنتم في مساكن الذين ظلموا انفسهم (ابراهيم ٥) واتت كل واحدة منهن سكينا (يوسف ٤)
فيه سكينة من ربكم (بقرة ٣٢) هو الذي انزل السكينة (فتح ١) فانزل السكينة عليهم (فتح ٢) فانزل الله سكينته على
رسوله (فتح ٣) ثم انزل الله سكينته على رسوله (توبة ٣) فانزل الله سكينته عليه (توبة ٥)

فصل اللام

سل بني اسرائيل (بقرة ٢٦) انا اعتدنا للكافرين سلاسل واغلالا (انسان ١) اذ الاغلال في اعناقهم والسلاسل (مؤمن ٨)
ثم جعل نسله من سلالة (سجدة ١) من سلالة من طين (مؤمنين ١) فقل سلام عليكم (انعام ٦) سلام عليكم (اعراف ٥ رعد ٣
نحل ٤ قصص ٦ زمر ٨) وتحيتهم فيها سلام (يونس ١) تحيتهم فيها سلام (ابراهيم ٤) قالوا سلاما قال سلام (هود ٧) قال سلام
عليك (مريم ٣) سلام على ابراهيم (صافات ٣) تحيتهم يوم يلقونه سلام (احزاب ٦) سلام قولا من رب رحيم (يس ٤) سلام على نوح
في العالمين (صافات ٣) سلام على موسى وهارون (صافات ٤) سلام على الياسين (صافات ٥) وقل سلام فسوف يعلمون (زخرف ٩)
قال سلام قوم منكرون (ذاريات ٢) سلام هي حتى مطلع الفجر (قدر ١) بسلام منا وبركات (هود ٤) ادخلوها بسلام (حجر ٥
ق ٣) فسلام لك من اصحاب اليمين (واقعة ٣) وسلام عليه يوم ولد (مريم ١) قل الحمد لله وسلام على عباده (نمل ٥) وسلام
على المرسلين (صافات ٥) الملك القدوس السلام (حشر ٣) ولا تقولوا لمن القى اليكم السلام (نساء ١٣) سبل السلام (مائدة ٣) لهم
دار السلام عند ربهم (انعام ١٥) والله يدعوا الى دار السلام (يونس ٣) والسلام علي يوم ولدت (مريم ٢) والسلام على من اتبع
الهدى (طه ٣) قالوا سلاما (هود ٧ فرقان ٥) فقالوا سلاما (حجر ٤ ذاريات ٢) لا يسمعون فيها لغوا الا سلاما (مريم ٤)
الا قيلا سلاما سلاما (واقعة ١) قلنا يا نار كوني بردا وسلاما (انبياء ٥) ويلقون فيها تحية وسلاما (فرقان ٦) تسمى
سلسبيلا (انسان ١) ثم في سلسلة ذرعها سبعون ذراعا (حاقة ١) انه ليس له سلطان على الذين امنوا (نحل ١٣)
ان عبادي ليس لك عليهم سلطان (حجر ٣ اسرائيل ٧) ام لكم سلطان مبين (صافات ٥) بغير سلطان اتيهم (مؤمن ٤) فأتونا
بسلطان مبين (ابراهيم ٢) وما كان لنا ان نأتيكم بسلطان (ابراهيم ٢) لولا يأتون عليهم بسلطان بين (كهف ٢) او ليأتيني بسلطان
مبين (نمل ٢) اني اتيكم بسلطان مبين (دخان ١) الى فرعون بسلطان مبين (ذاريات ٢) فليأت مستمعهم بسلطان مبين (طور ٢)
لا تنفذون الا بسلطان (رحمن ٣) ما نزل الله بها من سلطان (اعراف ٨) ان عندكم من سلطان (يونس ٧) ما انزل الله بها
من سلطان (يوسف ٥ نجم ١) وما كان لي عليكم من سلطان (ابراهيم ٤) وما كان لنا عليكم من سلطان (صافات ٢) وما كان له عليهم
من سلطان (سبا ٣) وسلطان مبين (هود ٩ مؤمنون ٣ مؤمن ٥) ما لم ينزل به سلطانا (ال عمران ١٦ اعراف ٤ حج ١٠) واولئك
جعلنا لكم عليهم سلطانا مبينا (نساء ١٢) واتينا موسى سلطانا مبينا (نساء ٢٢) اتريدون ان تجعلوا لله عليكم سلطانا مبينا (نساء ٢١)
ما لم ينزل به عليكم سلطانا (انعام ٩) فقد جعلنا لوليه سلطانا (اسرائيل ٤) واجعل لي من لدنك سلطانا (اسرائيل ٩) ونجعل لكما
سلطانا (قصص ٤) ام انزلنا عليهم سلطانا (روم ٤) انما سلطانه على الذين يتولونه (نحل ١٣) هلك عني سلطانيه
(حاقة ١) ولو شاء الله لسلطهم (نساء ١٢) فمن جاءه موعظة من ربه فانتهى فله ما سلف (بقرة ٣٨) ان ينتهوا يغفر لهم ما
قد سلف (انفال ٥) الا ما قد سلف (نساء ٤) عفا الله عما سلف (مائدة ١٣) سلقوكم بالسنة حداد (احزاب ٢) وسلك

لکم فیہا سبلا (طٰہٰ ع) ما سلککم فی سقر (مدثر ۲) کذلک سلکناہ فی قلوب المجرمین (شعراء ۱۲) ام لہم سلّم یستمعون فیہ
(طور ۲) فسلکہ ینابیع فی الارض (زمر ۳) ولکن اللہ سلّم (انفال ۵) والقوا الی اللہ یومئذ السّلم (نحل ۱۲) والقوا الیکم السلم
(نساء ۱۲) ویلقوا الیکم السلم (نساء ۱۲) فالقوا السلم (نحل ۴) فلا تھنوا وتدعوا الی السلم (قتال ۴) ادخلوا فی السلم کافۃ (بقرۃ ۲۵)
وان جنحوا للسلم (انفال ۸) او سلّما فی السماء (انعام ۴) ورجلا سلما لرجل (زمر ۳) ولا جناح علیکم اذا سلّمتم ما اٰتیتم بالمعروف
(بقرۃ ۳۰) فسلّموا علی انفسکم تحیۃ (نور ۹) وسلّموا تسلیما (احزاب ۷) فانزلنا علیکم المنّ والسلوٰی (بقرۃ ۶) ونزلنا علیکم
المنّ والسلوٰی (طٰہٰ ۴) وانزلنا علیہم المنّ والسلوٰی (اعراف ۲۰) سلہم ایّہم بذلک زعیم (نون ۲) الامن اتی اللہ بقلب سلیم
(شعراء ۵) جاء ربہ بقلب سلیم (صافات ۳) لا یحطمنکم سلیمان وجنودہ (نمل ۲) وما کفر سلیمان (بقرۃ ۱۲) وورث سلیمان داود
(نمل ۲) ووھبنا لداود سلیمان (ص ۳) علی ملک سلیمان (بقرۃ ۱۲) واسلمت مع سلیمان (نمل ۳) ففھمنا ھا سلیمان (انبیاء ۶) فلما
جاء سلیمان (نمل ۳) ولقد فتنا سلیمان (ص ۳) وحشر لسلیمان جنودہ (نمل ۲) ولسلیمان الریح (انبیاء ۶ سبا ۲) انہ من سلیمان
(نمل ۳) ویونس وھارون وسلیمان (نساء ۲۳) ومن ذریتہ داود وسلیمان (انعام ۱۰) وداود وسلیمان اذ یحکمان فی الحرث (انبیاء
ولقد اٰتینا داود وسلیمان علما (نمل ۲) **فصل المیم** حتی یلج الجمل فی سم الخیاط (اعراف ۵) ویا سماء
اقلعی (ھود ۴) واوحی فی کل سماء امرھا (فصلت ۲) ومن اٰیاتہ ان تقوم السّماء والارض بامرہ (روم ۳) ویوم تشقق السماء
(فرقان ۳) یوم تاتی السماء (دخان ۱) فما بکت علیہم السماء (دخان ۱) یوم تمور السماء مورا (طور ۱) فاذا انشقت السماء (رحمٰن ۳)
وانشقت السماء (حاقۃ ۱) السماء منفطر بہ (مزمل ۱) وفتحت السماء فکانت ابوابا (نباء ۲) یوم تکون السماء کالمھل (معارج ۲) وارسلنا
السّماء علیہم مدرارا (انعام ۱) یرسل السماء علیکم مدرارا (ھود ۵ نوح ۱) وما خلقنا السماء والارض (انبیاء ۲ ص ۳) و
جعلنا السماء سقفا (انبیاء ۳) یوم نطوی السماء (انبیاء ۷) ویمسک السماء (حج ۹) او تسقط السماء (اسرائیل ۱۰) ولقد زینا السماء
(ملک ۱) وزینا السماء الدنیا (فصلت ۲) انا زینا السماء الدنیا (صافات ۱) وانا لمسنا السّماء (جن ۱) والسحاب المسخر بین السّماء والارض
(بقرۃ ۲۰) لا تفتح لہم ابواب السماء (اعراف ۵) ففتحنا ابواب السماء (قمر ۱) کعرض السماء والارض (حدید ۳) مسخرات فی جو السماء (نحل
فورب السماء والارض (ذاریات ۱) اذا السماء انشقت (انشقاق ۱) اذا السماء انفطرت (انفطار ۱) واذا السماء کشطت (تکویر ۱)
ثم استوی الی السماء (بقرۃ ۳ فصلت ۲) فلیمدد بسبب الی السماء (حج ۲) افلم ینظروا الی السماء (ق ۱) والی السماء کیف رفعت
(غاشیۃ ۱) ام السماء بنٰہا (نازعات ۱) قد نری تقلب وجھک فی السماء (بقرۃ ۱۷) ان اللہ لا یخفی علیہ شیء فی الارض ولا
فی السماء (اٰل عمران ۱) او سلما فی السماء (انعام ۴) اصلہا ثابت وفرعہا فی السماء (ابراھیم ۴) کانما یصعد فی السماء (انعام ۱۵) من
مثقال ذرۃ فی الارض ولا فی السماء (یونس ۷) وما یخفی علی اللہ من شیء فی الارض ولا فی السماء (ابراھیم ۶) وما انتم بمعجزین فی
الارض ولا فی السماء (عنکبوت ۲) ولقد جعلنا فی السماء بروجا (حجر ۲) قال ربی یعلم القول فی السماء (انبیاء ۱) الم تعلم ان اللہ یعلم
ما فی السماء والارض (حج ۹) او ترقی فی السماء (اسرائیل ۱۰) وما من غائبۃ فی السماء (نمل ۶) تبارک الذی جعل فی السماء بروجا
(فرقان ۶) فیبسطہ فی السماء (روم ۵) وھو الذی فی السماء الٰہ (زخرف ۷) ءامنتم من فی السماء (ملک ۲) ام امنتم من فی السماء
(ملک ۲) وفی السماء رزقکم (ذاریات ۱) او کصیب من السماء (بقرۃ ۲) وانزل من السماء ماء (بقرۃ ۳، ابراھیم ۵ طٰہٰ ۲)
فانزلنا علی الذین رجزا من السماء (بقرۃ ۶) ان تنزل علیہم کتابا من السماء (نساء ۱) ھل یستطیع ربک ان ینزل علینا مائدۃ من السماء ظلموا
(مائدۃ ۱۵) اللّٰھم ربنا انزل علینا مائدۃ من السماء (مائدۃ ۱۵) وھو الذی انزل من السماء ماء (انعام ۱۰) لفتحنا علیہم برکات من السماء
والارض (اعراف ۱۲) وینزل علیکم من السماء ماء (انفال ۲) فارسلنا علیہم من السماء (اعراف ۲۰) فامطر علینا حجارۃ من السماء
(انفال ۴) کما انزلناہ من السماء (یونس ۳ کہف ۶) قل من یرزقکم من السماء والارض (یونس ۴) ومن یرزقکم من السماء والارض (نمل ۵)
یرزقکم من السماء والارض (ملائکۃ ۱) ولو فتحنا علیہم بابا من السماء (حجر ۱) فانزلنا من السماء ماء (حجر ۲) فکانما خر من السماء (حج ۴)
الم تر ان اللہ انزل من السماء (حج ۹ زمر ۳ ملائکۃ ۴) انزل من السماء ماء (رعد ۲) ھو الذی انزل من السماء (نحل ۱) وانزل لکم
من السماء ماء (نمل ۵) وانزلنا من السماء ماء (لقمان ۱) وینزل لکم من السماء رزقا (مؤمن ۲) واللہ انزل من السماء (نحل ۸) لنزلنا
علیہم من السماء (اسرائیل ۱۰) ویرسل علیکم حسبانا من السماء (کہف ۵) وینزل من السماء من جبال (نور ۶) وانزلنا من السماء

ماء (مؤمنين ٢) (فرقان ٥) (لقمان ١) ان نشأ ننزل عليهم من السماء اية (شعراء ١) فاسقط علينا كسفا من السماء (شعراء ١٩) جزا
من السماء (عنكبوت ٤) ولئن سألتهم من نزل من السماء (عنكبوت ٧) وينزل من السماء ماء (روم ٣) يدبر الامر من السماء
(سجدة ١) وما ينزل من السماء (سبا ١ حديد ١) وما خلفهم من السماء (سبا ١) او نسقط عليهم كسفا من السماء (سبا ١) من جند من
السماء (يس ٣) وان يروا كسفا من السماء (طور ٥) والذى نزل من السماء (زخرف ٢) وما انزل الله من السماء (جاثية ١)
ونزلنا من السماء ماء (ق ١) والسماء بناء (بقرة ٣ مؤمن ٧) والسماء بنيناها بايد (ذاريات ٥) والسماء رفعها (رحمن ١)
والسماء ذات الحبك (ذاريات ١) والسماء ذات البروج (بروج ١) والسماء والطارق (طارق ١) والسماء ذات الرجع (طارق ٢)
والسماء وما بنها (شمس ١) سمّاعون للكذب (مائدة ٦ مرتين) سماعون لقوم اخرين (مائدة ٥) وفيكم سماعون لهم
(توبة ٥) سبع بقرات سمان (يوسف ٥) في سبع بقرات سمان (يوسف ٥) قد سمع الله قول التى تجادلك (مجادلة ١) لقد
سمع الله قول الذين قالوا (ال عمران ١٩) ام من يملك السّمع والابصار (يونس ٤) ما كانوا يستطيعون السمع (هود ٢) وهو الذى
انشألكم السمع والابصار (مؤمنين ٥) الا من استرق السمع (حجر ٢) يلقون السمع (شعراء ١٢) وجعل لكم السمع والابصار (نحل ٨
سجدة ١ ملك ٢) والقى السمع وهو شهيد (ق ٤) ان السمع والبصر والفؤاد (اسرائيل ٤) انهم عن السمع لمعزولون (شعراء ١٢)
مقاعد للسمع (جن ١) فكانوا لا يستطيعون سمعًا (كهف ١١) وجعلنا لهم سمعا وابصارا (احقاف ٣) فلما سمعت
بمكرهن (يوسف ٤) ان اذا سمعتم ايات الله (نساء ٤) لولا اذ سمعتموه (نور ١) ولولا اذ سمعتموه (نور ٢) قل ارايتم
ان اخذ الله سمعكم (انعام ٥١) ان يشهد عليكم سمعكم ولا ابصاركم (فصلت ٣) قالوا سمعنا وعصينا (بقرة ١٠) وقالوا
سمعنا واطعنا (بقرة ٤٩) ويقولون سمعنا وعصينا (نساء ٥) ربنا اننا سمعنا مناديا (ال عمران ٢) ولو انهم قالوا سمعنا (نساء ٥)
اذ قلتم سمعنا واطعنا (مائدة ١) ولا تكونوا كالذين قالوا سمعنا وهم لا يسمعون (انفال ٣) قالوا قد سمعنا (انفال ٤) قالوا سمعنا فتى
(انبياء ٤) ان يقولوا سمعنا واطعنا (نور ٥) قالوا يا قومنا انا سمعنا كتابا (احقاف ٣) فقالوا انا سمعنا قرانا عجبا (جن ١) ما سمعنا
بهذا في الملة الاخرة (ص ١) ما سمعنا بهذا في اباءنا الاولين (مؤمنين ٣) وانا لما سمعنا الهدى (جن ٢) وما سمعنا بهذا فى اباءنا
الاولين (قصص ٤) ربنا ابصرنا وسمعنا (سجدة ٢) سمعوا لها تغيظا وزفيرا (فرقان ٢) سمعوا لها شهيقا (ملك ١) واذا سمعوا
ما انزل الى الرسول (مائدة ١) واذا سمعوا اللغو (قصص ٥) لما سمعوا الذكر (نون ٢) ولو سمعوا ما استجابوا لكم (ملائكة ٢) فمن
بدله بعد ما سمعه (بقرة ١٩) وختم على سمعه (جاثية ٣) شهد عليهم سمعهم (فصلت ٢) اغنى عنهم سمعهم (احقاف)
ولو شاء الله لذهب بسمعهم (بقرة ٢) وعلى سمعهم وعلى ابصارهم (بقرة ١) طبع الله على قلوبهم وسمعهم (نحل ١١) رفع
سمكها فسوّيها (نازعات ٣) فسويهن سبع سموات (بقرة ٣) فقضيهن سبع سموات (فصلت ٢) الله الذى خلق سبع
سموات (طلاق ٢) الم تروا كيف خلق الله سبع سموات طباقا (نوح ٢) الذى خلق سبع سموات طباقا (ملك ١) وجنة عرضها
السّموات والارض (ال عمران ١٤) ما دامت السموات والارض (هود ١١) تسبح له السموات السبع (اسرائيل ٥) تكاد السموات
يتفطرن (مريم ٩ شورى ١) لفسدت السموات والارض (مؤمنين ٤) اسباب السّموات فاطلع الى اله موسى (مؤمن ٤)
ان استطعتم ان تنفذوا من اقطار السموات والارض (رحمن ٤) بديع السموات والارض (بقرة ١٢ - انعام ١١) ولله جنود
السموات (فتح مرتين) ولله خزائن السموات والارض (منافقين ١) ومن اياته خلق السموات والارض (شورى ٣ روم ٣)
خلق السموات بغير عمد ترونها (لقمان ١) ما اشهدتهم خلق السموات (كهف ٧) ما خلق السموات والارض وما بينهما (روم ١)
ولئن سألتهم من خلق السموات والارض (عنكبوت ٧ لقمان ٣ زمر ٤ زخرف ١) امن خلق السموات والارض (نمل ٧) خلق
الله السموات والارض بالحق (جاثية ٣) ان في خلق السموات والارض (بقرة ٧١) ولقد خلقنا السموات والارض (ق ٤)
ما خلقنا السموات والارض وما بينهما الا بالحق (احقاف ١) وما خلقنا السموات والارض وما بينهما الا بالحق (حجر ٥) وما
خلقنا السموات والارض وما بينهما لاعبين (دخان ٤) ام خلقوا السموات والارض (طور ٤) رب السموات والارض (
مريم ٧ دخان ١ نبا ٤) رب السموات والارض وما بينهما (ص ٧) اذ قاموا فقالوا ربنا رب السموات والارض (كهف ٢)
قل من رب السموات والارض (رعد ٢) الا رب السموات والارض (اسرائيل ١١) قل من رب السموات السبع (مؤمنين ٧)

قل بل ربکم رب السموات والارض (انبیاء ۵) سبحان رب السموات والارض رب العرش عما یصفون (زخرف ۷) قال رب
السموات والارض وما بینهما (شعراء ۲) رب السموات ورب الارض (جاثیۃ ۴) الله الذی رفع السموات (رعد ۱) انی اعلم
غیب السموات (بقرہ ۴) ولله غیب السموات والارض (هود ۱۰ نحل ۱۰) له غیب السموات (کهف ۳) ان الله عالم غیب السموات
والارض (ملائکۃ ۵) ان الله یعلم غیب السموات والارض (حجرات ۲) فاطر السموات والارض (انعام ۲ یوسف ۱۱-ابراهیم
۲ شوری ۲) الحمد لله فاطر السموات والارض (ملائکۃ ۱) للذی فطر السموات والارض (انعام ۹) وسع کرسیه السموات
والارض (بقرہ ۴) له مقالید السموات والارض (زمر ۷ شوری ۲) ملک السموات (انفطار ۹) وکذلک نری ابراهیم ملکوت
السموات والارض (انعام ۹) اولم ینظروا فی ملکوت السموات والارض (اعراف ۳) وله میراث السموات والارض (آل عمران ۱۸
حدید ۱) الله نور السموات والارض (نور ۵) ان الله یمسک السموات والارض ان تزولا (ملائکۃ ۵) ان السموات والارض
کانتا رتقا (انبیاء ۳) انا عرضنا الامانۃ علی السموات والارض (احزاب ۹) وهو الله فی السموات وفی الارض (انعام ۱)
ثقلت فی السموات والارض (اعراف ۲۳) وما خلق الله فی السموات والارض (یونس ۱) وله الحمد فی السموات والارض (روم ۲)
قل اتنبئون الله بما لا یعلم فی السموات ولا فی الارض (یونس ۲) قل انظروا ماذا فی السموات والارض (یونس ۱۱) وکاین من آیۃ فی
السموات والارض (یوسف ۱۲) او فی السموات او فی الارض (لقمان ۲) لا یعزب عنه مثقال ذرۃ فی السموات (سبا ۱) الذی یعلم
السر فی السموات والارض (فرقان ۱) وله المثل الاعلی فی السموات والارض (روم ۳) لا یملکون مثقال ذرۃ فی السموات (سبا ۳)
ام لهم شرک فی السموات (ملائکۃ ۴-احقاف ۱) وما کان الله لیعجزہ من شیء فی السموات ولا فی الارض (ملائکۃ ۵) ان فی السموات
والارض (جاثیۃ ۱) وله الکبریاء فی السموات (جاثیۃ ۴) وکم من ملک فی السموات (نجم ۳) الذی یخرج الخبء فی السموات والارض (نمل ۲)
لله ما فی السموات وما فی الارض (بقرہ ۴۰) وان تکفروا فان لله ما فی السموات وما فی الارض (نساء ۱۹) وان تکفروا فان
لله ما فی السموات والارض (نساء ۱۷) ذلک لتعلموا ان الله یعلم ما فی السموات والارض (مائدۃ ۱۳) الا ان لله ما فی السموات
والارض (یونس ۷ نور ۷) لله ما فی السموات والارض (لقمان ۳) والله یعلم ما فی السموات وما فی الارض (حجرات ۲) ذلک لتعلموا
ان الله یعلم ما فی السموات وما فی الارض (مائدۃ ۱۳) سبح لله ما فی السموات والارض (حدید ۱) سبح لله ما فی السموات وما فی الارض
(حشر، صف ۱) یسبح لله ما فی السموات وما فی الارض (جمعۃ، تغابن ۱) وله ما فی السموات والارض (نحل ۷) الله الذی له ما فی
السموات وما فی الارض (ابراهیم ۱) الحمد لله الذی له ما فی السموات وما فی الارض (سبا ۱) یسبح له ما فی السموات والارض (حشر ۳)
ویعلم ما فی السموات وما فی الارض (آل عمران ۳) الم تر ان الله یعلم ما فی السموات وما فی الارض (مجادلۃ ۱) قل لمن ما فی السموات و
الارض (انعام ۲) له ما فی السموات وما فی الارض (یونس، طہ، حج ۷) ولله یسجد ما فی السموات وما فی الارض (نحل ۵) الم تروا
ان الله سخر لکم ما فی السموات (لقمان ۲) وسخر لکم ما فی السموات وما فی الارض جمیعا (جاثیۃ ۲) والله یعلم ما فی السموات وما فی
الارض (حجرات ۲) ولله ما فی السموات وما فی الارض (آل عمران ۱۱-۱۳ نساء ۱۳-۱۴ مرتین نجم ۳) یعلم ما فی السموات والارض
(عنکبوت ۶ تغابن ۱) یعلم ما فی السموات وما فی الارض (عنکبوت ۶) الم تر ان الله یسبح له من فی السموات والارض (نور ۵)
یسأله من فی السموات والارض (رحمن ۲) وله اسلم من فی السموات والارض (آل عمران ۹) ان کل من فی السموات والارض
(مریم ۱) الم تر ان الله یسبح له من فی السموات والارض (نور ۵) ولله یسجد من فی السموات والارض (رعد ۲ نحل ۵) وله من فی
السموات والارض (انبیاء ۲) الم تر ان الله یسجد له من فی السموات ومن فی الارض (حج ۲) قل لا یعلم من فی السموات والارض الغیب
الا الله (نمل ۵) ففزع من فی السموات ومن فی الارض (نمل ۷) فصعق من فی السموات (زمر ۷) الا ان لله من فی السموات ومن
فی الارض (یونس ۷) وربک اعلم بمن فی السموات (اسرائیل ۶) ما یملک لهم رزقا من السموات والارض (نحل ۸) قل من یرزقکم
من السموات والارض (سبا ۳) تنزیلا ممن خلق الارض والسموات العلی (طہ ۱) والجان خلقناه من قبل من نار السموم
(حجر ۳) ووقینا عذاب السموم (طور ۱) فی سموم وحمیم (واقعۃ ۲) قل سموهم (رعد ۴) سمیا هل تعلم (مریم ۷)
لم نجعل له من قبل سمیا (مریم ۱) سمیتموها انتم وآباؤکم (اعراف ۷ یوسف ۴ نجم ۳) وانی سمیتها مریم (آل عمران ۴)
ان الله سمیع علیم (بقرہ ۱۹-۲۴، ۲۴-انفال ۲ حجرات ۱) والله سمیع علیم (بقرہ ۲۳-۲۶-آل عمران ۴-۱۳-توبۃ ۱۱ نور ۳-۴)

فان الله سميع عليم (بقرة ٣٢) انك سميع الدعاء (آل عمران ٤) انه سميع عليم (اعراف ٢٤) وان الله سميع عليم (انفال ٧) انه
سميع قريب (سبا ٦) وان الله سميع بصير (حج ٧) ان الله سميع بصير (حج ٨ لقمان ٣ مجادلة ١) ان ربي لسميع الدعاء (ابراهيم ٦)
وان الله لسميع عليم (انفال ٦) انك انت السميع العليم (بقرة ١٣- آل عمران ٤) انه هو السميع العليم (يوسف ٤- انفال ٧
شعراء ٢٢ فصلت ٤ دخان ١) والله هو السميع العليم (مائدة ١٠) هو السميع العليم (يونس ٧) انه هو السميع البصير (اسرائيل ١)
مؤمن ٦) ان الله هو السميع البصير (مؤمن ٢) وهو السميع العليم (بقرة ١٤- انعام ١٢ مرتين ٢٨- انبيا ١ عنكبوت ١-٦) وهو السميع
البصير (شورى ٢) والاصم والبصير و السميع (هود ٣) ان الله كان سميعا بصيرا (نساء ٦) وكان الله سميعا بصيرا
(نساء ٢٠) وكان الله سميعا عليما (نساء ٢١) فجعلناه سميعا بصيرا (انسان ١) هو سميكم المسلمين (حج ١٠) فجاء بعجل سمين

فصل النون

(ذاريات ٣) والسن بالسن والجروح قصاص (مائدة ٧) يكاد سنا برقه (نور ٥)
كمثل حبة انبتت سبع سنابل (بقرة ٣٧) وسبع سنبلات خضر (يوسف ٥ مرتين) في كل سنبلة مائة حبة (بقرة ٣٧)
فذروه في سنبله (يوسف ٦) تأخذه سنة ولا نوم (بقرة ٣٤) قال فانها محرمة عليهم اربعين سنة (مائدة ٤) وبلغ
اربعين سنة (احقاف ٢) لو يعمر الف سنة (بقرة ١١) كالف سنة مما تعدون (حج ٦) فلبث فيهم الف سنة (عنكبوت ٢) كان مقداره
الف سنة مما تعدون (سجدة ١) مقداره خمسين الف سنة (معارج ١) فقد مضت سنة الاولين (انفال ٥) ولا ان تأتيهم سنة
الاولين (كهف ٦) وقد خلت سنة الاولين (حجر ١) سنة من قد ارسلنا قبلك (اسرائيل ٨) سنة الله في الذين خلوا من قبل (احزاب ٧-٨)
سنة الله التي قد خلت (مؤمن ٩ فتح ٣) الا سنة الاولين (ملائكة ٥) ولن تجد لسنة الله تبديلا (احزاب ٧ فتح ٣) ولن تجد لسنة
الله تحويلا (ملائكة ٥) فلن تجد لسنة الله تبديلا (ملائكة ٥) ولن تجد لسنتنا تحويلا (اسرائيل ٨) ويلبسون ثيابا خضرا من
سندس (كهف ٤) يلبسون من سندس (دخان ٣) عليهم ثياب سندس (انسان ١) قد خلت من قبلكم سنن (آل عمران ١٤)
ويهديكم سنن الذين من قبلكم (نساء ٥) فلبث في السجن بضع سنين (يوسف ٥) قال تزرعون سبع سنين دأبا (يوسف ٦)
في الكهف سنين عددا (كهف ٢) ثلث مائة سنين (كهف ٣) فلبثت سنين في اهل مدين (طه ٢) قال كم لبثتم في الارض عدد سنين
(مؤمنين ٦) ولبثت فينا من عمرك سنين (شعراء ٢) افرايت ان متعناهم سنين (شعراء ١١) سيغلبون في بضع سنين (روم ١) وطور
سينين (تين ١) لتعلموا عدد السنين (يونس ١) ولتعلموا عدد السنين والحساب (اسرائيل ٢) ولقد اخذنا آل فرعون بالسنين

فصل الواو

(اعراف ١٦) لم يمسسهم سوء (آل عمران ١٨) اولئك لهم سوء الحساب (رعد ٢) اولئك لهم
سوء العذاب (نمل ١) ولهم سوء الدار (رعد ٣ مؤمن ٦) افمن زين له سوء عمله (ملائكة ١) كذلك زين لفرعون سوء عمله (مؤمن ٤)
وحاق بآل فرعون سوء العذاب (مؤمن ٥) كمن زين له سوء عمله (قتال ٢) زين لهم سوء اعمالهم (توبة ٥) يسومونكم سوء
العذاب (بقرة ٥- اعراف ١٥-١٧- ابراهيم ١) يسومهم سوء العذاب (اعراف ١٧) سنجزي الذين يصدفون عن آياتنا سوء العذاب
(انعام ٢٠) ويخافون سوء الحساب (رعد ٣) افمن يتقي بوجهه سوء العذاب (زمر ٣) ان اراد بكم سوءا (احزاب ٢) واذا اراد الله بقوم
سوءا (رعد ٢) ومن يعمل سوءا (نساء ١٦) ان يعمل سوءا يجز به (نساء ١٨) قالت ما جزاء من اراد باهلك سوءا (يوسف ٣) انه من عمل
منكم سوءا بجهالة (انعام ٦) ما كان ابوك امرأ سوء (مريم ٢) تخرج بيضاء من غير سوء (طه ٣ نمل ٢ قصص ٤) انهم كانوا قوم سوء
(انبياء ٨ مرتين) ثم بدل حسنا بعد سوء (نمل ١) ولا تمسوها بسوء (اعراف ٨ هود ٦ شعراء ٨) ان نقول الا اعتراك بعض
آلهتنا بسوء (هود ٥) او تعفوا عن سوء (نساء ٢١) قلن حاش لله ما علمنا عليه من سوء (يوسف ٤) وما عملت من سوء (آل عمران ٣)
ما كنا نعمل من سوء (نحل ٥) من سوء ما بشر به (نحل ٧) من سوء العذاب يوم القيامة (زمر ٥) وما مسني السوء (اعراف ٢٣)
لا يمسهم السوء (زمر ٦) انما التوبة على الله للذين يعملون السوء بجهالة (نساء ٣) كذلك لنصرف عنه السوء (يوسف ٣) وتذوقوا
السوء (نحل ١٣) ثم ان ربك للذين عملوا السوء بجهالة (نحل ١٥) التي امطرت مطر السوء (فرقان ٤) عليهم دائرة السوء (توبة ١٢
فتح ١) للذين لا يؤمنون بالاخرة مثل السوء (نحل ٧) الظانين بالله ظن السوء (فتح ١) وظننتم ظن السوء (فتح ٢) انما يأمركم بالسوء
(بقرة ٢١) لا يحب الله الجهر بالسوء (نساء ٢١) ان النفس لامارة بالسوء (يوسف ٧) ويبسطوا اليكم ايديهم والسنتهم بالسوء
(ممتحنة ١) انجينا الذين ينهون عن السوء (اعراف ٢١) والسوء على الكافرين (نحل ٤) ليريه كيف يواري سوأة اخيه (مائدة ٥)

فاواری سوأت اخی (مائدة ع) یواری سوأتکم وریشا (اعراف ع) بدت لهما سوأتهما (اعراف ع) لیریهما سوأتهما
(اعراف ع) فبدت لهما سوأتهما (طه ع) ماوری عنهما من سوأتهما (اعراف ع) سواء علیهم ءانذرتهم (بقرة ا) سواء
علیکم ادعوتموهم (اعراف ع) سواء منکم من اسر القول (رعد ع) سواء علینا اجزعنا ام صبرنا (ابراهیم ع) قالوا سواء علینا
(شعراء ع) فانتم فیه سواء (روم ع) سواء علیکم (طور ع) سواء استغفرت لهم (منافقین ع) فهم فیه سواء (نحل ع)
فقد ضل سواء السبیل (بقرة ع مائدة ع ممتحنة ا) ان یهدینی سواء السبیل (قصص ع) الذی جعلناه للناس سواء العاکف
فیه والباد (حج ع) سواء للسائلین (فصلت ع) سواء محیاهم ومماتهم (جاثیة ع) الی کلمة سواء بیننا وبینکم (آل عمران ع) واهدنا
الی سواء الصراط (ص ع) خذوه فاعتلوه الی سواء الجحیم (دخان ع) فرآه فی سواء الجحیم (صافات ع) فانبذ الیهم علی
سواء (انفال ع) فقل آذنتکم علی سواء (انبیاء ع) واضل عن السبیل (مائدة ع) وضلوا عن سواء السبیل (مائدة ع) وسواء
علیهم ءانذرتهم ام لم تنذرهم لایؤمنون (یس ع) بسؤال نعجتک الی نعاجه (ص ع) ولا تذرن ودا ولاسواعا (نوح ع)
وغرابیب سود (ملائکة ع) قل فأتوا بعشر سور (هود ع) فضرب بینهم بسور (حدید ع) ان تنزل علیهم سورة
(توبة ع) واذا انزلت سورة (توبة ع) واذا ما انزلت سورة (توبة ع مرتین) سورة انزلناها (نور ع) لولا نزلت سورة
(قتال ع) فاذا انزلت سورة (قتال ع) قل فأتوا بسورة من مثله (یونس ع) فأتوا بسورة من مثله (بقرة ع) فصب علیهم
ربک سوط عذاب (فجر ع) مسحا بالسوق والاعناق (ص ع) فاستوی علی سوقه (فتح ع) الشیطان سول
لهم (قتال ع) قال بل سولت لکم انفسکم امرا (یوسف ع) وکذلک سولت لی نفسی (طه ع) ولا انت مکانا سوی (طه ع)
خلق فسوی (قیامة ع) الذی خلق فسوی (اعلی ع) من اصحاب الصراط السوی (طه ع) ثلث لیال سویا (مریم ع)
فتمثل لها بشرا سویا (مریم ع) فاتبعنی اهدک صراطا سویا (مریم ع) امن یمشی سویا (ملک ع) فاذا سویته (ص ع حجر ع)
ثم سویک رجلا (کهف ع) خلقک فسویک (انفطار ع) ثم سویه ونفخ فیه من روحه (سجدة ع) ونفس وما سوها
(شمس ع) رفع سمکها فسویها (نازعات ع) بذنبهم فسویها (شمس ع) فسویهن سبع سموات (بقرة ع) فضل
الهاء تتخذون من سهولها قصورا (اعراف ع) فضل الیاء خلطوا عملا صالحا وآخر سیئا (توبة ع)
فاصابهم سیئات ما عملوا (نحل ع) فاصابهم سیئات ما کسبوا (زمر ع) وبدا لهم سیئات ما عملوا (جاثیة ع) وبدا لهم سیئات
ما کسبوا (زمر ع) سیصیبهم سیئات ما کسبوا (زمر ع) فوقیه الله سیئات ما مکروا (مؤمن ع) لیقولن ذهب السیئات
عنی (هود ع) والذین کسبوا السیئات (یونس ع) ولیست التوبة للذین یعملون السیئات (نساء ع) ان الحسنات یذهبن السیئات
(هود ع) افامن الذین مکروا السیئات (نحل ع) والذین عملوا السیئات (اعراف ع) الذین عملوا السیئات (قصص ع) وقهم السیئات
(مؤمن ع) ام حسب الذین اجترحوا السیئات (جاثیة ع) ومن تق السیئات (مؤمن ع) ام حسب الذین یعملون السیئات (عنکبوت ع)
ومن قبل کانوا یعملون السیئات (هود ع) والذین یمکرون السیئات (ملائکة ع) ویعفوا عن السیئات (شوری ع) وبلوناهم
بالحسنات والسیئات (اعراف ع) نکفر عنکم سیئاتکم (نساء ع) لاکفرن عنکم سیئاتکم (مائدة ع) ویکفر عنکم سیئاتکم (انفال ع)
ان یکفر عنکم سیئاتکم (تحریم ع) ویکفر عنکم سیئاتکم (بقرة ع) وکفر عنا سیئاتنا (آل عمران ع) یکفر عنه سیئاته (تغابن ع
طلاق ع) ویکفر عنهم سیئاتهم (فتح ع) فاولئک یبدل الله سیئاتهم حسنات (فرقان ع) لنکفرن عنهم سیئاتهم (عنکبوت ع)
لاکفرن عنهم سیئاتهم (آل عمران ع) لکفرنا عنهم سیئاتهم (مائدة ع) کفر عنهم سیئاتهم (قتال ع) ونتجاوز عن سیئاتهم (احقاف ع)
وان تصبکم سیئة (آل عمران ع) وان تصبهم سیئة (نساء ع اعراف ع روم ع شوری ع) من عمل سیئة فلا یجزی الا مثلها
(مؤمن ع) بلی من کسب سیئة (بقرة ع) ومن یشفع شفاعة سیئة (نساء ع) وجزاء سیئة سیئة مثلها (شوری ع) جزاء سیئة
بمثلها (یونس ع) وما اصابک من سیئة فمن نفسک (نساء ع) ولا تستوی الحسنة ولا السیئة (فصلت ع) ثم بدلنا
مکان السیئة (اعراف ع) ویدرءون بالحسنة السیئة (رعد ع قصص ع) ادفع بالتی هی احسن السیئة (مؤمنین ع) ومن جاء
بالسیئة (انعام ع نمل ع قصص ع) ویستعجلونک بالسیئة (رعد ع) قال یا قوم لم تستعجلون بالسیئة (نمل ع) کل ذلک کان سیئه
عند ربک مکروها (اسرائیل ع) وجاءت سیارة (یوسف ع) متاعا لکم وللسیارة (مائدة ع) یلتقطه بعض السیارة

سواء

مَن

یوسف

فسيحوا في الارض (توبة ١) وسيدا وحصورا ونبيا (آل عمران ٤) والفيا سيدها لدى الباب (يوسف ٣) وتسير الجبال
سيرا (طور ١) وقدرنا فيها السير (سبا ٢) ولو ان قرانا سيرت به الجبال (رعد ٤) واذا الجبال سيرت (تكوير ١)
وسيرت الجبال فكانت سرابا (نبا ١) سنعيدها سيرتها الاولى (طه ١) قل سيروا في الارض (انعام ٢ نمل ٥ عنكبوت ٢
روم ٥) وقدرنا فيها السير سيروا فيها (سبا ٢) فسيروا في الارض (آل عمران ١٤ نحل ٥) وسيق الذين كفروا الى جهنم
زمرا (زمر ٨) وسيق الذين اتقوا ربهم الى الجنة زمرا (زمر ٨) فارسلنا عليهم سيل العرم (سبا ٢) فاحتمل السيل زبدا
(رعد ٢) سيماهم في وجوههم (فتح ٣) تعرفهم بسيماهم (بقرة ٣٨) يعرفون كلا بسيماهم (اعراف ٥) يعرفونهم بسيماهم
(اعراف ٥) فلعرفتهم بسيماهم (قتال ٣) يعرف المجرمون بسيماهم (رحمن ٥) تخرج من طور سيناء (مؤمنون ٢) ولما جاءت
رسلنا لوطا سيء بهم (هود ٧) ولما ان جاءت رسلنا لوطا سيء بهم (عنكبوت ٤) ولا يحيق المكر السيء (ملائكة ٥)
استكبارا في الارض ومكر السيء (ملائكة ٥)

باب الشين فصل الهمزة

لو شئت اهلكتهم من قبل (اعراف ١٦) قال لو شئت لاتخذت عليه اجرا (كهف ٨) فان لمن شئت (نور ٧) فاتوا حرثكم انى
شئتم (بقرة ٢٣) فكلوا منها حيث شئتم رغدا (بقرة ٦) وكلوا منها حيث شئتم (اعراف ١٧) فاعبدوا ما شئتم (زمر ٢) اعملوا ما
شئتم (فصلت ٥) وكلا منها رغدا حيث شئتما (بقرة ٤) فكلا من حيث شئتما (اعراف ٢) لكل امرئ منهم يومئذ شأن يغنيه
(عبس ٤) وما تكون في شأن (يونس ٧) كل يوم هو في شأن (رحمن ٢) ولو شئنا لآتينا كل نفس هداها (سجدة ٢) واذا
شئنا بدلنا امثالهم تبديلا (انسان ٢) ولو شئنا لبعثنا (فرقان ٥) ولو شئنا لرفعناه بها (اعراف ٢١) ولو شئنا لآتينا كل نفس
هداها (سجدة ٢) ولئن شئنا لنذهبن (اسرائيل ٩) فاذا استاذنوك لبعض شأنهم (نور ٩)

فصل الالف

ثم اذا شاء انشره (عبس ٢) ان شاء الله امنين (يوسف ١١) فيكشف ما تدعون اليه ان شاء (انعام ٥) فسوف يغنيكم
الله من فضله ان شاء (توبة ٣) تبارك الذي ان شاء جعل لك خيرا (فرقان ١) ستجدني ان شاء الله من الصالحين (قصص ٣)
ويعذب المنافقين ان شاء (احزاب ٣) قال انما يأتيكم به الله ان شاء (هود ٣) قال ستجدني ان شاء الله صابرا (كهف ٧) ستجدني
ان شاء الله من الصابرين (صافات ١١) وقالوا لو شاء الرحمن (زخرف ٢) لو شاء الله ما اشركنا (انعام ١٥) قل لو شاء الله ما
تلوته عليكم (يونس ٢) لو شاء الله ما عبدنا من دونه (نحل ٤) قالوا لو شاء ربنا لانزل ملائكة (فصلت ٢) فلو شاء لهديكم اجمعين
(انعام ١٥) ولو شاء الله لاعنتكم (بقرة ٢٧) ولو شاء الله لجعلكم امة واحدة (مائدة ٧ نحل ١) ولو شاء الله لجمعهم (انعام ٤)
ولو شاء الله لذهب بسمعهم وابصارهم (بقرة ٢) ولو شاء الله لسلطهم (نساء ١) ولو شاء الله لانزل ملائكة (مؤمنين ٢)
ولو شاء الله ما اقتتل الذين من بعدهم (بقرة ٣٦) ولو شاء الله ما اقتتلوا (بقرة ٣٦) ولو شاء الله ما اشركوا (انعام ١) ولو شاء
الله ما فعلوه (انعام ٤) ولو شاء ربك (انعام ٢ يونس ١٠ هود ١١) ولو شاء لهديكم اجمعين (نحل ١) ولو شاء لجعله ساكنا (فرقان ٥)
ولو شاء لجعلهم امة واحدة (شورى ١) الا ما شاء الله (اعراف ٩ يونس ٥-١ اعلى ١) الا ما شاء ربك (هود ٩ مرتين) قلت
ما شاء الله لا قوة الا بالله (كهف ٥) في اي صورة ما شاء ركبك (انفطار ١) ولا يحيطون بشيء من علمه الا بما شاء (بقرة ٣٤)
الا من شاء ان يتخذ الى ربه سبيلا (فرقان ٥) الا من شاء الله (نمل ٧) فمن شاء فليؤمن (كهف ٤) فمن شاء اتخذ الى ربه
سبيلا (انسان ٢ مزمل ١) فمن شاء اتخذ الى ربه مآبا (نبا ٢) فمن شاء ذكره (مدثر ٤ عبس ١) لمن شاء منكم ان يتقدم (مدثر ٢ تكوير ١)
ومن شاء فليكفر (كهف ٤) فاذا هي شاخصة ابصار الذين كفروا (انبياء ٧) فشاربون عليه من الحميم (واقعة ٢)
فشاربون شرب الهيم (واقعة ٢) سائغا للشاربين (نحل ٩) وانهار من خمر لذة للشاربين (قتال ٢) بيضاء لذة للشاربين
(صافات ٥) وشاركهم في الاموال (اسرائيل ٧) نودي من شاطئ الواد الايمن (قصص ٣) ام يقولون شاعر
(طور ٢) بل هو شاعر (انبياء ١) وما هو بقول شاعر (حاقة ٥) لشاعر مجنون (صافات ٢) فما لنا من شافعين (شعراء ٦)
فما تنفعهم شفاعة الشافعين (مدثر ٢) ذلك بانهم شاقوا الله ورسوله (انفال ٢ حشر ١) وشاقوا الرسول
(قتال ٤) فان الله شاكر عليم (بقرة ١٩) وكان الله شاكرا عليما (نساء ٢١) شاكرا لانعمه اجتباه (نحل ٦) اما شاكرا
واما كفورا (انسان ١) فهل انتم شاكرون (انبياء ٧) ولا تجد اكثرهم شاكرين (اعراف ٢) وسيجزي الله الشاكرين

١٩
(آل عمران ١٥) وسنجزي الشاكرين (آل عمران ١٥) اليس الله باعلم بالشاكرين (انعام ٦) لنكونن من الشاكرين (انعام ٧-اعراف
يونس ٢) وكن من الشاكرين (اعراف ١٥ زمر ٧) قل كل يعمل على شاكلته (اسرائيل ٩) وجعلنا فيها رواسي شامخات (مرسلات)
ان شانئك هو الابتر (كوثر ١) وشاورهم في الامر (آل عمران ١٧) وشهد شاهد (يوسف ٣) احقاف ١) ويتلوه
شاهد منه (هود ٢) وشاهد ومشهود (بروج ١) انا ارسلناك شاهدا (احزاب افتح ١) انا ارسلنا اليكم رسولا شاهدا
عليكم (مزمل ١) ام خلقنا الملائكة اناثا وهم شاهدون (صافات ١٥) شاهدين على انفسهم (توبة ٢) وكنا لحكمهم
شاهدين (انبياء ١) فاكتبنا مع الشاهدين (آل عمران ٥ مائدة ١) وانا معكم من الشاهدين (آل عمران ٩) ونكون
عليها من الشاهدين (مائدة ١٢) وانا على ذلكم من الشاهدين (انبياء) وما كنت من الشاهدين (قصص ١)

فصل الباء

ولكن شبه لهم (نساء ١)

فصل التاء

رحلة الشتاء والصيف (قريش ١) فاخرجنا
به ازواجا من نبات شتى (طه ٢) وقلوبهم شتى (حشر ٢) ان سعيكم لشتى (ليل ١)

فصل الجيم

ومنه شجر فيه تسيمون (نحل ١) حتى يحكموك فيما شجر بينهم (نساء ٧) لآكلون من شجر من زقوم (واقعة ٢) الذي جعل لكم من الشجر الا
(يس ٥) ومن الشجر ومما يعرشون (نحل ٧) والشجر والدواب (حج ٢) والنجم والشجر يسجدان (رحمن ١) انها شجرة تخرج في اصل
الجحيم (صافات ٧) ام شجرة الزقوم (صافات ٧) وانبتنا عليه شجرة (صافات ١٥) ان شجرة الزقوم طعام الاثيم (دخان ١٥)
قال يا آدم هل ادلك على شجرة الخلد (طه ١١) كشجرة خبيثة اجتثت (ابراهيم ٣) كشجرة طيبة (ابراهيم ٣) يوقد من شجرة
مباركة (نور ٤) ولو ان ما في الارض من شجرة اقلام (لقمان ٣) وشجرة تخرج من طور سيناء (مؤمنين ٢) ولا تقربا هذه
الشجرة (بقرة ٤-اعراف ٢) عن هذه الشجرة (اعراف ٢) فلما ذاقا الشجرة (اعراف ٢) عن تلكما الشجرة (اعراف ٢) اذ يبايعونك
تحت الشجرة (فتح ٢) في البقعة المباركة من الشجرة (قصص ٣) والشجرة الملعونة في القرآن (اسرائيل ٤) انتم انشأتم شجرتها
(واقعة ٢) ما كان لكم ان تنبتوا شجرها (نمل ٤)

فصل الحاء المهملة

ومن يوق
شح نفسه (حشر ١ تغابن ٢) واحضرت الانفس الشح (نساء ١٣) ومن البقر والغنم حرمنا شحومهما (انعام ١٥)

فصل الدال

ذلك سبع شداد (يوسف ٥) عليها ملائكة غلاظ شداد (تحريم ١) وبنينا فوقكم سبعا
شدادا (نبأ ١) وشددنا ملكه (ص ٢) وشددنا اسرهم (انسان ٣) حتى اذا اثخنتموهم فشدوا الوثاق (قتال ١) وان الله
شديد العقاب (بقرة ٢٧) ان الله شديد العقاب (بقرة ٢ مائدة ١-انفال ٢ حشر ١) فان الله شديد العقاب (بقرة ٢٢
انفال ٢ حشر ١) ان الله قوي شديد العقاب (انفال ٤) انه قوي شديد العقاب (مؤمن ٣) علمه شديد القوى (نجم ١) والله
شديد العقاب (آل عمران ٢-انفال ٤) لهم عذاب شديد (آل عمران اص ٢ ملائكة ٢ شورى ٢) الذين كفروا لهم عذاب شديد
(ملائكة ١) ولكن عذاب الله شديد (حج ١) وعذاب شديد (انعام ١٣) ان اخذه اليم شديد (هود ١١) وفي الآخرة عذاب
شديد (حديد ٣) فيه بأس شديد (حديد ٣) بأسهم بينهم شديد (حشر ٢) شديد العقاب ذي الطول (مؤمن ١) وويل
للكافرين من عذاب شديد (ابراهيم ١) اولي بأس شديد (اسرائيل ١ فتح ٢) ذا عذاب شديد (مؤمنين ٥) اولو بأس شديد
(نمل ٤) بين يدي عذاب شديد (سبا ٤) او آوي الى ركن شديد (هود ٥) وان ربك لشديد العقاب (رعد ١) ولئن
كفرتم ان عذابي لشديد (ابراهيم ١) ان بطش ربك لشديد (بروج ١) وانه لحب الخير لشديد (عاديات ١) ثم نذيقهم العذاب
الشديد (يونس ٧) فالقياه في العذاب الشديد (ق ٢) او معذبهم عذابا شديدا (اعراف ٢١) او معذبوها عذابا
شديدا (اسرائيل ٤) لينذر بأسا شديدا (كهف ١) لاعذبنه عذابا شديدا (نمل ٢) وزلزلوا زلزالا شديدا (احزاب ٢)
فلنذيقن الذين كفروا عذابا شديدا (فصلت ٣) فحاسبناها حسابا شديدا (طلاق ١) اعد الله لهم عذابا شديدا (مجادلة
طلاق ١) فوجدناها ملئت حرسا شديدا وشهبا (جن ١) فاعذبهم عذابا شديدا (آل عمران ٤)

فصل الراء

اولئك هم شر البرية (بينة ١) وهو شر لكم (بقرة ٢٢) بل هو شر لهم (آل عمران ١٨) اولئك شر مكانا (مائدة ٦ فرقان ٤) من هو
شر مكانا (مريم ٥) قال انتم شر مكانا (يوسف ٥) فوقيهم الله شر ذلك اليوم (انسان ٢) أشر اريد بمن في الارض (جن ١)
ان شر الدواب (انفال ٣-٤) قل هل انبئكم بشر من ذلكم (حج ٥) قل هل انبئكم بشر من ذلك (مائدة ٧) وان للطاغين لشر

ماب (ص ٤) من شر الوسواس الخناس (ناس ١) من شر ما خلق (فلق ١) ومن شر غاسق اذا وقب (فلق ١) ومن شر
النفاثات في العقد (فلق ١) ومن شر حاسد اذا حسد (فلق ١) ولو يعجل الله للناس الشر (يونس ٢) واذا مسه الشر (اسرائيل
فصلت ٢) وان مسه الشر (فصلت ٥) اذا مسه الشر جزوعا (معارج ١) ويدع الانسان بالشر (اسرائيل ١) ونبلوكم بالشر
والخير (انبياء ٣) لا تحسبوه شرا لكم (نور ١) ومن يعمل مثقال ذرة شرا يره (زلزلة ١) لكم منه شراب (نحل ١) لهم شراب
من حميم (انعام ٧ يونس ١) يخرج من بطونها شراب (نحل ٧) هذا مغتسل بارد وشراب (ص ٤) بفاكهة كثيرة وشراب (ص ٤)
بئس الشراب (كهف ٤) وسقيهم ربهم شرابا طهورا (انسان ١) لا يذوقون فيها بردا ولا شرابا (نبا ١) فانظر الى
طعامك وشرابك (بقرة ٤) سائغ شرابه (ملائكة ٢) فمن شرب منه فليس مني (بقرة ٥) لها شرب ولكم
شرب يوم معلوم (شعراء ٨) كل شرب محتضر (قمر ٢) فشربوا منه الا قليلا منهم (بقرة ٥) ولكن من شرح بالكفر
صدرا (نحل ١) افمن شرح الله صدره للاسلام (زمر ٣) فشرد بهم من خلفهم (انفال ٧) ان هؤلاء لشرذمة قليلون
(شعراء) اذا تاتيهم حيتانهم يوم سبتهم شرعا (اعراف ٧) لكل جعلنا منكم
شرعة (مائدة ٥) شرع لكم من الدين (شورى ٢) شرعوا لهم من الدين (شورى ٢) مكانا شرقيا (مريم ٢) لا شرقية ولا غربية (نور ٥) ام لهم
شرك في السموات (ملائكة ٤) احقاف ١) وما لهم فيهما من شرك (سبا ٣) ان الشرك لظلم عظيم (لقمان ٢) فهم شركاء
في الثلث (نساء ٢) فيه شركاء متشاكسون (زمر ٤) الذين زعمتم انهم فيكم شركاء (انعام ١١) ام لهم شركاء (شورى ٣ نون ٥)
جعلا له شركاء (اعراف ٩) من دون الله شركاء (يونس ٧) وجعلوا لله شركاء الجن (انعام ١٢) ام جعلوا لله شركاء (رعد ٢) وجعلوا
لله شركاء (رعد ٥) قل اروني الذين الحقتم به شركاء (سبا ٣) من شركاء فيما رزقناكم (روم ٤) اين شركاؤكم الذين كنتم
تزعمون (انعام ٣) قل ادعوا شركاءكم (اعراف ٢٣) وقيل ادعوا شركاءكم (قصص ٧) قل ارايتم شركاءكم (ملائكة ٥) قل هل من شركائكم
(يونس ٤ مرتين) هل من شركائكم من يفعل من ذلكم من شيء (روم ٤) فاجمعوا امركم وشركاءكم (يونس ٨) وهذا الشركاءنا
(انعام ١٦) هؤلاء شركاؤنا (نحل ١٢) وكذلك زين لكثير من المشركين قتل اولادهم شركاؤهم (انعام ١٦) وقال شركاؤهم
ماكنتم ايانا تعبدون (يونس ٣) واذا رأ الذين اشركوا شركاءهم (نحل ١٢) وكانوا بشركائهم كافرين (روم ٢) فليأتوا بشركائهم
(نون ٥) وماكان لله فهو يصل الى شركائهم (انعام ١٦) ولم يكن لهم من شركائهم شفعاء (روم ٢) ويقول اين شركائي
(نحل ٤) ويوم يناديهم فيقول اين شركائي (قصص ٧-٨) نادوا شركائي الذين زعمتم (كهف ٨) ويوم يناديهم اين شركائي (فصلت ٦)
يكفرون بشرككم (ملائكة ٢) ولبئس ما شروا به انفسهم (بقرة ١١) وشروه بثمن بخس (يوسف ٢) كان شره مستطيرا
(انسان ١) ثم جعلناك على شريعة من الامر (جاثية ٢) ولم يكن له شريك في الملك (اسرائيل ١٢ فرقان ١) لا شريك له (انعام ٢٠)

فصل الطاء

اخرج شطأه (فتح ٤) شطر المسجد الحرام (بقرة ١٧) فولوا وجوهكم شطره (بقرة ١٧)
لقد قلنا اذا شططا (كهف ٢) سفيهنا على الله شططا (جن ١)

فصل العين المهملة

تحلوا شعائر الله (مائدة ١) ومن يعظم شعائر الله (حج ٤) ان الصفا والمروة من شعائر الله (بقرة ١٩) والبدن جعلناها لكم
من شعائر الله (حج ٥) ذي ثلث شعب (مرسلات ٢) وما علمناه الشعر (يس ٥) والشعراء يتبعهم الغاوون (شعراء
فانه هو رب الشعرى (نجم ٣) وجعلناكم شعوبا (حجرات ٢) اذ قال لهم شعيب (شعراء ٩) لنخرجنك يا شعيب (اعراف
قالوا يا شعيب اصلاتك تأمرك (هود ٨) قالوا يا شعيب ما نفقه كثيرا مما تقول (هود ٨) والى مدين اخاهم شعيبا (اعراف ١١ هود
عنكبوت ٤) لئن اتبعتم شعيبا (اعراف ١١) الذين كذبوا شعيبا (اعراف ١١) ولما جاء امرنا نجينا شعيبا (هود ٨)

فصل الغين

قد شغفها حبا (يوسف ٤) في شغل فاكهون (يس ٤) شغلتنا اموالنا (فتح ٢)

فصل الفاء

فيه شفاء للناس (نحل ٧) ما هو شفاء ورحمة (اسرائيل ٩) وشفاء لما في الصدور (يونس ٦) قل هو للذين امنوا هدى وشفاء (فصلت ٥)
على شفا جرف هار (توبة ١٣) وكنتم على شفا حفرة من النار (آل عمران ١١) فما تنفعهم شفاعة الشافعين (مدثر ٢) ولا يقبل منها
شفاعة (بقرة ٦) ولا تنفعها شفاعة ولا هم ينصرون (بقرة ١٥) ولا خلة ولا شفاعة (بقرة ٣٤) ومن يشفع شفاعة سيئة (نساء
من يشفع شفاعة حسنة (نساء ١١) يومئذ لا تنفع الشفاعة (طه ٦) ولا تنفع الشفاعة عنده (سبا ٣) قل لله الشفاعة جميعا (زمر ٥)

فشاربون شرب الهيم (واقعة)

لا يملكون الشفاعة (مريم) يدعون من دونه الشفاعة (زخرف) لا تغني عني شفاعتهم شيئا (يس) لا تغني عنهم شفاعتهم
شيئا (نجم) ولسانا وشفتين (بلد) والشفع والوتر (فجر) ولم يكن لهم من شركائهم شفعاء (روم) فهل لنا
من شفعاء (اعراف) ام اتخذوا من دون الله شفعاء (زمر) وما نرى معكم شفعاءكم (انعام) هؤلاء شفعاؤنا
عند الله (يونس) فلا اقسم بالشفق (انشقاق) ليس لهم من دونه ولي ولا شفيع (انعام) ما لكم من دون الله من
ولي ولا شفيع (سجدة) ما للظالمين من حميم ولا شفيع يطاع (مؤمن) ما من شفيع الا من بعد اذنه (يونس)

فصل القاف

الا بشق الانفس (نحل) ثم شققنا الارض شقا (عبس) وان خفتم شقاق بينهما (نساء) فانما
هم في شقاق (بقرة) ومن اضل ممن هو في شقاق بعيد (فصلت) وان الذين اختلفوا في الكتاب لفي شقاق بعيد (بقرة)
وان الظالمين لفي شقاق بعيد (حج) في عزة وشقاق (ص) ويا قوم لا يجرمنكم شقاقي (هود) ولكن بعدت عليهم الشقة
(توبة) ثم شققنا الارض شقا (عبس) فاما الذين شقوا ففي النار (هود) غلبت علينا شقوتنا (مؤمنين) فمنهم شقي
وسعيد (هود) ولم اكن بدعائك رب شقيا (مريم) ولم يجعلني جبارا شقيا (مريم) عسى الا اكون بدعاء ربي شقيا (مريم)

فصل الكاف

افي الله شك (ابراهيم) فان كنت في شك (يونس) ان كنتم في شك (يونس)
بل هم في شك (دخان) ممن هو منها في شك (سبا) انهم كانوا في شك مريب (سبا) فما زلتم في شك مما جاءكم به (مؤمن)
وان الذين اختلفوا فيه لفي شك منه (نساء) وانهم لفي شك منه مريب (هود) فصلت لفي شك منه مريب (شورى)
وانا لفي شك مما تدعوننا اليه مريب (ابراهيم) واننا لفي شك مما تدعونا اليه مريب (هود) كذلك نجزي من شكر (قمر) ومن
شكر فانما يشكر لنفسه (نمل) اعملوا آل داود شكرا (سبا) ان شكرتم وآمنتم (نساء) لئن شكرتم لازيدنكم (ابراهيم) وآخر
من شكله ازواج (ص) انه لغفور شكور (ملائكة) ان ربنا لغفور شكور (ملائكة) والله شكور حليم (تغابن)
لكل صبار شكور (ابراهيم، لقمان، سبا، شورى) وقليل من عبادي الشكور (سبا) انه كان عبدا شكورا (اسرائيل)
او اراد شكورا (فرقان) لا نريد منكم جزاء ولا شكورا (انسان)

فصل الميم

عن اليمين وعن الشمائل
(نحل) وعن ايمانهم وعن شمائلهم (اعراف) جنتان عن يمين وشمال (سبا) تقرضهم ذات الشمال (كهف)
ذات اليمين وذات الشمال (كهف) واصحاب الشمال ما اصحاب الشمال (واقعة) وعن الشمال قعيد (ق) وعن الشمال
عزين (معارج) واما من اوتي كتابه بشماله (حاقة) الشمس والقمر بحسبان (رحمن) وجمع الشمس والقمر (قيامة)
اذا الشمس كورت (تكوير) وسخر الشمس والقمر (رعد، عنكبوت، زمر، ملائكة، لقمان) وسخر لكم الشمس والقمر دائبين
(ابراهيم) ثم جعلنا الشمس عليه دليلا (فرقان) هو الذي جعل الشمس ضياء والقمر نورا (يونس) وجعل الشمس سراجا (نوح)
فلما رأى الشمس بازغة (انعام) وترى الشمس اذا طلعت (كهف) اقم الصلوة لدلوك الشمس (اسرائيل) قبل طلوع الشمس (طه)
(ق) حتى اذا بلغ مغرب الشمس (كهف) حتى اذا بلغ مطلع الشمس (كهف) يأتي بالشمس من المشرق (بقرة) لا الشمس
ينبغي لها (يس) يسجدون للشمس من دون الله (نمل) لا تسجدوا للشمس (فصلت) والشمس والقمر (فصلت)
والشمس تجري لمستقر لها (يس) والشمس وضحاها (شمس) والشمس والقمر (اعراف، يوسف، انعام، نحل، انبياء،
حج) لا يرون فيها شمسا ولا زمهريرا (انسان)

فصل النون

ولا يجرمنكم شنآن
قوم (مائدة)

فصل الواو

يرسل عليكما شواظ من نار (رحمن) ثم ان لهم عليها لشوبا من حميم
(صافات) وامرهم شورى بينهم (شورى) وتودون ان غير ذات الشوكة تكون لكم (انفال) نزاعة للشوى
(معارج)

فصل الهاء

فاتبعه شهاب مبين (حجر) فاتبعه شهاب ثاقب (صافات) او آتيكم بشهاب
قبس (نمل) يجد له شهابا رصدا (جن) اربع شهادات بالله (نور) والذين هم بشهاداتهم قائمون
(معارج) شهادة بينكم (مائدة) ولا نكتم شهادة الله (مائدة) ومن اظلم ممن كتم شهادة (بقرة) قل اي شيء اكبر
شهادة (انعام) ولا تقبلوا لهم شهادة ابدا (نور) فشهادة احدهم (نور) ولا تكتموا الشهادة (بقرة) اقيموا
الشهادة لله (طلاق) ذلك ادنى ان يأتوا بالشهادة (مائدة) واقوم للشهادة (بقرة) عالم الغيب و

الشهادة (انعام ٨) مؤمنين ١٠ رعد (تغابن ٢) حشر ٣ ثم تردون الى عالم الغيب والشهادة (توبة ١٣ جمعة ١) وستردون الى
عالم الغيب والشهادة (توبة ١٢) ذلك عالم الغيب والشهادة (سجدة ١) لشهادتنا احق من شهادتهما (مائدة ١٤) ستكتب
شهادتهم (زخرف ٢) لشهادتنا احق من شهادتهما (مائدة ١٤) حرسا شديدا وشهبا (جن ١) شهد الله انه
لا اله الا هو (آل عمران ٢) شهد عليهم سمعهم وابصارهم (فصلت ٣) الا من شهد بالحق (زخرف ٩) فمن شهد منكم
الشهر (بقرة ٢٣) وشهد شاهد (يوسف ٣) احقاف ١ وانتم شهداء (آل عمران ١٠) ولم يكن لهم شهداء (نور ١)
ام كنتم شهداء (بقرة ١٦) لتكونوا شهداء على الناس (بقرة ١٧) وتكونوا شهداء على الناس (حج ١٠) ويتخذ منكم شهداء (آل عمران ١٤) كونوا
قوامين بالقسط شهداء لله (نساء ٢٠) كونوا قوامين لله شهداء بالقسط (مائدة ١) وكانوا عليه شهداء (مائدة ٧) ثم لم
يأتوا باربعة شهداء (نور ١) لولا جاءو عليه باربعة شهداء (نور ٢) ولا يأب الشهداء (بقرة ٣٩) فاذ لم يأتوا با
لشهداء (نور ٢) فرجل وامرأتان ممن ترضون من الشهداء (بقرة ٣٩) اولئك هم الصديقون والشهداء عند ربهم
(حديد ٢) والصديقين والشهداء (نساء ٩) وجئ بالنبيين والشهداء (زمر ٧) وادعوا شهداءكم من دون الله (بقرة ٣)
قل هلم شهداءكم (انعام ١٩) لم شهدتم علينا (فصلت ٣) قالوا بلى شهدنا (اعراف ٢٢) قالوا شهدنا على انفسنا (انعام ١٦)
ما شهدنا مهلك اهله (نمل ٥) وما شهدنا الا بما علمنا (يوسف ١٠) فان شهدوا فامسكوهن في البيوت (نساء ٣) فان
شهدوا فلا تشهد معهم (انعام ١٩) وشهدوا ان الرسول حق (آل عمران ٩) وشهدوا على انفسهم (انعام ١٦-١٣ اعراف ٤) شهر رمضان
الذي انزل فيه القرآن (بقرة ٢٣) غدوها شهر ورواحها شهر (سبا ٢) خير من الف شهر (قدر ١) الشهر الحرام بالشهر الحرام
(بقرة ٢٤) فمن شهد منكم الشهر (بقرة ٢٣) ولا الشهر الحرام (مائدة ١) يسئلونك عن الشهر الحرام (بقرة ٢٧) والشهر الحرام
الهدى (مائدة ١٣) اثنى عشر شهرا (توبة ٥) وحمله وفصاله ثلثون شهرا (احقاف ٢) فصيام شهرين متتابعين (مجادلة
١ نساء ١٣) زين للناس حب الشهوات (آل عمران ٢) ويريد الذين يتبعون الشهوات (نساء ٥) واتبعوا الشهوات (مريم ٤) انكم
لتأتون الرجال شهوة من دون النساء (اعراف ١٠) ائنكم لتأتون الرجال شهوة (نمل ٤) وهم على ما يفعلون بالمؤمنين
شهود (بروج ١) وبنين شهودا (مدثر ١) الا كنا عليكم شهودا (يونس ٧) ان عدة الشهور عند الله (توبة ٥) ولا يضار
كاتب ولا شهيد (بقرة ٣٩) والله شهيد على ما تعملون (آل عمران ١٠) وانت على كل شئ شهيد (مائدة ١٦) وهو على كل شئ شهيد
(سبا ٦) والله على كل شئ شهيد (مجادلة ١) انه على كل شئ شهيد (فصلت ٦) قل الله شهيد بيني وبينكم (انعام ٢) ثم الله شهيد
على ما يفعلون (يونس ٥) ان الله على كل شئ شهيد (حج ٢) او القى السمع وهو شهيد (ق ٣) فكيف اذا جئنا من كل امة بشهيد
(نساء ٦) وانه على ذلك لشهيد (عاديات ١) قالوا آذناك ما منا من شهيد (فصلت ٦) معها سائق وشهيد (ق ٢)
كفى به شهيدا بيني وبينكم (احقاف ١) ويكون الرسول عليكم شهيدا (بقرة ١٧) وجئنا بك على هؤلاء شهيدا (نساء ٦) انا لم
اكن عليهم شهيدا (نساء ١) وكفى بالله شهيدا (نساء ٨-١٧ فتح ٤) قل كفى بالله شهيدا (اسرائيل ١٠) فكفى بالله شهيدا بيننا وبينكم
(يونس ٣) ان الله كان على كل شئ شهيدا (نساء ٤-احزاب ٧) ويوم القيمة يكون عليهم شهيدا (نساء ٢٢) كنت عليهم شهيدا
(مائدة ١٦) ويوم نبعث في كل امة شهيدا (نحل ١٢) ونزعنا من كل امة شهيدا (قصص ٨) وجئنا بك شهيدا على هؤلاء (نحل ١٢) ليكون
الرسول شهيدا (حج ١٠) قل كفى بالله بيني وبينكم شهيدا (عنكبوت ٥) واستشهدوا شهيدين (بقرة ٣٩) لهم فيها زفير و
شهيق (هود ٩) سمعوا لها شهيقا (ملك ١)

فصل ليثا

فمن عفى له من اخيه شئ (بقرة ٢٢) ان الله
لا يخفى عليه شئ (آل عمران ١) ليس لك من الامر شئ (آل عمران ١٣) لو كان لنا من الامر شئ (آل عمران ١٦) ولم يوح اليه شئ (انعام ١١)
ان زلزلة الساعة شئ عظيم (حج ١) لا يخفى على الله منهم شئ (مؤمن ٢) ليس كمثله شئ (شورى ٢) هذا شئ عجيب (ق ١) وان فاتكم
شئ (ممتحنة ٢) كل شئ انكر كل عام خلقوا من غير شئ (طور ٢) قل اي شئ اكبر شهادة (انعام ٢) وكان الانسان اكثر شئ جدلا
من اي شئ خلقه (عبس ١) يوم يدع الداع الى شئ نكر (قمر ١) ولنبلونكم بشئ من الخوف (بقرة ١٩) ولا يحيطون بشئ من علمه (بقرة ٣٤) ٤ع
ليبلونكم الله بشئ (مائدة ١٣) لا يستجيبون لهم بشئ (رعد ٢) قال اولو جئتك بشئ مبين (شعراء ٢) لا يقدرون بشئ (مؤمن ٢) لا
يقدرون على شئ مما كسبوا (بقرة ٣٦) وقالت اليهود ليست النصارى على شئ (بقرة ١٤) وقالت النصارى ليست اليهود على (بقرہ ١٣

لستم على شئ (مائدة ٧) لا يقدرون مما كسبوا على شئ (ابراهيم ٢) لا يقدر على شئ (نحل ١٠ مرتين) الا يقدرون على شئ
(حديد ٣) ويحسبون انهم على شئ (مجادلة ٣) فان طبن لكم عن شئ (نساء ١) فلا تسألني عن شئ (كهف ٧) قال ان سألتك عن شئ بعدها
(كهف ٥) فليس من الله في شئ (آل عمران ٣) فان تنازعتم في شئ (نساء ٨) لست منهم في شئ (انعام ٤) ان هذا لشئ عجيب (هود ٧)
هذا الشئ عجاب (ص ١) ان هذا الشئ يراد (ص ١) انما قولنا لشئ اذا اردناه (نحل ٥) ولا تقولن لشئ (كهف ٣) وما تنفقوا من شئ
(آل عمران ١) هل لنا من الامر من شئ (آل عمران ١٦) وما يضرونك من شئ (نساء ١٢) ما من حسابهم من شئ (انعام ٦) ما فرطنا في
الكتاب من شئ (انعام ٤) وما من حسابك عليهم من شئ (انعام ٤) وما على الذين يتقون من حسابهم من شئ (انعام ٧)
على بشر من شئ (انعام ١١) ولا حرمنا من شئ (انعام ١٥) وما خلق الله من شئ (اعراف ١٩) واعلموا انما غنمتم من شئ (انفال ٥)
وما تنفقوا من شئ (انفال ٧) ما لكم من ولايتهم من شئ (انفال ٨) التي يدعون من دون الله من شئ (هود ١) ما كان ان نشرك
بالله من شئ (يوسف ٥) وما اغني عنكم من الله من شئ (يوسف ٧) ما كان يغني عنهم من الله من شئ (يوسف ٧) فهل انتم مغنون
عنا من عذاب الله من شئ (ابراهيم ٣) وما يخفى على الله من شئ (ابراهيم ٤) ولا حرمنا من دونه من شئ (نحل ٤) وان من شئ
الا عندنا خزائنه (حجر ٢) اولم يروا الى ما خلق الله من شئ (نحل ٥) من دونه من شئ (نحل ٥ مرتين) (عنكبوت ٥) وان من شئ الا
يسبح بحمده (اسرائيل ٥) وما اوتيتم من شئ (قصص ٦) فما اوتيتم من شئ (شورى ٤) وما هم بحاملين من خطاياهم من شئ (عنكبوت)
هل من شركائكم من يفعل من ذلكم من شئ (روم ٤) وما انفقتم من شئ (سبا ٤) وما كان الله ليعجزه من شئ (ملائكة ٥) وما
انزل الرحمن من شئ (يس ٢) وما اختلفتم فيه من شئ (شورى ١) ولا ابصارهم ولا افئدتهم من شئ (احقاف ٣) ما تذر من شئ
(ذاريات ٥) وما التناهم من عملهم من شئ (طور ٣) وما املك لك من الله من شئ (ممتحنة ١) فكذبنا وقلنا ما نزل الله من شئ (ملك ١)
وشئ من سدر قليل (سبا ٢) واتقوا يوما لا تجزي نفس عن نفس شيئا (بقرة ٥ ـ ١٥) اولو كان اباؤهم لا يعقلون شيئا ولا يهتدون
(بقرة ٧١) وعسى ان تحبوا شيئا (بقرة ٢٢) وعسى ان تكرهوا شيئا (بقرة ٢٢) ولا يحل لكم ان تأخذوا مما اتيتموهن شيئا (بقرة ٢٣)
ولا يبخس منه شيئا (بقرة ٩) لن تغني عنهم اموالهم ولا اولادهم من الله شيئا (آل عمران ١٠٢) ولا نشرك به شيئا (آل عمران ٧) لا
يضركم كيدهم شيئا (آل عمران ٢) فلن يضر الله شيئا (آل عمران ١٥) انهم لن يضروا الله شيئا (آل عمران ١٨) لن يضروا الله شيئا
(آل عمران ١٨) قتال ٤) فلا تأخذوا منه شيئا (نساء ٢) فعسى ان تكرهوا شيئا (نساء ٢) ولا تشركوا به شيئا (نساء ٤) قل فمن يملك من
الله شيئا (مائدة ٣) فلن تملك له من الله شيئا (مائدة ٥) فلن يضروك شيئا (مائدة ٥) اولو كان لا يعلمون شيئا ولا يهتدون
(مائدة ١١) الا ان يشاء ربي شيئا (انعام ٧) الا تشركوا به شيئا (انعام ٤) ايشركون ما لا يخلق شيئا (اعراف ٣) ولن تغني عنكم فئتكم
شيئا (انفال ٣) فلم تغن عنكم شيئا (توبة ٣) ثم لم ينقصوكم شيئا (توبة ١) ولا تضروه شيئا (توبة ٤) ان الظن لا يغني من الحق شيئا
(يونس ٤) ان الله لا يظلم الناس شيئا (يونس ٥) ولا تضرونه شيئا (هود ٦) لا يخلقون شيئا (نحل ٢) (فرقان ١) لكيلا يعلم بعد علم
شيئا (نحل ٧) ما لا يملك لهم رزقا من السموات والارض شيئا (نحل ٧) لا تعلمون شيئا (نحل ٨) لقد كدت تركن اليهم شيئا قليلا (اسرا ٨)
ولم تظلم منه شيئا (كهف ٤) لقد جئت شيئا امرا (كهف ٥) لقد جئت شيئا نكرا (كهف ٥) ولم تك شيئا (مريم ١) لقد جئت شيئا فريا (مريم ٣)
ولا يغني عنك شيئا (مريم ٥) ولا يظلمون شيئا (مريم ٦) ولم يك شيئا (مريم ٧) لقد جئتم شيئا ادا (مريم ٤) فلا تظلم نفس شيئا (انبيا ٥)
ما لا ينفعكم شيئا (انبيا ٧) لكيلا يعلم من بعد علم شيئا (حج ١) ان لا تشرك بي شيئا (حج ٣) ان يسلبهم الذباب شيئا (حج ١) حتى اذا جاءه لم
يجده شيئا (نور ٥) يعبدونني لا يشركون بي شيئا (نور ٧) وهو ينجاز من الله شيئا (لقمان ٤) ان تبدوا شيئا او تخفوه (احزاب ٢٦)
لا تغني عني شفاعتهم شيئا (يس ٢) لا تغني شفاعتهم شيئا (نجم ٣) فاليوم لا تظلم نفس شيئا (يس ٤) انما امره اذا اراد شيئا (يس ٥)
لا يملكون شيئا (زمر ٥) بل لم نكن ندعوا من قبل شيئا (مؤمن ٨) يوم لا يغني مولى عن مولى شيئا (دخان ٣) واذا علم من اياتنا
شيئا (جاثية ١) ولا يغني عنهم ما كسبوا شيئا (جاثية ١) انهم لن يغنوا عنك شيئا (جاثية ٢) فلا تملكون لي من الله شيئا (احقاف ١)
قل فمن يملك لكم من الله شيئا (فتح ٢) لا يلتكم من اعمالكم شيئا (حجرات ٢) يوم لا يغني عنهم كيدهم شيئا (طور ٥) وان الظن لا يغني من الحق
شيئا (نجم ٣) وليس بضارهم شيئا (مجادلة ١) فلم يغنيا عنهما من الله شيئا (تحريم ١) لم يكن شيئا مذكورا (دهر ١) يوم لا تملك
نفس لنفس شيئا (انفطار ١) شياطين الانس والجن (انعام ١٤) واتبعوا ما تتلوا الشياطين (بقرة ١١) كالذي استهوته

الشياطين (انعام ى) وما تنزلت به الشياطين (شعراء ل) على من تنزل الشياطين (شعراء ٣ ل) انا جعلنا الشياطين (اعراف س) انهم
اتخذوا الشياطين (اعراف س) ولكن الشياطين كفروا (بقرة ١١) الم تر انا ارسلنا الشياطين (مريم ٩) ان المبذرين كانوا اخوان الشياطين
(اسرائيل س) وقل رب اعوذ بك من همزات الشياطين (مؤمنين ٠١) طلعها كانه رءوس الشياطين (صافات ب) ان المبذرين كانوا
اخوان الشياطين (اسرائيل س) وان الشياطين ليوحون الى اولياءهم (انعام ٣ ل) وجعلناها رجوما للشياطين (ملك ا) ومن
الشياطين من يغوصون (انبياء ى) والشياطين كل بناء وغواص (ص ع) فوربك لنحشرنهم والشياطين (مريم ٧) واذا خلوا الى
شياطينهم (بقرة ى) واشتعل الرأس شيبا (مريم ١) يجعل الولدان شيبا (مزمل ل) ثم جعل من بعد قوة ضعفا وشيبة (روم ع)
وابونا شيخ كبير (قصص س) وهذا بعلي شيخا (هود ٨) له ابا شيخا كبيرا (يوسف ٨) ويتبع كل شيطان مريد (حج ا) من كل
شيطان مارد (صافات ١) وحفظناها من كل شيطان رجيم (حجر ٢) وما هو بقول شيطان رجيم (تكوير س) فازلهما الشيطان
(بقرة ع) الشيطان يعدكم الفقر (بقرة ٧ ٢) الذي يتخبطه الشيطان من المس (بقرة ٨ ٢) انما استزلهم الشيطان (آل عمران ع) استحوذ
عليهم الشيطان (مجادلة ٣) اولو كان الشيطان يدعوهم الى عذاب السعير (لقمان س) وزين لهم الشيطان ما كانوا يعملون (انعام ٥)
انما ذلكم الشيطان يخوف اولياءه (آل عمران ٨) ومن يكن الشيطان له قرينا (نساء ع) ويريد الشيطان ان يضلهم (نساء ى) وما يعدهم
الشيطان الا غرورا (نساء ١٢ - اسرائيل ٧) انما يريد الشيطان ان يوقع بينكم (مائدة ١) وزين لهم الشيطان اعمالهم (عنكبوت ٤ - نمل س)
واذ زين لهم الشيطان اعمالهم (انفال ه) واما ينسينك الشيطان (انعام ٨) فوسوس لهما الشيطان (اعراف ٢) يا بني آدم لا يفتننكم
الشيطان (اعراف س) فاتبعه الشيطان (اعراف ١) فانسيه الشيطان (يوسف ه) بعد ان نزغ الشيطان (يوسف ١) وقال الشيطان
لما قضي الامر (ابراهيم س) فزين لهم الشيطان اعمالهم (نحل ٨) وكان الشيطان لربه كفورا (اسرائيل س) الا اذا تمنى القى الشيطان
(حج ل) ما يلقي الشيطان (حج ٢) وكان الشيطان للانسان خذولا (فرقان س) اني مسني الشيطان بنصب (ص ه) ولا يصدنكم
الشيطان (زخرف ٧) الشيطان سول لهم (محمد س) لا تبعتم الشيطان الا قليلا (نساء ى) ومن يتخذ الشيطان وليا (نساء س) يا ابت
لا تعبد الشيطان (مريم ٥) ان لا تعبدوا الشيطان (يس ى) لا تتبعوا خطوات الشيطان (نور س) ولا تتبعوا خطوات الشيطان
(بقرة ١٧ - ٢١ - انعام ١٥) ومن يتبع خطوات الشيطان (نور س) فقاتلوا اولياء الشيطان (نساء ١) ان كيد الشيطان كان ضعيفا
(نساء ١) ويذهب عنكم رجز الشيطان (انفال ٢) قال هذا من عمل الشيطان (قصص ٢) اولئك حزب الشيطان الا ان حزب الشيطان
هم الخاسرون (مجادلة ٣) رجس من عمل الشيطان (مائدة ى) كمثل الشيطان (حشر ٢) وما انسانيه الا الشيطان (كهف ٧) ان
الشيطان للانسان عدو مبين (يوسف ١) ان الشيطان ينزغ بينهم (اسرائيل ع) ان الشيطان كان للانسان عدوا مبينا (اسرائيل ع)
ان الشيطان لكم عدو فاتخذوه عدوا (ملائكة ١) ان الشيطان كان للرحمن عصيا (مريم ٥) ان الشيطان لكما عدو مبين (اعراف ٢)
فتكون للشيطان وليا (مريم ٥) من الشيطان الرجيم (آل عمران ٤ - نحل ١) واما ينزغنك من الشيطان نزغ (اعراف ٢٤ - فصلت ع)
اذا مسهم طائف من الشيطان (اعراف ٢) انما النجوى من الشيطان (مجادلة ١) وان يدعون الا شيطانا مريدا (نساء ٢) نقيض
له شيطانا (زخرف ٤) ولقد ارسلنا من قبلك في شيع الاولين (حجر ١) وكانوا شيعا (انعام ٢٠ - روم ٤) او يلبسكم شيعا (انعام ٧)
وجعل اهلها شيعا (قصص ١) ثم لننزعن من كل شيعة (مريم ٧) هذا من شيعته (قصص ٢) فاستغاثه الذي من شيعته
(قصص ٢) وان من شيعته لابراهيم (صافات ى) ثم لتكونوا شيوخا (مؤمن ٧)

باب الصاد

فصل الالف

والصابئون والنصارى (مائدة ٧) والصائمين والصائمات (احزاب ع)
والصابئين والنصارى (حج ٢) والصابئين من آمن بالله (بقرة ٧) قال ستجدني ان شاء الله صابرا (كهف ٧) انا وجدناه
صابرا (ص ه) والصابرين والصابرات (احزاب ع) فان يكن منكم مائة صابرة (انفال ٧) وصابروا ورابطوا
(آل عمران ٢) ان يكن منكم عشرون صابرون (انفال ٧) انما يوفى الصابرون اجرهم (زمر ٢) ولا يلقاها الا الصابرون
(قصص ٨) وبشر الصابرين (بقرة ١٩) الصابرين والصادقين (آل عمران ٢) ويعلم الصابرين (آل عمران ٥) والله
يحب الصابرين (آل عمران ٥) ان الله مع الصابرين (بقرة ١٩ - انفال ٥) والله مع الصابرين (بقرة ٢١ - انفال ٧) لهو
خير للصابرين (نحل ٢) ستجدني ان شاء الله من الصابرين (صافات ١١) وذا الكفل كل من الصابرين (انبياء ٩)

والصابرين في البأساء والضراء (بقرة ١٨) والصابرين على ما اصابهم (حج ع٥) والصابرين والصابرات (احزاب ع٥) حتى نعلم
المجاهدين منكم والصابرين (قتال ع٤) ولا تكن كصاحب الحوت (نون ٥) والصاحب بالجنب (نساء ٦) ولم تكن له
صاحبة (انعام ١٢) ما اتخذ صاحبة ولا ولدا (جن ١) وصاحبته واخيه (معارج ١) وصاحبته وبنيه (عبس ١) ما ضل
صاحبكم وما غوى (نجم ١) وما صاحبكم بمجنون (تكوير ١) ما بصاحبكم من جنة (سبا ٦) قال له صاحبه (كهف ع٥)
اذ يقول لصاحبه لا تحزن (توبة ع٦) فقال لصاحبه (كهف ع٥) فنادوا صاحبهم (قمر ٢) اولم يتفكروا ما بصاحبهم
من جنة (اعراف ٩١) وصاحبهما في الدنيا معروفا (لقمان ٢) يا صاحبي السجن (يوسف ٤-٥) فاذا جاءت الصاخة
(عبس ع١) انه كان صادق الوعد (مريم ع٤) انما توعدون لصادق (ذاريات ١) وان يك صادقا يصبكم (مؤ
وانا لصادقون (انعام ١٥ يوسف ٩ حجر ٧) اولئك هم الصادقون (حجرات ٢) ان كنتم صادقين (بقرة ٣-٤-
١٠-١٢ آل عمران ١٠-١٧-١٩ انعام ٤-١٥ اعراف ٢ يونس ٤-٥ هود ٢ انبياء ٢ نمل ٧-٨ قصص ٥ سجدة ٣ سبا ٣ يس ٥
صافات ٢ دخان ٢ جاثية ٣ احقاف احجرات ٢ واقعة ٩ جمعة ١ ملك ٢ نون ٣) ولو كانوا صادقين (يوسف ٢) ان كانوا صادقين
(طور ٢ نون ٥) قال الله هذا يوم ينفع الصادقين صدقهم (مائدة ١٦) ليسئل الصادقين عن صدقهم (احزاب ١) ليجزي
الله الصادقين (احزاب ٣) وكونوا مع الصادقين (توبة ١٥) ان كنت من الصادقين (اعراف ٧-١١ حجر ٥ هود ٤ شعراء ٣-١٧
١٩ عنكبوت ٣ احقاف ٣) وهو من الصادقين (يوسف ٣) ان كان من الصادقين (نور ١) وانه لمن الصادقين (يوسف ع٦
انه لمن الصادقين (نور ١) الصابرين والصادقين والقانتين (آل عمران ٢) والصادقين والصادقات (احزاب ٥) فاخذتهم
صاعقة العذاب (فصلت ٢) فان اعرضوا فقل انذرتكم صاعقة مثل صاعقة عاد (فصلت ٢) فاخذتهم الصاعقة
(ذاريات ٥ نساء ١) فاخذتكم الصاعقة (بقرة ٦) وهم صاغرون (توبة ٣ نمل ٣) وانقلبوا صاغرين (اعراف ١٤)
فاخرج انك من الصاغرين (اعراف ٢) وليكونا من الصاغرين (يوسف ٤) صافات ويقبضن (ملك ٢) والطير صافات
(نور ٥) والصافات صفا (صافات ١) الصافنات الجياد (ص ع٣) وانا لنحن الصافون (صافات ١٧) الا من هو
صال الجحيم (صافات ١٧) او قوم هود او قوم صالح (هود ٩) انه عمل غير صالح (هود ٥) اذ قال لهم اخوهم صالح (شعراء ٨)
الا كتب لهم به عمل صالح (توبة ١٦) قالوا يا صالح (هود ٦) وقالوا يا صالح ائتنا بما تعدنا (اعراف ١٠) وجبريل وصالح
المؤمنين (تحريم ١) والعمل الصالح يرفعه (ملائكة ١) وعمل صالحا (بقرة ٧ مائدة ٧) والى ثمود اخاهم صالحا (اعراف ١٠
لئن اتيتنا صالحا لنكونن من الشاكرين (اعراف ٢٤) فلما اتاهما صالحا (اعراف ٢٤) خلطوا عملا صالحا (توبة ١٣) ولقد ارسلنا الى
ثمود اخاهم صالحا (نمل ٤) فلما جاء امرنا نجينا صالحا (هود ٦) ثواب الله خير لمن امن وعمل صالحا (قصص ٨) من عمل صالحا
من ذكر او انثى (نحل ١٠) وكان ابوهما صالحا (كهف ١٠) واما من امن وعمل صالحا (كهف ١١) فليعمل عملا صالحا (كهف ١٢) وامن
وعمل صالحا (مريم ٤ طه ٩ قصص ٦) واعملوا صالحا (مؤمنين ٤ سبا ٢) لعلي اعمل صالحا (مؤمنين ٦) وعمل عملا صالحا (فرقان ٦
ومن تاب وعمل صالحا (فرقان ٦) فارجعنا نعمل صالحا (سجدة ٢) وان اعمل صالحا ترضيه (نمل ٢ احقاف ٢) ومن عمل صالحا فلانفسهم
يمهدون (روم ٥) الا من امن وعمل صالحا (سبا ٤) وتعمل صالحا نؤتها اجرها مرتين (احزاب ٤) ربنا اخرجنا نعمل صالحا
(ملائكة ٤) ومن عمل صالحا من ذكر او انثى (مؤمن ٤) ممن دعا الى الله وعمل صالحا (فصلت ٥) من عمل صالحا فلنفسه (فصلت ٥
جاثية ٢) ومن يؤمن بالله ويعمل صالحا (تغابن ١ طلاق ٢) اتعلمون ان صالحا مرسل من ربه (اعراف ١٠) والباقيات الصالحات
(كهف ٥ مريم ٥) الذين امنوا وعملوا الصالحات (رعد ٤ شورى ٣) الا الذين امنوا وعملوا الصالحات (ص ٢ شعراء ١١ عصر
تين ١ انشقاق ١) فاما الذين امنوا وعملوا الصالحات (نساء ١٨ روم ٢ جاثية ٤) وبشر الذين امنوا وعملوا الصالحات (بقرة ٣)
وعد الله الذين امنوا وعملوا الصالحات (مائدة ١ فتح ٤) وامنوا وعملوا الصالحات (مائدة ١) ليجزي الذين امنوا وعملوا الصالحات
بالقسط (يونس ١ روم ٥ سبا ١) الا الذين صبروا وعملوا الصالحات (هود ٢) وادخل الذين امنوا وعملوا الصالحات (ابراهيم ٣
ان الله يدخل الذين امنوا وعملوا الصالحات (حج ٢-٣ قتال ٢) ويستجيب الذين امنوا وعملوا الصالحات (شورى ٣) ليخرج الذين امنوا وعملوا
الصالحات (طلاق ٢) وعد الله الذين امنوا منكم وعملوا الصالحات (نور ٧) ليس على الذين امنوا وعملوا الصالحات جناح (مائدة ١١

٩

فالذين امنوا وعملوا الصالحات (حج ۶ مرتين) كالذين امنوا وعملوا الصالحات (جاثية ٢) والذين امنوا وعملوا الصالحات (بقرة ٣٢
نساء ١٣-١٢١ اعراف ٤ عنكبوت ١-٦ ملائكة ١ مؤمن ٦ شورى ٢ قتال ١) واما الذين امنوا وعملوا الصالحات (آل عمران ٦) ان الذين
امنوا وعملوا الصالحات (بقرة ٢٨ يونس ١ هود ٣ كهف ٢-١٢ مريم ٠ القمان ١ فصلت ابروج ٣-بينة ١) الذين يعملون الصالحات
(اسرائيل ١ كهف ١) قد عمل الصالحات (طه ١) فالصالحات قانتات حافظات (نساء ٦) ومن يعمل من الصالحات (نساء ١٣ طه ١٢
فمن يعمل من الصالحات (انبياء ١) منهم الصالحون ومنهم دون ذلك (اعراف ٢١) ان الارض يرثها عبادى الصالحون
(انبياء ١) وانا منا الصالحون (جن ٢) كانتا تحت عبدين من عبادنا صالحين (تحريم ١) وتكونوا قوما من بعده صالحين (يوسف ١)
ان تكونوا صالحين (اسرائيل ٣) وكلا جعلنا صالحين (انبياء) مع القوم الصالحين (مائدة ١) وهو يتولى الصالحين (اعراف ٢٤)
فى عبادك الصالحين (نمل ٢) والحقنى بالصالحين (يوسف ١١ شعراء) لندخلنهم فى الصالحين (عنكبوت ١) ونبيا من الصالحين
(آل عمران ٤) وكهلا من الصالحين (آل عمران ٥) واولئك من الصالحين (آل عمران ١٢) ولنكونن من الصالحين (توبة ١) كل من الصالحين
(انعام ١) انه من الصالحين (انبياء) انهم من الصالحين (اعراف ٤) ستجدنى ان شاء الله من الصالحين (قصص ٣) رب هب لى
فجعله من الصالحين (نون ٢) وبشرناه باسحاق نبيا من الصالحين (صافات ٣) فاصدق واكن من الصادقين (منافقين ١) وانه
فى الاخرة لمن الصالحين (عنكبوت ٣ بقرة ١٦ نحل ١٦) والشهداء والصالحين (نساء ٢) والصالحين من عبادكم (نور ٤) انهم صالوا
النار (ص ٤) ثم انهم لصالوا الجحيم (مطففين ١) ام انتم صامتون (اعراف ٢٤)

فصل الباء

فصب عليهم ربك (فجر ١) فساء صباح المنذرين (صافات ٨) لكل صبار شكور (ابراهيم ١ لقمان ٤ سبا ٢ شورى ٤)
انا صببنا الماء صبا (عبس ١) ان موعدهم الصبح (هود ٨) اليس الصبح بقريب (هود ٨) والصبح اذا اسفر (مدثر ٢) والصبح اذا
تنفس (تكوير ١) فالمغيرات صبحا (عاديات ١) ولقد صبحهم بكرة عذاب مستقر (قمر ٣) فصبر جميل (يوسف ٢-٩) فاصبر كما
صبر اولوا العزم (احقاف ٤) ولمن صبر وغفر (شورى ٥) واستعينوا بالصبر والصلوة (بقرة ٥) استعينوا بالصبر والصلوة
(بقرة ٦) وتواصوا بالصبر (عصر ١) فاصبر صبرا جميلا (معارج ١) قالوا ربنا افرغ علينا صبرا (بقرة ٥) ربنا افرغ علينا
صبرا (اعراف ٤) قال انك لن تستطيع معى صبرا (كهف ٧) قال الم اقل انك لن تستطيع معى صبرا (كهف ٨) قال الم اقل لك انك
لن تستطيع معى صبرا (كهف ٨) ذلك تأويل ما لم تسطع عليه صبرا (كهف ٩) سانبئك بتأويل ما لم تستطع عليه صبرا (كهف ٨)
سلام عليكم بما صبرتم (رعد ٣) ولئن صبرتم لهو خير للصابرين (نحل ٣) واصبر وما صبرك الا بالله (نحل ٣) اجزعنا
ام صبرنا (ابراهيم ٣) لولا ان صبرنا عليها (فرقان ٥) الا الذين صبروا (هود ٢ فصلت ٤) الذين صبروا ابتغاء وجه
ربهم (رعد ٣) ولنجزين الذين صبروا (نحل ١) ولو انهم صبروا حتى تخرج اليهم (حجرات ١) وتمت كلمت ربك الحسنى على بنى اسرائيل
بما صبروا (اعراف ٤) انى جزيتهم اليوم بما صبروا (مؤمنين ٢) اولئك يجزون الغرفة بما صبروا (فرقان ٨) وجزاهم بما صبروا
(انسان ١) يؤتون اجرهم مرتين بما صبروا (قصص ٦) ائمة يهدون بامرنا لما صبروا (سجدة ٣) فصبروا على ما كذبوا
(انعام ٤) ثم جاهدوا وصبروا (نحل ٢) تنبت بالدهن وصبغ للاكلين (مؤمنين ٢) صبغة الله ومن احسن من الله
صبغة (بقرة ٤) ثم صبوا فوق رأسه (دخان ٥) واتيناه الحكم صبيا (مريم ١) قالوا كيف نكلم من كان فى المهد صبيا (مريم ٢)

فصل الحاء

يطاف عليهم بصحاف (زخرف ٧) صحف ابراهيم وموسى (اعلى ١) ام لم ينبأ بما فى صحف
موسى (نجم ٤) فى صحف مكرمة (عبس ١) واذا الصحف نشرت (تكوير ١) اولم تأتهم بينة ما فى الصحف الاولى (اعلى ١) ان
يؤتى صحفا منشرة (مدثر ٢) يتلوا صحفا مطهرة (بينة ١)

فصل الخاء المعجمة

الذين جابوا الصخر بالواد
(فجر ١) فتكن فى صخرة (لقمان ٢) قال ارأيت اذ اوينا الى الصخرة (كهف ٧)

فصل الدال

ومنهم من صد عنه (نساء ٨) وصد عن سبيل الله (بقرة ٢٢) بما صدوا عن سبيل الله (نحل ١) انحن صددناكم
عن الهدى (سبا ٤) ولكن من شرح بالكفر صدرا (نحل ١) وضائق به صدرك (هود ٢) انك يضيق صدرك (حجر ١)
الم نشرح لك صدرك (انشراح ١) فلا يكن فى صدرك حرج منه (اعراف ١) يشرح صدره للاسلام (انعام ٣) يجعل
صدره ضيقا (انعام ٣) افمن شرح الله صدره للاسلام (زمر ٣) قال رب اشرح لى صدرى (طه ٢) ويضيق صدرى (شعراء ٢)

من الصالحين (صافات ١)

والارض ذات الصدع (طارق ٢) وصدف عنها (انعام ٢٠) حتى اذا ساوى بين الصدفين (كهف ١١) ولقد
بوئنا بنى اسرائيل مبوء صدق (يونس ١٠) ان لهم قدم صدق عند ربهم (يونس ١) واجعل لى لسان صدق فى الاخرين
(شعراء ٥) وجعلنا لهم لسان صدق عليا (مريم ٥) وقل رب ادخلنى مدخل صدق واخرجنى مخرج صدق (اسرائيل ٩) لقد
صدق الله رسوله (فتح ٣) قل صدق الله (آل عمران ١٠) وصدق الله ورسوله (احزاب ٣) وصدق المرسلون (يس ٢)
ولقد صدّق عليهم ابليس (سبا ٢) فلا صدّق ولا صلى (قيامة ٢) وصدّق المرسلين (صافات ٢) وصدّق به اولئك
هم المتقون (زمر ٤) وصدّق بالحسنى (ليل ١) وعد الصدق الذى يوعدون (احقاف ٢) وكذب بالصدق اذ جاءه
(زمر ٤) والذى جاء بالصدق وصدق به (زمر ٤) وتمت كلمت ربك صدقا وعدلا (انعام ٢) ءاشفقتم ان تقدموا
بين يدى نجويكم صدقات (مجادلة ٢) انما الصدقات للفقراء (توبة ٨) ويأخذ الصدقات (توبة ١٣) ان تبدوا
الصدقات فنعما هى (بقرة ٣٨) ويربى الصدقات (بقرة ٣٨) ومنهم من يلمزك فى الصدقات (توبة ٧) لا تبطلوا صدقا
بالمن والاذى (بقرة ٣٦) واتوا النساء صدقاتهن نحلة (نساء ١) خذ من اموالهم صدقة (توبة ١٣) فقدموا بين يدى
نجويكم صدقة (مجادلة ٢) ففدية من صيام او صدقة (بقرة ٢٤) قول معروف ومغفرة خير من صدقة يتبعها اذى
(بقرة ٣٦) الا من امر بصدقة او معروف (نساء ١٧) قد صدقت الرؤيا (صافات ٣) اصدقت ام كنت من الكاذبين
(نمل ٣) فصدقت وهو من الكاذبين (يوسف ٣) وصدقت بكلمات ربها (تحريم ٢) ونعلم ان قد صدقتنا (مائدة ١٥)
وقالوا الحمد لله الذى صدقنا وعده (زمر ٨) ولقد صدقكم الله وعده (آل عمران ١٦) ثم صدقناهم الوعد (انبياء ١)
فليعلمن الله الذين صدقوا (عنكبوت ١) صدقوا ما عاهدوا الله عليه (احزاب ٣) حتى يتبين لك الذين صدقوا (توبة ٧)
فلو صدقوا الله لكان خيرا لهم (قتال ٣) قال الله هذا يوم ينفع الصادقين صدقهم (مائدة ١٦) ليسئل الصادقين عن
صدقهم (احزاب ١) ليجزى الله الصادقين بصدقهم (احزاب ٣) فصدوا عن سبيله (توبة ١) فصدوا عن سبيل الله
وصدوا عن سبيل الله (نساء ١٧ انفال ٤ مرتين) الذين كفروا وصدوا عن سبيل الله (نحل ٩ قتال ١) وصدوا عن السبيل
(رعد ٤) رايت المنافقين يصدون عنك صدودا (نساء ٩) ويشف صدور قوم مؤمنين (توبة ٢) بل هو فى صدور
العالمين (عنكبوت ١) فى صدور الذين اوتوا العلم (عنكبوت ٥) فى صدور الناس (ناس ١) ان الله عليم بذات الصدور
(آل عمران ٢ مائدة ٢ لقمان ٣) والله عليم بذات الصدور (آل عمران ١٦ تغابن ١) انه عليم بذات الصدور (انفال ٥ هود ١ ملائكة ٤
زمر ١ شورى ٣ ملك ٢) وهو عليم بذات الصدور (حديد ١) وما تخفى الصدور (مؤمن ٢) وحصل ما فى الصدور (عاديات ١)
ولكن تعمى القلوب التى فى الصدور (حج ٥) وشفاء لما فى الصدور (يونس ٦) قل ان تخفوا ما فى صدوركم (آل عمران ٣) ٢
وخلقا مما يكبر فى صدوركم (اسرائيل ٦) وما تخفى صدورهم اكبر (آل عمران ١٢) حصرت صدورهم (نساء ١٢) الا انهم
يثنون صدورهم (هود ١) وان ربك ليعلم ما تكن صدورهم (نمل ٦) وربك يعلم ما تكن صدورهم (قصص ٧) ونزعنا
ما فى صدورهم (اعراف ٥ حجر ٤) ان فى صدورهم الا كبر (مؤمن ٦) ولا يجدون فى صدورهم حاجة مما اوتوا (حشر ١)
لانتم اشد رهبة فى صدورهم (حشر ٢) ان صدوكم عن المسجد الحرام (مائدة ١) وصدوكم عن المسجد الحرام (فتح ٣) و
صدها ما كانت تعبد من دون الله (نمل ٥) وبصدهم عن سبيل الله (نساء ١٧) فصدهم عن السبيل (نمل ٢ عنكبوت ٤)
ويسقى من ماء صديد (ابراهيم ٢) ولا صديق حميم (شعراء ٥) يوسف ايها الصديق افتنا (يوسف ٥) انه كان
صديقا نبيا (مريم ٣) وامه صديقة (مائدة ١٠) او ما ملكتم مفاتحه او صديقكم (نور ٩) اولئك هم الصديقون
(حديد ٢) والصديقين والشهداء (نساء ٩) **فصل الراء** كمثل ريح فيها صر (آل عمران ١٢) هذا
صراط مستقيم (آل عمران ٦ مريم ٤ يس ٧ زخرف ٧ مرتين) قال هذا صراط على مستقيم (حجر ٣) وهذا صراط ربك مستقيما
(انعام ١٤) صراط الذين انعمت عليهم (فاتحة ١) صراط الله الذى له ما فى السموات (شورى ٥) ولا تقعدوا بكل صراط توعدون
(اعراف ٩) والله يهدى من يشاء الى صراط مستقيم (بقرة ٢٦ نور ٥) يهدى من يشاء الى صراط مستقيم (بقرة ١٥) ويهدى من يشاء الى
صراط مستقيم (يونس ٣) فقد هدى الى صراط مستقيم (آل عمران ١١) ويهديهم الى صراط مستقيم (مائدة ٣) وهديناهم

الى صراط مستقيم (انعام ١) قل انني هدانى ربى الى صراط مستقيم (انعام ١٧) الى صراط العزيز الحميد (ابراهيم ا سبا ١) و هدٰ
الى صراط مستقيم (نحل ١٥) وهدوا الى صراط الحميد (حج ٣) وان الله لهاد الذين امنوا الى صراط مستقيم (حج ٦) وانك لتدعوهم
الى صراط مستقيم (مؤمنين ٥) فاهدوهم الى صراط الجحيم (صافات ٣) وانك لتهدى الى صراط مستقيم (شورى ٥) ومن
يشا يجعله على صراط مستقيم (انعام ٤) ان ربى على صراط مستقيم (هود ٦) وهو على صراط مستقيم (نحل ٨) على صراط
مستقيم (يس ١) زخرف ٥ ملك ٢) اهدنا الصراط المستقيم (فاتحة ١) فاستبقوا الصراط فانى يبصرون (يس ٧) وهدينٰهما
الصراط المستقيم (صافات ٣) فستعلمون من اصحاب الصراط السوى (طه ٨) واهدنا الى سواء الصراط (ص ٢) عن
الصراط لناكبون (مؤمنون ٥) ويهديكم صراطا مستقيما (فتح ٣) ولهدينا هم صراطا مستقيما (نساء ٧) ويهديهم اليه
صراطا مستقيما (نساء ١٨) فاتبعنى اهدك صراطا سويا (مريم ٥) ويهديك صراطا مستقيما (فتح ١) لاقعدن لهم صراطك
المستقيم (اعراف ٢) وان هذا صراطى مستقيما (انعام ١٦) فاقبلت امرأته فى صرة (ذاريات ٢) قال انه صرح
ممرد (نمل ٣) ادخلى الصرح (نمل ٣) فاجعل لى صرحا (قصص ٤) يا هامان ابن لى صرحا (مؤمن ٤) واما عاد
فاهلكوا بريح صرصر (حاقة ١) فارسلنا عليهم ريحا صرصرا (فصلت ٢) انا ارسلنا عليهم ريحا صرصرا (قمر ١)
فترى القوم فيها صرعى (حاقة ١) صرف الله قلوبهم (توبة ١٦) فصرف عنه كيدهن (يوسف ٤) فما يستطيعون
صرفا ولا نصرا (فرقان ٢) واذا صرفت ابصارهم (اعراف ٥) ثم صرفكم عنهم ليبتليكم (ال عمران ١٦) واذ صرفنا
اليك نفرا من الجن (احقاف ٣) ولقد صرفنا فى هذا القران (كهف ٦-اسرائيل ٥) ولقد صرفنا للناس (اسرائيل ٩)
وصرفنا فيه من الوعيد (طه ٦) وصرفنا الايات (احقاف ٣) ولقد صرفناه بينهم (فرقان ٥) فصرهن اليك
(بقرة ٣٥) فلا صريخ لهم (يس ٣) فاصبحت كالصريم (نون ١)

فصل العين

يسلكه عذابا
صعدا (جن ١) فصعق من فى السموات (زمر ٧) وخر موسى صعقا (اعراف ١٧) سارهقه صعودا (مدثر ١) فتيمموا
صعيدا طيبا (نساء ٧ مائدة ٢) وانا لجاعلون ما عليها صعيدا (كهف ١) فتصبح صعيدا زلقا (كهف ٥)

فصل الغين

صغار عند الله (انعام ١٥) فقد صغت قلوبكما (تحريم ١) وكل صغير وكبير مستطر (قمر ٣) ولا تسأموا
ان تكتبوه صغيرا او كبيرا (بقرة ٣٩) كما ربيانى صغيرا (اسرائيل ٣) ولا ينفقون نفقة صغيرة (توبة ١٦) لا يغادر صغيرة
(كهف ٥)

فصل الفاء

ان الصفا والمروة من شعائر الله (بقرة ١٩) وعرضوا على ربك صفا (كهف ٥)
ثم ائتوا صفا (طه ٧) والصافات صفا (صافات ١) يوم يقوم الروح والملائكة صفا (نبا ٢) ان الله يحب الذين يقاتلون
فى سبيله صفا (صف ١) وجاء ربك والملك صفا صفا (فجر ١) فاصفح الصفح الجميل (حجر ٦) افنضرب عنكم الذكر صفحا (زخرف ١)
كانه جمالت صفر (مرسلات ١) انها بقرة صفراء (بقرة ٨) فيذرها قاعا صفصفا (طه ٦) فمثله كمثل صفوان
(بقرة ٣٧)

فصل الكاف

فصكت وجهها (ذاريات ٢)

فصل اللام

فصل لربك وانحر (كوثر ١) وصل عليهم (توبة ١٣) يخرج من بين الصلب والترائب (طارق ١) وما قتلوه وما صلبوه
(نساء ٢٦) ومن صلح من ابائهم (رعد ٣ مؤمن ١) والصلح خير (نساء ١٩) ان يصلحا بينهما صلحا (نساء ١٩) فتركه صلدا
(بقرة ٣٧) ولقد خلقنا الانسان من صلصال (حجر ٣) خلق الانسان من صلصال (رحمن ١) انى خالق بشرا من صلصال (حجر ٣) خلقته
من صلصال (حجر ٣) صلوا عليه وسلموا تسليما (احزاب ٧) اولئك عليهم صلوات من ربهم (بقرة ١٩) لهدمت صوامع وبيع
وصلوات (حج ٦) وصلوات الرسول (توبة ١٢) حافظوا على الصلوات (بقرة ٣١) والذين هم على صلواتهم يحافظون (مؤمنون ١ معارج ١)
معارج ٤) من قبل صلوة الفجر (نور ٨) ومن بعد صلوة العشاء (نور ٨) ويقيمون الصلوة (بقرة ١ توبة ٨) واقيموا الصلوة (بقرة ٥
٩-انسا ٨ نور ٦ يونس ٩ روم ٤ مزمل ٢) واقاموا الصلوة (بقرة ٢٨ توبة ١-٢ ٢٢-اعراف ١٧ ملائكة ٣-٤ شورى ٤) لا تقربوا
الصلوة وانتم سكارى (نساء ٥) فاقمت لهم الصلوة (نساء ١٥) فاذا اطمأننتم فاقيموا الصلوة (نساء ١٥) فاقيموا الصلوة (حج ٨ مجادلة ٢)
والمقيمين الصلوة (نساء ١٧) يقيمون الصلوة (مائدة ٦ نمل ١) يا بنى اقم الصلوة (لقمان ٢) فاذا قضيتم الصلوة (نساء ١٥) لئن اقمتم الصلوة
(مائدة ٢) وان اقيموا الصلوة (انعام ٩) الذين يقيمون الصلوة (انفال ١) واقام الصلوة واتى الزكوة (بقرة ٢٢ توبة ٢) ولا ياتون الصلوة

(توبہ ۱۱) واقیم الصلوۃ طرفی النہار (ھود ۱۱۴) یقیموا الصلوۃ (ابراھیم ۳۱) ربنا لیقیموا الصلوۃ (ابراھیم ۳۷) اقم الصلوۃ لدلوک الشمس (اسرائیل ۷۸) اضاعوا الصلوۃ (مریم ۵۹) واقم الصلوۃ لذکری (طٰہٰ ۱۴) اقاموا الصلوۃ (حج ۴۱) واقمن الصلوۃ (احزاب ۳۳) و اقم الصلوۃ ان الصلوۃ تنھی عن الفحشاء (عنکبوت ۴۵) ویقیموا الصلوۃ (بینہ ۵) تحبسونھما من بعد **الصّلوۃ** (مائدہ ۱۰۶) رب اجعلنی مقیم الصلوۃ (ابراھیم ۴۰) واقام الصلوۃ (انبیاء ۷۳ نور ۳۷) والمقیمی الصلوۃ (حج ۳۵) واذا قاموا **الی** الصلوۃ (نساء ۱۴۲) اذا قمتم الی الصلوۃ (مائدہ ۶) **ان** الصلوۃ کانت علی المؤمنین کتابا موقوتا (نساء ۱۰۳) ان الصلوۃ تنھی عن الفحشاء (عنکبوت ۴۵) واوصانی **با**لصلوۃ (مریم ۳۱) وکان یأمر اھلہ بالصلوۃ (مریم ۵۵) وأمر اھلک بالصلوۃ (طٰہٰ ۱۳۲) ویصدکم عن ذکر اللہ و**عن** الصلوۃ (مائدہ ۹۱) اذا نودی **للصّلوۃ** من یوم الجمعۃ (جمعۃ ۹) ان تقصروا **من** الصلوۃ (نساء ۱۰۱) واستعینوا بالصبر **و**الصلوۃ (بقرۃ ۴۵) استعینوا بالصبر والصلوۃ (بقرۃ ۱۵۳) والصلوۃ الوسطی (بقرۃ ۲۳۸) قالوا یا شعیب **صلاتک** تأمرک (ھود ۸۷) ولا تجھر **بصلاتک** (اسرائیل ۱۱۰) کل قد علم **صلوتہ** (نور ۴۱) وما کان **صلوتھم** عند البیت (انفال ۳۵) الذین ھم **علی** صلوتھم دائمون (معارج ۲۳) وھم علی صلاتھم یحافظون (انعام ۹۲) الذین ھم **عن** صلوتھم ساھون (ماعون ۵) الذین ھم **فی** صلوتھم خاشعون (مؤمنون ۲) قل ان **صلاتی** ونسکی (انعام ۱۶۲) ارأیت الذی ینھی عبدا اذا **صلّی** (علق ۱۰) فلا صدق ولا صلّی (قیامۃ ۳۱) وذکر اسم ربہ **فصلّی** (اعلیٰ ۱۵) ھم اولی بھا **صلیّا** (مریم ۷۰)

فصل المیم

صم بکم عمی (بقرۃ ۱۸) صم وبکم فی الظلمات (انعام ۳۹) ان شر الدواب عند اللہ **الصّم** البکم (انفال ۲۲) ولا یسمع الصم الدعاء (انبیاء ۴۵) افانت تسمع الصم (یونس ۴۲ زخرف ۴۰) ولا تسمع الصم (نمل ۸۰) ولا تسمع الصم الدعاء (روم ۵۲) لم یخروا علیھا **صُمّا** وعمیانا (فرقان ۷۳) عمیا وبکما **و**صما (اسرائیل ۹۷) قل ھو اللہ احد اللہ **الصمد** (اخلاص ۲) فعموا و**صمّوا** کثیر منھم (مائدہ ۷۱) ثم عموا وصموا (مائدہ ۷۱)

فصل النون

صنع اللہ الذی اتقن کل شیء (نمل ۸۸) وھم یحسبون انھم یحسنون **صنعا** (کہف ۱۰۴) وعلمناہ **صنعۃ** لبوس (انبیاء ۸۰) وحبط ما **صنعوا** (ھود ۱۶) انما صنعوا کید ساحر (طٰہٰ ۶۹) تلقف ما صنعوا (طٰہٰ ۶۹) تصیبھم بما صنعوا قارعۃ (رعد ۳۱) **صنوان** وغیر صنوان (رعد ۴)

فصل الواو

وقال صوابا (نبا ۳۸) قالوا نفقد **صواع** الملک (یوسف ۷۲) ویرسل **الصواعق** (رعد ۱۳) **من** الصواعق حذر الموت (بقرۃ ۱۹) فاذکروا اسم اللہ علیھا **صوافّ** (حج ۳۶) لھدمت **صوامع** وبیع (حج ۴۰) لا ترفعوا اصواتکم فوق **صوت** النبی (حجرات ۲) ان انکر الاصوات **لصوت** الحمیر (لقمان ۱۹) واستفزز من استطعت منھم **بصوتک** (اسرائیل ۶۴) واغضض **من** صوتک (لقمان ۱۹) یوم ینفخ **فی الصور** (انعام ۷۳ طٰہٰ ۱۰۲) ونفخ فی الصور (کہف ۹۹ یٰسٓ ۵۱ زمر ۶۸ ق ۲۰) فاذا نفخ فی الصور (مؤمنین ۱۰۱ الحاقۃ ۱۳) ویوم ینفخ فی الصور (نمل ۸۷) فی ای **صورۃ** ما شاء رکبک (انفطار ۸) و**صورکم** فاحسن صورکم (مؤمن ۶۴ تغابن ۳) ولقد خلقناکم ثم **صوّرناکم** (اعراف ۱۱) فقولی انی نذرت للرحمن **صوما** (مریم ۲۶)

فصل الھاء

فجعلہ نسبا وصھرا (فرقان ۵۴)

فصل الیاء

فصیام ثلثۃ ایام (بقرۃ ۱۹۶ مائدۃ ۸۹) فصیام شھرین متتابعین (مجادلۃ ۴ نساء ۹۲) ففدیۃ **من** صیام او صدقۃ (بقرۃ ۱۹۶) کتب علیکم **الصّیام** (بقرۃ ۱۸۳) ثم اتموا الصیام الی اللیل (بقرۃ ۱۸۷) احل لکم لیلۃ الصیام الرفث (بقرۃ ۱۸۷) او عدل ذلک **صیاما** (مائدہ ۹۵) او کصیب من السماء (بقرۃ ۱۹) انا ارسلنا علیھم **صیحۃ** (قمر ۳۱) ان کانت **الا** صیحۃ واحدۃ (یٰسٓ ۲۹-۵۳) ما ینظرون الا صیحۃ واحدۃ (یٰسٓ ۴۹) یحسبون کل صیحۃ علیھم (منافقین ۴) واخذ الذین ظلموا **الصیحۃ** (ھود ۶۷) واخذت الذین ظلموا الصیحۃ (ھود ۹۴) فاخذتھم الصیحۃ (حجر ۷۳ مؤمنین ۴۱ حجر ۸۳) ومنھم من اخذتہ الصیحۃ (عنکبوت ۴۰) یوم یسمعون الصیحۃ (ق ۴۲) احل لکم **صید** البحر (مائدہ ۹۶) وحرم علیکم صید البر (مائدہ ۹۶) لا تقتلوا **الصید** (مائدہ ۹۵) لیبلونکم اللہ بشیء **من** الصید (مائدہ ۹۴) رحلۃ الشتاء **والصیف** (قریش ۲)

باب الضاد

فصل الالف

وضاق بہ صدرک (ھود ۱۲) فتبسم **ضاحکا** من قولھا (نمل ۱۹) **ضاحکۃ** مستبشرۃ (عبس ۳۹) ولیس **بضارھم** شیأ (مجادلۃ ۱۰) وما ھم **بضارین** بہ من احد (بقرۃ ۱۰۲) **وضاق بھم** ذرعا (ھود ۷۷ عنکبوت ۳۳) حتی اذا **ضاقت** علیھم الارض (توبہ ۱۱۸) بما رحبت **و**ضاقت علیھم انفسھم (توبہ ۱۱۸) وضاقت علیکم الارض (توبہ ۲۵) ووجدک **ضالا** فھدی (ضحیٰ ۷) واذا رأوھم قالوا ان ھؤلاء **لضالون** (مطففین ۳۲) فلما رأوھا قالوا انا لضالون

دنون س، واولئك هم **الضالون** دآل عمران ، قال ومن يقنط من رحمة ربه الا الضالون دحجر، ثم انكم ايها الضالون

المكذبون دواقعة، وكانوا قوما **ضالين** دمؤمنين ، الفوا اباءهم ضالين دصافات ، غير المغضوب عليهم ولا الضالين

دفاتحة، لاكونن من القوم الضالين دانعام ، ولما ان كان من المكذبين الضالين دواقعة ، قال فعلتها اذا وانا من الضالين

دشعراء، انه كان من الضالين دشعراء، وان كنتم من قبله لمن الضالين دبقرة ، وعلى كل ضامر دحج س

فصل الحاء

فصل الباء

والعاديات ضبحا دعاديات ، وامرأته قائمة فضحكت دهود ، ان يأتيهم بأسنا

ضحىً داعراف ، وان يحشر الناس ضحى دطه ، **والضحى** والليل اذا سجى دضحى ، واخرج **ضحيها** دنازعات ، لم يلبثوا الا عشية او

ضحيها دنازعات ، والشمس **وضحيها** دشمس ، ويكونون عليهم ضدا دمريم

فصل الدال

فصل الراء

وان مس الناس **ضر** دروم ، واذا مس الانسان ضر دزمر ، فاذا مس الانسان ضر دزمر

مركان لم يدعنا الى ضر مسه ديونس ، وان يمسسك الله **بضر** فلا كاشف له الا هو دانعام ، يونس ، ان يردن الرحمن بضر

ديس ، ان ارادني الله بضر دزمر ، فكشفنا ما به **من** ضر دانبياء ، وكشفنا ما بهم من ضر دمؤمنين ، مسنا واهلنا

الضر ديوسف ، واذا مسكم الضر داسرائيل ، ثم اذا مسكم الضر دنحل ، اني مسني الضر دانبياء ، واذا مس الانسان الضر

ديونس ، فلا يملكون كشف الضر عنكم داسرائيل ، ثم اذا كشف الضر عنكم دنحل ، ما لا يملك لكم **ضرا** ولا نفعا دمائدة ، ولا يملك

لهم ضرا ولا نفعا دطه ، قل لا املك لنفسي ضرا ولا نفعا ديونس ، ولا يملكون لانفسهم ضرا ولا نفعا دفرقان ، ان اراد

بكم ضرا دفتح ، قل اني لا املك لكم ضرا دجن ، قل لا املك لنفسي نفعا **ولا ضرا** داعراف ، لانفسهم نفعا ولا ضرا درعد

فاليوم لا يملك بعضكم لبعض نفعا ولا ضرا دسبا ، من بعد **ضراء** ديونس ، فصلت ، ولئن اذقناه نعماء بعد ضراء دهود

وقالوا قد مس اباءنا **الضراء** داعراف ، مستهم البأساء **والضراء** دبقرة ، والصابرين في البأساء والضراء دبقرة

في السراء والضراء دآل عمران ، بالبأساء والضراء دانعام ، اعراف ، ولا تمسكوهن **ضرارا** دبقرة ، والذين اتخذوا

مسجدا ضرارا دتوبة ، يا ايها الناس **ضرب** مثل دحج ، ولما ضرب ابن مريم مثلا دزخرف ، الم تر كيف ضرب الله مثلا دابراهيم

ضرب الله مثلا دنحل ، زمر ، تحريم ، ضرب لكم مثلا من انفسكم دروم ، بما ضرب للرحمن مثلا دزخرف ، **فضرب** بينهم بسور

دحديد ، فضرب الرقاب دقتال ، **وضرب** الله مثلا دنحل ، تحريم ، وضرب لنا مثلا ديس ، لا يستطيعون **ضربا**

دبقرة ، فراغ عليهم ضربا دصافات ، **ضربت** عليهم الذلة دآل عمران ، **وضربت** عليهم الذلة دبقرة ، وضربت عليهم

المسكنة دآل عمران ، اذا **ضربتم** في سبيل الله دنساء ، واذا ضربتم في الارض دنساء ، ان انتم ضربتم في الارض دمائدة

وكلا **ضربنا** له الامثال دفرقان ، ولقد ضربنا للناس دروم ، زمر ، **فضربنا** على اذانهم في الكهف دكهف ، و

ضربنا لكم الامثال دابراهيم ، اذا **ضربوا** في الارض دآل عمران ، انظر كيف ضربوا لك الامثال داسرائيل ، فرقان ، ما

ضربوه لك الا جدلا دزخرف ، غير اولي **الضرر** دنساء ، فلما كشفنا عنه **ضره** ديونس ، يدعوا لمن ضره اقرب من نفعه

دحج ، هل هن كاشفات ضره دزمر ، ليس لهم طعام الا من **ضريع** دغاشية ، لو تركوا من

فصل العين

خلفهم ذرية ضعافا دنساء ، **ضعف** الطالب والمطلوب دحج ، قال لكل ضعف داعراف ، اذا لاذقناك ضعف الحياة داسرائيل

الله الذي خلقكم **من ضعف** دروم ، **وضعف** الممات داسرائيل ، فاولئك لهم جزاء **الضعف** دسبا ، ثم جعل من بعد قوة

ضعفا وشيبة دروم ، وعلم ان فيكم ضعفا دانفال ، فاتهم عذابا ضعفا من النار داعراف ، فزده عذابا ضعفا في النار

دص ، وله ذرية **ضعفاء** دبقرة ، فقال **الضعفاء** للذين استكبروا دابراهيم ، فيقول الضعفاء للذين استكبروا

دمؤمن ، ليس **على** الضعفاء دتوبة ، وما **ضعفوا** وما استكانوا دآل عمران ، فاتت اكلها **ضعفين** دبقرة

يضاعف لها العذاب ضعفين داحزاب ، ربنا اتهم ضعفين من العذاب داحزاب ، فان كان الذي عليه الحق سفيها او ضعيفا

دبقرة ، وخلق الانسان ضعيفا دنساء ، ان كيد الشيطان كان ضعيفا دنساء ، وانا لنريك فينا ضعيفا دهود ، و

فصل الغين المعجمة

وخذ بيدك ضغثا دص ، والقمل والضفادع داعراف

فصل الفاء

فصل اللام

فقد ضل ضلالا بعيدا دنساء ، فقد ضل سواء السبيل دبقرة ، مائدة ، ممتحنة ، ضل من تدعون

الا ايا (اسرائيل ٧) الذين ضل سعيهم (كهف ١١) فقد ضل ضلالا مبينا (احزاب ٥) ولقد ضل قبلهم اكثر الاولين (صافات ٢)
ما ضل صاحبكم وما غوى (نجم ١) لا يضركم من ضل اذا اهتديتم (مائدة ١١) بمن ضل عن سبيله (نحل ١٦ نجم ٣ نون ١) **ومن ضل**
فانما يضل عليها (يونس ١١ - اسرائيل ٢ زمر ٤) ومن ضل فقل انما انا من المنذرين (نمل ٧) **و**ضل عنهم ما كانوا يفترون (انعام ٣ هود ٣
اعراف ٦ يونس ٣ نحل ٩ قصص ٨) وضل عنكم ما كنتم تزعمون (انعام ١٠) وضل عنهم ما كانوا يدعون من قبل (فصلت ٥) انى اريك
وقومك فى **ضلال** مبين (انعام ٨) انا لنريها فى ضلال مبين (يوسف ٣) انا لنريك فى ضلال مبين (اعراف ٨) وما دعاء
الكافرين الا فى ضلال (رعد ٢ مؤمن ٥) اولئك فى ضلال بعيد (ابراهيم ١) لكن الظالمون اليوم فى ضلال مبين (مريم ٢)
لقد كنتم انتم واباؤكم فى ضلال مبين (انبياء ٥) ومن هو فى ضلال مبين (قصص ٩) بل الظالمون فى ضلال مبين (لقمان ٢)
او فى ضلال مبين (سبا ٣) وما كيد الكافرين الا فى ضلال (مؤمن ٣) ان انتم الا فى ضلال مبين (يس ٥) ان انتم الا فى ضلال
كبير (ملك ١) فستعلمون من هو فى ضلال مبين (ملك ٣) اولئك فى ضلال مبين (زمر ٣ - احقاف ٤) ومن كان فى ضلال مبين
(زخرف ٤) ولكن كان فى ضلال بعيد (ق ٣) ان المجرمين فى ضلال وسعر (قمر ٣) **لفى ضلال** مبين (ال عمران ١٧ يوسف ١
شعراء ٦ جمعة ١) لفى ضلال بعيد (شورى ٢) ان انا لفى ضلال وسعر (قمر ٢) فماذا بعد الحق الا **الضلال** (يونس ٤) ذلك هو
الضلال البعيد (ابراهيم ٣ حج ٢) **و**الضلال البعيد (سبا ١) فقد ضل **ضلالا** بعيدا (نساء ١٢ - ٢٠) قد ضلوا ضلالا بعيدا
(نساء ٢١) ان يضلهم ضلالا بعيدا (نساء ٩) فقد ضل ضلالا مبينا (احزاب ٥) ولا تزد الظالمين الا ضلالا (نوح ٢) قال يا قوم
ليس بى **ضلالة** (اعراف ٨) وفريقا حق عليهم **الضلالة** (اعراف ٣) ومنهم من حقت عليه الضلالة (نحل ٥) اولئك الذين
اشتروا الضلالة (بقرة ٢ - ٨) يشترون الضلالة (نساء ٨) قل من كان **فى** الضلالة (مريم ٨) وما انت بهادى العمى عن **ضلالتهم**
(نمل ٩ روم ٢) قالوا تالله انك لفى **ضلالك** القديم (يوسف ١٠) قل ان **ضللت** فانما اضل على نفسى (سبا ٥) قد ضللت اذا
(انعام ٦) وقالوا ءاذا **ضللنا** فى الارض (سجدة ١) قالوا **ضلوا** عنا (اعراف ٤ مؤمن ٨) قد ضلوا من قبل (مائدة ١٠) قد ضلوا
وما كانوا مهتدين (انعام ١٧) ورأوا انهم قد ضلوا (اعراف ١٨) اذ رايتهم ضلوا (طه ٥) ام هم ضلوا السبيل (فرقان ٢) بل
ضلوا عنهم (احقاف ٤) انظر كيف ضربوا لك الامثال **فضلوا** (اسرائيل ٥ فرقان ١) **و**ضلوا عن سواء السبيل (مائدة ٨)

فصل النون

فان له معيشة ضنكا (طه ٧) وما هو على الغيب بضنين (تكوير ١)

فصل الياء

الذى جعل الشمس ضياء (يونس ١) يأتيكم **بضياء** (قصص ٧) ولقد اتينا موسى وهارون الفرقان **و**ضياء (انبياء ٤) قالوا
لا ضير (شعراء ٤) تلك اذا قسمة **ضيزى** (نجم ٢) هل اتيك حديث **ضيف** ابراهيم المكرمين (ذاريات ٢) ونبئهم
عن ضيف ابراهيم (حجر ٤) ولقد راودوه عن ضيفه (قمر ٢) ولا تخزون فى **ضيفى** (هود ٧) قال ان هؤلاء ضيفى (حجر ٥)
ولا تك فى **ضيق** مما يمكرون (نحل ١٦) ولا تكن فى ضيق مما يمكرون (نمل ٦) يجعل صدره **ضيقا** حرجا (انعام ١٥) واذا
القوا منها مكانا ضيقا (فرقان ٢)

باب الطاء فصل الالف

ولا طائر يطير بجناحيه (انعام ٤) قال **طائركم** عند الله (نمل ٤) قالوا طائركم معكم (يس ٢) وكل انسان الزمناه **طائره** فى
عنقه (اسرائيل ٢) الا انما **طائرهم** عند الله (اعراف ١٦) قالتا اتينا **طائعين** (فصلت ٢) ان الذين اتقوا اذا مسهم
طائف (اعراف ٢٤) فطاف عليها طائف (نون ١) ودت **طائفة** من اهل الكتاب (ال عمران ٧) وقالت طائفة من اهل
الكتاب (ال عمران ٨) بيت طائفة منهم (نساء ١١) فلتقم طائفة منهم معك (نساء ١٥) ولتأت طائفة اخرى (نساء ١٥) لهمت طائفة منهم
(نساء ١٧) وان كان طائفة منكم امنوا (اعراف ١١) فلولا نفر من كل فرقة منهم طائفة (توبة ١٥) وليشهد عذابهما طائفة من المؤمنين
(نور ١) واذ قالت طائفة منهم (احزاب ٢) فامنت طائفة من بنى اسرائيل (صف ٢) وكفرت طائفة (صف ٢) يستضعف **طائفة**
منهم (قصص ١) يعذب طائفة (توبة ٨) يغشى طائفة منكم (ال عمران ١٦) فان رجعك الله **الى** طائفة منهم (توبة ١١) ان
نعف عن طائفة منكم (توبة ٨) **و**طائفة قد اهمتهم (ال عمران ١٦) وطائفة لم يؤمنوا (اعراف ١١) وطائفة من الذين معك
(مزمل ٢) على **طائفتين** من قبلنا (انعام ٢٠) واذ يعدكم الله احدى **الطائفتين** (انفال ١) ان طهرا بيتى **للطائفين**
(بقرة ١٥) وطهر بيتى للطائفين (حج ٤) فانكحوا ما **طاب** لكم من النساء (نساء ١) وما انا **بطارد** الذين امنوا (هود ٣)

اذ همت طائفتان منكم (ال عمران ١٣) وان طائفتان من المؤمنين اقتتلوا

وما انا بطارد المؤمنين (شعرا ٦) وما ادريك ما **الطارق** (طارق ١) والسماء **والطارق** (طارق ١) **طاعة** معروفة

(نور ٧) ويقولون طاعة (نساء ١١) طاعة وقول معروف (قتال ٣) والذين كفروا اولياءهم **الطاغوت** (بقرة ٢٦) ولقد بعثنا ... ان اعبدوا الله واجتنبوا

الطاغوت (نحل ٥) والذين اجتنبوا الطاغوت (زمر ٢) وعبد الطاغوت (مائدة ٩) يقاتلون فى سبيل الطاغوت (نساء ١) يريدون

ان يتحاكموا **الى** الطاغوت (نساء ٩) فمن يكفر **با**لطاغوت (بقرة ٢٤) يؤمنون بالجبت **و**الطاغوت (نساء ٨) ام هم قوم **طاغون**

(طور ٢) بل هم قوم طاغون (ذاريات ١) فاما ثمود فاهلكوا **بالطاغية** (حاقة ١) بل كنتم قوما **طاغين** (صافات ٢) قالوا

يا ويلنا انا كنا طاغين (نون ١) وان **للطاغين** لشر مآب (ص ٤) للطاغين مآبا (نبا ١) **فطاف** عليها طائف (نون ١) قالوا

لا **طاقة** لنا اليوم (بقرة ٣٣) ربنا ولا تحملنا ما لا طاقة لنا به (بقرة ٤٠) حتى **طال** عليهم العمر (انبياء ٤) **فطال** عليهم الامد

(حديد ٢) افطال عليكم العهد (طه ٤) فلما فصل **طالوت** بالجنود (بقرة ٣٣) ان الله قد بعث لكم طالوت ملكا (بقرة ٣٢) فاذا جاءت

الطامة الكبرى (نازعات ٢) **فصل الباء** الذى خلق سبع سموات **طباقا** (ملك ١) الم تروا كيف

خلق الله سبع سموات طباقا (نوح ١) بل **طبع** الله عليها بكفرهم (نساء ٢٢) طبع الله على قلوبهم (نحل ١٤) (قتال ٢) **فطبع** على قلوبهم

(منافقين ١) **و**طبع الله على قلوبهم (توبة ١٢) وطبع على قلوبهم (توبة ١١) لتركبن **طبقا** عن طبق (انشقاق ١) فان **طبن** لكم عن شىء

(نساء ١) **فصل الحاء** والارض وما طحيها (شمس ١) **فصل الراء** ولقد خلقنا فوقكم سبع

طرائق (مؤمنين ١) كنا طرائق قددا (جن ١) ويا قوم من ينصرنى من الله ان **طردتهم** افلا تذكرون (هود ٣) ينظرون

من **طرف** خفى (شورى ٥) ليقطع **طرفا** من الذين كفروا (آل عمران ١٣) وعندهم قاصرات **الطرف** (ص ٤) فيهن قاصرات

قبل ان يرتد اليك **طرفك** (نمل ٣) لا يرتد اليهم **طرفهم** (ابراهيم ٧) واقم الصلوة **طرفى** النهار (هود ١٠) لتأكلوا منه لحما

طريا (نحل ٢) ومن كل تأكلون لحما طريا (ملائكة ٢) الا **طريق** جهنم خالدين فيها (نساء ٢٢) **والى** طريق مستقيم (احقاف ٤) ليهديهم

طريقا (نساء ٢٢) فاضرب لهم طريقا فى البحر (طه ٤) اذ يقول امثلهم **طريقة** (طه ٦) وان لو استقاموا على **الطريقة** (جن ١) ويذهبا

بطريقتكم المثلى (طه ٣) **فصل العين** او كفارة **طعام** مساكين (مائدة ١٣) ان شجرة الزقوم طعام الاثيم

(دخان ٣) قال لا يأتيكما طعام (يوسف ٥) ليس لهم طعام (غاشية ١) ولا طعام الا من غسلين (حاقة ١) **الى** طعام غير ناظرين

اناه (احزاب ٧) لن نصبر **على** طعام واحد (بقرة ٧) ولا تحاضون على طعام المسكين (فجر ١) ولا يحض على طعام المسكين (حاقة ١)

(ماعون ١) **و**طعام الذين اوتوا الكتاب (مائدة ١) كانا يأكلان **الطعام** (مائدة ١٠) لا يأكلون الطعام (انبياء ١) يأكل الطعام (فرقان ١)

الا انهم ليأكلون الطعام (فرقان ٢) ويطعمون الطعام (انسان ١) كل الطعام كان حلا لبنى اسرائيل (آل عمران ١٠) ايها ازكى **طعاما**

(كهف ٣) **و**طعاما ذا غصة (مزمل ١) فانظر الى **طعامك** (بقرة ٣٥) **وطعامكم** حل لهم (مائدة ١) احل لكم صيد البحر وطعامه

(مائدة ١٣) فلينظر الانسان الى طعامه (عبس ١) فاذا **طعمتم** فانتشروا (احزاب ٧) ليس على الذين آمنوا وعملوا الصالحات جناح

فيما **طعموا** (مائدة ١٢) لم يتغير طعمه (قتال ٢) ليا بالسنتهم **وطعنا** فى الدين (نساء ٧) **وطعنوا** فى دينكم (توبة ٢)

فصل الغين الذين **طغوا** فى البلاد (فجر ١) كذبت ثمود **بطغويها** (شمس ١) ما زاغ البصر وما **طغى**

(نجم ١) اذهب الى فرعون انه طغى (طه ٢) (نازعات ١) اذهبا الى فرعون انه طغى (طه ٢) وليزيدن كثيرا منهم ما انزل اليك من

ربك **طغيانا** وكفرا (مائدة ١٠) مرتين فخشينا ان يرهقهما طغيانا وكفرا (كهف ١٠) فما يزيدهم **الا** طغيانا كبيرا (اسرائيل ٦)

فى طغيانهم يعمهون (بقرة ٢ يونس ٢ انعام ١١ اعراف ١٩ مؤمنين ٥) **فصل الفاء** **فطفق** مسحا (ص ٣)

وطفقا يخصفان عليهما (اعراف ٣ طه ٦) غير اولى الاربة من الرجال او **الطفل** (نور ٤) ثم يخرجكم **طفلا** (حج ١) ثم

يخرجكم طفلا (مؤمن ٧) **فصل اللام** فان لم يصبها وابل فطل (بقرة ٣٦) وان عزموا **الطلاق** (بقرة ٢٨)

الطلاق مرتان (بقرة ٢٩) فمن يستطع له **طلبا** (كهف ٥) **وطلح** منضود (واقعة ١) لها **طلع** نضيد (ق ١) وانا الثمر اذا

طلعت (كهف ٢) **طلعها** هضيم (شعرا ٨) طلعها كانه رؤس الشياطين (صافات ٢) **من** طلعها قنوان دانية (انعام ١٢)

واذا **طلقتم** النساء (بقرة ٢٩ مرتين) يا ايها النبى اذا طلقتم النساء (طلاق ١) ان طلقتم النساء (بقرة ٣١) ثم **طلقتموهن**

من قبل ان تمسوهن (احزاب ٦) وان طلقتموهن من قبل ان تمسوهن (بقرة ٣١) عسى ربه ان **طلقكن** (تحريم ١) **فطلقوهن**

ضعف الطالب والمطلوب (حج ١٠)

وعلى الذين يطيقونه فدية طعام مسكين (بقرة ٢٣)

الطرف يعنى

لعدتهن (طلاق ١) فان طلقها فلا تحل له من بعد (بقرة ٢٣٠) فان طلقها فلا جناح عليهما (بقرة ٢٣٠) قبل طلوع الشمس (طه ١٣٠)
(ق ٣٩) **فصل الميم** فاذا النجوم طمست (مرسلات ٨) فطمسنا اعينهم (قمر ٣٧) ولو نشاء لطمسنا على
اعينهم (يس ٦٦) وادعوه خوفا وطمعا (اعراف ٥٦) يريكم البرق خوفا وطمعا (رعد ١٢، روم ٢٤) يدعون ربهم خوفا وطمعا (سجدة ١٦)
فصل الواو طوافون عليكم بعضكم على بعض (نور ٥٨) طوبى لهم وحسن مآب (رعد ٢٩) فكان كل فرق
كالطود العظيم (شعراء ٦٣) تخرج من طور سيناء (مؤمنين ٢٠) والتين والزيتون وطور سينين (تين ١، ٢) ورفعنا فوقكم الطور
(بقرة ٦٣-٩٣) ورفعنا فوقهم الطور (نساء ١٥٤) وناديناه من جانب الطور الايمن (مريم ٥٢) وواعدناكم جانب الطور (طه ٨٠) آنس
من جانب الطور نارا (قصص ٢٩) وما كنت بجانب الطور (قصص ٤٦) والطور وكتاب مسطور (طور ١) طوعا وكرها (آل عمران ٨٣)
(رعد ١٥) قل انفقوا طوعا او كرها (توبة ٥٣) ائتيا طوعا او كرها (فصلت ١١) فطوعت له نفسه (مائدة ٣٠) فاخذهم الطوفان
وهم ظالمون (عنكبوت ١٤) فارسلنا عليهم الطوفان (اعراف ١٣٣) استأذنك اولوا الطول منهم (توبة ٨٦) شديد العقاب ذى
الطول (مؤمن ٣) ومن لم يستطع منكم طولا (نساء ٢٥) ولن تبلغ الجبال طولا (اسرائيل ٣٧) انك بالواد المقدس طوى (طه ١٢)
اذ ناديه ربه بالواد المقدس طوى (نازعات ١٦) ان لك فى النهار سبحا طويلا (مزمل ٧) وسبحه ليلا طويلا (انسان ٢٦) **فصل
الهاء** وثيابك فطهر (مدثر ٤) وطهر بيتى للطائفين (حج ٢٦) ان طهرا بيتى للطائفين (بقرة ١٢٥) ان الله اصطفاك
وطهرك (آل عمران ٤٢) وانزلنا من السماء ماء طهورا (فرقان ٤٨) وسقيهم ربهم شرابا طهورا (انسان ٢١) **فصل
الياء** يوم نطوى السماء كطى السجل (انبياء ١٠٤) والبلد الطيب (اعراف ٥٨) اليه يصعد الكلم الطيب (ملائكة ١٠) و
هدوا الى الطيب (حج ٢٤) ولا تتبدلوا الخبيث بالطيب (نساء ٢) حتى يميز الخبيث من الطيب (آل عمران ١٧٩) ليميز الله الخبيث من
الطيب (انفال ٣٧) قل لا يستوى الخبيث والطيب (مائدة ١٠٠) كلوا مما فى الارض حلالا طيبا (بقرة ١٦٨) فتيمموا صعيدا طيبا
(نساء ٤٣، مائدة ٦) وكلوا مما رزقكم حلالا طيبا (مائدة ٨٨) فكلوا مما غنمتم حلالا طيبا (انفال ٦٩) فكلوا مما رزقكم الله حلالا طيبا
(نحل ١١٤) لا تحرموا طيبات ما احل الله لكم (مائدة ٨٧) حرمنا عليهم طيبات احلت لهم (نساء ١٦٠) كلوا من طيبات ما رزقناكم
(بقرة ٥٧-١٧٢، اعراف ١٦٠، طه ٨١) انفقوا من طيبات ما كسبتم (بقرة ٢٦٧) قل احل لكم الطيبات (مائدة ٤) اليوم احل لكم الطيبات (مائدة ٥)
ويحل لهم الطيبات (اعراف ١٥٧) والطيبون للطيبات (نور ٢٦) ورزقكم من الطيبات (انفال ٢٦، نحل ٧٢، مؤمن ٦٤) ورزقناهم من الطيبات
(يونس ٩٣، جاثية ١٦، اسرائيل ٧٠) يا ايها الرسل كلوا من الطيبات (مؤمنين ٥١) والطيبات من الرزق (اعراف ٣٢) والطيبات للطيبين
(نور ٢٦) اذهبتم طيباتكم (احقاف ٢٠) بلدة طيبة ورب غفور (سبا ١٥) ذرية طيبة (آل عمران ٣٨) ومساكن طيبة (توبة ٧٢، صف ١٢)
وجرين بهم بريح طيبة (يونس ٢٢) كلمة طيبة كشجرة طيبة (ابراهيم ٢٤) فلنحيينه حيوة طيبة (نحل ٩٧) والطيبون للطيبات (نور ٢٦) الذين
تتوفيهم الملائكة طيبين (نحل ٣٢) والطيبات للطيبين (نور ٢٦) ولحم طير مما يشتهون (واقعة ٢١) تاكل الطير منه (يوسف ٣٦)
فتاكل الطير من راسه (يوسف ٤١) فتخطفه الطير (حج ٣١) وتفقد الطير (نمل ٢٠) كهيئة الطير فانفخ فيه (آل عمران ٤٩) كهيئة الطير
باذنى (مائدة ١١٠) علمنا منطق الطير (نمل ١٦) الم يروا الى الطير (نحل ٧٩، ملك ١٩) قال فخذ اربعة من الطير (بقرة ٢٦٠) والطير
صافات (نور ٤١) وسخرنا مع داود الجبال يسبحن والطير (انبياء ٧٩) يا جبال اوبى معه والطير (سبا ١٠) والطير محشورة (ص ١٩) والطير
فهم يوزعون (نمل ١٧) فيكون طيرا باذن الله (آل عمران ٤٩) فتكون طيرا باذنى (مائدة ١١٠) وارسل عليهم طيرا ابابيل (فيل ٣)
خلقته من طين (اعراف ١٢، ص ٧٦) هو الذى خلقكم من طين (انعام ٢) من سلالة من طين (مؤمنين ١٢) انا خلقناهم من طين لازب
(صافات ١١) وبدأ خلق الانسان من طين (سجدة ٧) انى خالق بشرا من طين (ص ٧١) لنرسل عليهم حجارة من طين (ذاريات ٣٣) فاوقد
لى يا هامان على الطين (قصص ٣٨) انى اخلق لكم من الطين (آل عمران ٤٩) واذ تخلق من الطين (مائدة ١١٠) قال ءاسجد لمن خلقت
طينا (اسرائيل ٦١) **باب الظاء فصل الهمزة** من الضأن اثنين (انعام ١٤٣)
فصل الالف فمنهم ظالم لنفسه (ملائكة ٣٢) وهو ظالم لنفسه (كهف ٣٥) وظالم لنفسه مبين (صافات ١١٣)
ويوم يعض الظالم (فرقان ٢٧) من هذه القرية الظالم اهلها (نساء ٧٥) اذا اخذ القرى وهى ظالمة (هود ١٠٢) وكاين من قرية امليت لها
وهى ظالمة (حج ٤٨) فكاين من قرية اهلكناها وهى ظالمة (حج ٤٥) وكم قصمنا من قرية كانت ظالمة (انبياء ١١) وانتم ظالمون (بقرة ٥١)

او يعف بهم فانهم ظالمون (آل عمران ٣١) فاخذهم العذاب وهم ظالمون (نحل ١٢) فان عدنا فانا ظالمون (مؤمنين ١١) الا
واهلها ظالمون (قصص ٦) فاخذهم الطوفان وهم ظالمون (عنكبوت ٢) انا اذا الظالمون (يوسف ٧) فاولئك هم
الظالمون (بقرة ٣-٢٣-آل عمران ١٠-مائدة ٥-توبة ٣-حجرات ٢-ممتحنة ١) والكافرون هم الظالمون (بقرة ٢٦) انه لا يفلح الظا
(انعام ٣-١٤ قصص ٤-يوسف ٣) هل يهلك الا القوم الظالمون (انعام ٥) ولو ترى اذ الظالمون في غمرات الموت (انعام ١١)
عما يعمل الظالمون (ابراهيم ٥) اذ يقول الظالمون (اسرائيل ٥) فابى الظالمون الا كفورا (اسرائيل ١١) لكن الظالمون اليوم
لكن الظالمون اليوم (مريم ٢) فقالوا انكم انتم الظالمون (انبياء ٥) بل اولئك هم الظالمون (نور ٦) وقال الظالمون ان تتبعون
(فرقان ١) بل ان يعد الظالمون (ملائكة ٤) ولو ترى اذ الظالمون موقوفون (سبا ٤) وما يجحد بآياتنا الا الظالمون (عنكبوت ٥)
بل الظالمون في ضلال مبين (لقمان ٢) والظالمون ما لهم من ولي ولا نصير (شورى ١) ظالمي انفسهم (نساء-نحل ٣) قالوا
انا كنا ظالمين (اعراف ١) اتخذوه وكانوا ظالمين (اعراف ١٨) قالوا يا ويلنا انا كنا ظالمين (انبياء ٢) ليقولن يا ويلنا انا كنا ظالمين
(انبياء ٥) بل كنا ظالمين (انبياء ٦) ان اهلها كانوا ظالمين (عنكبوت ٤) قالوا سبحان ربنا انا كنا ظالمين (نون ٢) ذكرى وما كنا ظالمين
(شعراء ١) وكلا كانوا ظالمين (انفال ٦) قال لا ينال عهدي الظالمين (بقرة ١٣) والله لا يهدي القوم الظالمين (بقرة ٢٦-آل عمران
٩-توبة ٢-١٢-صف ١-جمعة ١) وبئس مثوى الظالمين (آل عمران ١٦) والله لا يحب الظالمين (آل عمران ١٤) ذلك جزاء الظالمين (مائدة ٣
حشر ٢) ولكن الظالمين بآيات الله يجحدون (انعام ٤) فلا تقعد بعد الذكرى مع القوم الظالمين (انعام ٧) لا تجعلنا مع القوم الظالمين
(اعراف ٥) ولا تجعلني مع القوم الظالمين (اعراف ١٨) وكذلك نولي بعض الظالمين بعضا (انعام ١٣) وكذلك نجزي الظالمين (اعراف ٥)
ربنا لا تجعلنا فتنة للقوم الظالمين (يونس ٩) وقيل بعدا للقوم الظالمين (هود ٤) كذلك نجزي الظالمين (يوسف ٨-انبياء ٣) لنهلكن
الظالمين (ابراهيم ٢) ويضل الله الظالمين (ابراهيم ٤) ولا يزيد الظالمين (اسرائيل ٩) الحمد لله الذي نجانا من القوم الظالمين (مؤمنين
فبعدا للقوم الظالمين (مؤمنين ٣) رب فلا تجعلني في القوم الظالمين (مؤمنين ٦) ان ائت القوم الظالمين (شعراء ١) قال رب نجني من
القوم الظالمين (قصص ٢) ونجني من القوم الظالمين (تحريم ٢) نجوت من القوم الظالمين (قصص ٣) فانظر كيف كان عاقبة الظالمين
(يونس ٤-قصص ٤) يوم لا ينفع الظالمين (مؤمن ٦) ان الله لا يهدي القوم الظالمين (مائدة ٦-انعام ١٥-قصص ٥-احقاف ١)
ونذر الظالمين فيها جثيا (مريم ٥) ولا تزد الظالمين الا تبارا (نوح ٢) ولا تزد الظالمين الا ضلالا (نوح ١) انه لا يحب الظالمين (شورى ٤)
ترى الظالمين مشفقين (شورى ٣) وترى الظالمين لما رأوا العذاب (شورى ٥) ولكن كانوا هم الظالمين (زخرف ٧) ان الظالمين
لهم عذاب اليم (ابراهيم ٤) الا ان الظالمين في عذاب مقيم (شورى ٥) وان الظالمين لفي شقاق بعيد (حج ٦) وان الظالمين بعضهم
اولياء بعض (جاثية ٣) والله عليم بالظالمين (بقرة ١٠-٢٥-توبة ٥-جمعة ١) والله اعلم بالظالمين (انعام ٤) فلا عدوان الا على
الظالمين (بقرة ٢٠) ان لعنة الله على الظالمين (اعراف ٥) الا لعنة الله على الظالمين (هود ٢) واعتدنا للظالمين عذابا اليما (فرقان
انا اعتدنا للظالمين نارا (كهف ٤) بئس للظالمين بدلا (كهف ٧) انا جعلناها فتنة للظالمين (صافات ٢) وقيل للظالمين (زمر ٣) ما للظالمين
من حميم (مؤمن ٢) فما للظالمين من نصير (ملائكة ٤) وما للظالمين من نصير (حج ٧) فتكونا من الظالمين (بقرة ٤-اعراف ٢) فتكون
من الظالمين (انعام ٦) وما هي من الظالمين ببعيد (هود ٧) فانك اذا من الظالمين (يونس ١١) اني كنت من الظالمين (انبياء ٦) انك اذا
لمن الظالمين (بقرة ٥) انا اذا لمن الظالمين (مائدة ١٢) انا اذا لمن الظالمين (هود ٤) ولا تزد الظالمين (انبياء ٦) والظالمين اعد لهم
عذابا اليما (دهر ٢) الظانين بالله ظن السوء (فتح ١) وذروا ظاهر الاثم (انعام ١٤) ام بظاهر من القول (رعد ٤) و
الظاهر والباطن (حديد ١) يعلمون ظاهرا من الحيوة الدنيا (روم ١) فلا تمار فيهم الا مراء ظاهرا (كهف ٣) واسبغ عليكم نعمه
ظاهرة (لقمان ٣) قرى ظاهرة (سبا ٢) وظاهروا على اخراجكم (ممتحنة ٢) وانزل الذين ظاهروهم (احزاب ٣) وظاهره
من قبله العذاب (حديد ٢) يا قوم لكم الملك اليوم ظاهرين في الارض (مؤمن ٤) فاصبحوا ظاهرين (صف ٢)

فضل العين

تستخفونها يوم ظعنكم (نحل ٨)

فضل الفاء

حرمنا كل ذي ظفر (انعام ١٨)

فضل اللام

ظل وجهه مسودا (نحل ٨ زخرف ٢) انطلقوا الى ظل (مرسلات ٢) وظل ممدود (واقعة ٢) وظل من يحموم (واقعة ٢)
ولا الظل ولا الحرور (ملائكة ٣) الم تر الى ربك كيف مد الظل (فرقان ٥) ثم تولى الى الظل (قصص ٣) وندخلهم ظلا ظليلا

(نساء) ان المتقین فی ظلال وعیون (مرسلات ۵) هم وازواجهم فی ظلال (یس ۴) والله جعل لکم مما خلق ظلالاً (نحل ۹)
ودانیة علیهم ظلالها (انسان ۲) وظلالهم بالغدو والاصال (رعد ۲) وان الله لیس بظلام للعبید (آل عمران ۱۹ - انفال ۴
حج ۱) وما انا بظلام للعبید (ق ۳) وما ربک بظلام للعبید (فصلت ۵) واذ نتقنا الجبل فوقهم کانه ظلة (اعراف ۸۱) الذی ظللت
علیه عاکفا (طه ۵) فظلت اعناقهم لها خاضعین (شعراء ۱) فاخذهم عذاب یوم الظلة (شعراء ۱۰) فظلتم تفکهون (واقعه ۲)
لهم من فوقهم ظلل من النار (زمر ۲) ومن تحتهم ظلل (زمر ۲) فی ظلل من الغمام (بقرة ۲۵) واذا غشیهم موج کالظلل (لقمان ۴) وظللنا
علیکم الغمام (بقرة ۶) وظللنا علیهم الغمام (اعراف ۲۰) فقد ظلم نفسه (بقرة ۲۹ - طلاق ۱) لا ظلم الیوم (مؤمن ۲) لا یحب الله الجهر
بالسوء من القول الا من ظلم (نساء ۲۱) قال اما من ظلم فسوف نعذبه (کهف ۱۱) الا من ظلم ثم بدل حسنا (نمل ۱) ولم یلبسوا ایمانهم بظلم
(انعام ۹) ذلک ان لم یکن ربک مهلک القری بظلم (انعام ۱۶) لیهلک القری بظلم (هود ۱۰) ومن یرد فیه بالحاد بظلم (حج ۳) فبظلم
من الذین هادوا (نساء ۲۲) ان الشرک لظلم عظیم (لقمان ۲) وما الله یرید ظلما للعالمین (آل عمران ۱۱) ان الذین یأکلون اموال
الیتامی ظلما (نساء ۱) وقد خاب من حمل ظلما (طه ۶) فلا یخاف ظلما ولا هضما (طه ۶) فقد جاءوا ظلما وزورا (فرقان ۱) واستیقنتها
انفسهم ظلما وعلوا (نمل ۱) وما الله یرید ظلما للعباد (مؤمن ۴) ومن یفعل ذلک عدوانا وظلما (نساء ۵) فیه ظلمات ورعد
(بقرة ۲) ظلمات بعضها فوق بعض (نور ۵) وترکهم فی ظلمات لا یبصرون (بقرة ۲) ولا حبة فی ظلمات الارض (انعام ۷) لتهتدوا بها
فی ظلمات البر والبحر (انعام ۱۲) امن یهدیکم فی ظلمات البر والبحر (نمل ۵) او کظلمات فی بحر لجی (نور ۵) قل من ینجیکم من ظلمات البر والبحر
(انعام ۸) هل تستوی الظلمات والنور (رعد ۲) ولا الظلمات ولا النور (ملائکه ۳) صم بکم فی الظلمات (انعام ۴) کمن مثله
فی الظلمات (انعام ۵) فنادی فی الظلمات (انبیاء ۶) ویخرجهم من الظلمات الی النور (مائدة ۳) لتخرج الناس من الظلمات الی النور
(ابراهیم ۱) ان اخرج قومک من الظلمات الی النور (ابراهیم ۱) لیخرجکم من الظلمات (احزاب ۵) (حدید ۱) یخرجهم من الظلمات الی النور (بقرة ۳۴)
لیخرج الذین امنوا وعملوا الصالحات من الظلمات (طلاق ۲) ولو ان لکل نفس ظلمت (یونس ۶) قال رب انی ظلمت نفسی (قصص ۲)
قالت رب انی ظلمت نفسی (نمل ۳) انکم ظلمتم انفسکم (بقرة ۶) اذ ظلمتم انکم فی العذاب (زخرف ۶) قال لقد ظلمک بسؤال نعجتک
(ص ۲) قال ربنا ظلمنا انفسنا (اعراف ۲) وما ظلمناهم ولکن ظلموا انفسهم (هود ۹) وما ظلمناهم ولکن کانوا انفسهم یظلمون
(نحل ۱۵) وما ظلمناهم ولکن کانوا هم الظالمین (زخرف ۷) فبدل الذین ظلموا (بقرة ۶ - اعراف ۲۰) فانزلنا علی الذین ظلموا رجزا (بقرة
الا الذین ظلموا منهم (بقرة ۱۸ - عنکبوت ۵) ولو یری الذین ظلموا (بقرة ۲۰) ظلموا انفسهم فاهلکته (آل عمران ۱۲) فقطع دابر القوم
الذین ظلموا (انعام ۵) واخذنا الذین ظلموا (اعراف ۲۱) لا تصیبن الذین ظلموا منکم خاصة (انفال ۳) ولا تخاطبنی فی الذین ظلموا (هود
مؤمنین ۲) واخذت الذین ظلموا (هود ۸) واخذ الذین ظلموا الصیحة (هود ۶) ثم قیل للذین ظلموا (یونس ۵) وما ظلمناهم ولکن ظلموا
انفسهم (هود ۹) ولا ترکنوا الی الذین ظلموا (هود ۱۰) واتبع الذین ظلموا (هود ۱۰) فیقول الذین (ابراهیم ۷) الذین ظلموا انفسهم
(ابراهیم ۵) واذا رأ الذین ظلموا (نحل ۱۲) واسروا النجوی الذین ظلموا (انبیاء ۱) اذن للذین یقاتلون بانهم ظلموا (حج ۶) وسیعلم
الذین ظلموا (شعراء ۱۱) بل اتبع الذین ظلموا اهواءهم (روم ۴) فیومئذ لا ینفع الذین ظلموا (روم ۶) فویل للذین ظلموا من عذاب یوم
الیم (زخرف ۷) ونقول للذین ظلموا (سبا ۵) احشروا الذین ظلموا (صافات ۲) ولو ان للذین ظلموا (زمر ۵) والذین ظلموا من هؤلاء
(زمر ۵) لینذر الذین ظلموا (احقاف ۲) فان للذین ظلموا ذنوبا (ذاریات ۳) وان للذین ظلموا عذابا (طور ۳) ولو انهم اذ ظلموا انفسهم
(نساء ۹) او ظلموا انفسهم (آل عمران ۱۴) وانتصروا من بعد ما ظلموا (شعراء ۱۱) والذین هاجروا فی الله من بعد ما ظلموا (نحل ۶) فتلک
بیوتهم خاویة بما ظلموا (نمل ۶) ووقع القول علیهم بما ظلموا (نمل ۶) ولقد اهلکنا القرون من قبلکم لما ظلموا (یونس ۲) وتلک
القری اهلکناهم لما ظلموا (کهف ۸) فظلموا بها (اعراف ۱۱ - اسرائیل ۶) ان الذین کفروا وظلموا (نساء ۲۰) وظلموا انفسهم (سبا ۲)
وما ظلمونا (بقرة ۶ - اعراف ۲۰) فمن تاب من بعد ظلمه (مائدة ۶) ولمن انتصر بعد ظلمه (شوری ۵) وما ظلمهم الله (آل عمران
۱۲ - نحل ۵) فاخذتکم الصاعقة بظلمهم (نساء ۲۱) ولو یؤاخذ الله الناس بظلمهم (نحل ۸) وان ربک لذو مغفرة للناس علی
ظلمهم (رعد ۱) فظلوا فیه یعرجون (حجر ۱) لظلوا من بعده یکفرون (روم ۵) ان الانسان لظلوم کفار (ابراهیم ۵) انه کان
ظلوما جهولا (احزاب ۹) اکلها دائم وظلها (رعد ۵) لا ظلیل ولا یغنی من اللهب (مرسلات ۱) وندخلهم ظلا ظلیلا (نساء

خلقا من بعد خلق فی ظلمات ثلاث (زمر ۱)

فصل النون

ذلك بانهم لا يصيبهم ظمأ (توبة ١٢) يحسبه الظمآن ماء (نور ع٥) **فصل الميم**

ذلك ظن الذين كفروا (ص ٣) وما ظن الذين يفترون (يونس ع٦) يظنون بالله غير الحق ظن الجاهلية (آل عمران ١٦) وقال للذى ظن

انه ناج منهما (يوسف ٥) لولا اذ سمعتموه ظن المؤمنون (نور ٢) وظننتم ظن السوء (فتح ٢) الظانين بالله ظن السوء (فتح ١) انه ظن

ان لن يحور (انشقاق ١) **فظن** ان لن نقدر عليه (انبياء) **وظن** اهلها انهم قادرون عليها (يونس ٣) وظن داود انما فتناه (ص ٣)

وظن انه الفراق (قيامة ٣) ان يتبعون **الا الظن** (انعام ١٢ يونس ٧ نجم ٣ مرتين) ان تتبعون الا الظن (انعام ١٥) **ان الظن** لا

يغنى من الحق شيئا (يونس ٤) **وان** الظن لا يغنى من الحق شيئا (نجم ٣) الا اتباع الظن (نساء ٢١) ان بعض الظن (حجرات ٢) اجتنبوا كثيرا

من الظن (حجرات ٢) وما يتبع اكثرهم الا ظنا (يونس ٤) ان نظن الا ظنا (جاثية ٤) **ان** ظنا ان يقيما حدود الله (بقرة ٣٠) فما

ظنكم برب العالمين (صافات ٣) وذلكم ظنكم الذى ظننتم بربكم (فصلت ٣) وانا ظننا ان لن نعجز الله (جن ٢) وانا ظننا ان لن تقول الا

والجن (جن ١) انى **ظننت** انى ملاق حسابيه (حاقة ١) ولكن **ظننتم** ان الله لا يعلم (فصلت ٣) وذلكم ظنكم الذى ظننتم بربكم (فصلت)

بل ظننتم ان لن ينقلب الرسول (فتح ٢) **ما** ظننتم ان يخرجوا (حشر ١) وانهم ظنوا **كما** ظننتم (جن ١) **و**ظننتم ظن السوء (فتح ٢) **فظنوا**

انهم مواقعوها (كهف ٦) **و**ظنوا انه واقع بهم (اعراف ١٨) وظنوا ان لا ملجأ من الله (توبة ١٢) وظنوا انهم احيط بهم (يونس ٣)

وظنوا انهم قد كذبوا (يوسف ١١) وظنوا انهم الينا لا يرجعون (قصص ٤) وظنوا انهم مانعتهم حصونهم (حشر ١) وتظنون بالله

الظنونا (احزاب ١) ولقد صدق عليهم ابليس **ظنه** (سبأ ٢) **فصل الهاء** ظهر الفساد فى البر (روم ٥)

ما ظهر منها وما بطن (انعام ١٩ اعراف ٤) ولا يبدين زينتهن الا ما ظهر منها (نور ٤) **و**ظهر امر الله (توبة ٥) الذى انقض ظهرك

(انشراح ١) واما من اوتى كتابه وراء **ظهره** (انشقاق ١) فيظللن رواكد **على** ظهره (شورى ٤) ما ترك **على ظهرها** من دابة (ملائكة)

واتخذتموه وراءكم **ظهريا** (هود ٨) وتركتم ما خولناكم وراء **ظهوركم** (انعام ١١) لتستووا على **ظهوره** (زخرف ١) ليس البر بان تأتوا

البيوت من **ظهورها** (بقرة ٢٤) وانعام حرمت ظهورها (انعام ١٦) نبذ فريق من الذين اوتوا الكتاب كتاب الله وراء **ظهورهم**

(بقرة ١١) فنبذوه وراء ظهورهم (آل عمران ١٩) يحملون اوزارهم على ظهورهم (انعام ٤) ولاعن ظهورهم (انبياء ٤) **من**

ظهورهم ذريتهم (اعراف ٢١) وجنوبهم **و**ظهورهم (توبة ٥) الا ما حملت **ظهورهما** (انعام ١٨) والملائكة بعد ذلك **ظهير**

(تحريم ١) وما له منهم **من** ظهير (سبا ٣) ولو كان بعضهم لبعض **ظهيرا** (اسرائيل ١٠) وكان الكافر على ربه ظهيرا (فرقان ٥)

فلن اكون ظهيرا للمجرمين (قصص ٢) فلا تكونن ظهيرا للكافرين (قصص ٩) وحين تضعون ثيابكم من **الظهيرة** (نور ٨)

باب العين فصل الالف

ووجدك عائلا فاغنى (ضحى ١)

انكم **عائدون** (دخان ١) **عابدات** سائحات (تحريم ١) ونحن له **عابدون** (بقرة ١٦) وقومهما لنا عابدون (مؤمنين ٥)

ولا انتم عابدون ما اعبد (كافرون امرتين) التائبون **العابدون** (توبة ١٢) ان فى هذا لبلاغا لقوم **عابدين** (انبياء ١١)

قالوا وجدنا اباءنا لها عابدين (انبياء ٥) وكانوا لنا عابدين (انبياء ٥) فانا اول **العابدين** (زخرف ٧) وذكرى **للعابدين**

(انبياء) ولا جنبا **الا عابرى** سبيل (نساء ٧) بريح صرصر **عاتية** (حاقة ١) من كان يريد **العاجلة** (اسرائيل ٢) ان هؤلاء

يحبون العاجلة (انسان ٣) كلا بل تحبون العاجلة (قيامة ١) وتلك **عاد** جحدوا بايات ربهم (هود ٥) كذبت عاد المرسلين

(شعراء ١١) كذبت عاد فكيف كان عذابى ونذر (قمر ١) فاما عاد فاستكبروا فى الارض (فصلت ٢) عادا كالعرجون القديم (يس ٤)

واذكروا اذ جعلكم خلفاء من بعد عاد (اعراف ٩) مثل صاعقة عاد وثمود (فصلت ٢) واذكر اخا عاد (احقاف ٣) والى عاد

اخاهم هودا (اعراف ٧ هود ٥) فمن اضطر غير باغ **ولا** عاد (بقرة ٢١ انعام ١٨ نحل ١٥) **وفى** عاد اذ ارسلنا عليهم (ذاريات ٥)

ومن عاد فاولئك اصحاب النار (بقرة ٣٨) ومن عاد فينتقم الله (مائدة ١٠) **و**عاد وفرعون (ص ١ ق ٢) قوم نوح وعاد وثمود

(توبة ٧ ابراهيم ٢ مؤمن ٤) وانه اهلك **عادا** الاولى (نجم ٣) الا ان عادا كفروا ربهم (هود ٦) **و**عادا وثمود (فرقان ٤)

(عنكبوت ٤) ولعود **والعاد** ولما نهوا عنه (انعام ٣) بل انتم قوم **عادون** (شعراء ١٧) فاولئك هم **العادون** (معارج ١)

(مؤمنين ١) **والعاديات** ضبحا (عاديات ١) عسى الله ان يجعل بينكم وبين الذين **عاديتم** منهم مودة (ممتحنة ١) فاسئل

العادين (مؤمنين ٦) قالوا هذا **عارض** (احقاف ٣) فلما رأوه **عارضا** (احقاف ٣) جاءتها ريح **عاصف** (يونس ٣)

فی یوم عاصف (ابراهیم ۱۸) ولسلیمان الریح عاصفة (انبیاء ۸۱) قال لا عاصم الیوم من امر الله (هود ۴۳) ما لهم من الله من عاصم
(یونس ۲۷) ما لکم من الله من عاصم (مؤمن ۳۳) والعافین عن الناس (آل عمران ۱۳۴) ذلک ومن عاقب بمثل ما عوقب (حج ٦۰)
فانظروا کیف کان عاقبة المکذبین (آل عمران ۱۳۷ نحل ۳٦) ثم انظروا کیف کان عاقبة المکذبین (انعام ۱۱) فانظر کیف کان عاقبة المکذبین
(زخرف ۲۵) من تکون له عاقبة الدار (انعام ۱۳۵) فانظر کیف کان عاقبة المجرمین (نمل ٦۹ اعراف ۸۴) وانظر کیف کان عاقبة المفسدین
(اعراف ۸٦) فانظر کیف کان عاقبة المفسدین (اعراف ۱۰۳ نمل ۱۴) فانظر کیف کان عاقبة الظالمین (قصص ۴۰) فانظر کیف کان عاقبة المنذرین
(یونس ۷۳ صافات ۷۳) فینظر کیف کان عاقبة الذین من قبلهم (یوسف ۱۰۹ روم مؤمن ۲۱ قتال ۱۰ ملائکة ۴۴) فینظروا کیف کان عاقبة الذین
کانوا من قبلهم (مؤمن ۸۲) فانظروا کیف کان عاقبة الذین من قبل (روم ۴۲) ولله عاقبة الامور (حج ۴۱) فانظر کیف کان عاقبة مکرهم
(نمل ۵۱) ومن تکون له عاقبة الدار (قصص ۳۷) ثم کان عاقبة الذین اساؤا السوئی (روم ۱۰) والی الله عاقبة الامور (لقمان ۲۲) و
کان عاقبة امرها خسرا (طلاق ۹) ان العاقبة للمتقین (هود ۴۹) والعاقبة للتقوی (طه ۱۳۲) والعاقبة للمتقین (اعراف ۱۲۸)
وان عاقبتم فعاقبوا (نحل ۱۲٦) وان فاتکم شیء من ازواجکم الی الکفار فعاقبتم (ممتحنة ۱۱) فکان عاقبتهما انهما فی النار (حشر ۱۷)
وقد بلغنی الکبر وامرأتی عاقر (آل عمران ۴۰) وکانت امرأتی عاقرا (مریم مرتین) سواء العاکف فیه والباد (حج ۲۵) الذی
ظلت علیه عاکفا (طه ۹۷) وانتم عاکفون فی المساجد (بقرة ۱۸۷) التی انتم لها عاکفون (انبیاء ۵۲) قالوا لن نبرح علیه عاکفین (طه ۹۱)
فنظل لها عاکفین (شعراء ۷۱) والعاکفین والرکع السجود (بقرة ۱۲۵) وان فرعون لعال فی الارض (یونس ۸۳) عالم الغیب والشهادة
(انعام ۷۳ رعد ۹ مؤمنین ۹۲ حشر ۲۲ تغابن ۱۸) ذلک عالم الغیب والشهادة (سجدة ٦) عالم الغیب فلا یظهر علی غیبه احدا (جن ۲٦) ان الله
عالم غیب السموات والارض (ملائکة ۳۸) عالم الغیب لا یعزب عنه مثقال ذرة (سبأ ۳) وما یعقلها الا العالمون (عنکبوت ۴۳)
وکنا به عالمین (انبیاء ۵۱) وکنا بکل شیء عالمین (انبیاء ۸۱) وما نحن بتأویل الاحلام بعالمین (یوسف ۴۴) الحمد لله رب العالمین
(فاتحة ۱ مؤمن ٦۵) واصطفٰک علی نساء العالمین (آل عمران ۴۲) انی اخاف الله رب العالمین (مائدة ۲۸ حشر ۱٦) والحمد لله رب العالمین
(انعام ۴۵ صافات ۱۸۲) ومماتی لله رب العالمین (انعام ۱٦۲) ان الحمد لله رب العالمین (یونس ۱۰) انا رسول رب العالمین (شعراء ۱٦) قال
فرعون وما رب العالمین (شعراء ۲۳) فانهم عدو لی الا رب العالمین (شعراء ۷۷) ان اجری الا علی رب العالمین (شعراء ۱۰۹-۱۲۷-۱۴۵-۱٦۴-۱۸۰) وانه
لتنزیل رب العالمین (شعراء ۱۹۲) وسبحان الله رب العالمین (نمل ۸) لله رب العالمین (نمل ۴۴) انی انا الله رب العالمین (قصص ۳۰) بما فی
صدور العالمین (عنکبوت ۱۰) وقیل الحمد لله رب العالمین (زمر ۷۵) فتبارک الله رب العالمین (مؤمن ٦۴) ذلک رب العالمین (فصلت ۹)
فقال انی رسول رب العالمین (زخرف ۴٦) ورب الارض رب العالمین (جاثیة ۳٦) الا ان یشاء الله رب العالمین (تکویر ۲۹) تبارک الله
رب العالمین (اعراف ۵۴) قالوا امنا برب العالمین (اعراف ۱۲۱ شعراء ۴۷) اذ نسویکم برب العالمین (شعراء ۹۸) فما ظنکم برب العالمین (صافات ۸۷)
قال اسلمت لرب العالمین (بقرة ۱۳۱) وامرنا لنسلم لرب العالمین (انعام ۷۱) ان اسلم لرب العالمین (مؤمن ٦٦) ولکنی رسول من رب
العالمین (اعراف ۷ مرتین) انی رسول من رب العالمین (اعراف ۱۰۴) لا ریب فیه من رب العالمین (یونس ۳۷ سجدة ۲) یوم یقوم الناس
لرب العالمین (مطففین ٦) تنزیل من رب العالمین (واقعة ۸۰ حاقة ۴۳) وانی فضلتکم علی العالمین (بقرة ۴۷-۱۲۲) ولکن الله ذو فضل علی
العالمین (بقرة ۲۵۱) وال عمران علی العالمین (آل عمران ۳۳) وکلا فضلنا علی العالمین (انعام ۸٦) وهو فضلکم علی العالمین (اعراف ۱۴۰)
ولقد اخترناهم علی علم علی العالمین (دخان ۳۲) وفضلناهم علی العالمین (جاثیة ۱٦) ان الله لغنی عن العالمین (عنکبوت ٦)
فان الله غنی عن العالمین (آل عمران ۹۷) قالوا اولم ننهک عن العالمین (حجر ۷۰) سلام علی نوح فی العالمین (صافات ۷۹) وما الله یرید
ظلما للعالمین (آل عمران ۱۰۸) مبارکا وهدی للعالمین (آل عمران ۹٦) ان هو الا ذکری للعالمین (انعام ۹۰) وجعلناها وابنها آیة
للعالمین (انبیاء ۹۱) وما ارسلناک الا رحمة للعالمین (انبیاء ۱۰۷) بارکنا فیها للعالمین (انبیاء ۷۱) لیکون للعالمین نذیرا (فرقان ۱) ان فی
ذلک لآیة للعالمین (روم ۲۲) وجعلناها آیة للعالمین (عنکبوت ۱۵) ان هو الا ذکر للعالمین (ص ۸۷ تکویر ۲۷ یوسف ۱۰۴) وما هو الا
ذکر للعالمین (نون ۵۲) وآتیکم ما لم یؤت احدا من العالمین (مائدة ۲۰) لا اعذبه احدا من العالمین (مائدة ۱۱۵) اتأتون الذکران من
العالمین (شعراء ۱٦۵) ما سبقکم بها من احد من العالمین (اعراف ۸۰ عنکبوت ۲۸) انه کان عالیا من المسرفین (دخان ۳۱) ام کنت من
العالین (ص ۷۵) فی جنة عالیة (حاقة ۲۲ غاشیة ۱۰) وکانوا قوما عالین (مؤمنین ۴٦) فجعلنا عالیها سافلها (حجر ۷۴)

جعلنا عاليها سافلها (هود ٨) عاليهم ثياب سندس (انسان ٢١) ثم يأتي من بعد ذلك عام (يوسف ٧) فاماته الله مائة
عام (بقرة ٣٥) قال لبثت مائة عام (بقرة ٣٥) اولا يرون انهم يفتنون في كل عام مرة (توبة ١٦) يحلونه عاما ويحرمونه عاما ليوا
(توبة ٥) الا خمسين عاما (عنكبوت ٢) قل يا قوم اعملوا على مكانتكم اني عامل (انعام ١٤) (زمر ٤) ويا قوم اعملوا على مكانتكم اني عامل
(هود ١٠) اني لا اضيع عمل عامل منكم (آل عمران ٢٠) عاملة ناصبة (غاشية ١) اعملوا على مكانتكم انا عاملون (هود ١٠) هم
لها عاملون (مؤمنين ٤) فاعمل اننا عاملون (فصلت ١) لمثل هذا فليعمل العاملون (صافات ٧) ونعم اجر العاملين
(آل عمران ١٤) نعم اجر العاملين (عنكبوت ٦) فنعم اجر العاملين (زمر ٨) والعاملين عليها (توبة ٨) بعد عامهم هذا (توبة
وفصاله في عامين (لقمان ٢) ومن اوفى بما عاهد عليه الله (فتح ١) ومنهم من عاهد الله (توبة ١٠) الذين عاهدت
منهم (انفال ٧) الى الذين عاهدتم من المشركين (توبة ١) الا الذين عاهدتم عند المسجد الحرام (توبة ١) واوفوا بعهد الله اذا عاهدتم
(نحل ١٣) اوكلما عاهدوا عهدا (بقرة ١١) ولقد كانوا عاهدوا الله (احزاب ٢) والموفون بعهدهم اذا عاهدوا (بقرة ٢٢)
صدقوا ما عاهدوا الله عليه (احزاب ٣)

فصل العين مع الباء

ان الذين تدعون من دون الله عباد
امثالكم (اعراف ٢٣) بل عباد مكرمون (انبياء ٢) عينا يشرب بها عباد الله (انسان ١) الا عباد الله المخلصين (صافات ٢٧) فبشر
عباد (زمر ٢) وجعلوا الملائكة الذين هم عباد الرحمن اناثا (زخرف ٢) الا عباد الله المخلصين (صافات ٢٩-٨-١٣-٥) ان ادوا
الي عباد الله (دخان ١) قل يا عباد الذين امنوا (زمر ٢) يا عباد فاتقون (زمر ٢) وعباد الرحمن الذين يمشون على الارض
هونا (فرقان ٦) ان الله قد حكم بين العباد (مؤمن ٥) والله بصير بالعباد (آل عمران ٢ مرتين) والله رءوف بالعباد (آل عمران ٣)
(بقرة ٢٥) ان الله بصير بالعباد (مؤمن ٥) يا حسرة على العباد (يس ٢) وما الله يريد ظلما للعباد (مؤمن ٤) رزقا للعباد
(ق ١) كونوا عبادا لي (آل عمران ٨) بعثنا عليكم عبادا لنا (اسرائيل ١) ولا يشرك بعبادة ربه احدا (كهف ١٢) ان كنا عن
عبادتكم لغافلين (يونس ٣) ومن يستنكف عن عبادته (نساء ٢٤) ان الذين عند ربك لا يستكبرون عن عبادته (اعراف ٢٤)
ومن عنده لا يستكبرون عن عبادته (انبياء ٢) واصطبر لعبادته (مريم ٧) كلا سيكفرون بعبادتهم (مريم ٥) وكانوا بعبادتهم
كافرين (احقاف ١) ان الذين يستكبرون عن عبادتي (مؤمن ٦) ان تعذبهم فانهم عبادك (مائدة ١٦) انك ان تذرهم يضلوا عبادك
(نوح ٢) انت تحكم بين عبادك (زمر ٥) الا عبادك منهم المخلصين (حجر ٣ ص ٥) وادخلني برحمتك في عبادك الصالحين (نمل ٢) وقال
لاتخذن من عبادك نصيبا مفروضا (نساء ١٨) والصالحين من عبادكم (نور ٤) واذكر عبادنا ابراهيم (ص ٤) ولقد سبقت
كلمتنا لعبادنا (صافات ٥) انه من عبادنا المخلصين (يوسف ٣) فوجدا عبدا من عبادنا (كهف ٩) تلك الجنة التي نورث من عبادنا
(مريم ٤) الذين اصطفينا من عبادنا (ملائكة ٤) انه من عبادنا المؤمنين (صافات ٩-١٢-١٤) انهما من عبادنا المؤمنين (صافات ٣)
نهدي به من نشاء من عبادنا (شورى ٥) كانتا تحت عبدين من عبادنا صالحين (تحريم ٢) التي وعد الرحمن عباده بالغيب (مريم ٤)
ذلك يخوف الله به عباده (زمر ٢) يبشر الله عباده الذين امنوا (شورى ٣) وهو القاهر فوق عباده (انعام ٢-٧) وكفى بربك بذنوب
عباده (اسرائيل ٢) وكفى به بذنوب عباده (فرقان ٥) انه كان بعباده خبيرا بصيرا (اسرائيل ٢-١٠) ان الله بعباده لخبير بصير (ملائكة ٤)
فان الله كان بعباده بصيرا (ملائكة ٥) الله لطيف بعباده (شورى ٢) انه بعباده خبير بصير (شورى ٣) وسلام على
عباده الذين اصطفى (نمل ٥) الم يعلموا ان الله يقبل التوبة عن عباده (توبة ١٤) وهو الذي يقبل التوبة عن عباده (شورى ٣)
سنة الله التي قد خلت في عباده (مؤمن ٩) التي اخرج لعباده (اعراف ٤) ولا يرضى لعباده الكفر (زمر ١) ولو بسط الله الرزق لعباده
(شورى ٣) على من يشاء من عباده (بقرة ١١) يهدي به من يشاء من عباده (انعام ١١) يصيب به من يشاء من عباده (يونس ١١) فاذا
اصاب به من يشاء من عباده (روم ٥) يلقي الروح من امره على من يشاء من عباده (مؤمن ٢) ينزل الملائكة بالروح من امره على من يشاء
من عباده (نحل ١) ان الارض لله يورثها من يشاء من عباده (اعراف ١٥) ولكن الله يمن على من يشاء من عباده (ابراهيم ٢) الذي
فضلنا على كثير من عباده المؤمنين (نمل ٢) قل ان ربي يبسط الرزق لمن يشاء من عباده ويقدر (سبا ٥) ويكان الله يبسط الرزق
لمن يشاء من عباده (قصص ٨) انما يخشى الله من عباده العلماء (ملائكة ٣) وجعلوا له من عباده جزءا (زخرف ٢) نبئ عبادي
(حجر ٣) ان يتخذوا عبادي من دوني (كهف ١٢) فيقول ءانتم اضللتم عبادي (فرقان ٢) ان عبادي ليس لك عليهم سلطان

(بنی اسرائیل ٧)

يا عبادی الذين آمنوا (عنكبوت ٥٦) يا عبادی لا خوف عليكم (زخرف ٦٨) قل يا عبادی الذين اسرفوا (زمر ٥٣) ان اسر بعبادی (طه ٧٧ شعراء ٥٢) فاسر بعبادی ليلا (دخان ٢٣) فادخلی فی عبادی (فجر ٢٩) قل **لعبادی** الذين آمنوا (ابراهيم ٣١) وقل لعبادی (اسرائيل ٥٣) انه كان فريق من عبادی (مؤمنين ١٠٩) وقليل من عبادی الشكور (سبا ١٣) افحسبتم انما خلقناكم عبثا (مؤمنين ١١٥) قال انی عبد الله (مريم ٣٠) وانه لما قام عبد الله (جن ١٩) ان هو الا عبد انعمنا عليه (زخرف ٥٩) لكل عبد منيب (سبا ٩) قبل **ولعبد** مؤمن خير من مشرك (بقرة ٢٢١) **وعبد** الطاغوت (مائدة ٦٠) لن يستنكف المسيح ان يكون **عبدا** لله (نساء ١٧٢) وضرب الله عبدا مملوكا (نحل ٧٥) انه كان عبدا شكورا (اسرائيل ٣) فوجدا عبدا من عبادنا (كهف ٦٥) ان كل فی السموات والارض الا آتی الرحمن عبدا (مريم ٩٣) ارأيت الذی ينهی عبدا اذا صلی (علق ١٠) ان **عبدت** بنی اسرائيل (شعراء ٢٢) واذكر **عبدنا** داود ذا الايد (ص ١٧) واذكر عبدنا ايوب (ص ٤١) فكذبوا عبدنا (قمر ٩) لو شاء الله **ما عبدنا** من دونه (نحل ٣٥) وان كنتم فی ريب **علی عبدنا** (بقرة ٢٣) وما انزلنا علی عبدنا (انفال ٤١) وقالوا لو شاء الرحمن **ما عبدناهم** (زخرف ٢٠) ذكر رحمت ربك **عبده** زكريا (مريم ٢) اليس الله بكاف عبده (زمر ٣٦) فاوحی **الی عبده** ما اوحی (نجم ١٠) سبحان الذی اسری **بعبده** (اسرائيل ١) الحمد لله الذی انزل **علی** عبده الكتاب (كهف ١) تبارك الذی نزل الفرقان علی عبده (فرقان ١) هو الذی ينزل علی عبده آيات بينات (حديد ٩) كانتا تحت **عبدين** من عبادنا (تحريم ١٠) لقد كان فی قصصهم **عبرة** (يوسف ١١١) ان فی ذلك **لعبرة لاولی الابصار** (آل عمران ١٣ نور ٤٤) وان لكم فی الانعام لعبرة (نحل ٦٦ مؤمنين ٢١) ان فی ذلك لعبرة لمن يخشی (نازعات ٢٦) ثم **عبس** وبسر (مدثر ٢٢) عبس وتولی (عبس ١) **وعبقری** حسان (رحمن ٧٦) يوما **عبوسا** قمطريرا (انسان ١٠) وان الله ليس بظلام **للعبيد** (آل عمران ١٨٢ انفال ٥١ حج ١٠) وما ربك بظلام للعبيد (فصلت ٤٦) وما انا بظلام للعبيد (ق ٢٩)

فصل ع التاء

عتت عن امر ربها (طلاق ٨) **عتل** بعد ذلك زنيم (نون ١٣) فلما **عتوا** عما نهوا عنه (اعراف ١٦٦) بل لجوا **فی** عتو ونفور (ملك ٢١) **فعتوا** عن امر ربهم (ذاريات ٤٤) **و**عتوا عن امر ربهم (اعراف ٧٧) وعتوا عتوا كبيرا (فرقان ٢١) وقد بلغت من الكبر **عتيا** (مريم ٨) ايهم اشد علی الرحمن عتيا (مريم ٦٩) الا لديه رقيب **عتيد** (ق ١٨) قال قرينه هذا ما لدی عتيد (ق ٢٣) وليطوفوا بالبيت **العتيق** (حج ٢٩) ثم محلها الی البيت العتيق (حج ٣٣)

فصل ع الثاء

فان عثر علی انهما استحقا اثما (مائدة ١٠٧)

فصل ع الجيم

ان هذا لشیء عجاب (ص ٥) ياكلهن سبع **عجاف** (يوسف ٤٣ مرتين) وان تعجب **فعجب** قولهم (رعد ٥) اكان للناس **عجبا** (يونس ٢) كانوا من آياتنا عجبا (كهف ٩) واتخذ سبيله فی البحر عجبا (كهف ٦٣) انا سمعنا قرآنا عجبا (جن ١) بل **عجبت** ويسخرون (صافات ١٢) اوعجبتم ان جاءكم ذكر (اعراف ٦٣ و ٦٩ مرتين) **وعجبوا** ان جاءهم منذر (ص ٤) وقالوا ربنا **عجل** لنا (ص ١٦) فما لبث ان جاء بعجل حنيذ (هود ٦٩) فجاء بعجل سمين (ذاريات ٢٦) **فعجل** لكم هذه (فتح ٢٠) **لعجل** لهم العذاب (كهف ٥٨) خلق الانسان **من عجل** (انبياء ٣٧) ثم اتخذتم **العجل** من بعده (بقرة ٥١ و ٩٢) ثم اتخذوا العجل (نساء ١٥٣) انكم ظلمتم انفسكم باتخاذكم العجل (بقرة ٥٤) واشربوا فی قلوبهم العجل (بقرة ٩٣) ان الذين اتخذوا العجل (اعراف ١٥٢) **عجلا** جسدا له خوار (اعراف ١٤٨ طه ٨٨) **وعجلت** اليك رب لترضی (طه ٨٤) من كان يريد العاجلة **عجلنا** له (اسرائيل ١٨) ءالد وانا **عجوز** (هود ٧٢) وقالت عجوز عقيم (ذاريات ٢٩) **الا عجوزا فی الغابرين** (شعراء ١٧١ صافات ١٣٥) وكان الانسان **عجولا** (اسرائيل ١١) ان هذا لشیء **عجيب** (هود ٧٢) هذا شیء عجيب (ق ٢)

فصل ع الدال

انما نعد لهم عدا (مريم ٨٤) لقد احصيهم وعدهم عدا (مريم ٩٤) فاذا الذی بينك وبينه **عداوة** (فصلت ٣٤) لتجدن اشد الناس عداوة (مائدة ٨٢) وبدا بيننا وبينكم **العداوة** والبغضاء ابدا (ممتحنة ٤) فاغرينا بينهم العداوة (مائدة ١٤) والقينا بينهم العداوة (مائدة ٦٤) انما يريد الشيطان ان يوقع بينكم العداوة (مائدة ٩١) لا عد ولد **عدة** (توبة ٤٦) ليواطئوا عدة ما حرم (توبة ٣٧) **ان** عدة الشهور عند الله (توبة ٣٦) فما لكم عليهن **من** عدة (احزاب ٤٩) **فعدة** من ايام اخر (بقرة ١٨٤ و ١٨٥ مرتين) ولتكملوا **العدة** (بقرة ١٨٥) واحصوا العدة (طلاق ١) وان **عدتم** عدنا (اسرائيل ٨) وما جعلنا **عدتهم** (مدثر ٣١) قل ربی اعلم **بعدتهم** (كهف ٢٢) **فعدتهن** ثلثة اشهر (طلاق ٤) فطلقوهن **لعدتهن** (طلاق ١) ولتعلموا **عدد** السنين والحساب (اسرائيل ١٢) لتعلموا عدد السنين والحساب (يونس ٥) قال كم لبثتم فی الارض عدد سنين (مؤمنين ١١٢) فی الكهف سنين **عددا** (كهف ١١) فسيعلمون من اضعف ناصرا واقل عددا (جن ٢٤) واحصی كل شیء عددا (جن ٢٨) الذی جمع مالا **وعدده** (همزة ٢)

نعم العبد انه اواب (ص ٣٠ و ٤٤) الحر بالحر والعبد بالعبد (بقرة ١٧٨)

(همزة) وعدّبها ويصليها (بقرة) ولا يؤخذ منها **عَدْلٌ** (بقرة) ولا يقبل منها عدل (بقرة) او عدل ذلك صياما (مائدة) وان تعدل كل عدل (انعام) ذوا عدل منكم (مائدة ١٠-١) واشهدوا ذوى عدل منكم (طلاق) وليكتب بينكم كاتب **بالعدل** (بقرة) فليملل وليه بالعدل (بقرة) ان تحكموا بالعدل (نساء) ومن يأمر بالعدل (نحل) ان الله يأمر بالعدل (نحل) فاصلحوا بينهما بالعدل (حجرات) صدقا و**عدلا** (انعام) **فعدلك** فى اى صورة (انفطار) ومساكن طيبة فى جنات **عدن** (توبة، صف) جنات عدن يدخلونها (رعد، فاطر، ملائكة) اولئك لهم جنات عدن (كهف) جنات عدن وعد الرحمن (مريم) جنات عدن تجرى من تحتها الانهار (طه) جنات عدن مفتحة لهم الابواب (ص) ربنا وادخلهم جنات عدن (مؤمن) جزاؤهم عند ربهم جنات عدن (بينة) وان عدتم **عدنا** (اسرائيل) ان عدنا فى ملتكم (اعراف) فان عدنا فانا ظالمون (مؤمنين) بعضكم لبعض **عدو** (بقرة، اعراف، طه) فان الله عدو للكافرين (بقرة) انه لكم عدو مبين (بقرة ١٧-١٢- انعام ١٥ يس) (زخرف) ان الشيطان لكما عدو مبين (اعراف) فلما تبين له انه عدو لله (توبة) ان الشيطان للانسان عدو مبين (يوسف) وهم لكم عدو (كهف) يأخذه عدو لى وعدو له (طه) فقلنا يا ادم ان هذا عدو لك ولزوجك (طه) فانهم عدو لى الا رب العالمين (شعراء) انه عدو مضل مبين (قصص) الاخلاء يومئذ بعضهم لبعض عدو (زخرف) بالذى هو عدو ولهما (قصص) ان الشيطان لكم عدو (ملائكة) فان كان من قوم عدو لكم (نساء) ترهبون به عدو الله وعدوكم (انفال) ولا ينالون من عدو نيلا (توبة) هم **العدو** فاحذرهم (منافقين) قل من كان **عدوا** لجبريل (بقرة) من كان عدوا لله (بقرة) كانوا لكم عدوا مبينا (نساء) وكذلك جعلنا لكل نبى عدوا (انعام، فرقان) فيسبوا الله عدوا بغير علم (انعام) ولن تقاتلوا معى عدوا (توبة) ان من ازواجكم واولادكم عدوا لكم (تغابن) ان الشيطان كان للانسان عدوا مبينا (اسرائيل) فاتبعهم فرعون وجنوده بغيا و**عدوا** (يونس) ليكون لهم عدوا وحزنا (قصص) فلا **عدوان** الا على الظالمين (بقرة) فلا عدوان على (قصص) تظاهرون عليهم بالاثم و**العدوان** (بقرة) ولا تعاونوا على الاثم والعدوان (مائدة) منهم يسارعون فى الاثم والعدوان (مائدة) ويتناجون بالاثم والعدوان (مجادلة) فلا تتناجوا بالاثم والعدوان (مجادلة) ومن يفعل ذلك **عدوانا** (نساء) اذ انتم **بالعدوة** الدنيا وهم بالعدوة القصوى (انفال) ان يهلك **عدوكم** (اعراف) قد انجيناكم من عدوكم (طه) ترهبون به عدو الله **وعدوكم** (انفال) لا تتخذوا عدوى وعدوكم (ممتحنة) وهذا من **عدوه** (قصص) على الذى من عدوه (قصص) فايدنا الذين امنوا على **عدوهم** (صف) لا تتخذوا **عدوى** (ممتحنة) لقد احصيهم **وعدهم** عدا (مريم)

فصل الذال

فاخذهم **عذاب** يوم الظلة (شعراء) وقهم عذاب الجحيم (دخان) او عذاب يوم عقيم (حج) فلهم عذاب جهنم (بروج) ولهم عذاب الحريق (بروج) وللذين كفروا بربهم عذاب جهنم (ملك) قل ارايتم ان اتيكم عذاب الله (انعام) من عذاب الله بغتة (انعام) ولهم **عذاب** عظيم (بقرة ١١- آل عمران ١٨ نور جاثية) لهم عذاب اليم (ابراهيم توبة ٧ شورى) ولهم عذاب اليم (بقرة ١-١٨- آل عمران ٨-١٨-١٦ مائدة نحل ٧-١١-٢ الحشر تغابن) للكافرين عذاب مهين (بقرة مجادلة) وللكافرين عذاب اليم (بقرة المجادلة) ولهم فى الاخرة عذاب عظيم (بقرة مائدة) فله عذاب اليم (بقرة) لهم عذاب شديد (آل عمران ملائكة ص شورى) واولئك لهم عذاب عظيم (آل عمران) ولهم عذاب مهين (آل عمران) وله عذاب مهين (نساء) ولهم عذاب مقيم (مائدة توبة) ليمس الذين كفروا منهم عذاب اليم (مائدة) سيصيب الذين كفروا منهم عذاب اليم (توبة) فيأخذكم عذاب اليم (اعراف) لمسكم فيما اخذتم عذاب عظيم (انفال) من يأتيه عذاب يخزيه (هود ١٠- زمر) ويحل عليه عذاب مقيم (هود) ثم يمسهم منا عذاب اليم (هود زمر) فيأخذكم عذاب قريب (هود) وانهم اتيهم عذاب غير مردود (هود) الا ان يسجن او عذاب اليم (يوسف) لهم عذاب فى الحيوة الدنيا (رعد) ومن ورائه عذاب غليظ (ابراهيم) الذين كفروا لهم عذاب شديد (ملائكة) ولهم عذاب اليم (نحل) ولهم عذاب عظيم (نور) ان يمسك عذاب من الرحمن (مريم) لهم عذاب مهين (حج لقمان جاثية) له عذاب عظيم (نور) او يصيبهم عذاب اليم (نور) لهم عذاب من رجز اليم (سبا جاثية) وليمسنكم منا عذاب اليم (يس) بين يدى عذاب شديد (سبا) ولهم عذاب واصب (صافات) ولهم عذاب شديد (شورى) هذا عذاب اليم (دخان) فيها عذاب اليم (احقاف) ولقد صبحهم بكرة عذاب مستقر (قمر)

وفی الاخرة عذاب شدید (حدید ۳) هذا عذاب الیم (دخان ۲) فلهم عذاب مهین (مجادلة ۳) ان یأتیهم عذاب الیم (نوح ۱) انی اخاف
علیکم عذاب یوم الیم (هود ۳) عذاب یوم عظیم (انعام ۲-اعراف ۶ یونس ۲ شعراء ۱۳-۱۶ زمر ۲-احقاف ۳) الیوم تجزون عذاب
الهون (انعام ۱۰) وان للکافرین عذاب النار (انفال ۲) وانی اخاف علیکم عذاب یوم محیط (هود ۸) ولکن عذاب الله شدید
ونذیقه یوم القیامة عذاب الحریق (حج ۱) وقهم عذاب الجحیم (مؤمن ۱) وقنا عذاب النار (بقرة ۲۱-آل عمران ۲) ذوقوا عذاب الحریق
(آل عمران ۱۹) وذوقوا عذاب الحریق (انفال ۷ حج ۳) سبحانک فقنا عذاب النار (آل عمران ۲۰) ذوقوا عذاب الخلد (یونس ۶) عذاب
الخزی فی الحیوة الدنیا (یونس ۱۰ فصلت ۳) فانی اخاف علیکم عذاب یوم کبیر (هود ۱) ان فی ذلک لاٰیة لمن خاف عذاب الاخرة (هود ۹)
ربنا اصرف عنا عذاب جهنم (فرقان ۷) وذوقوا عذاب الخلد (سجدة ۲) ذوقوا عذاب النار (سجدة ۲ سبا ۵) فالیوم تجزون عذاب
الهون (احقاف ۲) ووقیهم ربهم عذاب الجحیم (طور ۱) ووقینا عذاب السموم (طور ۲) ولهم فی الاخرة عذاب النار (حشر ۱) انه کان
عذاب یوم عظیم (شعراء ۹) واعتدنا لهم عذاب السعیر (ملک ۱) بل لما یذوقوا عذاب (ص ۱) فصب علیهم ربک سوط عذاب (فجر ۱)
حتی اذا فتحنا علیهم بابا ذا عذاب شدید (مؤمنین ۵) ثم اضطره الی عذاب النار (بقرة ۱۵) ثم یردون الی عذاب عظیم (توبة ۱۲) ویهدیه ذا
الی عذاب السعیر (حج ۱) یدعوهم الی عذاب السعیر (لقمان ۳) ثم نضطرهم الی عذاب غلیظ (لقمان ۳) ان عذاب ربک کان محذورا
(اسرائیل ۶) ان عذاب ربهم غیر مأمون (معارج ۱) ان عذاب ربک لواقع (طور ۱) واخذنا الذین ظلموا بعذاب بئیس (اعراف ۲۱)
فبشرهم بعذاب الیم (آل عمران ۳ توبة ۴-انشقاق ۱) اوائتنا بعذاب الیم (انفال ۴) وبشر الذین کفروا بعذاب الیم (انفال ۴) وبشر الذین
کفروا بعذاب الیم (توبة ۱) ان یصیبکم الله بعذاب من عنده (توبة ۱) فیسحتکم بعذاب (طه ۳) ولو انا اهلکناهم بعذاب (طه ۸) الا
ان قالوا ائتنا بعذاب الله (عنکبوت ۳) فبشره بعذاب الیم (لقمان اجاثیة ۱) سأل سائل بعذاب واقع (معارج ۱) الا ان الظالمین
فی عذاب مقیم (شوری ۵) ان المجرمین فی عذاب جهنم (زخرف ۷) جعل فتنة الناس کعذاب الله (عنکبوت ۱) ولعذاب
الاخرة اشق (رعد ۵) ولعذاب الاخرة اشد وابقی (طه ۷) ولعذاب الاخرة اکبر (زمر ۳ نون ۲) ولعذاب الاخرة اخزی (فصلت ۲)
لیفتدوا به من عذاب یوم القیامة (مائدة ۶) ونجیناهم من عذاب غلیظ (هود ۵) ویل للکافرین من عذاب شدید (ابراهیم ۱)
فهل انتم مغنون عنا من عذاب الله (ابراهیم ۳) ننقذوهن عذاب الیم (حج ۳) افامنوا ان تأتیهم غاشیة من عذاب الله (یوسف ۱۲)
ولئن مستهم نفحة من عذاب ربک (انبیاء ۴) ننقذه من عذاب السعیر (سبا ۲) ولنذیقنهم من عذاب غلیظ (فصلت ۵) فمن یجیر الکافرین
من عذاب الیم (ملک ۲) تنجیکم من عذاب الیم (صف ۱) ویجرکم من عذاب الیم (احقاف ۴) فویل للذین ظلموا من عذاب یوم الیم (زخرف ۷)
لو یفتدی من عذاب یومئذ ببنیه (معارج ۱) من عذاب الجحیم (دخان ۵) والذین هم من عذاب ربهم مشفقون (معارج ۱) لهم
شراب من حمیم وعذاب الیم (یونس ۱) وعذاب الیم بما کانوا یکفرون (انعام ۷ یونس ۱) وعذاب شدید (انعام ۱۵) انی مسنی الشیطان
بنصب وعذاب (ص ۴) فلا یخفف عنهم العذاب (بقرة ۹) لا یخفف عنهم العذاب (بقرة ۱۷-آل عمران ۹) یمسهم العذاب
(انعام ۵) یضاعف لهم العذاب (هود ۲) یوم یأتیهم العذاب (ابراهیم ۵) واتیهم العذاب (نحل ۵) او یأتیهم العذاب (نحل ۹
کهف ۸) فاخذهم العذاب (نحل ۱۲ شعراء ۱۱) وکثیر حق علیه العذاب (حج ۲) یضاعف له العذاب (فرقان ۶) یضاعف لها العذاب
ضعفین (احزاب ۴) لجاءهم العذاب (عنکبوت ۵) یوم یغشیهم العذاب (عنکبوت ۶) فاتیهم العذاب (زمر ۳) من قبل ان یاتیکم
العذاب (زمر ۱۰) وظاهره من قبله العذاب (حدید ۲) وان عذابی هو العذاب الالیم (حجر ۴) اذ یرون العذاب (بقرة ۲۰) ورأوا
العذاب (بقرة ۲۰ قصص ۷) فذوقوا العذاب (آل عمران ۱۱-اعراف ۵-انفال ۲) لیذوقوا العذاب (نساء ۸) قال فذوقوا العذاب
(انفال ۲-احقاف ۴) لما رأوا العذاب (یونس ۹ سبا ۴ شوری ۵) ثم نذیقهم العذاب الشدید (یونس ۷) حتی یروا العذاب
الالیم (یونس ۹-۱۰ شعراء ۱) ولئن اخرنا عنهم العذاب (هود ۱) لعجل لهم العذاب (کهف ۸) ویدرؤا عنها العذاب (نور ۱)
حین یرون العذاب (فرقان ۴) او تقول حین تری العذاب (زمر ۲) فلما کشفنا عنهم العذاب (زخرف ۵) ربنا اکشف عنا العذاب
(دخان ۲) للذین یخافون العذاب الالیم (ذاریات ۲) فیعذبه الله العذاب الاکبر (غاشیة ۱) یسومونکم سوء العذاب (بقرة ۶
اعراف ۱۵-ابراهیم ۱) یردون الی اشد العذاب (بقرة ۹) یسومهم سوء العذاب (اعراف ۲۱) دون العذاب الاکبر (سجدة ۲)
سنجزی الذین یصدفون عن اٰیاتنا سوء العذاب (انعام ۲۰) فاخذتهم صاعقة العذاب (فصلت ۲) انکم لذائقوا العذاب

الالیم

الاليم (صافات ٣٨) زدناهم عذابا فوق العذاب (نحل ٨٨) اولئك لهم سوء العذاب (نمل ٥) افمن حق عليه كلمة العذاب (زمر ١٩) افمن يتقي
بوجهه سوء العذاب (زمر ٢٤) لافتدوا به من سوء العذاب (زمر ٤٧) ولكن حقت كلمة العذاب (زمر ٧١) بال فرعون سوء العذاب (مؤمن ٤٥)
ادخلوا ال فرعون اشد العذاب (مؤمن ٤٦) انا كاشفوا العذاب (دخان ١٥) كذلك العذاب (ن ٣٣) **اما** العذاب واما الساعة
(مريم ٧٥) **ان** العذاب على من كذب وتولى (طه ٤٨) ويستعجلونك **بـ**العذاب (عنكبوت ٥٣) واخذنا الذين ظلموا بالعذاب (اعراف ١٦٥)
واخذناهم بالعذاب (زخرف ٤٨) حتى اذا اخذنا مترفيهم بالعذاب (مؤمنون ٦٤) ولقد اخذناهم بالعذاب (مؤمنون ٧٦) فاولئك
في العذاب محضرون (روم ١٦) بل الذين لا يؤمنون بالاخرة في العذاب (سبأ ٨) ما لبثوا في العذاب المهين (سبأ ١٤) اولئك في العذاب
محضرون (سبأ ٣٨) فانهم يومئذ في العذاب مشتركون (صافات ٣٣) فالقياه في العذاب الشديد (ق ٢٦) **وفي** العذاب هم خالدون
(مائدة ٨٠) انكم في العذاب مشتركون (زخرف ٣٩) فانهم في العذاب يومئذ مشتركون (صافات ٣٣) وما هو بمزحزحه **من** العذاب
(بقرة ٩٦) فلا تحسبنهم بمفازة من العذاب (ال عمران ١٨٨) فعليهن نصف ما على المحصنات من العذاب (نساء ٢٥) ونمد له من العذاب مدا
(مريم ٧٩) ولنذيقنهم من العذاب الادنى دون العذاب الاكبر (سجدة ٢١) ربنا اتهم ضعفين من العذاب (احزاب ٦٨) يخفف عنا يوما من
العذاب (مؤمن ٤٩) **و**العذاب بالمغفرة (بقرة ١٧٥) فاني اعذبه **عذابا** (مائدة ١١٥) وان للذين ظلموا عذابا (طور ٤٧) على ان يبعث
عليكم عذابا (انعام ٦٥) اولئك اعتدنا لهم عذابا اليما (نساء ١٨) بان لهم عذابا اليما (نساء ١٣٨) فيعذبهم عذابا اليما (نساء ١٧٣) واعتدنا للكافرين
عذابا اليما (نساء ١٦١) يعذبكم عذابا اليما (توبة ٣٩ فتح ١٦) وان يتولوا يعذبهم الله عذابا اليما (توبة ٧٤) اعتدنا لهم عذابا اليما (اسرائيل ١٠)
واعتدنا للظالمين عذابا اليما (فرقان ٣٧) اعد للكافرين عذابا اليما (احزاب ٨) يعذبه عذابا اليما (فتح ١٧) منهم عذابا اليما (فتح ٢٥) اعد لهم
عذابا اليما (انسان ٣١) فاعذبهم عذابا شديدا (ال عمران ٥٦) او معذبهم عذابا شديدا (اعراف ١٦٤) او معذبوها عذابا شديدا (اسرائيل ٥٨)
لاعذبنه عذابا شديدا (نمل ٢١) فلنذيقن الذين كفروا عذابا شديدا (فصلت ٢٧) اعد الله لهم عذابا شديدا (مجادلة ١٥ طلاق ١٠) يسلكه
عذابا صعدا (جن ١٧) فاتهم عذابا ضعفا من النار (اعراف ٣٨) فزده عذابا ضعفا في النار (ص ٦١) واعد له عذابا عظيما (نساء ٩٣) زدناهم
عذابا فوق العذاب (نحل ٨٨) انا انذرناكم عذابا قريبا (نبأ ٤٠) نذقه عذابا كبيرا (فرقان ١٩) واعتدنا للكافرين عذابا مهينا (نساء ٣٧)
ان الله اعد للكافرين عذابا مهينا (نساء ١٠٢) واعد لهم عذابا مهينا (احزاب ٥٧) فيعذبه عذابا نكرا (كهف ٨٧) وعذبناها عذابا نكرا
(طلاق ٨) ولتعلمن اينا اشد عذابا وابقى (طه ٧١) فلن نزيدكم **الا** عذابا (نبأ ٣٠) **و**عذابا اليما (مزمل ١٣) **افبعذابنا** يستعجلون
(شعراء ٢٠٤) قل ارايتم ان اتاكم **عذابه** (يونس ٥٠) ويخافون عذابه (اسرائيل ٥٧) فيومئذ لا يعذب عذابه احد (فجر ٢٥) ان **عذابها**
كان غراما (فرقان ٦٥) ولا يخفف عنهم **من** عذابها (ملائكة ٣٦) وليشهد **عذابهما** طائفة (نور ٢) قال **عذابي** اصيب به (اعراف ١٥٦)
فذوقوا عذابي ونذر (قمر ٣٧ مرتين) ولئن كفرتم ان عذابي لشديد (ابراهيم ٧) وان عذابي هو العذاب الاليم (حجر ٥٠) فكيف كان عذابي
ونذر (قمر ٣ مرتين) هذا **عذب** فرات (فرقان ٥٣ ملائكة ١٢) **وعذب** الذين كفروا (توبة ٢٦) **لعذبنا** الذين كفروا
منهم (فتح ٢٥) **وعذبناها** عذابا نكرا (طلاق ٨) **لعذبهم** في الدنيا (حشر ٣) وقال موسى اني **عذت** بربي وربكم (مؤمن ٢٧) واني
عذت بربي وربكم (دخان ٢٠) قد بلغت من لدني **عذرا** (كهف ٧٦) عذرا او نذرا (مرسلات ٦)

فصل العراء

فنبذناه بالعراء (صافات ١٤٥) لنبذ بالعراء وهو مذموم (ن ٤٩) **عربا** اترابا لاصحاب اليمين (واقعة ٣٧) وهذا لسان **عربي** مبين
(نحل ١٠٣) بلسان عربي مبين (شعراء ١٩٥) لقالوا لولا فصلت اياته ءاعجمي **و**عربي (فصلت ٤٤) انا انزلناه قرانا **عربيا** (يوسف ٢) وكذلك
انزلناه حكما عربيا (رعد ٣٧) وكذلك انزلناه قرانا عربيا (طه ١١٣) قرانا عربيا غير ذي عوج (زمر ٢٨) كتاب فصلت اياته قرانا عربيا (حم ٣)
وكذلك اوحينا اليك قرانا عربيا (شورى ٧) انا جعلناه قرانا عربيا (زخرف ٣) وهذا كتاب مصدق لسانا عربيا (احقاف ١٢) حتى عاد
كالعرجون القديم (يس ٣٩) ولها **عرش** عظيم (نمل ٢٣) ويحمل عرش ربك (حاقة ١٧) الذين يحملون **العرش** (مؤمن ٧) وترى
الملائكة حافين من حول العرش (زمر ٧٥) رب العرش عما يصفون (انبياء ٢٢ زخرف ٨٢) رب العرش الكريم (مؤمنون ١١٦) ورب العرش
العظيم (مؤمنون ٨٦) الله لا اله الا هو رب العرش العظيم (نمل ٢٦) وهو رب العرش العظيم (توبة ١٢٩) رفيع الدرجات ذو العرش
(مؤمن ١٥) ذو العرش المجيد (بروج ١٥) اذا لابتغوا الى ذي العرش سبيلا (اسرائيل ٤٢) عند ذي العرش مكين (تكوير ٢٠) ثم استوى
على العرش (اعراف ٥٤ رعد ٢ يونس ٣ فرقان ٥٩ سجدة ٤ حديد ٤) الرحمن على العرش استوى (طه ٥) ورفع ابويه على العرش (يوسف ١٠٠)

قيل اهكذا عرشك (نمل) وكان عرشه على الماء (هود) قال نكروا لها عرشها (نمل) ايكم يأتيني بعرشها (نمل)
وان يأتهم عرض مثله (اعراف) عرض الحيوة الدنيا (نساء) تريدون عرض الدنيا (انفال) يأخذون عرض هذا الادنى
(اعراف) اذ عرض عليه بالعشي (ص) عرضها كعرض السماء والارض (حديد) لو كان عرضا قريبا وسفرا قاصدا (توبة)
وعرضنا جهنم يومئذ للكافرين عرضا (كهف) ولا تجعلوا الله عرضة لايمانكم (بقرة) ولا جناح عليكم فيما عرضتم به (بقرة)
انا عرضنا الامانة على السموات والارض (احزاب) وعرضنا جهنم يومئذ (كهف) وعرضوا على ربك صفا (كهف) عرضها
السموات والارض (آل عمران) عرضها كعرض السماء والارض (حديد) عرف بعضه واعرض عن بعض (تحريم) والمرسلات
عرفا (مرسلات) خذ العفو وأمر بالعرف (اعراف) فاذا افضتم من عرفات (بقرة) فلعرفتهم بسيماهم (قتال) فلما جاءهم
ما عرفوا كفروا به (بقرة) مما عرفوا من الحق (مائدة) ويدخلهم الجنة عرفها لهم (قتال) فعرفهم وهم له منكرون (يوسف)
فارسلنا عليهم سيل العرم (سبا) فقد استمسك بالعروة الوثقى (بقرة، لقمان) وهي خاوية على عروشها (بقرة، كهف)
فهي خاوية على عروشها (حج) فذو دعاء عريض (فصلت) **فصل الزاء** ليكونوا لهم عزا (مريم) وقالوا بعزة
فرعون (شعراء) بل الذين كفروا في عزة وشقاق (ص) اخذته العزة بالاثم (بقرة) فلله العزة جميعا (ملائكة) ولله العزة ولرسوله
(منافقين) ايبتغون عندهم العزة (نساء) من كان يريد العزة (ملائكة) ان العزة لله جميعا (يونس) فان العزة لله جميعا (نساء)
سبحان ربك رب العزة (صافات) قال فبعزتك لاغوينهم اجمعين (ص) وعزرتموهم واقرضتم الله (مائدة) وعزروه
ونصروه (اعراف) فعززنا بثالث (يس) ومن ابتغيت ممن عزلت (احزاب) ولا تكونوا كالتي نقضت غزلها (نحل) فاذا
عزم الامر (قتال) فان ذلك من عزم الامور (آل عمران) ان ذلك من عزم الامور (لقمان) ان ذلك لمن عزم الامور (شورى)
فاصبر كما صبر اولوا العزم (احقاف) ولم نجد له عزما (طه) فاذا عزمت فتوكل على الله (آل عمران) وان عزموا الطلاق
(بقرة) وعزني في الخطاب (ص) افرأيتم اللات والعزى (نجم) وقالت اليهود عزير ابن الله (توبة) ان الله عزيز
حكيم (بقرة، انفال، توبة، لقمان) والله عزيز حكيم (بقرة، مائدة، انفال، توبة) والله عزيز ذو انتقام (آل عمران،
مائدة) فان الله عزيز حكيم (انفال) انه عزيز حكيم (انفال) لقد جاءكم رسول من انفسكم عزيز عليه ما عنتم (توبة) ان الله عزيز
ذو انتقام (ابراهيم) ان الله عزيز غفور (ملائكة) وانه لكتاب عزيز (فصلت) ان الله قوي عزيز (مجادلة، حديد) ان الله لقوي
عزيز (حج) اخذ عزيز مقتدر (قمر) وما انت علينا بعزيز (هود) وما ذلك على الله بعزيز (ابراهيم، ملائكة) اليس الله
بعزيز ذي انتقام (زمر) ان ربك هو القوي العزيز (هود) وهو القوي العزيز (شورى) قالوا يا ايها العزيز (يوسف)
العزيز الحكيم (شورى) انه انا الله العزيز الحكيم (نمل) بل هو الله العزيز الحكيم (سبا) ذلك عالم الغيب والشهادة العزيز الرحيم (سجدة)
خلقهن العزيز العليم (زخرف) ذق انك انت العزيز الكريم (دخان) انك انت العزيز الحكيم (ممتحنة) فانك انت العزيز الحكيم (مائدة)
وما بينهما العزيز الغفار (ص) العزيز الجبار المتكبر (حشر) الملك القدوس العزيز الحكيم (جمعة) عالم الغيب والشهادة العزيز
الحكيم (تغابن) لا اله الا هو العزيز الحكيم (آل عمران) الا هو العزيز الغفار (زمر) انه هو العزيز الحكيم (عنكبوت) انه هو العزيز
الرحيم (دخان) وان الله لهو العزيز الحكيم (آل عمران) وان ربك لهو العزيز الرحيم (شعراء) وهو العزيز
(ابراهيم، عنكبوت، روم، لقمان، ملائكة، جاثية، حديد، حشر) وهو العزيز العليم (نمل) وهو العزيز الرحيم (روم)
وهو العزيز الغفور (ملك) الا من عند الله العزيز الحكيم (آل عمران) ذلك تقدير العزيز العليم (انعام، يس، فصلت)
امرأة العزيز تراود فتاها (يوسف) قالت امرأة العزيز (يوسف) الى صراط العزيز الحميد (ابراهيم، سبا) تنزيل العزيز الرحيم
(يس) خزائن رحمة ربك العزيز الوهاب (ص) من الله العزيز الحكيم (زمر، جاثية، احقاف) من الله العزيز العليم (مؤمن)
الا ان يؤمنوا بالله العزيز الحميد (بروج) وانا ادعوكم الى العزيز الغفار (مؤمن) وتوكل على العزيز الرحيم (شعراء) ان
الله كان عزيزا حكيما (نساء) وكان الله عزيزا حكيما (نساء، فتح) وكان الله قويا عزيزا (احزاب) وينصرك الله نصرا
عزيزا (فتح) وعن الشمال عزين (معارج) **فصل السين** سيجعل الله بعد عسر يسرا (طلاق)
ولا يريد بكم العسر (بقرة) فان مع العسر يسرا ان مع العسر يسرا (انشراح) ولا ترهقني من امري عسرا (كهف) وان كان

ذو عسرة (بقرة ٢٨٠) في ساعة العسرة (توبة ١١٧) فسنيسره للعسرى (ليل ١٠) والليل اذا عسعس (تكوير ١٧) وانهار من عسل
مصفى (قتال ١٥) عسى الله ان يكف (نساء ٨٤) عسى الله ان يأتيني بهم جميعا (يوسف ٨٣) عسى الله ان يتوب عليهم (توبة ١٠٢) (يوسف ٢١) عسى
الله ان يجعل بينكم (ممتحنة ٧) عسى ان ينفعنا (قصص ٩) عسى ان يكون قريبا (اسرائيل ٥١) عسى ان يبعثك ربك (بني اسرائيل ٧٩) عسى ان لا
اكون بدعاء ربي شقيا (مريم ٤٨) عسى ان يكونوا خيرا منهم (حجرات ١١) عسى ان يكن خيرا منهن (حجرات ١١) عسى ربكم ان يرحمكم (اسرائيل ٨)
عسى ربكم ان يكفر عنكم (تحريم ٨) عسى ربه ان طلقكن (تحريم ٥) عسى ربنا ان يبدلنا (نون ٣٢) فاولئك عسى الله ان يعفو عنهم (نساء ٩٩)
وان عسى ان يكون قد اقترب اجلهم (اعراف ١٨٥) قد عسى ربكم ان يهلك عدوكم (اعراف ١٢٩) قال عسى ربي ان يهديني (قصص ٢٢) قل
عسى ان يكون ردف (نمل ٧٢) وقل عسى ان يهدين (كهف ٢٤) فعسى ان تكرهوا شيئا (نساء ١٩) فعسى الله ان يأتي بالفتح (مائدة ٥٢) فعسى
اولئك ان يكونوا من المهتدين (توبة ١٨) فعسى ربي ان يؤتين خيرا من جنتك (كهف ٤٠) فعسى ان يكون من المفلحين (قصص ٦٧) وعسى
ان تكرهوا شيئا (بقرة ٢١٦) وعسى ان تحبوا شيئا (بقرة ٢١٦) قال هل عسيتم (بقرة ٢٤٦) فهل عسيتم ان توليتم (قتال ٢٢) هذا يوم
عسر (قمر ٨) فذلك يومئذ يوم عسير (مدثر ٩) وكان يوما على الكافرين عسيرا (فرقان ٢٦)

فصل الشين

وجاءوا اباهم عشاء يبكون (يوسف ١٦) ومن بعد صلوة العشاء (نور ٥٨) واذا العشار عطلت (تكوير ٤) من جاء بالحسنة فله
عشر امثالها (انعام ١٦٠) وبعثنا منهم اثني عشر نقيبا (مائدة ١٢) اثنا عشر شهرا (توبة ٣٦) اني رايت احد عشر كوكبا (يوسف ٤) عليها تسعة
عشر (مدثر ٣٠) والفجر وليال عشر (فجر ٢) واتممناها بعشر (اعراف ١٤٢) قل فأتوا بعشر سور (هود ١٣) فان اتممت عشرا فمن عندك
(قصص ٢٧) ان لبثتم الا عشرا (طه ١٠٣) يتربصن بانفسهن اربعة اشهر وعشرا (بقرة ٢٣٤) تلك عشرة كاملة (بقرة ١٩٦) فانفجرت
منه اثنتا عشرة عينا (بقرة ٦٠) وقطعناهم اثنتي عشرة (اعراف ١٦٠) فانبجست منه اثنتا عشرة عينا (اعراف ١٦٠) فكفارته اطعام عشرة
مساكين (مائدة ٨٩) ان يكن منكم عشرون (انفال ٦٥) وسبح بالعشي والابكار (آل عمران ٤١) فسبح بحمد ربك بالعشي والابكار
(مؤمن ٥٥) يسبحن بالعشي (ص ١٨) اذ عرض عليه بالعشي (ص ٣١) بالغداوة والعشي (انعام ٥٢) (كهف ٢٨) ان سبحوا بكرة وعشيا
(مريم ١١) ولهم رزقهم فيها بكرة وعشيا (مريم ٦٢) وعشيا وحين تظهرون (روم ١٨) غدوا وعشيا (مؤمن ٤٦) لم يلبثوا الا عشية
او ضحيها (نازعات ٤٦) لبئس المولى ولبئس العشير (حج ١٣) وانذر عشيرتك الاقربين (شعراء ٢١٤) وعشيرتكم واموال اقترفتموها
(توبة ٢٤) او اخوانهم او عشيرتهم (مجادلة ٢٢)

فصل الصاد

واوحينا الى موسى ان الق عصاك (اعراف ١١٧)
(اعراف ١١٧) والق عصاك (نمل ١٠) وان الق عصاك (قصص ٣١) فقلنا اضرب بعصاك الحجر (بقرة ٦٠) ان اضرب بعصاك الحجر
ان اضرب بعصاك البحر (شعراء ٦٣) ومن عصاني فانك غفور رحيم (ابراهيم ٣٦) فالقى عصاه (اعراف ١٠٧) (شعراء ٣٢) فالقى موسى
عصاه (شعراء ٤٥) قال هي عصاي (طه ١٨) ونحن عصبة (يوسف ٨ - ١٤) ان الذين جاءو بالافك عصبة منكم (نور ١١) ما ان مفاتحه
لتنوء بالعصبة (قصص ٧٦) والعصر ان الانسان لفي خسر (عصر ١) فجعلهم كعصف مأكول (فيل ٥) والحب ذو العصف
والريحان (رحمن ١٢) ولا تمسكوا بعصم الكوافر (ممتحنة ١٠) ذلك بما عصوا وكانوا يعتدون (بقرة ٦١ - آل عمران ١١٢ مائدة ٧٨) فعصوا
رسول ربهم (حاقة ١٠) وعصوا الرسول (نساء ٤٢) وعصوا رسله (هود ٥٩) فان عصوك فقل اني بريء مما تعملون (شعراء ٢١٦)
قال نوح رب انهم عصوني (نوح ٢١) فعصى فرعون الرسول (مزمل ١٦) وعصى آدم ربه فغوى (طه ١٢١) فكذب وعصى (نازعات ٢١)
ولم يكن جبارا عصيا (مريم ١٤) كان للرحمن عصيا (مريم ٤٤) والفسوق والعصيان (حجرات ٧) وقال هذا يوم عصيب (هود ٧٧)
قل اني اخاف ان عصيت ربي (انعام ١٥) (زمر ١٣) اني اخاف ان عصيت (يونس ١٥) الان وقد عصيت (يونس ٩١) افعصيت
امري (طه ٩٣) وتنازعتم في الامر وعصيتم (آل عمران ١٥٢) فمن ينصرني من الله ان عصيته (هود ٦٣) قالوا سمعنا وعصينا
(بقرة ٩٣) ويقولون سمعنا وعصينا (نساء ٤٦) فاذا حبالهم وعصيهم (طه ٦٦) فالقوا حبالهم وعصيهم (شعراء ٤٤)

فصل الضاد

وما كنت متخذ المضلين عضدا (كهف ٥١) قال سنشد عضدك (قصص ٣٥) واذا خلوا عضوا عليكم
الانامل (آل عمران ١١٩) الذين جعلوا القران عضين (حجر ٩١)

فصل الطاء

وما كان عطاء ربك محظورا (اسرائيل ٢٠)
عطاء غير مجذوذ (هود ١٠٨) جزاء من ربك عطاء حسابا (نبا ٣٦) وهؤلاء من عطاء ربك (بني اسرائيل ٢٠) هذا عطاؤنا فامنن (ص ٣٩)
ثاني عطفه ليضل عن سبيل الله (حج ٩) واذا العشار عطلت (تكوير ٤)

فصل الظاء

فكسونا العظام لحما (مؤمنون ١٤)

قال من يحي العظام (يٰس ۵) وانظر الى العظام (بقرة ع ۳۵) وقالوا ءاذا كنا عظاماً (اسرائيل ۵-۱۰) فخلقنا المضغة عظاماً (مؤمنون ع ۱)
ءانا كنا عظاماً نخرة (نازعات ۲) وكنتم ترابا وعظاماً (مؤمنين ع ۳) ائذا متنا وكنا ترابا وعظاماً (مؤمنين ۵ صافات ۲-۶ واقعة ۲)
ان لن نجمع عظامه (قيامة ۱) وما اختلف بعظم (انعام ۱۸) قال رب انى وهن العظم منى (مريم ۱) فاعرض عنهم وعظهم (نساء ۹)
وفى ذلكم بلاء من ربكم عظيم (بقرة ۵ - اعراف ۱۵ - ابراهيم ۱) عذاب عظيم (انظر عذاب) للذين امنوا منهم واتقوا اجر عظيم (ال عمران ۱۸)
فلكم اجر عظيم (ال عمران ۱۸) لهم مغفرة واجر عظيم (مائدة ۲ حجرات ۱) وان الله عنده اجر عظيم (انفال ۳) ان الله عنده اجر عظيم (توبة ۳)
والله عنده اجر عظيم (تغابن ۲) انكيدكن عظيم (يوسف ۳) ان زلزلة الساعة شئ عظيم (حج ۱) وهو عند الله عظيم (نور ۲) ولها عرش
عظيم (نمل ۲) هذا بهتان عظيم (نور ۲) ان الشرك لظلم عظيم (لقمان ۲) قل هو نبؤا عظيم (ص ۷) وانه لقسم لو تعلمون عظيم (واقعة ۳)
والله ذو فضل عظيم (ال عمران ۱۸) عذاب يوم عظيم (انعام ۲ يونس ۲ زمر ۲ - احقاف ۳ - اعراف ۶ شعراء ۱۲-۱۰-۱۶-۱۹ احقاف ۳) من
شهد يوم عظيم (مريم ع ۲) وجاء وا بسحر عظيم (اعراف ۱۳) انه لذو حظ عظيم (قصص ۸) وفديناه بذبح عظيم (صافات ۳) الا ذو حظ عظيم
(فصلت ع ۵) على رجل من القريتين عظيم (زخرف ۳) وانك على خلق عظيم (نون ۱) انهم مبعوثون ليوم عظيم (مطففين ۱) ذلك الخزى
العظيم (توبة ۷) وهو العلى العظيم (بقرة ع ۳۲ شورى ۱) ذلك الفوز العظيم (مائدة ۱۲ توبة ۱۰ صف ۲ تغابن ۱) وذلك الفوز العظيم
(نساء ۲) وذلك هو الفوز العظيم (توبة ۱۳ مؤمن ۱) ذلك هو الفوز العظيم (توبة ۸ يونس ۷ دخان ۳ حديد ۲) ان هذا لهو الفوز العظيم
(صافات ۲) انه كان لا يؤمن بالله العظيم (حاقة ۲) والله ذو الفضل العظيم (بقرة ۱۱ - ال عمران ۸ - انفال ۳ حديد ۲ مرتين جمعة ۱)
فكانوا يصرون على الحنث العظيم (واقعة ۲) فسبح باسم ربك العظيم (واقعة ۲ - ۱۰ حاقة ۲) فكان كل فرق كالطود العظيم (شعراء ۴) ورب
العرش العظيم (مؤمنين ۵) وهو رب العرش العظيم (توبة ۳) الله لا اله الا هو رب العرش العظيم (نمل ۲) والله ذو الفضل العظيم
(بقرة ۱۱ - ال عمران ۷ - انفال ۳ حديد ۲ مرتين جمعة ۱) والقرآن العظيم (حجر ۶) فنجيناه واهله من الكرب العظيم (انبياء ۷) ونجيناه واهله من
الكرب العظيم (صافات ۳) ونجيناهما وقومهما من الكرب العظيم (صافات ۳) عن النبأ العظيم (نبأ ۱) ويؤت من لدنه اجرا عظيما (نساء ع ۶)
من لدنا اجرا عظيما (نساء ۱۰) فسوف نؤتيه اجرا عظيما (نساء ۸ - ۱۲) على القاعدين اجرا عظيما (نساء ۱۳) وسوف يؤت الله المؤمنين اجرا
عظيما (نساء ۲۱) سنؤتيهم اجرا عظيما (نساء ۲۳) فان الله اعد للمحسنات منكن اجرا عظيما (احزاب ۴) فسيؤتيه اجرا عظيما (فتح ۱) اعد الله
لهم مغفرة واجرا عظيما (احزاب ۵) منهم مغفرة واجرا عظيما (فتح ع ۴) فقد افترى اثما عظيما (نساء ۷) وقولهم على مريم بهتانا عظيما (نساء ع ۲)
ولهديناهم اجرا عظيما (نساء ۹) وكان فضل الله عليك عظيما (نساء ۱۷) فافوز فوزا عظيما (نساء ۱۰) فقد فاز فوزا عظيما (احزاب ۹) وكان
ذلك عند الله فوزا عظيما (فتح ۱) انكم لتقولون قولا عظيما (بنى اسرائيل ع ۴) واتيناهم ملكا عظيما (نساء ۸) ان تميلوا ميلا عظيما (نساء ۳)

فصل الفاء

ولقد عفا عنكم (ال عمران ع ۱۶) ولقد عفا عنهم (ال عمران ع ۱۶) عفا الله عما سلف (مائدة ۱۳)
عفا الله عنها (مائدة ۱۴) عفا الله عنك (توبة ۷) فمن عفا واصلح (شورى ع ۴) فتاب عليكم وعفا عنكم (بقرة ۲۳) قال عفريت
من الجن (نمل ع ۳) ان الله لعفو غفور (حج ۸) وان الله لعفو غفور (مجادلة ۱) قل العفو (بقرة ۲۷) خذ العفو وأمر بالعرف (اعراف
ثم بدلنا مكان السيئة الحسنة حتى عفوا (اعراف ۱۲) ان الله كان عفوا غفورا (نساء ۷) وكان الله عفوا غفورا (نساء ۱۴) فان الله كان
عفوا قديرا (نساء ۲۱) ثم عفونا عنكم من بعد ذلك (بقرة ۶) فعفونا عن ذلك (نساء ۲۲) فمن عفى له من اخيه شئ (بقرة ۲۲)

فصل القاف

فكيف كان عقاب (رعد ۴ مؤمن ۱) فحق عقاب (ص ۱) وذو عقاب اليم (فصلت ۵) ان ربك
سريع العقاب (انعام ۲۰) ان ربك لسريع العقاب (اعراف ۲۱) شديد العقاب (انظر شديد) هو خير ثوابا وخير عقبا (كهف ۵)
فلا اقتحم العقبة (بلد ۱) وما ادريك ما العقبة (بلد ۱) اولئك لهم عقبى الدار (رعد ۳) فنعم عقبى الدار (رعد ۳) تلك عقبى الذين
اتقوا (رعد ۵) وعقبى الكافرين النار (رعد ۵) وسيعلم الكفار لمن عقبى الدار (رعد ۶) من ينقلب على عقبيه (بقرة ۱۷) ومن
ينقلب على عقبيه (ال عمران ۱۵) نكص على عقبيه (انفال ۶) ولا يخاف عقبها (شمس ۱) ومن شر النفاثات فى العقد (فلق ۱) اوفوا
بيده عقدة النكاح (بقرة ع ۳۱) ولا تعزموا عقدة النكاح (بقرة ع ۳۱) واحلل عقدة من لسانى (طه ۲) والذين عقدت ايمانكم
ولكن يؤاخذكم بما عقدتم الايمان (مائدة ۹) فتعاطى فعقر (قمر ۲) فعقروا الناقة (اعراف ۱۰) فعقروها فقال تمتعوا فى
داركم (هود ۷) فعقروها فاصبحوا نادمين (شعراء ۸) فكذبوه فعقروها (شمس ۱) ثم يحرفونه من بعد ما عقلوه وهم يعلمون

يا ايها الذين آمنوا اوفوا **بالعقود** (مائدہ ۱) وقالت عجوز **عقيم** (ذاريات ۲) او ياتيهم عذاب يوم عقيم (حج ۷) وفي عاد اذ
ارسلنا عليهم الريح **العقيم** (ذاريات ۲) ويجعل من يشاء **عقيما** (شوریٰ ۵)

فصل للام

ان فرعون علا
في الارض (قصص ۱) **ولعلا** بعضهم على بعض (مؤمنين ۵) قل ان ربي يقذف بالحق **علام** الغيوب (سبا ۵) انك انت علام الغيوب
(مائدہ ۱۱-۱۵) وان الله علام الغيوب (توبہ ۱۰) **وعلامات** وبالنجم هم يهتدون (نحل ۲) سرا و**علانية** (بقرہ ۳۸) (رعد ۳)
ابراهيم ۶ ملائكة ۳) خلق الانسان من **علق** (علق ۱) ثم خلقنا النطفة **علقة** (مؤمنين ۱) ثم كان علقة فخلق فسوى (قيامة ۲)
ثم من نطفة ثم من علقة (حج ۱) (مؤمن ۷) فخلقنا **العلقة** مضغة (مؤمنين ۱) ان الله عنده **علم** الساعة (لقمان ۴) اليه يرد
علم الساعة (فصلت ۵) وعنده علم الساعة (زخرف ۷) اعنده علم الغيب (نجم ۳) ومن عنده علم الكتاب (رعد ۶) ولا تسئلن
ما ليس لك به **علم** (هود ۴) ولا تقف ما ليس لك به علم (اسرائيل ۴) وان جاهداك لتشرك بي ما ليس لك به علم (عنكبوت ۱)
وان جاهداك على ان تشرك بي ما ليس لك به علم (لقمان ۲) ما ليس لهم به علم (حج ۹) ها انتم هؤلاء حاججتم فيما لكم به علم (آل عمران ۷)
فلم تحاجون فيما ليس لكم به علم (آل عمران ۷) وتقولون بافواهكم ما ليس لكم به علم (نور ۲) واشرك به ما ليس لي به علم (مؤمن ۵) ان
اسئلك ما ليس لي به علم (هود ۴) قال الذي عنده علم من الكتاب (نمل ۳) **علم** الله انكم كنتم تختانون (بقرہ ۲۳) علم الله انكم ستذكرونهن
(بقرہ ۳۱) واذا علم من آياتنا شيئا (جاثية ۲) علم ان لن تحصوه (مزمل ۲) علم ان سيكون منكم مرضى (مزمل ۲) كل قد علم صلوته وتسبيحه
(نور ۶) ولو علم الله فيهم خيرا (انفال ۳) قد علم كل اناس مشربهم (بقرہ ۷، اعراف ۲۰) **فعلم** ما لم تعلموا (فتح ۳) فعلم ما في قلوبهم
(فتح ۲) **وعلم** ان فيكم ضعفا (انفال ۹) الرحمن **علم** القرآن (رحمن ۱) الذي علم بالقلم (علق ۱) علم الانسان ما لم يعلم (علق ۱) **وعلم**
آدم الاسماء كلها (بقرہ ۴) كلا لو تعلمون **علم** اليقين (تكاثر ۱) لا علم لنا الا ما علمتنا (بقرہ ۴) قالوا لا علم لنا (مائدہ ۱۵) وخرقوا
له بنين وبنات بغير **علم** (انعام ۱۳) فيسبوا الله عدوا بغير علم (انعام ۱۳) باهوائهم بغير علم (انعام ۱۴) سفها بغير علم (انعام ۱۷)
ليضل الناس بغير علم (انعام ۱۸) فتصيبكم منهم معرة بغير علم (فتح ۳) وانه لذو علم لما علمناه (يوسف ۸) لكيلا يعلم من بعد علم شيئا (حج ۱)
لكيلا يعلم بعد علم شيئا (نحل ۷) فلنقصن عليهم **بعلم** (اعراف ۱) انما انزل بعلم الله (هود ۲) نبئوني بعلم ان كنتم صادقين (انعام ۱۸)
ولقد جئناهم بكتاب فصلناه **على علم** (اعراف ۶) قال انما اوتيته على علم (قصص ۸) (زمر ۵) ولقد اخترناهم على علم (دخان ۲) واضله
الله على علم (جاثية ۳) وانه **لعلم** للساعة (زخرف ۶) ما لهم به **من** علم (نساء ۲۲، كهف ۱) قل هل عندكم من علم (انعام ۱۸) ما كان لي من
علم (ص ۵) او اثارة من علم (احقاف ۱) ما لهم بذلك من علم (زخرف ۲) وما لهم به من علم (نجم ۳) الا من بعد ما جاءهم **العلم** (آل عمران ۲)
(شورى ۲، جاثية ۲) حتى جاءهم العلم (يونس ۱۰) قال انما العلم عند الله (احقاف ۳) قل انما العلم عند الله (ملك ۲) اوتوا العلم (انظر اوتوا)
اولوا العلم قائما بالقسط (آل عمران ۲) وزاده بسطة **في** العلم (بقرہ ۳۲) والراسخون في العلم (آل عمران ۱) لكن الراسخون في العلم (نساء ۲۲)
بعد الذي جاءك **من** العلم (بقرہ ۱۴) من بعد ما جاءك من العلم (بقرہ ۱۷، آل عمران ۷) بعد ما جاءك من العلم (رعد ۵) وما اوتيتم
من العلم الا قليلا (اسرائيل ۱۰) يا ابت اني قد جاءني من العلم (مريم ۳) فرحوا بما عندهم من العلم (مؤمن ۹) ذلك مبلغهم من العلم (نجم ۲)
وسع ربي كل شيء **علما** (انعام ۹) وسع ربنا كل شيء علما (اعراف ۱۱) وسع كل شيء علما (طه ۵) وعلمناه من لدنا علما (كهف ۹) ولا يحيطون
به علما (طه ۶) وقل رب زدني علما (طه ۶) ولقد آتينا داود وسليمان علما (نمل ۲) وان الله قد احاط بكل شيء علما (طلاق ۲) ولم تحيطوا
بها علما (نمل ۹) وكلا آتينا حكما **وعلما** (انبياء ۶) آتيناه حكما وعلما (يوسف ۳، قصص ۲) ولوطا آتيناه حكما وعلما (انبياء ۵) ربنا وسعت
كل شيء رحمة وعلما (مؤمن ۱) ان يعلمه **علموا** بني اسرائيل (شعراء ۱۱) انما يخشى الله من عباده **العلماء** (ملائكة ۴) لقد **علمت** ما
لنا في بناتك من حق (هود ۷) قال لقد علمت ما انزل هؤلاء (اسرائيل ۱۲) لقد علمت ما هؤلاء ينطقون (انبياء ۵) على ان تعلمني مما
علمت رشدا (كهف ۹) ما علمت لكم من اله غيري (قصص ۴) ولقد علمت الجنة (صافات ۵) علمت نفس ما احضرت (تكوير ۱)
علمت نفس ما قدمت (انفطار ۱) واذ **علمتك** الكتاب (مائدہ ۱۵) ان **علمتم** فيهم خيرا (نور ۵) قالوا تالله لقد علمتم ما جئنا لنفسد
في الارض (يوسف ۹) ولقد علمتم النشاة الاولى (واقعة ۲) ولقد علمتم الذين اعتدوا (بقرہ ۸) قال هل علمتم ما فعلتم بيوسف (يوسف ۱۰)
وما **علمتم** من الجوارح (مائدہ ۱) **وعلمتم** ما لم تعلموا (انعام ۱۱) فان **علمتموهن** مؤمنات (ممتحنة ۲) لا علم لنا الا ما **علمتنا** (بقرہ ۴)
وعلمتني من تاويل الاحاديث (يوسف ۱۱) ان كنت قلته فقد **علمته** (مائدہ ۱۶) **وعلمك** ما لم تكن تعلم (نساء ۱۷) انه لكبيركم

وفوق كل ذي علم عليم (يوسف ۱۰)

الذی علمکم السحر (طٰہٰ ۸ شعرا ۵) فاذکروا اللہ کما علمکم (بقرۃ ۳۲) تعلمونھن مما علمکم اللہ (مائدہ ۱) وما شھدنا الا بما علمنا
(یوسف ۱۰) قد علمنا ما فرضنا علیھم (احزاب ۶) ولقد علمنا المستقدمین (حجر ۲) ولقد علمنا المستأخرین (حجر ۲) قد علمنا
ما تنقص الارض (ق ۱) قلن حاش للہ ما علمنا علیہ من سوٓء (یوسف ۷) عُلِّمنا منطق الطیر (نمل ۲) ولنہ لذو علم لما علمنٰہ (یوسف ۸)
وما علمنٰہ الشعر (یٰس ۵) وعلمنٰہ من لدنا علما (کہف ۹) وعلمنٰہ صنعۃ لبوس لکم (انبیاء ۶) ذٰلکما مما علمنی ربی (یوسف ۵) ولقد
علموا لمن اشترٰیہ (بقرۃ ۱۲) فعلموا ان الحق للہ (قصص ۸) ولا یأب کاتب ان یکتب کما علمہ اللہ فلیکتب (بقرۃ ۳۹) علمہ شدید
القوٰی (نجم ۱) علمہ البیان (رحمٰن ۱) انزلہ بعلمہ (نساء ۲۳) بل کذبوا بما لم یحیطوا بعلمہ (یونس ۴) ولا تضع الا بعلمہ (ملائکۃ ۲
فصلت ۶) لعلمہ الذین یستنبطونہ منھم (نساء ۱۱) ولا یحیطون بشیء من علمہ (بقرۃ ۳۴) وعلمہ مما یشاء (بقرۃ ۳۳) قل انما
علمھا عند ربی (اعراف ۲۳) قل انما علمھا عند اللہ (احزاب ۷ - اعراف ۲۳) قال علمھا عند ربی (طٰہٰ ۲) بل ادارک علمھم فی الاٰخرۃ
(نمل ۶) قال وما علمی بما کانوا یعملون (شعراء ۶) ولیتبروا ما علوا تتبیرا (اسرائیل ۱) ولتعلن علوا کبیرا (اسرائیل ۱) سبحانہ
وتعالٰی عما یقولون علوا کبیرا (اسرائیل ۵) لا یریدون علوا فی الارض (قصص ۹) واستیقنتھا انفسھم ظلما وعلوا (نمل ۱)
انہ علی حکیم (شورٰی ۵) لعلی حکیم (زخرف ۱) فالحکم للہ العلی الکبیر (مؤمن ۲) وان اللہ ھو العلی الکبیر (حج ۷ لقمان ۳) وھو العلی
الکبیر (سبا ۳) وھو العلی العظیم (بقرۃ ۳۴ شورٰی ۱) تنزیلا ممن خلق الارض والسمٰوٰت العلٰی (طٰہٰ ۱) فاولٰئک لھم الدرجات
العلٰی (طٰہٰ ۴) وکلمۃ اللہ ھی العلیا (توبۃ ۶) ان اللہ کان علیا کبیرا (نساء ۶) وجعلنا لھم لسان صدق علیا (مریم ۴) ورفعنٰہ
مکانا علیا (مریم ۴) ان اللہ علیم حکیم (توبۃ ۳) ان اللہ علیم بذات الصدور (اٰل عمران ۱۲ مائدہ ۲ لقمان ۳) بلٰی ان اللہ علیم
بما کنتم تعملون (نحل ۴) ان اللہ علیم قدیر (نحل ۹) ان اللہ علیم بما یفعلون (یونس ۴) ان اللہ علیم بما یصنعون (ملائکۃ ۲) ان
اللہ علیم خبیر (حجرات ۲) فان اللہ علیم بالمفسدین (اٰل عمران ۷) واللہ علیم بالمتقین (اٰل عمران ۱۲ توبۃ ۵) واللہ علیم بذات
الصدور (اٰل عمران ۱۶ تغابن ۱) واللہ علیم حکیم (نساء ۲-۳ - انفال ۸ توبۃ ۲-۶-۱۰-۱۲ ممتحنۃ ۲ حج ۶ نور ۲-۶ مرتین حجرات ۱) واللہ
علیم بما یفعلون (نور ۶) واللہ علیم بما یعملون (یوسف ۲) واللہ علیم بالظالمین (بقرۃ ۱۰-۲۵ توبۃ ۵ جمعۃ ۱) انہ علیم بذات الصدور
(انفال ۵ ھود ۱ ملائکۃ ۳ زمر ۱ شورٰی ۳ ملک ۲) انہ علیم قدیر (شورٰی ۵) فان اللہ بہ علیم (بقرۃ ۲۲-۲۸ - اٰل عمران ۱۰) واللہ بما
تعملون علیم (بقرۃ ۲۹ نور ۳) انی بما تعملون علیم (مؤمنین ۳) انی حفیظ علیم (یوسف ۷) انہ حکیم علیم (انعام ۱۱) ان ربک حکیم
علیم (انعام ۹ - ۱۳ حجر ۲) ان ربک علیم حکیم (یوسف ۱) ان ھٰذا الساحر علیم (اعراف ۱۴ شعراء ۳) سمیع علیم (انفال ۷ سمیع) فان اللہ
علیم (بقرۃ ۱۰) وھو بکل شیء علیم (بقرۃ ۳ - انعام ۱۲ حدید ۱) ان اللہ بکل شیء علیم (بقرۃ ۲۴ - انفال ۸ توبۃ ۲ عنکبوت ۷ مجادلۃ ۱)
واللہ بکل شیء علیم (بقرۃ ۲۹ نساء ۱۸ نور ۴-۷ حجرات ۲ تغابن ۱) وان اللہ بکل شیء علیم (مائدۃ ۱۰) انہ بکل شیء علیم (شورٰی ۲)
ان ربی بکیدھن علیم (یوسف ۶) واللہ واسع علیم (بقرۃ ۳۵-۲۷ - اٰل عمران ۸ مائدہ ۸ نور ۴) ان اللہ واسع علیم (بقرۃ ۱۴)
من لدن حکیم علیم (نمل ۱) وھو بکل خلق علیم (یٰس ۵) قال فرعون ائتونی بکل ساحر علیم (یونس ۸) یأتوک بکل ساحر علیم (اعراف
یأتوک بکل سحار علیم (شعراء ۳) وفوق کل ذی علم علیم (یوسف ۹) انا نبشرک بغلام علیم (حجر ۴) وبشروہ بغلام علیم (ذاریات ۲)
وان اللہ لعلیم حلیم (حج ۸) وھو الحکیم العلیم (زخرف ۷) انہ ھو الحکیم العلیم (ذاریات ۲) وھو الخلاق العلیم (یٰس ۵)
ان ربک ھو الخلاق العلیم (حجر ۶) السمیع العلیم (انفال ۱) ذٰلک تقدیر العزیز العلیم (انعام ۱۲ یٰس ۳) وھو العزیز العلیم (نمل ۱)
خلقھن العزیز العلیم (زخرف ۱) وھو الفتاح العلیم (سبا ۳) انک انت العلیم الحکیم (بقرۃ ۴) قال نبأنی العلیم الخبیر (تحریم ۱) انہ ھو
العلیم الحکیم (یوسف ۹-۱۰) وھو العلیم القدیر (روم ۶) وھو العلیم الحکیم (تحریم ۱) من اللہ العزیز العلیم (مؤمن ۱) ذٰلک تقدیر العزیز
العلیم (فصلت ۲) ان اللہ کان علیما حکیما (نساء ۲-۳ - احزاب ۱ - انسان ۲) وکان اللہ علیما حکیما (نساء ۲-۱۰-۱۱-۱۲-۱۷ فتح ۱) ان
اللہ کان بکل شیء علیما (نساء ۴) فان اللہ کان بکل شیء علیما (احزاب ۷) ان اللہ کان علیما خبیرا (نساء ۶) وکان اللہ بھم علیما (نساء ۶)
وکفٰی باللہ علیما (نساء ۹) فان اللہ کان بہ علیما (نساء ۳) وکان اللہ سمیعا علیما (نساء ۲۰) وکان اللہ شاکرا علیما (نساء ۲۱) انہ کان
علیما قدیرا (ملائکۃ ۵) وکان اللہ علیما حلیما (زخرف ۱) وکان اللہ بکل شیء علیما (احزاب ۶ فتح ۳) وما ادرٰیک ما علیون
(مطففین ۱) کلا ان کتاب الابرار لفی علیین (مطففین ۱) **فصل المیم** وبنات عماتک (احزاب ۶)

او بیوت عماتکم (نور ۹) و عمّاتکم (نساء ۴) ارم ذات العماد (فجر ۱) و عمارة المسجد الحرام (توبة ۳) الله الذی رفع
السموات بغیر عمد (رعد ۱) خلق السموات بغیر عمد (لقمان ۲) انها علیهم مؤصدة فی عمد ممددة (همزة ۱) فتطاول علیهم العمر
(قصص ۵) حتی طال علیهم العمر (انبیاء ۴) و منکم من یرد الی ارذل العمر (حج ۱) فقد لبثت فیکم عمرا (یونس ۲) و آل ابراهیم
و آل عمران (آل عمران ۴) اذ قالت امرأة عمران (آل عمران ۴) و مریم ابنت عمران (تحریم ۲) و اتموا الحج و العمرة لله (بقرة ۲۴) فمن
تمتع بالعمرة الی الحج (بقرة ۲۴) و لبثت فینا من عمرک سنین (شعراء ۲) و لا ینقص من عمره (ملائکة ۲) و عمروها اکثر مما عمروها
(روم ۱) و بنات عمک (احزاب ۵) انه عمل غیر صالح (هود ۴) الا کتب لهم به عمل صالح (توبة ۱۵) انی لا اضیع عمل عامل منکم
(آل عمران ۲۰) ان الله لا یصلح عمل المفسدین (یونس ۹) قد عمل الصالحات (طه ۱) رجس من عمل الشیطان (مائدة ۱۲) و قدمنا
الی ما عملوا من عمل (فرقان ۲) قال هذا من عمل الشیطان (قصص ۲) و لا تعملون من عمل (یونس ۷) انه من عمل منکم سوء بجهالة ثم (انعام ۶)
من عمل صالحا من ذکر (نحل ۱۳) من عمل سیئة فلا یجزی الا مثلها (مؤمن ۵) من عمل صالحا فلنفسه (فصلت ۵ جاثیة ۲) و من عمل
صالحا (رعد ۵ مؤمن ۵) والیوم الآخر و عمل صالحا (بقرة ۷ مائدة ۱۰) و اما من آمن و عمل صالحا (کهف ۱۱) و آمن و عمل صالحا
(مریم ۶ طه ۵ قصص ۷) و عمل عملا صالحا (فرقان ۲) و من تاب و عمل صالحا (فرقان ۶) ثواب الله خیر لمن آمن و عمل صالحا (قصص ۸)
الا من آمن و عمل صالحا (سبأ ۵) ممن دعا الی الله و عمل صالحا (فصلت ۵) و العمل الصالح یرفعه (ملائکة ۲) خلطوا عملا
صالحا (توبة ۱۳) لیبلوکم ایکم احسن عملا (هود ۱ ملک ۱) لنبلوهم ایهم احسن عملا (کهف ۱) انا لا نضیع اجر من احسن عملا (کهف ۴)
فلیعمل عملا صالحا (کهف ۱۲) و یعملون عملا دون ذلک (انبیاء ۶) و عمل عملا صالحا (فرقان ۶) و وفیت کل نفس ما عملت (زمر ۷)
یوم تجد کل نفس ما عملت من خیر (آل عمران ۳) و توفی کل نفس ما عملت (نحل ۱۵) مما عملت ایدینا انعاما (یس ۵) و ما عملته ایدیهم (یس ۳)
ثم لتنبؤن بما عملتم (تغابن ۱) و ما عملته ایدیهم (یس ۳) لیحبطن عملک (زمر ۷) فسیری الله عملکم (توبة ۱۳) و سیری الله
عملکم (توبة ۱۰) فقل لی عملی و لکم عملکم (یونس ۵) قال انی لعملکم من القالین (شعراء ۹) لیذیقهم بعض الذی عملوا (روم ۵) لیکفر الله
عنهم اسوأ الذی عملوا (زمر ۴) الذین عملوا السیئات (قصص ۹) للذین عملوا السوء بجهالة (نحل ۱۵) و الذین عملوا السیئات (اعراف
۱۹) فاصابهم سیئات ما عملوا (نحل ۵) و وجدوا ما عملوا حاضرا (کهف ۷) فنتقبل عنهم احسن ما عملوا (احقاف ۲) لیجزیهم الله احسن
ما عملوا (نور ۵) و قدمنا الی ما عملوا (فرقان ۲) و بدا لهم سیئات ما عملوا (جاثیة ۴) لیجزی الذین اساؤا بما عملوا (نجم ۲) فننبئهم
بما عملوا (لقمان ۲) فاولئک لهم جزاء الضعف بما عملوا (سبأ ۴) فننبئهم بما عملوا (نور ۷) (مجادلة ۱) ثم ینبئهم بما عملوا یوم القیمة (مجادلة ۲)
و لکل درجات مما عملوا (انعام ۱۶ احقاف ۲) الذین آمنوا و عملوا الصالحات (رعد ۴ شوری ۵) و عد الله الذین آمنوا و عملوا
الصالحات (مائدة ۲ فتح ۴) و ادخل الذین آمنوا و عملوا الصالحات (ابراهیم ۴) ان الله یدخل الذین آمنوا و عملوا الصالحات (حج
۲ محمد ۲) لیجزی الذین آمنوا و عملوا الصالحات (یونس ۱ سبأ ۱) و یستجیب الذین آمنوا و عملوا الصالحات (شوری ۳) و بشر
الذین آمنوا و عملوا الصالحات (بقرة ۳) لیخرج الذین آمنوا و عملوا الصالحات (طلاق ۲) و الذین آمنوا و عملوا الصالحات (بقرة
۹ نساء ۱۳ اعراف ۵ عنکبوت ۲ ملائکة ۱ مؤمن ۶ شوری ۴ محمد ۱) ان الذین آمنوا و عملوا الصالحات (بقرة ۲۸ یونس ۱ هود ۲
کهف ۱۲ مریم ۶ لقمان ۱ فصلت ۵ بروج ۲ بینة ۱) و اما الذین آمنوا و عملوا الصالحات (آل عمران ۶) فاما الذین آمنوا و عملوا
الصالحات (نساء ۲۴ جاثیة ۴ روم ۲) فالذین آمنوا و عملوا الصالحات (حج ۷) لیس علی الذین آمنوا و عملوا الصالحات جناح (مائدة ۱۲)
الا الذین صبروا و عملوا (هود ۲) الا الذین آمنوا و عملوا الصالحات (شعراء ۱۱ تین ۱ عصر ۱ انشقاق ۱) و عد الله الذین آمنوا
منکم و عملوا الصالحات (نور ۷) اما الذین آمنوا و عملوا (سجدة ۲) کالذین آمنوا و عملوا الصالحات (جاثیة ۳) فقد حبط عمله
(مائدة ۱) و کذلک زین لفرعون سوء عمله (مؤمن ۵) افمن زین له سوء عمله (فاطر ۲) سوء عمله فرآه حسنا (ملائکة ۲) و نحن نزیغ عن
عمله (تحریم ۲) کذلک زینا لکل امة عملهم (انعام ۱۳) و ما التناهم من عملهم من شیء (طور ۱) فقل لی عملی (یونس ۵) ثم عموا و صموا
کثیر منهم (مائدة ۱۰) فعموا و صموا (مائدة ۱۰) بل هم منها عمون (نمل ۶) و هو علیهم عمی (فصلت ۵) صم بکم عمی (بقرة ۲ ، ۲۱)
و من عمی فعلیها (انعام ۱۳) ام هل یستوی الاعمی (رعد ۲) افانت تهدی العمی (یونس ۵) و ما انت بهادی العمی (نمل ۶ روم ۵) فاستحبوا العمی علی
الهدی (فصلت ۲) عمیا و بکما و صما (اسرائیل ۱۰) لم یخروا علیها صما و عمیانا (فرقان ۶) فعمیت علیکم (هود ۳) فعمیت علیهم

فصل النون

الابنا (قصص) يأتين من كل فج عميق (حج) انهم كانوا قوما عمين (اعراف)
الا تكون لك جنة من نخيل وعنب (اسرائيل) وعنبا وقضبا وزيتونا (عبس) وعنت الوجوه للحي القيوم (طه) ذلك لمن
العنت منكم (نساء) ودوا ما عنتم (آل عمران) عزيز عليه ما عنتم حريص عليكم (توبة) لو يطيعكم في كثير من الامر لعنتم (حجرات)
قل اتخذتم عند الله عهدا (بقرة) قل ان كانت لكم الدار الآخرة عند الله خالصة (بقرة) تجدوه عند الله (بقرة) واخراج
اهله منه اكبر عند الله (بقرة) ذلكم اقسط عند الله (بقرة) ان الدين عند الله الاسلام (آل عمران) ان مثل عيسى
عند الله (آل عمران) هم درجات عند الله (آل عمران) قل هل انبئكم بشر من ذلك مثوبة عند الله (مائدة) قل انما الآيات
عند الله (انعام) سيصيب الذين اجرموا صغار عند الله (انعام) الا انما طائرهم عند الله (اعراف) قل انما علمها عند الله
(اعراف) (احزاب) ان شر الدواب عند الله الصم البكم (انفال) ان شر الدواب عند الله الذين كفروا (انفال) كيف يكون للمشركين
عهد عند الله وعند رسوله (توبة) لا يستوون عند الله (توبة) اعظم درجة عند الله (توبة) ان عدة الشهور عند الله
ويتخذ ما ينفق قربات عند الله (توبة) هؤلاء شفعاؤنا عند الله (يونس) فاولئك عند الله هم الكاذبون (نور) قال طائركم
عند الله (نمل) فابتغوا عند الله الرزق (عنكبوت) قل انما الآيات عند الله (عنكبوت) فلا يربو عند الله (روم) هو
اقسط عند الله (احزاب) وكان عند الله وجيها (احزاب) كبر مقتا عند الله (مؤمن) (صف) قال انما العلم عند الله (احقاف)
وكان ذلك عند الله فوزا عظيما (فتح) ان اكرمكم عند الله اتقاكم (حجرات) قل انما العلم عند الله (ملك) ذي قوة عند ذي العرش
مكين (تكوير) ان الذين عند ربك لا يستكبرون عن عبادته (اعراف) اذكرني عند ربك (يوسف) كل كان سيئه عند ربك
مكروها (اسرائيل) خير عند ربك ثوابا (كهف) (مريم) وان يوما عند ربك (حج) فالذين عند ربك (فصلت) والآخرة عند
ربك للمتقين (زخرف) مسومة عند ربك (هود) (ذاريات) ليحاجوكم به عند ربكم (بقرة) ان يحاجوكم عند ربكم (آل عمران)
ثم انكم يوم القيامة عند ربكم تختصمون (زمر) فله اجره عند ربه (بقرة) وكان عند ربه مرضيا (مريم) فهو خير له عند ربه
(حج) فانما حسابه عند ربه (مؤمنين) فلهم اجرهم عند ربهم (بقرة) لهم اجرهم عند ربهم (بقرة) اولئك لهم
اجرهم عند ربهم (آل عمران) للذين اتقوا عند ربهم جنات (آل عمران) بل احياء عند ربهم (آل عمران) لهم دار السلام عند
ربهم (انعام) لهم درجات عند ربهم (انفال) ان لهم قدم صدق عند ربهم (يونس) اذ المجرمون ناكسوا رؤسهم عند ربهم
(سجدة) موقوفون عند ربهم (سبا) ولا يزيد الكافرين كفرهم عند ربهم (ملائكة) لهم ما يشاؤون عند ربهم (زمر) (شورى)
حجتهم داحضة عند ربهم (شورى) والشهداء عند ربهم (حديد) ان للمتقين عند ربهم (نون) جزاؤهم عند ربهم
(بينة) قل انما علمها عند ربي (اعراف) قال علمها عند ربي (طه) ذلكم خير لكم عند بارئكم (بقرة) ولا تقاتلوهم عند المسجد الحرام
(بقرة) الا الذين عاهدتم عند المسجد الحرام (توبة) يا بني آدم خذوا زينتكم عند كل مسجد (اعراف) وما كان صلوتهم عند البيت
(انفال) عند بيتك المحرم (ابراهيم) وتركنا يوسف عند متاعنا (يوسف) ام اتخذ عند الرحمن عهدا (مريم) الا من اتخذ عند
الرحمن عهدا (مريم) ان الذين يغضون اصواتهم عند رسول الله (حجرات) عند سدرة المنتهى (نجم) انما عند الله هو خير لكم
(نحل) قل ما عند الله خير (جمعة) وما عند الله خير للابرار (آل عمران) وما عند الله باق (نحل) وما عند الله خير وابقى
(قصص) (شورى) وهو عند الله عظيم (نور) فعند الله مغانم كثيرة (نساء) فعند الله ثواب الدنيا والآخرة (نساء)
ثم يقولون هذا من عند الله (بقرة) ولما جاءهم رسول من عند الله (بقرة) ولما جاءهم كتاب من عند الله (بقرة) لمثوبة
من عند الله خير (بقرة) قالت هو من عند الله (آل عمران) ويقولون هو من عند الله وما هو من عند الله (آل عمران) الا من
عند الله (آل عمران) نزلا من عند الله (آل عمران) ثوابا من عند الله (آل عمران) قل كل من عند الله (نساء) يقولوا هذه
من عند الله (نساء) ولو كان من عند غير الله (نساء) فسلموا على انفسكم تحية من عند الله (نور) فأتوا بكتاب من عند الله
(قصص) ان كان من عند الله (فصلت) (احقاف) حسدا من عند انفسهم (بقرة) قل هو من عند انفسكم (آل عمران) كل من
عند ربنا (آل عمران) هم الذين يقولون لا تنفقوا على من عند رسول الله (منافقين) كيف يكون للمشركين عهد عند الله وعند
رسوله (توبة) وعند الله مكرهم (ابراهيم) ادع لنا ربك بما عهد عندك (زخرف) (اعراف) اما يبلغن عندك الكبر (اسرائيل)

يقولوا

يقولوا هذه من عندك (نساء ٧٨) فابعث لنا من عندك (نساء) حتى اذا خرجوا من عندك (قتال ١٦) ان كان هذا هو الحق من عندك
(انفال ٣٢) وقالت رب ابن لي عندك بيتا (تحريم ١١) فان اتممت عشرا فمن عندك (قصص ٢٧) ان عندكم من سلطان بهذا (يونس ٦٨)
ما عندكم ينفد (نحل ٩٦) قل هل عندكم من علم (انعام ١٤٨) لو كانوا عندنا ما ماتوا (آل عمران ١٥٦) بالتي تقربكم عندنا زلفى (سبأ ٣٧)
وان له عندنا لزلفى (ص ٢٥-٤٠) وانهم عندنا لمن المصطفين الاخيار (ص ٤٧) وان من شيء الا عندنا خزائنه (حجر ٢١) لو ان عندنا ذكرا
من الاولين (صافات ١٦٨) فلما جاءهم الحق من عندنا (يونس ٧٦) (قصص ٤٨) آتيناه رحمة من عندنا (كهف ٦٥) رحمة من عندنا (انبياء ٨٤)
فلما جاءهم بالحق من عندنا (مؤمن ٢٥) امرا من عندنا (دخان ٥) نعمة من عندنا (قمر ٣٥) وعندنا كتاب حفيظ (ق ٤) ومن اظلم ممن كتم
شهادة عنده من الله (بقرة ١٤٠) من ذا الذي يشفع عنده (بقرة ٢٥٥) واجل مسمى عنده (انعام ٢) الا من وجدنا متاعنا عنده (يوسف ٧٩)
وكل شيء عنده بمقدار (رعد ٨) فلما رآه مستقرا عنده (نمل ٤٠) وما لاحد عنده من نعمة تجزى (ليل ١٩) ولا تنفع الشفاعة عنده (سبأ ٢٣)
أعنده علم الغيب فهو يرى (نجم ٣٥) ان لي عنده للحسنى (فصلت ٥٠) قال الذي عنده علم من الكتاب (نمل ٤٠) ووجد الله عنده فوفيه
حسابه (نور ٣٩) ان الله عنده علم الساعة (لقمان ٣٤) ان الله عنده اجر عظيم (توبة ٢٢) وان الله عنده اجر عظيم (انفال ٢٨) والله
عنده حسن الثواب (آل عمران ١٩٥) والله عنده حسن المآب (آل عمران ١٤) والله عنده اجر عظيم (تغابن ١٥) او امر من عنده (مائدة ٥٢)
ان يصيبكم الله بعذاب من عنده (توبة ٥٢) وآتاني رحمة من عنده (هود ٢٨) بمن جاء بالهدى من عنده (قصص ٣٧) ومن عنده علم
الكتاب (رعد ٤٣) ومن عنده لا يستكبرون عن عبادته (انبياء ١٩) وعنده مفاتح الغيب (انعام ٥٩) وعنده ام الكتاب (رعد ٣٩) وعنده
علم الساعة (زخرف ٨٥) ووجد عندها قوما (كهف ٨٦) عندها جنة المأوى (نجم ١٥) وجد عندها رزقا (آل عمران ٣٧)
ايبتغون عندهم العزة (نساء ١٣٩) الذي يجدونه مكتوبا عندهم في التوراة (اعراف ١٥٧) ام عندهم الغيب فهم يكتبون (طور ٤١)
ام عندهم خزائن ربك (طور ٣٧) ام عندهم خزائن رحمة ربك (ص ٩) فرحوا بما عندهم من العلم (مؤمن ٨٣) وعندهم التوراة (مائدة ٤٣)
وعندهم قاصرات الطرف (صافات ٤٨ ص ٥٢) قل لا اقول لكم عندي خزائن الله (انعام ٥٠) ولا اقول لكم عندي خزائن الله
(هود ٣١) فلا كيل لكم عندي (يوسف ٦٠) قال انما اوتيته على علم عندي (قصص ٧٨) قل لو ان عندي ما تستعجلون به (انعام ٥٨) ما عندي
ما تستعجلون به (انعام ٥٧) ولا تجعل يدك مغلولة الى عنقك (اسرائيل ٢٩) وكل انسان الزمناه طائره في عنقه (اسرائيل ١٣)
كمثل العنكبوت اتخذت بيتا (عنكبوت ٤١) وان اوهن البيوت لبيت العنكبوت (عنكبوت ٤١) واتبعوا امر كل جبار عنيد
(هود ٥٩) وخاب كل جبار عنيد (ابراهيم ١٥) كل كفار عنيد (ق ٢٤) انه كان لآياتنا عنيدا (مدثر ١٦) **فصل الواو**
عوان بين ذلك (بقرة ٦٨) يومئذ يتبعون الداعي لا عوج له (طه ١٠٨) قرآنا عربيا غير ذي عوج (زمر ٢٨) تبغونها عوجا (آل عمران ٩٩)
ويبغونها عوجا (اعراف ٤٥ هود ١٩) وتبغونها عوجا (اعراف ٨٦) ولم يجعل له عوجا (كهف ١) لا ترى فيها عوجا ولا امتا (طه ١٠٧)
الذين لم يظهروا على عورات النساء (نور ٣١) ومن بعد صلوة العشاء ثلث عورات لكم (نور ٥٨) يقولون ان بيوتنا عورة
وما هي بعورة (احزاب ١٣) ذلك ومن عاقب بمثل ما عوقب به (حج ٦٠) فعاقبوا بمثل ما عوقبتم به (نحل ١٢٦) **فصل الهاء**
وكان عهد الله مسئولا (احزاب ١٥) كيف يكون للمشركين عهد عند الله (توبة ٧) الذين ينقضون
عهد الله (بقرة ٢٧) والذين ينقضون عهد الله (رعد ٢٥) قالوا ان الله عهد الينا (آل عمران ١٨٣) بما عهد عندك (اعراف ١٣٤)
(زخرف ٤٩) ان الذين يشترون بعهد الله (آل عمران ٧٧) الذين يوفون بعهد الله (رعد ٢٠) واوفوا بعهد الله (نحل ٩١) ولا
تشتروا بعهد الله (نحل ٩٥) وبعهد الله اوفوا (انعام ١٥٢) وما وجدنا لاكثرهم من عهد (اعراف ١٠٢) فطال عليكم العهد
(طه ٨٦) اوفوا بالعهد ان العهد كان مسئولا (اسرائيل ٣٤) اتخذتم عند الله عهدا (بقرة ٨٠) اوكلما عاهدوا عهدا (بقرة ١٠٠)
ام اتخذ عند الرحمن عهدا (مريم ٧٨) الا من اتخذ عند الرحمن عهدا (مريم ٨٧) واوفوا بعهدي اوف بعهدكم (بقرة ٤٠) ولقد
عهدنا الى آدم من قبل (طه ١١٥) وعهدنا الى ابراهيم (بقرة ١٢٥) لن يخلف الله عهده (بقرة ٨٠) بلى من اوفى بعهده
(آل عمران ٧٦) ومن اوفى بعهده (توبة ١١١) ثم ينقضون عهدهم (انفال ٥٦) فاتموا اليهم عهدهم (توبة ٤) وان نكثوا ايمانهم من
بعد عهدهم (توبة ١٢) والموفون بعهدهم (بقرة ١٧٧) والذين هم لاماناتهم وعهدهم راعون (مؤمنون ٨ معارج ٣٢) قال
لا ينال عهدي الظالمين (بقرة ١٢٤) واوفوا بعهدي اوف بعهدكم (بقرة ٤٠) وتكون الجبال كالعهن (معارج ٩ قارعة ٥)

فصل الياء

تكون لنا عيداً لاولنا وآخرنا (مائدة ۱۵) ايتها العير انكم لسارقون (يوسف ۷) ولما فصلت
العير قال ابوهم (يوسف ۱۱) والعير التي اقبلنا (يوسف ۱۰) ان مثل عيسى عند الله (آل عمران ۶) ولما جاء عيسى بالبينات (زخرف ۷)
وآتينا عيسى ابن مريم البينات (بقرة ۹-۲۰) اسمه المسيح عيسى ابن مريم (آل عمران ۵) فلما احس عيسى منهم الكفر (آل عمران ۱۰) انا قتلنا المسيح
عيسى ابن مريم (نساء ۶) انما المسيح عيسى ابن مريم رسول الله (نساء ۷) قال عيسى ابن مريم (مائدة ۱۵) ذلك عيسى ابن مريم (مريم ۲) واذ قال
عيسى ابن مريم (صف ۱) كما قال عيسى ابن مريم (صف ۲) اذ قال الله يا عيسى اني متوفيك (آل عمران ۶) اذ قال الله يا عيسى ابن مريم (مائدة ۱۱)
واذ قال الله يا عيسى ابن مريم (مائدة ۱۱) وقال الحواريون يا عيسى ابن مريم (مائدة ۱۵) وقفينا على آثارهم بعيسى ابن مريم (مائدة ۵)
وقفينا بعيسى ابن مريم (حديد ۴) وما اوتي موسى وعيسى (بقرة ۱۴-آل عمران ۹) وعيسى وايوب ويونس (نساء ۷) وعيسى ابن مريم
(مائدة ۵) ويحيى وعيسى والياس (انعام ۹) وموسى وعيسى ابن مريم (احزاب ۱) وما وصينا به ابراهيم وموسى وعيسى (شورى ۲)
فهو في عيشة راضية (حاقة ۳-قارعة ۱) وان خفتم عيلة (توبة ۴) فيها عين جارية (غاشية ۱) وحور عين كامثال اللؤلؤ
المكنون (واقعة ۲) وعندهم قاصرات الطرف عين (صافات ۵) واسلنا له عين القطر (سبا ۲) ثم لترونها عين اليقين (تكاثر ۱) و
قالت امرأة فرعون قرة عين لي (قصص ۱) ونعجنا هم بحور عين (دخان ۳) وجدها تغرب في عين حمئة (كهف ۱۱) من عين آنية
(غاشية ۱) يرونهم مثليهم رأي العين (آل عمران ۲) والعين بالعين والانف بالانف (مائدة ۶) فانفجرت منه اثنتا عشرة عينا (بقرة ۷)
فانبجست منه اثنتا عشرة عينا (اعراف ۲۰) فكلي واشربي وقري عينا (مريم ۲) عينا يشرب بها عباد الله (انسان ۱) عينا فيها تسمى سلسبيلا
(انسان ۲) عينا يشرب بها المقربون (مطففين ۱) افعيينا بالخلق الاول (ق ۲) ولا تعد عيناك عنهم (كهف ۴) فيهما عينان
تجريان (رحمن ۳) فيهما عينان نضاختان (رحمن ۷) وابيضت عيناه من الحزن (يوسف ۱۰) كي تقر عينها ولا تحزن (طه ۲، قصص ۱)
ولتصنع على عيني (طه ۲) لا تمدن عينيك الى ما متعنا به (حجر ۶) ولا تمدن عينيك الى ما متعنا به (طه ۸) الم نجعل له عينين (بلد ۱)
ان المتقين في جنات وعيون (حجر ۳، ذاريات ۱) في جنات وعيون (شعراء ۱، دخان ۲) فاخرجناهم من جنات وعيون (شعراء ۴) وجنات وعيون
(شعراء ۸) كم تركوا من جنات وعيون (دخان ۲) ان المتقين في ظلال وعيون (مرسلات ۲) وفجرنا فيها من العيون (يس ۳)
وفجرنا الارض عيونا (قمر ۱)

باب الغين فصل الالف

وما من غائبة في السماء
(نمل ۶) وما كنا غائبين (اعراف ۱) وما هم عنها بغائبين (انفطار ۱) ام كان من الغائبين (نمل ۲) او جاء احد منكم من
الغائط (نساء ۷، مائدة ۲) وانهم لنا لغائظون (شعراء ۴) الا عجوزا في الغابرين (شعراء ۹، صافات ۴) كانت من الغابرين
(اعراف ۱۰، عنكبوت ۳ مرتين) قدرناها من الغابرين (نمل ۴) انها لمن الغابرين (حجر ۴) اذ هما في الغار (توبة ۶) وفي الرقاب
والغارمين (توبة ۸) ومن شر غاسق اذا وقب (فلق ۱) افامنوا ان تأتيهم غاشية (يوسف ۱۲) هل اتيك حديث الغاشية
(غاشية ۱) غافر الذنب وقابل التوب (مؤمن ۱) وانت خير الغافرين (اعراف ۲۰) وما الله بغافل عما تعملون (بقرة ۸-۹-۱۴
۱۵-آل عمران ۱۰) وما ربك بغافل عما يعملون (انعام ۱۶) وما ربك بغافل عما تعملون (نمل ۸، هود ۱۰) ولا تحسبن الله غافلا (ابراهيم ۷)
ان الذين يرمون المحصنات الغافلات (نور ۳) واهلها غافلون (انعام ۱۶) والذين هم عن آياتنا غافلون (يونس ۱)
وانتم عنه غافلون (يوسف ۲) وهم عن الآخرة هم غافلون (روم ۱) لتنذر قوما ما انذر آباؤهم فهم غافلون (يس ۱) وهم عن دعائهم
غافلون (احقاف ۱) وان كثيرا من الناس عن آياتنا لغافلون (يونس ۹) اولئك هم الغافلون (اعراف ۲۲) واولئك هم الغافلون
(نحل ۱۴) وكانوا عنها غافلين (اعراف ۱۶-۱۷) ان كنا عن هذا غافلين (اعراف ۲۲) وما كنا عن الخلق غافلين (مؤمنون ۱) ان كنا عن
عبادتكم لغافلين (يونس ۳) وان كنا عن دراستهم لغافلين (انعام ۲۰) ولا تكن من الغافلين (اعراف ۲۴) وان كنت من قبله
لمن الغافلين (يوسف ۱) والله غالب على امره (يوسف ۳) وقال لا غالب لكم (انفال ۶) ان ينصركم الله فلا غالب لكم (آل عمران ۱۷)
فانكم غالبون (مائدة ۴) فان حزب الله هم الغالبون (مائدة ۸) لنحن الغالبون (شعراء ۳) انهم الغالبون (انبياء ۴) انتما ومن
اتبعكما الغالبون (قصص ۴) وان جندنا لهم الغالبون (صافات ۵) ان كنا نحن الغالبين (اعراف ۱۴، شعراء ۳) ان كانوا هم الغالبين
(شعراء ۳) فكانوا هم الغالبين (صافات ۳) والشعراء يتبعهم الغاوون (شعراء ۱۱) فكبكبوا فيها هم والغاوون (شعراء ۵) فاغويناكم
انا كنا غاوين (صافات ۲) وبرزت الجحيم للغاوين (شعراء ۵) فكان من الغاوين (اعراف ۲۲) الا من اتبعك من الغاوين (حجر ۳)

وما الله بغافل عما يعملون (بقرة ۹)

فصل الباء وجوه يومئذ عليها غبرة (عبس ٤٠) **فصل الثاء** فجعلناهم غثاء

(مؤمنين ٤١) فجعله غثاء احوى (اعلى ٥) **فصل الدال** ولتنظر نفس ما قدمت لغد (حشر ١٨) ولا تقولن

لشيء اني فاعل ذلك **غدا** (اسرائيل) ارسله معنا غدا (يوسف ١٢) اني فاعل ذلك غدا (كهف ٢٣) ماذا تكسب غدا (لقمان ٣٤) سيعلمون

غدا (قمر ٢٦) قال لفتيه اتنا **غداءنا** (كهف ٦٢) ولا تطرد الذين يدعون ربهم **بالغداة** (انعام ٥٢) واصبر نفسك مع الذين

يدعون ربهم بالغداة (كهف ٢٨) لاسقيناهم ماء **غدقا** (جن ١٦) وظلالهم **بالغدو** والاصال (رعد ١٥) ودون الجهر من القول

بالغدو والاصال (اعراف ٢٠٥) يسبح له فيها بالغدو والاصال (نور ٣٦) النار يعرضون عليها **غدوا** وعشيا (مؤمن ٤٦) وغدوا

على حرد قادرين (نون ٢٥) واذ **غدوت** من اهلك (آل عمران ١٢١) **غدوها** شهر (سبا ١٢) **فصل الراء**

غر هؤلاء دينهم (انفال ٤٩) اعجزت ان اكون مثل هذا **الغراب** (مائدة ٣١) فبعث الله غرابا (مائدة ٣١) و**غرابيب** سود

(ملائكة ٢٧) ان عذابها كان **غراما** (فرقان ٦٥) واذا غربت تقرضهم ذات الشمال (كهف ١٧) وما كنت بجانب **الغربي** (قصص ٤٤)

لا شرقية ولا **غربية** (نور ٣٥) و**غرتكم** الحيوة الدنيا (جاثية ٣٥) وغرتكم الاماني (حديد ١٤) و**غرتهم** الحيوة الدنيا (انعام ٧٠-١٣٠)

(اعراف ٥١) لهم **غرف** من فوقها غرف (زمر ٢٠) لنبوئنهم من الجنة غرفا (عنكبوت ٥٨) وهم في **الغرفات** امنون (سبا ٣٧) الا من اغترف

غرفة (بقرة ٢٤٩) اولئك يجزون **الغرفة** (فرقان ٧٥) حتى اذا ادركه **الغرق** (يونس ٩٠) والنازعات **غرقا** (نازعات ١) ما غرك

بربك الكريم (انفطار ٦) وغركم بالله **الغرور** (حديد ١٤) قبل طلوع الشمس وقبل **الغروب** (ق ٣٩) قبل طلوع الشمس وقبل

غروبها (طه ١٣٠) فدليهما **بغرور** (اعراف ٢٢) ان الكافرون الا في غرور (ملك ٢٠) وغركم بالله **الغرور** (حديد ١٤) ولا يغرنكم

بالله الغرور (لقمان ٣٣) (ملائكة ٥) الا متاع الغرور (آل عمران ١٨٥) (حديد ٢٠) زخرف القول **غرورا** (انعام ١١٢) وما يعدهم الشيطان

الا غرورا (نساء ١٢٠) (اسرائيل ٦٤) ما وعدنا الله ورسوله الا غرورا (احزاب ١٢) بل ان يعد الظالمون بعضهم بعضا الا غرورا (ملائكة ٤٠)

وغرهم في دينهم (آل عمران ٢٤) **فصل الزاء** او كانوا غزى لو كانوا عندنا ما قتلوا (آل عمران ١٥٦) **فصل**

السين هذا فليذوقوه حميم و**غساق** (ص ٥٧) الا حميما وغساقا (نبا ٢٥) الى **غسق** الليل (اسرائيل ٧٨) ولا طعام

الا من غسلين (حاقة ٣٦) **فصل الشين** وعلى ابصارهم غشاوة (بقرة ٧) وجعل على بصره **غشاوة**

(جاثية ٢٣) **فغشيها** ما غشى (نجم ٥٤) **فغشيهم** من اليم ما غشيهم (طه ٧٨) واذا غشيهم موج كالظلل (لقمان ٣٢) **فصل**

الصاد يأخذ كل سفينة غصبا (كهف ٧٩) وطعاما ذا **غصة** (مزمل ١٣) **فصل الضاد**

سينالهم **غضب** من ربهم (اعراف ١٥٢) فعليهم غضب من الله (نحل ١٠٦) ان يحل عليكم غضب من ربكم (طه ٨٦) وعليهم غضب ولهم عذاب

شديد (شورى ١٦) الم تر الى الذين تولوا قوما غضب الله عليهم (مجادلة ١٤) لا تتولوا قوما غضب الله عليهم (ممتحنة ١٣) والخامسة

ان غضب الله عليها (نور ٩) وباءو **بغضب** من الله (بقرة ٦١) (آل عمران ١١٢) فباءو بغضب على غضب (بقرة ٩٠) فقد باء بغضب

من الله (انفال ١٦) قال قد وقع عليكم من ربكم رجس **وغضب** (اعراف ٧١) من لعنه الله وغضب عليه (مائدة ٦٠) وغضب الله عليه ولعنه

(نساء ٩٣) وغضب الله عليهم (فتح ٦) ولما سكت عن موسى **الغضب** (اعراف ١٥٤) **غضبان** اسفا (اعراف ١٥٠) (طه ٨٦) واذا ما غضبوا هم

يغفرون (شورى ٣٧) فيحل عليكم **غضبي** (طه ٨١) ومن يحلل عليه غضبي (طه ٨١) **فصل الطاء** الذين كانت

اعينهم في **غطاء** (كهف ١٠١) فكشفنا عنك **غطاءك** (ق ٢٢) **فصل الفاء** واني لغفار لمن تاب وامن (طه ٨٢)

وما بينهما العزيز **الغفار** (ص ٦٦) الا هو العزيز الغفار (زمر ٥) وانا ادعوكم الى العزيز الغفار (مؤمن ٤٢) انه كان **غفارا** (نوح ١٠)

واطعنا **غفرانك** ربنا (بقرة ٢٨٥) رب اغفر لي (ص ٣٥) ولمن صبر و**غفر** (شورى ٤٣) **فغفرنا** له ذلك (ص ٢٥) على حين **غفلة**

من اهلها (قصص ١٥) وهم في **غفلة** وهم لا يؤمنون (مريم ٣٩) وهم في غفلة معرضون (انبياء ١) قد كنا في غفلة من هذا (انبياء ٩٧) لقد كنت

في غفلة من هذا [illegible] **غفور** رحيم (بقرة) [illegible]

فان الله غفور رحيم (بقرة) آل عمران مائدة نحل نور مجادلة تغابن وان الله غفور رحيم (مائدة) انفال

ممتحنة والله غفور رحيم (بقرة) آل عمران نساء انفال توبة نور حجرات حديد ممتحنة تحريم فانه

غفور رحيم (انعام) فان ربك غفور رحيم (انعام) فانك غفور رحيم (ابراهيم) فان الله من بعد اكراههن غفور رحيم (نور)

فانی غفور رحيم (نحل ١١٠) بلدة طيبة ورب غفور (سبا ١٥) ان ربی غفور رحيم (يوسف ٥٣) ان الله عزيز غفور (ملائكة ٢٨)
ان الله لعفو غفور (حج ٦٠) ان الله لعفو غفور (مجادلة ٢) ان ربی لغفور رحيم (هود ٤١) ان ربك من بعدها لغفور رحيم
(اعراف ١٥٣ نحل ١١٠-١١٩) ان ربنا لغفور شكور (ملائكة ٣٤) وانه لغفور رحيم (انعام ١٤٥-١٦٥ اعراف ١٦٧) ان الله لغفور رحيم (نحل ١٨)
نزلا من غفور رحيم (فصلت ٣٢) الا ان الله هو الغفور الرحيم (شورى ٥) وهو الغفور الرحيم (يونس ١٠٧ احقاف ٨) انی
انا الغفور الرحيم (حجر ٤٩) وربك الغفور ذو الرحمة (كهف ٥٨) انه هو الغفور الرحيم (يوسف ٩٨ قصص ١٦ زمر ٥٣) وهو الرحيم
الغفور (سبا ٢) وهو العزيز الغفور (ملك ٢) وهو الغفور الودود (بروج ١٤) فانه كان للاوابين غفورا (اسرائيل ٢٥) ان
الله كان غفورا رحيما (نساء ٢٣-١٠٦ احزاب ٥) فان الله كان غفورا رحيما (نساء ١٢٩) ان الله كان عفوا غفورا (نساء ٤٣) وكان الله عفوا
غفورا (نساء ٩٩) انه كان حليما غفورا (اسرائيل ٤٤ ملائكة ٤١) انه كان غفورا رحيما (فرقان ٦) وكان الله غفورا رحيما (نساء ١٠٠)
فرقان ٧٠ احزاب ٥٠-٥٩-٧٣ فتح ١٤)

فصل اللام

يأت بما غل يوم القيمة (آل عمران ١٦١) ونزعنا ما في صدورهم
من غل (اعراف ٤٣ حجر ٤٧) ولا تجعل في قلوبنا غلا (حشر ١٠) عليها ملائكة غلاظ (تحريم ٦) قال رب انی يكون لی غلام (آل عمران ٤٠
مريم ٨) قال يا بشرى هذا غلام (يوسف ١٩) قال انی يكون لی غلام (مريم ٢٠) انا نبشرك بغلام عليم (حجر ٥٣) يا زكريا انا نبشرك بغلام
(مريم ٧) فبشرناه بغلام حليم (صافات ١٠١) وبشروه بغلام عليم (ذاريات ٢٨) واما الغلام فكان ابواه مؤمنين (كهف ٨٠) فانطلقا
حتى اذا لقيا غلاما (كهف ٧٤) لاهب لك غلاما زكيا (مريم ١٩) واما الجدار فكان لغلامين يتيمين (كهف ٨٢) وحدائق غلبا
(عبس ٣٠) الم غلبت الروم (روم ١) غلبت فئة كثيرة باذن الله (بقرة ٢٤٩) غلبت علينا شقوتنا (مؤمنين ١٠٦) قال الذين غلبوا
على امرهم (كهف ٢١) فغلبوا هنالك (اعراف ١١٩) وهم من بعد غلبهم سيغلبون (روم ٣) غلت ايديهم ولعنوا (مائدة ٦٤) و
ليجدوا فيكم غلظة (توبة ١٢٣) وقالوا قلوبنا غلف (بقرة ٨٨) وقولهم قلوبنا غلف (نساء ١٥٥) وغلقت الابواب (يوسف ٢٣)
ويطوف عليهم غلمان (طور ٢٤) خذوه فغلوه (حاقة ٣٠) يغلي في البطون كغلي الحميم (دخان ٤٥) ولو كنت فظا غليظ القلب
(آل عمران ١٥٩) ومن ورائه عذاب غليظ (ابراهيم ١٧) ثم نضطرهم الى عذاب غليظ (لقمان ٢٤) ونجيناهم من عذاب غليظ (هود ٥٨) ولنذيقنهم
من عذاب غليظ (فصلت ٥٠) واخذنا منكم ميثاقا غليظا (نساء ٢١) واخذنا منهم ميثاقا غليظا (نساء ١٥٤ احزاب ٧)

فصل الميم

كلما ارادوا ان يخرجوا منها من غم (حج ٢٢) من بعد الغم امنة (آل عمران ١٥٤) فنجيناك من الغم (طه ٤٠) ونجيناه من الغم (انبياء ٨٨)
فاثابكم غما بغم (آل عمران ١٥٣) وظللنا عليكم الغمام (بقرة ٥٧) وظللنا عليهم الغمام (اعراف ١٦٠) ويوم تشقق السماء بالغمام (فرقان ٢٥)
ان يأتيهم الله في ظلل من الغمام (بقرة ٢١٠) ثم لا يكن امركم عليكم غمة (يونس ٧١) ولو ترى اذ الظالمون في غمرات الموت (انعام ٩٣)
بل قلوبهم في غمرة من هذا (مؤمنين ٦٣) الذين هم في غمرة ساهون (ذاريات ١١) فذرهم في غمرتهم حتى حين (مؤمنين ٥٤)

فصل النون

اذ نفشت فيه غنم القوم (انبياء ٧٨) ومن البقر والغنم حرمنا عليهم (انعام ١٤٦) فاعلموا
انما غنمتم من شیء (انفال ٤١) فكلوا مما غنمتم حلالا طيبا (انفال ٦٩) واهش بها على غنمی (طه ١٨) فان الله غنی عنكم (زمر ٧)
واعلموا ان الله غنی حميد (بقرة ٢٦٧) فان الله غنی عن العالمين (آل عمران ٩٧) فان الله غنی حميد (لقمان ١٢) والله غنی حليم (بقرة ٢٦٣)
والله غنی حميد (تغابن ٦) فان ربی غنی كريم (نمل ٤٠) فان الله لغنی حميد (ابراهيم ٨) ان الله لغنی عن العالمين (عنكبوت ٦)
والله الغنی وانتم الفقراء (قتال ٣٨) وربك الغنی ذو الرحمة (انعام ١٣٣) هو الغنی له ما في السموات (يونس ٦٨) ان الله هو الغنی
الحميد (لقمان ٢٦) والله هو الغنی الحميد (ملائكة ١٥) فان الله هو الغنی الحميد (حديد ٢٤ ممتحنة ٦) وان الله لهو الغنی الحميد (حج ٦٤)
وكان الله غنيا حميدا (نساء ١٣١) ومن كان غنيا فليستعفف (نساء ٦) ان يكن غنيا او فقيرا (نساء ١٣٥)

فصل الواو

ومن فوقهم غواش (اعراف ٤١) والشياطين كل بناء وغواص (ص ٣٧) او يصبح ماؤها غورا (كهف ٤١) ان اصبح ماؤكم غورا
(ملك ٣٠) لا فيها غول ولا هم عنها ينزفون (صافات ٤٧) ما ضل صاحبكم وما غوى (نجم ٢) وعصى آدم ربه فغوى
(طه ١٢١) انك لغوی مبين (قصص ١٨) اغويناهم كما غوينا (قصص ٦٣)

فصل الياء

وان يروا سبيل الغی (اعراف ١٤٦) واخوانهم يمدونهم في الغی (اعراف ٢٠٢) قد تبين الرشد من الغی (بقرة ٢٥٦) والقوه في غيابت
الجب (يوسف ١٠) والقوه في غيابت الجب (يوسف ١٥) ولله غيب السموات والارض (هود ١٢٣ نحل ٧٧) له غيب السموات والارض (كهف ٢٦)

ان الله يعلم غيب السموات والارض حجرات ١٨ اني اعلم غيب السموات والارض بقرة ٣٣ ان الله عالم غيب السموات والارض
ملائكة ٣٨ فقل انما الغيب لله يونس ٢٠ ام عندهم الغيب طور ٤١ نون ٤٧ ولا اعلم الغيب انعام ٥٠ هود ٣١ قل لا يعلم
من في السموات والارض الغيب الا الله نمل ٦٥ ان لو كانوا يعلمون الغيب سبا ١٤ ولو كنت اعلم الغيب اعراف ١٨٨ اطلع الغيب
مريم ٧٨ ذلك عالم الغيب والشهادة سجدة ٦ تلك من انباء الغيب آل عمران ٤٤ يوسف ١٠٢ وعنده مفاتح الغيب انعام ٥٩
عالم الغيب والشهادة انعام ٧٣ رعد ٩ مؤمنين حشر ٢٢ تغابن ١٨ ثم تردون الى عالم الغيب والشهادة توبة ٩٤ الجمعة ٨ توبة ١٠٥
الى عالم الغيب والشهادة ... تلك من انباء الغيب هود ٤٩ عالم الغيب لا يعزب عنه سبا ٣ اعنده علم الغيب نجم ٣٥
عالم الغيب فلا يظهر على غيبه احدا جن ٢٦ الذين يؤمنون بالغيب بقرة ٣ ليعلم الله من يخافه بالغيب مائدة ٩٤ لم اخنه
بالغيب يوسف ٥٢ التي وعد الرحمن عباده بالغيب مريم ٦١ رجما بالغيب كهف ٢٢ الذين يخشون ربهم بالغيب انبياء ٤٩
تنذر الذين يخشون ربهم بالغيب فاطر ١٨ ان الذين يخشون ربهم بالغيب ملك ١٢ ويقذفون بالغيب سبا ٥٣ من ينصره
ورسله بالغيب حديد ٢٥ وخشي الرحمن بالغيب يس ١١ من خشي الرحمن بالغيب ق ٣٣ وما كان الله ليطلعكم على الغيب آل عمران ١٧٩
وما هو على الغيب بضنين تكوير ٢٤ حافظات للغيب نساء ٣٤ وما كنا للغيب حافظين يوسف ٨١ فلا يظهر على غيبه
احدا جن ٢٦ كمثل غيث اعجب الكفار نباته حديد ٢٠ وينزل الغيث لقمان ٣٤ وهو الذي ينزل الغيث شورى ٢٨ وفي
الخصام غير مبين زخرف ١٨ من اله غير الله انعام ٤٦ قصص ٧١ ام لهم اله غير الله طور ٤٣ هل من خالق غير الله
ملائكة ٣ غير معجزي الله توبة ٢ انه عمل غير صالح هود ٤٦ ذلك وعد غير مكذوب هود ٦٥ وانهم آتيهم
غير ... هود ... اموات غير احياء نحل ٢١ فانهم غير ملومين مؤمنين ٦ معارج ٣٠ لهم اجر غير ممنون فصلت ٨
انشقاق ٢٥ فلهم اجر غير ممنون تين ٦ غير اولي الضرر نساء ٩٥ قولا غير الذي قيل لهم بقرة ٥٩ اعراف ١٦٢ نعمل صالحا
غير الذي كنا نعمل ملائكة ٣٧ فمن اضطر غير باغ بقرة ١٧٣ انعام ١٤٥ نحل ١١٥ متاعا الى الحول غير اخراج بقرة ٢٤٠ ومن يبتغ غير الاسلام
دينا آل عمران ٨٥ يظنون بالله غير الحق آل عمران ١٥٤ غير مضار وصية من الله نساء ١٢ محصنين غير مسافحين نساء ٢٤ واسمع
غير مسمع نساء ٤٦ ويتبع غير سبيل المؤمنين نساء ١١٥ محصنين غير ... غير محلي الصيد مائدة ١ بيت طائفة منهم غير الذي تقول نساء ٨١
غير متجانف لاثم مائدة ٣ لا تغلوا في دينكم غير الحق مائدة ٧٧ بما كنتم تقولون على الله غير الحق انعام ٩٣ وتودون ان غير ذات الشوكة تكون لكم
انفال ٧ ائت بقرآن غير هذا يونس ١٥ فما تزيدونني غير تخسير هود ٦٣ وما زادوهم غير تتبيب هود ١٠١ عطاء غير مجذوذ
هود ١٠٨ يوم تبدل الارض غير الارض ابراهيم ٤٨ غير مشركين به حج ٣١ لا تدخلوا بيوتا غير بيوتكم نور ٢٧ ان تدخلوا
بيوتا غير مسكونة نور ٢٩ غير متبرجات بزينة نور ٦٠ فمكث غير بعيد نمل ٢٢ ما لبثوا غير ساعة روم ٥٥ الى طعام غير ناظرين
اناه احزاب ٥٣ غير ذي عوج زمر ٢٨ وازلفت الجنة للمتقين غير بعيد ق ٣١ فما وجدنا فيها غير بيت ذاريات ٣٦ ان كنتم
غير مدينين واقعة ٨٦ وان لك لاجرا غير ممنون قلم ٣ ان عذاب ربهم غير مأمون معارج ٢٨ على الكافرين غير يسير مدثر ١٠
ولو كان من عند غير الله نساء ٨٢ غير المغضوب عليهم فاتحة ٧ بواد غير ذي زرع ابراهيم ٣٧ غير اولي الاربة نور ٣١ فيها
انهار من ماء غير آسن محمد ١٥ قال اغير الله ابغيكم الها اعراف ١٤٠ قل اغير الله ابغي ربا انعام ١٦٤ اغير الله تدعون انعام ٤٠
قل اغير الله اتخذ وليا انعام ١٤ والله يرزق من يشاء بغير حساب بقرة ٢١٢ ان الله يرزق من يشاء بغير حساب آل عمران ٣٧
وترزق من تشاء بغير حساب آل عمران ٢٧ والله يرزق من يشاء بغير حساب نور ٣٨ او امسك بغير حساب ص ٣٩ اجرهم بغير حساب
زمر ١٠ يرزقون فيها بغير حساب مؤمن ٤٠ ويقتلون النبيين بغير الحق بقرة ٦١ ويقتلون النبيين بغير حق آل عمران ٢١ ويقتلون الانبياء
بغير حق آل عمران ١١٢ وقتلهم الانبياء بغير حق آل عمران ١٨١ نساء ١٥٥ الذين يتكبرون في الارض بغير الحق اعراف ١٤٦ والاثم والبغي
بغير الحق اعراف ٣٣ اذا هم يبغون في الارض بغير الحق يونس ٢٣ الذين اخرجوا من ديارهم بغير حق حج ٤٠ فاستكبر هو وجنوده
بغير الحق قصص ٣٩ ذلكم بما كنتم تفرحون في الارض بغير الحق مؤمن ٧٥ فاستكبروا في الارض بغير الحق فصلت ١٥ ويبغون في الارض
بغير الحق شورى ٤٢ وخرقوا له بنين وبنات بغير علم انعام ١٠٠ فيسبوا الله عدوا بغير علم انعام ١٠٨ باهوائهم بغير علم انعام ١١٩
سفها بغير علم انعام ١٤٠ ليضل الناس بغير علم انعام ١٤٤ ومن اوزار الذين يضلونهم بغير علم نحل ٢٥ ومن الناس من يجادل

ائت بقرآن غير هذا او بدله يونس

فيها ... بما كنتم تستكبرون في الارض بغير الحق احقاف

في الله بغير علم (حج ١) ومن الناس من يجادل في الله بغير علم (لقمان ٢) بل اتبع الذين ظلموا اهوائهم بغير علم (روم ٤) ليضل عن سبيل الله بغير علم (لقمان ١) فتصيبكم
منهم معرة بغير علم (فتح ٣) بما كنتم تستكبرون في الارض بغير الحق (احقاف ٢) خلق السموات بغير عمد ترونها (لقمان ١) انه من قتل نفسا
بغير نفس (مائدة ٥) الله الذي رفع السموات بغير عمد ترونها (رعد ١) قال اقتلت نفسا زكية بغير نفس (كهف ٨) بغير ما اكتسبوا (احزاب ٨)
بغير سلطان اتيهم (مؤمن ٤-٦) افغير دين الله يبغون (آل عمران ٩) ومن اضل ممن اتبع هويه بغير هدى من الله (قصص ٥)
افغير الله ابتغي حكما (انعام ١٤) قل افغير الله تأمروني (زمر ٧) افغير الله تتقون (نحل ٧) وما اهل به لغير الله (بقرة ٢١) وما اهل
لغير الله به (مائدة ١) (نحل ١٥) او فسقا اهل لغير الله به (انعام ١٨) تخرج بيضاء من غير سوء (طه ٢) (نمل ١) (قصص ٤) ام خلقوا من غير
شيء (طور ٢) صنوان وغير صنوان (رعد ١) معروشات وغير معروشات (انعام ١٧) متشابها وغير متشابه (انعام ١٧) مخلقة
وغير مخلقة (حج ١) ويستبدل قوما غيركم (توبة ٦) ويستخلف ربي قوما غيركم (هود ٥) يستبدل قوما غيركم (قتال ٤) او آخران من
غيركم (مائدة ١٤) ما لكم من اله غيره (اعراف ٨-٩-١١-١٢) (هود ٦-٨-٩) (مؤمنين ١-٢) حتى تنكح زوجا غيره (بقرة ٢٩) لتفتري علينا
غيره (اسرائيل ٨) في حديث غيره (نساء ١٢) (انعام ٨) بدلناهم جلودا غيرها (نساء ٨) قال لئن اتخذت الها غيري (شعراء ٢)
ما علمت لكم من اله غيري (قصص ٤) وغيض الماء (هود ٤) ويذهب غيظ قلوبهم (توبة ٢) والكاظمين الغيظ (آل عمران ١٤)
واذا خلوا عضوا عليكم الانامل من الغيظ (آل عمران ١٢) تكاد تميز من الغيظ (ملك ١) قل موتوا بغيظكم (آل عمران ١٢) ورد الله الذين
كفروا بغيظهم (احزاب ٣) انك انت علام الغيوب (مائدة ١٥-١٦) وان الله علام الغيوب (توبة ١٠) يقذف بالحق علام الغيوب

باب الفاء فصل الهمزة

(سبا ٦) واصبح فؤاد ام موسى فارغا (قصص ١) ما كذب
الفؤاد ما رأى (نجم ١) ان السمع والبصر والفؤاد (اسرائيل ٤) ما نثبت به فؤادك (هود ١٠) لنثبت به فؤادك (فرقان ٣)
فئة تقاتل في سبيل الله (آل عمران ٢) ولم تكن له فئة ينصرونه (كهف ٥) اذا لقيتم فئة فاثبتوا (انفال ٦) كم من فئة قليلة غلبت
فئة كثيرة (بقرة ٣٣) متحرفا لقتال او متحيزا الى فئة (انفال ٢) فما كان له من فئة ينصرونه من دون الله (قصص ٨) كم من فئة
قليلة غلبت فئة كثيرة (بقرة ٣٣) فلما تراءت الفئتان (انفال ٦) ولن تغني عنكم فئتكم شيئا (انفال ٣) فما لكم في المنافقين فئتين
(نساء ١٢) قد كان لكم اية في فئتين التقتا (آل عمران ٢)

فصل الالف

واولئك هم الفائزون (توبة ٣) انهم هم
الفائزون (مؤمنين ٦) فاولئك هم الفائزون (نور ٧) اصحاب الجنة هم الفائزون (حشر ٣) وانت خير الفاتحين (اعراف ١١)
وان فاتكم شيء (ممتحنة ٢) لكيلا تحزنوا على ما فاتكم ولا ما اصابكم (آل عمران ١٦) لكيلا تأسوا على ما فاتكم (حديد ٣) ما انتم عليه
بفاتنين (صافات ٥) ولا يلدوا الا فاجرا كفارا (نوح ٢) والذين اذا فعلوا فاحشة (آل عمران ١٤) انه كان فاحشة (نساء ٣)
(اسرائيل ٤) واذا فعلوا فاحشة (اعراف ٣) الا ان يأتين بفاحشة (نساء ٣) (طلاق ١) فان اتين بفاحشة (نساء ٤) من يأت منكن بفاحشة
مبينة (احزاب ٤) اتأتون الفاحشة (اعراف ١٠) (نمل ٤) ان الذين يحبون ان تشيع الفاحشة (نور ٣) ائنكم لتأتون الفاحشة (عنكبوت ٣)
واللاتي يأتين الفاحشة (نساء ٣) حتى اذا جاء امرنا وفار التنور (هود ٤) فاذا جاء امرنا وفار التنور (مؤمنين ٢) لا فارض
ولا بكر (بقرة ٨) فاصبح فؤاد ام موسى فارغا (قصص ١) فالفارقات فرقا (مرسلات ١) او فارقوهن بمعروف (طلاق ١)
وتنحتون من الجبال بيوتا فارهين (شعراء ٨) فقد فاز فوزا عظيما (احزاب ٩) ان جاءكم فاسق بنبأ (حجرات ١) افمن كان
مؤمنا كمن كان فاسقا (سجدة ٢) وان اكثركم فاسقون (مائدة ٨) ولكن كثيرا منهم فاسقون (مائدة ١١) واكثرهم فاسقون
(توبة ١) وماتوا وهم فاسقون (توبة ١١) وكثير منهم فاسقون (حديد ٢) (تحريم ٣) وان كثيرا من الناس لفاسقون (مائدة ٧)
وما يكفر بها الا الفاسقون (بقرة ١٢) فاولئك هم الفاسقون (آل عمران ٩) (مائدة ٧) (نور ٦) واكثرهم الفاسقون (آل عمران ١٢)
ان المنافقين هم الفاسقون (توبة ٩) واولئك هم الفاسقون (نور ١) بلاغ فهل يهلك الا القوم الفاسقون (احقاف ٤)
اولئك هم الفاسقون (حشر ٣) انكم كنتم قوما فاسقين (توبة ٧) انهم كانوا قوم سوء فاسقين (انبياء ٥) انهم كانوا قوما
فاسقين (نمل ١) (قصص ٤) (زخرف ٥) (ذاريات ٢) وان وجدنا اكثرهم لفاسقين (اعراف ١٣) فافرق بيننا وبين القوم
الفاسقين (مائدة ٤) فلا تأس على القوم الفاسقين (مائدة ٤) والله لا يهدي القوم الفاسقين (مائدة ١٤) (توبة ٣)
(صف ١) فان الله لا يرضى عن القوم الفاسقين (توبة ١٢) ساريكم دار الفاسقين (اعراف ١٧) وليخزي الفاسقين (حشر ١)

وما يضل به الا الفاسقين (بقرة ٣) وهو خير الفاصلين (انعام ٧) فاطر السموات والارض (انعام ٢ - ابراهيم ١
يوسف ١١ زمر ٥ شورى ١) الحمد لله فاطر السموات والارض (ملائكة) ولا تقولن لشيء انى فاعل ذلك غدا (كهف ٤) والذين
هم للزكوة فاعلون (مؤمنين ١) وانا لفاعلون (يوسف ٧) ان كنتم فاعلين (يوسف ١ حجر ٨ - انبياء ٧) ان كنا فاعلين (انبياء ٢
انا كنا فاعلين (انبياء ٧ - ١١) وكنا فاعلين (انبياء ١) تظن ان يفعل بها فاقرة (قيامة ١) فاقع لونها تسر الناظرين (بقرة ٧) لهم فيها
فاكهة (يس ٤) لهم فيها فاكهة كثيرة (زخرف ٧) فيها فاكهة ونخل (رحمن ١) فيها فاكهة والنخل (رحمن ١) بكل فاكهة آمنين (دخان ٣)
فيهما من كل فاكهة زوجان (رحمن ٣) وامددناهم بفاكهة (طور ١) يدعون فيها بفاكهة كثيرة (ص ٤) وفاكهة وابا متاعا لكم
(عبس ٤) وفاكهة مما يتخيرون (واقعة ١) وفاكهة كثيرة (واقعة ٢) في شغل فاكهون (يس ٤) ونعمة كانوا فيها فاكهين
(دخان ٢) فاكهين بما آتيهم ربهم (طور ١) ان الله فالق الحب والنوى (انعام ١٢) فالق الاصباح (انعام ١) كل من عليها فان
(رحمن ٢) ليبلغ فاه وما هو ببالغه (رعد ٢)

فصل التاء

وهو الفتاح العليم (سبا ٤) فان كان لكم فتح
من الله (نساء ٢١) قالوا اتحدثونهم بما فتح الله عليكم (بقرة ٩) نصر من الله وفتح قريب (صف ٢) فقد جاءكم الفتح (انفال ٢)
ويقولون متى هذا الفتح (سجدة ٣) قل يوم الفتح لا ينفع (سجدة ٣) لا يستوي منكم من انفق من قبل الفتح (حديد ١) فعسى الله ان
يأتي بالفتح (مائدة ٨) اذا جاء نصر الله والفتح (نصر ١) فافتح بيني وبينهم فتحا (شعراء ٦) انا فتحنا لك فتحا مبينا (فتح ١) واثابهم
فتحا قريبا (فتح ٢) فجعل من دون ذلك فتحا قريبا (فتح ٣) فتحت ابوابها (زمر ٨) وفتحت ابوابها (زمر ٨) وفتحت السماء (نبأ ١)
فتحنا عليهم ابواب كل شيء (انعام ٥) حتى اذا فتحنا عليهم بابا (مؤمنين ٥) انا فتحنا لك فتحا مبينا (فتح ١) ولو فتحنا عليهم بابا (حجر ١)
ففتحنا ابواب السماء (قمر ١) لفتحنا عليهم بركات من السماء (اعراف ١١) ولما فتحوا متاعهم (يوسف ٧) يبين لكم على فترة
من الرسل (مائدة ٣) ان السموات والارض كانتا رتقا ففتقناهما (انبياء ٣) وكذلك فتنا بعضهم ببعض (انعام ٦) قال فانا قد
فتنا قومك (طه ٤) ولقد فتنا قبلهم (دخان ١) ولقد فتنا الذين من قبلهم (عنكبوت ١) ولقد فتنا سليمان (ص ٣) وفتناك
فتونا (طه ٤) وظن داود انما فتناه (ص ٢) ومن يرد الله فتنته (مائدة ٦) وقاتلوهم حتى لا تكون فتنة (بقرة ٢٤ - انفال ٥) حتى
يقولا انما نحن فتنة (بقرة ١٢) وان ادري لعله فتنة لكم (انبياء ٧) الا تفعلوه تكن فتنة في الارض (انفال ١٠) وجعلنا بعضكم لبعض
فتنة (فرقان ٢) وحسبوا الا تكون فتنة (مائدة ١٠) انما اموالكم واولادكم فتنة (انفال ٣ - تغابن ٢) وان اصابته فتنة (حج ٢) ان تصيبهم
فتنة (نور ٩) بل هي فتنة (زمر ٥) واتقوا فتنة (انفال ٣) ونبلوكم بالشر والخير فتنة (انبياء ٣) ليجعل ما يلقي الشيطان فتنة (حج ٧)
جعل فتنة الناس (عنكبوت ١) انا جعلناها فتنة للظالمين (صافات ٢) ربنا لا تجعلنا فتنة (يونس ٩ - ممتحنة ١) انا مرسلوا الناقة
فتنة لهم (قمر ٢) الا فتنة للناس (اسرائيل ٦) وما جعلنا عدتهم الا فتنة (مدثر ٣) يبغونكم الفتنة (توبة ٧) لقد ابتغوا الفتنة
من قبل (توبة ٧) ثم سئلوا الفتنة لآتوها (احزاب ٢) ابتغاء الفتنة (آل عمران ١) كلما ردوا الى الفتنة (نساء ١٢) الا في الفتنة
سقطوا (توبة ٧) والفتنة اشد من القتل (بقرة ٢٤) والفتنة اكبر من القتل (بقرة ٢٧) ان هي الا فتنتك (اعراف ١٩) ذوقوا
فتنتكم (ذاريات ١) ولكنكم فتنتم انفسكم (حديد ٢) يا قوم انما فتنتم به (طه ٤) ثم لم تكن فتنتهم (انعام ٣) ثم ان ربك
للذين هاجروا من بعد ما فتنوا (نحل ٢) وفتناك فتونا (طه ٤) قالوا سمعنا فتى (انبياء ٥) ولا تكرهوا فتياتكم (نور ٤)
من فتياتكم المؤمنات (نساء ٤) ودخل معه السجن فتيان (يوسف ٥) وقال لفتيانه اجعلوا بضاعتهم (يوسف ٨) انهم
فتية آمنوا بربهم (كهف ٢) اذ اوى الفتية الى الكهف (كهف ١) ولا يظلمون فتيلا (نساء ٨ - اسرائيل ٨) ولا تظلمون فتيلا
(نساء ١١) واذ قال موسى لفتيه (كهف ٩) قال لفتيه آتنا غداءنا (كهف ٩) تراود فتيها عن نفسه (يوسف ٤)

فصل الجيم

يأتين من كل فج عميق (حج ٤) وجعلنا فيها فجاجا سبلا (انبياء ٣) لتسلكوا منها سبلا فجاجا (نوح ٢) وان
الفجار لفي جحيم (انفطار ١) كلا ان كتاب الفجار لفي سجين (مطففين ١) ام نجعل المتقين كالفجار (ص ٣) وقرآن الفجر (اسرائيل ٩)
ان قرآن الفجر كان مشهودا (اسرائيل ٩) سلام هي حتى مطلع الفجر (قدر ١) من قبل صلوة الفجر (نور ٨) من الخيط الاسود من الفجر
(بقرة ٢٣) والفجر وليال عشر (فجر ١) اولئك هم الكفرة الفجرة (عبس ١) واذا البحار فجرت (انفطار ١) وفجرنا خلالهما نهرا
(كهف ٥) وفجرنا فيها من العيون (يس ٣) وفجرنا الارض عيونا (قمر ١) وهم في فجوة منه (كهف ٢) فالهمها فجورها (شمس ١)

فصل الحاء

ويأمركم بالفحشاء (بقرة ٢٧) قل ان الله لا يأمر بالفحشاء (اعراف ٣) فانه يأمر بالفحشاء
(نور ٣) وينهى عن الفحشاء والمنكر (نحل ١٣) ان الصلوة تنهى عن الفحشاء (عنكبوت ٥) كذلك لنصرف عنه السوء والفحشاء (يوسف ٣)
انما يأمركم بالسوء والفحشاء (بقره ٢١)

فصل الخاء ٢٠

من صلصال كالفخار (رحمن ١) انه لفرح فخور (هود ١)
ان الله لا يحب كل مختال فخور (لقمان ٣) والله لا يحب كل مختال فخور (حديد ٣) ان الله لا يحب من كان مختالا فخورا (نساء ٦)

فصل الدال

فاما منا بعد واما فداء (قتال ١) وعلى الذين يطيقونه فدية (بقرة ٢٣) فاليوم لا يؤخذ
منكم فدية (حديد ٢) ففدية من صيام او صدقة (بقرة ٢٤) وفديناه بذبح عظيم (صافات ٣)

فصل الراء

هذا عذب فرات (فرقان ٥) وملح اجاج واسقيناكم ماء فراتا (مرسلات ١) ولقد جئتمونا فرادى (انعام ١١) ان تقوموا لله مثنى و
فرادى (سبأ ٦) قل لن ينفعكم الفرار ان فررتم (احزاب ٢) لو اطلعت عليهم لوليت منهم فرارا (كهف ٣) فلم يزدهم دعائي الا فرارا (نوح ١) يوم يكون
الناس كالفراش المبثوث (قارعة ١) الذي جعل لكم الارض فراشا (بقرة ٣) قال هذا فراق بيني وبينك (كهف ١) وظن انه الفراق
(قيامة ١) فرش مرفوعة (واقعة ١) من بين فرث ودم لبنا (نحل ٩) واذا السماء فرجت (مرسلات ١) والتي احصنت فرجها (انبياء ٦)
التي احصنت فرجها (تحريم ٢) فرح المخلفون (توبة ١١) انه لفرح فخور (هود ١) واذا اذقنا الناس رحمة فرحوا بها (روم ٥) فرحوا
بما عندهم من العلم (مؤمن ٩) حتى اذا فرحوا بما اوتوا (انعام ٥) وفرحوا بالحيوة الدنيا (رعد ٢) وجرين بهم بريح طيبة وفرحوا بها
(يونس ٣) ويتولوا وهم فرحون (توبة ٧) كل حزب بما لديهم فرحون (مؤمنين ٤) عند ربهم يرزقون فرحين بما اتيهم الله من
فضله (آل عمران ١٧) ان الله لا يحب الفرحين (قصص ٨) ويأتينا فردا (مريم ٥) وكلهم اتيه يوم القيامة فردا (مريم ٦) رب
لا تذرني فردا (انبياء ٦) فردوا ايديهم في افواههم (ابراهيم ٢) الذين يرثون الفردوس (مؤمنين ١) كانت لهم جنات الفردوس
نزلا (كهف ١٢) ففررت منكم لما خفتكم (شعراء ٢) ان فررتم من الموت (احزاب ٢) متكئين على فرش (رحمن ٣) وفرش
مرفوعة (واقعة ١) ومن الانعام حمولة وفرشا (انعام ١٧) والارض فرشناها (ذاريات ٣) ان الذي فرض عليك القرآن
(قصص ٩) فيما فرض الله له (احزاب ٥) قد فرض الله لكم تحلة ايمانكم (تحريم ١) فمن فرض فيهن الحج (بقرة ٢٥) وقد فرضتم لهن فريضة
فنصف ما فرضتم (بقرة ٣١) قد علمنا ما فرضنا عليهم (احزاب ٦) سورة انزلناها وفرضناها (نور ١) وكان امره فرطا
(كهف ٤) على ما فرطت في جنب الله (زمر ٦) ومن قبل ما فرطتم في يوسف (يوسف ٩) قالوا يا حسرتنا على ما فرطنا فيها (انعام ٤)
ما فرطنا في الكتاب (انعام ٤) ونادى فرعون في قومه (زخرف ٥) ودمرنا ما كان يصنع فرعون (اعراف ١٦) فاتبعهم فرعون بجنوده
(يونس ٩) فاتبعهم فرعون بجنوده (طه ٤) واضل فرعون قومه وما هدى (طه ٤) فقال له فرعون (اسرائيل ١٢) وجاء فرعون
ومن قبله (حاقة ١) قال فرعون وما رب العالمين (شعراء ٢) فارسل فرعون في المدائن حاشرين (شعراء ٤) وقال فرعون يا ايها
الملأ (قصص ٤) فعصى فرعون الرسول (مزمل ١) وقال فرعون يا هامان (مؤمن ٤) وقال فرعون ذروني اقتل موسى (مؤمن ٣)
فأتيا فرعون فقولا (شعراء ٢) فاتبعوا امر فرعون (هود ٩) وما امر فرعون برشيد (هود ٩) وقالت امرأت فرعون (قصص ١)
وضرب الله مثلا للذين امنوا امرأت فرعون (تحريم ٢) فتولى فرعون فجمع كيده (طه ٣) هل اتيك حديث الجنود فرعون وثمود (بروج ١)
وجاء السحرة فرعون (اعراف ١٤) وقالوا بعزة فرعون (شعراء ٤) قال فرعون امنتم به قبل ان اذن لكم (اعراف ١٤) قال فرعون ما اريكم
الا ما ارى (مؤمن ٤) وقال فرعون ائتوني بكل ساحر عليم (يونس ٨) قال الملأ من قوم فرعون (اعراف ١٤) وقال الملأ من قوم فرعون
(اعراف ١٥) قوم فرعون الا يتقون (شعراء ١) ولقد فتنا قبلهم قوم فرعون (دخان ١) وما كيد فرعون الا في تباب (مؤمن ٥) على
خوف من فرعون وملائهم (يونس ٩) من فرعون وهامان (قصص ١) ان فرعون وهامان ... ان فرعون علا في الارض (قصص ١) وان فرعون لعال في الارض
(يونس ٩) وقال موسى يا فرعون (اعراف ١٣) واني لاظنك يا فرعون مثبورا (اسرائيل ١٢) واغرقنا آل فرعون (بقرة ٥، انفال)
ولقد اخذنا آل فرعون بالسنين (اعراف ١٥) ادخلوا آل فرعون اشد العذاب (مؤمن ٥) واذ نجيناكم من آل فرعون (بقرة ٦)
انجاكم من آل فرعون (ابراهيم ١) واذ انجيناكم من آل فرعون (اعراف ١٦) وقال رجل مؤمن من آل فرعون (مؤمن ٤) فالتقطه آل فرعون
(قصص ١) ولقد جاء آل فرعون النذر (قمر ٣) وحاق بآل فرعون سوء العذاب (مؤمن ٥) ثم بعثنا من بعدهم موسى باياتنا الى فرعون
(اعراف ١٣) ثم بعثنا من بعدهم موسى وهارون الى فرعون وملائه (يونس ٨) الى فرعون وملائه فاتبعوا امر فرعون

الى فرعون وهامان وقارون (مؤمن ٢٤) وفي موسى اذ ارسلناه الى فرعون (ذاريات ٣٨) اذهب الى فرعون (طه ٢٤ نازعات ١٧)
فاصبنا الى فرعون انه طغى (طه ٤٣) في تسع آيات الى فرعون (نمل ١٢) كما ارسلنا الى فرعون رسولا (مزمل ١٥) قالوا لفرعون ائن
لنا لاجرا (شعراء ٤١) وكذلك زين لفرعون سوء عمله (مؤمن ٣٧) على خوف من فرعون (يونس ٨٣) ونجني من فرعون وعمله (تحريم ١١)
قوم نوح وعاد وفرعون ذو الاوتاد (ص ١٢) نتلوا عليك من نبا موسى وفرعون (قصص ٣) وقارون وفرعون وهامان (عنكبوت ٣٩)
وفرعون واخوان لوط (ق ١٣) وفرعون ذي الاوتاد (فجر ١٠) فذانك برهانان من ربك الى فرعون وملائه (قصص ٣٢) اصلها ثابت
وفرعها في السماء (ابراهيم ٢٤) فاذا فرغت فانصب (انشراح ٧) فكان كل فرق كالطود العظيم (شعراء ٦٣) فالفارقات فرقا (مرسلات ٤)
وانزل الفرقان (آل عمران ٤) ولقد آتينا موسى وهارون الفرقان وضياء (انبياء ٤٨) تبارك الذي نزل الفرقان (فرقان ١) وما انزلنا
على عبدنا يوم الفرقان (انفال ٤١) وبينات من الهدى والفرقان (بقرة ١٨٥) واذ آتينا موسى الكتاب والفرقان (بقرة ٥٣) يجعل لكم فرقانا
(انفال ٢٩) اني خشيت ان تقول فرقت بين بني اسرائيل (طه ٩٤) فلولا نفر من كل فرقة منهم طائفة (توبة ١٢٢) واذ فرقنا بكم البحر (بقرة ٥٠) وقرآنا
فرقناه (اسرائيل ١٠٦) ان الذين فرقوا دينهم (انعام ١٥٩) من الذين فرقوا دينهم (روم ٣٢) ففروا الى الله (ذاريات ٥٠) وما لها
من فروج (ق ٦) ويحفظوا فروجهم (نور ٣٠) والحافظين فروجهم (احزاب ٣٥) والذين هم لفروجهم حافظون (مؤمنون ٥ معارج ٢٩)
ويحفظن فروجهن (نور ٣١) لقد جئت شيئا فريا (مريم ٢٧) او تفرضوا لهن فريضة (بقرة ٢٣٦) وقد فرضتم لهن فريضة (بقرة ٢٣٧)
ايهم اقرب لكم نفعا فريضة من الله (نساء ١١) فآتوهن اجورهن فريضة (نساء ٢٤) وابن السبيل فريضة من الله (توبة ٦٠) من بعد الفريضة
(نساء ٢٤) وقد كان فريق منهم (بقرة ٧٥) انه كان فريق من عبادي (مؤمنون ١٠٩) نبذ فريق من الذين اوتوا الكتاب (بقرة ١٠١) نبذه فريق منهم
(بقرة ١٠٠) ثم يتولى فريق منهم (آل عمران ٢٣ نور ٤٧) اذا فريق منهم يخشون الناس (نساء ٧٧) اذا فريق منكم بربهم يشركون (نحل ٥٤) اذا فريق منهم
معرضون (نور ٤٨) اذا فريق منهم بربهم يشركون (روم ٣٣) ويستأذن فريق منهم النبي (احزاب ١٣) فريق في الجنة وفريق في السعير (شورى ٧)
من بعد ما كاد يزيغ قلوب فريق منهم (توبة ١١٧) وتخرجون فريقا منكم (بقرة ٨٥) لتأكلوا فريقا من اموال الناس (بقرة ١٨٨) ان تطيعوا فريقا
(آل عمران ١٠٠) فريقا كذبوا وفريقا يقتلون (مائدة ٧٠) فريقا تقتلون (احزاب ٢٦) وتأسرون فريقا (احزاب ٢٦) فاتبعوه الا فريقا من المؤمنين (سبا ٢٠) وان فريقا
منهم ليكتمون الحق (بقرة ١٤٦) وان فريقا من المؤمنين (انفال ٥) ففريقا كذبتم وفريقا تقتلون (بقرة ٨٧) وان منهم لفريقا يلوون السنتهم
(آل عمران ٧٨) وفريقا يقتلون (مائدة ٧٠) وفريقا حق عليهم الضلالة (اعراف ٣٠) فاذا هم فريقان يختصمون (نمل ٤٥) اي الفريقين
خير مقاما (مريم ٧٣) فاي الفريقين احق بالامن (انعام ٨١) مثل الفريقين كالاعمى (هود ٢٤)

فصل الزاء

حتى اذا فزع عن قلوبهم
(سبا ٢٣) ففزع من في السموات (نمل ٨٧) اذ دخلوا على داود ففزع (ص ٢٢) وهم من فزع يومئذ آمنون (نمل ٨٩) لا يحزنهم الفزع الاكبر
(انبياء ١٠٣) ولو ترى اذ فزعوا (سبا ٥١)

فصل السين

او فساد في الارض (مائدة ٣٢) الا تفعلوه تكن فتنة في الارض و
فساد كبير (انفال ٧٣) ظهر الفساد في البر (روم ٤١) والله لا يحب الفساد (بقرة ٢٠٥) ولا تبغ الفساد في الارض (قصص ٧٧) او ان يظهر
في الارض الفساد (مؤمن ٢٦) فاكثروا فيها الفساد (فجر ١٢) ينهون عن الفساد في الارض (هود ١١٦) ويسعون في الارض فسادا (مائدة ٣٣)
لا يريدون علوا في الارض ولا فسادا (قصص ٨٣) لفسدت الارض (بقرة ٢٥١) لفسدت السموات والارض (مؤمنون ٧١) لو كان فيهما
آلهة الا الله لفسدتا (انبياء ٢٢) ذلكم فسق (مائدة ٣) ففسق عن امر ربه (كهف ٥٠) وانه لفسق (انعام ١٢١) او فسقا اهل
لغير الله (انعام ١٤٥) واما الذين فسقوا فمأويهم النار (سجدة ٢٠) على الذين فسقوا انهم لا يؤمنون (يونس ٣٣) ففسقوا فيها فحق عليها
القول (اسرائيل ١٦) وان تفعلوا فانه فسوق بكم (بقرة ٢٨٢) ولا فسوق ولا جدال في الحج (بقرة ١٩٧) بئس الاسم الفسوق (حجرات ١١)
والفسوق والعصيان (حجرات ٧)

فصل الشين

حتى اذا فشلتم وتنازعتم في الامر (آل عمران ١٥٢) ولو اراكم
كثيرا لفشلتم (انفال ٤٣)

فصل الصاد

فان ارادا فصالا عن تراض منهما (بقرة ٢٣٣) وفصاله في
عامين (لقمان ١٤) وحمله وفصاله ثلاثون شهرا (احقاف ١٥) انه لقول فصل (طارق ١٣) فلما فصل طالوت بالجنود (بقرة ٢٤٩) وقد فصل
لكم ما حرم عليكم (انعام ١١٩) وآتيناه الحكمة وفصل الخطاب (ص ٢٠) [illegible] هذا يوم الفصل [illegible] ولولا كلمة الفصل
(شورى ٢١) ان يوم الفصل ميقاتهم اجمعين (دخان ٤٠) ان يوم الفصل كان ميقاتا (نبأ ١٧) ليوم الفصل وما ادراك ما يوم الفصل
(مرسلات ١٣) ولما فصلت العير (يوسف ٩٤) الر كتاب احكمت آياته ثم فصلت (هود ١) كتاب فصلت آياته (فصلت ٣) لقالوا

لقالوا لولا فصلت اياته (فصلت ٥) قد **فصلنا** الايات (انعام) مرتين (س) ولقد جئناهم بكتاب **فصلناه** (اعراف ع) وكل
شئ فصلناه تفصيلا (بنی اسرائیل ٢) و **فصيلته** التي تؤويه (معارج ٢) **فضل الضاد** بانية من
فضة واكواب (انسان ٢) قوارير من فضة قدروها تقديرا (انسان ٢) وحلوا اساور من فضة (انسان ٢) لبيوتهم سقفا من فضة
(زخرف ٤) والذين يكنزون الذهب **والفضة** (توبة ٥) من الذهب والفضة (آل عمران ٢) فلولا **فضل** الله عليكم (بقرة ٨)
ولولا فضل الله عليك ورحمته (نساء ٤) ولولا فضل الله عليكم ورحمته (نور ١-٢ مرتين) ذلك فضل الله (مائدة ٦ حديد ٣ جمعة ١)
وكان فضل الله عليك عظيما (نساء ١٢) ولئن اصابكم فضل من الله (نساء ١) ولكن الله ذو فضل على العالمين (بقرة ع) والله ذو فضل
على المؤمنين (آل عمران ١٦) والله ذو فضل عظيم (آل عمران ١٨) ان الله لذو فضل على الناس (بقرة ٢٥ يونس ٦ مؤمن ٧) وان ربك لذو
فضل (نمل ٨) ويؤت كل ذي فضل فضله (هود ١) قل **بفضل** الله وبرحمته (يونس ٤) فما كان لكم علينا **من** فضل (اعراف ٤) وما نرى
لكم علينا من فضل (هود ٣) ذلك من فضل الله علينا وعلى الناس (يوسف ٥) الا يقدرون على شئ من فضل الله (حديد ٣) وابتغوا من فضل الله
(جمعة ١) يبتغون من فضل الله (مزمل ٢) قال هذا من فضل ربي (نمل ٣) على النساء بنعمة من الله **و**فضل (آل عمران ١٨ مرتين) فسيدخلهم
في رحمة منه وفضل (نساء ١) **فضل** الله المجاهدين (نساء ١) ولا تتمنوا ما فضل الله به (نساء ع) الرجال قوامون على النساء بما فضل الله
بعضهم على بعض (نساء ع) والله فضل بعضكم على بعض في الرزق (نحل ٨) و فضل الله المجاهدين (نساء ١) ذلك **الفضل** من الله (نساء ٧)
ذلك هو الفضل الكبير (ملائكة ٤ شورى ٣) ان هذا لهو الفضل المبين (نمل ٢) ولا تنسوا الفضل (بقرة ص) قل ان الفضل بيد الله (آل عمران ٨)
وان الفضل بيد الله (حديد ٣) والله ذو الفضل العظيم (بقرة ١١-آل عمران ٨-انفال ٣ حديد ٣ مرتين جمعة ١) ولا يأتل اولوا الفضل منكم
(نور ٣) ليس عليكم جناح ان تبتغوا **فضلا** من ربكم (بقرة ٢) لتبتغوا فضلا من ربكم (اسرائيل ٢) يبتغون فضلا من ربهم (مائدة ١) بان لهم من الله
فضلا كبيرا (احزاب ٥) ولقد اتينا داود منا فضلا (سبا ١) فضلا من ربك (دخان ٣) يبتغون فضلا من الله (فتح ٤ حشر ١) فضلا من الله ونعمة
(حجرات ١) والله يعدكم مغفرة منه **و**فضلا (بقرة ٣٧) واني **فضلتكم** على العالمين (بقرة ٥-١٥) وهو **فضلكم** على العالمين (اعراف ١٦)
تلك الرسل **فضلنا** بعضهم على بعض (بقرة ع) وكلا فضلنا على العالمين (انعام ٤) انظر كيف فضلنا بعضهم (اسرائيل ٢) الذي فضلنا على كثير
(نمل ٢) ولقد فضلنا بعض النبيين (اسرائيل ٤) و**فضلناهم** على كثير (اسرائيل ٧) وفضلناهم على العالمين (جاثية ٢) فما الذين **فضلوا** برادي
رزقهم (نحل ٨) ان **فضله** كان عليك كبيرا (اسرائيل ٩) وان يردك فلا راد **لفضله** (يونس ١١) ان ينزل الله **من** فضله (بقرة ع) فرحين بما
اتيهم الله من فضله (آل عمران ١٧) ولا يحسبن الذين يبخلون بما اتيهم الله من فضله (آل عمران ١٨) واسئلوا الله من فضله (نساء ع) ويكتمون ما اتيهم
الله من فضله (نساء ع) ويزيدهم من فضله (نساء ١٨ نور ٥ شورى ٣ ملائكة ٤) فسوف يغنيكم الله من فضله (توبة ٣) سيؤتينا الله من فضله
(توبة ٢) الا ان اغنيهم الله ورسوله من فضله (توبة ١) لئن اتينا من فضله لنصدقن (توبة ٤) فلما اتيهم من فضله بخلوا به (توبة ٨) ابتغوا من فضله
(اسرائيل ٧ ملائكة ٢) ان يكونوا فقراء يغنهم الله من فضله (نور ٤) حتى يغنيهم الله من فضله (نور ٤) ولتبتغوا من فضله (نحل ٢ قصص ٧ روم ٥ جاثية ٢)
وابتغاؤكم من فضله (روم ٣) ليجزي الذين امنوا وعملوا الصالحات من فضله (روم ٥) الذي احلنا دار المقامة من فضله (ملائكة ٤)
فضل الطاء الذي فطر السموات والارض (انعام ٨) **فطرت** الله التي فطر الناس عليها (روم ٤) قل الذي فطركم
اول مرة (اسرائيل ٥) قالوا لن نؤثرك على ما جاءنا من البينات والذي **فطرنا** (طه ٣) ان اجري الا على الذي **فطرني** (هود ٥) ومالي لا اعبد
الذي فطرني (يس ٢) الا الذي فطرني (زخرف ٣) الذي **فطرهن** (انبياء ٥) هل ترى من **فطور** (ملك ١) **فضل الظاء**
ولو كنت فظا غليظ القلب (آل عمران ١٦) **فضل العين** فعال لما يريد (هود ٩ بروج ١) اتهلكنا بما **فعل**
السفهاء منا (اعراف ع) افتهلكنا بما فعل المبطلون (اعراف ٦١) كذلك فعل الذين من قبلهم (نحل ٤) الم تر كيف فعل ربك (فجر ١ فيل ١) كما فعل
باشياعهم (سبا ٦) واوحينا اليهم فعل الخيرات (انبياء ٥) قالوا من فعل هذا بالهتنا (انبياء ٥) **فعلت** فعلتك وانت من الكافرين (شعراء ٢)
قالوا ءانت فعلت هذا بالهتنا (انبياء ٥) وفعلت فعلتك التي فعلت (شعراء ٢) ما **فعلتم** بيوسف (يوسف ١٠) فتصبحوا على ما فعلتم نادمين (حجرات ١)
وما **فعلته** عن امري (كهف ١٠) قال **فعلتها** اذا وانا من الضالين (شعراء ٢) فيما **فعلن** في انفسهن (بقرة ٣١ مرتين) وتبين لكم كيف
فعلنا بهم (ابراهيم ٥) ولو انهم **فعلوا** ما يوعظون به (نساء ٧) والذين اذا فعلوا فاحشة (آل عمران ١٤) واذا فعلوا فاحشة (اعراف ٣)
ولم يصروا على ما فعلوا (آل عمران ١٤) كانوا لا يتناهون عن منكر **فعلوه** (مائدة ١١) وكل شئ فعلوه في الزبر (قمر ٣) ما فعلوه الا قليل منهم (نساء ٩)

ويؤت كل ذي فضل فضله (هود ١)

فصل القاف

ولو شاء ربك ما فعلوه (انعام ١٢) ولو شاء الله ما فعلوه (انعام ١٣) قال بل فعله كبيرهم (انبياء ٦)

الشيطان يعدكم الفقر (بقرة ٣٧) ان يكونوا فقراء (نور ٤) وتؤتوها الفقراء (بقرة ٣٧) انتم الفقراء الى الله (ملائكة ٣) والله

الغني وانتم الفقراء (قتال ٤) للفقراء الذين احصروا (بقرة ٣٧) انما الصدقات للفقراء (توبة ٨) للفقراء المهاجرين (حشر ١) فقعوا

له ساجدين (حجر ٣، ص ٥) قالوا ان الله فقير ونحن اغنياء (آل عمران ١٩) فقال رب اني لما انزلت الي من خير فقير (قصص ٣) واطعموا البائس

الفقير (حج ٥) ومن كان فقيرا فليأكل بالمعروف (نساء ١) ان يكن غنيا او فقيرا (نساء ١٩) فك رقبة

فصل الكاف

او اطعام (بلد ١) انه فكر وقدر (مدثر ١) انقلبوا فكهين (مطففين ١)

فصل اللام

ليتني لم اتخذ فلانا خليلا (فرقان ٣) قل اعوذ برب الفلق (فلق ١) كل في فلك يسبحون (انبياء ٣) وكل في فلك يسبحون (يس ٣) لتجري الفلك فيه بامره (جاثية ٢)

ويصنع الفلك (هود ٤) واصنع الفلك باعيننا (هود ٤) وترى الفلك مواخر فيه (نحل ٢) وسخر لكم الفلك لتجري في البحر بامره (ابراهيم ٥)

ربكم الذي يزجي لكم الفلك في البحر (اسرائيل ٧) ولتجري الفلك بامره (روم ٥) ان اصنع الفلك باعيننا (مؤمنين ٢) الم تر ان الفلك تجري في البحر

(لقمان ٤) وترى الفلك فيه مواخر (ملائكة ٢) اذ ابق الى الفلك المشحون (صافات ٥) فاذا استويت انت ومن معك على الفلك (مؤمنين ٢)

فكذبوه فانجيناه والذين معه في الفلك (اعراف ٨) حتى اذا كنتم في الفلك (يونس ٣) فكذبوه فنجيناه ومن معه في الفلك (يونس ٨)

فانجيناه ومن معه في الفلك (شعراء ٦) فاذا ركبوا في الفلك (عنكبوت ٧) في الفلك المشحون (يس ٣) وجعل لكم من الفلك والانعام ما

تركبون (زخرف ١) والفلك التي تجري في البحر (بقرة ١٧) والفلك تجري في البحر بامره (حج ٧)

فصل الواو

ولا تقربوا الفواحش (انعام ١٦) قل انما حرم ربي الفواحش (اعراف ٤) والذين يجتنبون كبائر الاثم والفواحش (شورى ٤) الذين يجتنبون

كبائر الاثم والفواحش (نجم ٤) لكم فيها فواكه كثيرة (مؤمنين ٢) لهم رزق معلوم فواكه وهم مكرمون (صافات ٥) وفواكه مما يشتهون

(مرسلات ٥) ولو ترى اذ فزعوا فلا فوت (سبأ ٤) هذا فوج مقتحم معكم (ص ٤) كلما القي فيها فوج (ملك ١) ويوم نحشر من كل امة فوجا

(نمل ٩) ويأتوكم من فورهم هذا (آل عمران ١٣) وذلك الفوز العظيم (نساء ٢) ذلك الفوز العظيم (مائدة ١٢، توبة ١٠، صف ٢، تغابن ١) و

ذلك الفوز المبين (انعام ٢) ذلك هو الفوز العظيم (توبة ٩، يونس ٧، دخان ٦، حديد ٢) وذلك هو الفوز العظيم (توبة ١٣، مؤمن ١) ذلك هو

الفوز المبين (جاثية ٤) لهو الفوز العظيم (صافات ٢) ذلك الفوز الكبير (بروج ١) فازوا فوزا عظيما (نساء ١٠) فقد فاز فوزا عظيما

(احزاب ٨) وكان ذلك عند الله فوزا عظيما (فتح ١) فوق الذين كفروا (آل عمران ٦) فان كن نساء فوق اثنتين (نساء ٢) وهو القاهر فوق

عباده (انعام ٢-٧) فاضربوا فوق الاعناق (انفال ٢) اني اراني احمل فوق راسي خبزا (يوسف ٥) زدناهم عذابا فوق العذاب (نحل ١٢)

ظلمات بعضها فوق بعض (نور ٥) ورفع بعضكم فوق بعض درجات (انعام ٧) ورفعنا بعضهم فوق بعض (زخرف ٣) ثم صبوا فوق راسه

(دخان ٣) يد الله فوق ايديهم (فتح ١) لا ترفعوا اصواتكم فوق صوت النبي (حجرات ١) اجتثت من فوق الارض (ابراهيم ٤) يصب من

فوق رءوسهم الحميم (حج ٢) وفوق كل ذي علم عليم (يوسف ٨) ورفعنا فوقكم الطور (بقرة ٧-١٠) ولقد خلقنا فوقكم سبع طرائق

(مؤمنين ١) وبنينا فوقكم سبعا شدادا (نبأ ١) من فوقكم او من تحت ارجلكم (انعام ٨) اذ جاءوكم من فوقكم (احزاب ١) يغشاه موج من

فوقه من فوقه سحاب (نور ٥) ما بعوضة فما فوقها (بقرة ٣) من فوقها غرف مبنية (زمر ٢) وجعل فيها رواسي من فوقها

(فصلت ١) والذين اتقوا فوقهم يوم القيامة (بقرة ٢٦) ورفعنا فوقهم الطور (نساء ٢٢) وانا فوقهم قاهرون (اعراف ١٥) واذ نتقنا

الجبل فوقهم (اعراف ٢١) افلم ينظروا الى السماء فوقهم (ق ١) اولم يروا الى الطير فوقهم (ملك ٢) ويحمل عرش ربك فوقهم (حاقة ١) يخافون

ربهم من فوقهم (نحل ٦) لاكلوا من فوقهم (مائدة ٩) يوم يغشاهم العذاب من فوقهم (عنكبوت ٦) لهم من فوقهم ظلل (زمر ٢) ومن

فوقهم غواش (اعراف ٥) يتفطرن من فوقهن (شورى ١) وفومها وعدسها وبصلها (بقرة ٧)

فصل الهاء

ففهمناها سليمان (انبياء ٦)

فصل الياء

الم تر كيف فعل ربك باصحاب الفيل (فيل ١)

باب القاف فصل الالف

قال قائل منهم (يوسف ٢، كهف ٣، صافات ٦) فجاءها بأسنا بياتا او هم قائلون (اعراف ١) كلا انها كلمة هو قائلها (مؤمنين ٦) و

القائلين لاخوانهم (احزاب ٢) منها قائم وحصيد (هود ٩) افمن هو قائم على كل نفس (رعد ٥) وهو قائم يصلي في المحراب (آل عمران ٤)

واولوا العلم قائما بالقسط (آل عمران ٢) الا ما دمت عليه قائما (آل عمران ٨) وتركوك قائما (جمعة ٢) دعانا لجنبه او قاعدا او قائما (يونس ٢)

٢ ويعليها وعلى الفلك تحملون (مؤمنين ٢، مؤمن ٨)

امن هو قانت اناء الليل ساجدا و قائما (زمر ب) من اهل الكتاب امة قائمة (آل عمران يب) وامرأته قائمة فضحكت (هود ز) وما اظن
الساعة قائمة (فصلت ه كهف ه) او تركتموها قائمة على اصولها (حشر ا) والذين هم بشهاداتهم قائمون (معارج ع) وطهر بيتي
للطائفين والقائمين (حج د) فكان قاب قوسين او ادنى (نجم ا) غافر الذنب وقابل التوب (مؤمن ا) وكاين من نبي قاتل
معه ربيون كثير (آل عمران هـ) فقاتل في سبيل الله (نساء ي) من انفق من قبل الفتح وقاتل (حديد ا) فقاتلا انا ههنا قاعدون
(مائدة س) ولو قاتلكم الذين كفروا (فتح س) قاتلوا في سبيل الله (آل عمران ى) قاتلوا الذين لا يؤمنون بالله (توبة س) قاتلوا الذين
يلونكم من الكفار (توبة س) ما قاتلوا الا قليلا (احزاب ب) فقاتلوا اولياء الشيطان (نساء ى) فقاتلوا ائمة الكفر (توبة ب) فقاتلوا
التي تبغي (حجرات ا) من الذين انفقوا من بعد وقاتلوا (حديد ا) وقاتلوا في سبيل الله (بقرة ى) وقاتلوا وقتلوا لاكفرن عنهم
(آل عمران ب) وقاتلوا المشركين كافة (توبة ع) فان قاتلوكم فاقتلوهم (بقرة ب) عن الذين قاتلوكم في الدين (ممتحنة ا) ولو شاء الله لسلطهم
عليكم فلقاتلوكم (نساء ى) قاتلوهم يعذبهم الله بايديكم (توبة ب) وقاتلوهم حتى لا تكون فتنة (بقرة ٢- انفال ع) قاتلهم الله
انى يؤفكون (توبة ٣ منافقين ا) قل ان الله قادر على ان ينزل آية (انعام ع) قادر على ان يخلق مثلهم (اسراء يا) بقادر على
ان يخلق مثلهم (يس و) بقادر على ان يحيي الموتى (احقاف ع قيامة ع) انه على رجعه لقادر (طارق ا) قل هو القادر على ان يبعث (انعام
انهم قادرون عليها (يونس ب) وانا على ذهاب به لقادرون (مؤمنين ا) وانا على ان نريك ما نعدهم لقادرون (مؤمنين
فلا اقسم برب المشارق والمغارب انا لقادرون (معارج ب) فقدرنا فنعم القادرون (مرسلات ب) وغدوا على حرد قادرين
(نون ا) بلى قادرين على ان نسوي بنانه (قيامة ا) تصيبهم بما صنعوا قارعة (رعد ع) القارعة ما القارعة وما ادراك ما القارعة
(قارعة ا) كذبت ثمود وعاد بالقارعة (حاقة ا) ان قارون كان من قوم موسى (قصص ه) ياليت لنا مثل ما اوتي قارون (قصص
وقارون وفرعون وهامان (عنكبوت ع) الى فرعون وهامان وقارون (مؤمنين ي) ومنا القاسطون (جن ا) واما القاسطون
فكانوا لجهنم حطبا (جن ا) وقاسمهما اني لكما لمن الناصحين (اعراف ب) وجعلنا قلوبهم قاسية (مائدة ج) فويل للقاسية
قلوبهم (زمر ب) والقاسية قلوبهم (حج ى) ولو كان عرضا قريبا وسفرا قاصدا (توبة ه) فيهن قاصرات الطرف (رحمن ج) وعندهم
قاصرات الطرف (صافات ه ص و) فيرسل عليكم قاصفا (اسراء ٧) فاقض ما انت قاض (طه) ياليتها كانت القاضية (حاقة
ما كنت قاطعة امرا (نمل ع) فيذرها قاعا صفصفا (طه) دعانا لجنبه او قاعدا (يونس ب) انا ههنا قاعدون (مائدة س) لا
يستوي القاعدون من المؤمنين (نساء ي) وقالوا ذرنا نكن مع القاعدين (توبة ب) وقيل اقعدوا مع القاعدين (توبة ه) على
القاعدين درجة (نساء ي) وفضل الله المجاهدين على القاعدين اجرا عظيما (نساء ي) قال فأت به ان كنت من الصادقين (شعراء ب) قال انما اشكو
باخ لكم (يوسف ى) قال ءاسجد لمن خلقت طينا (اسراء ى) قال ءاقررتم واخذتم (آل عمران ى) قال آيتك الا تكلم الناس (آل عمران ه مريم ا)
قال آمنت انه لا اله الا الذي آمنت به بنوا اسرائيل (يونس ى) قال آمنتم له قبل ان آذن لكم (طه ه شعراء ج) قال ابراهيم فان الله يأتي
بالشمس (بقرة ٣ ع) قال ابن ام ان القوم استضعفوني (اعراف ه) قال ابوهم اني لاجد ريح يوسف (يوسف ى) قال اتقوا الله (مائدة ي)
قال اجعلني على خزائن الارض (يوسف ى) قال احدهما اني اراني (يوسف ع) قال اخسئوا فيها (مؤمنين ا) قال اخرج منها مذؤما مدحورا
(اعراف ب) قال فاخرج منها (حجر ع ص ه) قال فاخرج اني لك من الناصحين (قصص ج) قال ادخلوا في امم قد خلت من قبلكم (اعراف ع) قال اذهب
فمن تبعك (اسراء ى) قال فاذهب فان لك في الحيوة ان تقول لا مساس (طه) قال ارجع الى ربك (يوسف ه) قال اساطير الاولين (نون ا
مطففين ب) قال اسلمت لرب العالمين (بقرة ص) قال فاشهدوا وانا معكم (آل عمران ى) قال اصحاب موسى (شعراء ى) قال اعوذ بالله (بقرة ه)
قال اعلم ان الله على كل شيء قدير (بقرة ٣ ع) قال اغير الله ابغيكم الها (اعراف ع) قال لاقتلنك (مائدة ع) فقربه اليهم قال الا تأكلون
(ذاريات ب) قال الذي عنده علم من الكتاب (نمل ع) كذلك قال الذين لا يعلمون مثل قولهم (بقرة ي) كذلك قال الذين من قبلهم (بقرة
قال الذين حق عليهم القول (قصص ى) قال الذين يظنون انهم ملاقوا الله (بقرة ه) قال الذين لا يرجون لقاءنا (يونس ب) قال الذين اوتوا
العلم (نحل ى) قال الذين غلبوا على امرهم (كهف ع) قال الذين يريدون الحيوة الدنيا (قصص ه) قال الذين استكبروا (اعراف ٨ سبأ ع مؤمن ه)
قال الذين كفروا (ابراهيم ٨ مؤمن ه يس ه) قال الم اقل (كهف ٨ مرتين) قال الذين كفروا (احقاف) قال القوا فلما القوا (اعراف ي) قال الله
هذا يوم ينفع الصادقين (مائدة س) قال الله اني منزلها عليكم (مائدة ي) قال الله على ما نقول وكيل (يوسف ى) كذلكم قال الله من قبل (فتح ب)

قال تالله ان كدت لتردين (صافات) قال اما من ظلم فسوف نعذبه (كهف) قال ان الله اصطفيه عليكم (بقرة) قال ان كنت جئت
بآية (اعراف) قال ان لبثتم الا قليلا (مؤمنين) قال ان رسولكم الذي ارسل اليكم لمجنون (شعراء) قال ان الله مبتليكم بنهر (بقرة)
قال [illegible] (طه) قال ان هؤلاء ضيفي (حجر) قال ان تسخروا منا (هود) قال ان سألتك عن شيء (كهف) قال فان اتبعتني
فلا تسألني (كهف) قال ان كنت جئت بآية (اعراف) قال انا احيي واميت (بقرة) قال انا خير منه (اعراف، ص) قال انا يوسف
قال انا منكم وجلون (حجر) قال فانا قد فتنا قومك (طه) قال انتم شر مكانا (يوسف) قال انظرني الى يوم يبعثون (اعراف) قال انفخوا
حتى اذا جعله نارا (كهف) قال انك من المنظرين (اعراف) قال انك اليوم لدينا مكين امين (يوسف) قال انك لن تستطيع معي صبرا (كهف)
قال فانك من المنظرين (حجر، ص) قال انكم قوم تجهلون (اعراف) قال انكم قوم منكرون (حجر) قال انما اشكو بثي (يوسف) قال انما انا رسول
ربك (مريم) قال انما العلم عند الله (احقاف) قال انه صرح ممرد (نمل) قال فانها محرمة عليهم اربعين سنة (مائدة) قال اني اعلم ما
لا تعلمون (بقرة) قال انى يحيي هذه الله (بقرة) قال اني تبت الآن (نساء) قال اني اشهد الله (هود) قال اني ليحزنني (يوسف) قال اني
انا اخوك (يوسف) قال اني عبد الله (مريم) قال اني لعملكم من القالين (شعراء) قال اني اريد ان انكحك (قصص) قال اني جاعلك للناس
اماما (بقرة) قال الم اقل لكم اوسطهم (ن) قال اولم تؤمن (بقرة) قال اولو جئتك بشيء مبين (شعراء) قال اولو جئتكم باهدى مما
وجدتم عليه اباءكم (زخرف) قال ساوي الى جبل (هود) قال فاهبط منها (اعراف) قال اهبطا منها جميعا (طه) قال اهبطوا بعضكم
(اعراف) قال لاهله امكثوا (قصص) قال بئسما خلفتموني (اعراف) قال بل القوا (طه) قال بل ربكم رب السموات والارض (انبياء) قال
بصرت بما لم يبصروا به (طه) قال بل سولت لكم انفسكم امرا (يوسف) قال بل لبثت مائة عام (بقرة) قال ابشرتموني على ان مسني الكبر (حجر) قال بل
فعله كبيرهم (انبياء) قال بلى ولكن ليطمئن قلبي (بقرة) قال اتعبدون ما تنحتون (صافات) قال افتعبدون من دون الله (انبياء) قال
اتمدونن بمال (نمل) قال اجئتنا لتخرجنا من ارضنا (طه) قال فالحق والحق اقول (ص) قال الحواريون نحن انصار الله (آل عمران، صف)
قال فخذ اربعة من الطير (بقرة) قال خذها ولا تخف (طه) قال اخرقتها لتغرق اهلها (كهف) قال ذلك ما كنا نبغ (كهف) قال ذلك بيني
وبينك (قصص) قال كذلك الله يفعل ما يشاء (آل عمران) قال كذلك الله يخلق ما يشاء (آل عمران) قال كذلك قال ربك (مريم) قال
كذلك اتتك اياتنا (طه) قال فذوقوا العذاب (انعام، احقاف) قال ارأيت اذ اوينا (كهف) قال ارأيتك هذا الذي كرمت علي (اسرائيل)
قال افرأيتم ما كنتم تعبدون (شعراء) قال اراغب انت عن الهتي يا ابراهيم (مريم) قال رب هب لي من لدنك ذرية (آل عمران) قال رب انى
يكون لي غلام (آل عمران، مريم) قال رب اجعل لي آية (آل عمران، مريم) قال رب اني لا املك الا نفسي (مائدة) قال رب ارني انظر اليك (اعراف)
قال رب لو شئت اهلكتهم (اعراف) قال رب اغفر لي (اعراف، ص) قال رب اني اعوذ بك (هود) قال رب السجن احب الي (يوسف)
قال رب فانظرني الى يوم يبعثون (ص، حجر) قال رب اشرح لي صدري (طه) قال رب لم حشرتني اعمى (طه) قال رب احكم بالحق (انبياء)
قال رب انصرني (مؤمنين، عنكبوت) قال رب ارجعون (مؤمنين) قال رب اني اخاف ان يكذبون (شعراء) قال رب السموات
والارض وما بينهما (شعراء) قال رب المشرق والمغرب وما بينهما (شعراء) قال رب ان قومي كذبون (شعراء) قال رب اني ظلمت نفسي
(قصص) قال رب بما انعمت علي (قصص) قال رب نجني من القوم الظالمين (قصص) قال رب اني قتلت منهم (قصص) قال رب اني
قتلت منهم (قصص) قال رب اني دعوت قومي (نوح) قال رب اوزعني (احقاف) قالوا كذلك قال ربك (ذاريات) قال ربكم ورب اباءكم
الاولين (شعراء) قال كذلك قال ربك (مريم) ماذا قال انفا (محمد) قالوا ماذا قال ربكم (سبا) قال ربي يعلم القول في السماء (انبياء)
قال ربي اعلم بما تعملون (شعراء) قال ربنا الذي اعطى كل شيء (طه) قال رجلان من الذين يخافون (مائدة) قال سبحانك ما يكون لي (مائدة)
فلما افاق قال سبحانك تبت اليك (اعراف) قالوا سلاما قال سلام (هود) قال سلام عليك (مريم) قال سلام قوم منكرون (ذاريات)
قال سوف استغفر لكم ربي (يوسف) قال طائركم عند الله (نمل) قال عسى ربكم (اعراف) قال عسى ربي ان يهديني (قصص) قال عذابي اصيب
[illegible]
قليل ليصبحن نادمين (مؤمنين) قال فبما اغويتني (اعراف) قال لفتيه اتنا غداءنا (كهف) قال فرعون امنتم به قبل ان اذن لكم
(اعراف) قال فرعون وما رب العالمين (شعراء) قال فرعون ... (شعراء) قال فعلتها اذا وانا من الضالين (شعراء)
قال فيها تحيون (اعراف) قال قائل منهم (يوسف، كهف) قال ... قال قد اجيبت دعوتكما (يونس)

قال قد وقع عليكم من ربكم (اعراف ى) قال قد اوتيت سؤلك (طه ع) قال لقد علمت ما انزل هؤلاء (اسرائيل ل) قال لقد كنتم انتم
واباؤكم (انبياء) قال قد انعم الله على (نساء) قال قد جئتكم بالحكمة (زخرف) قال لقد ظلمك بسؤال نعجتك (ص) قال قرينه ربنا ما
اطغيته (ق) قال لاقتلنك (مائدة) قال الكافرون ان هذا لساحر مبين (يونس) قال لكل ضعف (اعراف) قال كلا فاذهبا باياتنا (شعراء)
قال كلا ان معي ربي سيهدين (شعراء) قال اكذبتم باياتي (نمل) قال كم لبثت (بقرة) قال لبثتم في الارض (مؤمنين) قال لا احب الا فلين
(انعام) قال لا تؤاخذني بما نسيت (كهف) قال لا تخافا انني معكما (طه) قال لا تخف (قصص) قال لا ياتيكما طعام ترزقانه (يوسف)
قال لا تختصموا لدى (ق) قال لا عاصم اليوم (هود) قال لا ينال عهدي الظالمين (بقرة) قال لا تثريب عليكم اليوم (يوسف)
قال لئن لم يهدني ربي (انعام) قال لئن اتخذت الها غيري (شعراء) قال لبثتم يوما (بقرة) قال لم اكن لاسجد لبشر (حجر) قال الم
نربك فينا وليدا (شعراء) قال الم اقل لكم اني اعلم غيب السموات والارض (بقرة) قال الم اقل لكم اني اعلم من الله ما لا تعلمون (يوسف)
قال لن تراني (اعراف) قال لن ارسله معكم (يوسف) قال لو ان لي بكم قوة (هود) قال لو شئت لاتخذت عليه اجرا (كهف) قال
له صاحبه وهو يحاوره (كهف) قال له موسى هل اتبعك (كهف) الذين قال لهم الناس (ال عمران) قال لهم موسى (يونس) (طه)
(شعراء) قال اليس هذا بالحق (انعام) قال ما منعك ان لا تسجد (اعراف) قال ما خطبكن اذ راودتن يوسف (يوسف) قال ما مكني
فيه ربي خير (كهف) قال ما اظن ان تبيد هذه (كهف) قال ما خطبكما (قصص) قال فما خطبكم (حجر) (ذاريات) قال فما بال القرون الاولى
(طه) قال فما خطبك يا سامري (طه) قال وما علمي بما كانوا يعملون (شعراء) قال معاذ الله (يوسف) قال الملأ من قومه (اعراف) قال
الملأ الذين كفروا من قومه (اعراف) قال الملأ من قوم فرعون (اعراف) قال الملأ الذين استكبروا من قومه (اعراف) قال للملأ حوله
(شعراء) قال من انصاري الى الله (ال عمران) قال من يحيي العظام وهي رميم (يس) قال فمن ربكما يا موسى (طه) قال ومن ذريتي (بقرة) قال
ومن كفر فامتعه قليلا (بقرة) قال ومن يقنط من رحمة ربه (حجر) قال ومن ذريتي (بقرة) قال موسى لقومه (اعراف) قال موسى
اتقولون للحق لما جاءكم (يونس) قال موسى ما جئتم به السحر (يونس) قال موعدكم يوم الزينة (طه) قال النار مثويكم خالدين فيها (انعام)
قال نبأني العليم الخبير (تحريم) قال سنشد عضدك (قصص) قال نعم وانكم لمن المقربين (اعراف) قال نعم وانكم اذا لمن المقربين (شعراء)
قال سنقتل ابناءهم (اعراف) قال نكروا لها عرشها (نمل) قال سننظر اصدقت (نمل) قال نوح رب انهم عصوني (نوح) والذي قال
لوالديه اف لكما (احقاف) قال هؤلاء بناتي (حجر) قال هذا ربي (انعام) (شعراء) قال هذا صراط علي مستقيم (حجر) قال هذا فراق بيني وبينك
(كهف) قال هذا رحمة من ربي (كهف) قال هذا من فضل ربي (نمل) قال هذا من عمل الشيطان (قصص) قال هذه ناقة (شعراء) قال
هل عسيتم (بقرة) قال هل امنكم عليه (يوسف) قال هل علمتم ما فعلتم بيوسف (يوسف) قال هل يسمعونكم اذ تدعون (شعراء) قال
هل انتم مطلعون (صافات) قال هم اولاء على اثري (طه) قال هي راودتني (يوسف) قال هي عصاي (طه) قال يا ابليس ما لك الا تكون
مع الساجدين (حجر) قال يا ادم هل ادلك على شجرة الخلد (طه) قال يا ابت افعل ما تؤمر (صافات) قال يا ابليس ما منعك (ص) قال يا ايها الملأ افتوني (نمل)
قال يا بشرى هذا غلام (يوسف) قال يا بنؤم لا تاخذ بلحيتي (طه) قال يا بني لا تقصص رؤياك (يوسف) قال يا بني اني ارى في المنام (صافات)
قال يا قوم اني بريء مما تشركون (انعام) قال يا ليت قومي يعلمون (يس) قال يا ليت بيني وبينك (زخرف) قال يا مريم انى لك هذا (ال عمران)
قال يا موسى اني اصطفيتك (اعراف) قال يا موسى اتريد ان تقتلني (قصص) قال يا موسى ان الملأ ياتمرون (قصص) قال يا نوح انه ليس من اهلك
(هود) قال يا قوم اني بريء مما تشركون (انعام) قال يا قوم ليس بي ضلالة (اعراف) قال يا قوم ليس بي سفاهة (اعراف) قال يا قوم اني لكم نذير
مبين (نوح) قال يا قوم اعبدوا الله (اعراف ٧-٨-٩ هود ٥-٧-٩) قال يا قوم ارأيتم ان كنت (هود ٣-٧-٩) قال هؤلاء بناتي (هود) قال
يا قوم ارهطي اعز عليكم من الله (هود) قال يا قوم الم يعدكم ربكم (طه) قال يا قوم لم تستعجلون (نمل) قال يا قوم اتبعوا المرسلين (يس)
قال يا قوم اليس لي ملك مصر (زخرف) قال يا هارون ما منعك اذ رايتهم ضلوا (طه) اذ قال لبنيه ما تعبدون من بعدي (بقرة) اذ
قال لابيه وقومه ماذا تعبدون (صافات) اذ قال ابراهيم ربي الذي يحيي ويميت (بقرة) اذ قال الحواريون يا عيسى (مائدة) اذ قال الله
يا عيسى ابن مريم (مائدة) اذ قال الله يا عيسى (ال عمران) اذ قال ربك للملائكة (ص) اذ قال لابيه يا ابت (مريم) اذ قال لابيه وقومه ما هذه
التماثيل (انبياء) اذ قال لابيه وقومه ما تعبدون (شعراء) ولوطا اذ قال لقومه (اعراف) (عنكبوت) (نمل) اذ قال لقومه الا تتقون (صافات)
اذ قال لقومه يا قوم (يونس) اذ قال له قومه لا تفرح (قصص) وابراهيم اذ قال لقومه (عنكبوت) اذ قال للانسان اكفر (حشر) اذ قال له

ربه اسلم (بقرة ع١٦) اذ قال ربك للملائكة (ص ٨) اذ قال لهم اخوهم نوح (شعراء ١) اذ قال لهم اخوهم هود (شعراء ١٠) اذ قال
لهم اخوهم صالح (شعراء ٨) اذ قال لهم اخوهم لوط (شعراء ٧) اذ قال لهم شعيب (شعراء ٨) اذ قال موسى لاهله (نمل ١) اذ قال
يوسف لابيه (يوسف ١) واذ قال ابراهيم رب اجعل هذا بلدا امنا (بقرة ١٥) واذ قال ابراهيم رب ارنى (بقرة ٣٥) واذ قال
ابراهيم رب اجعل هذا البلد امنا (ابراهيم ع٦) واذ قال ابراهيم لابيه وقومه (زخرف ٣) واذ قال ابراهيم لابيه اذر
(انعام ٩) واذ قال ربك للملائكة (بقرة ٤ حجر ٣) واذ قال موسى لقومه (بقرة ٦-٧ مائدة ٢-ابراهيم ١ صف ١) واذ قال عيسى
ابن مريم (صف ١) واذ قال الله ياعيسى ابن مريم (مائدة ١٦) واذ قال لقمان لابنه (لقمان ٢) واذ قال موسى لفتيه (كهف ٩)
الا قال مترفوها (سبأ ع٤ زخرف ٣) او قال اوحى الى (انعام ١١) ثم قال له كن فيكون (آل عمران ٦) ولقد قال لهم هارون (طه ٤)
كما قال عيسى ابن مريم (صف ٢) فقال له فرعون (اسرائيل ١٢) فقال لها وللارض ائتيا طوعا او كرها (فصلت ٢) فقال انبئونى
باسماء هؤلاء (بقرة ع٤) فقال لهم الله موتوا (بقرة ٣٢) فقال رب ان ابنى من اهلى (هود ٤) فعقروها فقال تمتعوا فى داركم
ثلثة ايام (هود ٦) فقال الضعفؤا للذين استكبروا (ابراهيم ٣) فقال لصاحبه وهو يحاوره (كهف ع٥) فقال لاهله امكثوا
(طه ١) فقال يا قوم اعبدوا الله (مؤمنين ٢ عنكبوت ع٤-اعراف ٨) فقال الملأ الذين كفروا من قومه (هود ٣ مؤمنين ٢)
فقال مالى لا ارى الهدهد (نمل ٢) فقال احطت بما لم تحط به (نمل ٢) فقال رب انى لما انزلت الى من خير فقير (قصص ٣) فقال
انى سقيم (صافات ٤) فقال الا تأكلون (صافات ١) فقال اكفلنيها (ص ٢) فقال انى احببت حب الخير (ص ٣) فقال انى رسول
رب العالمين (زخرف ٥) فقال الكافرون هذا شىء عجيب (ق ١) فقال ان هذا الا سحر يؤثر (مدثر ١) فقال انا ربكم الاعلى
(نازعات ١) فقال لهم رسول الله (شمس ١) لقال الذين كفروا (انعام ١) بل قالوا مثل ما قال الاولون (مؤمنين ٤)
كما قال عيسى ابن مريم (صف ٢) ومن قال سانزل مثل ما انزل الله (انعام ١١) وقال الاخر انى ارانى احمل فوق رأسى خبزا
(يوسف ٥) وقال ادخلوا مصر (يوسف ١١) وقال اركبوا فيها (هود ٤) وقال الذى اشتراه (يوسف ٣) وقال الذى نجا منهما
(يوسف ٥) وقال الذى امن يا قوم (مؤمن ٣-٤) وقال للذى ظن انه ناج منهما (يوسف ٥) وقال الذين لا يعلمون (بقرة ١٤)
وقال الذين اتبعوا (بقرة ٢٠) وقال الذين كفروا (ابراهيم ٢ فرقان ١-٣ عنكبوت ٢ سبأ ١-٥ فصلت ٣ مرتين) وقال الذين
اشركوا (نحل ٥) وقال الذين لا يرجون لقاءنا (فرقان ٣) وقال الذين اوتوا العلم (قصص ٨ روم ٦) وقال الذين استضعفوا
(سبأ ٤) وقال الذين فى النار (مؤمن ٥) وقال الذين امنوا (شورى ٥) وقال الله انى معكم (مائدة ٣) وقال الله لا تتخذوا الهين
اثنين (نحل ٧) وقال الانسان ما لها (زلزلت ١) وقال انما اتخذتم من دون الله اوثانا (عنكبوت ٣) وقال اننى من المسلمين
(فصلت ٥) وقال انى برىء منكم (انفال ٦) وقال انى ذاهب الى ربى (صافات ٣) وقال انى مهاجر الى ربى (عنكبوت ٣)
وقال اولياؤهم من الانس (انعام ١٥) وقال لعنه الله (نساء ١٨) وقال ربكم ادعونى (مؤمن ٦) وقال رجل مؤمن (مؤمن ٣)
وقال الرسول يا رب (فرقان ٣) وقال ساحر او مجنون (ذاريات ٢) وقال شركاؤهم ما كنتم ايانا تعبدون (يونس ٣)
وقال الشيطان لما قضى الامر (ابراهيم ٤) وقال الضعفؤا (سبأ ٤) وقال الظالمون ان تتبعون (فرقان ١) وقال لفتيانه اجعلوا
بضاعتهم (يوسف ٨) وقال فرعون ائتونى بكل ساحر عليم (يونس ٨) وقال فرعون يا ايها الملأ (قصص ٤) وقال فرعون
ذرونى اقتل موسى (مؤمن ٣) وقال فرعون يا هامان (مؤمن ٤) وقال قرينه هذا ما لدى عتيد (ق ٢) وقال الكافرون
هذا ساحر كذاب (ص ١) وقال لاتخذن من عبادك (نساء ١٨) وقال لاوتين مالا وولدا (مريم ٦) وقال لا عاصم اليوم
(هود ٤) وقال لا غالب لكم اليوم (انفال ٦) وقال لهم نبيهم (بقرة ٣٢ مرتين) وقال لهم خزنتها (زمر ٨ مرتين) وقال
ما نهاكما ربكما (اعراف ٢) وقال المسيح يا بنى اسرائيل (مائدة ١٠) وقال الملأ الذين كفروا من قومه (اعراف ٩) وقال الملأ من قوم
فرعون (اعراف ١٤) وقال الملأ من قومه (مؤمنين ٣) وقال الملك ائتونى به (يوسف ٧) وقال الملك انى ارى سبع بقرات
سمان (يوسف ٦) وقال موسى يا فرعون (اعراف ١٣) وقال موسى لاخيه هارون (اعراف ١٧) وقال موسى يا قوم (يونس ٩)
وقال موسى ربنا انك اتيت فرعون (يونس ٩) وقال موسى ان تكفروا انتم (ابراهيم ١) وقال موسى ربى اعلم (قصص ٤) وقال موسى
انى عذت بربى (مؤمن ٣) وقال نسوة فى المدينة (يوسف ٤) وقال نوح رب لا تذر على الارض (نوح ٢) وقال هذا يوم

عصیب (ھود ۸) وقال یا ابت ھذا تاویل رؤیای (یوسف ۱۱) وقال یا اسفی علی یوسف (یوسف ۱۰) وقال یا ایھا الناس (نمل ۲)

وقال یا بنی لا تدخلوا من باب واحد (یوسف ۸) وقال یا قوم لقد ابلغتکم (اعراف ۸-۱۰) **قالا** ربنا ظلمنا انفسنا (اعراف ۲)

قالا ربنا اننا نخاف (طٰہٰ ۲) **وقالا** الحمد للہ الذی فضلنا (نمل ۲) **قالت** رب انی وضعتھا انثی (آل عمران ۴) قالت رب انی

یکون لی ولد (آل عمران ۵) قالت اخریٰھم لاولیٰھم (اعراف ۴) قالت ھو من عند اللہ (آل عمران ۴) قالت یا ویلتی ءالد وانا عجوز

(ھود ۷) قالت ما جزاء من اراد باھلک سوء (یوسف ۳) قالت فذلکن الذی لمتننی فیہ (یوسف ۴) قالت امرأۃ العزیز (یوسف ۲)

قالت رسلھم افی اللہ شک (ابراھیم ۲) قالت لھم رسلھم (ابراھیم ۲) قالت انی اعوذ بالرحمن (مریم ۲) قالت انی یکون لی غلام

(مریم ۲) قالت یا لیتنی مت قبل ھذا (مریم ۲) قالت یا ایھا الملؤا (نمل ۳-۴) قالت نملۃ یا ایھا النمل (نمل ۲) قالت ان الملوک (نمل ۳)

قالت کانہ ھو (نمل ۳) قالت رب انی ظلمت نفسی (نمل ۳) قالت ان ابی یدعوک (قصص ۳) قالت احدیٰھما یا ابت استاجرہ (قصص ۳)

قالت الاعراب امنا (حجرات ۲) قالت من انبأک ھذا (تحریم ۱) اذ قالت امرأۃ عمران (آل عمران ۴) اذ قالت الملائکۃ یا مریم (آل عمران ۵)

واذ قالت الملائکۃ یا مریم (آل عمران ۵) واذ قالت امۃ منھم (اعراف ۲۱) واذ قالت طائفۃ منھم (احزاب ۲) **فقالت** ھل ادلکم علی

اھل بیت (قصص ۱) **وقالت** الیھود لیست النصاری علی شیء (بقرۃ ۱۴) وقالت النصاری لیست الیھود علی شیء (بقرۃ ۱۴) و

قالت طائفۃ من اھل الکتاب (آل عمران ۷) وقالت الیھود والنصاری (مائدۃ ۳) وقالت الیھود ید اللہ مغلولۃ (مائدۃ ۹) و

قالت اولیٰھم لاخریٰھم (اعراف ۴) وقالت الیھود عزیر ابن اللہ (توبۃ ۵) وقالت النصاری المسیح ابن اللہ (توبۃ ۵) وقالت ھیت

لک (یوسف ۳) وقالت اخرج علیھن (یوسف ۴) وقالت امرأۃ فرعون (قصص ۱) وقالت لاختہ قصیہ (قصص ۱) وقالت عجوز

عقیم (ذاریات ۲) وقالت ربنا ابن لی عندک بیتا فی الجنۃ (تحریم ۲) **قالتا** لا نسقی حتی یصدر الرعاء (قصص ۳) قالتا اتینا طائعین

(فصلت ۲) **قالوا** فأتوا بہ (انبیاء ۵) قالوا ءاذا متنا وکنا ترابا (مومنون ۵) قالوا ءانت فعلت ھذا بالھتنا یا ابراھیم (انبیاء ۵)

قالوا ءانک لانت یوسف (یوسف ۱۰) قالوا اذناک ما منا من شھید (فصلت ۵) قالوا ءالھتنا خیر ام ھو (زخرف ۲) قالوا امنا باللہ

وحدہ (مومن ۹) واذا لقوا الذین امنوا قالوا امنا (بقرۃ ۲-۸) واذا لقوکم قالوا امنا (مائدۃ ۹) واذا جاءوکم قالوا امنا (مائدۃ ۹)

قالوا امنا واشھد باننا مسلمون (مائدۃ ۱۵) قالوا امنا برب العالمین (اعراف ۱۴ شعراء ۳) قالوا امنا برب ھارون وموسیٰ (طٰہٰ ۳)

واذا یتلیٰ علیھم قالوا امنا (قصص ۶) قالوا ارجہ واخاہ (اعراف ۱۴ شعراء ۳) قالوا اساطیر الاولین (نحل ۳) قالوا اضغاث احلام

(یوسف ۶) قالوا اطیرنا بک وبمن معک (نمل ۵) قالوا واقبلوا علیھم (یوسف ۸) قالوا اقتلوا ابناء الذین امنوا (مومن ۳) قالوا

اوزنا (آل عمران ۹) قالوا الم تکن ارض اللہ واسعۃ (نساء ۱۰) قالوا الم تک معکم (نساء ۲) قالوا لم نک من المصلین (مدثر ۲) قالوا

الان جئت بالحق (بقرۃ ۸) قالوا ان اللہ حرمھما علی الکافرین (اعراف ۶) قالوا ان لنا لاجرا (اعراف ۱۳) قالوا ان ھذا لسحر مبین (

یونس ۸) قالوا ان یسرق فقد سرق اخ لہ من قبل (یوسف ۱۰) قالوا ان انتم الا بشر مثلنا (ابراھیم ۲) قالوا ان ھذان لساحران

(طٰہٰ ۳) واذا راوھم قالوا ان ھؤلاء لضالون (مطففین ع) قالوا انما نحن مصلحون (بقرۃ ۲) قالوا انا معکم (بقرۃ ۲) قالوا انا للہ

(بقرۃ ۱۹) قالوا انا کنا ظالمین (اعراف ۱) قالوا انا بما ارسل بہ مؤمنون (اعراف ۱۰) قالوا انا الیٰ ربنا منقلبون (اعراف ۱۴) قالوا انا

ارسلنا الیٰ قوم مجرمین (حجر ۴ ذاریات ۲) قالوا انا مھلکوا اھل ھذہ القریۃ (عنکبوت ۴) قالوا انا تطیرنا بکم (یٰس ۲) قالوا

انا بما ارسلتم بہ کافرون (زخرف ۲) قالوا انا کنا قبل فی اھلنا (طور ۲) فلما راوھا قالوا انا لضالون (نون ۲) قالوا انصتوا

(احقاف ۴) قالوا انطقنا اللہ (فصلت ۳) قالوا انکم کنتم تاتوننا عن الیمین (صافات ۲) ذلک بانھم قالوا انما البیع مثل الربوا

(بقرۃ ۳۸) قالوا انما انت مفتر (نحل ۱۴) قالوا انما انت من المسحرین (شعراء ۱۶-۹) قالوا انیٰ یکون لہ الملک (بقرۃ ۳۲) قالوا اوذینا

من قبل ان تاتینا (اعراف ۱۵) قالوا اولم ننھک عن العالمین (حجر ۵) قالوا اولم تک تاتیکم رسلکم (مومن ۵) قالوا این ما کنتم تدعون

(اعراف ۴) قالوا ابشرناک بالحق (حجر ۴) قالوا بل انتم لا مرحبا بکم (ص ۴) قالوا بل لم تکونوا مومنین (صافات ۲) قالوا بل جئناک

بما کانوا فیہ یمترون (حجر ۵) قالوا بل نتبع ما الفینا علیہ اباءنا (بقرۃ ۲۱) قالوا بل نتبع ما وجدنا علیہ اباءنا (لقمان ۳) قالوا

بل وجدنا اباءنا کذلک یفعلون (شعراء ۵) قالوا بلیٰ وربنا (انعام ۳ احقاف ۴) قالوا بلیٰ شھدنا (اعراف ۱۸) قالوا بلیٰ ولکن

حقت کلمۃ العذاب (زمر ۸) قالوا بلیٰ قالوا فادعوا (مومن ۵) قالوا بلیٰ ولکنکم فتنتم انفسکم (حدید ۲) قالوا بلیٰ قد جاءنا

مرتبہ

قالوا ابنوا لہ بنیانا (صافات ۳) قالوا اطعنا اللہ ولما (یونس ۲) قالوا ادع لنا ربک (بقرۃ ۸) قالوا لمن مرتب

قالوا فادعوا (مومن ۵)

نذير (ملك ١) قالوا تالله لقد علمتم ما جئنا لنفسد في الارض (كهف ٨) قالوا تالله تفتؤ تذكر يوسف (يوسف ٩) قالوا تالله
لقد اثرك الله (يوسف ١١) قالوا تالله انك لفي ضلالك القديم (يوسف ١١) قالوا اتتخذنا هزوا (بقرة ٧) قالوا اتجعل فيها من
يفسد فيها (بقرة ٤) قالوا اتحدثونهم بما فتح الله (بقرة ٨) قالوا اتعجبين من امر الله (هود ٧) قالوا تقاسموا بالله (نمل ٥)
قالوا تلك اذا كرة خاسرة (نازعات ١) قالوا اجئتنا بالحق (انبياء ٥) قالوا اجئتنا لتأفكنا (احقاف ٣) قالوا اجئتنا لتلفتنا (يونس ٨)
قالوا اجئتنا لنعبد الله وحده (اعراف ٩) قالوا جزاؤه من وجد في رحله (يوسف ٩) قالوا نحن اولوا قوة (نمل ٣) قالوا حرقوه وانصروا الهتكم (انبياء ٥)
قالوا حسبنا ما وجدنا عليه اباءنا (مائدة ١٤) قالوا الحق (سبا ٣) قالوا خيرا (نحل ٤) قالوا ربكم اعلم بما لبثتم (كهف ٢) قالوا ربنا افرغ
علينا صبرا (بقرة ٣٣) قالوا ربنا لا تجعلنا مع القوم الظالمين (اعراف ٥) قالوا ربنا هؤلاء شركاؤنا (نحل ٩) قالوا ربنا غلبت
علينا شقوتنا (مؤمنين ٦) قالوا ربنا يعلم (يس ٢) قالوا ربنا من قدم لنا هذا (ص ٧) قالوا ربنا امتنا اثنتين (مؤمن ٢) قالوا
سبحان ربنا (نون ١) قالوا سبحانك لا علم لنا (بقرة ٤) قالوا سبحانك ما كان ينبغي (فرقان ٢) قالوا سبحانك انت ولينا (سبا ٥)
قالوا سحران تظاهرا (قصص ٥) قالوا سلاما قال سلام (هود ٧) واذا خاطبهم الجاهلون قالوا سلاما (فرقان ٦) قالوا سواء
علينا (شعراء ٨) قالوا سمعنا وعصينا (بقرة ١١) ولو انهم قالوا سمعنا واطعنا (نساء ٧) قالوا سمعنا فتى (انبياء ٥) قالوا شهدنا
على انفسنا (انعام ٣) قالوا ضلوا عنا (اعراف ٤ مؤمن ٨) قالوا طائركم معكم (يس ٢) قالوا لفرعون ائن لنا لاجرا (شعراء ٣) قالوا
فيم كنتم (نساء ١٠) قالوا قد سمعنا (انفال ٤) قالوا لقد علمت ما لنا في بناتك من حق (هود ٨) ولقد قالوا كلمة الكفر (توبه ٨) قالوا كذلك قال ربك
(ذاريات ٢) قالوا كنا مستضعفين في الارض (نساء ١٠) قالوا كيف نكلم من كان في المهد صبيا (مريم ٢) قالوا لئن لم يرحمنا ربنا (اعراف ١٨) قالوا لئن اكله
الذئب (يوسف ٢) قالوا لئن لم تنته (شعراء ١٢-١٧) قالوا لا طاقة لنا اليوم (بقرة ٢٥) قالوا لا علم لنا (مائده ١١) قالوا لا تخف (هود ٧ ص ٢ ذاريات ٢) قالوا
لا توجل انا نبشرك بغلام عليم (حجر ٤) قالوا لا ضير (شعراء ٣) قالوا لبثنا يوما او بعض يوم (كهف ٢ مؤمنين ٦) قالوا للذين اوتوا العلم (قتال ٢)
ذلك بانهم قالوا للذين كرهوا ما انزل الله (قتال ٣) ذلك بانهم قالوا لن تمسنا النار (ال عمران ٣) قالوا لن نؤمن حتى نؤتى مثل ما اوتي
رسل الله (انعام ١٥) قالوا لن نبرح عليه عاكفين (طه ٤) قالوا لن نؤثرك (طه ٣) فاذا جاءتهم الحسنة قالوا لنا هذه (اعراف ١٥)
قالوا لو نعلم قتالا لاتبعناكم (ال عمران ١٧) قالوا لولا اجتبيتها (اعراف ٢٤) قالوا لولا اوتي مثل ما اوتي موسى (قصص ٥) قالوا لو
شاء ربنا (فصلت ٢) ذلك بانهم قالوا ليس علينا في الاميين سبيل (ال عمران ٨) قالوا ما اغنى عنكم جمعكم (اعراف ٦) قالوا ما اخلفنا
موعدك (طه ٤) قالوا اما انا قال بكم (سبا ٣) قالوا ما انتم الا بشر مثلنا (يس ٢) قالوا ما هذا الا سحر مفترى (قصص ٤) قالوا ما هذا
الا رجل يريد ان يصدكم (سبا ٥) قالوا فما جزاؤه (يوسف ٨) قالوا وما الرحمن (فرقان ٦) قالوا وما لنا الا نقاتل في سبيل الله (بقرة ٢٥)
قالوا معاذ الله ان ناخذ (يوسف ٨) قالوا معذرة الى ربكم (اعراف ١٧) قالوا من فعل هذا بالهتنا (انبياء ٥) قالوا انؤمن كما امن
السفهاء (بقرة ٢) قالوا انؤمن لك (شعراء ١٢) قالوا نؤمن بما انزل علينا (بقرة ١١) قالوا نحن اعلم بمن فيها (عنكبوت ٤) قالوا نحن اولوا
قوة (نمل ٣) قالوا سنراود عنه اباه (يوسف ٧) قالوا نريد ان ناكل منها (مائده ١٥) قالوا نشهد انك لرسول الله (منافقين ١) قالوا
نعبد الهك (بقرة ١٦) قالوا نعبد اصناما (شعراء ٥) قالوا نعم فاذن مؤذن (اعراف ٥) قالوا نفقد صواع الملك (يوسف ٩) قالوا
وجدنا عليها اباءنا (اعراف ٣) قالوا وجدنا اباءنا لها عابدين (انبياء ٥) قالوا لو هدانا الله لهديناكم (ابراهيم ٤) قالوا هذا الذي
رزقنا من قبل (بقرة ٣) قالوا هذا ما وعدنا الله (احزاب ٣) قالوا هذا سحر وانا به كافرون (زخرف ٣) قالوا هذا عارض (احقاف ٣)
قالوا هذا سحر مبين (نمل ٢ صف ١) قالوا وهم فيها يختصمون (شعراء ٥) الا قالوا ساحر او مجنون (ذاريات ٣) وما كان قولهم الا
ان قالوا ربنا اغفر لنا (ال عمران ١٥) ما كان حجتهم الا ان قالوا ائتوا باباءنا (جاثيه ٣) الا ان قالوا ائتنا بعذاب الله (عنكبوت ٣)
الا ان قالوا اقتلوه (عنكبوت ٣) الا ان قالوا اخرجوهم (اعراف ٩) الا ان قالوا اخرجوا ال لوط (نمل ٥) ثم لم تكن فتنتهم
الا ان قالوا (انعام ٣) الا ان قالوا ابعث الله بشرا رسولا (اسرائيل ١١) بل قالوا مثل ما قال الاولون (مؤمنين ٩) بل قالوا
اضغاث احلام (انبياء ١) يحلفون بالله ما قالوا (توبه ١٠) سنكتب ما قالوا (ال عمران ١٩) فاثابهم الله بما قالوا (مائده ١١)
ثم يعودون لما قالوا (مجادله ١) فبرأه الله مما قالوا (احزاب ٧) ذلك بانهم قالوا (ال عمران ٣) قالوا يا ابانا ما لك لا تأمنا
على يوسف (يوسف ٢) قالوا يا ابانا انا ذهبنا نستبق (يوسف ٢) قالوا يا ابانا منع منا الكيل (يوسف ٧) قالوا يا ابانا ما

نبغی (یوسف ۸) قالوا یا ابانا استغفر لنا (یوسف ۱۰) قالوا یا ایها العزیز (یوسف ۸) فلما دخلوا علیه قالوا یا ایها العزیز (یوسف ۹)
قالوا یا حسرتنا علی ما فرطنا (انعام ۴) قالوا یا ذا القرنین (کهف ۱۱) قالوا یا شعیب اصلاتک تأمرک (هود ۸) قالوا یا شعیب ما
نفقه (هود ۸) قالوا یا صالح قد کنت فینا مرجوا (هود ۶) قالوا یا قومنا انا سمعنا کتابا (احقاف ۴) قالوا یا لوط انا رسل ربک (هود ۷)
قالوا یا مریم لقد جئت شیئا فریا (مریم ۲) قالوا یا موسی اما ان تلقی (اعراف ۱۴ طه ۷) قالوا یا موسی انا لن ندخلها ابدا (مائده ۴) قالوا
یا موسی ادع لنا ربک (اعراف ۱۶) قالوا یا موسی اجعل لنا الها (اعراف ۱۶) قالوا یا نوح قد جادلتنا (هود ۳) قالوا یا ویلنا انا
کنا ظالمین (انبیاء ۲) قالوا یا ویلنا من بعثنا من مرقدنا (یس ۴) قالوا یا ویلنا انا کنا طاغین (نون ۱) قالوا یا هود ما جئتنا ببینة (هود ۵)
اذ قالوا لنبی لهم ابعث لنا ملکا (بقره ۳۲) اذ قالوا ما انزل الله علی بشر (انعام ۱۱) اذ قالوا لیوسف واخوه احب الی ابینا منا (یوسف ۱)
اذ قالوا لقومهم انا برؤا منکم (ممتحنة ۱) واذ قالوا اللهم ان کان هذا هو الحق (انفال ۴) وینذر الذین قالوا اتخذ الله ولدا (کهف ۱)
الذین قالوا لاخوانهم وقعدوا (آل عمران ۱۷) قول الذین قالوا ان الله فقیر (آل عمران ۱۹) الذین قالوا ان الله عهد الینا
(آل عمران ۱۹) لقد کفر الذین قالوا ان الله هو المسیح (مائده ۲-۱۰) لقد کفر الذین قالوا ان الله ثالث ثلثة (مائده ۱۰) الذین قالوا
انا نصاری (مائده ۳) ان الذین قالوا ربنا الله (فصلت ۴ - احقاف ۲) ولا تکونوا کالذین قالوا سمعنا وهم لا یسمعون (انفال ۳)
من الذین قالوا امنا بافواههم (مائده ۶) ومن الذین قالوا انا نصاری (مائده ۳) بل قالوا انا وجدنا اباءنا علی امة (زخرف ۲)
فقالوا یا لیتنا نرد ولا نکذب (انعام ۳) فقالوا هذا لله بزعمهم (انعام ۱۶) فقالوا ارنا الله جهرة (نساء ۲۲) اذ دخلوا علیه
فقالوا سلاما (حجر ۴ ذاریات ۲) فقالوا ربنا اتنا من لدنک رحمة (کهف ۲) فقالوا ربنا رب السموات والارض (کهف ۲) فقالوا
ابنوا علیهم بنیانا (کهف ۳) فقالوا هذا الهکم واله موسی (طه ۹) فقالوا انکم انتم الظالمون (انبیاء ۷) فقالوا انؤمن لبشرین مثلنا (مؤمنون ۳)
فقالوا علی الله توکلنا (یونس ۹) فقالوا ربنا باعد بین اسفارنا (سبا ۲) فقالوا انا الیکم مرسلون (یس ۲) فقالوا ساحر کذاب
(مؤمن ۳) فقالوا ابشرا منا واحدا نتبعه (قمر ۲) فقالوا ابشر یهدوننا (تغابن ۱) فقالوا انا سمعنا قرانا عجبا (جن ۱) لقالوا
انما سکرت ابصارنا (حجر ۱) لقالوا ربنا لولا ارسلت الینا رسولا (طه ۸) لقالوا لولا فصلت ایاته (فصلت ۵) وقالوا اذا کنا عظاما
(اسرائیل ۵-۱۰) وقالوا ءالهتنا خیر ام هو (زخرف ۶) وقالوا ءاذا ضللنا فی الارض (سجده ۱) وقالوا اتخذ الله ولدا (بقره ۱۴)
وقالوا اتخذ الرحمن ولدا (مریم ۹ - انبیاء ۲) وقالوا لاخوانهم (آل عمران ۱۶) وقالوا اساطیر الاولین (فرقان ۱) وقالوا الحمد لله
(اعراف ۵ زمر ۸) وقالوا امنا به (سبا ۱) وقالوا الحمد لله الذی اذهب عنا الحزن (ملائکه ۴) وقالوا ان هی الا حیوتنا الدنیا
(انعام ۳) وقالوا ان نتبع الهدی (قصص ۶) وقالوا ان هذا الا سحر مبین (صافات ۲) وقالوا انا کفرنا بما ارسلتم به (ابراهیم ۲)
وقالوا انا بکل کافرون (قصص ۵) وقالوا لجلودهم لم شهدتم علینا (فصلت ۳) وقالوا یا صالح ائتنا (اعراف ۸) وقالوا حسبنا
الله (آل عمران ۱۸) وقالوا ذرنا نکن مع القاعدین (توبه ۱۱) وقالوا حسبنا الله سیؤتینا (توبه ۷) وقالوا ربنا لم کتبت علینا القتال (نساء ۱۰)
وقالوا ربنا انا اطعنا سادتنا (احزاب ۸) وقالوا ربنا عجل لنا (ص ۲) وقالوا سمعنا واطعنا (بقره ۴۰) وقالوا لولا انزل علیه
ایات من ربه (عنکبوت ۵) وقالوا لولا انزل علیه ملک (انعام ۱) وقالوا لولا نزل علیه ایة (انعام ۴) وقالوا لولا نزل هذا
القران (زخرف ۳) وقالوا لولا یأتینا بایة من ربه (طه ۸) وقالوا لو شاء الرحمن (زخرف ۲) وقالوا لو کنا نسمع او نعقل (ملک ۱)
وقالوا بعزة فرعون (شعراء ۵) وقالوا قد مس اباءنا الضراء (اعراف ۱۲) وقالوا قلوبنا غلف (بقره ۱۱) وقالوا قلوبنا فی اکنة (فصلت ۱)
وقالوا کونوا هودا او نصاری (بقره ۱۶) وقالوا لا تخف ولا تحزن (عنکبوت ۴) وقالوا لا تذرن الهتکم (نوح ۲) وقالوا لا
تنفروا فی الحر (توبه ۱۱) وقالوا لن تمسنا النار (بقره ۱۰) وقالوا لن یدخل الجنة (بقره ۱۳) وقالوا لن نؤمن لک (اسرائیل ۱۰) وقالوا
لنا اعمالنا ولکم اعمالکم (قصص ۶) وقالوا ما فی بطون هذه الانعام (انعام ۱۷) وقالوا ما هذا الا افک (سبا ۵) وقالوا ما هی
الا حیوتنا الدنیا (جاثیه ۳) وقالوا ما لهذا الرسول (فرقان ۱) وقالوا ما لنا لا نری رجالا (ص ۷) وقالوا مجنون وازدجر
(قمر ۱) وقالوا معلم مجنون (دخان ۲) وقالوا من اشد منا قوة (فصلت ۲) وقالوا مهما تأتنا به من ایة (اعراف ۱۶) وقالوا
نحن اکثر اموالا واولادا (سبا ۴) وقالوا هذا افک مبین (نور ۲) وقالوا هذه انعام وحرث (انعام ۱۶) وقالوا یا ایها الذی
نزل علیه الذکر (حجر ۱) وقالوا یا صالح ائتنا بما تعدنا (اعراف ۸) وقالوا یا ایه الساحر ادع لنا ربک (زخرف ۵) وقالوا یا ویلنا

هذا يوم الدين (صافات ٢) قد **قالها** الذين من قبلهم (زمر ٥) قال انى لعملكم من **القالين** (شعراء ١٧) وانه لما قام عبد الله

(جن ٢) واذا اظلم عليهم **قاموا** (بقرة ٢) واذا قاموا الى الصلوة قاموا كسالى (نساء ٢١) اذ قاموا فقالوا ربنا رب السموات والار ض

(كهف ٢) امن هو **قانت** اناء الليل ساجدا (زمر ٢) ان ابراهيم كان امة **قانتا** لله (نحل ١٦) فالصلحات **قانتات** (نساء ٦)

قانتات تائبات عابدات (تحريم ١) كل له **قانتون** (بقرة ١٢ - روم ٣) وقوموا لله **قانتين** (بقرة ٢٤) وكانت من **القانتين**

(تحريم ٢) الصابرين والصادقين **والقانتين** (ال عمران ٢) والقانتين والقانتات (احزاب ٥) فلا تكن من **القانطين** (حجر ٤)

واطعموا **القانع** (حج ٥) وهو **القاهر** فوق عباده (انعام ٢-٧) وانا فوقهم **قاهرون** (اعراف ١٣) **فصل**

الباء وجعلناكم شعوبا **وقبائل** (حجرات ٢) ولا تقم على **قبره** (توبة ١١) او اتيكم بشهاب **قبس** (نمل ١)

لعلى اتيكم منها **بقبس** (طه ١) ثم قبضناه الينا **قبضا** (فرقان ٥) فقبضت **قبضة** من اثر الرسول (طه ٥) والارض جميعا قبضته

يوم القيامة (زمر ٧) ثم **قبضناه** الينا (فرقان ٥) وحشرنا عليهم كل شئ **قبلا** (انعام ١٣) او يأتيهم العذاب قبلا (كهف ٨) الا ان

وقد عصيت **قبل** (يونس ٩) قالوا انا كنا قبل فى اهلنا مشفقين (طور ٢) ليس البر ان تولوا وجوهكم قبل المشرق والمغرب (بقرة ٢٢)

ولناتينهم بجنود لا قبل لهم (نمل ٣) الا ليؤمنن به قبل موته (نساء ٢٢) قبل ان اذن لكم (اعراف ١٣ - طه ٧ - شعراء ٥) الا نبأتكما بتأويله قبل

ان ياتيكما (يوسف ٥) فبدأ باوعيتهم قبل وعاء اخيه (يوسف ٨) ويستعجلونك بالسيئة قبل الحسنة (رعد ١) قال يا قوم لم تستعجلو ن

بالسيئة قبل الحسنة (نمل ٥) الا نحن مهلكوها قبل يوم القيامة (اسرائيل ٦) قد كنت فينا مرجوا قبل هذا (هود ٧) لنفد البحر قبل

ان تنفد كلمات ربى (كهف ١٢) قالت يا ليتنى مت قبل هذا (مريم ٢) قبل طلوع الشمس وقبل الغروب (طه ١٣ - ق ٣) قبل ان ياتونى

مسلمين (نمل ٣) قبل ان تقوم من مقامك (نمل ٣) قبل ان يرتد اليك طرفك (نمل ٤) وقالوا ربنا عجل لنا قطنا قبل يوم الحساب

(ص ٢) انهم كانوا قبل ذلك محسنين (ذاريات ١) انهم كانوا قبل ذلك مترفين (واقعة ٢) ان كان قميصه قد **من قبل** (يوسف ٣)

قالوا هذا الذى رزقنا من قبل (بقرة ٣) وكانوا من قبل يستفتحون على الذين كفروا (بقرة ١٠) قل فلم تقتلون انبياء الله من قبل

(بقرة ١١) كما سئل موسى من قبل (بقرة ١٣) من قبل هدى للناس (ال عمران ١) وان كانوا من قبل لفى ضلال مبين (ال عمران ١٧)

(جمعة ١) كذلك كنتم من قبل (نساء ١٣) والكتاب الذى انزل من قبل (نساء ٢٠) ورسلا قد قصصناهم من قبل عليك (نساء ٢٣) وما انزل

من قبل (مائدة ٩) قد ضلوا من قبل (مائدة ١٠) بل بدا لهم ما كانوا يخفون من قبل (انعام ٣) ونوحا هدينا من قبل (انعام ١٠) لم تكن

امنت من قبل (انعام ٢٠) يقول الذين نسوه من قبل (اعراف ٦) فما كانوا ليؤمنوا بما كذبوا من قبل (اعراف ١٣) قال رب لو شئت اهلكتهم

من قبل (اعراف ٢٠) او تقولوا انما اشرك اباؤنا من قبل (اعراف ٢١) فقد خانوا الله من قبل (انفال ١٠) يضاهئون قول الذين كفروا

من قبل (توبة ٢) لقد ابتغوا الفتنة من قبل (توبة ٧) قد اخذنا امرنا من قبل (توبة ٧) لمن حارب الله ورسوله من قبل (توبة ١٣)

فما كانوا ليؤمنوا بما كذبوا به من قبل (يونس ٨) ما يعبدون الا كما يعبد اباؤهم من قبل (هود ١٠) كما اتمها على ابويك من قبل (يوسف ١)

الا كما امنتكم على اخيه من قبل (يوسف ٧) فقد سرق اخ له من قبل (يوسف ١٠) وقال يا ابت هذا تاويل رؤياى من قبل (يوسف ١١)

انى كفرت بما اشركتمون من قبل (ابراهيم ٤) اولم تكونوا اقسمتم من قبل (ابراهيم ٧) ما قصصنا عليك من قبل (نحل ١٦) والجان

خلقناه من قبل (حجر ٣) لم نجعل له من قبل سميا (مريم ١) وقد خلقتك من قبل (مريم ١) انا خلقناه من قبل ولم يك شيئا (مريم ٧) ولقد

قال لهم هارون من قبل (طه ٩) ولقد عهدنا الى ادم من قبل (طه ١٢) ولقد اتينا ابراهيم رشده من قبل (انبياء ٥) ونوحا اذ نادى

من قبل (انبياء ٦) لقد وعدنا نحن واباؤنا هذا من قبل (مؤمنين ٥ - نمل ٥) وحرمنا عليه المراضع من قبل (قصص ١) بما اوتى موسى

من قبل (قصص ٥) لله الامر من قبل ومن بعد (روم ١) فانظروا كيف كان عاقبة الذين من قبل (روم ٥) ولقد كانوا عاهدوا

الله من قبل (احزاب ٢) سنة الله فى الذين خلوا من قبل (احزاب ٤-٨) من قبل ان ياتى يوم لا بيع فيه (بقرة ٣٦ - ابراهيم ٥)

من قبل ان ياتى يوم لا مرد له من الله (روم ٥ - شورى ٥) وقد كفروا به من قبل (سبأ ٦) كما فعل باشياعهم من قبل (سبأ ٦) نسى ما

كان يدعوا اليه من قبل (زمر ١) ولقد جاءكم يوسف من قبل بالبينات (مؤمن ٤) ومنكم من يتوفى من قبل (مؤمن ٧) بل لم نكن ندعوا

من قبل شيئا (مؤمن ٨) ما كانوا يدعون من قبل (فصلت ٥) كذلكم قال الله من قبل (فتح ٢) فان تتولوا كما توليتم من قبل (فتح ٢) سنة

الله التى قد خلت من قبل (فتح ٣) انا كنا ندعوه من قبل (طور ٢) ولا يكونوا كالذين اوتوا الكتاب من قبل (حديد ٢) الم ياتكم نبؤ

الذین کفروامن قبل (تغابن ۱) وان طلقتموھن من قبل ان تمسوھن (بقرہ ۲۴) الاما حرم اسرائیل علی نفسہ من قبل ان تنزل
التوریۃ (آل عمران ۱۰) انفقوا مما رزقناکم من قبل ان یأتی یوم (بقرہ ۶) ولقد کنتم تمنون الموت من قبل ان تلقوہ (آل عمران ۱۵) من
قبل ان نطمس وجوھا (نساء ۵) الا الذین تابوا من قبل ان تقدروا (مائدۃ ۵) قالوا اوذینا من قبل ان تاتینا (اعراف ۱۵) ماکنت تعلمھا انت
ولا قومک من قبل ھذا (ھود ۵) من قبل ان یقضی الیک وحیہ (طٰہٰ ۱۶) فنتبع ایاتک من قبل ان نذل ونخزی (طٰہٰ ۱۶) من قبل
صلوۃ الفجر (نور ۸) وان کانوا من قبل ان ینزل علیھم (روم ۵) ثم طلقتموھن من قبل ان تمسوھن (احزاب ۶) واسلموا لہ من قبل
ان یاتیکم العذاب (زمر ۶) واتبعوا احسن ما انزل الیکم من ربکم من قبل ان یاتیکم العذاب (زمر ۶) ائتونی بکتاب من قبل ھذا (احقاف ۱)
وقوم نوح من قبل (ذاریات ۵ نجم ۳) من انفق من قبل الفتح (حدید ۱) الا فی کتاب من قبل ان نبرأھا (حدید ۳) فتحریر رقبۃ من
قبل ان یتماسا (مجادلۃ ۱) مرتین) وانفقوا مما رزقناکم من قبل ان یأتی احدکم الموت (منافقین ۲) من قبل ان یاتیھم عذاب الیم
(نوح ۱) ومن قبل کانوا یعملون السیئات (ھود ۷) ومن قبل ما فرطتم فی یوسف (یوسف ۱۰) وقبل غروبھا (طٰہٰ ۸) وقبل
الغروب (قٓ ۳) او یاتیھم العذاب قبلا (کہف ۸) فلنولینک قبلۃ ترضیھا (بقرہ ۱۵) وما بعضھم بتابع قبلۃ بعض (بقرہ ۱۵)
واجعلوا بیوتکم قبلۃ (یونس ۹) وما جعلنا القبلۃ التی کنت علیھا (بقرہ ۱۵) ما اتبعوا قبلتک (بقرہ ۱۵) وما انت بتابع قبلتھم
(بقرہ ۱۵) ما ولٰھم عن قبلتھم التی کانوا علیھا (بقرہ ۱۵) سنۃ من قد ارسلنا قبلک (اسرائیل ۸) وما ارسلنا قبلک الا رجالا
وما ارسلنا الیھم قبلک (سبا ۵) وما ارسلنا قبلک من المرسلین (فرقان ۲) فمال الذین کفروا قبلک مھطعین (معارج ۲) وان کذبوک
فقد کذب رسل من قبلک (آل عمران ۱۹) ولقد استھزئ برسل من قبلک (انعام ۱ رعد ۵- انبیا ۳) ولقد کذبت رسل من قبلک (انعام ۴)
ولقد ارسلنا الی امم من قبلک (انعام ۵) فاسئل الذین یقرءون الکتاب من قبلک (یونس ۱) وما ارسلنا من قبلک (نحل ۶ یوسف ۱۱- انبیا
حج ۷) ولقد ارسلنا رسلا من قبلک (رعد ۶ مومن ۸) ولقد ارسلنا من قبلک (حجر ۱) لتنذر قوما ما اتیھم من نذیر من قبلک (قصص ۵
سجدۃ ۱) وما جعلنا لبشر من قبلک الخلد (انبیاء ۳) ولقد ارسلنا من قبلک رسلا (روم ۵) فقد کذبت رسل من قبلک (ملائکۃ ۱)
وما انزل من قبلک (بقرہ انسا ۶-۷) تاللہ لقد ارسلنا الی امم من قبلک (نحل ۸) ولقد اوحی الیک والی الذین من قبلک (زمر ۷)
لایقال لک الا ما قد قیل للرسل من قبلک (فصلت ۵) کذلک یوحی الیک والی الذین من قبلک (شوری ۱) ما ارسلنا من قبلک فی قریۃ
(زخرف ۳) واسئل من ارسلنا من قبلک (زخرف ۵) الذی خلقکم والذین من قبلکم (بقرہ ۳) کما کتب علی الذین من قبلکم (بقرہ ۹)
ولما یاتکم مثل الذین خلوا من قبلکم (بقرہ ۲۲) ومثلا من الذین خلوا من قبلکم (نور ۵) قد خلت من قبلکم سنن (آل عمران ۱۴) و
لتسمعن من الذین اوتوا الکتاب من قبلکم (آل عمران ۱۹) ولقد وصینا الذین اوتوا الکتاب من قبلکم (نساء ۱۹) من الذین اوتوا الکتاب
من قبلکم (مائدۃ ۱) والمحصنات من الذین من قبلکم اوتوا الکتاب (مائدۃ ۱) ویھدیکم سنن الذین من قبلکم (نساء ۵) قد سألھا قوم
من قبلکم (مائدۃ ۱۴) فی امم قد خلت من قبلکم (اعراف ۴) کما استمتع الذین من قبلکم (توبۃ ۸) کالذین من قبلکم (توبۃ ۷) ولقد اھلکنا القرون
من قبلکم (یونس ۲) فلولا کان من القرون من قبلکم (ھود ۱۰) الم یاتکم نبأ الذین من قبلکم (ابراھیم ۲) فقد کذب امم من قبلکم (عنکبوت ۲)
کما حملتہ علی الذین من قبلنا (بقرہ ۲۹) انما انزل الکتاب علی طائفتین من قبلنا (انعام ۱۶) وان کنتم من قبلہ لمن الضالین
(بقرہ ۲۵) قد خلت من قبلہ الرسل (آل عمران ۱۵ مائدۃ ۱۰) فقد لبثت فیکم عمرا من قبلہ (یونس ۲) وان کنت من قبلہ لمن الغافلین (یوسف ۱)
ان الذین اوتوا العلم من قبلہ (اسرائیل ۱۲) ولو انا اھلکناھم بعذاب من قبلہ (طٰہٰ ۸) الذین اتیناھم الکتاب من قبلہ (قصص ۶) انا
کنا من قبلہ مسلمین (قصص ۶) قد اھلک ان اللہ من قبلہ من القرون (قصص ۸) وما کنت تتلوا من قبلہ من کتاب (عنکبوت ۵) وان
کانوا من قبل ان ینزل علیھم من قبلہ (روم ۵) ام اتیناھم کتابا من قبلہ (زخرف ۲) وظاھرہ من قبلہ العذاب (حدید ۲) وجاء فرعون
ومن قبلہ (حاقۃ ۱) ومن قبلہ کتاب موسی اماما ورحمۃ (ھود ۲- احقاف ۲) قد خلت من قبلھا امم (رعد ۴) واوتینا العلم من
قبلھا (نمل ۵) الم یروا کم اھلکنا قبلھم (یس ۳) ما امنت قبلھم من قریۃ (انبیاء ۱) فقد کذبت قبلھم قوم نوح (حج ۵) افلم یھد لھم
کم اھلکنا قبلھم من القرون (طٰہٰ ۸) ولقد ضل قبلھم اکثر الاولین (صافات ۸) کذبت قبلھم قوم نوح (مومن ا ص ۲ ق ۲ قمر ۱)
ولقد فتنا قبلھم (دخان ۲) وکم اھلکنا قبلھم من قرن (مریم ۸- ق ۱۰) لم یطمثھن انس قبلھم ولا جان (رحمن ۶-۵) کم اھلکنا
من قبلھم من قرن (ص ۱) کدأب آل فرعون والذین من قبلھم (آل عمران ۲- انفال ۶) کذلک کذب الذین من قبلھم (انعام ۱۵)

(يونس ٤٧) كذلك قال الذين من قبلهم (بقرة ١٤) الم يأتكم نبأ الذين من قبلهم (توبة ٧٠) كما استمتع الذين من قبلهم (توبة ٧١) فهل
ينتظرون الا مثل ايام الذين خلوا من قبلهم (يونس ١١) وقد خلت من قبلهم المثلات (رعد ١) وقد مكر الذين من قبلهم (رعد ٥)
قد مكر الذين من قبلهم (نحل ٣) كذلك فعل الذين من قبلهم (نحل ٤) اولم يهد لهم كم اهلكنا من قبلهم (سجدة ٣) الم يروا
كم اهلكنا من قبلهم من قرن (انعام ١) كما استخلف الذين من قبلهم (نور ٧) كما استأذن الذين من قبلهم (نور ٨) ولقد فتنا الذين
من قبلهم (عنكبوت ١) فينظروا كيف كان عاقبة الذين كانوا من قبلهم (مؤمن ٣) فينظروا كيف كان عاقبة الذين من قبلهم (يوسف ١١)
روم املائكة ٥ مؤمن ٩ قتال ١) وكذب الذين من قبلهم (سبأ ٥) فقد كذب الذين من قبلهم من قبلهم (ملائكة ٣) كذب الذين من
قبلهم (زمر ٣) قد قالها الذين من قبلهم (زمر ٥) اهم خير ام قوم تبع والذين من قبلهم (دخان ٤) في امم قد خلت من قبلهم من
الجن والانس (فصلت ٣-احقاف ٢) كذلك ما اتى الذين من قبلهم (ذاريات ٢) والذين تبوّؤ الدار والايمان من قبلهم (حشر ١)
كبتوا كما كبت الذين من قبلهم (مجادلة ١) كمثل الذين من قبلهم (حشر ٢) ولقد كذب الذين من قبلهم (ملك ٢) قل قد جاءكم رسل
من **قبلي** (آل عمران ١٩) وذكر من قبلي (انبياء ٣) وقد خلت القرون من قبلي (احقاف ٢) واذا **القبور** بعثرت (انفطار ١) وان
الله يبعث من **في القبور** (حج ١) وما انت بمسمع من في القبور (ملائكة ٣) كما يئس الكفار من اصحاب القبور (ممتحنة ٢) افلا يعلم اذا
بعثر ما في القبور (عاديات ١) فتقبلها ربها **بقبول** حسن (آل عمران ٤) او تأتي بالله والملائكة **قبيلا** (اسرائيل ١٠) انه يريكم
هو **وقبيله** من حيث لا ترونهم (اعراف ٣)

فصل الثاء

قتال فيه قل قتال فيه كبير (بقرة ٢٧) الا متحرفا
لقتال (انفال ٢) كتب عليكم **القتال** وهو كره لكم (بقرة ٢٦) ان كتب عليهم القتال (بقرة ٢٥) نساء ١) وذكر فيها القتال (قتال ٢)
وقالوا ربنا لم كتبت علينا القتال (نساء ٨) وكفى الله المؤمنين القتال (احزاب ٣) يايها النبي حرض المؤمنين **على القتال** (انفال ٩)
تبوئ المؤمنين مقاعد **للقتال** (آل عمران ١٣) قالوا لو نعلم **قتالا** لا تبعناكم (آل عمران ١٧) ولا يرهق وجوههم **قتر** ولا ذلة
(يونس ٣) ترهقها **قترة** (عبس ٥) فطوعت له نفسه **قتل** اخيه (مائدة ٣) وكذلك زين لكثير من المشركين قتل اولادهم (انعام ١٤)
فكانما قتل الناس جميعا (مائدة ٤) فجزاء مثل ما قتل من النعم (مائدة ١٠) **ومن** قتل مؤمنا خطاء (نساء ١٠) انه من قتل نفسا بغير نفس
(مائدة ٤) ومن قتل مظلوما فقد جعلنا لوليه سلطانا (اسرائيل ٤) **وقتل** داود جالوت (بقرة ٢٦) قتل الخراصون (ذاريات ١)
قتل الانسان ما اكفره (عبس ١) قتل اصحاب الاخدود (بروج ١) ثم قتل كيف قدر (مدثر ١) **فقتل** كيف قدر (مدثر ١) افان
مات او قتل (آل عمران ١٥) لبرز الذين كتب عليهم **القتل** (آل عمران ١٦) ان فررتم من الموت او القتل (احزاب ٢) فلا يسرف
في القتل (اسرائيل ٤) والفتنة اشد **من** القتل (بقرة ١٤) والفتنة اكبر من القتل (بقرة ٢٧) قال **اقتلت** نفسا زكية (كهف ٩)
كما قتلت نفسا بالامس (قصص ٢) قال رب اني قتلت منهم (قصص ٤) باي ذنب قتلت (تكوير ١) **وقتلت** نفسا (طه ٤) ولئن
قتلتم في سبيل الله (آل عمران ١٦) واذ قتلتم نفسا فادارأتم فيها (بقرة ٨) ولئن متم او قتلتم لالى الله تحشرون (آل عمران ١٦)
فلم **قتلتموهم** ان كنتم صادقين (آل عمران ١٩) يقولون لو كان لنا من الامر شيء ما **قتلنا** ههنا (آل عمران ١٦) وقولهم انا قتلنا
المسيح (نساء ١٦) ولا تحسبن الذين **قتلوا** في سبيل الله امواتا (آل عمران ١٧) قد خسر الذين قتلوا اولادهم (انعام ٤) والذين
قتلوا في سبيل الله (قتال ١) والذين هاجروا في سبيل الله ثم قتلوا (حج ٨) لو اطاعونا ما قتلوا (آل عمران ١٧) لو كانوا عندنا
ما ماتوا وما قتلوا (آل عمران ١٦) وقاتلوا **وقتلوا** لاكفرن عنهم (آل عمران ٢٠) اينما ثقفوا اخذوا وقتلوا تقتيلا (احزاب ٨)
وما **قتلوه** وما صلبوه (نساء ١٦) وما قتلوه يقينا بل رفعه الله اليه (نساء ١٦) ومن **قتله** منكم متعمدا (مائدة ١٠) **فقتله** فاصبح
من الخاسرين (مائدة ٤) فانطلقا حتى اذا لقيا غلاما فقتله (كهف ١٠) ولكن الله **قتلهم** (انفال ٢) ان قتلهم كان خطاء كبيرا
(اسرائيل ٤) **وقتلهم** الانبياء بغير حق (آل عمران ١٩ نساء ١٦) كتب عليكم القصاص في **القتلى** (بقرة ٨) وكان الانسان **قتورا**
(اسرائيل ١١) وقثائها وفومها وعدسها (بقرة ٨)

فصل الدال

ان كان قميصه قد من قبل (يوسف ٣) فلما رأى قميصه قد من دبر (يوسف ٣) وان كان قميصه قد من دبر (يوسف ٣) **وقدت**
قميصه من دبر (يوسف ٣) كنا طرائق **قددا** (جن ١) فالتقى الماء على امر قد **قدر** (قمر ١) ثم جئت على **قدر** يا موسى (طه ٤)
وما ننزله الا **بقدر** معلوم (حجر ٢) وانزلنا من السماء ماء بقدر (مؤمنين ٢) ولكن ينزل بقدر ما يشاء (شورى ٣) والذي

(بقرة ٣٢) فلما كتب عليهم القتال

نزل من السماء ماء بقدر (زخرف ۲) انا كل شی خلقناه بقدر (قمر ۳) ومن قدر علیہ رزقہ (طلاق ۱) فقدر علیہ رزقہ
(فجر ۲) و قدر فی السرد واعملوا صالحا (سبا ۲) وبارک فیہا وقدر فیہا اقواتہا (فصلت ۱) انہ فکر وقدر فقتل کیف قدر ثم قتل
کیف قدر (مدثر ۱) انا انزلناه فی لیلۃ القدر وما ادریک ما لیلۃ القدر لیلۃ القدر خیر من الف شہر (قدر ۱) وکان امر اللہ
قدرا مقدورا (احزاب ۵) قد جعل اللہ لکل شی قدرا (طلاق ۱) الا امرأتہ قدرنا انہا لمن الغابرین (حجر ۴) نحن قدرنا بینکم
الموت (واقعہ ۲) و قدرنا فیہا السیر (سبا ۲) فقدرنا فنعم القادرون (مرسلات ۱) والقمر قدرناه منازل (یس ۳)
الا امرأتہ قدرناہا (نمل ۴) قدروہا تقدیرا (انسان ۱) ومتعوہن علی الموسع قدرہ وعلی المقتر قدرہ (بقرہ ۳۱)
وما قدروا اللہ حق قدرہ (انعام ۱۱، زمر ۷) ما قدروا اللہ حق قدرہ (حج ۱۰) فقدرہ تقدیرا (فرقان ۱) خلقہ فقدرہ
(عبس ۱) و قدرہ منازل (یونس ۱) وایدناه بروح القدس (بقرہ ۹-۱۱) اذ ایدتک بروح القدس (مائدہ ۱۵)
قل نزلہ روح القدس من ربک بالحق (نحل ۱۴) وبشر الذین امنوا ان لہم قدم صدق (یونس ۱) فتزل قدم بعد ثبوتہا (نحل ۱۳)
ینبأ الانسان یومئذ بما قدم واخر (قیامۃ ۱) قالوا ربنا من قدم لنا ہذا (ص ۴) لبئس ما قدمت لہم انفسہم (مائدہ ۱۱) و
ما قدمت یداه (کہف ۸) ولتنظر نفس ما قدمت لغد (حشر ۳) یوم ینظر المرء ما قدمت یداه (نبا ۲) علمت نفس ما قدمت (انفطار ۱)
بما قدمت ایدیہم (بقرہ ۱۰، نسا ۷، قصص ۵، روم ۳، شوری ۵، جمعہ ۱) ذلک بما قدمت ایدیکم (ال عمران ۱۹-انفال ۷) ذلک بما
قدمت یداک (حج ۱) وقد قدمت الیکم بالوعید (ق ۳) یقول یالیتنی قدمت لحیاتی (فجر ۳) یأکلن ما قدمتم لہن (یوسف ۵)
وقدمنا الی ما عملوا من عمل (فرقان ۲) انتم قدمتموه لنا فبئس القرار (ص ۴) ونکتب ما قدموا واثارہم (یس ۱) فقدموا
بین یدی نجویکم (مجادلۃ ۲) و قدموا لانفسکم (بقرہ ۲۸) وقدروا واسیات (سبا ۲) الملک القدوس السلام (حشر ۳) الملک
القدوس العزیز الحکیم (جمعہ ۱) ان اللہ علی کل شی قدیر (بقرہ ۲-۱۱ مرتین ۱۵-۲۶-ال عمران ۱۷ نحل ۸ نور ۵ عنکبوت ۲ ملائکۃ
طلاق ۱) واللہ علی کل شیٔ قدیر (بقرہ ۲۹-ال عمران ۲۰-۱۹ مائدہ ۲ مرتین ۵-انفال ۵ توبہ ۴ حشر ۱) انک علی کل شی قدیر (ال عمران
تحریم ۱) وہو علی کل شی قدیر (ہود ۱ روم ۵ شوری احدید اتغابن ۱ ملک ۱) فہو علی کل شی قدیر (انعام ۲) ان اللہ علیم قدیر
(نحل ۱۰) وانہ علی کل شی قدیر (حج ۱) انہ علی کل شیٔ قدیر (فصلت ۴-احقاف ۴) وہو علی جمعہم اذ یشاء قدیر (شوری ۳) انہ علیم
قدیر (شوری ۵) واللہ قدیر (ممتحنۃ ۱) وان اللہ علی نصرہم لقدیر (حج ۶) وہو العلیم القدیر (روم ۶) وکان اللہ علی
ذلک قدیرا (نسا ۲۰) وکان ربک قدیرا (فرقان ۵) فان اللہ کان عفوا قدیرا (نسا ۲۱) وکان اللہ علی کل شی قدیرا (احزاب ۳
فتح ۳) انہ کان علیما قدیرا (ملائکۃ ۵) فسیقولون ہذا افک قدیم (احقاف ۲) قالوا تاللہ انک لفی ضلالک القدیم (یوسف ۱۰)
حتی عاد کالعرجون القدیم (یس ۳)

فضل النزال

وقذف فی قلوبہم الرعب (احزاب ۳، حشر ۱)

فضل القرآن

فقذفناہا فکذلک القی السامری (طہ ۴) واذا قری القرآن (اعراف ۲۴) واذا قری علیہم القرآن
لا یسجدون (انشقاق ۱) فاذا قرأت القرآن (نحل ۱۳) واذا قرأت القرآن (اسرائیل ۵) فقرأه علیہم ما کانوا بہ مومنین (شعراء ۱۱)
ذات قرار ومعین (مومنین ۳) ثم جعلناه نطفۃ فی قرار مکین (مومنین ۱) فجعلناه فی قرار مکین (مرسلات ۱) اجتثت من فوق
الارض ما لہا من قرار (ابراہیم ۴) یصلونہا وبئس القرار (ابراہیم ۵) انتم قدمتموه لنا فبئس القرار (ص ۴) وان الاخرۃ ہی دار
القرار (مومن ۴) اللہ الذی جعل لکم الارض قرارا (مومن ۷) امن جعل الارض قرارا (نمل ۵) بل ہو قرآن مجید (بروج ۱) ائت
بقرآن غیر ہذا (یونس ۲) انہ لقرآن کریم (واقعۃ ۳) وما تتلوا منہ من قرآن (یونس ۷) ان ہو الا ذکر وقرآن مبین (یس ۵)
الر تلک ایات الکتاب وقرآن مبین (حجر ۱) وقرآن الفجر ان قرآن الفجر (اسرائیل ۸) شہر رمضان الذی انزل فیہ القرآن (بقرہ ۲۳)
وان تسئلوا عنہا حین ینزل القرآن (مائدہ ۱۴) واذا قری القرآن فاستمعوا لہ (اعراف ۲۴) لولا نزل علیہ القرآن جملۃ واحدۃ (فرقان ۳)
واذا قری علیہم القرآن لا یسجدون (انشقاق ۱) واوحی الی ہذا القرآن (انعام ۲) وما کان ہذا القرآن (یونس ۴) وقالوا لولا
نزل ہذا القرآن (زخرف ۳) افلا یتدبرون القرآن (نساء ۹، قتال ۳) الذین جعلوا القرآن عضین (حجر ۶) فاذا قرأت القرآن (نحل ۱۳)
واذا قرأت القرآن جعلنا بینک (اسرائیل ۵) طہ ما انزلنا علیک القرآن لتشقی (طہ ۱) وانک لتلقی القرآن من لدن حکیم (نمل ۱) ان الذی
فرض علیک القرآن (قصص ۹) وان اتلوا القرآن (نمل ۷) یستمعون القرآن (احقاف ۴) ولقد یسرنا القرآن (قمر ۲-۲-۳ مرتین)

الرحمن علم القرآن (رحمن ا) ورتل القرآن ترتيلا (مزمل ا) انا نحن نزلنا عليك القرآن تنزيلا (انسان ب) بما اوحينا اليك هذا القرآن
(يوسف ا) ان هذا القرآن يهدى (اسرائيل ا) يا رب ان قومى اتخذوا هذا القرآن مهجورا (فرقان ب) ان هذا القرآن يقص (نمل ۵)
وان اتلوا القرآن (نمل ۷) لو انزلنا هذا القرآن على جبل (حشر ۳) تلك آيات القرآن وكتاب مبين (نمل ا) ولقد صرفنا فى هذا القرآن
(اسرائيل ۵ كهف ۷) ولقد صرفنا للناس فى هذا القرآن (اسرائيل ۱۰) على ان يأتوا بمثل هذا القرآن (اسرائيل ۱۰) ولقد ضربنا فى هذا
القرآن (روم ۶ زمر ۳) وقال الذين كفروا لن نؤمن بهذا القرآن (سبأ ۴) لا تسمعوا لهذا القرآن (فصلت ۴) ولا تعجل بالقرآن
(طه ۶) فذكر بالقرآن من يخاف وعيد (ق ۳) واذا ذكرت ربك فى القرآن (اسرائيل ۵) والشجرة الملعونة فى القرآن (اسرائيل ۶) وننزل
من القرآن ما هو شفاء (اسرائيل ۹) فاقرؤا ما تيسر من القرآن (مزمل ۲) حقا فى التورية والانجيل والقرآن (توبة ۱۴) ولقد آتيناك
سبعا من المثانى والقرآن العظيم (حجر ۶) يس والقرآن الحكيم (يس ا) ص والقرآن ذى الذكر (ص ا) ق والقرآن المجيد (ق ا) انا انزلناه قرآنا
عربيا (يوسف ا) وكذلك انزلناه قرآنا عربيا (طه ۶) قرآنا عربيا غير ذى عوج (زمر ۳) قرآنا عربيا لقوم يعلمون (فصلت ا) ولو جعلناه
قرآنا اعجميا (فصلت ۵) اوحينا اليك قرآنا عربيا (شورى ا) انا جعلناه قرآنا عربيا (زخرف ا) فقالوا انا سمعنا قرآنا عجبا (جن ا) ولو ان
قرآنا سيرت به الجبال (رعد ۴) وقرآنا فرقناه (اسرائيل ۱۲) فاذا قرأناه فاتبع قرآنه (قيامة ۱) انا علينا جمعه وقرآنه (قيامة ۱)
تجعلونه قراطيس تبدونها (انعام ۱۱) وتتخذ ما ينفق قربات عند الله (توبة ۱۲) حتى يأتينا بقربان تأكله النار (آل عمران ۱۹)
اذ قربا قربانا فتقبل من احدهما (مائدة ۵) فلولا نصرهم الذين اتخذوا من دون الله قربانا آلهة (احقاف ۴) الا انها قربة
لهم (توبة ۱۲) وقربناه نجيا (مريم ۴) فقربه اليهم قال الا تأكلون (ذاريات ۲) ولو كانوا اولى قربى (توبة ۱۴) ولو كان
ذا قربى (مائدة ۱۴ - انعام ۱۶ ملائكة ۳) واذا حضر القسمة اولوا القربى (نساء ا) ان يؤتوا اولى القربى والمساكين (نور ۳) فآت
ذا القربى حقه (روم ۴) وآت ذا القربى حقه (اسرائيل ۳) وآتى المال على حبه ذوى القربى واليتامى (بقرة ۲۲) وايتاء ذى القربى
(نحل ۱۳) والجار ذى القربى (نساء ۶) وبذى القربى واليتامى (نساء ۵) ولذى القربى واليتامى (انفال ۵ حشر ۱) وبالوالدين احسانا
وذى القربى (بقرة ۱۰) الا المودة فى القربى (شورى ۳) وقالت امرأة فرعون قرة عين لى (قصص ا) وذرياتنا قرة اعين
(فرقان ۶) ما اخفى لهم من قرة اعين (سجدة ۲) ان يمسسكم قرح فقد مس القوم قرح مثله (آل عمران ۱۴) من بعد ما اصابهم القرح
(آل عمران ۱۸) فقلنا لهم كونوا قردة خاسئين (بقرة ۷) قلنا لهم كونوا قردة خاسئين (اعراف ۲۱) وجعل منهم القردة والخنازير
(مائدة ۹) من ذا الذى يقرض الله قرضا حسنا (بقرة ۲۵ حديد ۲) واقرضتم الله قرضا حسنا (مائدة ۳) واقرضوا الله قرضا حسنا
(حديد ۲ مزمل ۲) ان تقرضوا الله قرضا حسنا (تغابن ۲) ولو نزلنا عليك كتابا فى قرطاس (انعام ا) الم يروا كم اهلكنا من قبلهم
من قرن (انعام ا) وكم اهلكنا قبلهم من قرن (مريم ۶ - ۱۰۰ ق ۳) كم اهلكنا من قبلهم من قرن (ص ا) وقرن فى بيوتكن ولا تبرجن
(احزاب ۴) ثم انشأنا من بعدهم قرنا آخرين (مؤمنين ۳) وانشأنا من بعدهم قرنا آخرين (انعام ا) ويسألونك عن ذى القرنين
(كهف ۱۱) قلنا يا ذا القرنين (كهف ۱۱) قالوا يا ذا القرنين (كهف ۱۱) والمطلقات يتربصن بانفسهن ثلثة قروء (بقرة ۲۸) وقد
خلت القرون من قبلى (احقاف ۲) ولقد اهلكنا القرون من قبلكم (يونس ۲) من بعد ما اهلكنا القرون الاولى (قصص ۵)
قال فما بال القرون الاولى (طه ۲) فلولا كان من القرون من قبلكم (هود ۱۰) وكم اهلكنا من القرون (اسرائيل ۲)
اولم يهد لهم كم اهلكنا من قبلهم من القرون (سجدة ۳) افلم يهد لهم كم اهلكنا قبلهم من القرون (طه ۸) الم يروا كم اهلكنا قبلهم
من القرون (يس ۳) ان الله قد اهلك من قبله من القرون (قصص ۸) ثم انشأنا من بعدهم قرونا آخرين (مؤمنين ۳) ولكنا انشأنا
قرونا (قصص ۵) وقرونا بين ذلك كثيرا (فرقان ۴) قرى ظاهرة وقدرنا (سبأ ۲) الا فى قرى محصنة (حشر ۲) وكلوا واشربى
وقرى عينا (مريم ۲) ولتنذر ام القرى ومن حولها (انعام ۱۱) ذلك ان لم يكن ربك مهلك القرى (انعام ۱۶) ولو ان اهل
القرى آمنوا (اعراف ۱۲) افامن اهل القرى (اعراف ۱۲) تلك القرى نقص عليك من انبائها (اعراف ۱۳) ذلك من انباء القرى (هود ۹)
اذا اخذ القرى وهى ظالمة (هود ۹) ليهلك القرى بظلم (هود ۱۰) الا رجالا نوحى اليهم من اهل القرى (يوسف ۱۲) وتلك القرى
اهلكناهم (كهف ۸) وما كان ربك مهلك القرى (قصص ۶) وما كنا مهلكى القرى (قصص ۶) وجعلنا بينهم وبين القرى التى باركنا فيها
(سبأ ۲) لتنذر ام القرى ومن حولها (شورى ۱) ما افاء الله على رسوله من اهل القرى (حشر ۱) ولقد اهلكنا ما حولكم من

القری (احقاف ۱۳) واذا سألك عبادی عنی فانی قریب (بقرہ ۹) الا ان نصر الله قریب (بقرہ ۲۶) ان رحمت الله قریب
(اعراف ۷) فیأخذکم عذاب قریب (هود ۷) ان ربی قریب مجیب (هود ۷) انہ سمیع قریب (سبا ۵) لعل الساعة قریب (شوری ۲)
نصر من الله وفتح قریب (صف ۲) لولا اخرتنا الی اجل قریب (نساء ۱۱) اخرنا الی اجل قریب (ابراهیم ۷) واخذوا من مكان قریب
(سبا ۶) یوم ینادی المناد من مكان قریب (ق ۳) لولا اخرتنی الی اجل قریب (منافقین ۲) وان ادری أقریب ام بعید ما توعدون
(انبیاء ۷) قل ان ادری أقریب ما توعدون (جن ۲) الیس الصبح بقریب (هود ۸) ثم یتوبون من قریب (نساء ۳) لو كان
عرضا قریبا وسفرا قاصدا (توبہ ۷) فجعل من دون ذلك فتحا قریبا (فتح ۳) كمثل الذین من قبلهم قریبا (حشر ۲) ونریہ قریبا
(معارج ۱) انا انذرناكم عذابا قریبا (نبأ ۲) فلولا كانت قریة آمنت (یونس ۱۰) قالت ان الملوك اذا دخلوا قریة افسدوها
(نمل ۳) وضرب الله مثلا قریة (نحل ۱۵) واذا اردنا ان نهلك قریة (اسرائیل ۲) حتی اذا اتیا اهل قریة (كهف ۱۰) وكذلك جعلنا
فی كل قریة اكابر (انعام ۱۵) ولو شئنا لبعثنا فی كل قریة (فرقان ۵) او كالذی مر علی قریة (بقرہ ۳۵) وحرام علی قریة اهلكناها
(انبیاء ۷) وما ارسلنا فی قریة من نبی (اعراف ۱۲) وما ارسلنا فی قریة من نذیر (سبا ۴) كذلك ما ارسلنا من قبلك فی قریة (زخرف ۲)
وكم من قریة اهلكناها (اعراف ۱) وما اهلكنا من قریة (حجر ۱ شعراء ۱۱) وان من قریة الا نحن مهلكوها (اسرائیل ۶) ما آمنت
قبلهم من قریة (انبیاء ۱) وكم قصمنا من قریة (انبیاء ۲) فكاین من قریة (حج ۶) وكاین من قریة (قتال ۲ طلاق ۲) وكم اهلكنا
من قریة بطرت معیشتها (قصص ۶) واذ قیل لهم اسكنوا هذه القریة (اعراف ۲۰) واذ قلنا ادخلوا هذه القریة (بقرہ ۶)
یقولون ربنا اخرجنا من هذه القریة (نساء ۱۰) واسئل القریة التی كنا فیها (یوسف ۱۰) قالوا انا مهلكوا اهل هذه القریة (عنكبوت ۳)
انا منزلون علی اهل هذه القریة (عنكبوت ۴) واضرب لهم مثلا اصحاب القریة (یس ۲) ولقد اتوا علی القریة (فرقان ۴) وا
عن القریة (اعراف ۲۱) ونجیناه من القریة (انبیاء ۵) هی اشد قوة من قریتك التی اخرجتك (قتال ۲) اخرجوهم من قریتكم
(اعراف ۱۰) الا ان قالوا اخرجوا ال لوط من قریتكم (نمل ۴) والذین آمنوا معك من قریتنا (اعراف ۱۱) علی رجل من القریتین
عظیم (زخرف ۳) قال قائل منهم انی كان لی قرین (صافات ۲) فهو لہ قرین (زخرف ۴) فبئس القرین (زخرف ۴) ومن یكن
الشیطان لہ قرینا فساء قرینا (نساء ۶) وقال قرینہ هذا ما لدی عتید (ق ۲) قال قرینہ ربنا ما اطغیتہ (ق ۲) **فصل**
السین ثم قست قلوبكم (بقرہ ۹) ولكن قست قلوبهم (انعام ۵) فقست قلوبهم (حدید ۲) ونضع الموازین القسط
(انبیاء ۴) واولوا العلم قائما بالقسط (آل عمران ۲) ویقتلون الذین یأمرون بالقسط (آل عمران ۳) وان تقوموا للیتامی بالقسط (نساء ۱۹)
كونوا قوامین بالقسط (نساء ۲۰) كونوا قوامین لله شهداء بالقسط (مائدہ ۲) وان حكمت فاحكم بینهم بالقسط (مائدہ ۶) واوفوا
الكیل والمیزان بالقسط (انعام ۱۹) قل امر ربی بالقسط (اعراف ۳) لیجزی الذین آمنوا وعملوا الصالحات بالقسط (یونس ۱) قضی بینهم
بالقسط (یونس ۵) وقضی بینهم بالقسط (یونس ۶) اوفوا المكیال والمیزان بالقسط (هود ۸) واقیموا الوزن بالقسط (رحمن ۱) لیقوم
الناس بالقسط (حدید ۳) وزنوا بالقسطاس المستقیم (اسرائیل ۴ شعراء ۱۰) بان منهم قسیسین ورهبانا (مائدہ ۱۱) هل
فی ذلك قسم لذی حجر (فجر ۱) وانہ لقسم لو تعلمون عظیم (واقعہ ۳) تلك اذا قسمة ضیزی (نجم ۲) ونبئهم ان الماء قسمة بینهم
(قمر ۲) واذا حضر القسمة اولوا القربی (نساء ۲) نحن قسمنا بینهم معیشتهم (زخرف ۳) فهی كالحجارة او اشد قسوة (بقرہ ۹)
فجعلنا قلوبهم قاسیة (مائدہ ۳) **فصل الصاد** وقص علیہ القصص (قصص ۳) والجروح قصاص (بقرہ
والسن بالسن والجروح قصاص (مائدہ ۷) كتب علیكم القصاص فی القتلی (بقرہ ۱۸) ولكم فی القصاص حیوة (بقرہ ۱۸) وعلی
الله قصد السبیل (نحل ۱) وبئر معطلة وقصر مشید (حج ۶) انها ترمی بشرر كالقصر (مرسلات ۳) ان هذا لهو القصص
الحق (آل عمران ۷) فلما جاءہ وقص علیہ القصص (قصص ۳) فاقصص القصص لعلهم یتفكرون (اعراف ۲۲) نحن نقص علیك احسن
القصص (یوسف ۱) فارتدا علی آثارهما قصصا (كهف ۹) حرمنا ما قصصنا علیك من قبل (نحل ۲۲) منهم من قصصنا علیك
(مؤمن ۸) ورسلا قد قصصناهم علیك (نساء ۲۲) لقد كان فی قصصهم عبرة (یوسف ۱۱) وكم قصمنا من قریة (انبیاء ۲)
تتخذون من سهولها قصورا (اعراف ۱۰) ویجعل لك قصورا (فرقان ۱) وهم بالعدوة القصوی (انفال ۵) فانتبذت
بہ مكانا قصیا (مریم ۲) وقالت لاختہ قصیہ فبصرت بہ (قصص ۱) **فصل الضاد** وعنبا وقضبا

اوتطلع قریبا من دارهم (رعد ۶) قل عسی ان یكون قریبا (اسرائیل ۵)
لعل الساعة تكون قریبا (احزاب ۸) واثابهم فتحا قریبا
لا یكادون یفقهون قولا (كهف ۱۱)

ونبتونا (عبس) اذا قضوا منهن وطرا (احزاب) قضى الامر الذى فيه تستفتيان (يوسف) فاذا جاء امر الله قضى بالحق

(مؤمن) قضى بينهم بالقسط (يونس) اذ قضى الامر وهم فى غفلة (مريم) اذا قضى امرا (آل عمران) (مريم) اذا قضى الله

ورسوله امرا (احزاب) فاذا قضى امرا (مؤمن) واذا قضى امرا (بقرة) فيمسك التى قضى عليها الموت (زمر) هو الذى

خلقكم من طين ثم قضى اجلا (انعام) وقال الشيطان لما قضى الامر (ابراهيم) فلما قضى ولوا الى قومهم منذرين (احقاف)

فلما قضى موسى الاجل (قصص) فلما قضى زيد منها وطرا (احزاب) فوكزه موسى فقضى عليه (قصص) ولو انزلنا ملكا لقضى

الامر (انعام) لقضى الامر بينى وبينكم (انعام) لقضى اليهم اجلهم (يونس) ولولا كلمة سبقت من ربك لقضى بينهم (يونس، هود)

فصلت) الى اجل مسمى لقضى بينهم (شورى) ولولا كلمة الفصل لقضى بينهم بالحق (شورى) فمنهم من قضى نحبه (احزاب)

وقضى بينهم بالقسط (يونس) وقضى الامر (بقرة) وقضى بينهم بالحق (زمر) وغيض الماء وقضى الامر (هود) وقضى

ربك الا تعبدوا الا اياه (اسرائيل) ثم لا يجدوا فى انفسهم حرجا مما قضيت (نساء) ايما الاجلين قضيت فلا عدوان (قصص)

فاذا قضيت الصلوة (جمعة) فاذا قضيتم مناسككم (بقرة) فاذا قضيتم الصلوة فاذكروا الله (نساء) اذ قضينا الى موسى

الامر (قصص) فلما قضينا عليه الموت (سبا) وقضينا اليه ذلك الامر (حجر) وقضينا الى بنى اسرائيل (اسرائيل) الا حاجة فى نفس

يعقوب قضيها (يوسف) فقضيهن سبع سموات فى يومين (فصلت) **فصل الطاء** واسلنا له

عين القطر (سبا) قال اتونى افرغ عليه قطرا (كهف) سرابيلهم من قطران (ابراهيم) وفى الارض قطع متجاورات (رعد)

فقطع دابر القوم الذين ظلموا (انعام) وسقوا ماء حميما فقطع امعاءهم (قتال) فاسر باهلك بقطع من الليل (هود

حجر) قطعا من الليل (يونس) فالذين كفروا قطعت لهم ثياب من نار (حج) او قطعت به الارض (رعد) ما قطعتم من

لينة (حشر) ما بال النسوة اللاتى قطعن ايديهن (يوسف) وقطعن ايديهن (يوسف) ثم لقطعنا منه الوتين (حاقة)

وقطعنا دابر الذين كذبوا (اعراف) وقطعناهم اثنتى عشرة اسباطا امما (اعراف) وقطعناهم فى الارض امما (اعراف) ما

يملكون من قطمير (ملائكة) وقالوا ربنا عجل لنا قطنا (ص) قطوفها دانية (حاقة) وذللت قطوفها تذليلا (انسان)

فصل العين وقعد الذين كذبوا الله ورسوله (توبة) الذين قالوا لاخوانهم وقعدوا (آل عمران)

اذ هم عليها قعود (بروج) انكم رضيتم بالقعود اول مرة (توبة) الذين يذكرون الله قياما وقعودا (آل عمران) فاذكروا

الله قياما وقعودا (نساء) وعن الشمال قعيد (ق) **فصل الفاء** وقفوهم انهم مسئولون (صافات)

ثم قفينا على آثارهم برسلنا (حديد) وقفينا على آثارهم (مائدة) وقفينا من بعده بالرسل (بقرة) وقفينا بعيسى ابن مريم

(حديد) **فصل اللام** قل الله اذن لكم (يونس) قل ءانبئكم بخير من ذلكم (آل عمران) قل ءانتم اعلم

ام الله (بقرة) قل ائنكم لتكفرون بالذى خلق الارض (فصلت) قل ءالذكرين حرم ام الانثيين (انعام) قل اتخذتم

عند الله عهدا (بقرة) قل اتعبدون من دون الله (مائدة) قل اتعلمون الله بدينكم (حجرات) قل اتنبئون الله بما لا

يعلم (يونس) قل احل لكم الطيبات (مائدة) قل ابالله واياته ورسوله كنتم تستهزءون (توبة) قل اتحاجوننا فى الله (بقرة) قل

ادعوا شركاءكم (اعراف) قل ادعوا الذين زعمتم (اسرائيل، سبا) قل ادعوا الله او ادعوا الرحمن (اسرائيل) قل اذلك خير ام جنة

الخلد (فرقان) قل اذن خير لكم (توبة) قل ارءيتكم ان اتيكم عذاب الله (انعام) قل ارءيتم ان اخذ الله سمعكم (انعام)

قل ارءيتم ما انزل الله لكم (يونس) قل ارءيتم ان اتيكم عذابه (يونس) قل ارءيتم ان جعل الله (قصص) قل ارءيتم شركاءكم

(ملائكة) قل ارءيتم ان كان من عند الله (فصلت، احقاف) قل ارءيتم ما تدعون من دون الله (احقاف) قل ارءيتم ان اهلكنى

الله (ملك) ارءيتم قل ان اصبح ماؤكم غورا (ملك) قل ارونى الذين الحقتم به شركاء (سبا) قل استهزءوا ان الله مخرج ما تحذرون

(توبة) قل اصلاح لهم خير (بقرة) قل اطيعوا الله والرسول (آل عمران) قل اطيعوا الله واطيعوا الرسول (نور) قل اعوذ

برب الفلق (فلق) قل اعوذ برب الناس (ناس) قل اغير الله ابغى ربا (انعام) قل اغير الله اتخذ وليا (انعام) قل افاتخذتم من دونه

اولياء (رعد) قل افانبئكم بشر من ذلكم (حج) قل افرءيتم ما تدعون من دون الله (زمر) قل افغير الله تامرونى (زمر) قل

افلا تذكرون (مؤمنين) قل افلا تتقون (مؤمنين) قل الحمد لله وسلام على عباده (نمل) قل الحمد لله بل اكثرهم لا يعقلون

خرجاماً

(عنکبوت ۷) قل الحمد لله بل اکثرهم لا یعلمون (لقمان ۳) قل الذی فطرکم (اسرائیل ۵) قل الله یفتیکم فیهن (نساء ۱۹) قل الروح

من امر ربی (اسرائیل ۱۰) قل الله یفتیکم فی الکلالة (نساء ۲۴) قل الله شهید بینی وبینکم (انعام ۲) قل الله ینجیکم منها (انعام ۷)

قل الله ثم ذرهم (انعام ۱۱) قل الله اسرع مکرا (یونس ۲) قل الله یهدی للحق (یونس ۴) قل الله یبدؤ الخلق (یونس ۴) قل الله

خالق کل شیء (رعد ۲) قل الله اعلم بما لبثوا (کهف ۳) قل الله اعبد مخلصا له دینی (زمر ۲) قل الله وانا او ایاکم لعلی هدی (سبا ۳)

قل الله یحییکم ثم یمیتکم (جاثیه ۴) قل اللهم مالک الملک (آل عمران ۳) قل اللهم فاطر السموات والارض (زمر ۵) قل امر ربی

بالقسط (اعراف ۳) قل امنا بالله وما انزل علینا (آل عمران ۹) قل امنوا به او لا تؤمنوا (اسرائیل ۱۱) قل اندعوا من دون الله

(انعام ۷) قل انزله الذی یعلم السر (فرقان ۱) قل انظروا ماذا فی السموات (یونس ۱۱) قل الانفال لله والرسول (انفال ۱) قل

انفقوا طوعا او کرها (توبه ۷) قل ان کان لکم الدار الاخرة (بقره ۱۱) قل ان هدی الله هو الهدی (بقره ۱۳ - انعام ۷) قل ان تخفوا

ما فی صدورکم (آل عمران ۳) قل ان کنتم تحبون الله (آل عمران ۴) قل ان الفضل بید الله (آل عمران ۸) قل ان الهدی هدی

الله (آل عمران ۸) قل ان الامر کله لله (آل عمران ۱۶) قل ان الله قادر علی ان ینزل ایة (انعام ۴) قل ان صلاتی ونسکی (انعام ۱۷)

قل ان الله لا یأمر بالفحشاء (اعراف ۳) قل ان کان اباؤکم وابناؤکم (توبه ۳) قل ان الذین یفترون علی الله الکذب (یونس ۷)

قل ان افتریته فعلی اجرامی (هود ۳) قل ان الله یضل من یشاء (رعد ۴) قل ان ربی یبسط الرزق (سباء مرتین) قل ان ربی

یقذف بالحق (سبا ۵) قل ان ضللت (سبا ۵) ان قل الخاسرین الذین خسروا انفسهم (زمر ۲) قل ان کان للرحمن ولد (زخرف ۷)

قل ان افتریته فلا تملکون لی (احقاف ۱) قل ان الاولین والاخرین (واقعه ۲) قل ان الموت الذی تفرون منه (جمعه ۲) قل ان

ادری اقریب ما توعدون (جن ۲) قل انما هو اله واحد (انعام ۲) قل انما الایات عند الله (انعام ۱۳) قل انما حرم ربی الفواحش

(اعراف ۴) قل انما علمها عند ربی (اعراف ۲۳) قل انما علمها عند الله (اعراف ۱۹ - احزاب ۷) قل انما امرت ان اعبد الله (رعد ۵)

قل انما اتبع ما یوحی الی من ربی (اعراف ۲۴) قل انما انا بشر مثلکم (کهف ۱۲ فصلت ۱) قل انما انذرکم بالوحی (انبیاء ۳) قل انما یوحی

الی (انبیاء ۷) قل انما الایات عند الله (عنکبوت ۵) قل انما اعظکم بواحدة (سبا ۶) قل انما انا منذر (ص ۵) قل انما العلم عند الله

(ملک ۲) قل انما ادعوا ربی (جن ۲) قل انی هدانی ربی (انعام ۲۰) قل انی اخاف ان عصیت (انعام ۲ زمر ۲) قل انی امرت ان

اکون اول من اسلم (انعام ۲) قل انی امرت ان اعبد الله (زمر ۲) قل انی علی بینة من ربی (انعام ۷) قل انی لا املک لکم ضرا (جن ۲)

قل انی لن یجیرنی من الله احد (جن ۲) قل انی نهیت ان اعبد الله (انعام ۶ مؤمن ۷) قل اوحی الی انه استمع نفر من الجن (جن ۱)

قل ای شیء اکبر شهادة (انعام ۲) قل ای وربی انه لحق (یونس ۲) قل بئسما یأمرکم به ایمانکم (بقره ۱۱) قل بفضل الله وبرحمته (یونس ۶)

قل بل ملة ابراهیم حنیفا (بقره ۱۶) قل بلی وربی لتأتینکم (سبا ۱) قل بلی وربی لتبعثن (تغابن ۱) قل تربصوا فانی معکم من المتربصین

(طور ۲) قل تعالوا اتل ما حرم ربکم علیکم (انعام ۱۹) قل تمتع بکفرک قلیلا (زمر ۱) قل تمتعوا فان مصیرکم الی النار (ابراهیم ۳)

قل جاء الحق وما یبدئ الباطل (سبا ۶) قل حسبی الله (زمر ۴) قل رب اما ترینی (مؤمنون ۲) قل ربی اعلم بعدتهم (کهف ۳) قل ربی

اعلم من جاء بالهدی (قصص ۹) قل سأتلوا علیکم منه ذکرا (کهف ۱۱) قل سبحان ربی هل کنت الا بشرا رسولا (اسرائیل ۱۰) قل سموهم

(رعد ۲) قل سیروا فی الارض (انعام ۲ نمل ۶ روم ۵ عنکبوت ۲) قل صدق الله (آل عمران ۱۰) قل عسی ان یکون قریبا (اسرائیل ۶)

قل عسی ان یکون ردف لکم (نمل ۶) قل فأتوا بالتوراة (آل عمران ۱۰) قل فأتوا بسورة مثله (یونس ۴) قل فأتوا بعشر سور

(هود ۲) قل فأتوا بکتاب من عند الله (قصص ۵) قل فادرءوا عن انفسکم (آل عمران ۱۷) قل فانی تسحرون (مؤمنون ۵) قل فلله الحجة

البالغة (انعام ۱۸) قل فلم تقتلون انبیاء الله (بقره ۱۱) قل فلم یعذبکم بذنوبکم (مائده ۳) قل فمن یملک من الله (مائده ۳) قل فمن

یملک لکم (فتح ۲) قل فیهما اثم کبیر (بقره ۲۷) قل قتال فیه کبیر (بقره ۲۷) قل قد جاءکم رسل من قبلی (آل عمران ۱۹) قل کفی بالله شهیدا

(رعد ۶ - اسرائیل ۱۱) قل کفی بالله بینی وبینکم (عنکبوت ۵) قل کل من عند الله (نساء ۱۱) قل کل یعمل علی شاکلته (اسرائیل ۹) قل کل متربص

(طه ۸) قل کونوا حجارة او حدیدا (اسرائیل ۵) یأیها النبی قل لازواجک (احزاب ۴ - ۴) قل لئن اجتمعت الانس والجن (اسرائیل ۹) قل

قل لا یستوی الخبیث والطیب (مائده ۱۳) قل لا اشهد (انعام ۲) قل لا اقول لکم عندی خزائن الله (انعام ۵) قل لا اتبع اهواءکم

(انعام ۷) قل لا اسألکم علیه اجرا (انعام ۹ شوری ۳) قل لا اجد فیما اوحی الی محرما (انعام ۱۸) قل لا تمنوا علی اسلامکم (حجرات ۲)

قل العفو (بقره ۲۷)

قل لا املك لنفسي نفعا ولا ضرا (اعراف ١٩) قل لا تعتذروا لن نؤمن لكم (توبة ١١) قل لا املك لنفسي ضرا ولا نفعا (يونس ٥)
قل لا تقسموا طاعة معروفة (نور ٧) قل لا يعلم من في السموات والارض (نمل ٧) قل لا تسألون عما اجرمنا (سبا ٣) قل لست عليكم
بوكيل (انعام ٨) قل للذين كفروا (آل عمران ٢ - انفال ٥) قل للذين امنوا (جاثية ٢) قل لكم ميعاد يوم (سبا ٤) قل للمؤمنين يغضوا من
ابصارهم (نور ٤) قل للمخلفين من الاعراب (فتح ٢) قل لله المشرق والمغرب (بقرة ١٧) قل لله الشفاعة جميعا (زمر ٥) قل لعبادي
الذين امنوا (ابراهيم ٥) قل لم تؤمنوا ولكن قولوا اسلمنا (حجرات ٢) قل لمن ما في السموات والارض (انعام ٢) قل لمن في ايديكم من
الاسرى (انفال ٧) قل لمن الارض ومن فيها (مؤمنين ٥) قل لن تتبعونا (فتح ٢) قل لن يصيبنا الا ما كتب الله لنا (توبة ٧) قل لن
ينفعكم الفرار ان فررتم (احزاب ٢) قل لو كنتم في بيوتكم (آل عمران ١٦) قل لو ان عندي ما تستعجلون به (انعام ٦) قل لو شاء الله ما
تلوته عليكم (يونس ٢) قل لو كان معه الهة (اسرائيل ٥) قل لو كان في الارض ملائكة (اسرائيل ١١) قل لو انتم تملكون خزائن رحمة ربي
(اسرائيل ١١) قل لو كان البحر مدادا (كهف ١١) قل ما اسألكم عليه من اجر (فرقان ٦ - ص ٥) قل ما يعبؤ بكم ربي (فرقان ٦) قل ما سألتكم
من اجر (سبا ٥) قل ما كنت بدعا من الرسل (احقاف ١) قل ما عند الله خير من اللهو ومن التجارة (جمعة ٢) قل ما انفقتم من خير (بقرة ٢٢)
قل ما يكون لي ان ابدله (يونس ٢) قل متاع الدنيا قليل (نساء ٨) قل من كان عدوا لجبريل (بقرة ١٠) قل من ينجيكم من ظلمات البر (انعام ٧)
قل من انزل الكتاب (انعام ١١) قل من حرم زينة الله (اعراف ٤) قل من يرزقكم من السماء (يونس ٤) قل من رب السموات والارض (رعد ٢)
قل من كان في الضلالة (مريم ٨) قل من يكلؤكم بالليل والنهار (انبياء ٥) قل من رب السموات السبع (مؤمنين ٥) قل من ذا الذي يعصمكم
من الله (احزاب ٢) قل من يرزقكم من السموات (سبا ٣) قل موتوا بغيظكم (آل عمران ١٢) قل نار جهنم اشد حرا (توبة ٥) قل نزله روح
القدس (نحل ١٤) قل نعم وانتم داخرون (صافات ١) قل هاتوا برهانكم (بقرة ١٢ - انبياء ٣ - نمل ٧) قل هذه سبيلي ادعوا الى الله (يوسف ١٢)
قل هل انبئكم بشر من ذلك (مائدة ٧) قل هل يستوي الاعمى والبصير (انعام ٥ - رعد ٣) قل هل عندكم من علم (انعام ١٨) قل هل تربصون
بنا الا احدى الحسنيين (توبة ٧) قل هل من شركائكم (يونس ٤ مرتين) قل هل امنكم عليه (يوسف ٧) قل هل ننبئكم بالاخسرين اعمالا
(كهف ١١) قل هل يستوي الذين يعلمون (زمر ١) قل هلم شهداءكم (انعام ١٩) قل هو اذى فاعتزلوا النساء (بقرة ٢٨) قل هو من عند
انفسكم (آل عمران ١٧) قل هو القادر على ان يبعث (انعام ٧) قل هو ربي لا اله الا هو (رعد ١٣) قل هو نبأ عظيم (ص ٧) قل هو للذين
امنوا هدى (فصلت ٥) قل هو الذي انشأكم (ملك ٢) قل هو الذي ذرأكم في الارض (ملك ٢) قل هو الرحمن امنا به (ملك ٢) قل
هو الله احد (اخلاص ١) قل هي مواقيت للناس (بقرة ٢٩) قل هي للذين امنوا (اعراف ٤) قل يا اهل الكتاب لم تكفرون (آل عمران ١٠)
قل يا اهل الكتاب تعالوا (آل عمران ٧) قل يا اهل الكتاب لم تصدون عن سبيل الله (آل عمران ١٠) قل يا اهل الكتاب هل تنقمون
منا (مائدة ٧) قل يا اهل الكتاب لستم على شيء (مائدة ١٠) قل يا اهل الكتاب لا تغلوا في دينكم (مائدة ١٠) قل يا ايها الذين هادوا (جمعة ١)
قل يحييها الذي انشأها اول مرة (يس ٥) قل يجمع بيننا ربنا (سبا ٣) قل يوم الفتح لا ينفع الذين كفروا (سجدة ٣) قل يا ايها الناس (اعراف ٢٠
يونس ١١ مرتين حج ٥) قل يا قوم اعملوا على مكانتكم (انعام ١٥ - زمر ٤) قل يا عباد الذين امنوا (زمر ٢) قل يا عبادي الذين اسرفوا
(زمر ٦) قل يا ايها الكافرون (كافرون ١) فان حاجوك فقل اسلمت وجهي لله (آل عمران ٢) فقل تعالوا ندع ابناءنا (آل عمران ٧)
فقل سلام عليكم (انعام ٦) فقل ربكم ذو رحمة واسعة (انعام ١٨) فقل لن تخرجوا معي ابدا (توبة ٩) فان تولوا فقل حسبي الله
(توبة ١٣) فقل انما الغيب لله (يونس ٢) فقل افلا تتقون (يونس ٤) فان كذبوك فقل لي عملي (يونس ٥) فقل لهم قولا ميسورا
(اسرائيل ٣) فقل ينسفها ربي نسفا (طه ١١) فقل آذنتكم على سواء (انبياء ١١) فقل الله اعلم بما تعملون (حج ٧) فقل الحمد لله (مؤمنون ٣)
فقل اني بريء مما تعملون (شعراء ١١) فقل انما انا من المنذرين (نمل ٧) فان اعرضوا فقل انذرتكم (فصلت ٢) فقل هل لك الى
ان تزكى (نازعات ١) وقل لهم في انفسهم (نساء ٧) وقل للذين اوتوا الكتاب (آل عمران ٢) وقل للذين لا يؤمنون (هود ١١)
وقل اعملوا فسيرى الله عملكم (توبة ١٣) وقل اني انا النذير المبين (حجر ٦) وقل رب ارحمهما (اسرائيل ٣) وقل لهما قولا كريما (اسرائيل ٣)
وقل للمؤمنات يغضضن من ابصارهن (نور ٤) وقل لعبادي (اسرائيل ٦) وقل جاء الحق وزهق الباطل (اسرائيل ٩) وقل
عسى ان يهدين ربي (كهف ٣) وقل الحق من ربكم (كهف ٤) وقل الحمد لله (اسرائيل ١٢ - نمل ٧) وقل امنت بما انزل الله (شورى ٢)
وقل سلام فسوف يعلمون (زخرف ٧) وقل رب ادخلني مدخل صدق (اسرائيل ٩) وقل رب زدني علما (طه ٦) وقل رب انزلني منزلا

مبارکا (مؤمنين ٣) وقل رب اعوذ بك من همزات الشياطين (مؤمنين ٦) وقل رب اغفر وارحم (مؤمنين ٦) مما قلّ منه او کثر

(نساء ١) ولا القلائد ولا امين البيت الحرام (مائدة ١) والشهر الحرام والهدى والقلائد (مائدة ١٣) لمن كان له قلب

او القى السمع (ق ٣) كذلك يطبع الله على كل قلب متكبر جبار (مؤمن ٤) الامن اتى الله بقلب سليم (شعراء ٥) اذ جاء ربه بقلب

سليم (صافات ٣) وجاء بقلب منيب (ق ٣) ولو كنت فظا غليظ القلب (آل عمران ١٧) فانه نزله على قلبك (بقرة ١٢)

نزل به الروح الامين على قلبك (شعراء ١١) فان يشاء الله يختم على قلبك (شورى ٣) وقلبوا لك الامور (توبة ٧) ومن

يكتمها فانه آثم قلبه (بقرة ٣٩) ولا تطع من اغفلنا قلبه (كهف ٤) ومن يؤمن بالله يهد قلبه (تغابن ٢) ويشهد الله على

ما في قلبه (بقرة ٢٥) فيطمع الذى في قلبه (احزاب ٤) ان الله يحول بين المرء وقلبه (انفال ٣) وقلبه مطمئن بالايمان (نحل ١٤)

وختم على سمعه وقلبه (جاثية ٣) لولا ان ربطنا على قلبها (قصص ١) قال اولم تؤمن قال بلى ولكن ليطمئن قلبى (بقرة ٣٥) ما جعل الله لرجل

قلبين (احزاب ١) ما قلت لهم الا ما امرتنى به (مائدة ١٦) ءانت قلت للناس (مائدة ١٦) قلت لا اجد ما احملكم عليه (توبة ١٢)

ولئن قلت انكم مبعوثون من بعد الموت (هود ١) قلت ما شاء الله لا قوة الا بالله (كهف ٥) حتى اذا اقلّت سحابا ثقالا (اعراف ٧)

فقلت استغفروا ربكم (نوح ١) قل قد جاءكم رسل من قبلى بالبينات وبالذى قلتم (آل عمران ١٩) ولولا اذ سمعتموه قلتم ما يكون

۵۷ لنا (نور ٢) حتى اذا هلك قلتم لن يبعث الله من بعده رسولا (مؤمن ٤) قلتم ما ندرى ما الساعة (جاثية ٤) قلتم انى هذا (آل عمران

اذ قلتم سمعنا واطعنا (مائدة ١) واذا قلتم فاعدلوا (انعام ١٩) واذ قلتم يا موسى لن نؤمن لك (بقرة ٦) ان كنت قلته فقد علمته

(مائدة ١٦) الذى علم بالقلم (علق ١) ن والقلم وما يسطرون (نون ١) قلن حاش لله ما علمنا عليه من سوء (يوسف ٦) وقلن

حاش لله ما هذا بشرا (يوسف ٤) وقلن قولا معروفا (احزاب ٤) قلنا اهبطوا منها جميعا (بقرة ٤) قلنا لهم كونوا قردة خاسئين

(اعراف ٢١) قلنا احمل فيها من كل زوجين (هود ٤) قلنا يا ذا القرنين (كهف ١١) قلنا لا تخف انك انت الاعلى (طه ٣) قلنا يا نار كونى

بردا (انبياء ٥) واذ قلنا للملائكة اسجدوا لآدم (بقرة ٤ - اسرائيل ٧ كهف ٧ طه ٧) واذ قلنا ادخلوا هذه القرية (بقرة ٦) واذ

قلنا لك ان ربك احاط بالناس (اسرائيل ٦) ثم قلنا للملائكة اسجدوا لآدم (اعراف ٢) لقد قلنا اذا شططا (كهف ٢) واذا استسقى موسى

لقومه فقلنا اضرب بعصاك الحجر (بقرة ٧) فقلنا لهم كونوا قردة (بقرة ٨) فقلنا اضربوه ببعضها (بقرة ٩) فقلنا يا آدم ان هذا

عدو لك ولزوجك (طه ٧) فقلنا ما تواريها بكم (قصص ٤) فقلنا اذهبا الى القوم الذين كذبوا باياتنا (فرقان ٤) لو نشاء لقلنا

مثل هذا (انفال ٤) وقلنا يا آدم اسكن انت وزوجك الجنة (بقرة ٤) وقلنا اهبطوا بعضكم لبعض عدو (بقرة ٤) وقلنا

لهم ادخلوا الباب سجدا (نساء ٢٢) وقلنا لهم لا تعدوا في السبت (نساء ٢٢) وقلنا من بعده لبنى اسرائيل (اسرائيل ١٢) فكذبنا وقلنا

ما نزل الله من شئ (ملك ١) لهم قلوب لا يفقهون بها (اعراف ٢٢) فتكون لهم قلوب يعقلون بها (حج ٦) قلوب يومئذ واجفة

(نازعات ١) اشمأزت قلوب الذين لا يؤمنون بالآخرة (زمر ٥) من بعد ما كاد يزيغ قلوب فريق منهم (توبة ١٤) ام على قلوب

اقفالها (قتال ٣) كذلك نطبع على قلوب المعتدين (يونس ٨) كذلك يطبع الله على قلوب الكافرين (اعراف ١٢) كذلك يطبع الله

على قلوب الذين لا يعلمون (روم ٦) سنلقى في قلوب الذين كفروا (آل عمران ١٦) ساُلقى فى قلوب الذين كفروا (انفال ٢) كذلك

نسلكه في قلوب المجرمين (حجر ١) كذلك سلكناه في قلوب المجرمين (شعراء ١١) وجعلنا في قلوب الذين اتبعوه رأفة (حديد ٤) الا بذكر

الله تطمئن القلوب (رعد ٤) ولكن تعمى القلوب (حج ٦) تتقلب فيه القلوب والابصار (نور ٥) واذ زاغت الابصار

وبلغت القلوب الحناجر (احزاب ٢) اذ القلوب لدى الحناجر (مؤمن ٢) فانها من تقوى القلوب (حج ٤) ثم قست قلوبكم من بعد

ذلك (بقرة ٩) ولكن يؤاخذكم بما كسبت قلوبكم (بقرة ٢٨) ولتطمئن قلوبكم به (آل عمران ١٣) ولتطمئن به قلوبكم (انفال ١) ولكن

ما تعمدت قلوبكم (احزاب ١) فالف بين قلوبكم (آل عمران ١١) وليربط على قلوبكم (انفال ٢) وختم على قلوبكم من اله (انعام ٥)

وليمحص ما فى قلوبكم (آل عمران ١٦) ان يعلم الله فى قلوبكم خيرا (انفال ١٠) والله يعلم ما فى قلوبكم (احزاب ٦) وزين ذلك فى

قلوبكم (فتح ٢) وزينه فى قلوبكم (حجرات ١) ولما يدخل الايمان فى قلوبكم (حجرات ٢) فعلم ما فى قلوبهم (فتح ٢) ذلكم اطهر لقلوبكم

(احزاب ٦) فقد صغت قلوبكما (تحريم ١) وقالوا قلوبنا غلف (بقرة ١١) وقولهم قلوبنا غلف (نساء ٢٢) ان ناكل منها وتطمئن

قلوبنا (مائدة ١٦) وقالوا قلوبنا فى اكنة (فصلت ١) ربنا لا تزغ قلوبنا (آل عمران ١) ولا تجعل فى قلوبنا غلا (حشر ١) تشابهت

قلوبہم (بقرۃ ١١) ولکن قست قلوبہم (انعام ۵) ولم تؤمن قلوبہم (مائدۃ ۶) الذین اذا ذکر الله وجلت قلوبہم (انفال اجع)
یرضونکم بافواہہم وتأبی قلوبہم (توبۃ ۱) وارتابت قلوبہم فہم فی ریبہم (توبۃ ۵) والمؤلفۃ قلوبہم (توبۃ ۸) الذین آمنوا وتطمئن
قلوبہم (رعد ۴) الا ان تقطع قلوبہم (توبۃ ۱۱) الذین لا یؤمنون بالاخرۃ قلوبہم منکرۃ (نحل ۳) لاھیۃ قلوبہم واسروا النجوی
(انبیاء ۱) والقاسیۃ قلوبہم (حج ۷) فتخبت لہ قلوبہم (حج ۷) بل قلوبہم فی غمرۃ من ہذا (مؤمنین ۷) فویل للقاسیۃ قلوبہم (زمر ۳)
ان تخشع قلوبہم لذکر الله (حدید ۲) فقست قلوبہم (حدید ۲) وجعلنا قلوبہم قاسیۃ (مائدۃ ۳) صرف الله قلوبہم (توبۃ ۱۳)
اولئک الذین امتحن الله قلوبہم للتقوی (حجرات ۱) ازاغ الله قلوبہم (صف ۱) والفت بین قلوبہم (انفال ۸) ما الفت بین
قلوبہم (انفال ۸) ویذہب غیظ قلوبہم (توبۃ ۲) ختم الله علی قلوبہم (بقرۃ ۱) ونطبع علی قلوبہم (اعراف ۱۲) وطبع علی قلوبہم
(توبۃ ۱) واشدد علی قلوبہم فلا یؤمنوا (یونس ۹) طبع الله علی قلوبہم (نحل ۱۴) (قتال ۲) وجعلنا علی قلوبہم اکنۃ (انعام ۳-۱۰) (بنی اسرائیل ۵)
وربطنا علی قلوبہم (کہف ۲) انا جعلنا علی قلوبہم اکنۃ (کہف ۸) کلا بل ران علی قلوبہم (مطففین ۱) فطبع علی قلوبہم (منافقون ۱)
حتی اذا فزع عن قلوبہم (سبأ ۳) فی قلوبہم مرض (بقرۃ ۲) واشربوا فی قلوبہم العجل (بقرۃ ۱۱) فاما الذین فی قلوبہم زیغ (آل عمران ۱)
لیجعل الله ذلک حسرۃ فی قلوبہم (آل عمران ۱۶) یقولون بافواہہم ما لیس فی قلوبہم (آل عمران ۱۷) فتری الذین فی قلوبہم مرض
(مائدۃ ۸) والذین فی قلوبہم مرض (انفال ۵ - احزاب ۲-۸) فاعقبہم نفاقا فی قلوبہم (توبۃ ۱۰) لا یزال بنیانہم الذی بنوا
ریبۃ فی قلوبہم (توبۃ ۱۳) واما الذین فی قلوبہم مرض (توبۃ ۱۶) للذین فی قلوبہم مرض (حج ۷) وقذف فی قلوبہم (احزاب ۳) (حشر ۱)
رأیت الذین فی قلوبہم مرض (قتال ۲) ام حسب الذین فی قلوبہم مرض (قتال ۴) ما لیس فی قلوبہم (فتح ۲) اذ جعل الذین کفروا فی
قلوبہم (فتح ۳) اولئک کتب فی قلوبہم (مجادلۃ ۳) ولیقول الذین فی قلوبہم مرض (مدثر ۲) فعلم ما فی قلوبہم (فتح ۳) اولئک الذین
یعلم الله ما فی قلوبہم (نساء ۹) تنبئہم بما فی قلوبہم (توبۃ ۸) افی قلوبہم مرض (نور ۶) ثم تلین جلودہم وقلوبہم الی ذکر الله (زمر ۳)
والذین یؤتون ما اتوا وقلوبہم وجلۃ (مؤمنین ۴) تحسبہم جمیعا وقلوبہم شتی (حشر ۲) ذلکم اطہر لقلوبکم وقلوبہن (احزاب ۷)
ما ودعک ربک وما قلی (ضحی ۱) متاع قلیل ثم مأویہم جہنم (آل عمران ۲) متاع قلیل ولہم عذاب الیم (نحل ۱۵) قل متاع الدنیا قلیل
(نساء ۱۱) واذکروا اذ انتم قلیل مستضعفون (انفال ۳) فما متاع الحیوۃ الدنیا فی الاخرۃ الا قلیل (توبۃ ۶) ما یعلمہم الا قلیل (کہف ۳)
قال عما قلیل لیصبحن نادمین (مؤمنین ۳) وشیء من سدر قلیل (سبأ ۲) وقلیل من عبادی الشکور (سبأ ۲) وقلیل من الاخرین (واقعۃ ۲)
واذکروا اذ کنتم قلیلا فکثرکم (اعراف ۱۱) اذ یریکہم الله فی منامک قلیلا (انفال ۶) اذ التقیتم فی اعینکم قلیلا (انفال ۵) قال ومن
کفر فامتعہ قلیلا (بقرۃ ۱۵) قلیلا ما تشکرون (اعراف ۱ - مؤمنین ۸ - سجدۃ ۱ - ملک ۲) قلیلا ما تذکرون (نمل ۵) (حاقۃ ۲) قلیلا ما تذکرون
(مؤمن ۶) فلیضحکوا قلیلا ولیبکوا کثیرا (توبۃ ۱۱) لقد کدت ترکن الیہم شیأ قلیلا (اسرائیل ۸) نمتعہم قلیلا ثم نضطرہم (لقمان ۳) قل
تمتع بکفرک قلیلا (زمر ۱) انا کاشفوا العذاب قلیلا (دخان ۱) واعطی قلیلا واکدی (نجم ۳) وما ہو بقول شاعر قلیلا ما تؤمنون
(حاقۃ ۲) او انقص منہ قلیلا (مزمل ۱) ومہلہم قلیلا (مزمل ۱) کلوا وتمتعوا قلیلا (مرسلات ۲) ولا تشتروا بآیاتی ثمنا قلیلا (بقرۃ ۵)
(مائدۃ ۶) لیشتروا بہ ثمنا قلیلا (بقرۃ ۹) ویشترون بہ ثمنا قلیلا (بقرۃ ۱۱) یشترون بعہد الله وایمانہم ثمنا قلیلا (آل عمران ۸) واشتروا
بہ ثمنا قلیلا (آل عمران ۱۹) اشتروا بآیات الله ثمنا قلیلا (توبۃ ۱) لا یشترون بآیات الله ثمنا قلیلا (آل عمران ۲۰) ولا تشتروا بعہد
الله ثمنا قلیلا (نحل ۱۳) ثم تولیتم الا قلیلا منکم (بقرۃ ۱۰) تولوا الا قلیلا منہم (بقرۃ ۳۲) فشربوا منہ الا قلیلا منہم (بقرۃ ۳۳) فلا یؤمنون
الا قلیلا (نساء ۵-۲۲) لاتبعتم الشیطان الا قلیلا (نساء ۱۱) ولا یذکرون الله الا قلیلا (نساء ۲۱) ولا تزال تطلع علی خائنۃ منہم الا
قلیلا منہم (مائدۃ ۳) الا قلیلا ممن انجینا منہم (ہود ۱۰) فذروہ فی سنبلہ الا قلیلا مما تأکلون (یوسف ۶) یأکلن ما قدمتم لہن
الا قلیلا مما تحصنون (یوسف ۶) وتظنون ان لبثتم الا قلیلا (اسرائیل ۵) لاحتنکن ذریتہ الا قلیلا (اسرائیل ۷) اذا لا یلبثون
خلافک الا قلیلا (اسرائیل ۸) وما اوتیتم من العلم الا قلیلا (اسرائیل ۱۰) قال ان لبثتم الا قلیلا (مؤمنین ۶) لم تسکن من بعدہم
الا قلیلا (قصص ۹) واذا لا تمتعون الا قلیلا (احزاب ۲) ولا یأتون البأس الا قلیلا (احزاب ۲) ما قاتلوا الا قلیلا (احزاب ۲)
لا یجاورونک فیہا الا قلیلا (احزاب ۸) بل کانوا لا یفقہون الا قلیلا (فتح ۲) قم اللیل الا قلیلا (مزمل ۱) فقلیلا ما یؤمنون
(بقرۃ ۱۱) کم من فئۃ قلیلۃ (بقرۃ ۳۳) ان ہؤلاء لشرذمۃ قلیلون (شعراء ۴) **فضل المسیم** یا ایہا المزمل

ما فعلوہ الا قلیل (نساء ۱۰)

ثم الليل (مزمل ١) يا ايها المدثر قم فانذر (مدثر ١) اذا قمتم الى الصلوة (مائدة ١) فاذا برق البصر وخسف القمر (قيامة ١) اقتربت
الساعة وانشق القمر (قمر ١) فلما رای القمر بازغا (انعام ٩) لا الشمس ينبغي لها ان تدرك القمر (يس ٣) وجعل القمر فيهن نورا (نوح ٢)
الشمس والقمر بحسبان (رحمن ١) وجمع الشمس والقمر (قيامة ١) ومن في الارض والشمس والقمر (حج ٢) ومن اياته الليل والنهار
والشمس والقمر (فصلت ٤) لا تسجدوا للشمس ولا للقمر (فصلت ٤) والشمس والقمر حسبانا (انعام ١٠) والشمس والقمر والنجوم
(اعراف ٦ نحل ٢) هو الذي جعل الشمس ضياء والقمر نورا (يونس ١) والشمس والقمر رايتهم لي ساجدين (يوسف ١) وسخر الشمس
والقمر (رعد ١ عنكبوت ٦ ملائكة ٢ زمر ١ لقمان ٣) وسخر لكم الشمس والقمر (ابراهيم ٥) والنهار والشمس والقمر (انبياء ٣) والقمر
قدرناه منازل (يس ٣) كلا والقمر والليل اذا ادبر (مدثر ٣) والقمر اذا اتسق (انشقاق ١) والقمر اذا تليها (شمس ١) انا نخاف من
ربنا يوما عبوسا قمطريرا (انسان ١) والجراد والقمل والضفادع (اعراف ١٦) ان كان قميصه قد من قبل (يوسف ٣)
وان كان قميصه قد من دبر (يوسف ٣) وقدت قميصه من دبر (يوسف ٣) فلما راى قميصه قد من دبر (يوسف ٣) وجاءوا على
قميصه بدم كذب (يوسف ٢) اذهبوا بقميصي هذا (يوسف ١٠)

فصل النون

فقنا عذاب النار (آل عمران ٢٠) وقنا عذاب النار (بقرة ٢١ - آل عمران ٢٠) والقناطير المقنطرة (آل عمران ٢) واتيتم احديهن
قنطارا (نساء ٣) ومن اهل الكتاب من ان تامنه بقنطار (آل عمران ٨) وهو الذي ينزل الغيث من بعد ما قنطوا (شوری ٣)
من طلعها قنوان دانية (انعام ١٢) وان مسه الشر فيؤس قنوط (فصلت ٥)

فصل الواو

يا ايها الذين امنوا
قوا انفسكم (تحريم ١) قال انه صرح ممرد من قوارير (نمل ٣) كانت قواريرا قوارير من فضة (انسان ١) واذ يرفع ابراهيم القواعد
(بقرة ٣) فاتى الله بنيانهم من القواعد (نحل ٣) والقواعد من النساء (نور ٦) وكان بين ذلك قواما (فرقان ٦) الرجال
قوامون على النساء (نساء ٦) يا ايها الذين امنوا كونوا قوامين لله (مائدة ١) كونوا قوامين بالقسط (نساء ١٩) قلت ما شاء الله
لا قوة الا بالله (كهف ٥) كانوا اشد منكم قوة (توبة ٧) كانوا اشد منهم قوة واثاروا الارض (روم ١) ويزدكم قوة الى قوتكم
(هود ٥) قال لو ان لي بكم قوة (هود ٧) من هو اشد منه قوة (قصص ٨) وكانوا اشد منهم قوة (ملائكة ٥) كانوا اشد منهم قوة
واثارا في الارض (مؤمن ٣) ثم جعل من بعد ضعف قوة (روم ٦) كانوا اكثر منهم واشد قوة واثارا في الارض (مؤمن ٩) وقالوا
من اشد منا قوة (فصلت ٢) الذي خلقهم هو اشد منهم قوة (فصلت ٢) هي اشد قوة من قريتك (قتال ٢) من بعد قوة انكاثا
(نحل ١٣) قالوا نحن اولوا قوة (نمل ٣) ثم جعل من بعد قوة ضعفا وشيبة (روم ٦) ذي قوة عند ذي العرش مكين (تكوير ١) خذوا
ما اتيناكم بقوة (بقرة ٧ - ١٠ - اعراف ٢١) فخذها بقوة (اعراف ١٨) فاعينوني بقوة (كهف ١١) يا يحيى خذ الكتاب بقوة (مريم ١)
واعدوا لهم ما استطعتم من قوة (انفال ٨) فما له من قوة ولا ناصر (طارق ١) ان القوة لله جميعا (بقرة ٢٠) ما ان مفاتحه
لتنوء بالعصبة اولي القوة (قصص ٨) ان الله هو الرزاق ذو القوة المتين (ذاريات ٣) ويزدكم قوة الى قوتكم (هود ٥)
وان قوتلتم لننصرنكم (حشر ٢) ولئن قوتلوا لا ينصرونهم (حشر ٢) فكان قاب قوسين او ادنى (نجم ١) فحق علينا قول
ربنا (صافات ٢) ان هذا الا قول البشر (مدثر ١) قول معروف ومغفرة (بقرة ٣٦) لقد سمع الله قول الذين قالوا (آل عمران ١٩)
يضاهئون قول الذين كفروا (توبة ٥) قول الحق الذي فيه يمترون (مريم ٢) واجتنبوا قول الزور (حج ٣) انما كان قول المؤمنين اذا
دعوا الى الله (نور ٧) قد سمع الله قول التي تجادلك (مجادلة ١) الا قول ابراهيم لابيه (ممتحنة ١) وما هو بقول شاعر (حاقة ٢) ولا
بقول كاهن (حاقة ٢) وما هو بقول شيطان رجيم (تكوير ١) انكم لفي قول مختلف (ذاريات ١) انه لقول رسول كريم (حاقة ٢
تكوير ١) انه لقول فصل وما هو بالهزل (طارق ١) ما يلفظ من قول الا لديه رقيب عتيد (ق ٢) طاعة وقول معروف (قتال ٣)
الا من سبق القول (هود ٤ مؤمنين ٢) فحق عليها القول (اسرائيل ٢) واذا وقع القول عليهم (نمل ٦) ووقع القول عليهم (نمل ٦)
قال الذين حق عليهم القول (قصص ٦) ولكن حق القول مني (سجدة ٢) لقد حق القول على اكثرهم (يس ١) ويحق القول على الكافرين
(يس ٥) وحق عليهم القول (فصلت ٣) اولئك الذين حق عليهم القول (احقاف ٢) ما يبدل القول لدي (ق ٣) سواء منكم من
اسر القول (رعد ٢) قال ربي يعلم القول (انبياء ١) فالقوا اليهم القول (نحل ١٣) افلم يدبروا القول (مؤمنين ٤) ولقد وصلنا لهم القول
(قصص ٥) يرجع بعضهم الى بعض القول (سبا ٤) الذين يستمعون القول (زمر ٢) زخرف القول (انعام ١٤) ولتعرفنهم في لحن

التقول (قتال ۳) يثبت الله الذين امنوا بالقول الثابت (ابراهيم ۳) وان تجهر بالقول (طه ۱) لايسبقونه بالقول
(انبياء ۲) فلا تخضعن بالقول (احزاب ۴) ولاتجهروا له بالقول (حجرات ۱) اذ يبيتون مالايرضى **من** القول (نساء ۱۱)
لايحب الله الجهر بالسوء من القول (نساء ۱۵) ودون الجهر من القول (اعراف ۲۴) ام بظاهر من القول (رعد ۴) انه يعلم الجهر
من القول (انبياء ۲) وهدوا الى الطيب من القول (حج ۳) وانهم ليقولون منكرا من القول (مجادلة ۱) فبدل الذين ظلموا **قولا**
غير الذى قيل لهم (بقرة ۶) الا ان تقولوا قولا معروفا (بقرة ۳۰) وقولوا لهم قولا معروفا (نساء امرتين) وليقولوا قولا سديدا (نساء)
وقل لهم فى انفسهم قولا بليغا (نساء ۹) فبدل الذين ظلموا منهم قولا غير الذى قيل لهم (اعراف ۲۱) وقل لهما قولا كريما (اسرائيل ۳)
فقل لهم قولا ميسورا (اسرائيل ۳) انكم لتقولون قولا عظيما (اسرائيل ۴) لايكادون يفقهون قولا (كهف ۱۰) فقولا له قولا لينا
(طه ۵) افلا يرون الا يرجع اليهم قولا (طه ۹) الا من اذن له الرحمن ورضى له قولا (طه ۱۱) وقلن قولا معروفا (احزاب ۴) وقولوا
قولا سديدا (احزاب ۷) سلام قولا من رب رحيم (يس ۴) ومن احسن قولا ممن دعا الى الله (فصلت ۵) انا سنلقى عليك قولا ثقيلا
(مزمل ۱) فأتيا فرعون **فقولا** (شعراء ۲) فأتياه فقولا انا رسولا ربك (طه ۵) وما نحن بتاركى الهتنا عن **قولك** (هود ۵)
ذلكم **قولكم** بافواهكم (احزاب ۱) واسروا قولكم او اجهروا به (ملك ۲) انما **قولنا** لشىء اذا اردناه (نحل ۵) قولوا امنا بالله (بقرة ۱۶)
ولكن **قولوا** اسلمنا (حجرات ۲) فان تولوا **فقولوا** اشهدوا بانا مسلمون (ال عمران ۷) فقولوا يا ابانا ان ابنك سرق (يوسف ۹)
و قولوا للناس حسنا (بقرة ۹) وقولوا حطة (بقرة ۶-اعراف ۲۱) وقولوا انظرنا واسمعوا (بقرة ۱۱) وقولوا لهم قولا معروفا (نساء ۱)
وقولوا قولا سديدا (احزاب ۷) وقولوا امنا بالذى انزل الينا (عنكبوت ۵) ومن الناس من يعجبك **قوله** (بقرة ۲۱) قوله الحق
(انعام ۸) فتبسم ضاحكا من **قولها** (نمل ۲) ذلك **قولهم** بافواههم (توبة ۵) ولايحزنك قولهم (يونس ۷) وان تعجب فعجب
قولهم (رعد ۱) فلايحزنك قولهم (يس ۵) وما كان قولهم الا ان قالوا اغفر لنا (ال عمران ۱۵) كذلك قال الذين لايعلمون مثل
قولهم (بقرة ۱۴) كذلك قال الذين من قبلهم مثل قولهم (بقرة ۱۵) **عن** قولهم الاثم (مائدة ۹) وان يقولوا تسمع **لقولهم**
(منافقين ۱) **و** قولهم قلوبنا غلف (نساء ۲۱) وقولهم على مريم بهتانا عظيما (نساء ۲۱) وقولهم انا قتلنا المسيح عيسى ابن مريم (نساء ۲۲)
يفقهوا **قولى** (طه ۲) ولم ترقب قولى (طه ۵) **فقولى** انى نذرت للرحمن صوما (مريم ۳) واتخذ **قوم** موسى من بعده (اعراف ۱۸)
فقد كذبت قبلهم قوم نوح (حج ۵) كذبت قوم نوح المرسلين (شعراء ۱۱) كذبت قوم لوط المرسلين (شعراء ۱۶) كذبت قبلهم قوم نوح
(مؤمن ۱ ص ۲ ق ۲ قمر ۱) اهم خير ام قوم تبع (دخان ۴) وما قوم لوط منكم ببعيد (هود ۸) اذ هم **قوم** ان يبسطوا اليكم ايديهم
(مائدة ۲) ذلك بانهم قوم لايعقلون (مائدة ۹ حشر ۲) قد سألها قوم من قبلكم (مائدة ۱۴) بل انتم قوم مسرفون (اعراف ۱۰ يس ۲)
قال انكم قوم تجهلون (اعراف ۱۶) بانهم قوم لايفقهون (انفال ۷ توبة ۱۳) بانهم قوم لايعلمون (توبة ۱) ولكنهم قوم يفرقون
(توبة ۷) ذلك بانهم قوم لايفقهون (حشر ۲) بل نحن قوم مسحورون (حجر ۱) قال انكم قوم منكرون (حجر ۵) واعانه عليه قوم اخرون
(فرقان ۱) بل انتم قوم عادون (شعراء ۹) بل انتم قوم تفتنون (نمل ۴) بل انتم قوم تجهلون (نمل ۵) بل هم قوم يعدلون (نمل ۵)
بل هم قوم خصمون (زخرف ۶) وقيله يارب ان هؤلاء قوم لايؤمنون (زخرف ۷) ان هؤلاء قوم مجرمون (دخان ۱) لايسخر
قوم من قوم (حجرات ۲) قال سلام قوم منكرون (ذاريات ۲) بل هم قوم طاغون (ذاريات ۳) ام هم قوم طاغون (طور ۲) كذبت
قوم لوط بالنذر (قمر ۲) ولقد فتنا قبلهم **قوم** فرعون (دخان ۱) قوم فرعون الايتقون (شعراء ۱) انهم كانوا قوم سوء
(انبياء امرتين) ما اصاب قوم نوح او قوم هود (هود ۸) فنفعها ايمانها الا قوم يونس (يونس ۱) الا بعدا لعاد **قوم** هود (هود ۵)
الم يأتهم نبأ الذين من قبلكم قوم نوح (توبة ۹) الم يأتكم نبؤا الذين من قبلكم قوم نوح (ابراهيم ۲) مثل دأب قوم نوح (مؤمن ۲) اصابت
حرث **قوم** ظلموا انفسهم (ال عمران ۱۲) ولايجرمنكم شنان قوم (مائدة امرتين) ولاتتبعوا اهواء قوم قد ضلوا (مائدة ۱) كما انشأكم
من ذرية قوم اخرين (انعام ۱۶) واذكروا اذ جعلكم خلفاء من بعد قوم نوح (اعراف ۹) ويشف صدور قوم مؤمنين (توبة ۲)
انى تركت ملة قوم لايؤمنون (يوسف ۵) ولكل قوم هاد (رعد ۱) **او** قوم نوح او قوم صالح (هود ۸) ستدعون **الى** قوم
اولى بأس شديد (فتح ۲) الا الذين يصلون الى قوم بينكم وبينهم ميثاق (نساء ۸) انا ارسلنا الى قوم لوط (هود ۷) قالوا انا ارسلنا
الى قوم مجرمين (حجر ۴ ذاريات ۲) فسوف يأتى الله **بقوم** (مائدة ۸) ان الله لايغير ما بقوم (رعد ۲) واذا اراد الله بقوم

سوٗ (رعد ۲) فاتوا **علی** قوم یعکفون علی اصنام لہم (اعراف ۱۶) فکیف اسی علی قوم کافرین (اعراف ۱۰) ذلک بان اللہ
لم یک مغیرا نعمہا علی قوم (انفال ۷) الا علی قوم بینکم وبینہم میثاق (انفال ۸) وجدہا تطلع علی قوم (کہف ۹) الا علی قوم
بینکم وبینہم میثاق (انفال ۸) وماتغنی الایات والنذر **عن** قوم لایومنون (یونس ۱۱) یجادلنا **فی** قوم لوط (ہود ۸) **لقوم**
یوقنون (بقرہ ۲ امائدہ ۵ جاثیہ ۱) لقوم یعلمون (بقرہ ۲۳-انعام ۱۱-۱ اعراف ۴ توبہ ۲ یونس انمل ۶ فصلت اجاثیہ ۱-۱) قد فصلنا
الایات لقوم یفقہون (انعام ۱۰) لایات لقوم یعقلون (بقرہ ۱۷) ان فی ذلک لایات لقوم یعقلون (رعد انحل ۲ روم ۳) ان
فی ذلک لایۃ لقوم یعقلون (نحل ۷) کذلک نفصل الایات لقوم یعقلون (روم ۳) ایات لقوم یعقلون (جاثیہ ۱) سماعون
لقوم اخرین (مائدہ ۵) لقوم یومنون (انعام ۱۰ انحل ۷ نمل ۹ روم ۴ زمر ۶-اعراف ۱۹-۲۱ یوسف ۲ انحل ۷ قصص اعنکبوت ۳-۶
فبعدا للقوم لایومنون (مومنین ۵) لقوم یذکرون (انعام ۳ انحل ۲) لقوم یشکرون (اعراف ۶) لقوم یتقون (یونس ۱) لقوم یتفکر
(یونس ۳ رعد انحل ۲-۷ روم ۳ زمر ۵ جاثیہ ۲) لقوم یسمعون (یونس ۷ نحل روم ۳) ان فی ھذا لبلاغا لقوم عابدین (انبیا ۱۱) فان
کان **من** قوم عدولکم (نسا ۱۰) وان کان من قوم بینکم وبینہم میثاق (نسا ۱۰) قال الملا من قوم فرعون (اعراف ۱۱) وقال الملا من
قوم فرعون (اعراف ۱۳) واماتخافن من قوم خیانۃ (انفال ۶) انہا کانت من قوم کافرین (نمل ۵) ان قارون کان من قوم موسی (قصص ۸)
لایسخر قوم من قوم (حجرات ۲) **و** من قوم موسی امۃ یھدون بالحق (اعراف ۱۶) واصحاب الایکۃ **و** قوم تبع (ق ۱) وقوم ابراھیم وقوم
لوط (حج ۵) وقوم نوح لماکذبوا الرسل (فرقان ۴) وقوم نوح من قبل (ذاریات ۵ نجم ۲) وثمود وقوم لوط (ص ۲) **یا** قوم اذکروا
نعمۃ اللہ (مائدہ ۲) یاقوم ادخلوا الارض المقدسۃ (مائدہ ۳) یاقوم لیس بی سفاھۃ (اعراف ۷) یاقوم ان کان کبر علیکم مقامی
(یونس ۸) یاقوم ان کنتم امنتم باللہ (یونس ۹) یاقوم لا اسالکم علیہ اجرا (ھود ۲) یاقوم انما فتنتم بہ (طہٰ ۹) یاقوم لکم الملک الیوم (مومنین ۳)
یاقوم انی اخاف علیکم مثل یوم الاحزاب (مومن ۴) یاقوم اتبعونی (مومن ۴) یاقوم انما ھذہ الحیوۃ الدنیا متاع (مومن ۴) یاقوم لم
توذوننی (صف ۱) قال یاقوم انی بری مما تشرکون (انعام ۸) قال یاقوم اعملوا علی مکانتکم (انعام ۱۶) قال یاقوم اعبدوا اللہ (اعراف ۷
۸ ھود ۵-۷-۹ مومنین ۲ عنکبوت ۴) فقال یاقوم اعبدوا اللہ (اعراف ۶) قال یاقوم لیس بی ضلالۃ (اعراف ۸) وقال یاقوم لقد
ابلغتکم (اعراف ۸-۱۰) قال یاقوم ارایتم ان کنت علی بینۃ (ھود ۳-۷-۹) قال یاقوم ارھطی اعز علیکم من اللہ (ھود ۱۰) قال یاقوم
ھولاء بناتی (ھود ۷) قال یاقوم الم یعدکم ربکم (طہٰ ۹) قال یاقوم لم تستعجلون (نمل ۵) قال یاقوم اتبعوا المرسلین (یس ۲) قال یا
قوم الیس لی ملک مصر (زخرف ۵) قال یاقوم انی لکم نذیر مبین (نوح ۱) **و یا** قوم مالی ادعوکم الی النجاۃ (مومن ۵) ویاقوم لا
اسألکم علیہ مالا (ھود ۳) ویاقوم من ینصرنی من اللہ (ھود ۳) ویاقوم استغفروا ربکم (ھود ۶) ویاقوم ھذہ ناقۃ اللہ لکم آیۃ
(ھود ۷) ویاقوم اوفوا المکیال (ھود ۸) ویاقوم لایجرمنکم شقاقی (ھود ۸) ویاقوم اعملوا علی مکانتکم (ھود ۱۰ زمر ۴) ویاقوم انی
اخاف علیکم یوم التناد (مومن ۴) ھل یھلک الا **القوم** الظالمون (انعام ۵) فلایامن مکر اللہ الا القوم الخاسرون (اعراف
انہ لاییأس من روح اللہ الا القوم الکافرون (یوسف ۹) فھل یھلک الا القوم الفاسقون (احقاف ۴) واللہ لایھدی
القوم الظالمین (بقرہ ۲۶-آل عمران ۹ صف اجمعۃ اتوبہ ۲-۱) ان اللہ لایھدی القوم الظالمین (انعام ۱۵ امائدہ ۶ قصص ۵
احقاف ۱) واللہ لایھدی القوم الکافرین (بقرہ ۲۷ توبہ ۴) ان اللہ لایھدی القوم الکافرین (مائدہ ۷) وان اللہ لایھدی
القوم الکافرین (نحل ۱) فقد مس القوم قرح مثلہ (آل عمران ۱۴) واللہ لایھدی القوم الفاسقین (مائدہ ۱۱ توبہ ۳-۹ صف ۱)
واورثنا القوم الذین کانوا یستضعفون (اعراف ۱۶) کذلک نجزی القوم المجرمین (یونس ۲-احقاف ۳) ان ائت القوم الظالمین
(شعراء ۱) فتری القوم فیہا صرعی (حاقۃ ۱) قال یا ابن ام ان القوم استضعفونی (اعراف ۱۸) ھولاء **القوم** لایکادون یفقہون
حدیثا (نسا ۸) ولاتھنوا فی ابتغاء القوم (نسا ۱۱) فافرق بیننا وبین القوم الفاسقین (مائدہ ۳) فقطع دابر القوم الذین ظلموا
(انعام ۵) ذلک مثل القوم الذین کذبوا بایاتنا (اعراف ۸) ولکنا حملنا اوزارا من زینۃ القوم (طہٰ ۹) اذ نفشت فیہ غنم القوم
(انبیاء ۷) مثل القوم الذین کذبوا (جمعۃ ۱) ان اللہ لایھدی القوم الفاسقین (منافقین ۱) فقلنا اذھبا **الی** القوم الذین کذبوا
بایاتنا (فرقان ۴) وانصرنا **علی** القوم الکافرین (بقرہ ۲۵-آل عمران ۱۵) فانصرنا علی القوم الکافرین (بقرہ ۲۹) فلاتاس علی القوم
الفاسقین (مائدہ ۳) فلاتاس علی القوم الکافرین (مائدہ ۷) فان اللہ لایرضی علی القوم الفاسقین (توبہ ۱۰) ولایرد

ولایرد باسہ **عن** القوم المجرمین (انعام ١٥) ولایرد باسنا عن القوم المجرمین (یوسف ١٢) رب فلا تجعلنی **فی** القوم الظالمین
(مؤمنین ١٠) لاتجعلنا فتنۃ **للقوم** الظالمین (یونس ٩) وقیل بعدا للقوم الظالمین (هود ٥) فبعدا للقوم الظالمین
(مؤمنین ٥) **مع** القوم الصالحین (مائدۃ ٩) ولاتجعلنی مع القوم الظالمین (هود ٥) مع القوم الظالمین (انعام ٧) لاکونن
من القوم الضالین (انعام ٨) ونجنا برحمتک من القوم الکافرین (یونس ٩) یتواری من القوم من سوء ما بشر بہ (نحل ٦) و
نصرناه من القوم الذین کذبوا بایاتنا (انبیاء ٨) الحمد لله الذی نجٰنا من القوم الظالمین (مؤمنین ٢) ونجنی من القوم الظالمین
(تحریم ٢) قال رب نجنی من القوم الظالمین (قصص ٣) قال لاتخف نجوت من القوم الظالمین (قصص ٣) کیف یھدی الله
قوما کفروا (ال عمران ٩) ان فیھا قوما جبارین (مائدۃ ٤) فقد وکلنا بھا قوما (انعام ٩) انھم کانوا قوما عمین (اعراف ٧)
وکانوا قوما مجرمین (اعراف ١٤ یونس ٨) واذ قالت امۃ منھم لم تعظون قوما (اعراف ١٧) الاتقاتلون قوما نکثوا ایمانھم (توبۃ ٢)
ویستبدل قوما غیرکم (توبۃ ٤) انکم کنتم قوما فاسقین (توبۃ ٦) وما کان الله لیضل قوما (توبۃ ١٤) ولکنی اریکم قوما تجھلون
(هود ٣ - احقاف ٣) ویستخلف ربی قوما غیرکم (هود ٥) وتکونوا من بعدہ قوما صالحین (یوسف ١) ووجد عندھا قوما
(کہف ٩) وجد من دونھما قوما (کہف ١١) وتنذر بہ قوما لدا (مریم ١) وانشانا من بعدھا قوما اخرین (انبیاء ٢) وکان قوما
(مؤمنین ٥) وکنا قوما ضالین (مؤمنین ١١) وکانوا قوما بورا (فرقان ٢) انھم کانوا قوما فاسقین (نمل ٢ قصص ٤ زخرف ٦) ذار — ظالمین
لتنذر قوما ما اتیٰھم من نذیر (قصص ٥ سجدۃ ١) لتنذر قوما ما انذر اباؤھم (یس ١) بل کنتم قوما طاغین (صافات ٢) ان کنتم قوما
مسرفین (زخرف ١) کذلک واورثناھا قوما اخرین (دخان ٢) لیجزی قوما بما کانوا یکسبون (جاثیۃ ٢) وکنتم قوما مجرمین
(جاثیۃ ٤) یستبدل قوما غیرکم (قتال ٤) وکنتم قوما بورا (فتح ٢) ان تصیبوا قوما بجھالۃ (حجرات ١) الم تر الی الذین تولوا قوما
غضب الله علیھم (مجادلۃ ٣) لاتتولوا قوما غضب الله علیھم (ممتحنۃ ٢) لاتجد قوما یؤمنون بالله (مجادلۃ ٣) وکذب بہ
قومک وھو الحق (انعام ٧) اذا قومک منہ یصدون (زخرف ٦) ماکنت تعلمھا انت ولا قومک (هود ٥) وامر قومک یاخذوا
باحسنھا (اعراف ١٥) ان اخرج قومک من الظلمات (ابراھیم ١) قال فانا قد فتنا قومک من بعدک (طہ ٩) ان انذر قومک (نوح ١)
وما اعجلک **عن** قومک یاموسی (طہ ٩) وانہ لذکر لک **ولقومک** (زخرف ٥) انہ لن یؤمن **من** قومک (هود ٤) انی اریک
و قومک فی ضلال مبین (انعام ٨) ان تبوا **لقومکما** بمصر بیوتا (یونس ٩) ھؤلاء **قومنا** اتخذوا من دونہ الھۃ (کہف ٢) یا
قومنا اجیبوا داعی الله (احقاف ٤) قالوا یا قومنا انا سمعنا کتابا (احقاف ٣) ربنا افتح بیننا وبین قومنا (اعراف ٩) **وقوموا**
لله قانتین (بقرۃ ٣١) وحاجہ **قومہ** قال اتحاجونی (انعام ٨) اذ استسقیہ قومہ (اعراف ٦) وجاءہ قومہ یھرعون الیہ (هود ٨)
اذ قال لہ قومہ لاتفرح (قصص ٨) واختار موسی قومہ (اعراف ١٦) اذ انذر قومہ بالاحقاف (احقاف ٣) یقدم قومہ یوم القیامۃ
(هود ٩) فاستخف قومہ فاطاعوہ (زخرف ٦) واضل فرعون قومہ (طہ ٨) وما کان جواب قومہ (اعراف ٩) وما ارسلنا من رسول
الا بلسان قومہ (ابراھیم ١) فما کان جواب قومہ (نمل ٦ عنکبوت ٣ مرتین) لقد ارسلنا نوحا **الی** قومہ (اعراف ٦) و
لقد ارسلنا نوحا الی قومہ (هود ٣ مؤمنین ٣ عنکبوت ٢) ولما رجع موسی الی قومہ (اعراف ١٥) فرجع موسی الی
قومہ (طہ ٩) فخرج **علی** قومہ فی زینتہ (قصص ٨) وتلک حجتنا اتینٰھا ابراھیم علی قومہ (انعام ٩) فخرج علی قومہ من المحراب
(مریم ٢) وما انزلنا علی قومہ (یس ٢) ونادی فرعون **فی** قومہ (زخرف ٦) اذ قال **لقومہ** یا قوم (یونس ٨) واذ قال
موسی لقومہ (بقرۃ ٦ - ٧ مائدۃ ٢ - ابراھیم اصف ١) واذ استسقی موسی لقومہ (بقرۃ ٦) قال موسی لقومہ (اعراف ١٣)
ولوطا اذ قال لقومہ (اعراف ٨ نمل ٦ عنکبوت ٣) وابراھیم اذ قال لقومہ (عنکبوت ٢) اذ قال لقومہ الاتتقون
(صافات ٣) قال الملا من قومہ (اعراف ٦) قال الملا الذین کفروا من قومہ (اعراف ٧) وقال الملا الذین کفروا
من قومہ (اعراف ٩) فقال الملا الذین کفروا من قومہ (هود ٣ مؤمنین ٢) قال الملا الذین استکبروا من
قومہ (اعراف ٨ - ٩) فما امن لموسی الا ذریۃ من قومہ (یونس ٩) وکلما مر علیہ ملا من قومہ (هود ٤) وقال الملا
من قومہ (مؤمنین ٤) ودمرنا ما کان یصنع فرعون **و** قومہ (اعراف ١٦) اتذر موسی وقومہ لیفسدوا
فی الارض (اعراف ١٥) فی تسع ایات الی فرعون وقومہ (نمل ٢) اذ قال لابیہ وقومہ ما ھذہ التماثیل (انبیاء ٥) اذ قال لابیہ

وقومہ ما تعبدون (شعراء) اذ قال لابیہ وقومہ ماذا تعبدون (صافات ۵) واذ قال ابراهیم لابیہ وقومہ (زخرف ۳) فاتت بہ **قومہا** تحملہ (مریم ۲) وجدتہا و **قومہا** یسجدون للشمس (نمل ۲) ان یقاتلوکم او یقاتلوا **قومہم** (نساء ۱۲) یریدون ان یأمنوکم ویأمنوا قومہم (نساء ۱۲) ولینذروا قومہم اذا رجعوا (توبہ ۱۵) واحلوا قومہم دار البوار (ابراهیم ۵) فلما قضی ولوا الی قومہم منذرین (احقاف ۴) ثم بعثنا من بعدہ رسلا الی قومہم (یونس ۸) ولقد ارسلنا من قبلک رسلا الی قومہم (روم ۵) اذ قالوا **لقومہم** انا برآؤا (ممتحنہ ۱) انا دمرناہم **و** قومہم اجمعین (نمل ۶) و **قومہما** لنا عابدون (مؤمنون ۵) ونجیناہما وقومہما (صافات ۲) قال یالیت **قومی** یعلمون (یس ۲) انی دعوت قومی (نوح ۱) قال رب ان قومی کذبون (شعراء ۶) یارب ان قومی اتخذوا ہذا القرآن مہجورا (فرقان ۳) اخلفنی **فی** قومی (اعراف ۵) ان الله **قوی** شدید العقاب (انفال ۶) انہ قوی شدید العقاب (مؤمن ۲) ان الله قوی عزیز (حدید ۳ مجادلہ ۳) ان الله **لقوی** عزیز (حج ۴-۱) وانی علیہ لقوی امین (نمل ۴) ان خیر من استأجرت **القوی** الامین (قصص ۳) ان ربک ہو القوی العزیز (ہود ۷) **وہو** القوی العزیز (شوری ۲) علمہ شدید القوی (نجم ۱) وکان الله **قویا** عزیزا (احزاب ۳)

فصل الہاء

ام الله الواحد القہار (یوسف ۵) وہو الواحد القہار (رعد ۲) وما من الہ الا الله الواحد القہار (ص ۷) سبحانہ ہو الله الواحد القہار (زمر ۱) وبرزوا لله الواحد القہار (ابراهیم ۵) لمن الملک الیوم لله الواحد القہار (مؤمن ۲) **وقہم** عذاب الجحیم (مؤمن ۱) وقہم السیئات (مؤمن ۱)

فصل الیاء

فاذا ہم **قیام** ینظرون (زمر ۷) فما استطاعوا **من** قیام (ذاریات ۵) الذین یذکرون الله **قیاما** وقعودا (ال عمران ۲۰) التی جعل الله لکم قیاما (نساء ۱) فاذکروا الله قیاما وقعودا (نساء ۱۵) جعل الله الکعبۃ البیت الحرام قیاما للناس (مائدہ ۱۳) والذین یبیتون لربہم سجدا **و** قیاما (فرقان ۶) یوم القیمۃ (انظر الی باب الیاء) **وقیضنا** لہم قرناء (فصلت ۳) قولا غیر الذی **قیل** لہم (بقرہ ۶- اعراف ۲۱) الم تر الی الذین قیل لہم (نساء ۱۱) قیل یانوح اہبط بسلام (ہود ۴) فلما جاءت قیل اہکذا عرشک (نمل ۳) قیل لہا ادخلی الصرح (نمل ۵) قیل ادخل الجنۃ (یس ۲) قیل ادخلوا ابواب جہنم (زمر ۸) قیل ارجعوا وراءکم (حدید ۲) وفی ثمود **اذ** قیل لہم تمتعوا حتی حین (ذاریات ۵) انہم کانوا **اذا** قیل لہم (صافات ۲) اذا قیل لکم تفسحوا فی المجالس (مجادلہ ۲) مالکم اذا قیل لکم انفروا فی الارض (توبہ ۶) **واذا** قیل لہم لا تفسدوا فی الارض (بقرہ ۲) واذا قیل لہم آمنوا (بقرہ ۲-۱۰) واذا قیل لہم اتبعوا ما انزل الله (بقرہ ۲۱ لقمان ۳) واذا قیل لہم تعالوا الی ما انزل (نساء ۹ مائدہ ۱۴) واذا قیل لہم تعالوا یستغفر لکم رسول الله (منافقون ۱) واذا قیل لہم اسکنوا ہذہ القریۃ (اعراف ۲۰) واذا قیل لہ اتق الله (بقرہ ۲۵) واذا قیل لہم ماذا انزل ربکم (نحل ۲) واذا قیل لہم اسجدوا للرحمن (فرقان ۵) واذا قیل لہم اتقوا ما بین ایدیکم (یس ۴) واذا قیل لہم انفقوا (یس ۴) واذا قیل ان وعد الله حق (جاثیہ ۴) واذا قیل انشزوا فانشزوا (مجادلہ ۲) واذا قیل لہم ارکعوا لا یرکعون (مرسلات ۲) واذا قیل لہم تعالوا (منافقون ۱) **وان** قیل لکم ارجعوا (نور ۳) **ثم** قیل للذین ظلموا (یونس ۵) ثم قیل لہم اینما کنتم تشرکون (مؤمن ۸) ما یقال لک الا ما **قد** قیل للرسل من قبلک (فصلت ۵) **و** قیل بعدا للقوم الظالمین (ہود ۴) وقیل لہم تعالوا (ال عمران ۱۷) **وقیل** اقعدوا مع القاعدین (توبہ ۷) وقیل یا ارض ابلعی ماءک (ہود ۴) وقیل للذین اتقوا (نحل ۴) وقیل للناس ہل انتم مجتمعون (شعراء ۳) وقیل لہم اینما کنتم تعبدون (شعراء ۱۰) وقیل لہم ذوقوا عذاب النار (سجدہ ۲) وقیل ادعوا شرکاءکم (قصص ۷) وقیل الحمد لله رب العالمین (زمر ۸) وقیل للظالمین (زمر ۳) وقیل الیوم ننسیکم (جاثیہ ۴) وقیل ادخلا النار مع الداخلین (تحریم ۲) وقیل ہذا الذی کنتم بہ تدعون (ملک ۲) وقیل من راق (قیامۃ ۱) ومن اصدق من الله **قیلا** (نساء ۱۸) **الا** قیلا سلاما سلاما (واقعہ ۱) ہی اشد وطأ واقوم قیلا (مزمل ۱) **وقیلہ** یارب ان ہؤلاء قوم لا یؤمنون (زخرف ۹) ذلک الدین **القیم** (توبہ ۵ یوسف ۵ روم ۴) فاقم وجہک للدین القیم (روم ۵) دینا **قیما** ملۃ ابراهیم حنیفا (انعام ۲۰) ولم یجعل لہ عوجا قیما (کہف ۱) فیہا کتب **قیمۃ** (بینہ ۱) وذلک دین القیمۃ (بینہ ۱) الله لا الہ الا ہو الحی **القیوم** (بقرہ ۳۴ - ال عمران ۱) وعنت الوجوہ للحی القیوم (طہ ۶)

باب الکاف

فصل الہمزہ

یطاف علیہم **بکاس** من معین (صافات ۲) ان الابرار یشربون **من** کاس (انسان ۱) **و** کاس من معین (واقعہ ۱) یتنازعون فیہا **کاسا** (طور ۱) ویسقون فیہا کاسا (انسان ۱) **و** کاسا دہاقا (نبا ۲) **فکاین** من قریۃ اہلکناہا (حج ۶) **و** کاین من نبی قاتل معہ ربیون (ال عمران ۱۵) وکاین من دابۃ (عنکبوت ۶) وکاین من قریۃ (قتال ۲)

فصل الالف

طلاق ۲) ولیکتب بینکم کاتب (بقرۃ ۹۲) ولا یاب کاتب ان یکتب (بقرۃ ۹۲) ولا یضار
کاتب ولا شہید (بقرۃ ۹۲) ولم تجدوا کاتبا فرھان مقبوضۃ (بقرۃ ۹۲) وانا لہ کاتبون (انبیاء ۱۰) فکاتبوھم ان علمتم فیہم
خیرا (نور ۴) کراما کاتبین (انفطار ۲) ان کاد لیضلنا عن الھتنا (فرقان ۴) من بعد ما کاد یزیغ فریق قلوب منہم (توبۃ ۱۴)
ان کادت لتبدی بہ (قصص ۱) انک کادح الی ربک کدحا (انشقاق ۱) وان کادوا لیستفزونک من الارض (اسراءیل ۹)
وان کادوا لیفتنونک (اسراءیل ۸) وما کادوا یفعلون (بقرۃ ۸) وکادوا یقتلوننی (اعراف ۱۸) ان اللہ لا یہدی من ھو
کاذب کفار (زمر ۱) من یاتیہ عذاب یخزیہ ومن ھو کاذب (ھود ۱۰) وان یک کاذبا فعلیہ کذبہ (مؤمن ۴) وانی لاظنہ کاذبا
(مؤمن ۴) لیس لوقعتہا کاذبۃ (واقعۃ ۱) ناصیۃ کاذبۃ خاطئۃ (علق ۲) واکثرھم کاذبون (شعراء ۱۱) وانہم لکاذبون
(انعام ۳ مؤمنین ۵) انہم لکاذبون (توبۃ ۵ - ۱۱ الحشر ۲) فالقوا الیہم القول انکم لکاذبون (نحل ۱۲) ان المنافقین لکاذبون (منافقون ۱)
الا انہم ہم الکاذبون (مجادلۃ ۳) اولئک ہم الکاذبون (نحل ۱۴) فاولئک عند اللہ ہم الکاذبون (نور ۲) بل نظنکم کاذبین
(ھود ۳) انہم کانوا کاذبین (نحل ۵) قالوا فما جزاءہ ان کنتم کاذبین (یوسف ۸) وتعلم الکاذبین (توبۃ ۷) ولیعلمن الکاذبین
(عنکبوت ۱) فلنجعل لعنۃ اللہ علی الکاذبین (ال عمران ۷) ان کان من الکاذبین (نور ۱) وانی لاظنہ من الکاذبین (قصص ۴)
فصدقت وھو من الکاذبین (یوسف ۳) ام کنت من الکاذبین (نمل ۳) وانا لنظنک من الکاذبین (اعراف ۷) وان نظنک لمن الکاذبین
(شعراء ۱۰) انا لمن الکاذبین (نور ۱) ولا ینفقون الا وھم کارھون (توبۃ ۷) وظھر امر اللہ وھم کارھون (توبۃ ۵) ولکن اکثرھم
للحق کارھون (زخرف ۷) واکثرھم للحق کارھون (مؤمنین ۷) وان فریقا من المؤمنین لکارھون (انفال ۱) اولو کنا کارھین
(اعراف ۱۱) وان یمسسک اللہ بضر فلا کاشف لہ الا ھو (انعام ۲ یوسف ۱۱) ھل ھن کاشفات ضرہ (زمر ۴) لیس لہا من
دون اللہ کاشفۃ (نجم ۳) انا کاشفوا العذاب قلیلا (دخان ۱) اذ القلوب لدی الحناجر کاظمین (مؤمن ۲) و
الکاظمین الغیظ (ال عمران ۱۴) الیس اللہ بکاف عبدہ (زمر ۴) ادخلوا فی السلم کافۃ (بقرۃ ۲۵) وقاتلوا المشرکین
کافۃ کما یقاتلونکم کافۃ (توبۃ ۵) لینفروا کافۃ (توبۃ ۱۵) وما ارسلناک الا کافۃ للناس (سبا ۳) ھو الذی خلقکم فمنکم کافر
ومنکم مؤمن (تغابن ۱) فیمت وھو کافر (بقرۃ ۲۷) ولا تکونوا اول کافر بہ (بقرۃ ۵) وکان الکافر علی ربہ ظہیرا (فرقان ۵)
ویقول الکافر یالیتنی کنت ترابا (نبا ۲) واخری کافرۃ (ال عمران ۲) وھم بالاخرۃ کافرون (اعراف ۵) وھم بذکر الرحمن ھم کافرون
(انبیاء ۳) وھم بالاخرۃ ھم کافرون (یوسف ۴ ھود ۲ فصلت ۱) وتزھق انفسہم وھم کافرون (توبۃ ۶ - ۹) وماتوا وھم کافرون
(توبۃ ۱۶) انا بالذی آمنتم بہ کافرون (اعراف ۱۰) بل ھم بلقاء ربہم کافرون (سجدۃ ۲) وقالوا انا بکل کافرون (قصص ۵) قالوا انا بما
ارسلتم بہ کافرون (زخرف ۳) وانا بہ کافرون (زخرف ۳) فانا بما ارسلتم بہ کافرون (فصلت ۲) الا قال مترفوھا انا بما ارسلتم بہ کافرون
(سبا ۴) بلقاء ربہم لکافرون (روم ۱) اولئک ھم الکافرون حقا (نساء ۲۱) فاولئک ھم الکافرون (مائدۃ ۷) قال الکافرون
ان ھذا لساحر مبین (یونس ۱) ولو کرہ الکافرون (توبۃ ۵ مؤمن ۲ صف ۱) واکثرھم الکافرون (نحل ۱۰) انہ لا یفلح الکافرون (مؤمنین ۱۲)
الا القوم الکافرون (یوسف ۱۰) وخسر ھنالک الکافرون (مؤمن ۹) ویکانہ لا یفلح الکافرون (قصص ۸) وقال الکافرون ھذا
ساحر کذاب (ص ۱) یقول الکافرون ھذا یوم عسر (قمر ۱) فقال الکافرون ھذا شیء عجیب (ق ۱) قل یایہا الکافرون (کافرون ۱)
وما یجحد بایاتنا الا الکافرون (عنکبوت ۵) ان الکافرون الا فی غرور (ملک ۲) والکافرون ھم الظالمون (بقرۃ ۳۴) و
الکافرون لہم عذاب شدید (شوری ۳) ولیقول الذین فی قلوبہم مرض والکافرون (مدثر ۲) انہم کانوا کافرین (انعام ۱۳
اعراف ۶) یردوکم بعد ایمانکم کافرین (ال عمران ۱۰) ثم اصبحوا بہا کافرین (مائدۃ ۱۴) وکانوا بشرکاءہم کافرین (روم ۲) فکیف اسی
علی قوم کافرین (اعراف ۱۱) انہا کانت من قوم کافرین (نمل ۳) وکانوا بعبادتہم کافرین (احقاف ۱) کذلک جزاء الکافرین
(بقرۃ ۲۴) وانصرنا علی القوم الکافرین (بقرۃ ۲۵ - ال عمران ۱۵) فانصرنا علی القوم الکافرین (بقرۃ ۲۹) واللہ لا یہدی القوم
الکافرین (بقرۃ ۲۷ توبۃ ۴) ان اللہ لا یہدی القوم الکافرین (مائدۃ ۱۰) وان اللہ لا یہدی القوم الکافرین (نحل ۱۴) لا یتخذ
المؤمنون الکافرین (ال عمران ۳) فان اللہ لا یحب الکافرین (ال عمران ۴) ویمحق الکافرین (ال عمران ۱۵) الذین یتخذون الکافرین
اولیاء (نساء ۲۰) لا تتخذوا الکافرین اولیاء (نساء ۲۱) فلا تاس علی القوم الکافرین (مائدۃ ۷) کذلک یطبع اللہ علی قلوب الکافرین

(اعراف ١١) ويقطع دابر الكافرين (انفال ١) وان الله موهن كيد الكافرين (انفال ٢) وان الله مخزى الكافرين (توبة ١)
وذلك جزاء الكافرين (توبة ٣) كذلك نطبع على قلوب الكافرين (يونس ٨) ونجنا برحمتك من القوم الكافرين (يونس ٩) وما دعاء
الكافرين الا فى ضلال (رعد ٢ مؤمن ٥) وعقبى الكافرين النار (رعد ٤) فلا تطع الكافرين (فرقان ٥) ولا تطع الكافرين
(احزاب ١-٥) انه لا يحب الكافرين (روم ٥) ان الله لعن الكافرين كذلك يضل الله الكافرين (مؤمن ٨) وما كيد الكافرين الا فى ضلال
(مؤمن ٣) فمن يجير الكافرين من عذاب اليم (ملك ٢) فمهل الكافرين امهلهم رويدا (طارق ١) **ان** الكافرين كانوا لكم عدوا
مبينا (نساء ١٥) **وان** الكافرين لا مولى لهم (قتال ٢) والله محيط **با**لكافرين (بقرة ٢) وان جهنم لمحيطة بالكافرين (توبة ٥
عنكبوت ٦) فلعنة الله **على** الكافرين (بقرة ٩) اعزة على الكافرين (مائدة ٦) والسوء على الكافرين (نحل ٣) الم تر انا ارسلنا الشياطين
على الكافرين (مريم ٩) قالوا ان الله حرمهما على الكافرين (اعراف ٥) على الكافرين غير يسير (مدثر ١) ويحق القول على الكافرين
(يس ٧) وكان يوما على الكافرين عسيرا (فرقان ٣) وانه لحسرة على الكافرين (حاقة ٥) والحجارة اعدت **للكافرين** (بقرة ٣) فلا
تكونن ظهيرا للكافرين (قصص ٩) وجعلنا جهنم للكافرين حصيرا (اسرائيل ١) فان الله عدو للكافرين (بقرة ١٢) واتقوا النار التى
اعدت للكافرين (ال عمران ١٤) واعتدنا للكافرين عذابا مهينا (نساء ٤-١٦) واعتدنا للكافرين منهم عذابا اليما (نساء ٧) كذلك
زين للكافرين (انعام ١٥) ان الله اعد للكافرين عذابا مهينا (نساء ١٥) ولن يجعل الله للكافرين (نساء ٢١) وان كان للكافرين نصيب
(نساء ٢١) انا اعتدنا جهنم للكافرين نزلا (كهف ١٢) انا اعتدنا للكافرين سلاسل (انسان ١) فامليت للكافرين (حج ٦) اليس فى
جهنم مثوى للكافرين (عنكبوت ٧ زمر ٤) وويل للكافرين من عذاب شديد (ابراهيم ١) واعد للكافرين عذابا اليما (احزاب ١)
وعرضنا جهنم يومئذ للكافرين (كهف ١١) فانا اعتدنا للكافرين سعيرا (فتح ٢) للكافرين ليس له دافع (معارج ١) **وان** للكافرين عذاب
النار (انفال ٢) **و**للكافرين عذاب مهين (بقرة ٩ مجادلة ١) وللكافرين عذاب اليم (بقرة ١٢ مجادلة ١) وللكافرين امثالها (قتال ٢)
ان الله جامع المنافقين والكافرين (نساء ٢١) ولا تكن **مع** الكافرين (هود ٤) ابى واستكبر وكان **من** الكافرين (بقرة ٤) وكنت
من الكافرين (ص ٥ زمر ٦) استكبر وكان من الكافرين (ص ٥) وانت من الكافرين (شعراء ٢) وقال نوح رب لا تذر على الارض من الكافرين
ديارا (نوح ٢) كان مزاجها **كافورا** (انسان ١) وهم فيها **كالحون** (مؤمنين ٦) واذا **كالوهم** او وزنوهم يخسرون (مطففين ١)
تلك عشرة **كاملة** (بقرة ٢٤) ليحملوا اوزارهم كاملة (نحل ٣) والوالدات يرضعن اولادهن حولين **كاملين** (بقرة ٣٠) ان
الله **كان** عليكم رقيبا (نساء ١) ان الله كان عليما حكيما (نساء ٢-٣-احزاب ١-انسان ٢) ان الله كان توابا رحيما (نساء ٣) ان الله
كان غفورا رحيما (نساء ٣-١١-احزاب ٣) ان الله كان بكم رحيما (نساء ٥) ان الله كان بكل شىء عليما (نساء ٤) ان الله كان على كل شىء
شهيدا (نساء ٤-احزاب ٦) ان الله كان عليما خبيرا (نساء ٤) ان الله كان عفوا غفورا (نساء ٥) ان الله كان سميعا بصيرا (نساء ٦) ان
الله كان عليا كبيرا (نساء ٤) ان الله كان بما تعملون خبيرا (نساء ١٠-احزاب ١) ان الله كان على كل شىء حسيبا (نساء ٩) ان الله كان لطيفا
خبيرا (احزاب ٤) ان الله كان عزيزا حكيما (نساء ٦) فان الله كان به عليما (نساء ٣) فان الله كان بما تعملون خبيرا (نساء ١٣-١٥) فان
الله كان غفورا رحيما (نساء ٣) فان الله كان عفوا قديرا (نساء ١٥) فان الله كان بعباده بصيرا (ملائكة ٥) فان الله كان بكل شىء عليما
(احزاب ٦) كان اكثرهم مشركين (روم ٥) بل كان الله بما تعملون خبيرا (فتح ٢) كان الناس امة واحدة (بقرة ٢٢) ان ابراهيم كان
امة قانتا لله (نحل ١٦) ومن دخله كان امنا (ال عمران ١٠) ان الشيطان كان للانسان عدوا مبينا (اسرائيل ٦) بلى ان ربه كان به
بصيرا (انشقاق ٢) كل الطعام كان حلا لبنى اسرائيل (ال عمران ١٠) كان خطا كبيرا (اسرائيل ٤) كان ذلك فى الكتاب مسطورا (اسرائيل ٦
احزاب ١) كان للرحمن عصيا (مريم ٣) ان الباطل كان زهوقا (اسرائيل ٩) فاولئك كان سعيهم مشكورا (اسرائيل ٢) كل ذلك كان سيئه
(اسرائيل ٤) كان على ربك حتما مقضيا (مريم ٥) كان على ربك وعدا مسئولا (فرقان ٢) ان فضله كان عليك كبيرا (اسرائيل ٩) كل اولئك
كان عنه مسئولا (اسرائيل ٤) ان عذابها كان غراما (فرقان ٧) ولكن كان فى ضلال بعيد (ق ٣) ان هذا كان لكم جزاء (انسان ٣)
ان عذاب ربك كان محذورا (اسرائيل ٦) ان العهد كان مسئولا (اسرائيل ٤) ان قرآن الفجر كان مشهودا (اسرائيل ٨) ليقضى الله
امرا كان مفعولا (انفال ٥) كان مقداره الف سنة مما تعدون (سجدة ١) كان مقداره خمسين الف سنة (معارج ١) كان من الجن
ففسق (كهف ٥) كان مزاجها كافورا (انسان ١) كان مزاجها زنجبيلا (انسان ٢) ان قارون كان من قوم موسى (قصص ٨) ان يوم

٧ الكافرين (احزاب ٧) ولا يزيد الكافرين كفرهم (ملائكة ٤) مرتين

١٠ ان الله جامع المنافقين **و**الكافرين (نساء ١٤)

الفصل كان ميقاتا (نبأ ١) كان وعده مفعولا (مزمل ١) ان ذلك كان يؤذى النبى (احزاب ٧) واذا مس الشر كان يؤسا (اسرائيل ٩) كان
بعبده ابا ثوبا (ابراهيم ١) أكان للناس عجبا (يونس ١) ام كان من الغائبين (نمل ٢) ان كان له ولد (نساء ٢) ولاجناح عليكم ان كان بكم
اذى من مطر (نساء ١٥) ان كان هذا هو الحق (انفال ٤) قل ان كان اباءكم وابناءكم (توبة ٣) ان كان كبر عليكم مقامى (يونس ٨) ان كان الله
يريد ان يغويكم (هود ٣) ان كان قميصه قد من قبل (يوسف ٣) ان كان وعد ربنا لمفعولا (اسرائيل ١١) ان كان من الكاذبين (نور ١)
ان كان من الصادقين (نور ١) قل ان كان للرحمن ولد (زخرف ٧) ان كان من عند الله (احقاف ١) فاما ان كان من
المقربين (واقعة ٣) واما ان كان من اصحاب اليمين (واقعة ٣) واما ان كان من المكذبين (واقعة ٣) ان كان ذامال وبنين (نون ١)
ارايت ان كان على الهدى (علق ١) فان كان الذى عليه الحق (بقرة ٣٩) فان كان له اخوة (نساء ٢) فان كان لكم ولد (نساء ٢) فان كان
من قوم عدو لكم (نساء ١٠) فان كان لكم فتح من الله (نساء ١٥) فان كان لكم كيد فكيدون (مرسلات ٢) وان كان ذو عسرة (بقرة ٣٨) و
وان كان رجل يورث كلالة (نساء ٢) وان كان من قوم (نساء ١) وان كان للكافرين نصيب (نساء ١٥) وان كان كبر عليك (انعام ٤) وان
كان طائفة منكم آمنوا (اعراف ١) وان كان قميصه قد من دبر (يوسف ٣) وان كان مكرهم لتزول منه الجبال (ابراهيم ٥) وان كان
اصحاب الايكة لظالمين (حجر ٥) وان كان مثقال حبة من خردل اتينا بها (انبياء ٤) انما كان قول المؤمنين اذا دعوا الى الله (نور ٢)
انه كان حوبا كبيرا (نساء ١) انه كان فاحشة (نساء ٣ - اسرائيل ٤) انه كان عبدا شكورا (اسرائيل ١) انه كان بعباده خبيرا بصيرا (اسرائيل ٣)
فلولا انه كان من المسبحين (صافات ٥) انه كان منصورا (اسرائيل ٤) انه كان حليما غفورا (اسرائيل ٥ ملائكة ٥) انه كان بكم رحيما (اسرائيل)
انه كان بى حفيا (مريم ٣) انه كان مخلصا (مريم ٤) انه كان صادق الوعد (مريم ٤) انه كان صديقا نبيا (مريم ٣) انه كان وعده مأتيا (مريم ٤)
انه كان فريق من عبادى (مؤمنين ٦) انه كان غفورا رحيما (فرقان ١) انه كان من الضالين (شعراء ٥) انه كان عذاب يوم عظيم (شعراء ٩)
انه كان من المفسدين (قصص ١) انه كان عاليا من المسرفين (دخان ٢) انه كان ظلوما جهولا (احزاب ٩) انه كان عليما قديرا (ملائكة ٥)
انه كان لايؤمن بالله العظيم (حاقة ٢) انه كان غفارا (نوح ١) انه كان لاياتنا عنيدا (مدثر ١) انه كان فى اهله مسرورا (انشقاق ١)
انه كان توابا (نصر ١) فانه كان للاوابين غفورا (اسرائيل ٣) وانه كان رجال من الانس (جن ١) وانه كان يقول سفيهنا على الله شططا
(جن ١) انى كان لى قرين (صافات ٢) قد كان لكم آية فى فئتين التقتا (آل عمران ٢) لقد كان فى يوسف واخوته (يوسف ١) لقد
كان فى قصصهم عبرة (يوسف ١٢) لقد كان لكم فى رسول الله اسوة (احزاب ٣) لقد كان لسبأ فى مسكنهم آية (سبا ٢) لقد كان لكم فيهم
اسوة (ممتحنة ١) ثم كان عاقبة الذين اساءوا السوأى (روم ١) ثم كان علقة فخلق فسوى (قيامة ٢) ثم كان من الذين آمنوا (بلد ١)
عما كان يعبد اباءكم (سبا ٥) فانظر كيف كان عاقبة المكذبين (زخرف ٣) فانظر كيف كان عاقبة مكرهم (نمل ٦) فانظر كيف كان عاقبة الظالمين
(يونس ٤ قصص ٤) فانظر كيف كان عاقبة المجرمين (اعراف ٩ نمل ٧) فانظر كيف كان عاقبة المنذرين (يونس ٩ صافات ١) فانظر كيف كان
عاقبة المفسدين (اعراف ١١ نمل ٢) ثم انظروا كيف كان عاقبة المكذبين (انعام ٢) فانظروا كيف كان عاقبة المكذبين (آل عمران ٤ نحل ٤)
فانظروا كيف كان عاقبة الذين من قبل (روم ٥) وانظروا كيف كان عاقبة المفسدين (اعراف ٩) فينظروا كيف كان عاقبة الذين من قبلهم
(يوسف ١١ مؤمن ٩ ملائكة ٥ روم ١ قتال ١) فينظروا كيف كان عاقبة الذين كانوا من قبلهم (مؤمن ٣) فكيف كان عذابى ونذر (قمر ٢ مرتين
٣ مرتين) فكيف كان عقاب (رعد ٤ مؤمن ١) فكيف كان نكير (حج ٥ سبا ٥ ملائكة ٣ ملك ١) يقولون لو كان لنا من الامر شئ (آل عمران
قل لو كان معه آلهة (اسرائيل ٥) لو كان عرضا قريبا وسفرا قاصدا (توبة ٥) قل لو كان فى الارض ملائكة (اسرائيل ١٠) قل لو كان البحر مدادا
لكلمات ربى (كهف ١١) لو كان فيهما آلهة الا الله لفسدتا (انبياء ٢) لو كان هؤلاء آلهة ما وردوها (انبياء ٧) لو كان خيرا ما سبقونا (احقاف ٢)
ولو كان بهم خصاصة (حشر ١) ولو كان من عند غير الله (نساء ٩) ولو كان ذا قربى (انعام ١٦ ملائكة ٣ مائدة ١٤) ولو كان بعضهم لبعض
ظهيرا (اسرائيل ٩) اولو كان اباؤهم لايعقلون شيئا ولايهتدون (بقرة ١٧) اولو كان اباؤهم لايعلمون شيئا (مائدة ١٤) اولو كان الشيطان
يدعوهم (لقمان ٣) ما كان ابراهيم يهوديا ولا نصرانيا (آل عمران ٧) ما كان لبشر ان يؤتيه الله الكتاب (آل عمران ٨) اولئك ما كان لهم
ان يدخلوها (بقرة ١٤) ما كان الله ليذر المؤمنين على ما انتم عليه (آل عمران ١٨) ودمرنا ما كان يصنع فرعون (اعراف ١٦) ما كان لنبى
ان يكون له اسرى (انفال ٧) ما كان للمشركين ان يعمروا مساجد الله (توبة ٣) ما كان للنبى والذين آمنوا (توبة ١٤) ما كان لاهل المدينة
(توبة ١٥) ما كان الناس الا امة واحدة (هود ١٢) ما كان لنا ان نشرك بالله من شئ (يوسف ٥) ما كان يغنى عنهم من الله (يوسف ٧)

: فان كان لهن ولد (نساء ٢)

: فلولا كان من القرون من قبلكم اولوا بقية (هود ١١)

ماکان لیأخذ اخاه (یوسف ۸) ماکان حدیثا یفتری (یوسف ۱۲) ماکان لله ان یتخذ من ولد (مریم ع۲) ماکان ابوک امرأ سوء (مریم ۲)
ماکان ینبغی لنا ان نتخذ (فرقان ۲) ماکان لکم ان تنبتوا شجرها (نمل ع۵) ماکان لهم الخیرة (قصص ۷) ماکان علی النبی من حرج (احزاب ع۵)
ماکان محمد ابا احد من رجالکم (احزاب ع۵) ماکان لی من علم (ص ۵) نسی ماکان یدعوا الیه من قبل (زمر ۱) ماکان حجتهم الا ان قالوا
(جاثیه ۳) ماکان ابراهیم یهودیا (آل عمران ۷) فماکان لشرکائهم (انعام ع۱۶) فماکان دعویهم اذ جاءهم بأسنا (اعراف ۱) فماکان لکم
علینا من فضل (اعراف ع۵) فماکان الله لیظلمهم (توبه ۹ روم ۱) فماکان جواب قومه (نمل ع۴ عنکبوت ۳) فماکان له من فئة ینصرونه من دون
الله (قصص ۸) وماکان الله لیضیع ایمانکم (بقره ۱۷) وماکان استغفار ابراهیم (توبه ۱۴) وماکان من المشرکین (بقره ۱۶-آل عمران
۱۰-انعام ۷ انحل ۱۶) وماکان لنفس ان تموت الا باذن الله (آل عمران ۱۵) وماکان قولهم الا ان قالوا ربنا (آل عمران ۱۵) وماکان
لنبی ان یغل (آل عمران ۱۷) وماکان الله لیطلعکم علی الغیب (آل عمران ۱۸) وماکان لمؤمن ان یقتل مؤمنا الا خطاء (نساء ۱۳) وماکان لله
فهو یصل الی شرکائهم (انعام ع۱۶) وماکان الله لیعذبهم (انفال ع۴) وماکان جواب قومه (اعراف ۹) وماکان الله معذبهم (انفال ع۴)
وماکان صلوتهم عند البیت (انفال ع۴) وماکان الله لیضل قوما (توبه ۱۴) وماکان المؤمنون لینفروا کافة (توبه ۱۵) وماکان الناس
الا امة واحدة (یونس ۲) وماکان هذا القرآن (یونس ع۴) وماکان لنفس ان تؤمن (یونس ۱۰) وماکان لهم من دون الله (هود ۲)
وماکان ربک لیهلک القری (هود ۱۰) وماکان لرسول ان یأتی بایة الا باذن الله (رعد ۶ مؤمن ۸) وماکان لنا ان نأتیکم بسلطان
(ابراهیم ۲) وماکان لی علیکم من سلطان (ابراهیم ۴) وماکان عطاء ربک محظورا (اسرائیل ۲) وماکان منتصرا (کهف ۵) وماکان ربک
نسیا (مریم ۴) وماکان لنا علیکم من سلطان (صافات ۳) وماکان الله لیعجزه من شیء (ملائکه ۵) وماکان معه من اله (مؤمنون ۵) وماکان
اکثرهم مؤمنین (شعراء ۱-۷-۱۱-۱۳-۱۴-۱۶-۱۸-۱۹) وماکان ربک مهلک القری (قصص ۶) وماکان من المنتصرین (قصص ۸) وماکان
الله لیظلمهم (عنکبوت ع۴) وماکان لمؤمن ولا مؤمنة (احزاب ع۵) وماکان لکم ان تؤذوا رسول الله (احزاب ۷) وماکان له علیهم من سلطان
(سبا ۳) وماکان لهم من الله من واق (مؤمن ۳) وماکان لهم من اولیاء (شوری ۵) وماکان لبشر ان یکلمه الله (شوری ع۵) **فکان**
من الغاوین (اعراف ۲۲) واما الغلام فکان ابواه مؤمنین (کهف ۸) واما الجدار فکان لغلامین (کهف ۹) فکان کل فرق کالطود العظیم
(شعراء ۴) فکان من المدحضین (صافات ۵) فکان من المغرقین (هود ۴) فکان قاب قوسین او ادنی (نجم ۱) فکان عاقبتهما انهما فی النار
(حشر ۲) **لکان** خیرا لهم (آل عمران ۱۱ نساء ۵-۷ حجرات ۱) لکان لزاما واجل مسمی (طه ۸) قل **من کان** عدوا لجبریل (بقره ۱۲) من کان عدوا
لله وملائکته (بقره ۱۲) من کان منکم یؤمن بالله (بقره ع۲) ان الله لا یحب من کان مختالا فخورا (نساء ع۶) ان الله لا یحب من کان خوانا اثیما
(نساء ۱۶) من کان یرید ثواب الدنیا (نساء ع۹) قالوا کیف نکلم من کان فی المهد صبیا (مریم ۳) من کان یؤمن بالله والیوم الاخر (طلاق ۱)
قل من کان فی الضلالة (مریم ۸) من کان یرید الحیوة الدنیا (هود ۲) من کان یرید العاجلة (اسرائیل ۲) من کان تقیا (مریم ۲) من کان یظن
ان لن ینصره الله (حج ۲) من کان یرجوا لقاء الله (عنکبوت ۱) من کان یرید العزة (ملائکه ۲) لینذر من کان حیا (یس ۵) من کان یرید حرث
الاخرة (شوری ۳) فاخرجنا من کان فیها (ذاریات ع۲) **فمن کان** منکم مریضا او علی سفر (بقره ۲۳) فمن کان منکم مریضا (بقره ۲۴) فمن کان
یرجوا لقاء ربه (کهف ۱۲) أفمن کان علی بینة من ربه (هود ۲ قتال ۲) افمن کان مؤمنا کمن کان فاسقا (سجده ۲) الا من کان هودا او نصاری
(بقره ۱۳) **لمن کان** یرجوا الله (احزاب ۳ ممتحنه ۱) لمن کان له قلب او القی السمع وهو شهید (ق ع۲) جزاء لمن کان کفر (قمر ۱) **ومن کان** مریضا
او علی سفر (بقره ۲۳) ومن کان فی ضلال مبین (زخرف ع۵) ومن کان غنیا فلیستعفف (نساء ۱) ومن کان فقیرا فلیأکل بالمعروف (نساء ۱) ومن
کان فی هذه اعمی (اسرائیل ۸) ومن کان یرید حرث الدنیا (شوری ۳) اومن کان میتا فاحییناه (انعام ۱۵) **وکان** الله علیما حکیما (نساء ۳-
۱۰-۱۱-۱۲-۱۷ فتح ۱) وکان الله بهم علیما (نساء ع۶) وکان الله علی کل شیء مقیتا (نساء ۱۱) وکان الله غفورا رحیما (نساء ۱۰ احزاب ۱۶ فرقان ۷
احزاب ۱-۵-۶-۸ فتح ۲) وکان فضل الله علیک عظیما (نساء ۱۷) وکان الله عفوا غفورا (نساء ۱۴) وکان الله بما یعملون محیطا (نساء ۱۶)
وکان الله بکل شیء محیطا (نساء ۱۸) وکان الله واسعا حکیما (نساء ۱۹) وکان الله غنیا حمیدا (نساء ع۶) وکان الله علی ذلک قدیرا (نساء ع۶)
وکان الله سمیعا بصیرا (نساء ع۶) وکان الله شاکرا علیما (نساء ۱۱) وکان الله سمیعا علیما (نساء ۱۵) وکان الله عزیزا حکیما (نساء ۲۱
۱۷ فتح ۱-۲) وکان الله علی کل شیء مقتدرا (کهف ۶) وکان الله بما تعملون بصیرا (احزاب ۲ فتح ۳) وکان الله علی کل شیء قدیرا (احزاب
۳ فتح ۳) وکان الله بکل شیء علیما (احزاب ۶ فتح ۳) وکان الله علی کل شیء رقیبا (احزاب ۶) وکان ذلک عند الله فوزا عظیما (فتح)

وكان الله عليما حليما (احزاب ٦) وكان ذلك على الله يسيرا (نساء ٣-١٧-احزاب ٢) ابى واستكبر وكان من الكافرين (بقرة ٤) وكان امر
الله مفعولا (نساء ٥-احزاب ٤) وكان فضل الله عليك عظيما (نساء ١٧) وكان عرشه على الماء (هود ١) وكان فى معزل (هود ٤)
وكان وعدا مفعولا (اسرائيل ١) وكان الانسان عجولا (اسرائيل ٢) وكان الشيطان لربه كفورا (اسرائيل ٣) وكان الانسان كفورا
(اسرائيل ٧) وكان الانسان قتورا (اسرائيل ١١) وكان امره فرطا (كهف ٤) وكان له ثمر (كهف ٥) استكبر وكان من الكافرين (ص ٥)
وكان الانسان اكثر شئ جدلا (كهف ٨) وكان وراءهم ملك (كهف ١٠) وكان ابوهما صالحا (كهف ١٠) وكان وعد ربى حقا (كهف ١١)
وكان تقيا (مريم ١) وكان امرا مقضيا (مريم ٢) وكان رسولا نبيا (مريم ٣ مرتين) وكان يأمر اهله بالصلوة (مريم ٤) وكان عند
ربه مرضيا (مريم ٤) وكان ربك بصيرا (فرقان ٢) وكان يوما على الكافرين عسيرا (فرقان ٣) وكان الشيطان للانسان خذولا (فرقان
وكان ربك قديرا (فرقان ٥) وكان الكافر على ربه ظهيرا (فرقان ٥) وكان بين ذلك قواما (فرقان ٦) وكان فى المدينة تسعة رهط
(نمل ٤) وكان حقا علينا (روم ٥) وكان عهد الله مسئولا (احزاب ٢) وكان قويا عزيزا (احزاب ٣) وكان امر الله قدرا مقدورا
(احزاب ٥) وكان بالمؤمنين رحيما (احزاب ٦) وكان عند الله وجيها (احزاب ٨) وكان عاقبة امرها خسرا (طلاق ٢) وكان سعيهم
مشكورا (انسان ١) **كانا** يأكلان الطعام (مائدة ١٠) فاخرجهما **مما كانا** فيه (بقرة ٤) **كانت** امنة مطمئنة (نحل ١٥) كانت قواريرا
قواريرا من فضة (انسان ١) كانت لهم جزاء ومصيرا (فرقان ٢) كانت لهم جنات الفردوس نزلا (كهف ١١) كانت من الغابرين (اعراف ٩
عنكبوت ٤ مرتين) ذلك بانهم كانت تأتيهم رسلهم (مؤمن ٦) التى كانت تعمل الخبائث (انبياء ٥) التى كانت حاضرة البحر (اعراف ١٧)
وكم قصمنا من قرية كانت ظالمة (انبياء ١) والاغلال التى كانت عليهم (اعراف ١٩) ان الصلوة كانت على المؤمنين كتابا موقوتا (نساء ١٥)
يا ليتها كانت القاضية (حاقة ١) فلولا كانت قرية امنت (يونس ١٠) ان جهنم كانت مرصادا (نبأ ١) قل **ان** كانت لكم الدار الاخرة
(بقرة ١١) ان كانت الا صيحة واحدة (يس ٢-٤) **وان** كانت لكبيرة الا على الذين هدى الله (بقرة ١٧) وان كانت واحدة فلها
النصف (نساء ٢) ذلك **بانه** كانت تأتيهم رسلهم (تغابن ١) **انها** كانت من قوم كافرين (نمل ٣) **قد** كانت اياتى تتلى عليكم (مؤمنين ٧)
قد كانت لكم اسوة حسنة (تغابن ١) وصدها **ما** كانت تعبد من دون الله (نمل ٣) **وما** كانت امك بغيا (مريم ٢) اما السفينة **فكا**نت
لمساكين (كهف ١٠) فكانت وردة كالدهان (رحمن ٤) فكانت هباء منبثا (واقعة ١) وفتحت السماء فكانت ابوابا (نبأ ١) وسيرت الجبال
فكانت سرابا (نبأ ١) **وكانت** امرأتى عاقرا (مريم امرتين) وكانت من القانتين (تحريم ٢) وكانت الجبال كثيبا مهيلا (مزمل ١) ان السموات
والارض **كانتا** رتقا (انبياء ٣) كانتا تحت عبدين (تحريم ٢) **فان** كانتا اثنتين (نساء ١٨) ان المبذرين **كانوا** اخوان الشياطين
(اسرائيل ٣) كانوا اشد منكم قوة (توبة ٨) كانوا اشد منهم قوة (روم ١) كانوا اكثر منهم (مؤمن ٩) ولكن كانوا انفسهم يظلمون (بقرة ٦-
اعراف ٢١ توبة ٩ نحل ٤-١٤ روم ١ عنكبوت ٤) كذلك يؤفك الذين كانوا بايات الله يجحدون (مؤمن ٧) ان الناس كانوا باياتنا
لا يوقنون (نمل ٩) الا كانوا به يستهزؤن (حجر ٢ يس ٢ زخرف ١) الا هو معهم اينما كانوا ثم ينبئهم بما عملوا (مجادلة ٢) كانوا خاطئين (قصص ١)
وكل كانوا ظالمين (انفال ٦) ان اهلها كانوا ظالمين (عنكبوت ٤) ولقد كانوا عاهدوا الله (احزاب ٢) الا كانوا عنه معرضين
(شعراء ١) الا كانوا عنها معرضين (انعام ١) اين ما ولاهم عن قبلتهم التى كانوا عليها (بقرة ١٧) ونعمة كانوا فيها فاكهين (دخان ٢) كانوا
قليلا من الليل ما يهجعون (ذاريات ١) بل كانوا لا يرجون نشورا (فرقان ٤) كانوا لا يتناهون عن منكر (مائدة ١١) بل كانوا لا يفقهون
الا قليلا (فتح ٢) ان الكافرين كانوا لكم عدوا مبينا (نساء ١٥) واذا حشر الناس كانوا لهم اعداء (احقاف ١) واذا كانوا معه على امر جامع
(نور ٩) كانوا من اياتنا عجبا (كهف ٢) كانوا من الذين آمنوا يضحكون (مطففين ١) كانوا هم اشد منهم قوة (مؤمن ٣) كانوا هم الخاسرين
(اعراف ١١) ولكن كانوا هم الظالمين (زخرف ٧) كانوا هودا او نصارى (بقرة ١٦) كذلك كانوا يؤفكون (روم ٦) اذ كانوا يجحدون
بايات الله (احقاف ٣) وقد كانوا يدعون الى السجود وهم سالمون (نون ٢) الذين كانوا يستضعفون (اعراف ١٦) وانفسهم كانوا
يظلمون (اعراف ١٨) ... بل كانوا يعبدون الجن (سبأ ٥) ومن قبل كانوا يعملون السيئات (هود ٧)
عما كانوا يعملون (حجر ٦) ولنجزينهم احسن الذى كانوا يعملون (عنكبوت ١) باحسن الذى كانوا يعملون (زمر ٤) اسوأ الذى كانوا يعملون
(فصلت ٣) ولا تسئلون عما كانوا يعملون (بقرة ١٦-١٥) كانوا يكفرون بايات الله (بقرة ٧-آل عمران ١١) عما كانوا يفترون (عنكبوت
وعد الصدق الذى كانوا يوعدون (احقاف ٢) ذلك اليوم الذى كانوا يوعدون (معارج ٢) لو انهم كانوا يهتدون (قصص ٧)

فينظروا كيف كان عاقبة الذين كانوا من قبلهم (مؤمن ٢)

ان كانوا مؤمنين (توبہ ٢) فاسئلوهم ان كانوا ينطقون (انبياء ٧) ان كانوا هم الغالبين (شعراء ٤) ان كانوا صادقين (طور ٢
نون ٥) فان كانوا اكثر من ذلك (نساء ٢) وان كانوا لحوة (نساء ١٨) وان كانوا من قبل ان ينزل عليهم (روم ٥) وان كانوا
ليقولون (صافات ٥) وان كانوا من قبل لفي ضلال مبين (آل عمران ١٧ جمعہ ١) انهم كانوا كافرين (انعام ١٣ - اعراف ٤
انهم كانوا هم قوما عمين (اعراف ٧) انهم كانوا يسارعون في الخيرات (انبياء ٦) انهم كانوا قوم سوء (انبياء ٨ مرتين) انهم كانوا قوما
فاسقين (نمل ٢ زخرف ٦ ذاريات ٥ قصص ٤) انهم كانوا في شك مريب (سبا ٦) انهم كانوا اذا قيل لهم (صافات ٢) انهم كانوا
خاسرين (فصلت ٣ - احقاف ٢) انهم كانوا مجرمين (دخان ٢) انهم كانوا قبل ذلك محسنين (ذاريات ١) انهم كانوا قبل ذلك مترفين
(واقعہ ٥) انهم كانوا هم اظلم واطغى (نجم ٦) انهم كانوا لا يرجون حسابا (نبأ ١) انهم كانوا كاذبين (نحل ٤) فكانوا عنها معرضين
(حجر ٥) فكانوا من المهلكين (مؤمنين ٥) فكانوا هم من الغالبين (صافات ٥) فكانوا لجهنم حطبا (جن ٢) او كانوا غزى (آل عمران
لو انهم كانوا مهتدون (قصص ٧) ذلك بانهم كانوا يكفرون بآيات الله (بقرة ٧ - آل عمران ١١) بانهم كانوا مجرمين (توبہ ٧)
لو كانوا يعلمون (بقرة ١١ مرتين نحل ٥ عنكبوت ٥ - ٧ زمر ٣ نون ٢) لو كانوا عندنا ما ماتوا (آل عمران ١٦) ان لو كانوا يعلمون الغيب
(سبا ٢) لو كانوا يفقهون (توبہ ٩) ربما يود الذين كفروا لو كانوا مسلمين (حجر ١) ولو كانوا يؤمنون بالله (مائدة ٩) ولو كانوا
لا يعقلون (يونس ٥) ولو كانوا لا يبصرون (يونس ٥) ولو كانوا فيكم ما قاتلوا الا قليلا (احزاب ٢) ولو كانوا آباءهم او ابناءهم
(مجادلة ٣) ولو كانوا اولي قربى (توبہ ١٤) ما كانوا يفترون (آل عمران ٣ - اعراف ٦ يونس ٣ نحل ٩ قصص ٨ هود ٣ - انعام ٣
لبئس ما كانوا يعملون (مائدة ٧) ما كانوا يكسبون (حجر ٩ زمر ٥ مؤمن ٩ مطففين ١) لحبط عنهم ما كانوا يعملون (انعام ٩) كذلك
زين للكافرين ما كانوا يعملون (انعام ١٣) وبطل ما كانوا يعملون (اعراف ١٤) سيجزون ما كانوا يعملون (اعراف ١٨) لبئس ما كانوا
يصنعون (مائدة ٧) لبئس ما كانوا يفعلون (مائدة ٨) ما كانوا به يستهزءون (انعام امرتين هود ا نحل ٤ - انبياء ٥ شعراء ازمر ٥
مؤمن ٩ جاثية ٤ - احقاف ٣) بل بدا لهم ما كانوا يخفون (انعام ٣) وزين لهم الشيطان ما كانوا يعملون (انعام ٥) وباطل ما كانوا
يعملون (اعراف ٤ هود ٢) لحسن ما كانوا يعملون (توبہ ١٦) كذلك زين للمسرفين ما كانوا يعملون (يونس ٢) ما كانوا ليؤمنوا الا ان
يشاء الله (انعام ١٤) ثم جاءهم ما كانوا يوعدون (شعراء ١) هل ثوب الكفار ما كانوا يفعلون (مطففين ١) ما كانوا يستطيعون السمع
(هود ٢) باحسن ما كانوا يعملون (نحل امرتين) فقراء عليهم ما كانوا به مؤمنين (شعراء ١٢) ما اغنى عنهم ما كانوا يمتعون (شعراء ١١) انهم
ساء ما كانوا يعملون (توبہ ١ مجادلة ٢ منافقين ١) الا ما كانوا يعملون (قصص ٩) هل يجزون الا ما كانوا يعملون (اعراف ١٥ سبا ٤)
بما كانوا يفسقون (بقرة ٦ - اعراف ١٧ امرتين انعام ٥ عنكبوت ٤) بما كانوا يكذبون (بقرة ١) بما كانوا يصنعون (مائدة ٢ نحل ١٤) بما
كانوا يكتمون (مائدة ٧) بما كانوا يكفرون (انعام ٧ يونس ١ - ٧) بما كانوا يعملون (انعام ١١ - ١٣ فصلت ٢ شعراء ١٢ فرقان ٣ يوسف ٧)
سيجزون بما كانوا يقترفون (انعام ١٤) بما كانوا يمكرون (انعام ١٥) قالوا بل جئناك بما كانوا فيه يمترون (حجر ٧) بما كانوا يكسبون
(انعام ١٣ - اعراف ١٠ يونس ايس ٧ فصلت ٢ جاثية ٢) بما كانوا يفترون (انعام ١٤) بما كانوا يصدفون (انعام ١٦) بما كانوا يفعلون
(انعام ١٩ هود ٤) بما كانوا بآياتنا يظلمون (اعراف ١) جزاء بما كانوا يكسبون (توبہ ٩ - ١١) جزاء بما كانوا يعملون (سجدة ٢ - احقاف ٢
واقعہ ١) بما كانوا يفسدون (نحل ٩) جزاء بما كانوا بآياتنا يجحدون (فصلت ٣) وبما كانوا يكذبون (توبہ ١) فلا تبتئس بما كانوا
يعملون (يوسف ٧) فما كانوا ليؤمنوا بما كذبوا من قبل (اعراف ١١ يونس ٨) فيما كانوا فيه يختلفون (بقرة ٢ يونس ١ سجدة ٣
نحل ١٣ زمر ٥ جاثية ٢) وما كانوا مهتدين (بقرة ٢ - انعام ١٤ يونس ٥) وما كانوا بآياتنا يجحدون (اعراف ٦) وما كانوا
مؤمنين (اعراف ١) وما كانوا يعرشون (اعراف ١٦) وما كانوا اولياءه (انفال ٤) وما كانوا ليؤمنوا (يونس ٢) وما كانوا يبصرون
(هود ٢) وذلك افكهم وما كانوا يفترون (احقاف ٣) وما كانوا اذا منظرين (حجر ١) وما كانوا خالدين (انبياء ١) وما كانوا سابقين
(عنكبوت ٤) وما كانوا يعبدون (صافات ٣) وما كانوا منظرين (دخان ٢) وما كانوا منتصرين (ذاريات ٥) وكانوا احق بها
واهلها (فتح ٣) وكانوا اشد منهم قوة (ملائكة ٥) وكانوا بآياتنا يجحدون (فصلت ٢) وكانوا بآياتنا يوقنون (سجدة ٣) وكانوا
بشركائهم كافرين (روم ٢) وكانوا بعبادتهم كافرين (احقاف ١) وكانوا بها يستهزءون (روم ١) وكانوا شيعا (انعام ١٩ روم ٤)
وكانوا عليه شهداء (مائدة ٥) وكانوا ظالمين (اعراف ١٥) وكانوا عنها غافلين (اعراف ١٩ - ١٥) وكانوا فيه من الزاهدين (يوسف

وكانوا

وکانوا قوما بورا (فرقان ۲) وکانوا قوما عالین (مؤمنین ۵) وکانوا قوما مجرمین (اعراف ۱۴ یونس ۸) وکانوا لا یستطیعون سمعا
(کهف ۱۱) وکانوا لنا خاشعین (انبیاء ۶) وکانوا لنا عابدین (انبیاء ۵) وکانوا مجرمین (هود ۱۰) وکانوا مستبصرین (عنکبوت ۴)
وکانوا مسلمین (زخرف ۷) وکانوا من قبل یستفتحون (بقرة ۹) وکانوا یتقون (یونس ۷ یوسف ۶ نمل ۶ فصلت ۲) وکانوا یصرون
علی الحنث العظیم (واقعة ۲) وکانوا یعتدون (بقرة ۷ - آل عمران ۲ ، مائدة ۱) وکانوا یقولون ائذا متنا (واقعة ۲) وکانوا ینحتون
من الجبال (حجر ۶) ولا یقول کاهن (حاقة ۲) فما انت بنعمة ربك بکاهن (طور ۳) **وفصل الباء**
الذین یجتنبون کبائر الاثم (شوری ۴) الذین یجتنبون کبائر الاثم (نجم ۲) ان تجتنبوا کبائر ما تنهون (نساء ۵) ومکروا مکرا کبارا
(نوح ۲) **کبتوا** کما کبت الذین من قبلهم (مجادلة ۱) لقد خلقنا الانسان **فی کبد** (بلد ۱) ان فی صدورهم الا کبر (مؤمن ۶)
ان کان کبر علیکم مقامی (یونس ۸) وان کان کبر علیك اعراضهم (انعام ۴) کبر مقتا عند الله (مؤمن ۴ صف ۱) کبر علی المشرکین ما
تدعوهم الیه (شوری ۲) وربك **فکبر** (مدثر ۱) انها لاحدی **الکبر** (مدثر ۲) واصابه الکبر (بقرة ۷ ۲) وقد بلغنی الکبر (آل عمران ۴)
قال ابشرتمونی علی ان مسنی الکبر فبم تبشرون (حجر ۴) اما یبلغن عندك الکبر (اسرائیل ۳) الذی وهب لی **علی** الکبر (ابراهیم ۶)
وقد بلغت **من** الکبر عتیا (مریم ۱) انا اطعنا سادتنا وکبراءنا (احزاب ۷) **کبرت** کلمة تخرج من افواههم (کهف ۱) والذی
تولی **کبره** منهم (نور ۲) وکبره تکبیرا (اسرائیل ۱۲) یوم نبطش البطشة **الکبری** (دخان ۲) لنریك من آیاتنا الکبری (طه ۱)
لقد رأی من آیات ربه الکبری (نجم ۲) فاراه الآیة الکبری (نازعات ۲) فاذا جاءت الطامة الکبری (نازعات ۲) الذی یصلی النار
الکبری (اعلی ۱) وتکون لکما **الکبریاء** فی الارض (یونس ۸) وله الکبریاء فی السموات (جاثیة ۴) **فکبکبوا** فیها هم والغاوون
(شعراء ۵) قل قتال فیه کبیر (بقرة ۲۷) قل فیهما اثم کبیر (بقرة ۲۷) تکن فتنة فی الارض وفساد کبیر (انفال ۱۰) لهم مغفرة واجر کبیر
(هود ۲ ملائکة ۱ ملك ۲) وانفقوا لهم اجر کبیر (حدید ۱) وابونا شیخ کبیر (قصص ۳) فانی اخاف علیکم عذاب یوم کبیر (هود ۱) وکل
صغیر **و** کبیر مستطر (قمر ۳) ان انتم الا فی ضلال کبیر (ملك ۱) عالم الغیب والشهادة **الکبیر** المتعال (رعد ۱) وان الله هو العلی
الکبیر (حج ۷ لقمان ۳) ذلك هو الفضل الکبیر (ملائکة ۳ شوری ۳) ذلك الفوز الکبیر (بروج ۱) فالحکم لله العلی الکبیر (مؤمن ۲)
وهو العلی الکبیر (سبأ ۳) ان لهم اجرا **کبیرا** (اسرائیل ۱) ولا تسأموا ان تکتبوه صغیرا او کبیرا الی اجله (بقرة ۲۹) فجعلهم جذاذا
الا کبیرا (انبیاء ۵) وجاهدهم به جهادا کبیرا (فرقان ۵) انه کان حوبا کبیرا (نساء ۱) ان قتلهم کان خطأ کبیرا (اسرائیل ۴) ان له ابا شیخا
کبیرا (یوسف ۱۰) فما یزیدهم الا طغیانا کبیرا (اسرائیل ۶) وعتوا عتوا کبیرا (فرقان ۳) نذقه عذابا کبیرا (فرقان ۲) ولتعلن علوا
کبیرا (اسرائیل ۱) سبحانه وتعالی عما یقولون علوا کبیرا (اسرائیل ۵) ان الله کان علیا کبیرا (نساء ۴) ان فضله کان علیك کبیرا (اسرائیل ۹)
بان لهم من الله فضلا کبیرا (احزاب ۵) والعنهم لعنا کبیرا (احزاب ۷) نعیما وملکا کبیرا (انسان ۲) ولا ینفقون نفقة صغیرة ولا
کبیرة (توبة ۱۳) لا یغادر صغیرة ولا کبیرة (کهف ۶) وانها **لکبیرة** الا علی الخاشعین (بقرة ۵) وان کانت لکبیرة الا علی
الذین هدی الله (بقرة ۱۷) انه **لکبیرکم** الذی علمکم السحر (طه ۳ شعراء ۳) قال بل فعله **کبیرهم** (انبیاء ۵) قال کبیرهم الم تعلموا
(یوسف ۱۰) **وفصل التاء** لکل اجل **کتاب** (رعد ۶) الر کتاب احکمت آیاته (هود ۱) المص کتاب انزل
(اعراف ۱) وهذا کتاب انزلناه مبارك (انعام ۱۰-۱۶) الر کتاب انزلناه الیك (ابراهیم ۱) کتاب انزلناه الیك (ص ۳) وعندنا کتاب
حفیظ (ق ۱) کتاب فصلت آیاته (فصلت ۱) ام لکم کتاب فیه تدرسون (نون ۲) انی القی الی کتاب کریم (نمل ۳) کتاب مرقوم (مطففین)
وهذا کتاب مصدق (احقاف ۲) لولا کتاب من الله سبق (انفال ۱۰) ولما جاءهم کتاب من عند الله (بقرة ۱۱) ولدینا کتاب ینطق
بالحق (مؤمنین ۴) نبذ فریق من الذین اوتوا الکتاب کتاب الله (بقرة ۱۲) کتاب الله علیکم (نساء ۴) ان الذین یتلون کتاب الله (ملائکة ۴)
کلا ان کتاب الفجار لفی سجین (مطففین ۱) کلا ان کتاب الابرار لفی علیین (مطففین ۲) یدعون **الی** کتاب الله (آل عمران ۳) ولقد
جئناهم **بکتاب** (اعراف ۶) قل فأتوا بکتاب من عند الله (قصص ۵) ائتونی بکتاب من قبل (احقاف ۱) واولوا الارحام بعضهم
اولی ببعض **فی** کتاب الله (انفال ۱۰ - احزاب ۱) اثنی عشر شهرا فی کتاب الله (توبة ۵) لقد لبثتم فی کتاب الله (روم ۶) کل فی کتاب مبین
(هود ۱) قال علمها عند ربی فی کتاب (طه ۲) ان ذلك فی کتاب (حج ۷) فی کتاب مکنون (واقعة ۳) الا فی کتاب مبین (انعام ۷ یونس ۷
نمل ۸ سبأ ۱) ولا ینقص من عمره الا فی کتاب (ملائکة ۲) الا فی کتاب من قبل ان نبرأها (حدید ۳) وانه **لکتاب** عزیز (فصلت ۵)

ومن قبله کتاب موسی (هود ۲ - احقاف ۲) الیك الا ولها کتاب معلوم (حجر)

واتل ما اوحی الیک من کتاب ربک (کهف ۳) وماکنت تتلوا من قبله من کتاب (عنکبوت ۵) وقل امنت بما انزل الله من کتاب
(شوری ۲) لما اتیتکم من کتاب وحکمة (ال عمران ۹) ولا هدی ولا کتاب منیر (حج لقمان ۲) قد جاءکم من الله نور وکتاب مبین
(مائدة ۳) تلک ایات القرآن وکتاب مبین (نمل ۱) والطور وکتاب مسطور (طور ۱) ذلک الکتاب لا ریب فیه (بقرة ۱) حتی یبلغ
الکتاب اجله (بقرة ۳۰) انما انزل الکتاب علی طائفتین (انعام ۲۰) لو انا انزل علینا الکتاب (انعام ۲۰) ووضع الکتاب فتری
المجرمین (کهف ۶) ووضع الکتاب وجیء بالنبیین (زمر ۷) ماکنت تدری ما الکتاب (شوری ۵) وماکنت ترجوا ان یلقی الیک الکتاب
(قصص ۹) فقد اتینا ال ابراهیم الکتاب والحکمة (نساء ۸) اتانی الکتاب وجعلنی نبیا (مریم ۲) الذین اتیناهم الکتاب (بقرة ۱۴-۱۵-۱۲ انعام ۲
قصص ۵) فالذین اتیناهم الکتاب یومنون به (عنکبوت ۵) والذین اتیناهم الکتاب (انعام ۱۲ رعد ۶) اولئک الذین اتیناهم الکتاب
والحکم والنبوة (انعام ۱۰) واتیناهما الکتاب المستبین (صافات ۲) واورثنا بنی اسرائیل الکتاب (مومن ۶) ولقد اتینا بنی اسرائیل الکتاب
(جاثیة ۲) وکذلک انزلنا الیک الکتاب (عنکبوت ۵) وانزلنا الیک الکتاب بالحق (مائدة ۵) انا انزلنا الیک الکتاب بالحق (زمر ۱
نساء ۱۱) وهو الذی انزل الیکم الکتاب (انعام ۲۱) ما کان لبشر ان یؤتیه الله الکتاب والحکم (ال عمران ۸) قل من انزل الکتاب (انعام ۱۱)
ثم اورثنا الکتاب (ملائکة ۴) وان الذین اورثوا الکتاب (شوری ۲) وما اختلف الذین اوتوا الکتاب (ال عمران ۲) وقل للذین اوتوا
الکتاب (ال عمران ۲) ان تطیعوا فریقا من الذین اوتوا الکتاب (ال عمران ۱۱) الذین اوتوا الکتاب (مدثر ۲ بینة ۱) ولتسمعن من الذین
اوتوا الکتاب من قبلکم (ال عمران ۱۹) نبذ فریق من الذین اوتوا الکتاب (بقرة ۱۱) وان الذین اوتوا الکتاب (بقرة ۱۷) ولئن اتیت الذین
اوتوا الکتاب (بقرة ۱۷) لیستیقن الذین اوتوا الکتاب (مدثر ۱) ولا یرتاب الذین اوتوا الکتاب (مدثر ۱) وما تفرق الذین اوتوا
الکتاب (بینة ۱) ولا یکونوا کالذین اوتوا الکتاب (حدید ۲) ولقد وصینا الذین اوتوا الکتاب (نساء ۱۹) والمحصنات من الذین
اوتوا الکتاب من قبلکم (مائدة ۱) من الذین اوتوا الکتاب من قبلکم (مائدة ۸) واذ اخذ الله میثاق الذین اوتوا الکتاب (ال عمران ۱۹)
یا ایها الذین اوتوا الکتاب (نساء ۷) وطعام الذین اوتوا الکتاب (مائدة ۱) ولا یدینون دین الحق من الذین اوتوا الکتاب (توبة ۴)
وانتم تتلون الکتاب (بقرة ۵) بما کنتم تعلمون الکتاب (ال عمران ۸) یا یحیی خذ الکتاب بقوة (مریم ۱) الحمد لله الذی انزل علی عبده الکتاب
(کهف ۱) واذ علمتک الکتاب والحکمة (مائدة ۱۵) انا انزلنا علیک الکتاب (عنکبوت ۵ زمر ۵) وما انزلنا علیک الکتاب (نحل ۸) وانزل الله
علیک الکتاب (نساء ۱۷) ونزلنا علیک الکتاب (نحل ۱۲) هو الذی انزل علیک الکتاب (ال عمران ۱) نزل علیک الکتاب بالحق (ال عمران ۱)
وانزل معهم الکتاب (بقرة ۲۶) وانزلنا معهم الکتاب (حدید ۳) واذ اتینا موسی الکتاب والفرقان لعلکم تهتدون (بقرة ۶) ثم اتینا موسی
الکتاب تماما (انعام ۲۰) ولقد اتینا موسی الکتاب (بقرة ۹ هود ۱۲ مومنین ۵ فرقان ۴ قصص ۵ فصلت ۵) واتینا موسی الکتاب (اسرائیل ۱)
ان ولی الله الذی نزل الکتاب (اعراف ۲۴) ذلک بان الله نزل الکتاب (بقرة ۱۸) وورثوا الکتاب (اعراف ۲۱) والذین یبتغون الکتاب
(نحل ۹) وهم یتلون الکتاب (بقرة ۱۳) ویعلمهم الکتاب والحکمة (ال عمران ۵) ومنهم امیون لا یعلمون الکتاب (بقرة ۸) ویعلمکم الکتاب
والحکمة (بقرة ۱۸) ویعلمهم الکتاب والحکمة (بقرة ۱۵-ال عمران ۱۷ جمعة ۱) فاسئل الذین یقرءون الکتاب من قبلک (یونس ۱۰) فویل للذین
یکتبون الکتاب (بقرة ۹) هن ام الکتاب (ال عمران ۱) وانه فی ام الکتاب (زخرف ۱) وعنده ام الکتاب (رعد ۶) ود کثیر من اهل
الکتاب (بقرة ۱۳) وان من اهل الکتاب (ال عمران ۲۰) (اهل الکتاب انظر اهل) الر تلک ایات الکتاب المبین (یوسف ۱) الر
تلک ایات الکتاب الحکیم (یونس ۱) طسم تلک ایات الکتاب المبین (شعراء ۱ قصص ۱) المر تلک ایات الکتاب (رعد ۱) افتؤمنون
ببعض الکتاب (بقرة ۱۰) وتفصیل الکتاب لا ریب فیه (یونس ۴) الم تلک ایات الکتاب الحکیم (لقمان ۱) تنزیل الکتاب من الله (زمر ۱)
الم تنزیل الکتاب لا ریب فیه (سجدة ۱) حم تنزیل الکتاب من الله (مومن ۱ جاثیة ۱ احقاف ۱) ومن عنده علم الکتاب (رعد ۶) ما اوتینا الکتاب
مال هذا الکتاب (کهف ۶) یلوون السنتهم بالکتاب (ال عمران ۸) وتؤمنون بالکتاب کله (ال عمران ۱۲) والذین یمسکون بالکتاب
(اعراف ۲۱) الذین کذبوا بالکتاب (مومن ۸) وبالزبر وبالکتاب المنیر (ملائکة ۳) من بعد ما بیناه للناس فی الکتاب (بقرة ۱۹)
وان الذین اختلفوا فی الکتاب (بقرة ۲۱) وما یتلی علیکم فی الکتاب (نساء ۱۹) وقد نزل علیکم فی الکتاب (نساء ۱۹) ما فرطنا فی الکتاب
(انعام ۴) وقضینا الی بنی اسرائیل فی الکتاب (اسرائیل ۱) کان ذلک فی الکتاب مسطورا (اسرائیل ۶ احزاب ۱) واذکر فی الکتاب
ابراهیم (مریم ۳) واذکر فی الکتاب مریم (مریم ۲) واذکر فی الکتاب ادریس (مریم ۴) واذکر فی الکتاب موسی (مریم ۴) واذکر فی الکتاب

اسماعیل(ابراہیم ٦) ان الذین یکتمون ما انزل اللہ من الکتاب (بقرہ ٢١) وما انزل علیکم من الکتاب (بقرہ ٢٩) الم تر الی الذین اوتوا
نصیبا من الکتاب (آل عمران ٣، نساء ٥-٦) لتحسبوہ من الکتاب وما ہو من الکتاب (آل عمران ٨) مما کنتم تخفون من الکتاب (مائدہ ٣)
مصدقا لما بین یدیہ من الکتاب (مائدہ ٧) اولئک ینالہم نصیبہم من الکتاب (اعراف ٤) قال الذی عندہ علم من الکتاب (نمل ٥)
اتل ما اوحی الیک من الکتاب (عنکبوت ٥) والذی اوحینا الیک من الکتاب (ملائکہ ٤) فی ذریتہما وجعلنا النبوۃ والکتاب
(حدید ٤) وجعلنا فی ذریتہ النبوۃ والکتاب (عنکبوت ٣) والکتاب والنبیین (بقرہ ٢٢) والزبر والکتاب المنیر (آل عمران ١٩)
والکتاب الذی نزل علی رسولہ (نساء ٢٠) والکتاب الذی انزل من قبل (نساء ٢٠) حم والکتاب المبین (زخرف ١، دخان ١) **کتابا**
مؤجلا (آل عمران ١٥) ان الصلوۃ کانت علی المؤمنین کتابا موقوتا (نساء ١٥) ان تنزل علیہم کتابا من السماء (نساء ٢٢) ولو نزلنا علیک
کتابا (انعام ١) ونخرج لہ یوم القیامۃ کتابا (اسرائیل ٢) حتی تنزل علینا کتابا نقرؤہ (اسرائیل ١٠) ام آتیناہم کتابا فہم علی بینۃ (ملائکہ ٥)
ام آتیناہم کتابا من قبلہ (زخرف ٢) انا سمعنا کتابا انزل من بعد موسی (احقاف ٤) وکل شیء احصیناہ کتابا (نبا ٢) لقد انزلنا الیکم
کتابا (انبیاء ١) اقرأ **کتابک** کفی بنفسک (اسرائیل ٢) ہذا **کتابنا** ینطق علیکم (جاثیہ ٤) فمن اوتی **کتابہ** بیمینہ (اسرائیل ٨)
فاما من اوتی کتابہ (حاقہ ١) انشقاق ١) ومن اوتی کتابہ بشمالہ (حاقہ ٤) واما من اوتی کتابہ وراء ظہرہ (انشقاق ١) کل امۃ تدعی
الی **کتابہا** (جاثیہ ٤) فاولئک یقرءون **کتابہم** (اسرائیل ٨) اذہب **بکتابی ہذا** (نمل ٣) فیقول ہاؤم اقرءوا **کتابیہ** (حاقہ ١)
یا لیتنی لم اوت کتابیہ (حاقہ ١) فیہا **کتب** قیمۃ (بینہ ١) کتب علیکم القصاص فی القتلی (بقرہ ١٨) کتب علیکم اذا حضر احدکم الموت
(بقرہ ١٩) کتب علیکم الصیام کما کتب علی الذین من قبلکم (بقرہ ٢٣) کتب علیکم القتال (بقرہ ٢٦) فلما کتب علیہم القتال (بقرہ ٢٥
نساء ٨) لبرز الذین کتب علیہم القتل (آل عمران ١٦) کتب علیکم القتال (بقرہ ٢٢) الا کتب لہم بہ عمل صالح (توبہ ١٢) ولا یقطعون
وادیا الا کتب لہم (توبہ ١٣) یا قوم ادخلوا الارض المقدسۃ التی **کتب** اللہ لکم (مائدہ ٤) وابتغوا ما کتب اللہ لکم (بقرہ ٢٣) قل
لن یصیبنا الا ما کتب اللہ لنا (توبہ ٧) ولولا ان کتب اللہ علیہم الجلاء (حشر ١) کتب اللہ لاغلبن انا ورسلی (مجادلہ ٣) کتب ربکم
علی نفسہ الرحمۃ (انعام ٦) کتب علی نفسہ الرحمۃ (انعام ٢) اولئک کتب فی قلوبہم (مجادلہ ٣) کتب علیہ انہ من تولاہ (حج ١) لا تؤتونہن
ما کتب لہن (نساء ١٩) وما آتیناہم من کتب یدرسونہا (سبا ٦) کطی السجل للکتب (انبیاء ٧) وقالوا ربنا لم **کتبت** علینا القتال
(نساء ١١) فویل لہم مما کتبت ایدیہم (بقرہ ١) ولو انا **کتبنا** علیہم (نساء ١٠) من اجل ذلک کتبنا علی بنی اسرائیل (مائدہ ٥) ولقد کتبنا فی
الزبور (انبیاء ٧) **وکتبنا** علیہم فیہا (مائدہ ٧) وکتبنا لہ فی الالواح (اعراف ١٧) ابتدعوہا ما **کتبناہا** علیہم (حدید ٤) ومن یکفر
باللہ وملائکتہ **وکتبہ** (نساء ٢٠) کل آمن باللہ وملائکتہ وکتبہ (بقرہ ٤٠) وصدقت بکلمات ربہا وکتبہ (تحریم ٢) ومن اظلم ممن کتم

فصل ک ث

شہادۃ (بقرہ ١٦) مما قل منہ او کثر (نساء ١) ولن تغنی عنکم فئتکم شیئا ولو **کثرت** (انفال ٣)
ولو اعجبک کثرۃ الخبیث (مائدہ ١٣) اذ اعجبتکم **کثرتکم** (توبہ ٤) فاذکروا اذ کنتم قلیلا **فکثرکم** (اعراف ١١) وکانت الجبال **کثیبا**
مہیلا (مزمل ١) ود **کثیر** من اہل الکتاب (بقرہ ١٣) قاتل معہ ربیون کثیر (آل عمران ١٥) ثم عموا وصموا کثیر منہم (مائدہ ١٠) وفضلناہم
علی کثیر (اسرائیل ٧) الذی فضلنا علی کثیر من عبادہ المؤمنین (نمل ٢) ویعفوا عن کثیر (مائدہ ٣، شوری ٣) ویعف عن کثیر
(شوری ٤) لا خیر فی کثیر من نجواہم (نساء ١٧) لو یطیعکم فی کثیر من الامر (حجرات ١) وکذلک زین لکثیر من المشرکین (انعام ١٦)
وکثیر منہم ساء ما یعملون (مائدہ ٩) والدواب وکثیر من الناس وکثیر حق علیہ العذاب (حج ٢) وکثیر منہم فاسقون (حدید
٣ مرتین) اجتنبوا کثیرا من الظن (حجرات ٢) لوجدوا فیہ اختلافا کثیرا (نساء ١١) وقد اضلوا کثیرا (نوح ٢) رب انہن اضللن
کثیرا من الناس (ابراہیم ٦) واضلوا کثیرا (مائدہ ١٠) وبصدہم عن سبیل اللہ کثیرا (نساء ٢٢) یذکر فیہا اسم اللہ کثیرا (حج ٦)
وذکر اللہ کثیرا (احزاب ٣) والذاکرین اللہ کثیرا (احزاب ٥) وذکروا اللہ کثیرا (شعراء ٢) واذکروا اللہ کثیرا (انفال ٥،
جمعہ ٢) ومن الذین اشرکوا اذی کثیرا (آل عمران ١٩) ولو اراکہم کثیرا لفشلتم (انفال ٥) ثم ان کثیرا منہم (مائدہ ١٠) ان کثیرا
من الاحبار والرہبان (توبہ ٥) وان کثیرا لیضلون (انعام ١٤) وان کثیرا من الناس عن آیاتنا لغافلون (یونس ٩) وان کثیرا
من الناس (روم ١) وان کثیرا من الخلطاء (ص ٢) وان کثیرا من الناس لفاسقون (مائدہ ٧) ونسقیہ مما خلقنا انعاما
واناسی کثیرا (فرقان ٥) یضل بہ کثیرا ویہدی بہ کثیرا (بقرہ ٣) تری کثیرا منہم یتولون الذین کفروا (مائدہ ١١) وتری

كثيرا منهم سماعون (مائدة ٦) وادعوا ثبورا كثيرا (فرقان ٢) ولقد اضل منكم جبلا كثيرا (يس ٤) ويجعل الله فيه خيرا كثيرا (نساء ٣)
فقد اوتي خيرا كثيرا (بقرة ٣٧) واذكروا الله ذكرا كثيرا (احزاب ٥) وقرونا بين ذلك كثيرا (فرقان ٤) واذكر ربك كثيرا (آل عمران ٤)
وبث منهما رجالا كثيرا (نساء ١) ولقد ذرأنا لجهنم كثيرا (اعراف ٢١) يبين لكم كثيرا مما كنتم تخفون من الكتاب (مائدة ٣) يجد في الارض
مراغما كثيرا (نساء ١٤) قالوا يا شعيب ما نفقه كثيرا مما تقول (هود ٨) وتخفون كثيرا (انعام ١١) ولكن كثيرا منهم فاسقون (مائدة ٩) وليزيدن
كثيرا منهم (مائدة مرتين) ونذكرك كثيرا (طه ٢) ولكن ظننتم ان الله لا يعلم كثيرا (فصلت ٣) لكم فيها فواكه كثيرة (مؤمنين ٢)
ولكم فيها منافع كثيرة (مؤمنين ٣) لكم فيها فاكهة كثيرة (زخرف ٧) فيضاعفه له اضعافا كثيرة (بقرة ٣٢) غلبت فئة كثيرة (بقرة ٣٣)
ومغانم كثيرة يأخذونها (فتح ٢) وعدكم الله مغانم كثيرة (نساء ١٣) في مواطن كثيرة (توبة ٣) يدعون فيها بفاكهة كثيرة (ص ٤) وعدكم
الله مغانم كثيرة (فتح ٣) وفاكهة كثيرة (واقعة ٢)

وضل الدال

قال تالله ان كدت لتردين (صافات ٢)
لقد كدت تركن اليهم (اسرائيل ٨) انك كادح الى ربك كدحا (انشقاق ١) كذلك كدنا ليوسف (يوسف ١)

وضل الذال

هذا ساحر كذاب (ص ١) فقالوا ساحر كذاب (مؤمن ٣) من هو مسرف كذاب (مؤمن ٤) بل هو كذاب اشر
(قمر ٢) سيعلمون غدا من الكذاب الاشر (قمر ٢) لا يسمعون فيها لغوا ولا كذابا (نبا ٢) فان كذبوك فقد كذب رسل من قبلك
(آل عمران ٩) كذب اصحاب الايكة المرسلين (شعراء ١) كذلك كذب الذين من قبلهم (انعام ١٨) يونس ٤) كذب الذين من قبلهم
(زمر ٣) ان كل الا كذب الرسل (ص ٢) كل كذب الرسل (ق ١) الذي كذب وتولى (ليل ١) ولكن كذب وتولى (قيامة ٢) ارأيت
ان كذب وتولى (علق ١) الا ان كذب بها الاولون (اسرائيل ٦) او كذب بآياته (انعام ٣ اعراف ٤ يونس ٢) او كذب بالحق لما جاءه
(عنكبوت ٢) ولقد اريناه آياتنا كلها فكذب وابى (طه ٣) فكذب وعصى (نازعات ٣) فقد كذب امم من قبلك (عنكبوت ٢)
فقد كذب الذين من قبلهم (ملائكة ٣) ولقد كذب الذين من قبلهم (ملك ٢) ولقد كذب اصحاب الحجر المرسلين (حجر ٦) ما كذب
الفؤاد ما رأى (نجم ١) ان العذاب على من كذب وتولى (طه ٣) واعتدنا لمن كذب بالساعة (فرقان ١) ومن اظلم ممن كذب
على الله (زمر ٤) فمن اظلم ممن كذب بآيات الله (انعام ٢٠) وكذب موسى (حج ٥) وكذب به قومك (انعام ٨) وكذب الذين
من قبلهم (سبا ٥) وكذب بالحسنى (ليل ١) وكذب بالصدق (زمر ٤) وجاءوا على قميصه بدم كذب (يوسف ٢) ويقولون
على الله الكذب (آل عمران ٨) فمن افترى على الله الكذب (آل عمران ١٠) انظر كيف يفترون على الله الكذب (نساء ٨) ولكن
الذين كفروا يفترون على الله الكذب (مائدة ١٤) وما ظن الذين يفترون على الله الكذب (يونس ٦) قل ان الذين على الله
الكذب لا يفلحون (يونس ٧) ان الذين يفترون على الله الكذب لا يفلحون (نحل ١٥) ولا تقولوا لما تصف السنتكم الكذب (نحل ١٥)
وتصف السنتهم الكذب (نحل ٧) انما يفتري الكذب (نحل ١٤) لتفتروا على الله الكذب (نحل ١٥) ومن اظلم ممن افترى على الله الكذب
(صف ١) سماعون للكذب (مائدة ٥ مرتين) ومن اظلم ممن افترى على الله كذبا (انعام ٣ ١٠ عنكبوت ٧ هود ٢) فمن اظلم
ممن افترى على الله كذبا (انعام ١٥ اعراف ٤ يونس ٢ كهف ٢) ان هو الا رجل افترى على الله كذبا (مؤمنين ٤) افترى على الله كذبا
ام به جنة (سبا ١) قد افترينا على الله كذبا (اعراف ١١) ان يقولون الا كذبا (كهف ١) لتفتروا على الله كذبا (طه ٣) وانا ظننا ان لن
تقول الانس والجن على الله كذبا (جن ١) ان يقولوا الا كذبا (كهف ١) وكذبوا بآياتنا كذابا (نبا ٣) فقد كذبت رسل
من قبلك (ملائكة ٣) ولقد كذبت رسل من قبلك (انعام ٤) كذبت قوم نوح المرسلين (شعراء ١١) كذبت عاد المرسلين (شعراء ١٧) كذبت
ثمود المرسلين (شعراء ٨) كذبت قوم لوط المرسلين (شعراء ٩) كذبت قبلهم قوم نوح (ص ١ مؤمن ١ ق ١ قمر ١) كذبت عاد فكيف كان
عذابي ونذر (قمر ١) كذبت ثمود بالنذر (قمر ٢) كذبت قوم لوط بالنذر (قمر ٢) كذبت ثمود وعاد بالقارعة (حاقة ١) كذبت ثمود
بطغواها (شمس ١) فكذبت وهو من الصادقين (يوسف ٣) فكذبت بها واستكبرت (زمر ٦) فقد كذبت قبلهم (حج ٥) ففريقا
كذبتم (بقرة ١١) قال اكذبتم بآياتي (نمل ٦) فقد كذبتم (فرقان ٦) قل اني على بينة من ربي وكذبتم به (انعام ٧) فكذبنا
وقلنا ما نزل الله من شيء (ملك ١) وظنوا انهم قد كذبوا (يوسف ١٢) انظر كيف كذبوا على انفسهم (انعام ٣) وقعد الذين
كذبوا الله ورسوله (توبة ١١) هؤلاء الذين كذبوا على ربهم (هود ٢) فصبروا على ما كذبوا (انعام ٤) كذبوا بآيات ربهم (انفال ٤)
كذبوا بآياتنا كلها (قمر ٥) الذين كذبوا شعيبا (اعراف ١١) الذين كذبوا بالكتاب (مؤمن ٨) ان الذين كذبوا بآياتنا (اعراف ٥)

ذلك مثل القوم الذين كذبوا بآياتنا (اعراف ۸) ساء مثلا القوم الذين كذبوا بآياتنا (اعراف ۸) واغرقنا الذين كذبوا بآياتنا
(يونس ۸ - اعراف ۷) بئس مثل القوم الذين كذبوا بآيات الله (جمعة ۱) فقلنا اذهبا الى القوم الذين كذبوا بآياتنا (فرقان ۴)
ونصرناه من القوم الذين كذبوا بآياتنا (انبياء ۶) ويوم القيمة ترى الذين كذبوا (زمر ۶) وقطعنا دابر الذين كذبوا بآياتنا (اعراف ۹)
قد خسر الذين كذبوا (انعام ۴ يونس ۵) ولا تتبع اهواء الذين كذبوا بآياتنا (انعام ۱۵) ولا تكونن من الذين كذبوا بآيات الله
(يونس ۱۰) والذين كذبوا بآياتنا (انعام ۴-۵ - اعراف ۴-۱۵-۱۹) ان كذبوا بآيات الله (روم ۱) بانهم كذبوا بآياتنا (اعراف ۲۱)
ذلك بانهم كذبوا بآياتنا (اعراف ۲۱) بل كذبوا بالحق (ق ۱) بل كذبوا بالساعة (فرقان ۲) بل كذبوا بما لم يحيطوا بعلمه (يونس ۴) فما كانوا
ليؤمنوا بما كذبوا من قبل (اعراف ۱۳ يونس ۸) والذين كذبوا من قبلهم بآياتنا (آل عمران ۲) فريقا كذبوا (مائدة ۱) فقد كذبوا فسيأتيهم
انبؤا ما كانوا به يستهزءون (شعراء ۱) فقد كذبوا بالحق (انعام ۱) وقوم نوح لما كذبوا الرسل (فرقان ۴) فكذبوا رسلي (سبا ۵) فكذبوا
عبدنا (قمر ۱) والذين كفروا وكذبوا بآياتنا (بقرة ۵ مائدة ۲-۹ حج ۶ حديد ۲ تغابن ۱) وكذبوا بلقاء الآخرة (مؤمنين ۲)
وكذبوا بآياتنا ولقاء الآخرة (روم ۲) وكذبوا واتبعوا اهواءهم (قمر ۱) وكذبوا بآياتنا كذابا (نبا ۲) فان كذبوك فقد كذب
رسل من قبلك (آل عمران ۱۹) فان كذبوك فقل ربكم ذو رحمة واسعة (انعام ۱۸) وان كذبوك فقل لي عملي (يونس ۵)
فقد كذبوكم بما تقولون (فرقان ۲) قال رب انصرني بما كذبون (مؤمنين ۳-۴) قال رب ان قومي كذبون (شعراء ۶)
كلما جاء امة رسولها كذبوه (مؤمنين ۳) فكذبوه فانجيناه والذين معه (اعراف ۷) فكذبوه فنجيناه ومن معه في الفلك (يونس ۸)
فكذبوه فاخذهم العذاب (نحل ۱۴) فكذبوه فاهلكناهم (شعراء ۷) فكذبوه فاخذهم عذاب يوم الظلة (شعراء ۱۰) فكذبوه فاخذتهم
الرجفة (عنكبوت ۴) فكذبوه فانهم لمحضرون (صافات ۴) فكذبوه فعقروها (شمس ۱) فكذبوهما فكانوا من المهلكين (مؤمنين ۵)
فكذبوهما فعززنا بثالث (يس ۲) وان يك كاذبا فعليه كذبه (مؤمن ۴) **فصل الراء** كرام بررة (عبس ۱) واذا
مروا باللغو مروا كراما (فرقان ۶) كراما كاتبين (انفطار ۱) قل الله ينجيكم منها ومن كل كرب (انعام ۸) فنجيناه واهله من الكرب
العظيم (انبياء ۶) ونجيناه واهله من الكرب العظيم (صافات ۳) ونجيناهما وقومهما من الكرب العظيم (صافات ۴) قالوا تلك اذا كرة
خاسرة (نازعات ۲) لو ان لنا كرة فنتبرأ منهم (بقرة ۲۰) فلو ان لنا كرة فنكون من المؤمنين (شعراء ۵) لو ان لي كرة فاكون من المحسنين
(زمر ۶) ثم رددنا لكم الكرة (اسرائيل ۱) ثم ارجع البصر كرتين (ملك ۱) وسع كرسيه السموات (بقرة ۳۴) والقينا على كرسيه
جسدا (ص ۳) هذا الذي كرمت علي (اسرائيل ۷) ولقد كرمنا بني آدم (اسرائيل ۷) وهو كره لكم (بقرة ۲۶) ولكن كره الله انبعاثهم
(توبة ۷) ولو كره المجرمون (انفال ۱ يونس ۸) ولو كره الكافرون (توبة ۴ مؤمن ۲ صف ۱) ولو كره المشركون (توبة ۴ صف ۱) كره اليكم
الكفر (حجرات ۱) لا يحل لكم ان ترثوا النساء كرها (نساء ۳) حملته امه كرها (احقاف ۲) ووضعته كرها (احقاف ۲) قل انفقوا طوعا او
كرها (توبة ۷) ائتيا طوعا او كرها (فصلت ۲) طوعا وكرها (آل عمران ۹ رعد ۲) ان يأكل لحم اخيه ميتا فكرهتموه (حجرات ۲) فان
كرهتموهن فعسى ان تكرهوا شيئا (نساء ۳) ذلك بانهم كرهوا ما انزل الله (قتال ۱) للذين كرهوا ما نزل الله (قتال ۳)
وكرهوا ان يجاهدوا باموالهم وانفسهم (توبة ۱۱) وكرهوا رضوانه (قتال ۳) ورزق كريم (انفال ۱-۸ نور ۳ سبا ۱ حج ۷)
ان هذا الا ملك كريم (يوسف ۴) فان ربي غني كريم (نمل ۴) اني القي الي كتاب كريم (نمل ۳) وجاءهم رسول كريم (دخان ۱) انه لقرآن
كريم (واقعة ۳) وله اجر كريم (حديد ۲) ولهم اجر كريم (حديد ۲) وكنوز ومقام كريم (شعراء ۴) انه لقول رسول كريم (حاقة ۲ تكوير)
فبشره بمغفرة واجر كريم (يس ۲) وزروع ومقام كريم (دخان ۲) لا بارد ولا كريم (واقعة ۲) من كل زوج كريم (شعراء ۱ - لقمان ۱)
ذق انك انت العزيز الكريم (دخان ۳) رب العرش الكريم (مؤمنين ۶) ما غرك بربك الكريم (انفطار ۱) وندخلكم مدخلا
كريما (نساء ۵) واعتدنا لها رزقا كريما (احزاب ۴) واعد لهم اجرا كريما (احزاب ۶) وقل لهما قولا كريما (اسرائيل ۳) **فصل السين**
وتجارة تخشون كسادها (توبة ۳) ولا يأتون الصلوة الا وهم كسالى (توبة ۷) واذا قاموا الى الصلوة
قاموا كسالى (نساء ۲۱) كل امرئ بما كسب رهين (طور ۱) جزاء بما كسبا نكالا من الله (مائدة ۶) ما اغنى عنه ماله وما كسب (تبت)
بلى من كسب سيئة (بقرة ۹) قد خلت لها ما كسبت ولكم ما كسبتم (بقرة ۱۶-۱۵) لها ما كسبت وعليها ما اكتسبت (بقرة ۴۰)
او كسبت في ايمانها خيرا (انعام ۲۰) ووفيت كل نفس ما كسبت (آل عمران ۳) ثم توفى كل نفس ما كسبت (بقرة ۳۸ - آل عمران ۷) افمن

هو قائم على كل نفس بما كسبت (رعد ٣٣) ليجزي الله كل نفس ما كسبت (ابراهيم ٥١) ولكن يؤاخذكم بما كسبت قلوبكم (بقرة ٢٨) أن تبسل
نفس بما كسبت (انعام ٧) بما كسبت ايدي الناس (روم ٥) اليوم تجزى كل نفس بما كسبت (مؤمن ٢) ولتجزى كل نفس بما كسبت (جاثية ٣)
كل نفس بما كسبت رهينة (مدثر ٢) فبما كسبت ايديكم (شورى ٣) ولكم ما كسبتم (بقرة ١٤٠-١٦) انفقوا من طيبات ما كسبتم
(بقرة ٧) والذين كسبوا السيئات (يونس ٣) انما استزلهم الشيطان ببعض ما كسبوا (آل عمران ٦) وبدا لهم سيئات ما كسبوا
(زمر ٥) فاصابهم سيئات ما كسبوا (زمر ٦) سيصيبهم سيئات ما كسبوا (زمر ٦) ولا يغني عنهم ما كسبوا شيئا (جاثية ١) اولئك الذين
ابسلوا بما كسبوا (انعام ٧) والله اركسهم بما كسبوا (نساء ١١) لو يؤاخذهم بما كسبوا (كهف ٦) ولو يؤاخذ الله الناس بما كسبوا (ملائكة ٥)
او يوبقهن بما كسبوا (شورى ٤) لا يقدرون مما كسبوا على شيء (ابراهيم ٣) ترى الظالمين مشفقين مما كسبوا (شورى ٣) لا يقدرون
على شيء مما كسبوا (بقرة ٧) اولئك لهم نصيب مما كسبوا (بقرة ١١) او تسقط السماء كما زعمت علينا كسفا (اسرائيل ١٠) فاسقط علينا كسفا
(اسرائيل ١١) فاسقط علينا كسفا (شعراء ١١) ويجعله كسفا فترى الودق (روم ٥) او نسقط عليهم كسفا من السماء (سبا ١) وان يروا كسفا
من السماء (طور ٢) او كسوتهم او تحرير رقبة (مائدة ٩) وعلى المولود له رزقهن وكسوتهن (بقرة ٣٠) فكسونا العظام لحما (مؤمنون ٢)

فصل الشين

واذا السماء كشطت (تكوير ١) ثم اذا كشف الضر عنكم (نحل ٧) فلا يملكون كشف الضر عنكم
(اسرائيل ٦) لئن كشفت عنا الرجز (اعراف ١٦) وكشفت عن ساقيها (نمل ٣) لما آمنوا كشفنا عنهم (يونس ١٠) فلما كشفنا عنهم الرجز
(اعراف ١٦) فلما كشفنا عنه ضره (يونس ٢) فلما كشفنا عنهم العذاب (زخرف ٥) فكشفنا ما به من ضر (انبياء ٦) فكشفنا عنك غطاءك
(ق ٢) وكشفنا ما بهم من ضر (مؤمنين ٥)

فصل الظاء

ظل وجهه مسودا وهو كظيم (نحل ٧ زخرف ٢) وابيضت
عيناه من الحزن فهو كظيم (يوسف ١٠)

فصل العين

جعل الله الكعبة البيت الحرام (مائدة ١٣) هديا بالغ
الكعبة (مائدة ١٠) وارجلكم الى الكعبين (مائدة ١)

فصل الفاء

وهو الذي كف ايديهم عنكم
(فتح ٣) فكف ايديهم عنكم (مائدة ٢) وكف ايدي الناس عنكم (فتح ٣) الم نجعل الارض كفاتا (مرسلات ١) ولا الذين يموتون
وهم كفار (نساء ٢) وماتوا وهم كفار (بقرة ١٩ آل عمران ٩) من هو كاذب كفار (زمر ١) ثم ماتوا وهم كفار (قتال ٤) ان الانسان
لظلوم كفار (ابراهيم ٥) القيا في جهنم كل كفار عنيد (ق ٢) والله لا يحب كل كفار اثيم (بقرة ٣٨) وسيعلم الكفار لمن عقبى الدار (رعد ٥)
يا ايها النبي جاهد الكفار (توبة ١٠ تحريم ١) ولا يطؤن موطئا يغيظ الكفار (توبة ١٥) ليغيظ بهم الكفار (فتح ٤) اعجب الكفار نباته (حديد ٢)
كما يئس الكفار (ممتحنة ٢) هل ثوب الكفار ما كانوا يفعلون (مطففين ٤) وان فاتكم شيء من ازواجكم الى الكفار (ممتحنة ٢) فلا
ترجعوهن الى الكفار (ممتحنة ٢) اشداء على الكفار (فتح ٤) قاتلوا الذين يلونكم من الكفار (توبة ١٦) من الكفار يضحكون (مطففين)
والكفار نار جهنم خالدين (توبة ٩) لو يردونكم من بعد ايمانكم كفارا (بقرة ١٣) ولا يلدوا الا فاجرا كفارا (نوح ٣) او كفارة طعام
مسكين (مائدة ١٢) ذلك كفارة ايمانكم (مائدة ١٢) فمن تصدق به فهو كفارة له (مائدة ٧) فكفارته اطعام عشرة مساكين (مائدة ١٢)
أكفاركم خير من اولئكم (قمر ٥) افرأيت الذي كفر باياتنا (مريم ٨) جزاء لمن كان كفر (قمر ١) فبهت الذي كفر (بقرة ٢٦) فلما كفر قال اني
بريء منك (حشر ٢) لقد كفر الذين قالوا (مائدة ٢-١٠ مرتين) وما كفر سليمان (بقرة ١٢) كفر عنهم سيئاتهم (قتال ١) من كفر
فعليه كفره (روم ٥) فمنهم من آمن ومنهم من كفر (بقرة ٢٦) من كفر بالله من بعد ايمانه (نحل ١٤) فمن كفر بعد ذلك منكم (مائدة ٢)
فمن كفر فعليه كفره (ملائكة ٥) قال ومن كفر فامتعه قليلا (بقرة ١٣) ومن كفر فان الله غني عن العالمين (آل عمران ١٠) ومن كفر
بعد ذلك (نور ٧) ومن كفر فان ربي غني (نمل ٤) ومن كفر فلا يحزنك كفره (لقمان ٣) ومن كفر فان الله غني حميد (لقمان ٢) و
صد عن سبيل الله وكفر به (بقرة ١٢) وكفر عنا سيئاتنا (آل عمران ٢٠) الا من تولى وكفر (غاشية ١) ومن يتبدل الكفر بالايمان
(بقرة ١١) فلما احس عيسى منهم الكفر (آل عمران ٦) ان الذين اشتروا الكفر (بقرة ١٨) ان استحبوا الكفر على الايمان (توبة ٣)
وكره اليكم الكفر (حجرات ١) ولا يرضى لعباده الكفر (زمر ١) فقاتلوا ائمة الكفر (توبة ٢) ولقد قالوا كلمة الكفر (توبة ١٠) ايأمركم بالكفر
بعد اذ انتم مسلمون (آل عمران ٨) وقد دخلوا بالكفر (مائدة ٩) شاهدين على انفسهم بالكفر (توبة ٣) ولكن من شرح بالكفر صدرا
(نحل ١٤) الذين يسارعون في الكفر (آل عمران ١٨ مائدة ٦) انما النسيء زيادة في الكفر (توبة ٥) هم للكفر يومئذ اقرب منهم
للايمان (آل عمران ١٧) ثم ازدادوا كفرا (آل عمران ٩ نساء ٢٠) الاعراب اشد كفرا ونفاقا (توبة ١١) الم تر الى الذين بدلوا نعمة الله

كفرا (ابراهيم ٣) وليزيدن كثيرا منهم ما انزل اليك من ربك طغيانا و كفرا (مائدة ٧ مرتين) والذين اتخذوا مسجدا ضرارا
وكفرا (توبة ١٣) فخشينا ان يرهقهما طغيانا وكفرا (كهف ٢) فلا كفران لسعيه (انبياء ٧) اني كفرت بما اشركتمون (ابراهيم ٣)
أكفرت بالذي خلقك من تراب (كهف ٥) فكفرت بانعم الله (نحل ١٥) و كفرت طائفة (صف ٢) اولئك هم الكفرة الفجرة
(عبس ١) اذا دعي الله وحده كفرتم (مؤمن ٢) أكفرتم بعد ايمانكم (ال عمران ١١) فكيف تتقون ان كفرتم يوما (مزمل ١) فبما كفرتم
بما كفرتم (اسرائيل ٧) قل ارأيتم ان كان من عند الله ثم كفرتم به (فصلت ٦) لا تعتذروا قد كفرتم بعد ايمانكم (توبة ٨) ولئن كفرتم ان
عذابي لشديد (ابراهيم ١) و كفرتم به وشهد شاهد (احقاف ١) قل تمتع بكفرك قليلا (زمر ١) كفرنا بكم وبدا بيننا وبينكم
العداوة (ممتحنة ١) وقالوا انا كفرنا بما ارسلتم به (ابراهيم ٢) لكفرنا عنهم سيئاتهم (مائدة ٧) و كفرنا بما كنا به مشركين (مؤمن ٩)
ولكن الشياطين كفروا (بقرة ١٢) انهم كفروا بالله ورسوله (توبة ٩) الا انهم كفروا بالله وبرسوله (توبة ٧) ذلك بانهم كفروا بالله
ورسوله (توبة ١٦) كفروا بايات الله (انفال ٧) بانهم كفروا باياتنا (اسرائيل ١١) كيف يهدي الله قوما كفروا بعد ايمانهم (ال عمران ٩)
فلما جاءهم ما عرفوا كفروا به (بقرة ١١) الا ان عادا كفروا ربهم (هود ٦) الا ان ثمود كفروا ربهم (هود ٧) ثم اخذت الذين كفروا
عسى الله ان يكف بأس الذين كفروا (نساء ١١) واذ يمكر بك الذين كفروا (انفال ٤) يضل به الذين كفروا (توبة ٥) ان تطيعوا الذين كفروا
يردوكم على اعقابكم (ال عمران ١٥) انجعل الذين كفروا (فتح ٣) لا تحسبن الذين كفروا (نور ٧) لا يغرنك تقلب الذين كفروا في
(ال عمران ٢٠) واذا رآك الذين كفروا (انبياء ٣) زعم الذين كفروا (تغابن ١) سيصيب الذين كفروا منهم (توبة ١٠) ذلك ظن الذين
كفروا (ص ٣) فلنذيقن الذين كفروا (فصلت ٣) فما للذين كفروا قبلك مهطعين (معارج ١) فوق الذين كفروا (ال عمران ٦)
ولو قاتلكم الذين كفروا (فتح ٣) قال الذين كفروا للذين آمنوا (مريم ٨ يونس ٥) قال الذين كفروا للحق لما جاءهم (احقاف ١) لقال الذين
كفروا (انعام ١) وقال الذين كفروا للذين آمنوا (عنكبوت ٢ - احقاف ١) وقال الذين كفروا (ابراهيم ٢ فرقان ١-٤ سبا ١-٥ فصلت
مرتين احقاف ١) سألقي في قلوب الذين كفروا (انفال ٢) سنلقي في قلوب الذين كفروا (ال عمران ١٦) يضاهئون قول الذين كفروا
(توبة ٣) وجعل كلمة الذين كفروا السفلى (توبة ٥) لعذبنا الذين كفروا منهم (فتح ٣) لعن الذين كفروا (مائدة ١١) اذا لقيتم الذين كفروا
(انفال ٢) فاذا لقيتم الذين كفروا (قتال ١) ليقولن الذين كفروا (هود ١ روم ٦) ليمسن الذين كفروا منهم (مائدة ١٠) مثل الذين كفروا
بربهم (ابراهيم ٣) ومثل الذين كفروا (بقرة ٢١) وبشر الذين كفروا (توبة ١) تعرف في وجوه الذين كفروا المنكر (حج ١٠) سيئت وجوه
الذين كفروا (ملك ٢) الم يأتكم نبأ الذين كفروا (تغابن ١) ود الذين كفروا (نساء ١١) وسيق الذين كفروا الى جهنم زمرا (زمر ٨) و
عذب الذين كفروا (توبة ٣) ويجادل الذين كفروا بالباطل (كهف ٨) ولكن الذين كفروا يفترون على الله الكذب (مائدة ١٣) و
ليعلم الذين كفروا (نحل ٥) ويقول الذين كفروا (رعد ١-٣-٥) اليوم يئس الذين كفروا (مائدة ١) يايها الذين كفروا (تحريم ١)
ولو ترى اذ يتوفى الذين كفروا (انفال ٥) يتولون الذين كفروا (مائدة ١١) ولا يحسبن الذين كفروا (ال عمران ١٨ انفال ٦) اولم ير الذين
كفروا (انبياء ٣) ولا يزال الذين كفروا (رعد ٤ حج ٧) ويوم يعرض الذين كفروا على النار (احقاف ٢-٣) ان يفتنكم الذين كفروا
(نساء ١١) لو يعلم الذين كفروا (انبياء ٣) يقول الذين كفروا (انعام ٣) وان يكاد الذين كفروا (نون ٢) لم يكن الذين كفروا من اهل الكتاب
(بينة ١) ملبوا الذين كفروا (بقرة ١١) يومئذ يود الذين كفروا (نساء ٦) ربما يود الذين كفروا لو كانوا مسلمين (حجر ١) لا ينفع الذين كفروا
ايمانهم (سجدة ٣) الذين كفروا بما عملوا (فصلت ٥) الذين كفروا لهم عذاب شديد (ملائكة ١) الذين كفروا من اهل الكتاب (حشر ١)
الذين كفروا وكذبوا (مؤمنين ٩) الذين كفروا وصدوا عن سبيل الله (نحل ١٢ قتال ١) اذ اخرجه الذين كفروا ثاني اثنين (توبة ٦)
فاذا هي شاخصة ابصار الذين كفروا (انبياء ٧) وجعلنا الاغلال الذين كفروا (سبا ٤) افحسب الذين كفروا (كهف ١١) وعد
الله الذين كفروا (حج ٨) ان شر الدواب عند الله الذين كفروا فهم لا يؤمنون (انفال ٧) ود الذين كفروا (احزاب ٢) وقال
الذين كفروا من قومه (اعراف ٩) اولئك الذين كفروا بايات ربهم (كهف ١٢) اولئك الذين كفروا بربهم (رعد ١) فقال الملأ
الا الذين كفروا من قومه (هود ٣ مؤمنين ٣) ما يجادل في ايات الله الا الذين كفروا (مؤمن ١) فاما الذين كفروا (ال عمران
٦) واما الذين كفروا (بقرة ٣ جاثية ٤) ان الذين كفروا (بقرة ١-١٧ - ال عمران ١-٩ مرتين ١٢ نساء ٦-١٧ مرتين مائدة ٧
انفال ٤ حج ٣ مؤمن ١ قتال ٤ مرتين فصلت ٥ بينة ١) ان الذين كفروا بالذكر (فصلت ٥) ذلك بان الذين كفروا اتبعوا الباطل

وقال الملأ الذين كفروا من قومه (هود ٣ مؤمنين ٣)

(قتال ١) بل الذين كفروا يكذبون (انشقاق ١) بل الذين كفروا في عزة وشقاق (ص ١) بل الذين كفروا في تكذيب (بروج ١)
ثم الذين كفروا بربهم (انعام ١) يستفتحون على الذين كفروا (بقرة ١١) وكذلك حقت كلمة ربك على الذين كفروا (مؤمن ١) فالذين كفروا
قطعت لهم ثياب من نار (حج ٢) فالذين كفروا هم المكيدون (طور ٢) لا تكونوا كالذين كفروا (ال عمران ١٧) زين للذين كفروا (بقرة ٢٦)
بل زين للذين كفروا (رعد ٥) قل للذين كفروا (ال عمران ٢-انفال ٥) ويقولون للذين كفروا (نساء ٨) فامليت للذين كفروا
(رعد ٥) ثم لا يؤذن للذين كفروا (نحل ١٢) فويل للذين كفروا (مريم ٤-ص ٣ ذاريات ٣) ربنا لا تجعلنا فتنة للذين كفروا (ممتحنة ١)
ضرب الله مثلا للذين كفروا (تحريم ٢) وما جعلنا عدتهم الا فتنة للذين كفروا (مدثر ١) والذين كفروا بربهم عذاب جهنم
(ملك ١) ومطهرك من الذين كفروا (ال عمران ٦) ليقطع طرفا من الذين كفروا (ال عمران ١٣) من الذين كفروا بانهم قوم لا يفقهون
(انفال ٧) ولا من الذين كفروا (حديد ٢) والذين كفروا (بقرة ٣-٢٦ نساء ٨ مائدة ٢ حج ٦ حديد ٢ تغابن ١) والذين كفروا (انفال
٨ يونس ١ ملائكة ٤ نور ٤ جاثية ٢ قتال ١-٢ بلد ١) والذين كفروا بايات الله (عنكبوت ٣ زمر ٧) ذلك جزاؤهم جهنم بما
كفروا (كهف ١١) ذلك جزيناهم بما كفروا (سبا ٢) ذلك بانهم آمنوا ثم كفروا (منافقين ١) ان الذين امنوا ثم كفروا ثم امنوا ثم كفروا
(نساء ٢٠) وقد كفروا بما جاءكم من الحق (ممتحنة ١) وقد كفروا به من قبل (سبا ٦) ودوا لو تكفرون كما كفروا (نساء ١٢) فكفروا
به فسوف يعلمون (صافات ٧) فكفروا فاخذهم الله (مؤمن ٢) فكفروا وتولوا واستغنى الله (تغابن ١) وكفروا بعد اسلامهم
(توبة ١٠) والذين امنوا بالباطل وكفروا بالله (عنكبوت ٦) من كفر فعليه كفره (روم ٥) فمن كفر فعليه كفره (ملائكة ٥) ومن كفر
فلا يحزنك كفره (لقمان ٣) ولا يزيد الكافرين كفرهم (ملائكة ٤) مرتين واشربوا في قلوبهم العجل بكفرهم (بقرة ١١) بل لعنهم الله
بكفرهم (بقرة ١١) ولكن لعنهم الله بكفرهم (نساء ٧) بل طبع الله عليها بكفرهم (نساء ٢٢) واشربوا في قلوبهم العجل بكفرهم (بقرة ١١)
وبكفرهم وقولهم على مريم (نساء ٢٢) فبما نقضهم ميثاقهم وكفرهم بايات الله (نساء ٢٢) واذ كففت بني اسرائيل (مائدة ١٥) يكن
له كفل منها (نساء ١١) وذا الكفل وكل من الاخيار (ص ٥) وذا الكفل كل من الصابرين (انبياء ٦) يؤتكم كفلين من رحمته
(حديد ٤) كفوا ايديكم (نساء ١١) ولم يكن له كفوا احد (اخلاص ١) وكفلها زكريا (ال عمران ٤) فان الانسان كفور (شورى ٥)
انه ليؤس كفور (هود ١) الا كل ختار كفور (لقمان ٤) كذلك نجزي كل كفور (ملائكة ٤) وكان الشيطان لربه كفورا (اسرائيل
٣) وكان الانسان كفورا (اسرائيل ٧) ان الله لا يحب كل خوان كفور (حج ٦) ان الانسان لكفور (حج ٧) ان الانسان لكفور مبين
(زخرف ٢) ولا تطع منهم اثما او كفورا (انسان ٣) فابى اكثر الناس الا كفورا (اسرائيل ٩ فرقان ٥) فابى الظالمون الا كفورا (اسرائيل ١)
اما شاكرا واما كفورا (انسان ١) اقرأ كتابك كفى بنفسك (اسرائيل ٢) كفى به شهيدا بيني وبينكم (احقاف ١) قل كفى بالله شهيدا
(رعد ٦-اسرائيل ١٠) قل كفى بالله بيني وبينكم شهيدا (عنكبوت ٥) فكفى بالله شهيدا بيننا وبينكم (يونس ٣) وكفى بالله حسيبا
(نساء ١-احزاب ٥) وكفى بالله وليا (نساء ٦) وكفى بالله نصيرا (نساء ٦) وكفى به اثما مبينا (نساء ٧) وكفى بجهنم سعيرا (نساء ٨) وكفى
بالله عليما (نساء ٧) وكفى بالله شهيدا (نساء ٨-١٧ فتح ٤) وكفى بالله وكيلا (نساء ٩-١٤-١٧-احزاب ١-٥) وكفى بربك بذنوب
عباده خبيرا بصيرا (اسرائيل ٢) وكفى بربك وكيلا (اسرائيل ٧) وكفى بنا حاسبين (انبياء ٤) وكفى بربك هاديا ونصيرا (فرقان ٣)
وكفى به بذنوب عباده (فرقان ٥) وكفى الله المؤمنين القتال (احزاب ٣) وقد جعلتم الله عليكم كفيلا (نحل ١٣) انا كفيناك
المستهزئين (حجر ٦) الا كباسط كفيه (رعد ٢) فاصبح يقلب كفيه على ما انفق فيها (كهف ٥) اذا لذهب كل اله بما خلق (مؤمنون ٥)
وهمت كل امة برسولهم (مؤمن ١) كل امة تدعى الى كتابها (جاثية ٣) فيها يفرق كل امر حكيم (دخان ١) ايطمع كل امرئ منهم
(معارج ٢) بل يريد كل امرئ منهم (مدثر ٢) قد علم كل اناس مشربهم (بقرة ٦-اعراف ٢٠) الله يعلم ما تحمل كل انثى (رعد ٢)
كل اولئك كان عنه مسئولا (بني اسرائيل ٤) ولو جاءتهم كل اية (يونس ١٠) وخاب كل جبار عنيد (ابراهيم ٣) كل حزب
بما لديهم فرحون (مؤمنون ٣) وتضع كل ذات حمل حملها (حج ١) كل ذلك كان سيئه (اسرائيل ٤) كل شرب محتضر (قمر ٣)
وله كل شيء (نمل ٧) كل شيء هالك الا وجهه (قصص ٩) كل الطعام كان حلا لبني اسرائيل (ال عمران ١٠) فكان كل فرق كالطود
العظيم (شعراء ٤) والله لا يحب كل كفار اثيم (بقرة ٣٨) تذهل كل مرضعة (حج ١) كل من عليها فان (رحمن ٢) ثم توفى كل نفس (بقرة ٣٨
ال عمران ٧) ووفيت كل نفس (ال عمران ٣ زمر ٧) يوم تجد كل نفس (ال عمران ٣) كل نفس ذائقة الموت (ال عمران ١٩-انبياء ٣)

عنكبوت ۱) ولا تكسب كل نفس الا عليها (انعام ۷) هنالك تبلوا كل نفس (يونس ۳) ويعلم ما تكسب كل نفس (رعد ۶) يوم تأتي كل
نفس (نحل ۱۵) وتوفى كل نفس ما عملت (نحل ۱۵) اليوم تجزى كل نفس (مؤمن ۲) ولتجزى كل نفس بما كسبت (جاثية ۳) وجاءت كل نفس
(ق ۲) كل نفس بما كسبت رهينة (مدثر ۲) كلٌّ الينا راجعون (انبياء ۶) كل آمن بالله (بقرة ۴۰) كل في فلك يسبحون (انبياء ۳) كل في كتاب
مبين (هود ۱) كل قد علم صلوته (نور ۶) كل كذب الرسل (ق ۱) كل له اواب (ص ۲) كل له قانتون (بقرة ۱۴ روم ۳) قل كل متربص فتربصوا
(طه ۸) قل كل من عند الله (نساء ۱۱) كل من الصابرين (انبياء ۶) كل من الصالحين (انعام ۱۰) كل من عند ربنا (آل عمران ۱) كل يجري الى
اجل مسمى (لقمان ۳) كل يجري لاجل مسمى (رعد ۱ زمر ۱ ملائكة ۲) قل كل يعمل على شاكلته (اسرائيل ۱۰) وترى كلّ امة جاثية (جاثية ۴)
يوم ندعوا كل اناس بامامهم (اسرائيل ۸) ولا تبسطها كل البسط (اسرائيل ۳) فلا تميلوا كل الميل (نساء ۱۹) وان يروا كل اية لا يؤمنوا بها
(انعام ۳-اعراف ۱۵) والشياطين كل بناء وغواص (ص ۳) واضربوا منهم كل بنان (انفال ۲) تؤتي اكلها كل حين باذن ربها (ابراهيم ۴)
ولا تطع كل حلاف مهين (نون ۱) ان الله لا يحب كل خوان كفور (حج ۶) والله خلق كل دابة (نور ۶) وعلى الذين هادوا حرمنا كل ذي
ظفر (انعام ۱۸) ويؤت كل ذي فضل فضله (هود ۱) يأخذ كل سفينة غصبا (كهف ۱۰) وسع ربي كل شيء علما (انعام ۹) وحشرنا عليهم كل
شيء (انعام ۱۴) وسع ربنا كل شيء علما (اعراف ۱۱) وخلق كل شيء (انعام ۱۳ فرقان ۱) ورحمتي وسعت كل شيء (اعراف ۱۹) قال ربنا الذي اعطى
كل شيء خلقه (طه ۲) وسع كل شيء علما (طه ۵) وجعلنا من الماء كل شيء حي (انبياء ۳) ربنا وسعت كل شيء رحمة (مؤمن ۱) صنع الله الذي
اتقن كل شيء (نمل ۷) الذي انطق كل شيء (فصلت ۳) الذي احسن كل شيء خلقه (سجدة ۱) تدمر كل شيء بامر ربها (احقاف ۳) واحصى كل شيء
عددا (جن ۲) يحسبون كل صيحة عليهم (منافقين ۱) وان تعدل كل عدل (انعام ۷) القيا في جهنم كل كفار عنيد (ق ۲) كذلك نجزي
كل كفور (ملائكة ۴) كل ما ردوا الى الفتنة (نساء ۱۲) كلما خبت زدناهم سعيرا (اسرائيل ۱۱) والله لا يحب كل مختال فخور (حديد ۳) واقعدوا
لهم كل مرصد (توبة ۱) ومزقناهم كل ممزق (سبا ۲) ينبئكم اذا مزقتم كل ممزق (سبا ۱) ليجزي الله كل نفس (ابراهيم ۷) لتجزى كل نفس بما تسعى
(طه ۱) ولو شئنا لآتينا كل نفس هداها (سجدة ۲) فاجلدوا كل واحد منهما مائة جلدة (نور ۱) كل يوم هو في شأن (رحمن ۲) كل
امرئ بما كسب رهين (طور ۱) واتبعوا امر كل جبار عنيد (هود ۵) وفوق كل ذي علم عليم (يوسف ۸) فتحنا عليهم ابواب كل شيء
(انعام ۵) فاخرجنا به نبات كل شيء (انعام ۱۲) خالق كل شيء (انعام ۱۳ مؤمن ۷) وهو رب كل شيء (انعام ۲۰) وتفصيل كل شيء (يوسف ۱۲)
يجبى اليه ثمرات كل شيء (قصص ۶) فسبحان الذي بيده ملكوت كل شيء (يس ۵) واقيموا وجوهكم عند كل مسجد (اعراف ۳) خذوا زينتكم
عند كل مسجد (اعراف ۳) قل الله خالق كل شيء (رعد ۲) الله خالق كل شيء (زمر ۷) ويتبع كل شيطان مريد (حج ۱) وآتت كل واحدة منهن
سكينا (يوسف ۴) الا كل ختار كفور (لقمان ۳) الا كل معتد اثيم (مطففين ۱) ان كل الا كذب الرسل (ص ۱) ان كل من في السموات
والارض (مريم ۶) ان كل نفس لما عليها حافظ (طارق ۱) وان كل لما جميع لدينا محضرون (يس ۳) انا كل شيء خلقناه بقدر (قمر ۳)
قال الذين كفروا انا كل فيها (مؤمن ۵) وكنا بكل شيء عالمين (انبياء ۵) ولئن اتيت الذين اوتوا الكتاب بكل اية (بقرة ۱۷) ان الله بكل شيء
عليم (بقرة ۲۴-انفال ۸ عنكبوت ۷ مجادلة ۱ توبة ۳) والله بكل شيء عليم (بقرة ۲۹ نساء ۱۸ نور ۴-۷ حجرات ۲ تغابن ۲) وكان الله
بكل شيء عليما (احزاب ۴ فتح ۳) ان الله كان بكل شيء عليما (نساء ۵) وان الله بكل شيء عليم (مائدة ۱۳) اتبنون بكل ريع اية تعبثون
(شعراء ۷) فان الله كان بكل شيء عليما (احزاب ۷) الا انه بكل شيء محيط (فصلت ۶) وكان الله بكل شيء محيطا (نساء ۱۸) انه بكل شيء
عليم (شورى ۲) وان الله قد احاط بكل شيء علما (طلاق ۲) انه بكل شيء بصير (ملك ۲) يأتوك بكل ساحر عليم (اعراف ۱۴)
ائتوني بكل ساحر عليم (يونس ۸) يأتوك بكل سحار عليم (شعراء ۳) ولا تقعدوا بكل صراط (اعراف ۱۱) بكل فاكهة آمنين (دخان ۳) وقالوا
انا بكل كافرون (قصص ۵) وهو بكل خلق عليم (يس ۵) وهو بكل شيء عليم (بقرة ۳-انعام ۱۲ الحديد ۱) ان الله على كل
شيء قدير (بقرة ۲-۱۳ مرتين ۱۵-۲۶ آل عمران ۷ النحل ۱۰ نور ۶ عنكبوت ۲ ملائكة ۱ طلاق ۲) ثم اجعل على كل جبل منهن جزءا
(بقرة ۳۶) والله على كل شيء قدير (بقرة ۲۹-آل عمران ۳-۱۹ مائدة ۳ مرتين ۵-انفال ۵ توبة ۵ حشر ۱) انك على كل شيء قدير
(آل عمران ۳ تحريم ۲) ان الله كان على كل شيء شهيدا (نساء ۵-احزاب ۷) وهو على كل شيء قدير (هود ۱ روم ۵ شورى ۲ ملك ۱-
حديد ۱ تغابن ۱) وكان الله على كل شيء قديرا (احزاب ۳ فتح ۳) ان الله على كل شيء شهيد (حج ۲) ان الله كان على كل شيء حسيبا
(نساء ۱۱) وكان الله على كل شيء مقيتا (نساء ۱۱) وانت على كل شيء شهيد (مائدة ۱۶) فهو على كل شيء قدير (انعام ۲) وهو على كل شيء

وكيل (انعام ١١ زمر ٧) والله على كل شئ وكيل (هود ٢) وربك على كل شئ حفيظ (سبا ٣) ان ربى على كل شئ حفيظ (هود ٥) افمن هو
قائم على كل نفس بما كسبت (رعد ٤) وكان الله على كل شئ مقتدرا (كهف ٥) وانه على كل شئ قدير (حج ١) كذلك يطبع الله على كل قلب
متكبر (مؤمن ٤) تنزل على كل افاك اثيم (شعراء ٢) وكان الله على كل شئ رقيبا (احزاب ٦) وهو على كل شئ شهيد (سبا ٥) انه على
كل شئ قدير (فصلت ٥ - احقاف ٤) انه على كل شئ شهيد (فصلت ٦) والله على كل شئ شهيد (مجادلة ١) **و** على كل ضامر (حج ٤) **فى**
كل سنبلة مائة حبة (بقرة ٢٧) وكذلك جعلنا فى كل قرية اكابر (انعام ١٥) ولقد بعثنا فى كل امة رسولا (نحل ٥) ثم ينقضون عهدهم
فى كل مرة (انفال ٧) ولا يرون انهم يفتنون فى كل عام مرة (توبة ١٦) ويوم نبعث فى كل امة شهيدا (نحل ٩) ولو شئنا لبعثنا فى كل قرية نذيرا
(فرقان ٥) الم تر انهم فى كل واد يهيمون (شعراء ٢) واوحى فى كل سماء امرها (فصلت ٢) قال **لكل** ضعف (اعراف ٤) ولابويه لكل
واحد منهما السدس (نساء ٢) لكل جعلنا منكم شرعة (مائدة ٥) لكل نبأ مستقر (انعام ٧) كذلك زينا لكل امة عملهم (انعام ١١) وكذلك
جعلنا لكل نبى عدوا (انعام ١٢ فرقان ٤) وتفصيلا لكل شئ (انعام ١٦ - اعراف ١٥) لكل امة اجل (يونس ٥) لكل اجل كتاب (رعد ٤)
لكل صبار شكور (ابراهيم ١ - لقمان ٤ سبا ٢ شورى ٤) لكل باب منهم جزء مقسوم (حجر ٥) تبيانا لكل شئ (نحل ٩) لكل امرئ منهم ما اكتسب
(نور ٢) لكل امة جعلنا منسكا (حج ٧) لكل عبد منيب (سبا ٦) لكل اواب حفيظ (ق ٤) ويل لكل افاك اثيم (جاثية ١) قد جعل الله
لكل شئ قدرا (طلاق ١) لكل امرئ منهم يومئذ شأن (عبس ٤) ويل لكل همزة لمزة (همزة ١) ولو ان لكل نفس ظلمت (يونس ٦) **فلكل**
واحد منهما السدس (نساء ٢) **و لكل** وجهة هو موليها (بقرة ١٥) ولكل جعلنا موالى (نساء ٤) ولكل درجات مما عملوا (انعام ١٤
احقاف ٢) ولكل امة اجل (اعراف ٤) ولكل امة رسول (يونس ٥) ولكل قوم هاد (رعد ١) ولكل امة جعلنا منسكا (حج ٥) وبث
فيها **من كل** دابة (بقرة ١٧ لقمان ١) له فيها من كل الثمرات (بقرة ٢٧) ولهم فيها من كل الثمرات (قتال ٢) فكيف اذا جئنا من كل امة
(نساء ٥) فاخرجنا به من كل الثمرات (اعراف ٦) وكتبنا له فى الالواح من كل شئ (اعراف ١٥) فلولا نفر من كل فرقة منهم طائفة (توبة ١٥)
وجاءهم الموج من كل مكان (يونس ٣) من كل زوجين اثنين (هود ٤ مؤمنين ٢) يدخلون عليهم من كل باب (رعد ٣) ويأتيه
الموت من كل مكان (ابراهيم ٣) واتاكم من كل ما سألتموه (ابراهيم ٥) وحفظناها من كل شيطان رجيم (حجر ٢) وانبتنا فيها من كل شئ
موزون (حجر ٢) ويوم نبعث من كل امة شهيدا (نحل ٩) ونزعنا من كل امة شهيدا (قصص ٩) يأتيها رزقها رغدا من كل مكان (نحل ١٥)
من كل مثل (اسرائيل ٩ زمر ٣ روم ٦ كهف ٦) واتيناه من كل شئ سببا (كهف ١١) ثم لننزعن من كل شيعة (مريم ٧) وهم من كل حدب ينسلون
(انبياء ٧) وانبتت من كل زوج بهيج (حج ١) وانبتنا فيها من كل زوج بهيج (ق ١) ثم كلى من كل الثمرات (نحل ٩) ويوم نحشر من كل امة فوجا
(نمل ٦) يأتين من كل فج عميق (حج ٤) من كل متكبر لا يؤمن بيوم الحساب (مؤمن ٣) من كل زوج كريم (شعراء ١ لقمان ١) واوتينا من
كل شئ (نمل ٢) واوتيت من كل شئ (نمل ٢) ويقذفون من كل جانب (صافات ١) وحفظا من كل شيطان مارد (صافات ١) فيهما
من كل فاكهة زوجان (رحمن ٣) باذن ربهم من كل امر (قدر ١) قل الله ينجيكم منها **و من كل** كرب (انعام ٨) ومن كل الثمرات (رعد ١
نحل ٢) ومن كل تأكلون لحما طريا (ملائكة ٢) ومن كل شئ خلقنا زوجين (ذاريات ٥) **و كل** شئ عنده بمقدار (رعد ١) وكل شئ
فصلناه تفصيلا (اسرائيل ٢) وكل امر مستقر (قمر ١) وكل شئ فعلوه فى الزبر (قمر ٣) وكل صغير وكبير مستطر (قمر ٣) وكل اتوه داخرين
(نمل ٩) وكل فيها خالدون (انبياء ١) وكل فى فلك يسبحون (يس ٤) وكل كانوا ظالمين (انفال ٦) وكل من الاخيار (ص ٥) وكل
انسان الزمناه طائره (اسرائيل ٢) وكل شئ احصيناه فى امام مبين (يس ٢) وكل شئ احصيناه كتابا (نبا ٢) رجال يعرفون **كلا**
بسيماهم (اعراف ٥) يغن الله كلا من سعته (نساء ١٩) كلا نمد هؤلاء (اسرائيل ٢) ووهبنا له اسحاق ويعقوب كلا هدينا
(انعام ١٠) ثم يطمع ان ازيد **كلا** (مدثر ١) كلا اذا دكت الارض دكا دكا (فجر ٢) قال كلا ان معى ربى سيهدين (شعراء ٤) كلا ان
الانسان ليطغى (علق ١) كلا ان كتاب الفجار لفى سجين (مطففين ١) كلا ان كتاب الابرار لفى عليين (مطففين ١) كلا انا خلقناهم
مما يعلمون (معارج ٥) كلا انه تذكرة (مدثر ٢) كلا انها لظى (معارج ١) كلا انها كلمة هو قائلها (مؤمنين ٦) كلا انها تذكرة
(عبس ٢) كلا انهم عن ربهم يومئذ لمحجوبون (مطففين ١) كلا بل تحبون العاجلة (قيامة ٢) كلا بل ران على قلوبهم (مطففين ١)
كلا بل تكذبون بالدين (انفطار ١) كلا بل لا تكرمون اليتيم (فجر ١) كلا بل لا يخافون الاخرة (مدثر ٢) كلا سوف تعلمون ثم كلا
سوف تعلمون (تكاثر ١) كلا سيعلمون ثم كلا سيعلمون (نبا ١) كلا سيكفرون بعبادتهم (مريم ٥) قال كلا فاذهبا باياتنا (شعراء ٢)

كلا لا تطعه واسجد واقترب (علق ۱) كلا لا وزر (قيامة ۱) كلا لئن لم ينته (علق ۱) كلا لما يقض ما امره (عبس ۱) كلا لو تعلمون
(تكاثر ۱) كلا لينبذن في الحطمة (همزة ۱) كلا والقمر (مدثر ۲) فكلا من حيث شئتما (اعراف ۲) وان كلا لما ليوفينهم ربك اعمالهم
(هود ۱۰) فكلا اخذنا بذنبه (عنكبوت ۴) وكلا منها رغدا (بقرة ۴) وكلا وعد الله الحسنى (نساء ۱۰ حديد ۱) وكلا فضلنا على
العالمين (انعام ۱۰) وكلا نقص عليك (هود ۱۰) وكلا جعلنا نبيا (مريم ۳) وكلا جعلنا صالحين (انبياء ۵) وكلا اتينا حكما وعلما (انبياء ۶)
وكلا ضربنا له الامثال (فرقان ۴) وكلا تبرنا تتبيرا (فرقان ۴) وان كان رجل يورث كلالة (نساء ۲) قل الله يفتيكم في الكلالة
(نساء ۲۴) يسمعون كلام الله (بقرة ۹) يريدون ان يبدلوا كلام الله (فتح ۲) فاجره حتى يسمع كلام الله (توبة ۱) برسالاتي و
بكلامي (اعراف ۱۷) اما يبلغن عندك الكبر احدهما او كلاهما (اسرائيل ۳) فمثله كمثل الكلب (اعراف ۲۲) رابعهم كلبهم (كهف ۳)
وسادسهم كلبهم (كهف ۳) وثامنهم كلبهم (كهف ۳) وكلبهم باسط ذراعيه (كهف ۲) واوفوا الكيل اذا كلتم (اسرائيل ۴) منهم من
كلم الله (بقرة ۳۳) او كلم به الموتى (رعد ۴) وكلم الله موسى تكليما (نساء ۲۳) اليه يصعد الكلم الطيب (ملائكة ۲) يحرفون الكلم
عن مواضعه (نساء ۷ مائدة ۳) يحرفون الكلم من بعد مواضعه (مائدة ۶) كلما اضاء لهم مشوا فيه (بقرة ۲) كلما رزقوا منها من ثمرة (بقرة ۳)
كلما دخل عليها زكريا (ال عمران ۴) كلما نضجت جلودهم (نساء ۸) كلما ردوا الى الفتنة اركسوا فيها (نساء ۱۲) كلما اوقدوا نارا للحرب
(مائدة ۹) كلما جاءهم رسول بما لا تهوى انفسهم (مائدة ۱۰) كلما دخلت امة لعنت اختها (اعراف ۴) كلما خبت زدناهم سعيرا (اسرائيل ۱۱)
كلما ارادوا ان يخرجوا (حج ۲ سجدة ۲) كلما جاء امة رسولها كذبوه (مؤمنين ۳) كلما القي فيها فوج (ملك ۱) واني كلما دعوتهم (نوح ۱)
افكلما جاءكم رسول (بقرة ۱۱) اوكلما عاهدوا عهدا (بقرة ۱۲) وكلما مر عليه ملأ من قومه (هود ۴) قبل ان تنفد كلمات ربي
(كهف ۱۲) ما نفدت كلمات الله (لقمان ۳) فتلقى ادم من ربه كلمات (بقرة ۴) واذ ابتلى ابراهيم ربه بكلمات (بقرة ۱۵) وصدقت
بكلمات ربها (تحريم ۲) ولا مبدل لكلمات الله (انعام ۴) لا تبديل لكلمات الله (يونس ۷) قل لو كان البحر مدادا لكلمات ربي (كهف ۱۲)
ان يحق الحق بكلماته (انفال ۱) ويحق الحق بكلماته (يونس ۹ شورى ۳) لا مبدل لكلماته (انعام ۱۴ كهف ۴) الذي يؤمن بالله و
كلماته (اعراف ۲۰) وتمت كلمة ربك (انعام ۱۴ اعراف ۱۴ هود ۱۰) ان الذين حقت عليهم كلمة ربك لا يؤمنون (يونس ۱۰) ولكن حقت كلمة
العذاب (زمر ۸) افمن حق عليه كلمة العذاب (زمر ۲) وكذلك حقت كلمة ربك (مؤمن ۱) كذلك حقت كلمة ربك (يونس ۴) ولولا
كلمة الفصل (شورى ۳) ولولا كلمة سبقت من ربك (يونس ۲ هود ۱۱ فصلت ۵ شورى ۲ طه ۸) كلا انها كلمة هو قائلها (مؤمنون ۶)
ولقد قالوا كلمة الكفر (توبة ۱۰) وجعل كلمة الذين كفروا السفلى (توبة ۶) والزمهم كلمة التقوى (فتح ۳) كلمة طيبة (ابراهيم ۴) كبرت
كلمة تخرج من افواههم (كهف ۱) وجعلها كلمة باقية (زخرف ۳) ومثل كلمة خبيثة كشجرة خبيثة (ابراهيم ۴) قل يا اهل الكتاب تعالوا
الى كلمة (ال عمران ۷) مصدقا بكلمة من الله (ال عمران ۴) ان الله يبشرك بكلمة منه (ال عمران ۵) وكلمة الله هي العليا
(توبة ۶) ولقد سبقت كلمتنا لعبادنا (صافات ۵) وكلمته القاها الى مريم (نساء ۲۳) فلما كلمه قال انك اليوم لدينا مكين
امين (يوسف ۷) وكلمه ربه (اعراف ۱۷) وكلمهم الموتى (انعام ۱۴) كلوا من طيبات ما رزقناكم (بقرة ۶-۱۸ اعراف ۱۹
طه ۴) كلوا واشربوا هنيئا (حاقة ۲ مرسلات ۲ طور ۱) كلوا واشربوا من رزق الله (بقرة ۷) كلوا مما في الارض حلالا طيبا
(بقرة ۲۱) كلوا من ثمره اذا اثمر (انعام ۱۷) كلوا مما رزقكم الله (انعام ۱۷) كلوا وارعوا انعامكم (طه ۲) يا ايها الرسل كلوا من الطيبات
(مؤمنين ۳) كلوا من رزق ربكم (سبا ۲) كلوا وتمتعوا قليلا (مرسلات ۲) فكلوا منها حيث شئتم (بقرة ۶) فكلوا مما امسكن
عليكم (مائدة ۱) فكلوا مما ذكر اسم الله عليه (انعام ۱۴) فكلوا مما غنمتم حلالا طيبا (انفال ۹) فكلوا مما رزقكم الله (نحل ۱۵)
فكلوا منها واطعموا (حج ۴-۵) وكلوا واشربوا (بقرة ۲۳) وكلوا مما رزقكم الله (مائدة ۱۲) وكلوا واشربوا ولا تسرفوا (اعراف ۳)
وكلوا منها حيث شئتم (اعراف ۱۷) وكلوا من رزقه واليه النشور (ملك ۲) فكلوه هنيئا مريئا (نساء ۱) والله يرجع الامر كله
(هود ۱۰) ويكون الدين كله لله (انفال ۵) قل ان الامر كله لله (ال عمران ۱۶) وتؤمنون بالكتاب كله (ال عمران ۱۲) ليظهره
على الدين كله (توبة ۵ فتح ۴ صف ۱) وعلم ادم الاسماء كلها (بقرة ۴) ولقد اريناه اياتنا كلها (طه ۲) سبحان الذي خلق الازواج
كلها (يس ۳) والذي خلق الازواج كلها (زخرف ۱) كذبوا باياتنا كلها (قمر ۳) لامن من في الارض كلهم جميعا (يونس ۱۰)
فسجد الملائكة كلهم اجمعون (حجر ۳ ص ۵) وكلهم اتيه يوم القيامة فردا (مريم ۶) ويرضين بما اتيتهن كلهن (احزاب ۶)

فصل النّون

ان نقول له كن فيكون — فكلي واشربي وقري عينا (مريم ٢) ثم كلي من كل الثمرات (نحل ٩)
(نحل ٥) ويوم يقول له كن فيكون (انعام ٩) ان يقول له كن فيكون (يس ٥) ثم قال له كن فيكون (آل عمران ٦) فانما يقول
له كن فيكون (بقرة ١٤-آل عمران ٥-مريم ٢-مؤمن ٧) و كن من الشاكرين (اعراف ١٥-زمر ٧) وكن من الساجدين (حجر ٦) ان
كنّ يؤمن بالله (بقرة ٢٨) فان كن نساء فوق اثنتين (نساء ٢) وان كن اولات حمل (طلاق ١) كنا طرائق قددا (جن ٢)
ولكنا كنا مرسلين (قصص ٥) قالوا كنا مستضعفين في الارض (نساء ١٤) الذين كانوا يدعون من دونك (نحل ٤) لا نرى رجالا
كنا نعدهم من الاشرار (ص ٥) غير الذي كنا نعمل (ملائكة ٤) ائذا كنا عظاما نخرة (نازعات ١) قالوا اذا كنا عظاما ورفاتا (اسرا
٥) اذا كنا ترابا (رعد ١-نمل ٧) الا كنا عليكم شهودا (يونس ٧) واسئل القرية التي كنا فيها (يوسف ١٠) ان كنا نحن الغالبين (اعراف ١٢
شعرا ٣) تالله ان كنا لفي ضلال مبين (شعرا ٦) ان كنا عن عبادتكم لغافلين (يونس ٣) ان كنا اول المؤمنين (شعرا ٣) ان كنا فاعلين
(انبيا ٢) وان كنا لخاطئين (يوسف ١٠) وان كنا لمبتلين (مؤمنين ٢) وان كنا عن دراستهم لغافلين (انعام ٢٠) انا كنا
ظالمين (اعراف ١-انبيا ٢-٥-نون ٢) انا كنا من قبله مسلمين (قصص ٦) انا كنا عن هذا غافلين (اعراف ٢١) انا كنا لخاطئين (يوسف
١٠) انا كنا لكم تبعا (ابراهيم ٣-مؤمن ٥) انا كنا فاعلين (انبيا ٦) انا كنا غاوين (صافات ٣) انا كنا منذرين (دخان ١) انا كنا مرسلين
(دخان ١) انا كنا نستنسخ ما كنتم تعملون (جاثية ٤) قالوا انا كنا قبل في اهلنا مشفقين (طور ٢) انا كنا من قبل ندعوه (طور ٢) قالوا
يا ويلنا انا كنا طاغين (نون ١) و انا كنا نقعد منها مقاعد (جن ١) بل كنا ظالمين (انبيا ٢) قد كنا في غفلة من هذا (انبيا ٧) لكنا
اهدى منهم (انعام ٢٠) وقالوا لو كنا نسمع او نعقل (ملك ١) ولو كنا صادقين (يوسف ٢) اولو كنا كارهين (اعراف ١١) والله
ربنا ما كنا مشركين (انعام ٣) ما كنا نعمل من سوء (نحل ٤) ما كنا في اصحاب السعير (ملك ١) وقال ذلك ما كنا نبغي (كهف ٧) انما
كنا نخوض ونلعب (توبة ٨) وكفرنا بما كنا به مشركين (مؤمن ٩) وما كنا له مقرنين (زخرف ١) وما كنا مهلكي القرى (قصص ٦)
وما كنا منزلين (يس ٢) وما كنا غائبين (اعراف ١) وما كنا لنهتدي (اعراف ٥) ذكرى وما كنا ظالمين (شعرا ١١) وما كنا سارقين
(يوسف ٩) وما كنا للغيب حافظين (يوسف ١٠) وما كنا معذبين حتى نبعث رسولا (اسرائيل ٢) وما كنا عن الخلق غافلين (مؤمنين ١)
ائذا متنا و كنا ترابا وعظاما (مؤمنين ٩-صافات ٢-٦-واقعة ٢) ائذا متنا وكنا ترابا (ق ١) وكنا قوما ضالين (مؤمنين ٦) وكنا
مسلمين (نمل ٥) وكنا نحن الوارثين (قصص ٦) وكنا ذرية من بعدهم (اعراف ٢١) وكنا به عالمين (انبيا ٥) وكنا فاعلين (انبيا ٦)
وكنا لحكمهم شاهدين (انبيا ٦) وكنا بكل شيء عالمين (انبيا ٦) وكنا لهم حافظين (انبيا ٦) وكنا نخوض مع الخائضين (مدثر ٥)
وكنا نكذب بيوم الدين (مدثر ٥) ان كنتُ قلته فقد علمته (مائدة ١٦) وان كنت لمن الساخرين (زمر ٦) اني كنت من الظالمين
(انبيا ٦) وجعلني مباركا اينما كنت (مريم ٢) يا ليتني كنت ترابا (نبا ٢) يا ليتني كنت معهم (نساء ١٠) وقد كنت بصيرا (طه ٧) ولو كنت
اعلم الغيب (اعراف ٢٣) هل كنت الا بشرا رسولا (اسرائيل ١٠) قل ما كنت بدعا من الرسل (احقاف ١) ما كنت قاطعة امرا (نمل ٣)
فلما توفيتني كُنتَ انت الرقيب (مائدة ١٦) واذا كنت فيهم (نساء ١٥) وما جعلنا القبلة التي كنت عليها (بقرة ١٧) انك كنت
بنا بصيرا (طه ٢) ان كنت تقيا (مريم ٢) ان كنت جئت باية فات بها (اعراف ١٤) ان كنت على بينة من ربي (هود ٣-٧-٨)
ان كنت من الصادقين (اعراف ٧-١٤-حجر ١-هود ٤-شعرا ٣-١٦-١٩-عنكبوت ٣-احقاف ٣) ان كنت من المرسلين (اعراف
فان كنت في شك مما انزلنا (يونس ١٠) وان كنت من قبله لمن الغافلين (يوسف ١) ام كنت من الكاذبين (نمل ٣)
ام كنت من العالين (ص ٥) قد كنت فينا مرجوا قبل هذا (هود ٦) لقد كنت في غفلة من هذا (ق ٢) ولو كنت فظا غليظ
القلب (آل عمران ١٧) لكنت من المتقين (زمر ٦) لكنت من المحضرين (صافات ٢) ما كنت تدري ما الكتاب (شورى ٥)
ذلك ما كنت منه تحيد (ق ٢) ما كنت تعلمها انت (هود ٥) و ما كنت لديهم اذ يلقون اقلامهم (آل عمران ٥) وما كنت لديهم
اذ يختصمون (آل عمران ٥) وما كنت لديهم اذ اجمعوا امرهم (يوسف ١١) وما كنت متخذ المضلين عضدا (كهف ٦) وما كنت بجانب
الغربي (قصص ٥) وما كنت من الشاهدين (قصص ٥) وما كنت ثاويا في اهل مدين (قصص ٥) وما كنت بجانب الطور
(قصص ٥) وما كنت ترجوا ان يلقى اليك الكتاب (قصص ٩) وما كنت تتلوا من قبله من كتاب (عنكبوت ٥) انك كنت من الخاطئين
(يوسف ٣) و كنت عليهم شهيدا (مائدة ١٦) وكنت من المفسدين (يونس ٩) وكنت نسيا منسيا (مريم ٢) واستكبرت

وکنت من الکافرین (ص۶ زمر۷) قالوا فیم کنتم (نساء۱۴) قل اباللہ وایاتہ ورسولہ کنتم تستہزءون (توبہ۷) ولکنکم کنتم تعلمون
(روم۶) کنتم خیر امۃ اخرجت للناس (آل عمران۱۱) کذلک کنتم من قبل (نساء۱۰) اذ کنتم اعداء فالف بین قلوبکم (آل عمران۱۱) واذ کنتم
اذ کنتم قلیلا فکثرکم (اعراف۱۱) حتی اذا کنتم فی الفلک (یونس۳) التی کنتم بہا تکذبون (سباء۵ طور۱) التی کنتم توعدون (یس۴
فصلت۴) ہذا الذی کنتم بہ تستعجلون (ذاریات۱) الذی کنتم بہ تکذبون (سجدہ۲ صافات۱) ثم یقال ہذا الذی کنتم بہ تکذبون
(مطففین۱) وقیل ہذا الذی کنتم بہ تدعون (ملک۲) الذی کنتم توعدون (انبیاء۷) الذی کنتم تزعمون (قصص۷-۸) الذین کنتم
تشاقون فیہم (نحل۴) ام کنتم شہداء (بقرہ۱۶) **ان** کنتم صادقین (بقرہ ۳-۴-۱۰-۱۲- آل عمران ۱۰-۱۷-۱۹- انعام ۴-۱۵-
اعراف۲ یونس۴-۵ ہود۲- انبیاء۴ نمل۷-۸ قصص۵ سجدہ۳ سباء۳ دخان۲ جاثیہ۳- احقاف۱ حجرات۱ واقعہ۹ جمعہ۱ ملک
نون۲) ان کنتم مؤمنین (بقرہ۱۰ مرتین ۲۵-۲۸- آل عمران ۵-۱۴-۱۸ توبہ۲ مائدہ ۳-۹-۱۲- اعراف۹- انفال۱ ہود۹ نور۲
حدید۱) ان کنتم ایاہ تعبدون (بقرہ۸ نحل۱۲ فصلت۵) ان کنتم تعلمون (بقرہ۱۹-۹ [illegible] جمعہ۲ نحل۱) قل ان کنتم تحبون
اللہ (آل عمران۴) ان کنتم تعقلون (آل عمران۲) وخافون ان کنتم مؤمنین (آل عمران۱۸) ان کنتم تؤمنون باللہ (نساء۶ نور۱)
ان کنتم تعلمون (انعام۹ توبہ۵ مؤمنین۹ مرتین عنکبوت۶) ان کنتم بایاتہ مؤمنین (انعام۱۲) ان کنتم آمنتم باللہ (انفال۹
یونس۹) فعلیہ توکلوا ان کنتم مسلمین (یونس۹) ان کنتم فی شک من دینی (یونس۱۱) ان کنتم فاعلین (یوسف حجر۱- انبیاء۷
ان کنتم للرؤیا تعبرون (یوسف۵) ان کنتم کاذبین (یوسف۸) ان کنتم لا تعلمون (نحل۵- انبیاء۱) ان کنتم فی ریب من البعث
(حج۱) ان کنتم موقنین (شعراء۲ دخان۱) ان کنتم تعقلون (شعراء۳) ان کنتم قوما مسرفین (زخرف۱) ان کنتم غیر مدینین
(واقعہ۳) ان کنتم خرجتم جہادا (ممتحنہ۱) **وان** کنتم من قبلہ لمن الضالین (بقرہ۲۵) وان کنتم فی ریب (بقرہ۳) وان کنتم علی
سفر (بقرہ۳۹) وان کنتم جنبا فاطہروا (مائدہ۱) وان کنتم مرضی او علی سفر (نساء۵ مائدہ۱) انکم کنتم تختانون انفسکم (بقرہ۱۹)
انکم کنتم قوما فاسقین (توبہ۶) لو انکم کنتم تعلمون (مؤمنین۲) قالوا انکم کنتم تاتوننا عن الیمین (صافات۲) او کنتم مرضی
(نساء۱) بل کنتم قوما طاغین (صافات۳) بل کنتم مجرمین (سباء۴) اماذا کنتم تعملون (نمل۶) فکنتم علی اعقابکم تنکصون
(مؤمنین۴) فکنتم بہا تکذبون (مؤمنین۶) قال **لقد** کنتم انتم واباؤکم فی ضلال مبین (انبیاء۵) **ولقد** کنتم تمنون الموت
(آل عمران۱۵) الان **وقد** کنتم بہ تستعجلون (یونس۶) **لکنتم** من الخاسرین (بقرہ۷) قل **لو** کنتم فی بیوتکم (آل عمران۱۶)
ان اجل اللہ اذا جاء لا یؤخر لو کنتم تعلمون (نوح۱) **ولو** کنتم فی بروج مشیدۃ (نساء۱) انا کنا نستنسخ **ما** کنتم تعملون (جاثیہ۴)
الیوم تجزون ما کنتم تعملون (جاثیہ۴) انما تجزون ما کنتم تعملون (طور۱ تحریم۱) وقال شرکاؤہم ما کنتم ایانا تعبدون (یونس۳)
ولا تجزون الا ما کنتم تعملون (یس۴) وما تجزون الا ما کنتم تعملون (صافات۲) ویقول ذوقوا ما کنتم تعملون (عنکبوت۶)
ذوقوا ما کنتم تکسبون (زمر۶) ما کنتم فیہ تختلفون (نحل۱) وضل عنکم ما کنتم تزعمون (انعام۱۰) قال افرأیتم ما کنتم تعبدون
(شعراء۵) واللہ مخرج ما کنتم تکتمون (بقرہ۹) وحیث ما کنتم فولوا وجوہکم شطرہ (بقرہ۱۷ مرتین) وذوقوا ما کنتم تکنزون
(توبہ۵) ہل تجزون الا ما کنتم تعملون (نمل۶) ان ہذا ما کنتم بہ تمترون (دخان۵) الی ما کنتم بہ تکذبون (مرسلات۳) **اینما**
کنتم تدعون (اعراف۴) اینما کنتم تشرکون (مؤمن۸) وقیل لہم اینما کنتم تعبدون (شعراء۱) وہو معکم اینما کنتم (حدید۱)
بما کنتم تعلمون الکتاب (آل عمران۸) بما کنتم تستکبرون فی الارض (احقاف۲) بما کنتم تقولون علی اللہ غیر الحق (انعام۱)
بما کنتم تکفرون (آل عمران۱۱- انعام۳- انفال۶- احقاف۴ یس۷) فینبئکم بما کنتم فیہ تختلفون (مائدہ۵- انعام۱۷) بما کنتم
تعملون (انعام۶ توبہ۱-۱۱- اعراف۵ زخرف۸ یونس۲ مائدہ۱۱ زمر نحل۳-۴ عنکبوت۱ لقمان۲ سجدہ۲ طور۲ جمعہ۱
مرسلات۵) بما کنتم تکسبون (اعراف۴) الا بما کنتم تکسبون (یونس۶) ذلکم بما کنتم تفرحون فی الارض (مؤمن۸)
وبما کنتم تمرحون (مؤمن۸) بما کنتم تدرسون (آل عمران۸) وبما کنتم تسئلون (صافات۱) ولتسئلن **عما** کنتم تعملون
(نحل۱۳) عما کنتم تفترون (نحل۸) **فیما** کنتم فیہ تختلفون (آل عمران ۷ حج۷) **وما** کنتم تکتمون (بقرہ۴) وما کنتم
(اعراف۵) وما کنتم تستترون (فصلت۳) وما کنتم تخفون من الکتاب (مائدہ۳) **وکنتم** امواتا فاحیاکم (بقرہ۳) وکنتم
علی شفا حفرۃ من النار (آل عمران۱۱) وکنتم عن ایاتہ تستکبرون (انعام۱۱) وکنتم ترابا وعظاما (مؤمنین۴) وکنتم منہم

تضحكون (مؤمنين ٦) وكنتم قوما مجرمين (جاثية ۴) وكنتم قوما بورا (فتح ٢) وكنتم ازواجا ثلثة (واقعة ١) ان كنتن تردن الحيوة
الدنيا وزينتها (احزاب ۴) وان كنتن تردن الله ورسوله (احزاب ۴) لولا انزل عليه كنز (هود ٢) او يلقى اليه كنز (فرقان ١) وكان
تحته كنز لهما (كهف ١١) هذا ما كنزتم لانفسكم (توبة ۵) ويستخرجا كنزهما (كهف ١١) الجوار الكنس (تكوير ١) ان الانسان لربه لكنود
(عاديات ١) وكنوز ومقام كريم (شعراء ۴) فبغى عليهم واتيناه من الكنوز (قصص ٨) **فصل الواو** وكواعب
اترابا (نبا ٢) ولا تمسكوا بعصم الكوافر (ممتحنة ٢) واذا الكواكب انتثرت (انفطار ١) انا زينا السماء الدنيا بزينة الكواكب (
صافات ١) انا اعطيناك الكوثر (كوثر ١) اذا الشمس كورت (تكوير ١) كانها كوكب درى (نور ۵) فلما جن عليه الليل رأى
كوكبا (انعام ٩) انى رأيت احد عشر كوكبا (يوسف ١) كونوا قردة خاسئين (بقرة ٨ - اعراف ٢١) وقالوا كونوا هودا او نصارى
(بقرة ١٦) كونوا قوامين لله (مائدة ٢) كونوا قوامين بالقسط (نساء ٢٠) ولكن كونوا ربانيين (آل عمران ٨) كونوا عبادا لى من دون
الله (آل عمران ٨) قل كونوا حجارة او حديدا (اسرائيل ۵) يا ايها الذين آمنوا كونوا انصار الله (صف ٢) وكونوا مع الصادقين
(توبة ١٢) قلنا يا نار كونى بردا وسلاما على ابراهيم (انبياء ٧) **فصل الهاء** ان اصحاب الكهف والرقيم
(كهف ٢) اذ اوى الفتية الى الكهف (كهف ٢) فأووا الى الكهف (كهف ٢) فضربنا على آذانهم فى الكهف سنين عددا (كهف ٢) تزاور
عن كهفهم (كهف ٢) ولبثوا فى كهفهم (كهف ٣) ويكلم الناس فى المهد وكهلا (آل عمران ۵) وتكلم الناس فى المهد وكهلا (
مائدة ١۵) **فصل الياء** كى نسبحك كثيرا (طه ٢) انما صنعوا كيد سحر (طه ٣) وما كيد الكافرين الا فى ضلال
(مؤمن ٣) وما كيد فرعون الا فى تباب (مؤمن ۵) فان كان لكم كيد فكيدون (مرسلات ٢) وان الله لا يهدى كيد الخائنين
(يوسف ٧) ان كيد الشيطان كان ضعيفا (نساء ١٠) وان الله موهن كيد الكافرين (انفال ٢) فيكيدوا لك كيدا (يوسف ١) فارادوا
به كيدا (صافات ١٠) وارادوا به كيدا (انبياء ٧) ام يريدون كيدا (طور ۵) انهم يكيدون كيدا واكيد كيدا (طارق ١) قال انه
من كيدكن ان كيدكن عظيم (يوسف ٣) ثم كيدون فلا تنظرون (اعراف ٢۴) فان كان لكم كيد فكيدون (مرسلات ٢)
فكيدونى جميعا ثم لا تنظرون (هود ۵) فاجمعوا كيدكم ثم ائتوا صفا (طه ٧) فلينظر هل يذهبن كيده ما يغيظ (حج ٢)
فجمع كيده ثم اتى (طه ٦) لا يضركم كيدهم شيئا (آل عمران ١٢) يوم لا يغنى عنهم كيدهم شيئا (طور ۵) الم يجعل كيدهم فى تضليل (فيل ١)
فصرف عنه كيدهن (يوسف ۴) والا تصرف عنى كيدهن (يوسف ۴) ان ربى بكيدهن عليم (يوسف ۵) واملى لهم ان كيدى
متين (اعراف ٢٣، نون ٢) ذلك كيل يسير (يوسف ٨) ونزداد كيل بعير (يوسف ٨) فلا كيل لكم عندى (يوسف ٨) منع منا الكيل
(يوسف ٨) فاوف لنا الكيل (يوسف ٩) اوفوا الكيل (شعراء ١٠) فاوفوا الكيل والميزان (اعراف ١١) واوفوا الكيل والميزان (انعام ١٩)
واوفوا الكيل اذا كلتم (اسرائيل ۴) الا ترون انى اوفى الكيل (يوسف ٨) **باب اللام فصل الالف**
ولا يخافون لومة لائم (مائدة ٨) ان امهاتهم الا اللائى ولدنهم (مجادلة ١) واللائى لم يحضن (طلاق ١) واللائى يئسن
من المحيض (طلاق ١) لابثين فيها احقابا (نبا ٢) افرأيتم اللات والعزى (نجم ٢) انا خلقناهم من طين لازب
(صافات ١) وما خلقنا السماء والارض وما بينهما لاعبين (انبياء ٢) وما خلقنا السموات والارض وما بينهما لاعبين
(دخان ٣) لا تسمع فيها لاغية (غاشية ١) كانهم لؤلؤ مكنون (طور ٣) يحلون فيها من اساور من ذهب ولؤلؤا (حج ٣ ملائكة ۴)
حسبتهم لؤلؤا منثورا (انسان ١) يخرج منهما اللؤلؤ والمرجان (رحمن ٢) كامثال اللؤلؤ المكنون (واقعة ١) او لامستم
النساء (مائدة ٢ نساء ٧) لاهية قلوبهم (انبياء ١) **فصل الباء** هن لباس لكم وانتم لباس لهن (بقرة ٢٣)
فاذاقها الله لباس الجوع (نحل ١۵) ولباس التقوى (اعراف ٢) لباسا يوارى سوآتكم (اعراف ٢) جعل لكم الليل لباسا (فرقان ۵)
وجعلنا الليل لباسا (نبا ١) ولباسهم فيها حرير (حج ٣ ملائكة ۴) ينزع عنهما لباسهما (اعراف ٢) فما لبث ان جاء
بعجل حنيذ (هود ٧) فلبث فى السجن بضع سنين (يوسف ۵) فلبث فيهم الف سنة (عنكبوت ٢) للبث فى بطنه الى يوم
يبعثون (صافات ۵) قال بل لبثت مائة عام (بقرة ٣۵) قال كم لبثت قال لبثت يوما (بقرة ٣۵) فلبثت سنين فى اهل مدين
(طه ٢) فقد لبثت فيكم عمرا (يونس ٢) ولبثت فينا من عمرك سنين (شعراء ٢) قال ان لبثتم الا قليلا (مؤمنين ٦) ان لبثتم
الا يوما (طه ٦) ان لبثتم الا عشرا (طه ٦) وتظنون ان لبثتم الا قليلا (اسرائيل ۵) قال قائل منهم كم لبثتم (كهف ٣) قال كم لبثتم

في الارض (مؤمنين ٦) لقد لبثتم في كتاب الله (روم ٦) قالوا ربكم اعلم بما لبثتم (كهف ٢) قالوا لبثنا يوما او بعض يوم (كهف ٢
مؤمنين ٦) ما لبثوا غير ساعة (روم ٦) ما لبثوا في العذاب المهين (سبأ ٢) قل الله اعلم بما لبثوا (كهف ٣) احصى لما لبثوا
امدا (كهف ٢) و لبثوا في كهفهم (كهف ٣) يكونون عليه لبدا (جن ٢) يقول اهلكت مالا لبدا (بلد ١) بل هم في لبس من خلق
جديد (ق ٢) وللبسنا عليهم ما يلبسون (انعام ١) وانهار من لبن (قتال ٢) لبنا خالصا سائغا للشاربين (نحل ٧) وعلمناه
صنعة لبوس (انبياء ١) **فصل الجيم** فلما رأته حسبته لجة (نمل ٥) بل لجوا في عتو ونفور (ملك ٣) للجوا
في طغيانهم يعمهون (مؤمنين ٦) او كظلمات في بحر لجي (نور ٥) **فصل الحاء** ان يأكل لحم اخيه ميتا (حجرات ٢)
او لحم خنزير (انعام ١٨) الميتة والدم ولحم الخنزير (مائدة ١) انما حرم عليكم الميتة ولحم الخنزير (بقرة ٢١) ولحم مما يشتهون (طور ٢)
ولحم طير مما يشتهون (واقعة ٣) ثم نكسوها لحما (بقرة ٣٥) منه لحما طريا (نحل ٢) ومن كل تاكلون لحما طريا (ملائكة ٢) فكسونا العظام
لحما (مؤمنين ٢) ولتعرفنهم في لحن القول (قتال ٣) لن ينال الله لحومها (حج ٥) لا تأخذ بلحيتي ولا برأسي (طه ١٠)
فصل الدال والفيا سيدها لدا الباب (يوسف ٣) وتنذر به قوما لدا (مريم ٦) من لدن خبير حكيم
(هود ١) وانك لتلقى القرآن من لدن حكيم عليم (نمل ١) وعلمناه من لدنا علما (كهف ٩) واذا لاتيناهم من لدنا اجرا عظيما (نساء ٦)
وحنانا من لدنا وزكوة (مريم ٢) وقد اتيناك من لدنا ذكرا (طه ١٠) لاتخذناه من لدنا (انبياء ٢) رزقا من لدنا (قصص ٦) وهب لنا
من لدنك رحمة (آل عمران ١) قال رب هب لي من لدنك ذرية (آل عمران ٤) واجعل لنا من لدنك (نساء ٨ مرتين) فقال
ربنا اتنا من لدنك رحمة (كهف ٢) واجعل لي من لدنك سلطانا نصيرا (بني اسرائيل ٩) فهب لي من لدنك وليا (مريم ١) شديدا
من لدنه (كهف ١) ويؤت من لدنه اجرا عظيما (نساء ٦) قد بلغت من لدني عذرا (كهف ٩) اذ القلوب لدى الحناجر (مومن ٢)
هذا ما لدي عتيد (ق ٣) قال لا تختصموا لدي (ق ٣) ما يبدل القول لدي (ق ٣) قال انك اليوم لدينا مكين امين (يوسف ٦)
وان كل لما جميع لدينا محضرون (يس ٣) فاذا هم جميع لدينا محضرون (يس ٤) وانه في ام الكتاب لدينا (زخرف ١) ان لدينا
انكالا وجحيما (مزمل ١) و لدينا كتاب ينطق بالحق (مؤمنين ٧) ولدينا مزيد (ق ٣) الا لديه رقيب عتيد (ق ٢) وقد احطنا
بما لديه خبرا (كهف ١) وما كنت لديهم اذ يلقون اقلامهم (آل عمران ٥) وما كنت لديهم اذ يختصمون (آل عمران ٥)
وما كنت لديهم اذ اجمعوا امرهم (يوسف ١١) بلى ورسلنا لديهم يكتبون (زخرف ٧) كل حزب بما لديهم فرحون (مؤمنين ٦
روم ٤) واحاط بما لديهم (جن ٣) **فصل الذال** بيضاء لذة للشاربين (صافات ٥) وانهار من خمر لذة
للشاربين (قتال ٢) **فصل الزاء** ولولا كلمة سبقت من ربك لكان لزاما (طه ٣) فسوف يكون لزاما (فرقان ٤)
فصل السين لسان الذي يلحدون اليه (نحل ١٤) وهذا لسان عربي مبين (نحل ١٤) وجعلنا لهم لسان صدق
(مريم ٤) واجعل لي لسان صدق في الآخرين (شعراء ٥) بلسان عربي مبين (شعراء ١١) وما ارسلنا من رسول الا بلسان قومه (ابراهيم ١)
على لسان داود وعيسى ابن مريم (مائدة ١١) هو افصح مني لسانا (قصص ٤) وهذا كتاب مصدق لسانا عربيا (احقاف ٢) و
لسانا وشفتين (بلد ١) لا تحرك به لسانك لتعجل به (قيامة ١) فانما يسرناه بلسانك (دخان ٣) ويقول الذين كفروا لست
مرسلا (رعد ٦) ولا ينطلق لساني (شعراء ٢) واحلل عقدة من لساني (طه ٣) لمن القى اليكم السلام لست مؤمنا (نساء ١٠) لست عليهم
في شيء (انعام ١٦) قل لست عليكم بوكيل (انعام ٧) الست بربكم قالوا بلى (اعراف ١٨) قل يا اهل الكتاب لستم على شيء (مائدة ٧)
ومن لستم له برازقين (حجر ٢) تنفقون ولستم باخذيه (بقرة ٢٧) لستن كاحد من النساء (احزاب ٤) **فصل
الشين** انا لهم عليها لشوبا من حميم (صافات ٧) **فصل الطاء** ان ربي لطيف لما يشاء (يوسف ١١)
ان الله لطيف خبير (لقمان ٢ حج ٧) الله لطيف بعباده (شورى ٢) وهو اللطيف الخبير (انعام ١٣ ملك ٢) ان الله كان
لطيفا خبيرا (احزاب ٤) **فصل الظاء** كلا انها لظى (معارج ٢) **فصل العين** انما الحيوة الدنيا
لعب (قتال ٤ حديد ٣) وما الحيوة الدنيا الا لعب ولهو (انعام ٤) وما هذه الدنيا الحيوة الا لهو ولعب (عنكبوت ٧) وذر
الذين اتخذوا دينهم لعبا (انعام ٧) اتخذوها هزوا و لعبا (مائدة ٦) لا تتخذوا الذين اتخذوا دينكم هزوا ولعبا (مائدة ٦)
اتخذوا دينهم لهوا ولعبا (اعراف ٦) لعلي اطلع الى اله موسى (قصص ٤) لعلي اعمل صالحا (مؤمنين ١٠) لعمرك انهم لفي سكرتهم

لنا كلوا

(حجر ٢) لعن الذين كفروا (مائده ١١) ان الله لعن الكافرين (احزاب ٨) او نلعنهم كما لعنا اصحاب السبت (نساء ٧) فبما نقضهم
ميثاقهم لعناهم (مائده ٣) والعنهم لعنا كبيرا (احزاب ٧) اولئك عليهم لعنة الله (بقره ١٩) الا لعنة الله على الظالمين
(هود ٢) ان لعنة الله على الظالمين (اعراف ٥) فنجعل لعنة الله على الكاذبين (آل عمران ٧) اولئك جزاءهم ان عليهم لعنة
الله والملائكة والناس اجمعين (آل عمران ٩) والخامسة ان لعنة الله عليه (نور ١) كلما دخلت امة لعنت اختها (اعراف ٤)
واتبعناهم فى هذه الدنيا لعنة (قصص ٤) واتبعوا فى هذه الدنيا لعنة (هود ٦) واتبعوا فى هذه لعنة (هود ١٠) فلعنة الله
على الكافرين (بقره ٩) ولهم اللعنة ولهم سوء الدار (مؤمن ٦) اولئك لهم اللعنة (رعد ٣) وان عليك اللعنة الى يوم الدين
(حجر ٣) وان عليك لعنتى الى يوم الدين (ص ٥) لعنوا فى الدنيا والآخرة (نور ٣) غلت ايديهم ولعنوا (مائده ٩) وان يدعون
الا شيطانا مريدا لعنه الله (نساء ١٨) من لعنه الله وغضب عليه (مائده ٩) وغضب الله عليه ولعنه (نساء ١٠) اولئك الذين
لعنهم الله (نساء ٧) ملعونين اينما ثقفوا (احزاب ٨) لعنهم الله فى الدنيا والآخرة (احزاب ٧) بل لعنهم الله بكفرهم (بقره ١١) ولكن لعنهم الله
بكفرهم (نساء ٧) ولعنهم الله ولهم عذاب مقيم (توبه ٩) ولعنهم واعد لهم جهنم (فتح ١) **فصل الغين**
واذا سمعوا اللغو اعرضوا عنه (قصص ٦) لا يؤاخذكم الله باللغو (بقره ٢٨ مائده ١١) واذا مروا باللغو مروا كراما (فرقان ٦)
يتنازعون كاسا لا لغو فيها ولا تاثيم (طور ١) والذين هم عن اللغو معرضون (مؤمنين ١) لا يسمعون فيها لغوا (واقعه ١ مريم ٤ نبا ٤)
ولا يمسنا فيها لغوب (ملائكه ٤) وما مسنا من لغوب (ق ٣) **فصل الفاء** جئنا بكم لفيفا (اسرائيل ١٢)
فصل القاف وينذرونكم لقاء يومكم (انعام ١٦ زمر ٨) كما نسوا لقاء يومهم هذا (اعراف ٦) فمن كان
يرجوا لقاء ربه (كهف ١٢) من كان يرجوا لقاء الله (عنكبوت ١) فذوقوا بما نسيتم لقاء يومكم هذا (سجده ٢) كما نسيتم لقاء يومكم
هذا (جاثيه ٤) الذين كذبوا بلقاء الله (انعام ٤ يونس ٥) لعلهم بلقاء ربهم يؤمنون (انعام ١٦) لعلكم بلقاء ربكم توقنون
(رعد ١) وكذبوا بلقاء الآخرة (مؤمنين ٣) وان كثيرا من الناس بلقاء ربهم لكافرون (روم ١) بل هم بلقاء ربهم كافرون
(سجده ٢) الا انهم فى مرية من لقاء ربهم (فصلت ٦) والذين كذبوا باياتنا ولقاء الآخرة (اعراف ١٨) وكذبوا باياتنا ولقاء
الآخرة (روم ٢) ان الذين لا يرجون لقاءنا (يونس ١) قال الذين لا يرجون لقاءنا (يونس ٢) وقال الذين لا يرجون لقاءنا
(فرقان ٣) فلا تكن فى مرية من لقائه (سجده ٣) والذين كفروا بايات الله ولقائه (عنكبوت ٢) الذين كفروا بايات ربهم
ولقائه (كهف ١٢) واذ قال لقمان لابنه (لقمان ٢) ولقد اتينا لقمان الحكمة (لقمان ٢) واذا لقوا الذين امنوا (بقره ٢-٨)
واذا لقوكم قالوا امنا (آل عمران ١٢) اذا لقيتم الذين كفروا (انفال ٢) اذا لقيتم فئة فاثبتوا (انفال ٦) فاذا لقيتم الذين
كفروا (قتال ١) فانطلقا حتى اذا لقيا غلاما (كهف ١٠) لقد لقينا من سفرنا هذا نصبا (كهف ٩) ولقاهم نضرة وسرورا
(انسان ١) **فصل الميم** وتاكلون التراث اكلا لما (فجر ١) قالت فذلكن الذى لمتننى فيه (يوسف ٤)
الا كلمح البصر (نحل ١٠) الا واحدة كلمح بالبصر (قمر ٣) ويل لكل همزة لمزة (همزه ١) وانا لمسنا السماء (جن ١) فلمسوه بايديهم
(انعام ١) والفواحش الا اللمم (نجم ٢) **فصل النون** فبما رحمة من الله لنت لهم (آل عمران ١٧) **فصل الواو** لواحة للبشر (مدثر ٣) وارسلنا الرياح لواقح (حجر ٢) ولا اقسم بالنفس اللوامة (قيامه ١) فى لوح محفوظ (بروج ١)
اذ قال لهم اخوهم لوط (شعراء ٩) فامن له لوط (عنكبوت ٣) قالوا يا لوط انا رسل ربك (هود ٧) قالوا لئن لم تنته يا لوط
(شعراء ٩) فلما جاء آل لوط المرسلون (حجر ٥) كذبت قوم لوط المرسلين (شعراء ١٠) وفرعون واخوان لوط (ق ١) امرأت نوح وامرأت
لوط (تحريم ٢) الا آل لوط نجيناهم بسحر (قمر ٢) الا ان قالوا اخرجوا آل لوط (نمل ٤) الا آل لوط انا لمنجوهم اجمعين (حجر ٤) كذبت
قوم لوط بالنذر (قمر ٢) وما قوم لوط منكم ببعيد (هود ٨) قالوا انا ارسلنا الى قوم لوط (هود ٧) يجادلنا فى قوم لوط (هود ٧)
وثمود وقوم لوط (ص ١) وقوم ابراهيم وقوم لوط (حج ٦) ولما جاءت رسلنا لوطا (هود ٧) قال ان فيها لوطا (عنكبوت ٣)
ولما ان جاءت رسلنا لوطا (عنكبوت ٤) وان لوطا لمن المرسلين (صافات ٤) ونجيناه ولوطا الى الارض التى باركنا فيها
للعالمين (انبياء ٥) واليسع ويونس ولوطا (انعام ١٠) ولوطا اذ قال لقومه (اعراف ١٠ نمل ٤ عنكبوت ٣) ولوطا اتيناه حكما وعلما
(انبياء ٥) لولوا اليه وهم يجمحون (توبه ٧) لولوا الادبار ثم لا يجدون (فتح ٣) ولا يخافون لومة لائم (مائده ٨) فلا تلومونى

ولوموا انفسكم (ابراهيم ٤) فاقع لونها تسر الناظرين (بقرة ٨) يبين لنا ما لونها (بقرة ٨) لووا رءوسهم (منافقين ١)

فصل الهاء

تبت يدا ابي لهب وتب (مسد ١) سيصلى نارا ذات لهب (مسد ١) لا ظليل ولا يغني من اللهب
(مرسلات ٢) ومن الناس من يشتري لهو الحديث (لقمان ١) وما هذه الحيوة الدنيا الا لهو ولعب (عنكبوت ٧) وما الحيوة
الدنيا الا لعب ولهو (انعام ٤) انما الحيوة الدنيا لعب ولهو (قتال ٤، حديد ٣) قل ما عند الله خير من اللهو ومن التجارة
(جمعة ٢) الذين اتخذوا دينهم لهوا (اعراف ٦) لو اردنا ان نتخذ لهوا (انبياء ٢) واذا رأوا تجارة او لهوا (جمعة ٢) وذر الذين
اتخذوا دينهم لعبا ولهوا (انعام ٧)

فصل اليا

ليا بالسنتهم (نساء ٧) الا تكلم الناس ثلث ليال (مريم ٢)
سخرها عليهم سبع ليال (حاقة ١) والفجر وليال عشر (فجر ١) سيروا فيها ليالي واياما (سبا ٢) ولا المؤمنين وليجة (توبة ٣)
ليس البر ان تولوا وجوهكم (بقرة ٢٢) ليس بامانيكم (نساء ١٨) ليس بخارج منها (انعام ١٣) وان الله ليس بظلام للعبيد (آل
عمران ١٩، انفال ٦) قال يا قوم ليس بي ضلالة (اعراف ٨) قال يا قوم ليس بي سفاهة (اعراف ٨) ليس على الذين آمنوا وعملوا
الصالحات جناح فيما طعموا (مائدة ١٠) ليس على الضعفاء ولا على المرضى (توبة ١١) ليس على الاعمى حرج (نور ٨، فتح ٢) ليس عليكم جناح ان تبتغوا
فضلا من ربكم (بقرة ٢٥) ليس عليكم ولا عليهم جناح (نور ٨) ليس عليكم جناح (بقرة ٣٠، نور ٣-٧) ذلك بانهم قالوا ليس علينا في الاميين
سبيل (آل عمران ٨) ليس كمثله شيء (شورى ٢) ان عبادي ليس لك عليهم سلطان (حجر ٥، اسرائيل ٧) ليس لك من الامر شيء
(آل عمران ١٣) ليس لوقعتها كاذبة (واقعة ١) للكافرين ليس له دافع (معارج ١) ليس له ولد وله اخت (نساء ٢٤) ليس له دعوة في الدنيا
(مؤمن ٥) ليس لها من دون الله كاشفة (نجم ٣) ليس لها من دون الله ولي (انعام ٧) ليس لهم من دونه ولي (انعام ٥) اولئك
الذين ليس لهم في الآخرة الا النار (هود ٢) ليس لهم طعام الا من ضريع (غاشية ١) ليس مصروفا عنهم (هود ١) قال اليس هذا
بالحق (انعام ٣) اليس الله باعلم بالشاكرين (انعام ٦) اليس هذا بالحق (احقاف ٤) اليس منكم رجل رشيد (هود ٧) اليس
الصبح بقريب (هود ٨) اليس في جهنم مثوى (عنكبوت ٧، زمر ٤-٦) اليس الله بكاف عبده (زمر ٤) اليس الله بعزيز ذي
انتقام (زمر ٤) اليس لي ملك مصر (زخرف ٥) اليس ذلك بقادر على ان يحيي الموتى (قيامة ٢) اليس الله باحكم الحاكمين (تين)
وان ليس للانسان الا ما سعى (نجم ٣) انه ليس له سلطان (نحل ١٣) قال يا نوح انه ليس من اهلك (هود ٤) فليس عليكم جناح
(بقرة ٢٩، نساء ١١) فليس من الله في شيء (آل عمران ٣) فليس عليهن جناح (نور ٦) فليس بمعجز في الارض (احقاف ٤) فليس له
اليوم ههنا حميم (حاقة ١) فمن شرب منه فليس مني (بقرة ٣٣) ما ليس في قلوبهم (آل عمران ١٧) ان اقول ما ليس لي
بحق (مائدة ١٦) فلا تسألن ما ليس لك به علم (هود ٤) واشرك به ما ليس لي به علم (مؤمن ٥) ان اسألك ما ليس لي به علم
(هود ٤) ولا تقف ما ليس لك به علم (اسرائيل ٤) وان جاهداك لتشرك بي ما ليس لك به علم (عنكبوت ١) وان جاهداك
على ان تشرك بي ما ليس لك به علم (لقمان ٢) وتقولون بافواهكم ما ليس لكم به علم (نور ٢) ما ليس في قلوبهم (فتح ٢) فلم تحاجون
فيما ليس لكم به علم (آل عمران ٧) وما ليس لهم به علم (حج ١٠) وليس الذكر كالانثى (آل عمران ٤) وليس عليكم جناح فيما اخطأتم
به (احزاب ١) وليس البر بان تأتوا البيوت (بقرة ٢٤) وليس له من دونه (احقاف ٤) وليس بضارهم شيئا (مجادلة ١) اوليس الله
باعلم بما في صدور العالمين (عنكبوت ١) اوليس الذي خلق السموات والارض (يس ٥) وقالت اليهود ليست النصارى على
شيء (بقرة ١٣) وقالت النصارى ليست اليهود على شيء (بقرة ١٣) وليست التوبة للذين يعملون السيئات (نساء ٣) ليسوا سواء
(آل عمران ١٢) ليسوا بها بكافرين (انعام ١٠) يأتيكم بليل تسكنون فيه (قصص ٧) ومن آياته الليل والنهار (فصلت ٥) فلما جن
عليه الليل رأى كوكبا (انعام ٩) ولا الليل سابق النهار (يس ٣) وآية لهم الليل نسلخ منه النهار (يس ٣) الله الذي جعل لكم الليل
(مؤمن ٧) قم الليل الا قليلا (مزمل ١) وهو الذي جعل لكم الليل (فرقان ٥) يغشي الليل النهار (اعراف ٧، رعد ١) تولج الليل في
النهار (آل عمران ٣) وان الله يولج الليل في النهار (حج ٨، لقمان ٣، [illegible]) وسخر لكم الليل والنهار (ابراهيم ٥، [illegible]) وجعلنا
الليل والنهار آيتين (اسرائيل ٢) يسبحون الليل والنهار (انبياء ٢) وهو الذي خلق الليل والنهار (انبياء ٣) وهو الذي جعل
الليل والنهار خلفة (فرقان ٧) يقلب الله الليل والنهار (نور ٦) ومن رحمته جعل لكم الليل والنهار لتسكنوا فيه (قصص ٧)
والله يقدر الليل والنهار (مزمل ٢) هو الذي جعل لكم الليل لتسكنوا فيه (يونس ٧) قل ارأيتم ان جعل الله عليكم الليل سرمدا (قصص ٧)

وجعل الليل سكنا (انعام ۱۰) يكور الليل على النهار (زمر ۱) وجعلنا الليل لباسا (نبا ۱) الم يروا انا جعلنا الليل ليسكنوا فيه (نمل ۹)
الى غسق الليل (اسرائيل ۹) ان ناشئة الليل (مزمل ۱) امن هو قانت اناء الليل (زمر ۲) انا نتقوم ادنى من ثلثى الليل (مزمل ۲)
بل مكر الليل والنهار (سبا ۴) ان فى اختلاف الليل والنهار (يونس ۱) واختلاف الليل والنهار (بقرة ۱۷-آل عمران ۲۰ جاثية ۱)
وله اختلاف الليل والنهار (مؤمنين ۸) فمحونا آية الليل وجعلنا آية النهار مبصرة (اسرائيل ۲) ومن اناء الليل فسبح (طه ۸) اناء
الليل وهم يسجدون (آل عمران ۱۲) ثم اتموا الصيام الى الليل (بقرة ۲۳) الذين ينفقون اموالهم بالليل والنهار (بقرة ۳۸)
وهو الذى يتوفكم بالليل (انعام ۷) ومن هو مستخف بالليل (رعد ۲) قل من يكلؤكم بالليل والنهار (انبيا ۳) ومن اياته منامكم
بالليل والنهار (روم ۳) يسبحون له بالليل والنهار (فصلت ۵) وبالليل افلا تعقلون (صافات ۵) ويكور النهار على الليل
(زمر ۱) وتولج النهار فى الليل (آل عمران ۳) وله ما سكن فى الليل والنهار (انعام ۲) ويولج النهار فى الليل (حج ۷ لقمان ۳ ملائكة ۲
حديد ۱) قطعا من الليل (يونس ۳) فاسر باهلك بقطع من الليل (هود ۷ حجر ۷) وزلفا من الليل (هود ۱۰) كانوا قليلا
من الليل ما يهجعون (ذاريات ۱) ومن الليل فتهجد به نافلة لك (اسرائيل ۹) ومن الليل فسبحه (ق ۳ طور ۲) ومن الليل
فاسجد له (انسان ۲) والليل اذا ادبر (مدثر ۲) والليل اذا عسعس (تكوير ۱) والليل وما وسق (انشقاق ۱) والليل
اذا يسر (فجر ۱) والليل اذا يغشها (شمس ۱) والليل اذا يغشى (ليل ۱) والليل اذا سجى (ضحى ۱) سبحان الذى اسرى بعبده ليلا (۱
اسرائيل ۱) فاسر بعبادى ليلا (دخان ۲) اتيها امرنا ليلا او نهارا (يونس ۲) انى دعوت قومى ليلا ونهارا (نوح ۱) وسبحه
ليلا طويلا (انسان ۲) احل لكم ليلة الصيام الرفث (بقرة ۲۳) واذ واعدنا موسى اربعين ليلة (بقرة ۶) فتم ميقات ربه
اربعين ليلة (اعراف ۱۷) وواعدنا موسى ثلثين ليلة (اعراف ۱۷) انا انزلناه فى ليلة القدر وما ادريك ما ليلة القدر
ليلة القدر خير من الف شهر (قدر ۱) انا انزلناه فى ليلة مباركة (دخان ۱) واغطش ليلها (نازعات ۱) فقولا له قولا لينا

(طه ۲) ما قطعتم من لينة (حشر ۱)

باب الميم وصل الهمزة

طوبى لهم وحسن ماب (رعد ۴) اليه ادعوا واليه ماب (رعد ۵) وان له عندنا لزلفى وحسن ماب (ص ۲-۳) وان
للمتقين لحسن ماب (ص ۴) وان للطاغين لشر ماب (ص ۴) والله عنده حسن الماب (آل عمران ۲) للطاغين مابا (نبا ۱)
فمن شاء اتخذ الى ربه مابا (نبا ۲) ولى فيها مارب اخرى (طه ۱) وان يكن منكم مائة (انفال ۹) فان يكن منكم مائة صابرة
(انفال ۹) فاماته الله مائة عام (بقرة ۳۵) قال بل لبثت مائة عام (بقرة ۳۵) فاجلدوا كل واحد منهما مائة جلدة (نور ۱)
فى كل سنبلة مائة حبة (بقرة ۳۶) ثلث مائة سنين (كهف ۳) وارسلنه الى مائة الف او يزيدون (صافات ۵) واصحاب مدين
والمؤتفكات (توبة ۹) وجاء فرعون ومن قبله والمؤتفكات بالخاطئة (حاقة ۱) والمؤتفكة اهوى (نجم ۳) والمؤتون
الزكوة (نساء ۲۳) انه كان وعده مأتيا (مريم ۴) ان يكن منكم عشرون صابرون يغلبوا مائتين (انفال ۹) كتابا مؤجلا
(آل عمران ۱۵) ان ياجوج وماجوج مفسدون فى الارض (كهف ۱۱) حتى اذا فتحت ياجوج وماجوج (انبيا ۷) فاذن
مؤذن بينهم (اعراف ۵) ثم اذن مؤذن ايتها العير (يوسف ۸) عليهم نار مؤصدة (بلد ۱) انها عليهم مؤصدة (همزة ۱)
والمؤلفة قلوبهم (توبة ۸) وقال رجل مؤمن من آل فرعون (مؤمن ۴) ولعبد مؤمن خير من مشرك (بقرة ۲۷) هو
الذى خلقكم فمنكم كافر ومنكم مؤمن (تغابن ۱) فان كان من قوم عدو لكم وهو مؤمن (نساء ۱۳) من ذكر او انثى وهو مؤمن
(نساء ۱۷ نحل ۱۳ مؤمن ۴) وسعى لها سعيها وهو مؤمن (اسرائيل ۲) ومن يعمل من الصلحات وهو مؤمن (طه ۶) فمن يعمل
من الصلحات وهو مؤمن (انبيا ۷) وما انت بمؤمن لنا (يوسف ۲) لا يرقبون فى مؤمن (توبة ۱۰) وما كان لمؤمن ولا
مؤمنة (احزاب ۵) وما كان لمؤمن ان يقتل مؤمنا الا خطاء (نساء ۱۳) ومن يقتل مؤمنا متعمدا (نساء ۱۳) ومن قتل مؤمنا خطاء
(نساء ۱۳) لست مؤمنا (نساء ۱۳) ومن ياته مؤمنا (طه ۳) افمن كان مؤمنا كمن كان فاسقا (سجدة ۲) ولمن دخل بيتى مؤمنا (نوح ۲)
ولولا رجال مؤمنون ونساء مؤمنات (فتح ۳) فان علمتموهن مؤمنات (ممتحنة ۲) اذا جاءكم المؤمنات (ممتحنة ۲) يايها النبى
اذا جاءك المؤمنات (ممتحنة ۲) ان ينكح المحصنات المؤمنات (نساء ۴) من فتياتكم المؤمنات (نساء ۴) يايها الذين امنوا اذا نكحتم
المؤمنات (احزاب ۶) ان الذين يرمون المحصنات الغافلات المؤمنات (نور ۳) وقل للمؤمنات يغضضن من ابصارهن

(نور ٤) والمحصنات من المؤمنات (مائدة ١) والمؤمنون و المؤمنات (توبة ٨) دعوا الله المؤمنين والمؤمنات (توبة ٨) ظن
المؤمنون والمؤمنات (نور ٢) والمؤمنين والمؤمنات (احزاب ٤) والذين يؤذون المؤمنين والمؤمنات (احزاب ٧) وللمؤمنين
والمؤمنات (قتال ٢ نوح ٣) ليدخل المؤمنين والمؤمنات (فتح ١) يوم ترى المؤمنين والمؤمنات (حديد ٢) فتنوا المؤمنين
والمؤمنات (بروج ١) ولامة مؤمنة خير من مشركة (بقرة ٢٣) وامرأة مؤمنة ان وهبت نفسها (احزاب ٥) فتحرير رقبة
مؤمنة (نساء ١٠ امرتين) وتحرير رقبة مؤمنة (نساء ١٠) وما كان لمؤمن ولا مؤمنة (احزاب ٥) واتقوا الله الذي انتم به مؤمنون
(مائدة ٩ ممتحنة ٢) قالوا انا بما ارسل به مؤمنون (اعراف ٨) اكثرهم بهم مؤمنون (سبا ٥) ربنا اكشف عنا العذاب انا مؤمنون
(دخان ٢) ولولا رجال مؤمنون (فتح ٣) منهم المؤمنون واكثرهم الفاسقون (آل عمران ١١) لا يتخذ المؤمنون الكافرين
(آل عمران ٣) وعلى الله فليتوكل المؤمنون (آل عمران ١٢-١٦ مائدة ٢ توبة ٦-١ ابراهيم ٢ مجادلة ٢ تغابن ٢) اولئك هم المؤمنون حقا
(انفال ١-٨) وما كان المؤمنون لينفروا كافة (توبة ١٥) قد افلح المؤمنون (مؤمنين ١) ظن المؤمنون والمؤمنات (نور ٢)
وتوبوا الى الله جميعا ايه المؤمنون (نور ٤) ويومئذ يفرح المؤمنون (روم ١) هنالك ابتلى المؤمنون (احزاب ٢) ولما را
المؤمنون الاحزاب (احزاب ٣) انما المؤمنون اخوة (حجرات ١) انما المؤمنون الذين آمنوا (حجرات ٢) انما المؤمنون الذين
اذا ذكروا الله وجلت قلوبهم (انفال ١) انما المؤمنون الذين آمنوا (نور ٧) بما انزل اليه من ربه و المؤمنون (بقرة ٢٩)
والمؤمنون يؤمنون بما انزل اليك (نساء ١٧) والمؤمنون بالله واليوم الاخر (نساء ١٧) والمؤمنون والمؤمنات (توبة ٨) فسيرى
الله عملكم ورسوله والمؤمنون (توبة ١١) بل ظننتم ان لن ينقلب الرسول والمؤمنون (فتح ٢) ولا يرتاب الذين اوتوا الكتاب
والمؤمنون (مدثر ١) ان كنتم مؤمنين (بقرة ١٠ امرتين ٢٥-٢٨- آل عمران ٥-١٤-١٨- مائدة ٣-٦-١٢- اعراف ٩- انفال
توبة ٢ هود ٩ نور ٢ حديد ١) ان كنتم باياته مؤمنين (انعام ١٢) وما كانوا مؤمنين (اعراف ٨) ويشف صدور قوم مؤمنين
(توبة ٢) ان كانوا مؤمنين (توبة ٧) حتى يكونوا مؤمنين (يونس ١٠) واما الغلام فكان ابواه مؤمنين (كهف ١٠) الا يكونوا
مؤمنين (شعراء ١) وما كان اكثرهم مؤمنين (شعراء ١-٧-١١-١٣-١٤-١٦-١٨-١٩) فقرأه عليهم ما كانوا به مؤمنين (شعراء ١٢)
لولا انتم لكنا مؤمنين (سبا ٤) قالوا بل لم تكونوا مؤمنين (صافات ٣) وما هم بمؤمنين (بقرة ١) فما نحن لك بمؤمنين (اعراف ١٠)
وما نحن لكما بمؤمنين (يونس ٨) وما نحن لك بمؤمنين (هود ٦) وما اكثر الناس ولو حرصت بمؤمنين (يوسف ١١) وما
نحن له بمؤمنين (مؤمنين ٤) وبشر المؤمنين (بقرة ٢٣ توبة ١٢ صف ٢ يونس ٩- احزاب ٥) اولياء من دون المؤمنين
(آل عمران ٣ نساء ١٥-٢٠) والله ولي المؤمنين (آل عمران ٧) تبوئ المؤمنين (آل عمران ١٣) فباذن الله وليعلم المؤمنين
(آل عمران ١٧) وان الله لا يضيع اجر المؤمنين (آل عمران ١٨) ما كان الله ليذر المؤمنين (آل عمران ١٨) وحرض المؤمنين
(نساء ٩) ويتبع غير سبيل المؤمنين (نساء ١٢) وسوف يؤت الله المؤمنين اجرا عظيما (نساء ١٥) تبت اليك وانا اول المؤمنين
(اعراف ١٥) وليبلي المؤمنين منه بلاء حسنا (انفال ٢) حرض المؤمنين (انفال ٧) وعد الله المؤمنين والمؤمنات (توبة ٨)
وتفريقا بين المؤمنين (توبة ١١) حقا علينا ننج المؤمنين (يونس ١٠) وكذلك ننجي المؤمنين (انبياء ٩) وبشر المؤمنين (اسرائيل
كهف ١) انما كان قول المؤمنين (نور ٦) ان كنا اول المؤمنين (شعراء ٦) وما انا بطارد المؤمنين (شعراء ١٢) على كثير من عباده
المؤمنين (نمل ٢) وكان حقا علينا نصر المؤمنين (روم ٥) وكفى الله المؤمنين القتال (احزاب ٣) خالصة لك من دون
المؤمنين (احزاب ٥) والذين يؤذون المؤمنين (احزاب ٦) ونساء المؤمنين (احزاب ٦) انه من عبادنا المؤمنين (صافات ٩-
١١-٤) انهما من عبادنا المؤمنين (صافات ١٣) في قلوب المؤمنين (فتح ١) ليدخل المؤمنين والمؤمنات (فتح ١) وذكر فان الذكرى
تنفع المؤمنين (ذاريات ٦) يوم ترى المؤمنين والمؤمنات (حديد ٢) وايدي المؤمنين (حشر ١) وجبريل وصالح المؤمنين
(تحريم ١) ان الذين فتنوا المؤمنين (بروج ١) حريص عليكم بالمؤمنين رؤف رحيم (توبة ١٣) وما اولئك بالمؤمنين (نور ٥-
مائدة ٥) النبي اولى بالمؤمنين (احزاب ١) وكان بالمؤمنين رحيما (احزاب ٥) وهم على ما يفعلون بالمؤمنين شهود (بروج ١)
هو الذي ايدك بنصره و بالمؤمنين (انفال ٧) والله ذو فضل على المؤمنين (آل عمران ١٦) لقد من الله على المؤمنين
(آل عمران ١٧) ان الصلوة كانت على المؤمنين كتابا موقوتا (نساء ١١) ولن يجعل الله للكافرين على المؤمنين سبيلا (نساء ١٥)

اذلة على المؤمنين (مائدة) وحرم ذلك على المؤمنين (نور ۱) لكيلا يكون على المؤمنين حرج (احزاب ٤) ويتوب الله
على المؤمنين (احزاب ٨) على رسوله وعلى المؤمنين (فتح ٣) لقد رضي الله عن المؤمنين (فتح ٢) ولا المؤمنين وليجة
(توبة ٢) وهدى وبشرى للمؤمنين (بقرة ١٠) اذ تقول للمؤمنين (آل عمران ٣) لتنذر به وذكرى للمؤمنين (اعراف ١)
وهدى ورحمة للمؤمنين (يونس ٦) وموعظة وذكرى للمؤمنين (هود ١٢) ان في ذلك لاية للمؤمنين (حجر ٥) عنكبوت
واخفض جناحك للمؤمنين (حجر ٦) ما هو شفاء ورحمة للمؤمنين (اسرائيل ٩) قل للمؤمنين يغضوا من ابصارهم (نور ٤)
هدى وبشرى للمؤمنين (نمل ١) وانه لهدى ورحمة للمؤمنين (نمل ٦) ان في السموات والارض لايات للمؤمنين (جاثية)
ولتكون اية للمؤمنين (فتح ٣) واستغفر لذنبك وللمؤمنين (قتال ٢) ولوالدي وللمؤمنين (ابراهيم ٥) ولله العزة و
لرسوله وللمؤمنين (منافقين ١) وللمؤمنين والمؤمنات (نوح ٣) وان الله مع المؤمنين (انفال ٢) فاولئك مع المؤمنين
(نساء ١٥) لا يستوي القاعدون من المؤمنين (نساء ١٠) ونمنعكم من المؤمنين (نساء ١٥) ونكون من المؤمنين (انعام ٣
قصص ٥) وان فريقا من المؤمنين (انفال ١) ومن اتبعك من المؤمنين (انفال ٧) والذين يلمزون المطوعين من المؤمنين
(توبة ٨) ان الله اشترى من المؤمنين انفسهم (توبة ١٢) وامرت ان اكون من المؤمنين (يونس ١١) وليشهد عذابهما
طائفة من المؤمنين (نور ١) فنكون من المؤمنين (شعراء ١١) ونجني ومن معي من المؤمنين (شعراء ١٢) واخفض جناحك لمن
اتبعك من المؤمنين (شعراء ١٢) لتكون من المؤمنين (قصص ٤) من المؤمنين رجال صدقوا (احزاب ٣) فاتبعوه الا فريقا
من المؤمنين (سبا ٢) وان طائفتان من المؤمنين (حجرات ١) فاخرجنا من كان فيها من المؤمنين (ذاريات ٤) ان عذاب ربهم
غير **مأمون** (معارج ٣) فلهم جنات **المأوى** (سجدة ٢) عندها جنة المأوى (نجم ٢) فان الجحيم هي المأوى (نازعات ٥)
فان الجنة هي المأوى (نازعات ٥) **مأويكم** النار هي مولكم (حديد ٢) **و**مأويكم النار وما لكم من ناصرين (عنكبوت ٣)
ومأويه النار (مائدة ١) ومأويه جهنم (آل عمران ١٧) فاولئك مأويهم جهنم (نساء ١٠) اولئك مأويهم جهنم (نساء ١٣) او
مأويهم النار (يونس ١) مأويهم جهنم (اسرائيل ١) متاع قليل ثم مأويهم جهنم (آل عمران ٢٠) واما الذين فسقوا فمأويهم النار
(سجدة ٢) **و**مأويهم النار (آل عمران ١٦ نور ٦) ومأويهم جهنم جزاء بما كانوا يكسبون (توبة ١٠) ومأويهم جهنم وبئس المصير
(توبة ٨ تحريم ١) اولئك لهم سوء الحساب ومأويهم جهنم (رعد ٢) **فصل الالف** ولما ورد ماء مدين
(قصص ٣) وانزل من السماء ماء (بقرة ٣) ابراهيم ٤ طه ٦) فلم تجدوا ماء (مائدة ١ نساء ٥) وهو الذي انزل من السماء ماء
(انعام ١٠) وينزل عليكم من السماء ماء (انفال ٢) انزل من السماء ماء (رعد ٢) والله انزل من السماء ماء (نحل ٧) هو الذي انزل
من السماء ماء (نحل ١) يحسبه الظمآن ماء (نور ٥) الم تر ان الله انزل من السماء ماء (حج ٧ ملائكة ٣ زمر ٢) فانزلنا من السماء ماء
(حجر ٢) ولئن سألتهم من نزل من السماء ماء (عنكبوت ٧) وينزل من السماء ماء (روم ٣) والذي نزل من السماء ماء (زخرف ٢)
وانزل من السماء ماء (مؤمنين ٢ فرقان ٥ لقمان ١) وانزل لكم من السماء ماء (نمل ٦) ونزلنا من السماء ماء (ق ١) وسقوا ماء
حميما (قتال ٢) لاسقيناهم ماء غدقا (جن ٢) واسقيناكم ماء فراتا (مرسلات ١) وانزلنا من المعصرات ماء ثجاجا (نبا ١) يسقى بماء
واحد (رعد ١) وان يستغيثوا يغاثوا بماء كالمهل (كهف ٤) ففتحنا ابواب السماء بماء منهمر (قمر ٢) فمن يأتيكم بماء معين (ملك ٢)
كماء انزلناه من السماء (يونس ٣ كهف ٥) ويسقى من ماء صديد (ابراهيم ٣) والله خلق كل دابة من ماء (نور ٦) فيها انهار
من ماء غير آسن (قتال ٢) الم نخلقكم من ماء مهين (مرسلات ١) خلق من ماء دافق (طارق ١) من ماء مهين (سجدة ١)
وماء مسكوب (واقعة ١) فيخرج منه **الماء** (بقرة ٩) وغيض الماء (هود ٥) انا لما طغى الماء حملناكم في الجارية (حاقة ١) فالتقى الماء على
امر قد قدر (قمر ٢) ان افيضوا علينا من الماء (اعراف ٥) اولم يروا انا نسوق الماء الى الارض الجرز (سجدة ٣) فانزلنا به الماء (اعراف ٦)
فاذا انزلنا عليها الماء (حج ٥ فصلت ٥) افرأيتم الماء الذي تشربون (واقعة ٧) انا صببنا الماء صبا (عبس ٣) ونبئهم ان الماء
قسمة بينهم (قمر ٢) الا كباسط كفيه الى الماء (رعد ٢) وكان عرشه على الماء (هود ١) قال ساوي الى جبل يعصمني من الماء
وجعلنا من الماء كل شيء حي (انبياء ٣) وهو الذي خلق من الماء بشرا (فرقان ٦) وقيل يا ارض ابلعي **ماءك** (هود ٥) ان اصبح ماؤكم
غورا (ملك ٢) اخرج منها **ماءها** (نازعات ٤) او يصبح **ماؤها** غورا (كهف ٥) ان ينزل علينا **مائدة** من السماء (مائدة

اللهم ربنا انزل علينا مائدة (مائدة ١٥) افائن مات اوقتل (آل عمران ١٥) ولا تصل على احد منهم مات ابدا (توبة ١١) ثم ماتوا
وهم كفار (قتال ٤) لوكانوا عندنا ما ماتوا (آل عمران ١٦) ان الذين كفروا وماتوا وهم كفار (بقرة ١٧-آل عمران ٩) وماتوا
وهم فاسقون (توبة ١١) وماتوا وهم كافرون (توبة ١٣) ثم قتلوا اوماتوا (حج ٦) وخلق الجان من مارج من نار (رحمن ٢)
وحفظا من كل شيطان مارد (صافات ١) ببابل هاروت وماروت (بقرة ١١) ويمنعون الماعون (ارايت ١) قال انكم
ماكثون (زخرف ٨) ماكثين فيه ابدا (كهف ١) والله خير الماكرين (آل عمران ٦-انفال ١٨) يوم لا ينفع مال ولا
بنون (شعراء ٥) ولا تقربوا مال اليتيم (انعام ١٦-اسرائيل ٤) قال اتمدونن بمال (نمل ٣) ان كان ذا مال وبنين (نون ٢)
واتوهم من مال الله الذي اتيكم (نور ٤) ايحسبون انما نمدهم به من مال وبنين (مؤمنين ٤) المال والبنون زينة الحيوة
الدنيا (كهف ٦) واتى المال على حبه ذوي القربى (بقرة ١٨) وتحبون المال حبا جما (فجر ٢) ولم يؤت سعة من المال (بقرة ٢٥)
ويا قوم لا اسالكم عليه مالا (هود ٣) انا اكثر منك مالا واعز نفرا (كهف ٤) ان ترن انا اقل منك مالا وولدا (كهف ٤)
وقال لاوتين مالا وولدا (مريم ٨) وجعلت له مالا ممدودا (مدثر ٢) يقول اهلكت مالا لبدا (بلد ١) الذي جمع مالا وعدده
(همزه ١) فمالئون منها البطون (صافات ٧ واقعه ٦) قل اللهم مالك الملك (آل عمران ٣) مالك يوم الدين (فاتحه ١) ونادوا
يا مالك ليقض علينا ربك (زخرف ٨) فهم لها مالكون (يس ٧) واتبعوا من لم يزده ماله وولده الا خسارا (نوح ٣) وما يغني
عنه ماله اذا تردى (ليل ٢) ما اغنى عنه ماله وما كسب (تبت ١) كالذي ينفق ماله (بقرة ٢٧) يحسب ان ماله اخلده (همزه ١) ما
اغنى عني ماليه (حاقة ٢) وظنوا انهم مانعتهم حصونهم من الله (حشر ١) فنعم الماهدون (ذاريات ٥)

هضد الباء

وهذا كتاب انزلناه مبارك (انعام ١٠) وهذا ذكر مبارك (انبياء ٥) كتاب انزلناه اليك مبارك (ص ٣) للذي
ببكة مباركا وهدى للعالمين (آل عمران ١٠) وجعلني مباركا اينما كنت (مريم ٣) وقل رب انزلني منزلا مباركا (مؤمنين ٣) ونزلنا
من السماء ماء مباركا (ق ١) مباركة طيبة (نور ٧) يوقد من شجرة مباركة (نور ٤) انا انزلناه في ليلة مباركة (دخان ١) في
البقعة المباركة (قصص ٣) ان الله مبتليكم بنهر (بقرة ٢٥) ان في ذلك لايت وان كنا لمبتلين (مؤمنين ٣) كالفراش المبثوث
(قارعة ١) وزرابي مبثوثة (غاشية ٢) لا مبدل لكلماته (انعام ٢ كهف ٤) ولا مبدل لكلمات الله (انعام ٤) وتخفي في
نفسك ما الله مبديه (احزاب ٤) ان المبذرين كانوا اخوان الشياطين (اسرائيل ٣) ام ابرموا امرا فانا مبرمون (زخرف ٨)
اولئك مبرءون مما يقولون (نور ٣) بل يداه مبسوطتان (مائدة ٧) الا مبشرا ونذيرا (اسرائيل ١١ فرقان ٦) انا ارسلناك
شاهدا ومبشرا (احزاب ٥ فتح ١) ومبشرا برسول (صف ١) ان يرسل الرياح مبشرات (روم ٥) فبعث الله النبيين مبشرين
(بقرة ٢٦) رسلا مبشرين ومنذرين (نساء ٢٤) وما نرسل المرسلين الا مبشرين ومنذرين (كهف ٦-انعام ٥) والنهار مبصرا
(يونس ٧ مؤمن ٧) وجعلنا اية النهار مبصرة (اسرائيل ٢) واتينا ثمود الناقة مبصرة (اسرائيل ٦) فلما جاءتهم اياتنا مبصرة (نمل ٢)
فاذا هم مبصرون (اعراف ٢٤) ان انتم الا مبطلون (روم ٦) افتهلكنا بما فعل المبطلون (اعراف ٢٢) اذا لارتاب المبطلون
(عنكبوت ٥) وخسر هنالك المبطلون (مؤمن ٩) يومئذ يخسر المبطلون (جاثية ٤) اولئك عنها مبعدون (انبياء ١١) ولئن
قلت انكم مبعوثون من بعد الموت (هود ١) الا يظن اولئك انهم مبعوثون (مطففين ١) ائنا لمبعوثون (اسرائيل ٥-١٠-
مؤمنين ٤ صافات ٢ واقعه ٢) وما نحن بمبعوثين (انعام ٣-مؤمنين ٤) فاذا هم مبلسون (انعام ٥) اذا هم فيه مبلسون
(مؤمنين ٨) وهم فيه مبلسون (زخرف ٧) من قبل ان ينزل عليهم من قبله لمبلسين (روم ٥) ذلك مبلغهم من العلم
(نجم ٣) من فوقها غرف مبنية (زمر ٢) ولقد بوانا بني اسرائيل مبوا صدق (يونس ١) وقالوا هذا افك مبين (نور ٢)
واتيناهم من الايات ما فيه بلؤا مبين (دخان ٤) فاذا هي ثعبان مبين (اعراف ١٣ شعراء ٢) فاذا هو خصيم مبين (نحل ١ يس ٥)
حتى جاءهم الحق ورسول مبين (زخرف ٣) انى لهم الذكرى وقد جاءهم رسول مبين (دخان ١) ان هذا لساحر مبين (يونس ١)
ان هذا الا سحر مبين (مائدة ١١-انعام ١ هود ١ سبا ٥ صافات ١) قالوا هذا سحر مبين (نمل ٢ صف ١) هذا سحر مبين (احقاف ١)
قالوا ان هذا لسحر مبين (يونس ٨) ام لكم سلطان مبين (صافات ١٦) فاتبعه شهاب مبين (حجر ٢) ان الشيطان لكما عدو مبين
(اعراف ٣) ان الشيطان للانسان عدو مبين (يوسف ١) انه لكم عدو مبين (بقرة ١٧-٢١-انعام ١٥ يس ٦ زخرف ٧) وهذا لسان

عربی مبین (نحل ١٤) ان هو الا ذکر و قرآن مبین (ص ٧) قد جاءکم من الله نور و کتاب مبین (مائدة ٣) ان الانسان لکفور مبین
(زخرف ٢) انک لغوی مبین (قصص ٢) انه عدو مضل مبین (یس ٧) ان هو الا نذیر مبین (اعراف ١٩) انی لکم نذیر مبین (هود ٣)
نوح ١) انما انا لکم نذیر مبین (حج ٥) ان انا الا نذیر مبین (شعراء ٦) وانما انا نذیر مبین (عنکبوت ٥ ملک ٢) انما انا نذیر مبین
(ص ٧) وما انا الا نذیر مبین (احقاف ١) انی لکم نذیر مبین (ذاریات ٥-٦) قال یا قوم انی لکم نذیر مبین (نوح ١) وظالم
لنفسه مبین (صافات ٣) وکل شیء احصیناه فی امام مبین (یس ٢) وانهما لبامام مبین (حجر ٤) وهو فی الخصام غیر مبین
(زخرف ٢) فارتقب یوم تأتی السماء بدخان مبین (دخان ١) فأتونا بسلطان مبین (ابراهیم ٢) اولیأتینی بسلطان مبین
(نمل ٢) الی فرعون بسلطان مبین (ذاریات ٢) فلیأت مستمعهم بسلطان مبین (طور ٢) وسلطان مبین (هود ١٠ مؤمنون ٥)
مؤمن ٤) قالوا ولو جئتک بشیء مبین (شعراء ٢) ضلال مبین (انظر ضلال) الر تلک آیات الکتاب وقرآن مبین (حجر ١)
کل فی کتاب مبین (هود ١) الا فی کتاب مبین (انعام ٦ یونس ٧ سبا ١ نمل ٦) طس تلک آیات القرآن وکتاب مبین (نمل ١)
هذا لهو البلاء المبین (صافات ٣) فهل علی الرسل الا البلاغ المبین (نحل ٥) فانما علیک البلاغ المبین (نحل ٩) وما علی الرسول
الا البلاغ المبین (نور ٦ عنکبوت ٦) وما علینا الا البلاغ المبین (یس ٢) انما علی رسولنا البلاغ المبین (مائدة ١٠) فانما علی رسولنا
البلاغ المبین (تغابن ٢) ان الله هو الحق المبین (نور ٣) ذلک هو الخسران المبین (حج ٢ زمر ٢) ان هذا لهو الفضل المبین
(نمل ٢) وذلک الفوز المبین (انعام ٢) ذلک هو الفوز المبین (جاثیة ٤) وقل انی انا النذیر المبین (حجر ٦) ولقد رآه بالافق
المبین (تکویر ٣) انک علی الحق المبین (نمل ٧) طسم تلک آیات الکتاب المبین (شعراء ١ قصص ١) الر تلک آیات الکتاب المبین
(یوسف ١) حم والکتاب المبین (زخرف ١ دخان ١) وکفی به اثما مبینا (نساء ٧) اتأخذونه بهتانا واثما مبینا (نساء ٣) فقد احتمل
بهتانا واثما مبینا (نساء ١٦) فقد احتملوا بهتانا واثما مبینا (احزاب ٦) فقد خسر خسرانا مبینا (نساء ١٨) واولئک جعلنا لکم علیهم
سلطانا مبینا (نساء ١٢) اتریدون ان تجعلوا لله علیکم سلطانا مبینا (نساء ٢١) وآتینا موسی سلطانا مبینا (نساء ٢٢) فقد ضل
ضلالا مبینا (احزاب ٥) ان الکافرین کانوا لکم عدوا مبینا (نساء ١٤) ان الشیطان کان للانسان عدوا مبینا (اسرائیل ٦) انا
فتحنا لک فتحا مبینا (فتح ١) وانزلنا الیکم نورا مبینا (نساء ١٨) ولقد انزلنا الیکم آیات مبینات (نور ٤) لقد انزلنا آیات مبینات
(نور ٥) رسولا یتلو علیکم آیات الله مبینات (طلاق ٢) الا ان یأتین بفاحشة مبینة (نساء ٣ طلاق ١) من یأت منکن بفاحشة
مبینة (احزاب ٤)

فصل التاء

یا لیتنی مت قبل هذا (مریم ٢) ویقول الانسان ءاذا ما مت (مریم ٥)
افان مت فهم الخالدون (انبیاء ٣) علیه توکلت والیه متاب (رعد ٤) یتوب الی الله متابا (فرقان ٦) وللمطلقات متاع
بالمعروف (بقرة ٣١) متاع قلیل ثم مأواهم جهنم (آل عمران ٢٠) متاع فی الدنیا ثم الینا مرجعکم (یونس ٧) غیر مسکونة فیها متاع
(نور ٤) یا قوم انما هذه الحیوة الدنیا متاع (مؤمن ٥) متاع قلیل ولهم عذاب الیم (نحل ١٣) ذلک متاع الحیوة الدنیا (آل عمران ٢)
قل متاع الدنیا قلیل (نساء ١١) متاع الحیوة الدنیا ثم الینا مرجعکم (یونس ٣) کمن متعناه متاع الحیوة الدنیا (قصص ٧) ابتغاء حلیة او
متاع (رعد ٢) وما الحیوة الدنیا فی الآخرة الا متاع (رعد ٤) وما الحیوة الدنیا الا متاع الغرور (آل عمران ١٩ حدید ٣) فما
متاع الحیوة الدنیا فی الآخرة الا قلیل (توبة ٦) وان کل ذلک لما متاع الحیوة الدنیا (زخرف ٣) فمتاع الحیوة الدنیا (قصص ٦
شوری ٤) لعله فتنة لکم ومتاع الی حین (انبیاء ٧) ولکم فی الارض مستقر ومتاع الی حین (بقرة ٤ اعراف ٢) متاعا بالمعروف
حقا علی المحسنین (بقرة ٣١) متاعا الی الحول (بقرة ٣١) متاعا لکم وللسیارة (مائدة ١٣) یمتعکم متاعا حسنا الی اجل مسمی (هود ١)
واذا سألتموهن متاعا (احزاب ٧) متاعا لکم ولانعامکم (نازعات ٢ عبس ١) اثاثا ومتاعا الی حین (نحل ١١) الا رحمة منا ومتاعا
الی حین (یس ٣) الا من وجدنا متاعنا عنده (یوسف ١٠) وترکنا یوسف عند متاعنا (یوسف ٢) ولما فتحوا متاعهم وجدوا
بضاعتهم (یوسف ٧) ان هؤلاء متبر ما هم (اعراف ١٦) غیر متبرجات بزینة (نور ٦) بعبادی انکم متبعون (شعراء ٤
دخان ٢) فصیام شهرین متتابعین (نساء ١٠ مجادلة ١) فمن اضطر فی مخمصة غیر متجانف لاثم (مائدة ١) وفی الارض قطع متجاورات
(رعد ١) الا متحرفا لقتال (انفال ٢) او متحیزا الی فئة (انفال ٢) وما کنت متخذ المضلین عضدا (کهف ٦) ولا متخذات
اخدان (نساء ٤) ولا متخذی اخدان (مائدة ١) نخرج منه حبا متراکبا (انعام ١٢) قل کل متربص فتربصوا (طه ٨) انا

معکم متربصون (توبہ ۵) فانی معکم من المتربصين (طور ۲) اومسکینا ذا متربة (بلد ۱) والموقوذة والمتردية
(مائدة ۱) الا قال مترفوها (سباء ۴ زخرف ۲) انهم كانوا قبل ذلك مترفين (واقعة ۵) واذا اردنا ان نهلك قرية امرنا مترفيها
(اسرائیل ۲) حتی اذا اخذنا مترفيهم بالعذاب (مؤمنين ۴) متشابها وغير متشابه (انعام ۱۵) واتوا به متشابها (بقرة ۳)
كتابا متشابها تقشعر منه (زمر ۵) واخر متشابهات (آل عمران ۱) فيه شركاء متشاكسون (زمر ۳) لرايته خاشعا متصدعا
(حشر ۳) ان الله يحب التوابين المتطهرين ويحب (بقرة ۲۸) والله يحب المطهرين (توبة ۱۱) ان الله يجزى المتصدقين
(يوسف ۹) والمتصدقين والمتصدقات (احزاب ۵) الكبير المتعال (رعد ۱) بل متعت هؤلاء وآباءهم (زخرف ۳) ولكن
متعتهم وآباءهم (فرقان ۲) ومن قتله منكم متعمدا (مائدة ۱۰) ومن يقتل مؤمنا متعمدا (نساء ۱۰) بل متعنا هؤلاء وآباءهم (انبياء ۵)
الى ما متعنا به ازواجا منهم (حجر ۹ طه ۸) كمن متعناه متاع الحيوة الدنيا (قصص ۷) افرايت ان متعناهم سنين (شعراء ۱۱)
فامنوا فمتعناهم الى حين (صافات ۱۵) ومتعناهم الى حين (يونس ۱) فمتعوهن وسرحوهن سراحا جميلا (احزاب ۶) و
متعوهن على الموسع قدره (بقرة ۳۱) وادخلوا من ابواب متفرقة (يوسف ۸) ءارباب متفرقون خير (يوسف ۵) على سرر
متقابلين (حجر ۵ صافات ۵) يلبسون من سندس واستبرق متقابلين (دخان ۲) والله يعلم متقلبكم (قتال ۲) اولئك
هم المتقون (بقرة ۸-۱۸ زمر ۴) مثل الجنة التى وعد المتقون (رعد ۵ قتال ۲) ام جنة الخلد التى وعد المتقون (فرقان ۲) ان
اولياؤه الا المتقون (انفال ۴) فان الله يحب المتقين (آل عمران ۸) ان الله يحب المتقين (توبة مرتين) ولنعم دار المتقين
(نحل ۴) كذلك يجزى الله المتقين (نحل ۴) يوم نحشر المتقين الى الرحمن وفدا (مريم ۹) لتبشر به المتقين (مريم ۱۰) ام نجعل المتقين
كالفجار (ص ۳) بعضهم لبعض عدو الا المتقين (زخرف ۷) ان المتقين فى مقام امين (دخان ۲) ان المتقين فى جنات ونعيم
(طور ۲) ان المتقين فى جنات وعيون (ذاريات ۲ حجر ۵) ان المتقين فى جنات ونهر (قمر ۲) ان المتقين فى ظلال وعيون (مرسلات ۲)
والله عليم بالمتقين (آل عمران ۱۲ توبة ۵) بالمعروف حقا على المتقين (بقرة ۱۸-۲۵-۳۱) هدى للمتقين (بقرة ۱) وما خلفها
وموعظة للمتقين (بقرة ۷) اعدت للمتقين (آل عمران ۱۴) وهدى وموعظة للمتقين (آل عمران ۱۴ مائدة ۵) والعاقبة للمتقين
(اعراف ۱۵) ان العاقبة للمتقين (هود ۵) وضياء وذكرا للمتقين (انبياء ۵) من قبلكم وموعظة للمتقين (نور ۵) واجعلنا للمتقين
اماما (فرقان ۸) وازلفت الجنة للمتقين (شعراء ۹ ق ۳) والاخرة عند ربك للمتقين (زخرف ۳) وانه لتذكرة للمتقين (حاقة ۲) ان
للمتقين عند ربهم جنات النعيم (نون ۲) ان للمتقين مفازا (نباء ۲) وان للمتقين لحسن مآب (ص ۴) واعلموا ان الله مع المتقين
(بقرة ۲۴ توبة ۴-۱۶) قال انما يتقبل الله من المتقين (مائدة ۵) لكنت من المتقين (زمر ۶) واعتدت لهن متكا (يوسف ۴) على
الارائك متكئون (يس ۴) متكئين فيها على الارائك (كهف ۴) متكئين فيها يدعون فيها (ص ۴) متكئين على سرر مصفوفة
(طور ۲) متكئين على فرش (رحمن ۳) متكئين على رفرف (رحمن ۳) متكئين عليها متقابلين (واقعة ۱) من كل متكبر لا يؤمن
بيوم الحساب (مؤمن ۳) على كل قلب متكبر جبار (مؤمن ۴) العزيز الجبار المتكبر (حشر ۳) فلبئس مثوى المتكبرين (نحل ۳)
فبئس مثوى المتكبرين (زمر ۸ مؤمن ۸) اليس فى جهنم مثوى للمتكبرين (زمر ۶) وما انا من المتكلفين (ص ۵) اذ يتلقى
المتلقيان عن اليمين (ق ۲) او متم لمغفرة من الله (آل عمران ۱۶) ولئن متم او قتلتم (آل عمران ۱۶) اذا متم وكنتم ترابا (مؤمنون ۴)
والله متم نوره ولو كره الكافرون (صف ۱) ءاذا متنا وكنا ترابا (مؤمنون ۵ صافات ۲-۲ ق ۱ واقعة ۲) فليتنافس المتنافسون
(مطففين ۱) ان فى ذلك لايات للمتوسمين (حجر ۵) اذ قال الله يا عيسى انى متوفيك (آل عمران ۶) وعليه فليتوكل المتوكلون
(يوسف ۸) وعلى الله فليتوكل المتوكلون (ابراهيم ۲) عليه يتوكل المتوكلون (زمر ۴) ان الله يحب المتوكلين (آل عمران ۱۶)
ويقولون متى هذا الوعد (سباء ۳ يس ۴ ملك ۲) واملى لهم ان كيدى متين (اعراف ۲۳ نون ۲) ان الله هو الرزاق ذو القوة
المتين (ذاريات ۳) **مثابة** واذ جعلنا البيت مثابة للناس (بقرة ۱۵) كتابا متشابها مثانى (زمر ۳)
ولقد آتيناك سبعا من المثانى (حجر ۶) وانى لاظنك يا فرعون مثبورا (اسرائيل ۱۲) لا يعزب عنه مثقال ذرة (سباء ۱) ان الله
لا يظلم مثقال ذرة (نساء ۶) وان كان مثقال حبة من خردل اتينا بها (انبياء ۴) انها ان تك مثقال حبة (لقمان ۲) لا يملكون مثقال ذرة
(سباء ۳) فمن يعمل مثقال ذرة خيرا يره (زلزال ۱) ومن يعمل مثقال ذرة شرا يره (زلزال ۱) من مثقال ذرة فى الارض (يونس ۷) وان

والله ولى المتقين (جاثيه)

وان تدع مثقلة الى حملها (ملائكة ۲) فهم من مغرم مثقلون (طور ۲) ذلك بانهم قالوا انما البيع مثل الربوا (بقرة ۳۸) ولهن
مثل الذى عليهن (بقرة ۲۸) للذكر مثل حظ الانثيين (نساء ۲) فللذكر مثل حظ الانثيين (نساء ۱۸) ولا ينبئك مثل خبير (ملائكة ۲)
وعلى الوارث مثل ذلك (بقرة ۳۰) قال سانزل مثل ما انزل (انعام ۱۰) مثل ما اصاب قوم نوح (هود ۸) فجزاء مثل ما قتل (مائدة ۱۳)
مثل داب قوم نوح (مؤمن ۴) ذنوبا مثل ذنوب اصحابهم فلا يستعجلون (ذاريات ۳) فان اعرضوا فقل انذرتكم صاعقة مثل
صاعقة عاد وثمود (فصلت ۲) كذلك قال الذين من قبلهم مثل قولهم (بقرة ۱۴) ان يؤتى احد مثل ما اوتيتم (ال عمران ۸) حتى
نؤتى مثل ما اوتى رسل الله (انعام ۱۵) قالوا لولا اوتى مثل ما اوتى موسى (قصص ۵) يا ليت لنا مثل ما اوتى قارون (قصص ۸)
انه لحق مثل ما انكم تنطقون (ذاريات ۱) فاتوا الذين ذهبت ازواجهم مثل ما انفقوا (ممتحنة ۲) بل قالوا مثل ما قال الاولون (مؤمنين ۵)
اعجزت ان اكون مثل هذا الغراب (مائدة ۵) لو نشاء لقلنا مثل هذا (انفال ۴) انى اخاف عليكم مثل يوم الاحزاب (مؤمن ۴)
فهل ينتظرون الا مثل ايام الذين خلوا (يونس ۱۰) يا ايها الناس ضرب مثل فاستمعوا له (حج ۸) مثل الجنة التى وعد المتقون (رعد ۵)
(قتال ۲) ولما ياتكم مثل الذين خلوا من قبلكم (بقرة ۲۶) مثل الذين ينفقون اموالهم (بقرة ۳۶) مثل الذين كفروا بربهم (ابراهيم ۳)
مثل الذين اتخذوا من دون الله اولياء (عنكبوت ۵) مثل الذين حملوا التورية (جمعة ۱) للذين لا يؤمنون بالاخرة مثل السوء
(نحل ۷) مثل الفريقين كالاعمى والاصم (هود ۳) ذلك مثل القوم الذين كذبوا (اعراف ۲۲) بئس مثل القوم الذين كذبوا بايات الله
(جمعة ۱) ومضى مثل الاولين (زخرف ۱) مثل ما ينفقون فى هذه الحيوة الدنيا (ال عمران ۱۲) مثل نوره كمشكوة (نور ۵) انما
مثل الحيوة الدنيا (يونس ۳) واضرب لهم مثل الحيوة الدنيا (كهف ۵) فى هذا القران للناس من كل مثل (كهف ۶ - اسرائيل ۹)
بمثل ما اعتدى عليكم (بقرة ۲۴) فان امنوا بمثل ما امنتم به (بقرة ۱۶) ذلك ومن عاقب بمثل ما عوقب به (حج ۸) وان عاقبتم فعاقبوا
بمثل ما عوقبتم به (نحل ۱۶) على ان ياتوا بمثل هذا القران (اسرائيل ۱۰) ولا ياتونك بمثل الا جئناك بالحق (فرقان ۳) اسرائيل ۹
لمثل هذا فليعمل العاملون (صافات ۲) ان مثل عيسى عند الله كمثل ادم (ال عمران ۶) كمثل الحمار يحمل اسفارا (جمعة ۱) مثلهم
كمثل الذى استوقد نارا (بقرة ۲) كمثل الذى ينعق بما لا يسمع (بقرة ۲۱) كمثل الذين من قبلهم (حشر ۲) كمثل الشيطان (حشر ۲)
كمثل العنكبوت اتخذت بيتا (عنكبوت ۵) فمثله كمثل الكلب (اعراف ۲۲) كمثل جنة بربوة اصابها وابل (بقرة ۳۶) كمثل حبة
انبتت سبع سنابل (بقرة ۳۶) كمثل ريح فيها صر (ال عمران ۱۲) فمثله كمثل صفوان (بقرة ۳۶) كمثل غيث اعجب الكفار نباته
(حديد ۳) فى هذا القران من مثل (اسرائيل ۹) ومثل الذين كفروا (بقرة ۲۱) ومثل كلمة خبيثة (ابراهيم ۳) ولله المثل
الاعلى (نحل ۷) وله المثل الاعلى (روم ۳) ان الله لا يستحيى ان يضرب مثلا (بقرة ۳) ماذا اراد الله بهذا (بقرة ۳) مثلا
ساء مثلا القوم الذين كذبوا (اعراف ۲۲) هل يستويان مثلا (هود ۳ زمر ۳) وضرب الله مثلا رجلين (نحل ۸) كيف ضرب
الله مثلا (ابراهيم ۴) ضرب الله مثلا (زمر ۳ تحريم ۲) ضرب الله مثلا عبدا مملوكا (نحل ۱۰) وضرب الله مثلا (نحل ۱۵ تحريم ۲)
واضرب لهم مثلا (كهف ۴ يس ۲) ضرب لكم مثلا من انفسكم (روم ۴) وضرب لنا مثلا (يس ۵) بما ضرب للرحمن مثلا (زخرف ۲)
ولما ضرب ابن مريم مثلا (زخرف ۶) وجعلناه مثلا لبنى اسرائيل (زخرف ۶) ومثلا من الذين خلوا من قبلكم (نور ۵) فجعلناهم
سلفا ومثلا للاخرين (زخرف ۵) وقد خلت من قبلهم المثلات (رعد ۱) ان نحن الا بشر مثلكم (ابراهيم ۲) قل انما انا بشر
مثلكم (كهف ۱۲ فصلت ۱) هل هذا الا بشر مثلكم (انبياء ۱) ما هذا الا بشر مثلكم (مؤمنين ۲-۳) ولئن اطعتم بشرا مثلكم (مؤمنين ۳)
قالوا ان انتم الا بشر مثلنا (ابراهيم ۱) ما انت الا بشر مثلنا (شعراء ۱۶) وما انت الا بشر مثلنا (شعراء ۱۹) قالوا ما انتم الا بشر مثلنا
(يس ۲) ما نريك الا بشرا مثلنا (هود ۳) فقالوا انؤمن لبشرين مثلنا (مؤمنين ۵) فقد مس القوم قرح مثله (ال عمران ۱۴) وان
ياتهم عرض مثله (اعراف ۲۱) فلناتينك بسحر مثله (طه ۶) نعبده مثله (رعد ۲) فلياتوا بحديث مثله (طور ۲) لا ياتون بمثله
(اسرائيل ۱۰) ولو جئنا بمثله مددا (كهف ۱۲) فمثله كمثل صفوان عليه تراب (بقرة ۳۶) فمثله كمثل الكلب (اعراف ۲۲) شاهد
من بنى اسرائيل على مثله (احقاف ۱) ليس كمثله شئ فى الارض (شورى ۲) ان تعودوا لمثله ابدا (نور ۲) قل فاتوا بسورة
من مثله (يونس ۴) فاتوا بسورة من مثله (بقرة ۳) قل فاتوا بعشر سور مثله (هود ۲) وخلقنا لهم من مثله ما يركبون (يس ۳)
(يس ۵) كمن مثله فى الظلمات (انعام ۱۵) ما فى الارض جميعا ومثله معه (زمر ۵ رعد ۲) وجزاء سيئة سيئة مثلها (شورى ۴)

التي لم يخلق مثلها في البلاد (فجر ١) فلا يجزى الا مثلها (انعام ١٦) فأت بخير منها او مثلها (بقرة ١٣) جزاء سيئة بمثلها (يونس ٣)
مثلهم كمثل الذي استوقد نارا (بقرة ٢) انكم اذا مثلهم (نساء ٢١) على ان يخلق مثلهم (اسرائيل ١١) بقادر على ان يخلق مثلهم (يس ٨)
ذلك مثلهم في التوراة ومثلهم في الانجيل (فتح ٣) واتيناه اهله ومثلهم معهم (انبياء ٩) ووهبنا له اهله ومثلهم معهم (ص ٥)
ومن الارض مثلهن (طلاق ٢) ويذهبا بطريقتكم المثلى (طه ٧) قد اصبتم مثليها (آل عمران ١٧) يرونهم مثليهم رأى
العين (آل عمران ٢) مثنى وثلاث ورباع (نساء ١) ولا تقوموا لله مثنى (نساء ٥) اولي اجنحة مثنى وثلاث ورباع (ملائكة ١)
ان تقوموا لله مثنى (سبا ٥) قل هل انبئكم بشر من ذلك مثوبة (مائدة ٧) لمثوبة من عند الله خير (بقرة ١١) انه ربي احسن
مثواي (يوسف ٣) وبئس مثوى الظالمين (آل عمران ١٦) اليس في جهنم مثوى للكافرين (عنكبوت ٧ زمر ٤) اليس في جهنم
مثوى للمتكبرين (زمر ٦) فان يصبروا فالنار مثوى لهم (فصلت ٣) فبئس مثوى المتكبرين (زمر ٨ مؤمن ٨) تاكل الانعام والنار
مثوى (قتال ٢) قال النار مثويكم (انعام ١٣) والله يعلم متقلبكم ومثويكم (قتال ٢) اكرمي مثويه (يوسف ٢) **فصل**
الجيم تفسحوا في المجالس (مجادلة ٢) والمجاهدون في سبيل الله (نساء ١٠) فضل الله المجاهدين (نساء ١٠)
وفضل الله المجاهدين (نساء ١٠) حتى نعلم المجاهدين منكم (قتال ٤) هل انتم مجتمعون (شعراء ٤) عطاء غير مجذوذ (هود ١٠)
يود المجرم لو يفتدي (معارج ٢) انه من يأت ربه مجرما (طه ٥) ان هؤلاء قوم مجرمون (دخان ٢) كلوا وتمتعوا قليلا انكم مجرمون
(مرسلات ٥) ولو كره المجرمون (انفال ١ يونس ٨) انه لا يفلح المجرمون (يونس ٢) ماذا يستعجل منه المجرمون (يونس ٥) ورأ
المجرمون النار (كهف ٦) ولا يسئل عن ذنوبهم المجرمون (قصص ٨) ويوم تقوم الساعة يبلس المجرمون (روم ٢) هذه جهنم
التي يكذب بها المجرمون (رحمن ٣) وامتازوا اليوم ايها المجرمون (يس ٤) يعرف المجرمون بسيماهم (رحمن ٥) يقسم المجرمون
(روم ٦) وما اضلنا الا المجرمون (شعراء ٦) ولو ترى اذ المجرمون (سجدة ٢) وكانوا قوما مجرمين (اعراف ١٠ يونس ٨) بما
كانوا مجرمين (توبة ٧) ولا تتولوا مجرمين (هود ٥) وكانوا مجرمين (هود ١٠) قالوا انا ارسلنا الى قوم مجرمين (حجر ٦ ذاريات ٢)
بل كنتم مجرمين (سبا ٤) انهم كانوا مجرمين (دخان ٢) وكنتم قوما مجرمين (جاثية ٤) ولتستبين سبيل المجرمين (انعام ٦)
ولا يرد بأسه عن القوم المجرمين (انعام ١٥) وكذلك نجزي المجرمين (اعراف ٥) كذلك نسلكه في قلوب المجرمين (حجر ٢) وترى المجرمين
يومئذ مقرنين في الاصفاد (ابراهيم ٧) فانظر كيف كان عاقبة المجرمين (اعراف ١٠ نمل ٧) كذلك نجزي القوم المجرمين (يونس ٢ احقاف ٣)
ولا يرد بأسنا عن القوم المجرمين (يوسف ١٢) فترى المجرمين مشفقين مما فيه (كهف ٧) ونسوق المجرمين الى جهنم (مريم ٦) ونحشر
المجرمين يومئذ زرقا (طه ١) كذلك سلكناه في قلوب المجرمين (شعراء ١٢) ان المجرمين في عذاب جهنم خالدون (زخرف ٧) ان
المجرمين في ضلال وسعر (قمر ٥) كذلك نفعل بالمجرمين (صافات ٢ مرسلات ١) يتساءلون عن المجرمين (مدثر ٥) افنجعل المسلمين
كالمجرمين (نون ٤) لا بشرى يومئذ للمجرمين (فرقان ٢) فلن اكون ظهيرا للمجرمين (قصص ٢) وكذلك جعلنا لكل نبي عدوا
من المجرمين (فرقان ٣) ثم اعرض عنها انا من المجرمين (سجدة ٣) في كل قرية اكابر مجرميها (انعام ١٥) بسم الله مجريها ومرسيها
(هود ٥) حتى ابلغ مجمع البحرين (كهف ٩) فلما بلغا مجمع بينهما (كهف ٩) ذلك يوم مجموع له الناس (هود ١١) لمجموعون الى ميقات
يوم معلوم (واقعة ٥) وقالوا مجنون وازدجر (قمر ١) وقالوا معلم مجنون (دخان ١) وقالوا ساحر او مجنون (ذاريات ٤) الا
قالوا ساحر او مجنون (ذاريات ٣) ما انت بنعمة ربك بمجنون (نون ١) وما صاحبكم بمجنون (تكوير ١) قال ان رسولكم الذي ارسل
اليكم لمجنون (شعراء ٣) وقالوا يايها الذي نزل عليه الذكر انك لمجنون (حجر ١) ويقولون انه لمجنون (نون ٦)
والصابئين والنصارى والمجوس (حج ٢) ان ربي قريب مجيب (هود ٧) فلنعم المجيبون (صافات ٤) انه حميد مجيد
(هود ٧) بل هو قران مجيد (بروج ٣) ق والقران المجيد (ق ١) ذو العرش المجيد (بروج ١) **فصل الحاء**
يعملون له ما يشاء من محاريب (سبا ٢) وهو شديد المحال (رعد ٢) [illegible] محضرة [illegible] محتضر
(قمر ٣) فكانوا كهشيم المحتظر (قمر ٢) يسقون من رحيق مختوم (مطففين ١) كلا انهم عن ربهم يومئذ لمحجوبون (مطففين)
ويقولون حجرا محجورا (فرقان ٢) وحجرا محجورا (فرقان ٦) ما يأتيهم من ذكر من ربهم محدث (انبياء ١) من ذكر من الرحمن محدث
(شعراء ١) ان عذاب ربك كان محذورا (اسرائيل ٦) كلما دخل عليها زكريا المحراب (آل عمران ٤) اذ تسوروا المحراب (ص ٢)

بكاهن ولا مجنون (طور ٢)

ويقولون ءانا لتاركوا الهتنا لشاعر مجنون (صافات ٢)

وهو قائم يصلى فى المحراب (آل عمران ۴) فخرج على قومه من المحراب (مريم ۱) انى نذرت لك ما فى بطنى محررا (آل عمران ۴) وهو
محرم عليكم اخراجهم (بقرة ۹) ومحرم على ازواجنا (انعام ۱۰) بواد غير ذى زرع عند بيتك المحرم (ابراهيم ۶) قل لا اجد فيما
اوحى الى محرما (انعام ۱۵) قال فانها محرمة عليهم (مائدة ۴) وفى اموالهم حق للسائل والمحروم (ذاريات ۱) والذين فى اموالهم
حق معلوم للسائل والمحروم (معارج ۲) بل نحن محرومون (واقعة ۱ نون ۲) ومن ذريتهما محسن وظالم لنفسه (صافات ۱۲) وهو
محسن فله اجره (بقرة ۱۲) وهو محسن واتبع ملة ابراهيم (نساء ۱۳) وهو محسن فقد استمسك (لقمان ۳) فان الله اعد للمحسنات
(احزاب ۳) والذين هم محسنون (نحل ۱۳) انهم كانوا قبل ذلك محسنين (ذاريات ۲) وسنزيد المحسنين (بقرة ۶) ان الله
يحب المحسنين (بقرة ۲۰ مائدة ۲) والله يحب المحسنين (آل عمران ۱۴-۱۵ مائدة ۱۰) وذلك جزاء المحسنين (مائدة ۹) وكذلك نجزى المحسنين
(انعام ۹ يوسف ۲ قصص ۲) سنزيد المحسنين (اعراف ۱۷) ان الله لا يضيع اجر المحسنين (توبة ۱۳) فان الله لا يضيع اجر المحسنين
(هود ۱۲ يوسف ۱) ولا نضيع اجر المحسنين (يوسف ۷) ان الله لا يضيع اجر المحسنين (توبة ۱۲) فان الله لا يضيع اجر المحسنين (هود
۱۲ يوسف ۹) وبشر المحسنين (حج ۵) انا كذلك نجزى المحسنين (صافات ۸-۱۱-۱۲ مرتين ۱۳ مرسلات ۵) ذلك جزاء المحسنين (زمر ۴)
وان الله لمع المحسنين (عنكبوت ۷) حقا على المحسنين (بقرة ۳) ما على المحسنين من سبيل (توبة ۱۰) هدى ورحمة للمحسنين (لقمان ۱)
وبشرى للمحسنين (احقاف ۲) ان رحمت الله قريب من المحسنين (اعراف ۷) لو ان لى كرة فاكون من المحسنين (زمر ۶) فتقعد ملوما
محسورا (اسرائيل ۳) والطير محشورة (ص ۲) ان ينكح المحصنات المؤمنات (نساء ۴) والذين يرمون المحصنات (نور ۱) ان الذين
يرمون المحصنات (نور ۳) فعليهن نصف ما على المحصنات (نساء ۴) والمحصنات من النساء (نساء ۴) والمحصنات من المؤمنات
والمحصنات من الذين اوتوا الكتاب (مائدة ۱) الا فى قرى محصنة (حشر ۲) محصنين غير مسافحين (نساء ۴) اتيتموهن
اجورهن محصنين (مائدة ۱) ما عملت من خير محضرا (آل عمران ۳) فاولئك فى العذاب محضرون (روم ۲) اولئك فى العذاب محضرون
(سبا ۴) وان كل لما جميع لدينا محضرون (يس ۴) فاذا هم جميع لدينا محضرون (يس ۶) وهم لهم جند محضرون (يس ۱) فكذبوه فانهم
لمحضرون (صافات ۱۳) ولقد علمت الجنة انهم لمحضرون (صافات ۱۶) ثم هو يوم القيامة من المحضرين (قصص ۷) لكنت
من المحضرين (صافات ۲) وكان عطاء ربك محظورا (اسرائيل ۲) وهو قران مجيد فى لوح محفوظ (بروج ۳) وجعلنا السماء
سقفا محفوظا (انبياء ۴) منه آيات محكمات (آل عمران ۱) فاذا انزلت سورة محكمة (قتال ۲) آمنين محلقين رؤسكم (فتح ۳)
حتى يبلغ الهدى محله (بقرة ۲۰ فتح ۲) ثم محلها الى البيت العتيق (حج ۴) غير محلى الصيد (مائدة ۱) ما كان محمد ابا احد من رجالكم
(احزاب ۵) محمد رسول الله (فتح ۴) وآمنوا بما نزل على محمد (قتال ۱) وما محمد الا رسول (آل عمران ۱۵) عسى ان يبعثك ربك
مقاما محمودا (اسرائيل ۸) فمحونا آية الليل (اسرائيل ۲) ان الذى احياها لمحى الموتى (فصلت ۵) ان ذلك لمحيى الموتى (روم ۵)
سواء محياهم ومماتهم (جاثية ۳) محياى ومماتى لله رب العالمين (انعام ۱۷) ما لنا من محيص (ابراهيم ۳) وظنوا ما لهم
من محيص (فصلت ۵) فى اذاننا ما لهم من محيص (شورى ۵) فنقبوا فى البلاد هل من محيص (ق ۳) ولا يجدون عنها محيصا (نساء ۱۳)
ويسئلونك عن المحيض (بقرة ۲۸) فاعتزلوا النساء فى المحيض (طلاق ۱) والله محيط بالكافرين (بقرة ۲) ان الله بما يعملون
محيط (آل عمران ۱۲) والله بما يعملون محيط (انفال ۵) ان ربى بما تعملون محيط (هود ۱۰) الا انه بكل شئ محيط (فصلت ۶) والله
من ورائهم محيط (بروج ۱) عليكم عذاب يوم محيط (هود ۸) وكان الله بما يعملون محيطا (نساء ۱۱) وكان الله بكل شئ محيطا
(نساء ۱۸) وان جهنم لمحيطة بالكافرين (توبة ۶ عنكبوت ۶) **فصل الخاء** فاجاءها المخاض الى جذع النخلة
(مريم ۳) وبشر المخبتين (حج ۵) ان الله لا يحب كل مختال فخور (لقمان ۲) والله لا يحب كل مختال فخور (حديد ۳) ان الله لا
يحب من كان مختالا فخورا (نساء ۶) يخرج من بطونها شراب مختلف الوانه (نحل ۷) حمر مختلف الوانها (ملائكة ۳) والانعام مختلف الوانه
(ملائكة ۳) انكم لفى قول مختلف (ذاريات ۱) والزرع مختلفا اكله (انعام ۱۵) وما ذرأ لكم فى الارض مختلفا الوانه (نحل ۲)
فاخرجنا به ثمرات مختلفا الوانها (ملائكة ۳) ثم يخرج به زرعا مختلفا الوانه (زمر ۳) الذى هم فيه مختلفون (نبأ ۱) ولا يزالون
مختلفين (هود ۱۰) فتقعد مذموما مخذولا (اسرائيل ۳) والله مخرج ما كنتم تكتمون (بقرة ۹) ان الله مخرج ما تحذرون
(توبة ۸) واخرجنى مخرج صدق (اسرائيل ۸) ويخرج الميت من الحى (انعام ۱۰) ومن يتق الله يجعل له مخرجا (طلاق ۱) وكنتم ترابا

وعظاما انكم لمخرجون (مؤمنين ع١) أئذا كنا ترابا وآباؤنا ائنا لمخرجون (نمل ٧) وما هم منها بمخرجين (حجر ٥) لتكونن من
المخرجين (شعراء ١٧) وان الله مخزى الكافرين (توبة ١) ولا تكونوا من المخسرين (شعراء ١٩) فتصبح الارض مخضرة (حج ٧)
فى سدر مخضود (واقعة ١) وما كان عطاء ربك محظورا (اسرائيل ٢) يطوف عليهم ولدان مخلدون (واقعة ١ - انسان ٢)
انه كان مخلصا (مريم ٥) فاعبد الله مخلصا له الدين (زمر ١) فاعبدوا الله مخلصا له الدين (مريم ٥) مخلصا له الدين (زمر ٢)
قل الله اعبد مخلصا له دينى (زمر ٢) ونحن له مخلصون (بقرة ع١٦) مخلصين له الدين (اعراف ٣ يونس ٣ عنكبوت ٧ لقمان ٤
مؤمن ٢-٧ بينة ١) انه من عبادنا المخلصين (يوسف ٣) الا عبادك منهم المخلصين (حجر ٤ ص ٩) الا عباد الله المخلصين (صافات
٢-٨-١٣-١٦) لكنا عباد الله المخلصين (صافات ١٧) فلا تحسبن الله مخلف وعده (ابراهيم ٥) فرح المخلفون بمقعدهم
(توبة ٩) سيقول لك المخلفون من الاعراب (فتح ٢) سيقول المخلفون (فتح ٢) قل للمخلفين من الاعراب (فتح ٢) مخلقة وغير
مخلقة (حج ١) محلقين رؤسكم (فتح ٣) ولا مخمصة فى سبيل الله (توبة ١٢) فمن اضطر فى مخمصة (مائدة ١)

فصل الدال

وهو الذى مد الارض (رعد ١) الم تر الى ربك كيف مد الظل (فرقان ٥) فليمدد له الرحمن مدا (مريم ٨) ونمد
له من العذاب مدا (مريم ٨) وارسل فى المدائن حاشرين (اعراف ١٤) وابعث فى المدائن حاشرين (شعراء ٣) فارسل فرعون
فى المدائن حاشرين (شعراء ٤) قل لو كان البحر مدادا لكلمات ربى (كهف ١٢) كانها جان ولى مدبرا (نمل ١ قصص ٤) فالمدبرات
امرا (نازعات ١) وليتم مدبرين (توبة ٣) بعد ان تولوا مدبرين (انبياء ٥) اذا ولوا مدبرين (نمل ٦ روم ٦) فتولوا عنه مدبرين
(صافات ٤) يوم تولون مدبرين (مؤمن ٤) واذا الارض مدت (انشقاق ١) عهدهم الى مدتهم (توبة ١) يا ايها المدثر
(مدثر ١) فكان من المدحضين (صافات ٥) قال اخرج منها مذءوما مدحورا (اعراف ٢) مذموما مدحورا (اسرائيل ٢-٤)
وقل رب ادخلنى مدخل صدق (اسرائيل ٩) وندخلكم مدخلا كريما (نساء ٥) ليدخلنهم مدخلا يرضونه (حج ٦) او مغارات او
مدخلا (توبة ٦) ولو جئنا بمثله مددا (كهف ١١) والارض مددناها (حجر ٢ ق ١) وارسلنا السماء عليهم مدرارا (انعام ١)
يرسل السماء عليكم مدرارا (هود ٥ نوح ٢) قال اصحاب موسى انا لمدركون (شعراء ٤) فهل من مدكر (قمر ١ مرتين ٢ - ٣ مرتين)
مدهامتان (رحمن ٣) افبهذا الحديث انتم مدهنون (واقعة ٣) واصحاب مدين والمؤتفكات (توبة ٩) واصحاب
مدين وكذب موسى (حج ٦) فلبثت سنين فى اهل مدين (طه ٢) ولما توجه تلقاء مدين (قصص ٣) ولما ورد ماء مدين (قصص ٣)
وما كنت ثاويا فى اهل مدين (قصص ٥) والى مدين اخاهم شعيبا (اعراف ١١ هود ٨ عنكبوت ٤) ودخل المدينة على حين غفلة
(قصص ٢) ما كان لاهل المدينة (توبة ١٥) ومن اهل المدينة مردوا على النفاق (توبة ١٢) وجاء اهل المدينة (حجر ٥) من اقصى
المدينة (يس ٢ قصص ٢) بورقكم هذه الى المدينة (كهف ٣) يقولون لئن رجعنا الى المدينة (منافقون ١) ان هذا لمكر مكرتموه فى
المدينة (اعراف ١٤) وقال نسوة فى المدينة (يوسف ٤) لغلامين يتيمين فى المدينة (كهف ١٠) وكان فى المدينة تسعة رهط (نمل ٤)
فاصبح فى المدينة خائفا (قصص ٢) والمرجفون فى المدينة (احزاب ٨) وعظاما ءانا لمدينون (صافات ٢) ان كنتم غير مدينين
(واقعة ٣)

فصل الذال

مذبذبين بين ذلك (نساء ٢١) يأتوا اليه مذعنين (نور ٦) ومزقناهم
كل ممزق (سبا ٢) فذكر انما انت مذكر (غاشية ١) لم يكن شيئا مذكورا (انسان ١) لنبذ بالعراء وهو مذموم (نون ٢)
قال اخرج منها مذءوما مدحورا (اعراف ٢) يصليها مذموما مدحورا (اسرائيل ٢) فتقعد مذموما مخذولا (اسرائيل ٣)

فصل الراء

او كالذى مر على قرية (بقرة ٣٥) مر كان لم يدعنا الى ضر (يونس ٢) وهى تمر مر السحاب (نمل ٧) وكلما
مر عليه ملأ من قومه (هود ٤) ما يفرقون به بين المرء (بقرة ١٢) ان الله يحول بين المرء وقلبه (انفال ٣) يوم ينظر المرء ما قدمت يداه
(نبأ ٢) يوم يفر المرء من اخيه (عبس ١) فلا تمار فيهم الا مراء ظاهرا (كهف ٣) والذين لم يبلغوا الحلم منكم ثلث مرات (نور ٨)
[illegible] المراضع (قصص ١) [illegible] فى الارض مراغما (نساء ١٤) وايديكم الى المرافق (مائدة ٢) ان تستغفر لهم [illegible] مرة
(توبة ١٠) او لا يرون انهم يفتنون فى كل عام مرة (توبة ١٦) ولقد مننا عليك مرة اخرى (طه ٢) كما خلقناكم اول مرة (انعام ١١
كهف ٦) كما لم يؤمنوا به اول مرة (انعام ١٣) ثم ينقضون عهدهم فى كل مرة (انفال ٧) انكم رضيتم بالقعود اول مرة (توبة ١١) وهم
بدءوكم اول مرة (توبة ٢) كما دخلوه اول مرة (اسرائيل ١) قل الذى فطركم اول مرة (اسرائيل ٥) قل يحييها الذى انشاها اول مرة

وهو خلقکم اول مرة (فصلت ٤) ذو مرة فاستوی (نجم ١) ومن هو مسرف مرتاب (مؤمن ٤) الطلاق مرتان (بقرة ٢٩
بئس الشراب وساءت مرتفقا (کهف ٤) نعم الثواب وحسنت مرتفقا (کهف ٤) فارتقب انهم مرتقبون (دخان ٦) سنعذبهم
مرتین (توبة ١١) فی کل عام مرة او مرتین (توبة ٣) لتفسدن فی الارض مرتین (اسرائیل ١) یؤتون اجرهم مرتین (قصص ٦)
نؤتها اجرها مرتین (احزاب ٤) وهو الذی مرج البحرین (فرقان ٦) مرج البحرین یلتقیان (رحمن ٢) یخرج منهما اللؤلؤ والمرجان
(رحمن ٣) کانهن الیاقوت والمرجان (رحمن ٦) الی الله مرجعکم جمیعا (مائدة ٥-١١) الیه مرجعکم جمیعا (یونس ١) ثم الینا مرجعکم
فننبئکم (یونس ٣) الی الله مرجعکم (هود ١) ثم الی مرجعکم فاحکم بینکم (آل عمران ٦) ثم الی ربکم مرجعکم (انعام ١٧ زمر ١) الی مرجعکم
فانبئکم (عنکبوت ٦ لقمان ٢) ثم الی ربهم مرجعهم (انعام ١١) ثم الینا مرجعهم (یونس ٧ - لقمان ٣) ثم ان مرجعهم لالی الجحیم
(صافات ٧) قد کنت فینا مرجوا قبل هذا (هود ٧) لتکونن من المرجومین (شعراء ١٢) واخرون مرجون لامر الله (توبة ١١)
ولا تمش فی الارض مرحا (اسرائیل ٤ لقمان ٢) لا مرحبا بهم انهم صالوا النار (ص ٦) قالوا بل انتم لا مرحبا بکم (ص ٦) وتواصوا
بالصبر وتواصوا بالمرحمة (بلد ١) اراد الله بقوم سوءا فلا مرد له (رعد ٢) من قبل ان یاتی یوم لا مرد له (روم ٥) یقولون هل
الی مرد من سبیل (شوری ٥) خیر عند ربک ثوابا وخیر مردا (مریم ٨) وان مردنا الی الله (مؤمن ٥) بالف من الملائکة مردفین
(انفال ١) مردوا علی النفاق لا تعلمهم (توبة ١١) وانهم اتیهم عذاب غیر مردود (هود ٧) ءانا لمردودون فی الحافرة
(نازعات ١) اتعلمون ان صالحا مرسل من ربه (اعراف ١) وما یمسک فلا مرسل له من بعده (ملائکة ١) ویقول الذین کفروا
لست مرسلا (رعد ٥) والمرسلات عرفا (مرسلات ١) وانی مرسلة الیهم بهدیة (نمل ٤) انا مرسلوا الناقة فتنة لهم
(قمر ٣) فقالوا انا الیکم مرسلون (یس ٢) انا الیکم لمرسلون (یس ٢) لا یخاف لدی المرسلون (نمل ١) بم یرجع المرسلون
(نمل ٤) فلما جاء ال لوط المرسلون (حجر ٧) اذ جاءها المرسلون (یس ٢) وصدق المرسلون (یس ٦) قال فما خطبکم ایها المرسلون
(حجر ٦ ذاریات ٤) ولکنا کنا مرسلین (قصص ٥) انا کنا مرسلین (دخان ١) کذبت قوم نوح المرسلین (شعراء ١١) کذبت
عاد المرسلین (شعراء ٣١) کذبت ثمود المرسلین (شعراء ١٥) کذبت قوم لوط المرسلین (شعراء ١٦) کذب اصحاب الایکة المرسلین (شعراء ١٩)
ولقد جاءک من نبا المرسلین (انعام ٤) وما نرسل المرسلین (انعام ٥ کهف ٤) ولنسئلن المرسلین (اعراف ٥) ال لوط المرسلین (حجر ٧)
ولقد کذب اصحاب الحجر المرسلین (حجر ٦) انی لا یخاف لدی المرسلین (نمل ١) فیقول ماذا اجبتم المرسلین (قصص ٧) قال یا قوم اتبعوا
المرسلین (یس ٢) وصدق المرسلین (صافات ٤) کلمتنا لعبادنا المرسلین (صافات ٧) وسلام علی المرسلین (صافات ١٩)
وجعلنی من المرسلین (شعراء ٣) ان کنت من المرسلین (اعراف ٥) وما ارسلنا قبلک من المرسلین (فرقان ٢) جاعلوه من المرسلین
(قصص ١) وانک لمن المرسلین (بقرة ٢٦) انک لمن المرسلین (یس ١) وان الیاس لمن المرسلین (صافات ٤) وان لوطا لمن المرسلین
(صافات ٤) وان یونس لمن المرسلین (صافات ٤) یسئلونک عن الساعة ایان مرسها (اعراف ٩ نازعات ٥) بسم الله
مجرها ومرسها (هود ٥) فلن تجد له ولیا مرشدا (کهف ٢) ان جهنم کانت مرصادا (نبا ١) واقعدوا لهم کل مرصد (توبة ١)
ان ربک لبالمرصاد (فجر ١) کانهم بنیان مرصوص (صف ١) فی قلوبهم مرض فزادهم الله مرضا (بقرة ١) فتری الذین
فی قلوبهم مرض (مائدة ٦) والذین فی قلوبهم مرض (انفال ٥ - احزاب ٢-٦) واما الذین فی قلوبهم مرض (توبة ٣) الذین
فی قلوبهم مرض (حج ٦) افی قلوبهم مرض ام ارتابوا (نور ٥) فیطمع الذی فی قلبه مرض (احزاب ٤) رایت الذین فی قلوبهم مرض
(قتال ٢) ام حسب الذین فی قلوبهم مرض (قتال ٣) ولیقول الذین فی قلوبهم مرض (مدثر ٤) تبتغی مرضات ازواجک
(تحریم ١) ابتغاء مرضات الله (بقرة ٢١-٢٧ نساء ١٢) وابتغاء مرضاتی (ممتحنة ١) واذا مرضت فهو یشفین (شعراء ٨) یوم
ترونها تذهل کل مرضعة عما ارضعت (حج ١) وان کنتم مرضی او علی سفر (نساء ٥ مائدة ١) او کنتم مرضی (نساء ١١) علم ان سیکون
منکم مرضی (مزمل ٢) لیس علی الضعفاء ولا علی المرضی (توبة ١) وکان عند ربه مرضیا (مریم ١) ارجعی الی ربک راضیة
مرضیة (فجر ٢) والذی اخرج المرعی (اعلی ١) اخرج منها ماءها ومرعها (نازعات ٤) ویهیئ لکم من امرکم مرفقا (کهف ٢)
بئس الرفد المرفود (هود ١٠) والسقف المرفوع (طور ١) فیها سرر مرفوعة (غاشیة ٢) وفرش مرفوعة (واقعة ٤) فی صحف
مکرمة مرفوعة مطهرة (عبس ١) من بعثنا من مرقدنا (یس ٤) کتاب مرقوم (مطففین ١-٢) یقولوا اصحاب مرکوم (طور ٥)

ثم الی مرجعکم

او نتوفینک فالینا مرجعهم (یونس ٥)

واذا مروا باللغو مروا كراما (فرقان ٦) واذا مروا بهم يتغامزون (مطففين ٣) ان الصفا والمروة من شعائر الله (بقرة ١٦)
فكلوه هنيأ مريئا (نسا ١) واننا لفي شك مما تدعونا اليه مريب (هود ٧) وانهم لفي شك منه مريب (هود ١٢ فصلت ٥) وانا لفي
شك مما تدعوننا اليه مريب (ابراهيم ٢) انهم كانوا في شك مريب (سبا ٦) لفي شك منه مريب (شورى ٢) مناع للخير معتد مريب
(ق ٣) فلا تك في مرية (هود ٢-١١) فلا تكن في مرية من لقائه (سجدة ٣) الا انهم في مرية من لقاء ربهم (فصلت ٦) ولا يزال
الذين كفروا في مرية (حج ٦) فهم في امر مريج (ق ١) ويتبع كل شيطان مريد (حج ١) وان يدعون الا شيطانا مريدا (نسا ١٨) ولا
على المريض حرج (نور ٧ فتح ٢) فمن كان منكم مريضا (بقرة ١٩) فمن كان منكم مريضا او به اذى (بقرة ٢٠) ومن كان مريضا او على
سفر (توبة ١٩) واتينا عيسى ابن مريم (بقرة ٩-٢٦) واني سميتها مريم (آل عمران ٤) ايهم يكفل مريم (آل عمران ٥) اسمه المسيح عيسى
ابن مريم (آل عمران ٥) انا قتلنا المسيح عيسى ابن مريم (نسا ١٦) انما المسيح عيسى ابن مريم (نسا ١٧) لقد كفر الذين قالوا ان الله هو
المسيح ابن مريم (مائدة ٢-٨) ان اراد ان يهلك المسيح ابن مريم (مائدة ٢) وقفينا على آثارهم بعيسى ابن مريم (مائدة ٥) ما المسيح ابن مريم
(مائدة ٨) على لسان داود وعيسى ابن مريم (مائدة ٨) اذ قال الله يا عيسى ابن مريم (مائدة ١٢) يا عيسى ابن مريم هل يستطيع (مائدة ١٢)
قال عيسى ابن مريم (مائدة ١٢) واذ قال الله يا عيسى ابن مريم (مائدة ١٢) والمسيح ابن مريم (توبة ٥) ذلك عيسى ابن مريم (مريم ٤)
وجعلنا ابن مريم وامه آية (مؤمنين ٥) وموسى وعيسى ابن مريم (احزاب ١) ولما ضرب ابن مريم مثلا (زخرف ٦) وقفينا بعيسى
ابن مريم (حديد ٤) واذ قال عيسى ابن مريم (صف ١) كما قال عيسى ابن مريم (صف ٢) واذكر في الكتاب مريم هل يستطيعون (مائدة ١٢)
وكلمته القاها الى مريم (نسا ١٨) وقولهم على مريم (نسا ١٦) ومريم ابنت عمران (تحريم ٢) قال يا مريم انى لك هذا (آل عمران ٤)
واذ قالت الملائكة يا مريم (آل عمران ٥) اذ قالت الملائكة يا مريم (آل عمران ٥) يا مريم اقنتي لربك (آل عمران ٥) قالوا يا مريم لقد جئت
شيئا فريا (مريم ٣)

فضل الزاء

ومزاجه من تسنيم (مطففين ٢) كان مزاجها كافورا (انسان ١) كان مزاجها زنجبيلا
(انسان ٢) وجئنا ببضاعة مزجات (يوسف ٩) وما هو بمزحزحه من العذاب (بقرة ١٠) من الانباء ما فيه مزدجر (قمر ١)
ينبئكم اذا مزقتم كل ممزق (سبا ١) ومزقناهم كل ممزق (سبا ٢) يا ايها المزمل (مزمل ١) انتم انزلتموه من المزن (واقعة ٧) لدينا
مزيد (ق ٣) وتقول هل من مزيد (ق ٣)

فضل السين

فاذا مس الانسان ضر (زمر ٥) واذا مس الانسان
الضر (يونس ٢) واذا مس الناس ضر (روم ٤) واذا مس الانسان ضر (زمر ١) ذوقوا مس سقر (قمر ٥) وقالوا قد مس آباءنا الضراء
(اعراف ١) فقد مس القوم قرح مثله (آل عمران ١٤) الذي يتخبطه الشيطان من المس (بقرة ٢٨) ان العهد كان مسئولا (اسرائيل)
كل اولئك كان عنه مسئولا (اسرائيل ٤) كان على ربك وعدا مسئولا (فرقان ٢) وكان عهد الله مسئولا (احزاب ٢) وقفوهم
انهم مسئولون (صافات ٣) ومن اظلم ممن منع مساجد الله (بقرة ٢) ما كان للمشركين ان يعمروا مساجد الله (توبة ٢)
انما يعمر مساجد الله من آمن بالله (توبة ٢) ومساجد يذكر فيها اسم الله كثيرا (حج ٤) وان المساجد لله (جن ٢)
ولا تباشروهن وانتم عاكفون في المساجد (بقرة ١٩) ان تقول لا مساس (طه ١٠) محصنات غير مسافحات (نسا ٣)
محصنين غير مسافحين (نسا ٣) الى ربك يومئذ المساق (قيامة ٣) وسكنتم في مساكن الذين ظلموا (ابراهيم ٥) ومساكن
ترضونها (توبة ٣) ومساكن طيبة في جنات عدن (توبة ٨ صف ٢) يا ايها النمل ادخلوا مساكنكم (نمل ٢) ومساكنكم لعلكم
تسئلون (انبيا ٢) فتلك مساكنهم لم تسكن من بعدهم الا قليلا (قصص ٦) لا يرى الا مساكنهم (احقاف ٣) يمشون في
مساكنهم (طه ١٣) وقد تبين لكم من مساكنهم (قصص ٦) فكفارته اطعام عشرة مساكين (مائدة ٩) او كفارة طعام مساكين
(مائدة ١٠) اما السفينة فكانت لمساكين (كهف ١) واليتامى والمساكين (بقرة ٩-١٨-٢٢-انفال ٥ حشر ١) انما الصدقات
للفقراء والمساكين (توبة ٦) والمساكين والمهاجرين (نور ٣) وانا لنحن المسبحون (صافات ٧) فلولا انه كان من المسبحين
[illegible] المساجد ... [illegible] المسافحين (حجر ٣) ولا مستأنسين لحديث (احزاب ٦)
ضاحكة مستبشرة (عبس ٤) وكانوا مستبصرين (عنكبوت ٤) واتيناهما الكتاب المستبين (صافات ٢) ومن هو
مستخف بالليل (رعد ٢) مما جعلكم مستخلفين فيه (حديد ١) بل هم اليوم مستسلمون (صافات ٢) واذكروا اذ انتم قليل
مستضعفون (انفال ٣) قالوا كنا مستضعفين في الارض (نسا ١) الا المستضعفين من الرجال (نسا ١٠) و

والمستضعفین من الرجال (نساء ۸) والمستضعفین من الولدان (نساء ۱۳) وکل صغیر وکبیر مستطر (قمر ۳) کان شره مستطیرا
(انسان ۱) والله المستعان علی ما تصفون (یوسف ۲) وربنا الرحمن المستعان علی ما تصفون (انبیاء ۷) والمستغفرین
بالاسحار (آل عمران ۲) مستقبل اودیتهم (احقاف ۳) ولقد علمنا المستقدمین منکم (حجر ۲) ولکم فی الارض مستقر
ومتاع الی حین (بقرة ۴ - اعراف ۲) لکل نبإ مستقر (انعام ۷) فلما رآه مستقرا عنده (نمل ۴) وکل امر مستقر (قمر ۱) ولقد صبحهم بکرة عذاب
مستقر (قمر ۳) فمستقر ومستودع (انعام ۱۰) والشمس تجری لمستقر لها (یٰس ۳) الی ربک یومئذ المستقر (قیامت ۲) اصحاب الجنة
یومئذ خیر مستقرا (فرقان ۳) انها ساءت مستقرا (فرقان ۷) حسنت مستقرا ومقاما (فرقان ۸) ویعلم مستقرها ومستودعها (هود ۱)
صراطا مستقیما والصراط المستقیم وصراط مستقیما انظر الی مادة الصراط وزنوا بالقسطاس المستقیم (اسرائیل ۴ - شعراء ۱۹) صراطک
مستقیما (انعام ۱۳) وان هذا صراطی مستقیما (انعام ۱۹) ولی مستکبرا کان لم یسمعها (لقمان ۱) اجاثیة ۱) قلوبهم منکرة وهم مستکبرون
(نحل ۳) یصدون وهم مستکبرون (منافقین ۱) مستکبرین به سامرا (مؤمنون ۷) انه لا یحب المستکبرین (نحل ۳) ویقولوا
سحر مستمر (قمر ۱) فی یوم نحس مستمر (قمر ۲) فهم به مستمسکون (زخرف ۳) انا معکم مستمعون (شعراء ۲) فلیأت مستمعهم
(طور ۳) کانهم حمر مستنفرة (مدثر ۵) فمستقر ومستودع (انعام ۱۰) جعلنا بینک وبین الذین لا یؤمنون بالآخرة
حجابا مستورا (اسرائیل ۵) ولئن اذقناه نعماء بعد ضراء مسته (هود ۱) رحمة من بعد ضراء مستهم (فصلت ۵) انما نحن مستهزءون
(بقرة ۲) انا کفیناک المستهزئین (حجر ۱) مستهم البأساء والضراء (بقرة ۲۲) ضراء مستهم اذا لهم مکر (یونس ۳) ولئن مستهم نفحة
(انبیاء ۵) وما نحن بمستیقنین (جاثیة ۴) واقیموا وجوهکم عند کل مسجد (اعراف ۳) خذوا زینتکم عند کل مسجد لمسجد
اسس علی التقوی (توبة ۱۳) ولیدخلوا المسجد (اسرائیل ۱) لتدخلن المسجد الحرام (فتح ۳) فلا یقربوا المسجد الحرام (توبة ۴)
فول وجهک شطر المسجد الحرام (بقرة ۱۵ امرتین) ولا تقاتلوهم عند المسجد الحرام (بقرة ۲) ذلک لمن لم یکن اهله حاضری المسجد الحرام (بقرة ۲۴)
الا الذین عاهدتم عند المسجد الحرام (توبة ۱) وعمارة المسجد الحرام (توبة ۲) ان صدوکم عن المسجد الحرام (مائدة ۱) وهم یصدون
عن المسجد الحرام (انفال ۴) وصد وکم عن المسجد الحرام (فتح ۳) من المسجد الحرام الی المسجد الاقصی (اسرائیل ۱) وکفر به والمسجد
الحرام (بقرة ۲۷) والمسجد الحرام الذی جعلناه (حج ۳) والذین اتخذوا مسجدا ضرارا (توبة ۱۳) لنتخذن علیهم مسجدا (کهف ۳)
والبحر المسجور (طور ۱) لاجعلنک من المسجونین (شعراء ۲) فطفق مسحا بالسوق (ص ۳) ان تتبعون الا رجلا مسحورا
(اسرائیل ۵) انی لاظنک یا موسی مسحورا (اسرائیل ۱۲) بل نحن قوم مسحورون (حجر ۲) والسحاب المسخر (بقرة ۲۰) والنجوم مسخرات
بامره (اعراف ۷ - نحل ۲) اولم یروا الی الطیر مسخرات فی جو السماء (نحل ۱۱) قالوا انما انت من المسحرین (شعراء ۹ - ۱۱) ولو نشاء
لمسخناهم (یٰس ۷) فی جیدها حبل من مسد (مسد ۱) ان الله لا یهدی من هو مسرف کذاب (مؤمن ۴) من هو مسرف
مرتاب (مؤمن ۴) بل انتم قوم مسرفون (اعراف ۱۰ - یٰس ۲) ثم ان کثیرا منهم بعد ذلک فی الارض لمسرفون (مائدة ۴) ان
کنتم قوما مسرفین (زخرف ۱) انه لا یحب المسرفین (انعام ۱۷ - اعراف ۳) ولا تطیعوا امر المسرفین (شعراء ۸) واهلکنا
المسرفین (انبیاء ۱) وان المسرفین هم اصحاب النار (مؤمن ۵) کذلک زین للمسرفین (یونس ۲) مسومة عند ربک للمسرفین
(ذاریات ۲) انه کان عالیا من المسرفین (دخان ۲) وانه لمن المسرفین (یونس ۹) وینقلب الی اهله مسرورا (انشقاق ۱)
انه کان فی اهله مسرورا (انشقاق ۱) والطور وکتاب مسطور (طور ۱) کان ذلک فی الکتاب مسطورا (اسرائیل ۱ - احزاب ۱)
او اطعام فی یوم ذی مسغبة (بلد ۱) وجوه یومئذ مسفرة (عبس ۱) او دما مسفوحا (انعام ۱۸) ختامه مسک (مطففین ۱)
ثم اذا مسکم الضر (نحل ۷) واذا مسکم الضر (اسرائیل ۷) لمسکم فیما اخذتم عذاب عظیم (انفال ۹) لمسکم فیما افضتم فیه عذاب الیم
(نور ۲) وضربت علیهم المسکنة (آل عمران ۱۲) وضربت علیهم الذلة والمسکنة (بقرة ۷) لقد کان لسبإ فی مسکنهم
آیة (سبأ ۲) وماء مسکوب (واقعة ۱) ان تدخلوا بیوتا غیر مسکونة (نور ۴) ان لا یدخلنها الیوم علیکم مسکین (نون ۲) وعلی
الذین یطیقونه فدیة طعام مسکین (بقرة ۲۳) ولا یحض علی طعام المسکین (حاقة ۱ - ارأیت ۱) ولم نک نطعم المسکین (مدثر ۲) ولا
تحاضون علی طعام المسکین (فجر ۱) وآت ذا القربی حقه والمسکین وابن السبیل (اسرائیل ۳) فآت ذا القربی حقه والمسکین وابن
السبیل (روم ۴) فاطعام ستین مسکینا (مجادلة ۱) ویطعمون الطعام علی حبه مسکینا (انسان ۱) او مسکینا ذا متربة (بلد ۱)

العلم فی مستقیم الحقائق

(فرقان ۱)

ولكن كان حنيفا مسلما (آل عمران ٧) توفني مسلما والحقني بالصالحين (يوسف ١١) ان المسلمين والمسلمات (احزاب ٥) مسلمة
لاشية فيها (بقره ٨) ودية مسلمة الى اهله (نساء) فدية مسلمة الى اهله (نساء) ومن ذريتنا امة مسلمة (بقره ١٥) فلا تموتن الا وانتم
مسلمون (بقره ١٦) ولا تموتن الا وانتم مسلمون (آل عمران ١١) ونحن له مسلمون (بقره ١٦ مرتين آل عمران ٩ عنكبوت ٥) وا شهد
باننا مسلمون (آل عمران) فان تولوا فقولوا اشهدوا باناه مسلمون (آل عمران ٧) بعد اذ انتم مسلمون (آل عمران ٩) واشهد باننا مسلمون
(مائدة ١٥) فهل انتم مسلمون (هود ٢ - انبيا ٧) بآياتنا فهم مسلمون (نمل ٦ - روم ٦) وانا منا المسلمون (جن ٢) ربنا واجعلنا مسلمين
لك (بقره ١٥) وتوفنا مسلمين (اعراف ١٥) فعليه توكلوا ان كنتم مسلمين (يونس ٩) لو كانوا مسلمين (حجر ١) واتوني مسلمين (نمل ٤)
قبل ان يأتوني مسلمين (نمل ١٠) واوتينا العلم من قبلها وكنا مسلمين (نمل ٥) انا كنا من قبله مسلمين (قصص ٦) الذين آمنوا بآياتنا وكانوا
مسلمين (زخرف ٧) وانا اول المسلمين (انعام ٢٠) هو سماكم المسلمين (حج ٨) وامرت لان اكون اول المسلمين (زمر ٢) افنجعل المسلمين
كالمجرمين (قلم ٢) ان المسلمين والمسلمات (احزاب ٥) وبشرى للمسلمين (نحل ١٣ - ١١) وامرت ان اكون من المسلمين (يونس ٨ - نمل ٧)
وانا من المسلمين (يونس ٩) واني من المسلمين (احقاف ٢) وقال انني من المسلمين (فصلت ٥) فما وجدنا فيها غير بيت من المسلمين
(ذاريات ٢) واسمع غير مسمع (نساء ٥) وما انت بمسمع من في القبور (فاطر ٣) اذا تداينتم بدين الى اجل مسمى (بقره ٣٩) ليقضى
اجل مسمى (انعام ٧) وبلغنا اجلنا الذي اجلت لنا ... الى اجل مسمى (هود ١) ويؤخركم الى اجل مسمى (ابراهيم ٢ - نوح ١) ولكن يؤخرهم الى اجل مسمى (نحل ٧ - ملائكة
٥) الى اجل مسمى (حج ١) لكم فيها منافع الى اجل مسمى (حج ٤) كل يجري لاجل مسمى (رعد ١ - زمر ١) كل يجري الى اجل مسمى (لقمان
٣) ويرسل الاخرى الى اجل مسمى (زمر ٥) ولولا كلمة سبقت من ربك الى اجل مسمى (شورى ٢) واجل مسمى عنده (انعام ١) لكان لزاما واجل
مسمى (طه ٨) ولولا اجل مسمى لجاءهم (عنكبوت ٦) الا بالحق واجل مسمى (روم ١ - احقاف ١) ولتبلغوا اجلا مسمى (مومن ٧) مسنا
واهلنا الضر (يوسف ٩) وما مسنا من لغوب (ق ٣) وانا لمسنا السماء (جن ١) من حمإ مسنون (حجر ٣ مرتين) كانهم خشب
مسندة (منافقون ١) قال ابشرتموني على ان مسني الكبر فبم تبشرون (حجر ٤) اني مسني الضر (انبياء ٦) اني مسني الشيطان بنصب (ص ٥)
وما مسني السوء (اعراف ٢٣) ظل وجهه مسودا وهو كظيم (نحل ٧ - زخرف ٢) وجوههم مسودة (زمر ٦) مسومة عند ربك (هود ٧ -
ذاريات ٢) والخيل المسومة والانعام (آل عمران ٢) بخمسة آلاف من الملائكة مسومين (آل عمران ١٣) كان لم يدعنا الى ضر
مسه (يونس ٢) اذا مسه الشر جزوعا (معارج ١) واذا مسه الشر كان يؤسا (اسرائيل ٩) واذا مسه الشر فيؤس قنوط (فصلت ٥)
واذا مسه الخير منوعا (معارج ١) وان مسه الشر فذو دعاء عريض (فصلت ٦) ان الذين اتقوا اذا مسهم طائف (اعراف ٢٤) لا
المسيح (مومن ٦) اسمه المسيح ابن مريم (آل عمران ٥) وقال المسيح يا بني اسرائيل (مائدة ١٠) وقالت النصارى المسيح ابن الله (توبة ٥)
لن يستنكف المسيح (نساء ٢٣) انا قتلنا المسيح ابن مريم (مائدة ٣) وقولهم انا قتلنا المسيح (نساء ٢٢) ما المسيح ابن مريم الا رسول (مائدة ١٠)
والمسيح ابن مريم (توبة ٥) لقد كفر الذين قالوا ان الله هو المسيح ابن مريم (مائدة ٣ - ١٠) ام هم المسيطرون (طور ٢) فصل
الشين واصحاب المشأمة ما اصحاب المشأمة (واقعة ١) هم اصحاب المشأمة (بلد ١) هماز مشاء بنميم (قلم ١) ولهم فيها منافع
ومشارب (يس ٥) الذين كانوا يستضعفون مشارق الارض (اعراف ١٦) ورب المشارق (صافات ١) فلا اقسم برب المشارق
(معارج ٢) فانهم في العذاب يومئذ مشتركون (صافات ٢) انكم في العذاب مشتركون (زخرف ٤) ومن معه في الفلك المشحون
(شعراء ٦) انا حملنا ذريتهم في الفلك المشحون (يس ٣) اذ ابق الى الفلك المشحون (صافات ٥) قد علم كل اناس مشربهم (بقره ٦ - اعراف ٢٠)
ولله المشرق والمغرب (بقره ١٤) قل لله المشرق والمغرب (بقره ١٧) قبل المشرق والمغرب (بقره ٢٢) قال رب المشرق والمغرب
(شعراء ٢) رب المشرق والمغرب لا اله الا هو (مزمل ١) يأتي بالشمس من المشرق (بقره ٣٥) فاخذتهم الصيحة مشرقين (حجر ٥)
فاتبعوهم مشرقين (شعراء ٤) قال يا ليت بيني وبينك بعد المشرقين (زخرف ٤) رب المشرقين ورب المغربين (رحمن ٢) ولعبد مؤمن خير من
مشرك (بقره ٢٧) ولا تنكحوا المشركات (بقره ٢٧) الزاني لا ينكح الا زانية او مشركة (نور ١) ولامة مؤمنة خير من مشركة (بقره ٢٧)
الا وهم مشركون (يوسف ١١) والذين هم بربهم لا يشركون (مؤمنون ٤) وان اطعتموهم انكم لمشركون (انعام ١٤) ولو كره المشركون (توبة ٥ -
صف ١) انما المشركون نجس (توبة ٤) والله ربنا ما كنا مشركين (انعام ٣) حنفاء لله غير مشركين به (حج ٤) كان اكثرهم مشركين
(روم ٥) وكفرنا بما كنا به مشركين (مومن ٩) ولا تنكحوا المشركين حتى يؤمنوا (بقره ٢٧) فاقتلوا المشركين حيث وجدتموهم (توبة ١)

٢٣

وقاتلوا المشركين كافة (توبة ٥) من اهل الكتاب ولا المشركين (بقرة ١١) كبر على المشركين ما تدعوهم اليه (شورى ٢) واعرض عن
المشركين (انعام الحجر ١) كيف يكون للمشركين عهد (توبة ١) ما كان للمشركين ان يعمروا مساجد الله (توبة ٢) وويل للمشركين حم السجدة ١
وما كان من المشركين (بقرة ١٤-ال عمران ٧-١٠-انعام ١٧ نحل ١٦) ولا تكونن من المشركين (انعام ٢ يونس ١١ قصص ٩) وما انا من
المشركين (انعام ٨ يوسف ١١) وكذلك زين لكثير من المشركين (انعام ١٦) الى الذين عاهدتم من المشركين (توبة ١) ان الله برئ
من المشركين (توبة ١) وان احد من المشركين استجارك (توبة ١) ولم يك من المشركين (نحل ١) ولا تكونوا من المشركين (روم ٤) والمشركين
والمشركات (احزاب ٩ فتح ١) ان الذين كفروا من اهل الكتاب والمشركين (بينة ١) فاذكروا الله عند المشعر الحرام (بقرة ٤) وهم من خشية
مشفقون (انبياء ٢) وهم من الساعة مشفقون (انبياء ٤) ان الذين هم من خشية ربهم مشفقون (مؤمنين ٤) والذين امنوا مشفقون منها
(شورى ٢) والذين هم من عذاب ربهم مشفقون (معارج ١) فترى المجرمين مشفقين مما فيه (كهف ٥) ترى الظالمين مشفقين (شورى
قالوا انا كنا قبل في اهلنا مشفقين (طور ٣) مثل نوره كمشكوة فيها مصباح (نور ٤) فاولئك كان سعيهم مشكورا (اسرائيل ٢) وكان
سعيكم مشكورا (انسان ١) كلما اضاء لهم مشوا فيه (بقرة ٢) من مشهد يوم عظيم (مريم ٢) وذلك يوم مشهود (هود ١٠) وشاهد
ومشهود (بروج ١) ان قران الفجر كان مشهودا (اسرائيل ٩) وبئر معطلة وقصر مشيد (حج ٥) ولو كنتم في بروج مشيدة (نساء ١١)
واقصد في مشيك (لقمان ٢)

فصل الصاد

وزينا السماء الدنيا بمصابيح (فصلت ٢) ولقد زينا السماء الدنيا
بمصابيح (ملك ١) وتتخذون مصانع لعلكم تخلدون (شعراء ٣) مثل نوره كمشكوة فيها مصباح المصباح في زجاجة (نور ٤) ان هؤلاء
هؤلاء مقطوع مصبحين (حجر ٧) فاخذتهم الصيحة مصبحين (حجر ٤) وانكم لتمرون عليهم مصبحين (صافات ٤) ليصرمنها مصبحين
(نون ٢) فتنادوا مصبحين (نون ٢) مصدق لما معهم (بقرة ٩-١١-ال عمران ٩) مصدق الذي بين يديه (انعام ١٠) وهذا كتاب
مصدق (احقاف ٢) بما انزلت مصدقا لما معكم (بقرة ٥) وهو الحق مصدقا لما معهم (بقرة ١٠) مصدقا لما بين يديه (بقرة ١٠-ال عمران
احقاف ٢ ملائكة ٤) مصدقا بكلمة من الله (ال عمران ٤) امنوا بما نزلنا مصدقا لما معكم (نساء ٥) مصدقا لما بين يديه من التورية (مائدة
مصدقا لما بين يديه من الكتاب (مائدة ٥) مصدقا لما بين يديه من التورية (صف ١) ومصدقا لما بين يديه من التورية (مائدة ٥) ومصدقا
لما بين يدي من التورية (ال عمران ٥) ان المصدقين والمصدقات (حديد ٢) يقول ائنك لمن المصدقين (صافات ٢)
اليس لي ملك مصر (زخرف ٥) وقال ادخلوا مصر ان شاء الله امنين (يوسف ١٠) ان تبوا لقومكما بمصر بيوتا (يونس ٩) وقال الذي اشتراه
من مصر (يوسف ٣) اهبطوا مصرا (بقرة ٧) ما انا بمصرخكم وما انتم بمصرخي (ابراهيم ٢) ولم يجدوا عنها مصرفا (كهف
الا يوم يأتيهم ليس مصروفا عنهم (هود ١) وانهم عندنا لمن المصطفين الاخيار (ص ٥) فراوه مصفرا (روم ٦) ثم يهيج فتراه
مصفرا (زمر ٣ حديد ٢) متكئين على سرر مصفوفة (طور ٢) ونمارق مصفوفة (غاشية ١) وانهار من عسل مصفى (قتال ٢)
والله يعلم المفسد من المصلح (بقرة ٢٢) قالوا انما نحن مصلحون (بقرة ٢) واهلها مصلحون (هود ١٠) انا لا نضيع اجر
المصلحين (اعراف ٢١) وما تريد ان تكون من المصلحين (قصص ٢) واتخذوا من مقام ابراهيم مصلى (بقرة ١٥) الا
المصلين (معارج ١) فويل للمصلين الذين هم عن صلوتهم ساهون (ارايت ١) قالوا لم نك من المصلين (مدثر ٥)
هو الله الخالق البارئ المصور (حشر ٣) فاصابتكم مصيبة الموت (مائدة ١١) الذين اذا اصابتهم مصيبة (بقرة ١٦) اولما
اصابتكم مصيبة (ال عمران ١٧) فكيف اذا اصابتهم مصيبة (نساء ٧) فان اصابتكم مصيبة (نساء ٨) وان تصبك مصيبة (توبة ٥)
ولولا ان تصيبهم مصيبة (قصص ٥) وما اصابكم من مصيبة (شورى ٢) ما اصاب من مصيبة (حديد ٢ تغابن ٢) امرها
مصيبها ما اصابهم (هود ٩) وبئس المصير (بقرة ١٣-ال عمران ١٧-انفال ٢ توبة ١ حج ٨ حديد ٢ تغابن التحريم ٢ ملك ١)
ربنا واليك المصير (بقرة ٩) والى الله المصير (ال عمران ٣ نور ٥ ملائكة ٢) واليه المصير (مائدة ٢ شورى ٢ تغابن ١) لبئس
المصير (نور ٦) لا اله الا هو اليه المصير (مؤمن ١) والينا المصير (ق ٥) فبئس المصير (مجادلة ١) اليك انبنا واليك المصير
(ممتحنة ١) الى المصير (لقمان ٢) والى المصير (حج ٥) وساءت مصيرا (نساء ١٠-١٢ فتح ١) كانت لهم جزاء ومصيرا (فرقان ٢)
فان مصيركم الى النار (ابراهيم ٣) لست عليهم بمصيطر (غاشية ٣)

فصل الضاد

تتجافى جنوبهم
عن المضاجع (سجدة ٢) واهجروهن في المضاجع (نساء ٤) لبرز الذين كتب عليهم القتل الى مضاجعهم (ال عمران ٦) غير

مضار وصية من الله (نساء ٢) لا تأكلوا الربوا اضعافا مضاعفة (آل عمران ١٣) فقد مضت سنت الاولين (انفال ٥) امن
يجيب المضطر اذا دعاه (نمل ٧) فخلقنا العلقة مضغة فخلقنا المضغة (مؤمنين ٢) ثم من مضغة مخلقة (حج ١) فاولئك هم المضعفون
(روم ٤) انه عدو مضل مبين (قصص ٢) ومن يهد الله فما له من مضل (زمر ٤) وما كنت متخذ المضلين عضدا (كهف ٦)
ومضى مثل الاولين (زخرف ١) فما استطاعوا مضيا ولا يرجعون (يس ٧)

فصل الطا

مطاع ثم امين (تكوير)
فساء مطر المنذرين (شعراء ١١ نمل ٧) التي امطرت مطر السوء (فرقان ٤) ولا جناح عليكم ان كان بكم اذى من مطر (نساء ١١) وامطرنا
عليهم مطرا (شعراء ١١ اعراف ٩ نمل ٧) ويل للمطففين (مطففين ١) حتى اذا بلغ مطلع الشمس (كهف ١١) سلام هي حتى مطلع
الفجر (قدر ١) قال هل انتم مطلعون (صافات ٢) والمطلقات يتربصن بانفسهن (بقرة ٢٨) وللمطلقات متاع
بالمعروف (بقرة ٣١) ضعف الطالب والمطلوب (حج ١٠) وقلبه مطمئن بالايمان (نحل ١٤) كانت آمنة مطمئنة (نحل ١٥) يا ايتها
النفس المطمئنة (فجر ١) يمشون مطمئنين (اسرائيل ١١) الذين يلمزون المطوعين (توبة ١٠) والسموات مطويات بيمينه
(زمر ٧) ولهم فيها ازواج مطهرة (بقرة ٣) وازواج مطهرة ورضوان من الله (آل عمران ٢) لهم فيها ازواج مطهرة (نساء ٨) يتلوا
صحفا مطهرة (بينة ١) مرفوعة مطهرة (عبس ١) ومطهرك من الذين كفروا (آل عمران ٦) لا يمسه الا المطهرون (واقعة ٣) والله
يحب المطهرين (توبة ١٣)

فصل الظا

ء قطعا من الليل مظلما (يونس ٣) فاذا هم مظلمون (يس ٣) ومن قتل
مظلوما (اسرائيل ٤)

فصل العين

والذين سعوا في آياتنا معاجزين (حج ٧ سبا ١) والذين يسعون في آياتنا
معاجزين (سبا ٥) لرادك الى معاد (قصص ٩) قال معاذ الله انه ربي (يوسف ٣) قالوا معاذ الله ان نأخذ (يوسف ٩) ولو
القى معاذيره (قيامة ١) سقفا من فضة ومعارج (زخرف ٣) من الله ذي المعارج (معارج ١) وجعلنا النهار معاشا (نبا ١)
وجعلنا لكم فيها معايش (اعراف ١ حجر ٢) فما هم من المعتبين (فصلت ٣) مناع للخير معتد مريب (ق ٢) مناع للخير معتد اثيم (ن ١)
وما يكذب به الا كل معتد اثيم (مطففين ١) واولئك هم المعتدون (توبة ٢) ان الله لا يحب المعتدين (بقرة ٢٤ مائدة ٩)
انه لا يحب المعتدين (اعراف ٧) كذلك نطبع على قلوب المعتدين (يونس ٨) واطعموا القانع والمعتر (حج ٥) فليس بمعجز في الارض
(احقاف ٤) واعلموا انكم غير معجزي الله (توبة ١) وان توليتم فاعلموا انكم غير معجزي الله (توبة ١) اولئك لم يكونوا معجزين في الارض
(هود ٢) ولا تحسبن الذين كفروا معجزين في الارض (نور ٧) وما انتم بمعجزين (انعام ١٧ يونس ٦ هود ٣) وما انتم بمعجزين في الارض
(عنكبوت ٢ شورى ٤) فما هم بمعجزين (نحل ٦) وما هم بمعجزين (زمر ٥) وما نؤخره الا لاجل معدود (هود ٩) اياما معدودات
(بقرة ٢٥) واذكروا الله في ايام معدودات (بقرة ٢٥) ذلك بانهم قالوا لن تمسنا النار الا اياما معدودات (آل عمران ٣) وقالوا
لن تمسنا النار الا اياما معدودة (بقرة ٩) الى امة معدودة (هود ١) دراهم معدودة (يوسف ٢) او معذبوها عذابا شديدا
(اسرائيل ٦) الله مهلكهم او معذبهم (اعراف ٢١) وما كان الله معذبهم (انفال ٤) وما نحن بمعذبين (شعراء ١١) وما كنا معذبين
حتى نبعث رسولا (اسرائيل ٢) فتكون من المعذبين (شعراء ٢٢) قالوا معذرة الى ربكم (اعراف ٢١) فيومئذ لا ينفع الذين ظلموا
معذرتهم (روم ٦) يوم لا ينفع الظالمين معذرتهم (مؤمن ٦) وجاء المعذرون من الاعراب (توبة ١٢) فتصيبكم منهم معرة
بغير علم (فتح ٣) ثم توليتم الا قليلا منكم وانتم معرضون (بقرة ١٠) ثم يتولى فريق منهم وهم معرضون (آل عمران ٣) ولو اسمعهم لتولوا
وهم معرضون (انفال ٣) وتولوا وهم معرضون (توبة ١٠) وهم عنها معرضون (يوسف ١١) وهم في غفلة معرضون (انبياء ١) لا يعلمون
الحق فهم معرضون (انبياء ٢) وهم عن آياتها معرضون (انبياء ٣) بل هم عن ذكر ربهم معرضون (انبياء ٣) والذين هم عن اللغو معرضون
(مؤمنين ١) فهم عن ذكرهم معرضون (مؤمنين ٥) اذا فريق منهم معرضون (نور ٦) انتم عنه معرضون (ص ٥) عما انذروا معرضون
(احقاف ١) الا كانوا عنها معرضين (انعام ١ يس ٤) فكانوا عنها معرضين (حجر ٦) الا كانوا عنه معرضين (شعراء ١) فما لهم عن التذكرة
معرضين (مدثر ٢) [illegible] معروشات وغير معروشات (انعام ١٧) [illegible] قول معروف [illegible]
الا من امر بصدقة او معروف (نساء ١٧) الطلاق مرتان فامساك بمعروف (بقرة ٢٩) فامسكوهن بمعروف او سرحوهن بمعروف
(بقرة ٢٩) وأتمروا بينكم بمعروف (طلاق ١) فامسكوهن بمعروف او فارقوهن بمعروف (طلاق ١) ولا يعصينك في معروف (ممتحنة ٢)
فيما فعلن في انفسهن من معروف (بقرة ٣٠) يأمرون بالمعروف (توبة ٩) فاتباع بالمعروف (بقرة ٢٢) والآمرون بالمعروف

اذا تراضوا بينهم بالمعروف (بقرة ٣٠) ولهن مثل الذي عليهن بالمعروف (بقرة ٢٨) وعلى المولود له رزقهن وكسوتهن بالمعروف (بقرة ٣٠)
فلا جناح عليكم اذا سلمتم ما آتيتم بالمعروف (بقرة ٣٠) فلا جناح عليكم فيما فعلن في انفسهن بالمعروف (بقرة ٣٠) متاعا بالمعروف حقا
على المتقين (بقرة ٣١) وللمطلقات متاع بالمعروف (بقرة ٣١) تأمرون بالمعروف (آل عمران ١٢) يأمرون بالمعروف (آل عمران ١١-١٢، ١٥)
توبة ٩) ومن كان فقيرا فليأكل بالمعروف (نساء ١) وعاشروهن بالمعروف (نساء ٣) وآتوهن اجورهن بالمعروف (نساء ٤) يأمرهم بالمعروف
(اعراف ١٩) الآمرون بالمعروف (توبة ١٤) وامروا بالمعروف (حج ٦) وأمر بالمعروف وانه عن المنكر (لقمان ٢) وينهون عن المعروف
(توبة ٩) الا ان تقولوا قولا معروفا (بقرة ٣٠) وقولوا لهم قولا معروفا (نساء ١) وصاحبهما في الدنيا معروفا (لقمان ٢)
الا ان تفعلوا الى اوليائكم معروفا (احزاب ١) وقلن قولا معروفا (احزاب ٤) قل لا تقسموا طاعة معروفة (نور ٧) ومن المعز اثنين
(انعام ١٧) وكان في معزل (هود ٤) انهم عن السمع لمعزولون (شعراء ١١) وما بلغوا معشار ما آتيناهم (سبأ ٦) يا معشر الجن قد
استكثرتم من الانس (انعام ١٦) يا معشر الجن والانس (انعام ١٦، رحمن ٢) وانزلنا من المعصرات ماء ثجاجا (نبأ ١) ومعصية الرسول
(مجادلة ٢ مرتين) وبئر معطلة وقصر مشيد (حج ٦) لا معقب لحكمه (رعد ٦) له معقبات من بين يديه (رعد ٢) معكوفا
ان يبلغ محله (فتح ٣) فتذروها كالمعلقة (نساء ١٩) وقالوا معلم مجنون (دخان ١) الا ولها كتاب معلوم (حجر ١) وما ننزله الا بقدر
معلوم (حجر ٢) فجمع السحرة لميقات يوم معلوم (شعراء ٣) ولكم شرب يوم معلوم (شعراء ٨) اولئك لهم رزق معلوم (صافات ٢) والذين في
اموالهم حق معلوم للسائل والمحروم (معارج ٢) وما منا الا له مقام معلوم (صافات ١٧) الى ميقات يوم معلوم (واقعة ٢) الى قدر
معلوم (مرسلات ١) الى يوم الوقت المعلوم (حجر ٣، ص ٥) الحج اشهر معلومات (بقرة ٢٥) ويذكروا اسم الله في ايام معلومات
(حج ٤) وما يعمر من معمر (ملائكة ٢) والبيت المعمور (طور ١) قد يعلم الله المعوقين منكم (احزاب ٢) فان له معيشة ضنكا
(طه ٧) بطرت معيشتها (قصص ٦) نحن قسمنا بينهم معيشتهم (زخرف ٣) فمن يأتيكم بماء معين (ملك ٢) يطاف عليهم بكأس
من معين (صافات ٢) واباريق وكأس من معين (واقعة ١) ذات قرار ومعين (مؤمنين ٣)

فصل الغين

لو يجدون ملجأ او مغارات (توبة ٧) فلا اقسم برب المشارق والمغارب (معارج ٢) مشارق الارض ومغاربها (اعراف ١٦)
وذا النون اذ ذهب مغاضبا (انبياء ٦) فعند الله مغانم كثيرة (نساء ١٣) وعدكم الله مغانم كثيرة (فتح ٣) اذا انطلقتم الى مغانم
لتأخذوها (فتح ٢) هذا مغتسل بارد (ص ٤) حتى اذا بلغ مغرب الشمس (كهف ١١) فأت بها من المغرب (بقرة ٣٥) ولله
المشرق والمغرب (بقرة ١٤) قل لله المشرق والمغرب (بقرة ١٧) قبل المشرق والمغرب (بقرة ٢٢) قال رب المشرق والمغرب (شعراء ٢)
رب المشرق والمغرب لا اله الا هو (مزمل ١) رب المشرقين ورب المغربين (رحمن ١) ولا تخاطبني في الذين ظلموا انهم مغرقون
(هود ٤، مؤمنين ٢) انهم جند مغرقون (دخان ١) فكان من المغرقين (هود ٤) فهم من مغرم مثقلون (طور ٢، قلم ٢) ومن
الاعراب من يتخذ ما ينفق مغرما (توبة ١٢) انا لمغرمون بل نحن محرومون (واقعة ٢) ينظرون اليك نظر المغشي عليه من الموت (قتال ٣)
غير المغضوب عليهم ولا الضالين (فاتحة) لهم مغفرة واجر عظيم (مائدة ٢، حجرات ١) لهم مغفرة ورزق كريم (انفال ١، حج ٦)
نور ٣) اولئك لهم مغفرة ورزق كريم (سبأ ١) اعد الله لهم مغفرة واجرا عظيما (احزاب ٥) لهم مغفرة واجر كبير (هود ٢، ملائكة ١)
ملك ١) منهم مغفرة واجرا عظيما (فتح ٤) الله يعدكم مغفرة منه (بقرة ٣٧) اولئك جزاؤهم مغفرة (آل عمران ١٤) ان ربك لذو
مغفرة (فصلت ٦) لذو مغفرة للناس (رعد ١) وان ربك لذو مغفرة (رعد ١) سابقوا الى مغفرة من ربكم (حديد ٣)
وسارعوا الى مغفرة من ربكم (آل عمران ١٤) فبشره بمغفرة واجر كريم (يس ٢) لمغفرة من الله ورحمة خير مما يجمعون (آل عمران ١٦)
قول معروف ومغفرة (بقرة ٣٧) ومغفرة ورزق كريم (انفال ١) ومغفرة من ربهم (قتال ٢) ومغفرة من الله ورضوان
(حديد ٣) درجات منه ومغفرة ورحمة (نساء ١٣) ان ربك واسع المغفرة (نجم ٢) هو اهل التقوى واهل المغفرة (مدثر ٢)
الضلالة بالهدى والعذاب بالمغفرة (بقرة ٢١) والله يدعو الى الجنة والمغفرة (بقرة ٢٧) اني مغلوب فانتصر
(قمر ١) وقالت اليهود يد الله مغلولة (مائدة ٩) ولا تجعل يدك مغلولة الى عنقك (اسراء ٣) فهل انتم مغنون
(ابراهيم ٤، مؤمن ٥) ذلك بان الله لم يك مغيرا (انفال ٧) فالمغيرات صبحا (عاديات ١)

فصل الفاء

وعنده مفاتح الغيب (انعام ٧) او ما ملكتم مفاتحه (نور ٩) ما ان مفاتحه لتنوء بالعصبة (قصص ٨) ان للمتقين مفازا

ومغانم كثيرة يأخذونها (فتح ٣)

(نبأ ع) فلا تحسبنهم بمفازة من العذاب (آل عمران ١٩) وينجي الله الذين اتقوا بمفازتهم (زمر ٧) مفتحة لهم الابواب (ص ٦)
قالوا انما انت مفتر (نحل ١٤) قالوا ما هذا الا سحر مفترى (قصص ٤) وقالوا ما هذا الا افك مفترى (سبأ ٥) فأتوا بعشر سور
مثله مفتريات (هود ٢) وكذلك نجزي المفترين (اعراف ١٦) ويبصرون بايكم المفتون (نون ١) يقول الانسان يومئذ
اين المفر (قيامة ١) وانهم مفرطون (نحل ٧) نصيبا مفروضا (نساء ١) وقال لاتخذن من عبادك نصيبا مفروضا (نساء ٢)
والله يعلم المفسد من المصلح (بقرة ٢٧) ان يأجوج ومأجوج مفسدون في الارض (كهف ١٠) الا انهم هم المفسدون
(بقرة ٢) ولا تعثوا في الارض مفسدين (بقرة ٦ - اعراف ٨ هود ٩ شعراء ٩ عنكبوت ٤) والله لا يحب المفسدين (مائدة ١٥)
فانظر كيف كان عاقبة المفسدين (اعراف ٩) وانظر كيف كان عاقبة المفسدين (اعراف - نمل ٢) ولا تتبع سبيل المفسدين (اعراف)
ان الله لا يصلح عمل المفسدين (يونس ٩) ان الله لا يحب المفسدين (قصص ٨) قال رب انصرني على القوم المفسدين (عنكبوت ٣)
فان الله عليم بالمفسدين (آل عمران ٧) وربك اعلم بالمفسدين (يونس ٤) كالمفسدين في الارض (ص ٣) وكنت من المفسدين
(يونس) انه كان من المفسدين (قصص) وهو الذي انزل اليكم الكتاب مفصلا (انعام ١٤) والدم آيات مفصلات (اعراف)
وكان امر الله مفعولا (نساء ٥ - احزاب ٤) ولكن ليقضي الله امرا كان مفعولا (انفال ٥) ليقضي الله امرا كان مفعولا (انفال)
وكان وعدا مفعولا (اسرائيل) كان وعده مفعولا (مزمل ٢) ان كان وعد ربنا لمفعولا (اسرائيل ١١) واولئك هم المفلحون (بقرة ١)
آل عمران ١١ توبة ٩ نور ٦ روم ٤ لقمان ١) فاولئك هم المفلحون (اعراف مؤمنين ٦ حشر ١ - ٢ تغابن ٢) اولئك هم المفلحون (اعراف)
الا ان حزب الله هم المفلحون (مجادلة ٣) فعسى ان يكون من المفلحين (قصص ٧)

فصل القاف

نحن نعتم المقا
(نكاثر) تبوئ المؤمنين مقاعد للقتال (آل عمران ١٣) مقاعد للسمع (جن ١) له مقاليد السموات والارض (زمر ٧ شورى ٢)
فيه آيات بينات مقام ابراهيم (آل عمران ١٠) وما منا الا له مقام معلوم (صافات ١٧) يا اهل يثرب لا مقام لكم (احزاب ٢) ولمن خاف
مقام ربه جنتان (رحمن ٥) واما من خاف مقام ربه (نازعات ٤) ان المتقين في مقام امين (دخان ٦) واتخذوا من مقام ابراهيم مصلى
(بقرة ١٥) وكنوز ومقام كريم (شعراء ٤) وزروع ومقام كريم (دخان ٣) اي الفريقين خير مقاما (مريم ٨) عسى ان يبعثك ربك مقاما
محمودا (اسرائيل ٩) انها ساءت مستقرا ومقاما (فرقان ٧) حسنت مستقرا ومقاما (فرقان ٨) الذي احلنا دار المقامة من فضله
(ملائكة ٤) ولهم مقامع من حديد (حج ٣) قبل ان تقوم من مقامك (نمل ٤) فآخران يقومان مقامهما (مائدة ١١) ان كان
كبر عليكم مقامي (يونس ٨) ذلك لمن خاف مقامي (ابراهيم ٢) ولم تجدوا كاتبا فرهان مقبوضة (بقرة ٢٩) ويوم القيمة هم
من المقبوحين (قصص ٤) ينادون لمقت الله اكبر (مؤمن ١) كبر مقتا عند الله (مؤمن - صف ١) ولا يزيد الكافرين كفرهم
عند ربهم الا مقتا (ملائكة ٤) انه كان فاحشة ومقتا (نساء ٣) هذا فوج مقتحم معكم (ص ٤) اخذ عزيز مقتدر (قمر ٥) عند
مليك مقتدر (قمر ٣) وكان الله على كل شيء مقتدرا (كهف ٥) فانا عليهم مقتدرون (زخرف ٥) وانا على آثارهم مقتدون
(زخرف ٢) وعلى المقتر قدره (بقرة ٣١) وليقترفوا ما هم مقترفون (انعام ١٣) وجاء معه الملائكة مقترنين (زخرف ٥) كما
انزلنا على المقتسمين (حجر ٩) فلما نجاهم الى البر فمنهم مقتصد (لقمان ٤) ومنهم مقتصد (ملائكة ٤) منهم امة مقتصدة
(مائدة ٧) من مقتكم انفسكم (مؤمن ١) وكل شيء عنده بمقدار (رعد ١) كان مقداره الف سنة مما تعدون (سجدة ١) كان مقداره
خمسين الف سنة (معارج ١) انك بالواد المقدس طوى (طه ١) بالواد المقدس طوى (نازعات ١) يا قوم ادخلوا الارض المقدسة
(مائدة ٤) وكان امر الله قدرا مقدورا (احزاب ٥) يتيما ذا مقربة (بلد ١) ولا الملائكة المقربون (نساء ٢٣) اولئك
المقربون (واقعة ١) يشهده المقربون (مطففين ١) عينا يشرب بها المقربون (مطففين ١) واما ان كان من المقربين
(واقعة ٣) قال نعم وانكم لمن المقربين (اعراف ١٤) وانكم اذا لمن المقربين (شعراء ٣) ومن المقربين (آل عمران ٥) وترى المجرمين
يومئذ مقرنين في الاصفاد (ابراهيم ٧) واذا القوا منها مكانا ضيقا مقرنين (فرقان ٢) وآخرين مقرنين في الاصفاد (ص ٣) وما كنا له
مقرنين (زخرف ١) ان الله يحب المقسطين (مائدة ٦ حجرات ١ ممتحنة ٢) فالمقسمات امرا (ذاريات ١) لكل باب منهم جزء
مقسوم (حجر ٤) ومقصرين لا تخافون (فتح ٣) حور مقصورات في الخيام (رحمن ٣) وكان امرا مقضيا (مريم ٢) كان
على ربك حتما مقضيا (مريم ٥) ان دابر هؤلاء مقطوع مصبحين (حجر ٥) لا مقطوعة ولا ممنوعة (واقعة ١) في مقعد صدق

(بقرہ ٢٦) فرح المخلفون بمقعدهم (توبة ٩) فهي الى الاذقان فهم مقمحون (يس ١) والقناطير المقنطرة (آل عمران ٢) مهطعين
مقنعي رؤسهم (ابراهيم ٥) ومتاعا للمقوين (واقعة ١) وكان الله على كل شيء مقيتا (نساء ١) خير مستقرا واحسن مقيلا (فرقان)
ولهم عذاب مقيم (مائدة ٤ توبة ٨) لهم فيها نعيم مقيم (توبة ٣) ويحل عليه عذاب مقيم (هود ع) رب اجعلني مقيم الصلوة (ابراهيم)
وانها لبسبيل مقيم (حجر) الا ان الظالمين في عذاب مقيم (شورى ٥) والمقيمي الصلوة (حج ع) والمقيمين الصلوة (نساء ١٧)

فصل الكاف

وما كان صلوتهم عند البيت الا مكاء (انفال ٤) وان اردتم استبدال زوج مكان زوج (نساء)
ثم بدلنا مكان السيئة الحسنة (اعراف ١) واذا بدلنا اية مكان اية (نحل ١٤) واذ بوأنا لابراهيم مكان البيت (حج ٣) وجاءهم الموج من
كل مكان (يونس ٣) ويأتيه الموت من كل مكان (ابراهيم ٣) يأتيها رزقها رغدا من كل مكان (نحل ١٥) في مكان سحيق (حج ع)
واخذوا من مكان قريب (سبا ٦) اذا رأتهم من مكان بعيد (فرقان ٢) وانى لهم التناوش من مكان بعيد (سبا ٦) ويقذفون
بالغيب من مكان بعيد (سبا ٦) اولئك ينادون من مكان بعيد (فصلت ٥) واستمع يوم يناد المناد من مكان قريب (ق ٣) اولئك شر
مكانا (مائدة ٩ فرقان ٤) قال انتم شر مكانا (يوسف ١٠) اذ انتبذت من اهلها مكانا شرقيا (مريم ٢) فانتبذت به مكانا قصيا (مريم ٣)
ورفعناه مكانا عليا (مريم ٤) من هو شر مكانا (مريم ٥) ولا انت مكانا سوى (طه ٣) واذا القوا منها مكانا ضيقا (فرقان ٢) قل يا
قوم اعملوا على مكانتكم انى عامل (انعام ١٥ زمر ٤) اعملوا على مكانتكم انا عاملون (هود ١٠) ويا قوم اعملوا على مكانتكم انى
عامل (هود ١٠) ولو نشاء لمسخناهم على مكانتهم (يس ٤) ثم نقول للذين اشركوا مكانكم (يونس ٣) فان استقر مكانه (اعراف ١٧)
واصبح الذين تمنوا مكانه (قصص ٨) فخذ احدنا مكانه (يوسف ١٠) افمن يمشي مكبا على وجهه اهدى (ملك ٢) ببطن مكة (فتح ٣)
الذين يجدونه مكتوبا عندهم في التوراة (اعراف ١٩) لتقرأه على الناس على مكث (اسرائيل ١٢) فمكث غير بعيد (نمل ٢) وانا
لنعلم ان منكم مكذبين (حاقة ٢) ثم انكم ايها الضالون المكذبون (واقعة ٢) كيف كان عاقبة المكذبين (آل عمران ١٤ انعام
٢ نحل ٥ زخرف ٢) فلا تطع المكذبين (نون ١) فويل يومئذ للمكذبين (طور ١) ويل يومئذ للمكذبين (مرسلات) في هذه السورة
في عشر آيات (مطففين ١) واما ان كان من المكذبين (واقعة ٣) وذرني والمكذبين اولي النعمة (مزمل ١) ذلك وعد غير مكذوب
(هود ٧) اذا لهم مكر في آياتنا قل الله اسرع مكرا (يونس ٣) افامنوا مكر الله فلا يامن مكر الله (اعراف ١٢) بل مكر الليل والنهار (سبا ٤) قد
مكر الذين من قبلهم (نحل ٣) وقد مكر الذين من قبلهم (رعد ٦) ومكر اولئك هو يبور (ملائكة ٢) ومكروا ومكر الله (آل عمران ٦)
استكبارا في الارض ومكر السيء (ملائكة ٥) فلله المكر جميعا (رعد ٦) ولا يحيق المكر السيء (ملائكة ٥) ان هذا لمكر مكرتموه في المدينة
(اعراف ١٤) قل الله اسرع مكرا (يونس ٣) ومكروا مكرا ومكرنا مكرا (نمل ٥) ومكروا مكرا كبارا (نوح ٢) فالذين مكرم (حج ٢) في صحف
مكرمة (عبس ١) بل عباد مكرمون (انبياء ٢) فواكه وهم مكرمون (صافات ٥) اولئك في جنات مكرمون (معارج ٤) وجعلني
من المكرمين (يس ٢) هل اتاك حديث ضيف ابراهيم المكرمين (ذاريات ٢) افامن الذين مكروا السيات (نحل ٥) وقد
مكروا مكرهم وعند الله مكرهم (ابراهيم ٥) فوقاه الله سيئات ما مكروا (مؤمن ٥) ومكروا ومكر الله (آل عمران ٦) ومكروا مكرا
كبارا (نوح ٢) كل ذلك كان سيئه عند ربك مكروها (اسرائيل ٤) بل زين للذين كفروا مكرهم (رعد ٥) وعند الله مكرهم
(ابراهيم ٥) وقد مكروا مكرهم (ابراهيم ٥) وان كان مكرهم لتزول منه الجبال (ابراهيم ٥) فانظر كيف كان عاقبة مكرهم (نمل ٦)
فلما سمعت بمكرهن (يوسف ٤) اذ نادى وهو مكظوم (نون ٢) وما علمتم من الجوارح مكلبين (مائدة ١) وكذلك مكنا ليوسف
في الارض (يوسف ٣-١٠) انا مكنا له في الارض (كهف ١١) ولقد مكناكم في الارض (اعراف ١) مكناهم في الارض (انعام ١) الذين
ان مكناهم في الارض (حج ٦) ولقد مكناهم فيما ان مكناكم فيه (احقاف ٣) كانهن بيض مكنون (صافات ٢) كانهم لؤلؤ مكنون (طور)
في كتاب مكنون (واقعة ٣) كامثال اللؤلؤ المكنون (واقعة ١) قال ما مكني فيه ربي خير (كهف ١١) ولا تنقصوا المكيال والميزان
(هود ٨) ويا قوم اوفوا المكيال والميزان (هود ٨) والذين كفروا هم المكيدون (طور ٢) قال انك اليوم لدينا مكين امين (يوسف ٧)
ثم جعلناه نطفة في قرار مكين (مؤمنون ١) عند ذي العرش مكين (تكوير ١) فجعلناه في قرار مكين (مرسلات ١)

فصل اللام

فلن يقبل من احدهم ملء الارض (آل عمران ١٠) وكلما مر عليه ملأ من قومه (هود ٤) وانطلق الملأ منهم ان امشوا (ص ١)
قال الملأ من قوم فرعون (اعراف ١٤) قال الملأ من قومه (اعراف ٨) قال الملأ الذين استكبروا من قومه (اعراف ٩-١١) قال الملأ الذين كفروا

من قومه (اعراف ۷) فقال الملأ الذين كفروا من قومه (هود ۳ مؤمنين ۲) وقال الملأ من قوم فرعون (اعراف ۱۴) وقال الملأ الذين
كفروا من قومه (اعراف ۹) وقال الملأ من قومه (مؤمنين ۲) قالت يايها الملأ انى القى الى (نمل ۳) قالت يايها الملأ افتونى (نمل ۳) يايها
الملأ افتونى فى رءياى (يوسف ۵) قال يايها الملأ ايكم ياتينى (نمل ۳) وقال فرعون يايها الملأ (قصص ۴) قال ياموسى ان الملأ ياتمرون
(قصص ۲) الم تر الى الملأ من بنى اسرائيل (بقرة ۳۲) لا يسمعون الى الملأ الاعلى (صافات ۱) ما كان لى من علم بالملأ الاعلى اذ
يختصمون (ص ۷) قال للملأ حوله (شعراء ۳) ملئت حرسا شديدا (جن ۱) ولملئت منهم رعبا (كهف ۳) وقال موسى ربنا انك
اتيت فرعون وملأه زينة (يونس ۹) الى فرعون وملائه (اعراف ۱۱ يونس ۸ مؤمنين ۵ هود ۱۰ قصص ۴) قل لو كان فى الارض
ملائكة (اسرائيل ۱۰) عليها ملائكة غلاظ (تحريم ۱) ولو شاء الله لانزل ملائكة (مؤمنين ۲) قالوا لو شاء ربنا لانزل ملائكة (فصلت ۳)
ولو نشاء لجعلنا منكم ملائكة (زخرف ۶) وما جعلنا اصحاب النار الا ملائكة (مدثر ۲) تحمله الملائكة فى ذلك لاية لكم (بقرة ۳۲)
فنادته الملائكة وهو قائم يصلى (آل عمران ۴) واذ قالت الملائكة يامريم (آل عمران ۵) اذ قالت الملائكة يامريم (آل عمران ۵) ان الذين
توفهم الملائكة (نساء ۱۰) ولو اننا نزلنا اليهم الملائكة (انعام ۳) هل ينظرون الا ان تاتيهم الملائكة (انعام ۶ نحل ۴) اذ يتوفى الذين
كفروا الملائكة (انفال ۵) فسجد الملائكة كلهم (حجر ۳ ص ۱) الذين تتوفهم الملائكة (نحل ۴ ص) وتتلقيهم الملائكة (انبياء ۱) لم خلقنا
الملائكة اناثا وهم شاهدون (صافات ۱۵) لولا انزل علينا الملائكة (فرقان ۲) ونزل الملائكة تنزيلا (فرقان ۳) تتنزل عليهم
(فصلت ۲) وترى الملائكة حافين (زمر ۸) او جاء معه الملائكة مقترنين (زخرف ۵) فكيف اذا توفتهم الملائكة (قتال ۳) تعرج الملائكة
والروح (معارج ۱) تنزل الملائكة والروح (قدر ۱) ولا الملائكة المقربون (نساء ۲۳) ولا يامركم ان تتخذوا الملائكة والنبيين اربابا
(آل عمران ۸) ما ننزل الملائكة الا بالحق (حجر ۱) ينزل الملائكة بالروح (نحل ۱) يوم يرون الملائكة (فرقان ۲) وجعلوا الملائكة (زخرف ۲)
ليسمون الملائكة تسمية الانثى (نجم ۳) جاعل الملائكة رسلا (ملائكة ۱) اذ يوحى ربك الى الملائكة (انفال ۲) لوما تاتينا بالملائكة
(حجر ۱) ثم قلنا للملائكة اسجدوا لآدم (اعراف ۲) واذ قال ربك للملائكة (بقرة ۴ حجر ۳) واذ قلنا للملائكة اسجدوا لآدم (بقرة ۴ اسرائيل
كهف ۷ طه ۷) اذ قال ربك للملائكة (ص ۵) ثم يقول للملائكة (سبا ۵) بثلثة الاف من الملائكة منزلين (آل عمران ۱۳) بخمسة الاف
من الملائكة مسومين (آل عمران ۱۳) بالف من الملائكة مردفين (انفال ۱) ولتخذ من الملائكة اناثا (اسرائيل ۴) الله يصطفى من الملائكة
(حج ۱) هل ينظرون الا ان ياتيهم الله فى ظلل من الغمام والملائكة (بقرة ۲۶) والملائكة واولوا العلم قائما (آل عمران ۲) والملائكة
يشهدون (نساء ۲۳) والملائكة باسطوا ايديهم (انعام ۱۱) ويسبح الرعد بحمده والملائكة من خيفته (رعد ۲) والملائكة يدخلون عليهم
(رعد ۳) وما فى الارض من دابة والملائكة (نحل ۶) والملائكة بعد ذلك ظهير (تحريم ۱) يوم يقوم الروح والملائكة صفا (نبا ۲)
الملائكة يسبحون بحمد ربهم (شورى ۱) اولئك عليهم لعنة الله والملائكة (بقرة ۱۹) والملائكة والكتاب والنبيين (بقرة ۲۲) او تاتى بالله
والملائكة (اسرائيل ۱۰) ان عليهم لعنة الله والملائكة (آل عمران ۹) هو الذى يصلى عليكم وملائكته (احزاب ۶) ان الله وملائكته
يصلون على النبى (احزاب ۷) من كان عدوا لله وملائكته (بقرة ۱۲) كل آمن بالله وملائكته (بقرة ۴۰) ومن يكفر بالله وملائكته
(نساء ۲۰) انى ظننت انى ملاق حسابيه (حاقة ۱) الذين يظنون انهم ملاقوا (بقرة ۵ هود ۳) قال الذين يظنون انهم ملاقوا
الله (بقرة ۳۳) واعلموا انكم ملاقوه (بقرة ۲۸) فانه ملاقيكم (جمعة ۲) انك كادح الى ربك كدحا فملاقيه (انشقاق ۱) فاتبعوا
ملة ابراهيم حنيفا (آل عمران ۱۰) واتبع ملة ابراهيم حنيفا (نساء ۱۸) دينا قيما ملة ابراهيم حنيفا (انعام ۲۰) انى تركت ملة قوم
لا يؤمنون (يوسف ۵) واتبعت ملة آباءى ابراهيم (يوسف ۵) ان اتبع ملة ابراهيم حنيفا (نحل ۱۶) ملة ابيكم ابراهيم (حج ۱۰) قل
بل ملة ابراهيم حنيفا (بقرة ۱۶) ومن يرغب عن ملة ابراهيم (بقرة ۱۶) ما سمعنا بهذا فى الملة الآخرة (ص ۱) ولن تجد من
دونه ملتحدا (كهف ۴) ولن اجد من دونه ملتحدا (جن ۳) ان عدنا فى ملتكم (اعراف ۱۱) ولتعودن فى ملتنا (اعراف ۱۱ ابراهيم ۲)
حتى تتبع ملتهم (بقرة ۱۴) او يعيدوكم فى ملتهم (كهف ۳) لو يجدون ملجأ او مغارات (توبة ۷) وظنوا ان لا ملجا من الله (توبة ۱۴)
ما لكم من ملجأ يومئذ (شورى ۵) وهذا ملح اجاج (فرقان ۵ ملائكة ۲) والشجرة الملعونة فى القرآن (اسرائيل ۶) ملعونين
اينما ثقفوا (احزاب ۸) قال لهم موسى القوا ما انتم ملقون (يونس ۸ شعراء ۳) فالملقيات ذكرا (مرسلات ۱) واما ان نكون نحن
الملقين (اعراف ۱۴) ان الله له ملك السموات والارض (توبة ۱۴) الم تعلم ان الله له ملك السموات والارض (بقرة ۱۳)

ان الله له ملک السموات والارض (مائدة ۵) الذی له ملک السموات والارض (اعراف ۲۰ فرقان ۱ بروج ۱) له ملک السموات
والارض (زمر ۵ حدید ۱) وتبارک الذی له ملک السموات والارض وما بینهما (زخرف ۷) ام لهم ملک السموات والارض وما بینهما
(ص ۱) ولله ملک السموات والارض (آل عمران ۱۹ مائدة ۲ مرتین نور ۵ جاثیة ۳ فتح ۲) لله ملک السموات والارض (مائدة ۳ شوری ۵)
الیس لی ملک مصر (زخرف ۵) ملک الموت الذی وکل بکم (سجدة ۱) وقالوا لولا انزل علیه ملک (انعام ۱) ولا اقول لکم انی ملک (انعام ۵)
او جاء معه ملک (هود ۲) ولا اقول انی ملک (هود ۳) لولا انزل الیه ملک (فرقان ۱) وکان وراءهم ملک (کهف ۱) ملک الناس
اله الناس (ناس ۱) ان هذا الا ملک کریم (یوسف ۴) ما تتلوا الشیاطین **علی** ملک سلیمان (بقرة ۱۱) وکم من ملک فی السموات (نجم ۳)
و ملک لا یبلی (طه ۱۲) **الملک** یومئذ لله (حج ۲) تبارک الذی بیده الملک (ملک ۱) الملک یومئذ الحق (فرقان ۲) یا قوم لکم الملک الیوم
(مؤمن ۳) ذلکم الله ربکم له الملک (ملائکة ۲ زمر ۱) له الملک وله الحمد (تغابن ۱) قالوا انی یکون له الملک علینا (بقرة ۲۵) وله الملک یوم
ینفخ فی الصور (انعام ۱) قل اللهم مالک الملک تؤتی **الملک** (آل عمران ۳) وتنزع الملک ممن تشاء (آل عمران ۳) واتاه الله الملک والحکمة
(بقرة ۲۶) ان اتاه الله الملک (بقرة ۲۶) **الملک** القدوس السلام (حشر ۲) الملک القدوس العزیز الحکیم (جمعة ۱) فتعالی الله الملک الحق
(طه ۱۲ مؤمنین ۱۲) وقال الملک انی اری سبع بقرات (یوسف ۵) وقال الملک ائتونی به (یوسف ۵-۶) ما کان لیأخذ اخاه فی دین الملک
(یوسف ۱) ونحن احق **با**لملک منه (بقرة ۲۵) ولم یکن له شریک **فی** الملک (اسرائیل ۱۲ فرقان ۱) ام لهم نصیب **من** الملک (نساء ۸) رب
قد اتیتنی من الملک (یوسف ۱۱) **لمن** الملک الیوم (مؤمن ۲) **و**الملک علی ارجائها (حاقة ۱) وجاء ربک والملک صفا صفا (فجر ۱)
قالوا لنبی لهم ابعث لنا **ملکا** (بقرة ۲۵) واتیناهم ملکا عظیما (نساء ۸) وهب لی ملکا (ص ۴) ولو انزلنا ملکا لقضی الامر
(انعام ۱) ولو جعلناه ملکا (انعام ۱) لنزلنا علیهم من السماء ملکا (اسرائیل ۱) ان الله قد بعث لکم طالوت ملکا (بقرة ۲۵) نعیما و
ملکا کبیرا (انسان ۲) الذی **ملکت** ایمانکم (نور ۸) الا **ما** ملکت یمینک (احزاب ۶) والمحصنات من النساء الا ما ملکت ایمانکم (نساء ۳)
او ما ملکت ایمانکم (نساء ۱) او ما ملکت ایمانهن (نور ۴) او ما ملکت ایمانهم (معارج ۴) علی ما ملکت ایمانهم (نحل ۸) هل لکم من ما ملکت
ایمانکم (روم ۳) فمن ما ملکت ایمانکم (نساء ۳) ولا ما ملکت ایمانهن (احزاب ۴) **فما** ملکت ایمانکم (نور ۴) **و**ما ملکت ایمانکم (نساء ۶) وما ملکت
ایمانهم (احزاب ۵) وما ملکت یمینک (احزاب ۵) او ما **ملکتم** مفاتحه (نور ۷) قالوا ما اخلفنا موعدک **بملکنا** (طه ۹) قل من بیده **ملکوت**
کل شیء (مؤمنین ۹) فسبحان الذی بیده ملکوت کل شیء (یس ۹) وکذلک نری ابراهیم ملکوت السموات (انعام ۸) والله یؤتی **ملکه** من
یشاء (بقرة ۲۵) وشددنا ملکه (ص ۲) ان آیة ملکه ان یاتیکم التابوت (بقرة ۲۵) عن هذه الشجرة الا ان تکونا **ملکین** (اعراف ۲) وما انزل
علی **الملکین** ببابل (بقرة ۱۱) قالت ان **الملوک** اذا دخلوا قریة (نمل ۴) وجعلکم **ملوکا** (مائدة ۲) فتول عنهم فما انت **بملوم**
(ذاریات ۲) فتقعد **ملوما** محسورا (اسرائیل ۲) فی جهنم ملوما مدحورا (اسرائیل ۴) فانهم غیر **ملومین** (مؤمنین ۱)
معارج ۴) عند **ملیک** مقتدر (قمر ۲) واهجرنی **ملیا** (مریم ۵) فالتقمه الحوت وهو **ملیم** (صافات ۵) فی الیم وهو ملیم
(ذاریات ۳) **فصل المیم** ضعف الحیاة وضعف **الممات** (اسرائیل ۸) سواء محیاهم و**مماتهم** (جاثیة ۳)
محیای و**مماتی** لله رب العالمین (انعام ۱۷) فلا تکونن من **الممترین** (بقرة ۱۵ - انعام ۱۲ یونس ۱) فلا تکن من الممترین
(آل عمران ۶) ان **یمدکم** بالف من الملائکة مردفین (انفال ۱) فی عمد **ممددة** (همزة ۱) وظل **ممدود** (واقعة ۳) وجعلت
له مالا **ممدودا** (مدثر ۱) قال انه صرح **ممرد** من قواریر (نمل ۳) اذا مزقتم کل **ممزق** (سبا ۱) ومزقناهم کل ممزق (سبا ۲)
ما یفتح الله للناس من رحمة فلا **ممسک** لها (ملائکة ۱) هل هن **ممسکات** رحمته (زمر ۴) قالوا هذا عارض **ممطرنا** (احقاف ۳)
لا مقطوعة ولا **ممنوعة** (واقعة ۲) لهم اجر غیر **ممنون** (فصلت ۱ - انشقاق ۱) وان لک لاجرا غیر ممنون (ن ۱) فلهم اجر غیر
ممنون (تین ۱) ضرب الله مثلا عبدا **مملوکا** (نحل ۱) **فصل النون** لیقولوا اهؤلاء من الله علیهم من بیننا
(انعام ۶) لولا ان من الله علینا لخسف بنا (قصص ۹) لقد من الله علی المؤمنین (آل عمران ۱۷) فانزلنا علیکم **المن** والسلوی
(بقرة ۲۷) وانزلنا علیهم المن والسلوی (اعراف ۱) ونزلنا علیکم المن والسلوی (طه ۱) لا تبطلوا صدقاتکم **با**لمن والاذی (بقرة ۲۷)
ثم لا یتبعون ما انفقوا **منا** ولا اذی (بقرة ۲۷) فاما منا بعد واما فداء (قتال ۱) و**مناة** الثالثة الاخری (نجم ۲) ربنا اننا
سمعنا **منادیا** ینادی للایمان (آل عمران ۲) یوم ینادی **المناد** (ق ۵) وقدره **منازل** (یونس ۱) والقمر قدرناه منازل (یس ۴)

فاذا قضيتم مناسككم (بقرة ٢٥) وارنا مناسكنا وتب علينا (بقرة ١٥) فنادوا ولات حين مناص (ص ١) مناع للخير معتد اثيم
(ن ١) مناع للخير معتد مريب (ق ٢) لكم فيها منافع الى اجل مسمى (حج ٤) ولكم فيها منافع كثيرة (مؤمنين ٢) ولكم فيها منافع ولتبلغوا
(مؤمن ٨) ولهم فيها منافع ومشارب (يس ٥) ليشهدوا منافع لهم (حج ٤) فيهما اثم كبير و منافع للناس (بقرة ٢٧) لكم فيها دفء ومنافع
ومنها تاكلون (نحل ١) فيه بأس شديد ومنافع للناس (حديد ٣) المنافقون والمنافقات (توبة ٩) ليعذب المنافقين والمنافقات
(احزاب ٩) يوم يقول المنافقون والمنافقات (حديد ٢) ويعذب المنافقين والمنافقات (فتح ١) وممن حولكم من الاعراب منافقون
(توبة ١٢) اذ يقول المنافقون (انفال ٦) يحذر المنافقون ان تنزل عليهم سورة (توبة ٨) واذ يقول المنافقون والذين في قلوبهم
(احزاب ٢) لئن لم ينته المنافقون (احزاب ٨) يوم يقول المنافقون والمنافقات (حديد ٢) اذا جاءك المنافقون (منافقين ١) رأيت
المنافقين (نساء ٩) بشر المنافقين (نساء ٢٠) ان الله جامع المنافقين (نساء ٢٠) وعد الله المنافقين (توبة ٩) ان المنافقين
هم الفاسقون (توبة ٩) ان المنافقين يخادعون الله (نساء ٢١) ان المنافقين في الدرك الاسفل من النار (نساء ٢١) وليعلمن المنافقين
(عنكبوت ٢) ويعذب المنافقين (احزاب ١٠) ان الله جامع المنافقين (نساء ٢٠) ان المنافقين لكاذبون (منافقين ١) ولكن
المنافقين لا يفقهون (منافقين ١) ولكن المنافقين لا يعلمون (منافقين ١) والمنافقين واغلظ عليهم (توبة ١٠ تحريم ١) ولا تطع
الكافرين والمنافقين (احزاب ٦) فامشوا في مناكبها (ملك ٢) اني ارى في المنام (صافات ١١) اذ يريكهم الله في منامك قليلا
(انفال ٦) ومن اياته منامكم بالليل (روم ٣) والتي لم تمت في منامها (زمر ٥) فكانت هباء منبثا (واقعة ١) كانهم جراد منتشر
(قمر ١) ام يقولون نحن جميع منتصر (قمر ٣) وما كان منتصرا (كهف ٥) وما كانوا منتصرين (ذاريات ٢) وما كان من المنتصرين
(قصص ٨) وانتظر انهم منتظرون (سجدة ٣) قل انتظروا انا منتظرون (انعام ٢٠) وانتظروا انا منتظرون (هود ١١) فانتظروا اني
معكم من المنتظرين (اعراف ٩) قل فانتظروا اني معكم من المنتظرين (يونس ١١) فانا منهم منتقمون (زخرف ٤) بطشة الكبرى انا منتقمون
(دخان ١) انا من المجرمين منتقمون (سجدة ٣) فهل انتم منتهون (مائدة ١٠) عند سدرة المنتهى (نجم ١) وان الى ربك المنتهى (نجم ٣)
الى ربك منتهاها (نازعات ٣) كتابا يلقاه منشورا (اسرائيل ٢) فجعلناه هباء منثورا (فرقان ٢) حسبتهم لؤلؤا منثورا (انسان ١)
انا منجوك واهلك الا امرأتك (عنكبوت ٤) الا ال لوط انا لمنجوهم اجمعين (حجر ٤) والمنخنقة والموقوذة (مائدة ١) انما انت منذر
من يخشاها (نازعات ٣) انما انت منذر ولكل قوم هاد (رعد ١) ان جاءهم منذر منهم (ص ١) قل انما انا منذر (ص ٥) وما اهلكنا من
قرية الا لها منذرون (شعراء ١١) ولقد ارسلنا فيهم منذرين (صافات ٢) فلما قضي ولوا الى قومهم منذرين (احقاف ٢) انا كنا
منذرين (دخان ١) فبعث الله النبيين مبشرين ومنذرين (بقرة ٢٦) رسلا مبشرين ومنذرين (نساء ٢٣) الا مبشرين ومنذرين
(انعام ٥ كهف ٧) فساء مطر المنذرين (شعراء ١١ نمل ٧) فانظر كيف كان عاقبة المنذرين (يونس ٨ صافات ٣) فساء صباح المنذرين
(صافات ٨) لتكون من المنذرين (شعراء ١١) فقل انما انا من المنذرين (نمل ٧) يعلمون انه منزل من ربك (انعام ١٤) وقل رب انزلني
منزلا مباركا (مؤمنين ٢) قال الله اني منزلها عليكم (مائدة ١٥) انا منزلون على اهل هذه القرية (عنكبوت ٤) ام نحن المنزلون
(واقعة ٢) بثلثة الاف من الملائكة منزلين (آل عمران ١٣) وما كنا منزلين (يس ٢) وانا خير المنزلين (يوسف ٨) وانت خير المنزلين
(مؤمنين ٢) ولكل امة جعلنا منسكا (حج ٥) لكل امة جعلنا منسكا (حج ٩) الا دابة الارض تاكل منسأته (سبأ ٢) وكنت نسيا
منسيا (مريم ٢) وله الجوار المنشآت في البحر (رحمن ٢) ام نحن المنشئون (واقعة ٢) ان يؤتى صحفا منشرة (مدثر ٢) وما نحن بمنشرين
(دخان ٢) في رق منشور (طور ١) كتابا يلقاه منشورا (اسرائيل ٢) انه كان منصورا (اسرائيل ٤) انهم لهم المنصورون
(صافات ٥) حجارة من سجيل منضود (هود ٧) وطلح منضود (واقعة ١) علمنا منطق الطير (نمل ٢) هل نحن منظرون (شعراء ١١)
وما كانوا منظرين (دخان ٢) وما كانوا اذا منظرين (حجر ١) قال انك من المنظرين (اعراف ٢) قال فانك من المنظرين (حجر ٣ ص ٥)
منع منا الكيل (يوسف ٨) وما منع الناس ان يؤمنوا (اسرائيل ١٠ كهف ٨) قال ما منعك الا تسجد (اعراف ٢) قال يا ابليس ما منعك
ان تسجد (ص ٥) قال يا هارون ما منعك (طه ١) وما منعنا ان نرسل بالايات (اسرائيل ٦) ومنعوا لخلاقكم (توبة ٥) وما منعهم
ان تقبل منهم نفقاتهم (توبة ٧) السماء منفطر به (مزمل ١) والمنفقين والمستغفرين بالاسحار (آل عمران ٢) والمشركين منفكين
حتى تأتيهم البينة (بينة ١) وتكون الجبال كالعهن المنفوش (قارعة ١) كانهم اعجاز نخل منقعر (قمر ٢) اى منقلب ينقلبون (شعراء ١١)

لاجدن خيرا منها منقلبا (كهف ٥) قالوا انا الى ربنا منقلبون (اعراف ١٣) قالوا لاضير انا الى ربنا منقلبون (شعراء ٣) وانا الى
ربنا لمنقلبون (زخرف ٢) وانا لموفوهم نصيبهم غير منقوص (هود ١٠) كانوا لا يتناهون عن منكر فعلوه (مائدة ١١) تعرف
في وجوه الذين كفروا المنكر (حج ٨) وتأتون في ناديكم المنكر (عنكبوت ٣) يأمرون بالمنكر (توبة ٧) وينهون عن المنكر (آل عمران
١٢ توبة ٨) تأمرون بالمعروف وتنهون عن المنكر (آل عمران ١١) وينهاهم عن المنكر (اعراف ١٩) والناهون عن المنكر (توبة ١٢)
ونهوا عن المنكر (حج ٥) وأمر بالمعروف وانه عن المنكر (لقمان ٢) وينهى عن الفحشاء والمنكر (نحل ٩) فانه يأمر بالفحشاء والمنكر (نور ٣)
تنهى عن الفحشاء والمنكر (عنكبوت ٥) وانهم ليقولون منكرا من القول (مجادلة ١) قلوبهم منكرة وهم مستكبرون (نحل ٣) قال
انكم قوم منكرون (حجر ٧) قال سلام قوم منكرون (ذاريات ٢) فعرفهم وهم له منكرون (يوسف ٧) فانتم له منكرون (انبياء ٥)
فهم له منكرون (مؤمنين ٧) ولقد مننا عليك مرة اخرى (طه ٢) ولقد مننا على موسى (صافات ٤) ومناة الثالثة الاخرى (نجم ٢)
واذا مسه الخير منوعا (معارج ١) نتربص به ريب المنون (طور ٣) لكل جعلنا منكم شرعة ومنهاجا (مائدة ٥) ففتحنا ابواب
السماء بماء منهمر (قمر ١) الم يك نطفة من مني يمنى (قيامة ٢) ان ابراهيم لحليم اواه منيب (هود ٨) لاية لكل عبد منيب (سبا ١)
وذكرى لكل عبد منيب (ق ١) وجاء بقلب منيب (ق ٣) دعاء ربهم منيبا اليه (زمر ١) منيبين اليه واتقوه (روم ٤) دعوا ربهم
منيبين اليه (روم ٤) ولا هدى ولا كتاب منير (حج ١ لقمان ٣) والزبر والكتاب المنير (آل عمران ١٩) وبالزبر وبالكتاب المنير

(ملائكة ٣) وجعل فيها سراجا وقمرا منيرا (فرقان ٦) وسراجا منيرا (احزاب ٦)

فصل الواو

واذا الموؤدة سئلت
(تكوير ١) بل لهم موعد لن يجدوا من دونه موئلا (كهف ٨) وترى الفلك مواخر فيه (نحل ٢) وترى الفلك فيه مواخر (ملائكة ٢) ونضع
الموازين القسط (انبياء ٥) فمن ثقلت موازينه (اعراف ١ مؤمنين ١١) ومن خفت موازينه (اعراف ١ مؤمنين ١١) فاما من ثقلت
موازينه (قارعة ١) واما من خفت موازينه (قارعة ١) يحرفون الكلم من بعد مواضعه (مائدة ٥) يحرفون الكلم عن مواضعه (نساء
٧ مائدة ٢) لقد نصركم الله في مواطن كثيرة (توبة ٣) فلا اقسم بمواقع النجوم (واقعة ١) فظنوا انهم مواقعوها (كهف ٦) قل هي
مواقيت للناس (بقرة ١٩) ولكل جعلنا موالي (نساء ٥) واني خفت الموالي من ورائي (مريم ١) فاخوانكم في الدين ومواليكم
(احزاب ١) وجعلنا بينهم موبقا (كهف ٦) حتى اذا حضر احدهم الموت (نساء ٣) ان حضر احدكم الموت (بقرة ٢١) حتى يتوفاهن الموت
(نساء ٢) اينما تكونوا يدرككم الموت (نساء ٣) ثم يدرككم الموت (نساء ١٤) ويأتيه الموت من كل مكان (ابراهيم ٣) حتى اذا جاء احدكم الموت (انعام
٧ حتى اذا جاء احدهم الموت (مؤمنين ٦) من قبل ان يأتي احدكم الموت (منافقين ٢) فتمنوا الموت ان كنتم صادقين (بقرة ١١ جمعة ١) اذا حضر
احدكم الموت (مائدة ١٤ بقرة ٢١) ولقد كنتم تمنون الموت (آل عمران ١٤) فادرءوا عن انفسكم الموت (آل عمران ١٧) فلما قضينا عليه الموت (سبا
٢) فيمسك التي قضى عليها الموت (زمر ٤) لا يذوقون فيها الموت (دخان ٣) نحن قدرنا بينكم الموت (واقعة ٢) الذي خلق الموت والحيوة
(ملك ١) من الصواعق حذر الموت (بقرة ٢) وهم الوف حذر الموت (بقرة ٣٢) فاصابتكم مصيبة الموت (مائدة ١٤) ملك الموت الذي وكل
بكم (سجدة ٢) وجاءت سكرة الموت (ق ٢) كل نفس ذائقة الموت (آل عمران ١٩ انبياء ٣ عنكبوت ٦) فاصابتكم مصيبة الموت (مائدة ١٤) ولو
ترى اذ الظالمون في غمرات الموت (انعام ١١) ولئن قلت انكم مبعوثون من بعد الموت (هود ١) كانما يساقون الى الموت (انفال ١) قل ان
الموت الذي تفرون منه فانه ملاقيكم (جمعة ١) ان فررتم من الموت او القتل (احزاب ٢) نظر المغشي عليه من الموت (قتال ٣) كالذي يغشى
عليه من الموت (احزاب ٢) ولا يملكون موتا ولا حيوة (فرقان ١) الا موتتنا الاولى (صافات ٢ دخان ٣) ثم بعثناكم من بعد موتكم
(بقرة ٦) فقال لهم الله موتوا ثم احياهم (بقرة ٣٢) قل موتوا بغيظكم (آل عمران ١٢) ما دلهم على موته الا دابة الارض (سبا ٢)
الا ليؤمنن به قبل موته (نساء ٢٢) فاحيا به الارض بعد موتها (بقرة ٢٠ نحل ٨ جاثية ١) فاحيا به الارض من بعد موتها (عنكبوت ٦) قال
انى يحيي هذه الله بعد موتها (بقرة ٣٥) ويحيي الارض بعد موتها (روم ٣) فيحيي به الارض بعد موتها (روم ٣) كيف يحيي الارض بعد موتها
(روم ٥) فاحيينا به الارض بعد موتها (ملائكة ٢) الله يتوفى الانفس حين موتها (زمر ٥) اعلموا ان الله يحيي الارض بعد موتها (حديد ٢)
واذ قال ابراهيم رب ارني كيف تحيي الموتى (بقرة ٣٥) كذلك يحيي الله الموتى (بقرة ٨) واحيي الموتى باذن الله (آل عمران ٥) وكلمهم الموتى (انعام ١٣)
واذ تخرج الموتى باذني (مائدة ١٥) كذلك نخرج الموتى (اعراف ٧) او كلم به الموتى (رعد ٤) وانه يحيي الموتى (حج ١) انك لا تسمع الموتى (نمل ٦)
ان الله لمحيي الموتى (روم ٥) فانك لا تسمع الموتى (روم ٥) انا نحن نحيي الموتى (يس ١) وهو يحيي الموتى (شورى ١) ان الذي احياها لمحيي

الموتى (فصلت ع) بقادر على ان يحيي الموتى (احقاف ۴ قيامة ع) والموتى يبعثهم الله (انعام ع) حتى تؤتون موثقا من الله
(يوسف ۸) ان اباكم قد اخذ عليكم موثقا من الله (يوسف ۱۰) فلما اتوه موثقهم (يوسف ۸) يغشيه موج من فوقه موج
(نور ع) واذا غشيهم موج كالظلل (لقمن ع) وهي تجري بهم في موج كالجبال (هود ۵) وجاءهم الموج من كل مكان (يونس ۳)
وحال بينهما الموج (هود ۵) ليقولن كان لم تكن بينكم وبينه مودة (نساء) مودة بينكم في الحيوة الدنيا (عنكبوت ۳) ولتجدن
اقربهم مودة (مائدة ۱) وجعل بينكم مودة ورحمة (روم ۳) عاديتم منهم مودة (ممتحنة ۱) الا المودة في القربى (شورى ۳)
تلقون اليهم بالمودة (ممتحنة ۱) تسرون اليهم بالمودة (ممتحنة ۱) يوم تمور السماء مورا (طور ۱) وبئس الورد المورود
(هود ۹) فالموريات قدحا (عاديات ۱) وانبتنا فيها من كل شيء موزون (حجر ۲) ومتعوهن على الموسع قدره (بقرة ۳۱)
والسماء بنيناها بايد وانا لموسعون (ذاريات ۵) اتذر موسى وقومه ليفسدوا في الارض (اعراف ۱۴) واذ اتينا موسى الكتاب
(بقرة ۶) ولقد اتينا موسى تسع ايات (اسراءيل ۱۲) ولقد اتينا موسى الهدى (مؤمن ۶) ولقد اتينا موسى وهارون الفرقان (انبياء ۵)
ولقد اتينا موسى الكتاب (بقرة ۹ هود ۱۲ مؤمنين ۵ فرقان ۴ قصص ۵ فصلت ۵) واتينا موسى سلطانا مبينا (نساء ۲۲) واتينا موسى
الكتاب (اسراءيل ۱) ثم اتينا موسى الكتاب تماما (انعام ۱۶) واختار موسى قومه (اعراف ۱۹) لا تكونوا كالذين اذوا موسى (احزاب ۹)
ثم ارسلنا موسى واخاه هارون (مؤمنين ۵) ولقد ارسلنا موسى باياتنا (هود ۱۰ ابراهيم ۱ مؤمن ۴ زخرف ۵) ثم ارسلنا واذ
استسقى موسى لقومه (بقرة ۶) قال اصحاب موسى انا لمدركون (شعراء ۴) فالقى موسى عصاه (شعراء ۴) وبقية مما ترك ال موسى وال
هارون (بقرة ۳۲) وكلم الله موسى تكليما (نساء ۲۳) قالوا لولا اوتي مثل ما اوتي موسى (قصص ۵) بما اوتي موسى من قبل (قصص ۵)
لعلي اطلع الى اله موسى (قصص ۴) فاطلع الى اله موسى (مؤمن ۴) فقالوا هذا الهكم واله موسى فنسي (طه ۴) حتى يرجع الينا موسى
(طه ۴) فاصبح فؤاد ام موسى فارغا (قصص ۱) واوحينا الى ام موسى (قصص ۱) وانجينا موسى ومن معه اجمعين (شعراء ۴) وما
اوتي موسى وعيسى (بقرة ۱۶ ال عمران ۹) الم تر الى الملا من بني اسراءيل من بعد موسى (بقرة ۳۲) انزل من بعد موسى (احقاف ۴)
ثم بعثنا من بعدهم موسى (اعراف ۱۳ يونس ۸) قل من انزل الكتاب الذي جاء به موسى (انعام ۱۱) ولما جاء موسى لميقاتنا (اعراف ۱۷)
ولقد جاءكم موسى بالبينات (بقرة ۱۱) فلما جاءهم موسى (قصص ۴) ولقد جاءهم موسى من قبل (قصص ۵) ولقد جاءهم
موسى بالبينات (عنكبوت ۴) وهل اتيك حديث موسى (طه ۱) هل اتيك حديث موسى (نازعات ۲) فاوجس في نفسه خيفة موسى (طه ۳)
وخر موسى صعقا (اعراف ۱۷) برب موسى وهارون (اعراف ۱۴ شعراء ۳) واذ نادى ربك موسى (شعراء ۱) ولما رجع موسى الى قومه
(اعراف ۱۸) فرجع موسى الى قومه (طه ۴) كما سئل موسى من قبل (بقرة ۱۳) فقد سالوا موسى اكبر (نساء ۲۲) ام لم ينبا بما في صحف موسى
قال موسى لقومه (اعراف ۱۵) قال موسى اتقولون للحق لما جاءكم (يونس ۸) فلما القوا قال موسى ما جئتم به السحر (يونس ۸) اذ قال موسى لاهله
(نمل ۱) واذ قال موسى لفتيه (كهف ۹) واذ قال موسى لقومه (بقرة ۶-۸ مائدة ۴ ابراهيم ۱ مرتين صف ۱) واذ قال موسى لقومه (ابراهيم ۱)
وقال موسى ان تكفروا انتم (ابراهيم ۱) وقال موسى يا فرعون (اعراف ۱۳) وقال موسى لاخيه هارون (اعراف ۱۷) وقال موسى يا قوم (يونس ۹)
وقال موسى ربنا انك اتيت فرعون (يونس ۹) وقال موسى ربي اعلم (قصص ۴) وقال موسى اني عذت بربي (مؤمن ۳) فلما قضى موسى
الاجل (قصص ۴) واتخذ قوم موسى من بعده (اعراف ۱۸) ان قارون كان من قوم موسى (قصص ۸) ومن قوم موسى امة يهدون
بالحق (اعراف ۲۰) من قبله كتاب موسى (احقاف ۲) ومن قبله كتاب موسى اماما ورحمة (هود ۲ احقاف ۲) واذكر في الكتاب موسى (مريم ۴)
واصحاب مدين وكذب موسى (حج ۶) قال له موسى هل اتبعك (كهف ۹) قال لهم موسى (قصص ۴) قال لهم موسى القوا ما انتم ملقون
(يونس ۸ شعراء ۳) قال لهم موسى ويلكم (طه ۳) نتلوا عليك من نبا موسى (قصص ۱) واذ واعدنا موسى اربعين ليلة (بقرة ۶) وواعدنا
موسى ثلثين ليلة (اعراف ۱۷) فوكزه موسى (قصص ۲) واوحينا الى موسى (اعراف ۱۴-۱۷ يونس ۹ شعراء ۴) ولقد اوحينا الى موسى
(طه ۴) فاوحينا الى موسى (شعراء ۴) اذ قضينا الى موسى الامر (قصص ۵) وانجينا موسى ومن معه (اعراف ۱۶) ولقد مننا على موسى
(صافات ۳) سلام على موسى وهارون (صافات ۳) ولما سكت عن موسى الغضب (اعراف ۱۹) وفي موسى اذ ارسلناه الى فرعون
(ذاريات ۲) فما امن لموسى الا ذرية من قومه (يونس ۹) ويوسف وموسى وهارون (انعام ۱۰) قالوا امنا برب هارون وموسى (طه ۳)
وموسى وعيسى ابن مريم (احزاب ۱) وما وصينا به ابراهيم وموسى (شورى ۲) صحف ابراهيم وموسى (اعلى ۱) يا موسى اني انا الله (قصص ۴)

فاوجس

وقال فرعون ذروني اقتل موسى (مؤمن ۳)

يا موسى لا تخف (نمل ١) واذ قلتم يا موسى لن نؤمن لك (بقرة ٦) واذ قلتم يا موسى لن نصبر (بقرة ٧) انى لاظنك يا موسى مسحورا (اسرائيل ١٠)
فلما اتيها نودى يا موسى (طه ١) وما تلك بيمينك يا موسى (طه ٣) قال القها يا موسى (طه ٢) قال قد اوتيت سؤلك يا موسى (طه ٢) ثم جئت على
قدر يا موسى (طه ٤) قال فمن ربكما يا موسى (طه ٥) لتخرجنا من ارضنا بسحرك يا موسى (طه ٦) وما اعجلك عن قومك يا موسى (طه ١) قال يا موسى
اتريد ان تقتلنى (قصص ٣) قال يا موسى اقبل ولا تخف (قصص ٤) قال يا موسى ان الملأ يأتمرون (قصص ٢) يا موسى انه انا الله (نمل ١)
قال يا موسى انى اصطفيتك (اعراف ١٧) قالوا يا موسى ان فيها قوما جبارين (مائدة ٤) قالوا يا موسى اجعل لنا الها (اعراف ١٦) قالوا يا
موسى ادع لنا ربك (اعراف ١٦) قالوا يا موسى اما ان تلقى (اعراف ١٤ طه ٧) قالوا يا موسى انا لن ندخلها ابدا (مائدة ٤) فمن خاف من موص
جنفا (بقرة ١٩) واكواب موضوعة (غاشية ١) على سرر موضونة (واقعة ١) ولا يطؤن موطئا يغيظ الكفار (توبة ١٢) بل لهم
موعد لن يجدوا من دونه موئلا (كهف ٦) بل زعمتم ان لن نجعل لكم موعدا (كهف ٥) فاجعل بيننا وبينك موعدا (طه ٦) وان لك موعدا
لن تخلفه (طه ١٠) وجعلنا لمهلكهم موعدا (كهف ٦) الا عن موعدة وعدها اياه (توبة ١٢) قالوا ما اخلفنا موعدك (طه ٩) قال
موعدكم يوم الزينة (طه ٦) ومن يكفر به من الاحزاب فالنار موعده (هود ٢) بل الساعة موعدهم (قمر ٥) ان موعدهم الصبح (هود ٨)
وان جهنم لموعدهم اجمعين (حجر ٥) فاخلفتم موعدى (طه ٩) فمن جاءه موعظة من ربه (بقرة ٢) قد جاءتكم موعظة من ربكم
(يونس ٦) من كل شىء موعظة (اعراف ١٩) وهدى وموعظة (ال عمران ١٤ مائدة ٥) وجاءك فى هذه الحق وموعظة (هود ١٣) وموعظة
للمتقين (بقرة ٧ نور ١٠) بالحكمة والموعظة الحسنة (نحل ١٣) واليوم الموعود (بروج ١) فان جهنم جزاؤكم جزاء موفورا
(اسرائيل ٧) والموفون بعهدهم (بقرة ١١) وانا لموفوهم نصيبهم (هود ١١) نار الله الموقدة التى تطلع (همزة ١) فارجعنا
نعمل صالحا انا موقنون (سجدة ٢) ان كنتم موقنين (شعراء ٣ دخان ١) وفى الارض ايات للموقنين (ذاريات ٢) وليكون
من الموقنين (انعام ٩) كانت على المؤمنين كتابا موقوتا (نساء ١١) والموقوذة والمتردية (مائدة ١) ولو ترى اذ الظالمون موقوفون
عند ربهم (سبا ٤) ولا مولود له بولده (بقرة ٤) ولا مولود هو جاز عن والده شيئا (لقمان ٤) وعلى المولود له رزقهن
(بقرة ٤) بان الله مولى الذين امنوا (قتال ٢) يوم لا يغنى مولى عن مولى شيئا (دخان ٥) وان الكافرين لا مولى لهم (قتال ٢)
نعم المولى ونعم النصير (انفال ٥ حج ١) لبئس المولى ولبئس العشير (حج ٢) بل الله مولاكم وهو خير الناصرين (ال عمران ١٥) فاعلموا
ان الله مولاكم (انفال ٥) والله مولاكم وهو العليم (تحريم ١) واعتصموا بالله هو مولاكم (حج ٨) هى مولاكم وبئس المصير (حديد ٢)
انت مولانا (بقرة ٩) قل لن يصيبنا الا ما كتب الله لنا هو مولانا (توبة ٦) فان الله هو موليه وجبريل (تحريم ١) وهو كل على مولاه
(نحل ١) ولكل وجهة هو موليها (بقرة ١٥) وردوا الى الله مولاهم الحق (يونس ٣) ثم ردوا الى الله مولاهم الحق (انعام ٧) وان الله
موهن كيد الكافرين (انفال ٢) **فصل الهاء** وقال انى مهاجر الى ربى (عنكبوت ٣) ومن يخرج من بيته مهاجرا الى الله
ورسوله (نساء ١) اذا جاءكم المؤمنات مهاجرات (ممتحنة ١) للفقراء المهاجرين (حشر ١) من المهاجرين والانصار (توبة ١١)
لقد تاب الله على النبى والمهاجرين (توبة ١٢) والمهاجرين فى سبيل الله (نور ٣) لهم من جهنم مهاد (اعراف ٥) يصلونها فبئس
المهاد (ص ٤) ولبئس المهاد (بقرة ١) وبئس المهاد (ال عمران ٢-١٠ رعد ٢) الم نجعل الارض مهادا (نبا ١) ويخلد فيه مهانا
(فرقان ٦) والكتاب فمنهم مهتد (حديد ١) من يهدى الله فهو المهتد (اسرائيل ١١ كهف ٢) من يهد الله فهو المهتدى (اعراف ٢١)
اولئك لهم الامن وهم مهتدون (انعام ٩) ويحسبون انهم مهتدون (زخرف ١٢ اعراف ٣) من لا يسألكم اجرا وهم مهتدون (يس ٢)
وانا على اثارهم مهتدون (زخرف ١) ان شاء الله لمهتدون (بقرة ٧) بما عهد عندك اننا لمهتدون (زخرف ٥) وما كانوا
مهتدين (بقرة ٢ انعام ١٤ يونس ٥) وهو اعلم بالمهتدين (انعام ١٢ نحل ١٣ قصص ٦ نون ١) وما انا من المهتدين (انعام
ان يكونوا من المهتدين (توبة ٢) يا رب ان قومى اتخذوا هذا القران مهجورا (فرقان ٣) ويكلم الناس فى المهد (ال عمران ٥) تكلم
الناس فى المهد (مائدة ١٥) من كان فى المهد صبيا (مريم ٣) الذى جعل لكم الارض مهدا (طه ١٠ زخرف ١) ومهدت له تمهيدا
(مدثر ١) مهزوم من الاحزاب (ص ١) مهطعين مقنعى رءوسهم (ابراهيم ٥) مهطعين الى الداع (قمر ١) فمال الذين كفروا
قبلك مهطعين (معارج ٢) يغاثوا بماء كالمهل (كهف ٤) كالمهل يغلى فى البطون (دخان ٥) يوم تكون السماء كالمهل (معارج ١)
فمهل الكافرين امهلهم رويدا (طارق ١) ذلك ان لم يكن ربك مهلك القرى (انعام ١٥) وما كان ربك مهلك القرى (قصص

ما شهدنا مهلك اهله (نمل ۵) قالوا انا مهلكوا اهل هذه القرية (عنكبوت ۴) وان من قرية الا نحن مهلكوها (اسرائيل ٦) ان الله
مهلكهم او معذبهم عذابا شديدا (اعراف ١٧) وجعلنا لمهلكهم موعدا (كهف ٦) وما كنا مهلكي القرى (قصص ٦) فكانوا من
المهلكين (مؤمنين ۵) ومهلهم قليلا (مزمل ٢) وكانت الجبال كثيبا مهيلا (مزمل ٢) السلام المؤمن المهيمن (حشر ٣)
الكتاب ومهيمنا عليه (مائدة ۵) وللكافرين عذاب مهين (بقرة ٩ مجادلة ١) ولهم عذاب مهين (آل عمران ١٨) لهم عذاب مهين
(نساء ٣) لهم عذاب مهين (حج ٦ لقمان ١ جاثية ١) فلهم عذاب مهين (حديد ٢) من هذا الذي هو مهين (زخرف ٦) من سلالة من
ماء مهين (سجدة ١) الم نخلقكم من ماء مهين (مرسلات ٢) ولا تطع كل حلاف مهين (نون ١) ما لبثوا في العذاب المهين (سبا ٢) من
العذاب المهين (دخان ٣) واعتدنا للكافرين عذابا مهينا (نساء ٥-١٧) واعد لهم عذابا مهينا (احزاب ٧) ان الله اعد للكافرين
مهينا (نساء ١١)

فصل الياء

يخرج الحي من الميت ويخرج الميت من الحي (روم ٢) ومن يخرج الحي من الميت ويخرج
الميت من الحي (يونس ٣) او من كان ميتا فاحييناه (انعام ١٥) ان يأكل لحم اخيه ميتا (حجرات ٢) لنحيي به بلدة ميتا (فرقان ۵) فانشرنا به بلدة
ميتا (زخرف ١) واحيينا به بلدة ميتا (ق ١) وان يكن ميتة فهم فيه شركاء (انعام ١٧) الا ان يكون ميتة او دما (انعام ١٨) حرمت
عليكم الميتة (مائدة ١) واية لهم الارض الميتة (يس ٣) انما حرم عليكم الميتة (بقرة ٨ نحل ١٥) انك ميت وانهم ميتون (زمر ٣)
ثم انكم بعد ذلك لميتون (مؤمنين ٢) فما نحن بميتين (صافات ١٦) الا الذين يصلون الى قوم بينكم وبينهم ميثاق (نساء ١٣) فان
كان من قوم بينكم وبينهم ميثاق (نساء ١٣) الا على قوم بينكم وبينهم ميثاق (انفال ٩) واذ اخذنا ميثاق بني اسرائيل (بقرة ١٠) لقد اخذنا
ميثاق بني اسرائيل (مائدة ١١) ولقد اخذ الله ميثاق بني اسرائيل (مائدة ٣) واذ اخذ الله ميثاق النبيين (آل عمران ٩) واذ اخذ الله
ميثاق الذين اوتوا الكتاب (آل عمران ١٩) الم يؤخذ عليهم ميثاق الكتاب (اعراف ٢١) ولا ينقضون الميثاق (رعد ٣) واخذن منكم
ميثاقا غليظا (نساء ٣) واخذنا منهم ميثاقا غليظا (نساء ٢٢ - احزاب ١) واذ اخذنا ميثاقكم (بقرة ٧-١٠) وقد اخذ ميثاقكم (حديد ١)
الذين ينقضون عهد الله من بعد ميثاقه (بقرة ٣) والذين ينقضون عهد الله من بعد ميثاقه (رعد ٣) وميثاقه الذي واثقكم به (مائدة ٢)
فبما نقضهم ميثاقهم (نساء ٢٢ مائدة ٣) لقد اخذنا ميثاقهم (مائدة ١٠) واذ اخذنا من النبيين ميثاقهم (احزاب ١) ورفعنا فوقهم الطور
بميثاقهم (نساء ٢٢) ولله ميراث السموات (آل عمران ١٨ حديد ١) ووضع الميزان (رحمن ١) ولا تخسروا الميزان (رحمن ١) الا تطغوا
في الميزان (رحمن ١) واوفوا الكيل والميزان (انعام ١٩) فاوفوا الكيل والميزان (اعراف ١١) ولا تنقصوا المكيال والميزان (هود ٨)
اوفوا المكيال والميزان (هود ٨) الله الذي انزل الكتاب بالحق والميزان (شورى ٢) وانزلنا معهم الكتاب والميزان (حديد ٣)
انما الخمر والميسر (مائدة ١٢) يسئلونك عن الخمر والميسر (بقرة ٢٧) والبغضاء في الخمر والميسر (مائدة ١٢) فنظرة الى ميسرة (بقرة ٣٨)
فقل لهم قولا ميسورا (اسرائيل ٣) قل لكم ميعاد يوم (سبا ٤) ان الله لا يخلف الميعاد (آل عمران ١) انك لا تخلف الميعاد
(آل عمران ٢٠) لا يخلف الله الميعاد (زمر ٢) ولو تواعدتم لاختلفتم في الميعاد (انفال ۵) فتم ميقات ربه (اعراف ١٧) الى ميقات يوم
معلوم (واقعة ۵) فجمع السحرة لميقات يوم معلوم (شعراء ٣) ان يوم الفصل كان ميقاتا (نبا ١) ولما جاء موسى لميقاتنا (اعراف ١٧)
سبعين رجلا لميقاتنا (اعراف ٢٠) ان يوم الفصل ميقاتهم اجمعين (دخان ٣) وجبريل وميكال (بقرة ١٢) فلا تميلوا كل الميل
(نساء ١٩) ان تميلوا ميلا عظيما (نساء ۵) فيميلون عليكم ميلة واحدة (نساء ١٥) فاصحاب الميمنة ما اصحاب الميمنة (واقعة ١) اولئك
اصحاب الميمنة (بلد ١)

باب النون فصل الهمزة

اعرض ونا بجانبه (اسرائيل
نات بخير منها (بقرة ١٣) انا نأتي الارض ننقصها (رعد ٦ - انبياء ٤) وما كان لنا ان نأتيكم بسلطان (ابراهيم ٢) فلنأتينك
بسحر مثله (طه ٦) فلنأتينهم بجنود لا قبل لهم (نمل ٣) قالوا نريد ان نأكل منها (مائدة ١٥) ثواب الدنيا نؤته منها (آل عمران
ومن يرد ثواب الاخرة نؤته منها (آل عمران ١٥) فسوف نؤتيه اجرا عظيما (نساء ٨-١٢) نؤته منها وما له في الاخرة (شورى ٣) وتعمل
صالحا نؤتها اجرها مرتين (احزاب ٤) حتى نؤتى مثل ما اوتي رسل الله (انعام ١٥) قالوا انؤثرك على ما جاءنا (طه ٣)
قالوا معاذ الله ان نأخذ (يوسف ٩) وما نؤخره الا لاجل معدود (هود ٩) قالوا نؤمن بما انزل علينا (بقرة ١١) نؤمن
ببعض ونكفر ببعض (نساء ٢١) قالوا انؤمن كما آمن السفهاء (بقرة ٢) قالوا انؤمن لك (شعراء ١٢) فقالوا انؤمن لبشرين مثلنا
(مؤمنين ٣) وما لنا لا نؤمن بالله (مائدة ١١) الا نؤمن لرسول (آل عمران ١٩) قالوا لن نؤمن حتى نؤتى (انعام ١٥) قل

لا تعتذروا لن نؤمن لكم (توبة ۱۱) وقالوا لن نؤمن لك (اسرائیل ۱۰) لن نؤمن لك (بقرة ۶) وقال الذين كفروا لن نؤمن بهذا القرآن
(سبا ۴) ولن نؤمن لرقيك (اسرائیل ۱۰) لنؤمنن لك ولنرسلن (اعراف ۱۶)

فضل الالف

ان اتيهم بآياتنا بياتا وهم نائمون (اعراف ۱۰) طائف من ربك وهم نائمون (نون ۲) وقال للذي ظن انه ناج منهما (يوسف ۵) اذا
ناجيتم الرسول (مجادلة ۲) فنادته الملائكة وهو قائم (آل عمران ۴) في انفسهم نادمين (مائدة ۸) قال عما قليل ليصبحن نادمين
(مؤمنون ۳) فاصبحوا نادمين (شعراء ۸) فتصبحوا على ما فعلتم نادمين (حجرات ۱) فاصبح من النادمين (مائدة ۵) فنادوا شركائي
الذين زعمتم (كهف ۷) فنادوا ولات حين مناص (ص ۱) فنادوا صاحبهم (قمر ۲) ونادوا يا مالك ليقض علينا ربك (زخرف ۷)
اذ نادى ربه نداء خفيا (مريم ۱) ونوحا اذ نادى من قبل (انبياء ۶) وايوب اذ نادى ربه (انبياء ۶) وزكريا اذ نادى ربه (انبياء ۶)
واذكر عبدنا ايوب اذ نادى ربه (ص ۴) اذ نادى وهو مكظوم (نون ۲) واذ نادى ربك موسى (شعراء ۲) فنادى في الظلمات
(انبياء ۶) فحشر فنادى (نازعات ۱) ونادى اصحاب الجنة (اعراف ۵) ونادى اصحاب الاعراف (اعراف ۵) ونادى اصحاب
النار (اعراف ۵) ونادى نوح ابنه (هود ۴) ونادى فرعون (زخرف ۵) واذا ناديتم الى الصلوة (مائدة ۸) وتأتون في ناديكم
المنكر (عنكبوت ۳) اذ نادينا ولكن رحمة من ربك (قصص ۵) ولقد نادانا نوح (صافات ۳) ونادينا من جانب الطور الايمن
(مريم ۴) ونادينا ان يا ابراهيم (صافات ۳) اذ ناداه ربه (نازعات ۱) فناداها من تحتها (مريم ۲) وناداهما ربهما (اعراف ۲)
قل نار جهنم اشد حرا (توبة ۱۱) قلنا يا نار كوني بردا وسلاما (انبياء ۵) فاصابها اعصار فيه نار (بقرة ۳۶) ولو لم تمسسه نار (نور ۵) عليهم
نار موصدة (بلد ۱) نار حامية (قارعة ۱) فان له نار جهنم خالدا فيها (توبة ۸) والكفار نار جهنم (توبة ۹) يوم يدعون الى نار جهنم
(طور ۱) يوم يحمى عليها في نار جهنم (توبة ۵) فانها له نار جهنم (توبة ۱۱) والمشركين في نار جهنم (بينة ۱) والجان خلقناه من قبل من
نار السموم (حجر ۳) خلقتني من نار وخلقته من طين (ص ۵) قطعت لهم ثياب من نار (حج ۲) من مارج من نار (رحمن ۱) يرسل عليكما شواظ
من نار (رحمن ۲) لن تمسنا النار (بقرة ۹ - آل عمران ۳) ومأويهم النار وبئس مثوى (آل عمران ۱۶) حتى يأتينا بقربان تأكله
النار (آل عمران ۱۹) ومأويه النار (مائدة ۱۰) وعقبى الكافرين النار (رعد ۵) اولئك مأويهم النار (يونس ۱) فتمسكم النار (هود ۱۰)
وتغشى وجوههم النار (ابراهيم ۷) تلفح وجوههم النار وهم فيها كالحون (مؤمنون ۶) النار وعدها الله (حج ۱۰) ومأويهم النار وبئس
المصير (نور ۷) ومأويكم النار (عنكبوت ۳ - جاثية ۴) فمأويهم النار (سجدة ۲) النار يعرضون عليها (مؤمن ۵) ذلك جزاء اعداء الله
النار (فصلت ۴) هذه النار التي كنتم بها تكذبون (طور ۱) مأويكم النار هي مولكم (حديد ۲) فاتقوا النار التي وقودها الناس والحجارة
(بقرة ۳) قال النار مثويكم خالدين فيها (انعام ۱۵) واتقوا النار التي اعدت للكافرين (آل عمران ۱۴) ربنا انك من تدخل النار (آل عمران)
فاسد هم النار (هود ۱۰) لا جرم ان لهم النار (نحل ۱۵) حين لا يكفون عن وجوههم النار (انبياء ۷) ورأى المجرمون النار (كهف ۷) افرأيتم
النار التي تورون (واقعة ۳) وقيل ادخلا النار مع الداخلين (تحريم ۲) الذي يصلى النار الكبرى (اعلى ۱) ثم اضطره الى عذاب النار
(بقرة ۱۵) انهم صالوا النار (ص ۴) اصحاب النار افنظر اصحاب اكبر من خلق النار (مؤمن ۶) وقنا عذاب النار (بقرة ۲۱ - آل عمران ۲)
واولئك هم وقود النار (آل عمران ۱) سبحانك فقنا عذاب النار (آل عمران ۲۰) وان للكافرين عذاب النار (انفال ۲) ذوقوا عذاب
النار (سجدة ۲ سبا ۵) ان ذلك لحق تخاصم اهل النار (ص ۷) ولهم في الآخرة عذاب النار (حشر ۱) النار ذات الوقود (بروج ۱) وقال
لهم خزنة النار (مؤمن ۵) اولئك الذين ليس لهم في الآخرة الا النار (هود ۲) اولئك ما يأكلون في بطونهم الا النار (بقرة ۲۱) اولئك
يدعون الى النار (بقرة ۲۷) فان مصيركم الى النار (ابراهيم ۵) وتدعونني الى النار (مؤمن ۵) ويوم يحشر اعداء الله الى النار (فصلت ۲)
يوم يدعون الى النار (طور ۱) فما اصبرهم على النار (بقرة ۲۱) ولو ترى اذ وقفوا على النار (انعام ۳) او اجد على النار هدى (طه ۱)
ويوم يعرض الذين كفروا على النار (احقاف ۲-۴) يوم هم على النار يفتنون (ذاريات ۱) فمن زحزح عن النار (آل عمران ۱۹) من
الاحزاب فالنار موعده (هود ۲) فان يصبروا فالنار مثوى لهم (فصلت ۴) قد خلت من قبلكم من الجن والانس في النار (اعراف ۴)
وهم يوقدون عليه في النار (رعد ۲) ان بورك من في النار (نمل ۱) فكبت وجوههم في النار (نمل ۷) يوم تقلب وجوههم في النار
(احزاب ۷) فزده عذابا ضعفا في النار (ص ۷) افانت تنقذ من في النار (زمر ۲) واذ يتحاجون في النار (مؤمن ۵) وقال الذين في النار
في النار (مؤمن ۵) ثم في النار يسجرون (مؤمن ۸) افمن يلقى في النار خير (فصلت ۵) كمن هو خالد في النار (قتال ۲) يوم يسحبون في

ونادى نوح ربه (هود ۵)

(قمر) فكان عاقبتهما انهما في النار (حشر) واما الذين شقوا ففي النار (هود ٩) وفي النار هم خالدون (توبة ٨) وما هم بخارجين
من النار (بقرة ٢٠) وكنتم على شفا حفرة من النار (ال عمران ١١) ان المنافقين في الدرك الاسفل من النار (نساء ٢١) يريدون
ان يخرجوا من النار (مائدة ٦) فاتهم عذابا ضعفا من النار (اعراف ٤) او جذوة من النار (قصص ٤) لهم من فوقهم ظلل من النار
(زمر ٢) فانجيه الله من النار (عنكبوت ٣) فهل انتم مغنون عنا نصيبا من النار (مؤمن ٥) فويل للذين كفروا من النار (ص ٣)
والنار مثوى لهم (قتال ٢) مثلهم كمثل الذي استوقد نارا (بقرة ٢) انما يأكلون في بطونهم نارا (نساء ١) يدخله نارا (نساء ٢) فسوف
نصليه نارا (نساء ٥) سوف نصليهم نارا (نساء ٨) كلما اوقدوا نارا للحرب (مائدة ٩) حتى اذا جعله نارا (كهف ١١) انا اعتدنا للظالمين
نارا (كهف ٤) اذ رأى نارا فقال لاهله امكثوا (طه ١) اني انست نارا (طه ١ قصص ٣ نمل ١) انس من جانب الطور نارا (قصص ٤) الذي جعل
لكم من الشجر الاخضر نارا (يس ٥) قوا انفسكم واهليكم نارا (تحريم ١) اغرقوا فادخلوا نارا (نوح ٢) تصلى نارا حامية (غاشية ١) فانذرتكم
نارا تلظى (ليل ١) سيصلى نارا ذات لهب (مسد ١) والنازعات غرقا (نازعات ١) امنوا كما امن الناس (بقرة ٢) التي وقودها
الناس والحجارة (بقرة ٣) وقودها الناس والحجارة (تحريم ١) ثم افيضوا من حيث افاض الناس (بقرة ٢٥) الذين قال لهم الناس ان
الناس قد جمعوا لكم (ال عمران ١٨) تخافون ان يتخطفكم الناس (انفال ٣) مما يأكل الناس والانعام (يونس ٣) يومئذ يصدر الناس
(زلزال ١) يوم مجموع له الناس (هود ٩) ذلك عام فيه يغاث الناس (يوسف ٥) احسب الناس ان يتركوا (عنكبوت ١) ويتخطف
الناس من حولهم (عنكبوت ٧) يغشى الناس (دخان ١) واذا حشر الناس كانوا لهم اعداء (احقاف ١) وان يحشر الناس ضحى
(طه ٣) ولولا ان يكون الناس امة واحدة (زخرف ٣) تنزع الناس كانهم اعجاز نخل (قمر ١) كان الناس امة واحدة (بقرة ٢٦) وما كان الناس
الا امة واحدة (يونس ٢) يايها الناس اعبدوا ربكم (بقرة ٣) ان يشاء يذهبكم ايها الناس (نساء ١٩) يايها الناس اتقوا ربكم (نساء ١ حج ١ لقمان ٤)
يايها الناس اذكروا نعمة الله عليكم (ملائكة ١) قل يايها الناس ان كنتم في شك (يونس ١١) يايها الناس ان كنتم في ريب (حج ١) يايها الناس
ان وعد الله حق (ملائكة ١) يايها الناس انا خلقناكم (حجرات ٢) يايها الناس انتم الفقراء (ملائكة ٣) يايها الناس انما انا لكم نذير مبين
(حج ٧) يايها الناس انما بغيكم على انفسكم (يونس ٣) يايها الناس اني لكم رسول (اعراف ٢٠) يايها الناس ضرب مثل فاستمعوا (حج ١٠) وقال
يايها الناس علمنا منطق الطير (نمل ٢) يايها الناس قد جاءتكم موعظة (يونس ٦) يايها الناس قد جاءكم الرسول (نساء ٢٣) يايها الناس
قد جاءكم برهان (نساء ٢٤) قل يايها الناس قد جاءكم الحق (يونس ١١) يايها الناس كلوا مما في الارض (بقرة ٢١) قل يايها الناس اني رسول
الله اليكم جميعا (اعراف ٢٠) يسألك الناس عن الساعة (احزاب ٨) يوم يقوم الناس لرب العالمين (مطففين ١) ليقوم الناس بالقسط (حديد)
يوم يكون الناس كالفراش المبثوث (قارعة ١) ورأيت الناس يدخلون (نصر ١) اتأمرون الناس بالبر (بقرة ٥) يعلمون الناس السحر
(بقرة ١٢) ولولا دفع الله الناس (بقرة ٣٣ حج ٦) تنزع الناس كانهم اعجاز نخل (قمر ٢) لا يسألون الناس الحافا (بقرة ٣٧) الا تكلم الناس
ثلث ليال (مريم ١) الا تكلم الناس ثلثة ايام (ال عمران ٤) تكلم الناس في المهد وكهلا (مائدة ١٥) ويكلم الناس في المهد وكهلا (ال عمران ٥)
ويأمرون الناس بالبخل (نساء ٦) فاذا لا يؤتون الناس نقيرا (نساء ٨) ام يحسدون الناس على ما اتاهم الله من فضله (نساء ٨) يخشون
الناس كخشية الله (نساء ١١) يراءون الناس ولا يذكرون الله (نساء ٢١) فكانما قتل الناس جميعا (مائدة ٥) ليضل الناس بغير علم (انعام)
فكانما احيا الناس جميعا (مائدة ٥) فلا تخشوا الناس واخشون (مائدة ٧) ولا تبخسوا الناس اشياءهم (اعراف ١١ هود ٨ شعراء ١٠) ان انذر
الناس (يونس ١) وانذر الناس يوم يأتيهم العذاب (ابراهيم ٧) واذا اذقنا الناس رحمة (يونس ٢ روم ٤) ان الله لا يظلم الناس
شيئا (يونس ٤) ولكن الناس انفسهم يظلمون (يونس ٤) افانت تكره الناس (يونس ١٠) لجعل الناس امة واحدة (هود ١٠) واما ما ينفع
الناس فيمكث في الارض (رعد ٢) بما ينفع الناس (بقرة ٢٠) لو يشاء الله لهدى الناس جميعا (رعد ٤) لتخرج الناس من الظلمات (ابراهيم ١)
ولو يؤاخذ الله الناس (نحل ٧) وانزلنا اليك الذكر لتبين للناس (نحل ٦) وما منع الناس ان يؤمنوا (اسرائيل ١٠ كهف ٨) وترى
الناس سكارى [illegible]
يظلمون الناس ويبغون في الارض (شورى ٤) تنزع الناس (قمر ١) ويأمرون الناس بالبخل (حديد ٣) ورأيت الناس يدخلون
(نصر ١) ولتجدنهم احرص الناس على حيوة (بقرة ١١) لتجدن اشد الناس عداوة (مائدة ١١) سحروا اعين الناس (اعراف ١٣) فأتوا به على اعين
الناس (انبياء ٥) ولكن اكثر الناس لا يؤمنون (هود ٢ رعد ١ مؤمن ٦) ولكن اكثر الناس لا يشكرون (بقرة ٣٢ يوسف ٥ مؤمن ٧)

ولكن اكثر الناس لا يعلمون (اعراف ٢١ يوسف ٣-٤-٧ نحل ٥ روم ١-٣ سبا ٣-٤ مؤمن ٦ جاثيه ٣) وما اكثر الناس ولو حرصت
بمؤمنين (يوسف ١١) فابى اكثر الناس الا كفورا (اسرائيل ٩ فرقان ٦) لتأكلوا فريقا من اموال الناس (بقرة ١٩) واكلهم اموال
الناس (نساء ٢١) ليأكلون اموال الناس (توبه ٥) ليربوا فى اموال الناس (روم ٤) ان اولى الناس بابراهيم (ال عمران ٧) بما
كسبت ايدى الناس (روم ٥) وكف ايدى الناس عنكم (فتح ٣) ليحكم بين الناس (بقرة ٢٦) وتصلحوا بين الناس (بقرة ٢٨) تلك
الايام نداولها بين الناس (عمران ١٤) واذا حكمتم بين الناس (نساء ٨) لتحكم بين الناس بما اراك الله (نساء ١٦) او اصلاح بين الناس
(نساء ١٧) فاحكم بين الناس بالحق (ص ٢) ربنا انك جامع الناس ليوم لا ريب (ال عمران ١) من دون الناس (بقرة ١٠ جمعه ١) كالذى
ينفق ماله رئاء الناس (بقرة ٣٦) والذين ينفقون اموالهم رئاء الناس (نساء ٦) بطرا ورئاء الناس (انفال ٦) قل اعوذ برب الناس
ملك الناس اله الناس (ناس ١) جعل فتنة الناس كعذاب الله (عنكبوت ١) الذى يوسوس فى صدور الناس (ناس ١) الى
الناس يوم الحج الاكبر (توبه ١) لعلى ارجع الى الناس (يوسف ٦) ان الناس قد جمعوا لكم (ال عمران ١٨) ان الناس كانوا باياتنا لا يوقنون
(نمل ٦) ان ربك احاط بالناس (اسرائيل ٦) ان الله بالناس لرءوف رحيم (حج ٧ بقرة ١٧) لتكونوا شهداء على الناس (بقرة ١٧)
لذو فضل على الناس (بقرة ٣٥ مؤمن ٧ يونس ٦) ولله على الناس حج البيت (ال عمران ١٠) انى اصطفيتك على الناس (اعراف ١٧)
لتقرأه على الناس على مكث (اسرائيل ١) وتكونوا شهداء على الناس (حج ٩) وان ربك لذو فضل على الناس (نمل ٨) الذين اذا اكتالوا
على الناس يستوفون (مطففين ١) ذلك من فضل الله علينا وعلى الناس (يوسف ٥) والعافين عن الناس (ال عمران ١٤) تمشى
فى الناس (انعام ١٥) واذن فى الناس بالحج (حج ٤) وقولوا للناس حسنا (بقرة ١٠) قال انى جاعلك للناس اماما (بقرة ١٥)
واذ جعلنا البيت مثابة للناس (بقرة ١٥) لئلا يكون للناس عليكم حجة (بقرة ١٨) هدى للناس وبينات (بقرة ٢٣) من بعد ما
بيناه للناس فى الكتاب (بقرة ١٩) من قبل هدى للناس (ال عمران ١) زين للناس حب الشهوات (ال عمران ٢) ان اول بيت وضع
للناس (ال عمران ١٠) هذا بيان للناس (ال عمران ١٤) ثم يقول للناس كونوا (ال عمران ٨) كنتم خير امة اخرجت للناس (ال عمران ١٢)
لتبيننه للناس ولا تكتمونه (ال عمران ١٩) وارسلناك للناس رسولا (نساء ١١) لئلا يكون للناس على الله حجة (نساء ٢٣) قياما للناس
(مائدة ١٣) ءانت قلت للناس اتخذونى (مائدة ١٦) نورا وهدى للناس (انعام ١١) ولو يعجل الله للناس الشر (يونس ٢) اكان
للناس عجبا (يونس ١) لذو مغفرة للناس (رعد ١) هذا بلاغ للناس (ابراهيم ٧) لتبين للناس ما نزل اليهم (نحل ٦) فيه شفاء
للناس (نحل ٩) الا فتنة للناس (اسرائيل ٦) ولقد صرفنا للناس (اسرائيل ٩) ولقد ضربنا للناس (روم ٦ زمر ٣) ولقد صرفنا فى
هذا القرآن للناس (كهف ٧) ولنجعله آية للناس (مريم ٢) اقترب للناس حسابهم (انبياء ١) الذى جعلناه للناس (حج ٣) ويضرب
الله الامثال للناس (ابراهيم ٣ نور ٥) وقيل للناس هل انتم مجتمعون (شعراء ٤) وجعلناها آية للناس (فرقان ٥) بصائر للناس
وهدى (قصص ٥) هذا بصائر للناس (جاثيه ٢) وما ارسلناك الا كافة للناس بشيرا ونذيرا (سبا ٣) ما يفتح الله للناس من رحمة
(ملائكة ١) انا انزلنا عليك الكتاب للناس بالحق (زمر ٥) ولا تصعر خدك للناس (لقمان ٢) كذلك يضرب الله للناس امثالهم
(قتال ١) وتلك الامثال نضربها للناس (عنكبوت ٥ حشر ٣) سيقول السفهاء من الناس (بقرة ١٧) يأمرون بالقسط من
الناس (ال عمران ٣) الا بحبل من الله وحبل من الناس (ال عمران ١٢) يستخفون من الناس (نساء ١٦) وان كثيرا من الناس لفاسقون
(مائدة ٨) والله يعصمك من الناس (مائدة ١٠) لا غالب لكم اليوم من الناس (انفال ٦) وان كثيرا من الناس عن آياتنا لغافلون (يونس ١٠)
فاجعل افئدة من الناس تهوى اليهم (ابراهيم ٦) رب انهن اضللن كثيرا من الناس (ابراهيم ٦) وكثير من الناس (حج ٢) وجد عليه امة من
الناس يسقون (قصص ٣) وان كثيرا من الناس بلقاء ربهم لكافرون (روم ١) ومن الناس من يتخذ من دون الله اندادا (بقرة ٢٠)
ومن الناس من يعجبك قوله (بقرة ٢٥) ومن الناس من يقول امنا بالله (بقرة ٢ عنكبوت ١) ومن الناس من يشرى نفسه (بقرة ٢٥)
ومن الناس من يشترى لهو الحديث (لقمان ١) ومن الناس من يجادل فى الله (حج ١ لقمان ٣) ومن الناس من يعبد الله
على حرف (حج ٢) يصطفى من الملائكة رسلا ومن الناس (حج ١٠) ومن الناس والدواب والانعام (ملائكة ٤) اولئك عليهم لعنة
الله والملائكة والناس اجمعين (بقرة ١٩) ان عليهم لعنة الله والملائكة والناس اجمعين (ال عمران ٩) لاملأن جهنم من الجنة
والناس اجمعين (هود ١٠ سجده ٢) قوصد والناس من الجنة والناس (ناس ١) هم فاسكوه فلا ينازعنك فى الامر (حج ٧)

للناس لعلهم يتقون (بقرة ٢٣) قل هى مواقيت للناس (بقرة ٢٤) قل فيهما اثم كبير ومنافع للناس (بقرة ٢٧) ويبين آياته للناس (بقرة ٢٧) ولنجعلك آية للناس (بقرة ٣٥)

انا ناشئة الليل (مزمل) والناشرات نشرا (مرسلات ١) والناشطات نشطا (نازعات ١) عاملة ناصبة (غاشية ١)
وانا لكم ناصح امين (اعراف ٧) وهم له ناصحون (قصص ٢) وانا له لناصحون (يوسف ٢) ولكن لا تحبون الناصحين (اعراف ٨)
اني لك من الناصحين (قصص ٢) اني لكما لمن الناصحين (اعراف ٢) اهلكناهم فلا ناصر لهم (قتال ٢) فما له من قوة ولا ناصر (طارق ١)
فسيعلمون من اضعف ناصرا واقل عددا (جن ٢) وما لهم من ناصرين (آل عمران ٣ ...) وما لكم من ناصرين (عنكبوت ...)
جاثية ... وهو خير الناصرين (آل عمران ١٥) لنسفعا بالناصية ناصية كاذبة خاطئة (علق ١) ما من دابة الا هو آخذ بناصيتها
(هود ٥) وجوه يومئذ ناضرة (قيامة ١) الى ربها ناظرة (قيامة ١) فناظرة بم يرجع المرسلون (نمل ٣) الى طعام غير ناظرين
اناه (احزاب ٧) تسر الناظرين (بقرة ٨) فاذا هي بيضاء للناظرين (اعراف، شعراء) وزيناها للناظرين (حجر ٢) وجوه يومئذ
ناعمة (غاشية ١) وليعلم الذين نافقوا (آل عمران ١٧) الم تر الى الذين نافقوا (حشر ٢) ومن الليل فتهجد به نافلة لك (اسراء)
اسحاق ويعقوب نافلة (انبياء) هذه ناقة الله لكم آية (اعراف ١٠) ويا قوم هذه ناقة الله لكم آية (هود ٧) قال هذه ناقة (شعراء ٦)
فقال لهم رسول الله ناقة الله (شمس ١) فعقروا الناقة (اعراف ١٠) وآتينا ثمود الناقة مبصرة (اسراء ٦) انا مرسلوا الناقة فتنة
لهم (قمر ٢) فاذا نقر في الناقور (مدثر ٢) عن الصراط لناكبون (مؤمنين ٨) اذ المجرمون ناكسوا رؤسهم (سجدة ٢) والناهون
عن المنكر (توبة ١٣)

فصل النبأ

وهل اتيك نبأ الخصم (ص ٢) الم يأتهم نبأ الذين من قبلهم (توبة ٩) الم يأتكم
نبأ الذين من قبلكم (ابراهيم ٢) الم يأتكم نبأ الذين كفروا (تغابن ١) واتل عليهم نبأ نوح (يونس ٨) واتل عليهم نبأ ابني آدم بالحق (مائدة ٥)
واتل عليهم نبأ الذي آتيناه آياتنا (اعراف ١٢) واتل عليهم نبأ ابراهيم (شعراء ٢) لكل نبأ مستقر (انعام ٧) ان جاءكم فاسق بنبأ (حجرات ١)
وجئتك من سبأ بنبأ يقين (نمل ٢) ولقد جاءك من نبأ المرسلين (انعام ٤) نتلوا عليك من نبأ موسى (قصص ١) قل هو نبأ عظيم
(ص ٥) عن النبأ العظيم (نبأ ١) فلما نبأت به واظهره الله (تحريم ١) نبئ عبادي (حجر ٣) الا نبأتكما بتأويله (يوسف ٥) نبأنا بتأويله
(يوسف ٥) قد نبأنا الله من اخباركم (توبة ١١) قال نبأني العليم الخبير (تحريم ١) نبئوني بعلم ان كنتم صادقين (انعام ١٥) ولتعلمن
نبأه بعد حين (ص ٥) فلما نبأها قالت من انبأك (تحريم ١) نحن نقص عليك نبأهم (كهف ٢) واتل عليهم نبأ ابراهيم (ابراهيم ٢)
ونبئهم عن ضيف ابراهيم (حجر ٤) ونبئهم ان الماء قسمة بينهم (قمر ٢) فاختلط به نبات الارض (يونس ٣ كهف ٥) فاخرجنا به نبات
كل شيء (انعام ١٢) فاخرجنا به ازواجا من نبات شتى (طه ٢) وانبتها نباتا حسنا (آل عمران ٤) والله انبتكم من الارض نباتا (نوح ١)
لنخرج به حبا ونباتا (نبأ ١) يخرج نباته باذن ربه (اعراف ٨) كمثل غيث اعجب الكفار نباته (حديد ٣) لا نبتغي الجاهلين (قصص ٦)
نبتليه فجعلناه سميعا بصيرا (انسان ١) ثم نبتهل فنجعل لعنة الله (آل عمران ٧) على ان نبدل امثالكم (واقعة ٢) على ان نبدل
خيرا منهم (معارج ٢) نبذ فريق من الذين اوتوا الكتاب (بقرة ١١) لنبذ بالعراء وهو مذموم (نون ٢) فنبذتها وكذلك سولت
(طه ٥) فنبذناه بالعراء وهو سقيم (صافات ٥) فنبذناهم وجنوده في اليم (قصص ٤) فنبذناهم في اليم وهو مليم (ذاريات ٢)
فنبذوه وراء ظهورهم (آل عمران ١٩) نبذه فريق منهم (بقرة ١٠) من قبل ان نبرأها (حديد ٣) قالوا لن نبرح عليه عاكفين
(طه ٥) انا نبشرك بغلام عليم (حجر ٤) انا نبشرك بغلام اسمه يحيى (مريم ١) يوم نبطش البطشة الكبرى (دخان ١) ويوم نبعث
من كل امة شهيدا (نحل ١٢) ويوم نبعث في كل امة شهيدا (نحل ١٢) حتى نبعث رسولا (اسراء ٢) قال ذلك ما كنا نبغ (كهف ٩) قالوا يا ابانا
ما نبغي (يوسف ٨) ونبلو اخباركم (قتال ٤) ونبلوكم بالشر والخير فتنة (انبياء ٣) ولنبلونكم حتى نعلم المجاهدين منكم (قتال ٤)
ولنبلونكم بشيء من الخوف (بقرة ١٩) نبلوهم بما كانوا يفسقون (اعراف ٢١) لنبلوهم ايهم احسن عملا (كهف ١) لنبوئنهم في الدنيا حسنة
(نحل ٦) لنبوئنهم من الجنة غرفا (عنكبوت ٦) وجعلنا في ذريته النبوة (عنكبوت ٣) وجعلنا في ذريتهما النبوة (حديد ٤) الكتاب والحكم
والنبوة (آل عمران ٨ جاثية ٢ انعام ١٠) وكذلك جعلنا لكل نبي عدوا (انعام ١٤ فرقان ٣) ولا نبي الا اذا تمنى (حج ٧) وما كان
لنبي ان يغل (آل عمران ١٧) ما كان لنبي ان يكون له اسرى (انفال ٩) اذ قالوا لنبي لهم ابعث لنا ملكا (بقرة ٣٢) وكاين من نبي قاتل
معه ربيون كثير (آل عمران ١٥) وما ارسلنا في قرية من نبي (اعراف ١٢) وكم ارسلنا من نبي (زخرف ١) وما يأتيهم من نبي (زخرف ١)
النبي اولى بالمؤمنين من انفسهم (احزاب ١) ان اراد النبي ان يستنكحها (احزاب ٦) واذ اسر النبي الى بعض ازواجه (تحريم ١) يا ايها
النبي حسبك الله (انفال ٩) يا ايها النبي حرض المؤمنين (انفال ٩) يا ايها النبي قل لمن في ايديكم (انفال ١٠) يا ايها النبي جاهد الكفار

(توبه ١٥ تحريم ١) يا ايها النبي اتق الله (احزاب ١) يا ايها النبي قل لازواجك (احزاب ٣-٦) يا ايها النبي انا ارسلناك شاهدا (احزاب ٦) يا ايها
النبي انا احللنا لك (احزاب ٦) يا ايها النبي اذا طلقتم النساء (طلاق ١) يا ايها النبي لم تحرم ما احل الله لك (تحريم ١) الذين يتبعون الرسول النبي
الامي (اعراف ١٩) الذين يؤذون النبي (توبه ٨) ويستأذن فريق منهم النبي (احزاب ٢) ان ذلكم كان يؤذي النبي (احزاب ٧) يوم لا يخزي
الله النبي (تحريم ٢) ورسوله النبي الامي (اعراف ٢٠) يا نساء النبي من يات منكن بفاحشة (احزاب ٤) يا نساء النبي لستن كاحد من النساء
(احزاب ٤) لا تدخلوا بيوت النبي الا ان يؤذن (احزاب ٧) لا ترفعوا اصواتكم فوق صوت النبي (حجرات ١) ما كان على النبي من حرج (احزاب ٥)
ان الله وملائكته يصلون على النبي (احزاب ٧) لقد تاب الله على النبي والمهاجرين (توبه ١٤) ما كان للنبي والذين امنوا (توبه ١٤)
ان وهبت نفسها للنبي (احزاب ٦) يؤمنون بالله والنبي (مائدة ١١) وهذا النبي والذين امنوا (آل عمران ٧) انه كان صديقا نبيا
(مريم ٣) اتاني الكتاب وجعلني نبيا (مريم ٢) وكلا جعلنا نبيا (مريم ٣) وكان رسولا نبيا (مريم ٣-٤) من رحمتنا اخاه هارون نبيا (مريم ٤)
وبشرناه باسحاق نبيا من الصالحين (صافات ٣) ونبيا من الصالحين (آل عمران ٤) قالوا تقاسموا بالله لنبيتنه واهله (نمل ٥)
انظر كيف نبين لهم الآيات (مائدة ١٠) وغير مخلقة لنبين لكم (حج ١) ولنبينه لقوم يعلمون (انعام ١٣) وما اوتي النبيون من ربهم
(بقرة ١٦) يحكم بها النبيون الذين اسلموا (مائدة ٧) والنبيون من ربهم (آل عمران ٩) وقال لهم نبيهم ان الله قد بعث لكم (بقرة ٣٢)
وقال لهم نبيهم ان آية ملكه (بقرة ٣٢) ويقتلون النبيين بغير الحق (بقرة ٧، آل عمران ١١) فبعث الله النبيين مبشرين (بقرة ٢٦)
ولكن رسول الله وخاتم النبيين (احزاب ٥) ولقد فضلنا بعض النبيين (اسراء ٦) وجيء بالنبيين والشهداء (زمر ٧) فاولئك مع الذين
انعم الله عليهم من النبيين (نساء ٩) اولئك الذين انعم الله عليهم من النبيين (مريم ٤) واذ اخذنا من النبيين (احزاب ١) والكتاب
والنبيين (بقرة ٢٢) والنبيين من بعده (نساء ٢٣) ولا يأمركم ان تتخذوا الملائكة والنبيين اربابا (آل عمران ٨)

فصل التاء

لو ان لنا كرة فنتبرأ منهم (بقرة ٢٠) لعلنا نتبع السحرة ان كانوا هم الغالبين (شعراء ٣) وقالوا ان نتبع الهدى (قصص ٦) قالوا بل نتبع
ما الفينا عليه اباءنا (بقرة ٢١) بل نتبع ما وجدنا عليه اباءنا (لقمان ٣) فنتبع اياتك من قبل ان نذل ونخزى (طه ٨) فنتبع اياتك ونكون
من المؤمنين (قصص ٥) ونتبع الرسل (ابراهيم ٧) ذرونا نتبعكم (فتح ٢) فقالوا ابشرا منا واحدا نتبعه (قمر ٢) ثم نتبعهم الآخرين
(مرسلات ١) نتبوأ من الجنة حيث نشاء (زمر ٨) ونتجاوز عن سيئاتهم (احقاف ٢) لو اردنا ان نتخذ لهوا (انبياء ٢) ان نتخذ من دونك
من اولياء (فرقان ٢) لنتخذن عليهم مسجدا (كهف ٣) او نتخذه ولدا وهم لا يشعرون (قصص ١) عسى ان ينفعنا او نتخذه ولدا (يوسف)
نتخطف من ارضنا (قصص ٦) نتربص به ريب المنون (طور ٢) ونحن نتربص بكم (توبه ٧) ان نترك ما يعبد اباؤنا (هود ٨) نتقبل
عنهم احسن ما عملوا (احقاف ٢) واذ نتقنا الجبل فوقهم (اعراف ٢١) ما يكون لنا ان نتكلم بهذا (نور ٢) نتلوا عليك من نبا موسى
(قصص ١) ذلك نتلوه عليك من الآيات (آل عمران ٦) تلك ايات الله نتلوها عليك بالحق (بقرة ٢٦-آل عمران ١١ جاثيه ١) وما
نتنزل الا بامر ربك (مريم ٧) واما نرينك بعض الذي نعدهم او نتوفينك (يونس ٥ رعد ٦) فاما نرينك بعض الذي نعدهم او نتوفينك
(مؤمن ٨) وما لنا الا نتوكل على الله (ابراهيم ٢)

فصل الثاء

ما نثبت به فؤادك (هود ١٠) كذلك
لنثبت به فؤادك (فرقان ٣)

فصل الجيم

وقال الذي نجا منهما (يوسف ٥) ويا قوم ما لي ادعوكم الى النجاة (مؤمن ٥)
وهل نجازي الا الكفور (سبا ٢) نجب دعوتك (ابراهيم ٦) فنسي ولم نجد له عزما (طه ٧) وهديناه النجدين (بلد ١) كذلك
نجزي القوم المجرمين (يونس ٢-احقاف ٣) كذلك نجزي كل كفور (ملائكة ٤) كذلك نجزي الظالمين (انبياء ٣ يوسف ٨) كذلك
المحسنين (صافات ٨-١١-١٣-١٤ مرسلات ١) كذلك نجزي القوم الظالمين (احقاف ٣) كذلك نجزي من شكر (قمر ١) وكذلك نجزي
المحسنين (انعام ١٠ يوسف ٣ قصص ٢) وكذلك نجزي الظالمين (اعراف ٥) وكذلك نجزي المجرمين (اعراف ٥) وكذلك نجزي المفترين
(اعراف ١٨) وكذلك نجزي من اسرف (طه ٧) سنجزي الذين يصدفون عن آياتنا (انعام ٢٠) وسنجزي الشاكرين (آل عمران ١٥)
ولنجزين الذين صبروا اجرهم (نحل ١٣) ولنجزينهم اجرهم (نحل ١٣) ولنجزينهم احسن الذي كانوا يعملون (عنكبوت ١) ولنجزينهم
اسوأ الذي كانوا يعملون (فصلت ٤) فذلك نجزيه جهنم (انبياء ٢) انما المشركون نجس (توبه ٤) لم نجعل لهم من دونها سترا
(كهف ١١) لم نجعل له من قبل سميا (مريم ١) الم نجعل له عينين (بلد ١) الم نجعل الارض كفاتا (مرسلات ١) الم نجعل الارض مهادا
ام نجعل الذين امنوا (ص ٣) ام نجعل المتقين كالفجار (ص ٣) فنجعل لعنة الله على الكاذبين (آل عمران ٦) افنجعل المسلمين

كالمجرمين (نون ع) بل زعمتم ان لن نجعل لكم موعدا (كهف ٥) فهل نجعل لك خرجا (كهف ١١) و نجعل لكما سلطانا (قصص ٤) ونجعل
اندادا (سباء ٤) ولنجعلك اية للناس (بقرة ٣٦) ولنجعله اية للناس (مريم ٢) نجعلها للذين لا يريدون علوا في الارض
(قصص ٩) لنجعلها لكم تذكرة (حاقة ٢) ان نجعلهم كالذين امنوا (جاثية ٢) و نجعلهم ائمة (قصص ١) نجعلهما تحت اقدامنا
(فصلت ٣) النجم الثاقب (طارق ١) و بالنجم هم يهتدون (نحل ٢) و النجم والشجر يسجدان (رحمن ١) والنجم اذا هوى (نجم ١) ان لن
نجمع عظامه (قيامة ١) ونجنا برحمتك (يونس ٩) رب نجني واهلي (شعراء ١٧) قال رب نجني من القوم الظالمين (قصص ٣) ونج
ومن معي من المؤمنين (شعراء ١٢) ونجني من فرعون وعمله (تحريم ٢) ونجني من القوم الظالمين (تحريم ٢) قال لا تخف نجوت من القوم
الظالمين (قصص ٣) فاذا النجوم طمست (مرسلات ١) واذا النجوم انكدرت (تكوير ١) جعل لكم النجوم لتهتدوا بها (انعام ١٠) فلا
اقسم بمواقع النجوم (واقعة ٨) فسبحه وادبار النجوم (طور ٥) فنظر نظرة في النجوم (صافات ٩) والقمر و النجوم مسخرات بامره (اعراف ٦
نحل ٢) والنجوم والجبال (حج ٢) واذ هم نجوى (اسراءيل ٥) ما يكون من نجوى ثلثة (مجادلة ١) واسروا النجوى (طه ٧ -
انبياء ١) انما النجوى من الشيطان (مجادلة ١) الم تر الى الذين نهوا عن النجوى (مجادلة ١) فقدموا بين يدي نجويكم صدقة
(مجادلة ٢) ان تقدموا بين يدي نجويكم (مجادلة ٢) لا خير في كثير من نجويهم (نساء ١٧) ان الله يعلم سرهم و نجويهم (توبة ٨) ام
يحسبون لا نسمع سرهم ونجويهم (زخرف ٧) جاءهم نصرنا فنجي من نشاء (يوسف ١٢) خلصوا نجيا (يوسف ١١) وقربناه نجيا (مريم ٦)
فلما نجيكم الى البر اعرضتم (اسراءيل ٧) نجينا هودا والذين امنوا معه (هود ٦) نجينا صالحا والذين امنوا معه (هود ٧) ولقد
نجينا بني اسراءيل (دخان ٢) نجينا شعيبا والذين امنوا معه (هود ١٠) ان عدنا بعد اذ نجينا الله منها (اعراف ٩) فقل الحمد لله الذي
نجينا من القوم الظالمين (مؤمنين ٢) و نجينا برحمتك (يونس ٩) ونجينا الذين امنوا (فصلت ٢) فنجيناك من الغم (طه ٤)
واذ نجيناكم من ال فرعون (بقرة ٦) اذ نجيناه واهله اجمعين (صافات ٤) فكذبوه فنجيناه ومن معه (يونس ٨) فنجيناه
واهله (انبياء ٨) فنجيناه واهله اجمعين (شعراء ١٧) و نجيناه من القرية (انبياء ٨) ونجيناه من الغم (انبياء ٩) ونجيناه واهله (صافات ٣)
نجيناهم بسحر (قمر ٢) و نجيناهم من عذاب غليظ (هود ٦) ونجيناهما وقومهما (صافات ٢) فلما نجيهم الى البر اذا هم
يشركون (عنكبوت ٧) فلما نجيهم الى البر فمنهم مقتصد (لقمان ٤) **فصل الحاء** فمنهم من قضى نحبه (احزاب ٣)
لنحرقنه ثم لننسفنه (طه ١) في يوم نحس مستمر (قمر ٢) ريحا صرصرا في ايام نحسات (فصلت ٢) يوم نحشر المتقين الى الرحمن وفدا
(مريم ٦) ويوم نحشر من كل امة فوجا (نمل ٩) و نحشر المجرمين يومئذ زرقا (طه ٦) فوربك لنحشرنهم (مريم ٧) ونحشره يوم القيامة
اعمى (طه ٣) ويوم نحشرهم جميعا (انعام ٣) (يونس ٥) ونحشرهم يوم القيامة (اسراءيل ١١) لنحضرنهم حول جهنم جثيا (مريم ٧)
ونحفظ اخانا (يوسف ٧) واوحى ربك الى النحل (نحل ٧) واتوا النساء صدقاتهن نحلة (نساء ١) ولنحمل خطايكم (عنكبوت ٢)
وانا لنحن نحيي ونميت (حجر ٢) انا نحن نحيي الموتى (يس ١) انا نحن نحيي ونميت (ق ٥) لنحيي به بلدة ميتا (فرقان ٥) نموت ونحيا (مؤمنين ٤
جاثية ٣) فلنحيينه حيوة طيبة (نحل ١) **فصل الخاء** يرسل عليكما شواظ من نار ونحاس (رحمن ٢) قالا ربنا انا
نخاف (طه ٢) انا نخاف من ربنا (انسان ١) اليوم نختم على افواههم (يس ٧) ءاذا كنا عظاما نخرة (نازعات ١) كذلك نخرج
الموتى (اعراف ٧) نخرج منه حبا متراكبا (انعام ١٢) فنخرج له زرعا (سجدة ٣) لنخرج به حبا ونباتا (نبا ١) و نخرج له يوم القيمة كتابا
(اسراءيل ٢) ومنها نخرجكم تارة اخرى (طه ٦) ثم نخرجكم طفلا (حج ١) لئن اخرجتم لنخرجن معكم (حشر ٢) لنخرجنك يا شعيب (اعراف
لنخرجنكم من ارضنا (ابراهيم ٢) ولنخرجنهم منها اذلة (نمل ٤) من قبل ان نذل ونخزى (طه ٨) ان نشأ نخسف بهم الارض (سبا ١)
يقولون نخشى ان تصيبنا دائرة (مائدة ٧) ربنا انك تعلم ما نخفي وما نعلن (ابراهيم ٦) كانهم اعجاز نخل منقعر (قمر ١) كانهم اعجاز
نخل خاوية (حاقة ١) وحففناهما بنخل (كهف ٥) وزروع و نخل (شعراء ٨) والنخل باسقات (ق ١) والنخل ذات الاكمام (رحمن ١)
[illegible] نخلا [illegible] النخلة (مريم [illegible]) [illegible] النخلة (مريم [illegible]) [illegible]
(طه ٦) الم نخلقكم من ماء مهين (مرسلات ١) انما كنا نخوض ونلعب (توبة ٨) وكنا نخوض مع الخائضين (مدثر ٥) ونخوفهم فما يزيدهم
الا طغيانا كبيرا (اسراءيل ٦) ان تكون له جنة من نخيل (بقرة ٣٦) او تكون لك جنة من نخيل (اسراءيل ١٠) جنات من نخيل واعناب
(مؤمنين ٢) وجعلنا فيها جنات من نخيل واعناب (يس ٢) و نخيل صنوان وغير صنوان (رعد ١) ومن ثمرات النخيل والاعناب

فيها فاكهة ونخل ورمان (رحمن ٧) ولاصلبنكم في جذوع النخل (طه ٤) ومن النخل من طلعها قنوان (انعام ١٢) والنخل مختلفا اكله (انعام ١٥)

اذ نادى ربه نداء خفيا (مريم ١)

فصل الدال

(نحل ٢) ومن كل الثمرات (نحل ٧) والنخيل والاعناب

بما لا يسمع الا دعاء و نداء (بقرة ٢١) واسروا الندامة لما رأوا العذاب (يونس ٦ سبا ٤) وتلك الايام نداولها بين الناس

(آل عمران ١٤) وندخلكم مدخلا كريما (نساء ٥) لندخلنهم في الصالحين (عنكبوت ١) وانا لن ندخلها حتى يخرجوا منها

(مائدة ٣) وانا لن ندخلها ابدا (مائدة ٤) سندخلهم جنات تجري من تحتها الانهار (نساء ٨) و ندخلهم ظلا ظليلا (نساء ٨)

قلتم ما ندرى ما الساعة (جاثية ٤) وانا لا ندرى اشر اريد بمن في الارض (جن ١) ندع ابناءنا وابناءكم (آل عمران ٧) سندع

الزبانية (علق ١) الذين كانوا ندعوا من دونك (نحل ٩) يوم ندعوا كل اناس بامامهم (اسرائيل ٨) لن ندعو من دونه الها (كهف ٢)

بل لم نكن ندعو من قبل شيئا (مؤمن ٨) قل اندعو من دون الله (انعام ٩) انا كنا من قبل ندعوه (طور ٣) هل ندلكم على

ينبئكم (سبا ١) واحسن نديا (مريم ٥)

فصل الذال

فنذر الذين لا يرجون لقاءنا (يونس ٢) او نذر

نذر (بقرة ٣٧) و نذر ما كان يعبد اباؤنا (اعراف ٧) ونذر الظالمين فيها جثيا (مريم ٥) فكيف كان عذابي ونذر (قمر ٣) مرتين

مرتين فذوقوا عذابي ونذر (قمر مرتين) وقد خلت النذر (احقاف ٣) حكمة بالغة فما تغن النذر (قمر ١) ولقد جاء آل فرعون

النذر (قمر ٥) كذبت ثمود بالنذر (قمر ٣) كذبت قوم لوط بالنذر (قمر ٤) فتماروا بالنذر (قمر ٤) يوفون بالنذر (انسان ١)

وما تغني الآيات والنذر (يونس ١) عذرا او نذرا (مرسلات ١) رب اني نذرت لك ما في بطني (آل عمران ٤) فقولوا اني

نذرت للرحمن صوما (مريم ٣) او نذرتم من نذر (بقرة ٣٧) ونذرهم في طغيانهم يعمهون (انعام ١١) نذقه من عذاب

اليم (حج ٣) نذقه من عذاب السعير (سبا ٢) نذقه عذابا كبيرا (فرقان ٢) ونذكرك كثيرا (طه ٢) من قبل ان نذل ونخزى (طه)

وليوفوا نذورهم (حج ٣) فاما نذهبن بك (زخرف ٤) ولئن شئنا لنذهبن بالذي اوحينا اليك (اسرائيل ٩) لقد جاءهم

نذير (ملائكة ٥) فلما جاءهم نذير (ملائكة ٥) قال يا قوم اني لكم نذير مبين (نوح ١) انني لكم نذير وبشير (هود ١) انما انت نذير (هود ٥)

اني لكم نذير مبين (هود ٣ نوح ١) انما [انا] نذير مبين (حج ٥) وان من امة الا خلا فيها نذير (ملائكة ٣) اني لكم منه نذير مبين (ذاريات)

الم يأتكم نذير (ملك ١) قالوا بلى قد جاءنا نذير (ملك ١) فستعلمون كيف نذير (ملك ٢) ما اتيهم من نذير من قبلك (قصص ٥ سجدة ١)

وما ارسلنا في قرية من نذير (سبا ٤) وما ارسلنا اليهم قبلك من نذير (سبا ٥) ان تقولوا ما جاءنا من بشير ولا نذير (مائدة ٢) فقد جاءكم

بشير و نذير (مائدة ٢) وجاءكم النذير (ملائكة ٤) وقل اني انا النذير المبين (حجر ٩) ليكون للعالمين نذيرا (فرقان ١) فيكون

معه نذيرا (فرقان ١) ولو شئنا لبعثنا في كل قرية نذيرا (فرقان ٥) نذيرا للبشر (مدثر ٤) انا ارسلناك بالحق بشيرا و نذيرا (بقرة ١٤)

(ملائكة ٣) وما ارسلناك الا مبشرا ونذيرا (اسرائيل ١١ فرقان ٦) شاهدا ومبشرا ونذيرا (احزاب ٥ فتح ١) الا كافة للناس بشيرا ونذيرا

(سبا ٣) بشيرا ونذيرا فاعرض اكثرهم (فصلت ١) انه الا نذير مبين (اعراف ٢٤) ان انا الا نذير وبشير (اعراف ٢٤) ان انا الا نذير

مبين (شعراء ٦) وما انا الا نذير مبين (احقاف ١) وان هو الا نذير لكم (سبا ٥) ان انت الا نذير (ملائكة ٣) انما انا نذير مبين

(ص ٧) وانما انا نذير مبين (عنكبوت ٥ ملك ٢) فلنذيقن الذين كفروا (فصلت ٣) ولنذيقنهم من العذاب الادنى (سجدة)

ولنذيقنهم من عذاب غليظ (فصلت ٥) ونذيقه يوم القيامة (حج ١) ثم نذيقهم العذاب الشديد (يونس ٧) لنذيقهم عذاب

الخزي (فصلت ٢)

فصل الراء

قالوا اسنراود عنه اباه (يوسف ٧) قال الم نربك فينا وليدا (شعراء ١) انا نحن

نرث الارض (مريم ٤) ونرثه ما يقول (مريم ٨) لئن لم تنتهوا لنرجمنكم (يس ٢) فقالوا يا ليتنا نرد ولا نكذب (انعام ٣) او

نرد فنعمل غير الذي كنا نعمل (اعراف ٦) و نرد على اعقابنا (انعام ٨) فنردها على ادبارها (نساء ٥) نحن نرزقك (طه)

نحن نرزقكم واياهم (انعام ١٩) نحن نرزقهم واياكم (اسرائيل ٤) وما منعنا ان نرسل بالآيات (اسرائيل ٦) وما نرسل المرسلين

(انعام ٥ كهف ٦) وما نرسل بالآيات الا تخويفا (اسرائيل ٦) لنرسل عليهم حجارة من طين (ذاريات ٢) ولن نرسل معك بني

اسرائيل (اعراف ١٤) نرفع درجات من نشاء (انعام ٩ يوسف ٨) او نرى ربنا (فرقان ٣) حتى نرى الله جهرة (بقرة ٦) قد

نرى تقلب وجهك (بقرة ١٥) وقالوا ما لنا لا نرى رجالا (ص ٧) وما نرى معكم شفعاءكم (انعام ١٠) وما نرى لكم علينا من فضل

(هود ٣) وكذلك نري ابراهيم (انعام ٨) و نري فرعون وهامان (قصص ١) قالوا نريد ان نأكل منها (مائدة ١٤) لا نريد منكم جزاء

(انسان ١) وانك لتعلم ما نريد (هود ٨) فيها ما نشاء لمن نريد (اسرائيل ٢) و نريد ان نمن (قصص ١) انا نريك من المجرمين

(يوسف ع-١) انا لنريك في سفاهة (اعراف ٧) انا لنريك في ضلال مبين (اعراف ٦) وانا لنريك فينا ضعيفا (هود ١) ما نريك
الا بشرا مثلنا (هود ٣) وما نريك اتبعك الا الذين هم اراذلنا بادي الرأي (هود ٣) وانا على ان نريك ما نعدهم لقادرون (مؤمنون ٥)
لنريك من اياتنا الكبرى (طه ١) فاما نرينك بعض الذي نعدهم (مؤمن ٨) او نرينك الذي وعدناهم (زخرف ٤) واما نرينك بعض
الذي نعدهم (يونس ٥ رعد ٦) الذي باركنا حوله لنريه من اياتنا (اسرائيل ١) و نريه قريبا (معارج ١) انا لنراها في ضلال مبين
(يوسف ٣) سنريهم اياتنا في الافاق (فصلت ٦) وما نريهم من اية الا هي اكبر (زخرف ٥) **فصل النز** نزاعة
للشوى (معارج ١) نزد له في حرثه (شورى ٣) نزد له فيها حسنا (شورى ٣) ونزداد كيل بعير (يوسف ٨) ونزع يده فاذا هي بيضاء
(اعراف ١٣ شعراء ٢) ونزعنا ما في صدورهم (اعراف ٥ حجر ٤) ونزعنا من كل امة (قصص ٦) ثم نزعناها منه (هود ١) واما ينزغنك
من الشيطان نزغ (اعراف ٢٤ فصلت ٥) من بعد ان نزغ الشيطان بيني وبين اخوتي (يوسف ١١) وبالحق انزلناه وبالحق نزل
(اسرائيل ١٢) نزل به الروح الامين (شعراء ١١) فاذا نزل بساحتهم (صافات ١٨) وما نزل من الحق (حديد ٢) ذلك بان الله نزل
الكتاب بالحق (بقرة ٢١) نزل عليك الكتاب بالحق (ال عمران ١) الله نزل احسن الحديث (زمر ٣) ان وليي الله الذي نزل الكتاب (اعراف ٢٤)
والكتاب الذي نزل على رسوله (نساء ٢٠) تبارك الذي نزل الفرقان على عبده (فرقان ١) والذي نزل من السماء ماء (زخرف ٢) وقد
نزل عليكم في الكتاب (نساء ٢٠) ما نزل الله بها من سلطان (اعراف ٩) وقلنا ما نزل الله من شيء (ملك ١) للذين كرهوا ما نزل الله
(قتال ٣) من نزل من السماء ماء (عنكبوت ٦) وقالوا يا ايها الذي نزل عليه الذكر (حجر ١) وقالوا لولا نزل هذا القران (زخرف ٣) وقالوا
لولا نزل اية من ربه (انعام ٤) لولا نزل عليه القران جملة (فرقان ٣) لتبين للناس ما نزل اليهم (نحل ٦) وامنوا بما نزل على محمد (قتال ١)
و نزل الملائكة تنزيلا (فرقان ٣) فنزل من حميم (واقعة ١) خالدين فيها نزلا من عند الله (ال عمران ٢٠) انا اعتدنا جهنم للكافرين
(كهف ١٢) كانت لهم جنات الفردوس نزلا (كهف ١٢) فلهم جنات المأوى نزلا (سجدة ٢) ذلك خير نزلا (صافات ٧) نزلا من غفور رحيم
(فصلت ٤) لولا نزلت سورة (قتال ٣) ولقد رآه نزلة اخرى (نجم ١) امنوا بما نزلنا مصدقا (نساء ٧) وان كنتم في ريب مما نزلنا
على عبدنا (بقرة ٣) انا نحن نزلنا الذكر (حجر ١) انا نحن نزلنا عليك القران تنزيلا (انسان ٣) ولو نزلنا عليك كتابا (انعام ١) ولو اننا نزلنا
اليهم الملائكة (انعام ١٣) لنزلنا عليهم من السماء (اسرائيل ١٠) و نزلنا عليك الكتاب (نحل ١٢) ونزلنا عليكم المن والسلوى (طه ٤)
ونزلنا من السماء ماء مباركا (ق ١) ولو نزلناه على بعض الاعجمين (شعراء ١١) و نزلناه تنزيلا (اسرائيل ١٢) فانه نزله على قلبك باذن
الله (بقرة ١٢) قل نزله روح القدس (نحل ١٤) هذا نزلهم يوم الدين (واقعة ٢) سنزيد المحسنين (اعراف ٢٠) و سنزيد المحسنين
(بقرة ٦) فلن نزيدكم الا عذابا (نبا ٢) **فصل السين** ولا نسأل عما تعملون (سبا ٣) فلنسألن الذين ارسل
اليهم (اعراف ١) ولنسألن المرسلين (اعراف ١) فوربك لنسألنهم اجمعين (حجر ٦) فان كن نساء فوق اثنتين (نساء ٢) واصطفاك
على نساء العالمين (ال عمران ٥) ولا نساء من نساء (حجرات ٢) ونساء المؤمنين (احزاب ٨) ونساء مؤمنات (فتح ٣) وبث منهما رجالا
كثيرا ونساء (نساء ١) وان كانوا اخوة رجالا ونساء (نساء ١٨) يا نساء النبي من يأت منكن بفاحشة (احزاب ٣) يا نساء النبي لستن كاحد
من النساء (احزاب ٤) لا يحل لك النساء من بعد (احزاب ٦) فاعتزلوا النساء في المحيض (بقرة ٢٣) واذا طلقتم النساء (بقرة ٢٩)
مرتين) ان طلقتم النساء ما لم تمسوهن (بقرة ٣١) واتوا النساء صدقاتهن نحلة (نساء ١) لا يحل لكم ان ترثوا النساء كرها (نساء ٣)
او لمستم النساء (نساء ٧) او لامستم النساء (مائدة ٢) اذا طلقتم النساء فطلقوهن (طلاق ١) ان تعدلوا بين النساء (نساء ١٩)
من خطبة النساء (بقرة ٣٠) انكم لتأتون الرجال شهوة من دون النساء (اعراف ١٠) الذين لم يظهروا على عورات النساء (نور ٤)
ائنكم لتأتون الرجال شهوة من دون النساء (نمل ٦) الرجال قوامون على النساء (نساء ٦) ويستفتونك في النساء (نساء ١٩) و
للنساء نصيب مما ترك (نساء ١) وللنساء نصيب مما اكتسبن (نساء ٥) من النساء والبنين (ال عمران ٢) فانكحوا ما طاب لكم من
النساء (نساء ١) ولا تنكحوا ما نكح اباؤكم من النساء (نساء ٣) نساؤكم حرث لكم (بقرة ٢٨) وامهات نساءكم (نساء ٤) ويستحيون نساءكم
(بقرة ٥ اعراف ١٦ ابراهيم ١) احل لكم ليلة الصيام الرفث الى نساءكم (بقرة ٢٣) واللاتي يأتين الفاحشة من نساءكم (نساء ٣) من نساءكم
اللاتي دخلتم بهن (نساء ٤) واللائي يئسن من المحيض من نساءكم (طلاق ١) ونساءنا ونساءكم (ال عمران ٧) ونستحيي نساءهم
(اعراف ١٥) واستحيوا نساءهم (مؤمن ٣) ويستحيي نساءهم (قصص ١) الذين يظاهرون منكم من نسائهم (مجادلة ١) والذين يظاهرون

والمحصنات من النساء (نساء ٤) لستن كاحد من النساء (احزاب ٤) والقواعد من النساء (نور ٨) والمستضعفين من الرجال والنساء (نساء ١٠) الا المستضعفين من الرجال والنساء (نساء ١٤)

من نسائهم (مجادلة ١) للذين يؤلون من نسائهم (بقره ٢٨) او نسائهن او ما ملكت ايمانهن (نور ع) ولا نسائهن (احزاب ٥)

نسارع لهم في الخيرات (مؤمنين ٤) فجعله نسبا وصهرا (فرقان ٥) وجعلوا بينه وبين الجنة نسبا (صافات ٥) ونحن نسبح بحمدك (بقره ٤)

كي نسبحك كثيرا (طه ع) انا ذهبنا نستبق (يوسف ٢) قالوا الم نستحوذ عليكم (نساء ١) سنستدرجهم من حيث لا يعلمون (اعراف)

نون ٥) اياك نعبد واياك نستعين (فاتحة ١) انا كنا نستنسخ ما كنتم تعملون (جاثية ٣) انسجد لما تأمرنا (فرقان ٥) وفي نسختها

هدى ورحمة (اعراف ١٩) فانا نسخر منكم كما تسخرون (هود ع) ثم لننسفنه في اليم نسفا (طه ٥) فقل ينسفها ربي نسفا (طه ٦) واذا

الجبال نسفت (مرسلات ١) لنسفعا بالناصية (علق ١) او نسقط عليهم كسفا من السماء (سبا ١) قالتا لا نسقي حتى يصدر

الرعاء (قصص ٣) نسقيكم مما في بطونه (نحل ٧) نسقيكم مما في بطونها (مؤمنين ٢) ونسقيه مما خلقنا انعاما (فرقان ٥) ففدية

من صيام او صدقة او نسك (بقره ٥) ولنسكننكم الارض من بعدهم (ابراهيم ٢) قل ان صلوتي ونسكي (انعام ٢٠) ويهلك الحرث

والنسل (بقره ٢٥) واية لهم الليل نسلخ منه النهار (يس ٤) كذلك نسلكه في قلوب المجرمين (حجر ١) وامرنا لنسلم لرب العالمين (انعام ٩)

ثم جعل نسله من سلالة (سجدة ١) ام يحسبون انا لا نسمع سرهم ونجويهم (زخرف ٧) وقالوا لو كنا نسمع او نعقل (ملك ١) سنسمه

على الخرطوم (نون ١) ولا تكونوا كالذين نسوا الله (حشر ٣) نسوا الله فنسيهم (توبه ٩) لهم عذاب شديد بما نسوا يوم الحساب

(ص ٢) حتى نسوا الذكر (فرقان ٢) فلما نسوا ما ذكروا به (انعام ٥ - اعراف ٢١) كما نسوا لقاء يومهم (اعراف ٦) فنسوا حظا مما ذكروا

به (مائدة ٣) ونسوا حظا مما ذكروا به (مائدة ٣) وقال نسوة في المدينة (يوسف ٣) ما بال النسوة اللاتي قطعن ايديهن (يوسف ٥)

اولم يروا انا نسوق الماء الى الارض الجرز (سجدة ٣) ونسوق المجرمين الى جهنم وردا (مريم ٥) يقول الذين نسوه من قبل (اعراف ٦)

لحصيه الله ونسوه (مجادلة ١) بلى قادرين على ان نسوي بنانه (قيامة ١) اذ نسويكم برب العالمين (شعراء ٥) فنسي ما كان يدعو

اليه (زمر ١) فقالوا هذا الهكم واله موسى فنسي (طه ٤) فنسي ولم نجد له عزما (طه ٧) ونسي ما قدمت يداه (كهف ٨) ونسي خلقه

(يس ٥) انما النسيء زيادة في الكفر (توبه ٥) فلما بلغا مجمع بينهما نسيا حوتهما (كهف ٩) وما كان ربك نسيا (مريم ٤) واذكر ربك اذا

نسيت (كهف ٣) فاني نسيت الحوت (كهف ٩) قال لا تؤاخذني بما نسيت (كهف ٩) فذوقوا بما نسيتم لقاء يومكم هذا (سجدة ٢)

كما نسيتم لقاء يومكم هذا (جاثية ٤) قال كذلك اتتك اياتنا فنسيتها (طه ٧) ويوم نسير الجبال (كهف ٥) ربنا لا تؤاخذنا

ان نسينا (بقره ٤٠) انا نسيناكم (سجدة ٢) نسوا الله فنسيهم (توبه ٩)

فصل الشين

الله ينشئ النشأة الاخرى

(عنكبوت ٢) وان عليه النشأة الاخرى (نجم ٣) ولقد علمتم النشأة الاولى (واقعة ٢) نتبوأ من الجنة حيث نشاء (زمر ٨) ان

نشأ ننزل عليهم من السماء اية (شعراء ١) ان نشأ نخسف بهم الارض (سبا ١) وان نشاء نغرقهم (يس ٣) ان لو نشاء اصبناهم بذنوبهم

(اعراف ١٢) لو نشاء لقلنا مثل هذا (انفال ٤) لو نشاء جعلناه اجاجا (واقعة ٢) ولو نشاء لطمسنا على اعينهم (يس ٤) ولو نشاء

لمسخناهم (يس ٤) ولو نشاء لجعلنا منكم ملائكة (زخرف ٦) ولو نشاء لاريناكهم (قتال ٤) او ان نفعل في اموالنا ما نشاء (هود ٨)

فيها ما نشاء لمن نريد (اسرائيل ٢) ونقر في الارحام ما نشاء الى اجل مسمى (حج ١) نرفع درجات من نشاء (انعام ٩ يوسف ٩) نهدي

به من نشاء (شورى ٥) لا يطعمها الا من نشاء بزعمهم (انعام ١٦) نصيب برحمتنا من نشاء (يوسف ٧) فنجي من نشاء (يوسف ١٢) فابعثنا

ومن نشاء (انبياء ١) لا نشتري به ثمنا (مائدة ١٤) قال سنشد عضدك باخيك (قصص ٤) والناشرات نشرا (مرسلات ١)

واذا الصحف نشرت (تكوير ١) الم نشرح لك صدرك (انشراح ١) ان نشرك بالله من شيء (يوسف ٥) ولا نشرك به شيئا (ال عمران ٧)

ولن نشرك بربنا احدا (جن ١) والناشطات نشطا (نازعات ١) كذلك النشور (ملائكة ٢) واليه النشور (ملك ٢) بل كانوا لا

يرجون نشورا (فرقان ٤) وجعل النهار نشورا (فرقان ٥) ولا حيوة ولا نشورا (فرقان ١) وان امرأة خافت من بعلها نشوزا

(نساء ١٩) واللاتي تخافون نشوزهن (نساء ٦) قالوا نشهد انك لرسول الله (منافقين ١)

فصل الصاد

وقالت النصارى المسيح ابن الله (توبة ٥) ليست النصارى على شيء (بقره ١٤) وقالت النصارى ليست اليهود على شيء (بقره ١٤) ومن الذين

قالوا انا نصارى (مائدة ٣) الذين قالوا انا نصارى (مائدة ٥) الا من كان هودا او نصارى (بقره ١٣) ولن ترضى عنك اليهود

ولا النصارى (بقره ١٤) والنصارى والصابئين (بقره ٧) وقالت اليهود والنصارى نحن ابناء الله واحباؤه (مائدة ٣) لا

تتخذوا اليهود والنصارى (مائدة ٨) والنصارى من امن بالله (مائدة ١٠) والنصارى والمجوس (حج ٢) لا يمسهم فيها نصب

(حجر ٤) لا يمسنا فيها نصب (ملائكه ٤) ولا نصب ولا مخمصة في سبيل الله (توبه ١٢) كانهم الى نصب يوفضون (معارج ٢) اني مسني الشيطان
بنصب (ص ٤) وما ذبح على النصب (مائده ١) لقد لقينا من سفرنا هذا نصبا (كهف ٧) والى الجبال كيف نصبت (غاشيه ١)
لن نصبر على طعام واحد (بقره ٧) ولنصبرن على ما آذيتمونا (ابراهيم ٢) ونصحت لكم (اعراف ٨-١٠) اذا نصحوا لله ورسوله
(توبه ١٠) ولا ينفعكم نصحي (هود ٤) لئن آتانا من فضله لنصدقن (توبه ٨) متى نصر الله (بقره ٢٢) ولئن جاء نصر من ربك
(عنكبوت ١) وكان حقا علينا نصر المؤمنين (روم ٥) نصر من الله وفتح قريب (صف ٢) اذا جاء نصر الله والفتح (نصر ١) لا يستطيعون
نصر انفسهم (انبياء ٥) الا ان نصر الله قريب (بقره ٢٢) بنصر الله ينصر من يشاء (روم ١) فعليكم النصر (انفال ٧) وما النصر
الا من عند الله (آل عمران ١٣) ولا يستطيعون لهم نصرا (اعراف ٢٠) وينصرك الله نصرا عزيزا (فتح ١) فما يستطيعون صرفا ولا
نصرا (فرقان ٢) ما كان ابراهيم يهوديا ولا نصرانيا (آل عمران ٧) انظر كيف نصرف الآيات (انعام ٥-٧) وكذلك نصرف
الآيات (انعام ١١) كذلك نصرف الآيات (اعراف ٦) كذلك لنصرف عنه السوء (يوسف ٣) لا يستطيعون نصركم (اعراف ٢٤)
لقد نصركم الله في مواطن كثيرة (توبه ٣) لقد نصركم الله ببدر (آل عمران ١٣) واوذوا حتى اتاهم نصرنا (انعام ٤) جاءهم نصرنا
(يوسف ١١) ونصرناه من القوم الذين كذبوا باياتنا (انبياء ٦) ونصرناهم فكانوا هم الغالبين (صافات ٣) والذين آووا ونصروا
(انفال ٨، ٩) وعزروه ونصروه (اعراف ١٦) الا تنصروه فقد نصره الله (توبه ٤) فآواكم وايدكم بنصره (انفال ٣)
هو الذي ايدك بنصره وبالمؤمنين (انفال ٨) والله يؤيد بنصره من يشاء (آل عمران ٢) لا يستطيعون نصرهم (يس ٤) وان الله على
نصرهم لقدير (حج ٤) فلولا نصرهم الذين اتخذوا من دون الله قربانا آلهة (احقاف ٤) ولكم نصف ما ترك ازواجكم (نساء ٢) فعليهن
نصف ما على المحصنات (نساء ٣) فلها نصف ما ترك (نساء ١٨) فنصف ما فرضتم الا ان يعفون (بقره ٤) وان كانت واحدة فلها
النصف (نساء ٢) نصفه او انقص منه قليلا (مزمل ١) ادنى من ثلثي الليل ونصفه (مزمل ٢) ونصله جهنم (نساء ١١) سوف
نصليهم نارا (نساء ٦) توبوا الى الله توبة نصوحا (تحريم ١) اولئك لهم نصيب مما كسبوا (بقره ٢١) للرجال نصيب مما ترك (نساء ١)
وللنساء نصيب مما ترك (نساء ١) للرجال نصيب مما اكتسبوا (نساء ٤) وللنساء نصيب مما اكتسبن (نساء ٤) ام لهم نصيب من الملك (نساء ٦) يكن له
نصيب منها (نساء ٨) وان كان للكافرين نصيب (نساء ١٥) نصيب برحمتنا من نشاء (يوسف ٦) وما له في الآخرة من نصيب (شورى ٢) الم تر
الى الذين اوتوا نصيبا من الكتاب (آل عمران ٣ نساء ٥-٦) نصيبا مفروضا (نساء ١) وقال لاتخذن من عبادك نصيبا مفروضا (نساء ١٧)
مما ذرأ من الحرث والانعام نصيبا (انعام ١٦) لا يعلمون نصيبا مما رزقناهم (نحل ٦) فهل انتم مغنون عنا نصيبا من النار (مؤمن ٥) ولا يجعلون لما
تنس نصيبك من الدنيا (قصص ٨) اولئك ينالهم نصيبهم من الكتاب (اعراف ٤) والذين عقدت ايمانكم فآتوهم نصيبهم (نساء ٤)
وانا لموفوهم نصيبهم (هود ١١) وما لكم من دون الله من ولي ولا نصير (بقره ١٣ توبه ١٤ عنكبوت ٣ شورى ٤) ما لكم من الله من
ولي ولا نصير (بقره ١٣) وما لهم في الارض من ولي ولا نصير (توبه ١٠) والظالمون ما لهم من ولي ولا نصير (شورى ١) وما للظالمين من
نصير (حج ٨) فما للظالمين من نصير (ملائكه ٤) نعم المولى ونعم النصير (ملائكه ٤) فنعم المولى ونعم النصير (حج ٨) وكفى بالله
نصيرا (نساء ٥) فلن تجد له نصيرا (نساء ٦) واجعل لنا من لدنك نصيرا (نساء ٨) ولن تجد لهم نصيرا (نساء ١٥) ثم لا تجد لك علينا
نصيرا (اسرائيل ٨) واجعل لي من لدنك سلطانا نصيرا (اسرائيل ٨) لا يجدون وليا ولا نصيرا (احزاب ٧) ثم لا يجدون وليا ولا
نصيرا (فتح ٣) ولا تتخذوا منهم وليا ولا نصيرا (نساء ٩) ولا يجدون لهم من دون الله وليا ولا نصيرا (نساء ٣) ولا يجدون لهم من دون الله
وليا ولا نصيرا (نساء ١٨ - احزاب ٢) وكفى بربك هاديا ونصيرا (فرقان ٣) **فصل الضاد** فيهما عينان نضاختان
(رحمن ٧) كلما نضجت جلودهم (نساء ٨) افنضرب عنكم الذكر (زخرف ١) وتلك الامثال نضربها (عنكبوت ٥ حشر ٣) تعرف في وجوههم
نضرة النعيم (مطففين ٤) ولقيهم نضرة وسرورا (انسان ١) ثم نضطرهم الى عذاب غليظ (لقمان ٣) ونضع الموازين القسط
(انبياء ٥) لها طلع نضيد (ق ١) انا لا نضيع اجر المصلحين (اعراف ١٧) انا لا نضيع اجر من احسن عملا (كهف ٤) ولا نضيع اجر المحسنين
(يوسف ٦) **فصل الطاء** كذلك نطبع على قلوب المعتدين (يونس ٨) ونطبع على قلوبهم (اعراف ١٢) ولم نك نطعم
المسكين (مدثر ٢) انطعم من لو يشاء الله اطعمه (يس ٤) انما نطعمكم لوجه الله (انسان ١) ثم جعلناه نطفة في قرار مكين (مؤمنين ١)
الم يك نطفة من مني يمنى (قيامة ٢) خلق الانسان من نطفة (نحل ١) ثم من نطفة ثم سواك رجلا (كهف ٥) ثم من نطفة ثم من علقة

(حج ٥ مومن ٧) ثم من نطفة ثم جعلكم ازواجا (ملائكة ٢) اولم ير الانسان انا خلقناه من نطفة (يس ٥) من نطفة اذا تمنى (نجم ٣) انا خلقنا
الانسان من نطفة امشاج (انسان ١) من نطفة خلقه (عبس ١) ثم خلقنا النطفة علقة (مؤمنين ٢) من قبل ان نطمس وجوها فنردها (نساء ٧)
انا نطمع ان يغفر لنا ربنا خطايانا (شعراء ٤) و نطمع ان يدخلنا ربنا (مائدة ١١) يوم نطوي السماء (انبياء ٧) والنطيحة وما اكل السبع
(مائدة ١) ولا نطيع فيكم احدا ابدا (حشر ٢) سنطيعكم في بعض الامر (قتال ٣)

فصل الظاء

نظر بعضهم الى بعض
(توبة ١٦) ينظرون اليك نظر المغشي عليه (قتال ٣) ثم نظر (مدثر ١) فنظر نظرة في النجوم (صافات ٣) فنظرة الى ميسرة (بقرة ٣٨) فنظل
لها عاكفين (شعراء ٥) ان نظن الا ظنا (جاثية ٤) وان نظنك لمن الكاذبين (شعراء ١٠) وانا لنظنك لمن الكاذبين (اعراف ١٥)
بل نظنكم كاذبين (هود ٣)

فصل العين

بسؤال نعجتك الى نعاجه (ص ٢) اذ يغشيكم النعاس امنة (انفال ٢)
نعاسا يغشى طائفة منكم (آل عمران ١٦) قالوا نعبد اصناما (شعراء ٥) اياك نعبد واياك نستعين (فاتحة ١) قالوا نعبد الهك (بقرة ١٦)
الا نعبد الا الله (آل عمران ٧) انهانا ان نعبد ما يعبد اباؤنا (هود ٧) واجنبني وبني ان نعبد الاصنام (ابراهيم ٦) قالوا اجئتنا
لنعبد الله وحده (اعراف ٩) ما نعبدهم الا ليقربونا الى الله زلفى (زمر ١) له تسع وتسعون نعجة ولي نعجة واحدة (ص ٢) بسؤال
نعجتك الى نعاجه (ص ٢) وانا ظننا ان لن نعجز الله في الارض (جن ٢) ولن نعجزه هربا (جن ٢) وان تعودوا نعد (انفال ٣) انما نعد
لهم عدا (مريم ٦) واما نرينك بعض الذي نعدهم او نتوفينك (يونس ٥ رعد ٦) فاما نرينك بعض الذي نعدهم (مؤمن ٨) كنا نعدهم من
الاشرار (ص ٤) وانا على ان نريك ما نعدهم لقادرون (مؤمنين ٥) نعذب طائفة (توبة ٧) اما من ظلم فسوف نعذبه
(كهف ١١) سنعذبهم مرتين (توبة ١٣) ان نعف عن طائفة منكم (توبة ٧) وقالوا لو كنا نسمع او نعقل (ملك ١) انا نعلم ما يسرون
وما يعلنون (يس ٥) ولنبلونكم حتى نعلم المجاهدين منكم (قتال ٤) قد نعلم انه ليحزنك الذي يقولون (انعام ٤) ولقد نعلم انك يضيق
صدرك (حجر ٦) ولقد نعلم انهم يقولون (نحل ١٤) قالوا لو نعلم قتالا لاتبعناكم (آل عمران ١٧) الا لنعلم من يتبع الرسول (بقرة ١٧)
ثم بعثناهم لنعلم اي الحزبين احصى (كهف ٢) الا لنعلم من يؤمن بالاخرة (سبا ٣) وانا لنعلم ان منكم مكذبين (حاقة ٢) و نعلم ان قد
صدقتنا (مائدة ١٥) ونعلم ما توسوس به نفسه (ق ٢) ولنعلمه من تأويل الاحاديث (يوسف ٣) نحن نعلمهم (توبة ١٣) ربنا انك تعلم
ما نخفي وما نعلن (ابراهيم ٦) اني انا ربك فاخلع نعليك (طه ١) قال نعم وانكم لمن المقربين (اعراف ١٤) قالوا نعم (اعراف ٥) قل
نعم وانتم داخرون (صافات ١) قال نعم وانكم اذا لمن المقربين (شعراء ٣) نعم المولى ونعم المصير (انفال ٥) نعم الثواب وحسنت مرتفقا
نعم اجر العاملين (عنكبوت ٦) نعم العبد انه اواب (ص ٢-٣) فنعم عقبى الدار (رعد ٣) فنعم المولى ونعم النصير (حج ١٠) فنعم اجر العاملين
(زمر ٨) فنعم الماهدون (ذاريات ٣) فقدرنا فنعم القادرون (مرسلات ١) فلنعم المجيبون (صافات ٣) ولنعم دار المتقين (نحل ٤)
و نعم اجر العاملين (آل عمران ١٤) ونعم الوكيل (آل عمران ١٨) فجزاء مثل ما قتل من النعم (مائدة ١٣) ان الله نعما يعظكم به (نساء ٨) ان تبدوا
الصدقات فنعما هي (بقرة ٣٧) ولئن اذقناه نعماء (هود ٢) وتلك نعمة تمنها علي (شعراء ٢) ولولا نعمة ربي لكنت من المحضرين (صافات ٦) قال
لولا ان تداركه نعمة من ربه (نون ٢) يا ايها الذين امنوا اذكروا نعمة الله عليكم (مائدة ٢) يا قوم اذكروا نعمة الله عليكم (مائدة ٤) واذ قال
موسى لقومه اذكروا نعمة الله عليكم (ابراهيم ١) يا ايها الناس اذكروا نعمة الله عليكم (ملائكة ١) واشكروا نعمة الله (نحل ١٥) ومن يبدل
نعمة الله من بعد ما جاءته (بقرة ٢٦) واذكروا نعمة الله عليكم (بقرة ٣٠ - آل عمران ١١ مائدة ١) الم تر الى الذين بدلوا نعمة الله (ابراهيم ٥) وان تعدوا
نعمة الله (ابراهيم ٥ نحل ٢) يعرفون نعمة الله (نحل ١١) ذلك بان الله لم يك مغيرا نعمة انعمها على قوم (انفال ٧) ثم اذا خوله نعمة منه (زمر ١)
ثم اذا خولناه نعمة منا (زمر ٥) ثم تذكروا نعمة ربكم (زخرف ١) نعمة من عندنا (قمر ٢) يستبشرون بنعمة من الله (آل عمران ١٨) فانقلبوا
بنعمة من الله (آل عمران ١٨) الم تر ان الفلك تجري في البحر بنعمة الله (لقمان ٤) فما انت بنعمة ربك (طور ٢) ما انت بنعمة ربك بمجنون (نون ١)
واما بنعمة ربك فحدث (ضحى ١) افبنعمة الله يجحدون (نحل ٩) و بنعمة الله هم يكفرون (نحل ٩) وما بكم من نعمة فمن الله (نحل ٧)
وما لاحد عنده من نعمة تجزى (ليل ١) و نعمة كانوا فيها فاكهين (دخان ٢) فضلا من الله ونعمة (حجرات ١) وذرني والمكذبين اولي
النعمة (مزمل ١) اوزعني ان اشكر نعمتك (نمل ٢ احقاف ٢) كذلك يتم نعمته عليكم (نحل ١١) وليتم نعمته عليكم (مائدة ٢) ويتم نعمته
عليك (يوسف ١ فتح ١) فاصبحتم بنعمته اخوانا (آل عمران ١١) اذكروا نعمتي التي انعمت عليكم (بقرة ٥-٥-١٠) ولاتم نعمتي عليكم (بقرة ١٨)
واتممت عليكم نعمتي (مائدة ١) اذكر نعمتي عليك وعلى والدتك (مائدة ١٥) اولم نعمركم ما يتذكر فيه (ملائكة ٤) ومن نعمره ننكسه في

الخلق (یس ۷) ربنا اخرجنا نعمل صالحا (ملائکۃ ع) فارجعنا نعمل صالحا انا موقنون (سجدۃ ۲) فنعمل غیر الذی کنا نعمل (اعراف ۶) غیر
الذی کنا نعمل (ملائکۃ ع) کنا نعمل من سوٓء (نحل ۴) واسبغ علیکم نعمہ ظاھرۃ وباطنۃ (لقمان ۲) فاکرمہ ونعمہ (فجر ۲) وما یکون
لنا ان نعود فیھا (انعام ۱) وفیھا نعیدکم ومنھا نخرجکم (طٰہٰ ۲) کما بدانا اول خلق نعیدہ (انبیاء ۱) سنعیدھا سیرتھا الاولٰی (طٰہٰ ۳)
لھم فیھا نعیم مقیم (توبۃ ۳) فروح وریحان وجنت نعیم (واقعہ ۴) ان یدخل جنت نعیم (معارج ع) ان الابرار لفی نعیم (انفطار ۱ مطففین ۱)
ان المتقین فی جنات ونعیم (طور ۲) ولادخلناھم جنات النعیم (مائدۃ ۷) لھم جنات النعیم (لقمان ۱) فی جنات النعیم (صافات ۵ حج ۶ ۲)
(واقعہ ۱ یونس ۱) واجعلنی من ورثۃ جنۃ النعیم (شعراء) ان للمتقین عند ربھم جنات النعیم (نون ۲) تعرف فی وجوھھم نضرۃ النعیم (مطففین)
ثم لتسئلن یومئذ عن النعیم (تکاثر ۱) واذا رایت ثم رایت نعیما وملکا کبیرا (انسان ۲)

فصل الغین

غلم نغادر
منھم احدا (کھف ۶) وان نشا نغرقھم (یس ۴) لنغرینک بھم (احزاب ۸) نغفر لکم خطایاکم (بقرۃ ۶) نغفر لکم خطیئاتکم (اعراف ۲۱)

فصل الفاء

ق
ومن شر النفاثات فی العقد (فلق) ان ھذا لرزقنا ما لہ من نفاد (صٓ ۴) مردوا علی النفاق
(توبۃ ۱۱) فاعقبھم نفاقا فی قلوبھم (توبۃ ۸) الاعراب اشد کفرا ونفاقا (توبۃ ۱۲) لننسفنہ فی (طٰہٰ ۴ جن ۲) حتی تفجر لنا من الارض
ینبوعا (اسرائیل ۹) فاذا نفخ فی الصور (مؤمنین ۱) فاذا نفخ فی الصور نفخۃ واحدۃ (حاقۃ ۱) ثم نفخ فیہ اخری (زمر ۷) ونفخ فی الصور (کھف ۱)
(یس ۴ زمر ۷ ق ۲) ونفخ فیہ من روحہ (سجدۃ ۱) فاذا نفخ فی الصور نفخۃ واحدۃ (حاقۃ ۱) ولئن مستھم نفحۃ (انبیاء ۴) ونفخت فیہ من روحی
(حجر ۳ صٓ ۵) فنفخنا فیہ من روحنا (تحریم ۲) فنفخنا فیھا من روحنا (انبیاء ۶) لنفد البحر قبل ان تنفد کلمات ربی (کھف ۱۱) ما نفدت
کلمات اللہ (لقمان ۳) فلولا نفر من کل فرقۃ منھم طائفۃ (توبۃ ۱۵) انہ استمع نفر من الجن (جن ۱) انا اکثر منک مالا واعز نفرا (کھف ۴)
واذ صرفنا الیک نفرا من الجن (احقاف ۴) سنفرغ لکم ایہ الثقلان (رحمٰن ۲) لا نفرق بین احد من رسلہ (بقرۃ ۴ ۲) لا نفرق بین احد
منھم (بقرۃ ۱۶ ۔ آل عمران ۹) لا تجزی نفس عن نفس شیئا (بقرۃ ۵ ۔ ۱۵) لا تکلف نفس الا وسعھا (بقرۃ ۲۴) ان تبسل نفس بما کسبت (انعام ۷)
لا تکلم نفس الا باذنہ (ھود ۹) فلا تظلم نفس شیئا (انبیاء ۴) وما تدری نفس ماذا تکسب غدا (لقمان ۴) وما تدری نفس بای ارض تموت (لقمان ۴)
فلا تعلم نفس ما اخفی لھم (سجدۃ ۲) فالیوم لا تظلم نفس شیئا (یس ۶) ان تقول نفس یا حسرتی (زمر ۶) ولتنظر نفس ما قدمت لغد (حشر ۳) علمت نفس
ما احضرت (تکویر ۲) علمت نفس ما قدمت (انفطار ۱) یوم لا تملک نفس لنفس شیئا (انفطار ۲) کل نفس (انظر الی کل) انہ من قتل نفسا بغیر
نفس (مائدۃ ۵) قال اقتلت نفسا زکیۃ بغیر نفس (کھف ۱۰) الا حاجۃ فی نفس یعقوب (یوسف ۸) وما کان لنفس ان تموت الا باذن اللہ
(آل عمران ۱۵) وما کان لنفس ان تؤمن (یونس ۱۰) وھو الذی انشاکم من نفس واحدۃ (انعام ۱۲) خلقکم من نفس واحدۃ (زمر ۱) ھو
الذی خلقکم من نفس واحدۃ (اعراف ۲۴) ونفس وما سوٰھا (شمس ۱) یا ایتھا النفس المطمئنۃ (فجر ۴) ولا تقتلوا النفس التی حرم اللہ
(انعام ۱۹ ۔ اسرائیل ۴) ولا یقتلون النفس التی حرم اللہ (فرقان ۷) ونھی النفس عن الھوی (نازعات ۲) ان النفس بالنفس (مائدۃ ۷)
النفس لامارۃ بالسوٓء (یوسف ۷) ولا اقسم بالنفس اللوامۃ (قیامۃ ۱) واذ قتلتم نفسا (بقرۃ ۸) لا یکلف اللہ نفسا الا وسعھا (بقرۃ ۴۰)
فان طبن لکم عن شیء منہ نفسا (نساء ۱) انہ من قتل نفسا بغیر نفس (مائدۃ ۵) لا نکلف نفسا الا وسعھا (انعام ۱۹ ۔ آل عمران ۵) ولا نکلف
نفسا الا وسعھا (مؤمنین ۷) لا ینفع نفسا ایمانھا (انعام ۲۰) قال اقتلت نفسا زکیۃ (کھف ۱۰) وقتلت نفسا (طٰہٰ ۲) کما قتلت نفسا بالامس
(قصص ۲) قال رب انی قتلت منھم نفسا (قصص ۴) لا یکلف اللہ نفسا الا ما اتاھا (طلاق ۱) ولن یؤخر اللہ نفسا (منافقین ۲) ما جزاء من اراد
فی الارض (یوسف ۳) فلا تذھب نفسک (ملائکۃ ۱) فلعلک باخع نفسک (کھف ۱) واصبر نفسک (کھف ۴) لعلک باخع نفسک
(شعراء ۱) لا تکلف الا نفسک (نساء ۹) کفی بنفسک الیوم (اسرائیل ۲) ولا اعلم ما فی نفسک (مائدۃ ۱۶) واذکر ربک فی نفسک (اعراف ۲۱)
وتخفی فی نفسک (احزاب ۵) وما اصابک من سیئۃ فمن نفسک (نساء ۱) فطوعت لہ نفسہ (مائدۃ ۵) ونعلم ما توسوس بہ نفسہ (ق ۲)
ومن الناس من یشری نفسہ (بقرۃ ۲۵) الا من سفہ نفسہ (بقرۃ ۱۶) ومن یفعل ذلک فقد ظلم نفسہ (بقرۃ ۲۹ طلاق ۱) ویحذرکم اللہ نفسہ
(آل عمران ۳ ۔ ۴) او یظلم نفسہ (نساء ۱۶) ومن یوق شح نفسہ (حشر ۱ تغابن ۲) الا ما حرم اسرائیل علی نفسہ (آل عمران ۱۰) فانما یکسبہ علی نفسہ (نساء ۱۶)
فانما ینکث علی نفسہ (فتح ۱) بل الانسان علی نفسہ بصیرۃ (قیامۃ ۲) کتب علی نفسہ الرحمۃ (انعام ۲) کتب ربکم علی نفسہ الرحمۃ (انعام ۶) ولا یرغبوا
بانفسھم عن نفسہ (توبۃ ۱۶) وراودتہ التی ھو فی بیتھا عن نفسہ (یوسف ۳) تراود فتاھا عن نفسہ (یوسف ۴) ولقد راودتہ عن نفسہ
فاستعصم (یوسف ۴) انا راودتہ عن نفسہ (یوسف ۶) ومن یبخل فانما یبخل عن نفسہ (قتال ۴) فاسرھا یوسف فی نفسہ (یوسف ۸)

اذ راودتن یوسف عن نفسہ (یوسف ۶)

فاوجس في نفسه خيفة (طه ٧) وظالم لنفسه مبين (صافات ٣) وهو ظالم لنفسه (كهف ٥) فانما يشكر لنفسه (نمل ٤ لقمان ٢) فانما يهتدي
لنفسه (نمل ٧ يونس ١١ اسرائيل ١) ومن تزكى فانما يتزكى لنفسه (فاطر ٣) فمنهم ظالم لنفسه (ملائكة ٤) ومن جاهد فانما يجاهد لنفسه (عنكبوت ١)
فمن ابصر فلنفسه (انعام ١٣) فمن اهتدى فلنفسه (زمر ٥) من عمل صالحا فلنفسه (فصلت ٥ جاثية ٢) ان وهبت نفسها (احزاب ٦) تجادل
عن نفسها (نحل ١٥) قال رب اني لا املك الا نفسي واخي (مائدة ٤) قل ما يكون لي ان ابدله من تلقاء نفسي (يونس ٢) وما ابرئ نفسي (يوسف ٦)
وكذلك سولت لي نفسي (طه ٥) قال رب اني ظلمت نفسي (قصص ٢) قالت رب اني ظلمت نفسي (نمل ٣) فانما اضل على نفسي (سبا ٦) قال هي راودتني
عن نفسي (يوسف ٣) تعلم ما في نفسي (مائدة ١٦) قل لا املك لنفسي نفعا ولا ضرا (اعراف ٢٣) قل لا املك لنفسي ضرا ولا نفعا (يونس ٥) استخلصه
لنفسي (يوسف ٧) واصطنعتك لنفسي (طه ٣) اذ نفشت فيه غنم القوم (انبياء ٦) وكذلك نفصل الايات (انعام ٦ اعراف ٤) كذلك
نفصل الايات (اعراف ٤ يونس ٣ روم ٤) ونفصل الايات لقوم يعلمون (توبة ٢) ونفضل بعضها على بعض (رعد ١) لا يملكون لانفسهم
نفعا ولا ضرا (رعد ٢) قل لا املك لنفسي نفعا ولا ضرا (اعراف ٢٣) ايهم اقرب لكم نفعا (نساء ٢) فاليوم لا يملك بعضكم لبعض نفعا ولا ضرا (سبا ٥)
ان اراد بكم ضرا او اراد بكم نفعا (فتح ٢) ولا يملك لهم ضرا ولا نفعا (طه ٤) ولا يملكون لانفسهم ضرا ولا نفعا (فرقان ١) قل لا املك لنفسي ضرا
ولا نفعا (يونس ٥) ما لا يملك لكم ضرا ولا نفعا (مائدة ١٠) فذكر ان نفعت الذكرى (اعلى ١) كذلك نفعل بالمجرمين (صافات ٢ مرسلات ١)
او ان نفعل في اموالنا (هود ٨) يدعو لمن ضره اقرب من نفعه (حج ٢) فنفعها ايمانها (يونس ١٠) واثمهما اكبر من نفعهما (بقرة ٢٧) ان
تبتغي نفقا في الارض (انعام ٤) وما منعهم ان تقبل منهم نفقاتهم (توبة ٧) ولا ينفقون نفقة صغيرة (توبة ١٦) وما انفقتم من
نفقة (بقرة ٣٧) قالوا نفقد صواع الملك (يوسف ٩) قالوا يا شعيب ما نفقه كثيرا مما تقول (هود ٨) بل لجوا في عتو ونفور (ملك ٢)
ولوا على ادبارهم نفورا (اسرائيل ٥) وزادهم نفورا (فرقان ٦) ما زادهم الا نفورا (ملائكة ٥) وما يزيدهم الا نفورا (اسرائيل ٥) واذا النفوس
زوجت (تكوير ١) ربكم اعلم بما في نفوسكم (اسرائيل ٣) وجعلناكم اكثر نفيرا (اسرائيل ١)

فصل القاف

نقاتل في سبيل الله (بقرة ٣٢) قالوا وما لنا الا نقاتل في سبيل الله (بقرة ٣٢) وما استطاعوا له نقبا (كهف ١١) فنقبوا في البلاد (ق ٣)
نقتبس من نوركم (حديد ١٣) سنقتل ابناءهم (اعراف ١٥) فظن ان لن نقدر عليه (انبياء ٦) ونقدس لك (بقرة ٤) بل نقذف
بالحق على الباطل (انبياء ٢) فاذا نقر في الناقور (مدثر ١) ونقر في الارحام ما نشاء الى اجل مسمى (حج ١) سنقرئك فلا تنسى (اعلى ١) حتى
تنزل علينا كتابا نقرؤه (اسرائيل ١٠) تلك القرى نقص عليك من انبائها (اعراف ١٣) وكلا نقص عليك (هود ١٠) نحن نقص عليك نباهم
بالحق (كهف ٢) نحن نقص عليك احسن القصص (يوسف ١) كذلك نقص عليك (طه ٥) ونقص من الاموال والانفس (بقرة ١٩) ونقص من
الثمرات (اعراف ١٦) ومنهم من لم نقصص عليك (مومن ٨) ورسلا لم نقصصهم عليك (نساء ٢٣) فلنقصن عليهم بعلم (اعراف ١) ذلك
من انباء القرى نقصه عليك (هود ٩) ولا تكونوا كالتي نقضت غزلها من بعد قوة (نحل ١٣) فبما نقضهم ميثاقهم (نساء ٢٢ مائدة ٣)
فاثرن به نقعا (عاديات ١) وانا كنا نقعد منها (جن ١) ونقلب افئدتهم وابصارهم (انعام ١٤) ونقلبهم ذات اليمين (كهف ٣) وما
نقموا الا ان اغناهم الله (توبة ١٠) وما نقموا منهم الا ان يؤمنوا بالله (بروج ١) يوم نقول لجهنم هل امتلات (ق ٣) ان نقول الا اعتراك
(هود ٥) ان نقول له كن فيكون (نحل ٥) ثم نقول للذين اشركوا (انعام ٣ يونس ٣) قال الله على ما نقول وكيل (يوسف ٨) والله على ما
نقول وكيل (قصص ٣) لولا يعذبنا الله بما نقول (مجادلة ١) ونقول ذوقوا عذاب الحريق (ال عمران ١٩) ونقول للذين ظلموا (سبا ٥) و
سنقول له من امرنا يسرا (كهف ١١) ثم لنقولن لوليه (نمل ٥) وبعثنا منهم اثني عشر نقيبا (مائدة ٣) فاذا لا يؤتون الناس نقيرا (نساء ٨)
ولا يظلمون نقيرا (نساء ١٧) نقيض له شيطانا (زخرف ٣) فلا نقيم لهم يوم القيامة وزنا (كهف ١١)

فصل الكاف

قالوا لم نك من المصلين (مدثر ٢) ولم نك نطعم المسكين (مدثر ٢) او يعفو الذي بيده عقدة النكاح (بقرة ٣١) ولا تعزموا عقدة النكاح
(بقرة ٣٠) حتى اذا بلغوا النكاح (نساء ١) وليستعفف الذين لا يجدون نكاحا (نور ٤) اللاتي لا يرجون نكاحا (نور ٦) فاخذه الله
نكال الاخرة والاولى (نازعات ١) فجعلناها نكالا لما بين يديها (بقرة ٨) جزاء بما كسبا نكالا من الله (مائدة ٦) سنكتب ما يقول
(مريم ٥) سنكتب ما قالوا (ال عمران ١٩) ونكتب ما قدموا واثارهم (يس ١) فارسل معنا اخانا نكتل وانا له لحافظون (يوسف ٨) ولا
نكتم شهادة الله (مائدة ١٤) فمن نكث فانما ينكث على نفسه (فتح ١) الا تقاتلون قوما نكثوا ايمانهم (توبة ٢) وان نكثوا ايمانهم (توبة ٢) ولا
تنكحوا ما نكح اباؤكم (نساء ٣) اذا نكحتم المؤمنات (احزاب ٦) والذي خبث لا يخرج الا نكدا (اعراف ٧) ولا نكذب بايات ربنا (انعام ٣) وكنا نكذب

(كهف ٩)
بيوم الدين (مدثر ع) يوم يدع الداع الى شئ نكر (قمر ١) لقد جئت شيأ نكرا (كهف ١) وعذبنا ها عذابا نكرا (طلاق ٢) فيعذبه عذابا نكرا

قال نكروا لها عرشها (نمل ٣) نكرهم واوجس منهم خيفة (هود ٧) ثم نكسوا على رؤسهم (انبياء ٧) ثم ننكسه الحمار (بقرة ٣٦) نكص على

عقبيه (انفال ٦) نكفر عنكم سياتكم (نساء ٥) تأمروننا ان نكفر بالله (سباء ٤) نؤمن ببعض و نكفر ببعض (نساء ١٥) لنكفرن عنهم سياتهم

(عنكبوت ١) لا نكلف الله نفسا الا وسعها (انعام ١٦ - اعراف ٥) ولا نكلف نفسا الا وسعها (مؤمنين ٧) قالوا كيف نكلم من كان في

المهد صبيا (مريم ٢) وقالوا ذرنا نكن مع القاعدين (توبة ١١) بل لم نكن ندعوا من قبل شيأ (مؤمن ٨) ينادونهم الم نكن معكم (حديد ٢)

(مائدة ١٢)
واما ان نكون نحن الملقين (اعراف ١٣) واما ان نكون اول من القى (طه ٧) فنكون من المؤمنين (شعراء ١١) و نكون عليها من الشاهدين

ونكون من المؤمنين (انعام ٣ قصص ٥) لنكونن من الخاسرين (اعراف ٣-١٥) لنكونن من الشاكرين (انعام ٧-١ اعراف ١٩ يونس ٣) و

لنكونن من الصالحين (توبة ١) فكيف كان نكير (حج ٥ سباء ٥ ملائكة ٣ ملك ٢) وما لكم من نكير (شورى ٥) **فصل اللام**

(من)
انلزمكموها وانتم لها كارهون (هود ٣) انما كنا نخوض و نلعب (توبة ٧) انا سنلقى عليك قولا ثقيلا (مزمل ١) سنلقى في قلوب الذين

(هود ٥)
كفروا الرعب (آل عمران ١٦) **فصل الميم** ونمارق مصفوفة (غاشية ١) نمتعهم قليلا (لقمان ٣) وامم سنمتعهم

كلا نمد هؤلاء (اسرائيل ٢) و نمد له من العذاب مدا (مريم ٦) ايحسبون انما نمدهم به من مال وبنين (مؤمنين ٤) مكناهم في الارض ما لم نمكن

لكم (انعام ١) اولم نمكن لهم حرما امنا (قصص ٦) و نمكن لهم في الارض (قصص ١) حتى اذا اتوا على واد النمل (نمل ٢) قالت نملة يا ايها النمل (نمل ٢)

(نموت)
انما نملي لهم خير لانفسهم (آل عمران ١٨) انما نملي لهم ليزدادوا اثما (آل عمران ١٨) ونريد ان نمن (قصص ١) ونمنعكم من المؤمنين (نساء ٢١)

(ن)
ونحيا (مؤمنين ٣ جاثية ٣) وانا لنحن نحيي ونميت (حجر ٢) انا نحن نحيي ونميت (ق ٥) ونمير اهلنا ونحفظ اخانا (يوسف ٨) هماز مشاء بنميم (ن)

فصل النون قل هل ننبئكم بالاخسرين اعمالا (كهف ١) فننبئكم بما كنتم تعملون (يونس ٣) فلننبئن الذين كفروا

بما عملوا (فصلت ٥) فننبئهم بما عملوا (لقمان ٣) حقا علينا ننج المؤمنين (يونس ١) ثم ننجي رسلنا والذين امنوا (يونس ١) ثم ننجي الذين اتقوا

(مريم ٨) وكذلك ننجي المؤمنين (انبياء ٦) فاليوم ننجيك ببدنك (يونس ١) لننجينه واهله الا امراته (عنكبوت ٤) ثم لننزعن من كل

(عليهم)
شيعة (مريم ٧) ان نشأ ننزل من السماء اية (شعراء ١) ما ننزل الملائكة الا بالحق (حجر ١) و ننزل من القران ما هو شفاء (اسرائيل ٩) وما ننزله الا

(في)
بقدر معلوم (حجر ٢) ثم لننسفنه في اليم نسفا (طه ٥) ما ننسخ من اية او ننسها (بقرة ١٢) وقيل اليوم ننسيكم (جاثية ٤) فاليوم ننسيهم كما نسوا

(تعلم)
(اعراف ٦) وننشئكم فيما لا تعلمون (واقعة ٢) وانظر الى العظام كيف ننشزها (بقرة ٣٤) انا لننصر رسلنا والذين امنوا (مؤمن ٦) وان قو

لننصرنكم (حشر ٢) ننظر اتهتدي (نمل ٣) قال سننظر اصدقت (نمل ٢) لننظر كيف تعملون (يونس ٢) انا نأتي الارض ننقصها (رعد ٥)

(قالوا)
انبياء ٤) ومن نعمره ننكسه في الخلق (يس ٥) اولم ننهك عن العالمين (حجر ٥) **فصل الواو** فيؤخذ بالنواصي والاقدام (رحمن ٥)

اذ قال لهم اخوهم نوح (شعراء ١١) قال نوح رب انهم عصوني (نوح ٢) وقال نوح رب لا تذر (نوح ٢) ونادى نوح ابنه (هود ٥) ونادى نوح

(القرون)
ربه (هود ٥) ولقد نادينا نوح (صافات ٨) قوم نوح وعاد وثمود (توبة ٧ - ابراهيم ٢ حج ٥) امرأة نوح وامرأة لوط (تحريم ٢) وكم اهلكنا من

من بعد نوح (اسرائيل ٢) كذبت قبلهم قوم نوح المرسلين (شعراء ١١) كذبت قبلهم قوم نوح (ص ١ مؤمن ١ طلاق ٢ قمر ١) مثل دأب قوم نوح (مؤمن ٤)

(ذاريات ٥)
واذكروا اذ جعلكم خلفاء من بعد قوم نوح (اعراف ٩) ما اصاب قوم نوح (هود ٨) وقوم نوح لما كذبوا الرسل (فرقان ٤) وقوم نوح من قبل

(نجم ١) واتل عليهم نبأ نوح (يونس ٨) كما اوحينا الى نوح والنبيين (نساء ١٧) واوحي الى نوح (هود ٤) سلام على نوح في العالمين (صافات

ذرية من حملنا مع نوح (اسرائيل ١) وممن حملنا مع نوح (مريم ٦) ومنك ومن نوح وابراهيم (احزاب ١) قالوا يا نوح قد جادلتنا (هود ٣)

قال يا نوح انه ليس من اهلك (هود ٤) قيل يا نوح اهبط بسلام منا (هود ٤) قالوا لئن لم تنته يا نوح (شعراء ٦) لقد ارسلنا نوحا الى قومه

(ارسلنا)
(اعراف ٨) ولقد ارسلنا نوحا الى قومه (مؤمنين ٢ عنكبوت ٢ هود ٣) ما وصى به نوحا (شورى ٢) انا ارسلنا نوحا (نوح ١) ولقد

(من)
نوحا وابراهيم (حديد ٤) ان الله اصطفى آدم و نوحا وآل ابراهيم (آل عمران ٤) ونوحا هدينا من قبل (انعام ١٠) ونوحا اذ نادى

قبل (انبياء ٦) الا رجالا نوحي اليهم (يوسف ١٢ نحل ٥ - انبياء ١) الا نوحي اليه (انبياء ٢) نوحيه اليك (آل عمران ٥ يوسف ١) نوحيها

(اها)
اليك (هود ٥) ونودوا ان تلكم الجنة (اعراف ٥) فلما اتيها نودي يا موسى (طه ٢) فلما اتيها نودي من شاطئ الواد (قصص ٤) فلما جا

نودي (نمل ١) اذا نودي للصلوة من يوم الجمعة (جمعة ٢) ان يطفؤا نور الله (توبة ٤) الله نور السموات والارض (نور ٥) قد جاء كم

من الله نور (مائدة ٣) يريدون ليطفؤا نور الله (صف ١) فهو على نور من ربه (زمر ٣) فما له من نور (نور ٥) فيها هدى و نور

(مائدة ٥) فيه هدى ونور (مائدة ٥) واتبعوا النور الذى انزل معه (اعراف ١٦) يخرجهم من الظلمات الى النور (بقرة ٢٦) لتخرج الناس من
الظلمات الى النور (ابراهيم ١) ان اخرج قومك من الظلمات الى النور (ابراهيم ١) ليخرج الذين امنوا وعملوا الصالحات من الظلمات الى النور (طلاق
ليخرجكم من الظلمات الى النور (احزاب ٥ حديد ١) ويخرجهم من الظلمات الى النور (مائدة ٢) يخرجونهم من النور الى الظلمات (بقرة ٢٦)
ولا الظلمات ولا النور (ملائكة ٢) وجعل الظلمات والنور (انعام ١) هل تستوى الظلمات والنور (رعد ٢) والنور الذى انزلنا (تغابن)
وانزلنا اليكم نورا مبينا (نساء ١) الذى جاء به موسى نورا وهدى (انعام ١) وجعلنا له نورا يمشى (انعام ٣) ومن لم يجعل الله له نورا
(نور ع) ولكن جعلناه نورا (شورى ٦) فالتمسوا نورا (حديد ٢) والقمر نورا (يونس ١) ويجعل لكم نورا (حديد ٢) وجعل القمر فيهن نورا
(نوح ٢) تلك الجنة التى نورث من عبادنا (مريم ٧) نقتبس من نوركم (حديد ٢) ربنا اتمم لنا نورنا (تحريم ١) ويأبى الله الا ان يتم نو
(توبة ع) مثل نوره كمشكوة فيها مصباح (نور ع) والله متم نوره (صف ١) يهدى الله لنوره من يشاء (نور ع) يسعى نورهم بين ايديهم
(حديد ٢) نورهم يسعى بين ايديهم (تحريم ١) ذهب الله بنورهم (بقرة ٢) لهم اجرهم ونورهم (حديد ٢) نوف اليهم اعمالهم (هود ٢)
نوله ما تولى (نساء ١) وكذلك نولى بعض الظالمين (انعام ٣) فلنولينك قبلة ترضيها (بقرة ١٥) لا تأخذه سنة ولا نوم (بقرة
والنوم سباتا (فرقان ٥) وجعلنا نومكم سباتا (نبا ١) وذا النون اذ ذهب مغاضبا (انبياء ٩) ان الله فالق الحب والنوى (انعام ١)

فصل الهاء

لم يلبثوا الا ساعة من نهار (احقاف ع) وتولج النهار فى الليل (آل عمران ٣) يغشى الليل النهار (اعراف ٦)
ويولج النهار فى الليل (حج ٧ لقمان ٣ ملائكة ٢ حديد ١) قل ارايتم ان جعل الله عليكم النهار سرمدا (قصص ٨) نسلخ منه النهار (يس ٢) وجعل
النهار نشورا (فرقان ٥) ويكور النهار على الليل (زمر ١) وجعلنا النهار معاشا (نبا ١) على الذين آمنوا وجه النهار (آل عمران ٨) واقم
الصلوة طرفى النهار (هود ١٠) وجعلنا اية النهار مبصرة (اسرائيل ٢) واطراف النهار لعلك ترضى (طه ٣) ولا الليل سابق النهار (يس ٣)
ويعلم ما جرحتم بالنهار (انعام ١) وسارب بالنهار (رعد ٢) ويكور الليل على النهار (زمر ١) تولج الليل فى النهار (آل عمران ٣) يولج الليل
فى النهار (حج ٧ لقمان ٣ ملائكة ٢ حديد ١) ان لك فى النهار سبحا طويلا (مزمل ١) لم يلبثوا الا ساعة من النهار (يونس ٥) ومن اياته الليل
والنهار (فصلت ٣) والنهار مبصرا (يونس ٧ مؤمن ٧ نمل ٩) والله يقدر الليل والنهار (مزمل ٢) وسخر لكم الليل والنهار (ابراهيم ٥ نمل ٢)
وجعلنا الليل والنهار ايتين (اسرائيل ٢) يقلب الله الليل والنهار (نور ٥) يسبحون الليل والنهار لا يفترون (انبياء ٢) وهو الذى خلق الليل
والنهار (انبياء ٣) ومن رحمته جعل لكم الليل والنهار لتسكنوا فيه (قصص ٨) وهو الذى جعل الليل والنهار خلفة (فرقان ٧) واختلاف الليل
والنهار (بقرة ١٧ آل عمران ٢٠ جاثية ١) الذين ينفقون اموالهم بالليل والنهار (بقرة ٢٨) وله ما سكن فى الليل والنهار (انعام ٢) ان فى اختلاف
الليل والنهار (يونس ١) ومن اياته منامكم بالليل والنهار (روم ٣) بل مكر الليل والنهار (سبا ٤) يسبحون له بالليل والنهار (فصلت ٥) والنهار
اذا جليها (شمس ١) والنهار اذا تجلى (ليل ١) وله اختلاف الليل والنهار (مؤمنين ٥) قل من يكلؤكم بالليل والنهار (انبياء ٣) اتيها امرنا ليلا
او نهارا (يونس ٣) قال ارايتم ان اتيكم عذابه بياتا او نهارا (يونس ٥) انى دعوت قومى ليلا ونهارا (نوح ١) وما كنا لنهتدى لولا
ان هدينا الله (اعراف ٥) لنهدى به من نشاء (شورى ٥) لنهدينهم سبلنا (عنكبوت ٧) قال ان الله مبتليكم بنهر (بقرة ٣٥) ان
المتقين فى جنات ونهر (قمر ٣) وفجرنا خلالهما نهرا (كهف ٥) واذا اردنا ان نهلك قرية (اسرائيل ٢) الم نهلك الاولين (مرسلات ١)
لنهلكن الظالمين (ابراهيم ٢) الم تر الى الذين نهوا (مجادلة ١) واخذهم الربوا وقد نهوا عنه (نساء ٢٧) فلما عتوا عما نهوا عنه (اعراف ٢١)
ولو ردوا لعادوا لما نهوا عنه (انعام ٣) ثم يعودون لما نهوا عنه (مجادلة ١) وامروا بالمعروف ونهوا عن المنكر (حج ٥) ونهى النفس عن
الهوى (نازعات ٢) ان فى ذلك لايات لاولى النهى (طه ٦-١٣) قل انى نهيت ان اعبد (انعام ٦ مؤمن ٧) وما نهيكم عنه فانتهوا (حشر ١) وقا

فصل الياء

ما نهيكما ربكما (اعراف ٢) ونيسرك لليسرى (اعلى ١) فسنيسره لليسرى (ليل ١) فسنيسره للعسرى
(ليل ١) ولا ينالون من عدو نيلا (توبة ١٣)

باب الواو

فصل الالف

فاصابه وابل (بقرة ٢٧) اصابها وابل (بقرة ٢٧) فان لم يصبها وابل فطل (بقرة ٢٧) وميثاقه الذى واثقكم به (مائدة ١) قلوب يومئذ وا
(نازعات ١) والهكم اله واحد (بقرة ١٧) انما الله اله واحد (نساء ١٨) الهكم اله واحد (نحل ٣) وما من اله الا اله واحد (مائدة ١٠)
والهنا والهكم واحد (عنكبوت ٥) قل انما هو اله واحد (انعام ٢) انما هو اله واحد (ابراهيم ٢ نحل ٦) انما الهكم اله واحد (كهف ١١ انبيا
فصلت ١) فالهكم اله واحد (حج ٥) لن نصبر على طعام واحد (بقرة ٦) فلكل واحد منهما السدس (نساء ٢) ولابويه لكل واحد منهما السد

(نساء) یابنی لاتدخلوا من باب واحد (یوسف ۸) یسقی بماء واحد (رعد ۱) فاجلدوا کل واحد منهما (نور ۱) ان الٰهکم **لواحد** (صافات ۱)
ام الله **الواحد** القهار (یوسف ۵) وهو الواحد القهار (رعد ۲) وما من اله الا الله الواحد القهار (ص ۷) هو الله الواحد القهار
(زمر ۱) لله الواحد القهار (مؤمن ۲) وبرزوا لله الواحد القهار (ابراهیم ۷) واسماعیل واسحاق الٰهاً **واحداً** (بقرة ۱۶) وما
الا لیعبدوا الٰهاً واحداً (توبة ۵) لاتدعوا الیوم ثبوراً واحداً (فرقان ۲) اجعل الآلهة الٰهاً واحداً (ص ۱) فقالوا ابشراً منا واحداً (قمر ۲)
فانما هی زجرة **واحدة** (صافات ۲ نازعات ۲) ولی نعجة واحدة (ص ۲) وما امرنا الا واحدة (قمر ۳) کان الناس امة واحدة (بقرة ۲۲)
وان کانت واحدة (نساء ۲) فیمیلون علیکم میلة واحدة (نساء ۱۱) لجعلکم امة واحدة (مائدة ۷ نحل ۱) وما کان الناس الا امة واحدة
فاختلفوا (یونس ۲) لجعل الناس امة واحدة (هود ۱۰) ان هذه امتکم امة واحدة (انبیاء ۱) وان هذه امتکم امة واحدة (مؤمنین ۴)
لولا نزل علیه القرآن جملة واحدة (فرقان ۳) ان کانت الا صیحة واحدة (یس ۲-۴) ما ینظرون الا صیحة واحدة (یس ۴) وما ینظر هؤلاء
الا صیحة واحدة (ص ۱) لجعلهم امة واحدة (شوریٰ ۱) ولولا ان یکون الناس امة واحدة (زخرف ۳) ارسلنا علیهم صیحة واحدة (قمر ۲)
فاذا نفخ فی الصور نفخة واحدة (حاقة ۱) فدکتا دکة واحدة (حاقة ۱) الذی خلقکم من نفس واحدة (نساء ۱) لکل واحد منهما السدس (نساء ۴)
انشأکم من نفس واحدة (انعام ۱) واتت کل واحدة منهن سکیناً (یوسف ۴) هو الذی خلقکم من نفس واحدة (اعراف ۱۹) خلقکم من نفس واحدة ثم هو الذی
(زمر ۱) قل انما اعظکم **بواحدة** (سباء ۲) فان خفتم الا تعدلوا فواحدة (نساء ۱) الم تر انهم فی کل **واد** یهیمون (شعراء ۲) ربنا انی اسکنت من
ذریتی **بواد** (ابراهیم ۶) حتی اذا اتوا علی واد النمل (نمل ۲) من شاطیء **الواد** الایمن (قصص ۴) انک **بالواد** المقدس طوی (طٰه ۱) اذ ناداه
ربه بالواد المقدس (نازعات ۱) الذین جابوا الصخر بالواد (فجر ۱) ولا یقطعون **وادیاً** الا کتب لهم (توبة ۱۶) وعلی **الوارث** مثل ذلک (بقرة ۳۰)
اولئک هم **الوارثون** (مؤمنین ۱) وانا لنحن نحیی ونمیت ونحن الوارثون (حجر ۲) ونجعلهم **الوارثین** (قصص ۱) وانت خیر الوارثین (انبیاء ۶)
وکنا نحن الوارثین (قصص ۶) انتم لها **واردون** (انبیاء ۷) فارسلوا **واردهم** (یوسف ۲) ولا تزر **وازرة** وزر اخری (انعام ۱-۲۰ اسرائیل ۲)
ملائکة ۲ زمر ۱) الا تزر وازرة وزر اخری (نجم ۳) ان ربک **واسع** المغفرة (نجم ۲) ان الله واسع علیم (بقرة ۱۲) والله واسع علیم (بقرة ۲۵
-۲۷ آل عمران ۸ مائدة ۶ نور ۴) وکان الله **واسعاً** حکیماً (نساء ۱۳) ان ارضی **واسعة** (عنکبوت ۶) وارض الله واسعة (زمر ۲)
الم تکن ارض الله واسعة فتهاجروا (نساء ۱) فقل ربکم ذو رحمة واسعة (انعام ۵) ولهم عذاب **واصب** (صافات ۱) وله الدین **واصباً**
(نحل ۶) واذ **واعدنا** موسیٰ اربعین لیلة (بقرة ۶) **وواعدنا** موسیٰ ثلثین لیلة (اعراف ۱۶) **وواعدناکم** جانب الطور الایمن (طٰه ۴) لم
تکن من **الواعظین** (شعراء ۶) وتعیها اذن **واعیة** (حاقة ۱) وما لهم من الله من **واق** (رعد ۴) وما کان لهم من الله من واق
(مؤمن ۲) ما لک من الله من ولی ولا واق (رعد ۵) وظنوا انه **واقع** بهم (اعراف ۱۸) وهو واقع بهم (شوریٰ ۲) سأل سائل بعذاب واقع
(معارج ۱) ان عذاب ربک **لواقع** (طور ۱) وان الدین لواقع (ذاریات ۱) انما توعدون لواقع (مرسلات ۱) اذا وقعت **الواقعة** (واقعة ۱)
فیومئذ وقعت الواقعة (حاقة ۱) وما لهم من دونه من **وال** (رعد ۲) لا یجزی **والد** عن ولده (لقمان ۴) ووالد وما ولد (بلد ۱) **والوالدات**
یرضعن اولادهن (بقرة ۳۰) مما ترک **الوالدان** والاقربون (نساء ۲ مرتین ۵) لا تضار **والدة** بولدها (بقرة ۳۰) اذکر نعمتی علیک
وعلیٰ **والدتک** (مائدة ۱۵) وبراً **بوالدتی** (مریم ۲) وبراً بوالدیه (مریم ۱) **والد** شیئاً (لقمان ۴) التی انعمت علی وعلی **والدی** (نمل ۲ احقاف ۲)
ربنا اغفر لی **ولوالدی** (ابراهیم ۶) رب اغفر لی ولوالدی (نوح ۲) ان اشکر لی **ولوالدیک** (لقمان ۲) او **الوالدین** والاقربین
(نساء ۲۰) **وبالوالدین** احساناً (بقرة ۹ نساء ۶ انعام ۱۹ اسرائیل ۳) **للوالدین** والاقربین (بقرة ۲۲) **فللوالدین** والاقربین (بقرة ۲۶)
وبراً **بوالدیه** (مریم ۱) ووصینا الانسان بوالدیه (عنکبوت ۱ لقمان ۲ احقاف ۲) والذی قال **لوالدیه** اف لکما (احقاف ۲) فهی یومئذ
واهیة (حاقة ۲)

فصل الباء

لیذوق **وبال** امره (مائدة ۱۳) ذاقوا وبال امرهم (حشر ۲) فذاقوا وبال
امرهم (تغابن ۱) فذاقت وبال امرها (طلاق ۱) فاخذناه اخذاً **وبیلاً** (مزمل ۲)

فصل التاء

والشفع **والوتر** (فجر ۱)

ثم لقطعنا منه **الوتین** (حاقة ۲)

فصل الثاء

شدوا **الوثاق** (محمد ۱) ولا یوثق **وثاقه** احد (فجر ۲) فقد استمسک
بالعروة الوثقیٰ (بقرة ۳۶ لقمان ۳)

فصل الجیم

فاذا **وجبت** جنوبها فکلوا منها (حج ۵) **وجد** عندها رزقاً (آل عمران ۴)
وجد من دونها قوماً (کهف ۱) وجد علیه امة من الناس (قصص ۳) **فوجد** فیها رجلین (قصص ۲) فوجدا عبداً من عبادنا (کهف ۷)
قالوا جزاؤه من وجد فی رحله فهو جزاؤه (یوسف ۸) **ووجد** عندها قوماً (کهف ۹) ووجد الله عنده فوفاه حسابه (نور ۵)

ووجد من دونهم امرأتين (قصص ٣) فوجدا فيها جدارا (كهف ١٠) انى وجدت امرأة تملكهم (نمل ٢) اولو جئتكم باهدى مما وجدتم
عليه آباءكم (زخرف ٢) فهل وجدتم ما وعد ربكم حقا (اعراف ٥) واقتلوا المشركين حيث وجدتموهم (توبة ١) واقتلوهم حيث وجدتموهم
(نساء ١٢) وجدتها وقومها يسجدون (نمل ٢) ووجدك ضالا فهدى ووجدك عائلا فاغنى (ضحى ١) من حيث سكنتم من وجدكم
(طلاق ١) قالوا وجدنا عليها اباءنا (اعراف ٣) قالوا وجدنا اباءنا لها عابدين (انبياء ٦) وان وجدنا اكثرهم لفاسقين (اعراف ١٣) قالوا
بل وجدنا اباءنا كذلك يفعلون (شعراء ٥) بل قالوا انا وجدنا اباءنا على امة (زخرف ٢) انا وجدنا اباءنا على امة (زخرف ٢) ان قد وجدنا
ما وعدنا ربنا حقا (اعراف ٥) قالوا حسبنا ما وجدنا عليه اباءنا (مائدة ١٤) بل نتبع ما وجدنا عليه اباءنا (لقمان ٣) لتلفتنا عما وجدنا عليه
اباءنا (يونس ٨) فما وجدنا فيها غير بيت من المسلمين (ذاريات ٢) وما وجدنا لاكثرهم من عهد (اعراف ١٣) الا من وجدنا متاعنا عنده
(يوسف ٩) انا وجدناه صابرا (ص ٤) فوجدناها ملئت حرسا (جن ١) ولما فتحوا متاعهم وجدوا بضاعتهم (يوسف ٨) لوجدوا
الله توابا رحيما (نساء ٩) لوجدوا فيه اختلافا كثيرا (نساء ١١) ووجدوا ما عملوا حاضرا (كهف ٦) وجدها تغرب في عين حمئة (كهف ١١) وجدها
تطلع على قوم (كهف ١١) وجلت قلوبهم (انفال ١ حج ٥) وقلوبهم وجلة (مؤمنين ٤) قال انا منكم وجلون (حجر ٤) سيئت وجوه الذين
كفروا (ملك ٢) يوم تبيض وجوه وتسود وجوه (آل عمران ١١) وجوه يومئذ ناضرة (قيامة ١) وجوه يومئذ مسفرة (عبس ١) وجوه يومئذ
خاشعة (غاشية ١) وجوه يومئذ ناعمة (غاشية ١) تعرف في وجوه الذين كفروا المنكر (حج ٨) ووجوه يومئذ باسرة (قيامة ١) ووجوه يومئذ
عليها غبرة (عبس ١) وعنت الوجوه للحي القيوم (طه ٦) يشوي الوجوه (كهف ٤) من قبل ان نطمس وجوها (نساء ٧) فولوا وجوهكم شطره
(بقرة ١٥ مرتين) ليس البر ان تولوا وجوهكم (بقرة ٢٢) فاغسلوا وجوهكم وايديكم (مائدة ٢) واقيموا وجوهكم (اعراف ٣) ليسوءوا وجوهكم
(اسراء ١) فامسحوا بوجوهكم وايديكم (نساء ٧ مائدة ٢) فاما الذين اسودت وجوههم (آل عمران ١١) واما الذين ابيضت وجوههم
(آل عمران ١١) كانما اغشيت وجوههم قطعا (يونس ٣) وجوههم مسودة (زمر ٦) يضربون وجوههم (انفال ٧ قتال ٣) ولا يرهق وجوههم قتر (يونس ٣)
وتغشى وجوههم النار (ابراهيم ٧) تلفح وجوههم النار (مؤمنين ٦) يوم تقلب وجوههم (احزاب ٨) فكبت وجوههم في النار (نمل ٧) ونحشرهم
يوم القيامة على وجوههم (اسراء ١١) الذين يحشرون على وجوههم (فرقان ٣) حين لا يكفون عن وجوههم النار (انبياء ٧) يوم يسحبون
في النار على وجوههم (قمر ٣) سيماهم في وجوههم (فتح ٤) تعرف في وجوههم نضرة النعيم (مطففين ١) فاينما تولوا فثم وجه الله (بقرة ١٤)
يخل لكم وجه ابيكم (يوسف ١) ويبقى وجه ربك (رحمن ٢) على الذين آمنوا وجه النهار (آل عمران ٨) ذلك خير للذين يريدون وجه الله (روم ٤)
تريدون وجه الله (روم ٤) الا ابتغاء وجه ربه الاعلى (ليل ١) وما تنفقون الا ابتغاء وجه الله (بقرة ٣٧) ابتغاء وجه ربهم (رعد ٣) فالقوه
على وجه ابي (يوسف ١٠) انما نطعمكم لوجه الله (انسان ١) ولكل وجهة هو موليها (بقرة ١٨) اني وجهت وجهي (انعام ٩) فول وجهك
شطر المسجد الحرام (بقرة ١٧ مرتين) وان اقم وجهك للدين (يونس ١١) فاقم وجهك للدين (روم ٣-٤) قد نرى تقلب وجهك في السماء (بقرة ١٧)
ظل وجهه مسودا (نحل ٧ زخرف ٢) كل شيء هالك الا وجهه (قصص ٩) بلى من اسلم وجهه لله (بقرة ١٣) ومن احسن دينا ممن اسلم وجهه لله
(نساء ١٨) يريدون وجهه (انعام ٦ كهف ٤) ومن يسلم وجهه الى الله (لقمان ٣) افمن يتقي بوجهه سوء العذاب (زمر ٣) القوه على وجه ابي
(يوسف ١٠) انقلب على وجهه (حج ٢) افمن يمشي مكبا على وجهه (ملك ٢) فصكت وجهها (ذاريات ٢) ذلك ادنى ان يأتوا بالشهادة على وجهها
(مائدة ١٤) فقل اسلمت وجهي لله (آل عمران ٢) اني وجهت وجهي (انعام ٩) وجيها في الدنيا والآخرة (آل عمران ٥) وكان عند الله وجيها
(احزاب ٧)

فصل الحاء

قالوا اجئتنا لنعبد الله وحده (اعراف ٩) واذا ذكرت ربك في القران وحده (اسراء ٥) واذا
ذكر الله وحده (زمر ٥) اذا دعي الله وحده (مؤمن ٢) امنا بالله وحده (مؤمن ٩) حتى تؤمنوا بالله وحده (ممتحنة ١) واذا الوحوش
حشرت (تكوير ١) ان هو الا وحي يوحى (نجم ١) قل انما انذركم بالوحي (انبياء ٤) وما كان لبشر ان يكلمه الله الا وحيا (شورى ٦) ذرني ومن
خلقت وحيدا (مدثر ١) واصنع الفلك باعيننا ووحينا (هود ٤) ان اصنع الفلك باعيننا ووحينا (مؤمنين ٢) من قبل ان يقضى اليك
وحيه (طه ٦)

فصل الدال

ود كثير من اهل الكتاب (بقرة ١٣) ود الذين كفروا (نساء ١٦) سيجعل لهم الرحمن
ودا (مريم ٦) ولا تذرن ودا ولا سواعا (نوح ٢) ودت طائفة من اهل الكتاب (آل عمران ٧) ما ودعك ربك وما قلى (ضحى ١)
فترى الودق يخرج من خلاله (نور ٦ روم ٥) ودوا ما عنتم (آل عمران ١٢) ودوا لو تكفرون (نساء ١٢ ممتحنة ١) ودوا لو تدهن فيدهنون
(قلم ١) ان ربي رحيم ودود (هود ٨) وهو الغفور الودود (بروج ١)

فصل الراء

كتاب الله وراء ظهورهم

(بقرة ١١) فنبذوه وراء ظهورهم (آل عمران ١٩) فمن ابتغى وراء ذلك (مؤمنين ١ معارج ١) واما من اوتي كتابه وراء ظهره (انشقاق ١)
وتركتم ما خولناكم وراء ظهوركم (انعام ١١) واحل لكم ما وراء ذلكم (نساء ٤) فاسئلوهن من وراء حجاب (احزاب ٧) الا في قرى محصنة
او من وراء جدر (حشر ٢) ان الذين ينادونك من وراء الحجرات (حجرات ١) واتخذتموه وراءكم ظهريا (هود ٨) ومن وراء اسحاق (هود ٧)
قيل ارجعوا وراءكم (حديد ٢) فليكونوا من ورائكم (نساء ١١) ويكفرون بما وراءه (بقرة ١١) من ورائه جهنم (ابراهيم ٣) ومن ورائه عذاب
غليظ (ابراهيم ٣) وكان وراءهم ملك (كهف ١٠) ويذرون وراءهم يوما ثقيلا (انسان ٢) من ورائهم جهنم (جاثية ١) والله من
ورائهم محيط (بروج ١) ومن ورائهم برزخ (مؤمنين ٦) واني خفت الموالي من ورائي (مريم ١) وورث سليمان داود (نمل ٢)
واجعلني من ورثة جنة النعيم (شعراء ٥) فخلف من بعدهم خلف ورثوا الكتاب (اعراف ٢١) وورثه ابواه (نساء ٢) ولما ورد ماء
مدين (قصص ٣) وبئس الورد المورود (هود ٩) ونسوق المجرمين الى جهنم وردا (مريم ٩) فكانت وردة كالدهان (رحمن ٢)
لو كان هؤلاء الهة ما وردوها (انبياء ٧) وطفقا يخصفان عليهما من ورق الجنة (اعراف ٢ طه ٧) وما تسقط من ورقة الا يعلمها
(انعام ٧) فابعثوا احدكم بورقكم (كهف ٣) ما ووري عنهما من سوآتهما (اعراف ٢) ونحن اقرب اليه من حبل الوريد (ق ٢)

فصل الزاء

كلا لا وزر (قيامة ١) ولا تزر وازرة وزر اخرى (اسرائيل ٢ زمر ١ ملائكة ٣ - انعام ١٧) الا تزر وازرة وزر اخرى (نجم ٣) فانه يحمل يوم القيامة وزرا (طه ٥) ووضعنا عنك وزرك (انشراح ١) واقيموا الوزن بالقسط (رحمن ١) والوزن يومئذ الحق (اعراف ١)
فلا نقيم لهم يوم القيامة وزنا (كهف ١٢) واذا كالوهم او وزنوهم يخسرون (مطففين ١) فقد جاءوا ظلما وزورا (فرقان ١) واجعل
لي وزيرا من اهلي (طه ٢) وجعلنا معه اخاه هارون وزيرا (فرقان ٣)

فصل السين

وكذلك جعلناكم امة وسطا (بقرة ١٧)
فوسطن به جمعا (عاديات ١) حافظوا على الصلوات والصلوة الوسطى (بقرة ٣١) وسع كرسيه السموات (بقرة ٣٤) وسع ربي كل شيء
علما (انعام ٩) وسع ربنا كل شيء علما (اعراف ١١) وسع كل شيء علما (طه ٥) ورحمتي وسعت كل شيء (اعراف ١٩) ربنا وسعت كل شيء رحمة وعلما
(مؤمن ١) لا تكلف نفس الا وسعها (بقرة ٣٠) لا يكلف الله نفسا الا وسعها (بقرة ٤٠) لا نكلف نفسا الا وسعها (انعام ١٩ - اعراف ٥)
ولا نكلف نفسا الا وسعها (مؤمنين ٤) والليل وما وسق (انشقاق ١) من شر الوسواس الخناس (ناس ١) فوسوس لهما الشيطان
(اعراف ٢) فوسوس اليه الشيطان (طه ٧) وسيق الذين كفروا الى جهنم زمرا (زمر ٨) وسيق الذين اتقوا ربهم الى الجنة زمرا (زمر ٨) وابتغوا

فصل الصاد

اليه الوسيلة (مائدة ٦) يبتغون الى ربهم الوسيلة (اسرائيل ١) سيجزيهم وصفهم (انعام ١٧) ولقد
وصلنا لهم القول (قصص ٦) ما وصى به نوحا (شورى ٢) ووصى بها ابراهيم (بقرة ١٦) وصية لازواجهم (بقرة ٣١) من بعد
وصية توصون بها (نساء ٢) وصية يوصين بها او دين (نساء ٢) من بعد وصية يوصى بها او دين (نساء ٢ مرتين) وصية من الله (نساء ٢) الوصية
للوالدين والاقربين (بقرة ١٨) حين الوصية (مائدة ١٤) اذ وصيكم الله بهذا (انعام ١٥) ذلكم وصيكم به (انعام ١٩ ثلث مرات) ولا سائبة
ولا وصيلة (مائدة ١٤) ولقد وصينا الذين اوتوا الكتاب (نساء ١٩) ذراعيه بالوصيد (كهف ٣) وما وصينا به ابراهيم (شورى ٢)
ووصينا الانسان بوالديه (عنكبوت ١ لقمان ٢ احقاف ٢)

فصل الضاد

ان اول بيت وضع للناس (آل عمران ١٠)
ووضع الكتاب فترى المجرمين (كهف ٧) ووضع الكتاب وجيء بالنبيين (زمر ٧) ووضع الميزان (رحمن ١) والله اعلم بما وضعت (آل عمران ٤)
ووضعته كرها (احقاف ٢) فلما وضعتها قالت رب اني وضعتها انثى (آل عمران ٤) ووضعنا عنك وزرك (انشراح ١) والارض
وضعها للانام (رحمن ١)

فصل الطاء

هي اشد وطئا (مزمل ١) فلما قضى زيد منها وطرا (احزاب ٥)
اذا قضوا منهن وطرا (احزاب ٥)

فصل العين

فبدأ باوعيتهم قبل وعاء اخيه (يوسف ٨) ثم استخرجها من وعاء اخيه
(يوسف ٨) ذلك وعد غير مكذوب (هود ٧) وعد الله حقا (نساء ١٧ يونس ١ لقمان ١) فاذا جاء وعد الاخرة (اسرائيل ١) فاذا جاء وعد ربي جعله دكا
(كهف ١١) ان كان وعد ربنا لمفعولا (اسرائيل ١٢) وكان وعد ربي حقا (كهف ١١) وعد الله لا يخلف الله الميعاد (زمر ٢) ام جنة الخلد
التي وعد المتقون (فرقان ٢) مثل الجنة التي وعد المتقون (رعد ٥ قتال ٢) وكلا وعد الله الحسنى (نساء ١٣ حديد ١) [illegible] وعد الله الذين
امنوا (مائدة ٢ نور ٧ فتح ٣) حتى يأتي وعد الله (رعد ٦) وعد الله المنافقين والمنافقات (توبة ٩) وعد الله المؤمنين والمؤمنات (توبة ٩)
التي وعد الرحمن عباده بالغيب (مريم ٤) الا ان وعد الله حق (يونس ٦) ان وعد الله حق (قصص ٦ روم ٧ لقمان ٤ كهف ٣ مؤمن ٦
٨ ملائكة ١ احقاف ٢) وعد الصدق الذي كانوا يوعدون (احقاف ٢) واذا قيل ان وعد الله حق (جاثية ٤) فهل وجدتم ما وعد

ربكم حقا (اعراف ٥) هذا ما وعد الرحمن (يس ٤) ويقولون متى هذا **الوعد** (يونس ٥- انبياء ٣- نمل ٥- سبا ٣- يس ٤- ملك ٢) واقترب
الوعد الحق (انبياء ٧) ثم صدقناهم الوعد (انبياء ١) انه كان صادق الوعد (مريم ٤) **وعدا** عليه حقا فى التورية (توبة ١٤) بلى وعدا عليه
حقا (نحل ٥) الم يعدكم ربكم وعدا حسنا (طه ٤) وكان وعدا مفعولا (اسرائيل ١) وعدا علينا انا كنا فاعلين (انبياء ٧) فمن وعدناه وعدا
حسنا (قصص ٧) كان على ربك وعدا مسئولا (فرقان ٢) **ووعدتكم** فاخلفتكم (ابراهيم ٤) ربنا واتنا ما **وعدتنا** على رسلك (آل عمران ٢٠)
ربنا وادخلهم جنات عدن التى **وعدتهم** (مؤمن ١) وان **وعدك** الحق (هود ٤) ان الله **وعدكم** وعد الحق (ابراهيم ٤) وعدكم الله
مغانم كثيرة (فتح ٣) ان قد وجدنا ما **وعدنا** ربنا حقا (اعراف ٥) ما وعدنا الله ورسوله الا غرورا (احزاب ٢) قالوا هذا ما وعدنا الله
ورسوله (احزاب ٣) لقد وعدنا نحن واباؤنا هذا من قبل (مؤمنون ٥) لقد وعدنا هذا نحن واباؤنا من قبل (نمل ٥) فمن **وعدناه** وعدا
حسنا (قصص ٧) او نرينك الذى **وعدناهم** (زخرف ٤) بما اخلفوا الله ما **وعدوه** (توبة ١٠) انه كان **وعده** ماتيا (مريم ٤) كان وعده
مفعولا (مزمل ١) ولقد صدقكم الله وعده (آل عمران ١٦) فلا تحسبن الله مخلف وعده (ابراهيم ٧) ولن يخلف الله وعده (حج ٥) لا يخلف
الله وعده (روم ١) الذى صدقنا وعده (زمر ٨) الا عن موعدة **وعدها** اياه (توبة ١٤) وعدها الله الذين كفروا (حج ٨) قالوا سواء
علينا **اوعظت** ام لم تكن من الواعظين (شعراء ٧) ويخاف **وعيد** (ابراهيم ٢) كل كذب الرسل فحق وعيد (ق ١) فذكر بالقرآن من
يخاف وعيد (ق ٣) ذلك يوم **الوعيد** (ق ٢) وقد قدمت اليكم **بالوعيد** (ق ٣) وصرفنا فيه من الوعيد (طه ١٢) **فصل الفاء**
جزاء وفاقا (نبا ١) يوم نحشر المتقين الى الرحمن **وفدا** (مريم ٥) وابراهيم الذى **وفى** (نجم ٣) **ووفيت** كل نفس ما كسبت
(آل عمران ١٩) ووفيت كل نفس ما عملت (زمر ٨) **فوفيه** حسابه (نور ٥) **فصل القاف** مالكم لا ترجون لله
وقارا (نوح ١) ومن شر غاسق اذا **وقب** (فلق ١) الى يوم **الوقت** المعلوم (حجر ٣- ص ٥) لا يجليها **لوقتها** الا هو (اعراف ٢٣) وفى اذاننا
وقر (فصلت ١) والذين لا يؤمنون فى اذانهم وقر (فصلت ٥) وفى اذانهم **وقرا** (انعام ٣- اسرائيل ٥- كهف ٨) كان فى اذنيه وقرا (لقمان ١)
فالحاملات وقرا (ذاريات ١) قال **وقع** عليكم من ربكم (اعراف ٩) واذا وقع القول عليهم (نمل ٦) ثم اذا ما وقع امنتم به (يونس ٥) ولما وقع عليهم
الرجز (اعراف ١٦) فقد وقع اجره على الله (نساء ١٤) فوقع الحق (اعراف ١٤) **ووقع** القول عليهم (نمل ٧) فيومئذ **وقعت** الواقعة (حاقة ١)
اذا وقعت الواقعة (واقعة ١) ولو ترى اذ **وقفوا** على النار (انعام ٣) ولو ترى اذ وقفوا على ربهم (انعام ٣) ليس **لوقعتها** كاذبة (واقعة ١)
اولئك هم **وقود** النار (آل عمران ١) النار ذات **الوقود** (بروج ١) فاتقوا النار التى **وقودها** الناس والحجارة (بقرة ٣) وقودها الناس
والحجارة (تحريم ١) **ووقينا** عذاب السموم (طور ٢) **فوقيه** الله سيئات ما مكروا (مؤمن ٥) **فوقيهم** الله شر ذلك اليوم (انسان ١)
ووقيهم عذاب الجحيم (دخان ٣) **فصل الكاف** فوكزه موسى (قصص ٢) الذى **وكل** بكم (سجدة ٢) فقد **وكلنا**
بها قوما (انعام ١٠) وهو على كل شيء **وكيل** (انعام ١٣- زمر ٦) والله على كل شيء وكيل (هود ٢) قال الله على ما نقول وكيل (يوسف ٧) والله
على ما نقول وكيل (قصص ٣) قل لست عليكم **بوكيل** (انعام ٩) وما انت عليهم بوكيل (انعام ١٣- زمر ٥- شورى ٥) ونعم **الوكيل** (آل عمران ١٨)
وكفى بالله **وكيلا** (نساء ١٩-٢٣-١٧- احزاب ١-٦) ام من يكون عليهم وكيلا (نساء ١٦) الا تتخذوا من دونى وكيلا (اسرائيل ١) وما ارسلناك عليهم وكيلا
(اسرائيل ٦) وكفى بربك وكيلا (اسرائيل ٧) ثم لا تجدوا لكم وكيلا (اسرائيل ٧) ثم لا تجد لك به علينا وكيلا (اسرائيل ٩) افانت تكون عليه وكيلا
(فرقان ٤) فاتخذه وكيلا (مزمل ١) **فصل اللام** فول وجهك (بقرة ١٧ مرتين) فنادوا **ولات** (ص ١) هنالك
الولاية لله الحق (كهف ٥) مالكم من **ولايتهم** من شيء (انفال ١٠) قال رب انى يكون لى **ولد** (آل عمران ٤) ان كان له ولد (نساء ٢٤) فان لم يكن
له ولد (نساء ٢) ان لم يكن لهن ولد (نساء ٢) فان كان لهن ولد (نساء ٢) ان لم يكن لكم ولد (نساء ٢) فان كان لكم ولد (نساء ٢) قل ان كان للرحمن
ولد (زخرف ٧) ان امرؤ هلك ليس له ولد (نساء ٢٤) سبحانه ان يكون له ولد (نساء ٢٣) ان لم يكن لها ولد (نساء ٢٤) انى يكون له ولد (انعام ١٣)
ووالد وما ولد (بلد ١) وسلام عليه يوم ولد (مريم ١) ما اتخذ الله من ولد (مؤمنون ٥) ما كان لله ان يتخذ من ولد (مريم ٢) وقالوا
اتخذ الله **ولدا** (بقرة ١٤) قالوا اتخذ الله ولدا (يونس ٧- كهف ١) او نتخذه ولدا (يوسف ٢- قصص ١) وقل الحمد لله الذى لم يتخذ ولدا
(اسرائيل ١٢) وقالوا اتخذ الرحمن ولدا (مريم ٦- انبياء ٢) ان دعوا للرحمن ولدا (مريم ٦) ان يتخذ ولدا (مريم ٦) ولم يتخذ ولدا (فرقان ١) لو
اراد الله ان يتخذ ولدا (زمر ١) ما اتخذ صاحبة ولا ولدا (جن ١) ان ترن انا اقل منك مالا وولدا (كهف ٥) وقال لاوتين مالا وولدا
(مريم ٥) يطوف عليهم **ولدان** (واقعة ١) ويطوف عليهم ولدان مخلدون (انسان ١) يجعل **الولدان** شيبا (مزمل ١) والمستضعفين

من الولدان (نساء) والمستضعفين من الرجال والنساء والولدان (نساء) الا المستضعفين من الرجال والنساء والولدان (نساء)
والسلام علی یوم **ولدت** (مریم ع) ان امهاتهم الا اللائی **ولدنهم** (مجادلۃ) ولا مولود له **بولده** (بقرۃ) لا یجزی والد عن
ولده (لقمان ع) واتبعوا من لم یزده ماله وولده الا خسارا (نوح) لا تضار والدة **بولدها** (بقرۃ) **ولوا** علی ادبارهم نفورا
(اسرائیل) فلما قضی ولوا الی قومهم منذرین (احقاف) اذا ولوا مدبرین (نمل ، روم) **فولوا** وجوهکم (بقرۃ) ثم **لولوا**
الادبار (فتح) لولوا الیه وهم یجمحون (توبۃ) الله **ولی** الذین آمنوا (بقرۃ) والله ولی المؤمنین (آل عمران) والله ولی المتقین
(جاثیۃ) لیس لهم من دونه ولی (انعام) لیس لها من دون الله ولی (انعام) ولم یکن له ولی من الذل (اسرائیل) کانه ولی حمیم (فصلت)
وما لکم من دون الله **من ولی** ولا نصیر (بقرۃ ، توبۃ ، عنکبوت ، شوری) ما لک من الله من ولی ولا نصیر (بقرۃ) ما لک من الله
من ولی ولا واق (رعد) وما لهم فی الارض من ولی ولا نصیر (توبۃ) ما لهم من دونه من ولی (کهف) ما لکم من دونه من ولی (سجدۃ)
والظالمون ما لهم من ولی ولا نصیر (شوری) فما له من ولی من بعده (شوری) تهتز کانها جان ولی مدبرا ولم یعقب (نمل ، قصص) فالله
هو **الولی** (شوری) وهو الولی الحمید (شوری) وکفی بالله **ولیا** (نساء) واجعل لنا من لدنک ولیا (نساء) ولا تتخذوا منهم ولیا (نساء)
ومن یتخذ الشیطان ولیا (نساء) ولا یجد له من دون الله ولیا ولا نصیرا (نساء) ولا یجدون لهم من دون الله ولیا ولا نصیرا (نساء ،
احزاب) قل اغیر الله اتخذ ولیا فاطر السموات (انعام) فلن تجد له ولیا مرشدا (کهف) فهب لی من لدنک ولیا (مریم) فتکون للشیطان
ولیا (مریم) لا یجدون ولیا ولا نصیرا (احزاب) ثم لا یجدون ولیا ولا نصیرا (فتح) **لولیت** منهم فرارا (کهف) ثم **ولیتم** مدبرین
(توبۃ) ولا المؤمنین **ولیجۃ** (توبۃ) قال الم نربک فینا **ولیدا** (شعراء) انما **ولیکم** الله ورسوله (مائدۃ) انت **ولینا** فاغفر
لنا وارحمنا (اعراف) انت ولینا من دونهم (سبا) فلیملل **ولیه** بالعدل (بقرۃ) فقد جعلنا **لولیه** سلطانا (اسرائیل) لنقولن
لولیه ما شهدنا (نمل) والله **ولیهما** (آل عمران) ما **ولیهم** عن قبلتهم (بقرۃ) وهو ولیهم بما کانوا یعملون (انعام) فهو
ولیهم الیوم (نحل) ان **ولیی** الله الذی نزل الکتاب (اعراف) انت ولیی فی الدنیا والآخرة (یوسف)

فصل الهاء

انک انت **الوهاب** (آل عمران ، ص) رحمة ربک العزیز الوهاب (ص) وجعلنا سراجا **وهاجا** (نبا) الحمد لله الذی **وهب** لی
علی الکبر اسمعیل واسحاق (ابراهیم) **فوهب** لی ربی حکما (شعراء) ان **وهبت** نفسها (احزاب) **ووهبنا** له اسحاق ویعقوب
(مریم) ووهبنا له اسحاق (انعام ، انبیاء ، عنکبوت) ووهبنا لهم من رحمتنا (مریم) ووهبنا له من رحمتنا اخاه هارون نبیا
(مریم) ووهبنا له یحیی (انبیاء) ووهبنا لداود سلیمان (ص) ووهبنا له اهله ومثلهم (ص) قال رب انی **وهن** العظم منی
(مریم) حملته امه وهنا علی **وهن** (لقمان) فما **وهنوا** لما اصابهم فی سبیل الله (آل عمران)

فصل الیاء

ویل لکل افاک اثیم (جاثیۃ) **ویل** یومئذ للمکذبین (مرسلات فی عشرة آیات ، مطففین) ویل للمطففین (مطففین) ویل لکل همزة لمزة
(همزہ) **فویل** للذین یکتبون الکتاب (بقرۃ) فویل لهم مما کتبت ایدیهم (بقرۃ) فویل للذین کفروا (مریم ، ص ، ذاریات) فویل یومئذ
للمکذبین (طور) فویل للقاسیة قلوبهم (زمر) فویل للذین ظلموا (زخرف) فویل للمصلین الذین هم عن صلاتهم ساهون (ارایت)
وویل لهم مما یکسبون (بقرۃ) وویل للکافرین (ابراهیم) وویل للمشرکین (فصلت) ولکم **الویل** مما تصفون (انبیاء) یا **ویلتنا**
مال هذا الکتاب (کهف) قال یا **ویلتی** اعجزت (مائدۃ) قالت یا ویلتی ءالد وانا عجوز (هود) وهما یستغیثان الله **ویلک** آمن
(احقاف) **ویلکم** لا تفتروا علی الله کذبا (طه) قالوا یا **ویلنا** انا کنا ظالمین (انبیاء) لیقولن یا ویلنا انا کنا ظالمین (انبیاء) یا ویلنا
قد کنا فی غفلة من هذا (انبیاء) قالوا یا ویلنا من بعثنا من مرقدنا (یس) وقالوا یا ویلنا هذا یوم الدین (صافات) قالوا یا ویلنا
انا کنا طاغین (نون)

باب الهاء وفصل الالف

قل هاتوا برهانکم (بقرۃ ،
انبیاء ، نمل) فقلنا هاتوا برهانکم (قصص) یحبون من **هاجر** الیهم (حشر) اللاتی هاجرن معک (احزاب) ان الذین آمنوا
والذین هاجروا (بقرۃ) فالذین هاجروا واخرجوا من دیارهم (آل عمران) ومن یهاجر الی الله (نساء) ثم ان ربک للذین
هاجروا من بعد ما فتنوا (نحل) والذین هاجروا فی سبیل الله (حج) ان الذین آمنوا **وهاجروا** وجاهدوا (انفال) والذین آمنوا
وهاجروا (انفال) والذین آمنوا من بعد وهاجروا (انفال) الذین آمنوا وهاجروا (توبۃ) ولکل قوم **هاد** (رعد) وان الله
لهاد الذین آمنوا (حج) ومن یضلل الله فما له من هاد (رعد ، زمر ، مؤمن) من الذین **هادوا** یحرفون الکلم (نساء)

فبظلم من الذين هادوا (نساء ٢٢) ومن الذين هادوا (مائدة ٥) للذين هادوا والربانيون (مائدة ٥) والذين هادوا والصابئون
(مائدة ٧) وعلى الذين هادوا حرمنا (انعام ٥ نحل ١٤) والذين هادوا والصابئين (حج ٢) قل يا أيها الذين هادوا (جمعة ١) وما أنت بهاد
العمي (نمل ٩ روم ٦) من يضلل الله فلا هادي له (اعراف ١٩) وكفى بربك هاديا ونصيرا (فرقان ٢) على شفا جرف هار (توبة ١٣) هاروت
وماروت (بقرة ١١) وبقية مما ترك آل موسى وآل هارون (بقرة ٥) ولقد قال لهم هارون (طه ٩) قال يا هارون ما منعك (طه ١٠)
وأخي هارون هو أفصح مني (قصص ٤) وقال موسى لأخيه هارون اخلفني في قومي (اعراف ١٥) يا أخت هارون (مريم ٣) واجعل لي وزيرا
من أهلي هارون أخي (طه ٢) قالوا آمنا برب هارون وموسى (طه ٧) ووهبنا له من رحمتنا أخاه هارون نبيا (مريم ٦) ثم أرسلنا موسى
وأخاه هارون (مؤمنين ٤) وجعلنا معه أخاه هارون وزيرا (فرقان ٤) فأرسل إلى هارون (شعراء ١) وأيوب ويونس وهارون (نساء ١٧)
رب موسى وهارون (اعراف ١٣ شعراء ٣) وموسى وهارون (انعام ٩) ثم بعثنا من بعدهم موسى وهارون (يونس ٨) ولقد آتينا موسى
وهارون الفرقان (انبياء ٥) ولقد مننا على موسى وهارون (صافات ٦) سلام على موسى وهارون (صافات ٧) كل شيء هالك إلا وجهه
(قصص ٩) أو تكون من الهالكين (يوسف ١٠) فأوقد لي يا هامان على الطين (قصص ٤) وقال فرعون يا هامان (مؤمن ٤) ونري
فرعون وهامان وجنودهما (قصص ١) إن فرعون وهامان وجنودهما (قصص ١) وقارون وفرعون وهامان (عنكبوت ٤) إلى فرعون
وهامان (مؤمن ٣) وترى الأرض هامدة (حج ١) فأمه هاوية (قارعة ١) أتتركون فيما هاهنا آمنين (شعراء ٨)

فصل الباء

قال رب هب لي من لدنك ذرية (آل عمران ٤) ربنا هب لنا من أزواجنا (فرقان ٦) رب هب لي حكما (شعراء ٥) رب هب
لي من الصالحين (صافات ٤) فهب لي من لدنك وليا (مريم ١) وهب لنا من لدنك رحمة (آل عمران ١) وهب لي ملكا (ص ٣) فجعلناه
هباء منثورا (فرقان ٢) فكانت هباء منبثا (واقعة ١)

فصل الجيم

واهجرهم هجرا جميلا (مزمل ١)

فصل الدال

وتخر الجبال هدا (مريم ٦) قال أتحاجوني في الله وقد هدان (انعام ٩) قل إنني هداني ربي (انعام ٢٠) أو تقول لو أن الله هداني
(زمر ٦) فمن تبع هداي فلا خوف عليهم (بقرة ٤) فمن اتبع هداي فلا يضل ولا يشقى (طه ٧) لهدمت صوامع وبيع (حج ٦) إنا هدنا
إليك (اعراف ١٩) وهدوا إلى صراط الحميد (حج ٣) وهدوا إلى الطيب (حج ٣) فقال ما لي لا أرى الهدهد (نمل ٢) ذلك هدى
الله يهدي به (انعام ٩ زمر ٣) قل إن الهدى هدى الله (آل عمران ٨) هدى للمتقين (بقرة ١) فإما يأتينكم مني هدى (بقرة ٤ طه ٧)
هدى للناس وبينات (بقرة ٢٣) من قبل هدى للناس (آل عمران ١) فيها هدى ونور (مائدة ٥) فيه هدى ونور (مائدة ٧) هدى ورحمة
لقوم يؤمنون (اعراف ٤) وفي نسختها هدى ورحمة (اعراف ١٩) وجعلناه هدى لبني إسرائيل (اسرائيل ١ سجدة ٣) أو أجد على النار هدى
(طه ١) وزدناهم هدى (كهف ٢) هدى وبشرى للمؤمنين (نمل ١) ومن أضل ممن اتبع هواه بغير هدى من الله (قصص ٥) هدى ورحمة
للمحسنين (لقمان ١) قل هو للذين آمنوا هدى (فصلت ٥) هذا هدى (جاثية ١) والذين اهتدوا زادهم هدى وآتاهم تقواهم (قتال ٢)
قل الله وإنا أو إياكم لعلى هدى (سبا ٣) إنك لعلى هدى مستقيم (حج ٩) فريقا هدى (اعراف ٣) أولئك الذين هدى الله (انعام ١٠) الأعلى
الذين هدى الله (بقرة ١٥) قل إن هدى الله هو الهدى (بقرة ١٤ انعام ٩) قال ربنا الذي أعطى كل شيء خلقه ثم هدى (طه ٢) أولئك على
هدى من ربهم (بقرة ١ لقمان ١) والذي قدر فهدى (اعلى ١) ووجدك ضالا فهدى (ضحى ١) فهدى الله الذين آمنوا (بقرة ٢٦) فتاب
وهدى إلى صراط مستقيم (آل عمران ١٠) بغير علم ولا هدى ولا كتاب منير (حج ١ لقمان ٣) لو يشاء الله لهدى الناس جميعا (رعد ٤) وإنه
لهدى ورحمة للمؤمنين (نمل ٦) وأضل فرعون قومه وما هدى (طه ٤) فمنهم من هدى الله (نحل ٥) ثم اجتباه ربه فتاب عليه وهدى
(طه ٧) وهدى وبشرى للمسلمين (نحل ١٣) وهدى وبشرى للمؤمنين (بقرة ١) مباركا وهدى للعالمين (آل عمران ١٠) وهدى
وموعظة للمتقين (آل عمران ١٤ مائدة ٧) نورا وهدى للناس (انعام ١١) وهدى ورحمة (انعام ٢٠ اعراف ٢١ يونس ٦ يوسف ١٢ نحل ٧-٩ قصص ٩
جاثية ٢) قل إن هدى الله هو الهدى (بقرة ١٤ انعام ٩) حتى يبلغ الهدي محله (بقرة ٢٤) من بعد ما تبين له الهدى (نساء ١٢) أن
يؤمنوا إذ جاءهم الهدى (اسرائيل ١٠ كهف ٦) والسلام على من اتبع الهدى (طه ٢) وقالوا إن نتبع الهدى معك (قصص ٦) ولقد آتينا موسى
الهدى (مؤمن ٦) من بعد ما تبين لهم الهدى (قتال ٣-٤) ولقد جاءهم من ربهم الهدى (نجم ٣) وإنا لما سمعنا الهدى (جن ١) له أصحاب يدعونه
إلى الهدى ائتنا (انعام ٩) وإن تدعوهم إلى الهدى لا يتبعوكم (اعراف ٢٣) وإن تدعوهم إلى الهدى لا يسمعوا (اعراف ٢٤) وإن تدعهم إلى الهدى
فلن يهتدوا (كهف ٨) قل إن الهدى هدى الله (آل عمران ٨) اشتروا الضلالة بالهدى (بقرة ٢) هو الذي أرسل رسوله بالهدى

(توبة ٤ فتح ٣ صف ١) وقال موسى ربي اعلم بمن جاء بالهدى من عنده (قصص ٤) وقال موسى ربي اعلم من جاء بالهدى (قصص ٩) لجمعهم
على الهدى (انعام ٤) فاستحبوا العمى على الهدى (فصلت ٢) ارايت ان كان على الهدى (علق ١) انحن صددناكم عن الهدى (سبا ٤) ان
علينا للهدى (ليل ١) وبينات من الهدى والفرقان (بقرة ٢٣) فما استيسر من الهدى (بقرة ٢٤ مرتين) من البينات والهدى (بقرة ١٦)
والشهر الحرام والهدى والقلائد (مائدة ١٠) وصدوكم عن المسجد الحرام والهدى (فتح ٣) هديا بالغ الكعبة (مائدة ١٠) واني مرسلة اليهم بهدية
(نمل ٣) ربنا لا تزغ قلوبنا بعد اذ هديتنا (آل عمران ١) بل انتم بهديتكم تفرحون (نمل ٣) ان هداكم للايمان (حجرات ٢) لتكبروا الله على
ما هداكم (حج ٥) ولتكبروا الله على ما هداكم (بقرة ٢٣) واذكروه كما هداكم (بقرة ٢٥) فلو شاء الله لهداكم اجمعين (انعام ١٥) ولو شاء لهداكم
اجمعين (نحل ١) وقالوا الحمد لله الذي هدانا (اعراف ٥) ونرد على اعقابنا بعد اذ هدانا (انعام ٧) وما كنا لنهتدي لولا ان هدانا الله
(اعراف ٥) وقد هدانا سبلنا (ابراهيم ٢) قالوا لو هدانا الله لهديناكم (ابراهيم ٣) كلا هدينا ونوحا هدينا من قبل (انعام ٩) انا هديناه السبيل
(انسان ١) وهديناه النجدين (بلد ١) واما ثمود فهديناهم (فصلت ٢) ولهديناهم صراطا مستقيما (نساء ٧) وهديناهم الى صراط
مستقيم (انعام ٩) وهديناهما الصراط المستقيم (صافات ٤) وهداه الى صراط مستقيم (نحل ١٦) ولو شئنا لآتينا كل نفس هداها (سجدة
ليس عليك هداهم (بقرة ٣٧) وما كان الله ليضل قوما بعد اذ هداهم (توبة ١٣) اولئك الذين هداهم الله (زمر ٢) فبهداهم اقتده
(انعام ٩) ان تحرص على هداهم (نحل ٥) **فصل الراء** ولن نعجزه هربا (جن ١) **فصل الزاء** وما هو بالهزل
(طارق ١) فهزموهم باذن الله (بقرة ٣٣) قالوا اتتخذنا هزوا (بقرة ٧) ولا تتخذوا آيات الله هزوا (بقرة ٢٩) اتخذوا دينكم هزوا (مائدة ٦)
وما انذروا هزوا (كهف ٦) واتخذوا آياتي ورسلي هزوا (كهف ١١) ويتخذها هزوا (لقمان ١) اتخذها هزوا (جاثية ١) ذلكم بانكم اتخذتم آيات
الله هزوا (جاثية ٤) ان يتخذونك الا هزوا (انبياء ٣ فرقان ٥) وهزي اليك بجذع النخلة (مريم ٢) **فصل الشين**
فكانوا كهشيم المحتظر (قمر ٢) فاصبح هشيما تذروه الرياح (كهف ٥) **فصل الضاد** فلا يخاف ظلما ولا هضما (طه ٦) ونخل
طلعها هضيم (شعراء ٨) **فصل اللام** ان امرؤ هلك ليس له ولد (نساء ٢٤) حتى اذا هلك قلتم لن يبعث الله (مؤمن ٤) هلك
عني سلطانيه (حاقة ١) ليهلك من هلك عن بينة (انفال ٥) قل هلم شهداءكم (انعام ١٥) والقائلين لاخوانهم هلم الينا (احزاب ٢) ان
الانسان خلق هلوعا (معارج ١) **فصل الميم** اذ هم قوم ان يبسطوا اليكم ايديهم (مائدة ٢) اذ همت طائفتان
منكم (آل عمران ١٣) ولقد همت به وهم بها (يوسف ٣) لقد همت به وهم بها (يوسف ٣) لهمت طائفة منهم ان يضلوك (نساء ١٤) وهمت كل
امة (مؤمن ١) وقل رب اعوذ بك من همزات الشياطين (مؤمنون ٦) ويل لكل همزة لمزة (همزة ١) فلا تسمع الا همسا (طه ٦) وهموا
باخراج الرسول (توبة ٢) وهموا بما لم ينالوا (توبة ١٠) **فصل النون** فكلوه هنيئا مريئا (نساء ١) كلوا واشربوا هنيئا (طور ٢
مرسلات حاقة ٣) **فصل الواو** وافئدتهم هواء (ابراهيم ٥) اذ قال لهم اخوهم هود (شعراء ٣) الا بعدا لعاد
قوم هود (هود ٦) او قوم هود او قوم صالح (هود ٩) قالوا يا هود ما جئتنا ببينة (هود ٦) الا من كان هودا او نصارى (بقرة ١٣) كونوا
هودا او نصارى (بقرة ١٦) كانوا هودا او نصارى (بقرة ١٦) والى عاد اخاهم هودا (اعراف ٧ هود ٦) نجينا هودا والذين آمنوا معه (هود
ايمسكه على هون (نحل ٦) اليوم تجزون عذاب الهون (انعام ١١) فاليوم تجزون عذاب الهون (احقاف ٢) صاعقة العذاب الهون
(فصلت ٢) وعباد الرحمن الذين يمشون على الارض هونا (فرقان ٧) ومن يحلل عليه غضبي فقد هوى (طه ٨) والنجم اذا هوى (نجم ١)
ولا تتبع الهوى فيضلك (ص ٢) فلا تتبعوا الهوى ان تعدلوا (نساء ١٩) وما ينطق عن الهوى (نجم ١) ونهى النفس عن الهوى (نازعات ٤)
ولكنه اخلد الى الارض واتبع هواه (اعراف ٢٢) واتبع هواه وكان امره فرطا (كهف ٤) واتبع هواه فتردى (طه ١) ارايت من اتخذ الهه
هواه (فرقان ٥) افرايت من اتخذ الهه هواه (جاثية ٣) ومن اضل ممن اتبع هواه بغير هدى من الله (قصص ٥) **فصل الياء**
اني اخلق لكم من الطين كهيئة الطير (آل عمران ٥) واذ تخلق من الطين كهيئة الطير (مائدة ١٤) وهيئ لنا من امرنا رشدا (كهف ١) وقالت
هيت لك (يوسف ٣) فشاربون شرب الهيم (واقعة ٢) قال كذلك قال ربك هو علي هين (مريم ١-٣) وتحسبونه هينا (نور ٢) هيهات
هيهات لما توعدون (مؤمنون ٤)

باب الياء فصل الالف

ولا يأب كاتب ان يكتب (بقرة ٣٩) ولا يأب الشهداء اذا ما دعوا (بقرة ٣٩) ويأبى الله الا ان يتم نوره (توبة ٥) يأت بكم الله جميعا (بقرة ١٥)
او في الارض يأت بها الله (لقمان ٢) ومن يغلل يأت بما غل (آل عمران ١٧) يوم يأت لا تكلم نفس الا باذنه (هود ١١) فالقوه على وجه ابي

ولا الشهر الحرام ولا الهدي ولا القلائد

يأت بصيرا (يوسف ۱۰) وان يأت الاحزاب يودوا (احزاب ۲) اينما يوجهه لا يأت بخير (نحل ۱۰) فليأت مستمعهم (طور ۲) ام جاءهم
ما لم يأت اباءهم الاولين (مؤمنين ۷) امن من لم يأت ربهم ها (طه ۸) من يأت منكن بفاحشة مبينة (احزاب ۴) ويأت بخلق جديد
(ابراهيم ۳) ما لم تكن (۵) يا ابت انى قد جاءنى من العلم ما لم يأتك (مريم ۵) الم يأتكم رسل منكم (انعام ۱۳ زمر ۸) الم يأتكم نبؤا الذين من قبلكم
(ابراهيم) الم يأتكم نبؤا الذين كفروا (تغابن ۱) الم يأتكم نذير (ملك ۱) ولما يأتكم مثل الذين خلوا (بقرة ۲۲) فليأتكم برزق منه (كهف ۲)
ولا يأتل اولوا الفضل منكم (نور ۲) قال يا موسى ان الملأ يأتمرون (قصص ۲) فليأتنا بآية كما ارسل الاولون (انبياء ۱) يأتوا اليه
مذعنين (نور ۶) ذلك ادنى ان يأتوا بالشهادة (مائدة ۱۱) على ان يأتوا بمثل هذا القرآن (اسرائيل ۱۰) ثم لم يأتوا باربعة شهداء (نور ۱)
فاذ لم يأتوا بالشهداء (نور ۲) فليأتوا بحديث مثله (طور ۲) فليأتوا بشركائهم (نون ۲) يأتوك بكل ساحر عليم (اعراف ۱۳) يأتوك رجالا
(حج ۴) يأتوك بكل سحار عليم (شعراء ۳) سماعون لقوم اخرين لم يأتوك (مائدة ۶) وان يأتوكم اسارى تفادوهم (بقرة ۹) ويأتوكم من فورهم هذا
(آل عمران ۱۳) لا يأتون بمثله (اسرائيل ۱۰) ولا يأتون الصلوة الا وهم كسالى (توبة ۷) لولا يأتون عليهم بسلطان بين (كهف ۲) ولا يأتون
البأس الا قليلا (احزاب ۲) ولا يأتونك بمثل الا جئناك بالحق (فرقان ۳) اسمع بهم وابصر يوم يأتوننا (مريم ۲) قبل ان يأتوني
مسلمين (نمل ۳) ومن يأته مؤمنا (طه ۸) وان يأتهم عرض مثله (اعراف ۱۲) الم يأتهم نبأ الذين من قبلهم (توبة ۷) ولما يأتهم تأويله (يونس ۴)
فان الله يأتي بالشمس من المشرق (بقرة ۳۵) ومبشرا برسول يأتي من بعدي (صف ۱) فسوف يأتي الله بقوم (مائدة ۸) يوم يأتي بعض آيات ربك
(انعام ۱۹) يوم يأتي تأويله (اعراف ۶) يوم يأتي لا تكلم نفس الا باذنه (هود ۹) من قبل ان يأتي احدكم الموت (منافقين ۲) او يأتي ربك او يأتي
بعض آيات ربك (انعام ۱۹) او يأتي امر ربك (نحل ۴) ثم يأتي من بعد ذلك (يوسف ۵ مرتين) من قبل ان يأتي يوم (بقرة ۳۴ شورى ۵ ابراهيم ۵)
روم ۵) فعسى الله ان يأتي بالفتح (مائدة ۸) وما كان لرسول ان يأتي بآية الا باذن الله (رعد ۶ مؤمن ۸) حتى يأتي الله بامره (بقرة ۱۳ توبة ۳)
حتى يأتي وعد الله (رعد ۶) من يأتي آمنا يوم القيامة (فصلت ۵) واللذان يأتيانها منكم (نساء ۳) حتى يأتيك اليقين (حجر ۶) من اله
غير الله يأتيكم به (انعام ۵) من اله غير الله يأتيكم بضياء (قصص ۷) من اله غير الله يأتيكم بليل تسكنون فيه (قصص ۷) من قبل ان يأتيكم العذاب
(زمر ۶ مرتين) ان آية ملكه ان يأتيكم التابوت (بقرة ۳۲) قال انما يأتيكم به الله (هود ۳) فمن يأتيكم بماء معين (ملك ۲) قال لا يأتيكما طعام ترزقانه
(يوسف ۵) قبل ان يأتيكما (يوسف ۵) واللاتي يأتين الفاحشة (نساء ۳) يأتين من كل فج عميق (حج ۴) الا ان يأتين بفاحشة مبينة (نساء ۳ طلاق ۱)
حتى يأتينا بقربان (آل عمران ۱۹) وقالوا لولا يأتينا بآية من ربه (طه ۸) ولا يأتين ببهتان (ممتحنة ۲) ويأتينا فردا (مريم ۵) ثم ادعهن يأتينك
سعيا (بقرة ۳۵) يا بني آدم اما يأتينكم رسل منكم (اعراف ۴) فاما يأتينكم مني هدى (بقرة ۴ طه ۷) وليأتينهم بغتة وهم لا يشعرون (عنكبوت ۶)
ايكم يأتيني بعرشها (نمل ۳) عسى الله ان يأتيني بهم جميعا (يوسف ۱۰) او ليأتيني بسلطان مبين (نمل ۳) لا يأتيه الباطل من بين يديه (فصلت ۵)
من يأتيه عذاب يخزيه (هود ۴ و ۱۰ زمر ۴) فسوف يأتيهم انباء ما كانوا به يستهزؤن (انعام ۱) هل ينظرون الا ان يأتيهم الله (بقرة ۲۵) افامن
اهل القرى ان يأتيهم بأسنا بياتا (اعراف ۱۲) من قبل ان يأتيهم عذاب اليم (نوح ۱) اوامن اهل القرى ان يأتيهم بأسنا ضحى (اعراف ۱۲) او يأتيهم العذاب
من حيث (نحل ۶) او يأتيهم العذاب قبلا (كهف ۸) او يأتيهم عذاب يوم عقيم (حج ۷) فسيأتيهم انباء ما كانوا به يستهزؤن (شعراء ۱) فيأتيهم
بغتة وهم لا يشعرون (شعراء ۱۲) ما يأتيهم من ذكر من ربهم (انبياء ۱) ما يأتيهم من رسول (يس ۳) وما يأتيهم من ذكر من الرحمن (شعراء ۱)
وما يأتيهم من رسول (حجر ۱) وما يأتيهم من نبي الا كانوا به يستهزؤن (زخرف ۱) الا يوم يأتيهم ليس مصروفا (هود ۲) وانذر الناس يوم يأتيهم
العذاب (ابراهيم ۵) حتى اذا فتحت يأجوج ومأجوج (انبياء ۷) ان يأجوج ومأجوج مفسدون (كهف ۱۱) يأخذ كل سفينة غصبا (كهف ۱۰) ما كان
ليأخذ اخاه (يوسف ۸) ويأخذ الصدقات (توبة ۱۳) فيأخذكم عذاب اليم (اعراف ۱۰) فيأخذكم عذاب قريب (هود ۷) فيأخذكم
عذاب يوم عظيم (شعراء ۸) وأمر قومك يأخذوا باحسنها (اعراف ۱۷) وليأخذوا اسلحتهم (نساء ۱۵) وليأخذوا حذرهم (نساء ۱۵) يأخذون
عرض هذا الادنى (اعراف ۲۱) ومغانم كثيرة يأخذونها (فتح ۲) وان يأتهم عرض مثله يأخذوه (اعراف ۲۱) وهمت كل امة برسولهم
ليأخذوه (مؤمن ۱) يأخذه عدو لي وعدو له (طه ۲) او يأخذهم في تقلبهم (نحل ۶) او يأخذهم على تخوف (نحل ۶) فلن ابرح الارض
حتى يأذن لي ابي (يوسف ۱۰) من بعد ان يأذن الله (نجم ۲) ما لم يأذن به الله (شورى ۳) اليوم يئس الذين كفروا (مائدة ۱) كما يئس الكفار
من اصحاب القبور (ممتحنة ۲) واللائي يئسن من المحيض (طلاق ۱) اولئك يئسوا من رحمتي (عنكبوت ۲) قد يئسوا من الآخرة (ممتحنة ۲)
فيؤس قنوط (فصلت ۵) انه ليؤس كفور (هود ۱) واذا مسه الشر كان يؤسا (اسرائيل ۹) فاذا هي تلقف ما يأفكون (اعراف ۱۲)

ويأتيه الموت من كل مكان (ابراهيم ع) يأتيها رزقها رغدا من كل مكان (نحل ع)

شعراء) يأكل مما تأكلون منه (مؤمنون ع) او تكون له جنة يأكل منها (فرقان ١) يأكل الطعام ويمشي في الاسواق (فرقان ١) ايحب احدكم ان
يأكل لحم اخيه (حجرات ٢) ومن كان فقيرا فليأكل بالمعروف (نساء ١) مما يأكل الناس والانعام (يونس ٣) كانا يأكلان الطعام (مائدة ١٠)
يأكلن ما قدمتم لهن (يوسف ٦) ذرهم يأكلوا ويتمتعوا (حجر ١) ليأكلوا من ثمره (يس ٣) الذين يأكلون الربوا (بقرة ٣٨) ان الذين
يأكلون اموال اليتامى (نساء ١) اولئك ما يأكلون (بقرة ٢١) انما يأكلون في بطونهم نارا (نساء ١) وما جعلناهم جسدا لا يأكلون الطعام
(انبياء ١) واخرجنا منها حبا فمنه يأكلون (يس ٣) فمنها ركوبهم ومنها يأكلون (يس ٥) ليأكلون اموال الناس (توبة ٥) الا انهم ليأكلون
الطعام (فرقان ٢) ويأكلون كما تأكل الانعام (قتال ٢) واخاف ان يأكله الذئب (يوسف ٢) لا يأكله الا الخاطئون (حاقة ع)
يأكلهن سبع عجاف (يوسف ٥ مرتين) فانهم يألمون كما تألمون (نساء ١١) لا يألونكم خبالا (آل عمران ١٢) ان الله يأمر بالعدل والاحسان
(نحل ١٣) وكان يأمر اهله بالصلوة (مريم ٦) فانه يأمر بالفحشاء والمنكر (نور ٣) قل ان الله لا يأمر بالفحشاء (اعراف ٣) هل يستوي هو ومن يأمر
بالعدل (نحل ١٠) ان الله يأمركم ان تذبحوا بقرة (بقرة ٧) ان الله يأمركم ان تؤدوا الامانات (نساء ٦) أيأمركم بالكفر بعد اذ انتم مسلمون (آل عمران)
ولا يأمركم ان تتخذوا الملائكة (آل عمران ٨) قل بئسما يأمركم به ايمانكم (بقرة ١٠) انما يأمركم بالسوء والفحشاء (بقرة ٧) ويأمركم بالفحشاء (بقرة ٣٧)
ويقتلون الذين يأمرون بالقسط (آل عمران ٢) يأمرون بالمنكر وينهون عن المعروف (توبة ٩) يأمرون بالمعروف وينهون عن المنكر
(توبة ٩ آل عمران ١١-١٢) الذين يبخلون ويأمرون الناس بالبخل (نساء ٦ حديد ٣) ويأمرهم بالمعروف (اعراف ١٩) فلا يأمن مكر الله
الا القوم الخاسرون (اعراف ١٢) يريدون ان يأمنوكم ويأمنوا قومهم (نساء ١٢) الم يأن للذين آمنوا (حديد ٢) ولو يؤاخذ الله
الناس (نحل ٧ ملائكة ٥) لا يؤاخذكم الله باللغو في ايمانكم (بقرة ٢٣ مائدة ١٢) ولكن يؤاخذكم بما عقدتم الايمان (مائدة ١٢) ولكن يؤاخذكم
بما كسبت قلوبكم (بقرة ٢٣) لو يؤاخذهم بما كسبوا (كهف ٨) ولم يؤت سعة من المال (بقرة ٥٢) ما لم يؤت احدا من العالمين (مائدة ٤)
ومن يؤت الحكمة (بقرة ٣٧) ويؤت من لدنه اجرا عظيما (نساء ٦) ويؤت كل ذي فضل فضله (هود ١) يؤتكم خيرا مما اخذ منكم (انفال ٩)
يؤتكم اجوركم (قتال ٤) فان تطيعوا يؤتكم الله اجرا حسنا (فتح ٢) وآمنوا برسوله يؤتكم كفلين (حديد ٤) ان يؤتوا اولي القربى والمساكين
(نور ٣) ويؤتوا الزكوة (بينة ١) فاذا لا يؤتون الناس نقيرا (نساء ٨) الذين لا يؤتون الزكوة (فصلت ١) اولئك يؤتون اجرهم مرتين
(قصص ٦) ويؤتون الزكوة (مائدة ٨ اعراف ١٩ توبة ٩ نمل ١ لقمان ١) يؤتي الحكمة من يشاء (بقرة ٣٧) الذي يؤتي ماله يتزكى (ليل ١) والله
يؤتي ملكه من يشاء (بقرة ٣٣) وسوف يؤت الله المؤمنين اجرا عظيما (نساء ٢١) ان يؤتى احد مثل ما اوتيتم (آل عمران ٨) ان يؤتى صحفا منشرة
(مدثر ٢) فعسى ربي ان يؤتين خيرا (كهف ٥) سيؤتينا الله من فضله (توبة ٦) ان الفضل بيد الله يؤتيه من يشاء (آل عمران ٨) وان
الفضل بيد الله يؤتيه من يشاء (حديد ٤) ذلك فضل الله يؤتيه من يشاء (مائدة ٨ حديد ٣ جمعة ١) ما كان لبشر ان يؤتيه الله (آل عمران ٨)
فسيؤتيه اجرا عظيما (فتح ١) سوف يؤتيهم اجورهم (نساء ٢١) لن يؤتيهم الله خيرا (هود ٣) فقال ان هذا الا سحر يؤثر (مدثر ١) و
يؤثرون على انفسهم (حشر ١) فيؤخذ بالنواصي والاقدام (رحمن ٣) وان تعدل كل عدل لا يؤخذ منها (انعام ٩) فاليوم لا يؤخذ منكم
فدية (حديد ٢) ولا يؤخذ منها عدل (بقرة ٥) الم يؤخذ عليهم ميثاق الكتاب (اعراف ٢١) ولن يؤخر الله نفسا اذا جاء اجلها (منافقين ٢)
ان اجل الله لا يؤخر (نوح ١) ويؤخركم الى اجل مسمى (ابراهيم ٢ نوح ١) انما يؤخرهم ليوم تشخص فيه الابصار (ابراهيم ٧) ولكن يؤخرهم
الى اجل مسمى (نحل ٧ ملائكة ٥) فليؤد الذي اؤتمن امانته (بقرة ٣٩) ومنهم من ان تأمنه بدينار لا يؤده (آل عمران ٨) ومن اهل الكتاب
من ان تأمنه بقنطار يؤده اليك (آل عمران ٨) لا تدخلوا بيوت النبي الا ان يؤذن (احزاب ٧) فلا تدخلوها حتى يؤذن لكم (نور ٤)
ليؤذن لهم (توبة ٩) ثم لا يؤذن للذين كفروا (نحل ١٢) ولا يؤذن لهم فيعتذرون (مرسلات ٢) ومنهم الذين يؤذون النبي (توبة ٧)
والذين يؤذون رسول الله (توبة ٧) ان الذين يؤذون الله (احزاب ٧) والذين يؤذون المؤمنين (احزاب ٧) ان ذلكم كان يؤذي النبي
(احزاب ٧) كذلك يؤفك الذين كانوا بآيات الله يجحدون (مؤمن ٧) يؤفك عنه من افك (ذاريات ١) ثم انظر انى يؤفكون (مائدة ١٠) قاتلهم
الله انى يؤفكون (توبة ٥ منافقين ١) كذلك كانوا يؤفكون (روم ٦) الم تر ان الله يزجي سحابا ثم يؤلف بينه (نور ٦) للذين يؤلون
من نسائهم (بقرة ٢٨) ويفعلون ما يؤمرون (نحل ٦ تحريم ١) ولا تنكحوا المشركات حتى يؤمن (بقرة ٢٧) ان كن يؤمن بالله واليوم الاخر
(بقرة ٢٨) يؤمن بالله ويؤمن للمؤمنين (توبة ٨) من كان يؤمن بالله واليوم الاخر (طلاق ١) من كان منكم يؤمن بالله (بقرة ٢٩) الذي يؤمن
بالله وكلماته (اعراف ٢٠) انما يؤمن بآياتنا (سجدة ٢) ومنهم من لا يؤمن به (يونس ٤) لا يؤمن بيوم الحساب (مؤمن ٣) انه كان لا يؤمن بالله

والذين يؤتون ما آتوا (مؤمنون)

العظیم (حاقہ ع) فلا یصدنک عنہا من لا یؤمن بہا (طہ ۱) ولا یؤمن باللہ ولا بالیوم الاخر (بقرہ ۳۷) انہ لن یؤمن من قومک (ھود ع۴) ومن لم یؤمن
باللہ ورسولہ (فتح ۲) فمن شاء فلیؤمن (کہف ۴) ولم یؤمن بآیات ربہ (طہ ۳) وما یؤمن اکثرہم باللہ (یوسف ۱۲) ومن الاعراب من یؤمن
باللہ (توبہ ۱۲) ومنہم من یؤمن بہ (یونس ۴) الا من یؤمن بآیاتنا (نمل ۹ روم ۱) ومن ہؤلاء من یؤمن بہ (عنکبوت ۵) الا لنعلم من یؤمن بالا
(سبا ۳) فمن یؤمن بربہ (جن ۲) وان من اہل الکتاب لمن یؤمن باللہ (آل عمران ۲۰) ومن یؤمن باللہ ویعمل صالحا (تغابن ۱ طلاق ۲)
ومن یؤمن باللہ یہد قلبہ (تغابن ۲) یؤمن باللہ ویؤمن للمؤمنین (توبہ ۷) فمن یکفر بالطاغوت ویؤمن باللہ (بقرہ ۲۶) الا لیؤمنن
بہ قبل موتہ (نساء ۲۲) لئن جاءتہم آیۃ لیؤمنن بہا (انعام ۱۳) افتطمعون ان یؤمنوا لکم (بقرہ ۹) وما منع الناس ان یؤمنوا (اسرائیل ۱۰ کہف ۶)
الا ان یؤمنوا باللہ العزیز الحمید (بروج ۱) انہ الحق من ربک فیؤمنوا بہ (حج ۶) ما کانوا لیؤمنوا الا ان یشاء اللہ (انعام ۱۳) فما کانوا لیؤمنوا
بما کذبوا (اعراف ۱۲ یونس ۹) وما کانوا لیؤمنوا (یونس ۲) وان یروا کل آیۃ لا یؤمنوا بہا (انعام ۳ اعراف ۱۷) فلا یؤمنوا حتی یروا العذاب (یونس ۹)
کما لم یؤمنوا بہ اول مرۃ (انعام ۱۳) وما تغنی لم یؤمنوا (اعراف ۱۹) ان لم یؤمنوا بہذا الحدیث اسفا (کہف ۱) اولئک لم یؤمنوا (احزاب ۱۳) اولئک یؤمنون
بہ (بقرہ ۱۳ ھود ۲) لعلہم بلقاء ربہم یؤمنون (انعام ۲۰) والذین ہم بآیاتنا یؤمنون (اعراف ۱۹) یؤمنون بالجبت والطاغوت (نساء ۸) افبالباطل
یؤمنون (نحل ۱۰ عنکبوت ۷) والمؤمنون یؤمنون بما انزل الیک (نساء ۲۳) ولو کانوا یؤمنون باللہ (مائدہ ۱۱) فبای حدیث بعدہ یؤمنون
(اعراف ۲۳ مرسلات ۲) یؤمنون باللہ والیوم الاخر (آل عمران ۱۲) فبای حدیث بعد اللہ وآیاتہ یؤمنون (جاثیہ ۱) انہم یؤمنون (انبیاء ۱) من
قبلہ ہم بہ یؤمنون (قصص ۶) فالذین آتیناہم الکتاب یؤمنون بہ (عنکبوت ۵) والذین ہم بآیات ربہم یؤمنون (مؤمنون ۴) لا تجد قوما
یؤمنون باللہ والیوم الاخر (مجادلہ ۳) الذین یؤمنون بالغیب (بقرہ ۱) لا یستأذنک الذین یؤمنون باللہ والیوم الاخر (توبہ ۷) واذا جاءک
الذین یؤمنون بآیاتنا (انعام ۶) اولئک الذین یؤمنون باللہ (نور ۹) والذین یؤمنون بما انزل الیک (بقرہ ۱) والذین یؤمنون بالاخرۃ
یؤمنون بہ (انعام ۱۱) ان فی ذلکم لآیات لقوم یؤمنون (انعام ۱۲) ہدی ورحمۃ لقوم یؤمنون (اعراف ۶) وہدی ورحمۃ لقوم یؤمنون
(اعراف ۲۴ یوسف ۱۲ نحل ۸) وبشری لقوم یؤمنون (اعراف ۲۴) ان فی ذلک لآیات لقوم یؤمنون (نحل ۱۰ نمل ۹ عنکبوت ۳ روم ۳ زمر ۵) فرعون
بالحق لقوم یؤمنون (قصص ۱) وذکری لقوم یؤمنون (عنکبوت ۵) انما یستأذنک الذین لا یؤمنون باللہ والیوم الاخر (توبہ ۷) لا یؤمنون
وقد خلت سنۃ الاولین (حجر ۱) ام لم تنذرہم لا یؤمنون (بقرہ ۱ یس ۱) بل اکثرہم لا یؤمنون (بقرہ ۱۱) فلا وربک لا یؤمنون (نساء ۹) الذین
خسروا انفسہم فہم لا یؤمنون (انعام ۲ مرتین) انہا اذا جاءت لا یؤمنون (انعام ۱۳) علی الذین فسقوا انہم لا یؤمنون (یونس ۴) ان الذین
حقت علیہم کلمۃ ربک لا یؤمنون (یونس ۱۰) ولکن اکثر الناس لا یؤمنون (ھود ۲ رعد ۱ مؤمن ۶) لا یؤمنون بہ حتی یروا العذاب الالیم
(شعراء ۱۱) ام یقولون تقولہ بل لا یؤمنون (طور ۲) الذین لا یؤمنون بآیات اللہ (نحل ۱۳) ان الذین لا یؤمنون بآیات اللہ (نحل ۱۴) افئدۃ الذین
الذین لا یؤمنون بالاخرۃ (انعام ۱۳) قاتلوا الذین لا یؤمنون باللہ (توبہ ۴) وان الذین لا یؤمنون بالاخرۃ (اسرائیل ۱ مؤمنون ۴) ان الذین
لا یؤمنون بالاخرۃ (نمل ۱ نجم ۳) وبین الذین لا یؤمنون بالاخرۃ (اسرائیل ۵) بل الذین لا یؤمنون بالاخرۃ فی العذاب (سبا ۱) اشمأزت
قلوب الذین لا یؤمنون بالاخرۃ (زمر ۵) یستعجل بہا الذین لا یؤمنون (شوری ۲) علی الذین لا یؤمنون (انعام ۱۵) فالذین لا یؤمنون
بالاخرۃ (نحل ۳) اولیاء للذین لا یؤمنون (اعراف ۳) وقل للذین لا یؤمنون (ھود ۱۰) للذین لا یؤمنون بالاخرۃ (نحل ۷) والذین لا
یؤمنون بالاخرۃ (انعام ۱۹) والذین لا یؤمنون فی آذانہم وقر (فصلت ۵) ان ہؤلاء قوم لا یؤمنون (زخرف ۷) انی ترکت ملۃ قوم لا یؤمنون
(یوسف ۵) وما تغنی الآیات والنذر عن قوم لا یؤمنون (یونس ۱۰) فبعدا للقوم لا یؤمنون (مؤمنون ۳) الذین کفروا فہم لا یؤمنون
(انفال ۷) وہم فی غفلۃ وہم لا یؤمنون (مریم ۲) لقد حق القول علی اکثرہم فہم لا یؤمنون (یس ۱) فما لہم لا یؤمنون (انشقاق ۱) فلا
یؤمنون الا قلیلا (نساء ۵-۲۰) افلا یؤمنون (انبیاء ۳) ولا یؤمنون باللہ ولا بالیوم الاخر (نساء ۶) فقلیلا ما یؤمنون (بقرہ ۱۱) یسبحون
بحمد ربہم ویؤمنون بہ (مؤمن ۱) ولا یؤدہ حفظہما (بقرہ ۳۴) وان مسہ الشر فیؤس قنوط (فصلت ۵) انہ لیؤس کفور (ھود ۱) واذا
مسہ الشر کان یؤسا (اسرائیل ۱۰) واللہ یؤید بنصرہ من یشاء (آل عمران ۲) ولا رطب ولا یابس

فصل الالف
فصل الباء

(انعام ۷) واخر یابسات (یوسف ۶ مرتین) کأنہن الیاقوت والمرجان (رحمن ۳) اذا جاءک المؤمنات
یبایعنک (ممتحنہ ۲) انما یبایعون اللہ (فتح ۱) ان الذین یبایعونک (فتح ۱) اذ یبایعونک تحت الشجرۃ (فتح ۳) ومن یبتغ غیر الاسلام
دینا (آل عمران ۹) یبتغون فضلا من ربہم (مائدہ ۱) یبتغون الی ربہم الوسیلۃ (اسرائیل ۶) والذین یبتغون الکتاب (نور ۴) یبتغون

فضلا من الله (فتح ۲۹، حشر ۸) یبتغون من فضل الله (مزمل ۲۰) ایبتغون عندهم العزة (نساء ۱۳۹) فلیبتکن اذان الانعام (نساء ۱۱۹)
ولیبتلی الله ما فی صدورکم (آل عمران ۱۵۴) ثم صرفکم عنهم لیبتلیکم (آل عمران ۱۵۲) وما یبث من دابة (جاثیة ۴) یبحث فی الارض
(مائدة ۳۱) ولا یبخس منه شیئا (بقرة ۲۸۲) وهم فیها لا یبخسون (هود ۱۵) فمنکم من یبخل ومن یبخل فانما یبخل عن نفسه (قتال ۳۸) ولا یحسبن
الذین یبخلون بما اتاهم الله من فضله (آل عمران ۱۸۰) الذین یبخلون ویامرون الناس بالبخل (نساء ۳۷، حدید ۲۴) انه یبدؤا الخلق ثم یعیده
(یونس ۴) قل الله یبدؤا الخلق ثم یعیده (یونس ۳۴) وهو الذی یبدؤا الخلق ثم یعیده (روم ۲۷) من یبدؤا الخلق ثم یعیده (یونس ۳۴) الله
یبدؤا الخلق ثم یعیده (روم ۱۱) امن یبدؤا الخلق ثم یعیده (نمل ۶۴) فاولئک یبدل الله سیاتهم حسنات (فرقان ۷۰) انی اخاف ان یبدل
دینکم (مؤمن ۲۶) ما یبدل القول لدی (ق ۲۹) ومن یبدل نعمة الله (بقرة ۲۱۱) عسی ربنا ان یبدلنا خیرا منها (قلم ۳۲) ولیبدلنهم من
بعد خوفهم امنا (نور ۵۵) یریدون ان یبدلوا کلام الله (فتح ۱۵) فانما اثمه علی الذین یبدلونه (بقرة ۱۸۱) ان یبدله ازواجا (تحریم ۵)
فاردنا ان یبدلهما ربهما (کهف ۸۱) ما لا یبدون لک (آل عمران ۱۵۴) ولم یبدها (یوسف ۷۷) اولم یروا کیف یبدئ الله الخلق (عنکبوت ۱۹)
وما یبدئ الباطل (سبا ۴۹) انه هو یبدئ ویعید (بروج ۱۳) لیبدی لهما (اعراف ۲۰) ولا یبدین زینتهن (نور ۳۱ مرتین) فاضرب
لهم طریقا فی البحر یبسا (طه ۷۷) ان ربک یبسط الرزق (اسرائیل ۳۰) ویکان الله یبسط الرزق لمن یشاء (قصص ۸۲) الله یبسط الرزق لمن یشاء
(عنکبوت ۶۲، رعد ۲۶) اولم یروا ان الله یبسط الرزق (روم ۳۷) اولم یعلموا ان الله یبسط الرزق لمن یشاء ویقدر (زمر ۵۲) قل ان ربی یبسط
الرزق (سبا ۳۶، ۳۹ مرتین) یبسط الرزق لمن یشاء (شوری ۱۲) والله یقبض ویبسط (بقرة ۲۴۵) ان یبسطوا الیکم ایدیهم (مائدة ۱۱) و
یبسطوا الیکم ایدیهم (ممتحنة ۲) فیبسطه فی السماء کیف یشاء (روم ۴۸) یبشر الله عباده الذین امنوا (شوری ۲۳) ویبشر المؤمنین (اسرا ۹،
کهف ۲) ان الله یبشرک بیحیی (آل عمران ۳۹) ان الله یبشرک بکلمة (آل عمران ۴۵) یبشرهم ربهم برحمة منه (توبة ۲۱) لم تعبد ما لا یسمع
ولا یبصر (مریم ۴۲) قال بصرت بما لم یبصروا به (طه ۹۶) ام لهم اعین یبصرون بها (اعراف ۱۹۵) وما کانوا یبصرون (هود ۲۰) فاستبقوا
الصراط فانی یبصرون (یس ۶۶) وابصرهم فسوف یبصرون (صافات ۱۷۵) وابصر فسوف یبصرون (صافات ۱۷۹) وترکهم فی ظلمات لا یبصرون
(بقرة ۱۷) ولهم اعین لا یبصرون بها (اعراف ۱۷۹) وهم لا یبصرون (اعراف ۱۹۸) ولو کانوا لا یبصرون (یونس ۴۳) فاغشیناهم فهم لا یبصرون
(یس ۹) وانفسهم افلا یبصرون (سجدة ۲۷) فستبصر ویبصرون (قلم ۵) یبصرونهم یود المجرم (معارج ۱۱) وان منکم لمن
لیبطئن (نساء ۷۲) فلما ان اراد ان یبطش (قصص ۱۹) ام لهم اید یبطشون بها (اعراف ۱۹۵) ویبطل الباطل (انفال ۸) ان الله سیبطله
(یونس ۸۱) ویوم یبعث حیا (مریم ۱۵) وان الله یبعث من فی القبور (حج ۷) قل هو القادر علی ان یبعث علیکم (انعام ۶۵) حتی یبعث فی امها
رسولا (قصص ۵۹) لا یبعث الله من یموت (نحل ۳۸) لن یبعث الله من بعده رسولا (مؤمن ۳۴) ان لن یبعث الله احدا (جن ۷) عسی ان یبعثک
ربک مقاما محمودا (اسرائیل ۷۹) ثم یبعثکم فیه (انعام ۶۰) لیبعثن علیهم (اعراف ۱۶۷) زعم الذین کفروا ان لن یبعثوا (تغابن ۷) قال انظرنی
الی یوم یبعثون (اعراف ۱۴) قال رب فانظرنی الی یوم یبعثون (حجر ۳۶، ص ۷۹) وما یشعرون ایان یبعثون (نحل ۲۱، نمل ۶۵) ومن ورائهم برزخ الی
یوم یبعثون (مؤمنون ۱۰۰) ولا تخزنی یوم یبعثون (شعراء ۸۷) للبث فی بطنه الی یوم یبعثون (صافات ۱۴۴) یبعثهم الله (انعام ۳۶) یوم یبعثهم
الله جمیعا (مجادلة ۶، ۱۸) افغیر دین الله یبغون (آل عمران ۸۳) افحکم الجاهلیة یبغون (مائدة ۵۰) اذا هم یبغون فی الارض (یونس ۲۳) لا یبغون
عنها حولا (کهف ۱۰۸) ویبغون فی الارض (شوری ۴۲) یبغونکم الفتنة (توبة ۴۷) ویبغونها عوجا (اعراف ۴۵، هود ۱۹) لیبغی بعضهم
علی بعض (ص ۲۴) بینهما برزخ لا یبغیان (رحمن ۲۰) ویبقی وجه ربک (رحمن ۲۷) ولیبکوا کثیرا (توبة ۸۲) وجاءوا اباهم عشاء یبکون (یوسف ۱۶)
ویخرون للاذقان یبکون (اسرائیل ۱۰۹) یبلس المجرمون (روم ۱۲) معکوفا ان یبلغ محله (فتح ۲۵) حتی یبلغ الهدی محله (بقرة ۱۹۶) حتی یبلغ
الکتاب اجله (بقرة ۲۳۵) حتی یبلغ اشده (انعام ۱۵۲، اسرائیل ۳۴) کباسط کفیه الی الماء لیبلغ فاه (رعد ۱۴) فاراد ربک ان یبلغا اشدهما (کهف ۸۲)
اما یبلغن عندک الکبر (اسرائیل ۲۳) والذین لم یبلغوا الحلم منکم (نور ۵۸) الذین یبلغون رسالات الله (احزاب ۳۹) ولکن لیبلوا
بعضکم ببعض (قتال ۴) انما یبلوکم الله به (نحل ۹۲) ولکن لیبلوکم فی ما اتاکم (مائدة ۴۸، انعام ۱۶۵) لیبلوکم ایکم احسن عملا
(هود ۷، ملک ۲) یا ایها الذین امنوا لیبلونکم الله بشیء (مائدة ۹۴) لیبلونی ءاشکر ام اکفر (نمل ۴۰) ومالک لا یبلی (طه ۱۲۰) ولیبلی المؤمنین
(انفال ۱۷) ومکر اولئک هو یبور (فاطر ۱۰) والذین یبیتون لربهم سجدا وقیاما (فرقان ۶۴) اذ یبیتون ما لا یرضی من القول (نساء ۱۰۸)
والله یکتب ما یبیتون (نساء ۸۱) کذلک یبین الله للناس (بقرة ۱۸۷) کذلک یبین الله لکم الایات (بقرة ۲۱۹، ۲۶۶) کذلک یبین الله

كم آياته (بقرة ٢٥-آل عمران ١١ المائدة ١٠ نور ٨) يبين الله لكم ان تضلوا (نساء ٢٤) يبين لكم كثيرا (مائدة ٣) يبين لكم على فترة من الرسل (مائدة ٣)
حتى يبين لهم ما يتقون (توبة ١٥) ولا يكاد يبين (زخرف ٥) يريد الله ليبين لكم (نساء ٥) ليبين لهم (ابراهيم ١) ليبين لهم الذي يختلفون
فيه (نحل ٨) ويبين آياته للناس (بقرة ٢٧) ويبين الله لكم الآيات (نور ٣) وليبينن لكم يوم القيامة (نحل ١٣) وتلك حدود الله يبينها
لقوم يعلمون (بقرة ٢٩) **فصل التّاء** لمن شاء منكم ان يتقدم او يتأخر (مدثر ٢) في يتامى النساء (نساء ١٩) وآتوا
اليتامى اموالهم (نساء ١) وابتلوا اليتامى حتى اذا بلغوا النكاح (نساء ١) الذين يأكلون اموال اليتامى (نساء ١) وان خفتم الا تقسطوا في اليتامى
(نساء ١) وان تقوموا لليتامى بالقسط (نساء ١٩) واليتامى والمساكين (بقرة ٩-١٨-٢٢ نساء ٢-٦-انفال ٥ حشر ١) ومن لم يتب فاولئك
هم الظالمون (حجرات ٢) ومن يتبدل الكفر بالايمان (بقرة ١٣) وليتبروا ما علوا تتبيرا (اسرائيل ١) افمن يهدي الى الحق احق ان يتبع (يونس ٤)
وما يتبع اكثرهم الا ظنا (يونس ٤) وما يتبع الذين يدعون من دون الله (يونس ٧) الا لنعلم من يتبع الرسول (بقرة ١٧) ومن يتبع خطوات
الشيطان (نور ٣) ويتبع غير سبيل المؤمنين (نساء ١٧) ويتبع كل شيطان مريد (حج ١) وان تدعوهم الى الهدى لا يتبعوكم (اعراف ٢٣) و
الذين يتبعون الشهوات (نساء ٤) الذين يتبعون الرسول (اعراف ١٩) يومئذ يتبعون الداعي (طه ٦) ان يتبعون الا الظن (انعام ١٤
يونس ٧ نجم ٢ مرتين) ثم لا يتبعون ما انفقوا (بقرة ٣٦) فاعلم انما يتبعون اهواءهم (قصص ٥) فيتبعون ما تشابه منه (آل عمران ١) فيتبعون
احسنه (زمر ٢) خير من صدقة يتبعها اذى (بقرة ٣٦) والشعراء يتبعهم الغاوون (شعراء ١١) يتبوأ منها حيث يشاء (يوسف ٧) حتى
يتبين لكم الخيط الابيض (بقرة ٢٣) حتى يتبين لك الذين صدقوا (توبة ٧) حتى يتبين لهم انه الحق (فصلت ٦) يتجرعه ولا يكاد يسيغه (ابراهيم ٣)
ويتجنبها الاشقى (اعلى ١) واذ يتحاجون في النار (مؤمن ٥) ان يتحاكموا الى الطاغوت (نساء ٩) يتخافتون بينهم (طه ٦) فانطلقوا
وهم يتخافتون (نون ١) الذي يتخبطه الشيطان من المس (بقرة ٣٨) ما كان لله ان يتخذ من ولد (مريم ٢) ان يتخذ ولدا (مريم ٦) لمن
شاء ان يتخذ الى ربه سبيلا (فرقان ٥) لو اراد الله ان يتخذ ولدا (زمر ١) لا يتخذ المؤمنون الكافرين اولياء (آل عمران ٣) ولا يتخذ بعضنا بعضا
اربابا (آل عمران ٧) وقل الحمد لله الذي لم يتخذ ولدا (اسرائيل ١٢) ولم يتخذ ولدا (فرقان ١) ليتخذ بعضهم بعضا سخريا (زخرف ٣) ومن
الناس من يتخذ من دون الله اندادا (بقرة ٢٠) ومن الاعراب من يتخذ (توبة ١٢) ومن يتخذ الشيطان وليا من دون الله (نساء ١٨)
ويتخذ ما ينفق قربات (توبة ١٢) ويتخذ منكم شهداء (آل عمران ١٤) ويريدون ان يتخذوا بين ذلك سبيلا (نساء ٢١) ان يتخذوا عبادي
من دوني اولياء (كهف ١٢) ولم يتخذوا من دون الله (توبة ٣) الذين يتخذون الكافرين اولياء (نساء ٢٠) ان يتخذونك الا هزوا
(انبياء ٣) واذا رأوك ان يتخذونك الا هزوا (فرقان ٤) وان يروا سبيل الغي يتخذوه سبيلا (اعراف ١٧) لا يتخذوه سبيلا (اعراف ١٧)
ويتخذها هزوا (لقمان ١) ويتخطف الناس من حولهم (عنكبوت ٧) تخافون ان يتخطفكم الناس (انفال ٤) ان يتخلفوا عن رسول
الله (توبة ١٥) وفاكهة مما يتخيرون (واقعة ١) افلا يتدبرون القرآن (نساء ١١ قتال ٣) انما يتذكر اولوا الالباب (رعد ٣ زمر ١)
لعله يتذكر او يخشى (طه ٢) يومئذ يتذكر الانسان (فجر ١) يوم يتذكر الانسان ما سعى (نازعات ٢) ما يتذكر فيه (ملائكة ٤) وما يتذكر الا
من ينيب (مؤمن ٢) وليتذكر اولوا الالباب (ص ٣) ويبين آياته للناس لعلهم يتذكرون (بقرة ٢٧) ويضرب الله الامثال للناس
لعلهم يتذكرون (ابراهيم ٤) وهدى ورحمة لعلهم يتذكرون (قصص ٥) من قبلك لعلهم يتذكرون (قصص ٥) ولقد وصلنا
لهم القول لعلهم يتذكرون (قصص ٦) من كل مثل لعلهم يتذكرون (زمر ٣) فانما يسرناه بلسانك لعلهم يتذكرون (دخان ٣) فلا جناح
عليهما ان يتراجعا (بقرة ٢٩) ويتربص بكم الدوائر (توبة ١٢) والمطلقات يتربصن بانفسهن ثلاثة قروء (بقرة ٢٨) يتربصن
بانفسهن اربعة اشهر (بقرة ٣٠) الذين يتربصون بكم (نساء ٢١) فهم في ريبهم يترددون (توبة ٧) فاصبح في المدينة خائفا
يترقب (قصص ٢) فخرج منها خائفا يترقب (قصص ٣) ان يترك سدى (قيامة ٢) ولن يتركم اعمالكم (قتال ٤) احسب الناس ان
يتركوا (عنكبوت ١) ومن تزكى فانما يتزكى لنفسه (ملائكة ٣) الذي يؤتي ماله يتزكى (ليل ١) وكذلك بعثناهم ليتساءلوا بينهم
(كهف ٣) واقبل بعضهم على بعض يتساءلون (صافات ٢ طور ١) فاقبل بعضهم على بعض يتساءلون (صافات ٥) في جنات يتساءلون
(مدثر ٢) عم يتساءلون (نبأ ١) فهم لا يتساءلون (قصص ٧) فلا انساب بينهم يومئذ ولا يتساءلون (مؤمنون ٦) الذين يتسللون
منكم لواذا (نور ٩) فانظر الى طعامك وشرابك لم يتسنه (بقرة ٣٥) والضراء لعلهم يتضرعون (انعام ٥) فيه رجال يحبون ان يتطهروا
(توبة ١٣) انهم اناس يتطهرون (اعراف ١٠ نمل ٤) يتعارفون بينهم (يونس ٥) ومن يتعد حدود الله (بقرة ٢٩ طلاق ١)

ويتعد حدوده (نساء ٢) فيتعلمون منهما ما يفرقون به (بقرة ١٢) ويتعلمون ما يضرهم ولا ينفعهم (بقرة ١٢) واذا مروا بهم يتغامزون
(مطففين ١) لم يتغير طعمه (قتال ٢) وان من الحجارة لما يتفجر منه الانهار (بقرة ٨) وان يتفرقا يغن الله كلا من سعته (نساء ١٩) ويوم تقوم
الساعة يومئذ يتفرقون (روم ٢) يريد ان يتفضل عليكم (مؤمنون ٢) تكاد السموات يتفطرن (مريم ٩ شورى ١) ليتفقهوا
في الدين (توبة ١٢) اولم يتفكروا ما بصاحبهم من جنة (اعراف ١٩) اولم يتفكروا في انفسهم (روم ١) فاقصص القصص لعلهم يتفكرون
(اعراف ١٨) ان في ذلك لايات لقوم يتفكرون (رعد ١ زمر ٥ روم ٣ جاثية ٢) نفصل الايات لقوم يتفكرون (يونس ٣) لتبين للناس
ما نزل اليهم ولعلهم يتفكرون (نحل ٦) ان في ذلك لاية لقوم يتفكرون (نحل ٢-٧) نضربها للناس لعلهم يتفكرون (حشر ٣) ويتفكرون في
خلق السموات والارض (آل عمران ٢٠) وليتق الله ربه (بقرة ٣٩ مرتين) انه من يتق ويصبر (يوسف ١٠) ومن يتق الله يجعل له مخرجا (طلاق ١)
ومن يتق الله يجعل له من امره يسرا (طلاق ١) قال انما يتقبل الله من المتقين (مائدة ٥) لن يتقبل منهم (توبة ٦) ولم يتقبل من الاخر (مائدة ٥)
لمن شاء منكم ان يتقدم (مدثر ٢) فليتقوا الله (نساء ١) وما على الذين يتقون (انعام ٧) والدار الاخرة خير للذين يتقون (اعراف ١٧)
والدار الاخرة خير للذين يتقون (انعام ٤) لايات لقوم يتقون (يونس ١) وكانوا يتقون (يونس ٦ يوسف ١٢ فصلت ٢ نمل ٦) كذلك يبين الله
للناس لعلهم يتقون (بقرة ٢٣) ولا شفيع لعلهم يتقون (انعام ٦) ولكن ذكرى لعلهم يتقون (انعام ٧) فساكتبها للذين يتقون (اعراف ١٩)
قالوا معذرة الى ربكم ولعلهم يتقون (اعراف ٢١) قوم فرعون الا يتقون (شعراء ٢) وهم لا يتقون (انفال ٧) حتى يبين لهم ما يتقون (توبة ١٤)
افمن يتقي بوجهه (زمر ٣) ويخش الله ويتقه (نور ٧) وسررا عليها يتكئون (زخرف ٣) الذين يتكبرون في الارض بغير الحق
(اعراف ١٧) فهو يتكلم بما كانوا به يشركون (روم ٤) لا يتكلمون الا من اذن له الرحمن (نبأ ٢) وليتلطف ولا يشعرن بكم احدا
(كهف ٢) فاقبل بعضهم على بعض يتلاومون (نون ١) اذ يتلقى المتلقيان عن اليمين (ق ٢) يتلوا عليهم اياتك (بقرة ١٥) يتلوا
عليكم اياتنا (بقرة ١٨) يتلوا عليهم اياته (آل عمران ١٧ جمعة ١) يتلوا عليهم اياتنا (قصص ٦) يتلوا عليكم ايات الله (طلاق ٢) يتلوا صحفا
(بينة ١) وهم يتلون الكتاب (بقرة ١٣) امة قائمة يتلون ايات الله (آل عمران ١٢) بالذين يتلون عليهم اياتنا (حج ٩) ان الذين يتلون
كتاب الله (فاطر ٤) يتلون عليكم ايات ربكم (زمر ٨) يتلونه حق تلاوته (بقرة ١٤) ويتلوه شاهد منه (هود ٢) اذا يتلى عليهم
يخرون للاذقان (اسرائيل ١٢) واذا يتلى عليهم قالوا امنا به (قصص ٦) الا ما يتلى عليكم غير محلي الصيد (مائدة ١) واحلت لكم الانعام الا
ما يتلى عليكم (حج ٤) واذكرن ما يتلى في بيوتكن (احزاب ٤) وما يتلى عليكم في الكتاب (نساء ١٩) من قبل ان يتماسا (مجادلة ١ مرتين) كذلك
يتم نعمته عليكم (نحل ١١) لمن اراد ان يتم الرضاعة (بقرة ٣٠) ويابى الله الا ان يتم نوره (توبة ٥) وليتم نعمته عليكم (مائدة ٢) ويتم
نعمته عليك (يوسف ١ فتح ١) ذرهم ياكلوا ويتمتعوا (حجر ١) ما اغنى عنهم ما كانوا يمتعون (شعراء ١١) والذين كفروا يتمتعون و
ياكلون (قتال ٢) ثم ذهب الى اهله يتمطى (قيامة ٢) ولن يتمنوه ابدا (بقرة ١١) ولا يتمنونه ابدا (جمعة ١) ويتناجون بالاثم
والعدوان (مجادلة ٢) يتنازعون فيها كاسا (طور ١) اذ يتنازعون بينهم امرهم (كهف ٣) وفي ذلك فليتنافس المتنافسون
(مطففين ١) كانوا لا يتناهون عن منكر فعلوه (مائدة ١١) يتنزل الامر بينهن (طلاق ٢) يتوارى من القوم (نحل ٧) فاولئك
يتوب الله عليهم (نساء ٣) فان الله يتوب عليه (مائدة ٤) فانه يتوب الى الله متابا (فرقان ٦) اما يعذبهم واما يتوب عليهم (توبة
والله يريد ان يتوب عليكم (نساء ٥) عسى الله ان يتوب عليهم (توبة ١١) او يتوب عليهم او يعذبهم (آل عمران ١٣) ويعذب المنافقين ان
شاء او يتوب عليهم (احزاب ٣) ثم يتوب الله من بعد ذلك (توبة ٣) ويتوب عليكم والله عليم حكيم (نساء ٥) ويتوب الله على من يشاء (توبة
ويتوب الله على المؤمنين (احزاب ٩) فان يتوبوا يك خيرا لهم (توبة ١٠) ثم تاب عليهم ليتوبوا (توبة ١٤) ثم لم يتوبوا (بروج ١) ثم
يتوبون من قريب (نساء ٣) افلا يتوبون الى الله (مائدة ١٠) ثم لا يتوبون ولا هم يذكرون (توبة ١٦) والذين يتوفون منكم
(بقرة ٣٠ مرتين) حتى اذا جاءتهم رسلنا يتوفونهم (اعراف ٤) الله يتوفى الانفس (زمر ٥) ولو ترى اذ يتوفى الذين كفروا (انفال ٧)
[illegible] (مؤمن ٨) وهو الذي يتوفاكم بالليل (انعام ٧) ولكن اعبد الله الذي
يتوفاكم (يونس ١١) والله خلقكم ثم يتوفاكم (نحل ٩) قل يتوفاكم ملك الموت (سجدة ٢) فامسكوهن في البيوت حتى يتوفاهن (نساء ٣)
عليه يتوكل المتوكلون (زمر ٤) وعلى الله فليتوكل المؤمنون (آل عمران ١٣-١٦ مائدة ٢ توبة ٦ ابراهيم ٢ مجادلة ٢ تغابن ٢)
وعليه فليتوكل المتوكلون (يوسف ٨) وعلى الله فليتوكل المتوكلون (ابراهيم ٢) ومن يتوكل على الله فهو حسبه (طلاق ١)

ومن يتوكل على الله فان الله عزيز حكيم (انفال ٦) وعلى ربهم يتوكلون (انفال ١ نحل ٥ - ٤ عنكبوت ٦ شورى ٤) ومن يتول فان الله هو
الغني الحميد (حديد ٣ ممتحنة ١) ومن يتول يعذبه عذابا اليما (فتح ٢) ومن يتول الله ورسوله (مائدة ٨) وان يتولوا يعذبهم الله (توبة ١٠)
وتولوا وهم فرحون (توبة ٧) يتولون الذين كفروا (مائدة ١١) ثم يتولون من بعد ذلك (مائدة ٦) انما سلطانه على الذين يتولونه
(نحل ١٣) ومن يتولهم منكم فانه منهم (مائدة ٨) ومن يتولهم منكم (توبة ٣) ومن يتولهم فاولئك هم الظالمون (ممتحنة ٢) ثم يتولى فريق منهم
وهم معرضون (آل عمران ٣) ثم يتولى فريق منهم من بعد ذلك (نور ٦) وهو يتولى الصالحين (اعراف ٢٤) بل لا تكرمون اليتيم (فجر ١) فاما
اليتيم فلا تقهر (ضحى ١) فذلك الذي يدع اليتيم (ارايت ١) ولا تقربوا مال اليتيم (انعام ١٩ - اسرائيل ٤) يتيما ذا مقربة (بلد ١) الم يجدك يتيما
فاوى (ضحى ١) مسكينا ويتيما واسيرا (انسان ١) واما الجدار فكان لغلامين يتيمين (كهف ١٠) يتيهون في الارض (مائدة ٤)

فصل الثاء

يثبت الله الذين امنوا (ابراهيم ٤) ليثبت الذين امنوا (نحل ١٤) ويثبت به الاقدام (انفال ٢) يمحوا
الله ما يشاء ويثبت (رعد ٦) ان تنصروا الله ينصركم ويثبت اقدامكم (قتال ١) واذ يمكر بك الذين كفروا ليثبتوك (انفال ٤) حتى يثخن
في الارض (انفال ٩) يا اهل يثرب لا مقام لكم (احزاب ٢) ان يثقفوكم يكونوا لكم اعداء (ممتحنة ١) الا انهم يثنون صدورهم (هود ٢)

فصل الجيم

انا لهم يجزون (مؤمنين ٤) ما يجادل في ايات الله (مؤمن ١) ومن الناس من يجادل في الله (حج امرتين لقمان ٣)
فمن يجادل الله عنهم يوم القيامة (نساء ١٦) ويجادل الذين كفروا بالباطل (كهف ٨) يجادلنا في قوم لوط (هود ٧) وان الشياطين ليوحون الى
اوليائهم ليجادلوكم (انعام ١٤) فيصيب بها من يشاء وهم يجادلون (رعد ٢) الذين يجادلون في ايات الله (مؤمن ٤) ان الذين يجادلون
في ايات الله (مؤمن ٦) الم تر الى الذين يجادلون في ايات الله (مؤمن ٨) ويعلم الذين يجادلون في اياتنا (شورى ٤) حتى اذا جاءوك يجادلونك
(انعام ٣) يجادلونك في الحق (انفال ١) وهو يجير ولا يجار عليه (مؤمنين ٥) ثم لا يجاورونك فيها الا قليلا (احزاب ٨) ومن جاهد فانما
يجاهد لنفسه (عنكبوت ١) ان يجاهدوا باموالهم وانفسهم (توبة ٥ - ٦) يجاهدون في سبيل الله (مائدة ٨) ومن لا يجب داعي
الله (احقاف ٤) يجبى اليه ثمرات كل شيء (قصص ٦) ولكن الله يجتبي اليه من يشاء (شورى ٢) وكذلك يجتبيك ربك (يوسف ١) الذين
يجتنبون كبائر الاثم (شورى ٤) الذين يجتنبون كبائر الاثم (نجم ٣) وما يجحد باياتنا الا الظالمون (عنكبوت ٥) وما يجحد باياتنا الا الكافرون
(عنكبوت ٥) وما يجحد باياتنا الا كل ختار كفور (لقمان ٤) ولكن الظالمين بايات الله يجحدون (انعام ٤) وما كانوا باياتنا يجحدون (اعراف ٦)
بما كانوا باياتنا يجحدون (فصلت ٢) افبنعمة الله يجحدون (نحل ١٠) كذلك يؤفك الذين كانوا بايات الله يجحدون (مؤمن ٧) وكانوا باياتنا
يجحدون (فصلت ٣) اذ كانوا يجحدون بايات الله (احقاف ٣) يجد له شهابا رصدا (جن ١) يجد في الارض مراغما (نساء ١٤) يجد الله غفورا
رحيما (نساء ١٦) ولا يجد له من دون الله وليا ولا نصيرا (نساء ٢١) فمن لم يجد فصيام ثلاثة ايام (بقرة ٢٤ مائدة ١٢) فمن لم يجد فصيام شهرين (نساء ١٣) الم
يجدك يتيما فاوى (ضحى ١) ثم لا يجدوا في انفسهم حرجا (نساء ٩) فلم يجدوا لهم من دون الله انصارا (نوح ٢) ولم يجدوا عنها مصرفا (كهف ٧)
لن يجدوا من دونه موئلا (كهف ٨) وليجدوا فيكم غلظة (توبة ١٦) لا يجدون الا جهدهم (توبة ١٠) ولا على الذين لا يجدون ما ينفقون
(توبة ١٢) وليستعفف الذين لا يجدون نكاحا (نور ٤) لا يجدون وليا ولا نصيرا (احزاب ٨) ثم لا يجدون وليا ولا نصيرا (فتح ٣) ولا
يجدون في صدورهم حاجة (حشر ١) ولا يجدون عنها محيصا (نساء ١٧) ولا يجدون لهم من دون الله (نساء ١٨ - احزاب ٢) لو يجدون
ملجأ او مغارات (توبة ٧) الذي يجدونه مكتوبا (اعراف ١٩) حتى اذا جاءه لم يجده شيئا (نور ٥) يجركم من عذاب اليم (احقاف ٤) ولا يجرمنكم شنآن
قوم (مائدة امرتين) لا يجرمنكم شقاقي (هود ٩) واخذ براس اخيه يجره اليه (اعراف ١٨) كل يجري لاجل مسمى (رعد ١)
كل يجري الى اجل مسمى (لقمان ٣) من يعمل سوءا يجز به (نساء ١٧) هل يجزون الا ما كانوا يعملون (اعراف ١٨ سبا ٥) اولئك يجزون الغرفة بما
صبروا (فرقان ٦) سيجزون ما كانوا يفترون (انعام ١٣) سيجزون ما كانوا يعملون (اعراف ١٨) ان الله يجزي المتصدقين (يوسف ٩)
كذلك يجزي الله المتقين (نحل ٤) ليجزي الذين امنوا (يونس ١ روم ٥ سبا ١) ليجزي الله كل نفس ما كسبت (ابراهيم ٧) ليجزي الله الصادقين
بصدقهم (احزاب ٣) ليجزي قوما بما كانوا يكسبون (جاثية ٢) ليجزي الذين اساءوا بما عملوا (نجم ٣) وسيجزي الله الشاكرين (آل عمران ١٥)
وليجزي الفاسقين (حشر ١) واخشوا يوما لا يجزي والد عن ولده (لقمان ٤) فلا يجزى الا مثلها (انعام ٢٠) فلا يجزى الذين عملوا
السيئات الا ما كانوا يعملون (قصص ٩) ويجزي الذين احسنوا بالحسنى (نجم ٣) ليجزيك اجر ما سقيت لنا (قصص ٣) ثم يجزاه الجزاء الاوفى
(نجم ٣) سيجزيهم بما كانوا يفترون (انعام ١٥) سيجزيهم وصفهم (انعام ١٦) ليجزيهم الله احسن ما كانوا يعملون (توبة ١٦) ليجزيهم

ليجزيهم الله احسن ما عملوا (نور ٣٨) ويجزيهم اجرهم (زمر ٣٥) **يجعل** صدره ضيقا (انعام ١٢٥) ان تتقوا الله يجعل لكم فرقانا (انفال ٢٩) ومن يتق الله
يجعل له مخرجا (طلاق ٢) ومن يتق الله يجعل له من امره يسرا (طلاق ٤) يوما يجعل الولدان شيبا (مزمل ١٧) ام يجعل له ربي امدا (جن ٢٥) عسى
الله ان يجعل بينكم (ممتحنة ٧) الله اعلم حيث يجعل رسالته (انعام ١٢٤) يريد الله الا يجعل لهم حظا في الآخرة (آل عمران ١٧٦) سيجعل لهم الرحمن
ودا (مريم ٩٦) سيجعل الله بعد عسر يسرا (طلاق ٧) كذلك يجعل الله الرجس (انعام ١٢٥) ليجعل الله ذلك حسرة في قلوبهم (آل عمران ١٥٦) ما
يريد الله ليجعل عليكم من حرج (مائدة ٦) ليجعل ما يلقي الشيطان فتنة (حج ٥٣) ليجعل عليكم من حرج (مائدة ٦) ومن لم يجعل الله له نورا (نور ٤٠)
الم يجعل كيدهم في تضليل (فيل ٢) ولم يجعل له عوجا (كهف ١) ولن يجعل الله للكافرين (نساء ١٤١) ويجعل الله فيه خيرا كثيرا (نساء ١٩) ويجعل الله
لهن سبيلا (نساء ١٥) ويجعل الخبيث بعضه على بعض (انفال ٣٧) ويجعل الرجس (يونس ١٠٠) ويجعل لك قصورا (فرقان ١٠) ويجعل من يشاء عقيما
(شورى ٥٠) ويجعل لكم نورا تمشون به (حديد ٢٨) ويجعل لكم جنات ويجعل لكم انهارا (نوح ١٢) ويجعلكم خلفاء الارض (نمل ٦٢) ولم يجعلني
جبارا شقيا (مريم ٣٢) **يجعلون** اصابعهم في آذانهم (بقرة ١٩) الذين يجعلون مع الله الها آخر (حجر ٩٦) ويجعلون لله ما يكرهون (نحل ٦٢)
ويجعلون لما لا يعلمون نصيبا (نحل ٥٦) ويجعلون لله البنات سبحانه (نحل ٥٧) واجمعوا ان يجعلوه في غيابت الجب (يوسف ١٥) ومن يشأ يجعله
على صراط مستقيم (انعام ٣٩) ثم يجعله ركاما (نور ٤٣) ثم يجعله حطاما (زمر ٢١) فيجعله في جهنم (انفال ٣٧) ويجعله كسفا (روم ٤٨) لا يجليها
لوقتها الا هو (اعراف ١٨٧) لولوا اليه وهم يجمحون (توبة ٥٧) يوم يجمع الله الرسل (مائدة ١٠٩) الله يجمع بيننا واليه المصير (شورى ١٥) ثم يجمعكم
الى يوم القيامة (جاثية ٢٦) قل يجمع بيننا ربنا (سبا ٢٦) يوم يجمعكم ليوم الجمع (تغابن ٩) ليجمعنكم الى يوم القيامة (نساء ٨٧ انعام ١٢) هو خير مما
يجمعون (يونس ٥٨) ورحمة ربك خير مما يجمعون (زخرف ٣٢) وسيجنبها الاتقى (ليل ١٧) ولكن اكثرهم يجهلون (انعام ١١١) امن يجيب
المضطر اذا دعاه (نمل ٦٢) وهو يجير ولا يجار عليه (مؤمنون ٨٨) فمن يجير الكافرين من عذاب اليم (ملك ٢٨) قل اني لن يجيرني من الله احد

فصل الحاء

(جن ٢٢) ان يحاجوكم عند ربكم (آل عمران ٧٣) ليحاجوكم به عند ربكم (بقرة ٧٦) والذين يحاجون في الله
(شورى ١٦) من يحادد الله ورسوله (توبة ٦٣) ان الذين يحادون الله ورسوله (مجادلة ٥، ٢٠) انما جزاء الذين يحاربون الله ورسوله (مائدة ٣٣)
فسوف يحاسب حسابا يسيرا (انشقاق ٨) يحاسبكم به الله (بقرة ٢٨٤) لتأتنني به الا ان يحاط بكم (يوسف ٦٦) وهم على صلاتهم يحافظون
(انعام ٩٢) والذين هم على صلواتهم يحافظون (مؤمنون ٩) والذين هم على صلاتهم يحافظون (معارج ٣٤) قال له صاحبه وهو يحاوره (كهف ٣٧)
ان الله يحب المحسنين (بقرة ١٩٥ مائدة ١٣) ان الله يحب التوابين (بقرة ٢٢٢) ان الله يحب المتوكلين (آل عمران ١٥٩) ان الله يحب المقسطين
(مائدة ٤٢ حجرات ٩ ممتحنة ٨) ان الله يحب المتقين (توبة ٤، ٧) ان الله يحب الذين يقاتلون (صف ٤) فان الله يحب المتقين (آل عمران ٧٦)
والله يحب الصابرين (آل عمران ١٤٦) والله يحب المحسنين (آل عمران ١٣٤، ١٤٨ مائدة ٩٣) والله يحب المطهرين (توبة ١٠٨) ايحب احدكم ان
ياكل لحم اخيه ميتا (حجرات ١٢) لا يحب الله الجهر بالسوء (نساء ١٤٨) ان الله لا يحب المعتدين (بقرة ١٩٠ مائدة ٨٧) ان الله لا يحب من كان مختالا
فخورا (نساء ٣٦) ان الله لا يحب من كان خوانا اثيما (نساء ١٠٧) ان الله لا يحب الخائنين (انفال ٥٨) ان الله لا يحب كل خوان كفور (حج ٣٨) ان
الله لا يحب الفرحين (قصص ٧٦) ان الله لا يحب المفسدين (قصص ٧٧) ان الله لا يحب كل مختال فخور (لقمان ١٨) فان الله لا يحب الكافرين
(آل عمران ٣٢) انه لا يحب المسرفين (انعام ١٤١ اعراف ٣١) انه لا يحب المعتدين (اعراف ٥٥) انه لا يحب المستكبرين (نحل ٢٣) انه لا يحب الكافرين
(روم ٤٥) انه لا يحب الظالمين (شورى ٤٠) والله لا يحب الفساد (بقرة ٢٠٥) والله لا يحب كل كفار اثيم (بقرة ٢٧٦) والله لا يحب الظالمين
(آل عمران ٥٧، ١٤٠) والله لا يحب المفسدين (مائدة ٦٤) والله لا يحب كل مختال فخور (حديد ٢٣) ويحب المتطهرين (بقرة ٢٢٢) فاتبعوني
يحببكم الله (آل عمران ٣١) فهم في روضة يحبرون (روم ١٥) ويقولون ما يحبسه (هود ٨) وسيحبط اعمالهم (قتال ٣٢) ليحبطن
عملك (زمر ٦٥) فيه رجال يحبون ان يتطهروا (توبة ١٠٨) ان الذين يحبون ان تشيع الفاحشة (نور ١٩) يحبون من هاجر اليهم (حشر ٩)
هؤلاء يحبون العاجلة (انسان ٢٧) ويحبون ان يحمدوا بما لم يفعلوا (آل عمران ١٨٨) ها انتم اولاء تحبونهم ولا يحبونكم (آل عمران ١١٩)
فسوف ياتي الله بقوم يحبهم ويحبونه (مائدة ٥٤) يحبونهم كحب الله (بقرة ١٦٥) ويرزقه من حيث لا يحتسب (طلاق ٣) فاتاهم
الله من حيث لم يحتسبوا (حشر ٢) ما لم يكونوا يحتسبون (زمر ٤٧) او يحدث لهم ذكرا (طه ١١٣) لعل الله يحدث بعد ذلك
امرا (طلاق ١) يحذر المنافقون (توبة ٦٤) يحذر الآخرة (زمر ٩) فليحذر الذين يخالفون عن امره (نور ٦٣) ويحذركم الله نفسه (آل عمران ٢٨، ٣٠)
لعلهم يحذرون (توبة ١٢٢) ما كانوا يحذرون (قصص ٦) يخربون بيوتهم بايديهم (حشر ٢) يحرفون الكلم عن مواضعه (نساء ٤٦)

مائدة ٢) يحرفون الكلم من بعد مواضعه (مائدة ٥) ثم يحرفونه من بعد ما عقلوه (بقرة ١) ويحرم عليهم الخبائث (اعراف ١٦) ولا يحرمون
ما حرم الله ورسوله (توبة ٣) ويحرمونه عاما (توبة ٤) ولا يحزن ويرضين (احزاب ٦) ليحزن الذين امنوا (مجادلة ١) انه
ليحزنك الذي يقولون (انعام ٤) يايها الرسول لا يحزنك الذين يسارعون في الكفر (مائدة ٥) ومن كفر فلا يحزنك كفره (لقمان ٣)
فلا يحزنك قولهم (يس ٨) ولا يحزنك الذين يسارعون في الكفر (آل عمران ١٨) ولا يحزنك قولهم (يونس ٧) قال اني ليحزنني ان تذهبوا
به (يوسف ٢) فلا خوف ولاهم عليهم يحزنون (بقرة ٤-انعام ٥-اعراف ٤-احقاف ٢) ولا خوف عليهم ولاهم يحزنون (بقرة ٧-١٢
٢٧-٢٨ مرتين) لا خوف عليهم ولاهم يحزنون (يونس ٧) الا خوف عليهم ولاهم يحزنون (آل عمران ١٧) لا يمسهم السوء ولاهم يحزنون
(زمر ٧) لا يحزنهم الفزع الاكبر (انبياء ١١) يحسب ان ماله اخلده (همزة ١) ايحسب الانسان الن نجمع عظامه (قيامة ١) ايحسب الانسان
ان يترك سدى (قيامة ٤) ايحسب ان لن يقدر عليه احد (بلد ١) ايحسب ان لم يره احد (بلد ١) ولا يحسبن الذين كفروا (آل عمران ١٨
انفال ٤) ولا يحسبن الذين يبخلون بما اتيهم الله من فضله (آل عمران ١٨) وهم يحسبون انهم يحسنون صنعا (كهف ١١) يحسبون الاحزاب
لم يذهبوا (احزاب ٢) يحسبون كل صيحة عليهم (منافقين ١) ايحسبون انما نمدهم به من مال (مؤمنين ٤) ام يحسبون انا لا نسمع (زخرف ٧)
ويحسبون انهم مهتدون (اعراف ٣-زخرف ٤) ويحسبون انهم على شيء (مجادلة ٣) يحسبه الظمان ماء (نور ٥) يحسبهم الجاهل
اغنياء من التعفف (بقرة ٣٨) ام يحسدون الناس (نساء ٨) وهم يحسبون انهم يحسنون صنعا (كهف ١١) وان يحشر الناس ضحى
(طه ٣) ويوم يحشر اعداء الله الى النار (فصلت ٣) الذين يخافون ان يحشروا الى ربهم (انعام ٦) ثم الى ربهم يحشرون (انعام ٤)
والذين كفروا الى جهنم يحشرون (انفال ٥) الذين يحشرون على وجوههم (فرقان ٤) ويوم يحشرهم جميعا (انعام ١٣ سبا ٥) ويوم
يحشرهم كان لم يلبثوا (يونس ٥) وان ربك هو يحشرهم (حجر ٣) ويوم يحشرهم وما يعبدون (فرقان ٢) فسيحشرهم اليه جميعا (نساء ١٤)
ولا يحض على طعام المسكين (حاقة ٤-ارايت ١) واعوذ بك رب ان يحضرون (مؤمنين ١٠) واللائي لم يحضن (طلاق ٤)
لا يحطمنكم سليمان وجنوده (نمل ٢) ويحفظن فروجهن (نور ٤) ويحفظوا فروجهم (نور ٤) يحفظونه من امر الله (رعد ٢)
ان يسئلكموها فيحفكم تبخلوا (قتال ٤) ويريد الله ان يحق الحق (انفال ١) ليحق الحق ويبطل الباطل (انفال ١) ويحق الحق بكلماته
(يونس ٩) ويحق القول على الكافرين (يس ٧) ويمح الله الباطل ويحق الحق (شورى ٣) فالله يحكم بينهم يوم القيامة (بقرة ١٤) فالله
يحكم بينكم يوم القيامة (نساء ١٠) ان الله يحكم ما يريد (مائدة ١) يحكم بها النبيون الذين اسلموا (مائدة ٥) يحكم به ذوا عدل منكم (مائدة ١٣)
فاصبروا حتى يحكم الله بيننا (اعراف ١١) واصبر حتى يحكم الله (يونس ١١) والله يحكم لا معقب لحكمه (رعد ٦) ثم يحكم الله اياته (حج ٧)
الملك يومئذ لله يحكم بينهم (حج ٦) الله يحكم بينكم يوم القيامة (حج ٩) ان الله يحكم بينهم (زمر ١) يحكم بينكم (ممتحنة ٢) حتى ياذن لي ابي
او يحكم الله (يوسف ١٠) اذا دعوا الى الله ورسوله ليحكم بينهم (نور ٦) وانزل معهم الكتاب ليحكم بين الناس (بقرة ٢٦) يدعون الى
كتاب الله ليحكم بينهم (آل عمران ٣) وان ربك ليحكم بينهم يوم القيامة (نحل ١٦) واذا دعوا الى الله ورسوله ليحكم بينهم (نور ٥) وليحكم
اهل الانجيل بما انزل الله (مائدة ٧) ومن لم يحكم بما انزل الله (مائدة ٧ ثلث مرات) اذ يحكمان في الحرث (انبياء ٦) حتى يحكموك
فيما شجر بينهم (نساء ٩) ساء ما يحكمون (نحل ٦) ساء ما يحكمون (انعام ١٢-عنكبوت ١-جاثية ٣) وكيف يحكمونك (مائدة ٧)
ام اردتم ان يحل عليكم غضب (طه ٩) فيحل عليكم غضبي (طه ٤) لا يحل لكم ان ترثوا النساء كرها (نساء ٣) لا يحل لك النساء من بعد
(احزاب ٦) ولا يحل لكم ان تاخذوا مما اتيتموهن شيئا (بقرة ٢٩) ولا يحل لهن ان يكتمن (بقرة ٢٨) ويحل لهم الطيبات (اعراف ١٩)
ويحل عليه عذاب مقيم (هود ٤) وليحلفن ان اردنا الا الحسنى (توبة ١٣) يحلفون بالله لكم ليرضوكم (توبة ٧) يحلفون بالله
ما قالوا (توبة ١٠) يحلفون لكم لترضوا عنهم (توبة ١٢) ثم جاءوك يحلفون بالله (نساء ٧) سيحلفون بالله لكم (توبة ١٢) فيحلفون
له كما يحلفون لكم (مجادلة ٣) ويحلفون على الكذب (مجادلة ٣) ومن يحلل عليه غضبي (طه ٤) يحلوا ما حرم الله (توبة ٤) يحلون
فيها من اساور (كهف ٤-حج ٣-ملائكة ٤) ولاهم يحلون لهن (ممتحنة ٢) يحلونه عاما (توبة ٤) ويحبون ان يحمدوا بما لم يفعلوا
(آل عمران ١٩) كمثل الحمار يحمل اسفارا (جمعة ١) فانه يحمل يوم القيامة وزرا (طه ٥) ويحمل عرش ربك فوقهم (حاقة ١) وليحملن
اثقالهم (عنكبوت ٢) فابين ان يحملنها (احزاب ٩) ليحملوا اوزارهم كاملة (نحل ٣) وهم يحملون اوزارهم (انعام ٤) الذين
يحملون العرش (مؤمن ١) ثم لم يحملوها (جمعة ١) وظل من يحموم (واقعة ٥) يوم يحمى عليها في نار جهنم (توبة ٥) انه ظن ان

لن يحور (انشقاق ١) واعلموا ان الله يحول بين المرء وقلبه (انفال ٣) يحيي ويميت وما لكم من دون الله (توبة ١٤) يحيي ويميت
وهو على كل شيء قدير (حديد ١) اذ قال ابراهيم ربي الذي يحيي ويميت (بقرة ٣٥) هو الذي يحيي ويميت (مؤمن ٧) وهو الذي يحيي
ويميت (مؤمنون ٥) اعلموا ان الله يحيي الارض بعد موتها (حديد ٢) والله يحيي ويميت (آل عمران ١٦) على ان يحيي الموتى (احقاف ٤)
قيامة ٢) وانه يحيي الموتى (حج ١) قال انى يحيي هذه الله (بقرة ٣٥) كذلك يحيي الله الموتى (بقرة ٨) كيف يحيي الارض بعد موتها (روم ٥)
هو يحيي ويميت واليه ترجعون (يونس ٦) لا اله الا هو يحيي ويميت (اعراف ٢٠) (دخان ١) وهو يحيي الموتى (شورى ١) فيحيي به الارض بعد موتها
(روم ٣) قال من يحيي العظام وهي رميم (يس ٥) ويحيي الارض بعد موتها (روم ٢) بغلام اسمه يحيى (مريم ١) ووهبنا له يحيى (انبياء ٦)
ان الله يبشرك بيحيى (آل عمران ٤) لا يموت فيها ولا يحيى (طه ٨) ثم لا يموت فيها ولا يحيى (اعلى ٢) ويحيى من حي عن بينة (انفال ٥) وزكريا
ويحيى وعيسى (انعام ٩) يا يحيى خذ الكتاب بقوة (مريم ٢) بل كذبوا بما لم يحيطوا بعلمه (يونس ٤) ولا يحيطون به علما (طه ٦)
ولا يحيطون بشيء من علمه (بقرة ٣٤) ام يخافون ان يحيف الله (نور ٥) ولا يحيق المكر السيء (ملائكة ٥) واذا جاؤك حيوك بما لم يحيك
الله (مجادلة ١) ثم يميتكم ثم يحييكم (بقرة ٣ حج ٧ روم ٤) اذا دعاكم لما يحييكم (انفال ٣) قل الله يحييكم ثم يميتكم (جاثية ٣) والذي
يميتني ثم يحيين (شعراء ٥) قل يحييها الذي انشاها (يس ٥)

فصل الخاء

يخادعون الله والذين امنوا (بقرة ١)
يخادعون الله وهو خادعهم (نساء ٢١) اني لا يخاف لدي المرسلون (نمل ١) فلا يخاف ظلما ولا هضما (طه ٦) فلا يخاف بخسا ولا رهقا
(جن ٢) ولا يخاف عقباها (شمس ١) فذكر بالقرآن من يخاف وعيد (ق ٣) الا ان يخافا الا يقيما حدود الله (بقرة ٢٣) قال رجلان
من الذين يخافون (مائدة ٤) الذين يخافون ان يحشروا الى ربهم (انعام ٦) يخافون ربهم (نحل ٥) يخافون يوما تتقلب فيه القلوب
(نور ٥) او يخافوا ان ترد ايمان (مائدة ١٤) للذين يخافون العذاب الاليم (ذاريات ٢) ام يخافون ان يحيف الله (نور ٦) بل لا يخافون
الآخرة (مدثر ٢) ولا يخافون لومة لائم (مائدة ٨) ويخافون سوء الحساب (رعد ٣) ويخافون عذابه (اسرائيل ٦) ويخافون يوما كان
شره مستطيرا (انسان ١) ليعلم الله من يخافه بالغيب (مائدة ١٠) فليحذر الذين يخالفون عن امره (نور ٩) وربك يخلق ما يشاء ويختار
(قصص ٧) عن الذين يختانون انفسهم (نساء ١٦) والله يختص برحمته من يشاء (بقرة ١١) يختص برحمته من يشاء (آل عمران ٨) وما
كنت لديهم اذ يختصمون (آل عمران ٥) قالوا وهم فيها يختصمون (شعراء ٥) فاذا هم فريقان يختصمون (نمل ٤) ما كان لي من علم بالملأ
الاعلى اذ يختصمون (ص ٥) ليبين لهم الذي يختلفون فيه (نحل ٥) فيما كانوا فيه يختلفون (بقرة ١٢ يونس ٢ نحل ١٣ سجدة ٣ زمر ٥
جاثية ٢) ليقضي بينهم فيما فيه يختلفون (يونس ٢) اكثر الذي هم فيه يختلفون (نمل ٦) فيما هم فيه يختلفون (زمر ١) فان يشا الله
يختم على قلبك (شورى ٤) وان يريدوا ان يخدعوك (انفال ٧) وما يخدعون الا انفسهم (بقرة ١) وان يخذلكم فمن ذا
الذي ينصركم من بعده (آل عمران ١٦) يخرج نباته باذن ربه (اعراف ٧) يخرج من بطونها شراب (نحل ٩) فترى الودق يخرج من خلاله
(نور ٥ روم ٥) يخرج منهما اللؤلؤ والمرجان (رحمن ٢) يخرج من بين الصلب والترائب (طارق ١) يخرج لنا مما تنبت الارض (بقرة ٧)
يخرج الحي من الميت (انعام ١٠ روم ٢) الذي يخرج الخبء في السموات (نمل ٢) ثم يخرج به زرعا (زمر ٣) والذي لا يخرج الا نكدا (اعراف ٧)
ان لن يخرج الله اضغانهم (قتال ٣) وما يخرج منها وما ينزل من السماء (سبا ١ حديد ١) ومن يخرج من بيته مهاجرا (نساء ١٤) ومن يخرج
الحي من الميت (يونس ٤) ويخرج الميت من الحي (يونس ٤ روم ٢) ويخرج اضغانكم (قتال ٤) يريد ان يخرجاكم من ارضكم (طه ٣)
يريد ان يخرجكم من ارضكم (اعراف ١٤ شعراء ٢) ثم يخرجكم طفلا (مؤمن ٧) ليخرجكم من الظلمات الى النور (احزاب ٥ حديد ١)
ويخرجكم اخراجا (نوح ٢) ولا يخرجن (طلاق ١) لئن امرتهم ليخرجن (نور ٧) ليخرجن الاعز منها الاذل (منافقون ١) فلا يخرجنكما
من الجنة فتشقى (طه ٧) يريدون ان يخرجوا من النار (مائدة ٦) كلما ارادوا ان يخرجوا منها (حج ٢ سجدة ٢) ما ظننتم ان يخرجوا
(حشر ١) وانا لن ندخلها حتى يخرجوا منها فان يخرجوا منها فانا داخلون (مائدة ٤) او يقتلوك او يخرجوك (انفال ٤) ليستفزونك من
الارض ليخرجوك منها (اسرائيل ٨) ولم يخرجوكم من دياركم (ممتحنة ١) يخرجون من الاجداث (قمر ١) يخرجون الرسول واياكم (ممتحنة ١)
يوم يخرجون من الاجداث (معارج ٥) لئن اخرجوا لا يخرجون معهم (حشر ٢) فاليوم لا يخرجون منها (جاثية ٤) يخرجونهم من النور
الى الظلمات (بقرة ٣٤) يخرجهم من الظلمات الى النور (بقرة ٣٤) ويخرجهم من الظلمات الى النور (مائدة ٢) وان هم الا يخرصون
(انعام ١٤ يونس ٧) ان هم الا يخرصون (زخرف ٢) لم يخروا عليها صما وعميانا (فرقان ٦) يخرون للاذقان سجدا (اسرائيل ١٠) و

قاتلوهم يعذبهم الله بايديكم ويخزهم (توبة ٢) يوم لا يخزي الله النبي (تحريم ١) وليخزي الفاسقين (حشر ١) من ياتيه عذاب يخزيه
(هود ٥-١٠ زمر ٤) ثم يوم القيامة يخزيهم (نحل ٣) يومئذ يخسر المبطلون (جاثية ٣) واذا كالوهم او وزنوهم يخسرون (مطففين ١)
ان يخسف الله بهم الارض (نحل ٥) افامنتم ان يخسف بكم جانب البر (اسرائيل ٧) ءامنتم من في السماء ان يخسف بكم (ملك ٢) وليخش الذين
لو تركوا من خلفهم (نساء ١) ولم يخش الا الله (توبة ٢) اذا فريق منهم يخشون الناس كخشية الله (نساء ١) الذين يخشون ربهم (انبياء ٤)
ان الذين يخشون ربهم (ملك ٢) تقشعر منه جلود الذين يخشون ربهم (زمر ٣) انما تنذر الذين يخشون ربهم (ملائكة ٣) ويخشونه
ولا يخشون احدا الا الله (احزاب ٥) ويخشون ربهم (رعد ٣) انما يخشى الله من عباده العلماء (ملائكة ٤) لعله يتذكر او يخشى
(طه ٤) وهو يخشى (عبس ١) سيذكر من يخشى (اعلى ١) ان في ذلك لعبرة لمن يخشى (نازعات ٣) الا تذكرة لمن يخشى (طه ١) و
يخش الله ويتقه (نور ٦) وطفقا يخصفان عليهما (اعراف ٢ طه ٧) وهم يخصمون (يس ٤) يكاد البرق يخطف ابصارهم
(بقرة ٢) يخفف عنا يوما من العذاب (مومن ٥) لا يخفف عنهم العذاب (بقرة ١٧-ال عمران ٩) يريد الله ان يخفف عنكم (نساء ٤)
فلا يخفف عنهم العذاب (بقرة ٩) فلا يخفف عنهم ولا هم ينظرون (نحل ٩) ولا يخفف عنهم من عذابها (ملائكة ٤) يخفون في
انفسهم ما لا يبدون لك (ال عمران ١٦) بل بدا لهم ما كانوا يخفون (انعام ٣) لا يخفون علينا (فصلت ٥) ان الله لا يخفى عليه شيء
(ال عمران ١) لا يخفى على الله منهم شيء (مومن ٢) وما يخفى على الله من شيء (ابراهيم ٦) انه يعلم الجهر وما يخفى (اعلى ١) ما يخفين
من زينتهن (نور ٤) يخل لكم وجه ابيكم (يوسف ١) ويخلد فيه مهانا (فرقان ٧) ان الله لا يخلف الميعاد (ال عمران ١ رعد ٤) لا
يخلف الله وعده (روم ١) لا يخلف الله الميعاد (زمر ٢) فلن يخلف الله عهده (بقرة ٨) ولن يخلف الله وعده (حج ٥) ولو نشاء
لجعلنا منكم ملائكة في الارض يخلفون (زخرف ٦) وما انفقتم من شيء فهو يخلفه (سبا ٥) يخلق ما يشاء (مائدة ٣ روم ٦)
لله ملك السموات والارض يخلق ما يشاء (شورى ٥) قال كذلك الله يخلق ما يشاء (ال عمران ٥) وربك يخلق ما يشاء (قصص ٧)
يخلق الله ما يشاء (نور ٦) قادر على ان يخلق مثلهم (اسرائيل ١١) بقادر على ان يخلق مثلهم (يس ٥) يشركون ما لا يخلق شيئا (اعراف ٢٣)
لم يخلق مثلها في البلاد (فجر ١) ام اتخذ مما يخلق بنات (زخرف ٢) لاصطفى مما يخلق (زمر ١) افمن يخلق كمن لا يخلق (نحل ٢) ويخلق ما لا تعلمون
(نحل ١) يخلقكم في بطون امهاتكم (زمر ١) لن يخلقوا ذبابا (حج ١) لا يخلقون شيئا وهم يخلقون (نحل ٢ فرقان ١) حتى يخوضوا
في حديث غيره (نساء ١٤ - انعام ٧) فذرهم يخوضوا ويلعبوا (زخرف ٧ معارج ٥) واذا رايت الذين يخوضون في اياتنا (انعام ٧) انما ذلكم
الشيطان يخوف اولياءه (ال عمران ١٨) ذلك يخوف الله به عباده (زمر ٢) ويخوفونك بالذين من دونه (زمر ٤) يخيل اليه من
سحرهم (طه ٧)

وصل الدال

وقالت اليهود يد الله مغلولة (مائدة ٧) يد الله فوق ايديهم (فتح ١) ان الفضل
بيد الله (ال عمران ٨) وان الفضل بيد الله (حديد ٣) حتى يعطوا الجزية عن يد (توبة ٣) تبت يدا ابي لهب وتب (مسد ١) ان
الله يدافع عن الذين امنوا (حج ٦) ذلك بما قدمت يداك (حج ١) بل يداه مبسوطتان (مائدة ٧) ونسي ما قدمت يداه (كهف ٦)
يوم ينظر المرء ما قدمت يداه (نبا ٢) ثم استوى على العرش يدبر الامر (يونس ١) يدبر الامر يفصل الايات (رعد ١) يدبر الامر من
السماء (سجدة ١) ومن يدبر الامر (يونس ٤) افلم يدبروا القول (مومنون ٤) ليدبروا اياته (ص ٣) ليدحضوا به الحق (كهف ٦
مومن ١) يدخل من يشاء في رحمته (انسان ٢) ان الله يدخل الذين امنوا (حج ٢-٣ قتال ٢) ولكن يدخل من يشاء في رحمته (شورى ١)
ان يدخل جنة نعيم (معارج ٢) ولما يدخل الايمان في قلوبكم (حجرات ٢) وقالوا لن يدخل الجنة (بقرة ١٣) ليدخل المومنين والمو منات
(فتح ١) ليدخل في رحمته من يشاء (فتح ٣) ويدخلكم جنات تجري من تحتها الانهار (صف ٢ تحريم ١) ونطمع ان يدخلنا ربنا (مائدة ١١)
ان لا يدخلنها اليوم عليكم مسكين (نون ١) ليدخلنهم مدخلا يرضونه (حج ٦) وليدخلوا المسجد (اسرائيل ١) يدخلون
عليهم من كل باب (رعد ٣) فاولئك يدخلون الجنة (نساء ١٣ مريم ٤ مومن ٤) يدخلون في دين الله افواجا (نصر ١) سيدخلون
جهنم داخرين (مومن ٦) ولا يدخلون الجنة (اعراف ٥) جنات عدن يدخلونها (رعد ٣ نحل ٤ ملائكة ٤) اولئك ما كان
لهم ان يدخلوها (بقرة ١٤) ان سلام عليكم لم يدخلوها (اعراف ٥) يدخله جنات تجري من تحتها الانهار (نساء ٢ فتح ٢ طلاق ٢)
ويتعد حدوده يدخله نارا (نساء ٢) ويدخله جنات تجري من تحتها الانهار (تغابن ١) سيدخلهم الله في رحمته (توبة ١٣)
فسيدخلهم في رحمة منه (نساء ١) فيدخلهم ربهم في رحمته (جاثية ٤) ويدخلهم الجنة عرفها لهم (قتال ١) ويدخلهم جنات

تجري من تحتها الانهار (مجادلة ٣) ويدرؤا عنها العذاب (نور ١) يدرؤن بالحسنة السيئة (رعد ٣ قصص ٦) وما اتيناهم من
كتب يدرسونها (سبا ٥) وهو يدرك الابصار (انعام ١٣) اين ما تكونوا يدرككم الموت (نساء ١١) ثم يدركه الموت (نساء ١٤) وما
يدريك لعل الساعة قريب (شورى ٢) وما يدريك لعل الساعة تكون قريبا (احزاب ٨) وما يدريك لعله يزكى (عبس ١) يوم يدع
الداع الى شيء نكر (قمر ١) فذلك الذي يدع اليتيم (ارايت ١) فليدع ناديه (علق ٢) وليدع ربه (مؤمن ٣) ومن يدع مع الله الها
آخر لا برهان له (مؤمنين ٦) ويدع الانسان بالشر (اسراءيل ٢) مر كان لم يدعنا الى ضر مسه (يونس ٢) والله يدعوا الى الجنة (بقرة ٢٧)
والله يدعوا الى دار السلام (يونس ٣) يدعوا من دون الله ما لا يضره (حج ٢) يدعوا لمن ضره اقرب (حج ٢) فسوف يدعوا ثبورا (انشقاق ١)
نسي ما كان يدعوا اليه من قبل (زمر ١) انما يدعوا حزبه (ملائكة ١) ومن اضل ممن يدعوا من دون الله (احقاف ١) قالت ان ابي يدعوك ليجزيك
(قصص ٣) والرسول يدعوكم في اخريكم (آل عمران ١٦) يدعوكم ليغفر لكم من ذنوبكم (ابراهيم ٢) يوم يدعوكم فتستجيبون بحمده (اسراءيل ٥)
والرسول يدعوكم لتؤمنوا بربكم (حديد ١) اولئك يدعون الى النار (بقرة ٢٧) ائمة يدعون الى النار (قصص ٤) يدعون ربهم خوفا
وطمعا (سجدة ٢) يدعون فيها بفاكهة كثيرة (ص ٦) ما كانوا يدعون من قبل (فصلت ٥) يدعون فيها بكل فاكهة (دخان ٣) ولتكن منكم
امة يدعون الى الخير (آل عمران ١١) ولا تطرد الذين يدعون ربهم (انعام ٦) ولا تسبوا الذين يدعون من دون الله (انعام ١٣) الذين يدعون
من دونه (زخرف ٧) وما يتبع الذين يدعون من دون الله (يونس ٧) اولئك الذين يدعون (اسراءيل ٦) واصبر نفسك مع
الذين يدعون ربهم بالغداة (كهف ٤) والذين يدعون من دونه (رعد ٢ مؤمن ٢) والذين يدعون من دون الله (نحل ٢) التي
يدعون من دون الله (هود ٩) ان يدعون من دونه الا اناثا (نساء ١٨) وان يدعون الا شيطانا مريدا (نساء ١٨) والذين لا يدعون
مع الله الها آخر (فرقان ٦) وان ما يدعون من دونه (حج ٨) ان الله يعلم ما يدعون من دونه من شيء (عنكبوت ٥) وان ما يدعون من
دونه الباطل (لقمان ٣) يوم يدعون الى نار جهنم (طور ١) وقد كانوا يدعون الى السجود وهم سالمون (نون ٢) يدعون الى كتاب الله
(آل عمران ٣) ويدعون الى السجود (نون ٢) ولهم ما يدعون (يس ٤) ويدعوننا رغبا ورهبا (انبياء ٦) قال رب السجن احب الي
مما يدعونني اليه (يوسف ٤) وله اصحاب يدعونه الى الهدى ائتنا (انعام ٩) يدعوه كادوا يكونون عليه لبدا (جن ٢) اولو كان
الشيطان يدعوهم (لقمان ٣) وهو يدعى الى الاسلام (صف ١) ولا تجعل يدك مغلولة (اسراءيل ٣) واضمم يدك الى جناحك (طه ٢)
وادخل يدك في جيبك (نمل ١) لئن بسطت الي يدك (مائدة ٥) اسلك يدك في جيبك (قصص ٤) بيدك الخير (آل عمران ٣) وخذ بيدك
ضغثا (ص ٤) فيدمغه فاذا هو زاهق (انبياء ٢) يدنين عليهن من جلابيبهن (احزاب ٨) ونزع يده فاذا هي بيضاء (اعراف ١٤ شعراء ٢)
اذا اخرج يده لم يكد يراها (نور ٥) او يعفو الذي بيده عقدة النكاح (بقرة ٣١) فسبحان الذي بيده ملكوت كل شيء (يس ٥) تبارك
الذي بيده الملك (ملك ١) ودوا لو تدهن فيدهنون (نون ١) ما انا بباسط يدي اليك (مائدة ٥) بشرا بين يدي رحمته (اعراف ٧
فرقان ٥ نمل ٧) بين يدي عذاب شديد (سبا ٦) ومصدقا لما بين يدي (آل عمران ٥) مصدقا لما بين يدي (صف ١) لا تقدموا بين
يدي الله (حجرات ١) تقدموا بين يدي نجواكم صدقة (مجادلة ٢) ان تقدموا بين يدي نجواكم صدقات (مجادلة ٢) لما خلقت بيدي
(ص ٥) ولا يدينون دين الحق (توبة ٤) مصدقا لما بين يديه (بقرة ١٠ آل عمران ١ مائدة ٧ مرتين ملائكة ٤ احقاف ٣) ومصدقا
لما بين يديه (مائدة ٧) مصدق الذي بين يديه (انعام ١١) لا ياتيه الباطل من بين يديه (فصلت ٥) وقد خلت النذر من بين يديه (احقاف ٣)
فانه يسلك من بين يديه (جن ٢) ويوم يعض الظالم على يديه (فرقان ٣) نكالا لما بين يديها وما خلفها (بقرة ٧)

فصل الذال

يذبح ابناءهم (قصص ١) يذبحون ابناءكم (بقرة ٦) ويذبحون ابناءكم (ابراهيم ١) ما كان الله ليذر المؤمنين
(آل عمران ١٨) ويذرك والهتك (اعراف ١٤) ويذرون ازواجا (بقرة ٣٠ مرتين) ويذرون وراءهم يوما ثقيلا (دهر ٢)
فيذرها قاعا صفصفا (طه ٦) ويذرهم في طغيانهم يعمهون (اعراف ٢٢) اولا يذكر الانسان انا خلقناه (مريم ٥) امنا الذي
يذكر [illegible] ان يذكر (فرقان ٦) ان يذكر
فيها اسمه (بقرة ١٣) او يذكر فتنفعه الذكرى (عبس ١) وما يذكر الا اولوا الالباب (بقرة ٣٧ آل عمران ١) سيذكر من يخشى (اعلى ١)
وليذكر اولوا الالباب (ابراهيم ٧) ويذكر فيها اسمه (نور ٥) ولقد صرفنا في هذا القران ليذكروا (اسراءيل ٥) ليذكروا اسم الله
على ما رزقهم (حج ٤) ولقد صرفناه بينهم ليذكروا (فرقان ٥) ويذكروا اسم الله (حج ٥) الذين يذكرون الله قياما (آل عمران ٢٠)

وانعام لایذکرون اسم الله علیها (انعام ۲۰) واذا ذکروا لایذکرون (صافات ۲) ولایذکرون الله الا قلیلا (نساء ۱۵) وما یذکرون

الا ان یشاء الله (مدثر ۲) قد فصلنا الایات لقوم یذّکّرون (انعام ۱۳) ذلک من ایات الله لعلهم یذکرون (اعراف ۲) ونقص من

الثمرات لعلهم یذکرون (اعراف ۱۲) فشرد بهم من خلفهم لعلهم یذکرون (انفال ۷) ثم لا یتوبون ولا هم یذکرون (توبه ۱۶) ان فی ذلک لایة

لقوم یذکرون (نحل ۲) قالوا سمعنا فتی یذکرهم (انبیاء ۵) لیذوق وبال امره (مائده ۱۳) بل لما یذوقوا عذاب (ص ۱) بل لا یذوقون

فیها الموت (دخان ۳) لا یذوقون فیها بردا ولا شرابا (نبا ۲) هذا فلیذوقوه (ص ۶) یذهب بالابصار (نور ۵) فاما الزبد فیذهب

جفاء (رعد ۲) انما یرید الله لیذهب عنکم الرجس (احزاب ۴) لیطهرکم به ویذهب عنکم (انفال ۲) ویذهب قلوبهم (توبه ۲) ویذهبا

بطریقتکم المثلی (طه ۷) ان یشاء یذهبکم (نساء ۱۴- ابراهیم ۲- انعام ۱۴) ان الحسنات یذهبن السیئات (هود ۱۲) فلینظر هل یذهبن

کیده ما یغیظ (حج ۲) لم یذهبوا حتی یستأذنوه (نور ۷) یحسبون الاحزاب لم یذهبوا (احزاب ۲) ویذیق بعضکم بأس بعض (انعام ۷)

ولیذیقکم من رحمته (روم ۵) لیذیقهم بعض الذی عملوا (روم ۵) لیذیقهم عذاب الخزی فی الحیوة الدنیا (فصلت ۲)

فصل الراء

اولم یر الذین کفروا (انبیاء ۳) یراؤن الناس (نساء ۲) الذین هم یراؤن (ماعون ۱) ان هذا لشیء یراد

الذی یراک حین تقوم (شعراء ۲) ولیربط علی قلوبکم (انفال ۲) فلا یربوا عند الله (روم ۴) لیربوا فی اموال الناس (روم ۴)

ویربی الصدقات (بقره ۳۸) ولا یرتاب الذین اوتوا الکتاب (مدثر ۲) ثم لم یرتابوا (حجرات ۲) قبل ان یرتد الیک طرفک

(نمل ۴) لا یرتد الیهم طرفهم (ابراهیم ۵) من یرتد منکم عن دینه (مائده ۸) ومن یرتدد منکم عن دینه (بقره ۲۲) ارسله معنا غدا

یرتع ویلعب (یوسف ۲) فلیرتقوا فی الاسباب (ص ۱) یرثنی ویرث من آل یعقوب (مریم ۱) اولم یهد للذین یرثون الارض

(اعراف ۱۲) الذین یرثون الفردوس (مؤمنین ۲) وهو یرثها ان لم یکن لها ولد (نساء ۲۴) ان الارض یرثها عبادی الصالحون

(انبیاء ۷) والیه یرجع الامر (هود ۱۰) افلا یرون الا یرجع الیهم (طه ۹) حتی یرجع الینا موسی (طه ۱) بم یرجع المرسلون (نمل ۳) یرجع

بعضهم الی بعض القول (سبا ۴) واکثرها الخیر لعلهم یرجعون (آل عمران ۸) وبلوناهم بالحسنات والسیئات لعلهم یرجعون (اعراف ۱۷)

وکذلک نفصل الایات ولعلهم یرجعون (اعراف ۱۸) انا انقلبوا الی اهلهم لعلهم یرجعون (یوسف ۷) لعلهم الیه یرجعون (انبیاء ۵)

فانظر ماذا یرجعون (نمل ۲) لیذیقهم بعض الذی عملوا لعلهم یرجعون (روم ۵) دون العذاب الاکبر لعلهم یرجعون (سجده ۲)

ولا الی اهلهم یرجعون (یس ۴) وجعلها کلمة باقیة فی عقبه لعلهم یرجعون (زخرف ۲) واخذناهم بالعذاب لعلهم یرجعون

(زخرف ۵) وصرفنا الایات لعلهم یرجعون (احقاف ۲) طوعا وکرها والیه یرجعون (آل عمران ۹) ثم الیه یرجعون (انعام ۴)

والینا یرجعون (مریم ۳) ویوم یرجعون الیه (نور ۷) او نتوفینک فالینا یرجعون (مؤمن ۸) فهم لا یرجعون (بقره ۲) اهلکناها

انهم لا یرجعون (انبیاء ۱۰) انهم الیهم لا یرجعون (یس ۲) وظنوا انهم الینا لا یرجعون (قصص ۴) فما استطاعوا مضیا ولا یرجعون

(یس ۷) انهم ان یظهروا علیکم یرجموکم (کهف ۲) فمن کان یرجوا لقاء ربه (کهف ۱۲) من کان یرجوا لقاء الله (عنکبوت ۱) لمن کان

یرجوا الله (احزاب ۳- ممتحنة ۱) ویرجوا رحمة ربه (زمر ۱) اولئک یرجون رحمة الله (بقره ۲۲) یرجون تجارة لن تبور (ملائکه ۳) وترجون

من الله ما لا یرجون (نساء ۱۵) ان الذین لا یرجون لقاءنا (یونس ۱) قال الذین لا یرجون لقاءنا (یونس ۲) فنذر الذین لا یرجون لقاءنا

(یونس ۲) من النساء اللاتی لا یرجون نکاحا (نور ۸) وقال الذین لا یرجون لقاءنا (فرقان ۲) بل کانوا لا یرجون نشورا (فرقان ۴)

للذین لا یرجون ایام الله (جاثیه ۲) انهم کانوا لا یرجون حسابا (نبا ۲) فی یرجعن حتی یصلون منا بر (اسرائیل ۱) ان یرحم ...

(عنکبوت ۳) عسی ربکم ان یرحمکم (اسرائیل ۱) ان یشاء یرحمکم (اسرائیل ۱) قالوا لئن لم یرحمنا ربنا (اعراف ۱۸) اولئک سیرحمهم الله

(توبه ۹) اولئک الذین لم یرد الله ان یطهر قلوبهم (مائده ۶) ولم یرد الا الحیوة الدنیا (نجم ۲) فمن یرد الله ان یهدیه (انعام ۱۵)

من یرد ان یضله (انعام ۱۵) ومن یرد ثواب الدنیا نؤته منها (آل عمران ۱۵) ومن یرد الله فتنته (مائده ۶) ومن یرد فیه بالحاد بظلم (حج ۳)

ثم یرد الی ربه فیعذبه (کهف ۱) الیه یرد علم الساعة (فصلت ۵) ولا یرد بأسه (انعام ۱۸) ولا یرد بأسنا (یوسف ۱۲) ومنکم من یرد الی

ارذل العمر (نحل ۹- حج ۱) وان یردک بخیر فلا راد لفضله (یونس ۱۱) ان یردن الرحمن بضر (یس ۲) حتی یردوکم عن دینکم (بقره ۲۲)

یردوکم بعد ایمانکم کافرین (آل عمران ۱۱) یردوکم علی اعقابکم (آل عمران ۱۵) یردون الی اشد العذاب (بقره ۹) ثم یردون الی عذاب

عظیم (توبه ۱۱) لو یردونکم من بعد ایمانکم (بقره ۱۳) لیردوهم (انعام ۱۶) والله یرزق من یشاء (بقره ۲۲- نور ۵) ان الله یرزق

من يشاء (آل عمران ١٣) الله لطيف بعباده يرزق من يشاء (شوری ٣) يرزقكم من السماء والارض (ملائكة ١) امن هذا الذی يرزقكم
(ملك ٣) قل من يرزقكم من السموات (سبا ٣) قل من يرزقكم من السماء (يونس ٤) ومن يرزقكم من السماء (نمل ٥) ليرزقنهم الله رزقا
حسنا (حج ٨) يرزقون فرحين بما اتهم الله من فضله (آل عمران ١٧) يرزقون فيها بغير حساب (مؤمن ٥) ويرزقه من حيث لا يحتسب
(طلاق ١) الله يرزقها واياكم (عنكبوت ٦) وهو الذی يرسل الرياح (اعراف ٧) يرسل السماء عليكم مدرارا (هود ٥، نوح ١) الله الذی
يرسل الرياح (روم ٥) يرسل عليكما شواظ (رحمن ٢) ومن اياته ان يرسل الرياح (روم ٥) ان يرسل عليكم حاصبا (ملك ٢) او يرسل رسولا
(شوری ٥) فيرسل عليكم قاصفا (اسرائيل ٧) ومن يرسل الرياح بشرا (نمل ٥) ويرسل عليكم حفظة (انعام ٧) ويرسل الصواعق (رعد ٢)
ويرسل عليكم حاصبا (اسرائيل ٧) ويرسل عليها حسبانا (كهف ٥) ويرسل الاخری الی اجل مسمی (زمر ٥) وليؤمنوا بی لعلهم يرشدون
(بقرة ٢٣) والوالدات يرضعن اولادهن (بقرة ٣٠) يحلفون بالله لكم ليرضوكم (توبة ٨) يرضونكم بافواههم (توبة ١) ليدخلنهم
مدخلا يرضونه (حج ٨) والله ورسوله احق ان يرضوه (توبة ٨) وليرضوه وليقترفوا (انعام ١٤) وان تشكروا يرضه لكم (زمر ١) ولسوف
يرضی (ليل ١) فان الله لا يرضی عن القوم الفاسقين (توبة ١٢) ما لا يرضی من القول (نساء ١٥) ولا يرضی لعباده الكفر (زمر ١) لمن يشاء و
يرضی (نجم ٣) ويرضين بما اتيتهن كلهن (احزاب ٦) ومن يرغب عن ملة ابراهيم (بقرة ١٦) ولا يرغبوا بانفسهم عن نفسه (توبة ١٦)
يرفع الله الذين امنوا منكم (مجادلة ٢) واذ يرفع ابراهيم القواعد من البيت (بقرة ١٥) والعمل الصالح يرفعه (ملائكة ٢) لا يرقبوا فيكم الا و
ذمة (توبة ٢) لا يرقبون فی مؤمن الا ولا ذمة (توبة ٢) وخلقنا لهم من مثله ما يركبون (يس ٣) اذا هم منها يركضون (انبياء ٢) واذا قيل
لهم اركعوا لا يركعون (مرسلات ٢) فيركمه جميعا (انفال ٥) ثم يرم به بريئا (نساء ١٦) والذين يرمون المحصنات (نور ١) والذين يرمون
ازواجهم (نور ١) ان الذين يرمون المحصنات (نور ٣) الم يروا كم اهلكنا من قبلهم من قرن (انعام ١) الم يروا انا جعلنا الليل (نمل ٧) الم يروا
كم اهلكنا قبلهم (يس ٣) الم يروا انه لا يكلمهم (اعراف ١٨) افلم يروا الی ما بين ايديهم (سبا ١) اولم يروا انا ناتی الارض (رعد ٦) اولم يروا الی
الطير (نحل ١١) اولم يروا الی ما خلق الله (نحل ٦) اولم يروا ان الله الذی خلق السموات والارض (اسرائيل ١١، احقاف ٤) اولم يروا الی
الارض كم انبتنا فيها (شعراء ١) اولم يروا كيف يبدئ الله الخلق (عنكبوت ٢) اولم يروا انا جعلنا حرما امنا (عنكبوت ٧) اولم يروا ان الله يبسط الرزق
لمن يشاء (روم ٤) اولم يروا انا نسوق الماء (سجدة ٣) اولم يروا انا خلقنا لهم (يس ٥) اولم يروا ان الله الذی خلقهم (فصلت ٢) وان يروا كل
اية لا يؤمنوا بها (انعام ٣، اعراف ١٧) وان يروا سبيل الرشد (اعراف ١٧) وان يروا كسفا من السماء (طور ٢) وان يروا اية يعرضوا (قمر ١)
وان يروا سبيل الغی (اعراف ١٧) حتی يروا العذاب الاليم (يونس ٩، شعراء ١١) ليروا اعمالهم (زلزال ١) اذ يرون العذاب (بقرة ٢٠) حين
يرون العذاب (فرقان ٤) لا يرون فيها شمسا (انسان ١) اولا يرون انهم يفتنون (توبة ١٦) افلا يرون الا يرجع اليهم (طه ٤) افلا يرون انا ناتی
الارض (انبياء ٤) يوم يرون الملائكة (فرقان ٢) كانهم يوم يرون ما يوعدون (احقاف ٤) انهم يرونه بعيدا (معارج ١) افلم يكونوا يرونها
(فرقان ٤) كانهم يوم يرونها (نازعات ٢) يرونهم مثليهم (آل عمران ٢) فمن يعمل مثقال ذرة خيرا يره (زلزال ١) ومن يعمل مثقال ذرة
شرا يره (زلزال ١) ايحسب ان لم يره احد (بلد ١) للذين هم لربهم يرهبون (اعراف ١٨) ولا يرهق وجوههم قتر (يونس ٣) ان يرهقهما
طغيانا وكفرا (كهف ١٠) الم يعلم بان الله يری (علق ١) انه يراكم هو وقبيله (اعراف ٣) وان سعيه سوف يری (نجم ٣) ولو يری الذين ظلموا
(بقرة ٢٠) فاصبحوا لا يری الا مساكنهم (احقاف ٣) افتمارونه علی ما يری (نجم ١) اعنده علم الغيب فهو يری (نجم ٣) فسيری الله عملكم ثم
وسيری الله عملكم (توبة ١٣) وبرزت الجحيم لمن يری (نازعات ٢) ويری الذين اوتوا العلم (سبا ١) يريد الله بكم اليسر ولا يريد بكم العسر (بقرة ٢٣)
وما الله يريد ظلما للعالمين (آل عمران ١١) يريد الله الا يجعل لهم حظا (آل عمران ١٨) يريد الله ليبين لكم (نساء ٥) والله يريد ان يتوب عليكم
يريد الله ان يخفف عنكم (نساء ٥) من كان يريد ثواب الدنيا (نساء ١٩) ولكن يريد ليطهركم (مائدة ٢) يريد ان يخرجكم من ارضكم (اعراف ١٤،
شعراء ٣) والله يريد الاخرة (انفال ٩) من كان يريد الحيوة الدنيا (هود ٢) ان كان الله يريد ان يغويكم (هود ٣) من كان يريد العاجلة
(اسرائيل ٢) يريد ان ينقض فاقامه (كهف ١٠) يريد ان يتفضل عليكم (مؤمنون ٢) يريد ان يصدكم (سبا ٥) من كان يريد العزة (ملائكة
٢) وما الله يريد ظلما للعباد (مؤمن ٤) من كان يريد حرث الاخرة (شوری ٣) ومن كان يريد حرث الدنيا (شوری ٣) انما يريد الله
ان يصيبهم (مائدة ٧) انما يريد الشيطان ان يوقع بينكم العداوة (مائدة ١٢) انما يريد الله ليعذبهم (توبة ٧) انما يريد الله ان يعذبهم
(توبة ١١) انما يريد الله ليذهب عنكم الرجس (احزاب ٤) بل يريد الانسان ليفجر امامه (قيامة ١) بل يريد كل امرئ منهم ان يؤتی

ولكن الله يفعل ما يريد (بقرة ٢٦) ان الله يحكم ما يريد (مائدة ١) ما يريد الله ليجعل عليكم من حرج (مائدة ١) ان الله يفعل ما يريد (حج ٢)
فعال لما يريد (هود ١٠، بروج ٢) منكم من يريد الدنيا ومنكم من يريد الاخرة (آل عمران ١٦) وان الله يهدي من يريد (حج ٢) ويريد الذين
يتبعون الشهوات (نساء ٣) ويريد الشيطان ان يضلهم (نساء ٦) ويريد الله ان يحق الحق (انفال ١) ان يريدا اصلاحا يوفق الله (نساء ٥)
يريد ان يخرجكم (طه ٧) وان يردك بخير فلا راد لفضله (يونس ١١) وان يريدوا ان يخدعوك (انفال ٧) وان يريدوا خيانتك (انفال ٦)
يريدون ان يتحاكموا الى الطاغوت (نساء ٦) يريدون ان يأمنوكم (نساء ١٠) يريدون ان يخرجوا من النار (مائدة ٤) يريدون وجهه (انعام ٦
كهف ٤) يريدون ان يطفئوا نور الله (توبة ٤) يريدون ليطفئوا نور الله (صف ١) قال الذين يريدون الحيوة الدنيا (قصص ٨) للذين
يريدون وجه الله (روم ٤) يريدون ان يبدلوا كلام الله (فتح ٢) ان يريدون الا فرارا (احزاب ٢) ام يريدون كيدا (طور ٥) نجعلها
للذين لا يريدون علوا في الارض (قصص ٩) ويريدون ان تضلوا السبيل (نساء ٥) ويريدون ان يفرقوا (نساء ١٥) ويريدون ان يتخذوا
بين ذلك سبيلا (نساء ١٥) الذي يريك حين تقوم (شعراء ٢٢) انه يريكم هو وقبيله (اعراف ٣) هل يريكم من احد (توبة ١٣) هو الذي يريكم البرق
خوفا (رعد ٢) ومن آياته يريكم البرق (روم ٣) هو الذي يريكم آياته (مؤمن ٢) وقل الحمد لله سيريكم آياته (نمل ١) ليريكم من آياته (لقمان ٣)
ويريكم آياته لعلكم تعقلون (بقرة ٩) ويريكم آياته فأي آيات الله تنكرون (مؤمن ٩) اذ يريكموهم (انفال ٥) اذ يريكهم الله في منامك
(انفال ٥) ليريه كيف يواري سوأة اخيه (مائدة ٥) كذلك يريهم الله اعمالهم (بقرة ١٧) ليريهما سوآتهما (اعراف ٣) لم يكد يراها
(نور ٥)

فصل الزاء

لا يزال بنيانهم الذي بنوا ريبة (توبة ١٤) ولا يزال الذين كفروا (رعد ٤ حج ٦) ولا يزالون يقاتلونكم
(بقرة ٢٢) ولا يزالون مختلفين (هود ١٢) ربكم الذي يزجي لكم الفلك في البحر (اسرائيل ٧) الم تر ان الله يزجي سحابا (نور ٥) ويزداد
الذين آمنوا ايمانا (مدثر ٣) انما نملي لهم ليزدادوا اثما (آل عمران ١٨) ليزدادوا ايمانا مع ايمانهم (فتح ١) ويزدكم قوة الى قوتكم (هود ٥) فلا تتبعوا (نساء ٦)
من لم يزده ماله وولده (نوح ٣) فلم يزدهم دعائي الا فرارا (نوح ١) الا ساء ما يزرون (انعام ٤ نحل ٣) الم تر الى الذين يزعمون
ومن يزغ منهم عن امرنا (سبا ٢) فاقبلوا اليه يزفون (صافات ٥) الم تر الى الذين يزكون انفسهم (نساء ٥) بل الله يزكي من يشاء (نساء ٥)
ولكن الله يزكي من يشاء (نور ٣) وما يدريك لعله يزكى (عبس ١) وما عليك الا يزكى (عبس ١) يتلوا عليكم آياتنا ويزكيكم (بقرة ١٦) ولا يكلمهم
الله يوم القيامة ولا يزكيهم (بقرة ١٨) يتلوا عليهم آياته ويزكيهم (آل عمران ٧ جمعة ١) ويعلمهم الكتاب والحكمة ويزكيهم (بقرة ٣) ليزلقونك
بابصارهم (نون ٦) ولا يقتلون النفس التي حرم الله الا بالحق ولا يزنون (فرقان ٧) ولا يسرقن ولا يزنين (ممتحنة ٢) او يزوجهم ذكرانا
واناثا (شورى ٥) يزيد في الخلق ما يشاء (ملائكة ١) ولا يزيد الظالمين الا خسارا (اسرائيل ٩) ولا يزيد الكافرين كفرهم (ملائكة ٤ مرتين) و
يزيد الله الذين اهتدوا هدى (مريم ٧) وليزيدن كثيرا منهم (مائدة ٧ مرتين) وارسلناه الى مائة الف او يزيدون (صافات ٥) فما يزيدونهم
الا طغيانا كبيرا (اسرائيل ٦) وما يزيدهم الا نفورا (اسرائيل ٥) ويزيدهم من فضله (نساء ١٨ نور ٥) ويزيدهم من فضله (شورى ٢) ويزيدهم خشوعا (اسرائيل
من بعد ما كاد يزيغ قلوب فريق منهم (توبة ١٢)

فصل السين

يس والقرآن الحكيم (يس ١) يسأل ايان يوم القيمة
(قيامة ١) لا يسأل عما يفعل وهم يسألون (انبياء ٢) فيومئذ لا يسأل عن ذنبه (رحمن ٤) ولا يسأل عن ذنوبهم (قصص ٨) ولا يسأل حميم حميما
(معارج ١) ليسأل الصادقين عن صدقهم (احزاب ١) يسألك اهل الكتاب (نساء ١٦) يسألك الناس عن الساعة (احزاب ٨) اتبعوا من لا يسألكم
اجرا (يس ٢) ولا يسألكم اموالكم (قتال ٤) ان يسألكموها فيحفكم (قتال ٤) وليسألن يوم القيمة (عنكبوت ٢) وليسألوا ما انفقوا (ممتحنة
يسألون ايان يوم الدين (ذاريات ٢) وهم يسألون (انبياء ٢) يسألون عن انبائكم (احزاب ٢) لا يسألون الناس الحافا (بقرة ٢٨)
ستكتب شهادتهم ويسألون (زخرف ٢) يسألونك عن الاهلة (بقرة ١٩) يسألونك ماذا ينفقون (بقرة ٢٢) يسألونك عن الشهر
الحرام (بقرة ٢٢) يسألونك عن الخمر والميسر (بقرة ٢٢) يسألونك ماذا احل لهم (مائدة ١) يسألونك عن الساعة (اعراف ١٩ نازعات ٢)
يسألونك كأنك حفي عنها (اعراف ١٩) يسألونك عن الانفال (انفال ١) ويسألونك عن اليتامى (بقرة ٢٢) ويسألونك ماذا ينفقون (بقرة
ويسألونك عن المحيض (بقرة ٢٣) ويسألونك عن الروح (اسرائيل ٩) ويسألونك عن ذي القرنين (كهف ٩) ويسألونك عن الجبال (طه ٩)
يسأله من في السموات (رحمن ٢) لا يسأم الانسان من دعاء الخير (فصلت ٥) لا يسأمون (فصلت ٤) انهم كانوا يسارعون في الخيرات
(انبياء ٦) ولا يحزنك الذين يسارعون في الكفر (آل عمران ١٨) يا ايها الرسول لا يحزنك الذين يسارعون في الكفر (مائدة ٦) فترى الذين في قلوبهم
مرض يسارعون فيهم (مائدة ٨) منهم يسارعون في الاثم (مائدة ٧) اولئك يسارعون في الخيرات (مؤمنون ٤) ويسارعون في الخيرات (آل عمران

كانما يساقون الى الموت (انفال ١) ويوم لا يسبتون (اعراف ٢١) يسبح له فيها (نور ٥) الم تر ان الله يسبح له من في السموات والارض
(نور ٦) يسبح له ما في السموات والارض (حشر ٣) يسبح لله ما في السموات وما في الارض (جمعة ١ تغابن ١) وان من شيء الا يسبح بحمده (اسرا ٥)
ويسبح الرعد بحمده (رعد ٢) وسخرنا مع داود الجبال يسبحن (انبيا ٦) يسبحن بالعشي والاشراق (ص ٢) يسبحون الليل والنهار (انبيا ٢)
يسبحون بحمد ربهم (مؤمن ١ زمر ٨ شورى ١) يسبحون له بالليل والنهار (فصلت ٥) كل في فلك يسبحون (انبيا ٣) وكل في فلك يسبحون (يس ٣)
ويسبحونه وله يسجدون (اعراف ٢٤) ام حسب الذين يعملون السيئات ان يسبقونا (عنكبوت ١) لا يسبقونه بالقول (انبيا ٢) فيسبوا
الله عدوا بغير علم (انعام ١٣) ما تسبق من امة اجلها وما يستأخرون (مؤمنين ٣ حجر ١) لا يستأخرون ساعة ولا يستقدمون (اعراف ٤
نحل ٧) فلا يستأخرون ساعة (يونس ٥) ويستأذن فريق منهم النبي (احزاب ٢) انما يستأذنك الذين لا يؤمنون بالله (توبة ٧) لا يستأذنك
الذين يؤمنون بالله (توبة ٧) ليستأذنكم الذين ملكت ايمانكم (نور ٨) فليستأذنوا كما استأذن الذين من قبلهم (نور ٨) انما السبيل على
الذين يستأذنونك وهم اغنياء (توبة ١١) لم يذهبوا حتى يستأذنوه (نور ٩) وان تتولوا يستبدل قوما غيركم (قتال ٤) ويستبدل قوما
غيركم (توبة ٦) يستبشرون بنعمة من الله (ال عمران ١٨) وجاء اهل المدينة يستبشرون (حجر ٧) اذا هم يستبشرون (روم ٥ زمر ٥) فزادتهم
ايمانا وهم يستبشرون (توبة ٣) ويستبشرون بالذين لم يلحقوا (ال عمران ١٧) ولا يستثنون (نون ٢) من لا يستجيب له الى يوم القيامة
(احقاف ١) ويستجيب الذين امنوا (شورى ٣) فليستجيبوا لي وليؤمنوا بي (بقرة ١٩) فليستجيبوا لكم ان كنتم صادقين (اعراف ٢٣) فان لم يستجيبوا لكم
فاعلموا (هود ٢) فان لم يستجيبوا لك (قصص ٥) والذين لم يستجيبوا له (رعد ٢) فلم يستجيبوا لكم (كهف ٧) فلم يستجيبوا لهم (قصص ٧) لا يستجيبون
لهم بشيء (رعد ٢) الذين يستحبون الحيوة الدنيا (ابراهيم ١) لا يستكبرون عن عبادته ولا يستحسرون (انبيا ٢) ان الله لا يستحيي ان يضرب مثلا
(بقرة ٣) والله لا يستحيي من الحق (احزاب ٧) فيستحيي منكم (احزاب ٧) ويستحيي نساءهم (قصص ١) ويستحيون نساءكم (بقرة ٦ اعراف ١٥ ابراهيم ١)
ويستخرجا كنزهما (كهف ١١) ولا يستخفنك الذين لا يوقنون (روم ٧) الا انهم يثنون صدورهم ليستخفوا منه (هود ١) يستخفون
من الناس ولا يستخفون من الله (نساء ١٦) ويستخلف من بعدكم ما يشاء (انعام ١٦) ويستخلف ربي قوما غيركم (هود ٥) ويستخلفكم في الارض
(اعراف ١٥) ليستخلفنهم في الارض (نور ٧) واذا راوا اية يستسخرون (صافات ١) فاذا الذي استنصره بالامس يستصرخه (قصص ٢)
يستضعف طائفة منهم (قصص ١) كانوا يستضعفون مشارق الارض (اعراف ١٦) ومن لم يستطع منكم طولا (نساء ٤) فمن لم
يستطع فاطعام ستين مسكينا (مجادلة ١) ولا يستطيع ان يمل هو (بقرة ٣٩) هل يستطيع ربك ان ينزل علينا مائدة (مائدة ١٥) ما كانوا يستطيعون
السمع (هود ٢) لا يستطيعون نصركم (اعراف ٢٣) وكانوا لا يستطيعون سمعا (كهف ١١) لا يستطيعون ضربا في الارض (بقرة ٣٨) لا يستطيعون
حيلة (نساء ١٤) لا يستطيعون نصر انفسهم (انبيا ٣) لا يستطيعون نصرهم (يس ٨) فلا يستطيعون سبيلا (اسرائيل ٥ فرقان ١) فلا يستطيعون
ردها (انبيا ٣) فلا يستطيعون توصية (يس ٤) ولا يستطيعون لهم نصرا (اعراف ٢٤) من السموات والارض شيئا ولا يستطيعون (نحل ١٠) ويدعون
الى السجود فلا يستطيعون (نون ٢) وما ينبغي لهم وما يستطيعون (شعراء ١١) وان يستعتبوا فما هم من المعتبين (فصلت ٣) ثم لا يؤذن للذين
كفروا ولا هم يستعتبون (نحل ١٢) فيومئذ لا ينفع الذين ظلموا معذرتهم ولا هم يستعتبون (روم ٦) فاليوم لا يخرجون منها ولا هم يستعتبون
(جاثية ٤) فماذا يستعجل منه المجرمون (يونس ٥) يستعجل بها الذين لا يؤمنون (شورى ٢) افبعذابنا يستعجلون (شعراء ١١) مثل ذنوب
اصحابهم فلا يستعجلون (ذاريات ٣) ويستعجلونك بالسيئة (رعد ١) ويستعجلونك بالعذاب (حج ٦ عنكبوت ٥) ومن كان غنيا فليستعفف
(نساء ١) وليستعفف الذين لا يجدون نكاحا (نور ٤) وان يستعففن خير لهن (نور ٨) الا حين يستغشون ثيابهم (هود ١) ثم يستغفر الله
(نساء ١٦) يستغفر لكم رسول الله (منافقين ١) ان يستغفروا للمشركين (توبة ١٤) ويستغفروا ربهم (كهف ٩) وما كان الله معذبهم وهم
يستغفرون (انفال ٤) وبالاسحار هم يستغفرون (ذاريات ١) ويستغفرون للذين امنوا (مؤمن ١) ويستغفرون لمن في الارض (شورى ١)
افلا يتوبون الى الله ويستغفرونه (مائدة ١٠) وهما يستغيثان الله ويلك امن (احقاف ٢) وان يستغيثوا يغاثوا بماء (كهف ٤) يستفتحون
على الذين كفروا (بقرة ١١) يستفتونك قل الله يفتيكم في الكلالة (نساء ٢٤) ويستفتونك في النساء (نساء ١٩) وان كادوا ليستفزونك
من الارض (اسرائيل ٨) فاراد ان يستفزهم من الارض (اسرائيل ١٢) فلا يستأخرون ساعة ولا يستقدمون (يونس ٥) لا يستأخرون
ساعة ولا يستقدمون (اعراف ٤ نحل ٧) لمن شاء منكم ان يستقيم (تكوير ١) ومن يستنكف عن عبادته ويستكبر (نساء ٢٤) انهم كانوا اذا قيل لهم لا
اله الا الله يستكبرون (صافات ٢) ان الذين يستكبرون عن عبادتي (مؤمن ٦) وانهم لا يستكبرون (مائدة ١١) ان الذين عند

ربك لا يستكبرون عن عبادته (اعراف ٢٤) والملائكة وهم لا يستكبرون (نحل ٦) وسبحوا بحمد ربهم وهم لا يستكبرون (سجدة ٢) و من
عنده لا يستكبرون عن عبادته (انبياء ٢) ومنهم من يستمع اليك (انعام ٣ قتال ٢) فمن يستمع الان يجد له (جن ١) الذين يستمعون
القول (زمر ٢) يستمعون القرآن (احقاف ٣) ام لهم سلم يستمعون فيه (طور ٢) نحن اعلم بما يستمعون به اذ يستمعون اليك (اسرائيل ٥)
ومنهم من يستمعون اليك (يونس ٥) ويستنبئونك احق هو (يونس ٦) لعلمه الذين يستنبطونه منهم (نساء ١١) لا يستنقذوه منه
(حج ١٠) ان اراد النبي ان يستنكحها (احزاب ٦) لن يستنكف المسيح (نساء ٢٣) ومن يستنكف عن عبادته (نساء ٢٣) اذا اكتالوا على الناس
يستوفون (مطففين ١) لا يستوون عند الله (توبة ٣) افمن كان مؤمنا كمن كان فاسقا لا يستوون (سجدة ٢) لا يستوي القاعدون
من المؤمنين (نساء ١٠) قل لا يستوي الخبيث والطيب (مائدة ١٣) لا يستوي منكم من انفق (حديد ١) لا يستوي اصحاب النار (حشر ٣) وما يستوي
الاعمى والبصير (فاطر ٣ مؤمن ٦) وما يستوي البحران (فاطر ٢) وما يستوي الاحياء ولا الاموات (فاطر ٣) قل هل يستوي الاعمى والبصير
(انعام ٥ رعد ٢) هل يستوي هو ومن يأمر بالعدل (نحل ١٠) قل هل يستوي الذين يعلمون (زمر ١) هل يستويان مثلا (هود ٢ زمر ٣) الله
يستهزئ بهم (بقرة ٢) ان اذا سمعتم ايات الله يكفر بها ويستهزأ بها (نساء ٢٠) ما كانوا به يستهزءون (انعام ١ مرتين هود ١ شعراء ١ زمر ٥ مو
٩ جاثية ٤ ـ احقاف ٣ ـ انبياء ٣ نحل ٦) الا كانوا به يستهزءون (حجر ١ يس ٣ زخرف ١) وكانوا بها يستهزءون (روم ٤) ليستيقن الذين اوتوا
الكتاب (مدثر ١) ولله يسجد من في السموات والارض (رعد ٢) الم تر ان الله يسجد له من في السموات (حج ٢) ولله يسجد ما في السموات و
في الارض (نحل ٦) والنجم والشجر يسجدان (رحمن ١) الا يسجدوا لله الذي يخرج الخبء (نمل ٢) وجدتها وقومها يسجدون للشمس
(نمل ٢) ويسبحونه وله يسجدون (اعراف ٢٤) واذا قرئ عليهم القرآن لا يسجدون (انشقاق ١) اناء الليل وهم يسجدون (آل عمران ١٢) ثم في النار
يسجرون (مؤمن ٨) الا ان يسجن او عذاب اليم (يوسف ٣) ليسجنن وليكونا من الصاغرين (يوسف ٤) ليسجننه حتى حين (يوسف ٤)
يسحبون في الحميم (مؤمن ٨) يوم يسحبون في النار على وجوههم (قمر ٣) فيسحتكم بعذاب (طه ٣) لا يسخر قوم من قوم (حجرات ٢) فيسخرون
منهم (توبة ١٠) ويسخرون من الذين امنوا (بقرة ٢٦) بل عجبت ويسخرون (صافات ١) اذا هم يسخطون (توبة ٧) والليل اذا يسر (فجر ١) يريد الله
بكم اليسر (بقرة ٢٣) ويسر لي امري (طه ٢) وسنقول له من امرنا يسرا (كهف ١١) فالجاريات يسرا (ذاريات ١) يجعل له من امره يسرا (طلاق ١) سيجعل
الله بعد عسر يسرا (طلاق ١) فان مع العسر يسرا ان مع العسر يسرا (انشراح ١) فلا يسرف في القتل (اسرائيل ٤) والذين اذا انفقوا لم يسرفوا
(فرقان ٦) قالوا ان يسرق فقد سرق اخ له (يوسف ١٠) ولا يسرقن ولا يزنين (ممتحنة ٢) ولقد يسرنا القرآن للذكر (قمر ٢ ـ ٣ ـ ٤ مرتين)
فانما يسرناه بلسانك (مريم ٦ ـ دخان ٣) اولا يعلمون ان الله يعلم ما يسرون وما يعلنون (بقرة ٩) ان الله يعلم ما يسرون وما يعلنون
(نحل ٣) يعلم ما يسرون وما يعلنون (هود ٢) انا نعلم ما يسرون وما يعلنون (يس ٥) ثم السبيل يسره (عبس ١) ونيسرك لليسرى (اعلى ١)
فسنيسره لليسرى (ليل ١) ن والقلم وما يسطرون (ن ١) يكادون يسطون (حج ١٠) واسماعيل واليسع ويونس (انعام ١٠) واذكر اسماعيل
واليسع (ص ٤) والذين يسعون في اياتنا (سبا ١) ويسعون في الارض فسادا (مائدة ٥ ـ ٧) وجاء رجل من اقصى المدينة يسعى (قصص ٢)
وجاء من اقصى المدينة رجل يسعى (يس ٢) يسعى نورهم بين ايديهم (حديد ٢) نورهم يسعى بين ايديهم وبايمانهم (تحريم ٢) ثم ادبر يسعى (نازعات ١)
واما من جاءك يسعى (عبس ١) ويسفك الدماء (بقرة ٤) وجد عليه امة من الناس يسقون (قصص ٣) يسقون من رحيق مختوم (مطففين ١)
ويسقون فيها كأسا (انسان ١) يسقى بماء واحد (رعد ١) فيسقي ربه خمرا (يوسف ٥) ويسقى من ماء صديد (ابراهيم ٣) والذي هو يطعمني
ويسقين (شعراء ٥) ان يشأ يسكن الريح (شورى ٤) وجعل منها زوجها ليسكن اليها (اعراف ٢٤) الم يروا انا جعلنا الليل ليسكنوا فيه
(نمل ٧) وان يسلبهم الذباب شيئا (حج ١٠) ولكن الله يسلط رسله على من يشاء (حشر ١) فانه يسلك من بين يديه (جن ٢) يسلكه عذابا صعدا
(جن ١) ومن يسلم وجهه الى الله (لقمان ٣) ويسلموا تسليما (نساء ٩) تقاتلونهم او يسلمون (فتح ٢) يسمع ايات الله تتلى عليه (جاثية ١)
ان الله يسمع من يشاء (فاطر ٣) والله يسمع تحاوركما (مجادلة ١) حتى يسمع كلام الله (توبة ١) كمثل الذي ينعق بما لا يسمع (بقرة ٢١) لم تعبد
ما لا يسمع ولا يبصر (مريم ٣) ولا يسمع الصم الدعاء (انبياء ٤) وان تدعوهم الى الهدى لا يسمعوا (اعراف ٢٤) ان تدعوهم لا يسمعوا دعاءكم
(فاطر ٢) يسمعون كلام الله (بقرة ٩) انما يستجيب الذين يسمعون (انعام ٤) او اذان يسمعون بها (حج ٦) ام تحسب ان اكثرهم يسمعون
(فرقان ٤) ام لهم اذان يسمعون بها (اعراف ٢٤) ان في ذلك لايات لقوم يسمعون (يونس ٧ روم ٣) ان في ذلك لاية لقوم يسمعون (نحل ٨)
يوم يسمعون الصيحة بالحق (ق ٣) لا يسمعون فيها لغوا (مريم ٤ واقعة ١ نبا ٢) وهم فيها لا يسمعون (انبياء ٧) لا يسمعون حسيسها (انبياء ٧)

فاعرض اکثرهم فهم لا یسمعون (فصلت ۱) ونطبع علی قلوبهم فهم لا یسمعون (اعراف ۱۲) ولا تکونوا کالذین قالوا سمعنا وهم لا یسمعون (انفال ۳) ان فی ذلک لایات افلا یسمعون (سجده ۳) لا یسمعون الی الملأ الاعلی (صافات ۱) قل هل یسمعونکم اذ تدعون (شعراء ۵) ولی مستکبرا کان لم یسمعها (لقمان ۱ جاثیه ۱) لا یسمن ولا یغنی من جوع (غاشیه ۱) لیسمون الملائکة تسمیة الانثی (نجم ۳) لیسوٗوا وجوهکم (اسرائیل ۱) یسومونکم سوء العذاب (بقره ۵ - اعراف ۱۵ - ابراهیم ۱) یسومهم سوء العذاب (اعراف ۲۱) ذلک کیل یسیر (یوسف ۷) ان ذلک علی الله یسیر (حج ۷ ملائکه ۲ عنکبوت ۲ حدید ۳) ذلک حشر علینا یسیر (ق ۵) وذلک علی الله یسیر (تغابن ۱) علی الکافرین غیر یسیر (مدثر ۱) وکان ذلک علی الله یسیرا (نساء ۳-۱۷- احزاب ۲) ثم قبضناه الینا قبضا یسیرا (فرقان ۵) وما تلبثوا بها الا یسیرا (احزاب ۲) فسوف یحاسب حسابا یسیرا (انشقاق ۱) هو الذی یسیرکم فی البر والبحر (یونس ۳) افلم یسیروا فی الارض (یوسف ۱۲ حج ۵ مؤمن ۹ قتال ۲) اولم یسیروا فی الارض (مؤمن ۳ روم ۱ ملائکه ۵) یتجرعه ولا یکاد یسیغه (ابراهیم ۲)

فصل الشين

یتبوأ منها حیث یشاء (یوسف ۸) [illegible] ان یشاء یسکن الریح (شوری ۴) ان یشاء یذهبکم (نساء ۱۹ - انعام ۱۶ - ابراهیم ۳) الا ان یشاء ربی (انعام ۹) ما کانوا لیؤمنوا الا ان یشاء الله (انعام ۱۳) الا ان یشاء الله ربنا (اعراف ۹) ما کان لیأخذ اخاه فی دین الملک الا ان یشاء الله (یوسف ۹) ان یشاء یرحمکم وان یشاء یعذبکم (اسرائیل ۶) انی فاعل ذلک غدا الا ان یشاء الله (کهف ۴) وما یذکرون الا ان یشاء الله (مدثر ۲) وما تشاؤن الا ان یشاء الله (انسان ۲ تکویر ۱) فان یشاء یختم علی قلبک (شوری ۴) هو الذی یصورکم فی الارحام کیف یشاء (آل عمران ۱) ینفق کیف یشاء (مائده ۷) فیبسطه فی السماء کیف یشاء (روم ۵) ان لو یشاء الله لهدی الناس جمیعا (رعد ۴) انطعم من لو یشاء الله اطعمه (یس ۴) ذلک ولو یشاء الله لانتصر منهم (قتال ۱) قال کذلک الله یفعل ما یشاء (آل عمران ۴) قال کذلک الله یخلق ما یشاء (آل عمران ۵) یخلق ما یشاء (مائده ۲) ویستخلف من بعدکم ما یشاء (انعام ۱۶) یزید فی الخلق ما یشاء (ملائکه ۱) یمحوا الله ما یشاء ویثبت (رعد ۶) ویفعل الله ما یشاء (ابراهیم ۳) ان الله یفعل ما یشاء (حج ۲) یخلق الله ما یشاء (نور ۵) وربک یخلق ما یشاء (قصص ۷) یعملون له ما یشاء (سبا ۲) لاصطفی مما یخلق ما یشاء (زمر ۱) ولکن ینزل بقدر ما یشاء (شوری ۳) فیوحی باذنه ما یشاء (شوری ۵) یخلق ما یشاء یهب لمن یشاء اناثا ویهب لمن یشاء الذکور (شوری ۵) ان ربی لطیف لما یشاء (یوسف ۱۱) وعلمه مما یشاء (بقره ۳۳) علی من یشاء من عباده (بقره ۹) والله یختص برحمته من یشاء (بقره ۱۱) یهدی من یشاء (بقره ۱۵) والله یرزق من یشاء (بقره ۲۲ نور ۷) والله یهدی من یشاء (بقره ۲۲ نور ۵) والله یؤتی ملکه من یشاء (بقره ۲۵) یؤتی الحکمة من یشاء (بقره ۲۷) ولکن الله یهدی من یشاء (بقره ۲۸ قصص ۶) فیغفر لمن یشاء ویعذب من یشاء (بقره ۲۹) یغفر لمن یشاء ویعذب من یشاء (آل عمران ۱۳ مائده ۲ فتح ۲) والله یؤید بنصره من یشاء (آل عمران ۲) ان الله یرزق من یشاء (آل عمران ۴) ان الفضل بید الله یؤتیه من یشاء (آل عمران ۸) یختص برحمته من یشاء (آل عمران ۸) ولکن الله یجتبی من رسله من یشاء (آل عمران ۱۸) بل الله یزکی من یشاء (نساء ۸) من یشاء ویغفر لمن یشاء (مائده ۳) ذلک فضل الله یؤتیه من یشاء (مائده ۸ حدید ۲ جمعه ۱) من یشاء الله یضلله (انعام ۴) یهدی به من یشاء من عباده (انعام ۹) یورثها من یشاء من عباده (اعراف ۱۵) ویتوب الله علی من یشاء (توبه ۲) ثم یتوب الله من بعد ذلک علی من یشاء (توبه ۳) ویهدی من یشاء الی صراط مستقیم (یونس ۳) یصیب به من یشاء من عباده (یونس ۱۱) فیصیب بها من یشاء (رعد ۲) ان الله یضل من یشاء (رعد ۴) ینزل الملائکة بالروح من امره علی من یشاء من عباده (نحل ۱) یلقی الروح من امره علی من یشاء من عباده (مؤمن ۲) فیضل الله من یشاء ویهدی من یشاء (ابراهیم ۴) ولکن یضل من یشاء ویهدی من یشاء (نحل ۱۳) فان الله یضل من یشاء (ملائکه ۱) ولکن الله یمن علی من یشاء من عباده (ابراهیم ۲) ولکن الله یزکی من یشاء (نور ۳) فیصیب به من یشاء (نور ۶) یهدی الله لنوره من یشاء (نور ۵) ویصرفه عن من یشاء (نور ۶) یعذب من یشاء ویرحم من یشاء (عنکبوت ۳) ینصر من یشاء (روم ۱) فاذا اصاب به من یشاء من عباده (روم ۵) یهدی به من یشاء (زمر ۳) ولکن یدخل من یشاء فی رحمته (شوری ۱) الله یجتبی الیه من یشاء (شوری ۲) یرزق من یشاء (شوری ۲) قل ان الله یهدی من یشاء (ملائکه ۳) ویجعل من یشاء عقیما (شوری ۵) لیدخل الله فی رحمته من یشاء (فتح ۳) وان الفضل بید الله یؤتیه من یشاء (حدید ۴) ولکن الله یسلط رسله علی من یشاء (حشر ۱) یضل الله من یشاء ویهدی من یشاء (مدثر ۲) یدخل من یشاء فی رحمته (انسان ۲) والله یضاعف لمن یشاء (بقره ۲۷) ویغفر ما دون ذلک لمن یشاء (نساء ۸-۱۸) اولم یروا ان الله یبسط الرزق لمن یشاء ویقدر (روم ۴) اولم یعلموا ان الله یبسط الرزق لمن یشاء ویقدر (زمر ۵) ان ربک یبسط الرزق لمن یشاء ویقدر (اسرائیل ۳) قل ان ربی یبسط الرزق لمن یشاء ویقدر (سبا ۴) قل ان ربی یبسط الرزق لمن یشاء من عباده ویقدر (سبا ۵) یبسط الرزق لمن یشاء ویقدر (شوری ۲)

ويكان الله يبسط الرزق لمن يشاء من عباده ويقدر (قصص ٩) يهب لمن يشاء اناثا ويهب لمن يشاء الذكور (شورى ٥) الله يبسط الرزق
لمن يشاء (رعد ٤ عنكبوت ٧) لمن يشاء ويرضى (نجم ٣) ومن يشاء يجعله على صراط مستقيم (انعام ٤) لهم فيها ما يشاؤن (نحل ٤ فرقان ٢)
لهم ما يشاؤن عند ربهم (زمر ٤ شورى ٤) لهم ما يشاؤن فيها (ق ٣) ومن يشاق الله (حشر ١) ومن يشاقق الرسول (نساء ١٧) ومن
يشاقق الله (انفال ٢) ليشتروا به ثمنا قليلا (بقرة ٩) ان الذين يشترون بعهد الله (آل عمران ٨) يشترون الضلالة (نساء ٧) لا يشترون
بايات الله ثمنا قليلا (آل عمران ٢٠) فبئس ما يشترون (آل عمران ١٩) ويشترون به ثمنا قليلا (بقرة ٢١) ومن الناس من يشتري لهو الحديث
(لقمان ١) ولهم ما يشتهون (نحل ٦) وحيل بينهم وبين ما يشتهون (سبا ٦) وامددناهم بفاكهة ولحم مما يشتهون (طور ١) ولحم طير مما
يشتهون (واقعة ١) وفواكه مما يشتهون (مرسلات ٥) عينا يشرب بها عباد الله (انسان ١) عينا يشرب بها المقربون (مطففين ٣)
ويشرب مما تشربون (مؤمنون ٣) ان الابرار يشربون من كاس (انسان ١) يشرح صدره للاسلام (انعام ١٣) ان الله لا يغفر ان
يشرك به (نساء ٥-١٢) وان يشرك به تؤمنوا (مؤمن ٢) ولا يشرك في حكمه احدا (كهف ٣) ولا يشرك بعبادة ربه احدا (كهف ١٢) انه من
يشرك بالله فقد حرم الله عليه الجنة (مائدة ١٠) ومن يشرك بالله فقد افترى (نساء ٧) ومن يشرك بالله فقد ضل ضلالا بعيدا (نساء ١٢)
ومن يشرك بالله فكانما خر من السماء (حج ٤) يبايعنك على ان لا يشركن بالله شيئا (ممتحنة ٢) اذا فريق منكم بربهم يشركون (نحل ٦) بما
كانوا به يشركون (روم ٤) اذا فريق منهم بربهم يشركون (روم ٤) ايشركون ما لا يخلق شيئا (اعراف ٢٤) فتعالى الله عما يشركون (اعراف ٢٤)
فتعالى عما يشركون (مؤمنون ٥) تعالى الله عما يشركون (نمل ٧) سبحان الله وتعالى عما يشركون (قصص ٧) سبحانه عما يشركون (توبة ٤)
سبحانه وتعالى عما يشركون (يونس ٢ نحل ١ روم ٤ زمر ٧) سبحان الله عما يشركون (طور ٢ حشر ٣) والذين هم بربهم لا يشركون (مؤمنون ٤)
لا يشركون بي شيئا (نور ٧) الله خير اما يشركون (نمل ٥) اذا هم يشركون (عنكبوت ٧) الذين يشرون الحيوة الدنيا (نساء ١٠) ومن الناس
من يشري نفسه (بقرة ٢٥) قل انما الايات عند الله وما يشعركم (انعام ١٤) ولا يشعرن بكم احدا (كهف ٣) ولكن لا يشعرون (بقرة ٢)
وهم لا يشعرون (اعراف ١٢ يوسف ٢-١١ شعراء ٢١ نمل ٢-٥ قصص ١-٢ عنكبوت ٦ زخرف ٧) اموات غير احياء وما يشعرون (نحل ٢) وما يشعرون
ايان يبعثون (نمل ٧) الا انفسهم وما يشعرون (بقرة ١-انعام ٣-آل عمران ٦) من حيث لا يشعرون (نحل ٤-٥ زمر ٣) نسارع لهم في الخيرات
بل لا يشعرون (مؤمنون ٤) وما يمكرون الا بانفسهم وما يشعرون (انعام ١٣) ويشف صدور قوم مؤمنين (توبة ٢) من ذا الذي
يشفع عنده الا باذنه (بقرة ٢٦) من يشفع شفاعة حسنة (نساء ٩) ومن يشفع شفاعة سيئة (نساء ٩) فهل لنا من شفعاء فيشفعوا لنا
(اعراف ٦) ولا يشفعون الا لمن ارتضى (انبياء ٢) واذا مرضت فهو يشفين (شعراء ٥) وان منها لما يشقق (بقرة ٩) فلا يضل ولا يشقى
(طه ٧) ومن شكر فانما يشكر لنفسه (نمل ٤) ومن يشكر فانما يشكر لنفسه (لقمان ٢) كذلك نصرف الايات لقوم يشكرون (اعراف ٧) ٦
وارزقهم من الثمرات لعلهم يشكرون (ابراهيم ٤) ولكن اكثر الناس لا يشكرون (بقرة ٢٥ مؤمن ٧ يوسف ٤) ولكن اكثرهم لا يشكرون
(يونس ٦ نمل ٥) وما عملته ايديهم افلا يشكرون (يس ٣) ولهم فيها منافع ومشارب افلا يشكرون (يس ٥) يشوي الوجوه (كهف ٤)
لكن الله يشهد بما انزل اليك (نساء ١٧) والله يشهد انهم لكاذبون (توبة ١٣ حشر ٢) والله يشهد ان المنافقين لكاذبون (منافقون ١)
ان يشهد عليكم سمعكم (فصلت ٣) وليشهد عذابهما طائفة (نور ١) ويشهد الله على ما في قلبه (بقرة ٢٥) ليشهدوا منافع لهم
(حج ٤) والملائكة يشهدون (نساء ١٧) قل هلم شهداءكم الذين يشهدون (انعام ١٥) فاتوا به على اعين الناس لعلهم يشهدون
(انبياء ٦) والذين لا يشهدون الزور (فرقان ٨) يشهده المقربون (مطففين ١)

فصل الصّاد

يصب من فوق
رءوسهم الحميم (حج ٢) او يصبح ماؤها غورا (كهف ٥) فيصبحوا على ما اسروا في انفسهم نادمين (مائدة ٦) ليصبحن نادمين (مؤمنون ٣)
انه من يتق ويصبر (يوسف ٩) فان يصبروا فالنار مثوى لهم (فصلت ٣) وان يك صادقا يصبكم بعض الذي يعدكم (مؤمن ٣)
فان لم يصبها وابل (بقرة ٣٧) ولا هم منا يصحبون (انبياء ٥) قالتا لا نسقي حتى يصدر الرعاء (قصص ٣) يومئذ يصدر الناس
اشتاتا (زلزلة ١) من الله يومئذ يصدعون (روم ٥) لا يصدعون عنها ولا ينزفون (واقعة ٢) ثم هم يصدفون (انعام ٥)
سنجزي الذين يصدفون عن اياتنا (انعام ١٦) بما كانوا يصدفون (انعام ١٦) فارسله معي ردا يصدقني (قصص ٤) الا ان يصدقوا
(نساء ١٠) والذين يصدقون بيوم الدين (معارج ٣) يريد ان يصدكم (سبا ٥) ويصدكم عن ذكر الله (مائدة ١٠) فلا يصدنك
عنها (طه ٢) ولا يصدنك عن ايات الله (قصص ٩) ولا يصدنكم الشيطان (زخرف ٧) ليصدوا عن سبيل الله (انفال ٤) وهم

يصدون عن المسجد الحرام (انفال ٤) الذين يصدون عن سبيل الله (اعراف ٥ هود ٢) اذا قومك منه يصدون (زخرف ٦) ورأيتهم

يصدون وهم مستكبرون (منافقين ١) ويصدون عن سبيل الله (انفال ٥ توبة ٤) وانهم ليصدونهم عن السبيل (زخرف ٤) ثم

يصر مستكبرا (جاثية ١) من يصرف عنه يومئذ (انعام ٢) انى يصرفون (مؤمن ٧) ويصرفه عن من يشاء (نور ٥) ليصرمنها

مصبحين (نون ٢) ولم يصروا على ما فعلوا (آل عمران ١٤) وكانوا يصرون على الحنث العظيم (واقعة ٥) وهم يصطرخون فيها

(ملائكة ٤) الله يصطفى من الملائكة (حج ١٠) كانما يصعد فى السماء (انعام ١٥) اليه يصعد الكلم الطيب (ملائكة ٢) فذرهم حتى يلاقوا

يومهم الذى فيه يصعقون (طور ٥) وليعفوا وليصفحوا (نور ٣) نحن اعلم بما يصفون (مؤمنين ١٠) سبحانه وتعالى عما يصفون

(انعام ١٠) فسبحان الله رب العرش عما يصفون (انبياء ٢) سبحان الله عما يصفون (مؤمنين ٥ صافات ٥) سبحان ربك رب العزة عما يصفون

(صافات ١٨) رب العرش عما يصفون (زخرف ٧) فلا يصل الى الله (انعام ١٦) وما كان لله فهو يصل الى شركائهم (انعام ١٦) واما الآخر

فيصلب فتاكل الطير من راسه (يوسف ٥) ان يقتلوا او يصلبوا (مائدة ٥) يصلح لكم اعمالكم (احزاب ٩) ان الله لا يصلح عمل المفسدين

(يونس ٨) سيهديهم ويصلح بالهم (قتال ١) ان يصلحا بينهما صلحا (نساء ١٩) ولا يصلحون (شعراء ٨ نمل ٥) ولتأت طائفة اخرى لم

يصلوا (نساء ١٥) لن يصلوا اليك (هود ٨) الا الذين يصلون الى قوم بينكم وبينهم ميثاق (نساء ١٢) والذين يصلون ما امر الله به ان يوصل (رعد ٣)

فلا يصلون اليكما باياتنا (قصص ٤) ان الله وملائكته يصلون على النبى (احزاب ٧) وسيصلون سعيرا (نساء ١) جهنم يصلونها وبئس

القرار (ابراهيم ٥) يصلونها فبئس المهاد (ص ٤) حسبهم جهنم يصلونها (مجادلة ١) يصلونها يوم الدين (انفطار ١) وهو قائم يصلى فى

المحراب (آل عمران ٤) هو الذى يصلى عليكم (احزاب ٦) الذى يصلى النار الكبرى (اعلى ١) سيصلى نارا ذات لهب (مسد ١) ويصلى سعيرا

(انشقاق ١) يصليها مذموما مدحورا (اسرائيل ٢) لا يصليها الا الاشقى (ليل ١) فمن شهد منكم الشهر فليصمه (بقرة ٢٣) ودمرنا ما كان

يصنع فرعون (اعراف ١٦) ويصنع الفلك (هود ٤) وسوف ينبئهم الله بما كانوا يصنعون (مائدة ٣) لبئس ما كانوا يصنعون (مائدة ٩)

فاذاقها الله لباس الجوع والخوف بما كانوا يصنعون (نحل ١٥) ان الله خبير بما يصنعون (نور ٤) ان الله عليم بما يصنعون (ملائكة ١) هو

الذى يصوركم فى الارحام (آل عمران ١) يصهر به ما فى بطونهم (حج ٢) يصيب به من يشاء (يوسف ١١) سيصيب الذين اجرموا (انعام ١٥)

سيصيب الذين كفروا منهم (توبة ١) فيصيب بها من يشاء (رعد ٢) فيصيب به من يشاء (نور ٥) ان يصيبكم الله بعذاب من عنده (توبة ٧)

ان يصيبكم مثل ما اصاب قوم نوح (هود ٨) قل لن يصيبنا الا ما كتب الله لنا (توبة ٧) انما يريد الله ان يصيبهم (مائدة ٨) او يصيبهم

عذاب اليم (نور ٩) ذلك بانهم لا يصيبهم ظمأ (توبة ١٥) سيصيبهم سيئات ما كسبوا (زمر ٦) **فصل الضاد**

ولا يضار كاتب (بقرة ٣٩) والله يضاعف لمن يشاء (بقرة ٣٦) يضاعف لهم العذاب (هود ٢) يضاعف له العذاب (فرقان ٦)

يضاعف لهم ولهم اجر كريم (حديد ٢) يضاعف لها العذاب (احزاب ٤) فيضاعف له وله اجر كريم (حديد ٢) فيضاعفه له اضعافا

كثيرة (بقرة ٣٢) يضاعفه لكم (تغابن ٢) وان تك حسنة يضاعفها (نساء ٦) يضاهئون قول الذين كفروا (توبة ٥) فليضحكوا

قليلا (توبة ١١) اذا هم منها يضحكون (زخرف ٥) كانوا من الذين امنوا يضحكون (مطففين ٢) من الكفار يضحكون (مطففين ٢)

فلن يضر الله شيئا (آل عمران ١٥) كذلك يضرب الله الحق والباطل (رعد ٢) كذلك يضرب الله الامثال (رعد ٢) كذلك يضرب

الله للناس امثالهم (قتال ١) ان الله لا يستحيى ان يضرب مثلا (بقرة ٣) ويضرب الله الامثال للناس (ابراهيم ٣ نور ٥) ولا يضربن

بارجلهن (نور ٤) وليضربن بخمرهن (نور ٤) يضربون وجوههم وادبارهم (انفال ٥ قتال ٣) وآخرون يضربون فى الارض

(مزمل ٢) لعلهم يضرعون (اعراف ١٢) ما لا ينفعك ولا يضرك (يونس ١١) لا يضركم كيدهم شيئا (آل عمران ١٢) لا يضركم

من ضل اذا اهتديتم (مائدة ١٤) ما لا ينفعكم شيئا ولا يضركم (انبياء ٥) ما لا ينفعنا ولا يضرنا (انعام ٨) انهم لن يضروا الله شيئا

(آل عمران ١٨) لن يضروا الله شيئا (آل عمران ١٨ قتال ٤) وان تعرض عنهم فلن يضروك شيئا (مائدة ٦) لن يضروكم الا اذى

(آل عمران ١٢) او ينفعونكم او يضرون (شعراء ٥) وما هم بضارين به من احد الا باذن الله (بقرة ١٢) ما لا يضره وما لا ينفعه (حج ٢) ما لا يضرهم

ولا ينفعهم (يونس ٢) ما لا ينفعهم ولا يضرهم (فرقان ٥) ويتعلمون ما يضرهم (بقرة ١٢) ويضع عنهم اصرهم (اعراف ١٩) ان يضعن

ثيابهن (نور ٨) واولات الاحمال اجلهن ان يضعن حملهن (طلاق ١) حتى يضعن حملهن (طلاق ١) يضل به كثيرا (بقرة ٣) يضل به الذين

كفروا (توبة ٥) ومن ضل فانما يضل عليها (يونس ١١ اسرائيل ٢ زمر ٤) قل ان الله يضل من يشاء (رعد ٤) ولكن يضل من يشاء (نحل ٩)

فان الله يضل من يشاء (ملائكة ١) كذلك يضل الله من هو مسرف كذاب (مؤمن ٤) كذلك يضل الله الكافرين (مؤمن ٨) يضل الله من يشاء
(مدثر ٣) لا يضل ربي ولا ينسى (طه ٢) فلا يضل ولا يشقى (طه ٧) وما يضل به الا الفاسقين (بقرة ٣) فيضل الله من يشاء (ابراهيم ١)
فلن يضل اعمالهم (محمد ١) ليضل الناس بغير علم (انعام ١٥) وما كان الله ليضل قوما (توبة ١٤) ليضل عن سبيل الله (حج ١ - لقمان ١)
ليضل عن سبيله (زمر ١) ان ربك هو اعلم من يضل عن سبيله (انعام ٢) فان الله لا يهدي من يضل (نحل ٤) ويضل الله الظالمين (ابراهيم)
فيضلك عن سبيل الله (ص ٢) من يضلل الله فلا هادي له (اعراف ٩) ومن يضلل الله فلن تجد له سبيلا (نساء ٥ - ١٥) ومن يضلل
فاولئك هم الخاسرون (اعراف ١٠) ومن يضلل الله فما له من هاد (رعد ٤ - زمر ٣ - ٤ - مؤمن ٤) ومن يضلل فلن تجد لهم اولياء (اسرائيل ١١) ومن
يضلل فلن تجد له وليا مرشدا (كهف ٢) ومن يضلل الله فما له من سبيل (شورى ٥) من يشاء الله يضلله (انعام ٤) ان كاد ليضلنا عن الهتنا
(فرقان ٤) انك ان تذرهم يضلوا عبادك (نوح ٢) ربنا ليضلوا عن سبيلك (يونس ٩) ليضلوا عن سبيله (ابراهيم ٥) ان يضلوك
عن سبيل الله (نساء ١٧) يضلون عن سبيل الله (ص ٢) وان كثيرا ليضلون باهوائهم (انعام ١٤) وما يضلون الا انفسهم (ال عمران
نساء ١٧) لو يضلونكم (ال عمران ٨) الذين يضلونهم بغير علم (نحل ٤) ومن يرد ان يضله (انعام ١٥) فانه يضله ويهديه (حج ١) ان
يضلهم ضلالا بعيدا (نساء ٩) يكاد زيتها يضيء (نور ٥) وما كان الله ليضيع ايمانكم (بقرة ١٧) وان الله لا يضيع اجر المؤمنين
(ال عمران ١٧) فان الله لا يضيع اجر المحسنين (هود ١٠ - يوسف ٩) ان الله لا يضيع اجر المحسنين (توبة ١٥) فابوا ان يضيفوهما (كهف ١٠)
انك يضيق صدرك (حجر ٦) ويضيق صدري (شعراء ٢) **فصل الطاء** ما للظالمين من حميم ولا شفيع يطاع (مؤمن ٢)
وما ارسلنا من رسول الا ليطاع باذن الله (نساء ٩) يطاف عليهم بكاس من معين (صافات ٢) يطاف عليهم بصحاف من ذهب (زخرف ٨)
ويطاف عليهم بانية من فضة (انسان ١) ولا يطؤن موطئا يغيظ الكفار (توبة ١٥) كذلك يطبع الله على قلوب الكافرين (اعراف ١٣)
كذلك يطبع الله على قلوب المعتدين (يونس ٨) كذلك يطبع الله على قلوب الذين لا يعلمون (روم ٦) كذلك يطبع الله على كل قلب
(مؤمن ٤) ومن يطع الله ورسوله (نساء ٢ - احزاب ٨ - نور ٦ - فتح ٢) ومن يطع الله والرسول (نساء ٩) ومن يطع الرسول فقد اطاع الله
(نساء ١١) وهو يطعم ولا يطعم (انعام ٢) والذي هو يطعمني ويسقين (شعراء ٥) وما اريد ان يطعمون (ذاريات ٣) ويطعمون
الطعام على حبه (انسان ١) ومن لم يطعمه فانه مني (بقرة ٣٣) على طاعم يطعمه (انعام ١٨) لا يطعمها الا من نشاء (انعام ١٦) ان يفرط
علينا او ان يطغى (طه ٣) كلا ان الانسان ليطغى (علق ١) يريدون ان يطفؤا نور الله (توبة ٥) يريدون ليطفؤا نور الله (صف ١)
يطلبه حثيثا (اعراف ٧) وما كان الله ليطلعكم على الغيب (ال عمران ١٨) قال بلى ولكن ليطمئن قلبي (بقرة ٣٥) لم يطمثهن انس
قبلهم (رحمن ٣ - ٤) ايطمع كل امرئ منهم (معارج ٤) ثم يطمع ان ازيد كلا (مدثر ١) فيطمع الذي في قلبه مرض (احزاب ٤) لم يدخلوها
وهم يطمعون (اعراف ٥) اولئك الذين لم يرد الله ان يطهر قلوبهم (مائدة ٦) ولكن يريد ليطهركم (مائدة ٢) ليطهركم به ويذهب
عنكم (انفال ٢) ويطهركم تطهيرا (احزاب ٤) ولا تقربوهن حتى يطهرن (بقرة ٢٨) فلا جناح عليه ان يطوف بهما (بقرة ١٩) يطوف
عليهم ولدان مخلدون (واقعة ١) ويطوف عليهم ولدان مخلدون (انسان ٢) ويطوف عليهم غلمان لهم (طور ٢) وليطوفوا بالبيت
العتيق (حج ٤) يطوفون بينها وبين حميم ان (رحمن ٣) سيطوقون ما بخلوا به (ال عمران ١٨) ولا طائر يطير بجناحيه (انعام ٤)
يطيروا بموسى (اعراف ١٥) لو يطيعكم في كثير من الامر (حجرات ١) ويؤتون الزكوة ويطيعون الله (توبة ٩) وعلى الذين يطيقونه
فدية (بقرة ٢٣) **فصل الظاء** ولم يظاهروا عليكم احدا (توبة ١) الذين يظاهرون منكم (مجادلة ١) والذين
يظاهرون من نسائهم (مجادلة ١) فيظللن رواكد (شورى ٤) ومن يعمل سوءا او يظلم نفسه (نساء ١٧) ان الله لا يظلم مثقال ذرة (نساء ٦)
ان الله لا يظلم الناس شيئا (يونس ٥) ولا يظلم ربك احدا (كهف ٥) ومن يظلم منكم (فرقان ٢) ولكن كانوا انفسهم يظلمون (بقرة ٦)
اعراف ٢ - ١٦ توبة ٩ نحل ٤ - ١٣ عنكبوت ٤ روم ١) ولكن انفسهم يظلمون (ال عمران ١٢) بما كانوا باياتنا يظلمون (اعراف ١) بما كانوا يظلمون
(اعراف ٢١) انما السبيل على الذين يظلمون الناس (شورى ٥) وانفسهم كانوا يظلمون (اعراف ٢٢) ولكن الناس انفسهم يظلمون (يونس ٥)
قضي بينهم بالقسط وهم لا يظلمون (يونس ٥) وقضي بينهم بالقسط وهم لا يظلمون (يونس ٦) وقضي بينهم بالحق وهم لا يظلمون (زمر ٧)
وتوفى كل نفس ما عملت وهم لا يظلمون (نحل ١٥) فلا يجزى الا مثلها وهم لا يظلمون (انعام ١٦) ثم توفى كل نفس ما كسبت وهم لا يظلمون (بقرة ٣٨)
(ال عمران ١٧) ووفيت كل نفس ما كسبت وهم لا يظلمون (ال عمران ٣) ولتجزى كل نفس بما كسبت وهم لا يظلمون (جاثية ٣) ولدينا كتاب

ينطق بالحق وهم لا يظلمون (مؤمنين ٧) وليوفيهم اعمالهم وهم لا يظلمون (احقاف ٢) ولا يظلمون نقيرا (نساء ١٨) ولا يظلمون فتيلا (نساء ٨

اسرائيل ٨) ولا يظلمون شيئا (مريم ٤) وما كان الله ليظلمهم (عنكبوت ٤) فما كان الله ليظلمهم (توبة ٩ روم ١) من كان يظن ان لن ينصره

الله (حج ٢) الا يظن اولئك انهم مبعوثون (مطففين ١) الذين يظنون انهم ملاقوا الله (بقرة ٥) قال الذين يظنون انهم ملاقوا ربهم (بقرة ٢٥)

يظنون بالله غير الحق (آل عمران ٦) ان هم الا يظنون (جاثية ٣) وان هم الا يظنون (بقرة ٨) او يظهر في الارض الفساد (مؤمن ٣) فلا

يظهر على غيبه احدا (جن ٢) انهم ان يظهروا عليكم (كهف ٢) كيف ان يظهروا عليكم (توبة ١) الذين لم يظهروا على عورات النساء (نور ٤) و معارج

عليها يظهرون (زخرف ٣) فما اسطاعوا ان يظهروه (كهف ١١) ليظهره على الدين كله (توبة ٥ فتح ٤ صف ١)

فصل العين

قل ما يعبؤا بكم ربي (فرقان ٦) وندع ما كان يعبد اباؤنا (اعراف ٧) ما كان يعبد اباؤنا (ابراهيم ٢) عما كان يعبد اباؤكم (سبا ٥) اتنهانا ان نعبد

ما يعبد اباؤنا (هود ٧) ان نترك ما يعبد اباؤنا (هود ٨) ما يعبدون الا كما يعبد اباؤهم من قبل (هود ١٠) فلا تك في مرية مما يعبد هؤلاء

(هود ١٠) ومن الناس من يعبد الله على حرف (حج ٢) وما امروا الا ليعبدوا الها واحدا (توبة ٥) وما امروا الا ليعبدوا الله (بينة ١) فليعبدوا

رب هذا البيت (قريش ١) ما كانوا ايانا يعبدون (قصص ٧) اهؤلاء اياكم كانوا يعبدون (سبا ٥) بل كانوا يعبدون الجن (سبا ٥) وما كانوا

يعبدون (صافات ٢) من دون الرحمن الهة يعبدون (زخرف ٥) وما خلقت الجن والانس الا ليعبدون (ذاريات ٣) ما يعبدون الا كما

يعبد اباؤهم من قبل (هود ١٠) وما يعبدون الا الله (كهف ٢) وما يعبدون من دون الله (مريم ٣) ويوم يحشرهم وما يعبدون من دون الله (فرقان

ويعبدون من دون الله (يونس ٢ نحل ١٠ حج ١٠ فرقان ٥) يعبدونني لا يشركون بي شيئا (نور ٧) والذين اجتنبوا الطاغوت ان يعبدوها

(زمر ٢) وكانوا يعتدون (بقرة ٧ - آل عمران ١٢ مائدة ١١) يعتذرون اليكم اذا رجعتم اليهم (توبة ١١) ولا يؤذن لهم فيعتذرون (مرسلات

فان لم يعتزلوكم ويلقوا اليكم السلم (نساء ١٢) ومن يعتصم بالله فقد هدي (آل عمران ١١) يعجب الزراع (فتح ٤) ومن الناس من يعجبك

قوله (بقرة ٢٥) ولو يعجل الله للناس الشر (يونس ٢) انهم لا يعجزون (انفال ٨) وما كان الله ليعجزه من شيء (ملائكة ٥) بل ان يعد الظالمون

بعضهم بعضا (ملائكة ٤) الشيطان يعدكم الفقر (بقرة ٣٧) والله يعدكم مغفرة (بقرة ٣٧) يصبكم بعض الذي يعدكم (مؤمن ٤) ايعدكم انكم

اذا متم (مؤمنين ٣) واذ يعدكم الله احدى الطائفتين (انفال ١) الم يعدكم ربكم وعدا حسنا (طه ٤) ثم الذين كفروا بربهم يعدلون (انعام ١)

وهم بربهم يعدلون (انعام ١٣) يهدون بالحق وبه يعدلون (اعراف ١٦-١٩) بل هم قوم يعدلون (نمل ٥) اذ يعدون في السبت (اعراف ٢١) يعدهم

ويمنيهم (نساء ١٨) وما يعدهم الشيطان الا غرورا (نساء ١٢ - اسرائيل ٧) يعذب من يشاء (مائدة ٤ عنكبوت ٣) فيومئذ لا يعذب عذابه احد

(فجر ١) ليعذب الله المنافقين والمنافقات (احزاب ٩) ويعذب من يشاء (بقرة ٢٩ - آل عمران ١٣ فتح ٢ مائدة ٣) ويعذب المنافقين

(احزاب ٣ فتح ١) يعذبكم عذابا اليما (توبة ٦ فتح ٢) او ان يشاء يعذبكم (اسرائيل ٦) قل فلم يعذبكم بذنوبكم (مائدة ٣) لولا يعذبنا الله بما

نقول (مجادلة ٢) ومن يتول يعذبه عذابا اليما (فتح ٢) فيعذبه الله العذاب الاكبر (غاشية ١) فيعذبه عذابا نكرا (كهف ١١) يعذبهم

الله بايديكم (توبة ٢) وان يتولوا يعذبهم الله (توبة ١٠) وما لهم الا يعذبهم الله (انفال ٤) اما يعذبهم واما يتوب عليهم (توبة ١٣) انما يريد

الله ان يعذبهم (توبة ٨) او يعذبهم فانهم ظالمون (آل عمران ١٣) فيعذبهم عذابا اليما (نساء ٢٣) وما كان الله ليعذبهم وانت

فيهم (انفال ٤) انما يريد الله ليعذبهم بها في الحيوة الدنيا (توبة ١١) ثم يعرج اليه في يوم (سجدة ١) وما ينزل من السماء وما يعرج فيها

(سبا ١ حديد ١) فظلوا فيه يعرجون (حجر ٢) وما كانوا يعرشون (اعراف ١٦) ومن الشجر ومما يعرشون (نحل ٧) ويوم يعرض

الذين كفروا على النار (احقاف ٢-٤) ومن يعرض عن ذكر ربه (جن ٢) وان يروا اية يعرضوا (قمر ١) اولئك يعرضون على ربهم (هود ٢)

النار يعرضون عليها (مؤمن ٥) وتريهم يعرضون عليها (شورى ٥) يعرف المجرمون بسيماهم (رحمن ٣) ذلك ادنى ان يعرفن (احزاب ٨)

ام لم يعرفوا رسولهم (مؤمنين ٤) رجال يعرفون كلا بسيماهم (اعراف ٥) يعرفون نعمة الله (نحل ١٠) كما يعرفون ابناءهم (بقرة ١٧ - انعام

الذين اتيناهم الكتاب يعرفونه (بقرة ١٧ انعام ٢) لعلهم يعرفونها (يوسف ٨) رجالا يعرفونهم بسيماهم (اعراف ٥) لا يعزب عنه

مثقال ذرة (سبا ١) وما يعزب عن ربك من مثقال ذرة (يونس ٧) ومن يعش عن ذكر الرحمن (زخرف ٤) ومن يعص الله ورسوله (نساء ٢

احزاب ٥ جن ٢) وفيه يعصرون (يوسف ٦) والله يعصمك من الناس (مائدة ١٠) قل من ذا الذي يعصمكم من الله (احزاب ٢) قال

ساوي الى جبل يعصمني من الماء (هود ٤) لا يعصون الله ما امرهم (تحريم ١) ولا يعصينك في معروف (ممتحنة ٢) ويوم يعض

الظالم على يديه (فرقان ٣) حتى يعطوا الجزية عن يد (توبة ٤) وان لم يعطوا منها (توبة ٧) ولسوف يعطيك ربك فترضى (ضحى ١)

ان الله نعما يعظكم به (نساء) وما انزل عليكم من الكتاب والحكمة يعظكم به (بقرة ع٢٩) يعظكم لعلكم تذكرون (نحل ١٣) يعظكم الله ان تعودوا لمثله

ابدا (نور ٢) ذلك ومن يعظم حرمات الله (حج ٤) ومن يعظم شعائر الله (حج ع٤) و يعظم له اجرا (طلاق ١) واذ قال لقمان لابنه وهو يعظه (لقمان ٢)

ويعف عن كثير (شورى ع٤) فاولئك عسى الله ان يعفو عنهم (نساء ١٤) او يعفوا الذى بيده عقدة النكاح (بقرة ع٣١) وليعفوا وليصفحوا

(نور ٣) و يعفوا عن كثير (مائدة ٢ شورى ع٤) ويعفوا عن السيئات (شورى ع٣) فنصف ما فرضتم الا ان يعفون (بقرة ع٣١) ولى مدبرا ولم

يعقب (نمل ١ قصص ع٤) لايات لقوم يعقلون (بقرة ٢٠) ان فى ذلك الايات لقوم يعقلون (رعد نحل روم ٣) ان فى ذلك لاية لقوم يعقلون

(نحل ٧) فتكون لهم قلوب يعقلون بها (حج ٥) كذلك نفصل الايات لقوم يعقلون (روم ٤) ولقد تركنا منها اية بينة لقوم يعقلون (عنكبوت ٤)

ايات لقوم يعقلون (جاثية ١) ام تحسب ان اكثرهم يسمعون او يعقلون (فرقان ٥) اولو كان اباؤهم لا يعقلون شيئا ولا يهتدون (بقرة ٢١)

صم بكم عمى فهم لا يعقلون (بقرة ٢١) ذلك بانهم قوم لا يعقلون (مائدة ٨ حشر ٢) واكثرهم لا يعقلون (مائدة ١٤) الصم البكم الذين لا يعقلون

(انفال ٣) ولو كانوا لا يعقلون (يونس ٥) ويجعل الرجس على الذين لا يعقلون (يونس ١٠) اكثرهم لا يعقلون (حجرات ١) بل اكثرهم لا يعقلون

(عنكبوت ٦) ننكسه فى الخلق افلا يعقلون (يس ٤) لا يملكون شيئا ولا يعقلون (زمر ٥) وما يعقلها الا العالمون (عنكبوت ٥) اذ حضر

يعقوب الموت (بقرة ع١٦) ومن وراء اسحاق يعقوب (هود ٧) ليتم نعمته عليك وعلى ال يعقوب (يوسف ١) الا حاجة فى نفس يعقوب (يوسف ٧)

يرثنى ويرث من ال يعقوب (مريم ١) ووصى بها ابراهيم بنيه و يعقوب (بقرة ع١٦) واسماعيل واسحاق ويعقوب (ال عمران ٩ نساء ٢٣) ووهبنا

له اسحق ويعقوب (مريم ٣) ووهبنا له اسحاق ويعقوب (انعام ١٠ انبياء ٥ عنكبوت ٣) ابراهيم واسحاق ويعقوب (يوسف ١٠ ص ٤) فاتوا على

قوم يعكفون على اصنام لهم (اعراف ١٦) يعلم ما يسرون وما يعلنون (هود ١) يعلم ما بين ايديهم (بقرة ٣٤ طه ١١ انبياء ٢ حج ١٠) اولئك الذين

يعلم الله ما فى قلوبهم (نساء ٩) الذى يعلم السر فى السموات (فرقان ١) ذلك لتعلموا ان الله يعلم ما فى السموات وما فى الارض (مائدة ١٣) يعلم ما فى السموات

والارض (عنكبوت ٥ تغابن ١) يعلم سركم وجهركم (انعام ١) يعلم ما تكسب كل نفس (رعد ٥) قال ربى يعلم القول (انبياء ١) وربك يعلم ما تكن

صدورهم (قصص ٧) يعلم ما يلج فى الارض (سبا ١ حديد ١) قالوا ربنا يعلم انا اليكم لمرسلون (يس ٢) يعلم خائنة الاعين (مؤمن ٢) ان ربك يعلم

انك تقوم (مزمل ٢) الم تر ان الله يعلم ما فى السموات وما فى الارض (مجادلة ١) ان الله يعلم غيب السموات والارض (حجرات ٢) اولا يعلمون ان الله

يعلم ما يسرون وما يعلنون (بقرة ٩) ان الله يعلم ما يسرون وما يعلنون (نحل ٣) الله يعلم ما تحمل كل انثى (رعد ١) واعلموا ان الله يعلم ما فى

انفسكم (بقرة ع٣١) ان الله يعلم سرهم (توبة ١٠) ان الله يعلم وانتم لا تعلمون (نحل ١٠) ان الله يعلم ما تفعلون (نحل ١٣) الم تعلم ان الله يعلم ما

فى السماء والارض (حج ٩) ان الله يعلم ما يدعون من دونه من شئ (عنكبوت ٥) والله يعلم وانتم لا تعلمون (بقرة ٢٢-٢٦ نور ٢ - ال عمران ١٥)

والله يعلم المفسد من المصلح (بقرة ٢٧) والله يعلم ما تبدون (مائدة ١٣ نور ٤) والله يعلم ما تسرون (نحل ٢) والله يعلم ما يصنعون (عنكبوت ٥)

والله يعلم ما فى قلوبكم (احزاب ٦) والله يعلم متقلبكم (قتال ٢) والله يعلم انهم لكاذبون (توبة ٥) والله يعلم اسرارهم (قتال ٣) والله يعلم

اعمالكم (قتال ٤) والله يعلم انك لرسوله (منافقين ١) والله يعلم ما فى السموات وما فى الارض (حجرات ٢) ان يعلم الله فى قلوبكم خيرا (انفال)

انه يعلم الجهر من القول (انبياء ٧) انه يعلم الجهر وما يخفى (اعلى ١) فانه يعلم السر واخفى (طه ١) قد يعلم الله الذين يتسللون منكم لواذا (نور ٩)

قد يعلم ما انتم عليه (نور ٩) قد يعلم الله المعوقين منكم (احزاب ٢) قل اتنبئون الله بما لا يعلم فى السموات ولا فى الارض (يونس ٢) الا يعلم من

خلق (ملك ٢) ام تنبئونه بما لا يعلم فى الارض (رعد ع٥) قل لا يعلم من فى السموات (نمل ٥) ولكن ظننتم ان الله لا يعلم كثيرا (فصلت ٣) افلا

يعلم اذا بعثر ما فى القبور (عاديات ١) علم الانسان ما لم يعلم (علق ١) الم يعلم بان الله يرى (علق ٢) اولم يعلم ان الله قد اهلك (قصص ٨)

لو يعلم الذين كفروا (انبياء ع٣) لكيلا يعلم من بعد علم شيئا (حج ١) لكيلا يعلم بعد علم شيئا (نحل ٧) لئلا يعلم اهل الكتاب (حديد ٤) ليعلم الله

من يخافه بالغيب (مائدة ١٣) ليعلم انى لم اخنه بالغيب (يوسف ٧) ليعلم ما يخفين من زينتهن (نور ٤) وان ربك ليعلم ما تكن صدورهم (نمل ٦)

ليعلم ان قد ابلغوا (جن ٢) و ليعلم الله الذين امنوا (ال عمران ٤) فباذن الله وليعلم المؤمنين (ال عمران ١٧) وليعلم الذين كفروا (نحل ٤)

وليعلم الذين اوتوا العلم (حج ٧) وليعلم الله من ينصره (حديد ٣) وليعلم الذين نافقوا (ال عمران ١٧) ولما يعلم الله الذين جاهدوا منكم

(توبة ٢ - ال عمران ١٥) وما يعلم جنود ربك الا هو (مدثر ع٣) وسيعلم الكفار لمن عقبى الدار (رعد ٥) وسيعلم الذين ظلموا اى منقلب

ينقلبون (شعراء ١١) و يعلم الصابرين (ال عمران ١٥) ويعلم ما فى السموات وما فى الارض (ال عمران ٣) ويعلم ما تكسبون (انعام ١) ويعلم

ما فى البر والبحر (انعام ٧) ويعلم ما جرحتم بالنهار (انعام ٧) ويعلم مستقرها ومستودعها (هود ١) ويعلم ما فى الارحام (لقمان ع٤) ويعلم

ما تكتمون (انبیا ١) ویعلم ما تخفون وما تعلنون (نمل ٢) ویعلم ما تفعلون (شوری ٣) ویعلم الذین یجادلون فی ایاتنا (شوری ٤) و نعلم ما
ما تسرون وما تعلنون (تغابن ١) وما یعلمان من احد حتی یقولا (بقرۃ ١١) ویعلمك من تاویل الاحادیث (یوسف ١) ویعلمکم الکتاب والحکمۃ
(بقرۃ ٦١) ویعلمکم مالم تکونوا تعلمون (بقرۃ ٦١) ویعلمکم اللہ (بقرۃ ٢٩) فلیعلمن اللہ الذین صدقوا ولیعلمن الکاذبین (عنکبوت ١) و لیعلمن
اللہ الذین امنوا ولیعلمن المنافقین (عنکبوت ١) واجدر الا یعلموا حدود ما انزل (توبۃ ١) الم یعلموا انہ من یحادد اللہ ورسولہ (توبۃ ٧)
الم یعلموا ان اللہ یعلم سرھم (توبۃ ٨) الم یعلموا ان اللہ ھو یقبل التوبۃ (توبۃ ١) اولم یعلموا ان اللہ یبسط الرزق (زمر ٦) لیعلموا ان وعد
اللہ حق (کھف ٣) ولیعلموا انما ھو الہ واحد (ابراھیم ٦) لوکانوا یعلمون (بقرۃ ١١ مرتین نحل ٥-٧ نون ٢ زمر ٣) لیکتمون الحق وھم یعلمون عنکبوت ٥
(بقرۃ ١٥) یعلمون انہ منزل من ربك (انعام ١٢) لعلھم یعلمون (یوسف ٥) یعلمون ظاھرا من الحیوۃ الدنیا (روم ١) ان لوکانوا یعلمون الغیب
(سبا ٢) یعلمون ما تفعلون (انفطار ٣) قل ھل یستوی الذین یعلمون (زمر ١) فسوف یعلمون (حجر ٦ عنکبوت ٧ مؤمن ٨ زخرف ٩) مکفر وا بہ فسوف
یعلمون (صافات ١٢) سیعلمون غدا من الکذاب الاشر (قمر ٣) فسیعلمون من اضعف ناصرا (جن ٢) فسیعلمون من ھو شر مکانا (مریم ٨)
کلا سیعلمون ثم کلا سیعلمون (نبا ١) قد فصلنا الایات لقوم یعلمون (انعام ١٠) فتلك حدود اللہ یبینھا لقوم یعلمون (بقرۃ ٣٠) ولنبینہ لقوم
یعلمون (انعام ١١) کذلك نفصل الایات لقوم یعلمون (اعراف ١٦) ان فی ذلك لایۃ لقوم یعلمون (نمل ٦) قرانا عربیا لقوم یعلمون (فصلت ١)
قال یالیت قومی یعلمون (یس ٣) ونفصل الایات لقوم یعلمون (توبۃ ٢) یفصل الایات لقوم یعلمون (یونس ١) یعلمون الناس السحر (بقرۃ ١١) ولکن
لا یعلمون (بقرۃ ٢) ومنھم امیون لا یعلمون الکتاب (بقرۃ ٨) وراء ظھورھم کانھم لا یعلمون (بقرۃ ١١) کذلك قال الذین لا یعلمون مثل قولھم
(بقرۃ ١٢) وقال الذین لا یعلمون (بقرۃ ١٢) اولوکان اباؤھم لا یعلمون شیا (مائدۃ ١١) ولکن اکثرھم لا یعلمون (انعام ٣-٣ اعراف ١٢-١ انفال ٣
یونس قصص ٢ زمر ٦ دخان ٣ طور ٥) سنستدرجھم من حیث لا یعلمون (اعراف ١٩ نون ٥) ولکن اکثر الناس لا یعلمون (اعراف ١٦ یوسف ٣
٣-٧ نحل ٩ روم ١-٣ سبا ٣-٣ مؤمن ٦ جاثیۃ ٣) وطبع اللہ علی قلوبھم فھم لا یعلمون (توبۃ ١) بانھم قوم لا یعلمون (توبۃ ١) ولا تتبعان
سبیل الذین لا یعلمون (یونس ٩) بل اکثرھم لا یعلمون (نحل ٦-١١-١ انبیا ٣ نمل ٧ قصص ٣ لقمان ٣) کذلك یطبع اللہ علی قلوب الذین لا یعلمون
(روم ٦) ولا یعلمون ان اللہ یعلم ما یسرون وما یعلنون (بقرۃ ٩) ویجعلون لما لا یعلمون نصیبا مما رزقناھم (نحل ٦) ومن انفسھم ومما
لا یعلمون (یس ٣) والذین لا یعلمون (زمر ١) ولا تتبع اھواء الذین لا یعلمون (جاثیۃ ٢) انا خلقناھم مما یعلمون (معارج ٢) ثم یحرفونہ من بعد
ما عقلوہ وھم یعلمون (بقرۃ ٩) لیکتمون الحق وھم یعلمون (بقرۃ ١٥) ویقولون علی اللہ الکذب وھم یعلمون (ال عمران ٨ مرتین) ولم یصروا
علی ما فعلوا وھم یعلمون (ال عمران ١٣) الا من شھد بالحق وھم یعلمون (زخرف ٧) ویحلفون علی الکذب وھم یعلمون (مجادلۃ ٣) ویعلمون انہ
الحق (شوری ٢) وما تفعلوا من خیر یعلمہ اللہ (بقرۃ ٢٥) فان اللہ یعلمہ (بقرۃ ٣٧) قل ان تخفوا ما فی صدورکم او تبدوہ یعلمہ اللہ (ال عمران ٣)
انھم یقولون انما یعلمہ بشر (نحل ١٤) ان یعلمہ علماء بنی اسرائیل (شعراء ١) ویعلمہ الکتاب والحکمۃ (ال عمران ٥) لا یعلمھا الا ھو (انعام ٦) و ما
تسقط من ورقۃ الا یعلمھا (انعام ٦) ما تعلمونھم اللہ یعلمھم (انفال ٨) لا یعلمھم الا اللہ (ابراھیم ٢) ما یعلمھم الا قلیل (کھف ٣) و یعلمھم
الکتاب والحکمۃ (بقرۃ ١٣-١ ال عمران ٧ جمعۃ ١) اولا یعلمون ان اللہ یعلم ما یسرون وما یعلنون (بقرۃ ٨) ان اللہ یعلم ما یسرون وما
یعلنون (نحل ٣) یعلم ما یسرون وما یعلنون (ھود ١) ان ربك یعلم ما تکن صدورھم وما یعلنون (نمل ٧) وربك یعلم ما تکن صدورھم وما یعلنون
(قصص ٧) انا نعلم ما یسرون وما یعلنون (یس ٥) انما یعمر مساجد اللہ من امن باللہ (توبۃ ٢) وما یعمر من معمر (ملائکۃ ٢) وما ھو بمزحزحہ
من العذاب ان یعمر (بقرۃ ١٠) لو یعمر الف سنۃ (بقرۃ ١٠) ما کان للمشرکین ان یعمروا مساجد اللہ (توبۃ ٢) قل کل یعمل علی شاکلتہ (اسرائیل
عما یعمل الظالمون (ابراھیم ٥) فلیعمل عملا صالحا (کھف ١) لمثل ھذا فلیعمل العاملون (صافات ٧) من یعمل سوءا یجزبہ (نساء ١٣) و من
الجن من یعمل بین یدیہ (سبا ٢) فمن یعمل من الصالحات (انبیا ١) فمن یعمل مثقال ذرۃ خیرا یرہ (زلزال ١) ومن یعمل من الصالحات (نساء ١٣
طہ ٢) ومن یعمل سوءا (نساء ١١) ومن یعمل مثقال ذرۃ شرا یرہ (زلزال ١) ومن یؤمن باللہ و یعمل صالحا (تغابن ١ طلاق ٢) یعملون لہ
ما یشاء (سبا ٢) وھم بامرہ یعملون (انبیا ٣) لمساکین یعملون فی البحر (کھف ٨) الذین یعملون الصالحات (اسرائیل ١ کھف ١) ام حسب
الذین یعملون السیئات (عنکبوت ١) انما التوبۃ علی اللہ للذین یعملون السوء (نساء ٣) ولیست التوبۃ للذین یعملون السیئات (نساء ٣)
ومن قبل کانوا یعملون السیئات (ھود ٨) ولنجزینھم احسن الذی کانوا یعملون (عنکبوت ١) اسوء الذی کانوا یعملون (فصلت ٣)
باحسن الذی کانوا یعملون (زمر ٤) باحسن ما کانوا یعملون (نحل امرتین) لبئس ما کانوا یعملون (مائدۃ ٧) وزین لھم الشیطان

ماكانوا يعملون (انعام ١٥) لحبط عنهم ماكانوا يعملون (انعام ١٠) كذلك زين للكافرين ماكانوا يعملون (انعام ١٥) وبأس ماكانوا يعملون (اعراف ١٢)

هود ٢) وبطل ماكانوا يعملون (اعراف ١٤) هل يجزون الا ماكانوا يعملون (اعراف ١٨) ساء ما كانوا يعملون (اعراف ١٨) انهم ساء ما كانوا

يعملون (توبة ١٢) مجادلة ٢ منافقين ١) احسن ماكانوا يعملون (توبة ١٣) كذلك زين للمسرفين ماكانوا يعملون (يونس ٢) الا ماكانوا يعملون (قصص ٩)

فينبئهم بماكانوا يعملون (انعام ١١) وهو وليهم بماكانوا يعملون (انعام ١٥) فلا تبتئس بماكانوا يعملون (يوسف ٨) بماكانوا يعملون (شعراء ١٢) نور ٢

جزاء بماكانوا يعملون (سجدة ٢- احقاف ٢ واقعة ١) وجلودهم بماكانوا يعملون (فصلت ٢) ولا تسئلون عما كانوا يعملون (بقرة ص ١٢-١٥) عما كانوا

يعملون (حجر ٦) ساء ما يعملون (مائدة ٧) والله بصير بما يعملون (بقرة ١٠- آل عمران ٢ مائدة ٨) ان الله بما يعملون محيط (آل عمران ١٢) والله

بما يعملون محيط (انفال ٥) وكان الله بما يعملون محيطا (نساء ١٦) فان الله بما يعملون بصير (انفال ٥) انه بما يعملون خبير (هود ١٠) والله عليم بما يعملون

(يوسف ٢) وما الله بغافل عما يعملون (بقرة ١٥) وما ربك بغافل عما يعملون (انعام ١٦) رب نجني واهلي مما يعملون (شعراء ١١) ويعملون عملا دون

ذلك (انبياء ٦) في طغيانهم يعمهون (بقرة ٢- انعام ١٤- اعراف ١٤ يونس ٢ مؤمنين ٢) انهم لفي سكرتهم يعمهون (حجر ٥) فهم يعمهون (نمل ١) وان

يعودوا فقد مضت سنت الاولين (انفال ٥) ثم يعودون لما قالوا (مجادلة ١) ثم يعودون لما نهوا عنه (مجادلة ١) يعوذون برجال من

الجن (جن ١) ولا يغوث ويعوق ونسرا (نوح ٢) ولم يعي بخلقهن (احقاف ٤) وما يبدئ الباطل وما يعيد (سبا ٦) انه هو يبدئ ويعيد (بروج ١) ثم يعيدكم فيه ويخرجكم اخراجا (نوح ٢) ام امنتم ان يعيدكم فيه تارة اخرى (اسرائيل ٧) فسيقولون من يعيدنا (اسرائيل ٥) و

يعيدوكم في ملتهم (كهف ٣) انه يبدئ الخلق ثم يعيده (يونس ١) من يبدؤا الخلق ثم يعيده (يونس ٤) قل الله يبدؤا الخلق ثم يعيده (يونس ٤)

امن يبدأ الخلق ثم يعيده (نمل ٧) اولم يروا كيف يبدئ الله الخلق ثم يعيده (عنكبوت ٢) الله يبدؤا الخلق ثم يعيده (روم ٢) وهو الذي يبدؤا الخلق

ثم يعيده (روم ٣)

فصل الغين

فيه يغاث الناس (يوسف ٦) يغاثوا بماء كالمهل (كهف ٤) لا يغادر صغيرة ولا

كبيرة (كهف ٦) ولا يغتب بعضكم بعضا (حجرات ٢) فلا يغررك تقلبهم في البلاد (مؤمن ١) فيغرقكم بما كفرتم (اسرائيل ٧) لا يغرنك تقلب

الذين كفروا في البلاد (آل عمران ٢) ولا يغرنكم بالله الغرور (لقمان ٤ ملائكة ١) يغشى طائفة منكم (آل عمران ١٦) يغشى الناس (دخان ١)

اذ يغشى السدرة ما يغشى (نجم ٢) يغشي الليل النهار (رعد ١- اعراف ٧) كالذي يغشى عليه من الموت (احزاب ٢) والليل اذا يغشى (ليل ١) اذ يغشيكم

النعاس امنة (انفال ٢) يغشيهم موج من فوقه (نور ٥) والليل اذا يغشيها (شمس ١) يوم يغشيهم العذاب (عنكبوت ٦) وقل للمؤمنات يغضضن

من ابصارهن (نور ٤) قل للمؤمنين يغضوا من ابصارهم (نور ٤) ان الذين يغضون اصواتهم (حجرات ١) يغفر لمن يشاء (آل عمران ١٣

مائدة ٢ فتح ٢) يغفر الله لكم وهو ارحم الراحمين (يوسف ١١) ان الله يغفر الذنوب جميعا (زمر ٦) يغفر لكم من ذنوبكم (احقاف ٤ نوح ١) يغفر لكم ذنوبكم

(صف ٢) ان ينتهوا يغفر لهم ما قد سلف (انفال ٥) انا نطمع ان يغفر لنا ربنا خطايانا (شعراء ٤) والذي اطمع ان يغفر لي (شعراء ٥) الا تحبون ان يغفر الله

لكم (نور ٣) ويقولون سيغفر لنا (اعراف ٢١) فيغفر لمن يشاء (بقرة ٣٩) ان الله لا يغفر ان يشرك به (نساء ٥- ١٨) فلن يغفر الله لهم (توبة ١)

ليغفر لك الله ما تقدم (فتح ١) يدعوكم ليغفر لكم من ذنوبكم (ابراهيم ٢) لم يكن الله ليغفر لهم ولا ليهديهم (نساء ٢٠-١٧) ليغفر لنا خطايانا (طه ٤)

ومن يغفر الذنوب الا الله (آل عمران ١٤) ويغفر ما دون ذلك (نساء ٥- ١٨) ويغفر لمن يشاء (مائدة ٥) ويغفر لكم ذنوبكم (آل عمران ٥- احزاب

يؤتكم خيرا مما اخذ منكم ويغفر لكم (انفال ٩) ويكفر عنكم سيئاتكم ويغفر لكم (انفال ٤) ويجعل لكم نورا تمشون به ويغفر لكم (حديد ٤) يضاعفه لكم

ويغفر لكم (تغابن ٢) قالوا لئن لم يرحمنا ربنا ويغفر لنا (اعراف ١٨) يغفروا للذين لا يرجون ايام الله (جاثية ٢) واذا ما غضبوا هم يغفرون

(شورى ٤) وما كان لنبي ان يغل (آل عمران ١٧) ... يغلبوا

مائتين (انفال ٩) وان يكن منكم مائة يغلبوا الفا من الذين كفروا (انفال ٩) فان يكن منكم مائة صابرة يغلبوا مائتين (انفال ٩) يغلبوا الفين باذن

الله (انفال ٩) ثم تكون عليهم حسرة ثم يغلبون (انفال ٥) وهم من بعد غلبهم سيغلبون في بضع سنين (روم ١) ومن يغلل يأت

بما غل (آل عمران ١٧) يغلي في البطون كغلي الحميم (دخان ٣) يغني الله كلا من سعته (نساء ١) انهم لن يغنوا عنك من الله شيئا (جاثية ٢)

ماكان يغني عنهم (يوسف ٨) يوم لا يغني مولى عن مولى شيئا (دخان ٥) يوم لا يغني عنهم كيدهم (طور ٣) وان الظن لا يغني من الحق (نجم ٣)

ولا يغني عنهم ما كسبوا (جاثية ١) ولا يغني من اللهب (مرسلات ١) لا يسمن ولا يغني من جوع (غاشية ١) وما يغني عنه ماله اذا تردى

(ليل ١) فلم يغنيا عنهما من الله شيئا (تحريم ٢) فسوف يغنيكم الله من فضله (توبة ٣) لكل امرئ منهم يومئذ شان يغنيه (عبس ١) حتى

يغنيهم الله من فضله (نور ٥) ولا يغوث ويعوق ونسرا (نوح ٢) ومن الشياطين من يغوصون (انبياء ٦) ان كان الله يريد ان

يغويكم (هود ٣) ان الله لا يغير ما بقوم (رعد ٢) فليغيرن خلق الله (نساء ١٨) حتى يغيروا ما بانفسهم (انفال ٦ رعد ٢)

فصل الفا

ولا يطؤن موطئا يغيظ الكفار (توبة ١٥) ليغيظ بهم الكفار (فتح ٤) فلينظر هل يذهبن كيده ما يغيظ (حج ٢)
ثم يفتح بيننا بالحق (سبا ٤) ما يفتح الله للناس من رحمة (ملائكة ١) ليفتدوا به من عذاب يوم القيامة (مائدة ٦) لو يفتدي من عذاب
يومئذ ببنيه (معارج ١) لا يفتر عنهم (زخرف ٧) انظر كيف يفترون على الله الكذب (نساء ٨) ولكن الذين كفروا يفترون على الله
الكذب (مائدة ١٣) سيجزيهم بما كانوا يفترون (انعام ١٦) وما ظن الذين يفترون على الله الكذب (يونس ٦) قل ان الذين يفترون على
الكذب (يونس ٧) ان الذين يفترون على الله الكذب لا يفلحون (نحل ١٥) عما كانوا يفترون (عنكبوت ١٣) وما كانوا يفترون (احقاف ٣)
ما كانوا يفترون (آل عمران ٢ - انعام ٣ - اعراف ٦ هود ٣ يونس ٥ نحل ٩ قصص ٩) يسبحون الليل والنهار لا يفترون (انبياء ٢) فذرهم وما
يفترون (انعام ١٢-١٥) ما كان حديثا يفترى (يوسف ١٢) ان يفترى من دون الله (يونس ٤) انما يفترى الكذب (نحل ١٤) يفترينه
بين ايديهن (ممتحنة ٢) ان خفتم ان يفتنكم الذين كفروا (نساء ١٥) يا بني ادم لا يفتننكم الشيطان (اعراف ٣) واحذرهم ان يفتنوك (مائدة ٧)
ولا يرون انهم يفتنون (توبة ١٦) يوم هم على النار يفتنون (ذاريات ١) ان يقولوا امنا وهم لا يفتنون (عنكبوت ١) وان كادوا ليفتنونك
(اسرائيل ٨) قل الله يفتيكم فيهن (نساء ١٩) قل الله يفتيكم في الكلالة (نساء ٢٤) بل يريد الانسان ليفجر امامه (قيامة ١) يفجرونها تفجيرا (انسان ١)
يوم يفر المرء من اخيه (عبس ٢) ويومئذ يفرح المؤمنون (روم ١) وان تصبكم سيئة يفرحوا بها (آل عمران ١٢) فبذلك فليفرحوا (يونس ٦)
لا تحسبن الذين يفرحون بما اتوا (آل عمران ١٩) يفرحون بما انزل اليك (رعد ٤) ان يفرط علينا او ان يطغى (طه ٥) توفته رسلنا وهم
لا يفرطون (انعام ٧) فيها يفرق كل امر حكيم (دخان ١) ويريدون ان يفرقوا بين الله ورسله (نساء ٢١) ولم يفرقوا بين احد منهم (نساء ٢١)
فيتعلمون منهما ما يفرقون به بين المرء وزوجه (بقرة ١٢) ولكنهم قوم يفرقون (توبة ٧) يفسح الله لكم (مجادلة ٢) قالوا اتجعل فيها من يفسد
فيها (بقرة ٤) ليفسد فيها (بقرة ٢٥) اتذر موسى وقومه ليفسدوا في الارض (اعراف ١٥) بما كانوا يفسدون (نحل ١٢) الذين يفسدون
في الارض (شعراء ٨) تسعة رهط يفسدون في الارض (نمل ٥) ويفسدون (بقرة ٣ - رعد ٣) بما كانوا يفسقون (بقرة ٦ - انعام ٥ -
اعراف ٢١ مرتين عنكبوت ٤) يفصل الايات لقوم يعلمون (يونس ١) يدبر الامر يفصل الايات (رعد ١) ان الله يفصل بينهم (حج ٢) ان ربك
هو يفصل بينهم (سجدة ٣) يوم القيامة يفصل بينكم (ممتحنة ١) ولكن الله يفعل ما يريد (بقرة ٣٣) ان الله يفعل ما يشاء (حج ٢) تظن ان
يفعل بها فاقرة (قيامة ١) ما يفعل الله بعذابكم (نساء ٢١) وما ادري ما يفعل بي ولا بكم (احقاف ١) لا يسئل عما يفعل (انبياء ٢) فما جزاء من يفعل
ذلك منكم (بقرة ١٠) هل من شركائكم من يفعل من ذلكم من شيء (روم ٤) ومن يفعل ذلك فقد ظلم نفسه (بقرة ٣٠) ومن يفعل
ذلك فليس من الله في شيء (آل عمران ٣) ومن يفعل ذلك عدوانا وظلما (نساء ٥) ومن يفعل ذلك ابتغاء مرضات الله (نساء ١٧) ومن يفعل ذلك يلق
اثاما (فرقان ٦) ومن يفعل ذلك فاولئك هم الخاسرون (منافقون ٢) ويفعل الله ما يشاء (ابراهيم ٤) ويحبون ان يحمدوا بما لم يفعلوا
(آل عمران ١٩) وما يفعلوا من خير فلن يكفروه (آل عمران ١٢) وما كادوا يفعلون (بقرة ٩) هل ثوب الكفار ما كانوا يفعلون (مطففين ١)
لبئس ما كانوا يفعلون (مائدة ١٠) ثم ينبئهم بما كانوا يفعلون (انعام ٢٠) فلا تبتئس بما كانوا يفعلون (هود ٤) قالوا بل وجدنا اباءنا كذلك
يفعلون (شعراء ٥) وكذلك يفعلون (نمل ٣) وانهم يقولون ما لا يفعلون (شعراء ١١) وهو اعلم بما يفعلون (زمر ٧) ان الله عليم بما يفعلون
(يونس ٤) والله عليم بما يفعلون (نور ٥) وهم على ما يفعلون بالمؤمنين شهود (بروج ١) ثم الله شهيد على ما يفعلون (يونس ٥) ويفعلون ما
يؤمرون (نحل ٦ تحريم ١) ومن يفعله منكم (ممتحنة ٢) يفقهوا قولي (طه ٢) لا يكادون يفقهون حديثا (نساء ١١) لعلهم يفقهون
(انعام ٨) قد فصلنا الايات لقوم يفقهون (انعام ١٣) لا يكادون يفقهون قولا (كهف ١١) لو كانوا يفقهون (توبة ١١) لهم قلوب لا
يفقهون بها (اعراف ٢٢) بانهم قوم لا يفقهون (انفال ٩ توبة ١٦) ذلك بانهم قوم لا يفقهون (حشر ٢) وطبع على قلوبهم فهم لا يفقهون
(توبة ١٢) بل كانوا لا يفقهون الا قليلا (فتح ٢) فطبع على قلوبهم فهم لا يفقهون (منافقون ١) وجعلنا على قلوبهم اكنة ان يفقهوه
(انعام ٣ - اسرائيل ٥) انا جعلنا على قلوبهم اكنة ان يفقهوه (كهف ٨) انه لا يفلح الظالمون (انعام ١٥ - يوسف ٣ - قصص ٤) انه لا
(يونس ٨) انه لا يفلح الكافرون (مؤمنون ٦) ويكانه لا يفلح الكافرون (قصص ٨) ولا يفلح الساحرون (يونس ٨) ولا يفلح الساحر
حيث اتى (طه ٣) قل ان الذين يفترون على الله الكذب لا يفلحون (يونس ٧) ان الذين يفترون على الله الكذب لا يفلحون (نحل ١٥)

فصل القاف

فليقاتل في سبيل الله (نساء ١٠) ومن يقاتل في سبيل الله فيقتل (نساء ١٠) ان يقاتلوكم او يقاتلوا قومهم

ولكن الله يفعل ما يشاء (آل عمران ٤) ان الله يفعل ما يريد (حج ٢)

(نساء۹) وان یقاتلوکم یولوکم الادبار (آل عمران ۱۲) حتی یقاتلوکم فیہ (بقرہ ۲۴) عن الذین لم یقاتلوکم فی الدین (ممتحنہ ۱) فان اعتزلوکم فلم
یقاتلوکم (نساء۱۲) الذین امنوا یقاتلون فی سبیل اللہ (نساء۱۰) یقاتلون فی سبیل اللہ (توبہ ۱۴) وآخرون یقاتلون فی سبیل اللہ (مزمل ۲)
والذین یقاتلون فی سبیل الطاغوت (نساء۸) اذن للذین یقاتلون بانہم ظلموا (حج ۶) ان اللہ یحب الذین یقاتلون فی سبیلہ (صف ۱)
وقاتلوا فی سبیل اللہ الذین یقاتلونکم (بقرہ ۱۹) ولا یزالون یقاتلونکم (بقرہ ۲۷) لا یقاتلونکم جمیعا (حشر ۲) کما یقاتلونکم کافۃ (توبہ ۴)
یقال لہ ابراھیم (انبیاء ۵) ثم یقال ھذا الذی کنتم بہ تکذبون (مطففین ۲) ما یقال لک الا ما قد قیل للرسل (فصلت ۵) واللہ یقبض
ویبسط (بقرہ ۲۵) صافات ویقبضن (ملک ۲) ویقبضون ایدیھم (توبہ ۷) ان اللہ ھو یقبل التوبۃ (توبہ ۱۳) وھو الذی یقبل
التوبۃ (شوری ۳) ولا یقبل منہا شفاعۃ (بقرہ ۵) ولا یقبل منہا عدل (بقرہ ۱۵) فلن یقبل منہ (آل عمران ۹) فلن یقبل من احدھم مل
الارض (آل عمران ۱۰) فوجد فیہا رجلین یقتتلان (قصص ۲) ومن یقترف حسنۃ (شوری ۳) ولیقترفوا ما ھم مقترفون (انعام ۱۴)
سیجزون بما کانوا یقترفون (انعام ۱۴) لم یسرفوا ولم یقتروا (فرقان ۷) ان یقتل مؤمنا الا خطاء (نساء ۱۰) ومن یقاتل فی سبیل اللہ
فیقتل او یغلب (نساء ۱۰) ولا یقتلن اولادھن (ممتحنہ ۲) ولا تقولوا لمن یقتل فی سبیل اللہ اموات (بقرہ ۱۹) ومن یقتل مؤمنا متعمدا
(نساء ۱۰) ان یقتلوا او یصلبوا (مائدہ ۵) یثبتوک او یقتلوک (انفال ۴) قال یا موسی ان الملا یأتمرون بک لیقتلوک (قصص ۲)
وفریقا یقتلون (مائدہ ۷) یقتلون ابناءکم (اعراف ۱۵) فاخاف ان یقتلون (شعراء ۲، قصص ۴) فیقتلون ویقتلون
(توبہ ۱۴) ولا یقتلون النفس التی حرم اللہ (فرقان ۷) ویقتلون النبیین (بقرہ ۷ - آل عمران ۳) ویقتلون الذین یأمرون بالقسط (آل
ویقتلون الانبیاء بغیر حق (آل عمران ۲) وکادوا یقتلوننی (اعراف ۱۵) لا یقدر علی شیء (نحل ۸ مرتین) ایحسب ان لن یقدر علیہ
احد (بلد ۱) واللہ یقدر اللیل والنہار (مزمل ۲) اولم یعلموا ان اللہ یبسط الرزق لمن یشاء ویقدر (زمر ۶) اولم یروا ان اللہ یبسط الرزق
لمن یشاء ویقدر (روم ۴) ان ربک یبسط الرزق لمن یشاء ویقدر (اسرائیل ۳) قل ان ربی یبسط الرزق لمن یشاء ویقدر (سبا ۴) قل ان
ربی یبسط الرزق لمن یشاء من عبادہ ویقدر لہ (سبا ۵) یبسط الرزق لمن یشاء ویقدر (شوری ۲) ویکان اللہ یبسط الرزق لمن یشاء من
عبادہ ویقدر (قصص ۹) لا یقدرون علی شیء مما کسبوا (بقرہ ۳۷) لا یقدرون مما کسبوا علی شیء (ابراھیم ۳) الا یقدرون علی
شیء من فضل اللہ (حدید ۴) یقدم قومہ یوم القیامۃ (ھود ۹) قل ان ربی یقذف بالحق (سبا ۵) ویقذفون بالغیب من مکان
بعید (سبا ۶) ویقذفون من کل جانب (صافات ۱) فاسأل الذین یقرءون الکتاب من قبلک (یونس ۱۰) فاولئک یقرءون کتابہم (اسراء ۸)
فلا یقربوا المسجد الحرام (توبہ ۴) الا لیقربونا الی اللہ زلفی (زمر ۱) من ذا الذی یقرض اللہ قرضا حسنا (بقرہ ۲۵، حدید ۲) ویوم
تقوم الساعۃ یقسم المجرمون (روم ۶) فیقسمان باللہ لشہادتنا احق (مائدہ ۱۴) فیقسمان باللہ ان ارتبتم (مائدہ ۱۴) اھم یقسمون
رحمت ربک (زخرف ۳) یقص الحق وھو خیر الفاصلین (انعام ۶) ھذا القرآن یقص علی بنی (نمل ۶) واخوانہم یمدونہم فی الغی ثم لا
یقصرون (اعراف ۲۴) یقصون علیکم آیاتی (انعام ۱۳ - اعراف ۴) ونادوا یا مالک لیقض علینا ربک (زخرف ۷) کلا لما
یقض ما امرہ (عبس ۱) ثم لیقضوا تفثہم (حج ۳) لا یقضون بشیء (مؤمن ۲) ان ربک یقضی بینہم (نمل ۶، یونس ۹، جاثیہ ۲)
واللہ یقضی بالحق (مؤمن ۲) من قبل ان یقضی الیک وحیہ (طہ ۱۵) لا یقضی علیہم فیموتوا (ملائکہ ۴) لیقضی اجل مسمی (انعام ۶)
ولکن لیقضی اللہ امرا کان مفعولا (انفال ۵) لیقضی اللہ امرا کان مفعولا (انفال ۵) لیقطع طرفا من الذین کفروا (آل عمران ۱۳) ثم
لیقطع فلینظر ھل یذھبن کیدہ (حج ۲) ویقطع دابر الکافرین (انفال ۱) ولا یقطعون وادیا الا کتب لہم (توبہ ۱۶) ویقطعون
ما امر اللہ بہ ان یوصل (بقرہ ۳، رعد ۳) وانبتنا علیہ شجرۃ من یقطین (صافات ۵) ومن یقل منہم انی الہ من دونہ (انبیاء ۳) فاصبح یقلب
کفیہ (کہف ۵) یقلب اللیل والنہار (نور ۶) ویقللکم فی اعینہم (انفال ۵) ومن یقنت منکن للہ ورسولہ (احزاب ۴) قال ومن یقنط
من رحمۃ ربہ (حجر ۴) اذا ھم یقنطون (روم ۵) یقول أئنک لمن المصدقین (صافات ۲) یقول التی ھی احسن (اسرائیل ۶) واللہ یقول
الحق (احزاب ۱) یقول الذین کفروا (انعام ۳) یقول الذین نسوہ من قبل (اعراف ۶) یقول الذین استضعفوا (سبا ۴) یقول الانسان یومئذ
این المفر (قیامۃ ۱) یقول انہا بقرۃ صفراء (بقرہ ۷) یقول انہا بقرۃ لا ذلول (بقرہ ۸) یقول انہا بقرۃ لا فارض (بقرہ ۷) یقول اھلکت مالا
لبدا (بلد ۱) یقول الکافرون ھذا یوم عسر (قمر ۱) یوم یقول المنافقون (حدید ۲) وانہ کان یقول سفیہنا علی اللہ شططا (جن ۱) ویوم
یقول لہ کن فیکون (انعام ۹) ویوم یقول نادوا شرکائی (کہف ۶) یقول یا لیتنی اتخذت مع الرسول سبیلا (فرقان ۳) یقول یا لیتنی قدمت لحیاتی

(فجر ٣) **اذ** يقول المنافقون (انفال ٥) اذ يقول لصاحبه لاتحزن (توبة ٤) اذ يقول الظالمون (اسرائيل ٥) اذ يقول امثلهم طريقة (طه ١١)
واذ يقول المنافقون (احزاب ٢) **ان** يقول له كن فيكون (يس ٥) اتقتلون رجلا ان يقول ربى الله (مومن ٣) **ثم** يقول للناس كونوا
عبادالى (ال عمران ٨) ثم يقول للملائكة (سبا ٥) وزلزلوا **حتى** يقول الرسول (بقرة ٢٦) سنكتب **ما** يقول ونمد له من العذاب مدا ونرثه
ما يقول (مريم ٨) **فانما** يقول له كن فيكون (ال عمران ٥ بقرة ١٢ مريم ٥ مومن ٧) **سيقول** السفهاء من الناس (بقرة ١٥) سيقول
الذين اشركوا (انعام ١٥) سيقول لك المخلفون (فتح ٢) سيقول المخلفون (فتح ٢) **فيقول** ماذا اجبتم (مائدة ١١) فيقول الذين ظلموا ربنا
اخرنا الى اجل قريب (ابراهيم ٥) فيقول ءانتم اضللتم عبادى (فرقان ٢) فيقول اين شركائى (قصص ٦-٨) فيقول ماذا اجبتم (قصص ٧) فيقو ل
الضعفاء للذين استكبروا (مومن ٥) فيقول ما هذا الا اساطير الاولين (احقاف ٢) فيقول رب لولا اخرتنى الى اجل قريب (منافقين ١)
فيقول هاؤم اقرءوا كتابيه (حاقة ١) فيقول ربى اكرمن (فجر ١) فيقول ربى اهانن (فجر ١) **وليقول** الذين فى قلوبهم مرض (مدثر ١) فمن النا س
من يقول ربنا اتنا فى الدنيا (بقرة ٢٥) ومن الناس من يقول امنا بالله (بقرة ١ عنكبوت ١) ومنهم من يقول ائذن لى (توبة ٦) فمنهم من يقول ايكم
زادته (توبة ١٣) ومنهم من يقول ربنا اتنا فى الدنيا حسنة (بقرة ٢١) **و**يقول الذين امنوا (مائدة ٦ قتال ٣) ويقول الاشهاد (هود ٢) ويقو ل
الذين كفروا (رعد ١-٣-٥) ويقول اين شركائى (نحل ٣) ويقول يليتنى لم اشرك بربى احدا (كهف ٥) ويقول الانسان ءاذا مامت (مريم ٥)
ويقول ذوقوا ما كنتم تعملون (عنكبوت ٦) ويقول الكافر يليتنى كنت ترابا (نباء ٢) حتى **يقولا** انما نحن فتنة (بقرة ١١) **ليقولن** مايحبسه
(هود ١) ليقولن يويلنا انا كنا ظالمين (انبياء ٥) ليقولن انا كنا معكم (عنكبوت ١) ليقولن الله (عنكبوت ٧ مرتين زخرف ٩ لقمان ٣ زمر ٤)
ليقولن خلقهن العزيز العليم (زخرف ١) ليقولن كان لم تكن بينكم وبينه مودة (نساء ٨) ليقولن الذين كفروا (هود ١ روم ٦) ولئن سالتهم ليقولن
انما كنا نخوض ونلعب (توبة ٧) ليقولن ذهب السيئات (هود ١) ليقولن هذا لى (فصلت ٥) **يقولوا** قد اخذنا امرنا (توبة ٥) يقولوا سحاب
مركوم (طور ٥) يقولوا هذه من عندك (نساء ٨) يقولوا هذه من عند الله (نساء ٨) **ان** يقولوا لولا انزل عليه كنز (هود ٢) الا ان يقولوا ربنا
الله (حج ٥) ان يقولوا سمعنا واطعنا (نور ٦) ان يقولوا امنا وهم لايفتنون (عنكبوت ١) **وان** يقولوا تسمع لقولهم (منافقين ١) **فيقولوا**
هل نحن منظرون (شعراء ١) فيقولوا ربنا لولا ارسلت (قصص ٥) **ليقولوا** اهؤلاء من الله عليهم من بيننا (انعام ٦) **و**ليقولوا درست (انعام ١١)
وليقولوا قولا سديدا (نساء ١) ان لايقولوا على الله الا الحق (اعراف ٢١) **و**يقولوا سحر مستمر (قمر ١) وكانوا **يقولون** ائذا متنا (واقعة ٥) يقو لون
ان بيوتنا عورة (احزاب ٢) يقولون ان اوتيتم هذا (مائدة ٥) يقولون بافواههم (ال عمران ١٧) يقولون بالسنتهم (فتح ٢) يقولون ربنا
امنا (مائدة ٩ مومنين ١١) يقولون ربنا اخرجنا من هذه القرية (نساء ٨) يقولون ربنا اتمم لنا نورنا (تحريم ١) يقولون ربنا اغفر لنا (حشر ١)
يقولون سلام عليكم (نحل ٤) يقولون لئن رجعنا الى المدينة (منافقين ١) يقولون لو كان لنا من الامر (ال عمران ١٦) يقولون نخشى ان تصيبنا
دائرة (مائدة ٦) يقولون ويكان الله يبسط الرزق (قصص ٩) يقولون هل لنا من الامر من شئ (ال عمران ١٦) يقولون هل الى مرد من
سبيل (شورى ٥) يقولون يليتنا اطعنا الله (احزاب ٧) ان يقولون الا كذبا (كهف ١) ولقد نعلم انهم يقولون انما يعلمه بشر (نحل ١١) انهم يقولو ن
منكرا من القول (مجادلة ١) وانهم يقولون ما لايفعلون (شعراء ١٢) ثم يقولون هذا من عند الله (بقرة ٨) امر ليحزنك الذى يقولون (انعام ٤)
الذين يقولون ربنا اننا امنا (ال عمران ٢) هم الذين يقولون لاتنفقوا على من عند رسول الله (منافقين ١) والذين يقولون ربنا اصرف عنا عذاب
جهنم (فرقان ٧) والذين يقولون ربنا هب لنا (فرقان ٨) ام يقولون افتراه (يونس ٤ هود ٢ سجدة ١ احقاف ١) ام يقولون انما يعلمه بشر (نحل ١١)
ام يقولون به جنة (مومنين ٤) ام يقولون افترى على الله كذبا (شورى ٣) ام يقولون تقوله (طور ٤) ام يقولون شاعر (طور ٣) ام يقولون نحن
جميع منتصر (قمر ٥) **سيقولون** لله (مومنين ٩ ثلث مرات) سيقولون ثلثة (كهف ٣) **فسيقولون** هذا افك قديم (احقاف ٢) فسيقولو ن
بل تحسدوننا (فتح ٢) فسيقولون الله (بقرة ٤) فسيقولون من يعيدنا (اسرائيل ٥) **فيقولون** ماذا اراد الله بهذا مثلا (بقرة ٣) الا انهم من
افكهم **ليقولون** ولد الله (صافات ٦) وان كانوا ليقولون (صافات ١٧) وانهم ليقولون منكرا من القول وزورا (مجادلة ١) نحن اعلم
بما يقولون (طه ١٢ ق ١) انك يضيق صدرك بما يقولون (حجر ١) اصبر على **ما** يقولون (ص ٢) فاصبر على ما يقولون (طه ٨) واصبر
على ما يقولون (مزمل ١) وان لم ينتهوا عما يقولون (مائدة ١١) سبحانه وتعالى عما يقولون (اسرائيل ٥) قل لو كان معه الهة **كما** يقولون
(اسرائيل ٥) اولئك مبرءون **مما** يقولون (نور ٣) **و**يقولون هو من عند الله (ال عمران ٨) ويقولون على الله الكذب (ال عمران ٨
مرتين) ويقولون سمعنا وعصينا (نساء ٥) ويقولون للذين كفروا (نساء ٨) ويقولون طاعة (نساء ١١) ويقولون نؤمن ببعض (نساء ٢١)

ويقولون سيغفر لنا (اعراف ١٧) ويقولون هو اذن (توبة ٧) ويقولون هؤلاء شفعاؤنا عند الله (يونس ٢) ويقولون لولا انزل عليه
اية من ربه (يونس ٢) ويقولون متى هذا الوعد (يونس ٥ انبياء ٣ نمل ٦ سبا ٣ يس ٤ ملك ٢) ويقولون متى هو (اسرائيل ٥) ويقولون سبحان
ربنا (اسرائيل ١١) ويقولون خمسة (كهف ٣) ويقولون سبعة (كهف ٣) ويقولون يا ويلتنا مال هذا الكتاب (كهف ٦) ويقولون امنا بالله و
بالرسول (نور ٦) ويقولون حجرا محجورا (فرقان ٢) ويقولون متى هذا الفتح (سجدة ٣) ويقولون ائنا لتاركوا الهتنا (صافات ٢) ويقولون
في انفسهم (مجادلة ١) ويقولون انه لمجنون (نون ٢) الا كما يقوم الذي يتخبطه الشيطان (بقرة ٣٨) يوم يقوم الحساب (ابراهيم ٦) يوم يقوم
الروح والملائكة صفا (نبا ٢) يوم يقوم الناس لرب العالمين (مطففين ١) ويوم يقوم الاشهاد (مؤمن ٦) ليقوم الناس بالقسط (حديد ٣)
فاخران يقومان مقامهما (مائدة ١٤) لا يقومون الا كما يقوم (بقرة ٣٨) الا ان يخافا الا يقيما حدود الله (بقرة ٢٩) فان خفتم
الا يقيما حدود الله (بقرة ٢٩) ان ظنا ان يقيما حدود الله (بقرة ٢٩) يقيموا الصلوة (ابراهيم ٥) ويقيموا الصلوة (بينة ١) ربنا
ليقيموا الصلوة (ابراهيم ٦) يقيمون الصلوة (مائدة ٨ نمل ١) الذين يقيمون الصلوة (انفال ١ لقمان ١) ويقيمون الصلوة (بقرة ١
توبة ٩) وجئتك من سبا بنبا يقين (نمل ٢) واعبد ربك حتى ياتيك اليقين (حجر ٦) حتى اتانا اليقين (مدثر ٢) كلا لو تعلمون علم
اليقين (تكاثر ١) وانه لحق اليقين (حاقة ٢) ان هذا لهو حق اليقين (واقعة ٣) ثم لترونها عين اليقين (تكاثر ١) وما قتلوه يقينا (نساء ٢٢)

فصل الكاف

فان يتولوا يك خيرا لهم (توبة ١٠) وان يك كاذبا فعليه كذبه (مؤمن ٤) وان يك صادقا يصبكم
(مؤمن ٤) ذلك بان الله لم يك مغيرا نعمة انعمها (انفال ٧) الم يك نطفة من مني يمنى (قيامة ٢) فلم يك ينفعهم ايمانهم (مؤمن ٩) ولم يك من المشركين
(نحل ١٦) ولم يك شيئا (مريم ٧) يكاد البرق يخطف ابصارهم (بقرة ٢) يكاد زيتها يضيء (نور ٥) يكاد سنا برقه (نور ٦) وان يكاد الذين
كفروا (نون ٢) يجرعه ولا يكاد يسيغه (ابراهيم ٣) ولا يكاد يبين (زخرف ٥) يكادون يسطون بالذين يتلون عليهم اياتنا (حج ١٠) لا يكادون
يفقهون قولا (كهف ١١) لا يكادون يفقهون حديثا (نساء ١١) او يكبتهم فينقلبوا خائبين (ال عمران ١٣) او خلقا مما يكبر في صدوركم (اسراء
اسرافا وبدارا ان يكبروا (نساء ١) والله يكتب ما يبيتون (نساء ١١) ولا ياب كاتب ان يكتب كما علمه الله فليكتب (بقرة ٣٩) وليكتب كاتب
بالعدل (بقرة ٣٩) فويل للذين يكتبون الكتاب بايديهم (بقرة ٩) ان رسلنا يكتبون ما تمكرون (يونس ٣) بلى ورسلنا لديهم يكتبون
(زخرف ٧) ام عندهم الغيب فهم يكتبون (طور ٢ نون ٢) من ال فرعون يكتم ايمانه (مؤمن ٤) ولا يحل لهن ان يكتمن ما خلق الله (بقرة ٢٨)
ان الذين يكتمون ما انزل الله من الكتاب (بقرة ٢١) ان الذين يكتمون ما انزلنا من البينات (بقرة ١٩) والله اعلم بما كانوا يكتمون (مائدة ٩)
ولا يكتمون الله حديثا (نساء ٦) والله اعلم بما يكتمون (ال عمران ١٧) ليكتمون الحق وهم يعلمون (بقرة ١٧) ويكتمون ما اتاهم الله من فضله
(نساء ٦) ومن يكتمها فانه اثم قلبه (بقرة ٣٩) والله مخرج ما كنتم تكتمون (بقرة ٩) التي يكذب بها المجرمون (رحمن ٣) ارايت الذي يكذب
بالدين (ارايت ١) وما يكذب به الا كل معتد اثيم (مطففين ١) ممن يكذب باياتنا فهم يوزعون (نمل ٦) ومن يكذب بهذا الحديث (نون ٢)
فما يكذبك بعد بالدين (تين ١) وان يكذبوك فقد كذبت قبلهم (حج ٦) وان يكذبوك فقد كذبت رسل من قبلك (ملائكة ١) بما كانوا
يكذبون (بقرة ٢) بل الذين كفروا يكذبون (انشقاق ١) وبما كانوا يكذبون (توبة ١٠) الذين يكذبون بيوم الدين (مطففين ١) اني اخاف
ان يكذبون (شعراء ١ قصص ٤) فانهم لا يكذبونك (انعام ٤) ومن يكرههن (نور ٤) ويجعلون لله ما يكرهون (نحل ٧) ومن
يكسب اثما فانما يكسبه على نفسه (نساء ١٦) ومن يكسب خطيئة او اثما (نساء ١٦) ان الذين يكسبون الاثم (انعام ١٤) بما كانوا يكسبون
(انعام ١٣ توبة ٩ ١٠ يونس ١ يس ٧ فصلت ٢ جاثية ٢ اعراف ١٠) ما كانوا يكسبون (حجر ٦ مؤمن ٩ زمر ٥ مطففين ١) وويل لهم مما يكسبون (بقرة ٩)
يوم يكشف عن ساق (نون ٢) فيكشف ما تدعون اليه (انعام ٤) ويكشف السوء (نمل ٥) عسى الله ان يكف (نساء ١١) اولم يكف بربك
(فصلت ٦) يكفر بعضكم ببعض (عنكبوت ٣) يكفر بها ويستهزأ بها (نساء ١٨) فان يكفر بها هؤلاء (انعام ١٠) وما يكفر بها الا الفاسقون (بقرة ١٢)
ليكفر الله عنهم اسوا الذي عملوا (زمر ٤) ومن شاء فليكفر (كهف ٤) فمن يكفر بالطاغوت (بقرة ٣٤) فمن يكفر بعد منكم (مائدة ١٥) لجعلنا
لمن يكفر بالرحمن (زخرف ٣) ومن يكفر فاولئك هم الفاسقون (بقرة ١٠) ومن يكفر بايات الله (ال عمران ٢) ومن يكفر بالله وملائكته (نساء
ومن يكفر بالايمان (مائدة ١) ومن يكفر به فاولئك هم الخاسرون (بقرة ١٥) ومن يكفر به من الاحزاب (هود ٢) يكفر عنه سياته (تغابن
طلاق ١) ان يكفر عنكم سياتكم (تحريم ٢) ويكفر عنكم من سياتكم (بقرة ٣٨) ويكفر عنكم سياتكم (انفال ٤) ويكفر عنهم سياتهم (فتح ١) ان يكفر
بما انزل الله بغيا (بقرة ١١) وقد امروا ان يكفروا به (نساء ٩) اولم يكفروا بما اوتي موسى من قبل (قصص ٥) ليكفروا بما اتيناهم (نحل ٧ روم

(عنكبوت ٧) ذلك بانهم يكفرون بآيات الله (بقرة ٧ - آل عمران ١١) ان الذين يكفرون بآيات الله (آل عمران ١٩) ان الذين يكفرون بالله
ورسله (نساء ١٥) وبنعمة الله يكفرون (عنكبوت ٧) ويوم القيامة يكفرون بشرككم (ملائكة ٢) بما كانوا يكفرون (يونس ١، انعام ٧ يونس ٧)
وهم يكفرون بالرحمن (رعد ١٤) وبنعمة الله هم يكفرون (نحل ٨) لظلوا من بعده يكفرون (روم ٥) كلا سيكفرون بعبادتهم (مريم ٦)
ويكفرون بما وراءه (بقرة ١٠) وما يفعلوا من خير فلن يكفروه (آل عمران ١١) ايهم يكفل مريم (آل عمران ٥) يكفلونه لكم وهم له ناصحون
(قصص ٤) هل ادلكم على من يكفله (طه ١٢) ويكفوا ايديهم (نساء ١١) حين لا يكفون عن وجوههم النار (انبياء ٤) اولم يكفهم انا انزلنا
عليك الكتاب (عنكبوت ٦) الن يكفيكم ان يمدكم ربكم (آل عمران ١٣) فسيكفيكهم الله وهو السميع العليم (بقرة ١٦) قل من يكلؤكم
بالليل والنهار (انبياء ٤) لا يكلف الله نفسا (بقرة ٢٩، طلاق ١) ويكلم الناس في المهد (آل عمران ٥) لولا يكلمنا الله (بقرة ١٤) وما
كان لبشر ان يكلمه الله (شورى ٥) انه لا يكلمهم ولا يهديهم سبيلا (اعراف ١٨) ولا يكلمهم الله يوم القيامة (بقرة ٢١) ولا يكلمهم الله
ولا ينظر اليهم (آل عمران ٨) يكن له نصيب منها (نساء ١١) يكن له كفل منها (نساء ١١) ان يكن غنيا او فقيرا (نساء ٢٠) عسى ان يكن خيرا منهن
(حجرات ٢) ان يكن منكم عشرون صابرون (انفال ٩) فان يكن منكم مائة صابرة (انفال ٩) وان يكن منكم مائة (انفال ٩) وان يكن
ميتة فهم فيه شركاء (انعام ١٧) وان يكن منكم الف يغلبوا الفين (انفال ٩) وان يكن جبارا عصيا (نور ٥) وان يكن لهم الحق (نور ٥) ثم لا يكن
امركم عليكم غمة (يونس ٨) فلا يكن في صدرك حرج (اعراف ١) ذلك لمن لم يكن اهله حاضري المسجد الحرام (بقرة ٢) لم يكن الله ليغفر لهم (نساء ١٤
١٧) ذلك ان لم يكن ربك مهلك القرى (انعام ٥) لم يكن من الساجدين (اعراف ٢) لم يكن شيئا مذكورا (انسان ١) ان لم يكن لهن ولد (نساء ٢)
ان لم يكن لكم ولد (نساء ٢) وهو يرثها ان لم يكن لها ولد (نساء ٢١) فان لم يكن له ولد (نساء ٢) اولم يكن لهم آية (شعراء ١١) ولم يكن له شريك في الملك
(اسرائيل ١٢ فرقان ١) ولم يكن له ولي من الذل (اسرائيل ١٢) ولم يكن جبارا عصيا (مريم ٢) ولم يكن لهم شهداء (نور ١) ولم يكن له كفوا احد
(اخلاص ١) ولم يكن لهم من شركائهم شفعاء (روم ٢) ومن يكن الشيطان له قرينا (نساء ٦) والذين يكنزون الذهب (توبة ٥) يكور
الليل على النهار (زمر ١) ويكور النهار على الليل (زمر ١) ويوم القيامة يكون عليهم شهيدا (نساء ٢٢) يوم يكون الناس كالفراش (قارعة ١)
لئلا يكون للناس على الله حجة (نساء ٢٣) لئلا يكون للناس عليكم حجة (بقرة ١٨) ان يكون له اسرى حتى يثخن (انفال ٩) ان يكون له ولد
(نساء ٢٣) ان يكون عبدا لله (نساء ٢٣) الا ان يكون ميتة او دما (انعام ٩) ابى ان يكون مع الساجدين (حجر ٣) قل عسى ان يكون قريبا (اسرائيل ٥)
قل عسى ان يكون ردف لكم (نمل ٦) وان عسى ان يكون قد اقترب اجلهم (اعراف ٢٣) فعسى ان يكون من المفلحين (قصص ٧) ان يكون لهم الخيرة
من امرهم (احزاب ٥) ولولا ان يكون الناس امة واحدة (زخرف ٣) قالوا انى يكون له الملك (بقرة ٣٢) قال رب انى يكون لي غلام (آل عمران ٤
مريم ١) قالت انى يكون لي غلام (مريم ٢) انى يكون له ولد (انعام ١٢) قالت رب انى يكون لي ولد (آل عمران ٥) او يكون لك بيت من زخرف (اسرائيل ١٠)
ثم يكون حطاما (حديد ٢) كيف يكون للمشركين عهد (توبة ١) علم ان سيكون منكم مرضى (مزمل ٢) فانما يقول له كن فيكون (بقرة ١٤ - آل عمران ٥
مريم ٢ مؤمن ٧) ثم قال له كن فيكون (آل عمران ٦) فيكون طيرا باذن الله (آل عمران ٥) ان نقول له كن فيكون (نحل ٥) ان يقول له كن فيكون
(يس ٥) ويوم يقول كن فيكون (انعام ٩) فيكون معه نذيرا (فرقان ١) فسوف يكون لزاما (فرقان ٦) كي لا يكون دولة بين الاغنياء (حشر ١)
لكيلا يكون على المؤمنين حرج (احزاب ٦) لكيلا يكون عليك حرج (احزاب ٦) ليكون الرسول شهيدا (حج ١٠) ليكون للعالمين نذيرا (فرقان ١)
ليكون لهم عدوا وحزنا (قصص ١) وليكون من الموقنين (انعام ٩) قال سبحانك ما يكون لي (مائدة ١٦) قل ما يكون لي ان ابدله (يونس ٢) ما يكون
لنا ان نتكلم بهذا (نور ٢) ما يكون من نجوى ثلاثة (مجادلة ٢) فما يكون لك ان تتكبر فيها (اعراف ٢) وما يكون لنا ان نعود فيها (اعراف ١١) ام من يكون
عليهم وكيلا (نساء ١٦) ويكون الرسول عليكم شهيدا (بقرة ١٥) ويكون الدين لله (بقرة ٢٤) ويكون الدين كله (انفال ٥) ليكونا من الاسفلين
(فصلت ٣) فان لم يكونا رجلين (بقرة ٣٩) وليكونا من الصاغرين (يوسف ٤) ليكونن اهدى من احدى الامم (ملائكة ٥) ان يثقفوكم
يكونوا لكم (ممتحنة ١) الا يكونوا مؤمنين (شعراء ١) فعسى اولئك ان يكونوا من المهتدين (توبة ٢) ان يكونوا فقراء يغنهم الله (نور ٤) عسى
ان يكونوا خيرا منهم (حجرات ٢) رضوا بان يكونوا مع الخوالف (توبة ٩-١٠) حتى يكونوا مؤمنين (يونس ١٠) ثم لا يكونوا امثالكم (قتال ٤) ولا يكونوا
كالذين اوتوا الكتاب (حديد ٢) ليكونوا لهم عزا (مريم ٥) ليكونوا من اصحاب السعير (ملائكة ١) فليكونوا من ورائكم (نساء ١٥) اولئك لم
يكونوا معجزين (هود ٢) ما لم يكونوا يحتسبون (زمر ٥) افلم يكونوا يرونها (فرقان ٤) يكونون عليه لبدا (جن ٢) ويكونون عليهم ضدا
(مريم ٦) فيكيدوا لك كيدا (يوسف ١) انهم يكيدون كيدا (طارق ٢)

فصل اللام

حتى يلاقوا يومهم الذي

يوعدون (زخرف ٥ معارج ٥) فذرهم حتى يلاقوا يومهم الذى فيه يصعقون (طور ٥) ويوم يحشرهم كان لم يلبثوا الا ساعة (يونس ٥) لم
يلبثوا الا ساعة من نهار (احقاف ٤) لم يلبثوا الا عشية او ضحيها (نازعات ٥) اذا لا يلبثون خلافك الا قليلا (اسرائيل ٨) او يلبسكم شيعا
(انعام ٧) ولم يلبسوا ايمانهم بظلم (انعام ٩) وليلبسوا عليهم دينهم (انعام ١٥) وللبسنا عليهم ما يلبسون (انعام ١) يلبسون من سندس
واستبرق (دخان ٦) ويلبسون ثيابا خضرا (كهف ٤) ولا يلتفت منكم احد (هود ٩ حجر ٧) يلتقطه بعض السيارة (يوسف ١) مرج البحرين
يلتقيان (رحمن ٢) لا يلتكم من اعمالكم شيئا (حجرات ٢) حتى يلج الجمل فى سم الخياط (اعراف ٥) يعلم ما يلج فى الارض (سبا ١ حديد ١) وذر
الذين يلحدون فى اسمائه (اعراف ٢٢) لسان الذى يلحدون اليه (نحل ١٤) ان الذين يلحدون فى اياتنا (فصلت ٥) لم يلحقوا بهم من خلفهم
(آل عمران ١٧) واخرين منهم لما يلحقوا بهم (جمعة ١) لم يلد ولم يولد (اخلاص ١) ولا يلدوا الا فاجرا كفارا (نوح ٢) يرتع ويلعب (يوسف ٢)
فذرهم حتى يخوضوا ويلعبوا (زخرف ٧ معارج ٥) ثم ذرهم فى خوضهم يلعبون (انعام ١١) ان يأتيهم بأسنا ضحى وهم يلعبون (اعراف ١٠)
الا استمعوه وهم يلعبون (انبياء ١) بل هم فى شك يلعبون (دخان ١) الذين هم فى خوض يلعبون (طور ٢) ومن يلعن الله فلن تجد له نصيرا
(نساء ٨) ويلعن بعضكم بعضا (عنكبوت ٣) اولئك يلعنهم الله ويلعنهم اللاعنون (بقرة ١٩) ما يلفظ من قول (ق ٢) ومن يفعل ذلك
يلق اثاما (فرقان ٧) ويلقوا اليكم السلم (نساء ١٠) اذ يلقون اقلامهم ايهم يكفل مريم (آل عمران ٥) فسوف يلقون غيا (مريم ٤) يلقون السمع
(شعراء ١٢) ويلقون فيها تحية وسلاما (فرقان ٨) الى يوم يلقونه بما اخلفوا الله (توبة ١٠) تحيتهم يوم يلقونه سلام (احزاب ٥) فليلقه
اليم بالساحل (طه ٢) يلقى الروح من امره (مؤمن ٢) او يلقى اليه كنز (فرقان ١) ان يلقى اليك الكتاب (قصص ٩) فينسخ الله ما يلقى الشيطان (حج
ليجعل ما يلقى الشيطان (حج ٧) افمن يلقى فى النار خير (فصلت ٥) كتابا يلقاه منشورا (اسرائيل ٢) ولا يلقاها الا الصابرون (قصص ٨) وما
يلقاها الا الذين صبروا (فصلت ٥) وما يلقاها الا ذو حظ عظيم (فصلت ٥) ومنهم من يلمزك فى الصدقات (توبة ٧) الذين يلمزون
المطوعين (توبة ١٠) يلوون السنتهم بالكتاب (آل عمران ٨) قالوا الذين يلونكم (توبة ١٣) ان تحمل عليه يلهث او تتركه يلهث (اعراف ٢٢) و
يلههم الامل فسوف يعلمون (حجر ١)

فصل الميم

فاغرقناهم فى اليم (اعراف ١٦) فاقذفيه فى اليم (طه ٢) ثم لننسفنه فى اليم
(طه ٥) فالقيه فى اليم ولا تخافى (قصص ١) فنبذناهم فى اليم (قصص ٤ ذاريات ٢) فغشيهم من اليم (طه ٤) ان الذين يمارون فى الساعة (شورى ٢)
فيمت وهو كافر (بقرة ٢٧) بما كانوا فيه يمترون (حجر ٤) قول الحق الذى فيه يمترون (مريم ٢) يمتعكم متاعا حسنا (هود ١) ما كانوا يمتعون
(شعراء ١١) ويمح الله الباطل (شورى ٣) وليمحص الله الذين امنوا (آل عمران ١٤) وليمحص ما فى قلوبكم (آل عمران ١٦) يمحق الله الربوا (بقرة ٣٨)
ويمحق الكافرين (آل عمران ١٤) يمحوا الله ما يشاء ويثبت (رعد ٦) فليمدد له الرحمن مدا (مريم ٨) فليمدد بسبب الى السماء (حج ٢) يمددكم
ربكم بخمسة الاف (آل عمران ١٣) ويمددكم باموال وبنين (نوح ١) الن يكفيكم ان يمدكم ربكم (آل عمران ١٣) واخوانهم يمدونهم فى الغى
(اعراف ٢٤) والبحر يمده من بعده (لقمان ٣) ويمدهم فى طغيانهم يعمهون (بقرة ٢) يمرون عليها وهم عنها معرضون (يوسف ١١) وان
يمسسك بخير (انعام ٢) وان يمسسك الله بضر (انعام ٢) ان يمسسكم قرح (آل عمران ١٤) ولم يمسسنى بشر (آل عمران ٥ مريم ٢) لم يمسسهم سوء
(آل عمران ١٨) انى اخاف ان يمسك عذاب (مريم ٣) ان الله يمسك السموات (ملائكة ٥) فيمسك التى قضى عليها الموت (زمر ٥) وما
يمسك فلا مرسل له (ملائكة ١) ويمسك السماء ان تقع (حج ٩) والذين يمسكون بالكتاب (اعراف ٢١) ايمسكه على هون (نحل ٧) ما يمسكهن
الا الله (نحل ١١) ما يمسكهن الا الرحمن (ملك ٢) ليمسن الذين كفروا منهم (مائدة ١٠) لا يمسنا فيها نصب (ملائكة ٤) ولا يمسنا فيها
لغوب (ملائكة ٤) وليمسنكم منا عذاب اليم (يس ٢) لا يمسه الا المطهرون (واقعة ٤) يمسهم العذاب بما كانوا يفسقون (انعام ٥)
ثم يمسهم منا عذاب اليم (هود ٤) لا يمسهم فيها نصب (حجر ٥) لا يمسهم السوء (زمر ٧) الهم ارجل يمشون بها (اعراف ٢٤) يمشون مطمئنين (اسرائيل ١١)
يمشون فى مساكنهم (طه ٣ سجدة ٣) الذين يمشون على الارض هونا (فرقان ٧) ويمشون فى الاسواق (فرقان ٢) يمشى به فى الناس (انعام ١٥)
فمنهم من يمشى على بطنه (نور ٥) ومنهم من يمشى على رجلين (نور ٥) ومنهم من يمشى على اربع (نور ٥) امن يمشى سويا (ملك ٣) افمن يمشى
مكبا على وجهه اهدى (ملك ٢) فيمكث فى الارض (رعد ٢) واذ يمكر بك الذين كفروا (انفال ٤) ليمكروا فيها (انعام ١٥) اذ اجمعوا امرهم
وهم يمكرون (يوسف ١١) والذين يمكرون السيئات (ملائكة ٢) بما كانوا يمكرون (انعام ١٥) ولا تك فى ضيق مما يمكرون (نحل ١٦) ولا
تكن فى ضيق مما يمكرون (نمل ٧) وما يمكرون الا بانفسهم (انعام ١٥) ويمكرون ويمكر الله (انفال ٤) وليمكنن لهم دينهم (نور ٧) او
يستطيع ان يمل هو (بقرة ٣٩) فاليوم لا يملك بعضكم لبعض (سبا ٥) ما لا يملك لكم ضرا ولا نفعا (مائدة ١٠) ما لا يملك لهم رزقا (نحل ١٠)

ولا يملك لهم ضرا ولا نفعا (طه ٩) ولا يملك الذين يدعون من دونه الشفاعة (زخرف ٧) ام من يملك السمع والابصار (يونس ٤) قل فمن
يملك لكم من الله شيئا (فتح ٢) قل فمن يملك من الله شيئا (مائدة ٣) لا يملكون لانفسهم نفعا (رعد ٢) لا يملكون مثقال ذرة (سبأ ٣)
لا يملكون شيئا (زمر ٥) لا يملكون لكم رزقا (عنكبوت ٢) لا يملكون الشفاعة (مريم ٦) لا يملكون منه خطابا (نبأ ٤) فلا يملكون كشف الضر عنكم
ولا تحويلا (اسرائيل ٦) ولا يملكون موتا ولا حيوة (فرقان ١) ولا يملكون لانفسهم نفعا ولا ضرا (فرقان ٢) ما يملكون من قطمير (ملائكة ٢)
فليملل وليه بالعدل (بقرة ٣٩) وليملل الذى عليه الحق (بقرة ٣٩) ولكن الله يمن على من يشاء (ابراهيم ٢) بل الله يمن عليكم ان هداكم
(حجرات ٢) ويمنعون الماعون (ارايت ١) يمنون عليك ان اسلموا (حجرات ٢) الم يك نطفة من منى يمنى (قيامة ٢) يعدهم ويمنيهم
(نساء ١٨) ويوم يموت ويوم يبعث حيا (مريم ٢) لا يموت فيها ولا يحيى (طه ٨) ثم لا يموت فيها ولا يحيى (اعلى ٢) وتوكل على الحى الذى لا يموت
(فرقان ٥) لا يبعث الله من يموت (نحل ٥) لا يقضى عليهم فيموتوا (ملائكة ٤) ولا الذين يموتون وهم كفار (نساء ٣) وتركنا بعضهم
يومئذ يموج (كهف ١١) ومن عمل صالحا فلانفسهم يمهدون (روم ٥) ربى الذى يحيى ويميت (بقرة ٣٥) والله يحيى ويميت (ال عمران ١٦)
لا اله الا هو يحيى ويميت (اعراف ١٦ دخان ١) يحيى ويميت وما لكم من دون الله (توبة ١٤) هو يحيى ويميت (يونس ٦) وهو الذى يحيى ويميت (مؤمنون
هو الذى يحيى ويميت (مؤمن ٧) يحيى ويميت وهو على كل شىء قدير (حديد ١) ثم يميتكم ثم يحييكم (بقرة ٣ حج ٧ - روم ٤) قل الله يحييكم ثم يميتكم
(جاثية ٣) والذى يميتنى ثم يحيين (شعراء ٥) حتى يميز الخبيث من الطيب (ال عمران ١٨) ليميز الله الخبيث من الطيب (انفال ٤) فيميلون
عليكم ميلة واحدة (نساء ١٥) جنتان عن يمين وشمال (سبا ٢) تزاور عن كهفهم ذات اليمين (كهف ٢) ونقلبهم ذات اليمين (كهف ٣) واصحب
اليمين ما اصحاب اليمين (واقعة ١) عربا اترابا لاصحاب اليمين (واقعة ٢) واما ان كان من اصحاب اليمين (واقعة ٣) فسلام لك من اصحاب اليمين
(واقعة ٣) الا اصحاب اليمين (مدثر ٢) فراغ عليهم ضربا باليمين (صافات ٣) لاخذنا منه باليمين (حاقة ٥) عن اليمين والشمائل (نحل ٥)
قالوا انكم كنتم تاتوننا عن اليمين (صافات ٢) اذ يتلقى المتلقيان عن اليمين (ق ٢) عن اليمين وعن الشمال عزين (معارج ٢) وما ملكت يمينك مما
افاء الله (احزاب ٦) الا ما ملكت يمينك (احزاب ٦) وما تلك بيمينك (عنكبوت ٥) والق ما فى يمينك (طه ٧) فمن اوتى كتابه بيمينه (اسرائيل ٨)
والسموات مطويات بيمينه (زمر ٧) فاما من اوتى كتابه بيمينه (انشقاق ١ حاقة ٢)

فصل النون

وهم ينهون عنه وينئون عنه
(انعام ٣) فسلكه ينابيع فى الارض (زمر ٣) يوم يناد المناد (ق ٣) ان الذين كفروا ينادون (مؤمن ١) اولئك ينادون من مكان بعيد
(فصلت ٥) ان الذين ينادونك من وراء الحجرات (حجرات ١) ينادونهم الم نكن معكم (حديد ٢) ينادى للايمان (ال عمران ٢٠) ويوم
يناديهم فيقول اين شركائى (قصص ٧-٨) ويوم يناديهم فيقول ماذا اجبتم (قصص ٧) ويوم يناديهم اين شركائى (فصلت ٥) فلا ينازعنك
فى الامر (حج ٧) قال لا ينال عهدى الظالمين (بقرة ١٣) لن ينال الله لحومها (حج ٤) وهموا بما لم ينالوا (توبة ٨) لم ينالوا خيرا (احزاب ٣) ولا
ينالون من عدو نيلا (توبة ١٧) ولكن يناله التقوى منكم (حج ٥) اولئك ينالهم نصيبهم من الكتاب (اعراف ٤) سينالهم غضب من
ربهم (اعراف ١٦) لا ينالهم الله برحمة (اعراف ٥) ينبؤا الانسان يومئذ (قيامة ٢) ام لم ينبأ بما فى صحف موسى (نجم ٣) ولا ينبئك مثل خبير
(ملائكة ٢) ينبئكم اذا مزقتم (سبا ١) ثم ينبئكم بما كنتم تعملون (انعام ٧) فينبئكم بما كنتم فيه تختلفون (مائدة ٥ - انعام ٧) فينبئكم بما كنتم تعملون
(مائدة ١١ توبة ١-١١ زمر جمعة ١) ينبئهم الله بما كانوا يصنعون (مائدة ٢) ثم ينبئهم بما كانوا يفعلون (انعام ٦) ثم ينبئهم بما عملوا (مجادلة ٩)
فينبئهم بما كانوا يعملون (انعام ١) فينبئهم بما عملوا (نور ٧ مجادلة ١) ينبت لكم به الزرع (نحل ٢) كلا لينبذن فى الحطمة (همزة ١) ما كان
ينبغى لنا (فرقان ٢) لا الشمس ينبغى لها (يس ٣) لا ينبغى لاحد من بعدى (ص ٣) وما ينبغى لهم (شعراء ١١) وما ينبغى له (يس ٧) وما ينبغى
للرحمن (مريم ٦) حتى تفجر لنا من الارض ينبوعا (اسرائيل ٦) هل ينصرونكم او ينتصرون (شعراء ٥) هم ينتصرون (شورى ٤) ومنهم من
ينتظر (احزاب ٣) فهل ينتظرون الا مثل ايام الذين خلوا من قبلهم (يونس ١١) ومن عاد فينتقم الله (مائدة ٤) لئن لم ينته (علق ١) لئن
لم ينته المنافقون (احزاب ٨) ان ينتهوا يغفر لهم ما قد سلف (انفال ٤) وان لم ينتهوا عما يقولون (مائدة ١٠) لعلهم ينتهون (توبة ٢) وينجى
الله الذين اتقوا (زمر ٧) ثم ينجيه كلا (معارج ١) قل من ينجيكم من ظلمات البر (انعام ٧) قل الله ينجيكم منها (انعام ٧) وكانوا ينحتون (حجر ٩)
لينذر باسا شديدا (كهف ١) لينذر من كان حيا (يس ٧) لينذر يوم التلاق (مؤمن ٢) لينذر الذين ظلموا (احقاف ٢) وينذر الذين قالوا
اتخذ الله ولدا (كهف ١) لينذركم ولتتقوا ولعلكم ترحمون (اعراف ٧) ولينذروا قومهم اذا رجعوا (توبة ٣) ولينذروا به (ابراهيم ٧)
انما ينذرون (انبياء ٥) وينذرونكم لقاء يومكم هذا (انعام ١٣ زمر ٨) ينزع عنهما لباسهما (اعراف ٣) ان الشيطان ينزغ بينهم

(اسرائیل) واما ینزغنک من الشیطان (اعراف ۲ فصلت ع) ولاهم عنها ینزفون (صافات ۵) ینزل الملائکۃ بالروح (نحل ۱) وھو

الذی ینزل الغیث من بعد ما قنطوا (شوری ۳) وھو الذی ینزل علی عبدہ (حدید ۱) وان تسالوا عنھا حین ینزل القرآن تبد لکم (مائدہ ۱۱)

ولکن ینزل بقدر ما یشاء (شوری ۳) ان ینزل اللہ من فضلہ (بقرہ ۹) ان ینزل علیکم من خیر (بقرہ ۱۱) ان ینزل علینا مائدۃ (۱۲) قل ان اللہ

قادر علی ان ینزل آیۃ (انعام ع) وان کانوا من قبل ان ینزل علیھم (روم ۵) مالم ینزل بہ علیکم سلطانا (انعام ۱۰) مالم ینزل بہ سلطانا (اعراف ع

آل عمران ۱۶ حج ۱) واللہ اعلم بما ینزل (نحل ۱۱) وما ینزل من السماء وما یعرج فیھا (سبا احدید ۱) و ینزل علیکم من السماء ماء (انفال ۲) وینزل

لکم من السماء رزقا (مؤمن ۱) وینزل من السماء من جبال (نور ۵) وینزل من السماء ماء (روم ۳) وینزل الغیث (لقمان ع) فینسخ اللہ ما یلقی الشیطان

(حج ۱) فقل ینسفھا ربی نسفا (طہ ۱۱) وھم من کل حدب ینسلون (انبیاء ۱) من الاجداث الی ربھم ینسلون (یس ۲) لا یضل ربی ولا ینسی

(طہ ۲) واما ینسینک الشیطان (انعام ۷) ومن ینشؤ فی الحلیۃ (زخرف ۲) ثم اللہ ینشیء النشأۃ الآخرۃ (عنکبوت ۲) و ینشیء السحاب

الثقال (رعد ۲) ینشر لکم ربکم من رحمتہ (کہف ۲) و ینشر رحمتہ (شوری ۳) ام اتخذوا الھۃ من الارض ھم ینشرون (انبیاء ۲) ینصر من یشاء (روم

و ینصرک اللہ نصرا عزیزا (فتح ۱) ینصرکم من دون الرحمن (ملک ۲) ان تنصروا اللہ ینصرکم ویثبت اقدامکم (قتال ۱) فمن ذا الذی ینصرکم

من بعدہ (آل عمران ۱۶) ان ینصرکم اللہ فلا غالب لکم (آل عمران ۱۶) و ینصرکم علیھم (توبہ ۲) ولینصرن اللہ من ینصرہ (حج ع) فمن ینصرنا

من بأس اللہ (مؤمن ۳) ثم بغی علیہ لینصرنہ اللہ (حج ۱) ویا قوم من ینصرنی من اللہ (ھود ۳) فمن ینصرنی من اللہ ان عصیتہ (ھود ۷)

ولاھم ینصرون (بقرہ ۵-۶-۱۳ دخان ۵ طور ۵ انبیاء ع) ولا انفسھم ینصرون (اعراف ۲ مرتین) یولوکم الادبار ثم لا ینصرون

(آل عمران ۱۲) ویوم القیامۃ لا ینصرون (قصص ۵) وھم لا ینصرون (فصلت ۲) لیولن الادبار ثم لا ینصرون (حشر ۲) و ینصرون اللہ

ورسولہ (حشر ۱) ھل ینصرونکم او ینتصرون (شعراء ۱) ولم تکن لہ فئۃ ینصرونہ (کہف ۵) فما کان لہ من فئۃ ینصرونہ من دون اللہ

(قصص ۹) ینصرونھم من دون اللہ (شوری ۵) ولئن قوتلوا لا ینصرونھم (حشر ۲) انا لننصرہ اللہ فی الدنیا (حج ۲) ولینصرن اللہ

من ینصرہ (حج ع) ولیعلم اللہ من ینصرہ (حدید ۳) ولدینا کتاب ینطق بالحق (مؤمنین ۷) ھذا کتابنا ینطق علیکم بالحق (جاثیہ ۳) ولا

ینطق لسانی (شعراء ۲) وما ینطق عن الھوی (نجم ۱) فاسئلوھم ان کانوا ینطقون (انبیاء ۷) لقد علمت ما ھؤلاء ینطقون (انبیاء ۳) فھم لا

ینطقون (نمل ۹) ھذا یوم لا ینطقون (مرسلات ع) ولا ینظر الیھم یوم القیامۃ (آل عمران ۸) فلینظر ایھا ازکی طعاما (کہف ۲) فلینظر

ھل یذھبن کیدہ ما یغیظ (حج ۲) فلینظر الانسان مم خلق (طارق ۱) فلینظر الانسان الی طعامہ (عبس ۱) وما ینظر ھؤلاء الا صیحۃ وا

(ص ۲) ومنھم من ینظر الیک (یونس ۵) فینظروا کیف کان عاقبۃ الذین کانوا من قبلھم (مؤمن ۳) فینظروا کیف کان عاقبۃ الذین من

قبلھم (یوسف ۱۱ روم ۱ مؤمن ۹ قتال ۱ ملائکۃ ۵) افلم ینظروا الی السماء (ق ۱) وتراھم ینظرون الیک (اعراف ۲) کانما یساقون الی الموت

وھم ینظرون (انفال ۱) ھل ینظرون الا ان تاتیھم الملائکۃ (انعام ۱۶ نحل ۴) رأیتھم ینظرون الیک (احزاب ۲) فاذا ھم ینظرون (صافات

فاذا ھم قیام ینظرون (زمر ۷) ینظرون من طرف خفی (شوری ۵) ینظرون الیک نظر المغشی علیہ من الموت (قتال ۲) فاخذتھم الصاعقۃ وھم

ینظرون (ذاریات ۵) ولاھم ینظرون (بقرہ ۷ - آل عمران ۹ نمل ۹ - انبیاء ۴ سجدہ ۳) علی الارائک ینظرون (مطففین ۲-ع) لقضی الامر ثم لا

ینظرون (انعام ۱) افلا ینظرون الی الابل کیف خلقت (غاشیہ ۲) ما ینظرون الا صیحۃ واحدۃ (یس ۵) ھل ینظرون الا ان یاتیھم اللہ

(بقرہ ۲۱) ھل ینظرون الا تأویلہ (اعراف ۶) ھل ینظرون الا الساعۃ (زخرف ۷) فھل ینظرون الا الساعۃ (قتال ۲) فھل ینظرون الا سنۃ الاولین

(ملائکۃ ۵) کمثل الذی ینعق بما لا یسمع (بقرہ ۱۸) انظروا الی ثمرہ اذا اثمر وینعہ (انعام ۱۰) یوم ینفخ فی الصور (انعام ۸ طہ ۱ انمل ۲) ویوم

ینفخ فی الصور (نمل ۹) ما عندکم ینفد (نحل ۱) لینفروا کافۃ (توبہ ۳) حتی ینفضوا (منافقین ۱) فسینغضون الیک رؤسھم (اسرا

یوم ینفع الصادقین صدقھم (مائدہ ۱۶) لا ینفع نفسا ایمانھا (انعام ۱۶) یوم لا ینفع مال ولا بنون (شعراء ۵) فیومئذ لا ینفع الذین ظلموا

(روم ۱) قل یوم الفتح لا ینفع الذین کفروا (سجدہ ۳) یوم لا ینفع الظالمین (مؤمن ۱) واما ما ینفع الناس (رعد ۲) بما ینفع الناس (بقرہ

ما لا ینفعک ولا یضرک (یونس ۱۱) ولا ینفعکم نصحی (ھود ع) ما لا ینفعکم شیئا (انبیاء ۷) قل لن ینفعکم الفرار (احزاب ۲) ولن ینفعکم الیوم

اذ ظلمتم (زخرف ع) عسی ان ینفعنا او نتخذہ ولدا (قصص ۱ یوسف ۲) ما لا ینفعنا ولا یضرنا (انعام ۸) او ینفعونکم او یضرون (شعراء

ما لا یضرہ وما لا ینفعہ (حج ۲) ما لا ینفعھم ولا یضرھم (فرقان ۶) ویتعلمون ما یضرھم ولا ینفعھم (بقرہ ۱۱) ما لا یضرھم ولا ینفعھم (یونس

فلم یک ینفعھم ایمانھم (مؤمن ۹) کالذی ینفق مالہ رئاء الناس (بقرہ ۳۷) ینفق کیف یشاء (مائدہ ۷) فھو ینفق منہ (نحل ۱) لینفق ذو سعۃ

یوم ینظر المرء ما قدمت یداہ (نبأ ع) فینظر کیف تعملون (اعراف ۱۵)

اولم ینظروا فی ملکوت السموات (اعراف ۲۳)

من سعته (طلاق ۱) فلينفق مما اتاه الله (طلاق ۱) ومن الاعراب من يتخذ ما ينفق مغرما (توبہ ۱۲) ويتخذ ما ينفق قربات عند الله (توبہ ۱۲)
وينفقوا مما رزقناهم (ابراهيم ۵) ومما رزقناهم ينفقون (بقرہ ۱ شوریٰ ۴ حج ۵ قصص ۶ سجدہ ۲ انفال ۱) يسئلونك ماذا ينفقون
(بقرہ ۲۲) ويسئلونك ماذا ينفقون (بقرہ ۲۲) الذين ينفقون اموالهم (بقرہ ۲۷-۲۸) مثل الذين ينفقون اموالهم (بقرہ ۲۷) ومثل
الذين ينفقون اموالهم (بقرہ ۲۷) الذين ينفقون في السراء (ال عمران ۱۴) والذين ينفقون اموالهم (نساء ۶) ان الذين كفروا ينفقون
اموالهم (انفال ۵) ولا ينفقون الا وهم كارهون (توبہ ۷) ولا ينفقون نفقة صغيرة (توبہ ۱۶) ولا على الذين لا يجدون ما ينفقون
حرج (توبہ ۱۲) مثل ما ينفقون في هذه الحيوة الدنيا (ال عمران ۲) فسينفقونها ثم تكون عليهم حسرة (انفال ۵) ولا ينفقونها في سبيل الله
(توبہ ۵) او ينفوا من الارض (مائدہ ۵) ولا هم ينقذون (يس ۴) ولا ينقذون (يس ۴) ولا ينقص من عمره الا في كتاب (ملائكہ ۲)
ثم لم ينقصوكم شيئا (توبہ ۱) يريد ان ينقض (كهف ۱۱) الذين ينقضون عهد الله (بقرہ ۳) والذين ينقضون عهد الله (رعد ۳)
ثم ينقضون عهدهم في كل مرة (انفال ۷) ولا ينقضون الميثاق (رعد ۲) ينقلب اليك البصر خاسئا (ملك ۱) بل ظننتم ان لن ينقلب الرسول
(فتح ۲) ممن ينقلب على عقبيه (بقرہ ۱۷) ومن ينقلب على عقبيه (ال عمران ۱۵) وينقلب الى اهله مسرورا (انشقاق ۱) فينقلبوا خائبين
(ال عمران ۱۳) وسيعلم الذين ظلموا اي منقلب ينقلبون (شعراء ۱۱) فانما ينكث على نفسه (فتح ۱) اذا هم ينكثون (اعراف ۱۶ زخرف ۵)
ان ينكح المحصنات المؤمنات (نساء ۴) الزاني لا ينكح الا زانية او مشركة (نور ۱) فلا تعضلوهن ان ينكحن ازواجهن (بقرہ ۳۰) والزانية
لا ينكحها الا زان (نور ۱) ومن الاحزاب من ينكر بعضه (رعد ۶) ثم ينكرونها واكثرهم الكافرون (نحل ۱۰) اولوا بقية ينهون عن الفساد
(هود ۱۰) انجينا الذين ينهون عن السوء (اعراف ۲۱) وهم ينهون عنه (انعام ۳) وينهون عن المنكر (ال عمران ۱۱-۱۲ توبہ ۸) وينهون عن المعروف
(توبہ ۷) ارايت الذي ينهى (علق ۱) وينهى عن الفحشاء والمنكر (نحل ۱۳) لا ينهاكم الله عن الذين لم يقاتلوكم في الدين (ممتحنہ ۲) انما ينهاكم
الله عن الذين قاتلوكم في الدين (ممتحنہ ۲) لولا ينهاهم الربانيون (مائدہ ۹) وينهاهم عن المنكر (اعراف ۱۹) وما يتذكر الا من ينيب (مؤمن ۲)
ويهدي اليه من ينيب (شوریٰ ۲)

فصل الواو

للذين يؤلون من نسائهم (بقرہ ۲۸) يوادون من حاد الله ورسوله
(مجادلہ ۳) ليريه كيف يواري سوأة اخيه (مائدہ ۵) لباسا يواري سوآتكم (اعراف ۳) ليواطئوا عدة ما حرم الله (توبہ ۵) او يوبقهن بما
كسبوا (شوریٰ ۴) ولا يوثق وثاقه احد (فجر ۱) اينما يوجهه لا يأت بخير (نحل ۱۰) ولم يوح اليه شيء (انعام ۱۱) وان الشياطين ليوحون الى اوليائهم
(انعام ۱۴) يوحي بعضهم الى بعض (انعام ۱۴) قل انما انا بشر مثلكم يوحى الي (كهف ۱۲ فصلت ۱) كذلك يوحي اليك (شوریٰ ۱) ان هو الا وحي
يوحى (نجم ۱) اذ يوحي ربك الى الملائكة (انفال ۲) ان يوحى الي الا انما انا نذير مبين (ص ۵) قل انما يوحى الي (انبياء ۷) ان اتبع الا ما يوحى الي
(انعام ۵ يونس ۲ احقاف ۱) قل انما اتبع ما يوحى الي من ربي (اعراف ۱۲) واتبع ما يوحى اليك (يونس ۱۱ احزاب ۱) فلعلك تارك بعض
ما يوحى اليك (هود ۲) اذ اوحينا الى امك ما يوحى (طه ۲) وان اهتديت فبما يوحي الي ربي (سبا ۶) فاستمع لما يوحى (طه ۱) فيوحي
باذنه ما يشاء (شوریٰ ۵) يود احدهم لو يعمر الف سنة (بقرہ ۱۰) يود المجرم لو يفتدي (معارج ۱) يومئذ يود الذين كفروا (نساء ۶) ربما
يود الذين كفروا لو كانوا مسلمين (حجر ۱) ايود احدكم ان تكون له جنة (بقرہ ۳۶) ما يود الذين كفروا (بقرہ ۱۳) وان يأت الاحزاب يودوا
(احزاب ۲) وان كان رجل يورث كلالة (نساء ۲) ان الارض لله يورثها من يشاء (اعراف ۱۵) والانس والطير فهم يوزعون (نمل ۲)
ممن يكذب باياتنا فهم يوزعون (نمل ۶) اذ قال يوسف لابيه (يوسف ۱) يوسف اعرض عن هذا (يوسف ۳) يوسف ايها الصديق
(يوسف ۵) فاسرها يوسف في نفسه (يوسف ۱۰) قالوا ءانك لانت يوسف (يوسف ۱۰) قال انا يوسف وهذا اخي (يوسف ۱۰) ولقد جاءكم يوسف (مؤمن ۴)
اقتلوا يوسف واطرحوه (يوسف ۱) قال قائل منهم لا تقتلوا يوسف (يوسف ۱) وتركنا يوسف عند متاعنا (يوسف ۲) اذ راودتن يوسف عن
نفسه (يوسف ۴) وجاء اخوة يوسف (يوسف ۸) اني لاجد ريح يوسف (يوسف ۱۰) قالوا تالله تفتؤ تذكر يوسف (يوسف ۱۰) ما فعلتم
بيوسف (يوسف ۱۰) تأمنا على يوسف انا له لناصحون (يوسف ۲) ولما دخلوا على يوسف (يوسف ۸) وقال يا اسفى على يوسف (يوسف ۱۰)
[illegible] كان في يوسف [illegible] ومن قبل ما فرطتم في يوسف (يوسف ۱۰) فتحسسوا من يوسف (يوسف ۱۰) اذ قالوا
ليوسف واخوه احب الى ابينا منا (يوسف ۱) وكذلك مكنا ليوسف في الارض (يوسف ۳-۱۰) كذلك كدنا ليوسف (يوسف ۸) ويوسف
وموسى (انعام ۱۰) الذي يوسوس في صدور الناس (ناس ۱) ويقطعون ما امر الله به ان يوصل (بقرہ ۳ رعد ۳) والذين يصلون
ما امر الله به ان يوصل (رعد ۳) من بعد وصية يوصي بها او دين (نساء ۲) من بعد وصية يوصين بها او دين (نساء ۲) يوصيكم الله

في اولادكم (نساء ٢) من بعد وصية يوصين بها او دين (نساء ٢) من يومهم الذي يوعدون (ذاريات ٦) ثم جاءهم ما كانوا يوعدون
(شعراء ١٢) حتى يلاقوا يومهم الذي يوعدون (زخرف ٩ معارج ٥) ذلك اليوم الذي كانوا يوعدون (معارج ٥) وعد الصدق الذي كانوا
يوعدون (احقاف ٢) حتى اذا رأوا ما يوعدون (مريم ٨ جن ٢) كانهم يوم يرون ما يوعدون (احقاف ٤) قل رب اما تريني ما يوعدون
(مؤمنين ٦) ذلك **يوعظ** به (بقرة ٣٠) ذلكم يوعظ به (طلاق ١) ولو انهم فعلوا ما **يوعظون** به (نساء ٧) والله اعلم بما **يوعون**
(انشقاق ١) وما تنفقوا من خير **يوف** اليكم (بقرة ٣٧) يوف اليكم وانتم لا تظلمون (انفال ٦) كانهم الى نصب **يوفضون** (معارج ٥)
ان يريدا اصلاحا **يوفق** الله بينهما (نساء ٦) **وليوفوا** نذورهم وليطوفوا (حج ٣) الذين **يوفون** بعهد الله (رعد ٣) يوفون بالنذر
(انسان ١) انما **يوفى** الصابرون اجرهم (زمر ٢) **ليوفينهم** ربك اعمالهم (هود ١٠) يومئذ يوفيهم الله دينهم الحق (نور ٣) **فيوفيهم**
اجورهم (آل عمران ٦ نساء ٦) **ليوفيهم** اجورهم (ملائكة ٤) وليوفيهم اعمالهم (احقاف ٢) ومن **يوق** شح نفسه (حشر ١ تغابن ٢)
يوقد من شجرة مباركة (نور ٥) ومما **يوقدون** عليه في النار (رعد ٢) انما يريد الشيطان ان **يوقع** بينكم (مائدة ١٢) وبالآخرة
هم **يوقنون** (بقرة ١) قد بينا الآيات لقوم يوقنون (بقرة ١٤) ومن احسن من الله حكما لقوم يوقنون (مائدة ٧) وهم بالآخرة هم
يوقنون (نمل ١ لقمان ١) وكانوا بآياتنا يوقنون (سجدة ٣) وما يبث من دابة آيات لقوم يوقنون (جاثية ١) ورحمة لقوم يوقنون (جاثية
ان الناس كانوا بآياتنا لا يوقنون (نمل ٦) ولا يستخفنك الذين لا يوقنون (روم ٧) بل لا يوقنون (طور ٢) **يولج** الليل في النهار ويولج
النهار في الليل (حج ٨ ملائكة ٢ حديد ١ لقمان ٣) لم يلد ولم **يولد** (اخلاص ١) **يولوكم** الادبار (آل عمران ١٢) سيهزم الجمع **ويولون**
الدبر (قمر ٣) لا يولون الادبار (احزاب ٢) **ليولن** الادبار ثم لا ينصرون (حشر ٢) ومن **يولهم** يومئذ دبره (انفال ٢) من قبل ان يأتي
يوم (بقرة ٣٤-٢٦ ابراهيم ٥ روم ٥ شورى ٥) قال لبثت يوما او بعض يوم (بقرة ٣٥) قالوا لبثنا يوما او بعض يوم (كهف ٢ مؤمنين ٦)
قل لكم ميعاد يوم (سبا ٤) لاي يوم اجلت (مرسلات ١) لمسجد اسس على التقوى من اول يوم احق ان تقوم فيه (توبة ١٣) عذاب يوم اليم (هود ٣)
فويل للذين ظلموا من عذاب يوم اليم (زخرف ٧) هذا يوم عسر (قمر ١) فذلك يومئذ يوم عسير (مدثر ١) عذاب يوم عظيم (انعام ٢-اعراف ٦
يونس ٢) من مشهد يوم عظيم (مريم ٢) اني اخاف عليكم عذاب يوم عظيم (شعراء ١٢-احقاف ٣) فاخذهم عذاب يوم عظيم (شعراء ١٦) ان
عصيت ربي عذاب يوم عظيم (زمر ٢) انه كان عذاب يوم عظيم (شعراء ٩) وقال هذا يوم عصيب (هود ٧) او يأتيهم عذاب يوم عقيم
(حج ٧) فاني اخاف عليكم عذاب يوم كبير (هود ١) هذا يوم لا ينطقون (مرسلات ٤) واني اخاف عليكم عذاب يوم محيط (هود ٨) وذلك
يوم مشهود (هود ٩) فجمع السحرة لميقات يوم معلوم (شعراء ٣) ولكم شرب يوم معلوم (شعراء ٨) الى ميقات يوم معلوم (واقعة ٥) كل يوم
هو في شأن (رحمن ٢) وانذرهم يوم الآزفة (مؤمن ٢) اني اخاف عليكم مثل يوم الاحزاب (مؤمن ٤) فهذا يوم البعث (روم ٦) ذلك
يوم التغابن (تغابن ١) لينذر يوم التلاق (مؤمن ٢) اني اخاف عليكم يوم التناد (مؤمن ٤) وتنذر يوم الجمع لا ريب فيه (شورى ١) يوم
الحج الاكبر (توبة ١) لهم عذاب شديد بما نسوا يوم الحساب (ص ٢) وقالوا ربنا عجل لنا قطنا قبل يوم الحساب (ص ٢) وانذرهم يوم الحسرة
(مريم ٤) ذلك يوم الخروج (ق ٣) ذلك يوم الخلود (ق ٣) مالك يوم الدين (فاتحة ١) وقالوا يا ويلنا هذا يوم الدين (صافات ٢) هذا
نزلهم يوم الدين (واقعة ٢) ان يغفر لي خطيئتي يوم الدين (شعراء ٥) وما ادريك ما يوم الدين ثم ما ادريك ما يوم الدين (انفطار ٣) يسألون
ايان يوم الدين (ذاريات ١) يصلونها يوم الدين (انفطار ١) قال موعدكم يوم الزينة (طه ٦) فاخذهم عذاب يوم الظلة (شعراء ١٠)
وما انزلنا على عبدنا يوم الفرقان (انفال ٥) قل يوم الفتح لا ينفع الذين كفروا (سجدة ٣) هذا يوم الفصل (صافات ١ مرسلات ١) ان يوم
الفصل ميقاتهم اجمعين (دخان ٣) وما ادريك ما يوم الفصل (مرسلات ١) ان يوم الفصل كان ميقاتا (نبا ١) فالله يحكم بينهم يوم
القيمة (بقرة ١٤) فالله يحكم بينكم يوم القيمة (نساء ١٥) ولا يكلمهم الله يوم القيمة (بقرة ٢١) والذين اتقوا فوقهم يوم القيمة (بقرة ٢٦) ولا
ينظر اليهم يوم القيمة (آل عمران ٨) ومن يغلل يأت بما غل يوم القيمة (آل عمران ١٧) ما بخلوا به يوم القيمة (آل عمران ١٨) وانما توفون اجوركم
يوم القيمة (آل عمران ١٩) ولا تخزنا يوم القيمة (آل عمران ٢٠) فمن يجادل عنهم يوم القيمة (نساء ١٦) ليفتدوا به من عذاب يوم القيمة (مائدة ٦)
خالصة يوم القيمة (اعراف ٤) ان تقولوا يوم القيمة (اعراف ٢٢) وما ظن الذين يفترون على الله الكذب يوم القيمة (يونس ٦) ان
ربك يقضي بينهم يوم القيمة (يونس ١٠ جاثية ٣) يقدم قومه يوم القيمة (هود ٩) ليحملوا اوزارهم كاملة يوم القيمة (نحل ٣) وليبينن لكم
يوم القيمة (نحل ١٣) وان ربك ليحكم بينهم يوم القيمة (نحل ١٦) ونخرج له يوم القيمة كتابا (اسرائيل ٢) قبل يوم القيمة (اسرائيل ٧) ونحشرهم

يوم القيامة (اسرائيل ١) فلا نقيم لهم يوم القيمة وزنا (كهف ١) فانه يحمل يوم القيمة وزرا (طه ١) وساء لهم يوم القيامة حملا (طه ١١) ونحشرهم
يوم القيامة اعمى (طه ٧) وكلهم اتيه يوم القيمة فردا (مريم ١٠) ونذيقه يوم القيمة (حج ١) ان الله يفصل بينهم يوم القيمة (حج ٢) ان الله يحكم
بينهم يوم القيمة (حج ٧) ثم انكم يوم القيمة تبعثون (مؤمنون ٢) يضاعف له العذاب يوم القيمة (فرقان ٧) ثم هو يوم القيمة من المحضرين
(قصص ٧) وليسئلن يوم القيمة (عنكبوت ٢) ان ربك هو يفصل بينهم يوم القيامة (سجدة ٣) افمن يتقي بوجهه سوء العذاب يوم القيمة
(زمر ٣) لافتدوا به من سوء العذاب يوم القيمة (زمر ٥) ثم انكم يوم القيمة عند ربكم تختصمون (زمر ٣) والارض جميعا قبضته يوم القيامة
(زمر ٧) ام من يأتي امنا يوم القيامة (فصلت ٣) واهليهم يوم القيامة (شورى ٥) ثم ينبئهم بما عملوا يوم القيمة (مجادلة ١) ولا اولادكم
يوم القيمة (ممتحنة ١) يسأل ايان يوم القيمة (قيامة ١) ان الذين تولوا منكم يوم التقى الجمعان (ال عمران ١) وما اصابكم يوم التقى الجمعان
(ال عمران ١٧) وما انزلنا على عبدنا يوم الفرقان يوم التقى الجمعان (انفال ٥) يوم تأتي السماء بدخان مبين (دخان ١) يوم تأتي كل نفس (نحل ١٢)
يوم تبدل الارض غير الارض (ابراهيم ٥) يوم تبلى السرائر (طارق ١) يوم تبيض وجوه وتسود وجوه (ال عمران ١١) يوم تجد كل نفس (ال عمران ٣)
يوم ترجف الارض والجبال (نازعات ٢) يوم ترجف الراجفة (نازعات ١) يوم ترونها تذهل (حج ١) يوم ترى المؤمنين (حديد ١١) يوم تشقق
الارض (ق ٥) يوم تشهد عليهم السنتهم (نور ٣) يوم تقلب وجوههم (احزاب ٧) يوم تكون السماء كالمهل (معارج ١) يوم تمور السماء مورا
(طور ١) يوم تولون مدبرين (مؤمن ٤) واتوا حقه يوم حصاده (انعام ١٧) في كتاب الله يوم خلق السموات (توبة ٤) يوم سبتهم شرعا
(اعراف ١٧) تستخفونها يوم ظعنكم (نحل ١) يوم لا يخزي الله النبي (تحريم ١) يوم لا يغني عنهم كيدهم شيئا (طور ٥) يوم لا يغني مولى عن مولى شيئا (دخان ٢)
يوم لا تملك نفس لنفس شيئا (انفطار ١) يوم لا ينفع مال ولا بنون (شعراء ٥) يوم لا ينفع الظالمين (مؤمن ١) يوم نبطش البطشة الكبرى (دخان ١)
يوم نحشر المتقين الى الرحمن وفدا (مريم ٦) يوم ندعوا كل اناس بامامهم (اسرائيل ٨) يوم نطوي السماء (انبياء ١١) يوم نقول لجهنم (ق ٣) وسلام عليه
يوم ولد (مريم ١) والسلام علي يوم ولدت (مريم ٢) يوم هم بارزون (مؤمن ٢) يوم هم على النار يفتنون (ذاريات ٢) يوم يأت لا تكلم نفس
الا باذنه (هود ١١) اسمع بهم وابصر يوم يأتوننا (مريم ٢) يوم يأتي بعض ايات ربك (انعام ١٦) يوم يأتي تأويله (اعراف ٦) يوم يأتيهم العذاب
(ابراهيم ٥) الا يوم يأتيهم ليس مصروفا عنهم (هود ١) يوم تبدل الارض (ابراهيم ٥) ولا تخزني يوم يبعثون (شعراء ٥) يوم يبعثهم الله جميعا
(مجادلة ٣) يوم يتذكر الانسان ما سعى (نازعات ٢) يوم يجمع الله الرسل (مائدة ١٥) يوم يجمعكم ليوم الجمع (تغابن ١) يوم يحمى عليها في نار جهنم (توبة ٤)
يوم يخرجون من الاجداث (قمر ١) فتول عنهم يوم يدع الداع الى شيء نكر (قمر ١) يوم يدعوكم فتستجيبون (اسرائيل ٥) يوم يدعون الى نار جهنم
(طور ٢) يوم يرون الملائكة (فرقان ٣) يوم يرون ما يوعدون (احقاف ٤) كانهم يوم يرونها (نازعات ٥) يوم يسحبون في النار على وجوههم
(قمر ٣) يوم يسمعون الصيحة بالحق (ق ٣) يوم يغشيهم العذاب (عنكبوت ٦) يوم يفر المرء من اخيه (عبس ١) يوم يقول المنافقون (حديد ٢)
يوم يقوم الحساب (ابراهيم ٦) يوم يقوم الناس لرب العالمين (مطففين ١) يوم يقوم الروح والملائكة صفا (نبا ٤) يوم يكون الناس (قارعة ١)
تحيتهم يوم يلقونه سلام (احزاب ٦) يوم يناد المناد (ق ٣) يوم ينظر المرء ما قدمت يداه (نبا ٤) يوم ينفخ في الصور (انعام ٨ طه ١١ نبا ١) قال الله
هذا يوم ينفع الصادقين صدقهم (مائدة ١٦) لقد لبثتم في كتاب الله الى يوم البعث (روم ٦) وان عليك اللعنة الى يوم الدين (حجر ٣)
وان عليك لعنتي الى يوم الدين (ص ٥) وجاعل الذين اتبعوك فوق الذين كفروا الى يوم القيمة (ال عمران ٦) ليجمعنكم الى يوم القيمة (نساء ٩
انعام ٢) فاغرينا بينهم العداوة والبغضاء الى يوم القيمة (مائدة ٣) ليبعثن عليهم الى يوم القيمة (اعراف ٢١) سرمدا الى يوم القيمة (قصص
مرتين) لئن اخرتن الى يوم القيمة (اسرائيل ٧) ثم يجمعكم الى يوم القيمة (قصص ٣) ام لكم ايمان علينا بالغة الى يوم القيمة (نون ٢) من لا يستجيب
له الى يوم القيمة (احقاف ١) الى يوم الوقت المعلوم (حجر ٣ ص ٥) للبث في بطنه الى يوم يبعثون (صافات ٥) قال انظرني الى يوم يبعثون
(اعراف ١) قال رب فانظرني الى يوم يبعثون (حجر ٣ ص ١) ومن ورائهم برزخ الى يوم يبعثون (مؤمنون ٦) الى يوم يلقونه (توبة ٨)
لا يؤمن بيوم الحساب (مؤمن ٣) والذين يصدقون بيوم الدين (معارج ٣) وكنا نكذب بيوم الدين (مدثر ٥) الذين يكذبون
بيوم الدين (مطففين ١) [illegible] ثم يوم القيمة يكفر بعضكم ببعض ويلعن [illegible]
في يوم عاصف (ابراهيم ٣) ثم يعرج اليه في يوم (سجدة ١) تعرج الملائكة والروح اليه في يوم (معارج ١) في يوم نحس مستمر (قمر ٢) او
اطعام في يوم ذي مسغبة (بلد ١) ربنا انك جامع الناس ليوم لا ريب فيه (ال عمران ١) فكيف اذا جمعناهم ليوم لا ريب فيه (ال عمران ٣)
انما يؤخرهم ليوم تشخص فيه الابصار (ابراهيم ٥) يوم يجمعكم ليوم الجمع (تغابن ١) ليوم الفصل (مرسلات ٢) هذا ما توعدون ليوم

للحساب (ص ٦) الا يظن اولئك انهم مبعوثون ليوم عظيم (مطففين ١) اذا نودي للصلوة من يوم الجمعة (جمعة ٢) و يوم القيامة
يردون الى اشد العذاب (بقرة ١٠) ويوم القيامة يكون عليهم شهيدا (نسا ٢٢) ويوم يقول كن فيكون (انعام ٩) ويوم يحشرهم جميعا (سبا
انعام ١٣) ويوم نحشرهم جميعا (يونس ٣-انعام ٣) ويوم لا يسبتون لا تأتيهم كذلك (اعراف ٢١) ويوم حنين (توبة ٤) ويوم يحشرهم
(يونس ٥) واتبعوا في هذه لعنة ويوم القيامة (هود ٩) ويوم نبعث من كل امة شهيدا (نحل ١٢) ويوم نبعث في كل امة شهيدا (نحل ١٢) ويوم
نسير الجبال (كهف ٦) ويوم يقول نادوا شركائي (كهف ٧) ويوم يموت ويوم يبعث حيا (مريم ٢) ويوم اموت ويوم ابعث حيا (مريم ٢) ويوم
يرجعون اليه (نور ٩) ويوم يحشرهم وما يعبدون من دون الله (فرقان ٢) ويوم يكشف عن ساق (نون ٢) ويوم تشقق السماء (فرقان ٣)
ويوم يعض الظالم على يديه (فرقان ٣) ويوم اقامتكم (نحل ١١) ويوم نحشر من كل امة فوجا (نمل ٦) ويوم ينفخ في الصور (نمل ٧) ويوم القيامة
لا ينصرون (قصص ٤) ويوم القيامة هم من المقبوحين (قصص ٤) ويوم يناديهم فيقول اين شركائي (قصص ٧-٨) ويوم يناديهم فيقول
ماذا اجبتم (قصص ٧) ويوم تقوم الساعة (روم ٢ مرتين ٦ مؤمن ٦ جاثية ٤) ويوم القيامة يكفرون بشرككم (ملائكة ٢) ويوم القيامة ترى الذين
كذبوا (زمر ٦) ويوم يقوم الاشهاد (مؤمن ٦) ويوم يحشر اعداء الله (فصلت ٣) ويوم يناديهم اين شركائي (فصلت ٦) ويوم يعرض الذين كفروا
على النار (احقاف ٢-٤) قالوا لا طاقة لنا **اليوم** (بقرة ٣٥) اليوم يئس الذين كفروا (مائدة ١) اليوم اكملت لكم دينكم (مائدة ١) اليوم احل لكم
الطيبات (مائدة ١) قال انك اليوم لدينا مكين امين (يوسف ٧) ذلك اليوم الذي كانوا يوعدون (معارج ٥) ذلك اليوم الحق (نبا ٢) فوقهم الله
شر ذلك اليوم (انسان ١) اليوم تجزون عذاب الهون (انعام ١١) وقال لا غالب لكم اليوم (انفال ٦) قال لا عاصم اليوم (هود ٤) قال لا تثريب
عليكم اليوم (يوسف ١١) ان الخزي اليوم والسوء على الكافرين (نحل ٤) فهو وليهم اليوم (نحل ٨) كفى بنفسك اليوم (اسرائيل ٢) فلن اكلم اليوم
انسيا (مريم ٣) لكن الظالمون اليوم في ضلال مبين (مريم ٣) وقد افلح اليوم من استعلى (طه ٧) وكذلك اليوم تنسى (طه ٣) اني جزيتهم اليوم بما صبروا
لا تجئروا اليوم انكم منا لا تنصرون (مؤمنين ٤) لا تدعوا اليوم ثبورا واحدا (فرقان ٢) وارجوا اليوم الآخر (عنكبوت ٤) ان اصحاب
الجنة اليوم (يس ٤) وامتازوا اليوم ايها المجرمون (يس ٤) اصلوها اليوم بما كنتم تكفرون (يس ٤) اليوم نختم على افواههم (يس ٤) بل هم اليوم
مستسلمون (صافات ٢) لمن الملك اليوم (مؤمن ٢) اليوم تجزى كل نفس بما كسبت لا ظلم اليوم (مؤمن ٢) يا قوم لكم الملك اليوم ظاهرين في الارض
(مؤمن ٤) ولن ينفعكم اليوم اذ ظلمتم (زخرف ٤) لا تعتذروا اليوم (تحريم ١) يا عبادي لا خوف عليكم اليوم (زخرف ٧) وقيل اليوم ننسيكم (جاثية ٤)
فبصرك اليوم حديد (ق ٢) بشريكم اليوم جنات (حديد ٢) ان لا يدخلنها اليوم عليكم مسكين (نون ٢) فليس له اليوم ههنا حميم (حاقة ٢) تبارك
ولا يؤمنون بالله ولا باليوم الآخر (نسا ٤) قاتلوا الذين لا يؤمنون بالله ولا باليوم الآخر (توبة ٤) آمنا بالله **و باليوم** الآخر (بقرة ١) لا يستاذنك
الذين يؤمنون بالله وباليوم الآخر (توبة ٦) انما يستأذنك الذين لا يؤمنون بالله وباليوم الآخر (توبة ٦) **فاليوم** ننسيهم (اعراف ٦) فاليوم
ننجيك ببدنك (يونس ٩) فاليوم لا يملك بعضكم لبعض (سبا ٦) فاليوم لا تظلم نفس شيئا (يس ٤) فاليوم لا يخرجون منها (جاثية ٤) فاليوم تجزون
عذاب الهون (احقاف ٢) فاليوم لا يؤخذ منكم فدية (حديد ٢) فاليوم الذين امنوا من الكفار يضحكون (مطففين ١) لمن كان يرجوا الله **و**
اليوم الآخر (احزاب ٣ ممتحنة ١) من آمن بالله واليوم الآخر (بقرة ٧-٨ مائدة ٧) من آمن منهم بالله واليوم الآخر (بقرة ١٣) ان كن يؤمن بالله
واليوم الآخر (بقرة ٢٣) من كان منكم يؤمن بالله واليوم الآخر (بقرة ٣٤) ولا يؤمن بالله واليوم الآخر (بقرة ٣٧) يؤمنون بالله واليوم الآخر
(آل عمران ١٢) لا يستأذنك الذين يؤمنون بالله واليوم الآخر (توبة ٥) لا تجد قوما يؤمنون بالله واليوم الآخر (مجادلة ٣) ذلكم يوعظ به
من كان يؤمن بالله واليوم الآخر (طلاق ١) لو امنوا بالله واليوم الآخر (نسا ٤) ان كنتم تؤمنون بالله واليوم الآخر (نسا ٦ نور ١) وملائكته وكتبه
ورسله واليوم الآخر (نسا ٤) والمؤمنون بالله واليوم الآخر (نسا ٢١) انما يعمر مساجد الله من امن بالله واليوم الآخر (توبة ٣) كمن آمن
بالله واليوم الآخر (توبة ٣) من يؤمن بالله واليوم الآخر (توبة ١٢) واليوم الموعود (بروج ١) واتقوا **يوما** لا تجزي نفس عن نفس شيئا
(بقرة ٥-١٢) واتقوا يوما ترجعون فيه الى الله (بقرة ٣٩) قال لبثت يوما (بقرة ٣٦) قالوا لبثنا يوما (كهف ٢ مؤمنين ٦) يخافون يوما تتقلب
فيه القلوب (نور ٥) وكان يوما على الكافرين عسيرا (فرقان ٣) واخشوا يوما لا يجزي والد (لقمان ٤) يخفف عنا يوما من العذاب (مؤمن ٥)
فكيف تتقون ان كفرتم يوما (مزمل ١) ويخافون يوما كان شره مستطيرا (انسان ١) يوما عبوسا قمطريرا (انسان ١) ويذرون وراءهم
يوما ثقيلا (انسان ٢) طريقة ان لبثتم الا يوما (طه ٦) وان يوما عند ربك (حج ٥) **يومئذ** اقرب منهم للايمان (آل عمران ١٧) والقوا
الى الله يومئذ السلم (نحل ١٢) ينبأ الانسان يومئذ بما قدم واخر (قيامة ٢) يومئذ تحدث اخبارها (زلزال ١) ومن تق السيات يومئذ فقد رحمته

(مؤمن ۵) فعميت عليهم الانباء يومئذ فهم لا يتساءلون (قصص ۷) يومئذ لا تنفع الشفاعة (طه ۶) وعرضنا جهنم يومئذ للكافرين عرضا
(كهف ۱۰) وترى المجرمين يومئذ مقرنين في الاصفاد (ابراهيم ۵) قلوب يومئذ واجفة (نازعات ۱) ما لكم من ملجأ يومئذ وما لكم من نكير (شورى ۵)
يومئذ يتبعون الداعي (طه ۶) يومئذ يصدر الناس اشتاتا (زلزال ۱) يومئذ تعرضون (حاقة ۲) يومئذ يود الذين كفروا (نساء ۵) يومئذ
يوفيهم الله (نور ۳) وهم من فزع يومئذ آمنون (نمل ۹) الملك يومئذ الحق (فرقان ۳) والوزن يومئذ الحق (اعراف ۱) الى ربك يومئذ
المساق (قيامة ۱) الى ربك يومئذ المستقر (قيامة ۱) يقول الانسان يومئذ اين المفر (قيامة ۱) لو يفتدي من عذاب يومئذ ببنيه (معارج)
وجيء يومئذ بجهنم يومئذ يتذكر الانسان (فجر ۱) الاخلاء يومئذ بعضهم لبعض عدو (زخرف ۷) ويحمل عرش ربك فوقهم يومئذ ثمانية
(حاقة ۲) وجوه يومئذ خاشعة (غاشية ۱) اصحاب الجنة يومئذ خير مستقرا (فرقان ۳) ومن يولهم يومئذ دبره (انفال ۲) ونحشر المجرمين
يومئذ زرقا (طه ۶) لكل امرئ منهم يومئذ شأن يغنيه (عبس ۱) فذلك يومئذ يوم عسير (مدثر ۱) ووجوه يومئذ عليها غبرة (عبس)
فانهم يومئذ في العذاب مشتركون (صافات ۱) ان ربهم بهم يومئذ لخبير (عاديات ۱) الملك يومئذ لله (حج ۶) ويل يومئذ للمكذبين (مرسلات)
يتكرر هذه الاية فيها عشر مرات (مطففين ۱) فويل يومئذ للمكذبين (طور ۱) وجوه يومئذ مسفرة (عبس ۱) وجوه يومئذ ناضرة (قيامة)
وجوه يومئذ ناعمة (غاشية ۱) فهي يومئذ واهية (حاقة ۲) فلا انساب بينهم يومئذ ولا يتساءلون (مؤمنون ۱) يومئذ يخسر المبطلون
(جاثية ۳) من الله يومئذ يصدعون (روم ۵) وتركنا بعضهم يومئذ يموج في بعض (كهف ۱) ينبأ الانسان يومئذ بما قدم واخر (قيامة)
من يصرف عنه يومئذ (انعام ۲) ومن خزي يومئذ (هود ۷) لا بشرى يومئذ للمجرمين (فرقان ۲) ويوم تقوم الساعة يومئذ يتفرقون (روم)
(جاثية ۳) كلا انهم عن ربهم يومئذ لمحجوبون (مطففين ۱) ثم لتسألن يومئذ عن النعيم (تكاثر) فيومئذ لا ينفع الذين ظلموا (روم ۶)
فيومئذ لا يسأل عن ذنبه (رحمن ۲) فيومئذ وقعت الواقعة (حاقة ۱) فيومئذ لا يعذب عذابه احد (فجر ۱) ويومئذ يفرح المؤمنون
(روم ۱) هذا يومكم الذي كنتم توعدون (انبياء ۱) كما نسيتم لقاء يومكم (جاثية ۴) وينذرونكم لقاء يومكم هذا (انعام ۱۳ زمر) فذوقوا
بما نسيتم لقاء يومكم هذا (سجدة ۲) حتى يلاقوا يومهم الذي يوعدون (زخرف ۹ معارج ۵) فذرهم حتى يلاقوا يومهم الذي فيه يصعقون
(طور ۵) كما نسوا لقاء يومهم هذا (اعراف ۶) من يومهم الذي يوعدون (ذاريات ۱) فمن تعجل في يومين فلا اثم عليه (بقرة ۲۵) بالذي
خلق الارض في يومين (فصلت ۱) فقضاهن سبع سموات في يومين (فصلت ۲) الا قوم يونس (يونس ۱) وان يونس لمن المرسلين (صافات)
ويونس ولوطا وكلا فضلنا (نساء ۱۷) واسماعيل واليسع ويونس (انعام ۹)

فصل الهاء

ومن يهاجر في سبيل الله
(نساء ۱۴) حتى يهاجروا في سبيل الله (نساء ۹) والذين آمنوا ولم يهاجروا ما لكم من ولايتهم من شيء حتى يهاجروا (انفال ۸) يهب لمن يشاء
اناثا (شورى ۵) ويهب لمن يشاء الذكور (شورى ۵) وان منها لما يهبط (بقرة ۸) فلن يهتدوا اذا ابدا (كهف ۱) وافلم يهد
(احقاف ۲) وبالنجم هم يهتدون (نحل ۲) فجاجا سبلا لعلهم يهتدون (انبياء ۳) ولقد آتينا موسى الكتاب لعلهم يهتدون
(مؤمنون ۵) ما اتاهم من نذير من قبلك لعلهم يهتدون (سجدة ۱) لو انهم كانوا يهتدون (قصص ۷) فصدهم عن السبيل فهم لا يهتدون
(نمل ۲) ام تكون من الذين لا يهتدون (نمل ۳) اولو كان اباؤهم لا يعقلون شيئا ولا يهتدون (بقرة ۲۱) ولا يهتدون سبيلا (نساء)
لا يعلمون شيئا ولا يهتدون (مائدة ۱۴) فانما يهتدي لنفسه (يونس ۱۱ نمل ۷ اسرائيل ۲) كانوا قليلا من الليل ما يهجعون (ذاريات)
ومن يؤمن بالله يهد قلبه (تغابن ۲) اولم يهد لهم كم اهلكنا من قبلهم من القرون (سجدة ۳) افلم يهد لهم كم اهلكنا قبلهم (طه ۸) اولم يهد
للذين يرثون الارض (اعراف ۱۲) من يهد الله فهو المهتدي (اعراف ۲۲) ومن يهد الله فما له من مضل (زمر ۴) قال لئن لم يهدني ربي (انعام)
يهدون بالحق وبه يعدلون (اعراف ۱۶-۱۹) وجعلناهم ائمة يهدون بامرنا (انبياء ۵) وجعلنا منهم ائمة يهدون بامرنا (سجدة ۳) فقالوا
ابشر يهدوننا (تغابن ۱) يهدي من يشاء (بقرة ۱۶) يهدي به الله من اتبع رضوانه (مائدة ۳) يهدي من يشاء (انعام ۹) يهدي الله لنوره
من يشاء (نور ۵) ولكن الله يهدي من يشاء (بقرة ۳۷ قصص ۲) كيف يهدي الله قوما (آل عمران ۹) والله يهدي من يشاء (بقرة ۲۲ نور ۵)
قل الله يهدي للحق (يونس) ان هذا القرآن يهدي (اسرائيل ۱) والله يهدي [illegible] ذلك هدى الله يهدي به [illegible]
يهدي الى الحق والى طريق مستقيم (احقاف ۳) يهدي الى الرشد فآمنا به (جن ۱) والله لا يهدي القوم الكافرين (بقرة ۳۷ توبة ۵) والله
لا يهدي القوم الفاسقين (مائدة ۱۱ توبة ۳-۹ صف ۱) ان الله لا يهدي من هو كاذب كفار (زمر ۱) ان الله لا يهدي من هو مسرف كذاب (مؤمن)
والله لا يهدي القوم الظالمين (بقرة ۳۶ - آل عمران ۹ توبة ۳ - ۱۰ صف ۱ جمعة ۱) ان الله لا يهدي القوم الظالمين (مائدة ۶ - انعام ۱۵ قصص ۵ - احقاف)

ان الله لا يهدي القوم الكافرين (مائدة ١٠) ان الله لا يهدي القوم الفاسقين (منافقين ١) وان الله لا يهدي القوم الكافرين (نحل ١٤)
امن لا يهدي الا ان يهدى (يونس ٤) وان الله لا يهدي كيد الخائنين (يوسف ٧) فان الله لا يهدي من يضل (نحل ٥) اولم يهد للذين
يرثون الارض (اعراف ١٢) من يهدي الى الحق (يونس ٤) فمن يهدي من اضل الله (روم ٣) افمن يهدي الى الحق احق ان يتبع (يونس ٤)
ومن يهد الله فهو المهتد (اسرائيل ١١ كهف ٢) ويهدي به كثيرا (بقرة ٣) ويهدي اليه من اناب (رعد ٤) ويهدي الى صراط العزيز
(سبا ١) ويهدي اليه من ينيب (شورى ٢) ويهدي من يشاء (مدثر ٢) ويهدي من يشاء الى صراط مستقيم (يونس ٣) ويهديك صراطا
مستقيما (فتح ١) امن يهديكم في ظلمات البر والبحر (نمل ٥) ويهديكم سنن الذين من قبلكم (نساء ٥) ويهديكم صراطا مستقيما (فتح ٣) الذي خلقني
فهو يهدين (شعراء ٥) وقل عسى ان يهدين ربي (كهف ٣) ان معي ربي سيهدين (شعراء ٤) الا الذي فطرني فانه سيهدين (زخرف ٣)
وقال اني ذاهب الى ربي سيهدين (صافات ٣) قال عسى ربي ان يهديني (قصص ٣) فمن يرد الله ان يهديه (انعام ١٥) فمن
يهديه من بعد الله (جاثية ٣) ويهديه الى عذاب السعير (حج ١) يهديهم ربهم بايمانهم (يونس ١) ولا ليهديهم سبيلا (نساء ٢٠)
ولا ليهديهم طريقا (نساء ٢٣) لا يهديهم الله ولهم عذاب اليم (نحل ١٤) ولا يهديهم سبيلا (اعراف ١٨) سيهديهم ويصلح بالهم (قتال ١)
ويهديهم اليه صراطا مستقيما (نساء ٢٤) ويهديهم الى صراط مستقيم (مائدة ٣) وجاءه قومه يهرعون اليه (هود ٧) فهم على آثارهم
يهرعون (صافات ٣) سيهزم الجمع ويولون الدبر (قمر ٣) ان اراد ان يهلك المسيح ابن مريم (مائدة ٣) قال عسى ربكم ان يهلك عدوكم
(اعراف ١٥) هل يهلك الا القوم الظالمون (انعام ٥) فهل يهلك الا القوم الفاسقون (احقاف ٤) ليهلك من هلك عن بينة (انفال ٥)
وما كان ربك ليهلك القرى بظلم (هود ١٠) ويهلك الحرث والنسل (بقرة ٢٥) وما يهلكنا الا الدهر (جاثية ٣) وان يهلكون الا
انفسهم (انعام ٣) يهلكون انفسهم (توبة ٥) ومن يهن الله فما له من مكرم (حج ٢) وقالت اليهود ليست النصارى على شيء (بقرة ١٤)
وقالت النصارى ليست اليهود على شيء (بقرة ١٤) ولن ترضى عنك اليهود (بقرة ١٤) وقالت اليهود والنصارى (مائدة ٣) وقالت اليهود
يد الله مغلولة (مائدة ٧) وقالت اليهود عزير ابن الله (توبة ٥) لا تتخذوا اليهود والنصارى (مائدة ٨) وقالت اليهود يد الله مغلولة (مائدة ٩)
وقالت اليهود عزير ابن الله (توبة ٥) لا تتخذوا اليهود والنصارى (مائدة ٨) لتجدن اشد الناس عداوة للذين آمنوا اليهود (مائدة ٩)
ما كان ابراهيم يهوديا ولا نصرانيا (آل عمران ٧) ويهيئ لكم من امركم مرفقا (كهف ٢) ثم يهيج فتراه مصفرا (زمر ٣ حديد ٢) الم تر انهم
في كل واد يهيمون (شعراء ١١)

فصل الياء

انه لا ييأس من روح الله (يوسف ٩) افلم ييأس الذين آمنوا (رعد ٤)

الحمد لله اولا وآخرا ... [illegible]
... [illegible] ... طبعه ... [illegible]
١٢٧٦ لسنة الهجرية ... [illegible]
تاريخ طبع الكتاب ... فهرستنا
تم

باب الهمزة

فصل الهمزة فليؤد الذين اؤتمن امانته (بقرة ۲۹) فأتوا
بالتورية (آل عمران ۱۰) فأتطهرن فأتوهن من حيث امركم الله (بقرة ۲۳) فقاتلوا ائمة الكفر (توبة ۲) فجعلهم ائمة (قصص ۱) وجعلناهم ائمة
(انبياء ۱) قصص ۵) وجعلنا منهم ائمة (سجدة ۳) فأووا الى الكهف (كهف ۲) **فصل الالف** واتانى منه رحمة (هود ۳)
وتلك حجتنا اتيناها ابراهيم على قومه (انعام ۹) او آخران من غيركم (مائدة ۱۱) والله يريد الآخرة (انفال ۸) فكيف آسى على قوم كافرين (اعراف ۱۰)
واذ انجيناكم من آل فرعون (اعراف ۱۵) وما نحن بتاركى آلهتنا بقولك (هود ۶) ويقولون ائنا لتاركوا آلهتنا (صافات ۲) ولآمرنهم فليبتكن
آذان الانعام (نساء ۱۸) ولآمرنهم فليغيرن خلق الله (نساء ۱۸) اولم نمكن لهم حرما آمنا (قصص ۶) الم يأن للذين آمنوا (حديد ۲) فآمنوا بالله
ورسوله (اعراف ۲۰) تغابن ۱) وآمنوا برسوله (حديد ۴) قالوا الآن جئت بالحق (بقرة ۸) الآن خفف الله عنكم (انفال ۷) قال انى تبت الآن
(نساء ۳) قالوا ساوى الى جبل (هود ۵) ولا تتبعوا اهواء الذين كذبوا بآياتنا (انعام ۱۵) جزاء بما كانوا بآياتنا يجحدون (فصلت ۳) **فصل
الباء** ومن ابتغيت ممن عزلت فلا جناح عليك (احزاب ۶) وتلك حجتنا آتيناها ابراهيم على قومه (انعام ۹) صحف ابراهيم وموسى
(اعلى ۲) وقالت اليهود عزير ابن الله (توبة ۳) وقالت النصارى المسيح ابن الله (توبة ۳) يا هامان ابن لى صرحا (مؤمن ۴) قال رب ابن لى
من اهلى (هود ۵) فأبوا ان يضيفوهما (كهف ۸) فلن ابرح الارض حتى يأذن لى ابى (يوسف ۸) قالت ان ابى يدعوك (قصص ۳) ولأبين لكم
بعض الذى تختلفون فيه (زخرف ۷) **فصل التاء** وقال لأتخذن من عبادك نصيبا مفروضا (نساء ۱۸) فأتلوها ان
كنتم صادقين (آل عمران ۱۰) وأتوا به متشابها (بقرة ۳) **فصل الثاء** بئس الاثم الفسوق (حجرات ۲) فانبجست منه اثنتا
عشرة عينا (اعراف ۲۰) **فصل الجيم** فأجاءها المخاض الى جذع النخلة (مريم ۲) يا ايها الذين آمنوا اجتنبوا كثيرا من الظن
(حجرات ۲) واذ انتم اجنة فى بطون امهاتكم (نجم ۲) وانما توفون اجوركم يوم القيامة (آل عمران ۱۹) **فصل الحاء المهملة**
ان كثيرا من الاحبار والرهبان (توبة ۵) واحسن ندیا (مريم ۵) لقد احصيهم وعدهم عدا (مريم ۶) وقد احطنا بما لديه خبرا (كهف ۱۰)
اذ انذر قومه بالاحقاف (احقاف ۳) بل احياء ولكن لا تشعرون (بقرة ۱۶) **فصل الخاء المعجمة** وبنات الاخ
(نساء ۳) يومئذ تحدث اخبارها (زلزال ۱) وبنات الاخت (نساء ۳) وما اختلف الذين اوتوا الكتاب (آل عمران ۲) ولتأت طائفة اخرى
(نساء ۱۵) قالت اخراهم لاولاهم (اعراف ۵) وقالت اولاهم لاخراهم (اعراف ۵) **فصل الدال** واذ قتلتم نفسا فادارأتم
فيها (بقرة ۹) ولادخلنكم جنات تجرى من تحتها الانهار (مائدة ۲) وقال ادخلوا مصر ان شاء الله آمنين (يوسف ۱۱) **فصل
الذال** ودع اذاهم وتوكل على الله (احزاب ۵) اذلة على المؤمنين (مائدة ۸) اذن للذين يقاتلون بانهم ظلموا (حج ۳) **فصل
الراء** على الارائك ينظرون (مطففين ۳-۲) او اراد بكم رحمة (احزاب ۲) فان ارادا فصالا عن تراض منهما (بقرة ۳۴) لئن لم تنته
لأرجمنك (مريم ۵) اذا رجت الارض رجا (واقعة ۱) اجتثت من فوق الارض (ابراهيم ۳) يتيهون فى الارض (مائدة ۳) وما فى الارض جميعا
(جاثية ۲) والى ربك فارغب (انشراح ۱) **فصل السين** واسئلهم عن القرية التى كانت حاضرة البحر (اعراف ۱۱) واسبغ عليكم
نعمه ظاهرة وباطنة (لقمان ۲) وما استطاعوا له نقبا (كهف ۱۱) استطعما اهلها (كهف ۱) فما اسطاعوا ان يظهروه (كهف ۱) كمثل الحمار يحمل
اسفارا (جمعة ۱) فاسقط علينا كسفا من السماء (شعراء ۹) وانه بسم الله الرحمن الرحيم (نمل ۳) ان يذكر فيها اسمه (بقرة ۱۱) انا نبشرك بغلام اسمه
يحيى (مريم ۱) يأتى من بعدى اسمه احمد (صف ۱) اسمه المسيح عيسى ابن مريم (آل عمران ۵) ولو اسمعهم لتولوا وهم معرضون (انفال ۳) اسوأ
الذى كانوا يعملون (فصلت ۳) **فصل الشين** اشحة على الخير (احزاب ۲) ولو اشركوا لحبط عنهم ما كانوا يعملون (انعام ۹)
ءاشفقتم ان تقدموا بين يدى نجواكم صدقات (مجادلة ۲) لا يصليها الا الاشقى (ليل ۱) يا ايها الذين آمنوا لا تسئلوا عن اشياء (مائدة ۱۴)
فصل الصاد فاصبر كما صبر اولوا العزم (احقاف ۴) وترى المجرمين يومئذ مقرنين فى الاصفاد (ابراهيم ۵) ان الذين يغضون
اصواتهم (حجرات ۱) **فصل الطاء** قالوا اطيرنا بك وبمن معك (نمل ۵) **فصل العين** وان الله ربى وربكم فاعبدوه
(مريم ۲) واعد لهم عذابا مهينا (احزاب ۶) واذ قلتم فاعدلوا (انعام ۱۶) فاعذبهم عذابا شديدا (آل عمران ۶) فبكم اعلم بمن هو اهدى سبيلا
(اسرائيل ۹) **فصل الغين** ان اغدوا على حرثكم (نون ۳) **فصل الفاء** فافعلوا ما تؤمرون (بقرة ۷) وافعلوا الخير
لعلكم تفلحون (حج ۸) **فصل القاف** الم اقل لكم لولا تسبحون (نون ۳) قال الم اقل انك لن تستطيع معى صبرا (كهف ۷) قال الم
اقل لك انك لن تستطيع معى صبرا (كهف ۸) قال الم اقل لكم انى اعلم غيب السموات والارض (بقرة ۴) قال الم اقل لكم انى اعلم من الله ما لا

تعلمون (يوسف ٨٠) ان ترن انا اقل منك مالا وولدا (كهف ٣٩) **فصل الكاف** اذا اكتالوا على الناس (مطففين ٢) لاكونن
من القوم الضالين (انعام ٧٧) **فصل اللام** وهو الد الخصام (بقرة ٢٠٤) قالت يا ويلتا االد وانا عجوز (هود ٧٢) والزمهم كلمة
التقوى (فتح ٢٦) سلقوكم بالسنة حداد (احزاب ١٩) اذ تلقونه بالسنتكم (نور ١٥) والعنهم لعنا كبيرا (احزاب ٦٨) كالف سنة مما تعدون (حج ٤٧)
والقت ما فيها وتخلت (انشقاق ٤) امرتهن وانا القوا منها مكانا ضيقا (فرقان ١٣) فالقوا السلم (نحل ٢٨) كلما القي فيها فوج (ملك ٨) الله ربنا
وربكم (شورى ١٥) ان الله لا يصلح عمل المفسدين (يونس ٨١) الم تر ان الله يسجد له من في السموات ومن في الارض (حج ١٨) وان الله ربي وربكم
فاعبدوه (مريم ٣٦) وان الله لهو العزيز الحكيم (ال عمران ٦٢) وهم الوف حذر الموت (بقرة ٢٤٣) والنار ذات الوقود قل انما هو اله واحد
(انعام ١٩) والهنا اله واحد واسماعيل واسحاق الها واحدا (بقرة ١٣٣) انما الهكم لواحد (صافات ٤) وان الياس لمن المرسلين (صافات ١٢٣)
وزكريا ويحيى وعيسى والياس (انعام ٨٥) سلام على الياسين (صافات ١٣٠) **فصل الميم** ولتنذر ام القرى ومن حولها (انعام ٩٢) لتنذر
ام القرى ومن حولها (شورى ٧) اذ يقول امثلهم طريقة (طه ١٠٤) ما قلت لهم الا ما امرتني به (مائدة ١١٧) او امضي حقبا (كهف ٦٠) وامه صديقة
(مائدة ٧٥) **فصل النون** ويقتلون الانبياء بغير حق (ال عمران ٢١) والمؤمنون يؤمنون بما انزل اليك (نساء ١٦٢) وحملها الانسان
(احزاب ٧٢) خلق الانسان علمه البيان (رحمن ٣) حتى انسوكم ذكري (مؤمنون ١١٠) ذلك بان الله لم يك مغيرا نعمة انعمها على قوم (انفال ٥٣)
وما يخدعون الا انفسهم (بقرة ٩) **فصل الواو** قال اوسطهم (نون ٢٨) ان هذا لفي الصحف الاولى (اعلى ١٨) ولقد علمتم النشأة
الاولى (واقعة ٦٢) سنعيدها سيرتها الاولى (طه ٢١) **فصل الهاء** اهدكم سبيل الرشاد (مؤمن ٣٨) هو اهل التقوى (مدثر ٥٦)
واهل المغفرة (مدثر ٥٦) ولا يحيق المكر السيئ الا باهله (ملائكة ٤٣) **فصل الياء** وما علمناه الشعر (يس ٦٩)

باب الباء

فصل الهمزة بئس المصير (مجادلة ٨) لينذر باسا شديدا (كهف ٢) **فصل الثاء** فبشر عباد (زمر ١٧)
فصل العين فما يكذبك بعد بالدين (تين ٧) **فصل النون** وبنينا فوقكم سبعا شدادا (نبا ١٢) كيف بنيناها وزيناها (ق ٦)
فصل الياء لولا يأتون عليهم بسلطان بين (كهف ١٥)

باب التاء

فصل الالف وما نحن بتاركي الهتنا عن قولك (هود ٥٣) **فصل التاء** تتبعها الرادفة (نازعات ٧) **فصل الجيم** يومئذ تحدث اخبارها
(زلزلة ٤) يا ايها الذين امنوا لا تحلوا شعائر الله (مائدة ٢) **فصل الدال** وانك لتدعوهم الى صراط مستقيم (مؤمنون ٧٣) **فصل**
الذال فتذروها كالمعلقة (نساء ١٢٩) **فصل السين** وان يقولوا تسمع لقولهم (منافقون ٤) **فصل الفاء** يا ايها الذين
امنوا اذا قيل لكم تفسحوا في المجالس (مجادلة ١١) **فصل اللام** قل لو شاء الله ما تلوته عليكم (يونس ١٦)

باب الثاء

فصل الميم لا تشتروا بآياتي ثمنا (مائدة ٤٤)

باب الجيم

فصل الهمزة ولا يأتونك بمثل الا جئناك بالحق (فرقان ٣٣) قالوا بل جئناك بما كانوا فيه يمترون (حجر ٦٣) لقد جئناكم بالحق (زخرف ٧٨) ولقد جئناهم
بكتاب (اعراف ٥٢) **فصل الالف** ولما ان جاءت رسلنا (عنكبوت ٣٣) ولما جاءت رسلنا (هود ٧٧) فلما جاءهم ما عرفوا كفروا
به (بقرة ٨٩) ومن جاهد فانما يجاهد لنفسه (عنكبوت ٦) **فصل الراء** فارسلنا عليهم الطوفان والجراد (اعراف ١٣٣) **فصل**
العين هو الذي جعل الشمس ضياء (يونس ٥) وهو الذي جعل لكم النجوم لتهتدوا بها (انعام ٩٧) **فصل الميم** الذي جمع مالا وعدده
(همزة ٢) **فصل النون** اولئك في جنات مكرمون (معارج ٣٥)

باب الحاء المهملة

فصل الراء وهم يصدون عن المسجد الحرام (انفال ٣٤) وعمارة المسجد الحرام (توبة ١٩) ان صدوكم عن المسجد الحرام (مائدة ٢) الا
الذين عاهدتم عند المسجد الحرام (توبة ٧) وصدوكم عن المسجد الحرام (فتح ٢٥) يسئلونك عن الشهر الحرام (بقرة ٢١٧) **فصل السين**
حسنت مستقرا ومقاما (فرقان ٧٦) **فصل القاف** يقص الحق وهو خير الفاصلين (انعام ٥٧) **فصل الميم** قل
الحمد لله بل اكثرهم لا يعلمون (لقمان ٢٥) وسبح بحمده (فرقان ٥٨) **فصل الياء** يتبوأ منها حيث يشاء (يوسف ٥٦) ولعلمون نبأه بعد حين
(ص ٨٨)

باب الخاء

فصل الالف لا يأكله الا الخاطئون (حاقة ٣٧) **فصل**
الطاء وعزني في الخطاب (ص ٢٣) **فصل اللام** الذي خلق فسوى (اعلى ٢) خلق فسوى وقياما ويتفكرون في خلق السموات
والارض (ال عمران ١٩١) ولم يعي بخلقهن (احقاف ٣٣) **فصل الياء** قال ما مكني فيه ربي خير (كهف ٩٥)

باب الدال

فصل العين ان ربي لسميع الدعاء (ابراهيم ٣٩) ولا يسمع الصم الدعاء (انبياء ٤٥) انك سميع الدعاء (ال عمران ٣٨)

فصل الباء فما يكذبك بعد بالدين (تين ٧) باب الراء فصل الالف انهم فتية
وإذ غدوت من اهلك (آل عمران ١٢١) فصل الباء ويبقى وجه ربك (رحمن ٢٧) والذين هم بربهم لا يشركون (مؤمنون ٥٩) فصل الجيم
ثم سواك رجلا (كهف ٣٧) فصل الحاء اولئك يئسوا من رحمتي (عنكبوت ٢٣) ورحمتي وسعت كل شئ (اعراف ١٥٦) الرحمن علم القرآن
(رحمن ١) فصل السين ورسلا قد قصصناهم عليك من قبل ورسلا لم نقصصهم عليك (نساء ١٦٤) ويكون الرسول عليكم شهيدا
(بقرة ١٤٣) عند الله وعند رسوله (توبة ٧) فصل الفاء ورفعنا فوقكم الطور (بقرة ٦٣) باب السين
فصل الهمزة بسؤال نعجتك الى نعاجه (ص ٢٤) فصل الالف الا ان يكون مع الساجدين (حجر ٣١) قال الكافرون ان
هذا لساحر مبين (يونس ٢) فصل اللام يقولون سلام عليكم (نحل ٣٢) فصل الميم الله الذي خلق السموات والارض
(ابراهيم ٣٢) ويتفكرون في خلق السموات والارض (آل عمران ١٩١) والسموات مطويات بيمينه (زمر ٦٧) فصل الباء
سيئت وجوه الذين كفروا (ملك ٢٧) باب الشين فصل الالف ان يشأ يرحمكم او ان يشأ يعذبكم (اسراء ٥٤)
فصل الباء يبايعنك على ان لا يشركن بالله شيئا (ممتحنة ١٢) باب الصاد فصل الباء صبغة
الله صبغة (بقرة ١٣٨) فصل الدال ولقد صدقكم الله وعده (آل عمران ١٥٢) باب الطاء فصل
الالف على طاعم يطعمه (انعام ١٤٥) فصل الغين انا لما طغى الماء (حاقة ١١) فصل الباء بلدة طيبة (سبا ١٥) باب
الظاء فصل اللام ... (نحل ...) باب العين فصل الجيم اعجزت ان
اكون مثل هذا الغراب (مائدة ٣١) فصل القاف وجعلها كلمة باقية في عقبه (زخرف ٢٨) فصل اللام وما لهم به من
علم (جاثية ٢٤) باب الغين فصل الفاء عسى الله ان يعفو عنهم (نساء ٩٩) فصل الباء فسوف يلقون
غيا (مريم ٥٩) باب الفاء فصل التاء حتى اذا فتحت يأجوج ومأجوج (انبياء ٩٦) ان الذين فتنوا المؤمنين و
المؤمنات (بروج ١٠) فصل الراء ... الاحزاب (احزاب ...) فريقا هدى (اعراف ٣٠) باب القاف
فصل الالف قال يا ويلتى اعجزت ان اكون مثل هذا الغراب (مائدة ٣١) فصل الثاء وقوم نوح من قبل ...
فصل الدال الى قدر معلوم (مرسلات ٢٢) فصل اللام قل يتوفاكم ملك الموت (سجدة ١١) هو الذي انزل السكينة في قلوب
(فتح ٤) اولئك الذين لم يرد الله ان يطهر قلوبهم (مائدة ٤١) فصل الواو قال رب انصرني على القوم المفسدين (عنكبوت ٣٠) باب
الكاف فصل الالف انلزمكموها وانتم لها كارهون (هود ٢٨) فكانوا كهشيم المحتظر (قمر ٣١) فهو يتكلم بما كانوا به يشركون
(روم ٣٥) بما كانوا يظلمون (اعراف ...) فصل الذال ويحلفون على الكذب (مجادلة ١٤) فصل النون ليقولن انا
كنا معكم (عنكبوت ١٠) لولا انتم لكنا مؤمنين (سبا ٣١) باب اللام فصل الالف ويلعنهم اللاعنون (بقرة ١٥٩)
باب الميم فصل التاء ومتاعا للمقوين (واقعة ٧٣) فصل الحاء انا نراك من المحسنين (يوسف ٣٦)
فصل الخاء فكانوا كهشيم المحتظر (قمر ٣١) فصل الشين ما كان للنبي والذين امنوا ان يستغفروا للمشركين (توبة ١١٣)
فصل اللام او لم ينظروا في ملكوت السموات (اعراف ١٨٥) باب النون فصل الالف فليدع
ناديه (علق ١٧) ائمة يدعون الى النار (قصص ٤١) فصل السين ولا يغوث ويعوق ونسرا (نوح ٢٣) فصل العين
وبنعمة الله يكفرون (عنكبوت ٦٧) باب الواو فصل الجيم نجعلها للذين يريدون وجه الله
باب الياء فصل العين كأن لم يغنوا فيها (اعراف ٩٢، هود ٦٨)